上

关务相关法规速查手册

《关务相关法规速查手册》编委会 编

中国海关出版社有限公司
中国·北京

图书在版编目（CIP）数据

关务相关法规速查手册/《关务相关法规速查手册》编委会编．
—北京：中国海关出版社有限公司，2020.10
ISBN 978-7-5175-0460-3

Ⅰ.①关…　Ⅱ.①关…　Ⅲ.①海关法—中国—手册
Ⅳ.①D922.221-62

中国版本图书馆 CIP 数据核字（2020）第 176269 号

关务相关法规速查手册
GUANWU XIANGGUAN FAGUI SUCHA SHOUCE

作　　者：《关务相关法规速查手册》编委会	
策划编辑：史　娜	
责任编辑：刘　婧　吴　婷	
出版发行：中国海关出版社有限公司	
社　　址：北京市朝阳区东四环南路甲 1 号	邮政编码：100023
网　　址：www.hgcbs.com.cn	
编辑部：01065194242-7511（电话）	01065194231（传真）
发行部：01065194221/4227/4238/4246（电话）	01065194233（传真）
社办书店：01065195616（电话）	01065195127（传真）
www.customskb.com/book（网址）	
印　　刷：北京盛通印刷股份有限公司	经　　销：新华书店
开　　本：889mm×1194mm　1/32	
印　　张：73	字　　数：4215 千字
版　　次：2020 年 10 月第 1 版	
印　　次：2020 年 10 月第 1 次印刷	
书　　号：ISBN 978-7-5175-0460-3	
定　　价：280.00 元（全三册）	

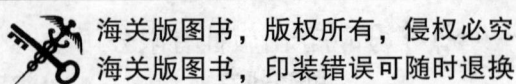

海关版图书，版权所有，侵权必究
海关版图书，印装错误可随时退换

前 言

进出口通关是涉及多个政府部门的一个综合性领域。以往，我们常用"单、证、税、汇"来概括进出口通关的专业知识门类，现在已远远不够。除海关总署外，商务部、国家市场监督管理总局、国家税务总局等相关政府部门也颁布了一定数量的相关法规。当前，随着新一轮政府机构改革完成，进出口通关法律法规门类众多，内容复杂，专业性、技术性强的特点进一步突显，给学习和工作带来一定的困难。因此，我们专门组织各个方面的专家，创新思路，新撰体例，旨在为进出口关务领域相关人员提供一套内容完整及时、分类清晰全面、编排新颖科学、使用便捷简单的进出口通关法律法规专业工具书。

本书旨在"好用易用"，有以下几点特别作出说明：

一是分类的特点。本书以进出口通关业务特点为依据，结合传统进行分类上的创新，以行政管理、企业管理、行政处罚、关务缉私、知识产权、运输工具、对外贸易、关务综合、海关管制、关务技术、海关税收、通关管理、检验检疫、保税监管、行邮物品、跨境电商、税务相关、外汇相关、其他相关方面的法规为纲，全面考虑综合性、交叉性法律法规及内容上的层次衔接，以汇编的方式来体现不同类别业务进出口通关的管理要求和特点。从我们多年教学科研的实用角度出发，希望对关务法规知识进行立体式的重构。

二是内容的特点。为了提高使用和查阅的方便度，本书对所收录的法规按类别和内容进行分类编排后，对法规正文中与主题相关性较强的核心文字采用画线方式标注，请读者注意。同类别的法规按内容相关性、发布部门、法规类型、发布时间依次排序，保证相关内容的聚类排列。本书内文采用"标题—文号—文件概述—正文"的布局，辅以脚注。其中"文件概述"涵盖了发布部门、发布时间、修改情况（依照实际情况，若未经修改则省略）、施行时间、法规类型等内容。另外，归类决定及原产地规则、禁止进出口货物目录、反倾销反补贴等相关文件的标题、文号、发布及修改信息均收于附录中，具体内容可扫描二维码后延伸阅读。

三是实用的特点。本书法规内容更新截止日期为 2020 年 8 月 31 日。汇编法规的方面，除默认现行有效法规外，有以下 2 种特殊情况：①若干法规已发布但尚未施行的，收录并标以"将于 XX 年 XX 月 XX 日施行"字样，如《化妆品监督管理条例》（国务院令第 727 号）。②受中美贸易关系影响，海关税收篇中"特别关税"部分收录了自 2018 年来对美关税相关内容，其中部分内容已被更新或为"实施日期待定"。基于或有查询过往关税调整信息的需求，特对"施行时间"采取差异化处理方式：文件中注明施行时间的，以文件时间为准；文件中标明有效时间段的，则在文件概述中说明；文中标明"实施日期待定"的，文件概述中不标"施行时间"。特别说明，因收录法律法规时间跨度较大，文件发布形式、文号排序方式和个别文字用法均有变化，对于若干法规内容要素有所缺失、疑似错误或难以统一的情况，除标点符号及部分错别字做简单修正外，其余内容以发布时的情况为准，不做统一。

本书由对外经济贸易大学绿道贸易便利化研究中心策划并提出整体结构设计，法规文件内容收集整理及校正工作由南京绿道供应链研究院负责完成。本书所收录的法律法规时间跨度之大、内容涵盖之广，相关书籍少有。虽已反复核查确认，仍恐有疏漏之处，恳请诸位行业专家、读者批评指正。

编　者

2020 年 9 月

目 录

上 册

行政管理篇

▽综合管理

中华人民共和国海关法 …………………………………………………… 3
　　（主席令第51号）
中华人民共和国海关统计条例 …………………………………………… 13
　　（国务院令第454号）
中华人民共和国海关统计工作管理规定 ………………………………… 15
　　（海关总署令第242号）
中华人民共和国海关行政裁定管理暂行办法 …………………………… 17
　　（海关总署令第92号）
中华人民共和国海关预裁定管理暂行办法 ……………………………… 19
　　（海关总署令第236号）
中华人民共和国海关行政赔偿办法 ……………………………………… 21
　　（海关总署令第101号）
中华人民共和国海关实施《中华人民共和国行政许可法》办法 ……… 29
　　（海关总署令第117号）
中华人民共和国海关行政许可听证办法 ………………………………… 37
　　（海关总署令第136号）
中华人民共和国海关行政复议办法 ……………………………………… 41
　　（海关总署令第166号）
中华人民共和国海关监管区管理暂行办法 ……………………………… 58
　　（海关总署令第232号）
关于明确海关监管作业场所行政许可事项的公告 ……………………… 60
　　（海关总署公告2017年第37号）
海关监管作业场所（场地）设置规范 …………………………………… 62
　　（海关总署公告2019年第68号）
海关指定监管场地管理规范 ……………………………………………… 72
　　（海关总署公告2019年第212号）

▽ 其他相关

中华人民共和国统计法 77
　　（主席令第 15 号）
中华人民共和国国境卫生检疫法 82
　　（主席令第 46 号）
中华人民共和国国境卫生检疫法实施细则 85
　　（卫生部令第 2 号）
中华人民共和国国境口岸卫生监督办法 97
　　（〔82〕卫防字第 9 号）
中华人民共和国行政复议法 100
　　（主席令第 16 号）
中华人民共和国行政复议法实施条例 106
　　（国务院令第 499 号）
中华人民共和国行政许可法 112
　　（主席令第 7 号）

企业管理篇

▽ 信用管理

中华人民共和国海关企业信用管理办法 125
　　（海关总署令第 237 号）
关于《中华人民共和国海关企业信用管理办法》及相关配套制度实施有关事项的公告 ... 129
　　（海关总署公告 2018 年第 32 号）
关于公布《中华人民共和国海关企业信用管理办法》所涉及法律文书格式文本 131
　　（海关总署公告 2018 年第 33 号）
关于实施《中华人民共和国海关企业信用管理办法》有关事项的公告 135
　　（海关总署公告 2018 年第 178 号）
关于公布《海关认证企业标准》的公告 136
　　（海关总署公告 2018 年第 177 号）
关于公布《海关认证企业标准》财务状况类指标认定标准的公告 149
　　（海关总署公告 2019 年第 46 号）
关于公布《海关认证企业标准》的公告（跨境电子商务平台企业、进出境快件运营人单项标准） 152
　　（海关总署公告 2019 年第 229 号）
关于实施中国-欧盟"经认证的经营者"互认安排的公告 155
　　（海关总署公告 2015 年第 52 号）
关于海峡两岸海关"经认证的经营者（AEO）"互认试点的公告 156
　　（海关总署公告 2016 年第 49 号）
关于实施中国-新西兰海关"经认证的经营者（AEO）"互认的公告 157
　　（海关总署公告 2017 年第 23 号）
关于实施中国-以色列海关"经认证的经营者（AEO）"互认的公告 158
　　（海关总署公告 2018 年第 116 号）

关于明确"经认证的经营者"（AEO）企业编码填报规范的公告······158
　　（海关总署公告2018年第131号）
关于实施中国-日本海关"经认证的经营者"（AEO）互认的公告······159
　　（海关总署公告2019年第71号）
关于实施中国-白俄罗斯海关"经认证的经营者"（AEO）互认的公告······160
　　（海关总署公告2019年第101号）

▽ 稽　查

中华人民共和国海关稽查条例······161
　　（国务院令第209号）
《中华人民共和国海关稽查条例》实施办法······164
　　（海关总署令第230号）
海关工作人员使用武器和警械的规定······167
　　（海关总署　公安部令第7号）
中华人民共和国海关对检举或协助查获违反海关法案件有功人员的奖励办法······168
　　（海关总署令第8号）
关于规范海关核查工作的公告······169
　　（海关总署公告2018年第195号）

▽ 其他相关

中华人民共和国海关报关单位注册登记管理规定······174
　　（海关总署令第221号）
关于企业报关报检资质合并有关事项的公告······179
　　（海关总署公告2018年第28号）
关于实施年报"多报合一"改革的公告······180
　　（国家市场监督管理总局　海关总署公告2018年第9号）
关于推进关检融合优化报关单位注册登记有关事项的公告······183
　　（海关总署公告2018年第143号）
关于实施企业协调员管理有关事项的公告······186
　　（海关总署公告2018年第181号）
关于进一步优化报关单位登记管理有关事项的公告······187
　　（海关总署公告2018年第191号）
关于《报关单位注册登记证书》（进出口货物收发货人）纳入"多证合一"改革的
　　公告······187
　　（海关总署　国家市场监督管理总局公告2019年第14号）
关于取消报关企业和报关企业分支机构注册登记有效期的公告······188
　　（海关总署公告2019年第213号）

行政处罚篇

▽ 综合管理

中华人民共和国海关行政处罚实施条例······191
　　（国务院令第420号）

关于对走私、违规企业给予警告或暂停、撤销对外贸易、国际货运代理经营许可行政
处罚的规定 199
（对外贸易经济合作部　海关总署令 2002 年第 6 号）
中华人民共和国海关行政处罚听证办法 201
（海关总署令第 145 号）
中华人民共和国海关办理行政处罚案件程序规定 205
（海关总署令第 159 号）
中华人民共和国海关办理行政处罚简单案件程序规定 216
（海关总署令第 188 号）
中华人民共和国海关办理申诉案件暂行规定 217
（海关总署令第 120 号）
中华人民共和国海关计核违反海关监管规定案件货物、物品价值办法 219
（海关总署令第 182 号）
关于当事人查阅行政处罚案件材料的暂行规定 223
（海关总署公告 2004 年第 1 号）
关于处理主动披露涉税违规行为有关事项的公告 224
（海关总署公告 2019 年第 161 号）
关于简单案件快速办理有关事项的公告 225
（海关总署公告 2019 年第 162 号）
海关涉案财物拍卖若干问题的规定 225
（海关总署公告 2020 年第 38 号）

▽ **其他相关**

中华人民共和国行政处罚法 230
（主席令第 63 号）
中华人民共和国行政强制法 236
（主席令第 49 号）

关务缉私篇

中华人民共和国海关计核涉嫌走私的货物、物品偷逃税款暂行办法 249
（海关总署令第 97 号）
中华人民共和国海关实施人身扣留规定 252
（海关总署令第 144 号）
关于严厉打击卷烟走私整顿卷烟市场的通告 256
（国函〔2000〕13 号）
关于打击走私冷冻肉品维护食品安全的通告 257
（国家食品药品监督管理总局　海关总署　公安部通告 2015 年第 29 号）
关于敦促走私废物违法犯罪人员投案自首的公告 258
（最高人民法院　最高人民检察院　海关总署公告 2019 年第 116 号）
关于发布破坏野生动物资源刑事案中涉及走私的象牙及其制品价值标准的通知 259
（林濒发〔2001〕234 号）
关于办理走私、非法买卖麻黄碱类复方制剂等刑事案件适用法律若干问题的意见 260
（法发〔2012〕12 号）

关于办理走私刑事案件适用法律若干问题的解释 ··· 261
　　（法释〔2014〕10 号）
关于审理走私、非法经营、非法使用兴奋剂刑事案件适用法律若干问题的解释 ············ 267
　　（法释〔2019〕16 号）

知识产权篇

中华人民共和国知识产权海关保护条例 ··· 271
　　（国务院令第 395 号）
《中华人民共和国知识产权海关保护条例》实施办法 ····································· 274
　　（海关总署令第 183 号）
关于接受知识产权海关保护总担保的公告 ··· 280
　　（海关总署公告 2006 年第 31 号）
关于没收侵犯知识产权货物依法拍卖有关事宜 ··· 281
　　（海关总署公告 2007 年第 16 号）
关于撤销知识产权海关保护备案有关事项 ··· 282
　　（海关总署公告 2011 年第 59 号）
关于对当事人无法查清的侵犯知识产权货物予以收缴的公告 ··························· 282
　　（海关总署公告 2005 年第 48 号）
中华人民共和国商标法 ··· 283
　　（第五届全国人民代表大会常务委员会令第 10 号）
中华人民共和国商标法实施条例 ··· 292
　　（国务院令第 358 号）
中华人民共和国专利法 ··· 302
　　（主席令第 11 号）
中华人民共和国专利法实施细则 ··· 310
　　（国务院令第 306 号）
中华人民共和国著作权法 ··· 328
　　（主席令第 31 号）
中华人民共和国著作权法实施条例 ··· 336
　　（国务院令第 359 号）

运输工具篇

▽综合管理

中华人民共和国海关进出境运输工具监管办法 ··· 343
　　（海关总署令第 196 号）
海关对长江驳运船舶转运进出口货物的管理规定 ······································· 347
　　（海关总署〔1984〕署货字第 1089 号）
《海关对长江驳运船舶转运进出口货物的管理规定》实施细则 ························· 348
　　（海关总署〔1985〕署货字第 1097 号）
国际航行船舶进出中华人民共和国口岸检查办法 ······································· 350
　　（国务院令第 175 号）

国际航行船舶出入境检验检疫管理办法……352
　　（国家质量监督检验检疫总局令第38号）
中华人民共和国海关对国际航行船舶船员自用和船舶备用烟、酒的管理规定……355
　　（海关总署令第2号）
关于复制推广国际航行船舶供水"开放式申报+验证式监管"工作模式的公告……356
　　（海关总署公告2019年第9号）
中华人民共和国海关关于来往香港、澳门公路货运企业及其车辆的管理办法……357
　　（海关总署令第118号）
中华人民共和国海关关于来往香港、澳门小型船舶及所载货物、物品管理办法……360
　　（海关总署令第112号）
中华人民共和国海关关于境内公路承运海关监管货物的运输企业及其车辆、驾驶员的
　　管理办法……363
　　（海关总署令第88号）
中华人民共和国海关对用于装载海关监管货物的集装箱和集装箱式货车车厢的监管
　　办法……366
　　（海关总署令第110号）
关于进一步推进运输工具进出境监管作业无纸化的公告……369
　　（海关总署公告2020年第91号）
中华人民共和国海关管道运输进口能源监管办法……370
　　（海关总署令第204号）

▽ 舱单管理

中华人民共和国海关进出境运输工具舱单管理办法……373
　　（海关总署令第172号）
关于调整水空运舱单管理相关事项的公告……378
　　（海关总署公告2019年第144号）
关于调整进出境铁路列车及其所载货物、物品舱单电子数据申报传输有关事项的公告……380
　　（海关总署公告2020年第68号）

▽ 其他相关

中华人民共和国海商法……383
　　（主席令第64号）
中华人民共和国国际海运条例……409
　　（国务院令第335号）
中华人民共和国国际海运条例实施细则……415
　　（交通部令2003年第1号）
中华人民共和国国际货物运输代理业管理规定……423
　　（对外贸易经济合作部令1995年第5号）
国际货物运输代理业管理规定实施细则……426
　　（商务部公告2003年第82号）
国际货运代理企业备案（暂行）办法……432
　　（商务部令2005年第9号）
中华人民共和国民用航空法……434
　　（主席令第56号）

对外贸易篇

▽ 综合管理

中华人民共和国对外贸易法 ·· 457
　（主席令第 22 号）
中华人民共和国外商投资法 ·· 463
　（主席令第 26 号）
中华人民共和国外商投资法实施条例 ·· 467
　（国务院令第 723 号）
中华人民共和国货物进出口管理条例 ·· 472
　（国务院令第 332 号）

▽ 经营资质

对外贸易经营者备案登记办法 ·· 479
　（商务部令 2004 年第 14 号）
关于实施对外贸易经营者备案和原产地企业备案"两证合一"的公告 ················ 481
　（商务部　海关总署　中国贸促会公告 2019 年第 39 号）
关于进一步规范汽车和摩托车产品出口秩序的通知 ······························ 481
　（商产发〔2012〕318 号）
对外承包工程管理条例 ·· 484
　（国务院令第 527 号）
原油、成品油、化肥国营贸易进口经营管理试行办法 ···························· 487
　（对外贸易经济合作部令 2002 年第 27 号）
对外援助项目实施企业资格认定办法（试行）·································· 489
　（商务部令 2015 年第 1 号）

▽ 救济措施

中华人民共和国反倾销条例 ·· 494
　（国务院令第 328 号）
中华人民共和国反补贴条例 ·· 500
　（国务院令第 329 号）
中华人民共和国保障措施条例 ·· 506
　（国务院令第 330 号）
出口产品反倾销案件应诉规定 ·· 508
　（商务部令 2006 年第 12 号）
反倾销和反补贴调查听证会规则 ·· 510
　（商务部令 2018 年第 2 号）
反倾销问卷调查规则 ·· 512
　（商务部令 2018 年第 3 号）
倾销及倾销幅度期间复审规则 ·· 514
　（商务部令 2018 年第 4 号）

▽ 进出口许可

化学品首次进口及有毒化学品进（出）口环境管理登记办法	518
化学品首次进口及有毒化学品进出口环境管理登记实施细则	521
易制毒化学品进出口管理规定	523
（商务部令 2006 年第 7 号）	
关于对含易制毒化学品的混合物的进出口管理作出具体规定	530
（商务部公告 2007 年第 23 号）	
中华人民共和国核出口管制条例	531
（国务院令第 230 号）	
中华人民共和国军品出口管理条例	533
（国务院 中央军事委员会令第 234 号）	
中华人民共和国核两用品及相关技术出口管制条例	536
（国务院令第 245 号）	
中华人民共和国导弹及相关物项和技术出口管制条例	538
（国务院令第 361 号）	
中华人民共和国技术进出口管理条例	540
（国务院令第 331 号）	
禁止进口限制进口技术管理办法	544
（商务部令 2009 年第 1 号）	
禁止出口限制出口技术管理办法	546
（商务部 科学技术部令 2009 年第 2 号）	
技术进出口合同登记管理办法	548
（商务部令 2009 年第 3 号）	
两用物项和技术出口通用许可管理办法	549
（商务部令 2009 年第 8 号）	
中华人民共和国生物两用品及相关设备和技术出口管制条例	552
（国务院令第 365 号）	
货物进口许可证管理办法	555
（商务部令 2004 年第 27 号）	
货物出口许可证管理办法	558
（商务部令 2008 年第 11 号）	
中华人民共和国濒危野生动植物进出口管理条例	564
（国务院令第 465 号）	
暂停贸易的国家及所涉物种名单	567
（国家濒管办公告 2018 年第 8 号）	
兽药进口管理办法	570
（农业部 海关总署令第 2 号）	
危险废物出口核准管理办法	573
（国家环境保护总局令第 47 号）	
进口废纸环境保护管理规定	577
（国环规土壤〔2017〕5 号）	
限制进口类可用作原料的固体废物环境保护管理规定	578
（国环规土壤〔2017〕6 号）	

畜禽遗传资源进出境和对外合作研究利用审批办法·················· 581
　　（国务院令第 533 号）
关于对进出口农药实施登记证明管理的通知····················· 584
　　（农农发〔1999〕9 号）
关于禁止从索马里进口木炭的公告························· 585
　　（商务部公告 2012 年第 27 号）

▽ 其他相关

中华人民共和国文物保护法······························ 586
　　（第五届全国人民代表大会常务委员会令第 11 号）
中华人民共和国文物保护法实施条例························ 596
　　（国务院令第 377 号）
文物进出境审核管理办法····························· 602
　　（文化部令第 42 号）
中华人民共和国野生动物保护法·························· 604
　　（主席令第 9 号）
中华人民共和国枪支管理法···························· 611
　　（主席令第 72 号）
射击竞技体育运动枪支管理办法·························· 616
　　（国家体育总局　公安部令第 12 号）
中华人民共和国固体废物污染环境防治法······················ 620
　　（主席令第 58 号）
中华人民共和国船舶吨税法··························· 635
　　（主席令第 85 号）
中华人民共和国密码法······························ 638
　　（主席令第 35 号）
商用密码管理条例······························· 642
　　（国务院令第 273 号）
中华人民共和国监控化学品管理条例························ 644
　　（国务院令第 190 号）
《中华人民共和国监控化学品管理条例》实施细则················· 647
　　（工业和信息化部令第 48 号）
中华人民共和国野生植物保护条例························· 653
　　（国务院令第 204 号）
农药管理条例································ 656
　　（国务院令第 216 号）
农业转基因生物安全管理条例·························· 665
　　（国务院令第 304 号）
音像制品管理条例······························· 671
　　（国务院令第 341 号）
出版管理条例································ 677
　　（国务院令第 343 号）
关于接受境外机构或个人赠送境外出版物有关事项的通知··············· 686
　　（新出联〔2010〕13 号）

兽药管理条例 687
  （国务院令第 404 号）
兽药注册办法 696
  （农业部令第 44 号）
动物病原微生物菌（毒）种保藏管理办法 700
  （农业部令第 16 号）
易制毒化学品管理条例 703
  （国务院令第 445 号）
放射性同位素与射线装置安全和防护条例 710
  （国务院令第 449 号）
民用爆炸物品安全管理条例 719
  （国务院令第 466 号）
废弃电器电子产品回收处理管理条例 726
  （国务院令第 551 号）
废弃电器电子产品处理基金征收使用管理办法 729
  （财综〔2012〕34 号）
关于征收废弃电子产品处理基金有关问题的公告 733
  （海关总署公告 2012 年第 33 号）
关于进（来）料受托加工复出口免征废弃电器电子产品处理基金有关问题的公告 736
  （财政部 国家税务总局 海关总署公告 2014 年第 29 号）
消耗臭氧层物质管理条例 737
  （国务院令第 573 号）
古生物化石保护条例 742
  （国务院令第 580 号）
古生物化石保护条例实施办法 748
  （国土资源部令第 57 号）
中华人民共和国人类遗传资源管理条例 756
  （国务院令第 717 号）
中华人民共和国进口计量器具监督管理办法 761
  （国家技术监督局令第 3 号）
外国人来华登山管理办法 764
  （国家体育运动委员会令第 16 号）
水产苗种管理办法 767
  （农业部令第 46 号）
进出口环保用微生物菌剂环境安全管理办法 770
  （环境保护部 国家质量监督检验检疫总局令第 10 号）
危险化学品环境管理登记办法（试行） 774
  （环境保护部令第 22 号）
有机产品认证管理办法 779
  （国家质量监督检验检疫总局令第 155 号）
新化学物质环境管理登记办法 785
  （生态环境部令第 12 号）

行政管理篇

综合管理

中华人民共和国海关法

(主席令第 51 号)

(1987 年 1 月 22 日第六届全国人民代表大会常务委员会第十九次会议通过；根据 2000 年 7 月 8 日第九届全国人民代表大会常务委员会第十六次会议《关于修改〈中华人民共和国海关法〉的决定》第一次修正，根据 2013 年 6 月 29 日第十二届全国人民代表大会常务委员会第三次会议《关于修改〈中华人民共和国文物保护法〉等十二部法律的决定》第二次修正，根据 2013 年 12 月 28 日第十二届全国人民代表大会常务委员会第六次会议《关于修改〈中华人民共和国海洋环境保护法〉等七部法律的决定》第三次修正，根据 2016 年 11 月 7 日第十二届全国人民代表大会常务委员会第二十四次会议《关于修改〈中华人民共和国对外贸易法〉等十二部法律的决定》第四次修正，根据 2017 年 11 月 4 日第十二届全国人民代表大会常务委员会第三十次会议《关于修改〈中华人民共和国会计法〉等十一部法律的决定》第五次修正；现行版本自 2017 年 11 月 4 日起施行；法规类型为法律)

第一章 总 则

第一条 为了维护国家的主权和利益，加强海关监督管理，促进对外经济贸易和科技文化交往，保障社会主义现代化建设，特制定本法。

第二条 中华人民共和国海关是国家的进出关境（以下简称进出境）监督管理机关。海关依照本法和其他有关法律、行政法规，监管进出境的运输工具、货物、行李物品、邮递物品和其他物品（以下简称进出境运输工具、货物、物品），征收关税和其他税、费，查缉走私，并编制海关统计和办理其他海关业务。

第三条 国务院设立海关总署，统一管理全国海关。

国家在对外开放的口岸和海关监管业务集中的地点设立海关。海关的隶属关系，不受行政区划的限制。

海关依法独立行使职权，向海关总署负责。

第四条 国家在海关总署设立专门侦查走私犯罪的公安机构，配备专职缉私警察，负责对其管辖的走私犯罪案件的侦查、拘留、执行逮捕、预审。

海关侦查走私犯罪公安机构履行侦查、拘留、执行逮捕、预审职责，应当按照《中华人民共和国刑事诉讼法》的规定办理。

海关侦查走私犯罪公安机构根据国家有关规定，可以设立分支机构。各分支机构办理其管辖的走私犯罪案件，应当依法向有管辖权的人民检察院移送起诉。

地方各级公安机关应当配合海关侦查走私犯罪公安机构依法履行职责。

第五条 国家实行联合缉私、统一处理、综合治理的缉私体制。海关负责组织、协调、管理查缉走私工作。有关规定由国务院另行制定。

各有关行政执法部门查获的走私案件，应当给予行政处罚的，移送海关依法处理；涉嫌犯罪的，应当移送海关侦查走私犯罪公安机构、地方公安机关依据案件管辖分工和法定程序办理。

第六条 海关可以行使下列权力：

（一）检查进出境运输工具，查验进出境货物、物品；对违反本法或者其他有关法律、行政法规的，可以扣留。

（二）查阅进出境人员的证件；查问违反本法或者其他有关法律、行政法规的嫌疑人，调查其违法行为。

（三）查阅、复制与进出境运输工具、货物、物品有关的合同、发票、账册、单据、记录、文件、业务函电、录音录像制品和其他资料；对其中与违反本法或者其他有关法律、行政法规的进出境运输工具、货物、物品有牵连的，可以扣留。

（四）在海关监管区和海关附近沿海沿边规定地区，检查有走私嫌疑的运输工具和有藏匿走私货物、物品嫌疑的场所，检查走私嫌疑人的身体；对有走私嫌疑的运输工具、货物、物品和走私犯罪嫌疑人，经直属海关关长或者其授权的隶属海关关长批准，可以扣留；对走私犯罪嫌疑人，扣留时间不超过二十四小时，在特殊情况下可以延长至四十八小时。

在海关监管区和海关附近沿海沿边规定地区以外，海关在调查走私案件时，对有走私嫌疑的运输工具和除公民住处以外的有藏匿走私货物、物品嫌疑的场所，经直属海关关长或者其授权的隶属海关关长批准，可以进行检查，有关当事人应当到场；当事人未到场的，在有见证人在场的情况下，可以径行检查；对其中有证据证明有走私嫌疑的运输工具、货物、物品，可以扣留。

海关附近沿海沿边规定地区的范围，由海关总署和国务院公安部门会同有关省级人民政府确定。

（五）在调查走私案件时，经直属海关关长或者其授权的隶属海关关长批准，可以查询案件涉嫌单位和涉嫌人员在金融机构、邮政企业的存款、汇款。

（六）进出境运输工具或者个人违抗海关监管逃逸的，海关可以连续追至海关监管区和海关附近沿海沿边规定地区以外，将其带回处理。

（七）海关为履行职责，可以配备武器。海关工作人员佩带和使用武器的规则，由海关总署会同国务院公安部门制定，报国务院批准。

（八）法律、行政法规规定由海关行使的其他权力。

第七条 各地方、各部门应当支持海关依法行使职权，不得非法干预海关的执法活动。

第八条 进出境运输工具、货物、物品，必须通过设立海关的地点进境或者出境。在特殊情况下，需要经过未设立海关的地点临时进境或者出境的，必须经国务院或者国务院授权的机关批准，并依照本法规定办理海关手续。

第九条 进出口货物，除另有规定的外，可以由进出口货物收发货人自行办理报关纳税手续，也可以由进出口货物收发货人委托海关准予注册登记的报关企业办理报关纳税手续。

进出境物品的所有人可以自行办理报关纳税手续，也可以委托他人办理报关纳税手续。

第十条 报关企业接受进出口货物收发货人的委托，以委托人的名义办理报关手续的，应当向海关提交由委托人签署的授权委托书，遵守本法对委托人的各项规定。

报关企业接受进出口货物收发货人的委托，以自己的名义办理报关手续的，应当承担与收发货人相同的法律责任。

委托人委托报关企业办理报关手续的，应当向报关企业提供所委托报关事项的真实情况；报关企业接受委托人的委托办理报关手续的，应当对委托人所提供情况的真实性进行合理审查。

第十一条 进出口货物收发货人、报关企业办理报关手续，必须依法经海关注册登记。未依法经海关注册登记，不得从事报关业务。

报关企业和报关人员不得非法代理他人报关，或者超出其业务范围进行报关活动。

第十二条 海关依法执行职务，有关单位和个人应当如实回答询问，并予以配合，任何单位和个人不得阻挠。

海关执行职务受到暴力抗拒时，执行有关任务的公安机关和人民武装警察部队应当予以协助。

第十三条 海关建立对违反本法规定逃避海关监管行为的举报制度。

任何单位和个人均有权对违反本法规定逃避海关监管的行为进行举报。

海关对举报或者协助查获违反本法案件的有功单位和个人，应当给予精神的或者物质的奖励。

海关应当为举报人保密。

第二章 进出境运输工具

第十四条 进出境运输工具到达或者驶离设立海关的地点时，运输工具负责人应当向海关如实申报，交验单证，并接受海关监管和检查。

停留在设立海关的地点的进出境运输工具，未经海关同意，不得擅自驶离。

进出境运输工具从一个设立海关的地点驶往另一个设立海关的地点的，应当符合海关监管要求，办理海关手续，未办结海关手续的，不得改驶境外。

第十五条 进境运输工具在进境以后向海关申报以前，出境运输工具在办结海关手续以后出境以前，应当按照交通主管机关规定的路线行进；交通主管机关没有规定的，由海关指定。

第十六条 进出境船舶、火车、航空器到达和驶离时间、停留地点、停留期间更换地点以及装卸货物、物品时间，运输工具负责人或者有关交通运输部门应当事先通知海关。

第十七条 运输工具装卸进出境货物、物品或者上下进出境旅客，应当接受海关监管。

货物、物品装卸完毕，运输工具负责人应当向海关递交反映实际装卸情况的交接单据和记录。

上下进出境运输工具的人员携带物品的，应当向海关如实申报，并接受海关检查。

第十八条 海关检查进出境运输工具时，运输工具负责人应当到场，并根据海关的要求开启舱室、房间、车厢；有走私嫌疑的，并应当开拆可能藏匿走私货物、物品的部位，搬移货物、物料。

海关根据工作需要，可以派员随运输工具执行职务，运输工具负责人应当提供方便。

第十九条 进境的境外运输工具和出境的境内运输工具，未向海关办理手续并缴纳关税，不得转让或者移作他用。

第二十条 进出境船舶和航空器兼营境内客、货运，应当符合海关监管要求。

进出境运输工具改营境内运输，需向海关办理手续。

第二十一条 沿海运输船舶、渔船和从事海上作业的特种船舶，未经海关同意，不得载运或者换取、买卖、转让进出境货物、物品。

第二十二条 进出境船舶和航空器，由于不可抗力的原因，被迫在未设立海关的地点停泊、降落或者抛掷、起卸货物、物品，运输工具负责人应当立即报告附近海关。

第三章 进出境货物

第二十三条 进口货物自进境起到办结海关手续止，出口货物自向海关申报起到出境止，过境、转运和通运货物自进境起到出境止，应当接受海关监管。

第二十四条 进口货物的收货人、出口货物的发货人应当向海关如实申报，交验进出口许可证件和有关单证。国家限制进出口的货物，没有进出口许可证件的，不予放行，具体处理办法由国务院规定。

进口货物的收货人应当自运输工具申报进境之日起十四日内，出口货物的发货人除海关特准的外应当在货物运抵海关监管区后、装货的二十四小时以前，向海关申报。

进口货物的收货人超过前款规定期限向海关申报的，由海关征收滞报金。

第二十五条 办理进出口货物的海关申报手续，应当采用纸质报关单和电子数据报关单的形式。

第二十六条 海关接受申报后，报关单证及其内容不得修改或者撤销，但符合海关规定情形的除外。

第二十七条 进口货物的收货人经海关同意，可以在申报前查看货物或者提取货样。需要依法检疫的货物，应当在检疫合格后提取货样。

第二十八条 进出口货物应当接受海关查验。海关查验货物时，进口货物的收货人、出口货物的发货人应当到场，并负责搬移货物，开拆和重封货物的包装。海关认为必要时，可以径行开验、复验或者提取货样。

海关在特殊情况下对进出口货物予以免验，具体办法由海关总署制定。

第二十九条 除海关特准的外，进出口货物在收发货人缴清税款或者提供担保后，由海关签印放行。

第三十条 进口货物的收货人自运输工具申报进境之日起超过三个月未向海关申报的，其进口货物由海关提取依法变卖处理，所得价款在扣除运输、装卸、储存等费用和税款后，尚有余款的，自货物依法变卖之日起一年内，经收货人申请，予以发还；其中属于国家对进口有限制性规定，应当提交许可证件而不能提供的，不予发还。逾期无人申请或者不予发还的，上缴国库。

确属误卸或者溢卸的进境货物，经海关审定，由原运输工具负责人或者货物的收发货人自该运输工具卸货之日起三个月内，办理退运或者进口手续；必要时，经海关批准，可以延期三个月。逾期未办手续的，由海关按前款规定处理。

前两款所列货物不宜长期保存的，海关可以根据实际情况提前处理。

收货人或者货物所有人声明放弃的进口货物，由海关提取依法变卖处理；所得价款在扣除运输、装卸、储存等费用后，上缴国库。

第三十一条 按照法律、行政法规、国务院或者海关总署规定暂时进口或者暂时出口的货物，应当在六个月内复运出境或者复运进境；需要延长复运出境或者复运进境期限的，应当根据海关总署的规定办理延期手续。

第三十二条 经营保税货物的储存、加工、装配、展示、运输、寄售业务和经营免税商店，应当符合海关监管要求，经海关批准，并办理注册手续。

保税货物的转让、转移以及进出保税场所，应当向海关办理有关手续，接受海关监管和查验。

第三十三条 企业从事加工贸易，应当按照海关总署的规定向海关备案。加工贸易制成品单位耗料量由海关按照有关规定核定。

加工贸易制成品应当在规定的期限内复出口。其中使用的进口料件，属于国家规定准予保税的,应当向海关办理核销手续;属于先征收税款的,依法向海关办理退税手续。

加工贸易保税进口料件或者制成品内销的,海关对保税的进口料件依法征税;属于国家对进口有限制性规定的,还应当向海关提交进口许可证件。

第三十四条 经国务院批准在中华人民共和国境内设立的保税区等海关特殊监管区域,由海关按照国家有关规定实施监管。

第三十五条 进口货物应当由收货人在货物的进境地海关办理海关手续,出口货物应当由发货人在货物的出境地海关办理海关手续。

经收发货人申请,海关同意,进口货物的收货人可以在设有海关的指运地、出口货物的发货人可以在设有海关的启运地办理海关手续。上述货物的转关运输,应当符合海关监管要求;必要时,海关可以派员押运。

经电缆、管道或者其他特殊方式输送进出境的货物,经营单位应当定期向指定的海关申报和办理海关手续。

第三十六条 过境、转运和通运货物,运输工具负责人应当向进境地海关如实申报,并应当在规定期限内运输出境。

海关认为必要时,可以查验过境、转运和通运货物。

第三十七条 海关监管货物,未经海关许可,不得开拆、提取、交付、发运、调换、改装、抵押、质押、留置、转让、更换标记、移作他用或者进行其他处置。

海关加施的封志,任何人不得擅自开启或者损毁。

人民法院判决、裁定或者有关行政执法部门决定处理海关监管货物的,应当责令当事人办结海关手续。

第三十八条 经营海关监管货物仓储业务的企业,应当经海关注册,并按照海关规定,办理收存、交付手续。

在海关监管区外存放海关监管货物,应当经海关同意,并接受海关监管。

违反前两款规定或者在保管海关监管货物期间造成海关监管货物损毁或者灭失的,除不可抗力外,对海关监管货物负有保管义务的人应当承担相应的纳税义务和法律责任。

第三十九条 进出境集装箱的监管办法、打捞进出境货物和沉船的监管办法、边境小额贸易进出口货物的监管办法,以及本法未具体列明的其他进出境货物的监管办法,由海关总署或者由海关总署会同国务院有关部门另行制定。

第四十条 国家对进出境货物、物品有禁止性或者限制性规定的,海关依据法律、行政法规、国务院的规定或者国务院有关部门依据法律、行政法规的授权作出的规定实施监管。具体监管办法由海关总署制定。

第四十一条 进出口货物的原产地按照国家有关原产地规则的规定确定。

第四十二条 进出口货物的商品归类按照国家有关商品归类的规定确定。

海关可以要求进出口货物的收发货人提供确定商品归类所需的有关资料;必要时,海关可以组织化验、检验,并将海关认定的化验、检验结果作为商品归类的依据。

第四十三条 海关可以根据对外贸易经营者提出的书面申请,对拟作进口或者出口的货物预先作出商品归类等行政裁定。

进口或者出口相同货物,应当适用相同的商品归类行政裁定。

海关对所作出的商品归类等行政裁定,应当予以公布。

第四十四条 海关依照法律、行政法规的规定,对与进出境货物有关的知识产权实施保护。

需要向海关申报知识产权状况的,进出口货物收发货人及其代理人应当按照国家规定向海关如实申报有关知识产权状况,并提交合法使用有关知识产权的证明文件。

第四十五条 自进出口货物放行之日起三年内或者在保税货物、减免税进口货物的海关监管期限内及其后的三年内,海关可以对与进出口货物直接有关的企业、单位的会计账簿、会计凭证、报关单证以及其他有关资料和有关进出口货物实施稽查。具体办法由国务院规定。

第四章　进出境物品

第四十六条 个人携带进出境的行李物品、邮寄进出境的物品,应当以自用、合理数量为限,并接受海关监管。

第四十七条 进出境物品的所有人应当向海关如实申报,并接受海关查验。

海关加施的封志,任何人不得擅自开启或者损毁。

第四十八条 进出境邮袋的装卸、转运和过境,应当接受海关监管。邮政企业应当向海关递交邮件路单。

邮政企业应当将开拆及封发国际邮袋的时间事先通知海关,海关应当按时派员到场监管查验。

第四十九条 邮运进出境的物品,经海关查验放行后,有关经营单位方可投递或者交付。

第五十条 经海关登记准予暂时免税进境或者暂时免税出境的物品,应当由本人复带出境或者复带进境。

过境人员未经海关批准,不得将其所带物品留在境内。

第五十一条 进出境物品所有人声明放弃的物品、在海关规定期限内未办理海关手续或者无人认领的物品,以及无法投递又无法退回的进境邮递物品,由海关依照本法第三十条的规定处理。

第五十二条 享有外交特权和豁免的外国机构或者人员的公务用品或者自用物品进出境,依照有关法律、行政法规的规定办理。

第五章　关　税

第五十三条 准许进出口的货物、进出境物品,由海关依法征收关税。

第五十四条 进口货物的收货人、出口货物的发货人、进出境物品的所有人,是关税的纳税义务人。

第五十五条 进出口货物的完税价格,由海关以该货物的成交价格为基础审查确定。成交价格不能确定时,完税价格由海关依法估定。

进口货物的完税价格包括货物的货价、货物运抵中华人民共和国境内输入地点起卸前的运输及其相关费用、保险费;出口货物的完税价格包括货物的货价、货物运至中华人民共和国境内输出地点装载前的运输及其相关费用、保险费,但是其中包含的出口关税税额,应当予以扣除。

进出境物品的完税价格,由海关依法确定。

第五十六条 下列进出口货物、进出境物品,减征或者免征关税:

(一) 无商业价值的广告品和货样;

(二) 外国政府、国际组织无偿赠送的物资;

(三) 在海关放行前遭受损坏或者损失的货物;

(四) 规定数额以内的物品;

(五) 法律规定减征、免征关税的其他货物、物品;

(六) 中华人民共和国缔结或者参加的国际条约规定减征、免征关税的货物、物品。

第五十七条 特定地区、特定企业或者有特定用途的进出口货物,可以减征或者免征关税。特定减税或者免税的范围和办法由国务院规定。

依照前款规定减征或者免征关税进口的货物,只能用于特定地区、特定企业或者特定用途,未经海关核准并补缴关税,不得移作他用。

第五十八条 本法第五十六条、第五十七条第一款规定范围以外的临时减征或者免征关税,由国务院决定。

第五十九条 暂时进口或者暂时出口的货物,以及特准进口的保税货物,在货物收发货人向海关缴纳相当于税款的保证金或者提供担保后,准予暂时免纳关税。

第六十条 进出口货物的纳税义务人,应当自海关填发税款缴款书之日起十五日内缴纳税款;逾期缴纳的,由海关征收滞纳金。纳税义务人、担保人超过三个月仍未缴纳的,经直属海关关长或者其授权的隶属海关关长批准,海关可以采取下列强制措施:

(一)书面通知其开户银行或者其他金融机构从其存款中扣缴税款;

(二)将应税货物依法变卖,以变卖所得抵缴税款;

(三)扣留并依法变卖其价值相当于应纳税款的货物或者其他财产,以变卖所得抵缴税款。

海关采取强制措施时,对前款所列纳税义务人、担保人未缴纳的滞纳金同时强制执行。

进出境物品的纳税义务人,应当在物品放行前缴纳税款。

第六十一条 进出口货物的纳税义务人在规定的纳税期限内有明显的转移、藏匿其应税货物以及其他财产迹象的,海关可以责令纳税义务人提供担保;纳税义务人不能提供纳税担保的,经直属海关关长或者其授权的隶属海关关长批准,海关可以采取下列税收保全措施:

(一)书面通知纳税义务人开户银行或者其他金融机构暂停支付纳税义务人相当于应纳税款的存款;

(二)扣留纳税义务人价值相当于应纳税款的货物或者其他财产。

纳税义务人在规定的纳税期限内缴纳税款的,海关必须立即解除税收保全措施;期限届满仍未缴纳税款的,经直属海关关长或者其授权的隶属海关关长批准,海关可以书面通知纳税义务人开户银行或者其他金融机构从其暂停支付的存款中扣缴税款,或者依法变卖所扣留的货物或者其他财产,以变卖所得抵缴税款。

采取税收保全措施不当,或者纳税义务人在规定期限内已缴纳税款,海关未立即解除税收保全措施,致使纳税义务人的合法权益受到损失的,海关应当依法承担赔偿责任。

第六十二条 进出口货物、进出境物品放行后,海关发现少征或者漏征税款,应当自缴纳税款或者货物、物品放行之日起一年内,向纳税义务人补征。因纳税义务人违反规定而造成的少征或者漏征,海关在三年以内可以追征。

第六十三条 海关多征的税款,海关发现后应当立即退还;纳税义务人自缴纳税款之日起一年内,可以要求海关退还。

第六十四条 纳税义务人同海关发生纳税争议时,应当缴纳税款,并可以依法申请行政复议;对复议决定仍不服的,可以依法向人民法院提起诉讼。

第六十五条 进口环节海关代征税的征收管理,适用税收征收管理的规定。

第六章 海关事务担保

第六十六条 在确定货物的商品归类、估价和提供有效报关单证或者办结其他海关手续前,收发货人要求放行货物的,海关应当在其提供与其依法应当履行的法律义务相适应的担保后放行。法律、行政法规规定可以免除担保的除外。

法律、行政法规对履行海关义务的担保另有规定的,从其规定。

国家对进出境货物、物品有限制性规定,应当提供许可证件而不能提供的,以及法律、行政法规规定不得担保的其他情形,海关不得办理担保放行。

9

第六十七条　具有履行海关事务担保能力的法人、其他组织或者公民，可以成为担保人。法律规定不得为担保人的除外。

第六十八条　担保人可以以下列财产、权利提供担保：

（一）人民币、可自由兑换货币；

（二）汇票、本票、支票、债券、存单；

（三）银行或者非银行金融机构的保函；

（四）海关依法认可的其他财产、权利。

第六十九条　担保人应当在担保期限内承担担保责任。担保人履行担保责任的，不免除被担保人应当办理有关海关手续的义务。

第七十条　海关事务担保管理办法，由国务院规定。

第七章　执法监督

第七十一条　海关履行职责，必须遵守法律，维护国家利益，依照法定职权和法定程序严格执法，接受监督。

第七十二条　海关工作人员必须秉公执法，廉洁自律，忠于职守，文明服务，不得有下列行为：

（一）包庇、纵容走私或者与他人串通进行走私；

（二）非法限制他人人身自由，非法检查他人身体、住所或者场所，非法检查、扣留进出境运输工具、货物、物品；

（三）利用职权为自己或者他人谋取私利；

（四）索取、收受贿赂；

（五）泄露国家秘密、商业秘密和海关工作秘密；

（六）滥用职权，故意刁难，拖延监管、查验；

（七）购买、私分、占用没收的走私货物、物品；

（八）参与或者变相参与营利性经营活动；

（九）违反法定程序或者超越权限执行职务；

（十）其他违法行为。

第七十三条　海关应当根据依法履行职责的需要，加强队伍建设，使海关工作人员具有良好的政治、业务素质。

海关专业人员应当具有法律和相关专业知识，符合海关规定的专业岗位任职要求。

海关招收工作人员应当按照国家规定，公开考试，严格考核，择优录用。

海关应当有计划地对其工作人员进行政治思想、法制、海关业务培训和考核。海关工作人员必须定期接受培训和考核，经考核不合格的，不得继续上岗执行职务。

第七十四条　海关总署应当实行海关关长定期交流制度。

海关关长定期向上一级海关述职，如实陈述其执行职务情况。海关总署应当定期对直属海关关长进行考核，直属海关应当定期对隶属海关关长进行考核。

第七十五条　海关及其工作人员的行政执法活动，依法接受监察机关的监督；缉私警察进行侦查活动，依法接受人民检察院的监督。

第七十六条　审计机关依法对海关的财政收支进行审计监督，对海关办理的与国家财政收支有关的事项，有权进行专项审计调查。

第七十七条　上级海关应当对下级海关的执法活动依法进行监督。上级海关认为下级海关作出的处理或者决定不适当的，可以依法予以变更或者撤销。

第七十八条　海关应当依照本法和其他有关法律、行政法规的规定，建立健全内部监督制度,对其工作人员执行法律、行政法规和遵守纪律的情况,进行监督检查。

第七十九条　海关内部负责审单、查验、放行、稽查和调查等主要岗位的职责权限应当明确,并相互分离、相互制约。

第八十条　任何单位和个人均有权对海关及其工作人员的违法、违纪行为进行控告、检举。收到控告、检举的机关有权处理的,应当依法按照职责分工及时查处。收到控告、检举的机关和负责查处的机关应当为控告人、检举人保密。

第八十一条　海关工作人员在调查处理违法案件时,遇有下列情形之一的,应当回避:
（一）是本案的当事人或者是当事人的近亲属;
（二）本人或者其近亲属与本案有利害关系;
（三）与本案当事人有其他关系,可能影响案件公正处理的。

第八章　法律责任

第八十二条　违反本法及有关法律、行政法规,逃避海关监管,偷逃应纳税款、逃避国家有关进出境的禁止性或者限制性管理,有下列情形之一的,是走私行为:
（一）运输、携带、邮寄国家禁止或者限制进出境货物、物品或者依法应当缴纳税款的货物、物品进出境的;
（二）未经海关许可并且未缴纳应纳税款、交验有关许可证件,擅自将保税货物、特定减免税货物以及其他海关监管货物、物品、进境的境外运输工具,在境内销售的;
（三）有逃避海关监管,构成走私的其他行为的。

有前款所列行为之一,尚不构成犯罪的,由海关没收走私货物、物品及违法所得,可以并处罚款;专门或者多次用于掩护走私的货物、物品,专门或者多次用于走私的运输工具,予以没收,藏匿走私货物、物品的特制设备,责令拆毁或者没收。

有第一款所列行为之一,构成犯罪的,依法追究刑事责任。

第八十三条　有下列行为之一的,按走私行为论处,依照本法第八十二条的规定处罚:
（一）直接向走私人非法收购走私进口的货物、物品的;
（二）在内海、领海、界河、界湖,船舶及所载人员运输、收购、贩卖国家禁止或者限制进出境的货物、物品,或者运输、收购、贩卖依法应当缴纳税款的货物,没有合法证明的。

第八十四条　伪造、变造、买卖海关单证,与走私人通谋为走私人提供贷款、资金、账号、发票、证明、海关单证,与走私人通谋为走私人提供运输、保管、邮寄或者其他方便,构成犯罪的,依法追究刑事责任;尚不构成犯罪的,由海关没收违法所得,并处罚款。

第八十五条　个人携带、邮寄超过合理数量的自用物品进出境,未依法向海关申报的,责令补缴关税,可以处以罚款。

第八十六条　违反本法规定有下列行为之一的,可以处以罚款,有违法所得的,没收违法所得:
（一）运输工具不经设立海关的地点进出境的;
（二）不将进出境运输工具到达的时间、停留的地点或者更换的地点通知海关的;
（三）进出口货物、物品或者过境、转运、通运货物向海关申报不实的;
（四）不按照规定接受海关对进出境运输工具、货物、物品进行检查、查验的;
（五）进出境运输工具未经海关同意,擅自装卸进出境货物、物品或者上下进出境旅客的;
（六）在设立海关的地点停留的进出境运输工具未经海关同意,擅自驶离的;
（七）进出境运输工具从一个设立海关的地点驶往另一个设立海关的地点,尚未办结海关手续又未经海关批准,中途擅自改驶境外或者境内未设立海关的地点的;

11

（八）进出境运输工具，不符合海关监管要求或者未向海关办理手续，擅自兼营或者改营境内运输的；

（九）由于不可抗力的原因，进出境船舶和航空器被迫在未设立海关的地点停泊、降落或者在境内抛掷、起卸货物、物品，无正当理由，不向附近海关报告的；

（十）未经海关许可，擅自将海关监管货物开拆、提取、交付、发运、调换、改装、抵押、质押、留置、转让、更换标记、移作他用或者进行其他处置的；

（十一）擅自开启或者损毁海关封志的；

（十二）经营海关监管货物的运输、储存、加工等业务，有关货物灭失或者有关记录不真实，不能提供正当理由的；

（十三）有违反海关监管规定的其他行为的。

第八十七条　海关准予从事有关业务的企业，违反本法有关规定的，由海关责令改正，可以给予警告，暂停其从事有关业务，直至撤销注册。

第八十八条　未经海关注册登记从事报关业务的，由海关予以取缔，没收违法所得，可以并处罚款。

第八十九条　报关企业非法代理他人报关或者超出其业务范围进行报关活动的，由海关责令改正，处以罚款；情节严重的，撤销其报关注册登记。

报关人员非法代理他人报关或者超出其业务范围进行报关活动的，由海关责令改正，处以罚款。

第九十条　进出口货物收发货人、报关企业向海关工作人员行贿的，由海关撤销其报关注册登记，并处以罚款；构成犯罪的，依法追究刑事责任，并不得重新注册登记为报关企业。

报关人员向海关工作人员行贿的，处以罚款；构成犯罪的，依法追究刑事责任。

第九十一条　违反本法规定进出口侵犯中华人民共和国法律、行政法规保护的知识产权的货物的，由海关依法没收侵权货物，并处以罚款；构成犯罪的，依法追究刑事责任。

第九十二条　海关依法扣留的货物、物品、运输工具，在人民法院判决或者海关处罚决定作出之前，不得处理。但是，危险品或者鲜活、易腐、易失效等不宜长期保存的货物、物品以及所有人申请先行变卖的货物、物品、运输工具，经直属海关关长或者其授权的隶属海关关长批准，可以先行依法变卖，变卖所得价款由海关保存，并通知其所有人。

人民法院判决没收或者海关决定没收的走私货物、物品、违法所得、走私运输工具、特制设备，由海关依法统一处理，所得价款和海关决定处以的罚款，全部上缴中央国库。

第九十三条　当事人逾期不履行海关的处罚决定又不申请复议或者向人民法院提起诉讼的，作出处罚决定的海关可以将其保证金抵缴或者将其被扣留的货物、物品、运输工具依法变价抵缴，也可以申请人民法院强制执行。

第九十四条　海关在查验进出境货物、物品时，损坏被查验的货物、物品的，应当赔偿实际损失。

第九十五条　海关违法扣留货物、物品、运输工具，致使当事人的合法权益受到损失的，应当依法承担赔偿责任。

第九十六条　海关工作人员有本法第七十二条所列行为之一的，依法给予行政处分；有违法所得的，依法没收违法所得；构成犯罪的，依法追究刑事责任。

第九十七条　海关的财政收支违反法律、行政法规规定的，由审计机关以及有关部门依照法律、行政法规的规定作出处理；对直接负责的主管人员和其他直接责任人员，依法给予行政处分；构成犯罪的，依法追究刑事责任。

第九十八条　未按照本法规定为控告人、检举人、举报人保密的，对直接负责的主管人员和其他直接责任人员，由所在单位或者有关单位依法给予行政处分。

第九十九条　海关工作人员在调查处理违法案件时，未按照本法规定进行回避的，对直接负责的主管人员和其他直接责任人员，依法给予行政处分。

第九章　附　则

第一百条　本法下列用语的含义：

直属海关，是指直接由海关总署领导，负责管理一定区域范围内的海关业务的海关；隶属海关，是指由直属海关领导，负责办理具体海关业务的海关。

进出境运输工具，是指用以载运人员、货物、物品进出境的各种船舶、车辆、航空器和驮畜。

过境、转运和通运货物，是指由境外启运、通过中国境内继续运往境外的货物。其中，通过境内陆路运输的，称过境货物；在境内设立海关的地点换装运输工具，而不通过境内陆路运输的，称转运货物；由船舶、航空器载运进境并由原装运输工具载运出境的，称通运货物。

海关监管货物，是指本法第二十三条所列的进出口货物，过境、转运、通运货物，特定减免税货物，以及暂时进出口货物、保税货物和其他尚未办结海关手续的进出境货物。

保税货物，是指经海关批准未办理纳税手续进境，在境内储存、加工、装配后复运出境的货物。

海关监管区，是指设立海关的港口、车站、机场、国界孔道、国际邮件互换局（交换站）和其他有海关监管业务的场所，以及虽未设立海关，但是经国务院批准的进出境地点。

第一百零一条　经济特区等特定地区同境内其他地区之间往来的运输工具、货物、物品的监管办法，由国务院另行规定。

第一百零二条　本法自1987年7月1日起施行。1951年4月18日中央人民政府公布的《中华人民共和国暂行海关法》同时废止。

中华人民共和国海关统计条例

（国务院令第454号）

（2005年12月25日由国务院发布，2006年3月1日起施行，法规类型为行政法规）

第一条　为了科学、有效地开展海关统计工作，保障海关统计的准确性、及时性、完整性，根据《中华人民共和国海关法》和《中华人民共和国统计法》的有关规定，制定本条例。

第二条　海关统计是海关依法对进出口货物贸易的统计，是国民经济统计的组成部分。

海关统计的任务是对进出口货物贸易进行统计调查、统计分析和统计监督，进行进出口监测预警，编制、管理和公布海关统计资料，提供统计服务。

第三条　海关总署负责组织、管理全国海关统计工作。

海关统计机构、统计人员应当依照《中华人民共和国统计法》、《中华人民共和国统计法实施细则》及本条例的规定履行职责。

第四条　实际进出境并引起境内物质存量增加或者减少的货物，列入海关统计。

进出境物品超过自用、合理数量的，列入海关统计。

第五条　下列进出口货物不列入海关统计：

（一）过境、转运和通运货物；

（二）暂时进出口货物；

（三）货币及货币用黄金；

（四）租赁期 1 年以下的租赁进出口货物；

（五）因残损、短少、品质不良或者规格不符而免费补偿或者更换的进出口货物；

（六）海关总署规定的不列入海关统计的其他货物。

第六条 进出口货物的统计项目包括：

（一）品名及编码；

（二）数量、价格；

（三）经营单位；

（四）贸易方式；

（五）运输方式；

（六）进口货物的原产国（地区）、启运国（地区）、境内目的地；

（七）出口货物的最终目的国（地区）、运抵国（地区）、境内货源地；

（八）进出口日期；

（九）关别；

（十）海关总署规定的其他统计项目。

根据国民经济发展和海关监管需要，海关总署可以对统计项目进行调整。

第七条 进出口货物的品名及编码，按照《中华人民共和国海关统计商品目录》归类统计。

进出口货物的数量，按照《中华人民共和国海关统计商品目录》规定的计量单位统计。《中华人民共和国海关统计商品目录》由海关总署公布。

第八条 进口货物的价格，按照货价、货物运抵中华人民共和国境内输入地点起卸前的运输及其相关费用、保险费之和统计。

出口货物的价格，按照货价、货物运抵中华人民共和国境内输出地点装卸前的运输及其相关费用、保险费之和统计，其中包含的出口关税税额，应当予以扣除。

第九条 进口货物，应当分别统计其原产国（地区）、启运国（地区）和境内目的地。

出口货物，应当分别统计其最终目的国（地区）、运抵国（地区）和境内货源地。

第十条 进出口货物的经营单位，按照在海关注册登记、从事进出口经营活动的法人、其他组织或者个人统计。

第十一条 进出口货物的贸易方式，按照海关监管要求分类统计。

第十二条 进出口货物的运输方式，按照货物进出境时的运输方式统计，包括水路运输、铁路运输、公路运输、航空运输及其他运输方式。

第十三条 进口货物的日期，按照海关放行的日期统计；出口货物的日期，按照办结海关手续的日期统计。

第十四条 进出口货物由接受申报的海关负责统计。

第十五条 海关统计资料包括海关统计原始资料以及以原始资料为基础采集、整理的相关统计信息。

前款所称海关统计原始资料，是指经海关确认的进出口货物报关单及其他有关单证。

第十六条 海关总署应当定期、无偿地向国务院有关部门提供有关综合统计资料。

直属海关应当定期、无偿地向所在地省、自治区、直辖市人民政府有关部门提供有关综合统计资料。

第十七条 海关应当建立统计资料定期公布制度，向社会公布海关统计信息。

海关可以根据社会公众的需要，提供统计服务。

第十八条 海关统计人员对在统计过程中知悉的国家秘密、商业秘密负有保密义务。

第十九条 当事人有权在保存期限内查询自己申报的海关统计原始资料及相关信息，对查询结果有疑问的，可以向海关申请核实，海关应当予以核实，并解答有关问题。

第二十条 海关对当事人依法应当申报的项目有疑问的，可以向当事人提出查询，当事人应当及时作出答复。

第二十一条 依法应当申报的项目未申报或者申报不实影响海关统计准确性的，海关应当责令当事人予以更正，需要予以行政处罚的，依照《中华人民共和国海关行政处罚实施条例》的规定予以处罚。

第二十二条 本条例自 2006 年 3 月 1 日起施行。

中华人民共和国海关统计工作管理规定

（海关总署令第 242 号）

（2018 年 8 月 17 日由海关总署发布，2018 年 10 月 1 日起施行，法规类型为部门规章）

第一章 总 则

第一条 为了科学、有效地开展海关统计工作，保障海关统计的真实性、准确性、完整性和及时性，发挥海关统计服务宏观决策、对外贸易和经济社会发展的作用，根据《中华人民共和国海关法》《中华人民共和国统计法》《中华人民共和国海关统计条例》《中华人民共和国统计法实施条例》以及有关法律、行政法规，制定本规定。

第二条 海关对进出口货物、进出境物品以及有关海关业务的统计工作，适用本规定。

第三条 海关统计工作坚持准确及时、科学完整、国际可比的原则。

第四条 海关对实际进出境并引起境内物质存量增加或者减少的货物实施进出口货物贸易统计；根据管理需要，对其他海关监管货物实施单项统计；对海关进出境监督管理活动和内部管理事务实施海关业务统计。

第五条 海关工作人员对在统计过程中知悉的国家秘密、商业秘密、海关工作秘密负有保密义务。

第二章 统计调查与统计监督

第六条 海关根据统计工作需要，可以向进出口货物的收发货人或者其代理人以及有关政府部门、行业协会和相关企业等统计调查对象开展统计调查。

统计调查对象应当配合海关统计调查，提供真实、准确、完整的有关资料和信息。

第七条 海关利用行政记录全面采集统计原始资料。行政记录不能满足统计调查需要的，海关通过抽样调查、重点调查和补充调查等方法采集统计原始资料。

第八条 对统计调查中获得的统计原始资料，海关可以进行整理、筛选和审核。

第九条 海关对统计原始资料有疑问的，可以直接向统计调查对象提出查询，收集相关资料，必要时可以实地检查、核对。

海关可以委托社会中介机构收集有关资料或者出具专业意见。

第十条 海关运用统计数据，对业务运行情况和海关执法活动进行监测、评估，为海关管理提供决策依据。

第十一条 海关可以运用统计数据开展以下工作：
（一）对进出口商品等情况进行监测；
（二）对进出口企业贸易活动进行监督，依法处置弄虚作假行为。

第十二条 海关统计监督结果可以用于评估海关业务运行绩效，并作为海关实施风险管理、企业信用管理以及行政处罚等执法措施的依据。

第三章 统计分析与统计服务

第十三条 海关应当对统计数据进行分析，研究对外贸易和海关业务运行特点、趋势和规律，开展动态预警工作。

第十四条 海关应当综合运用定量与定性等统计分析方法，对统计数据进行加工整理，形成分析报告。

海关可以联合其他政府部门、科研机构、行业协会等共同开展统计分析。

第十五条 海关总署向党中央、国务院报送海关统计快报、月报、分析报告等统计信息。

第十六条 海关总署与国务院其他部门共享全国海关统计信息。经海关总署批准，各直属海关统计信息根据地方政府实际需要予以共享。

第十七条 海关统计快报、月报、年报等统计信息通过海关门户网站、新闻发布会等便于公众知晓的方式向社会公布。

海关总署每年 12 月对外公告下一年度向社会公布海关统计信息的时间。

第十八条 除依法主动公开的海关统计信息外，海关可以根据社会公众的需要，提供统计服务。

第十九条 海关应当建立统计信息发布前的审查机制，涉及国家秘密、商业秘密、海关工作秘密的统计信息不得对外公布或者提供。

第四章 统计资料编制与管理

第二十条 海关总署负责管理全国海关统计资料。直属海关负责管理本关区统计资料。

第二十一条 根据国民经济发展和海关监管需要，海关可以对统计项目进行调整。

第二十二条 海关统计快报、月报和年报等统计资料分别按照公历月和公历年汇总编制。

第二十三条 海关统计电子数据以及海关统计月报、年报等海关统计信息永久保存。

第五章 附 则

第二十四条 海关工作人员不得自行、参与或者授意篡改海关统计资料、编造虚假数据。

海关工作人员在统计工作中玩忽职守、滥用职权、徇私舞弊的，依法给予处分；构成犯罪的，依法追究刑事责任。

第二十五条 依法应当申报的项目未申报或者申报不实影响海关单项统计准确性的，由海关予以警告或者处 1000 元以上 1 万元以下罚款。

第二十六条 统计调查对象拒绝、阻碍统计调查，或者提供不真实、不准确、不完整的统计原始资料，或者转移、藏匿、篡改、毁弃统计原始资料的，依照《中华人民共和国统计法》的有关规定处理。

第二十七条 本规定下列用语的含义：

海关统计资料，是指海关统计原始资料以及以海关统计原始资料为基础采集、整理的海关统计信息。

海关统计原始资料，是指经海关确认的《中华人民共和国进出口货物报关单》等报关单证及其随附单证和其他相关资料，以及海关实施抽样调查、重点调查和补充调查采集的原始资料。

海关统计信息，是指海关统计电子数据、海关统计快报、月报、年报以及海关统计分析报告等信息。

第二十八条 本规定由海关总署负责解释。

第二十九条 本规定自2018年10月1日起施行。2006年9月12日以海关总署令第153号公布的《中华人民共和国海关统计工作管理规定》同时废止。

中华人民共和国海关行政裁定管理暂行办法

（海关总署令第92号）

（2001年12月24日由海关总署发布，2002年1月1日起施行，法规类型为部门规章）

第一条 为便利对外贸易经营者办理海关手续，方便合法进出口，提高通关效率，根据《中华人民共和国海关法》的有关规定，特制定本办法。

第二条 海关行政裁定是指海关在货物实际进出口前，应对外贸易经营者的申请，依据有关海关法律、行政法规和规章，对与实际进出口活动有关的海关事务作出的具有普遍约束力的决定。

行政裁定由海关总署或总署授权机构作出，由海关总署统一对外公布。

行政裁定具有海关规章的同等效力。

第三条 本办法适用于以下海关事务：

（一）进出口商品的归类；

（二）进出口货物原产地的确定；

（三）禁止进出口措施和许可证件的适用；

（四）海关总署决定适用本办法的其他海关事务。

第四条 海关行政裁定的申请人应当是在海关注册登记的进出口货物经营单位。

申请人可以自行向海关提出申请，也可以委托他人向海关提出申请。

第五条 除特殊情况外，海关行政裁定的申请人，应当在货物拟作进口或出口的3个月前向海关总署或者直属海关提交书面申请。

一份申请只应包含一项海关事务。申请人对多项海关事务申请行政裁定的，应当逐项提出。

申请人不得就同一项海关事务向两个或者两个以上海关提交行政裁定申请。

第六条 申请人应当按照海关要求填写行政裁定申请书（格式见附件），主要包括下列内容：

（一）申请人的基本情况；

（二）申请行政裁定的事项；

（三）申请行政裁定的货物的具体情况；

（四）预计进出口日期及进出口口岸；

（五）海关认为需要说明的其他情况。

第七条 申请人应当按照海关要求提供足以说明申请事项的资料，包括进出口合同或意向书的复印件、图片、说明书、分析报告等。

申请书所附文件如为外文，申请人应同时提供外文原件及中文译本。

申请书应当加盖申请人印章，所提供文件与申请书应当加盖骑缝章。

申请人委托他人申请的，应当提供授权委托书及代理人的身份证明。

第八条 海关认为必要时，可要求申请人提供货物样品。

第九条 申请人为申请行政裁定向海关提供的资料，如果涉及商业秘密，可以要求海关予以保密。除司法程序要求提供的以外，未经申请人同意，海关不应泄露。

申请人对所提供资料的保密要求，应当书面向海关提出，并具体列明需要保密的内容。

第十条 收到申请的直属海关应当按照本办法第六、七、八条规定对申请资料进行初审。对符合规定的申请，自接受申请之日起3个工作日内移送海关总署或总署授权机构。

申请资料不符合有关规定的，海关应当书面通知申请人在10个工作日内补正。申请人逾期不补正的，视为撤回申请。

第十一条 海关总署或授权机构应当自收到申请书之日起15个工作日内，审核决定是否受理该申请，并书面告知申请人。对不予受理的应当说明理由。

第十二条 有下列情形之一的，海关不予受理：

（一）申请不符合本办法第三、四、五条规定的；

（二）申请与实际进出口活动无关的；

（三）就相同海关事务，海关已经作出有效行政裁定或者其他明确规定的；

（四）经海关认定不予受理的其他情形。

第十三条 海关在受理申请后，作出行政裁定以前，可以要求申请人补充提供相关资料或货物样品。

申请人在规定期限内未能提供有效、完整的资料或样品，影响海关作出行政裁定的，海关可以终止审查。

申请人主动向海关提供新的资料或样品作为补充的，应当说明原因。海关审查决定是否采用。

海关接受补充材料的，根据补充的事实和资料为依据重新审查，作出行政裁定的期限自收到申请人补充材料之日重新计算。

第十四条 申请人可以在海关作出行政裁定前以书面形式向海关申明撤回其申请。

第十五条 海关对申请人申请的海关事务应当根据有关事实和材料，依据有关法律、行政法规、规章进行审查并作出行政裁定。

审查过程中，海关可以征求申请人以及其他利害关系人的意见。

第十六条 海关应当自受理申请之日起60日内作出行政裁定。

海关作出的行政裁定应当书面通知申请人，并对外公布。

第十七条 海关作出的行政裁定自公布之日起在中华人民共和国关境内统一适用。

进口或者出口相同情形的货物，应当适用相同的行政裁定。

对于裁定生效前已经办理完毕裁定事项有关手续的进出口货物，不适用该裁定。

第十八条 海关作出行政裁定所依据的法律、行政法规及规章中的相关规定发生变化，影响行政裁定效力的，原行政裁定自动失效。

海关总署应当定期公布自动失效的行政裁定。

第十九条 有下列情形之一的，由海关总署撤销原行政裁定：

（一）原行政裁定错误的；

（二）因申请人提供的申请文件不准确或者不全面，造成原行政裁定需要撤销的；

（三）其他需要撤销的情形。

海关撤销行政裁定的,应当书面通知原申请人,并对外公布。撤销行政裁定的决定,自公布之日起生效。

经海关总署撤销的行政裁定对已经发生的进出口活动无溯及力。

第二十条 进出口活动的当事人对于海关作出的具体行政行为不服,并对该具体行政行为依据的行政裁定持有异议的,可以在对具体行政行为申请复议的同时一并提出对行政裁定的审查申请。复议海关受理该复议申请后应将其中对于行政裁定的审查申请移送海关总署,由总署作出审查决定。

第二十一条 行政裁定的申请人应对申请内容及所提供资料的真实性、完整性负责。向海关隐瞒真实情况或提供虚假材料的,应当承担相应的法律责任。

第二十二条 本办法由海关总署负责解释。

第二十三条 本办法自 2002 年 1 月 1 日起实施。

附件:中华人民共和国海关行政裁定申请书(格式1、2、3)(略)

中华人民共和国海关预裁定管理暂行办法

(海关总署令第 236 号)

(2017 年 12 月 26 日由海关总署发布,2018 年 2 月 1 日起施行,法规类型为部门规章)

第一条 为了促进贸易安全与便利,优化营商环境,增强企业对进出口贸易活动的可预期性,根据《中华人民共和国海关法》以及有关法律、行政法规和我国政府缔结或者加入的有关国际条约、协定的规定,制定本办法。

第二条 在货物实际进出口前,海关应申请人的申请,对其与实际进出口活动有关的海关事务作出预裁定,适用本办法。

第三条 在货物实际进出口前,申请人可以就下列海关事务申请预裁定:

(一)进出口货物的商品归类;

(二)进出口货物的原产地或者原产资格;

(三)进口货物完税价格相关要素、估价方法;

(四)海关总署规定的其他海关事务。

前款所称"完税价格相关要素",包括特许权使用费、佣金、运保费、特殊关系,以及其他与审定完税价格有关的要素。

第四条 预裁定的申请人应当是与实际进出口活动有关,并且在海关注册登记的对外贸易经营者。

第五条 申请人申请预裁定的,应当提交《中华人民共和国海关预裁定申请书》(以下简称《预裁定申请书》)以及海关要求的有关材料。材料为外文的,申请人应当同时提交符合海关要求的中文译本。

申请人应当对提交材料的真实性、准确性、完整性、规范性承担法律责任。

第六条 申请人需要海关为其保守商业秘密的,应当以书面方式向海关提出要求,并且列明具体内容。海关按照国家有关规定承担保密义务。

第七条 申请人应当在货物拟进出口 3 个月之前向其注册地直属海关提出预裁定申请。

特殊情况下，申请人确有正当理由的，可以在货物拟进出口前3个月内提出预裁定申请。

一份《预裁定申请书》应当仅包含一类海关事务。

第八条 海关应当自收到《预裁定申请书》以及相关材料之日起10日内审核决定是否受理该申请，制发《中华人民共和国海关预裁定申请受理决定书》或者《中华人民共和国海关预裁定申请不予受理决定书》。

申请材料不符合有关规定的，海关应当在决定是否受理前一次性告知申请人在规定期限内进行补正，制发《中华人民共和国海关预裁定申请补正通知书》。补正申请材料的期间，不计入本条第一款规定的期限内。

申请人未在规定期限内提交材料进行补正的，视为未提出预裁定申请。

海关自收到《预裁定申请书》以及相关材料之日起10日内未作出是否受理的决定，也没有一次性告知申请人进行补正的，自收到材料之日起即为受理。

第九条 有下列情形之一的，海关应当作出不予受理决定，并且说明理由：

（一）申请不符合本办法第三条、第四条、第五条或者第七条规定的；

（二）海关规章、海关总署公告已经对申请预裁定的海关事务有明确规定的；

（三）申请人就同一事项已经提出预裁定申请并且被受理的。

第十条 海关对申请人申请预裁定的海关事务应当依据有关法律、行政法规、海关规章以及海关总署公告作出预裁定决定，制发《中华人民共和国海关预裁定决定书》（以下简称《预裁定决定书》）。

作出预裁定决定过程中，海关可以要求申请人在规定期限内提交与申请海关事务有关的材料或者样品；申请人也可以向海关补充提交有关材料。

第十一条 海关应当自受理之日起60日内制发《预裁定决定书》。

《预裁定决定书》应当送达申请人，并且自送达之日起生效。需要通过化验、检测、鉴定、专家论证或者其他方式确定有关情况的，所需时间不计入本条第一款规定的期限内。

第十二条 有下列情形之一的，海关可以终止预裁定，并且制发《中华人民共和国海关终止预裁定决定书》：

（一）申请人在预裁定决定作出前以书面方式向海关申明撤回其申请，海关同意撤回的；

（二）申请人未按照海关要求提供有关材料或者样品的；

（三）由于申请人原因致使预裁定决定未能在第十一条第一款规定的期限内作出的。

第十三条 预裁定决定有效期为3年。

预裁定决定所依据的法律、行政法规、海关规章以及海关总署公告相关规定发生变化，影响其效力的，预裁定决定自动失效。

申请人就海关对其作出的预裁定决定所涉及的事项，在有效期内不得再次申请预裁定。

第十四条 预裁定决定对于其生效前已经实际进出口的货物没有溯及力。

第十五条 申请人在预裁定决定有效期内进出口与预裁定决定列明情形相同的货物，应当按照预裁定决定申报，海关予以认可。

第十六条 已生效的预裁定决定有下列情形之一的，由海关予以撤销，并且通知申请人：

（一）因申请人提供的材料不真实、不准确、不完整，造成预裁定决定需要撤销的；

（二）预裁定决定错误的；

（三）其他需要撤销的情形。

撤销决定自作出之日起生效。依照前款第（一）项的规定撤销预裁定决定的，经撤销的预裁定决定自始无效。

第十七条 除涉及商业秘密的外，海关可以对外公开预裁定决定的内容。

第十八条 申请人对预裁定决定不服的，可以向海关总署申请行政复议；对复议决定不服的，可以依法向人民法院提起行政诉讼。

第十九条 申请人提供虚假材料或者隐瞒相关情况的，海关给予警告，可以处 1 万元以下罚款。

第二十条 本办法列明的法律文书，由海关总署另行制定格式文本并且发布。

本办法关于期限规定的"日"是指自然日。

第二十一条 本办法由海关总署负责解释。

第二十二条 本办法自 2018 年 2 月 1 日起施行。

中华人民共和国海关行政赔偿办法

（海关总署令第 101 号）

（2003 年 3 月 24 日由海关总署发布，2003 年 5 月 1 日起施行，法规类型为部门规章）

第一章 总 则

第一条 为保护公民、法人和其他组织依法取得行政赔偿的权利，促进海关及其工作人员依法行使职权，保证各级海关依法、正确、及时处理行政赔偿案件，根据《中华人民共和国国家赔偿法》（以下简称《国家赔偿法》）、《中华人民共和国海关法》（以下简称《海关法》）以及有关法律、行政法规，制定本办法。

第二条 各级海关办理行政赔偿案件，包括因海关及其工作人员违法行使行政职权导致的行政赔偿和依法对进出境货物、物品实施查验而发生的查验赔偿，适用本办法。

第三条 海关负责法制工作的机构是海关行政赔偿主管部门，履行下列职责：

（一）受理行政赔偿申请；

（二）审理行政赔偿案件，提出赔偿意见；

（三）拟定行政赔偿决定书等有关法律文书；

（四）办理行政复议附带行政赔偿案件、行政赔偿复议案件；

（五）执行生效的行政赔偿法律文书；

（六）对追偿提出处理意见；

（七）办理行政赔偿诉讼的应诉事项；

（八）办理与行政赔偿案件有关的其他事项。

第四条 办理赔偿案件应当遵循合法、公正、公开、及时的原则，坚持有错必纠。

第二章 赔偿范围

第一节 行政赔偿

第五条 海关及其工作人员有下列违法行使行政职权，侵犯公民人身权情形之一的，受害人有取得赔偿的权利：

（一）违法扣留公民的，具体包括：

1. 对没有走私犯罪嫌疑的公民予以扣留的；

2. 未经直属海关关长或者其授权的隶属海关关长批准实施扣留的；

3. 扣留时间超过法律规定期限的；
4. 有其他违法情形的。
（二）违法采取其他限制公民人身自由的行政强制措施的；
（三）非法拘禁或者以其他方法非法剥夺公民人身自由的；
（四）以殴打等暴力行为或者唆使他人以殴打等暴力行为造成公民身体伤害或者死亡的；
（五）违法使用武器、警械造成公民身体伤害或者死亡的；
（六）造成公民身体伤害或者死亡的其他违法行为。

第六条 海关及其工作人员有下列违法行使行政职权，侵犯公民、法人或者其他组织财产权情形之一的，受害人有取得赔偿的权利：
（一）违法实施罚款，没收货物、物品、运输工具或其他财产，追缴无法没收的货物、物品、运输工具的等值价款，暂停或者撤销企业从事有关海关业务资格及其他行政处罚的；
（二）违法对生产设备、货物、物品、运输工具等财产采取扣留、封存等行政强制措施的；
（三）违法收取保证金、风险担保金、抵押物、质押物的；
（四）违法收取滞报金、监管手续费等费用的；
（五）违法采取税收强制措施和税收保全措施的；
（六）擅自使用扣留的货物、物品、运输工具或者其他财产，造成损失的；
（七）对扣留的货物、物品、运输工具或者其他财产不履行保管职责，严重不负责任，造成财物毁损、灭失的，但依法交由有关单位负责保管的情形除外；
（八）违法拒绝接受报关、核销等请求，拖延监管，故意刁难，或不履行其他法定义务，给公民、法人或者其他组织造成财产损失的；
（九）变卖财产应当拍卖而未依法拍卖，或者有其他违法处理情形造成直接损失的；
（十）造成财产损害的其他违法行为。

第七条 属于下列情形之一的，海关不承担行政赔偿责任：
（一）海关工作人员与行使职权无关的个人行为；
（二）因公民、法人和其他组织自己的行为致使损害发生的；
（三）因不可抗力造成损害后果的；
（四）法律规定的其他情形。
因公民、法人和其他组织的过错致使损失扩大的，对扩大部分海关不承担赔偿责任。

第二节 查验赔偿

第八条 根据《海关法》第九十四条的规定，海关在依法查验进出境货物、物品时，损坏被查验的货物、物品的，应当赔偿当事人的实际损失。

第九条 有下列情形之一的，海关不承担赔偿责任：
（一）属于本办法第七条规定的情形的；
（二）由于当事人或其委托的人搬移、开拆、重封包装或保管不善造成的损失；
（三）易腐、易失效货物、物品在海关正常工作程序所需要时间内（含代保管期间）所发生的变质或失效，当事人事先未向海关声明或者海关已采取了适当的措施仍不能避免的；
（四）海关正常检查产生的不可避免的磨损和其他损失；
（五）在海关查验之前所发生的损坏和海关查验之后发生的损坏；
（六）海关为化验、取证等目的而提取的货样。

第三章 赔偿请求人和赔偿义务机关

第十条 受害的公民、法人和其他组织有权要求赔偿。

受害的公民死亡，其继承人和其他有扶养关系的亲属以及死者生前扶养的无劳动能力的人有权要求赔偿。

受害的法人或者其他组织终止，承受其权利的法人或者其他组织有权要求赔偿。

第十一条 赔偿请求人为无民事行为能力人或者限制民事行为能力人的，由其法定代理人或指定代理人代为要求赔偿。

第十二条 海关及其工作人员违法行使行政职权侵犯公民、法人和其他组织的合法权益造成损害的，该海关为赔偿义务机关。

两个以上海关共同行使行政职权时侵犯公民、法人和其他组织的合法权益造成损害的，共同行使行政职权的海关为共同赔偿义务机关。

海关依法设立的派出机构行使行政职权侵犯公民、法人和其他组织的合法权益造成损害的，设立该派出机构的海关为赔偿义务机关。

受海关委托的组织或者个人在行使受委托的行政权力时侵犯公民、法人和其他组织的合法权益造成损害的，委托的海关为赔偿义务机关。

第十三条 海关查验进出境货物、物品时，损坏被查验的货物、物品的，实施查验的海关为赔偿义务机关。

第十四条 赔偿义务机关被撤销的，继续行使其职权的海关为赔偿义务机关；没有继续行使其职权的海关的，该海关的上一级海关为赔偿义务机关。

第十五条 经行政复议机关复议的，最初造成侵权行为的海关为赔偿义务机关，但复议机关的复议决定加重损害的，复议机关对加重的部分履行赔偿义务。

第四章　赔偿程序

第一节　行政赔偿程序

第十六条 赔偿义务机关对依法确认有本办法第五条、第六条规定的情形之一，侵犯公民、法人或者其他组织合法权益的，应当给予赔偿。

第十七条 赔偿请求人要求行政赔偿应当先向赔偿义务机关提出，也可以在申请行政复议和提起行政诉讼时一并提出。

赔偿请求人可以向共同赔偿义务机关中的任何一个赔偿义务机关要求赔偿，该赔偿义务机关应当先予赔偿。

赔偿请求人根据受到的不同损害，可以同时提出数项赔偿要求。

第十八条 赔偿请求人要求赔偿应当递交申请书，申请书应当载明下列事项：

（一）赔偿请求人的姓名、性别、年龄、工作单位和住所，赔偿请求人为法人或者其他组织的，应当写明法人或者其他组织的名称、住所和法定代表人或者主要负责人的姓名、职务；

（二）具体的要求、事实根据和理由；

（三）申请的年、月、日。

赔偿请求人书写申请书确有困难的，可以委托他人代书；赔偿请求人也可以口头申请。口头申请的，赔偿义务机关应当制作《行政赔偿口头申请记录》，并当场交由赔偿请求人签章确认。

第十九条 赔偿请求人委托代理人代为参加赔偿案件处理的，应当向海关出具委托书，委托书应当具体载明下列事项：

（一）委托人姓名（法人或者其他组织的名称、法定代表人的姓名、职务）、代理人姓名、性别、年龄、职业、地址和邮政编码；

（二）代理人代为提起、变更、撤回赔偿请求、递交证据材料、收受法律文书等代理权

限;

（三）代理人参加赔偿案件处理的期间；

（四）委托日期及委托人、代理人签章。

第二十条 同赔偿案件处理结果有利害关系的其他公民、法人或者其他组织，可以作为第三人参加赔偿案件处理。

申请以第三人身份参加赔偿案件处理的，应当以书面形式提出，并对其与赔偿案件处理结果有利害关系负举证责任。赔偿义务机关认为必要时，也可以通知第三人参加。

第三人参加赔偿案件处理的，赔偿义务机关应当制作《第三人参加行政赔偿案件处理通知书》，并送达第三人、赔偿请求人。

第二十一条 赔偿请求人要求赔偿时，应当提供符合受理条件的相应的证据材料。

本办法第十条第二款规定的赔偿请求人要求赔偿的，还应当提供公民死亡的证明及赔偿请求人与死亡公民之间的关系证明；本办法第十条第三款规定的赔偿请求人要求赔偿的，还应当提供原法人或者其他组织终止的证明，以及承受其权利的证明。

第二十二条 赔偿义务机关收到赔偿申请后，应当在五个工作日内进行审查，分别作出以下处理：

（一）对不符合本办法规定，有下列情形之一的，决定不予受理，制作《行政赔偿申请不予受理决定书》，并送达赔偿请求人：

1. 赔偿请求人不是本办法第十条规定的有权要求赔偿的公民、法人和其他组织；

2. 不属于本办法第五条、第六条规定的行政赔偿范围；

3. 超过法定请求赔偿的期限，且无本办法第六十一条第二款规定情形的；

4. 已向复议机关申请复议或者已向人民法院提起行政诉讼，复议机关或人民法院已经依法受理的；

5. 以海关制定发布的行政规章或者具有普遍约束力的规定，决定侵犯其合法权益造成损害为由，请求赔偿的。

（二）对未经依法确认违法的具体行政行为请求赔偿的，如该具体行政行为尚在法定的复议、诉讼期限内，应当书面告知申请人有权依法向上一级海关申请行政复议或者向人民法院提起行政诉讼，并可以一并提出赔偿请求；经告知后，申请人要求赔偿义务机关直接对侵权行为的违法性予以确认并作出赔偿决定的，赔偿义务机关应当予以受理。如该具体行政行为已超过法定的复议、诉讼期限，应当作为申诉案件处理，并书面通知当事人，原具体行政行为经申诉确认违法后，可以依法请求赔偿。

（三）对材料不齐备的，应当在审查期限内书面告知赔偿请求人补正材料；

（四）对符合本办法规定，但是本海关不是赔偿义务机关的，应当在审查期限内书面告知申请人向赔偿义务机关提出；

（五）对符合本办法有关规定且属于本海关受理的赔偿申请，决定受理，制作《行政赔偿申请受理决定书》并送达赔偿请求人。

决定受理的，赔偿主管部门收到申请之日即为受理之日；经赔偿请求人补正材料后决定受理的，赔偿主管部门收到补正材料之日为受理之日。

第二十三条 两个以上赔偿请求人对赔偿义务机关的同一行为分别提出赔偿申请的，赔偿义务机关可以并案审理，并以收到后一个申请的日期为正式受理的日期。

第二十四条 对赔偿请求人依法提出的赔偿申请，赔偿义务机关无正当理由不予受理的，上一级海关应当责令其受理，并制作《责令受理行政赔偿申请通知书》。

第二十五条 赔偿案件审理原则上采用书面审查的办法。赔偿请求人提出要求或者赔偿主管部门认为有必要时，可以向有关组织和人员调查情况，听取赔偿请求人、第三人的意见。

第二十六条 审理赔偿案件实行合议制。

实行合议制参照《中华人民共和国海关实施〈行政复议法〉办法》以及海关审理行政复议案件实行合议制的有关规定执行。

第二十七条 合议人员与赔偿案件有利害关系或者其他关系可能影响案件公正处理的，应当回避。

有前款所述情形的，合议人员应当申请回避，赔偿请求人、第三人及其代理人也有权申请合议人员回避。

赔偿义务机关合议人员的回避由赔偿主管部门的负责人决定，赔偿主管部门负责人的回避由赔偿义务机关负责人决定。

第二十八条 赔偿请求人向赔偿义务机关提出行政赔偿请求的，如海关及其工作人员行使职权的行为已经依法确认违法或者不违法的，赔偿义务机关应当根据已经确认的结果依法作出赔偿或者不予赔偿的决定；如未经依法确认的，赔偿义务机关应当先对海关及其工作人员行使职权的行为是否违法予以确认，再依法作出赔偿或者不予赔偿的决定。

第二十九条 有下列生效法律文书或证明材料的，应当视为被请求赔偿的海关及其工作人员行使行政职权的行为已被依法确认违法：

（一）赔偿义务机关对本海关及其工作人员行使行政职权的行为认定为违法的文书；

（二）赔偿义务机关以本海关及其工作人员行使行政职权的行为违法为由决定予以撤销、变更的文书；

（三）复议机关确认原具体行政行为违法或者以原具体行政行为违法为由予以撤销、变更的复议决定书；

（四）上级海关确认原具体行政行为违法或者以原具体行政行为违法为由予以撤销、变更的其他法律文书；

（五）人民法院确认原具体行政行为违法或者以原具体行政行为违法为由予以撤销、变更的行政判决书、裁定书。

第三十条 赔偿请求人对其主张及造成财产损失和人身损害的事实负有举证责任，应当提供相应的证据。

第三十一条 在赔偿义务机关受理赔偿申请之后，赔偿决定作出之前，有下列情形之一的，应当终止赔偿案件审理，制作《行政赔偿案件终止决定书》，并送达赔偿请求人、第三人：

（一）赔偿请求人申请撤回赔偿申请的；

（二）发现在受理赔偿申请之前赔偿请求人已向复议机关申请复议或者已向人民法院提起行政诉讼，并且复议机关或人民法院已经依法受理的；

（三）有其他应当终止的情形的。

第三十二条 海关行政赔偿主管部门应当对行政赔偿案件进行审查，提出处理意见。处理意见经赔偿义务机关负责人同意或者经赔偿义务机关案件审理委员会讨论通过后，按照下列规定作出决定：

（一）有下列情形之一的，依法作出不予赔偿的决定：

1. 海关及其工作人员行使行政职权的行为是依法作出，没有违法情形的；

2. 海关及其工作人员行使职权的行为虽然已被依法确认为违法，但未造成公民、法人或其他组织直接财产损失或公民人身损害的；

3. 已经确认违法的行为与公民、法人或其他组织受到的财产损失或公民人身损害没有直接因果关系的；

4. 属于本办法第七条第一款规定的情形之一的。

（二）对已被确认为违法的海关及其工作人员行使行政职权的行为直接造成了公民、法人或其他组织财产损失或公民人身损害的，依法作出赔偿的决定。

赔偿义务机关依据以上规定作出赔偿或者不予赔偿决定，应当分别制作《行政赔偿决定书》或者《不予行政赔偿决定书》，并送达赔偿请求人和第三人。

第三十三条 赔偿请求人向共同赔偿义务机关要求赔偿的，最先收到赔偿申请的赔偿义务机关为赔偿案件的办理机关。

办理机关收到赔偿申请后，应当将赔偿申请书副本送达其他赔偿义务机关，经与其他赔偿义务机关取得一致意见后，依法作出赔偿或者不予赔偿决定，并制作决定书。决定赔偿的，同时开具赔偿金额分割单。决定书和赔偿金额分割单应当由共同赔偿义务机关签章确认。共同赔偿义务机关不能取得一致意见的，由共同赔偿义务机关报请它们的共同上级海关作出决定。

第三十四条 侵权行为已经确认违法的，赔偿义务机关也可以在合法、自愿的前提下，就赔偿范围、赔偿方式和赔偿数额与赔偿请求人进行协商，协商成立的，应当制作《行政赔偿协议书》，并由双方签章确认。

达成赔偿协议后，赔偿请求人以同一事实和理由再次请求赔偿的，不予受理。

第三十五条 赔偿义务机关应当自受理赔偿申请之日起两个月内依法作出赔偿或者不予赔偿的决定。但有下列情形之一的，期间中止，从中止期间的原因消除之日起，赔偿义务机关作出决定的期间继续计算：

（一）赔偿请求人死亡，需要等待其继承人或其他有扶养关系的亲属以及死者生前扶养的无劳动能力的人表明是否参加赔偿案件处理的；

（二）作为赔偿请求人的法人或者其他组织终止，需要等待其权利承受人的确定以及其权利承受人表明是否参加赔偿案件处理的；

（三）赔偿请求人丧失行为能力，尚未确定其法定代理人或指定代理人的；

（四）赔偿请求人因不可抗拒的事由，不能参加赔偿案件处理的；

（五）需要依据司法机关、其他行政机关、组织的决定或者结论作出决定的；

（六）其他应当中止的情形。

赔偿义务机关违反上述规定逾期不作出决定的，赔偿请求人可以自期间届满之日起六十日内向赔偿义务机关的上一级海关申请行政复议，赔偿请求人对不予赔偿的决定或对赔偿数额、赔偿方式等有异议的，可以自收到决定之日起六十日内向赔偿义务机关的上一级海关申请行政复议；赔偿请求人也可以自期间届满之日或者收到决定书之日起三个月内向人民法院提起诉讼。

第三十六条 申请人在申请行政复议时一并提出赔偿请求的，复议机关应当根据《中华人民共和国行政复议法》、《中华人民共和国海关实施〈行政复议法〉办法》的有关规定办理。

复议机关对原具体行政行为确认违法或者合法的，应当依据本办法的有关规定在行政复议决定书中一并作出赔偿或者不予赔偿的决定。

申请人对复议决定不服的，可以在收到复议决定书之日起十五日内向人民法院提起诉讼；复议机关逾期不作决定的，申请人可以在复议期满之日起十五日内向人民法院提起诉讼。

第三十七条 赔偿义务机关应当履行行政赔偿决定、行政赔偿协议、行政复议决定以及发生法律效力的行政赔偿判决、裁定或调解书。

赔偿义务机关不履行或者无正当理由拖延履行的，上一级海关应当责令其限期履行。

第二节　查验赔偿程序

第三十八条 海关关员在查验货物、物品时损坏被查验货物、物品的，应当如实填写《中华人民共和国海关查验货物、物品损坏报告书》（以下简称《海关查验货物、物品损坏报告书》）一式两份，由查验关员和当事人双方签字，一份交当事人，一份留海关存查。

海关依法径行开验、复验或者提取货样时，应当会同有关货物、物品保管人共同进行。如造成货物、物品损坏，查验关员应当请在场的保管人员作为见证人在《海关查验货物、物品损坏报告书》上签字，并及时通知当事人。

第三十九条　实施查验的海关应当自损坏被查验的货物、物品之日起两个月内确定赔偿金额，并填制《海关损坏货物、物品赔偿通知单》（以下简称《通知单》）送达当事人。

第四十条　当事人应当自收到《通知单》之日起三个月内凭《通知单》向海关领取赔款，或将银行账号通知海关划拨。逾期无正当理由不向海关领取赔款、不将银行账号通知海关划拨的，不再赔偿。

第四十一条　当事人对赔偿有异议的，可以在收到《通知单》之日起六十日内向作出赔偿决定的海关的上一级海关申请行政复议，对复议决定不服的，可以在收到复议决定之日起十五日内向人民法院提起诉讼；也可以自收到《通知单》之日起三个月内直接向人民法院提起诉讼。

第五章　赔偿方式和计算标准

第四十二条　有本办法第六条规定情形，侵犯公民、法人和其他组织的财产权造成损害的，按照以下规定予以赔偿：

（一）能够返还财产或者恢复原状的，予以返还财产或者恢复原状；

（二）造成财产损坏的，赔偿修复所需费用或者按照损害程度予以赔偿；

（三）造成财产灭失的，按违法行为发生时当地市场价格予以赔偿，灭失的财产属于尚未缴纳税款的进境货物、物品的，按海关依法审定的完税价格予以赔偿；

（四）财产已依法拍卖或者变卖的，给付拍卖或者变卖所得的价款；

（五）扣留的财产因海关保管不当或不依法拍卖、变卖造成损失的，对直接损失部分予以赔偿；

（六）导致仓储费、运费等费用增加的，对增加部分予以赔偿；

（七）造成停产停业的，赔偿停产停业期间的职工工资、税金、水电费等必要的经常性费用；

（八）对财产造成其他损害的，按照直接损失确定赔偿金额。

第四十三条　侵害公民人身权利的，依照《国家赔偿法》第四章的有关规定，确定赔偿方式及赔偿金额。

第四十四条　海关依法查验进出境货物、物品时，损坏被查验的货物、物品的，应当在货物、物品受损程度确定后，以海关依法审定的完税价格为基数，确定赔偿金额。

赔偿的金额，应当根据被损坏的货物、物品或其部件受损耗程度或修理费用确定，必要时，可以凭公证机构出具的鉴定证明确定。

第六章　赔偿费用

第四十五条　依据生效的赔偿决定或者其他法律文书，需要返还财产的，依照下列规定返还：

（一）尚未上交财政的财产，由赔偿义务机关负责返还；

（二）已经上交财政的款项，由赔偿义务机关逐级向海关总署财务主管部门上报，由海关总署向国家财政部门申请返还。

第四十六条　需要支付赔偿金的，由赔偿义务机关先从本单位缉私办案费中垫支，并向海关总署财务主管部门作专项申请，由海关总署向国家财政部门申请核拨国家赔偿费用。

第四十七条 申请核拨国家赔偿费用或者申请返还已经上交财政的财产，应当根据具体情况，提供下列有关文件或者文件副本：
（一）赔偿请求人请求赔偿的申请书；
（二）赔偿义务机关作出的赔偿决定书或者赔偿协议书；
（三）复议机关的复议决定书；
（四）人民法院的判决书、裁定书或者行政赔偿调解书；
（五）赔偿义务机关对有故意或者重大过失的责任人依法进行行政处分和实施追偿的意见或者决定；
（六）财产已经上交财政的有关凭据；
（七）国家财政部门要求提供的其他文件或者文件副本。

第四十八条 赔偿义务机关向赔偿请求人支付国家赔偿费用或者返还财产，赔偿请求人应当出具合法收据或者其他有效凭证，收据或者其他凭证的副本应当报送国家财政部门备案。

第四十九条 海关依法查验进出境货物、物品时，损坏被查验的货物、物品而发生的查验赔偿，其赔偿费用由各海关从缉私办案费中支付。

第七章 责任追究与追偿

第一节 责任追究

第五十条 对有本办法第五条、第六条所列行为导致国家赔偿的有故意或者重大过失的责任人员，由有关部门依法给予行政处分；有违法所得的，依法没收违法所得；构成犯罪的，依法追究刑事责任。

第二节 追偿

第五十一条 行政赔偿义务机关赔偿损失后，应当责令有故意或者重大过失的工作人员或者受委托的组织、个人承担部分或者全部赔偿费用。

第五十二条 对责任人员实施追偿时，应当根据其责任大小和造成的损害程度确定追偿的金额。
追偿的金额一般应当在其月基本工资的1~10倍之间。特殊情况下作相应调整。

第五十三条 赔偿义务机关应当在赔偿决定、复议决定作出或者行政赔偿判决、裁定、行政赔偿调解书等法律文书发生法律效力之日起两个月内作出追偿的决定。

第五十四条 国家赔偿费用由国家财政部门核拨的，赔偿义务机关向责任者追偿的国家赔偿费用应当上缴国家财政部门。

第五十五条 有关责任人员对追偿有申辩的权利。

第八章 法律责任

第五十六条 赔偿义务机关违反本办法规定，无正当理由不予受理赔偿申请、经责令受理仍不受理或者不按规定期限作出赔偿决定的，由有关部门对直接负责的主管人员和其他直接责任人员依法给予行政处分。

第五十七条 赔偿义务机关工作人员在办理赔偿案件中，有徇私舞弊或者其他渎职、失职行为的，由有关主管部门依法给予行政处分；构成犯罪的，依法追究刑事责任。

第五十八条 赔偿义务机关不履行或者无正当理由拖延履行赔偿决定，以及经责令限期履行仍不履行的，由有关部门对直接负责的主管人员和其他直接责任人员依法给予行政处分。

第五十九条 复议机关及其工作人员在行政复议活动中的法律责任适用《中华人民共和

国行政复议法》的有关规定。

第九章 附 则

第六十条 对造成受害人名誉权、荣誉权损害的，应当在侵权行为影响的范围内，为受害人消除影响，恢复名誉，赔礼道歉。

第六十一条 赔偿请求人请求国家赔偿的时效为两年，自海关及其工作人员行使职权的行为被依法确认为违法之日起计算，但被羁押期间不计算在内。

赔偿请求人在赔偿请求时效的最后六个月内，因不可抗力或者其他障碍不能行使请求权的，时效中止。从中止时效的原因消除之日起，赔偿请求时效期间继续计算。

第六十二条 赔偿请求人要求赔偿的，赔偿义务机关和复议机关不得向赔偿请求人收取任何费用。

第六十三条 各海关受理行政赔偿申请，受理对赔偿决定不服的复议申请或者一并请求行政赔偿的复议申请，作出赔偿或者不予赔偿的决定或者复议决定，达成行政赔偿协议，决定给予查验赔偿，以及发生行政赔偿诉讼的，应当及时逐级向海关总署行政赔偿主管部门报告，并将有关法律文书报该部门备案。

第六十四条 本办法由中华人民共和国海关总署负责解释。

第六十五条 本办法所称海关包括海关总署。

第六十六条 本办法自2003年5月1日起施行，《中华人民共和国海关关于查验货物、物品造成损坏的赔偿办法》（〔87〕署货字650号）、《海关总署关于转发〈国务院办公厅关于实施中华人民共和国国家赔偿法的通知〉的通知》（署法〔1995〕57号）同时废止。

中华人民共和国海关实施《中华人民共和国行政许可法》办法

（海关总署令第117号）

（2004年6月18日由海关总署发布，根据2014年3月13日海关总署令第218号《海关总署关于修改部分规章的决定》修订，现行版本自2014年3月13日起施行，法规类型为部门规章）

第一章 总 则

第一条 为了规范海关行政许可，保护公民、法人和其他组织的合法权益，维护公共利益和社会秩序，保障和监督海关有效实施行政管理，根据《中华人民共和国行政许可法》（以下简称《行政许可法》）、《中华人民共和国海关法》（以下简称《海关法》）及有关法律、行政法规的规定，制定本办法。

第二条 本办法所称的海关行政许可，是指海关根据公民、法人或者其他组织（以下简称申请人）的申请，经依法审查，准予其从事与海关进出关境监督管理相关的特定活动的行为。

第三条 海关行政许可的规定、管理、实施、监督检查，适用本办法。

上级海关对下级海关的人事、财务、外事等事项的审批，海关对其他机关或者对其直接管理的事业单位的人事、财务、外事等事项的审批，不适用本办法。

第四条 海关实施行政许可,应当遵循公开、公平、公正、便民的原则。

海关有关行政许可的规定应当公开。海关行政许可的实施和结果,除涉及国家秘密、商业秘密或者个人隐私的外,应当公开。

第五条 海关实施行政许可应当在法律、行政法规、国务院决定和海关总署规章规定的范围内进行。

第二章 海关行政许可的规定

第六条 海关在实施法律、行政法规和国务院决定设定的海关行政许可过程中需要对实施的程序、条件、期限等进行具体规定的,由海关总署依法制定海关总署规章作出规定。

海关总署、直属海关在实施海关行政许可过程中可以根据法律、行政法规、国务院决定和海关总署规章以规范性文件的形式对有关执行中的具体问题进行明确。

第七条 海关总署制定的海关总署规章和其他规范性文件以及各直属海关制定的规范性文件不得设定海关行政许可。

第八条 直属海关认为需要增设新的海关行政许可或者认为海关行政许可的设定、规定不合理、需要修改或者废止的,可以向海关总署提出立法建议。

海关总署认为需要增设新的海关行政许可或者认为海关行政许可的设定、规定不合理、需要修改或者废止的,可以适时向国务院法制部门提出立法建议,或者根据立法计划在代为起草法律、行政法规草案时纳入有关条文。

第九条 直属海关在实施海关行政许可时应当及时收集海关工作人员、公民、法人或者其他组织对于海关行政许可的反映,并且根据海关总署的要求对海关行政许可的实施作出评价,报告海关总署。

海关总署根据直属海关的报告适时提出海关行政许可实施评价报告,按照规定程序上报国务院或者全国人大常委会。

第三章 海关行政许可的管理

第十条 海关行政许可的归口管理部门是海关法制部门。

第十一条 海关总署法制部门是海关总署关于海关行政许可的归口管理部门,具体承办下列事项:

(一)对海关行政许可项目进行审查、登记、评估;

(二)根据法律、行政法规、海关总署规章的规定,收集、汇总、处理关于海关行政许可的立法建议;

(三)受理、核实公民、法人、其他组织关于海关行政许可的申诉、举报、意见建议,解答咨询;

(四)承办公民、法人、其他组织关于海关总署行政许可的行政复议、行政应诉案件,指导各级海关有关海关行政许可的行政复议、行政应诉事宜;

(五)对各级海关实施海关行政许可的情况进行监督检查;

(六)指导、协调各级海关实施海关行政许可的工作;

(七)法律、行政法规、海关总署规章规定的其他应由海关总署负责的海关行政许可综合管理事项。

第十二条 各直属海关法制部门是各级海关关于海关行政许可的归口管理部门,具体承办下列事项:

(一)根据法律、行政法规、海关总署规章的规定,承办收集、汇总、上报关于海关行政许可的立法建议、本关区关于海关行政许可的实施情况等事宜;

（二）受理、核实公民、法人、其他组织关于本关区实施海关行政许可的申诉、举报、意见建议，解答咨询；

（三）受理公民、法人、其他组织关于隶属海关实施海关行政许可的行政复议；

（四）承办或指导公民、法人、其他组织关于本关区实施海关行政许可的行政应诉事宜；

（五）对本关区实施海关行政许可的情况进行监督检查；

（六）组织本关区关于海关行政许可的听证事宜；

（七）指导、协调本关区海关行政许可的实施工作；

（八）法律、行政法规、海关总署规章规定的其他应由直属海关负责的海关行政许可综合管理事项。

第十三条 海关总署法制部门对规范性文件进行日常审查时或在办理行政复议案件过程中对规范性文件进行审查时，发现有下列情形之一的应当及时纠正：

（一）擅自设定海关行政许可的；

（二）对海关行政许可作出规定时超出上位法设定的海关行政许可的范围的；

（三）规定了超出上位法设定的海关行政许可条件的；

（四）其他违反行政许可法规定的。

第十四条 直属海关法制部门在对本关制定的规范性文件进行审查过程中，发现规范性文件有违法规定海关行政许可内容的，应当提出纠正的建议。

第十五条 海关总署法制部门发现直属海关报送备案的规范性文件中有违反行政许可法规定、擅自设定、规定海关行政许可内容的，应当责令直属海关自行纠正。

第十六条 公民、法人或者其他组织发现海关总署规章及其他规范性文件有违反行政许可法规定的，可以向海关总署或各级海关反映；对规章以外的有关海关行政许可的规范性文件有异议的，在对不服海关行政许可具体行政行为申请复议时，可以一并申请审查。

第四章 海关行政许可的实施

第一节 海关行政许可的实施机关

第十七条 海关应当在法定权限内，以本海关的名义统一实施海关行政许可。

海关内设机构和海关派出机构不得以自己的名义实施海关行政许可。

海关根据法律、行政法规和海关总署规章的规定，可以委托其他海关或者其他行政机关实施海关行政许可。委托海关应当将受委托海关或者其他行政机关以及受委托实施海关行政许可的内容予以公告。委托海关对委托行为的后果依法承担法律责任。受委托海关或者其他行政机关不得转委托。

第十八条 需要海关内设的多个机构办理的海关行政许可事项，该海关应当确定一个机构以海关的名义统一受理海关行政许可申请，统一送达海关行政许可决定。

第二节 申请与受理

第十九条 公民、法人或者其他组织从事与海关进出境监督管理相关的特定活动，依法需要取得海关行政许可的，应当向海关提出申请。

第二十条 申请海关行政许可应当以书面形式提出。申请书需要采用格式文本的，海关应当向申请人提供海关行政许可申请书格式文本，并将示范文本和填制说明在办公场所公示。申请书格式文本中不得包含与申请海关行政许可事项没有直接关系的内容。

第二十一条 海关行政许可申请可以由申请人到海关办公场所提出，也可以通过信函、电报、电传、传真、电子数据交换和电子邮件等方式提出。

海关行政许可申请以电报、电传、传真、电子数据交换和电子邮件等方式提出的,申请人应当提供能够证明其申请文件效力的材料。

第二十二条 申请人可以委托代理人提出海关行政许可申请。但是,依据法律、行政法规的规定,应当由申请人到海关办公场所提出海关行政许可申请的除外。

申请人委托代理人为提出海关行政许可申请的,应当出具授权委托书。授权委托书应当具体载明下列事项,由委托人签章并注明委托日期:

(一)委托人及代理人的简要情况。委托人或代理人是法人或其他组织的,应载明名称、地址、电话、邮政编码、法定代表人或负责人的姓名、职务;委托人或代理人是自然人的,应载明姓名、性别、年龄、职业、地址、电话及邮政编码;

(二)代为提出海关行政许可申请、递交证据材料、收受法律文书等委托事项及权限;

(三)委托代理起止日期;

(四)法律、行政法规及海关总署规章规定应当载明的其他事项。

第二十三条 申请人申请海关行政许可,应当按照法律、行政法规、海关总署规章规定向海关提交有关材料,并对申请材料内容的真实性负责。

海关不得要求申请人提交与其申请的海关行政许可事项无关的技术资料和其他材料。

第二十四条 对申请人提出的海关行政许可申请,应当根据下列情况分别作出处理:

(一)申请事项依法不需要取得海关行政许可的,应当即时告知申请人;

(二)申请事项依法不属于本海关职权范围的,应当即时作出不予受理的决定,并告知申请人向其他海关或者有关行政机关申请;

(三)申请人不具备海关行政许可申请资格的,应当作出不予受理的决定;

(四)申请材料不齐全或者不符合法定形式的,应当当场或者在签收申请材料后5日内一次告知申请人需要补正的全部内容,逾期不告知的,自收到申请材料之日起即为受理;

(五)申请材料仅存在文字性、技术性或者装订等可以当场更正的错误的,应当允许申请人当场更正,并由申请人对更正内容予以签章确认;

(六)申请事项属于本海关职权范围,申请材料齐全、符合法定形式,或者申请人按照本海关的要求提交全部补正申请材料的,应当受理海关行政许可申请。

依据前款第(一)、(四)项规定作出告知,以及决定受理或者不予受理海关行政许可申请的,应当制发相应的《海关行政许可申请告知书》(样式见附件1)、《海关行政许可申请受理决定书》(样式见附件2)、《海关行政许可申请不予受理决定书》(样式见附件3),并加盖本海关行政许可专用印章,注明日期。

对有数量限制的海关行政许可事项,应当在《海关行政许可申请受理决定书》中注明受理的先后顺序。

第二十五条 海关负责海关行政许可事项的机构或者依照本办法第十八条规定负责统一受理海关行政许可申请的机构收到海关行政许可申请之日,即为海关受理海关行政许可申请之日;以信函申请的,海关收到信函之日为申请之日;以电报、电传、传真、电子数据交换和电子邮件等方式提出申请的,海关收到有证明效力材料之日为申请之日。

第二十六条 海关在申请人全部补正申请材料后受理海关行政许可申请的,收到全部补正申请材料之日为受理海关行政许可申请之日。

第二十七条 依法作出不予受理海关行政许可申请决定的,应当说明理由,并告知申请人享有依法申请行政复议或者提起行政诉讼的权利

第三节 审查与决定

第二十八条 海关受理海关行政许可申请后,应当对申请人提交的申请材料进行审查。

根据法律、行政法规、海关总署规章规定的条件和程序，需要对申请材料的实质内容进行核实，或者需要对申请人是否具备准予海关行政许可的其他条件进行实际核查，海关可以就有关内容进一步进行核查。

对海关行政许可申请进行核查的，海关应当指派两名以上工作人员共同进行。核查人员应当根据核查的情况制作核查记录，并由核查人员与被核查方共同签字确认。被核查方拒绝签字的，核查人员应予注明。

第二十九条 申请人提交的申请材料齐全、符合法定形式，能够当场作出决定的，应当当场作出书面的海关行政许可决定。

当场作出海关行政许可决定的，应当当场制发决定书，并加盖本海关印章，注明日期，同时不再制发《海关行政许可申请受理决定书》。

第三十条 海关对行政许可申请进行审查时，发现行政许可事项直接关系他人重大利益的，应当告知申请人、利害关系人，申请人、利害关系人有权进行陈述和申辩。

能够确定具体利害关系人的，应当直接向有关利害关系人制发加盖本海关行政许可专用印章的《海关行政许可利害关系人告知书》（样式见附件4），利害关系人为不确定多数人的，可以公告告知。

告知利害关系人，应当同时随附申请人的申请书及申请材料，涉及国家秘密、商业秘密或者个人隐私的材料除外。

海关应当听取申请人、利害关系人的意见。申请人、利害关系人的陈述和申辩意见应当纳入海关行政许可审查范围。

第三十一条 法律、行政法规、海关总署规章规定实施海关行政许可应当听证的事项，或者海关认为需要听证的涉及公共利益的其他重大海关行政许可事项，海关应当向社会公告，并且举行听证。

海关行政许可直接涉及申请人与他人之间重大利益关系的，海关在作出海关行政许可决定前，应当告知申请人、利害关系人享有要求听证的权利。

海关应当根据听证笔录作出海关行政许可决定。

海关行政许可听证的具体办法由海关总署另行制定。

第三十二条 除当场作出海关行政许可决定的外，海关应当自受理海关行政许可申请之日起20日内作出决定。20日内不能作出决定的，经本海关负责人批准，可以延长10日，并且应当制发《延长海关行政许可审查期限通知书》（样式见附件5），将延长期限的理由告知申请人。

法律、行政法规另有规定的，依照其规定。

第三十三条 依法应当先经下级海关审查后报上级海关决定的海关行政许可，下级海关应当根据法定条件和程序进行全面审查，并于受理海关行政许可申请之日起20日内审查完毕，将审查意见和全部申请材料直接报送上级海关。上级海关应当自收到下级海关报送的审查意见之日起20日内作出决定。法律、行政法规另有规定的，依照其规定。

第三十四条 申请人的申请符合法定条件、标准的，应当依法作出准予海关行政许可的决定；申请人的申请不符合法定条件、标准的，应当依法作出不予海关行政许可的决定。

作出准予或者不予海关行政许可的决定，应当制发相应的决定书，并且加盖本海关印章，注明日期。

依法作出不予海关行政许可决定的，应当说明理由，并告知申请人享有依法申请行政复议或者提起行政诉讼的权利。

第三十五条 申请人在海关作出海关行政许可决定之前，可以向海关书面申请撤回海关行政许可申请。

第三十六条　海关作出准予海关行政许可的决定，需要颁发海关行政许可证件的，应当自作出决定之日起10日内向申请人颁发加盖本海关印章的下列海关行政许可证件：
（一）许可证、执照或者其他许可证书；
（二）资格证、资质证或者其他合格证书；
（三）准予海关行政许可的批准文件或者证明文件；
（四）法律、行政法规规定的其他海关行政许可证件。

第三十七条　海关行政许可的适用范围没有地域限制的，申请人取得的海关行政许可在全关境范围内有效；海关行政许可的适用范围有地域限制的，海关作出的准予海关行政许可决定应当注明。

海关行政许可的适用有期限限制的，海关在作出准予海关行政许可的决定时，应当注明其有效期限。

第四节　变更、延续与撤回

第三十八条　被许可人在取得海关行政许可后，因拟从事活动的部分内容超过准予海关行政许可决定或者海关行政许可证件规定的活动范围，或者是发生其他变化需要改变海关行政许可的有关内容的，可以向作出准予海关行政许可决定的海关申请变更原海关行政许可。

海关应当将有关海关行政许可的变更条件、变更程序予以公布，便于被许可人依法办理变更手续。

第三十九条　被许可人要求变更海关行政许可的，应当在该行政许可的有效期内，以书面形式向作出准予海关行政许可决定的海关提出申请，并按规定提交有关材料。

第四十条　对被许可人提出的要求变更海关行政许可事项的申请，作出准予海关行政许可决定的海关应当依法进行审查，对符合法定条件、标准的，应当准予变更，并依法办理变更手续。

海关对变更申请进行审查，并作出是否准予变更决定的，应当及时、准确，最长不得超过作出海关行政许可决定的法定期限。

第四十一条　申请变更的事项如属于另一海关行政许可的，申请人应当依法重新申请海关行政许可，海关不得以变更海关行政许可的形式办理。

第四十二条　被许可人需要延续依法取得的海关行政许可的有效期的，应当在该行政许可有效期届满30日前向作出海关行政许可决定的海关提出书面申请，并说明理由。但是，法律、行政法规、海关总署规章另有规定的，依照其规定。

第四十三条　对被许可人提出的要求延续海关行政许可有效期的申请，作出准予海关行政许可决定的海关应当依法进行审查，对仍符合取得海关行政许可的条件，并且符合法律、行政法规、海关总署规章规定的延续海关行政许可应当具备的其他条件的，应当依法作出准予延续的决定；对不再具备取得海关行政许可的条件，或者不符合法律、行政法规、海关总署规章规定的延续海关行政许可应当具备的其他条件的，应当依法作出不予延续的决定。

第四十四条　海关应当在海关行政许可有效期届满前作出是否准予延续的决定；逾期未作决定的，视为准予延续。

第四十五条　海关不得擅自改变已生效的海关行政许可。

海关行政许可所依据的法律、行政法规、海关总署规章修改或者废止，或者准予海关行政许可所依据的客观情况发生重大变化，为了公共利益的需要，海关依法变更或者撤回已经生效的海关行政许可，由此给公民、法人或者其他组织造成财产损失的，应当依法给予补偿。

补偿程序和补偿金额由海关总署根据国家有关规定另行制定。

第四十六条　海关依法不予办理海关行政许可变更手续、不予延续海关行政许可的有效期或者依法变更、撤回已经生效的海关行政许可的，应当制发加盖本海关印章的决定书，注明日期，并说明具体理由，告知申请人享有依法申请行政复议或者提起行政诉讼的权利。

第五节 特别程序

第四十七条 海关行政许可的实施，本节有规定的，适用本节规定；本节没有规定的，适用本章其他有关规定。

第四十八条 对在进出境活动中提供公众服务并且直接关系公共利益的行业，赋予法人或者其他组织从事与进出境活动有关的特定活动的资格、资质的，应当根据对申请人的专业人员构成、技术条件、经营业绩和管理水平等的考核、审查、评定结果，作出海关行政许可决定。

法律、行政法规另有规定的，依照其规定。

第六节 回避

第四十九条 办理海关行政许可事项的海关工作人员是申请人、利害关系人的近亲属，或者与申请人、利害关系人有其他关系可能影响公正办理海关行政许可的，应当申请回避。

申请人认为办理海关行政许可事项的海关工作人员是海关行政许可事项的利害关系人或者是利害关系人的近亲属，或者与利害关系人有其他关系可能影响公正办理海关行政许可的，有权申请其回避。

利害关系人认为办理海关行政许可事项的海关工作人员是申请人的近亲属，或者与申请人有其他关系可能影响公正办理海关行政许可的，有权申请其回避。

第五十条 办理海关行政许可事项的海关工作人员的回避由海关行政许可审批机构负责人决定，海关行政许可审批机构负责人的回避由海关行政许可审批机关负责人决定。

第五章 监督检查

第五十一条 上级海关应当加强对下级海关实施海关行政许可的监督检查，及时纠正海关行政许可实施中的违法行为。

海关法制、监察、督察部门负责对违法实施海关行政许可的行为进行监督检查。

第五十二条 海关应当建立健全监督检查制度，通过核查反映被许可人从事海关行政许可事项活动情况的有关材料，履行监督检查责任。

海关可以对被许可人生产经营场所依法进行实地检查。检查时，海关可以依法查阅或者要求被许可人报送有关材料，被许可人应当如实提供有关情况和材料。

海关依法对被许可人从事海关行政许可事项的活动进行监督检查时，应当将监督检查的情况和处理结果予以记录，由监督检查人员签字，并归档。

公众有权查阅海关的监督检查记录，但涉及国家秘密、商业秘密和海关工作秘密的除外。

第五十三条 海关实施监督检查，不得妨碍被许可人正常的生产经营活动，不得索取或者收受被许可人的财物，不得谋取其他利益。

第五十四条 被许可人在作出海关行政许可决定的海关管辖区域外违法从事海关行政许可事项活动的，违法行为发生地的海关应当依法将被许可人的违法事实、处理结果抄告作出海关行政许可决定的海关。

第五十五条 公民、法人和其他组织发现违法从事海关行政许可事项的活动，有权向海关举报，海关应当及时核实、处理。

第五十六条 有下列情形之一的，作出海关行政许可决定的海关或者其上级海关，根据利害关系人的请求或者依据职权，可以撤销海关行政许可：

（一）海关工作人员滥用职权、玩忽职守作出准予海关行政许可决定的；

（二）超越法定职权作出准予海关行政许可决定的；
（三）违反法定程序作出准予海关行政许可决定的；
（四）对不具备申请资格或者不符合法定条件的申请人准予海关行政许可的；
（五）依法可以撤销海关行政许可的其他情形。

被许可人以欺骗、贿赂等不正当手段取得海关行政许可的，应当予以撤销。

依照前两款的规定撤销海关行政许可，可能对公共利益造成重大损害的，不予撤销。

第五十七条 被许可人取得海关行政许可后从事违法活动，依法需要吊销其取得的海关行政许可证件的，海关应当依法吊销其海关行政许可证件。

第五十八条 撤销海关行政许可、吊销海关行政许可证件应当依据法律、行政法规或者海关总署规章规定的程序办理。

第五十九条 海关依照行政许可法及本办法第五十六条第一款规定撤销海关行政许可，致使被许可人的合法权益受到损害的，海关应当依法对其直接损失给予赔偿。

依照本办法第五十六条第二款的规定撤销海关行政许可的，被许可人基于海关行政许可取得的利益不受保护。

第六十条 有下列情形之一的，海关应当依法办理有关海关行政许可的注销手续：
（一）海关行政许可有效期届满未延续的；
（二）赋予公民特定资格的行政许可，该公民死亡或者丧失行为能力的；
（三）法人或者其他组织依法终止的；
（四）海关行政许可依法被撤销、撤回，或者海关行政许可证件依法被吊销的；
（五）因不可抗力导致海关行政许可事项无法实施的；
（六）法律、行政法规规定的应当注销海关行政许可的其他情形。

第六章 法律责任

第六十一条 海关及海关工作人员违反有关规定的，按照行政许可法第七章的有关规定处理。

第六十二条 被许可人违反行政许可法及有关法律、行政法规、海关总署规章规定的，海关依照有关法律、行政法规规定给予行政处罚；构成犯罪的，依法追究刑事责任。

第六十三条 海关工作人员违反有关规定依法应当给予行政处分的，由所在海关单位的人事、监察部门提出处理意见，报所在单位负责人做出处理决定并且向上级主管部门报告。对依法应当追究刑事责任的移交有关机关处理。

第七章 附 则

第六十四条 海关提供海关行政许可申请书格式文本，不得收费。

海关实施海关行政许可和对海关行政许可事项进行监督检查，不得收取任何费用。法律、行政法规另有规定的除外。

海关实施海关行政许可所需经费应当列入海关预算，由财政予以保障，按照批准的预算使用经费。

第六十五条 海关实施海关行政许可，依照法律、行政法规收取费用的，应当按照公布的法定项目和标准收费；所收取的费用必须全部上缴国库，不得以任何形式截留、挪用、私分或者变相私分。

第六十六条 本办法规定的海关实施海关行政许可的期限以工作日计算，不含法定节假日。

第六十七条 本办法由海关总署负责解释。

第六十八条 本办法自 2004 年 7 月 1 日起施行。

附件：1.《海关行政许可申请告知书》样式（略）
　　　2.《海关行政许可申请受理决定书》样式（略）
　　　3.《海关行政许可申请不予受理决定书》样式（略）
　　　4.《海关行政许可利害关系人告知书》样式（略）
　　　5.《延长海关行政许可审查期限通知书》样式（略）

中华人民共和国海关行政许可听证办法

（海关总署令第 136 号）

（2005 年 12 月 15 日由海关总署发布，根据 2018 年 5 月 29 日海关总署令第 240 号《海关总署关于修改部分规章的决定》修改，现行版本自 2018 年 7 月 1 日起施行，法规类型为部门规章）

第一章 总 则

第一条 为了规范海关实施行政许可活动，保护公民、法人和其他组织的合法权益，根据《中华人民共和国行政许可法》的有关规定，制定本办法。

第二条 海关在依法作出行政许可决定前举行听证的，适用本办法。

第三条 法律、行政法规、海关总署规章规定海关实施行政许可应当听证的，海关应当举行听证。

对直接关系公共资源配置、提供公共服务等涉及公共利益的重大行政许可事项，海关认为需要举行听证的，可以举行听证。

海关根据前两款规定举行听证的，应当在听证前向社会公告。

第四条 海关行政许可直接涉及行政许可申请人与他人之间重大利益关系，行政许可申请人、利害关系人依法提出听证申请的，海关应当举行听证。

第五条 海关行政许可听证应当遵循公开、公平、公正、便民的原则。

第六条 具体办理海关行政许可事项的部门负责实施海关行政许可听证活动。

海关法制部门负责海关行政许可听证活动的指导、协调等工作。

第七条 听证应当在便利海关管理相对人和社会公众参加的海关办公地点举行。

第八条 除涉及国家秘密、商业秘密或者海关工作秘密外，听证应当公开举行。

第九条 海关应当根据听证笔录中认定的事实作出海关行政许可决定。

第二章 海关公告后举行的听证

第十条 海关按照本办法第三条的规定在听证前向社会进行公告的，公告应当载明下列内容：

（一）海关行政许可事项名称；

（二）行政许可申请人基本情况；

（三）行政许可申请的主要内容；

（四）申请参加海关行政许可听证的申请人应当具备的条件；
（五）提出申请的方式；
（六）其他需要在公告中列明的事项。

第十一条 举行听证的公告期一般为 30 日。
举行听证的海关行政许可事项有特殊时间要求的，其听证公告期按照有关规定确定。

第十二条 申请参加海关经公告举行的听证活动的人员应当符合下列条件：
（一）具有完全民事行为能力；
（二）未被依法剥夺或者限制政治权利。
举行听证的海关行政许可事项对参加听证的人员有特殊要求的，应当在听证公告中列明。

第十三条 申请参加海关经公告举行的听证活动的，应当在听证公告期届满之前向海关提交下列相应材料：
（一）海关行政许可听证参加申请书；
（二）法人或者其他组织的注册登记证件复印件；
（三）参加人员的有效身份证件复印件。

第十四条 海关应当根据拟进行听证的海关行政许可事项的内容、性质及其他客观条件，合理确定参加听证的人员。
经海关确定参加听证的人员（以下简称听证参加人）应当能够保证听证的广泛性和代表性。

第十五条 海关应当在听证公告期届满之日起 20 日内组织听证。

第三章 依申请举行的听证

第十六条 对本办法第四条所规定的行政许可事项，海关在作出行政许可决定之前应当告知海关行政许可申请人、利害关系人享有要求听证的权利。

第十七条 告知海关行政许可申请人、利害关系人享有听证权利的，海关应当向行政许可申请人、利害关系人制发《海关行政许可听证告知书》（以下简称《听证告知书》），并加盖海关行政许可专用印章。
《听证告知书》应当载明下列内容：
（一）有关海关行政许可事项及其设定依据；
（二）海关行政许可申请人及行政许可申请的主要内容；
（三）海关行政许可申请人、利害关系人的听证权利及提出听证要求的期限。

第十八条 海关行政许可申请人、利害关系人要求听证的，应当在收到《听证告知书》之日起 5 日内向海关提交《海关行政许可听证申请书》（以下简称《听证申请书》），列明听证要求和理由，并予以签字或者盖章。

第十九条 海关行政许可申请人、利害关系人逾期未提出听证要求的，视为放弃听证的权利。
行政许可申请人、利害关系人明确放弃听证权利的，海关应当将可以表明行政许可申请人或者利害关系人已经明确放弃听证权利的证明材料归入有关行政许可档案，或者在有关行政许可档案中进行书面记载。

第二十条 海关行政许可申请人或者利害关系人依照本办法第十八条规定提出听证申请的，海关应当在收到《听证申请书》之日起 20 日内组织听证。

第二十一条 海关行政许可申请人或者利害关系人无正当理由超过本办法第十八条规定的期限提出听证申请，或者海关行政许可申请人、利害关系人以外的公民、法人或者其他组织提出听证申请的，海关可以不组织听证。

不组织听证应当制发《海关行政许可不予听证通知书》，载明理由，并加盖海关行政许可专用印章。

第二十二条 申请听证的利害关系人人数众多的，由利害关系人推选代表或者通过抽签等方式确定参加听证会的代表。

第四章 听证程序

第二十三条 海关应当于举行听证的 7 日前将下列事项通知海关行政许可申请人、利害关系人或者听证参加人：

（一）听证事由；

（二）举行听证的时间、地点；

（三）听证主持人、听证人员及记录员的姓名、身份；

（四）有关委托代理人、申请回避等程序权利。

海关通知上述事项应当制发《海关行政许可听证通知书》，并加盖海关行政许可专用印章，必要时予以公告。

第二十四条 海关行政许可申请人、利害关系人或者听证参加人应当按照海关通知的时间、地点参加听证。

第二十五条 海关行政许可申请人、利害关系人或者听证参加人可以委托 1 至 2 名代理人代为参加听证，但是资格授予、资质审查等行政许可事项不得委托他人代为参加听证。

第二十六条 委托代理人代为参加听证的，应当在举行听证之前向海关提交授权委托书。授权委托书应当具体载明下列事项：

（一）委托人及代理人的简要情况。委托人或者代理人是法人或者其他组织的，应当载明名称、地址、电话、邮政编码、法定代表或者负责人的姓名、职务，委托人或者代理人是自然人的，应当载明姓名、性别、年龄、职业、地址、电话以及邮政编码；

（二）代理人代为提出听证申请、递交证据材料、参加听证、撤回听证申请、收受法律文书等权限；

（三）委托的起止日期；

（四）委托日期和委托人签章。

第二十七条 海关行政许可申请人、利害关系人或者听证参加人无正当理由未按照海关告知的时间、地点参加听证，经海关通知仍不参加的，视为放弃听证权利，海关应当在有关行政许可档案中进行书面记载。

第二十八条 海关行政许可听证实施部门应当指定 1 名听证主持人，负责组织听证活动。听证主持人可以根据需要指定 1 至 2 名听证人员协助工作，并指定专人为记录员。

第二十九条 听证主持人、听证人员及记录员应当在审查该行政许可申请的人员以外的工作人员中指定。

听证主持人、听证人员及记录员与行政许可事项有利害关系的，应当申请回避；海关行政许可申请人、利害关系人或者听证参加人及其代理人也可以申请其回避。

第三十条 听证主持人的回避由海关行政许可听证实施部门负责人决定，听证主持人为听证实施部门负责人的，其回避由举行听证的海关负责人决定。

听证人员和记录员的回避由听证主持人决定。

第三十一条 有下列情形之一的，海关可以决定延期举行听证：

（一）因不可抗力或者其他客观原因导致听证无法按期举行的；

（二）海关行政许可申请人、利害关系人申请延期举行听证，有正当理由的；

（三）临时决定听证主持人、听证人员或者记录员回避，当场不能确定更换人选的。

延期举行听证的，海关应当书面通知海关行政许可申请人、利害关系人或者听证参加人，并说明理由。

海关应当在延期听证的原因消除之日起 5 日内举行听证，并书面通知海关行政许可申请人、利害关系人或者听证参加人。

第三十二条 听证按照下列程序进行：

（一）听证主持人宣布听证开始，并宣布听证事由；

（二）听证主持人介绍本人、听证人员、记录员的身份、职务；

（三）听证主持人宣布海关行政许可申请人、利害关系人或者听证参加人，并核对其身份；

（四）告知海关行政许可申请人、利害关系人或者听证参加人有关的听证权利和义务；

（五）海关行政许可申请人、利害关系人或者听证参加人申请听证主持人回避的，听证主持人应当宣布暂停听证，报请有关负责人决定；申请听证人员、记录员回避的，由听证主持人当场决定；

（六）宣布听证秩序；

（七）审查海关行政许可申请的工作人员陈述审查意见和依据、理由，并提供相应的证据；

（八）海关行政许可申请人、利害关系人或者听证参加人可以陈述自己的观点，提出证据，可以进行申辩和质证；

（九）听证主持人可以对审查海关行政许可申请的工作人员、海关行政许可申请人、利害关系人或者听证参加人进行询问；

（十）审查海关行政许可申请的工作人员、海关行政许可申请人、利害关系人或者听证参加人可以进行总结性陈述；

（十一）听证主持人宣布听证结束。

第三十三条 在听证过程中，因不可抗力或者其他客观原因不能继续举行听证，听证主持人应当决定中止听证。

中止听证的，海关应当在听证笔录中作书面记载。

海关应当在中止听证的原因消除之日起 5 日内恢复听证，并书面通知海关行政许可申请人、利害关系人或者听证参加人。

第三十四条 在听证过程中，海关行政许可申请人、利害关系人未经听证主持人同意中途退出听证会场的，海关应当终止听证。

第三十五条 经公告举行的听证，具有下列情形之一，但不影响听证参加人广泛性、代表性的，听证不予延期、中止或者终止：

（一）部分听证参加人申请延期；

（二）部分听证参加人无正当理由未按照公告规定的时间、地点参加听证；

（三）部分听证参加人未经听证主持人同意，中途退出听证会场的。

第三十六条 听证应当制作笔录。

听证笔录应当记载下列事项：

（一）听证事由；

（二）举行听证的时间、地点；

（三）海关行政许可申请人、利害关系人或者听证参加人的姓名或者名称；

（四）听证主持人、听证人员、记录员和审查海关行政许可申请的工作人员的姓名；

（五）申请回避的情况；

（六）审查海关行政许可申请的工作人员的审查意见、依据、理由及相应的证据；

（七）海关行政许可申请人、利害关系人陈述、申辩和质证的内容；
（八）其他需要记载的事项。

听证笔录应当由海关行政许可申请人、利害关系人或者听证参加人确认无误后签字或者盖章。对记录内容有异议的可以当场更正后签字或者盖章确认。

海关行政许可申请人、利害关系人或者听证参加人无正当理由拒绝签字或者盖章的，由听证主持人在听证笔录上注明。

第五章 附 则

第三十七条 依照本办法的规定进行公告的，应当将有关文书的正本张贴在海关公告栏内，并在报纸上刊登公告。

第三十八条 组织听证的时间不计入海关作出行政许可决定的期限内。

第三十九条 组织海关行政许可听证的费用由海关承担。

海关行政许可申请人、利害关系人或者听证参加人不承担组织听证的费用。

第四十条 本办法规定的"5日""7日""20日"以工作日计算。

第四十一条 本办法所规定的文书由海关总署另行制定并且发布。

第四十二条 本办法由海关总署负责解释。

第四十三条 本办法自2006年2月1日起施行。

中华人民共和国海关行政复议办法

（海关总署令第166号）

（2007年9月24日由海关总署发布，根据2014年3月13日海关总署令第218号《海关总署关于修改部分规章的决定》修改，现行版本自2014年3月13日起施行，法规类型为部门规章）

第一章 总 则

第一条 为了规范海关行政复议，发挥行政复议制度在解决行政争议、建设法治海关、构建社会主义和谐社会中的作用，根据《中华人民共和国行政复议法》（以下简称行政复议法）、《中华人民共和国海关法》（以下简称海关法）和《中华人民共和国行政复议法实施条例》（以下简称行政复议法实施条例）的规定，制定本办法。

第二条 公民、法人或者其他组织认为海关具体行政行为侵犯其合法权益向海关提出行政复议申请，海关办理行政复议事项，适用本办法。

第三条 各级海关行政复议机关应当认真履行行政复议职责，领导并且支持本海关负责法制工作的机构（以下简称海关行政复议机构）依法办理行政复议事项，依照有关规定配备、充实、调剂专职行政复议人员，为行政复议工作提供财政保障，保证海关行政复议机构的办案能力与工作任务相适应。

第四条 海关行政复议机构履行下列职责：
（一）受理行政复议申请；
（二）向有关组织和人员调查取证，查阅文件和资料，组织行政复议听证；

（三）审查被申请行政复议的具体行政行为是否合法与适当，拟定行政复议决定，主持行政复议调解，审查和准许行政复议和解；

（四）办理海关行政赔偿事项；

（五）依照行政复议法第三十三条的规定，办理海关行政复议决定的依法强制执行或者申请人民法院强制执行事项；

（六）处理或者转送申请人依照本办法第三十一条提出的对有关规定的审查申请；

（七）指导、监督下级海关的行政复议工作，依照规定提出复议意见；

（八）对下级海关及其部门和工作人员违反行政复议法、行政复议法实施条例和本办法规定的行为依照规定的权限和程序提出处理建议；

（九）办理或者组织办理不服海关具体行政行为提起行政诉讼的应诉事项；

（十）办理行政复议、行政应诉、行政赔偿案件统计和备案事项；

（十一）研究行政复议过程中发现的问题，及时向有关机关和部门提出建议，重大问题及时向行政复议机关报告；

（十二）其他与行政复议工作有关的事项。

第五条 专职从事海关行政复议工作的人员（以下简称行政复议人员）应当具备下列条件：

（一）具有国家公务员身份；

（二）有良好的政治、业务素质；

（三）高等院校法律专业毕业或者高等院校非法律专业毕业具有法律专业知识；

（四）从事海关工作2年以上；

（五）经考试考核合格取得海关总署颁发的调查证。

各级海关行政复议机关应当支持并且鼓励行政复议人员参加国家司法考试；取得律师资格或者法律职业资格的海关工作人员可以优先成为行政复议人员。

第六条 行政复议人员享有下列权利：

（一）依法履行行政复议职责的行为受法律保护；

（二）获得履行职责应当具有的工作条件；

（三）对行政复议工作提出建议；

（四）参加培训；

（五）法律、行政法规和海关规章规定的其他权利。

行政复议人员应当履行下列义务：

（一）严格遵守宪法和法律；

（二）以事实为根据，以法律为准绳审理行政复议案件；

（三）忠于职守，尽职尽责，清正廉洁，秉公执法；

（四）依法保障行政复议参加人的合法权益；

（五）保守国家秘密、商业秘密、海关工作秘密和个人隐私；

（六）维护国家利益、社会公共利益，维护公民、法人或者其他组织的合法权益；

（七）法律、行政法规和海关规章规定的其他义务。

第七条 海关行政复议机关履行行政复议职责，应当遵循合法、公正、公开、及时、便民的原则，坚持依法行政、有错必纠，保障法律、行政法规和海关规章的正确实施。

第八条 海关行政复议机关应当通过宣传栏、公告栏、海关门户网站等方便查阅的形式，公布本海关管辖的行政复议案件受案范围、受理条件、行政复议申请书样式、行政复议案件审理程序和行政复议决定执行程序等事项。

海关行政复议机关应当建立和公布行政复议案件办理情况查询机制，方便申请人、第三人及时了解与其行政复议权利、义务相关的信息。

海关行政复议机构应当对申请人、第三人就有关行政复议受理条件、审理方式和期限、作出行政复议处理决定的理由和依据、行政复议决定的执行等行政复议事项提出的疑问予以解释说明。

第二章 海关行政复议范围

第九条 有下列情形之一的，公民、法人或者其他组织可以向海关申请行政复议：

（一）对海关作出的警告，罚款，没收货物、物品、运输工具和特制设备，追缴无法没收的货物、物品、运输工具的等值价款，没收违法所得，暂停从事有关业务，撤销注册登记，及其他行政处罚决定不服的；

（二）对海关作出的收缴有关货物、物品、违法所得、运输工具、特制设备决定不服的；

（三）对海关作出的限制人身自由的行政强制措施不服的；

（四）对海关作出的扣留有关货物、物品、运输工具、账册、单证或者其他财产，封存有关进出口货物、账簿、单证等行政强制措施不服的；

（五）对海关收取担保的具体行政行为不服的；

（六）对海关采取的强制执行措施不服的；

（七）对海关确定纳税义务人、确定完税价格、商品归类、确定原产地、适用税率或者汇率、减征或者免征税款、补税、退税、征收滞纳金、确定计征方式以及确定纳税地点等其他涉及税款征收的具体行政行为有异议的（以下简称纳税争议）；

（八）认为符合法定条件，申请海关办理行政许可事项或者行政审批事项，海关未依法办理的；

（九）对海关检查运输工具和场所，查验货物、物品或者采取其他监管措施不服的；

（十）对海关作出的责令退运、不予放行、责令改正、责令拆毁和变卖等行政决定不服的；

（十一）对海关稽查决定或者其他稽查具体行政行为不服的；

（十二）对海关作出的企业分类决定以及按照该分类决定进行管理的措施不服的；

（十三）认为海关未依法采取知识产权保护措施，或者对海关采取的知识产权保护措施不服的；

（十四）认为海关未依法办理接受报关、放行等海关手续的；

（十五）认为海关违法收取滞报金或者其他费用，违法要求履行其他义务的；

（十六）认为海关没有依法履行保护人身权利、财产权利的法定职责的；

（十七）认为海关在政府信息公开工作中的具体行政行为侵犯其合法权益的；

（十八）认为海关的其他具体行政行为侵犯其合法权益的。

前款第（七）项规定的纳税争议事项，公民、法人或者其他组织应当依据海关法的规定先向海关行政复议机关申请行政复议，对海关行政复议决定不服的，再向人民法院提起行政诉讼。

第十条 海关工作人员不服海关作出的处分或者其他人事处理决定，依照有关法律、行政法规的规定提出申诉的，不适用本办法。

第三章 海关行政复议申请

第一节 申请人和第三人

第十一条 依照本办法规定申请行政复议的公民、法人或者其他组织是海关行政复议申请人。

第十二条 有权申请行政复议的公民死亡的，其近亲属可以申请行政复议。

第十三条 有权申请行政复议的法人或者其他组织终止的，承受其权利的公民、法人或者其他组织可以申请行政复议。

法人或者其他组织实施违反海关法的行为后，有合并、分立或者其他资产重组情形，海关以原法人、组织作为当事人予以行政处罚并且以承受其权利义务的法人、组织作为被执行人的，被执行人可以自己的名义申请行政复议。

第十四条 行政复议期间，海关行政复议机构认为申请人以外的公民、法人或者其他组织与被审查的具体行政行为有利害关系的，应当通知其作为第三人参加行政复议。

行政复议期间，申请人以外的公民、法人或者其他组织认为与被审查的海关具体行政行为有利害关系的，可以向海关行政复议机构申请作为第三人参加行政复议。申请作为第三人参加行政复议的，应当对其与被审查的海关具体行政行为有利害关系负举证责任。

通知或者同意第三人参加行政复议的，应当制作《第三人参加行政复议通知书》，送达第三人。

第三人不参加行政复议的，不影响行政复议案件的审理。

第十五条 申请人、第三人可以委托1至2名代理人参加行政复议。

委托代理人参加行政复议的，应当向海关行政复议机构提交授权委托书。授权委托书应当载明下列事项：

（一）委托人姓名或者名称，委托人为法人或者其他组织的，还应当载明法定代表人或者主要负责人的姓名、职务；

（二）代理人姓名、性别、年龄、职业、地址及邮政编码；

（三）委托事项和代理期间；

（四）代理人代为提起、变更、撤回行政复议申请、参加行政复议调解、达成行政复议和解、参加行政复议听证、递交证据材料、收受行政复议法律文书等代理权限；

（五）委托日期及委托人签章。

公民在特殊情况下无法书面委托的，可以口头委托。公民口头委托的，海关行政复议机构应当核实并且记录在卷。

申请人、第三人解除或者变更委托的，应当书面报告海关行政复议机构。

第二节 被申请人和行政复议机关

第十六条 公民、法人或者其他组织对海关作出的具体行政行为不服，依照本办法规定申请行政复议的，作出该具体行政行为的海关是被申请人。

第十七条 对海关具体行政行为不服的，向作出该具体行政行为的海关的上一级海关提出行政复议申请。

对海关总署作出的具体行政行为不服的，向海关总署提出行政复议申请。

第十八条 两个以上海关以共同的名义作出具体行政行为的，以作出具体行政行为的海关为共同被申请人，向其共同的上一级海关申请行政复议。

第十九条 海关与其他行政机关以共同的名义作出具体行政行为的，海关和其他行政机关为共同被申请人，向海关和其他行政机关的共同上一级行政机关申请行政复议。

申请人对海关总署与国务院其他部门共同作出的具体行政行为不服，向海关总署或者国务院其他部门提起行政复议申请的，由海关总署、国务院其他部门共同作出处理决定。

第二十条 依照法律、行政法规或者海关规章的规定，下级海关经上级海关批准后以自己的名义作出具体行政行为的，以作出批准的上级海关为被申请人。

根据海关法和有关行政法规、海关规章的规定，经直属海关关长或者其授权的隶属海关关长批准后作出的具体行政行为，以直属海关为被申请人。

第二十一条 海关设立的派出机构、内设机构或者其他组织，未经法律、行政法规授权，对外以自己名义作出具体行政行为的，以该海关为被申请人，向该海关的上一级海关申请行政复议。

第三节 行政复议申请期限

第二十二条 海关对公民、法人或者其他组织作出具体行政行为，应当告知其申请行政复议的权利、行政复议机关和行政复议申请期限。

对于依照法律、行政法规或者海关规章的规定，下级海关经上级海关批准后以自己的名义作出的具体行政行为，应当告知以作出批准的上级海关为被申请人以及相应的行政复议机关。

第二十三条 公民、法人或者其他组织认为海关具体行政行为侵犯其合法权益的，可以自知道该具体行政行为之日起60日内提出行政复议申请。

前款规定的行政复议申请期限依照下列规定计算：

（一）当场作出具体行政行为的，自具体行政行为作出之日起计算；

（二）载明具体行政行为的法律文书直接送达的，自受送达人签收之日起计算；

（三）载明具体行政行为的法律文书依法留置送达的，自送达人和见证人在送达回证上签注的留置送达之日起计算；

（四）载明具体行政行为的法律文书邮寄送达的，自受送达人在邮政签收单上签收之日起计算；没有邮政签收单的，自受送达人在送达回执上签名之日起计算；

（五）具体行政行为依法通过公告形式告知受送达人的，自公告规定的期限届满之日起计算；

（六）被申请人作出具体行政行为时未告知有关公民、法人或者其他组织，事后补充告知的，自公民、法人或者其他组织收到补充告知的通知之日起计算；

（七）被申请人作出具体行政行为时未告知有关公民、法人或者其他组织，但是有证据材料能够证明有关公民、法人或者其他组织知道该具体行政行为的，自证据材料证明其知道具体行政行为之日起计算。

具体行政行为具有持续状态的，自该具体行政行为终了之日起计算。

海关作出具体行政行为，依法应当向有关公民、法人或者其他组织送达法律文书而未送达的，视为该有关公民、法人或者其他组织不知道该具体行政行为。

申请人因不可抗力或者其他正当理由耽误法定申请期限的，申请期限自障碍消除之日起继续计算。

第二十四条 公民、法人或者其他组织认为海关未依法履行法定职责，依照本办法第九条第一款第（八）项、第（十六）项的规定申请行政复议的，行政复议申请期限依照下列规定计算：

（一）履行职责的期限有法律、行政法规或者海关规章的明确规定的，自规定的履行期限届满之日起计算；

（二）履行职责的期限没有明确规定的，自海关收到公民、法人或者其他组织要求履行职责的申请满60日起计算。

公民、法人或者其他组织在紧急情况下请求海关履行保护人身权、财产权的法定职责，海关不及时履行的，行政复议申请期限不受前款规定的限制。

第二十五条 本办法第九条第一款第（七）项规定的纳税争议事项，申请人未经行政复议直接向人民法院提起行政诉讼的，人民法院依法驳回后申请人再向海关申请行政复议的，从申请人起诉之日起至人民法院驳回的法律文书生效之日止的期间不计算在申请行政复议的期限内,但是海关作出有关具体行政行为时已经告知申请人应当先经海关行政复议的除外。

第四节 行政复议申请的提出

第二十六条 申请人书面申请行政复议的,可以采取当面递交、邮寄、传真、电子邮件等方式递交行政复议申请书。

海关行政复议机关应当通过海关公告栏、互联网门户网站公开接受行政复议申请书的地址、传真号码、互联网邮箱地址等,方便申请人选择不同的书面申请方式。

第二十七条 申请人书面申请行政复议的,应当在行政复议申请书中载明下列内容:

(一)申请人基本情况,包括:公民的姓名、性别、年龄、工作单位、住所、身份证号码、邮政编码;法人或者其他组织的名称、住所、邮政编码和法定代表人或者主要负责人的姓名、职务;

(二)被申请人的名称;

(三)行政复议请求、申请行政复议的主要事实和理由;

(四)申请人签名或者盖章;

(五)申请行政复议的日期。

第二十八条 申请人口头申请行政复议的,海关行政复议机构应当依照本办法第二十七条规定的内容,当场制作《行政复议申请笔录》交申请人核对或者向申请人宣读,并且由其签字确认。

第二十九条 有下列情形之一的,申请人应当提供相应的证明材料:

(一)认为被申请人不履行法定职责的,提供曾经申请被申请人履行法定职责的证明材料;

(二)申请行政复议时一并提出行政赔偿申请的,提供受具体行政行为侵害而造成损害的证明材料;

(三)属于本办法第二十三条第五款情形的,提供发生不可抗力或者有其他正当理由的证明材料;

(四)法律、行政法规规定需要申请人提供证据材料的其他情形。

第三十条 申请人提出行政复议申请时错列被申请人的,海关行政复议机构应当告知申请人变更被申请人。

申请人变更被申请人的期间不计入行政复议审理期限。

第三十一条 申请人认为海关的具体行政行为所依据的规定不合法,可以依据行政复议法第七条的规定,在对具体行政行为申请行政复议时一并提出对该规定的审查申请。

申请人在对具体行政行为提起行政复议申请时尚不知道该具体行政行为所依据的规定的,可以在海关行政复议机关作出行政复议决定前提出。

第四章 海关行政复议受理

第三十二条 海关行政复议机关收到行政复议申请后,应当在5日内进行审查。行政复议申请符合下列规定的,应当予以受理:

(一)有明确的申请人和符合规定的被申请人;

(二)申请人与具体行政行为有利害关系;

(三)有具体的行政复议请求和理由;

(四)在法定申请期限内提出;

(五)属于本办法第九条第一款规定的行政复议范围;

（六）属于收到行政复议申请的海关行政复议机构的职责范围；

（七）其他行政复议机关尚未受理同一行政复议申请，人民法院尚未受理同一主体就同一事实提起的行政诉讼。

对符合前款规定决定受理行政复议申请的，应当制作《行政复议申请受理通知书》和《行政复议答复通知书》分别送达申请人和被申请人。《行政复议申请受理通知书》应当载明受理日期、合议人员或者案件审理人员，告知申请人申请回避和申请举行听证的权利。《行政复议答复通知书》应当载明受理日期、提交答复的要求和合议人员或者案件审理人员，告知被申请人申请回避的权利。

对不符合本条第一款规定决定不予受理的，应当制作《行政复议申请不予受理决定书》，并且送达申请人。《行政复议申请不予受理决定书》应当载明不予受理的理由和法律依据，告知申请人主张权利的其他途径。

第三十三条 行政复议申请材料不齐全或者表述不清楚的，海关行政复议机构可以自收到该行政复议申请之日起5日内书面通知申请人补正。补正通知应当载明以下事项：

（一）行政复议申请书中需要修改、补充的具体内容；

（二）需要补正的有关证明材料的具体类型及其证明对象；

（三）补正期限。

申请人应当在收到补正通知之日起10日内向海关行政复议机构提交需要补正的材料。补正申请材料所用时间不计入行政复议审理期限。

申请人无正当理由逾期不补正的，视为其放弃行政复议申请。申请人有权在本办法第二十三条规定的期限内重新提出行政复议申请。

第三十四条 申请人以传真、电子邮件方式递交行政复议申请书、证明材料的，海关行政复议机构不得以其未递交原件为由拒绝受理。

海关行政复议机构受理申请人以传真、电子邮件方式提出的行政复议申请后，应当告知申请人自收到《行政复议申请受理通知书》之日起10日内提交有关材料的原件。

第三十五条 对符合本办法规定，且属于本海关受理的行政复议申请，自海关行政复议机构收到之日起即为受理。

海关行政复议机构收到行政复议申请的日期，属于申请人当面递交的，由海关行政复议机构经办人在申请书上注明收到日期，并且由递交人签字确认；属于直接从邮递渠道收取或者其他单位、部门转来的，由海关行政复议机构签收确认；属于申请人以传真或者电子邮件方式提交的，以海关行政复议机构接收传真之日或者海关互联网电子邮件系统记载的收件日期为准。

第三十六条 对符合本办法规定，但是不属于本海关管辖的行政复议申请，应当在审查期限内转送有管辖权的海关行政复议机关，并且告知申请人。口头告知的，应当记录告知的有关内容，并且当场交由申请人签字或者盖章确认；书面告知的，应当制作《行政复议告知书》，并且送达申请人。

第三十七条 申请人就同一事项向两个或者两个以上有权受理的海关申请行政复议的，由最先收到行政复议申请的海关受理；同时收到行政复议申请的，由收到行政复议申请的海关在10日内协商确定；协商不成的，由其共同上一级海关在10日内指定受理海关。协商确定或者指定受理海关所用时间不计入行政复议审理期限。

第三十八条 申请人依法提出行政复议申请，海关行政复议机关无正当理由不予受理的，上一级海关可以根据申请人的申请或者依职权先行督促其受理；经督促仍不受理的，应当责令其限期受理，并且制作《责令受理行政复议申请通知书》；必要时，上一级海关也可以直接受理，并且制作《直接受理行政复议申请通知书》，送达申请人和原海关行政复议机关。上一级海关经审查认为海关行政复议机关不予受理行政复议申请的决定符合本办法规定的，应当向申

47

请人做好说明解释工作。

第三十九条 下列情形不视为申请行政复议，海关行政复议机关应当给予答复，或者转由其他机关处理并且告知申请人：

（一）对海关工作人员的个人违法违纪行为进行举报、控告或者对海关工作人员的态度作风提出异议的；

（二）对海关的业务政策、作业制度、作业方式和程序提出异议的；

（三）对海关工作效率提出异议的；

（四）对行政处罚认定的事实、适用的法律及处罚决定没有异议，仅因经济上不能承受而请求减免处罚的；

（五）不涉及海关具体行政行为，只对海关规章或者其他规范性文件有异议的；

（六）请求解答法律、行政法规、规章的。

第四十条 行政复议期间海关具体行政行为不停止执行；但是有行政复议法第二十一条规定情形之一的，可以停止执行。决定停止执行的，应当制作《具体行政行为停止执行决定书》，并且送达申请人、被申请人和第三人。

第四十一条 有下列情形之一的，海关行政复议机关可以决定合并审理，并且以后一个申请行政复议的日期为正式受理的日期：

（一）两个以上的申请人对同一海关具体行政行为分别向海关行政复议机关申请行政复议的；

（二）同一申请人对同一海关的数个相同类型或者具有关联性的具体行政行为分别向海关行政复议机关申请行政复议的。

第五章 海关行政复议审理与决定

第一节 行政复议答复

第四十二条 海关行政复议机构应当自受理行政复议申请之日起7日内，将行政复议申请书副本或者行政复议申请笔录复印件以及申请人提交的证据、有关材料的副本发送被申请人。

第四十三条 被申请人应当自收到申请书副本或者行政复议申请笔录复印件之日起10日内，向海关行政复议机构提交《行政复议答复书》，并且提交当初作出具体行政行为的证据、依据和其他有关材料。

《行政复议答复书》应当载明下列内容：

（一）被申请人名称、地址、法定代表人姓名及职务；

（二）被申请人作出具体行政行为的事实、证据、理由及法律依据；

（三）对申请人的行政复议申请要求、事实、理由逐条进行答辩和必要的举证；

（四）对有关具体行政行为建议维持、变更、撤销或者确认违法，建议驳回行政复议申请，进行行政复议调解等答复意见；

（五）作出答复的时间。

《行政复议答复书》应当加盖被申请人印章。

被申请人提交的有关证据、依据和其他有关材料应当按照规定装订成卷。

第四十四条 海关行政复议机构应当在收到被申请人提交的《行政复议答复书》之日起7日内，将《行政复议答复书》副本发送申请人。

第四十五条 行政复议案件的答复工作由被申请人负责法制工作的机构具体负责。

对海关总署作出的具体行政行为不服向海关总署申请行政复议的，由原承办具体行政行为有关事项的部门或者机构具体负责提出书面答复，并且提交当初作出具体行政行为的证据、依据和其他有关材料。

第二节 行政复议审理

第四十六条 海关行政复议案件实行合议制审理。合议人员为不得少于3人的单数。合议人员由海关行政复议机构负责人指定的行政复议人员或者海关行政复议机构聘任或者特邀的其他具有专业知识的人员担任。

被申请人所属人员不得担任合议人员。对海关总署作出的具体行政行为不服向海关总署申请行政复议的，原具体行政行为经办部门的人员不得担任合议人员。

对于事实清楚、案情简单、争议不大的海关行政复议案件，也可以不适用合议制，但是应当由2名以上行政复议人员参加审理。

第四十七条 海关行政复议机构负责人应当指定一名行政复议人员担任主审，具体负责对行政复议案件事实的审查，并且对所认定案件事实的真实性和适用法律的准确性承担主要责任。

合议人员应当根据复议查明的事实，依据有关法律、行政法规和海关规章的规定，提出合议意见，并且对提出的合议意见的正确性负责。

第四十八条 申请人、被申请人或者第三人认为合议人员或者案件审理人员与本案有利害关系或者有其他关系可能影响公正审理行政复议案件的，可以申请合议人员或者案件审理人员回避，同时应当说明理由。

合议人员或者案件审理人员认为自己与本案有利害关系或者有其他关系的，应当主动申请回避。海关行政复议机构负责人也可以指令合议人员或者案件审理人员回避。

行政复议人员的回避由海关行政复议机构负责人决定。海关行政复议机构负责人的回避由海关行政复议机关负责人决定。

第四十九条 海关行政复议机构审理行政复议案件应当向有关组织和人员调查情况，听取申请人、被申请人和第三人的意见；海关行政复议机构认为必要时可以实地调查核实证据；对于事实清楚、案情简单、争议不大的案件，可以采取书面审查的方式进行审理。

第五十条 海关行政复议机构向有关组织和人员调查取证时，可以查阅、复制、调取有关文件和资料，向有关人员进行询问。

调查取证时，行政复议人员不得少于2人，并且应当主动向有关人员出示调查证。被调查单位和人员应当配合行政复议人员的工作，不得拒绝或者阻挠。

调查情况、听取意见应当制作笔录，由被调查人员和行政复议人员共同签字确认。

第五十一条 行政复议期间涉及专门事项需要鉴定的，申请人、第三人可以自行委托鉴定机构进行鉴定，也可以申请行政复议机构委托鉴定机构进行鉴定。鉴定费用由申请人、第三人承担。鉴定所用时间不计入行政复议审理期限。

海关行政复议机构认为必要时也可以委托鉴定机构进行鉴定。

鉴定应当委托国家认可的鉴定机构进行。

第五十二条 需要现场勘验的，现场勘验所用时间不计入行政复议审理期限。

第五十三条 申请人、第三人可以查阅被申请人提出的书面答复、提交的作出具体行政行为的证据、依据和其他有关材料，除涉及国家秘密、商业秘密、海关工作秘密或者个人隐私外，海关行政复议机关不得拒绝，并且应当为申请人、第三人查阅有关材料提供必要条件。

有条件的海关行政复议机关应当设立专门的行政复议接待室或者案卷查阅室，配备相应的监控设备。

第五十四条 申请人、第三人查阅有关材料依照下列规定办理：

（一）申请人、第三人向海关行政复议机构提出阅卷要求；

（二）海关行政复议机构确定查阅时间后提前通知申请人或者第三人；

（三）查阅时，申请人、第三人应当出示身份证件；

（四）查阅时，海关行政复议机构工作人员应当在场；

（五）申请人、第三人可以摘抄查阅材料的内容；

（六）申请人、第三人不得涂改、毁损、拆换、取走、增添查阅的材料。

第五十五条 行政复议期间有下列情形之一，影响行政复议案件审理的，行政复议中止，海关行政复议机构应当制作《行政复议中止决定书》，并且送达申请人、被申请人和第三人：

（一）作为申请人的自然人死亡，其近亲属尚未确定是否参加行政复议的；

（二）作为申请人的自然人丧失参加行政复议的能力，尚未确定法定代理人参加行政复议的；

（三）作为申请人的法人或者其他组织终止，尚未确定权利义务承受人的；

（四）作为申请人的自然人下落不明或者被宣告失踪的；

（五）申请人、被申请人因不可抗力，不能参加行政复议的；

（六）案件涉及法律适用问题，需要有权机关作出解释或者确认的；

（七）案件审理需要以其他案件的审理结果为依据，而其他案件尚未审结的；

（八）申请人依照本办法第三十一条提出对有关规定的审查申请，有权处理的海关、行政机关正在依法处理期间的；

（九）其他需要中止行政复议的情形。

行政复议中止的原因消除后，海关行政复议机构应当及时恢复行政复议案件的审理，制作《行政复议恢复审理通知书》，并且送达申请人、被申请人和第三人。

第三节 行政复议听证

第五十六条 有下列情形之一的，海关行政复议机构可以采取听证的方式审理：

（一）申请人提出听证要求的；

（二）申请人、被申请人对事实争议较大的；

（三）申请人对具体行政行为适用依据有异议的；

（四）案件重大、复杂或者争议的标的价值较大的；

（五）海关行政复议机构认为有必要听证的其他情形。

第五十七条 海关行政复议机构决定举行听证的，应当制发《行政复议听证通知书》，将举行听证的时间、地点、具体要求等事项事先通知申请人、被申请人和第三人。

第三人不参加听证的，不影响听证的举行。

第五十八条 听证可以在海关行政复议机构所在地举行，也可以在被申请人或者申请人所在地举行。

第五十九条 行政复议听证应当公开举行，涉及国家秘密、商业秘密、海关工作秘密或者个人隐私的除外。

公开举行的行政复议听证，因听证场所等原因需要限制旁听人员数量的，海关行政复议机构应当作出说明。

对人民群众广泛关注、有较大社会影响或者有利于法制宣传教育的行政复议案件的公开听证，海关行政复议机构可以有计划地组织群众旁听，也可以邀请有关立法机关、司法机关、监察部门、审计部门、新闻单位以及其他有关单位的人员参加旁听。

第六十条 行政复议听证人员为不得少于3人的单数，由海关行政复议机构负责人确定，并且指定其中一人为听证主持人。听证可以另指定专人为记录员。

第六十一条 行政复议听证应当按照以下程序进行：

（一）由主持人宣布听证开始、核对听证参加人身份、告知听证参加人的权利和义务；

（二）询问听证参加人是否申请听证人员以及记录员回避，申请回避的，按照本办法第四十八条的规定办理；

（三）申请人宣读复议申请并且阐述主要理由；

（四）被申请人针对行政复议申请进行答辩，就作出原具体行政行为依据的事实、理由和法律依据进行阐述，并且进行举证；

（五）第三人可以阐述意见；

（六）申请人、第三人对被申请人的举证可以进行质证或者举证反驳，被申请人对申请人、第三人的反证也可以进行质证和举证反驳；

（七）要求证人到场作证的，应当事先经海关行政复议机构同意并且提供证人身份等基本情况；

（八）听证主持人和其他听证人员进行询问；

（九）申请人、被申请人和第三人没有异议的证据和证明的事实，由主持人当场予以认定；有异议的并且与案件处理结果有关的事实和证据，由主持人当场或者事后经合议予以认定；

（十）申请人、被申请人和第三人可以对案件事实、证据、适用法律等进行辩论；

（十一）申请人、被申请人和第三人进行最后陈述；

（十二）由申请人、被申请人和第三人对听证笔录内容进行确认，并且当场签名或者盖章；对听证笔录内容有异议的，可以当场更正并且签名或者盖章。

行政复议听证笔录和听证认定的事实应当作为海关行政复议机关作出行政复议决定的依据。

第六十二条 行政复议参加人无法在举行听证时当场提交有关证据的，由主持人根据具体情况限定时间事后提交并且另行进行调查、质证或者再次进行听证；行政复议参加人提出的证据无法当场质证的，由主持人当场宣布事后进行调查、质证或者再次进行听证。

行政复议参加人在听证后的举证未经质证或者未经海关行政复议机构重新调查认可的，不得作为作出行政复议决定的证据。

第四节 行政复议附带抽象行政行为审查

第六十三条 申请人依照本办法第三十一条提出对有关规定的审查申请的，海关行政复议机关对该规定有权处理的，应当在30日内依照下列程序处理：

（一）依法确认该规定是否与法律、行政法规、规章相抵触；

（二）依法确认该规定能否作为被申请人作出具体行政行为的依据；

（三）书面告知申请人对该规定的审查结果。

海关行政复议机关应当制作《抽象行政行为审查告知书》，并且送达申请人、被申请人。

第六十四条 海关行政复议机关对申请人申请审查的有关规定无权处理的，应当在7日内按照下列程序转送有权处理的上级海关或者其他行政机关依法处理：

（一）转送有权处理的上级海关的，应当报告行政复议有关情况、执行该规定的有关情况、对该规定适用的意见；

（二）转送有权处理的其他行政机关的，在转送函中应当说明行政复议的有关情况、请求确认该规定是否合法。

第六十五条 有权处理的上级海关应当在60日内依照下列程序处理：

（一）依法确认该规定是否合法、有效；

（二）依法确认该规定能否作为被申请人作出具体行政行为的依据；

（三）制作《抽象行政行为审查告知书》，并且送达海关行政复议机关、申请人和被申请人。

第六十六条 海关行政复议机关在对被申请人作出的具体行政行为进行审查时，认为需对该具体行政行为所依据的有关规定进行审查的，依照本办法第六十三条、第六十四条、第六十五条的规定办理。

第五节 行政复议决定

第六十七条 海关行政复议机构提出案件处理意见，经海关行政复议机关负责人审查批准后，作出行政复议决定。

第六十八条 海关行政复议机关应当自受理申请之日起60日内作出行政复议决定。但是有下列情况之一的，经海关行政复议机关负责人批准，可以延长30日：

（一）行政复议案件案情重大、复杂、疑难的；
（二）决定举行行政复议听证的；
（三）经申请人同意的；
（四）有第三人参加行政复议的；
（五）申请人、第三人提出新的事实或者证据需进一步调查的。

海关行政复议机关延长复议期限，应当制作《延长行政复议审查期限通知书》，并且送达申请人、被申请人和第三人。

第六十九条 具体行政行为认定事实清楚，证据确凿，适用依据正确，程序合法，内容适当的，海关行政复议机关应当决定维持。

第七十条 被申请人不履行法定职责的，海关行政复议机关应当决定其在一定期限内履行法定职责。

第七十一条 具体行政行为有下列情形之一的，海关行政复议机关应当决定撤销、变更或者确认该具体行政行为违法：

（一）主要事实不清、证据不足的；
（二）适用依据错误的；
（三）违反法定程序的；
（四）超越或者滥用职权的；
（五）具体行政行为明显不当的。

第七十二条 海关行政复议机关决定撤销或者确认具体行政行为违法的，可以责令被申请人在一定期限内重新作出具体行政行为。

被申请人应当在法律、行政法规、海关规章规定的期限内重新作出具体行政行为；法律、行政法规、海关规章未规定期限的，重新作出具体行政行为的期限为60日。

公民、法人或者其他组织对被申请人重新作出的具体行政行为不服，可以依法申请行政复议或者提起行政诉讼。

第七十三条 被申请人未按照本办法第四十三条的规定提出书面答复、提交当初作出具体行政行为的证据、依据和其他有关材料的，视为该具体行政行为没有证据、依据，海关行政复议机关应当决定撤销该具体行政行为。

第七十四条 具体行政行为有下列情形之一的，海关行政复议机关可以决定变更：

（一）认定事实清楚，证据确凿，程序合法，但是明显不当或者适用依据错误的；
（二）认定事实不清，证据不足，但是经海关行政复议机关审理查明事实清楚，证据确凿的。

第七十五条 海关行政复议机关在申请人的行政复议请求范围内，不得作出对申请人更为不利的行政复议决定。

第七十六条 海关行政复议机关依据本办法第七十二条规定责令被申请人重新作出具体行政行为的，除以下情形外，被申请人不得作出对申请人更为不利的具体行政行为：

（一）不作出对申请人更为不利的具体行政行为将损害国家利益、社会公共利益或者他人合法权益的；

（二）原具体行政行为适用法律依据错误，适用正确的法律依据需要依法作出对申请人更为不利的具体行政行为的；

（三）被申请人查明新的事实，根据新的事实和有关法律、行政法规、海关规章的强制性规定，需要作出对申请人更为不利的具体行政行为的；

（四）其他依照法律、行政法规或者海关规章规定应当作出对申请人更为不利的具体行政行为的。

第七十七条 海关行政复议机关作出行政复议决定，应当制作《行政复议决定书》，送达申请人、被申请人和第三人。

《行政复议决定书》应当载明下列内容：

（一）申请人姓名、性别、年龄、职业、住址（法人或者其他组织的名称、地址、法定代表人或者主要负责人的姓名、职务）；

（二）第三人姓名、性别、年龄、职业、住址（法人或者其他组织的名称、地址、法定代表人或者主要负责人的姓名、职务）；

（三）被申请人名称、地址、法定代表人姓名；

（四）申请人申请复议的请求、事实和理由；

（五）被申请人答复的事实、理由、证据和依据；

（六）行政复议认定的事实和相应的证据；

（七）作出行政复议决定的具体理由和法律依据；

（八）行政复议决定的具体内容；

（九）不服行政复议决定向人民法院起诉的期限和具体管辖法院；

（十）作出行政复议决定的日期。

《行政复议决定书》应当加盖海关行政复议机关的印章。

《行政复议决定书》一经送达，即发生法律效力。

《行政复议决定书》直接送达的，行政复议人员应当就行政复议认定的事实、证据、作出行政复议决定的理由、依据向申请人、被申请人和第三人作出说明；申请人、被申请人和第三人对《行政复议决定书》提出异议的，除告知其向人民法院起诉的权利外，应当就有关异议作出解答。《行政复议决定书》以其他方式送达的，申请人、被申请人和第三人就《行政复议决定书》有关内容向海关行政复议机构提出异议的，行政复议人员应当向申请人、被申请人和第三人作出说明。

经申请人和第三人同意，海关行政复议机关可以通过出版物、海关门户网站、海关公告栏等方式公布生效的行政复议法律文书。

第七十八条 《行政复议决定书》送达申请人、被申请人和第三人后，海关行政复议机关发现《行政复议决定书》有需要补充、更正的内容，但是不影响行政复议决定的实质内容的，应当制发《行政复议决定补正通知书》，并且送达申请人、被申请人和第三人。

第七十九条 有下列情形之一的，海关行政复议机关应当决定驳回行政复议申请：

（一）申请人认为海关不履行法定职责申请行政复议，海关行政复议机关受理后发现被申请人没有相应法定职责或者申请人在海关行政复议机关受理该行政复议申请之前已经履行法定职责的；

（二）海关行政复议机关受理行政复议申请后，发现该行政复议申请不符合受理条件的。

海关行政复议机关的上一级海关认为该行政复议机关驳回行政复议申请的理由不成立的，应当责令其恢复审理。

第八十条 申请人在行政复议决定作出前自愿撤回行政复议申请的，经海关行政复议机构同意，可以撤回。

申请人撤回行政复议申请的，不得再以同一事实和理由提出行政复议申请。但是，申请人能够证明撤回行政复议申请违背其真实意思表示的除外。

第八十一条 行政复议期间被申请人改变原具体行政行为，但是申请人未依法撤回行政复议申请的，不影响行政复议案件的审理。

第八十二条 行政复议期间有下列情形之一的，行政复议终止：

（一）申请人要求撤回行政复议申请，海关行政复议机构准予撤回的；

（二）作为申请人的自然人死亡，没有近亲属或者其近亲属放弃行政复议权利的；

（三）作为申请人的法人或者其他组织终止，其权利义务的承受人放弃行政复议权利的；

（四）申请人与被申请人达成和解，并且经海关行政复议机构准许的；

（五）申请人对海关限制人身自由的行政强制措施不服申请行政复议后，因申请人同一违法行为涉嫌犯罪，该限制人身自由的行政强制措施变更为刑事拘留的，或者申请人对海关扣留财产的行政强制措施不服申请行政复议后，因申请人同一违法行为涉嫌犯罪，该扣留财产的行政强制措施变更为刑事扣押的；

（六）依照本办法第五十五条第一款第（一）项、第（二）项、第（三）项规定中止行政复议，满60日行政复议中止的原因仍未消除的；

（七）申请人以传真、电子邮件形式递交行政复议申请书后未在规定期限内提交有关材料的原件的。

行政复议终止，海关行政复议机关应当制作《行政复议终止决定书》，并且送达申请人、被申请人和第三人。

第六节 行政复议和解和调解

第八十三条 公民、法人或者其他组织对海关行使法律、行政法规或者海关规章规定的自由裁量权作出的具体行政行为不服申请行政复议，在海关行政复议机关作出行政复议决定之前，申请人和被申请人可以在自愿、合法基础上达成和解。

第八十四条 申请人和被申请人达成和解的，应当向海关行政复议机构提交书面和解协议。和解协议应当载明行政复议请求、事实、理由和达成和解的结果，并且由申请人和被申请人签字或者盖章。

第八十五条 海关行政复议机构应当对申请人和被申请人提交的和解协议进行审查，和解确属申请人和被申请人的真实意思表示，和解内容不违反法律、行政法规或者海关规章的强制性规定，不损害国家利益、社会公共利益和他人合法权益的，应当准许和解，并且终止行政复议案件的审理。

准许和解并且终止行政复议的，应当在《行政复议终止决定书》中载明和解的内容。

第八十六条 经海关行政复议机关准许和解的，申请人和被申请人应当履行和解协议。

第八十七条 经海关行政复议机关准许和解并且终止行政复议的，申请人以同一事实和理由再次申请行政复议的，不予受理。但是，申请人提出证据证明和解违反自愿原则或者和解内容违反法律、行政法规或者海关规章的强制性规定的除外。

第八十八条 有下列情形之一的，海关行政复议机关可以按照自愿、合法的原则进行调解：

（一）公民、法人或者其他组织对海关行使法律、行政法规或者海关规章规定的自由裁量权作出的具体行政行为不服申请行政复议的；

（二）行政赔偿、查验赔偿或者行政补偿纠纷。

第八十九条 海关行政复议机关主持调解应当符合以下要求：

（一）调解应当在查明案件事实的基础上进行；

（二）海关行政复议机关应当充分尊重申请人和被申请人的意愿；

（三）组织调解应当遵循公正、合理原则；

（四）调解结果应当符合有关法律、行政法规和海关规章的规定，不得违背法律精神和原则；

（五）调解结果不得损害国家利益、社会公共利益或者他人合法权益。

第九十条 海关行政复议机关主持调解应当按照下列程序进行：

（一）征求申请人和被申请人是否同意进行调解的意愿；

（二）经申请人和被申请人同意后开始调解；

（三）听取申请人和被申请人的意见；

（四）提出调解方案；

（五）达成调解协议。

调解期间申请人或者被申请人明确提出不进行调解的，应当终止调解。终止调解后，申请人、被申请人再次请求海关行政复议机关主持调解的，应当准许。

第九十一条 申请人和被申请人经调解达成协议的，海关行政复议机关应当制作《行政复议调解书》。《行政复议调解书》应当载明下列内容：

（一）申请人姓名、性别、年龄、职业、住址（法人或者其他组织的名称、地址、法定代表人或者主要负责人的姓名、职务）；

（二）被申请人名称、地址、法定代表人姓名；

（三）申请人申请行政复议的请求、事实和理由；

（四）被申请人答复的事实、理由、证据和依据；

（五）行政复议认定的事实和相应的证据；

（六）进行调解的基本情况；

（七）调解结果；

（八）申请人、被申请人履行调解书的义务；

（九）日期。

《行政复议调解书》应当加盖海关行政复议机关的印章。《行政复议调解书》经申请人、被申请人签字或者盖章，即具有法律效力。

第九十二条 申请人和被申请人提交书面和解协议，并且要求海关行政复议机关按照和解协议内容制作《行政复议调解书》的，行政复议机关应当进行审查，申请人和被申请人达成的和解协议符合本办法第八十九条第（四）项、第（五）项规定的，海关行政复议机关可以根据和解协议的内容按照本办法第九十一条的规定制作《行政复议调解书》。

第九十三条 调解未达成协议或者行政复议调解书生效前一方反悔的，海关行政复议机关应当及时作出行政复议决定。

第七节 行政复议决定的执行

第九十四条 申请人认为被申请人不履行或者无正当理由拖延履行行政复议决定书、行政复议调解书的，可以申请海关行政复议机关责令被申请人履行。

海关行政复议机关发现被申请人不履行或者无正当理由拖延履行行政复议决定书、行政复议调解书的,应当责令其限期履行,并且制作《责令限期履行行政复议决定通知书》,送达被申请人。

第九十五条 申请人在法定期限内未提起行政诉讼又不履行海关行政复议决定的,按照下列规定分别处理:

(一)维持具体行政行为的海关行政复议决定,由作出具体行政行为的海关依法强制执行或者申请人民法院强制执行;

(二)变更具体行政行为的海关行政复议决定,由海关行政复议机关依法强制执行或者申请人民法院强制执行。海关行政复议机关也可以指定作出具体行政行为的海关依法强制执行,被指定的海关应当及时将执行情况上报海关行政复议机关。

第九十六条 申请人不履行行政复议调解书的,由作出具体行政行为的海关依法强制执行或者申请人民法院强制执行。

第六章 海关行政复议指导和监督

第九十七条 海关行政复议机关应当加强对行政复议工作的领导。

海关行政复议机构按照职责权限对行政复议工作进行督促、指导。

第九十八条 上级海关应当加强对下级海关履行行政复议职责的监督,通过定期检查、抽查等方式,对下级海关的行政复议工作进行检查,并且及时反馈检查结果。

海关发现本海关或者下级海关作出的行政复议决定有错误的,应当予以纠正。

第九十九条 海关行政复议机关在行政复议期间发现被申请人的具体行政行为违法或者需要做好善后工作的,可以制作《行政复议意见书》,对被申请人纠正执法行为、改进执法工作提出具体意见。

被申请人应当自收到《行政复议意见书》之日起60日内将纠正相关行政违法行为或者做好善后工作的情况报告海关行政复议机构。

第一百条 海关行政复议机构在行政复议期间发现法律、行政法规、规章的实施中带有普遍性的问题,可以向有关机关提出完善立法的建议。

海关行政复议机构在行政复议期间发现海关执法中存在的普遍性问题,可以制作《行政复议建议书》,向本海关有关业务部门提出改进执法的建议;对于可能对本海关行政决策产生重大影响的问题,海关行政复议机构应当将《行政复议建议书》报送本级海关行政首长;属于上一级海关处理权限的问题,海关行政复议机关可以向上一级海关提出完善制度和改进执法的建议。

第一百零一条 各级海关行政复议机关办理的行政复议案件中,申请人与被申请人达成和解协议后海关行政复议机关终止行政复议,或者申请人与被申请人经调解达成协议,海关行政复议机关制作行政复议调解书的,应当向海关总署行政复议机构报告,并且将有关法律文书报该部门备案。

第一百零二条 海关行政复议机构在办理行政复议案件的过程中,应当及时将制发的有关法律文书在海关行政复议信息系统中备案。

第一百零三条 海关行政复议机构应当每半年向本海关和上一级海关行政复议机构提交行政复议工作状况分析报告。

第一百零四条 海关总署行政复议机构应当每半年组织一次对行政复议人员的业务培训,提高行政复议人员的专业素质。

其他海关行政复议机构可以根据工作需要定期组织对本海关行政复议人员的培训。

第一百零五条 海关行政复议机关对于在办理行政复议案件中依法保障国家利益、维护公民、法人或者其他组织的合法权益、促进海关依法行政和社会和谐、成绩显著的单位和人员,应当依照《海关系统奖励规定》给予表彰和奖励。

海关行政复议机关应当定期总结行政复议工作，对在行政复议工作中做出显著成绩的单位和个人，应当依照《海关系统奖励规定》给予表彰和奖励。

第七章 法律责任

第一百零六条 海关行政复议机关、海关行政复议机构、行政复议人员有行政复议法第三十四条、第三十五条、行政复议法实施条例第六十四条规定情形的，依照行政复议法、行政复议法实施条例的有关规定处理。

第一百零七条 被申请人有行政复议法第三十六条、第三十七条、行政复议法实施条例第六十二条规定情形的，依照行政复议法、行政复议法实施条例的有关规定处理。

第一百零八条 上级海关发现下级海关及有关工作人员有违反行政复议法、行政复议法实施条例和本办法规定的，应当制作《处理违法行为建议书》，向有关海关提出建议，该海关应当依照行政复议法和有关法律、行政法规的规定作出处理，并且将处理结果报告上级海关。

海关行政复议机构发现有关海关及其工作人员有违反行政复议法、行政复议法实施条例和本办法规定的，应当制作《处理违法行为建议书》，向人事、监察部门提出对有关责任人员的处分建议，也可以将有关人员违法的事实材料直接转送人事、监察部门处理；接受转送的人事、监察部门应当依法处理，并且将处理结果通报转送的海关行政复议机构。

第八章 附　则

第一百零九条 海关行政复议期间的计算和行政复议法律文书的送达，依照民事诉讼法关于期间、送达的规定执行。

本办法关于行政复议期间有关"5日"、"7日"的规定是指工作日，不含节假日。

第一百一十条 海关行政复议机关受理行政复议申请，不得向申请人收取任何费用。

海关行政复议活动所需经费、办公用房以及交通、通讯、监控等设备由各级海关予以保障。

第一百一十一条 外国人、无国籍人、外国组织在中华人民共和国境内向海关申请行政复议，适用本办法。

第一百一十二条 海关行政复议机关可以使用行政复议专用章。在海关行政复议活动中，行政复议专用章和行政复议机关的印章具有同等法律效力。

第一百一十三条 海关行政复议机关办理行政复议案件、海关作为被申请人参加行政复议活动，该海关行政复议机构应当对有关案件材料进行整理，按照规定立卷归档。

第一百一十四条 本办法由海关总署负责解释。

第一百一十五条 本办法自2007年11月1日起施行。1999年8月30日海关总署令第78号发布的《中华人民共和国海关实施〈行政复议法〉办法》同时废止。

中华人民共和国海关监管区管理暂行办法

(海关总署令第 232 号)

(2017 年 8 月 8 日由海关总署发布，根据 2018 年 5 月 29 日海关总署令第 240 号《海关总署关于修改部分规章的决定》修改，现行版本自 2018 年 7 月 1 日起施行，法规类型为部门规章)

第一章 总 则

第一条 为了规范海关监管区的管理，根据《中华人民共和国海关法》以及其他有关法律、行政法规的规定，制定本办法。

第二条 本办法所称海关监管区，是指《中华人民共和国海关法》第一百条所规定的海关对进出境运输工具、货物、物品实施监督管理的场所和地点，包括海关特殊监管区域、保税监管场所、海关监管作业场所、免税商店以及其他有海关监管业务的场所和地点。

本办法所称海关监管作业场所，是指由企业负责经营管理，供进出境运输工具或者境内承运海关监管货物的运输工具进出、停靠，从事海关监管货物的进出、装卸、储存、集拼、暂时存放等有关经营活动，符合《海关监管作业场所设置规范》(以下简称《场所设置规范》)，办理相关海关手续的场所。

《场所设置规范》由海关总署另行制定并公告。

第三条 本办法适用于海关对海关监管区的管理。

海关规章对海关特殊监管区域、保税监管场所、免税商店的管理另有规定的，从其规定。

第四条 公民、法人和其他组织在海关监管区内开展依法应当经过批准的业务的，应当按照相关主管部门的要求开展有关业务。

第五条 海关实施本办法的规定不妨碍其他部门履行其相应职责。

第二章 海关监管区的管理

第六条 海关监管区应当设置符合海关监管要求的基础设施、检查查验设施以及相应的监管设备。

第七条 海关依照《中华人民共和国海关法》的规定，对海关监管区内进出境运输工具、货物、物品行使检查、查验等权力。

第八条 进出境运输工具、货物、物品，应当通过海关监管区进境或者出境。

第九条 进出境运输工具或者境内承运海关监管货物的运输工具应当在海关监管区停靠、装卸，并办理海关手续。

第十条 进出境货物应当在海关监管区的海关监管作业场所集中办理进出、装卸、储存、集拼、暂时存放等海关监管业务。

第十一条 进出境物品应当在海关监管区的旅客通关类场所、邮件类场所办理海关手续，海关总署另有规定的除外。

第十二条 在海关监管区内从事与进出境运输工具、货物、物品等有关的经营活动，应当接受海关监管。

第十三条 因救灾、临时减载、装运鲜活产品以及其他特殊情况，需要经过未设立海关的地点临时进境或者出境的,应当经国务院或者国务院授权的机关批准,并办理海关手续。

第三章 海关监管作业场所的管理

第十四条 申请经营海关监管作业场所的企业(以下称申请人)应当同时具备以下条件:
(一)具有独立企业法人资格;
(二)取得与海关监管作业场所经营范围相一致的工商核准登记;
(三)具有符合《场所设置规范》的场所。
由法人分支机构经营的,分支机构应当取得企业法人授权。

第十五条 申请人应当向主管地的直属海关或者隶属海关(以下简称主管海关)提出注册申请,并且提交以下材料:
(一)经营海关监管作业场所企业注册申请书;
(二)海关监管作业场所功能布局和监管设施示意图。
由法人分支机构经营的,申请人应当提交企业法人授权文书。

第十六条 主管海关依据《中华人民共和国行政许可法》和《中华人民共和国海关实施〈中华人民共和国行政许可法〉办法》的规定办理有关行政许可事项,具体办法由海关总署另行制定并公告。

第十七条 海关可以采取视频监控、联网核查、实地巡查、库存核对等方式,对海关监管作业场所实施监管。

第十八条 经营企业应当根据海关监管需要,在海关监管作业场所的出入通道设置卡口,配备与海关联网的卡口控制系统和设备。

第十九条 经营企业应当凭海关放行信息办理海关监管货物以及相关运输工具出入海关监管作业场所的手续。

第二十条 经营企业应当妥善保存货物进出以及存储等情况的电子数据或者纸质单证,保存时间不少于3年,海关可以进行查阅和复制。

第二十一条 经营企业应当在海关监管作业场所建立与海关联网的信息化管理系统、视频监控系统,并且根据海关监管需要建立全覆盖无线网络。

第二十二条 海关监管作业场所出现与《场所设置规范》不相符情形的,经营企业应当立即采取措施进行修复,并且报告海关。海关根据管理需要,可以采取相应的限制措施。

第二十三条 经营企业应当在海关监管作业场所装卸、储存、集拼、暂时存放海关监管货物。装卸、储存、集拼、暂时存放非海关监管货物的,应当与海关监管货物分开,设立明显标识,并且不得妨碍海关对海关监管货物的监管。
经营企业应当根据海关需要,向海关传输非海关监管货物进出海关监管作业场所等信息。

第二十四条 经营企业应当将海关监管作业场所内存放超过3个月的海关监管货物情况向海关报告。海关可以对相应货物存放情况进行核查。

第二十五条 经营企业应当建立与相关海关监管业务有关的人员管理、单证管理、设备管理和值守等制度。

第二十六条 海关履行法定职责过程中,发现海关监管作业场所内海关监管货物存在安全生产隐患的,应当及时向主管部门通报。

第二十七条 经营企业有下列行为之一的,责令改正,给予警告,可以暂停其相应海关监管作业场所6个月以内从事有关业务:
(一)未凭海关放行信息办理出入海关监管作业场所手续的;
(二)未依照本办法规定保存货物进出以及存储等情况的电子数据或者纸质单证的;
(三)海关监管作业场所出现与《场所设置规范》不相符情形未及时修复,影响海关监管的;

（四）未依照本办法规定装卸、储存、集拼、暂时存放海关监管货物的；
（五）未依照本办法规定将海关监管作业场所内存放超过3个月的海关监管货物情况向海关报告的。

因前款第三项原因被暂停业务的，如果海关监管作业场所经整改符合要求，可以提前恢复业务。

发生走私行为或者重大违反海关监管规定行为的，海关应当责令经营企业改正，并且暂停其相应海关监管作业场所6个月以内从事有关业务。

第四章 附 则

第二十八条 海关工作人员徇私舞弊、滥用职权、玩忽职守，未依法履行本办法规定职责的，依法给予处分。

第二十九条 本办法由海关总署负责解释。

第三十条 本办法自2017年11月1日起施行。2008年1月30日海关总署令第171号发布的《中华人民共和国海关监管场所管理办法》、2015年4月27日海关总署令第227号公布的《海关总署关于修改部分规章的决定》第六条同时废止。

关于明确海关监管作业场所行政许可事项的公告

（海关总署公告2017年第37号）

（2017年8月22日由海关总署发布，2017年11月1日起施行，法规类型为规范性文件）

根据《中华人民共和国行政许可法》、《中华人民共和国海关实施〈中华人民共和国行政许可法〉办法》和《中华人民共和国海关监管区管理暂行办法》有关规定，现将海关监管作业场所行政许可有关事项公告如下：

一、申请经营海关监管作业场所的企业（以下称申请人）应当具备的条件以及需要提交的材料，按照《中华人民共和国海关监管区管理暂行办法》第十四条和第十五条有关规定执行（《经营海关监管作业场所企业注册申请书》，附件1）。

二、申请人应当对所提交材料的真实性、合法性、有效性承担法律责任。主管海关可以通过信息化系统获取有关材料电子文本的，申请人无需另行提交。

三、主管海关应当对申请经营的海关监管作业场所是否符合《海关监管作业场所设置规范》（由海关总署另行制定并公告）进行实地验核。

四、经审核符合注册条件的，主管海关应当制发《中华人民共和国××海关经营海关监管作业场所企业注册登记证书》（以下简称《注册登记证书》，附件2）。

《注册登记证书》自制发之日起有效期为3年。

五、经营海关监管作业场所的企业注册资质不得转让、出租、出借。

六、有下列情形之一的，海关监管作业场所的经营企业应当向主管海关提交《经营海关监管作业场所企业变更申请书》（附件3）以及相关材料，办理海关手续：

（一）海关监管作业场所面积发生变更的；
（二）海关监管作业场所类型发生变更的；
（三）《注册登记证书》所载其他内容发生变更的。

经审查同意变更的，主管海关应当换发《注册登记证书》。

海关监管作业场所变更经营主体的，应当办理注销手续，并且重新申请设立。

经审查认为不属于变更情形的，主管海关应当书面告知海关监管作业场所的经营企业办理其他相应的海关手续。

七、海关监管作业场所的经营企业在办理注册申请时提交的企业法人营业执照副本复印件、海关监管作业场所功能布局和监管设施示意图的内容发生变化的，应当及时向主管海关通报，并且重新提交上述材料。

八、海关监管作业场所的经营企业需要延续注册的，应当在《注册登记证书》有效期届满30日前，向主管海关提出延续申请，并且提交《经营海关监管作业场所企业延续申请书》（附件4）。

经审查符合延续条件的，主管海关应当作出准予延续的决定，延续《注册登记证书》有效期3年。

经审查不符合延续条件的，主管海关应当作出不予延续的决定。海关监管作业场所的经营企业应当按照海关要求对海关监管作业场所内存放的海关监管货物作出处置。

经营海关监管作业场所的企业未在本条第一款规定时间内提出延续申请的，《注册登记证书》自有效期届满之日起失效。

九、经营海关监管作业场所的企业注册所依据的客观情况发生重大变化，为了公共利益的需要，主管海关可以变更或者撤回。

十、申请注销海关监管作业场所企业注册的，应当满足以下条件：

（一）海关监管作业场所内存放的海关监管货物已经全部依法处置完毕，相关海关手续也已经全部办结的；

（二）海关监管作业场所的经营企业涉及走私案件或者违反海关监管规定案件，相关案件已经结案的。

经主管海关审核同意注销的，海关监管作业场所的经营企业应当交回《注册登记证书》。

十一、有下列情形之一的，主管海关应当注销海关监管作业场所的企业注册，并且制发《中华人民共和国××海关经营海关监管作业场所企业注销决定书》（附件5），收回《注册登记证书》：

（一）注册有效期届满未延续的；

（二）经营海关监管作业场所的企业依法终止的；

（三）注册依法被撤回、撤销的；

（四）由于不可抗力导致注册事项无法实施的；

（五）依据法律、行政法规规定，注册应当注销的其他情形。

注册被海关注销的，海关监管作业场所的经营企业或者有关当事人应当按照海关要求对海关监管作业场所内存放的海关监管货物作出处置。

本公告自2017年11月1日起施行。

特此公告。

附件：1. 经营海关监管作业场所企业注册申请书（略）
  2. 中华人民共和国××海关经营海关监管作业场所企业注册登记证书（略）
  3. 经营海关监管作业场所企业变更申请书（略）
  4. 经营海关监管作业场所企业延续申请书（略）
  5. 中华人民共和国××海关经营海关监管作业场所企业注销决定书（略）

海关监管作业场所（场地）设置规范

（海关总署公告2019年第68号）

（2019年4月19日由海关总署发布，2019年4月19日起施行，法规类型为规范性文件）

第一章 总 则

一、根据《中华人民共和国海关监管区管理暂行办法》的相关规定，制定本规范。

二、本规范的海关监管作业场所（场地）划分为：

（一）监管作业场所，包括水路运输类海关监管作业场所、公路运输类海关监管作业场所、航空运输类海关监管作业场所、铁路运输类海关监管作业场所、快递类海关监管作业场所等。

（二）集中作业场地，包括旅客通关作业场地、邮检作业场地、进境动物隔离检疫场等。

三、海关监管作业场所（场地）内的功能区划分为：

（一）口岸前置拦截作业区，包括车体及轮胎消毒场所、核生化监测处置场所、指定检疫车位、指定检疫廊桥或指定检疫机位、检疫锚地或泊位、指定检疫轨道等。具体设置要求详见《海关口岸前置拦截作业区设置规范》（附件1）。

（二）查验作业区，该功能区以查验为主，配套设置必要的储存、暂时存放区、扣检区、技术整改区等。海关监管作业场所（场地）涉及运营进口汽车、普通食品、进口冷链食品、进境食用水生动物、进境水果、进境木材、进境粮食、进境种苗、进口废物原料、供港澳鲜活产品、血液等特殊物品、集装箱/箱式货车承载货物等业务，以及有公路口岸客车进出境的，相应的查验作业区具体设置要求详见《海关监管作业场所（场地）查验作业区设置规范》（附件2）。

（三）检疫处理区，该功能区以检疫处理和卫生处理为主，配套设置必要的查验区、存放区等。包括进境原木检疫处理区、进境大型苗木检疫处理场等，具体设置要求详见《海关监管作业场所（场地）检疫处理区设置规范》（附件3）。

四、海关监管作业场所（场地）设置规范的适用原则：

（一）以水路、航空、铁路、公路运输方式办理货物进出境的海关监管作业场所，应当适用本规范中对应的运输方式海关监管作业场所设置规范。

（二）以快递方式办理货物进出境业务的海关监管作业场所，应当优先适用本规范中快递类海关监管作业场所设置规范。

（三）旅客通关作业场地、邮检作业场地、进境动物隔离检疫场等集中作业场地，应当适用本规范中对应的海关集中作业场地设置规范。

（四）海关监管作业场所（场地）内的功能区，应在满足上述对应海关监管作业场所（场地）设置规范要求的基础上，同时满足对应功能区的设置规范的要求。

（五）开展跨境电子商务直购进口或跨境电子商务一般出口业务的监管作业场所应按照快递类海关监管作业场所或者邮检作业场地规范设置。

五、2个及以上海关监管作业场所（场地）设置在同一区域内的，在满足海关监管要求的前提下，可以设置统一的隔离围网（墙）和通道出入卡口；同一区域内各海关监管作业场所

（场地）之间应当建立隔离设施以及设置区分标识。

六、设置在同一口岸监管区内的海关监管作业场所（场地），在满足开展海关监管作业要求的条件下，可根据实际情况共同使用有关的技术用房。

七、海关监管作业场所（场地）应建立满足海关监管要求的监控摄像头及相应系统，符合《海关监管作业场所（场地）监控摄像头设置规范》。

八、从事保税货物进出、装卸、储存、集拼、暂时存放等有关活动的作业场所，不适用本规范。

九、法律法规对有关场所、场地或区域的设置另有规定的，从其规定。

十、海关实施本规范的规定不妨碍其他部门依法履行其职责。

第二章 海关监管作业场所设置规范

第一节 水路运输类海关监管作业场所

一、封闭及卡口设置

（一）应当具有独立的封闭区域，设立高度不低于2.5米的隔离围网（墙）。

（二）凡需以公路运输方式载运货物出入海关监管作业场所的，应当建立通道出入卡口，配置符合海关监管要求的卡口控制系统和设备，并且与海关联网。

二、场地设置

（一）具有储存或者装卸、集拼、暂时存放海关监管货物的仓库或场地，配备相应设施，并且设置明显区分标识。

（二）如需实施海关查验，应当设置满足海关查验作业要求的场地，配备海关实施查验、安全防护的设备以及相应的专业操作人员。

（三）根据海关监管需要，预留大型集装箱/车辆检查设备、辐射探测设备等所需的场地和设施，自行安装且供海关使用的集装箱/车辆检查设备及辐射探测设备等应当与海关联网。

（四）具备存放海关暂不予放行货物的仓库或者场地。

（五）地面平整、硬化，无病媒生物孳生地，场地及周围环境应具备有效的防控鼠类的设施，符合国家标准《病媒生物综合管理技术规范环境治理鼠类》（GB/T31712）的相关要求。

（六）具有必要的病媒生物控制措施，具备完善的卫生管理制度（包括卫生保洁制度、货物堆放制度、病媒生物防控制度）与有效的卫生控制措施。

（七）根据海关监管需要，设置检疫处理区，用于对进出境货物、集装箱进行检疫处理。

（八）根据海关监管需要，对食品、动植物及其产品、废旧物品储存等，应设置专门区域。

三、场所用房

（一）根据海关监管需要，提供采样室、样品室、病媒生物和有害生物初筛鉴定室等技术用房，以及更衣室、工具室等配套设施，满足开展感官检验、取制样品、初筛鉴定及标本存放、留样存放、药品与器械存储等作业要求。

（二）根据海关卫生检疫工作需要，提供检疫查验、卫生监督、卫生处理技术用房及配套设施，满足开展医学排查、隔离留验、传染病快速监测、卫生监督采样检测、病媒生物监测与控制等作业要求。

（三）提供具备网络通讯、取暖降温、休息卫生等条件的海关备勤、办公场所。

四、信息化管理系统

（一）根据海关监管需要，配备与海关联网的信息化管理系统，能够接收海关相关指令信息，并按照海关要求实现货物进场、出场、存储状态等电子数据的传送、交换。

（二）根据海关监管需要，企业自用信息化管理系统应当向海关开放有关功能的授权。

（三）建立符合海关网络安全要求的机房或机柜，并且建立满足海关对运输工具登临检查、货物查验、场所（场地）巡查等工作要求的无线网络。

五、其他

（一）对因机械吊装、履带运输、水岸泊位、铁路轨道等因素无法实现完全封闭的海关监管作业场所，相应区域可以调整封闭设置。

（二）对不涉及货物储存及暂时存放的海关监管作业场所，在保证海关监管的条件下，可以对"二、场地设置"的要求进行相应调整。

第二节 公路运输类海关监管作业场所

一、封闭及卡口设置

（一）应当具有独立的封闭区域，设立高度不低于2.5米的隔离围网（墙）。

（二）建立通道出入卡口，配置符合海关监管要求的卡口控制系统和设备，并且与海关联网。

二、场地设置

（一）具有储存或者装卸、集拼、暂时存放海关监管货物的仓库或场地，配备相应设施，并且设置明显区分标识。

（二）设置符合海关要求的功能区域，设置区域标识牌，并且标识场内的通行、分流路线。

（三）如需实施海关查验，应当设置满足海关查验作业要求的场地，配备海关实施查验、安全防护的设备以及相应的专业操作人员。

（四）根据海关监管需要，预留大型集装箱/车辆检查设备、辐射探测设备等所需的场地和设施，自行安装且供海关使用的集装箱/车辆检查设备及辐射探测设备等应当与海关联网。

（五）提供存放海关暂不予放行货物的仓库或者场地。

（六）地面平整、硬化，无病媒生物孳生地，场地及周围环境应具备有效的防控鼠类的设施，符合国家标准《病媒生物综合管理技术规范环境治理鼠类》（GB/T31712）的相关要求。

（七）具有必要的病媒生物控制措施，具备完善的卫生管理制度（包括卫生保洁制度、货物堆放制度、病媒生物防控制度）与有效的卫生控制措施。

（八）根据海关监管需要，设置检疫处理区，用于对进出境货物、集装箱进行检疫处理。

（九）根据海关监管需要，对食品、废动植物及其产品、废旧物品储存等，应设置专门区域。

三、场所用房

（一）根据海关监管需要，提供采样室、样品室、病媒生物及有害生物初筛鉴定室等技术用房，以及更衣室、工具室等配套设施，满足开展感官检验、取制样品、初筛鉴定及标本存放、留样存放、药品与器械存储等作业要求。

（二）根据海关卫生检疫工作需要，提供检疫查验、卫生监督、卫生处理技术用房及配套设施，满足开展医学排查、隔离留验、传染病快速监测、卫生监督采样检测、病媒生物监测与控制等作业要求。

（三）提供具备网络通讯、取暖降温、休息卫生等条件的海关备勤、办公场所。

四、信息化管理系统

（一）根据海关监管需要，配备与海关联网的信息化管理系统，能够接收海关相关指令信息，并按照海关要求实现货物进场、出场、存储状态等电子数据的传送、交换。

（二）根据海关监管需要，企业自用信息化管理系统应当向海关开放有关功能的授权。

（三）建立符合海关网络安全要求的机房或机柜，并且建立满足海关对运输工具登临检查、货物查验、场所巡查等工作要求的无线网络。

第三节　航空运输类海关监管作业场所

一、封闭及卡口设置

（一）应当具有独立的封闭区域，设立高度不低于2.5米的隔离围网（墙）。

（二）凡需以公路运输方式载运货物出入海关监管作业场所的，应当建立通道出入卡口，配置符合海关监管要求的卡口控制系统和设备，并且与海关联网。

二、场地设置

（一）具有储存或者装卸、集拼、暂时存放海关监管货物的仓库或场地配备相应设施；监管货物按照进口、出口、暂不予放行等进行分类存放并隔离，设置明显区分标识。

（二）根据海关监管需要，配置非侵入式检查设备、自动传输分拣设备，并与海关联网。预留安装大型集装箱/车辆检查设备和辐射探测设备等所需的场地，自行安装且供海关使用的大型集装箱/车辆检查设备、辐射探测设备等应当与海关联网。

（三）如需实施海关查验，应当设置满足海关查验作业要求的场地，配备海关实施查验、安全防护的设备以及相应的专业操作人员。

（四）提供存放海关暂不予放行货物的仓库或者场地。

（五）地面平整、硬化，无病媒生物孳生地，场地及周围环境应具备有效的防控鼠类的设施，符合国家标准《病媒生物综合管理技术规范环境治理鼠类》（GB/T31712）的相关要求。

（六）具有必要的病媒生物控制措施，具备完善的卫生管理制度（包括卫生保洁制度、货物堆放制度、病媒生物防控制度）与有效的卫生控制措施。

（七）根据海关监管需要，设置检疫处理区，用于对进出境货物、集装箱进行检疫处理。

（八）根据海关监管需要，对食品、动植物及其产品、废旧物品储存等，应设置专门区域。

三、场所用房

（一）根据海关监管需要，提供采样室、样品室、病媒生物及有害生物初筛鉴定室等技术用房，以及更衣室、工具室等配套设施，满足开展感官检验、取制样品、初筛鉴定及标本存放、留样存放、药品与器械存储等作业要求。

（二）根据海关卫生检疫工作需要，提供检疫查验、卫生监督、卫生处理技术用房及配套设施，满足开展医学排查、隔离留验、传染病快速监测、卫生监督采样检测、病媒生物监测与控制等作业要求。

（三）提供具备网络通讯、取暖降温、休息卫生等条件的海关备勤、办公场所。

四、信息化管理系统

（一）根据海关监管需要，配备与海关联网的信息化管理系统，能够接收海关相关指令信息，并按照海关要求实现货物进场、出场、存储状态等电子数据的传送、交换。

（二）根据海关监管需要，企业自用信息化管理系统应当向海关开放有关功能的授权。

（三）建立符合海关网络安全要求的机房或机柜，并且建立满足海关对运输工具登临检查、货物查验、场所（场地）巡查等工作要求的无线网络。

第四节　铁路运输类海关监管作业场所

一、封闭及卡口设置

（一）应当具有独立的封闭区域，设立高度不低于2.5米的隔离围网（墙）。

对因铁路轨道因素导致隔离围网（墙）不能全封闭的，应当设置监控设施，满足海关监管要求。

（二）凡需以公路运输方式载运货物出入海关监管作业场所的，应当建立通道出入卡口，配置符合海关监管要求的卡口控制系统和设备，并且与海关联网。

二、场地设置

（一）具有储存或者装卸、集拼、暂时存放海关监管货物的仓库或场地，配备相应设施，并且设置明显区分标识。

（二）如需实施海关查验，应当设置满足海关查验作业要求的场地，配备海关实施查验、安全防护的设备以及相应的专业操作人员。

（三）根据海关监管需要，预留大型集装箱/车辆检查设备、辐射探测设备等所需的场地和设施，自行安装且供海关使用的集装箱/车辆检查设备及辐射探测设备等应当与海关联网。

（四）提供存放海关暂不予放行货物的仓库或者场地。

（五）地面平整、硬化，无病媒生物孳生地，场地及周围环境应具备有效的防控鼠类的设施，符合国家标准《病媒生物综合管理技术规范环境治理鼠类》（GB/T31712）的相关要求。

（六）具有必要的病媒生物控制措施，具备完善的卫生管理制度（包括卫生保洁制度、货物堆放制度、病媒生物防控制度）与有效的卫生控制措施。

（七）根据海关监管需要，设置检疫处理区，用于对进出境货物、集装箱进行检疫处理。

（八）根据海关监管需要，对食品、动植物及其产品、废旧物品储存等，应设置专门区域。

三、场所用房

（一）根据海关监管需要，提供采样室、样品室、病媒生物及有害生物初筛鉴定室等技术用房，以及更衣室、工具室等配套设施，满足开展感官检验、取制样品、初筛鉴定及标本存放、留样存放、药品与器械存储等作业要求。

（二）根据海关卫生检疫工作需要，提供检疫查验、卫生监督、卫生处理技术用房及配套设施，满足开展医学排查、隔离留验、传染病快速监测、卫生监督采样检测、病媒生物监测与控制等作业要求。

（三）提供具备网络通讯、取暖降温、休息卫生等条件的海关备勤、办公场所。

四、信息化管理系统

（一）根据海关监管需要，配备与海关联网的信息化管理系统，能够接收海关相关指令信息，并按照海关要求实现货物进场、出场、存储状态等电子数据的传送、交换。

（二）根据海关监管需要，企业自用信息化管理系统应当向海关开放有关功能的授权。

（三）建立符合海关网络安全要求的机房或机柜，并且建立满足海关对运输工具登临检查、货物查验、场所（场地）巡查等工作要求的无线网络。

第五节　快递类海关监管作业场所

一、封闭及卡口设置

（一）应当具有独立的封闭区域，设立高度不低于2.5米的隔离围网（墙）。

（二）凡需以公路运输方式载运货物出入海关监管作业场所的，应当建立通道出入卡口，配置符合海关监管要求的卡口控制系统和设备，并且与海关联网。

二、场地设置

（一）具有储存或者装卸、集拼、暂时存放海关监管货物的仓库，配备相应设施；海关监管货物按照进口、出口等进行分类存放并隔离，设置明显区分标识；放行区和未放行区应进行物理隔离。

（二）具备自动传输和分拣设备，配置可实现图像采集分析功能的检查设备，并且实现快件报关单与机检图像同屏对比功能。预留安装辐射探测等海关监管设备所需的场地，自行安装且供海关使用的设备等应当与海关联网。

（三）如需实施海关查验，应当设置满足海关查验作业要求的场地，配备海关实施查验、安全防护的设备以及相应的专业操作人员。

（四）提供存放海关暂不予放行货物的仓库或者场地。

（五）地面平整、硬化，无病媒生物孳生地，场地及周围环境应具备有效的防控鼠类的设施，符合国家标准《病媒生物综合管理技术规范环境治理鼠类》（GB/T31712）的相关要求。

（六）具有必要的病媒生物控制措施，具备完善的卫生管理制度（包括卫生保洁制度、货物堆放制度、病媒生物防控制度）与有效的卫生控制措施。

（七）根据海关监管需要，设置检疫处理区，用于对进出境货物、集装箱进行检疫处理。

（八）根据海关监管需要，对食品、动植物及其产品、废旧物品储存等，应设置专门区域。

三、场所用房

（一）根据海关监管需要，提供采样室、样品室、病媒生物及有害生物初筛鉴定室等技术用房，以及更衣室、工具室等配套设施，满足开展感官检验、取制样品、初筛鉴定及标本存放、留样存放、药品与器械存储等作业要求。

（二）提供具备网络通讯、取暖降温、休息卫生等条件的海关备勤、办公场所。

四、信息化管理系统

（一）根据海关监管需要，配备与海关联网的信息化管理系统，能够接收海关相关指令信息，并按照海关要求实现货物进场、出场、存储状态等电子数据的传送、交换。

（二）根据海关监管需要，企业自用信息化管理系统应当向海关开放有关功能的授权。

（三）建立符合海关网络安全要求的机房或机柜，并且建立满足海关对运输工具登临检查、货物查验、场所（场地）巡查等工作要求的无线网络。

第三章 海关集中作业场地设置规范

第一节 旅客通关作业场地

根据海关监管需要，旅客通关作业场地一般划分为现场作业区和现场办公区两个主要区域；航空口岸等旅客通关作业场地还应当根据海关监管需要设置行李先期机检区、旅客中转区和过境区。

一、现场作业区设置要求

（一）基本要求。

1. 办理旅客和行李物品监管通关手续的区域，应当相对封闭、独立，包括卫生检疫区（现场监测作业区、现场排查处置作业区）和行李物品监管区（申报区、旅客通道、查验区、处置区）。

2. 现场作业区各区域应当设置明显的标识。

3. 建立符合海关网络安全要求的机房或机柜，并且建立满足海关工作要求的无线网络。

（二）卫生检疫区设置要求。

卫生检疫区作为对进出境旅客和行李物品实施卫生检疫、核生化有害因子监测并进行相应处置的区域，应设置在口岸范围内旅客进境、出境区域的最前部。包括现场监测作业区、现场排查处置作业区和现场办公区。

1. 现场监测作业区。

（1）应当位于卫生检疫区前部，相对封闭、独立，设置划分为人员卫生检疫等候区和查验区。

（2）查验区分为红外测温区和医学巡查区，两个区域可以交叉或重叠。

（3）区内设置卫生检疫查验台、健康申报台、咨询台、进出境人员查验通道，配备体温监测设备、核生化有害因子监测设备等。

（4）各区域应当悬挂海关标识，设置明显标识。

现场监测作业区场地及业务用台、进出境人员查验通道设置具体要求详见《卫生检疫现场监测作业区场地及业务用台、人员查验通道设置规范》（附件4）。

2. 现场排查处置作业区。

（1）一般应当设置于卫生检疫区后部，设置医学排查室、（负压）隔离室、传染病病原体快速检测实验室、旅行健康室、突发卫生事件应急处置室、洗消室、应急物资储备室、独立转诊通道、流行病学调查室等专业用房。

（2）应当在口岸内预留用于发生突发公共卫生事件时，大量受染人群的临时隔离处置区域。

现场排查处置作业区专业用房设置具体要求详见《卫生检疫现场排查处置作业区专业用房设置规范》（附件5）。

（三）行李物品监管区。

1. 申报区设置要求。

申报区为旅客向海关办理行李物品申报手续的区域。申报区设置申报台，配备主动放弃箱、音视频采集及办理监管业务必需的设施、设备。

2. 识别和拦截区设置要求。

（1）根据国际通用的"红绿通道"通关模式，识别和拦截区的旅客通道应当分别设置"申报通道"、"无申报通道"及"工作人员通道"。

（2）根据海关监管需要，可以单独设置"外交、礼遇通道"。

（3）各通道应当相对封闭、相互之间隔离，便于海关监管，设置总体要求应当保持狭长，通道内配备满足海关智能识别要求的设施、设备等。

3. 查验区设置要求。

（1）查验区为海关对旅客行李物品实施查验的区域。查验区划分为旅客候检区、人体机检区、行李机检区、人工开箱查验区等，并根据海关监管需要设置工作犬查检区。

（2）查验区应当设置查验台，配备满足海关查验工作需要的设施、设备等。

4. 处置区设置要求。

（1）处置区为对查验后的行李物品进行后续处置的区域，应当配备办理监管业务必需的设施、设备等。

（2）根据实际监管需要，现场作业区内应当配置执法调查室、毒品检测室、人身检查室、印刷品音像制品审查室、征税办理室、检疫初筛鉴定室、检疫处理室、宠物检疫室、宠物留观室、工作犬休息室、易腐败截留物的暂存库（冷库）、暂不予放行物品存放仓库、禁止进境物截留存放仓库、贵重物品保管仓库等业务用房。

5. 有旅客行李托运业务的口岸，核生化有害因子监测并进行相应处置的区域应设置在行李物品监管区，并预留相关辐射探测设备的安装场地。

二、现场办公区设置要求

（一）应当根据海关监管工作需要，设置办公室、会议室、更衣室、监控指挥室、设备间、备勤室、机房等。

（二）现场办公用房的面积和位置应当考虑监管业务的需求，满足通风、照明、卫生、网络通讯、取暖降温等需要，并具备防辐射、隔音等条件。

三、其他要求

（一）场地设置应当布局科学、大小适宜，便于旅客和行李物品通关，便于海关安装和使用监管设施、设备。因地面积客观条件限制，卫生检疫区与行李物品监管区毗邻等情况，可根据海关监管要求适当进行区域整合。

（二）海关旅客通道与口岸边检通道之间应当预留纵深缓冲区，在缓冲区内悬挂统一设计的海关标识，设置法规公告栏或电子公告屏。

（三）航空口岸等旅客通关作业场地根据海关监管需要应当设置先期机检区，具备满足安装、使用先期机检设备的场地、电源、网络以及配套设施等条件，并设置集中审图室等先期机检业务用房。

（四）在出境实行开放式布局的航空口岸等旅客通关作业场地，根据海关监管需要，应配备具有远程审图和操控的行李系统和五级安检系统，并配备相应的网络、设备，实时、准确提供出境旅客托运行李电子信息。

（五）航空口岸等旅客通关作业场地根据海关监管需要应当设置旅客中转区、过境区的，应当参照本设置要求配置海关现场作业区和现场办公区。配备相应的网络、设备，实时、准确提供中转旅客航程信息及托运行李电子信息电子信息。

第二节 邮检作业场地

根据海关对邮递物品监管业务和作业流程的需要，邮检作业场地划分为海关现场作业区和海关现场办公区两个主要区域。邮政企业应当按照本规范建设满足海关监管需要的作业场地，并承担相应的安全管理职责。邮检作业场地的设置应当布局合理，流程顺畅，便于海关安装和使用监管设施、设备，并按口岸存储场地卫生监督相关要求设置。

一、现场作业区设置要求

（一）基本设置要求。

1. 现场作业区为海关对进出境邮递物品实施监管和办理相关手续的区域，包括邮件申报区、海关查验作业区、海关处置区等。

2. 现场作业区应当相对独立、封闭，设置明显的标识。如以围网（墙）隔离，高度一般不低于2.5米。各作业功能区应当设置明显的标识。

3. 凡需以公路运输方式载运货物出入邮检作业场地的，应当建立通道出入卡口，配置符合海关监管要求的卡口控制系统和设备，并且与海关联网。

（二）申报区设置要求。

邮件申报区的设置应当便于海关监管，方便收寄件人办理手续。

（三）机检设备。

1. 具备自动传输和分拣设备配置可实现图像采集分析功能的检查设备。根据海关监管需要，具备申报信息与机检图像同屏对比功能。

2. 根据海关监管需要，预留安装辐射探测等海关监管设备所需的场地，自行安装且供海关使用的设备等应当与海关联网。

（四）查验作业区设置要求。

海关查验作业区为海关对邮递物品实施查验的区域。根据实际工作需要，查验区应当按配置满足海关查验工作需要的设施、设备等，并能够实现海关对邮件的分流检查。

（五）处置区设置要求。

海关处置区用于对查验后的邮件进行后续处置。设置各类留存邮件仓库及需要进行鉴定、隔离、检疫处理等后续处理的场地及设施、设备等。

（六）其他设置要求。

1. 邮检作业场地内不得存放非进出境邮件。国际邮件的进口处理区、出口处理区应当单独设立。未办结海关手续的国际邮件应当按待申报、待查验、待处置、已放行等分区存放，各区域之间应当进行物理隔离，并设置明显标识。

2. 根据海关监管需要，海关现场作业区内配套设置集中审图室、智能审图室、人工开拆查验室、毒品快速检测室、核生化爆防护监测设备存放室、海关工作犬舍、暂存邮件仓库、收件人待办仓库、侵权邮件仓库、隔离检疫仓库、检疫鉴定初筛室、印刷品音像制品审查室、核生化爆隔离室、药剂器械室、设备间等业务用房及符合消毒除害要求的检疫处理区。

3. 根据海关监管需要，现场作业区出入口应当配置门禁系统或保安人员。非工作人员不得进入海关现场作业区。邮政企业等人员因公进出海关现场作业区应当凭有效证件，并接受海关对其携带物品的监管查验。

二、现场办公区设置要求

应当提供具备网络通讯、取暖降温、休息卫生等条件的海关备勤、办公场所。

三、其他要求

（一）应当配备与海关联网的信息化作业系统，按照海关邮件信息化管理系统的要求实现邮件电子信息的传送、交换，确保满足海关对进出境邮递物品进行有效监管的实际需要。

（二）建立符合海关网络安全要求的机房或机柜，并且建立满足海关对货物查验、场所（场地）巡查等工作要求的无线网络。

第三节 进境动物隔离检疫场

一、一般建设要求

（一）需远离相应的动物养殖场、（屠宰）加工厂、居民生活区、兽医院及交通主干道、动物交易市场等场所。

（二）具有独立的封闭区域，设立隔离围网（墙），并有醒目的警示标识；根据海关监管需要，建立通道出入卡口，配置符合海关监管要求的卡口控制系统和设备，并且与海关联网。

（三）场内具备与申请进境动物种类和数量相适应的饲养条件和隔离检疫设施，具有安全的防逃逸装置。

（四）隔离检疫场内布局合理，分设隔离检疫区和生活办公区。隔离检疫区与生活办公区严格分开。与外界及各区间的通道应设有消毒池（垫），用于进出人员脚底和车辆等的消毒设施，通道应避免交叉污染；水生动物隔离场还需在通道口设置洗手消毒设备。

（五）应当配备供存放和运输样品、死亡动物的设备；场内设有死亡动物及废弃物无害化处理设施；设有污水、粪便集中消毒处理的场所。

（六）场内应有必要的供水、电、保温及通风等设施，水质符合国家相关标准。

（七）具有完善的动物饲养、卫生防疫等管理制度。配备兽医专业技术人员。

（八）根据海关监管需要，配备与海关联网的信息化管理系统，能够按照海关要求实现货物相关电子数据的传送、交换。

（九）根据海关监管需要，企业自用信息化管理系统应当向海关开放有关功能的授权。

（十）根据海关监管需要，建立符合海关网络安全要求的机房或机柜，并且建立满足海关对运输工具登临检查、货物查验、场所（场地）巡查等工作要求的无线网络。

（十一）应当提供具备网络通讯、取暖降温、休息卫生等条件的海关备勤、办公场所。

二、专用建设要求

以下类型的隔离检疫场除满足一般建设要求外，还应当满足专用建设要求。

（一）进境观赏/种用水生动物的指定隔离检疫场。

1. 隔离场周边没有世界动物卫生组织（OIE）规定应当通报和国家主管部门规定须通报的水生动物疾病发生和流行；周围1公里范围内无水产品加工厂和水产品批发交易市场。

2. 具有独立水源，水质符合我国渔业水质标准。

3. 隔离检疫场内应当设有装卸区、包装处理区、隔离养殖区、患病动物观察、死亡动物处理区、饲料（饵料）储存区、药物储存区和污水处理区。

4. 包装处理区应当设置对进境动物包装物料进行消毒处理的设施。
5. 隔离养殖区应当配备隔离养殖池，进排水应分设；配备有足量的工器具，已消毒工器具和未消毒工器具应分开摆放；建立养殖池（缸）隔离养殖动物记录。
6. 患病动物观察区应当配备患病水生动物专用隔离池（缸）。
7. 死亡动物处理区应当设置为无害化处理区域，能进行有效无害化处理。
8. 饲料（饵料）储存区应当建有饲料（饵料）储存库，应具备防鼠、防虫、防潮等设施；使用鲜活饵料的，配备相应的冷藏设备；储存库应建立购买和使用记录。
9. 药物储存区应当建有药物（含消毒剂）储存室，储存室由专人管理，药物应按其说明书要求的储存条件分类存放，集中发放，并有购买、使用、存放记录。

（二）进境日本锦鲤隔离检疫场。
除满足进境动物隔离检疫场一般建设要求以及进境观赏/种用水生动物的指定隔离检疫场专用建设要求外，还应设置配套养殖场，或在隔离检疫场内设置进出水独立的专用养殖区域，用于对锦鲤疱疹病毒、鲤春病毒进行至少一个水温监测周期的监测。

（三）进境大中动物指定隔离检疫场。
1. 猪指定隔离场应当符合《进境种猪临时隔离场建设规范》（SN/T 2032）。
2. 牛、羊指定隔离场应当符合《进境牛羊指定隔离场建设要求》（SN/T 4233）；马、驴等其他大中动物指定隔离场参照该标准执行。

（四）进境实验动物隔离检疫场。
进境实验猴指定隔离检疫场应当符合《进出境实验猴隔离场建设规范》（SN/T 4805）；其他进境实验动物的指定隔离检疫场，应当符合《实验动物环境及设施》（GB 14925）。

（五）进境陆生野生动物、宠物（犬、猫）及进境演艺、竞技、展览动物指定隔离检疫场。
1. 具有专用捕捉、固定动物所需场地和设施。
2. 进境宠物（犬、猫）的指定隔离检疫场，应当符合《进出境宠物犬、猫隔离场建设规范》（SN/T 4883）。

附件： 1. 海关口岸前置拦截作业区设置规范（略）
2. 海关监管作业场所（场地）查验作业区设置规范（略）
3. 海关监管作业场所（场地）检疫处理区设置规范（略）
4. 卫生检疫现场监测作业区场地及业务用台、人员查验通道设置规范（略）
5. 卫生检疫现场排查处置作业区专业用房设置规范（略）

海关指定监管场地管理规范

(海关总署公告2019年第212号)

(2019年12月23日由海关总署发布,2019年12月23日起施行,法规类型为规范性文件)

第一章 总 则

第一条 根据《海关法》、《进出境动植物检疫法》及其实施条例、《进出口商品检验法》及其实施条例、《食品安全法》及其实施条例等法律、法规的相关规定,制定本规范。

第二条 指定监管场地是指符合海关监管作业场所(场地)的设置规范,满足动植物疫病疫情防控需要,对特定进境高风险动植物及其产品实施查验、检验、检疫的监管作业场地(以下简称"指定监管场地")。

第三条 指定监管场地包括:

(一)进境肉类指定监管场地;

(二)进境冰鲜水产品指定监管场地;

(三)进境粮食指定监管场地;

(四)进境水果指定监管场地;

(五)进境食用水生动物指定监管场地;

(六)进境植物种苗指定监管场地;

(七)进境原木指定监管场地;

(八)进境动物隔离检疫场;

(九)其他进境高风险动植物及其产品指定监管场地。

第四条 指定监管场地原则上应当设在第一进境口岸监管区内(进境动物隔离检疫场除外)。

在同一开放口岸范围内申请设立不同类型指定监管场地的,原则上应当在集中或相邻的区域内统一规划建设,设立为综合性指定监管场地,海关实行集约化监管。

第五条 拟设立指定监管场地的有关单位或企业,应当事先提请省级人民政府(以下简称"地方政府")组织开展可行性评估和立项;地方政府牵头建立国门生物安全、食品安全保障机制和重大动物疫病、重大植物疫情、重大食品安全事件等突发事件的应急处理工作机制,以及检疫风险的联防联控制度。

第六条 申请经营指定监管场地的单位(以下简称"申请单位")应当按照海关相关规定建设指定监管场地。

第七条 海关总署口岸监管司负责监督管理、指导协调和组织实施全国海关指定监管场地规范管理工作。

直属海关口岸监管部门负责监督管理、指导协调和组织实施本关区指定监管场地规范管理工作。

隶属海关负责实施本辖区指定监管场地日常规范管理和监督检查工作。

第八条 法律法规对有关作业场所(场地)、区域的设置另有规定的,从其规定。

第九条　海关实施本规范不妨碍其他部门依法履行其职责。

第二章　立项与评估

第十条　地方政府根据口岸发展需要，组织开展指定监管场地设立的可行性评估和立项，并统筹规划和组织建设。

地方政府经评估，认为具备设立条件的，形成立项申请，函商直属海关提出立项评估意见，直属海关初审后报海关总署审核、批复。

第十一条　指定监管场地立项材料应当包括以下内容：

（一）地方外向型经济和口岸建设的基本情况、发展规划，指定监管场地开展相关业务的市场需求，以及预期的经济效益、社会效益。

（二）地方政府制定保障进境高风险动植物及其产品检疫风险的联防联控工作制度（组织机构、能力保障、职责分工、督查督办）。

（三）指定监管场地的建设规划（建设主体、周期、资金保障、规划平面图等）。

（四）指定监管场地建设有关土地、环保、农林等评估意见。

第十二条　直属海关收到立项材料后，应当组成专家组进行初审评估，评估工作以资料审核为主，并视情开展实地验证和评估，必要时可与地方政府、申请单位沟通了解相关情况。

专家组应由海关系统内场所管理、动植检疫、食品安全专业的人员构成，必要时可聘请系统外专家。

第十三条　海关主要对以下方面进行评估：

（一）口岸对外开放情况和相关配套保障情况；

（二）海关监管能力和配套保障情况；

（三）海关实验室检测能力和配套保障情况；

（四）指定监管场地布局及必要性。

第十四条　直属海关应当根据初审评估情况，提出初审意见。

直属海关经评估认为符合海关相关规定要求的，报海关总署。

直属海关经评估认为不符合海关相关规定要求的，应当向地方政府书面反馈意见。根据地方政府的需求，直属海关可以提出相关改进意见。

第十五条　海关总署对直属海关的立项评审意见进行复审，提出批复意见，并反馈直属海关，由直属海关向地方政府反馈。

第十六条　指定监管场地应当在海关总署同意立项批复之日起 2 年内完成建设并向直属海关申请预验收。

逾期未向直属海关申请预验收的，该立项自动失效。

第十七条　在集中或相邻的区域内统一规划建设的不同类型指定监管场地，海关可统一组织开展验收。

第三章　直属海关预验收

第十八条　指定监管场地申请预验收时应当同时具备以下条件：

（一）指定监管场地符合海关监管作业场所（场地）的设置规范，满足动植物疫病疫情防控需要，具备对特定进境高风险动植物及其产品实施查验、检验、检疫的条件；

（二）指定监管场地主管海关的监管能力满足特定进境高风险动植物及其产品作业需求；

（三）地方政府已建立检疫风险的联防联控制度、国门生物安全、食品安全保障机制，重大动物疫病、重大植物疫情、重大食品安全事件等突发事件应急处理工作机制。

第十九条　指定监管场地具备预验收条件后，由申请单位向直属海关申请预验收，并提交以下材料：

（一）指定监管场地验收申请表（见附件）；

（二）指定监管场地验收申请表"申请须知"中列明的随附材料；

（三）其他相关资料或材料。

由法人分支机构经营的，分支机构应当取得企业法人授权。

第二十条 直属海关口岸监管部门负责牵头组织验收组开展指定监管场地的预验收工作。

验收组应当由海关系统内场所管理、动植检疫、食品安全专家或骨干构成。

第二十一条 直属海关对指定监管场地的预验收工作包括资料审核和实地验核。

书面材料审核通过的，直属海关组织验收组进行实地验核；书面材料审核不通过的，应当中止验收并告知申请单位。

第二十二条 指定监管场地的实地验核工作按以下程序开展。

（一）召开验收工作见面会，验收组公布验收工作的依据和程序，听取指定监管场地的建设情况汇报。

（二）验收组赴指定监管场地、海关实验室等场地开展实地验核。

（三）验收组内部评议，形成验收结论。

（四）召开现场反馈会，验收组反馈验收情况，给出验收结论，由验收组和申请单位签字确认。

（五）必要时，海关可提前安排进行检疫处理效果、海关监管人员能力考试等工作。

第二十三条 对通过预验收的或预验收提出的不符合项已整改完毕的，直属海关应当函请海关总署组织验收。

第四章 海关总署验收

第二十四条 海关总署口岸监管司根据直属海关预验收情况，组织验收组开展验收工作；也可视情况委托直属海关开展验收工作。

第二十五条 海关总署的验收工作，包括资料审核和实地验核。

资料审核通过的，海关总署组织验收组进行实地验核工作；资料审核不通过的，应当中止验收，由海关总署书面答复直属海关，直属海关书面答复申请单位。

第二十六条 验收组按照本规范第二十二条规定的相应程序开展指定监管场地实地验核工作。

第二十七条 验收工作完成后，验收组向海关总署提交指定监管场地验收工作报告，随附审核验收记录。

海关总署委托直属海关开展验收工作的，直属海关应将验收情况函报总署，并随附指定监管场地验收工作报告和审核验收记录。

第二十八条 通过验收的或验收提出的不符合项已整改完毕的指定监管场地，海关总署口岸监管司报请署领导批准后，将新批准的指定监管场地信息维护进指定监管场地名单，并在海关门户网站公布。

经公布的指定监管场地可正式承载特定进境高风险动植物及其产品的海关监管业务。

第五章 海关的监督管理

第二十九条 指定监管场地经营单位（以下简称"经营单位"）名称变更、指定监管场地因行政区划造成地址名称变化的，应当于变更后1个月内向直属海关报告，经直属海关核实后向海关总署报备。

第三十条 指定监管场地改扩建或新建查验场地、冷链一体化设施、技术用房等基础设施,应当事先向直属海关报备。对于影响海关监管的,直属海关应当根据实际情况暂停部分或全部的指定监管场地海关监管业务。

指定监管场地改扩建或新建项目完成后,经营单位应当向直属海关申请验收,海关按本规范的相关规定进行验收。

第三十一条　经营单位主动放弃经营指定监管场地的,应当向直属海关提出申请。
直属海关经审核确认指定监管场地内存放的海关监管货物已全部依法处置完毕,相关海关手续已经全部办结的,应当同意其申请,并函报海关总署。

第三十二条　直属海关在日常监管中发现指定监管场地不符合海关相关监管要求的,应当责成经营单位限期整改。
情况严重的或未在限期内完成整改的,直属海关应当暂停在该指定监管场地开展海关作业,并向海关总署报备。
暂停海关作业后,指定监管场地对相关问题完成整改的,须报直属海关审核确认后,方可恢复相关海关业务,并向海关总署报备。

第三十三条　海关总署对指定监管场地采取"双随机"的方式进行年度抽核,验证指定监管场地是否持续符合海关监管要求。
年度抽核工作以书面审核为主,直属海关根据海关总署的要求,对被抽核的指定监管场地进行初审,并将其日常监管情况和初审意见函报海关总署,海关总署进行复审。必要时,海关总署组织专家组进行实地验核。

第三十四条　海关总署在年度抽核中发现指定监管场地不符合本规范要求,经评估可以限期整改的,责成经营单位限期完成整改,由直属海关负责跟踪验证,并将整改及跟踪验证情况函报海关总署。

第三十五条　海关总署根据年度抽核和海关日常监督检查情况,对指定监管场地名单实施动态管理。对存在下列情况之一的,海关总署将其从指定监管场地名单中删除,并在海关门户网站公布:

(一) 指定监管场地不符合风险防控要求,造成重大动植物疫情扩散或重大食品安全事故的;

(二) 指定监管场地有关食品安全或动植物疫病疫情的风险防控能力达不到本规范的要求,经整改后仍不合格的;

(三) 指定监管场地被直属海关暂停开展海关作业,未在规定期限内完成整改的;

(四) 在海关总署年度抽核工作中,发现指定监管场地严重不符合本规范的要求或未按照本规范第三十四条规定在规定限期内完成整改的;

(五) 经营单位主动申请放弃经营指定监管场地并经海关审核同意的;

(六) 指定监管场地连续2年未开展所申请的特定高风险动植物及其产品进境业务的;

(七) 经营单位发生走私行为或者重大违反海关监管规定行为的;

(八) 经营单位依法终止的。

第三十六条　指定监管场地有下列情况之一的,申请单位或经营单位应当重新申请立项:

(一) 指定监管场地经营单位变更的;

(二) 海关总署同意立项批复之日起2年内未向直属海关申请预验收的;

(二) 按照本规范第三十五条的规定从指定监管场地名单中删除,停止指定监管场地运营海关业务后,拟重新开展指定监管场地海关业务的。

第三十七条　进境动物隔离检疫场再次使用前应当经直属海关验收。

第六章　附　则

第三十八条　本规范第三条第(八)项中的非国家隔离检疫场,可不提供地方政府组织开展的可行性评估报告和立项申请。

第三十九条　本规范自发布之日起施行。在本规范发布之前，海关制定的指定监管场地有关规定与本规范不一致的，以本规范为准。

第四十条　自本规范发布之日起，《质检总局关于实施进境食用水生动物指定口岸制度的公告》（2016年第74号）、《质检总局关于公布第二批进境食用水生动物指定口岸名单的公告》（2017年第5号）、《质检总局关于公布全国进境食用水生动物指定口岸名单的公告》（2018年第20号）、《质检总局关于进一步规范进口肉类指定口岸管理的公告》（2015年第64号）、《质检总局关于采取进口植物种苗指定入境口岸措施的公告》（2009年第133号）、《质检总局关于规范进境粮食指定口岸措施的公告》（2014年第106号）、《质检总局关于公布进境植物种苗指定口岸和进境粮食指定口岸及查验点名单的公告》（2017年第100号）同时废止。

附件：指定监管场地验收申请表（略）

其他相关

中华人民共和国统计法

(主席令第 15 号)

(1983 年 12 月 8 日第六届全国人民代表大会常务委员会第三次会议通过；根据 1996 年 5 月 15 日第八届全国人民代表大会常务委员会第十九次会议《关于修改〈中华人民共和国统计法〉的决定》修正，根据 2009 年 6 月 27 日第十一届全国人民代表大会常务委员会第九次会议修订；现行版本自 2010 年 1 月 1 日起施行；法规类型为法律)

第一章 总 则

第一条 为了科学、有效地组织统计工作，保障统计资料的真实性、准确性、完整性和及时性，发挥统计在了解国情国力、服务经济社会发展中的重要作用，促进社会主义现代化建设事业发展，制定本法。

第二条 本法适用于各级人民政府、县级以上人民政府统计机构和有关部门组织实施的统计活动。

统计的基本任务是对经济社会发展情况进行统计调查、统计分析，提供统计资料和统计咨询意见，实行统计监督。

第三条 国家建立集中统一的统计系统，实行统一领导、分级负责的统计管理体制。

第四条 国务院和地方各级人民政府、各有关部门应当加强对统计工作的组织领导，为统计工作提供必要的保障。

第五条 国家加强统计科学研究，健全科学的统计指标体系，不断改进统计调查方法，提高统计的科学性。

国家有计划地加强统计信息化建设，推进统计信息搜集、处理、传输、共享、存储技术和统计数据库体系的现代。

第六条 统计机构和统计人员依照本法规定独立行使统计调查、统计报告、统计监督的职权，不受侵犯。

地方各级人民政府、政府统计机构和有关部门以及各单位的负责人，不得自行修改统计机构和统计人员依法搜集、整理的统计资料，不得以任何方式要求统计机构、统计人员及其他机构、人员伪造、篡改统计资料，不得对依法履行职责或者拒绝、抵制统计违法行为的统计人员打击报复。

第七条 国家机关、企业事业单位和其他组织以及个体工商户和个人等统计调查对象，必须依照本法和国家有关规定，真实、准确、完整、及时地提供统计调查所需的资料，不得提供不真实或者不完整的统计资料，不得迟报、拒报统计资料。

第八条 统计工作应当接受社会公众的监督。任何单位和个人有权检举统计中弄虚作假等违法行为。对检举有功的单位和个人应当给予表彰和奖励。

第九条 统计机构和统计人员对在统计工作中知悉的国家秘密、商业秘密和个人信息，应当予以保密。

第十条 任何单位和个人不得利用虚假统计资料骗取荣誉称号、物质利益或者职务晋升。

第二章 统计调查管理

第十一条 统计调查项目包括国家统计调查项目、部门统计调查项目和地方统计调查项目。

国家统计调查项目是指全国性基本情况的统计调查项目。部门统计调查项目是指国务院有关部门的专业性统计调查项目。地方统计调查项目是指县级以上地方人民政府及其部门的地方性统计调查项目。

国家统计调查项目、部门统计调查项目、地方统计调查项目应当明确分工，互相衔接，不得重复。

第十二条 国家统计调查项目由国家统计局制定，或者由国家统计局和国务院有关部门共同制定，报国务院备案；重大的国家统计调查项目报国务院审批。

部门统计调查项目由国务院有关部门制定。统计调查对象属于本部门管辖系统的，报国家统计局备案；统计调查对象超出本部门管辖系统的，报国家统计局审批。

地方统计调查项目由县级以上地方人民政府统计机构和有关部门分别制定或者共同制定。其中，由省级人民政府统计机构单独制定或者和有关部门共同制定的，报国家统计局审批；由省级以下人民政府统计机构单独制定或者和有关部门共同制定的，报省级人民政府统计机构审批；由县级以上地方人民政府有关部门制定的，报本级人民政府统计机构审批。

第十三条 统计调查项目的审批机关应当对调查项目的必要性、可行性、科学性进行审查，对符合法定条件的，作出予以批准的书面决定，并公布；对不符合法定条件的，作出不予批准的书面决定，并说明理由。

第十四条 制定统计调查项目，应当同时制定该项目的统计调查制度，并依照本法第十二条的规定一并报经审批或者备案。

统计调查制度应当对调查目的、调查内容、调查方法、调查对象、调查组织方式、调查表式、统计资料的报送和公布等作出规定。

统计调查应当按照统计调查制度组织实施。变更统计调查制度的内容，应当报经原审批机关批准或者原备案机关备案。

第十五条 统计调查表应当标明表号、制定机关、批准或者备案文号、有效期限等标志。

对未标明前款规定的标志或者超过有效期限的统计调查表，统计调查对象有权拒绝填报；县级以上人民政府统计机构应当依法责令停止有关统计调查活动。

第十六条 搜集、整理统计资料，应当以周期性普查为基础，以经常性抽样调查为主体，综合运用全面调查、重点调查等方法，并充分利用行政记录等资料。

重大国情国力普查由国务院统一领导，国务院和地方人民政府组织统计机构和有关部门共同实施。

第十七条 国家制定统一的统计标准，保障统计调查采用的指标涵义、计算方法、分类目录、调查表式和统计编码等的标准化。

国家统计标准由国家统计局制定，或者由国家统计局和国务院标准化主管部门共同制定。国务院有关部门可以制定补充性的部门统计标准，报国家统计局审批。部门统计标准不得与国家统计标准相抵触。

第十八条 县级以上人民政府统计机构根据统计任务的需要,可以在统计调查对象中推广使用计算机网络报送统计资料。

第十九条 县级以上人民政府应当将统计工作所需经费列入财政预算。

重大国情国力普查所需经费,由国务院和地方人民政府共同负担,列入相应年度的财政预算,按时拨付,确保到位。

第三章 统计资料的管理和公布

第二十条 县级以上人民政府统计机构和有关部门以及乡、镇人民政府,应当按照国家有关规定建立统计资料的保存、管理制度,建立健全统计信息共享机制。

第二十一条 国家机关、企业事业单位和其他组织等统计调查对象,应当按照国家有关规定设置原始记录、统计台账,建立健全统计资料的审核、签署、交接、归档等管理制度。

统计资料的审核、签署人员应当对其审核、签署的统计资料的真实性、准确性和完整性负责。

第二十二条 县级以上人民政府有关部门应当及时向本级人民政府统计机构提供统计所需的行政记录资料和国民经济核算所需的财务资料、财政资料及其他资料,并按照统计调查制度的规定及时向本级人民政府统计机构报送其组织实施统计调查取得的有关资料。

县级以上人民政府统计机构应当及时向本级人民政府有关部门提供有关统计资料。

第二十三条 县级以上人民政府统计机构按照国家有关规定,定期公布统计资料。

国家统计数据以国家统计局公布的数据为准。

第二十四条 县级以上人民政府有关部门统计调查取得的统计资料,由本部门按照国家有关规定公布。

第二十五条 统计调查中获得的能够识别或者推断单个统计调查对象身份的资料,任何单位和个人不得对外提供、泄露,不得用于统计以外的目的。

第二十六条 县级以上人民政府统计机构和有关部门统计调查取得的统计资料,除依法应当保密的外,应当及时公开,供社会公众查询。

第四章 统计机构和统计人员

第二十七条 国务院设立国家统计局,依法组织领导和协调全国的统计工作。

国家统计局根据工作需要设立的派出调查机构,承担国家统计局布置的统计调查等任务。

县级以上地方人民政府设立独立的统计机构,乡、镇人民政府设置统计工作岗位,配备专职或者兼职统计人员,依法管理、开展统计工作,实施统计调查。

第二十八条 县级以上人民政府有关部门根据统计任务的需要设立统计机构,或者在有关机构中设置统计人员,并指定统计负责人,依法组织、管理本部门职责范围内的统计工作,实施统计调查,在统计业务上受本级人民政府统计机构的指导。

第二十九条 统计机构、统计人员应当依法履行职责,如实搜集、报送统计资料,不得伪造、篡改统计资料,不得以任何方式要求任何单位和个人提供不真实的统计资料,不得有其他违反本法规定的行为。

统计人员应当坚持实事求是,恪守职业道德,对其负责搜集、审核、录入的统计资料与统计调查对象报送的统计资料的一致性负责。

第三十条 统计人员进行统计调查时,有权就与统计有关的问题询问有关人员,要求其如实提供有关情况、资料并改正不真实、不准确的资料。

统计人员进行统计调查时,应当出示县级以上人民政府统计机构或者有关部门颁发的工作证件；未出示的，统计调查对象有权拒绝调查。

第三十一条 国家实行统计专业技术职务资格考试、评聘制度，提高统计人员的专业素质，保障统计队伍的稳定性。

统计人员应当具备与其从事的统计工作相适应的专业知识和业务能力。

县级以上人民政府统计机构和有关部门应当加强对统计人员的专业培训和职业道德教育。

第五章 监督检查

第三十二条 县级以上人民政府及其监察机关对下级人民政府、本级人民政府统计机构和有关部门执行本法的情况，实施监督。

第三十三条 国家统计局组织管理全国统计工作的监督检查，查处重大统计违法行为。

县级以上地方人民政府统计机构依法查处本行政区域内发生的统计违法行为。但是，国家统计局派出的调查机构组织实施的统计调查活动中发生的统计违法行为，由组织实施该项统计调查的调查机构负责查处。

法律、行政法规对有关部门查处统计违法行为另有规定的，从其规定。

第三十四条 县级以上人民政府有关部门应当积极协助本级人民政府统计机构查处统计违法行为，及时向本级人民政府统计机构移送有关统计违法案件材料。

第三十五条 县级以上人民政府统计机构在调查统计违法行为或者核查统计数据时，有权采取下列措施：

（一）发出统计检查查询书，向检查对象查询有关事项；

（二）要求检查对象提供有关原始记录和凭证、统计台账、统计调查表、会计资料及其他相关证明和资料；

（三）就与检查有关的事项询问有关人员；

（四）进入检查对象的业务场所和统计数据处理信息系统进行检查、核对；

（五）经本机构负责人批准，登记保存检查对象的有关原始记录和凭证、统计台账、统计调查表、会计资料及其他相关证明和资料；

（六）对与检查事项有关的情况和资料进行记录、录音、录像、照相和复制。

县级以上人民政府统计机构进行监督检查时，监督检查人员不得少于二人，并应当出示执法证件；未出示的，有关单位和个人有权拒绝检查。

第三十六条 县级以上人民政府统计机构履行监督检查职责时，有关单位和个人应当如实反映情况，提供相关证明和资料，不得拒绝、阻碍检查，不得转移、隐匿、篡改、毁弃原始记录和凭证、统计台账、统计调查表、会计资料及其他相关证明和资料。

第六章 法律责任

第三十七条 地方人民政府、政府统计机构或者有关部门、单位的负责人有下列行为之一的，由任免机关或者监察机关依法给予处分，并由县级以上人民政府统计机构予以通报：

（一）自行修改统计资料、编造虚假统计数据的；

（二）要求统计机构、统计人员或者其他机构、人员伪造、篡改统计资料的；

（三）对依法履行职责或者拒绝、抵制统计违法行为的统计人员打击报复的；

（四）对本地方、本部门、本单位发生的严重统计违法行为失察的。

第三十八条 县级以上人民政府统计机构或者有关部门在组织实施统计调查活动中有下列行为之一的，由本级人民政府、上级人民政府统计机构或者本级人民政府统计机构责令改正，予以通报；对直接负责的主管人员和其他直接责任人员，由任免机关或者监察机关依法给予处分：

（一）未经批准擅自组织实施统计调查的；
（二）未经批准擅自变更统计调查制度的内容的；
（三）伪造、篡改统计资料的；
（四）要求统计调查对象或者其他机构、人员提供不真实的统计资料的；
（五）未按照统计调查制度的规定报送有关资料的。
统计人员有前款第三项至第五项所列行为之一的，责令改正，依法给予处分。

第三十九条 县级以上人民政府统计机构或者有关部门有下列行为之一的，对直接负责的主管人员和其他直接责任人员由任免机关或者监察机关依法给予处分：
（一）违法公布统计资料的；
（二）泄露统计调查对象的商业秘密、个人信息或者提供、泄露在统计调查中获得的能够识别或者推断单个统计调查对象身份的资料的；
（三）违反国家有关规定，造成统计资料毁损、灭失的。
统计人员有前款所列行为之一的，依法给予处分。

第四十条 统计机构、统计人员泄露国家秘密的，依法追究法律责任。

第四十一条 作为统计调查对象的国家机关、企业事业单位或者其他组织有下列行为之一的，由县级以上人民政府统计机构责令改正，给予警告，可以予以通报；其直接负责的主管人员和其他直接责任人员属于国家工作人员的，由任免机关或者监察机关依法给予处分：
（一）拒绝提供统计资料或者经催报后仍未按时提供统计资料的；
（二）提供不真实或者不完整的统计资料的；
（三）拒绝答复或者不如实答复统计检查查询书的；
（四）拒绝、阻碍统计调查、统计检查的；
（五）转移、隐匿、篡改、毁弃或者拒绝提供原始记录和凭证、统计台账、统计调查表及其他相关证明和资料的。
企业事业单位或者其他组织有前款所列行为之一的，可以并处五万元以下的罚款；情节严重的，并处五万元以上二十万元以下的罚款。
个体工商户有本条第一款所列行为之一的，由县级以上人民政府统计机构责令改正，给予警告，可以并处一万元以下的罚款。

第四十二条 作为统计调查对象的国家机关、企业事业单位或者其他组织迟报统计资料，或者未按照国家有关规定设置原始记录、统计台账的，由县级以上人民政府统计机构责令改正，给予警告。
企业事业单位或者其他组织有前款所列行为之一的，可以并处一万元以下的罚款。
个体工商户迟报统计资料的，由县级以上人民政府统计机构责令改正，给予警告，可以并处一千元以下的罚款。

第四十三条 县级以上人民政府统计机构查处统计违法行为时，认为对有关国家工作人员依法应当给予处分的，应当提出给予处分的建议；该国家工作人员的任免机关或者监察机关应当依法及时作出决定，并将结果书面通知县级以上人民政府统计机构。

第四十四条 作为统计调查对象的个人在重大国情国力普查活动中拒绝、阻碍统计调查，或者提供不真实或者不完整的普查资料的，由县级以上人民政府统计机构责令改正，予以批评教育。

第四十五条 违反本法规定，利用虚假统计资料骗取荣誉称号、物质利益或者职务晋升的，除对其编造虚假统计资料或者要求他人编造虚假统计资料的行为依法追究法律责任外，由作出有关决定的单位或者其上级单位、监察机关取消其荣誉称号，追缴获得的物质利益，撤销晋升的职务。

第四十六条 当事人对县级以上人民政府统计机构作出的行政处罚决定不服的,可以依法申请行政复议或者提起行政诉讼。其中,对国家统计局在省、自治区、直辖市派出的调查机构作出的行政处罚决定不服的,向国家统计局申请行政复议;对国家统计局派出的其他调查机构作出的行政处罚决定不服的,向国家统计局在该派出机构所在的省、自治区、直辖市派出的调查机构申请行政复议。

第四十七条 违反本法规定,构成犯罪的,依法追究刑事责任。

第七章 附 则

第四十八条 本法所称县级以上人民政府统计机构,是指国家统计局及其派出的调查机构、县级以上地方人民政府统计机构。

第四十九条 民间统计调查活动的管理办法,由国务院制定。

中华人民共和国境外的组织、个人需要在中华人民共和国境内进行统计调查活动的,应当按照国务院的规定报请审批。

利用统计调查危害国家安全、损害社会公共利益或者进行欺诈活动的,依法追究法律责任。

第五十条 本法自 2010 年 1 月 1 日起施行。

中华人民共和国国境卫生检疫法

(主席令第 46 号)

(1986 年 12 月 2 日第六届全国人民代表大会常务委员会第十八次会议通过;根据 2007 年 12 月 29 日第十届全国人民代表大会常务委员会第三十一次会议《关于修改〈中华人民共和国国境卫生检疫法〉的决定》第一次修正,根据 2009 年 8 月 27 日第十一届全国人民代表大会常务委员会第十次会议《关于修改部分法律的决定》第二次修正,根据 2018 年 4 月 27 日第十三届全国人民代表大会常务委员会第二次会议《关于修改〈中华人民共和国国境卫生检疫法〉等六部法律的决定》第三次修正;现行版本自 2018 年 4 月 27 日起施行;法规类型为法律)

第一章 总 则

第一条 为了防止传染病由国外传入或者由国内传出,实施国境卫生检疫,保护人体健康,制定本法。

第二条 在中华人民共和国国际通航的港口、机场以及陆地边境和国界江河的口岸(以下简称国境口岸),设立国境卫生检疫机关,依照本法规定实施传染病检疫、监测和卫生监督。

第三条 本法规定的传染病是指检疫传染病和监测传染病。

检疫传染病,是指鼠疫、霍乱、黄热病以及国务院确定和公布的其他传染病。

监测传染病,由国务院卫生行政部门确定和公布。

第四条 入境、出境的人员、交通工具、运输设备以及可能传播检疫传染病的行李、货物、邮包等物品,都应当接受检疫,经国境卫生检疫机关许可,方准入境或者出境。具体办法由本法实施细则规定。

第五条 国境卫生检疫机关发现检疫传染病或者疑似检疫传染病时,除采取必要措施外,必须立即通知当地卫生行政部门,同时用最快的方法报告国务院卫生行政部门,最迟不得超过二十四小时。邮电部门对疫情报告应当优先传送。

中华人民共和国与外国之间的传染病疫情通报,由国务院卫生行政部门会同有关部门办理。

第六条 在国外或者国内有检疫传染病大流行的时候,国务院可以下令封锁有关的国境或者采取其他紧急措施。

第二章 检 疫

第七条 入境的交通工具和人员,必须在最先到达的国境口岸的指定地点接受检疫。除引航员外,未经国境卫生检疫机关许可,任何人不准上下交通工具,不准装卸行李、货物;邮包等物品。具体办法由本法实施细则规定。

第八条 出境的交通工具和人员,必须在最后离开的国境口岸接受检疫。

第九条 来自国外的船舶、航空器因故停泊、降落在中国境内非口岸地点的时候,船舶、航空器的负责人应当立即向最近的国境卫生检疫机关或者当地卫生行政部门报告。除紧急情况外,未经国境卫生检疫机关或者当地卫生行政部门许可,任何人不准上下船舶、航空器,不准装卸行李、货物、邮包等物品。

第十条 在国境口岸发现检疫传染病、疑似检疫传染病,或者有人非因意外伤害而死亡并死因不明的,国境口岸有关单位和交通工具的负责人,应当立即向国境卫生检疫机关报告,并申请临时检疫。

第十一条 国境卫生检疫机关依据检疫医师提供的检疫结果,对未染有检疫传染病或者已实施卫生处理的交通工具,签发入境检疫证或者出境检疫证。

第十二条 国境卫生检疫机关对检疫传染病染疫人必须立即将其隔离,隔离期限根据医学检查结果确定;对检疫传染病染疫嫌疑人应当将其留验,留验期限根据该传染病的潜伏期确定。

因患检疫传染病而死亡的尸体,必须就近火化。

第十三条 接受入境检疫的交通工具有下列情形之一的,应当实施消毒、除鼠、除虫或者其他卫生处理:

(一)来自检疫传染病疫区的;

(二)被检疫传染病污染的;

(三)发现有与人类健康有关的啮齿动物或者病媒昆虫的。

如果外国交通工具的负责人拒绝接受卫生处理,除有特殊情况外,准许该交通工具在国境卫生检疫机关的监督下,立即离开中华人民共和国国境。

第十四条 国境卫生检疫机关对来自疫区的、被检疫传染病污染的或者可能成为检疫传染病传播媒介的行李、货物、邮包等物品,应当进行卫生检查,实施消毒、除鼠、除虫或者其他卫生处理。

入境、出境的尸体、骸骨的托运人或者其代理人,必须向国境卫生检疫机关申报,经卫生检查合格后,方准运进或者运出。

第三章 传染病监测

第十五条 国境卫生检疫机关对入境、出境的人员实施传染病监测,并且采取必要的预防、控制措施。

第十六条 国境卫生检疫机关有权要求入境、出境的人员填写健康申明卡,出示某种传病的预防接种证书、健康证明或者其他有关证件。

第十七条　对患有监测传染病的人、来自国外监测传染病流行区的人或者与监测传染病人密切接触的人，国境卫生检疫机关应当区别情况，发给就诊方便卡，实施留验或者采取其他预防、控制措施，并及时通知当地卫生行政部门。各地医疗单位对持有就诊方便卡的人员，应当优先诊治。

第四章　卫生监督

第十八条　国境卫生检疫机关根据国家规定的卫生标准，对国境口岸的卫生状况和停留在国境口岸的入境、出境的交通工具的卫生状况实施卫生监督：
（一）监督和指导有关人员对啮齿动物、病媒昆虫的防除；
（二）检查和检验食品、饮用水及其储存、供应、运输设施；
（三）监督从事食品、饮用水供应的从业人员的健康状况，检查其健康证明书；
（四）监督和检查垃圾、废物、污水、粪便、压舱水的处理。

第十九条　国境卫生检疫机关设立国境口岸卫生监督员，执行国境卫生检疫机关交给的任务。国境口岸卫生监督员在执行任务时，有权对国境口岸和入境、出境的交通工具进行卫生监督和技术指导，对卫生状况不良和可能引起传染病传播的因素提出改进意见，协同有关部门采取必要的措施，进行卫生处理。

第五章　法律责任

第二十条　对违反本法规定，有下列行为之一的单位或者个人，国境卫生检疫机关可以根据情节轻重，给予警告或者罚款：
（一）逃避检疫，向国境卫生检疫机关隐瞒真实情况的；
（二）入境的人员未经国境卫生检疫机关许可，擅自上下交通工具，或者装卸行李、货物、邮包等物品，不听劝阻的。
罚款全部上缴国库。

第二十一条　当事人对国境卫生检疫机关给予的罚款决定不服的，可以在接到通知之日起十五日内，向当地人民法院起诉。逾期不起诉又不履行的，国境卫生检疫机关可以申请人民法院强制执行。

第二十二条　违反本法规定，引起检疫传染病传播或者有引起检疫传染病传播严重危险的，依照刑法有关规定追究刑事责任。

第二十三条　国境卫生检疫机关工作人员，应当秉公执法，忠于职守，对入境、出境的交通工具和人员，及时进行检疫；违法失职，给予行政处分，情节严重构成犯罪的，依法追究刑事责任。

第六章　附　则

第二十四条　中华人民共和国缔结或者参加的有关卫生检疫的国际条约同本法有不同规定的，适用该国际条约的规定。但是，中华人民共和国声明保留的条款除外。

第二十五条　中华人民共和国边防机关与邻国边防机关之间在边境地区的往来，居住在两国边境接壤地区的居民在边境指定地区的临时往来，双方的交通工具和人员的入境、出境检疫，依照双方协议办理，没有协议的，依照中国政府的有关规定办理。

第二十六条　国境卫生检疫机关实施卫生检疫，按照国家规定收取费用。

第二十七条　本法自1987年5月1日起施行。1957年12月23日公布的《中华人民共和国国境卫生检疫条例》同时废止。

中华人民共和国国境卫生检疫法实施细则

(卫生部令第2号)

（1989年3月6日由卫生部发布；根据2010年4月24日国务院令第574号《国务院关于修改〈中华人民共和国国境卫生检疫法实施细则〉的决定》第一次修订，根据国务院令第666号2016年2月6日《国务院关于修改部分行政法规的决定》第二次修订，根据国务院令第709号2019年3月2日《国务院关于修改部分行政法规的决定》第三次修订；现行版本自2019年3月18日起施行；法规类型为部门规章）

第一章 一般规定

第一条 根据《中华人民共和国国境卫生检疫法》（以下称《国境卫生检疫法》）的规定，制定本细则。

第二条 《国境卫生检疫法》和本细则所称：

"查验"指国境卫生检疫机关（以下称卫生检疫机关）实施的医学检查和卫生检查。

"染疫人"指正在患检疫传染病的人，或者经卫生检疫机关初步诊断，认为已经感染检疫传染病或者已经处于检疫传染病潜伏期的人。

"染疫嫌疑人"指接触过检疫传染病的感染环境，并且可能传播检疫传染病的人。

"隔离"指将染疫人收留在指定的处所，限制其活动并进行治疗，直到消除传染病传播的危险。

"留验"指将染疫嫌疑人收留在指定的处所进行诊察和检验。

"就地诊验"指一个人在卫生检疫机关指定的期间，到就近的卫生检疫机关或者其他医疗卫生单位去接受诊察和检验；或者卫生检疫机关、其他医疗卫生单位到该人员的居留地，对其进行诊察和检验。

"运输设备"指货物集装箱。

"卫生处理"指隔离、留验和就地诊验等医学措施，以及消毒、除鼠、除虫等卫生措施。

"传染病监测"指对特定环境、人群进行流行病学、血清学、病原学、临床症状以及其他有关影响因素的调查研究，预测有关传染病的发生、发展和流行。

"卫生监督"指执行卫生法规和卫生标准所进行的卫生检查、卫生鉴定、卫生评价和采样检验。

"交通工具"指船舶、航空器、列车和其他车辆。

"国境口岸"指国际通航的港口、机场、车站、陆地边境和国界江河的关口。

第三条 卫生检疫机关在国境口岸工作的范围，是指为国境口岸服务的涉外宾馆、饭店、俱乐部，为入境、出境交通工具提供饮食、服务的单位和对入境、出境人员、交通工具、集装箱和货物实施检疫、监测、卫生监督的场所。

第四条 入境、出境的人员、交通工具和集装箱，以及可能传播检疫传染病的行李、货物、邮包等，均应当按照本细则的规定接受检疫，经卫生检疫机关许可，方准入境或者出境。

第五条 卫生检疫机关发现染疫人时，应当立即将其隔离，防止任何人遭受感染，并按照本细则第八章的规定处理。

卫生检疫机关发现染疫嫌疑人时，应当按照本细则第八章的规定处理。但对第八章规定以外的其他病种染疫嫌疑人，可以从该人员离开感染环境的时候算起，实施不超过该传染病最长潜伏期的就地诊断或者留验以及其他的卫生处理。

第六条 卫生检疫机关应当阻止染疫人、染疫嫌疑人出境，但是对来自国外并且在到达时受就地诊验的人，本人要求出境的，可以准许出境；如果乘交通工具出境，检疫医师应当将这种情况在出境检疫证上签注，同时通知交通工具负责人采取必要的预防措施。

第七条 在国境口岸以及停留在该场所的入境、出境交通工具上，所有非因意外伤害而死亡并死因不明的尸体，必须经卫生检疫机关查验，并签发尸体移运许可证后，方准移运。

第八条 来自国内疫区的交通工具，或者在国内航行中发现检疫传染病、疑似检疫传染病，或者有人非因意外伤害而死亡并死因不明的，交通工具负责人应当向到达的国境口岸卫生检疫机关报告，接受临时检疫。

第九条 在国内或者国外检疫传染病大流行的时候，国务院卫生行政部门应当立即报请国务院决定采取下列检疫措施的一部或者全部：

（一）下令封锁陆地边境、国界江河的有关区域；

（二）指定某些物品必须经过消毒、除虫，方准由国外运进或者由国内运出；

（三）禁止某些物品由国外运进或者由国内运出；

（四）指定第一入境港口、降落机场。对来自国外疫区的船舶、航空器，除因遇险或者其他特殊原因外，没有经第一入境港口、机场检疫的，不准进入其他港口和机场。

第十条 入境、出境的集装箱、货物、废旧物等物品在到达口岸的时候，承运人、代理人或者货主，必须向卫生检疫机关申报并接受卫生检疫。对来自疫区的、被传染病污染的以及可能传播检疫传染病或者发现与人类健康有关的啮齿动物和病媒昆虫的集装箱、货物、废旧物等物品，应当实施消毒、除鼠、除虫或者其他必要的卫生处理。

集装箱、货物、废旧物等物品的货主要求在其他地方实施卫生检疫、卫生处理的，卫生检疫机关可以给予方便，并按规定办理。

海关凭卫生检疫机关签发的卫生处理证明放行。

第十一条 入境、出境的微生物、人体组织、生物制品、血液及其制品等特殊物品的携带人、托运人或者邮递人，必须向卫生检疫机关申报并接受卫生检疫，凭卫生检疫机关签发的特殊物品审批单办理通关手续。未经卫生检疫机关许可，不准入境、出境。

第十二条 入境、出境的旅客、员工个人携带或者托运可能传播传染病的行李和物品，应当接受卫生检查。卫生检疫机关对来自疫区或者被传染病污染的各种食品、饮料、水产品等应当实施卫生处理或者销毁，并签发卫生处理证明。

海关凭卫生检疫机关签发的卫生处理证明放行。

第十三条 卫生检疫机关对应当实施卫生检疫的邮包进行卫生检查和必要的卫生处理时，邮政部门应予配合。未经卫生检疫机关许可，邮政部门不得运递。

第十四条 卫生检疫单、证的种类、式样和签发办法，由海关总署规定。

第二章 疫情通报

第十五条 在国境口岸以及停留在国境口岸的交通工具上，发现检疫传染病、疑似检疫传染病，或者有人非因意外伤害而死亡并死因不明时，国境口岸有关单位以及交通工具的负责人，应当立即向卫生检疫机关报告。

第十六条 卫生检疫机关发现检疫传染病、监测传染病、疑似检疫传染病时，应当向当地卫生行政部门和卫生防疫机构通报；发现检疫传染病时，还应当用最快的办法向国务院卫生行政部门报告。

当地卫生防疫机构发现检疫传染病、监测传染病时，应当向卫生检疫机关通报。

第十七条　在国内或者国外某一地区发生检疫传染病流行时，国务院卫生行政部门可以宣布该地区为疫区。

第三章　卫生检疫机关

第十八条　卫生检疫机关根据工作需要，可以设立派出机构。卫生检疫机关的设立、合并或者撤销，按照有关规定执行。

第十九条　卫生检疫机关的职责：

（一）执行《国境卫生检疫法》及其实施细则和国家有关卫生法规；

（二）收集、整理、报告国际和国境口岸传染病的发生、流行和终息情况；

（三）对国境口岸的卫生状况实施卫生监督；对入境、出境的交通工具、人员、集装箱、尸体、骸骨以及可能传播检疫传染病的行李、货物、邮包等实施检疫查验、传染病监测、卫生监督和卫生处理；

（四）对入境、出境的微生物、生物制品、人体组织、血液及其制品等特殊物品以及能传播人类传染病的动物，实施卫生检疫；

（五）对入境、出境人员进行预防接种、健康检查、医疗服务、国际旅行健康咨询和卫生宣传；

（六）签发卫生检疫证件；

（七）进行流行病学调查研究，开展科学实验；

（八）执行海关总署、国务院卫生行政部门指定的其他工作。

第二十条　国境口岸卫生监督员的职责：

（一）对国境口岸和停留在国境口岸的入境、出境交通工具进行卫生监督和卫生宣传；

（二）在消毒、除鼠、除虫等卫生处理方面进行技术指导；

（三）对造成传染病传播、啮齿动物和病媒昆虫扩散、食物中毒、食物污染等事故进行调查，并提出控制措施。

第二十一条　卫生检疫机关工作人员、国境口岸卫生监督员在执行任务时，应当穿着检疫制服，佩戴检疫标志；卫生检疫机关的交通工具在执行任务期间，应当悬挂检疫旗帜。

检疫制服、标志、旗帜的式样和使用办法由海关总署会同有关部门制定，报国务院审批。

第四章　海港检疫

第二十二条　船舶的入境检疫，必须在港口的检疫锚地或者经卫生检疫机关同意的指定地点实施。

检疫锚地由港务监督机关和卫生检疫机关会商确定，报国务院交通运输主管部门和海关总署备案。

第二十三条　船舶代理应当在受入境检疫的船舶到达以前，尽早向卫生检疫机关通知下列事项：

（一）船名、国籍、预定到达检疫锚地的日期和时间；

（二）发航港、最后寄港；

（三）船员和旅客人数；

（四）货物种类。

港务监督机关应当将船舶确定到达检疫锚地的日期和时间尽早通知卫生检疫机关。

第二十四条　受入境检疫的船舶，在航行中，发现检疫传染病、疑似检疫传染病，或者有人非因意外伤害而死亡并死因不明的，船长必须立即向实施检疫港口的卫生检疫机关报告下列事项：

（一）船名、国籍、预定到达检疫锚地的日期和时间；

（二）发航港、最后寄港；

（三）船员和旅客人数；

（四）货物种类；

（五）病名或者主要症状、患病人数、死亡人数；

（六）船上有无船医。

第二十五条　受入境检疫的船舶，必须按照下列规定悬挂检疫信号等候查验，在卫生检疫机关发给入境检疫证前，不得降下检疫信号。

昼间在明显处所悬挂国际通语信号旗：

（一）"Q"字旗表示：本船没有染疫，请发给入境检疫证；

（二）"QQ"字旗表示：本船有染疫或者染疫嫌疑，请即刻实施检疫。

夜间在明显处所垂直悬挂灯号：

（一）红灯三盏表示：本船没有染疫，请发给入境检疫证；

（二）红、红、白、红灯四盏表示：本船有染疫或者染疫嫌疑，请即刻实施检疫。

第二十六条　悬挂检疫信号的船舶，除引航员和经卫生检疫机关许可的人员外，其他人员不准上船，不准装卸行李、货物、邮包等物品，其他船舶不准靠近；船上的人员，除因船舶遇险外，未经卫生检疫机关许可，不准离船；引航员不得将船引离检疫锚地。

第二十七条　申请电讯检疫的船舶，首先向卫生检疫机关申请卫生检查，合格者发给卫生证书。该证书自签发之日起12个月内可以申请电讯检疫。

第二十八条　持有效卫生证书的船舶在入境前24小时，应当向卫生检疫机关报告下列事项：

（一）船名、国籍、预定到达检疫锚地的日期和时间；

（二）发航港、最后寄港；

（三）船员和旅客人数及健康状况；

（四）货物种类；

（五）船舶卫生证书的签发日期和编号、除鼠证书或者免予除鼠证书的签发日期和签发港，以及其他卫生证件。

经卫生检疫机关对上述报告答复同意后，即可进港。

第二十九条　对船舶的入境检疫，在日出后到日落前的时间内实施；凡具备船舶夜航条件，夜间可靠离码头和装卸作业的港口口岸，应实行24小时检疫。对来自疫区的船舶，不实行夜间检疫。

第三十条　受入境检疫船舶的船长，在检疫医师到达船上时，必须提交由船长签字或者有船医附签的航海健康申报书、船员名单、旅客名单、载货申报单，并出示除鼠证书或者免予除鼠证书。

在查验中，检疫医师有权查阅航海日志和其他有关证件；需要进一步了解船舶航行中卫生情况时，检疫医师可以向船长、船医提出询问，船长、船医必须如实回答。用书面回答时，须经船长签字和船医附签。

第三十一条　船舶实施入境查验完毕以后，对没有染疫的船舶，检疫医师应当立即签发入境检疫证；如果该船有受卫生处理或者限制的事项，应当在入境检疫证上签注，并按照签注事项办理。对染疫船舶、染疫嫌疑船舶，除通知港务监督机关外，对该船舶还应当发给卫生处理通知书，该船舶上的引航员和经卫生检疫机关许可上船的人员应当视同员工接受有关卫生处理，在卫生处理完毕以后，再发给入境检疫证。

船舶领到卫生检疫机关签发的入境检疫证后,可以降下检疫信号。

第三十二条 船舶代理应当在受出境检疫的船舶启航以前,尽早向卫生检疫机关通知下列事项:

(一)船名、国籍、预定开航的日期和时间;

(二)目的港、最初寄港;

(三)船员名单和旅客名单;

(四)货物种类。

港务监督机关应当将船舶确定开航的日期和时间尽早通知卫生检疫机关。

船舶的入境、出境检疫在同一港口实施时,如果船员、旅客没有变动,可以免报船员名单和旅客名单;有变动的,报变动船员、旅客名单。

第三十三条 受出境检疫的船舶,船长应当向卫生检疫机关出示除鼠证书或者免予除鼠证书和其他有关检疫证件。检疫医师可以向船长、船医提出有关船员、旅客健康情况和船上卫生情况的询问,船长、船医对上述询问应当如实回答。

第三十四条 对船舶实施出境检疫完毕以后,检疫医师应当按照检疫结果立即签发出境检疫证,如果因卫生处理不能按原定时间启航,应当及时通知港务监督机关。

第三十五条 对船舶实施出境检疫完毕以后,除引航员和经卫生检疫机关许可的人员外,其他人员不准上船,不准装卸行李、货物、邮包等物品。如果违反上述规定,该船舶必须重新实施出境检疫。

第五章 航空检疫

第三十六条 航空器在飞行中,不得向下投掷或者任其坠下能传播传染病的任何物品。

第三十七条 实施卫生检疫机场的航空站,应当在受入境检疫的航空器到达以前,尽早向卫生检疫机关通知下列事项:

(一)航空器的国籍、机型、号码、识别标志、预定到达时间;

(二)出发站、经停站;

(三)机组和旅客人数。

第三十八条 受入境检疫的航空器,如果在飞行中发现检疫传染病、疑似检疫传染病,或者有人非因意外伤害而死亡并死因不明时,机长应当立即通知到达机场的航空站,向卫生检疫机关报告下列事项:

(一)航空器的国籍、机型、号码、识别标志、预定到达时间;

(二)出发站、经停站;

(三)机组和旅客人数;

(四)病名或者主要症状、患病人数、死亡人数。

第三十九条 受入境检疫的航空器到达机场以后,检疫医师首先登机。机长或者其授权的代理人,必须向卫生检疫机关提交总申报单、旅客名单、货物仓单和有效的灭蚊证书,以及其他有关检疫证件;对检疫医师提出的有关航空器上卫生状况的询问,机长或者其授权的代理人应当如实回答。在检疫没有结束之前,除经卫生检疫机关许可外,任何人不得上下航空器,不准装卸行李、货物、邮包等物品。

第四十条 入境旅客必须在指定的地点,接受入境查验,同时用书面或者口头回答检疫医师提出的有关询问。在此期间,入境旅客不得离开查验场所。

第四十一条 对入境航空器查验完毕以后,根据查验结果,对没有染疫的航空器,检疫医师应当签发入境检疫证;如果该航空器有受卫生处理或者限制的事项,应当在入境检疫证上签注,由机长或者其授权的代理人负责执行;对染疫或者有染疫嫌疑的航空器,除通知航空站外，对该航空器应当发给卫生处理通知单，在规定的卫生处理完毕以后，再发给入境检疫证。

第四十二条 实施卫生检疫机场的航空站，应当在受出境检疫的航空器起飞以前，尽早向卫生检疫机关提交总申报单、货物仓单和其他有关检疫证件，并通知下列事项：

（一）航空器的国籍、机型、号码、识别标志、预定起飞时间；

（二）经停站、目的站；

（三）机组和旅客人数。

第四十三条 对出境航空器查验完毕以后，如果没有染疫，检疫医师应当签发出境检疫证或者在必要的卫生处理完毕以后，再发给出境检疫证；如果该航空器因卫生处理不能按原定时间起飞，应当及时通知航空站。

第六章 陆地边境检疫

第四十四条 实施卫生检疫的车站，应当在受入境检疫的列车到达之前，尽早向卫生检疫机关通知下列事项：

（一）列车的车次、预定到达的时间；

（二）始发站；

（三）列车编组情况。

第四十五条 受入境检疫的列车和其他车辆到达车站、关口后，检疫医师首先登车，列车长或者其他车辆负责人，应当口头或者书面向卫生检疫机关申报该列车或者其他车辆上人员的健康情况，对检疫医师提出有关卫生状况和人员健康的询问，应当如实回答。

第四十六条 受入境检疫的列车和其他车辆到达车站、关口，在实施入境检疫而未取得入境检疫证以前，未经卫生检疫机关许可，任何人不准上下列车或者其他车辆，不准装卸行李、货物、邮包等物品。

第四十七条 实施卫生检疫的车站，应当在受出境检疫列车发车以前，尽早向卫生检疫机关通知下列事项：

（一）列车的车次、预定发车的时间；

（二）终到站；

（三）列车编组情况。

第四十八条 应当受入境、出境检疫的列车和其他车辆，如果在行程中发现检疫传染病、疑似检疫传染病，或者有人非因意外伤害而死亡并死因不明的，列车或者其他车辆到达车站、关口时，列车长或者其他车辆负责人应当向卫生检疫机关报告。

第四十九条 受入境、出境检疫的列车，在查验中发现检疫传染病或者疑似检疫传染病，或者因受卫生处理不能按原定时间发车，卫生检疫机关应当及时通知车站的站长。如果列车在原停车地点不宜实施卫生处理，站长可以选择站内其他地点实施卫生处理。在处理完毕之前，未经卫生检疫机关许可，任何人不准上下列车，不准装卸行李、货物、邮包等物品。

为了保证入境直通列车的正常运输，卫生检疫机关可以派员随车实施检疫，列车长应当提供方便。

第五十条 对列车或者其他车辆实施入境、出境检疫完毕后，检疫医师应当根据检疫结果分别签发入境、出境检疫证，或者在必要的卫生处理完毕后，再分别签发入境、出境检疫证。

第五十一条 徒步入境、出境的人员，必须首先在指定的场所接受入境、出境查验，未经卫生检疫机关许可，不准离开指定的场所。

第五十二条 受入境、出境检疫的列车以及其他车辆，载有来自疫区、有染疫或者染疫嫌疑或者夹带能传播传染病的病媒昆虫和啮齿动物的货物，应当接受卫生检查和必要的卫生处理。

第七章　卫生处理

第五十三条　卫生检疫机关的工作人员在实施卫生处理时，必须注意下列事项：

（一）防止对任何人的健康造成危害；

（二）防止对交通工具的结构和设备造成损害；

（三）防止发生火灾；

（四）防止对行李、货物造成损害。

第五十四条　入境、出境的集装箱、行李、货物、邮包等物品需要卫生处理的，由卫生检疫机关实施。

入境、出境的交通工具有下列情形之一的，应当由卫生检疫机关实施消毒、除鼠、除虫或者其他卫生处理：

（一）来自检疫传染病疫区的；

（二）被检疫传染病污染的；

（三）发现有与人类健康有关的啮齿动物或者病媒昆虫，超过国家卫生标准的。

第五十五条　由国外起运经过中华人民共和国境内的货物，如果不在境内换装，除发生在流行病学上有重要意义的事件，需要实施卫生处理外，在一般情况下不实施卫生处理。

第五十六条　卫生检疫机关对入境、出境的废旧物品和曾行驶于境外港口的废旧交通工具，根据污染程度，分别实施消毒、除鼠、除虫，对污染严重的实施销毁。

第五十七条　入境、出境的尸体、骸骨托运人或者代理人应当申请卫生检疫，并出示死亡证明或者其他有关证件，对不符合卫生要求的，必须接受卫生检疫机关实施的卫生处理。经卫生检疫合格后，方准运进或者运出。

对因患检疫传染病而死亡的病人尸体，必须就近火化，不准移运。

第五十八条　卫生检疫机关对已在到达本口岸前的其他口岸实施卫生处理的交通工具不再重复实施卫生处理。但有下列情形之一的，仍需实施卫生处理：

（一）在原实施卫生处理的口岸或者该交通工具上，发生流行病学上有重要意义的事件，需要进一步实施卫生处理的；

（二）在到达本口岸前的其他口岸实施的卫生处理没有实际效果的。

第五十九条　在国境口岸或者交通工具上发现啮齿动物有反常死亡或者死因不明的，国境口岸有关单位或者交通工具的负责人，必须立即向卫生检疫机关报告，迅速查明原因，实施卫生处理。

第六十条　国际航行船舶的船长，必须每隔6个月向卫生检疫机关申请一次鼠患检查，卫生检疫机关根据检查结果实施除鼠或者免予除鼠，并且分别发给除鼠证书或者免予除鼠证书。该证书自签发之日起6个月内有效。

第六十一条　卫生检疫机关只有在下列之一情况下，经检查确认船舶无鼠害的，方可签发免予除鼠证书：

（一）空舱；

（二）舱内虽然装有压舱物品或者其他物品，但是这些物品不引诱鼠类，放置情况又不妨碍实施鼠患检查。

对油轮在实舱时进行检查，可以签发免予除鼠证书。

第六十二条　对船舶的鼠患检查或者除鼠，应当尽量在船舶空舱的时候进行。如果船舶因故不宜按期进行鼠患检查或者蒸熏除鼠，并且该船又开往便于实施鼠患检查或者蒸熏除鼠的港口，可以准许该船原有的除鼠证书或者免予除鼠证书的有效期延长1个月，并签发延长证明。

第六十三条　对国际航行的船舶，按照国家规定的标准，应当用蒸熏的方法除鼠时，如果该船的除鼠证书或者免于除鼠证书尚未失效，除该船染有鼠疫或者鼠疫嫌疑外，卫生检疫机关应当将除鼠理由通知船长。船长应当按照要求执行。

第六十四条 船舶在港口停靠期间，船长应当负责采取下列的措施：

（一）缆绳上必须使用有效的防鼠板，或者其他防鼠装置；

（二）夜间放置扶梯、桥板时，应当用强光照射；

（三）在船上发现死鼠或者捕获到鼠类时，应当向卫生检疫机关报告。

第六十五条 在国境口岸停留的国内航行的船舶如果存在鼠患，船方应当进行除鼠。根据船方申请，也可由卫生检疫机关实施除鼠。

第六十六条 国务院卫生行政部门认为必要时，可以要求来自国外或者国外某些地区的人员在入境时，向卫生检疫机关出示有效的某种预防接种证书或者健康证明。

第六十七条 预防接种的有效期如下：

（一）黄热病疫苗自接种后第 10 日起，10 年内有效。如果前次接种不满 10 年又经复种，自复种的当日起，10 年内有效；

（二）其他预防接种的有效期，按照有关规定执行。

第八章 检疫传染病管理

第一节 鼠 疫

第六十八条 鼠疫的潜伏期为 6 日。

第六十九条 船舶、航空器在到达时，有下列情形之一的，为染有鼠疫：

（一）船舶、航空器上有鼠疫病例的；

（二）船舶、航空器上发现有感染鼠疫的啮齿动物的；

（三）船舶上曾经有人在上船 6 日以后患鼠疫的。

第七十条 船舶在到达时，有下列情形之一的，为染有鼠疫嫌疑：

（一）船舶上没有鼠疫病例，但曾经有人在上船后 6 日以内患鼠疫的；

（二）船上啮齿动物有反常死亡，并且死因不明的。

第七十一条 对染有鼠疫的船舶、航空器应当实施下列卫生处理：

（一）对染疫人实施隔离；

（二）对染疫嫌疑人实施除虫，并且从到达时算起，实施不超过 6 日的就地诊验或者留验。在此期间，船上的船员除因工作需要并且经卫生检疫机关许可外，不准上岸；

（三）对染疫人、染疫嫌疑人的行李、使用过的其他物品和卫生检疫机关认为有污染嫌疑的物品，实施除虫，必要时实施消毒；

（四）对染疫人占用过的部位和卫生检疫机关认为有污染嫌疑的部位，实施除虫，必要时实施消毒；

（五）船舶、航空器上有感染鼠疫的啮齿动物，卫生检疫机关必须实施除鼠。如果船舶上发现只有未感染鼠疫的啮齿动物，卫生检疫机关也可以实施除鼠。实施除鼠可以在隔离的情况下进行。对船舶的除鼠应当在卸货以前进行；

（六）卸货应当在卫生检疫机关的监督下进行，并且防止卸货的工作人员遭受感染，必要时，对卸货的工作人员从卸货完毕时算起，实施不超过 6 日的就地诊验或者留验。

第七十二条 对染有鼠疫嫌疑的船舶，应当实施本细则第七十一条第（二）至第（六）项规定的卫生处理。

第七十三条 对没有染疫的船舶、航空器，如果来自鼠疫疫区，卫生检疫机关认为必要时，可以实施下列卫生处理：

（一）对离船、离航空器的染疫嫌疑人，从船舶、航空器离开疫区的时候算起，实施不超过6日的就地诊验或者留验；

（二）在特殊情况下，对船舶、航空器实施除鼠。

第七十四条 对到达的时候载有鼠疫病例的列车和其他车辆，应当实施下列卫生处理：

（一）本细则第七十一条第（一）、第（三）、第（四）、第（六）项规定的卫生处理；

（二）对染疫嫌疑人实施除虫，并且从到达时算起，实施不超过6日的就地诊验或者留验；

（三）必要时，对列车和其他车辆实施除鼠。

第二节　霍　乱

第七十五条 霍乱潜伏期为5日。

第七十六条 船舶在到达的时候载有霍乱病例，或者在到达前5日以内，船上曾经有霍乱病例发生，为染有霍乱。

船舶在航行中曾经有霍乱病例发生，但是在到达前5日以内，没有发生新病例，为染有霍乱嫌疑。

第七十七条 航空器在到达的时候载有霍乱病例，为染有霍乱。

航空器在航行中曾经有霍乱病例发生，但在到达以前该病员已经离去，为染有霍乱嫌疑。

第七十八条 对染有霍乱的船舶、航空器，应当实施下列卫生处理：

（一）对染疫人实施隔离；

（二）对离船、离航空器的员工、旅客，从卫生处理完毕时算起，实施不超过5日的就地诊验或者留验；从船舶到达时算起5日内，船上的船员除因工作需要，并且经卫生检疫机关许可外，不准上岸；

（三）对染疫人、染疫嫌疑人的行李，使用过的其他物品和有污染嫌疑的物品、食品实施消毒；

（四）对染疫人占用的部位，污染嫌疑部位，实施消毒；

（五）对污染或者有污染嫌疑的饮用水，应当实施消毒后排放，并在储水容器消毒后再换清洁饮用水；

（六）人的排泄物、垃圾、废水、废物和装自霍乱疫区的压舱水，未经消毒，不准排放和移下；

（七）卸货必须在卫生检疫机关监督下进行，并且防止工作人员遭受感染，必要时，对卸货工作人员从卸货完毕时算起，实施不超过5日的就地诊验或者留验。

第七十九条 对染有霍乱嫌疑的船舶、航空器应当实施下列卫生处理：

（一）本细则第七十八条第（二）至第（七）项规定的卫生处理；

（二）对离船、离航空器的员工、旅客从到达时算起，实施不超过5日的就地诊验或者留验。在此期间，船上的船员除因工作需要，并经卫生检疫机关许可外，不准离开口岸区域；或者对离船、离航空器的员工、旅客，从离开疫区时算起，实施不超过5日的就地诊验或者留验。

第八十条 对没有染疫的船舶、航空器，如果来自霍乱疫区，卫生检疫机关认为必要时，可以实施下列卫生处理：

（一）本细则第七十八条第（五）、第（六）项规定的卫生处理；

（二）对离船、离航空器的员工、旅客，从离开疫区时算起，实施不超过5日的就地诊验或者留验。

第八十一条 对到达时载有霍乱病例的列车和其他车辆应当实施下列卫生处理：

（一）按本细则第七十八条第（一）、第（三）、第（四）、第（五）、第（七）项规定的卫生处理；

（二）对染疫嫌疑人从到达时算起，实施不超过5日的就地诊验或者留验。

第八十二条 对来自霍乱疫区的或者染有霍乱嫌疑的交通工具，卫生检疫机关认为必要时，可以实施除虫、消毒；如果交通工具载有水产品、水果、蔬菜、饮料及其他食品，除装在密封容器内没有被污染外，未经卫生检疫机关许可，不准卸下，必要时可以实施卫生处理。

第八十三条 对来自霍乱疫区的水产品、水果、蔬菜、饮料以及装有这些制品的邮包，卫生检疫机关在查验时，为了判明是否被污染，可以抽样检验，必要时可以实施卫生处理。

第三节 黄热病

第八十四条 黄热病的潜伏期为6日。

第八十五条 来自黄热病疫区的人员，在入境时，必须向卫生检疫机关出示有效的黄热病预防接种证书。

对无有效的黄热病预防接种证书的人员，卫生检疫机关可以从该人员离开感染环境的时候算起，实施6日的留验，或者实施预防接种并留验到黄热病预防接种证书生效时为止。

第八十六条 航空器到达时载有黄热病病例，为染有黄热病。

第八十七条 来自黄热病疫区的航空器，应当出示在疫区起飞前的灭蚊证书；如果在到达时不出示灭蚊证书，或者卫生检疫机关认为出示的灭蚊证书不符合要求，并且在航空器上发现活蚊，为染有黄热病嫌疑。

第八十八条 船舶在到达时载有黄热病病例，或者在航行中曾经有黄热病病例发生，为染有黄热病。

船舶在到达时，如果离开黄热病疫区没有满6日，或者没有满30日并且在船上发现埃及伊蚊或者其他黄热病媒介，为染有黄热病嫌疑。

第八十九条 对染有黄热病的船舶、航空器，应当实施下列卫生处理：

（一）对染疫人实施隔离；

（二）对离船、离航空器又无有效的黄热病预防接种证书的员工、旅客，实施本细则第八十五条规定的卫生处理；

（三）彻底杀灭船舶、航空器上的埃及伊蚊及其虫卵、幼虫和其他黄热病媒介，并且在没有完成灭蚊以前限制该船与陆地和其他船舶的距离不少于400米；

（四）卸货应当在灭蚊以后进行，如果在灭蚊以前卸货，应当在卫生检疫机关监督下进行，并且采取预防措施，使卸货的工作人员免受感染，必要时，对卸货的工作人员，从卸货完毕时算起，实施6日的就地诊验或者留验。

第九十条 对染有黄热病嫌疑的船舶、航空器，应当实施本细则第八十九条第（二）至第（四）项规定的卫生处理。

第九十一条 对没有染疫的船舶、航空器，如果来自黄热病疫区，卫生检疫机关认为必要时，可以实施本细则第八十九条第（三）项规定的卫生处理。

第九十二条 对到达的时候载有黄热病病例的列车和其他车辆，或者来自黄热病疫区的列车和其他车辆，应当实施本细则第八十九条第（一）、第（四）项规定的卫生处理；对列车、车辆彻底杀灭成蚊及其虫卵、幼虫；对无有效黄热病预防接种证书的员工、旅客，应当实施本细则第八十五条规定的卫生处理。

第四节 就地诊验、留验和隔离

第九十三条 卫生检疫机关对受就地诊验的人员，应当发给就地诊验记录簿，必要的时候，可以在该人员出具履行就地诊验的保证书以后，再发给其就地诊验记录簿。

受就地诊验的人员应当携带就地诊验记录簿，按照卫生检疫机关指定的期间、地点，接受医学检查；如果就地诊验的结果没有染疫，就地诊验期满的时候，受就地诊验的人员应当将就地诊验记录簿退还卫生检疫机关。

第九十四条 卫生检疫机关应当将受就地诊验人员的情况，用最快的方法通知受就地诊验人员的旅行停留地的卫生检疫机关或者其他医疗卫生单位。

卫生检疫机关、医疗卫生单位遇有受就地诊验的人员请求医学检查时，应当视同急诊给予医学检查，并将检查结果在就地诊验记录簿上签注；如果发现其患检疫传染病或者监测传染病、疑似检疫传染病或者疑似监测传染病时，应当立即采取必要的卫生措施，将其就地诊验记录簿收回存查，并且报告当地卫生防疫机构和签发就地诊验记录簿的卫生检疫机关。

第九十五条 受留验的人员必须在卫生检疫机关指定的场所接受留验；但是有下列情形之一的，经卫生检疫机关同意，可以在船上留验：

（一）船长请求船员在船上留验的；

（二）旅客请求在船上留验，经船长同意，并且船上有船医和医疗、消毒设备的。

第九十六条 受留验的人员在留验期间如果出现检疫传染病的症状，卫生检疫机关应当立即对该人员实施隔离，对与其接触的其他受留验的人员，应当实施必要的卫生处理，并且从卫生处理完毕时算起，重新计算留验时间。

第九章 传染病监测

第九十七条 入境、出境的交通工具、人员、食品、饮用水和其他物品以及病媒昆虫、动物，均为传染病监测的对象。

第九十八条 传染病监测内容是：

（一）首发病例的个案调查；

（二）暴发流行的流行病学调查；

（三）传染源调查；

（四）国境口岸内监测传染病的回顾性调查；

（五）病原体的分离、鉴定，人群、有关动物血清学调查以及流行病学调查；

（六）有关动物、病媒昆虫、食品、饮用水和环境因素的调查；

（七）消毒、除鼠、除虫的效果观察与评价；

（八）国境口岸以及国内外监测传染病疫情的收集、整理、分析和传递；

（九）对监测对象开展健康检查和对监测传染病病人、疑似病人、密切接触人员的管理。

第九十九条 卫生检疫机关应当阻止患有严重精神病、传染性肺结核病或者有可能对公共卫生造成重大危害的其他传染病的外国人入境。

第一百条 受入境、出境检疫的人员，必须根据检疫医师的要求，如实填报健康申明卡，出示某种有效的传染病预防接种证书、健康证明或者其他有关证件。

第一百零一条 卫生检疫机关对国境口岸的涉外宾馆、饭店内居住的入境、出境人员及工作人员实施传染病监测，并区别情况采取必要的预防、控制措施。

对来自检疫传染病和监测传染病疫区的人员，检疫医师可以根据流行病学和医学检查结果，发给就诊方便卡。

卫生检疫机关、医疗卫生单位遇到持有就诊方便卡的人员请求医学检查时，应当视同急诊给予医学检查；如果发现其患检疫传染病或者监测传染病，疑似检疫传染病或者疑似监测传染病，应当立即实施必要的卫生措施，并且将情况报告当地卫生防疫机构和签发就诊方便卡的卫生检疫机关。

第一百零二条 凡申请出境居住1年以上的中国籍人员，必须持有卫生检疫机关签发的健康证明。中国公民出境、入境管理机关凭卫生检疫机关签发的健康证明办理出境手续。

凡在境外居住1年以上的中国籍人员，入境时必须向卫生检疫机关申报健康情况，并在入境后1个月内到就近的卫生检疫机关或者县级以上的医院进行健康检查。公安机关凭健康证明办理有关手续。健康证明的副本应当寄送到原入境口岸的卫生检疫机关备案。

国际通行交通工具上的中国籍员工，应当持有卫生检疫机关或者县级以上医院出具的健康证明。健康证明的项目、格式由海关总署统一规定，有效期为12个月。

第一百零三条 卫生检疫机关在国境口岸内设立传染病监测点时，有关单位应当给予协助并提供方便。

第十章 卫生监督

第一百零四条 卫生检疫机关依照《国境卫生检疫法》第十八条、第十九条规定的内容，对国境口岸和交通工具实施卫生监督。

第一百零五条 对国境口岸的卫生要求是：

（一）国境口岸和国境口岸内涉外的宾馆、生活服务单位以及候船、候车、候机厅（室）应当有健全的卫生制度和必要的卫生设施，并保持室内外环境整洁、通风良好；

（二）国境口岸有关部门应当采取切实可行的措施，控制啮齿动物、病媒昆虫，使其数量降低到不足为害的程度。仓库、货场必须具有防鼠设施；

（三）国境口岸的垃圾、废物、污水、粪便必须进行无害化处理，保持国境口岸环境整洁卫生。

第一百零六条 对交通工具的卫生要求是：

（一）交通工具上的宿舱、车厢必须保持清洁卫生，通风良好；

（二）交通工具上必须备有足够的消毒、除鼠、除虫药物及器械，并备有防鼠装置；

（三）交通工具上的货舱、行李舱、货车车厢在装货前或者卸货后应当进行彻底清扫，有毒物品和食品不得混装，防止污染；

（四）对不符合卫生要求的入境、出境交通工具，必须接受卫生检疫机关的督导立即进行改进。

第一百零七条 对饮用水、食品及从业人员的卫生要求是：

（一）国境口岸和交通工具上的食品、饮用水必须符合有关的卫生标准；

（二）国境口岸内的涉外宾馆，以及向入境、出境的交通工具提供饮食服务的部门，必须取得卫生检疫机关发放的卫生许可证；

（三）国境口岸内涉外的宾馆和入境、出境交通工具上的食品、饮用水从业人员应当持有有效健康证明；

第一百零八条 国境口岸有关单位和交通工具负责人应当遵守下列事项：

（一）遵守《国境卫生检疫法》和本细则及有关卫生法规的规定；

（二）接受卫生监督员的监督和检查，并为其工作提供方便；

（三）按照卫生监督员的建议，对国境口岸和交通工具的卫生状况及时采取改进措施。

第十一章 罚 则

第一百零九条 《国境卫生检疫法》和本细则所规定的应当受行政处罚的行为是指：

（一）应当受入境检疫的船舶，不悬挂检疫信号的；

（二）入境、出境的交通工具，在入境检疫之前或者在出境检疫之后，擅自上下人员，装卸行李、货物、邮包等物品的；

（三）拒绝接受检疫或者抵制卫生监督，拒不接受卫生处理的；

（四）伪造或者涂改检疫单、证、不如实申报疫情的；

（五）瞒报携带禁止进口的微生物、人体组织、生物制品、血液及其制品或者其他可能引起传染病传播的动物和物品的；

（六）未经检疫的入境、出境交通工具，擅自离开检疫地点，逃避查验的；

（七）隐瞒疫情或者伪造情节的；

（八）未经卫生检疫机关实施卫生处理，擅自排放压舱水，移下垃圾、污物等控制的物品的；

（九）未经卫生检疫机关实施卫生处理，擅自移运尸体、骸骨的；

（十）废旧物品、废旧交通工具，未向卫生检疫机关申报，未经卫生检疫机关实施卫生处理和签发卫生检疫证书而擅自入境、出境或者使用、拆卸的；

（十一）未经卫生检疫机关检查，从交通工具上移下传染病病人造成传染病传播危险的。

第一百一十条　具有本细则第一百零九条所列第（一）至第（五）项行为的，处以警告或者100元以上5000元以下的罚款；

具有本细则第一百零九条所列第（六）至第（九）项行为的，处以1000元以上1万元以下的罚款；

具有本细则第一百零九条所列第（十）、第（十一）项行为的，处以5000元以上3万元以下的罚款。

第一百一十一条　卫生检疫机关在收取罚款时，应当出具正式的罚款收据。罚款全部上交国库。

第十二章　附　则

第一百一十二条　国境卫生检疫机关实施卫生检疫的收费标准，由海关总署会同国务院财政、物价部门共同制定。

第一百一十三条　本细则自发布之日起施行。

中华人民共和国国境口岸卫生监督办法

（〔82〕卫防字第9号）

（1982年2月4日由卫生部、交通部、中国民用航空总局、铁道部发布；根据2011年1月8日国务院令第588号《国务院关于废止和修改部分行政法规的决定》第一次修订，根据2019年3月2日国务院令第709号《国务院关于修改部分行政法规的决定》第二次修订；现行版本自2019年3月18日起施行；法规类型为部门规章）

第一章　总　则

第一条　为了加强国境口岸和国际航行交通工具的卫生监督工作，改善国境口岸和交通工具的卫生面貌，控制和消灭传染源，切断传播途径，防止传染病由国外传入和由国内传出，保障人民身体健康，制定本办法。

第二条　本办法适用于对外开放的港口、机场、车站、关口（下称国境口岸）和停留在这些处所的国际航行的船舶、飞机和车辆（下称交通工具）。

第二章 国境口岸的卫生要求

第三条 国境口岸应当建立卫生清扫制度，消灭蚊蝇孳生场所，设置污物箱，定期进行清理，保持环境整洁。

第四条 国境口岸的生活垃圾应当日产日清，设置的固定垃圾场，应当定期清除；生活污水不得任意排放，应当做到无害化处理，以防止污染环境和水源。

第五条 对国境口岸的建筑物，有关部门应当采取切实可行的措施，控制病媒昆虫、啮齿动物，使其数量降低到不足为害的程度。

第六条 候船室、候机室、候车室、候检室应当做到地面整洁、墙壁无尘土、窗明几净、通风良好，并备有必要的卫生设施。

第七条 国境口岸的餐厅、食堂、厨房、小卖部应当建立和健全卫生制度，经常保持整洁，做到墙壁、天花板、桌椅清洁无尘土；应当有防蚊、防蝇、防鼠和冷藏设备，做到室内无蚊、无蝇、无鼠、无蟑螂。

第八条 国境口岸的厕所和浴室应当有专人管理，及时打扫，保持整洁，做到无蝇、无臭味。

第九条 国境口岸的仓库、货场应当保持清洁、整齐；发现鼠类有反常死亡时，应当及时向卫生检疫机关或地方卫生防疫部门报告。

第十条 做好国境口岸水源保护，在水源周围直径30米内，不得修建厕所、渗井等污染水源设施。

第三章 交通工具的卫生要求

第十一条 交通工具上必须备有急救药物、急救设备及消毒、杀虫、灭鼠药物。必要时，船舶上还需安排临时隔离室。

第十二条 交通工具上的病媒昆虫和啮齿动物的防除：

（一）船舶、飞机、列车上，应当备有足够数量有效的防鼠装置；保持无鼠或鼠类数量保持不足为害的程度。

（二）应当保持无蚊、无蝇、无其他有害昆虫，一旦发现应当采取杀灭措施。

第十三条 交通工具上的厕所、浴室必须保持整洁，无臭味。

第十四条 交通工具上的粪便、垃圾、污水处理的卫生要求：

（一）生活垃圾应当集中放在带盖的容器内，禁止向港区、机场、站区随意倾倒，应当由污物专用车（船）集中送往指定地点进行无害化处理。必要时，粪便、污水须经过卫生处理后方能排放；

（二）来自鼠疫疫区交通工具上的固体垃圾必须进行焚化处理，来自霍乱疫区交通工具上的粪便、压舱水、污水，必要时实施消毒。

第十五条 交通工具的货舱、行李车、邮政车和货车的卫生要求：

（一）货舱、行李车、邮政车、货车应当消灭蚊、蝇、蟑螂、鼠等病媒昆虫和有害动物及其孳生条件；在装货前或卸货后应当进行彻底清扫，做到无粪便、垃圾；

（二）凡装载有毒物品和食品的货车，应当分开按指定地点存放，防止污染，货物卸空后应当进行彻底洗刷；

（三）来自疫区的行李、货物，要严格检查，防止带有病媒昆虫和啮齿动物。

第十六条 交通工具上的客舱、宿舱、客车的卫生要求：

（一）客舱、宿舱和客车应当随时擦洗，保持无垃圾尘土，通风良好；

（二）卧具每次使用后必须换洗。卧具上不得有虱子、跳蚤、臭虫等病媒昆虫。

第四章 食品、饮用水及从业人员的卫生要求

第十七条 供应国境口岸和交通工具上的食品必须符合《中华人民共和国食品安全法》的规定和食品安全标准。

第十八条 凡供应国境口岸和交通工具上的饮用水必须符合我国规定的"生活饮用水卫生标准"。供应饮用水的运输工具、储存容器及输水管道等设备都应当经常冲洗干净，保持清洁。

第十九条 供应食品、饮用水的从业人员的卫生要求：

（一）患有肠道传染病的患者或带菌者，以及活动性结核病、化脓性渗出性皮肤病患者，不得从事食品和饮用水供应工作。

（二）从事食品、饮用水供应工作的人员，应当每年进行一次健康检查，新参加工作的人员，应当首先进行健康检查，经检查合格者，发给健康证；

（三）从事食品、饮用水供应工作的人员，要养成良好卫生习惯，工作时要着装整洁，严格遵守卫生操作制度。

第五章 国境口岸和交通工具的负责人的责任

第二十条 国境口岸和交通工具的负责人在卫生工作方面的责任是：

（一）应当经常抓好卫生工作，接受卫生监督人员的监督和检查，并为其开展工作提供方便条件；

（二）应当模范地遵守本办法和其他卫生法令、条例和规定；

（三）应当按照卫生监督人员的建议，对国境口岸和交通工具的不卫生状况，及时采取措施，加以改进；

（四）在发现检疫传染病和监测传染病时，应当向国境卫生检疫机关或地方防疫部门报告，并立即采取防疫措施。

第六章 卫生监督机关的职责

第二十一条 国境口岸卫生检疫机关对国境口岸和交通工具进行卫生监督，其主要职责是：

（一）监督和指导国境口岸有关部门和交通工具的负责人对病媒昆虫、啮齿动物进行防除；

（二）对停留在国境口岸出入国境的交通工具上的食品、饮用水实施检验，并对运输、供应、贮存设施等系统进行卫生监督；

（三）对国境口岸和交通工具上的所有非因意外伤害致死的尸体，实施检查、监督和卫生处理；

（四）监督国境口岸有关部门和交通工具的负责人对粪便、垃圾、污水进行清除和无害化处理；

（五）对与检疫传染病、监测传染病有流行病学意义的环境因素实施卫生监督；

（六）监督国境口岸周围内采取防蚊措施的执行；

（七）开展卫生宣传教育，普及卫生知识，提高国境口岸和交通工具上的人员遵守和执行本办法的自觉性。

第二十二条 国境口岸卫生检疫机关设国境口岸卫生监督员1至5名，执行卫生监督任务，发给统一式样的执法证件。

第二十三条 国境口岸卫生监督员持其证件,有权对国境口岸和交通工具的负责人,进行卫生监督、检查和技术指导;配合有关部门,对卫生工作情况不良引起传染病传播的单位或个人,提出改进意见,协同有关部门采取必要措施,进行处理。

第七章 奖励和惩罚

第二十四条 国境口岸卫生检疫机关,对贯彻执行本办法和国家有关卫生法令、条例、规定,做出显著成绩的单位和个人,应当给予表扬和奖励。

第二十五条 国境口岸卫生检疫机关,对违犯本办法和有关卫生法令、条例、规定的单位和个人,应当根据不同情况,给予警告、罚款,直至提请司法机关依法惩处。

第八章 附则

第二十六条 本办法自发布之日起施行。

中华人民共和国行政复议法

(主席令第 16 号)

(1999 年 4 月 29 日第九届全国人民代表大会常务委员会第九次会议通过;根据 2009 年 8 月 27 日第十一届全国人民代表大会常务委员会第十次会议《关于修改部分法律的决定》第一次修正,根据 2017 年 9 月 1 日第十二届全国人民代表大会常务委员会第二十九次会议《关于修改〈中华人民共和国法官法〉等八部法律的决定》第二次修正;现行版本自 2017 年 9 月 1 日起施行;法规类型为法律)

第一章 总则

第一条 为了防止和纠正违法的或者不当的具体行政行为,保护公民、法人和其他组织的合法权益,保障和监督行政机关依法行使职权,根据宪法,制定本法。

第二条 公民、法人或者其他组织认为具体行政行为侵犯其合法权益,向行政机关提出行政复议申请,行政机关受理行政复议申请、作出行政复议决定,适用本法。

第三条 依照本法履行行政复议职责的行政机关是行政复议机关。行政复议机关负责法制工作的机构具体办理行政复议事项,履行下列职责:

(一)受理行政复议申请;
(二)向有关组织和人员调查取证,查阅文件和资料;
(三)审查申请行政复议的具体行政行为是否合法与适当,拟订行政复议决定;
(四)处理或者转送对本法第七条所列有关规定的审查申请;
(五)对行政机关违反本法规定的行为依照规定的权限和程序提出处理建议;
(六)办理因不服行政复议决定提起行政诉讼的应诉事项;
(七)法律、法规规定的其他职责。

行政机关中初次从事行政复议的人员,应当通过国家统一法律职业资格考试取得法律职业资格。

第四条 行政复议机关履行行政复议职责,应当遵循合法、公正、公开、及时、便民的原则,坚持有错必纠,保障法律、法规的正确实施。

第五条 公民、法人或者其他组织对行政复议决定不服的,可以依照行政诉讼法的规定向人民法院提起行政诉讼,但是法律规定行政复议决定为最终裁决的除外。

第二章 行政复议范围

第六条 有下列情形之一的,公民、法人或者其他组织可以依照本法申请行政复议:

(一)对行政机关作出的警告、罚款、没收违法所得、没收非法财物、责令停产停业、暂扣或者吊销许可证、暂扣或者吊销执照、行政拘留等行政处罚决定不服的;

(二)对行政机关作出的限制人身自由或者查封、扣押、冻结财产等行政强制措施决定不服的;

(三)对行政机关作出的有关许可证、执照、资质证、资格证等证书变更、中止、撤销的决定不服的;

(四)对行政机关作出的关于确认土地、矿藏、水流、森林、山岭、草原、荒地、滩涂、海域等自然资源的所有权或者使用权的决定不服的;

(五)认为行政机关侵犯合法的经营自主权的;

(六)认为行政机关变更或者废止农业承包合同,侵犯其合法权益的;

(七)认为行政机关违法集资、征收财物、摊派费用或者违法要求履行其他义务的;

(八)认为符合法定条件,申请行政机关颁发许可证、执照、资质证、资格证等证书,或者申请行政机关审批、登记有关事项,行政机关没有依法办理的;

(九)申请行政机关履行保护人身权利、财产权利、受教育权利的法定职责,行政机关没有依法履行的;

(十)申请行政机关依法发放抚恤金、社会保险金或者最低生活保障费,行政机关没有依法发放的;

(十一)认为行政机关的其他具体行政行为侵犯其合法权益的。

第七条 公民、法人或者其他组织认为行政机关的具体行政行为所依据的下列规定不合法,在对具体行政行为申请行政复议时,可以一并向行政复议机关提出对该规定的审查申请:

(一)国务院部门的规定;

(二)县级以上地方各级人民政府及其工作部门的规定;

(三)乡、镇人民政府的规定。

前款所列规定不含国务院部、委员会规章和地方人民政府规章。规章的审查依照法律、行政法规办理。

第八条 不服行政机关作出的行政处分或者其他人事处理决定的,依照有关法律、行政法规的规定提出申诉。

不服行政机关对民事纠纷作出的调解或者其他处理,依法申请仲裁或者向人民法院提起诉讼。

第三章 行政复议申请

第九条 公民、法人或者其他组织认为具体行政行为侵犯其合法权益的,可以自知道该具体行政行为之日起六十日内提出行政复议申请;但是法律规定的申请期限超过六十日的除外。

因不可抗力或者其他正当理由耽误法定申请期限的,申请期限自障碍消除之日起继续计算。

第十条 依照本法申请行政复议的公民、法人或者其他组织是申请人。

有权申请行政复议的公民死亡的,其近亲属可以申请行政复议。有权申请行政复议的公民为无民事行为能力人或者限制民事行为能力人的，其法定代理人可以代为申请行政复议。有权申请行政复议的法人或者其他组织终止的，承受其权利的法人或者其他组织可以申请行政复议。

同申请行政复议的具体行政行为有利害关系的其他公民、法人或者其他组织，可以作为第三人参加行政复议。

公民、法人或者其他组织对行政机关的具体行政行为不服申请行政复议的，作出具体行政行为的行政机关是被申请人。

申请人、第三人可以委托代理人代为参加行政复议。

第十一条 申请人申请行政复议，可以书面申请，也可以口头申请；口头申请的，行政复议机关应当当场记录申请人的基本情况、行政复议请求、申请行政复议的主要事实、理由和时间。

第十二条 对县级以上地方各级人民政府工作部门的具体行政行为不服的，由申请人选择，可以向该部门的本级人民政府申请行政复议，也可以向上一级主管部门申请行政复议。

对海关、金融、国税、外汇管理等实行垂直领导的行政机关和国家安全机关的具体行政行为不服，向上一级主管部门申请行政复议。

第十三条 对地方各级人民政府的具体行政行为不服的，向上一级地方人民政府申请行政复议。

对省、自治区人民政府依法设立的派出机关所属的县级地方人民政府的具体行政行为不服的，向该派出机关申请行政复议。

第十四条 对国务院部门或者省、自治区、直辖市人民政府的具体行政行为不服的，向作出该具体行政行为的国务院部门或者省、自治区、直辖市人民政府申请行政复议。对行政复议决定不服的，可以向人民法院提起行政诉讼；也可以向国务院申请裁决，国务院依照本法的规定作出最终裁决。

第十五条 对本法第十二条、第十三条、第十四条规定以外的其他行政机关、组织的具体行政行为不服的，按照下列规定申请行政复议：

（一）对县级以上地方人民政府依法设立的派出机关的具体行政行为不服的，向设立该派出机关的人民政府申请行政复议；

（二）对政府工作部门依法设立的派出机构依照法律、法规或者规章规定，以自己的名义作出的具体行政行为不服的，向设立该派出机构的部门或者该部门的本级地方人民政府申请行政复议；

（三）对法律、法规授权的组织的具体行政行为不服的，分别向直接管理该组织的地方人民政府、地方人民政府工作部门或者国务院部门申请行政复议；

（四）对两个或者两个以上行政机关以共同的名义作出的具体行政行为不服的，向其共同上一级行政机关申请行政复议；

（五）对被撤销的行政机关在撤销前所作出的具体行政行为不服的，向继续行使其职权的行政机关的上一级行政机关申请行政复议。

有前款所列情形之一的，申请人也可以向具体行政行为发生地的县级地方人民政府提出行政复议申请，由接受申请的县级地方人民政府依照本法第十八条的规定办理。

第十六条 公民、法人或者其他组织申请行政复议，行政复议机关已经依法受理的，或者法律、法规规定应当先向行政复议机关申请行政复议、对行政复议决定不服再向人民法院提起行政诉讼的，在法定行政复议期限内不得向人民法院提起行政诉讼。

公民、法人或者其他组织向人民法院提起行政诉讼，人民法院已经依法受理的，不得申请行政复议。

第四章 行政复议受理

第十七条 行政复议机关收到行政复议申请后,应当在五日内进行审查,对不符合本法规定的行政复议申请,决定不予受理,并书面告知申请人;对符合本法规定,但是不属于本机关受理的行政复议申请,应当告知申请人向有关行政复议机关提出。

除前款规定外,行政复议申请自行政复议机关负责法制工作的机构收到之日起即为受理。

第十八条 依照本法第十五条第二款的规定接受行政复议申请的县级地方人民政府,对依照本法第十五条第一款的规定属于其他行政复议机关受理的行政复议申请,应当自接到该行政复议申请之日起七日内,转送有关行政复议机关,并告知申请人。接受转送的行政复议机关应当依照本法第十七条的规定办理。

第十九条 法律、法规规定应当先向行政复议机关申请行政复议、对行政复议决定不服再向人民法院提起行政诉讼的,行政复议机关决定不予受理或者受理后超过行政复议期限不作答复的,公民、法人或者其他组织可以自收到不予受理决定书之日起或者行政复议期满之日起十五日内,依法向人民法院提起行政诉讼。

第二十条 公民、法人或者其他组织依法提出行政复议申请,行政复议机关无正当理由不予受理的,上级行政机关应当责令其受理;必要时,上级行政机关也可以直接受理。

第二十一条 行政复议期间具体行政行为不停止执行;但是,有下列情形之一的,可以停止执行:

(一)被申请人认为需要停止执行的;
(二)行政复议机关认为需要停止执行的;
(三)申请人申请停止执行,行政复议机关认为其要求合理,决定停止执行的;
(四)法律规定停止执行的。

第五章 行政复议决定

第二十二条 行政复议原则上采取书面审查的办法,但是申请人提出要求或者行政复议机关负责法制工作的机构认为有必要时,可以向有关组织和人员调查情况,听取申请人、被申请人和第三人的意见。

第二十三条 行政复议机关负责法制工作的机构应当自行政复议申请受理之日起七日内,将行政复议申请书副本或者行政复议申请笔录复印件发送被申请人。被申请人应当自收到申请书副本或者申请笔录复印件之日起十日内,提出书面答复,并提交当初作出具体行政行为的证据、依据和其他有关材料。

申请人、第三人可以查阅被申请人提出的书面答复、作出具体行政行为的证据、依据和其他有关材料,除涉及国家秘密、商业秘密或者个人隐私外,行政复议机关不得拒绝。

第二十四条 在行政复议过程中,被申请人不得自行向申请人和其他有关组织或者个人收集证据。

第二十五条 行政复议决定作出前,申请人要求撤回行政复议申请的,经说明理由,可以撤回;撤回行政复议申请的,行政复议终止。

第二十六条 申请人在申请行政复议时,一并提出对本法第七条所列有关规定的审查申请的,行政复议机关对该规定有权处理的,应当在三十日内依法处理;无权处理的,应当在七日内按照法定程序转送有权处理的行政机关依法处理,有权处理的行政机关应当在六十日内依法处理。处理期间,中止对具体行政行为的审查。

第二十七条 行政复议机关在对被申请人作出的具体行政行为进行审查时,认为其依据不合法,本机关有权处理的,应当在三十日内依法处理;无权处理的,应当在七日内按照法定程序转送有权处理的国家机关依法处理。处理期间，中止对具体行政行为的审查。

第二十八条　行政复议机关负责法制工作的机构应当对申请人作出的具体行政行为进行审查，提出意见，经行政复议机关的负责人同意或者集体讨论通过后，按照下列规定作出行政复议决定：

（一）具体行政行为认定事实清楚，证据确凿，适用依据正确，程序合法，内容适当的，决定维持；

（二）被申请人不履行法定职责的，决定其在一定期限内履行；

（三）具体行政行为有下列情形之一的，决定撤销、变更或者确认该具体行政行为违法；决定撤销或者确认该具体行政行为违法的，可以责令被申请人在一定期限内重新作出具体行政行为：

1. 主要事实不清、证据不足的；
2. 适用依据错误的；
3. 违反法定程序的；
4. 超越或者滥用职权的；
5. 具体行政行为明显不当的。

（四）被申请人不按照本法第二十三条的规定提出书面答复、提交当初作出具体行政行为的证据、依据和其他有关材料的，视为该具体行政行为没有证据、依据，决定撤销该具体行政行为。

行政复议机关责令被申请人重新作出具体行政行为的，被申请人不得以同一的事实和理由作出与原具体行政行为相同或者基本相同的具体行政行为。

第二十九条　申请人在申请行政复议时可以一并提出行政赔偿请求，行政复议机关对符合国家赔偿法的有关规定应当给予赔偿的，在决定撤销、变更具体行政行为或者确认具体行政行为违法时，应当同时决定被申请人依法给予赔偿。

申请人在申请行政复议时没有提出行政赔偿请求的，行政复议机关在依法决定撤销或者变更罚款，撤销违法集资、没收财物、征收财物、摊派费用以及对财产的查封、扣押、冻结等具体行政行为时，应当同时责令被申请人返还财产，解除对财产的查封、扣押、冻结措施，或者赔偿相应的价款。

第三十条　公民、法人或者其他组织认为行政机关的具体行政行为侵犯其已经依法取得的土地、矿藏、水流、森林、山岭、草原、荒地、滩涂、海域等自然资源的所有权或者使用权的，应当先申请行政复议；对行政复议决定不服的，可以依法向人民法院提起行政诉讼。

根据国务院或者省、自治区、直辖市人民政府对行政区划的勘定、调整或者征收土地的决定，省、自治区、直辖市人民政府确认土地、矿藏、水流、森林、山岭、草原、荒地、滩涂、海域等自然资源的所有权或者使用权的行政复议决定为最终裁决。

第三十一条　行政复议机关应当自受理申请之日起六十日内作出行政复议决定；但是法律规定的行政复议期限少于六十日的除外。情况复杂，不能在规定期限内作出行政复议决定的，经行政复议机关的负责人批准，可以适当延长，并告知申请人和被申请人；但是延长期限最多不超过三十日。

行政复议机关作出行政复议决定，应当制作行政复议决定书，并加盖印章。

行政复议决定书一经送达，即发生法律效力。

第三十二条　被申请人应当履行行政复议决定。

被申请人不履行或者无正当理由拖延履行行政复议决定的，行政复议机关或者有关上级行政机关应当责令其限期履行。

第三十三条　申请人逾期不起诉又不履行行政复议决定的，或者不履行最终裁决的行政复议决定的，按照下列规定分别处理：

（一）维持具体行政行为的行政复议决定，由作出具体行政行为的行政机关依法强制执行，或者申请人民法院强制执行；

（二）变更具体行政行为的行政复议决定，由行政复议机关依法强制执行，或者申请人民法院强制执行。

第六章　法律责任

第三十四条　行政复议机关违反本法规定，无正当理由不予受理依法提出的行政复议申请或者不按照规定转送行政复议申请的，或者在法定期限内不作出行政复议决定的，对直接负责的主管人员和其他直接责任人员依法给予警告、记过、记大过的行政处分；经责令受理仍不受理或者不按照规定转送行政复议申请，造成严重后果的，依法给予降级、撤职、开除的行政处分。

第三十五条　行政复议机关工作人员在行政复议活动中，徇私舞弊或者有其他渎职、失职行为的，依法给予警告、记过、记大过的行政处分；情节严重的，依法给予降级、撤职、开除的行政处分；构成犯罪的，依法追究刑事责任。

第三十六条　被申请人违反本法规定，不提出书面答复或者不提交作出具体行政行为的证据、依据和其他有关材料，或者阻挠、变相阻挠公民、法人或者其他组织依法申请行政复议的，对直接负责的主管人员和其他直接责任人员依法给予警告、记过、记大过的行政处分；进行报复陷害的，依法给予降级、撤职、开除的行政处分；构成犯罪的，依法追究刑事责任。

第三十七条　被申请人不履行或者无正当理由拖延履行行政复议决定的，对直接负责的主管人员和其他直接责任人员依法给予警告、记过、记大过的行政处分；经责令履行仍拒不履行的，依法给予降级、撤职、开除的行政处分。

第三十八条　行政复议机关负责法制工作的机构发现有无正当理由不予受理行政复议申请、不按照规定期限作出行政复议决定、徇私舞弊、对申请人打击报复或者不履行行政复议决定等情形的，应当向有关行政机关提出建议，有关行政机关应当依照本法和有关法律、行政法规的规定作出处理。

第七章　附　则

第三十九条　行政复议机关受理行政复议申请，不得向申请人收取任何费用。行政复议活动所需经费，应当列入本机关的行政经费，由本级财政予以保障。

第四十条　行政复议期间的计算和行政复议文书的送达，依照民事诉讼法关于期间、送达的规定执行。

本法关于行政复议期间有关"五日"、"七日"的规定是指工作日，不含节假日。

第四十一条　外国人、无国籍人、外国组织在中华人民共和国境内申请行政复议，适用本法。

第四十二条　本法施行前公布的法律有关行政复议的规定与本法的规定不一致的，以本法的规定为准。

第四十三条　本法自1999年10月1日起施行。1990年12月24日国务院发布、1994年10月9日国务院修订发布的《行政复议条例》同时废止。

中华人民共和国行政复议法实施条例

(国务院令第 499 号)

(2007 年 5 月 29 日由国务院发布，2007 年 8 月 1 日起施行，法规类型为行政法规)

第一章 总 则

第一条 为了进一步发挥行政复议制度在解决行政争议、建设法治政府、构建社会主义和谐社会中的作用，根据《中华人民共和国行政复议法》(以下简称行政复议法)，制定本条例。

第二条 各级行政复议机关应当认真履行行政复议职责，领导并支持本机关负责法制工作的机构(以下简称行政复议机构)依法办理行政复议事项，并按照有关规定配备、充实、调剂专职行政复议人员，保证行政复议机构的办案能力与工作任务相适应。

第三条 行政复议机构除应当依照行政复议法第三条的规定履行职责外，还应当履行下列职责：

(一) 依照行政复议法第十八条的规定转送有关行政复议申请；

(二) 办理行政复议法第二十九条规定的行政赔偿等事项；

(三) 按照职责权限，督促行政复议申请的受理和行政复议决定的履行；

(四) 办理行政复议、行政应诉案件统计和重大行政复议决定备案事项；

(五) 办理或者组织办理未经行政复议直接提起行政诉讼的行政应诉事项；

(六) 研究行政复议工作中发现的问题，及时向有关机关提出改进建议，重大问题及时向行政复议机关报告。

第四条 专职行政复议人员应当具备与履行行政复议职责相适应的品行、专业知识和业务能力，并取得相应资格。具体办法由国务院法制机构会同国务院有关部门规定。

第二章 行政复议申请

第一节 申请人

第五条 依照行政复议法和本条例的规定申请行政复议的公民、法人或者其他组织为申请人。

第六条 合伙企业申请行政复议的，应当以核准登记的企业为申请人，由执行合伙事务的合伙人代表该企业参加行政复议；其他合伙组织申请行政复议的，由合伙人共同申请行政复议。

前款规定以外的不具备法人资格的其他组织申请行政复议的，由该组织的主要负责人代表该组织参加行政复议；没有主要负责人的，由共同推选的其他成员代表该组织参加行政复议。

第七条 股份制企业的股东大会、股东代表大会、董事会认为行政机关作出的具体行政行为侵犯企业合法权益的，可以企业的名义申请行政复议。

第八条 同一行政复议案件申请人超过 5 人的，推选 1 至 5 名代表参加行政复议。

第九条 行政复议期间，行政复议机构认为申请人以外的公民、法人或者其他组织与被审查的具体行政行为有利害关系的，可以通知其作为第三人参加行政复议。

行政复议期间，申请人以外的公民、法人或者其他组织与被审查的具体行政行为有利害关系的，可以向行政复议机构申请作为第三人参加行政复议。

第三人不参加行政复议，不影响行政复议案件的审理。

第十条 申请人、第三人可以委托1至2名代理人参加行政复议。申请人、第三人委托代理人的，应当向行政复议机构提交授权委托书。授权委托书应当载明委托事项、权限和期限。公民在特殊情况下无法书面委托的，可以口头委托。口头委托的，行政复议机构应当核实并记录在卷。申请人、第三人解除或者变更委托的，应当书面报告行政复议机构。

第二节 被申请人

第十一条 公民、法人或者其他组织对行政机关的具体行政行为不服，依照行政复议法和本条例的规定申请行政复议的，作出该具体行政行为的行政机关为被申请人。

第十二条 行政机关与法律、法规授权的组织以共同的名义作出具体行政行为的，行政机关和法律、法规授权的组织为共同被申请人。

行政机关与其他组织以共同名义作出具体行政行为的，行政机关为被申请人。

第十三条 下级行政机关依照法律、法规、规章规定，经上级行政机关批准作出具体行政行为的，批准机关为被申请人。

第十四条 行政机关设立的派出机构、内设机构或者其他组织，未经法律、法规授权，对外以自己名义作出具体行政行为的，该行政机关为被申请人。

第三节 行政复议申请期限

第十五条 行政复议法第九条第一款规定的行政复议申请期限的计算，依照下列规定办理：

（一）当场作出具体行政行为的，自具体行政行为作出之日起计算；

（二）载明具体行政行为的法律文书直接送达的，自受送达人签收之日起计算；

（三）载明具体行政行为的法律文书邮寄送达的，自受送达人在邮件签收单上签收之日起计算；没有邮件签收单的，自受送达人在送达回执上签名之日起计算；

（四）具体行政行为依法通过公告形式告知受送达人的，自公告规定的期限届满之日起计算；

（五）行政机关作出具体行政行为时未告知公民、法人或者其他组织，事后补充告知的，自该公民、法人或者其他组织收到行政机关补充告知的通知之日起计算；

（六）被申请人能够证明公民、法人或者其他组织知道具体行政行为的，自证据材料证明其知道具体行政行为之日起计算。

行政机关作出具体行政行为，依法应当向有关公民、法人或者其他组织送达法律文书而未送达的，视为该公民、法人或者其他组织不知道该具体行政行为。

第十六条 公民、法人或者其他组织依照行政复议法第六条第（八）项、第（九）项、第（十）项的规定申请行政机关履行法定职责，行政机关未履行的，行政复议申请期限依照下列规定计算：

（一）有履行期限规定的，自履行期限届满之日起计算；

（二）没有履行期限规定的，自行政机关收到申请满60日起计算。

公民、法人或者其他组织在紧急情况下请求行政机关履行保护人身权、财产权的法定职责，行政机关不履行的，行政复议申请期限不受前款规定的限制。

第十七条 行政机关作出的具体行政行为对公民、法人或者其他组织的权利、义务可能产生不利影响的，应当告知其申请行政复议的权利、行政复议机关和行政复议申请期限。

第四节 行政复议申请的提出

第十八条 申请人书面申请行政复议的，可以采取当面递交、邮寄或者传真等方式提出行政复议申请。

有条件的行政复议机构可以接受以电子邮件形式提出的行政复议申请。

第十九条 申请人书面申请行政复议的，应当在行政复议申请书中载明下列事项：

（一）申请人的基本情况，包括：公民的姓名、性别、年龄、身份证号码、工作单位、住所、邮政编码；法人或者其他组织的名称、住所、邮政编码和法定代表人或者主要负责人的姓名、职务；

（二）被申请人的名称；

（三）行政复议请求、申请行政复议的主要事实和理由；

（四）申请人的签名或者盖章；

（五）申请行政复议的日期。

第二十条 申请人口头申请行政复议的，行政复议机构应当依本条例第十九条规定的事项，当场制作行政复议申请笔录交申请人核对或者向申请人宣读，并由申请人签字确认。

第二十一条 有下列情形之一的，申请人应当提供证明材料：

（一）认为被申请人不履行法定职责的，提供曾经要求被申请人履行法定职责而被申请人未履行的证明材料；

（二）申请行政复议时一并提出行政赔偿请求的，提供受具体行政行为侵害而造成损害的证明材料；

（三）法律、法规规定需要申请人提供证据材料的其他情形。

第二十二条 申请人提出行政复议申请时错列被申请人的，行政复议机构应当告知申请人变更被申请人。

第二十三条 申请人对两个以上国务院部门共同作出的具体行政行为不服的，依照行政复议法第十四条的规定，可以向其中任何一个国务院部门提出行政复议申请，由作出具体行政行为的国务院部门共同作出行政复议决定。

第二十四条 申请人对经国务院批准实行省以下垂直领导的部门作出的具体行政行为不服的，可以选择向该部门的本级人民政府或者上一级主管部门申请行政复议；省、自治区、直辖市另有规定的，依照省、自治区、直辖市的规定办理。

第二十五条 申请人依照行政复议法第三十条第二款的规定申请行政复议的，应当向省、自治区、直辖市人民政府提出行政复议申请。

第二十六条 依照行政复议法第七条的规定，申请人认为具体行政行为所依据的规定不合法的，可以在对具体行政行为申请行政复议的同时一并提出对该规定的审查申请；申请人在对具体行政行为提出行政复议申请时尚不知道该具体行政行为所依据的规定的，可以在行政复议机关作出行政复议决定前向行政复议机关提出对该规定的审查申请。

第三章 行政复议受理

第二十七条 公民、法人或者其他组织认为行政机关的具体行政行为侵犯其合法权益提出行政复议申请，除不符合行政复议法和本条例规定的申请条件的，行政复议机关必须受理。

第二十八条 行政复议申请符合下列规定的，应当予以受理：

（一）有明确的申请人和符合规定的被申请人；

（二）申请人与具体行政行为有利害关系；

（三）有具体的行政复议请求和理由；

（四）在法定申请期限内提出；
（五）属于行政复议法规定的行政复议范围；
（六）属于收到行政复议申请的行政复议机构的职责范围；
（七）其他行政复议机关尚未受理同一行政复议申请，人民法院尚未受理同一主体就同一事实提起的行政诉讼。

第二十九条　行政复议申请材料不齐全或者表述不清楚的，行政复议机构可以自收到该行政复议申请之日起5日内书面通知申请人补正。补正通知应当载明需要补正的事项和合理的补正期限。无正当理由逾期不补正的，视为申请人放弃行政复议申请。补正申请材料所用时间不计入行政复议审理期限。

第三十条　申请人就同一事项向两个或者两个以上有权受理的行政机关申请行政复议的，由最先收到行政复议申请的行政机关受理；同时收到行政复议申请的，由收到行政复议申请的行政机关在10日内协商确定；协商不成的，由其共同上一级行政机关在10日内指定受理机关。协商确定或者指定受理机关所用时间不计入行政复议审理期限。

第三十一条　依照行政复议法第二十条的规定，上级行政机关认为行政复议机关不予受理行政复议申请的理由不成立的，可以先行督促其受理；经督促仍不受理的，应当责令其限期受理，必要时也可以直接受理；认为行政复议申请不符合法定受理条件的，应当告知申请人。

第四章　行政复议决定

第三十二条　行政复议机构审理行政复议案件，应当由2名以上行政复议人员参加。

第三十三条　行政复议机构认为必要时，可以实地调查核实证据；对重大、复杂的案件，申请人提出要求或者行政复议机构认为必要时，可以采取听证的方式审理。

第三十四条　行政复议人员向有关组织和人员调查取证时，可以查阅、复制、调取有关文件和资料，向有关人员进行询问。

调查取证时，行政复议人员不得少于2人，并应当向当事人或者有关人员出示证件。被调查单位和人员应当配合行政复议人员的工作，不得拒绝或者阻挠。

需要现场勘验的，现场勘验所用时间不计入行政复议审理期限。

第三十五条　行政复议机关应当为申请人、第三人查阅有关材料提供必要条件。

第三十六条　依照行政复议法第十四条的规定申请原级行政复议的案件，由原承办具体行政行为有关事项的部门或者机构提出书面答复，并提交作出具体行政行为的证据、依据和其他有关材料。

第三十七条　行政复议期间涉及专门事项需要鉴定的，当事人可以自行委托鉴定机构进行鉴定，也可以申请行政复议机构委托鉴定机构进行鉴定。鉴定费用由当事人承担。鉴定所用时间不计入行政复议审理期限。

第三十八条　申请人在行政复议决定作出前自愿撤回行政复议申请的，经行政复议机构同意，可以撤回。申请人撤回行政复议申请的，不得再以同一事实和理由提出行政复议申请。但是，申请人能够证明撤回行政复议申请违背其真实意思表示的除外。

第三十九条　行政复议期间被申请人改变原具体行政行为的，不影响行政复议案件的审理。但是，申请人依法撤回行政复议申请的除外。

第四十条　公民、法人或者其他组织对行政机关行使法律、法规规定的自由裁量权作出的具体行政行为不服申请行政复议，申请人与被申请人在行政复议决定作出前自愿达成和解的，应当向行政复议机构提交书面和解协议；和解内容不损害社会公共利益和他人合法权益的，行政复议机构应当准许。

第四十一条　行政复议期间有下列情形之一，影响行政复议案件审理的，行政复议中止：

（一）作为申请人的自然人死亡，其近亲属尚未确定是否参加行政复议的；
（二）作为申请人的自然人丧失参加行政复议的能力，尚未确定法定代理人参加行政复议的；
（三）作为申请人的法人或者其他组织终止，尚未确定权利义务承受人的；
（四）作为申请人的自然人下落不明或者被宣告失踪的；
（五）申请人、被申请人因不可抗力，不能参加行政复议的；
（六）案件涉及法律适用问题，需要有权机关作出解释或者确认的；
（七）案件审理需要以其他案件的审理结果为依据，而其他案件尚未审结的；
（八）其他需要中止行政复议的情形。
行政复议中止的原因消除后，应当及时恢复行政复议案件的审理。
行政复议机构中止、恢复行政复议案件的审理，应当告知有关当事人。

第四十二条 行政复议期间有下列情形之一的，行政复议终止：
（一）申请人要求撤回行政复议申请，行政复议机构准予撤回的；
（二）作为申请人的自然人死亡，没有近亲属或者其近亲属放弃行政复议权利的；
（三）作为申请人的法人或者其他组织终止，其权利义务的承受人放弃行政复议权利的；
（四）申请人与被申请人依照本条例第四十条的规定，经行政复议机构准许达成和解的；
（五）申请人对行政拘留或者限制人身自由的行政强制措施不服申请行政复议后，因申请人同一违法行为涉嫌犯罪，该行政拘留或者限制人身自由的行政强制措施变更为刑事拘留的。
依照本条例第四十一条第一款第（一）项、第（二）项、第（三）项规定中止行政复议，满60日行政复议中止的原因仍未消除的，行政复议终止。

第四十三条 依照行政复议法第二十八条第一款第（一）项规定，具体行政行为认定事实清楚，证据确凿，适用依据正确，程序合法，内容适当的，行政复议机关应当决定维持。

第四十四条 依照行政复议法第二十八条第一款第（二）项规定，被申请人不履行法定职责的，行政复议机关应当决定其在一定期限内履行法定职责。

第四十五条 具体行政行为有行政复议法第二十八条第一款第（三）项规定情形之一的，行政复议机关应当决定撤销、变更该具体行政行为或者确认该具体行政行为违法；决定撤销该具体行政行为或者确认该具体行政行为违法的，可以责令被申请人在一定期限内重新作出具体行政行为。

第四十六条 被申请人未依照行政复议法第二十三条的规定提出书面答复、提交当初作出具体行政行为的证据、依据和其他有关材料的，视为该具体行政行为没有证据、依据，行政复议机关应当决定撤销该具体行政行为。

第四十七条 具体行政行为有下列情形之一，行政复议机关可以决定变更：
（一）认定事实清楚，证据确凿，程序合法，但是明显不当或者适用依据错误的；
（二）认定事实不清，证据不足，但是经行政复议机关审理查明事实清楚，证据确凿的。

第四十八条 有下列情形之一的，行政复议机关应当决定驳回行政复议申请：
（一）申请人认为行政机关不履行法定职责申请行政复议，行政复议机关受理后发现该行政机关没有相应法定职责或者在受理前已经履行法定职责的；
（二）受理行政复议申请后，发现该行政复议申请不符合行政复议法和本条例规定的受理条件的。
上级行政机关认为行政复议机关驳回行政复议申请的理由不成立的，应当责令其恢复审理。

第四十九条 行政复议机关依照行政复议法第二十八条的规定责令被申请人重新作出具体行政行为的，被申请人应当在法律、法规、规章规定的期限内重新作出具体行政行为；法律、法规、规章未规定期限的，重新作出具体行政行为的期限为60日。

公民、法人或者其他组织对被申请人重新作出的具体行政行为不服，可以依法申请行政复议或者提起行政诉讼。

第五十条 有下列情形之一的，行政复议机关可以按照自愿、合法的原则进行调解：

（一）公民、法人或者其他组织对行政机关行使法律、法规规定的自由裁量权作出的具体行政行为不服申请行政复议的；

（二）当事人之间的行政赔偿或者行政补偿纠纷。

当事人经调解达成协议的，行政复议机关应当制作行政复议调解书。调解书应当载明行政复议请求、事实、理由和调解结果，并加盖行政复议机关印章。行政复议调解书经双方当事人签字，即具有法律效力。

调解未达成协议或者调解书生效前一方反悔的，行政复议机关应当及时作出行政复议决定。

第五十一条 行政复议机关在申请人的行政复议请求范围内，不得作出对申请人更为不利的行政复议决定。

第五十二条 第三人逾期不起诉又不履行行政复议决定的，依照行政复议法第三十三条的规定处理。

第五章 行政复议指导和监督

第五十三条 行政复议机关应当加强对行政复议工作的领导。

行政复议机构在本级行政复议机关的领导下，按照职责权限对行政复议工作进行督促、指导。

第五十四条 县级以上各级人民政府应当加强对所属工作部门和下级人民政府履行行政复议职责的监督。

行政复议机关应当加强对其行政复议机构履行行政复议职责的监督。

第五十五条 县级以上地方各级人民政府应当建立健全行政复议工作责任制，将行政复议工作纳入本级政府目标责任制。

第五十六条 县级以上地方各级人民政府应当按照职责权限，通过定期组织检查、抽查等方式，对所属工作部门和下级人民政府行政复议工作进行检查，并及时向有关方面反馈检查结果。

第五十七条 行政复议期间行政复议机关发现被申请人或者其他下级行政机关的相关行政行为违法或者需要做好善后工作的，可以制作行政复议意见书。有关机关应当自收到行政复议意见书之日起60日内将纠正相关行政违法行为或者做好善后工作的情况通报行政复议机构。

行政复议期间行政复议机构发现法律、法规、规章实施中带有普遍性的问题，可以制作行政复议建议书，向有关机关提出完善制度和改进行政执法的建议。

第五十八条 县级以上各级人民政府行政复议机构应当定期向本级人民政府提交行政复议工作状况分析报告。

第五十九条 下级行政复议机关应当及时将重大行政复议决定报上级行政复议机关备案。

第六十条 各级行政复议机构应当定期组织对行政复议人员进行业务培训，提高行政复议人员的专业素质。

第六十一条 各级行政复议机关应当定期总结行政复议工作，对在行政复议工作中做出显著成绩的单位和个人，依照有关规定给予表彰和奖励。

第六章 法律责任

第六十二条 被申请人在规定期限内未按照行政复议决定的要求重新作出具体行政行为，

或者违反规定重新作出具体行政行为的,依照行政复议法第三十七条的规定追究法律责任。

第六十三条 拒绝或者阻挠行政复议人员调查取证、查阅、复制、调取有关文件和资料的,对有关责任人员依法给予处分或者治安处罚;构成犯罪的,依法追究刑事责任。

第六十四条 行政复议机关或者行政复议机构不履行行政复议法和本条例规定的行政复议职责,经有权监督的行政机关督促仍不改正的,对直接负责的主管人员和其他直接责任人员依法给予警告、记过、记大过的处分;造成严重后果的,依法给予降级、撤职、开除的处分。

第六十五条 行政机关及其工作人员违反行政复议法和本条例规定的,行政复议机构可以向人事、监察部门提出对有关责任人员的处分建议,也可以将有关人员违法的事实材料直接转送人事、监察部门处理;接受转送的人事、监察部门应当依法处理,并将处理结果通报转送的行政复议机构。

第七章 附 则

第六十六条 本条例自 2007 年 8 月 1 日起施行。

中华人民共和国行政许可法

(主席令第 7 号)

(2003 年 8 月 27 日第十届全国人民代表大会常务委员会第四次会议通过,根据 2019 年 4 月 23 日第十三届全国人民代表大会常务委员会第十次会议《关于修改〈中华人民共和国建筑法〉等八部法律的决定》修正,现行版本自 2019 年 4 月 23 日起施行,法规类型为法律)

第一章 总 则

第一条 为了规范行政许可的设定和实施,保护公民、法人和其他组织的合法权益,维护公共利益和社会秩序,保障和监督行政机关有效实施行政管理,根据宪法,制定本法。

第二条 本法所称行政许可,是指行政机关根据公民、法人或者其他组织的申请,经依法审查,准予其从事特定活动的行为。

第三条 行政许可的设定和实施,适用本法。

有关行政机关对其他机关或者对其直接管理的事业单位的人事、财务、外事等事项的审批,不适用本法。

第四条 设定和实施行政许可,应当依照法定的权限、范围、条件和程序。

第五条 设定和实施行政许可,应当遵循公开、公平、公正、非歧视的原则。

有关行政许可的规定应当公布;未经公布的,不得作为实施行政许可的依据。行政许可的实施和结果,除涉及国家秘密、商业秘密或者个人隐私的外,应当公开。未经申请人同意,行政机关及其工作人员、参与专家评审等的人员不得披露申请人提交的商业秘密、未披露信息或者保密商务信息,法律另有规定或者涉及国家安全、重大社会公共利益的除外;行政机关依法公开申请人前述信息的,允许申请人在合理期限内提出异议。

符合法定条件、标准的,申请人有依法取得行政许可的平等权利,行政机关不得歧视任何人。

第六条 实施行政许可,应当遵循便民的原则,提高办事效率,提供优质服务。

第七条 公民、法人或者其他组织对行政机关实施行政许可，享有陈述权、申辩权；有权依法申请行政复议或者提起行政诉讼；其合法权益因行政机关违法实施行政许可受到损害的，有权依法要求赔偿。

第八条 公民、法人或者其他组织依法取得的行政许可受法律保护，行政机关不得擅自改变已经生效的行政许可。

行政许可所依据的法律、法规、规章修改或者废止，或者准予行政许可所依据的客观情况发生重大变化的，为了公共利益的需要，行政机关可以依法变更或者撤回已经生效的行政许可。由此给公民、法人或者其他组织造成财产损失的，行政机关应当依法给予补偿。

第九条 依法取得的行政许可，除法律、法规规定依照法定条件和程序可以转让的外，不得转让。

第十条 县级以上人民政府应当建立健全对行政机关实施行政许可的监督制度，加强对行政机关实施行政许可的监督检查。

行政机关应当对公民、法人或者其他组织从事行政许可事项的活动实施有效监督。

第二章　行政许可的设定

第十一条 设定行政许可，应当遵循经济和社会发展规律，有利于发挥公民、法人或者其他组织的积极性、主动性，维护公共利益和社会秩序，促进经济、社会和生态环境协调发展。

第十二条 下列事项可以设定行政许可：

（一）直接涉及国家安全、公共安全、经济宏观调控、生态环境保护以及直接关系人身健康、生命财产安全等特定活动，需要按照法定条件予以批准的事项；

（二）有限自然资源开发利用、公共资源配置以及直接关系公共利益的特定行业的市场准入等，需要赋予特定权利的事项；

（三）提供公众服务并且直接关系公共利益的职业、行业，需要确定具备特殊信誉、特殊条件或者特殊技能等资格、资质的事项；

（四）直接关系公共安全、人身健康、生命财产安全的重要设备、设施、产品、物品，需要按照技术标准、技术规范，通过检验、检测、检疫等方式进行审定的事项；

（五）企业或者其他组织的设立等，需要确定主体资格的事项；

（六）法律、行政法规规定可以设定行政许可的其他事项。

第十三条 本法第十二条所列事项，通过下列方式能够予以规范的，可以不设行政许可：

（一）公民、法人或者其他组织能够自主决定的；

（二）市场竞争机制能够有效调节的；

（三）行业组织或者中介机构能够自律管理的；

（四）行政机关采用事后监督等其他行政管理方式能够解决的。

第十四条 本法第十二条所列事项，法律可以设定行政许可。尚未制定法律的，行政法规可以设定行政许可。

必要时，国务院可以采用发布决定的方式设定行政许可。实施后，除临时性行政许可事项外，国务院应当及时提请全国人民代表大会及其常务委员会制定法律，或者自行制定行政法规。

第十五条 本法第十二条所列事项，尚未制定法律、行政法规的，地方性法规可以设定行政许可；尚未制定法律、行政法规和地方性法规的，因行政管理的需要，确需立即实施行政许可的，省、自治区、直辖市人民政府规章可以设定临时性的行政许可。临时性的行政许可实施满一年需要继续实施的，应当提请本级人民代表大会及其常务委员会制定地方性法规。

地方性法规和省、自治区、直辖市人民政府规章，不得设定应当由国家统一确定的公民、法人或者其他组织的资格、资质的行政许可；不得设定企业或者其他组织的设立登记及其前置性行政许可。其设定的行政许可，不得限制其他地区的个人或者企业到本地区从事生产经营和提供服务，不得限制其他地区的商品进入本地区市场。

第十六条 行政法规可以在法律设定的行政许可事项范围内，对实施该行政许可作出具体规定。

地方性法规可以在法律、行政法规设定的行政许可事项范围内，对实施该行政许可作出具体规定。

规章可以在上位法设定的行政许可事项范围内，对实施该行政许可作出具体规定。

法规、规章对实施上位法设定的行政许可作出的具体规定，不得增设行政许可；对行政许可条件作出的具体规定，不得增设违反上位法的其他条件。

第十七条 除本法第十四条、第十五条规定的外，其他规范性文件一律不得设定行政许可。

第十八条 设定行政许可，应当规定行政许可的实施机关、条件、程序、期限。

第十九条 起草法律草案、法规草案和省、自治区、直辖市人民政府规章草案，拟设定行政许可的，起草单位应当采取听证会、论证会等形式听取意见，并向制定机关说明设定该行政许可的必要性、对经济和社会可能产生的影响以及听取和采纳意见的情况。

第二十条 行政许可的设定机关应当定期对其设定的行政许可进行评价；对已设定的行政许可，认为通过本法第十三条所列方式能够解决的，应当对设定该行政许可的规定及时予以修改或者废止。

行政许可的实施机关可以对已设定的行政许可的实施情况及存在的必要性适时进行评价，并将意见报告该行政许可的设定机关。

公民、法人或者其他组织可以向行政许可的设定机关和实施机关就行政许可的设定和实施提出意见和建议。

第二十一条 省、自治区、直辖市人民政府对行政法规设定的有关经济事务的行政许可，根据本行政区域经济和社会发展情况，认为通过本法第十三条所列方式能够解决的，报国务院批准后，可以在本行政区域内停止实施该行政许可。

第三章 行政许可的实施机关

第二十二条 行政许可由具有行政许可权的行政机关在其法定职权范围内实施。

第二十三条 法律、法规授权的具有管理公共事务职能的组织，在法定授权范围内，以自己的名义实施行政许可。被授权的组织适用本法有关行政机关的规定。

第二十四条 行政机关在其法定职权范围内，依照法律、法规、规章的规定，可以委托其他行政机关实施行政许可。委托机关应当将受委托行政机关和受委托实施行政许可的内容予以公告。

委托行政机关对受委托行政机关实施行政许可的行为应当负责监督，并对该行为的后果承担法律责任。

受委托行政机关在委托范围内，以委托行政机关名义实施行政许可；不得再委托其他组织或者个人实施行政许可。

第二十五条 经国务院批准，省、自治区、直辖市人民政府根据精简、统一、效能的原则，可以决定一个行政机关行使有关行政机关的行政许可权。

第二十六条 行政许可需要行政机关内设的多个机构办理的，该行政机关应当确定一个机构统一受理行政许可申请，统一送达行政许可决定。

行政许可依法由地方人民政府两个以上部门分别实施的，本级人民政府可以确定一个部门受理行政许可申请并转告有关部门分别提出意见后统一办理，或者组织有关部门联合办理、集中办理。

　　第二十七条　行政机关实施行政许可，不得向申请人提出购买指定商品、接受有偿服务等不正当要求。

　　行政机关工作人员办理行政许可，不得索取或者收受申请人的财物，不得谋取其他利益。

　　第二十八条　对直接关系公共安全、人身健康、生命财产安全的设备、设施、产品、物品的检验、检测、检疫，除法律、行政法规规定由行政机关实施的外，应当逐步由符合法定条件的专业技术组织实施。专业技术组织及其有关人员对所实施的检验、检测、检疫结论承担法律责任。

第四章　行政许可的实施程序

第一节　申请与受理

　　第二十九条　公民、法人或者其他组织从事特定活动，依法需要取得行政许可的，应当向行政机关提出申请。申请书需要采用格式文本的，行政机关应当向申请人提供行政许可申请书格式文本。申请书格式文本中不得包含与申请行政许可事项没有直接关系的内容。

　　申请人可以委托代理人提出行政许可申请。但是，依法应当由申请人到行政机关办公场所提出行政许可申请的除外。

　　行政许可申请可以通过信函、电报、电传、传真、电子数据交换和电子邮件等方式提出。

　　第三十条　行政机关应当将法律、法规、规章规定的有关行政许可的事项、依据、条件、数量、程序、期限以及需要提交的全部材料的目录和申请书示范文本等在办公场所公示。

　　申请人要求行政机关对公示内容予以说明、解释的，行政机关应当说明、解释，提供准确、可靠的信息。

　　第三十一条　申请人申请行政许可，应当如实向行政机关提交有关材料和反映真实情况，并对其申请材料实质内容的真实性负责。行政机关不得要求申请人提交与其申请的行政许可事项无关的技术资料和其他材料。

　　行政机关及其工作人员不得以转让技术作为取得行政许可的条件；不得在实施行政许可的过程中，直接或者间接地要求转让技术。

　　第三十二条　行政机关对申请人提出的行政许可申请，应当根据下列情况分别作出处理：

　　（一）申请事项依法不需要取得行政许可的，应当即时告知申请人不受理；

　　（二）申请事项依法不属于本行政机关职权范围的，应当即时作出不予受理的决定，并告知申请人向有关行政机关申请；

　　（三）申请材料存在可以当场更正的错误的，应当允许申请人当场更正；

　　（四）申请材料不齐全或者不符合法定形式的，应当当场或者在五日内一次告知申请人需要补正的全部内容，逾期不告知的，自收到申请材料之日起即为受理；

　　（五）申请事项属于本行政机关职权范围，申请材料齐全、符合法定形式，或者申请人按照本行政机关的要求提交全部补正申请材料的，应当受理行政许可申请。

　　行政机关受理或者不予受理行政许可申请，应当出具加盖本行政机关专用印章和注明日期的书面凭证。

　　第三十三条　行政机关应当建立和完善有关制度，推行电子政务，在行政机关的网站上公布行政许可事项，方便申请人采取数据电文等方式提出行政许可申请；应当与其他行政机关共享有关行政许可信息，提高办事效率。

第二节 审查与决定

第三十四条 行政机关应当对申请人提交的申请材料进行审查。

申请人提交的申请材料齐全、符合法定形式，行政机关能够当场作出决定的，应当当场作出书面的行政许可决定。

根据法定条件和程序，需要对申请材料的实质内容进行核实的，行政机关应当指派两名以上工作人员进行核查。

第三十五条 依法应当先经下级行政机关审查后报上级行政机关决定的行政许可，下级行政机关应当在法定期限内将初步审查意见和全部申请材料直接报送上级行政机关。上级行政机关不得要求申请人重复提供申请材料。

第三十六条 行政机关对行政许可申请进行审查时，发现行政许可事项直接关系他人重大利益的，应当告知该利害关系人。申请人、利害关系人有权进行陈述和申辩。行政机关应当听取申请人、利害关系人的意见。

第三十七条 行政机关对行政许可申请进行审查后，除当场作出行政许可决定的外，应当在法定期限内按照规定程序作出行政许可决定。

第三十八条 申请人的申请符合法定条件、标准的，行政机关应当依法作出准予行政许可的书面决定。

行政机关依法作出不予行政许可的书面决定的，应当说明理由，并告知申请人享有依法申请行政复议或者提起行政诉讼的权利。

第三十九条 行政机关作出准予行政许可的决定，需要颁发行政许可证件的，应当向申请人颁发加盖本行政机关印章的下列行政许可证件：

（一）许可证、执照或者其他许可证书；

（二）资格证、资质证或者其他合格证书；

（三）行政机关的批准文件或者证明文件；

（四）法律、法规规定的其他行政许可证件。

行政机关实施检验、检测、检疫的，可以在检验、检测、检疫合格的设备、设施、产品、物品上加贴标签或者加盖检验、检测、检疫印章。

第四十条 行政机关作出的准予行政许可决定，应当予以公开，公众有权查阅。

第四十一条 法律、行政法规设定的行政许可，其适用范围没有地域限制的，申请人取得的行政许可在全国范围内有效。

第三节 期 限

第四十二条 除可以当场作出行政许可决定的外，行政机关应当自受理行政许可申请之日起二十日内作出行政许可决定。二十日内不能作出决定的，经本行政机关负责人批准，可以延长十日，并应当将延长期限的理由告知申请人。但是，法律、法规另有规定的，依照其规定。

依照本法第二十六条的规定，行政许可采取统一办理或者联合办理、集中办理的，办理的时间不得超过四十五日；四十五日内不能办结的，经本级人民政府负责人批准，可以延长十五日，并应当将延长期限的理由告知申请人。

第四十三条 依法应当先经下级行政机关审查后报上级行政机关决定的行政许可，下级行政机关应当自其受理行政许可申请之日起二十日内审查完毕。但是，法律、法规另有规定的，依照其规定。

第四十四条 行政机关作出准予行政许可的决定，应当自作出决定之日起十日内向申请人颁发、送达行政许可证件，或者加贴标签、加盖检验、检测、检疫印章。

第四十五条 行政机关作出行政许可决定，依法需要听证、招标、拍卖、检验、检测、检疫、鉴定和专家评审的，所需时间不计算在本节规定的期限内。行政机关应当将所需时间书面告知申请人。

第四节 听 证

第四十六条 法律、法规、规章规定实施行政许可应当听证的事项，或者行政机关认为需要听证的其他涉及公共利益的重大行政许可事项，行政机关应当向社会公告，并举行听证。

第四十七条 行政许可直接涉及申请人与他人之间重大利益关系的，行政机关在作出行政许可决定前，应当告知申请人、利害关系人享有要求听证的权利；申请人、利害关系人在被告知听证权利之日起五日内提出听证申请的，行政机关应当在二十日内组织听证。

申请人、利害关系人不承担行政机关组织听证的费用。

第四十八条 听证按照下列程序进行：

（一）行政机关应当于举行听证的七日前将举行听证的时间、地点通知申请人、利害关系人，必要时予以公告；

（二）听证应当公开举行；

（三）行政机关应当指定审查该行政许可申请的工作人员以外的人员为听证主持人，申请人、利害关系人认为主持人与该行政许可事项有直接利害关系的，有权申请回避；

（四）举行听证时，审查该行政许可申请的工作人员应当提供审查意见的证据、理由，申请人、利害关系人可以提出证据，并进行申辩和质证；

（五）听证应当制作笔录，听证笔录应当交听证参加人确认无误后签字或者盖章。

行政机关应当根据听证笔录，作出行政许可决定。

第五节 变更与延续

第四十九条 被许可人要求变更行政许可事项的，应当向作出行政许可决定的行政机关提出申请；符合法定条件、标准的，行政机关应当依法办理变更手续。

第五十条 被许可人需要延续依法取得的行政许可的有效期的，应当在该行政许可有效期届满三十日前向作出行政许可决定的行政机关提出申请。但是，法律、法规、规章另有规定的，依照其规定。

行政机关应当根据被许可人的申请，在该行政许可有效期届满前作出是否准予延续的决定；逾期未作决定的，视为准予延续。

第六节 特别规定

第五十一条 实施行政许可的程序，本节有规定的，适用本节规定；本节没有规定的，适用本章其他有关规定。

第五十二条 国务院实施行政许可的程序，适用有关法律、行政法规的规定。

第五十三条 实施本法第十二条第二项所列事项的行政许可的，行政机关应当通过招标、拍卖等公平竞争的方式作出决定。但是，法律、行政法规另有规定的，依照其规定。

行政机关通过招标、拍卖等方式作出行政许可决定的具体程序，依照有关法律、行政法规的规定。

行政机关按照招标、拍卖程序确定中标人、买受人后，应当作出准予行政许可的决定，并依法向中标人、买受人颁发行政许可证件。

行政机关违反本条规定，不采用招标、拍卖方式，或者违反招标、拍卖程序，损害申请人合法权益的，申请人可以依法申请行政复议或者提起行政诉讼。

第五十四条 实施本法第十二条第三项所列事项的行政许可，赋予公民特定资格，依法应当举行国家考试的，行政机关根据考试成绩和其他法定条件作出行政许可决定；赋予法人或者其他组织特定的资格、资质的，行政机关根据申请人的专业人员构成、技术条件、经营业绩和管理水平等的考核结果作出行政许可决定。但是，法律、行政法规另有规定的，依照其规定。

公民特定资格的考试依法由行政机关或者行业组织实施，公开举行。行政机关或者行业组织应当事先公布资格考试的报名条件、报考办法、考试科目以及考试大纲。但是，不得组织强制性的资格考试的考前培训，不得指定教材或者其他助考材料。

第五十五条 实施本法第十二条第四项所列事项的行政许可的，应当按照技术标准、技术规范依法进行检验、检测、检疫，行政机关根据检验、检测、检疫的结果作出行政许可决定。

行政机关实施检验、检测、检疫，应当自受理申请之日起五日内指派两名以上工作人员按照技术标准、技术规范进行检验、检测、检疫。不需要对检验、检测、检疫结果作进一步技术分析即可认定设备、设施、产品、物品是否符合技术标准、技术规范的，行政机关应当当场作出行政许可决定。

行政机关根据检验、检测、检疫结果，作出不予行政许可决定的，应当书面说明不予行政许可所依据的技术标准、技术规范。

第五十六条 实施本法第十二条第五项所列事项的行政许可，申请人提交的申请材料齐全、符合法定形式的，行政机关应当当场予以登记。需要对申请材料的实质内容进行核实的，行政机关依照本法第三十四条第三款的规定办理。

第五十七条 有数量限制的行政许可，两个或者两个以上申请人的申请均符合法定条件、标准的，行政机关应当根据受理行政许可申请的先后顺序作出准予行政许可的决定。但是，法律、行政法规另有规定的，依照其规定。

第五章 行政许可的费用

第五十八条 行政机关实施行政许可和对行政许可事项进行监督检查，不得收取任何费用。但是，法律、行政法规另有规定的，依照其规定。

行政机关提供行政许可申请书格式文本，不得收费。

行政机关实施行政许可所需经费应当列入本行政机关的预算，由本级财政予以保障，按照批准的预算予以核拨。

第五十九条 行政机关实施行政许可，依照法律、行政法规收取费用的，应当按照公布的法定项目和标准收费；所收取的费用必须全部上缴国库，任何机关或者个人不得以任何形式截留、挪用、私分或者变相私分。财政部门不得以任何形式向行政机关返还或者变相返还实施行政许可所收取的费用。

第六章 监督检查

第六十条 上级行政机关应当加强对下级行政机关实施行政许可的监督检查，及时纠正行政许可实施中的违法行为。

第六十一条 行政机关应当建立健全监督制度，通过核查反映被许可人从事行政许可事项活动情况的有关材料，履行监督责任。

行政机关依法对被许可人从事行政许可事项的活动进行监督检查时，应当将监督检查的情况和处理结果予以记录，由监督检查人员签字后归档。公众有权查阅行政机关监督检查记录。

行政机关应当创造条件，实现与被许可人、其他有关行政机关的计算机档案系统互联，核查被许可人从事行政许可事项活动情况。

第六十二条 行政机关可以对被许可人生产经营的产品依法进行抽样检查、检验、检测，对其生产经营场所依法进行实地检查。检查时，行政机关可以依法查阅或者要求被许可人报送有关材料；被许可人应当如实提供有关情况和材料。

行政机关根据法律、行政法规的规定，对直接关系公共安全、人身健康、生命财产安全的重要设备、设施进行定期检验。对检验合格的，行政机关应当发给相应的证明文件。

第六十三条 行政机关实施监督检查，不得妨碍被许可人正常的生产经营活动，不得索取或者收受被许可人的财物，不得谋取其他利益。

第六十四条 被许可人在作出行政许可决定的行政机关管辖区域外违法从事行政许可事项活动的，违法行为发生地的行政机关应当依法将被许可人的违法事实、处理结果抄告作出行政许可决定的行政机关。

第六十五条 个人和组织发现违法从事行政许可事项的活动，有权向行政机关举报，行政机关应当及时核实、处理。

第六十六条 被许可人未依法履行开发利用自然资源义务或者未依法履行利用公共资源义务的，行政机关应当责令限期改正；被许可人在规定期限内不改正的，行政机关应当依照有关法律、行政法规的规定予以处理。

第六十七条 取得直接关系公共利益的特定行业的市场准入行政许可的被许可人，应当按照国家规定的服务标准、资费标准和行政机关依法规定的条件，向用户提供安全、方便、稳定和价格合理的服务，并履行普遍服务的义务；未经作出行政许可决定的行政机关批准，不得擅自停业、歇业。

被许可人不履行前款规定的义务的，行政机关应当责令限期改正，或者依法采取有效措施督促其履行义务。

第六十八条 对直接关系公共安全、人身健康、生命财产安全的重要设备、设施，行政机关应当督促设计、建造、安装和使用单位建立相应的自检制度。

行政机关在监督检查时，发现直接关系公共安全、人身健康、生命财产安全的重要设备、设施存在安全隐患的，应当责令停止建造、安装和使用，并责令设计、建造、安装和使用单位立即改正。

第六十九条 有下列情形之一的，作出行政许可决定的行政机关或者其上级行政机关，根据利害关系人的请求或者依据职权，可以撤销行政许可：

（一）行政机关工作人员滥用职权、玩忽职守作出准予行政许可决定的；
（二）超越法定职权作出准予行政许可决定的；
（三）违反法定程序作出准予行政许可决定的；
（四）对不具备申请资格或者不符合法定条件的申请人准予行政许可的；
（五）依法可以撤销行政许可的其他情形。

被许可人以欺骗、贿赂等不正当手段取得行政许可的，应当予以撤销。

依照前两款的规定撤销行政许可，可能对公共利益造成重大损害的，不予撤销。

依照本条第一款的规定撤销行政许可，被许可人的合法权益受到损害的，行政机关应当依法给予赔偿。依照本条第二款的规定撤销行政许可的，被许可人基于行政许可取得的利益不受保护。

第七十条 有下列情形之一的，行政机关应当依法办理有关行政许可的注销手续：

（一）行政许可有效期届满未延续的；
（二）赋予公民特定资格的行政许可，该公民死亡或者丧失行为能力的；
（三）法人或者其他组织依法终止的；
（四）行政许可依法被撤销、撤回，或者行政许可证件依法被吊销的；
（五）因不可抗力导致行政许可事项无法实施的；

（六）法律、法规规定的应当注销行政许可的其他情形。

第七章　法律责任

第七十一条　违反本法第十七条规定设定的行政许可，有关机关应当责令设定该行政许可的机关改正，或者依法予以撤销。

第七十二条　行政机关及其工作人员违反本法的规定，有下列情形之一的，由其上级行政机关或者监察机关责令改正；情节严重的，对直接负责的主管人员和其他直接责任人员依法给予行政处分：

（一）对符合法定条件的行政许可申请不予受理的；

（二）不在办公场所公示依法应当公示的材料的；

（三）在受理、审查、决定行政许可过程中，未向申请人、利害关系人履行法定告知义务的；

（四）申请人提交的申请材料不齐全、不符合法定形式，不一次告知申请人必须补正的全部内容的；

（五）违法披露申请人提交的商业秘密、未披露信息或者保密商务信息的；

（六）以转让技术作为取得行政许可的条件，或者在实施行政许可的过程中直接或者间接地要求转让技术的；

（七）未依法说明不受理行政许可申请或者不予行政许可的理由的；

（八）依法应当举行听证而不举行听证的。

第七十三条　行政机关工作人员办理行政许可、实施监督检查，索取或者收受他人财物或者谋取其他利益，构成犯罪的，依法追究刑事责任；尚不构成犯罪的，依法给予行政处分。

第七十四条　行政机关实施行政许可，有下列情形之一的，由其上级行政机关或者监察机关责令改正，对直接负责的主管人员和其他直接责任人员依法给予行政处分；构成犯罪的，依法追究刑事责任：

（一）对不符合法定条件的申请人准予行政许可或者超越法定职权作出准予行政许可决定的；

（二）对符合法定条件的申请人不予行政许可或者不在法定期限内作出准予行政许可决定的；

（三）依法应当根据招标、拍卖结果或者考试成绩择优作出准予行政许可决定，未经招标、拍卖或者考试，或者不根据招标、拍卖结果或者考试成绩择优作出准予行政许可决定的。

第七十五条　行政机关实施行政许可，擅自收费或者不按照法定项目和标准收费的，由其上级行政机关或者监察机关责令退还非法收取的费用；对直接负责的主管人员和其他直接责任人员依法给予行政处分。

截留、挪用、私分或者变相私分实施行政许可依法收取的费用的，予以追缴；对直接负责的主管人员和其他直接责任人员依法给予行政处分；构成犯罪的，依法追究刑事责任。

第七十六条　行政机关违法实施行政许可，给当事人的合法权益造成损害的，应当依照国家赔偿法的规定给予赔偿。

第七十七条　行政机关不依法履行监督职责或者监督不力，造成严重后果的，由其上级行政机关或者监察机关责令改正，对直接负责的主管人员和其他直接责任人员依法给予行政处分；构成犯罪的，依法追究刑事责任。

第七十八条　行政许可申请人隐瞒有关情况或者提供虚假材料申请行政许可的，行政机关不予受理或者不予行政许可，并给予警告；行政许可申请属于直接关系公共安全、人身健康、生命财产安全事项的，申请人在一年内不得再次申请该行政许可。

第七十九条　被许可人以欺骗、贿赂等不正当手段取得行政许可的，行政机关应当依法给予行政处罚；取得的行政许可属于直接关系公共安全、人身健康、生命财产安全事项的，申请人在三年内不得再次申请该行政许可；构成犯罪的，依法追究刑事责任。

第八十条　被许可人有下列行为之一的，行政机关应当依法给予行政处罚；构成犯罪的，依法追究刑事责任：

（一）涂改、倒卖、出租、出借行政许可证件，或者以其他形式非法转让行政许可的；

（二）超越行政许可范围进行活动的；

（三）向负责监督检查的行政机关隐瞒有关情况、提供虚假材料或者拒绝提供反映其活动情况的真实材料的；

（四）法律、法规、规章规定的其他违法行为。

第八十一条　公民、法人或者其他组织未经行政许可，擅自从事依法应当取得行政许可的活动的，行政机关应当依法采取措施予以制止，并依法给予行政处罚；构成犯罪的，依法追究刑事责任。

第八章　附　则

第八十二条　本法规定的行政机关实施行政许可的期限以工作日计算，不含法定节假日。

第八十三条　本法自2004年7月1日起施行。

本法施行前有关行政许可的规定，制定机关应当依照本法规定予以清理；不符合本法规定的，自本法施行之日起停止执行。

企业管理篇

信用管理

中华人民共和国海关企业信用管理办法

(海关总署令第 237 号)

(2018 年 3 月 3 日由海关总署发布,2018 年 5 月 1 日起施行,法规类型为部门规章)

第一章 总 则

第一条 为推进社会信用体系建设,建立企业进出口信用管理制度,促进贸易安全与便利,根据《中华人民共和国海关法》《中华人民共和国海关稽查条例》《企业信息公示暂行条例》以及其他有关法律、行政法规的规定,制定本办法。

第二条 海关注册登记和备案企业以及企业相关人员信用信息的采集、公示,企业信用状况的认定、管理等适用本办法。

第三条 海关根据企业信用状况将企业认定为认证企业、一般信用企业和失信企业。认证企业分为高级认证企业和一般认证企业。

海关按照诚信守法便利、失信违法惩戒原则,对上述企业分别适用相应的管理措施。

第四条 海关根据社会信用体系建设有关要求,与国家有关部门实施守信联合激励和失信联合惩戒,推进信息互换、监管互认、执法互助(以下简称"三互")。

第五条 认证企业是中国海关经认证的经营者(AEO)。中国海关依据有关国际条约、协定以及本办法,开展与其他国家或者地区海关的 AEO 互认合作,并且给予互认企业相关便利措施。

中国海关根据国际合作的需要,推进"三互"的海关合作。

第二章 信用信息采集和公示

第六条 海关可以采集能够反映企业信用状况的下列信息:
(一)企业注册登记或者备案信息以及企业相关人员基本信息;
(二)企业进出口以及与进出口相关的经营信息;
(三)企业行政许可信息;
(四)企业及其相关人员行政处罚和刑事处罚信息;
(五)海关与国家有关部门实施联合激励和联合惩戒信息;
(六)AEO 互认信息;
(七)其他能够反映企业信用状况的相关信息。

第七条 海关建立企业信用信息管理系统,对有关企业实施信用管理。企业应当于每年 1

月 1 日至 6 月 30 日通过企业信用信息管理系统向海关提交《企业信用信息年度报告》。

当年注册登记或者备案的企业,自下一年度起向海关提交《企业信用信息年度报告》。

第八条 企业有下列情形之一的,海关将其列入信用信息异常企业名录:

(一)未按照规定向海关提交《企业信用信息年度报告》的;

(二)经过实地查看,在海关登记的住所或者经营场所无法查找,并且无法通过在海关登记的联系方式与企业取得联系的。

列入信用信息异常企业名录期间,企业信用等级不得向上调整。

本条第一款规定的情形消除后,海关应当将有关企业移出信用信息异常企业名录。

第九条 海关应当在保护国家秘密、商业秘密和个人隐私的前提下,公示下列信用信息:

(一)企业在海关注册登记或者备案信息;

(二)海关对企业信用状况的认定结果;

(三)海关对企业的行政许可信息;

(四)海关对企业的行政处罚信息;

(五)海关与国家有关部门实施联合激励和联合惩戒信息;

(六)海关信用信息异常企业名录;

(七)其他依法应当公示的信息。

海关对企业行政处罚信息的公示期限为 5 年。

海关应当公布上述信用信息的查询方式。

第十条 自然人、法人或者非法人组织认为海关公示的信用信息不准确的,可以向海关提出异议,并且提供相关资料或者证明材料。

海关应当自收到异议申请之日起 20 日内进行复核。自然人、法人或者非法人组织提出异议的理由成立的,海关应当采纳。

第三章 企业信用状况的认定标准和程序

第十一条 认证企业应当符合海关总署制定的《海关认证企业标准》。

《海关认证企业标准》分为高级认证企业标准和一般认证企业标准。

第十二条 企业有下列情形之一的,海关认定为失信企业:

(一)有走私犯罪或者走私行为的;

(二)非报关企业 1 年内违反海关监管规定行为次数超过上年度报关单、进出境备案清单、进出境运输工具舱单等相关单证总票数千分之一且被海关行政处罚金额累计超过 100 万元的;

报关企业 1 年内违反海关监管规定行为次数超过上年度报关单、进出境备案清单、进出境运输工具舱单等相关单证总票数万分之五且被海关行政处罚金额累计超过 30 万元的;

(三)拖欠应缴税款或者拖欠应缴罚没款项的;

(四)有本办法第八条第一款第(二)项情形,被海关列入信用信息异常企业名录超过 90 日的;

(五)假借海关或者其他企业名义获取不当利益的;

(六)向海关隐瞒真实情况或者提供虚假信息,影响企业信用管理的;

(七)抗拒、阻碍海关工作人员依法执行职务,情节严重的;

(八)因刑事犯罪被列入国家失信联合惩戒名单的;

(九)海关总署规定的其他情形。

当年注册登记或者备案的非报关企业、报关企业,1 年内因违反海关监管规定被海关行政处罚金额分别累计超过 100 万元、30 万元的,海关认定为失信企业。

第十三条　企业有下列情形之一的，海关认定为一般信用企业：
（一）在海关首次注册登记或者备案的企业；
（二）认证企业不再符合《海关认证企业标准》，并且未发生本办法第十二条规定情形的；
（三）自被海关认定为失信企业之日起连续2年未发生本办法第十二条规定情形的。

第十四条　企业申请成为认证企业，应当向海关提交《适用认证企业管理申请书》。海关按照《海关认证企业标准》对企业实施认证。

第十五条　海关应当自收到《适用认证企业管理申请书》之日起90日内对企业信用状况是否符合《海关认证企业标准》作出决定。特殊情形下，海关认证时限可以延长30日。

第十六条　通过认证的企业，海关制发《认证企业证书》；未通过认证的企业，海关制发《不予适用认证企业管理决定书》。《认证企业证书》和《不予适用认证企业管理决定书》应当送达申请人，并且自送达之日起生效。
企业主动撤回认证申请的，视为未通过认证。
未通过认证的企业1年内不得再次向海关提出认证申请。

第十七条　申请认证期间，企业涉嫌走私被立案侦查或者调查的，海关应当终止认证。企业涉嫌违反海关监管规定被立案调查的，海关可以终止认证。
申请认证期间，企业被海关稽查、核查的，海关可以中止认证。中止时间超过3个月的，海关终止认证。

第十八条　海关对高级认证企业每3年重新认证一次，对一般认证企业不定期重新认证。
重新认证前，海关应当通知企业，并且参照企业认证程序进行重新认证。对未通过重新认证的，海关制发《企业信用等级认定决定书》，调整企业信用等级。《企业信用等级认定决定书》应当送达企业，并且自送达之日起生效。
重新认证期间，企业申请放弃认证企业管理的，视为未通过认证。

第十九条　认证企业被海关调整为一般信用企业管理的，1年内不得申请成为认证企业。
认证企业被海关调整为失信企业管理的，2年内不得成为一般信用企业。
高级认证企业被海关调整为一般认证企业管理的，1年内不得申请成为高级认证企业。

第二十条　自被海关认定为失信企业之日起连续2年未发生本办法第十二条规定情形的，海关应当将失信企业调整为一般信用企业。
失信企业被调整为一般信用企业满1年，可以向海关申请成为认证企业。

第二十一条　企业有分立合并情形的，海关对企业信用状况的认定结果按照以下原则作出调整：
（一）企业发生存续分立，分立后的存续企业承继分立前企业的主要权利义务的，适用海关对分立前企业的信用状况认定结果，其余的分立企业视为首次注册登记或者备案企业；
（二）企业发生解散分立，分立企业视为首次注册登记或者备案企业；
（三）企业发生吸收合并，合并企业适用海关对合并后存续企业的信用状况认定结果；
（四）企业发生新设合并，合并企业视为首次注册登记或者备案企业。

第二十二条　海关或者企业可以委托社会中介机构就企业认证相关问题出具专业结论。

第四章　管理措施

第二十三条　一般认证企业适用下列管理措施：
（一）进出口货物平均查验率在一般信用企业平均查验率的50%以下；
（二）优先办理进出口货物通关手续；
（三）海关收取的担保金额可以低于其可能承担的税款总额或者海关总署规定的金额；
（四）海关总署规定的其他管理措施。

第二十四条 高级认证企业除适用一般认证企业管理措施外，还适用下列管理措施：

（一）进出口货物平均查验率在一般信用企业平均查验率的 20% 以下；

（二）可以向海关申请免除担保；

（三）减少对企业稽查、核查频次；

（四）可以在出口货物运抵海关监管区之前向海关申报；

（五）海关为企业设立协调员；

（六）AEO 互认国家或者地区海关通关便利措施；

（七）国家有关部门实施的守信联合激励措施；

（八）因不可抗力中断国际贸易恢复后优先通关；

（九）海关总署规定的其他管理措施。

第二十五条 失信企业适用下列管理措施：

（一）进出口货物平均查验率在 80% 以上；

（二）不予免除查验没有问题企业的吊装、移位、仓储等费用；

（三）不适用汇总征税制度；

（四）除特殊情形外，不适用存样留像放行措施；

（五）经营加工贸易业务的，全额提供担保；

（六）提高对企业稽查、核查频次；

（七）国家有关部门实施的失信联合惩戒措施；

（八）海关总署规定的其他管理措施。

第二十六条 高级认证企业适用的管理措施优于一般认证企业。

因企业信用状况认定结果不一致导致适用的管理措施相抵触的，海关按照就低原则实施管理。

第二十七条 认证企业涉嫌走私被立案侦查或者调查的，海关应当暂停适用相应管理措施。认证企业涉嫌违反海关监管规定被立案调查的，海关可以暂停适用相应管理措施。海关暂停适用相应管理措施的，按照一般信用企业实施管理。

第二十八条 企业有本办法规定的向下调整信用等级情形的，海关停止适用相应管理措施，按照调整后的信用等级实施管理。

第五章 附 则

第二十九条 作为企业信用状况认定依据的走私犯罪，以司法机关相关法律文书生效时间为准进行认定。

作为企业信用状况认定依据的走私行为、违反海关监管规定行为，以海关行政处罚决定书作出时间为准进行认定。

企业主动披露且被海关处以警告或者 5 万元以下罚款的行为，不作为海关认定企业信用状况的记录。

第三十条 本办法下列用语的含义是：

"企业相关人员"，指企业法定代表人、主要负责人、财务负责人、关务负责人等管理人员。

"处罚金额"，指因发生违反海关监管规定的行为，被海关处以罚款、没收违法所得或者没收货物、物品价值的金额之和。

"拖欠应纳税款"，指自缴纳税款期限届满之日起超过 3 个月仍未缴纳进出口货物、物品应当缴纳的进出口关税、进口环节海关代征税之和，包括经海关认定违反海关监管规定，除给予处罚外，尚需缴纳的税款。

"拖欠应缴罚没款项",指自海关行政处罚决定书规定的期限届满之日起超过 6 个月仍未缴纳海关罚款、没收的违法所得和追缴走私货物、物品等值价款。

"日",指自然日。

"1 年",指连续的 12 个月。

"年度",指 1 个公历年度。

"以上""以下",均包含本数。

"经认证的经营者(AEO)",指以任何一种方式参与货物国际流通,符合本办法规定的条件以及《海关认证企业标准》并且通过海关认证的企业。

第三十一条 本办法由海关总署负责解释。

第三十二条 本办法自 2018 年 5 月 1 日起施行。2014 年 10 月 8 日海关总署令第 225 号公布的《中华人民共和国海关企业信用管理暂行办法》同时废止。

关于《中华人民共和国海关企业信用管理办法》及相关配套制度实施有关事项的公告

(海关总署公告 2018 年第 32 号)

(2018 年 4 月 27 日由海关总署发布,2018 年 5 月 1 日起施行,法规类型为规范性文件)

《中华人民共和国海关企业信用管理办法》(海关总署令第 237 号,以下简称《信用办法》)已于 2018 年 3 月 3 日对外公布,自 2018 年 5 月 1 日起施行,现将有关事项公告如下:

一、自 2018 年 5 月 1 日起,《海关认证企业标准》(海关总署公告 2014 年第 82 号)作为《信用办法》配套执行文件继续有效。海关按照《信用办法》和《海关认证企业标准》对企业实施认证。

二、2018 年 4 月 30 日之前,按照《中华人民共和国海关企业信用管理暂行办法》(海关总署令第 225 号)规定认定的失信企业,在适用失信企业管理满 1 年且未再发生《信用办法》第十二条规定情形的,海关将其调整为一般信用企业。

三、企业因进口禁止进境的固体废物违反海关监管规定,被海关行政处罚的,1 年内不得申请适用海关认证企业管理;已经适用认证企业管理的,海关应当向下调整企业信用等级。

四、在海关备案的报关企业分支机构,其信用等级应当与所属报关企业信用等级保持一致,报关企业应当对其分支机构行为承担相应的信用管理责任。

五、非当年注册登记或者备案的非报关企业、报关企业,上一年度无进出口业务,1 年内因违反海关监管规定被海关行政处罚金额分别累计超过 100 万元、30 万元的,海关比照《信用办法》第十二条第二款规定,将企业认定为失信企业。

六、海关发现高级认证企业有涉嫌违法情事或者存在管理风险,可能影响企业信用管理的,可以参照《信用办法》第十八条第二款规定,对高级认证企业实施重新认证。

七、海关通过"互联网+海关"(http://online.customs.gov.cn),按照《企业信用信息公示表》(详见附件)内容,向社会公示在海关注册登记或者备案企业的信用信息。自然人、法人或者非法人组织可通过"企业信用状况"栏目查询相关企业信用状况。也可通过"中国海关企业进出口信用信息公示平台"(http://credit.customs.gov.cn)查询。

八、自然人、法人或者非法人组织对海关公示的企业信用信息提出异议的,应当提供书面说明或者证明材料。

异议人为自然人的，提交材料应当由本人签名，海关验核异议人身份证件原件；异议人为法人、非法人组织的，提交材料应当加盖本单位印章。

九、认证企业发生信用等级调整的，应当将原《认证企业证书》交回海关。无法交回的，由海关公示作废。

企业遗失《认证企业证书》的，可以向原发证海关申请补发，遗失证书由海关公示作废。

十、《信用办法》和《海关认证企业标准》中的"1年内"，根据企业信用等级调整情形，按照以下方式进行计算：

企业信用等级向上调整为认证企业的，自海关接受企业申请之日起倒推12个月计算；企业信用等级向下调整的，以最近一次海关行政处罚决定作出之日起倒推12个月计算。

本公告自2018年5月1日起施行。《海关总署关于〈中华人民共和国海关企业信用管理暂行办法〉实施相关事项的公告》（海关总署公告2014年81号）同时废止。

特此公告。

附件：企业信用信息公示表

附件

企业信用信息公示表

一、企业在海关注册登记信息

企业中文名称、法定代表人（负责人）、工商注册地址、海关注册编码、统一社会信用代码、海关首次注册日期、注册海关、行政区划、经济区划、经济类型、经营类别、行业种类、年报情况、海关注销标志、报关有效期。

二、海关对企业信用等级的认定结果

企业信用等级、认定时间、《认证企业证书》作废情况。

三、海关对企业的行政许可信息

企业名称、海关注册编码、统一社会信用代码、行政许可决定书名称、行政许可决定书文号、许可证书名称、许可编号、许可内容、许可决定日期、有效期（自××年××月××日至××年××月××日）、许可机关。

四、海关对企业的行政处罚信息

企业名称、海关注册编码、统一社会信用代码、案件性质、行政处罚决定书文号、处罚类别、处罚内容、行政处罚决定作出日期、处罚机关。

五、海关与国家有关部门实施联合激励和联合惩戒信息

（一）海关高级认证企业名录。

企业中文名称、海关注册编码、统一社会信用代码、注册海关、认定日期。

（二）海关失信企业名录。

企业中文名称、海关注册编码、统一社会信用代码、注册海关、认定日期。

（三）国家有关部门联合惩戒企业名录（海关实施的联合惩戒）。

企业中文名称、海关注册编码、统一社会信用代码、注册海关、联合惩戒有效期（自××年××月××日至××年××月××日）。

（四）国家有关部门联合激励企业名录（海关实施的联合激励）。

企业中文名称、海关注册编码、统一社会信用代码、注册海关、列入日期。

六、海关信用信息异常企业名录

企业中文名称、海关注册编码、统一社会信用代码、注册海关、列入日期。

关于公布《中华人民共和国海关企业信用管理办法》所涉及法律文书格式文本

（海关总署公告 2018 年第 33 号）

（2018 年 4 月 28 日由海关总署发布，2018 年 5 月 1 日起施行，法规类型为规范性文件）

现将《中华人民共和国海关企业信用管理办法》（海关总署令第 237 号）执行过程中涉及的法律文书格式文本予以公布，自 2018 年 5 月 1 日起施行。海关总署公告 2014 年第 75 号同时废止。

特此公告。

附件：1. 适用认证企业管理申请书
      2. 中华人民共和国 XX 海关适用认证企业管理申请书回执
      3. 中华人民共和国海关认证企业证书
      4. 中华人民共和国 XX 海关不予适用认证企业管理决定书
      5. 中华人民共和国 XX 海关终止认证决定书
      6. 中华人民共和国 XX 海关中止认证决定书
      7. 中华人民共和国 XX 海关重新认证通知书
      8. 中华人民共和国 XX 海关重新认证通过通知书
      9. 中华人民共和国 XX 海关企业信用等级认定决定书
      10. 中华人民共和国 XX 海关恢复认证通知书
      11. 中华人民共和国 XX 海关规范改进通知书
      12. 海关信用管理法律文书签收单

附件1

适用认证企业管理申请书

企业名称	
统一社会信用代码	
业务类型	□非报关企业　□报关企业
联系人	座机电话
	移动电话

海关：

根据《中华人民共和国海关企业信用管理办法》有关规定，本单位按照《海关认证企业标准》进行自我评估，认为符合标准，现向你关申请适用□一般认证企业□高级认证企业管理。

本单位知悉并同意遵守《中华人民共和国海关企业信用管理办法》及海关相关规定，已经做好接受海关认证的准备，保证所提交的材料真实、齐全、有效，并存有相关文件、资料备查。

申请单位(盖章)

年　月　日

附件2

中华人民共和国XX海关
适用认证企业管理申请回执

关信申〔　〕号

企业名称：
统一社会信用代码：

你单位提出的适用□一般认证企业□高级认证企业管理申请已收悉。经审核，申请材料符合法定形式，根据《中华人民共和国海关企业信用管理办法》规定，我关予以接受。

印章

年　月　日

附件3

证书编号：
CERTIFICATE NO.　(AEO标识)

认证企业证书
AEO CERTIFICATE

认证企业名称：
AEO NAME:

认证企业编号：
AEO CODE:

认证企业等级：
AEO TYPE:

认证日期：
DATE OF AUTHORIZATION:

发证机关：(盖章)
ISSUING AUTHORITY:

发证日期：
DATE OF ISSUE:

附件4

中华人民共和国XX海关
不予适用认证企业管理决定书

关不认〔　〕号

企业名称：
统一社会信用代码：

我关于　年　月　日收到你单位提出的适用□一般认证企业□高级认证企业管理申请，经审核认定，你单位不符合《海关认证企业标准》的规定，根据《中华人民共和国海关企业信用管理办法》第十一条规定，我关决定对你单位不予适用□一般认证企业□高级认证企业管理。

如果不服本决定，依据《中华人民共和国行政复议法》第九条、第十二条，《中华人民共和国行政诉讼法》第四十六条的规定，你单位可以在收到本决定书之日起60日内向　　　申请行政复议，或者在收到本决定书之日起6个月内，向　　　人民法院提起诉讼。行政复议或者诉讼期间，不影响本决定书的执行。

印章

年　月　日

附件5

中华人民共和国 XX 海关
终止认证决定书

关终认〔 〕 号

企业名称：
统一社会信用代码：
我关在认证期间，发现你单位有□涉嫌走私被立案侦查或者调查□涉嫌违反海关监管规定被立案调查□中止认证时间超过三个月的情形。根据《中华人民共和国海关企业信用管理办法》第十七条规定，我关决定终止对你单位的认证。

如果不服本决定，依照《中华人民共和国行政复议法》第九条、第十二条、《中华人民共和国行政诉讼法》第四十六条的规定，你单位可以在收到本通知书之日起 60 日内向　　　申请行政复议，或者在收到本通知书之日起 6 个月内，向　　　人民法院提起诉讼。行政复议或者诉讼期间，不影响本通知书的执行。

印章
年 月 日

附件6

中华人民共和国 XX 海关
中止认证决定书

关中认〔 〕 号

企业名称：
统一社会信用代码：
我关在认证期间，发现你单位有被海关□稽查□核查的情形。根据《中华人民共和国海关企业信用管理办法》规定，我关决定自 X 年 X 月 X 日起中止对你单位的认证。

如果不服本决定，依照《中华人民共和国行政复议法》第九条、第十二条、《中华人民共和国行政诉讼法》第四十六条的规定，你单位可以在收到本通知书之日起 60 日内向　　　申请行政复议，或者在收到本通知书之日起 6 个月内，向　　　人民法院提起诉讼。行政复议或者诉讼期间，不影响本通知书的执行。

印章
年 月 日

附件7

中华人民共和国 XX 海关
重新认证通知书

关重认〔 〕 号

企业名称：
统一社会信用代码：
根据《中华人民共和国海关企业信用管理办法》第十八条及相关规定，我关决定自　年　月　日起对你单位实施重新认证，请你单位按照《海关认证企业标准》做好准备。

联系人：　　　联系电话：

印章
年 月 日

附件8

中华人民共和国 XX 海关
重新认证通过通知书

关重通〔 〕 号

企业名称：
统一社会信用代码：
我关自　年　月　日起对你单位实施了□一般认证企业□高级认证企业重新认证。经认定，你单位符合《海关认证企业标准》规定要求，通过海关重新认证。

印章
年 月 日

附件9

中华人民共和国 XX 海关
企业信用等级认定决定书

关认〔 〕 号

企业名称：
统一社会信用代码：
你单位原适用海关□高级认证企业□一般认证企业□一般信用企业□失信企业管理。我关发现你单位有下列情形：
（事实描述）
根据《中华人民共和国海关企业信用管理办法》规定，我关决定将你单位信用等级认定为□一般认证企业□一般信用企业□失信企业管理。

如果不服本决定，依照《中华人民共和国行政复议法》第九条、第十二条，《中华人民共和国行政诉讼法》第四十六条的规定，你单位可以在收到本决定书之日起 60 日内向　　　申请行政复议，或者在收到本决定书之日起 6 个月内，向　　　人民法院提起诉讼。行政复议或者诉讼期间，不影响本决定书的执行。

印章
年 月 日

附件10

**中华人民共和国XX海关
恢复认证通知书**

关恢认〔 〕 号

企业名称：
统一社会信用代码：
你单位因被海关□稽查□核查于X年X月X日起中止对你单位的认证，现中止认证情形已经消除，根据《中华人民共和国海关企业信用管理办法》规定，我关决定自X年X月X日起恢复对你单位的认证。

如果不服本决定，依照《中华人民共和国行政复议法》第九条、第十二条，《中华人民共和国行政诉讼法》第四十六条的规定，你单位可以在收到本通知书之日起60日内向　　　　申请行政复议，或者在收到本通知书之日起6个月内，向　　　　人民法院提起诉讼。行政复议或者诉讼期间，不影响本通知书的执行。

印章
年 月 日

附件11

**中华人民共和国XX海关
规范改进通知书**

关改〔 〕 号

企业名称：
统一社会信用代码：
根据《中华人民共和国海关企业信用管理办法》和《海关认证企业标准》有关规定，发现你单位存在需要规范改进的情形，请你单位按下列要求进行规范改进：
（具体规范改进要求及截止期限）

印章
年 月 日

附件12

海关信用管理法律文书签收单

＿＿＿＿＿＿＿＿＿＿＿＿海关：
我单位＿＿＿＿＿＿＿＿＿＿＿＿＿（统一社会信用代码：＿＿＿＿＿＿＿＿），现收到你关：
□《适用认证企业管理申请回执》
□《中华人民共和国海关认证企业证书》
□《不予适用认证企业管理决定书》
□《终止认证决定书》
□《中止认证决定书》
□《重新认证通知书》
□《重新认证通过通知书》
□《企业信用等级认定决定书》
□《恢复认证通知书》
□《规范改进通知书》

法律文书编号：＿＿＿＿＿＿＿＿＿＿＿＿＿。

签收人（签名）：　　　联系电话：
身份证名称：　　　身份证件号码：
签收时间：　　年　月　日
海关经办人（双人签名）：

法律文书签收说明

1. 一份信用管理法律文书对应一份签收单，不得使用一份签收单，签收多份信用管理法律文书。
2. 签收人签收法律文书时，可以只在签收单上签名，不需要加盖单位盖印章，仅签名即可。
3. 签收人需要提供其身份证件原件，供海关验核。
4. 签收单及签收人提交的相关材料，作为企业信用管理档案，需要存档备查。

关于实施《中华人民共和国海关企业信用管理办法》有关事项的公告

(海关总署公告 2018 年第 178 号)

(2018 年 11 月 27 日由海关总署发布，2018 年 11 月 27 日起施行，法规类型为规范性文件)

为落实国家"放管服"改革工作部署，积极推进全国通关一体化关检业务深度融合，整合优化海关企业信用管理制度，现就实施《中华人民共和国海关企业信用管理办法》（海关总署令第 237 号，以下简称《信用办法》）有关事项公告如下：

一、除《信用办法》第六条规定的情形外，海关还可以采集能够反映企业信用状况下列信息：

（一）企业产品检验检疫合格率、国外通报、退运、召回、索赔等情况；

（二）因虚假申报导致进口方原产地证书核查、骗取、伪造、变造、买卖或者盗窃出口货物原产地证书等情况。

二、除《信用办法》第十二条第一款规定的情形外，企业有违反国境卫生检疫、进出境动植物检疫、进出口食品化妆品安全、进出口商品检验规定被追究刑事责任的，海关认定为失信企业。

三、除《信用办法》第十七条第一款规定的情形外，企业在申请认证期间，涉嫌违反国境卫生检疫、进出境动植物检疫、进出口食品化妆品安全、进出口商品检验规定被刑事立案的，海关应当终止认证。

四、除《信用办法》第二十三条规定的情形外，一般认证企业还适用下列管理措施：

（一）进出口货物平均检验检疫抽批比例在一般信用企业平均抽批比例的 50% 以下（法律、行政法规、规章或者海关有特殊要求的除外）；

（二）出口货物原产地调查平均抽查比例在一般信用企业平均抽查比例的 50% 以下；

（三）优先办理海关注册登记或者备案以及相关业务手续，除首次注册登记或者备案以及有特殊要求外，海关可以实行容缺受理或者采信企业自主声明，免于实地验核或者评审。

五、除《信用办法》第二十四条规定的情形外，高级认证企业还适用下列管理措施：

（一）进出口货物平均检验检疫抽批比例在一般信用企业平均抽批比例的 20% 以下（法律、行政法规、规章或者海关有特殊要求的除外）；

（二）出口货物原产地调查平均抽查比例在一般信用企业平均抽查比例的 20% 以下；

（三）优先向其他国家（地区）推荐食品、化妆品等出口企业的注册。

六、除《信用办法》第二十五条规定的情形外，失信企业还适用进出口货物平均检验检疫抽批比例在 80% 以上的管理措施。

七、除《信用办法》第二十七条规定的情形外，认证企业涉嫌违反国境卫生检疫、进出境动植物检疫、进出口食品化妆品安全、进出口商品检验规定被刑事立案的，海关应当暂停适用相应管理措施。

八、海关注册登记或者备案的非企业性质的法人和非法人组织及其相关人员信用信息的采集、公示，信用状况的认定、管理等比照《信用办法》实施。

九、企业主动披露且被海关处以警告或者 50 万元以下罚款的行为，不作为海关认定企业信用状况的记录。

特此公告。

关于公布《海关认证企业标准》的公告

（海关总署公告 2018 年第 177 号）

（2018 年 11 月 22 日由海关总署发布，2019 年 1 月 1 日起施行，法规类型为规范性文件）

现将《中华人民共和国海关企业信用管理办法》（海关总署令第 237 号）配套执行的《海关认证企业标准》（含通用标准和进出口货物收发货人、报关企业、外贸综合服务企业单项标准）予以发布，自 2019 年 1 月 1 日起施行。海关总署公告 2014 年第 82 号同时废止。

特此公告。

附件：1. 海关认证企业标准说明
     2. 海关认证企业标准（高级认证—通用标准）
     3. 海关认证企业标准（一般认证—通用标准）
     4. 海关认证企业标准（高级认证—进出口收发货人）
     5. 海关认证企业标准（一般认证—进出口收发货人）
     6. 海关认证企业标准（高级认证—报关企业）
     7. 海关认证企业标准（一般认证—报关企业）
     8. 海关认证企业标准（高级认证—外贸综合服务企业）
     9. 海关认证企业标准（一般认证—外贸综合服务企业）

附件1

《海关认证企业标准》
说 明

一、关于认证标准的分类

认证企业标准分为高级认证企业标准和一般认证企业标准,每类标准均包括通用认证标准和根据企业经营类别不同而制定的单项认证标准,具体包括内部控制、财务状况、守法规范、贸易安全4大类标准。

认证企业应当同时符合通用认证标准和与其实际情况相符的相应经营类别的单项认证标准。

二、关于认证标准的赋分规则

赋分选项分为两种,一是"达标"、"不达标",对应分值为"0"、"-2";二是"达标"、"基本达标"、"不达标",对应分值为"0"、"-1"、"-2"。

达标:企业实际情况符合该项标准。该项标准中有分项标准(用(1)、(2)、(3)等表示)的,也应当符合每个分项标准。

基本达标:企业实际情况基本符合该项标准。该项标准中有分项标准(用(1)、(2)、(3)等表示)的,也应当合或者基本符合每个分项标准。

不达标:企业实际情况不符合该项标准。该项标准的分项标准(用(1)、(2)、(3)等表示)中如有不达标情形的,该项标准即为不达标。

不适用:相关标准不适用于该经营类别企业的,海关不再对该项标准进行认证。

对分支机构实施认证的,每一家分支机构相关指标的赋分参照以上规则与总公司合并计算。

三、关于认证标准的通过条件

企业同时符合下列三个条件并经海关认定的,通过认证:

(一)所有赋分标准项均没有不达标(-2分)情形;

(二)内部控制、贸易安全两类标准中没有单一标准项(用1、2、3表示)基本达标(-1分)超过3项的情形;

(三)认证标准总分在95分(含本数)以上。

认证标准总分=100+(所有赋分项目得分总和)。

附件2

海关认证企业标准

(高级认证—通用标准)

认证标准			达标情况			
			达标 0	基本达标 -1	不达标 -2	不适用 —
一、内部控制标准						
(一)组织机构控制	1.海关业务培训	(1)建立海关法律法规等相关规定的内部培训制度并有效落实。				
		(2)法定代表人(负责人)、负责关务的高级管理人员、关务负责人、负责贸易安全的高级管理人员应当每年参加2次以上海关法律法规等相关规定的内部培训,及时了解、掌握相关管理规定。				
	2.内部组织架构	(1)进出口业务、财务、贸易安全、内审等部门(岗位)职责分工明确并有效落实。				
		(2)指定高级管理人员负责关务。				
(二)进出口业务控制	3.单证控制	建立进出口单证复核或者纠错制度并有效落实。				
	4.单证保管	(1)建立符合海关要求的进出口单证管理制度,确保归档信息的及时性、完整性、准确性与安全性。				
		(2)建立符合海关要求的特殊物品安全管理制度并按照规定留存特殊物品生产、使用、销售记录。				
		(3)建立符合海关要求的货物技术标准规范保管制度。				
		(4)妥善管理报关专用印章、海关核发的证书、法律文书等单证。				
		(5)建立企业认证的书面或者电子资料的专门档案。				
	5.进出口活动	建立进出口活动的流程管理制度。				
(三)内部审计控制	6.内审制度	(1)建立对进出口活动的内部审计制度并有效落实。				
		(2)每年实施1次以上的内部审计并建立书面或者电子资料的档案。				
		(3)已成为高级认证企业的,应当每年对持续符合海关高级认证企业标准实施内部审计。				
	7.质量管理	建立对应的食品、化妆品、动植物及产品、工业品等法检商品质量安全管理制度,并有效落实。				
	8.改进机制	(1)建立对进出口活动中已发现问题的改进机制和违法行为的责任追究机制并有效落实。				
		(2)对海关要求的改正或者规范改进等事项,应当由法定代表人(负责人)或者负责关务的高级管理人员组织实施。				
(四)信息系统控制	9.信息系统	具有管理企业生产经营活动的信息化系统。				
	10.数据管理	建立信息系统的数据管理制度,数据存储3年以上。				
	11.信息安全	(1)建立信息安全管理制度并有效落实。				
		(2)对员工进行信息安全相关的培训。				
		(3)对违反信息安全管理制度造成损害的行为应当予以责任追究。				
二、财务状况标准			达标 0	基本达标 -1	不达标 -2	
(五)财务状况	12.会计信息	企业申请认证的,提交当年度会计师事务所审计报告,审计报告所反映的企业财务状况真实、完整、规范、合法;重新认证的,企业自成为高级认证企业起每年接受会计师事务所审计,审计报告所反映的企业财务状况真实、完整、规范、合法。				
	13.综合财务状况	企业在偿付、盈利、徽税能力方面整体状况良好,综合速动比率、现金流动负债比率、资产负债率、营业利润率、净资产收益率等财务状况在安全或者正常范围内。				
三、守法规范标准			达标 0		不达标 -2	不适用 —
(六)遵守法律法规	14.人员守法	企业相关人员2年内未因故意犯罪受过刑事处罚。				
	15.企业守法	1年内被海关列入信用信息异常企业名录次数不超过1次,且不超过30日。				
(七)进出口业务规范	16.注册信息	在海关的注册登记或者备案信息与实际相符。				
	17.进出口记录	2年内有进出口活动或者为进出口活动提供相关服务。				
	18.申报规范	见单项标准。				
	19.传输规范	见单项标准。				
	20.税款缴纳	(1)认证期间,没有超过法定缴款期限未缴纳税款及罚没款项的情形。				

			达标 0	基本达标 -1	不达标 -2	不适用 —
（八）海关管理要求	21.管理要求	（2）上年度以及本年度1月至上月滞纳税款报关单率不超过3%。				
		（1）2年内无海关责令限期改正，但逾期不改正的情形。				
		（2）2年内无向海关提供虚假情况或者隐瞒事实的情形。				
		（3）2年内无由海关要求承担技术处理、退运、销毁等义务，但逾期不履行的情形。				
		（4）2年内无明知其产品存在风险未主动向海关报告相关信息，或者存在瞒报、漏报的情形。				
		（5）2年内无拒绝、拖延向海关提供账簿、单证或海关归类、价格、原产地、减免税核查所需资料等有关材料的情形。				
		（6）2年内无转移、隐匿、篡改、毁弃报关单证、进出口单证、合同、与进出口业务直接有关的其他资料的情形。				
		（7）2年内无拒不配合海关执法的情形。				
		（8）2年内无按海关要求办理保金保函的延期、退转手续的情形。				
		（9）2年内无海关人员行贿的行为。				
		（10）属于中国外贸出口先导指数样本企业的，1年内填问卷及时率在90%以上、问卷答案与出口增速的吻合度在0.3以上的；属于进口货物使用去向调查样本企业、其他统计专项调查样本企业的，1年内填问卷及时率和复核准确率在90%以上。				
		（11）2年内无未按规定向海关报告减免税货物使用状况的情形。				
（九）外部信用	22.外部信用	企业和企业相关人员2年内均未被列入国家失信联合惩戒名单。				
四、贸易安全标准						
（十）场所安全控制措施	23.场所安全	（1）建立企业经营场所安全的管理制度并有效落实。				
		（2）企业经营场所应当具有相应设施防止未载明货物和未经许可人员进入。				
（十一）进入安全控制措施	24.进入安全	（1）建立人员和车辆出入管理制度并有效落实。				
		（2）对企业员工进行身份识别和出入权限控制，限制未经授权员工进入敏感区域，对员工身份标识的发放和回收进行统一管理，员工的车辆进入企业应当存放在指定区域。				
		（3）实行访客登记管理，登记时必须检查带有照片的身份证件。访客进入企业应当佩戴临时身份标识，进入企业重点敏感区域应当有企业内部人员陪同。访客的车辆进入企业应当登记并存放在指定区域。				
		（4）对未经许可进入、身份不明的人员能够识别并加以处置。				
（十二）人员安全控制措施	25.人员安全	（1）建立员工入职、离职停职等管理制度并有效执行。				
		（2）实行员工档案管理，具有动态的员工清单。				
		（3）聘用员工前，核实应聘人员的身份、就业经历信息，对拟聘用人员进行违法记录调查。				
		（4）对离职停职员工及时收回工作证件、设备，并禁止其进入企业经营场所及使用企业信息系统。				
（十三）商业伙伴安全控制措施	26.商业伙伴安全	建立评估、检查商业伙伴供应链安全的管理制度并有效落实。				
（十四）货物安全控制措施	27.货物、物品安全	建立保证进出口货物、进出境物品在运输、装卸和存储过程的完整性、安全性的管理制度并有效落实。				
（十五）集装箱安全控制措施	28.集装箱安全	建立保证集装箱完整性、安全性的管理制度并有效落实。				
（十六）运输工具安全控制措施	29.运输工具安全	建立保证运输工具的完整性、安全性的管理制度并有效落实。				
（十七）危机管理控制措施	30.危机管理	（1）建立应对灾害、紧急情况的应急预案。				
		（2）对发生的灾害或者紧急情况进行应急处置，降低上述情形对企业进出口活动的影响。				
		（3）发生的灾害或者紧急情况涉及海关业务的，应当及时向海关报告。				
	31.安全培训	（1）建立贸易安全的内部培训机制并有效落实。				
		（2）定期对员工进行与国际贸易供应链中货物流动相关风险的教育和培训，让员工了解、掌握海关认证企业在保征货物安全过程中应做的工作。				
		（3）定期对员工进行危机管理的培训和危机处理模拟演练，让员工了解、掌握在应急处置和异常报告过程中应做的工作。				

附件3

海关认证企业标准

（一般认证—通用标准）

认证标准			达标情况			
			达标 0	基本达标 -1	不达标 -2	不适用 —
一、内部控制标准						
（一）组织机构控制	1.海关业务培训	（1）建立海关法律法规等相关规定的内部培训制度并有效落实。（2）法定代表人（负责人）、负责关务的高级管理人员、关务负责人、负责贸易安全的高级管理人员应当每年参加1次以上海关法律法规相关规定的内部培训，及时了解、掌握相关管理规定。				
	2.内部组织架构	指定高级管理人员负责关务。				
（二）进出口业务控制	3.单证控制	建立进出口单证复核或者纠错制度并有效落实。				
	4.单证保管	（1）建立符合海关要求的进出口单证管理制度，确保归档信息的及时性、完整性、准确性与安全性。（2）建立符合海关要求的特殊物品安全管理制度并按照规定留存特殊物品生产、使用、销售记录。（3）建立符合海关要求的货物技术资料规范保管制度。（4）妥善管理报关专用印章、海关核发的证书、法律文书等单证。（5）建立企业认证的书面或者电子资料的专门档案。				
（三）内部审计控制	5.内审制度	（1）建立对进出口活动的内部审计制度并有效落实。（2）每年实施1次以上的内部审计并建立书面或者电子资料的档案。（3）已成为一般认证企业的，应当每年持续符合海关一般认证企业标准实施内部审计。				
	6.质量管理	建立对应的食品、化妆品、动植物产品、工业品等法检商品质量安全管控制度，并有效落实。				
	7.改进机制	（1）对进出口活动中已发现问题的改进机制和违法行为的责任追究机制并有效落实。（2）对海关要求的改正和规范改进等事项，应当由法定代表人（负责人）或者负责关务的高级管理人员组织实施。				
（四）信息系统控制	8.信息系统	具有管理企业生产经营活动的信息化系统。				
	9.数据管理	建立信息系统的数据管理制度，数据存储3年以上。				
	10.信息安全	（1）建立信息安全管理制度并有效落实。（2）对员工进行信息安全相关的培训。（3）对违反信息安全管理制度造成损害的行为应予以责任追究。				
二、财务状况标准			达标 0	基本达标 -1	不达标 -2	
（五）财务状况	11.会计信息	企业申请认证的，提交当年度会计师事务所审计报告，审计报告所反映的企业财务状况真实、完整、规范、合法；重新认证的，企业自成为一般认证企业起每年接受会计师事务所审计，审计报告所反映的企业财务状况真实、完整、规范、合法。				
	12.综合财务状况	企业在偿付、盈利、缴款能力方面整体状况良好，综合流动比率、现金流负债比率、资产负债率、营业利润率、净资产收益率等财务状况在安全或者正常范围内。				
三、守法规范标准			达标 0		不达标 -2	不适用 —
（六）遵守法律法规	13.人员守法	企业相关人员1年内未因故意犯罪受过刑事处罚。				
	14.企业守法	1年内被海关列入信用information异常企业名录次数不超过1次，且不超过30日。				
（七）进出口业务规范	15.注册信息	在海关的注册登记或者备案信息与实际相符。				
	16.进出口记录	2年内有进出口活动或者为进出口活动提供相关服务。				
	17.申报规范	见单项标准。				
	18.传输规范	见单项标准。				
	19.税款缴纳	（1）认证期间，没有超过法定缴款期限尚未缴纳税款及罚没款项的情形。（2）上年度以及本年度1月至上月滞纳税款报关单不超过5‰。				
（八）海关管理要求	20.管理要求	（1）1年内无海关责令限期改正，但逾期不改正的情形。				

			达标 0	基本达标 -1	不达标 -2	不适用 —
		(2) 1年内无向海关提供虚假情况或者隐瞒事实的情形。				
		(3) 1年内无由海关要求承担技术处理、退运、销毁等义务，但逾期不履行的情形。				
		(4) 1年内无明知其产品存在风险未主动向海关报告相关信息，或者存在瞒报、漏报的情形。				
		(5) 1年内无拒绝、拖延向海关提供账簿、单证或海关归类、价格、原产地、减免税核查所需资料等有关材料的情形。				
		(6) 1年内无转移、隐匿、篡改、毁弃报关单证、进出口单证、合同、与进出口业务直接有关的其他资料的情形。				
		(7) 1年内无拒不配合海关执法的情形。				
		(8) 1年内无未按海关要求办理保金保函的延期、退转手续的情形。				
		(9) 1年内无向海关人员行贿的行为。				
		(10) 属于中国外贸出口先导指数样本企业的，1年内填报问卷及时率在90%以上、问卷答案与出口增速的吻合度在0.3以上的；属于进口货物使用面向调查样本企业、其他统计专项调查样本企业的，1年内填报问卷及时率和复核准确率在90%以上。				
		(11) 1年内无未按规定向海关报告减免税货物使用状况的情形。				
（九）外部信用	21.外部信用	企业和企业相关人员1年内均未被列入国家失信联合惩戒名单。				
四、贸易安全标准						
（十）场所安全控制措施	22.场所安全	(1) 建立企业经营场所安全的管理制度并有效落实。 (2) 企业经营场所应当具有相应设施防止未载明货物和未经许可人员进入。				
（十一）进入安全控制措施	23.进入安全	(1) 建立员工和车辆出入管理制度并有效落实。 (2) 对企业员工进行身份识别和出入权限控制，限制未授权员工进入敏感区域，对员工的身份标识发放和回收进行统一管理。员工的车辆进入企业应停放在指定区域。 (3) 实行访客登记管理，登记时必须携带有照片的身份证件。访客进入企业应佩戴临时身份标识，进入企业重点敏感区域应当有企业内部人员陪同。访客的车辆进入企业应登记并停放在指定区域。				
（十二）人员安全控制措施	24.人员安全	(1) 建立员工入职、离职停职等管理制度并有效执行。 (2) 实行员工档案管理，具有动态的员工清单。 (3) 聘用员工前，核实应聘人员的身份、就业经历等信息，对拟聘用人员进行违法记录调查。 (4) 对离职停职员工及时收回工作证件、设备，并禁止其进入企业经营场所及使用企业信息系统。				
（十三）商业伙伴安全控制措施	25.商业伙伴安全	建立评估、检查商业伙伴供应链安全的管理制度并有效落实。				
（十四）货物安全控制措施	26.货物、物品安全	建立保证进出口货物、进出境物品在运输、装卸和存储过程中的完整性、安全性的管理制度并有效落实。				
（十五）集装箱安全控制措施	27.集装箱安全	建立保证集装箱完整性、安全性的管理制度并有效落实。				
（十六）运输工具安全控制措施	28.运输工具安全	建立保证运输工具的完整性、安全性的管理制度并有效落实。				
（十七）危机管理控制措施	29.危机管理	(1) 建立应对灾害、紧急情况的应急预案。 (2) 定期对员工进行与国际贸易供应链中货物流动相关风险的教育和培训，让员工了解、掌握海关认证企业在保证货物安全过程中应做的工作。 (3) 定期对员工进行危机管理的培训和危机处理模拟演练，让员工了解、掌握在应急处置和异常报告过程中应做的工作。				

附件4

海关认证企业标准

（高级认证—进出口货物收发货人）

认证标准			达标情况			
			达标 0	基本达标 -1	不达标 -2	不适用 —
一、内部控制标准						
（一）进出口业务控制	1.单证控制	（1）在申请前或者委托申报前有专门部门或者岗位人员对进出口单证中的价格、归类、原产地、数量、品名、规格、境外收发货人、包装种类、货物存放地点、运输路线、储存条件、拆检注意事项、标签标志等内容的真实性、准确性、规范性和完整性进行内部复核。				
		（2）企业实施许可证管理或者输华官方证书管理的，根据实际进出口情况，对国外品质证书、质量保证书、装运前检验证书、原产地证书、卫生检疫单证、输华食品官方证书、动植物检疫官方证书、动植物检疫许可证、农业转基因生物安全证书等单证的真实性、有效性、完整性、一致性进行内部复核。				
		（3）企业从事加工贸易以及保税进出口业务的，有专门部门或者岗位人员对记录与加工贸易货物有关的进口、存储、转让、转移、销售、加工、使用、损耗和出口等情况的账簿、报表以及其他有关单证的准确性、一致性进行内部复核。				
	2.单证保管	（1）按照及时性、完整性、准确性与安全性等海关要求保管进出口报关单证以及相关资料。				
		（2）企业从事加工贸易、保税进出口的，应当保管与保税货物有关的进口、存储、转让、转移、销售、加工、使用、损耗和出口等情况的单证资料。				
		（3）企业涉及出入境特殊物品的，应当建立特殊物品生产、使用、销售记录，并确保记录的真实性。				
		（4）企业进出境植物及其产品需要检疫监管的，应当对装卸、调离、运输、生产、加工、存放、检疫处理等环节建立台账，确保台账的完整性和准确性。				
		（5）企业进出口商品需要检验监督的，应当对日常检验监管情况、生产经营情况、不合格货物的处置、销毁、退货、召回等情况建立台账，并确保台账的完整性和准确性。				
		（6）企业进出口食品的，应当设有专门场所、特定班子和专人对进口和销售记录进行保管。				
	3.进出口活动	进出口业务管理流程设置合理、完备，涉及的货物流、单证流、信息流能够得到有效控制。				
（二）内部审计控制	4.质量管理	（1）根据出入境特殊物品风险等级，建立有效运行的生物安全管理体系，具备相应的生物安全控制能力。				
		（2）根据进出境动植物及其产品属性，建立有效运行的质量管理体系和疫情疫病防控制度，具备风险管控处置能力。				
		（3）企业进出口食品的，建立境外出口商、境外食品生产企业实地审核制度，留存食品安全国家标准全项目自主检测报告。企业出口食品的，具备与生产相适应的自检实验室，存留出厂检测报告。				
		（4）根据质量安全风险，对法定检验商品建立有效运行的商品质量验收、检验检测、不合格处置、风险信息报告和风险消减等制度，具备质量安全相适应的企业自主管控能力。				
（三）信息系统控制	5.信息系统	建立真实、准确、完整并有效控制企业生产经营、进出口活动、财务数据等的信息系统。在客户管理、合同管理、财务管理、关务管理、物流管理等方面具备可记录、可追溯、可查询、可分析、可预警等功能并有效运行。				
	6.数据管理	（1）生产经营数据以及与进出口活动有关的数据自及时、准确、完整、规范录入系统。系统数据自进出口货物办结海关手续之日起保存3年以上。				
		（2）进出口活动主要环节在系统中能够实现流程检索、跟踪。				
二、守法规范标准			达标 0		不达标 -2	不适用 —
（四）遵守法律法规	7.企业守法	（1）1年内无因违反海关监管规定被处罚金额超过3万元的行为。				
		（2）1年内无因违反进出境动植物检疫、国境卫生检疫法律法规被处罚金额累计超过1万元的行为；1年内无因违反进出境商品检验监管法律法规被处罚金额累计超过3万元的行为。				
		（3）1年内违反海关监管规定行为的处罚金额累计不得超过5万元，且违法次数在5次以下或者违法次数与上年度企业进出口报关单及进出境备案清单总票数比例不超过千分之一。				
		（4）当年注册登记的进出口货物收发货人，1年内违反海关监管规定行为的处罚金额累计不得超过5万元，且违法次数不得超过5次。				
（五）进出口业务规范	8.申报规范	（1）连续4个季度单季查获比率超过同期全国平均查获比率。				
		（2）上年度及本年1至上月手（账）册未发生超期未报核的情形。				
		（3）连续4个季度单季加工贸易手（账）册规范申报率超过同期全国平均手（账）册规范申报率。				
	9.管理要求	（1）2年内未发生因产品安全、卫生、环保、品质、检疫问题或者欺诈行为被国（境）外官方宣布或客户退货、索赔造成不良影响，经查实确属企业责任的。				
		（2）上年度商品安全、卫生、健康、环境保护、反欺诈、品质及数量鉴定等项目指标被海关查验不合格率不超过同年度同类商品不合格率。				
		（3）2年内出口动植物及其产品检验检疫、风险监控检测合格率99%以上。				
		（4）2年内进口商未列入海关总署进口食品不良记录名单。				

			达标	基本达标	不达标	不适用
三、贸易安全标准			0	-1	-2	—
（六）场所安全控制措施	10.场所安全	海关特殊监管区内的企业，符合海关监管要求的，视为符合场所安全该项标准。				
		（1）出入口：车辆、人员进出企业的出入口配备人员驻守。				
		（2）建筑结构：建筑物的建造方式能够防止非法闯入。定期对建筑物进行检查和修缮，保证其完整性、安全性。				
		（3）照明：企业经营场所配备充足的照明，包括以下区域：出入口、货物、物品装卸和仓储区、围墙周边及停车场/停车区域等。				
		（4）视频监Control：装配视频监控设备，监测以下区域：出入口、货物、物品装卸和仓储区、围墙周边及停车场/停车区域，防止未经许可进入货物、物品装卸和仓储区。				
		（5）仓储区域：具有仓储设施，货物分类存放；设有隔离设施，防止任何未经许可的人员进入。				
		（6）锁闭装置及钥匙保管：所有内外窗户、大门都设有足够数量的锁闭装置，实行钥匙发放、回收登记管理。				
（七）商业伙伴安全控制	11.商业伙伴安全	商业伙伴系海关认证企业的，企业可以免于对该商业伙伴执行本标准。				
		（1）全面评估：在筛选商业伙伴时根据本认证标准对商业伙伴进行全面评估，重点评估守法合规、贸易安全和供货质量，并有书面制度和程序。				
		（2）书面文件：在合同、协议或者其他书面资料中要求商业伙伴按照本认证标准优化和完善贸易安全管理。				
		（3）监控检查：定期监控或者检查商业伙伴贸易安全要求的情况，并有书面制度和程序。				
（八）货物、物品安全控制	12.货物、物品安全	（1）装运和接收货物、物品：运抵的货物要与货物、物品单证的信息相符，核实货物、物品的重量、标签、件数或者箱数。离开的货物、物品要与购货订单或者装运订单上的内容进行核实。在货物、物品关键交接环节有签名、盖章等保护机制。				
		（2）出口货物：生产型企业对出口货物、物品实施专人监装并保存相关记录；非生产型企业要建立管理制度确保出口货物、物品安全运。				
		（3）货物、物品差异：在出现货物、物品溢、短装，抵销商品安全、卫生、环保等指标不合格或者其他异常现象时要及时报告者采取其他应对措施，并有书面制度和程序。				
（九）集装箱安全控制措施	13.集装箱安全	只做单纯的国际贸易业务的非生产型企业，延伸认证其1家有委托关系的主要物流运输企业。				
		（1）集装箱检查：在装货前检查集装箱结构的物理完整性和可靠性，包括门的锁闭系统的可靠性，并做好相关登记。检查采取"七点检查法"（即对集装箱按照以下顺序检查：前壁、左侧、右侧、地板、顶部、内/外门/起落架）。				
		（2）集装箱封条：已装货集装箱要实施加高安全度的封条，所有封条都要符合或者超出现行PAS ISO 17712对高度安全封条的标准，封条专人管理、登记。要建立施加和检验封条的书面制度和程序，以及封条异常的报告机制。进出境时货车应全程施加封条，确保安全。				
		（3）集装箱存储：集装箱要存放在安全的区域，以防止未经许可的进入或者改装，有报告和解决未经许可可擅自进入或者集装箱存储区域的程序。				
（十）运输工具安全控制措施	14.运输工具安全	只做单纯的国际贸易业务的非生产型企业，延伸认证其1家有委托关系的主要物流运输企业。				
		（1）运输工具检查：对所有运输进出口货物、物品的运输工具进行检查，防止藏匿可疑货物、物品，并有书面制度和程序。				
		（2）运输工具存储：运输工具要停放在安全的区域，以防止未经许可的进入和其他损害，有报告和解决未经许可可擅自进入或者损害的程序。				
		（3）司机身份核实：在货物被装运或者接收前，应对装运或者接收货物运输工具的司机进行身份核实。				

附件5

海关认证企业标准

(一般认证—进出口货物收发货人)

认证标准			达标情况			
			达标 0	基本达标 -1	不达标 -2	不适用 —
一、内部控制标准						
(一)进出口业务控制	1.单证控制	(1) 在申报前或者委托申报前有专门部门或者岗位人员对进出口单证中的价格、归类、原产地、数量、品名、规格、境外收发货人、包装种类、货物存放地点、运输路线、装卸条件、拆箱注意事项、标签标志等内容的真实性、准确性、规范性和完整性进行内部复核。				
		(2) 企业实施许可证管理或者输华官方许可证管理的,根据实际进出口情况,对国外品质证书、质量保证书、装运前检验证书、原产地证书、卫生检疫证书、输华食品官方证书、动植物检疫官方证书、动植物检疫许可证、农业转基因生物安全证书等单证的真实性、有效性、完整性、一致性进行内部复核。				
		(3) 企业从事加工贸易以及保税进出口业务的,有专门部门或者岗位人员对货物进口及货物有关的进口、存储、转让、转移、销售、加工、使用、损耗和出口等情况的账簿、报表以及其他有关单证的准确性、一致性进行内部复核。				
	2.单证保管	(1) 按照及时性、完整性、准确性与安全性等海关要求保管进出口报关单证以及相关资料。				
		(2) 企业从事加工贸易、保税进出口的,应当保管与保税货物有关的进口、存储、转让、转移、销售、加工、使用、损耗和出口境情况的单证资料。				
		(3) 企业及出入境特殊物品的,应当建立特殊物品生产、使用、销售记录,并确保记录的真实性。				
		(4) 企业出出境动植物及其产品需要检验监管的,应当对装用、调高、运输、生产、加工、存放、销毁处置等环节建立台账,确保台账的完整性和准确性。				
		(5) 企业出出口商品需要检验监管的,应当对日常检验监管情况、生产经营情况、不合格货物的处置、销毁、退运、召回等情况建立台账,并确保台账的完整性和准确性。				
		(6) 企业进出口食品的,应当设有专门场所、特定部门和专人对进出口和销售记录进行保管。				
(二)信息系统控制	3.信息系统	建立真实、准确、完整记录企业生产经营、进出口活动、财务数据的信息系统,具备记录、可追溯、可查询等功能并有效运行。				
二、守法规范标准			达标 0		不达标 -2	不适用 —
(三)遵守法律法规	4.企业守法	(1) 1年内因违反海关监管规定被处罚金额超过3万元且10万元以下的行为不超过1次。				
		(2) 1年内无因违反进出境动物检疫、国境卫生检疫法律法规被处罚金额累计超过2万元的行为;1年内无因违反进出口商品检验监管规定被处罚金额超过5万元的行为。				
		(3) 1年内违反海关监管定的处罚金额超过10万元以下,违法次数在5次以下或者违法次数与上年度企业进出口报关单及进出境备案单总票数比例不超过千分之二。				
		(4) 当年注册登记的收发货人,1年内违反海关监管规定行为的处罚金额累计不得超过10万元,且违法次数不得超过5次。				
(四)进出口业务规范	5.申报规范	(1) 连续2个季度单季查获比率不超过同期全国平均查获比率。				
		(2) 上年度及本年1至上月手(账)册未发生期限未核的情形。				
		(3) 连续2个季度单季参加口贸易手(账)册规范申报率超过同期全国平均手(账)册规范申报率。				
	6.管理要求	(1) 1年内未发生因国产品安全、卫生、环保、品质、检疫问题或者欺诈行为被国(境)外官方通报或客户退货、索赔造成不良影响,经查实确属企业责任的。				
		(2) 上年度商品安全、卫生、健康、环境保护、反欺诈、计质及数量鉴定等项目指标被海关查验不合格率不超过同年度同类商品不合格率。				
		(3) 1年内出口动植物及其产品检验检疫、风险监控检测合格率99%以上。				
		(4) 1年内进口商未列入海关总署进口食品不良记录名单。				
三、贸易安全标准			达标 0	基本达标 -1	不达标 -2	不适用 —
(五)场所安全控制措施	7.场所安全	海关特殊监管区内的企业,符合海关监管要求的,视为符合场所安全试项标准。				
		(1) 出入口:车辆、人员进出企业的出入口配备人员驻守。				
		(2) 建筑结构:建筑物的建造方式能够防止非法闯入。定期对建筑物进行检查和修缮,保证其完整性、安全性。				
		(3) 锁闭装置及钥匙配备:所有内外窗户、大门都设有足够数量的锁闭装置,实行钥匙发放、回收登记管理。				
(六)商业伙伴安全控制	8.商业伙伴安全	商业伙伴系海关认证企业的,可以免于对该商业伙伴执行本项标准。在合同、协议或者书面资料中要求商业伙伴按照本认证标准优化和落实贸易安全管理。				
(七)货物、物品安全控制	9.货物、物品安全	(1) 装卸和接收货物、物品:运抵的货物、物品要与货物、物品单证的信息相符,核实货物、物品的重量、标签、件数或者箱数。离岸的货物、物品要与购发订单或者装运订单上的内容进行核实,在货物、物品关键交接环节书签名、盖章等保护印的。				
		(2) 货物、物品整异:在出现货物、物品短缺、短装,法检商品安全、卫生、环保等指标不合格或者其他异常现象时要及时向报告并采取其他应对措施,并有书面制度和程序。				
(八)集装箱安全控制措施	10.集装箱安全	只做单纯的国际贸易业务的非生产经营企业,延伸认证1家有委托关系的主要物流运输企业。集装箱检查:在装货物前检查集装箱结构的物理完整性和可靠性,包括门的零部件状况,并做好标识登记。检查采取"七点检查法"(即对集装箱按照以下顺序检查:前壁、左侧、右侧、地板、顶部、内/外门、底部/起落架)。				
(九)运输工具安全控制措施	11.运输工具安全	只做单纯的国际贸易业务的生产经营企业,延伸认证1家有委托关系的主要物流运输企业。运输工具检查:对所有运输进出口货物、物品的运输工具进行检查,防止藏匿可疑货物、物品,并有书面制度和程序。				

附件6

海关认证企业标准
（高级认证—报关企业）

认证标准			达标情况			
			达标 0	基本达标 -1	不达标 -2	不适用
一、内部控制标准						
（一）组织机构控制	1.海关业务培训	建立面向客户的海关法律法规等相关规定的培训制度并有效落实，每年开展客户海关业务专业培训。				
（二）进出口业务控制	2.单证控制	（1）代理申报前，有专门部门对进出口单证及相关信息、监管证件、商业单据等资料的真实性、完整性和有效性进行合理审查并复核问询。 （2）被代理企业实施许可证管理或者输华官方证书管理的，代理申报前，根据委托企业实际情况对被代理企业国外品质证书、质量保证书、殷运前检验证书、原产地证书、卫生检疫证书、动植物食品卫生证书、物价检查证书、动植物检查证书、动植物检疫许可证、农业转基因生物安全证书等单证的真实性、有效性、完整性、一致性进行内部复核。				
	3.单证保管	按照及时性、完整性、准确性与安全性等海关要求保管进出口报关单证及相关资料。				
	4.进出口活动	企业代理报关及相关活动流程设置合理、充备，涉及的货物流、单证流、信息流能够得到有效控制。				
（三）信息系统控制	5.信息系统	建立真实、准确、完整并有效控制企业日常经营、代理进出口活动、财务数据的信息系统，在客户管理、合同管理、财务管理、关务管理、物流管理等方面具备可记录、可追溯、可查询、可分析、可预警等功能并有效运行。				
	6.数据管理	代理报关活动的有关数据及时、准确、完整、规范录入系统。系统数据自进出口货物办结海关手续之日起保存3年以上。				
二、守法规范标准			达标 0		不达标 -2	不适用
（四）遵守法律法规	7.企业守法	（1）1年内无因违反海关监管规定被处罚款金额超过1万元的行为。 （2）1年内违反海关监管规定行为的次数不超过上年度代理申报报关单、进出境运输工具舱单及进出境备案清单总票数的万分之一，且处罚金额累计3万元以下。 （3）当年注册登记的报关企业，1年内无因违反海关监管规定被处罚的行为。				
（五）进出口业务规范	8.申报规范	连续4个季度单季报关差错率不超过同期全国一般信用企业的平均标准。				
	9.传输规范	连续4个季度单季舱单及相关电子数据传输差错率不超过同期全国平均传输差错率，连续4个季度单季运输工具进出境申报信息、转关单（载货清单）等物流信息的申报差错率不超过同期全国平均申报差错率。				
三、贸易安全标准			达标 0	基本达标 -1	不达标 -2	不适用
（六）场所安全控制措施	10.场所安全	（1）出入口：车辆、人员进出企业的出入口配备人员驻守。 （2）建筑结构：建筑物的建造方式能够防止非法闯入。定期对建筑物进行检查和修缮，确保其完整性、安全性。 （3）照明：企业经营场所配备充足的照明。 （4）视频监控：装配视频监控，监测以下区域：出入口、单证存放区域，防止未经许可进入。 （5）钥匙配置及机机保管：所有内外窗户、大门都设有足够数量的锁闭装置，实行钥匙发放、回收登记管理。				
（七）商业伙伴安全控制措施	11.商业伙伴安全	商业伙伴系海关认证企业的，企业可以免予对该商业伙伴执行本标准项。 （1）全面评估：在筛选商业伙伴时根据本认证标准对商业伙伴进行全面评估，重点评估守法合规和贸易安全，并有书面制度。 （2）书面文件：在合同、协议或者其他书面资料中要求商业伙伴按照本认证标准优化和完善贸易安全管理。 （3）监控检查：定期监控或者考察商业伙伴遵守贸易安全要求的情况，并有书面制度和程序。				
（八）货物安全控制措施	12.货物、物品安全	只做单纯的报关业务的企业，延伸认证1家有委托关系的被代理企业或者主营物流企业。 （1）被运和接收货物、物品：运抵的货物、物品，核对货物、物品的重量、标志、件数或者箱数。离库的货物、物品及与购买订单或者销运订单上的内容进行核实。在货物、物品出现交接损坏时签名、盖章等保护制度。 （2）货物、物品差异：在出现货物、物品超载、短缺、非法取走和不符合或者其他异常情况时有报告或检查处理制度，并有书面制度和程序。				
（九）集装箱安全控制措施	13.集装箱安全	只做单纯的报关业务的企业，延伸认证1家有委托关系的被代理企业或者主营物流企业。 （1）集装箱检查：在装箱前检查集装箱结构的物理完整性和可靠性，包括门的锁闭系统的可靠性。并做好标记。检查采取"七点检查法"（即对集装箱按照以下顺序检查：前墙、左侧、右侧、地板、顶部、内/外门、起落架）。 （2）集装箱封条：已按货类装箱的封条，所有封条都要符合或者超出现行PAS ISO 17712对高安全封条的标准，封条有专人管理，登记，实施加锁和检验封条的书面制度和程序，且进出境属区货车应全程跟加封的，确保安全。 （3）集装箱存放：集装箱要存放在安全的区域，以防止未经许可的进入或改装，有报告和解决未经许可下擅自进入集装箱或集装箱存放区域的程序。				
（十）运输工具安全控制措施	14.运输工具安全	只做单纯的报关业务的企业，延伸认证1家有委托关系的被代理企业或者主营物流企业。 （1）运输工具检查：对所有出入口货物、物品的运输工具进行检查，并有书面制度和程序。 （2）运输工具存放：运输工具预停在安全的区域，以防止未经许可的进入及其他损害，有报告和解决未经许可擅自进入或者擅自的程序。 （3）司机身份核实：在货物被装或者接收时，应对装运或者接收货物运输工具的司机进行身份核对。				

附件7

海关认证企业标准
（一般认证—报关企业）

认证标准			达标情况			
			达标 0	基本达标 -1	不达标 -2	不适用 —
一、内部控制标准						
（一）组织机构控制	1.海关业务培训	建立面向客户的海关法律法规等相关规定的培训制度并有效落实，每年开展客户海关业务专业培训。				
（二）进出口业务控制	2.单证控制	（1）代理申报前，有专门部门或者岗位人员对进出口单证及相关信息、监管证件、商业单据等资料的真实性、完整性和有效性进行合理审查并复核纠错。 （2）被代理企业实施许可证管理或者输华官方证书管理的，代理申报前，根据企业进口实际情况对被代理企业的国外质量证书、质量保证书、装运前检验证书、原产地证书、卫生授权单证、输华食品官方证书、动植物检疫官方证书、动植物检疫许可证、农业转基因生物安全证书等单证的真实性、有效性、完整性、一致性进行内部复核。				
	3.单证保管	按照及时性、完整性、准确性与安全性等海关要求保管进出口报关单证以及相关资料。				
（三）信息系统控制	4.信息系统	建立真实、准确、完整并有效控制企业日常经营、代理进出口活动、财务数据的信息系统，具备可记录、可追溯、可查询等功能并有效运行。				
二、守法规范标准			达标 0		不达标 -2	不适用 —
（四）遵守法律法规	5.企业守法	（1）1年内无因违反海关监管规定被处罚金额超过3万元的行为，并且被处罚金额超过1万元且3万元以下的不超过1次。 （2）1年内违反海关监管规定行为的次数不超过上年度代理申报关单、进出境运输工具舱单及进出境备案清单总票数的万分之三，且处罚金额累计5万元以下。 （3）当年注册登记的报关企业，1年内因违反海关监管规定被处罚的次数不超过1次。				
（五）进出口业务规范	6.申报规范	连续4个季度单季报关单差错率不超过同期全国一般信用企业的平均差错率。				
	7.传输规范	连续4个季度单季舱单及相关电子数据传输差错率不超过同期全国平均传输差错率，连续4个季度单季运输工具进出境申报信息、转关单（载货清单）等物流信息的申报差错率不超过同期全国平均申报差错率。				
三、贸易安全标准			达标 0	基本达标 -1	不达标 -2	不适用 —
（六）场所安全控制措施	8.场所安全	（1）出入口：车辆、人员进出企业的出入口配备人员驻守。 （2）建筑物：建筑物的建造方式能够防止非法闯入。定期对建筑物进行检查和修缮，确保其完整性、安全性。 （3）锁闭装置及钥匙保管：所有内外窗户，大门和围栏都设有足够数量的锁闭装置，实行钥匙发放、回收登记管理。				
（七）商业伙伴安全控制措施	9.商业伙伴安全	商业伙伴系海关认证企业的，企业可以免于对该商业伙伴执行本项标准。 在合同、协议或者其他书面资料中要求商业伙伴按照本认证标准优化和完善贸易安全管理。				
（八）货物安全控制措施	10.货物、物品安全	只做单纯的报关业务的企业，延伸认证其1家有委托关系的被代理企业或者主要物流运输企业。 （1）装运和接收货物、物品：运抵的货物要与货物、物品单证的信息相符，核实货物的重量、标签、件数或者箱数。离岸的货物、物品要与购货订单或者装载订单上的内容进行核实。在货物、物品离关交接环节有签名或、盖章等保护制度。 （2）货物、物品差异：在出现货物、物品溢、短装，违法商品安全、卫生、环保等指标不合格等其他异常现象时要及时报告或者采取其他相应措施，并有书面制度和程序。				
（九）集装箱安全控制措施	11.集装箱安全	只做单纯的报关业务的企业，延伸认证其1家有委托关系的被代理企业或者主要物流运输企业。 集装箱检查：在装货前检查集装箱结构的物理完整性和可靠性，包括门的锁闭系统的可靠性，并做好相关登记。检查采取"七点检查法"（即对集装箱按照以下顺序检查：前壁、左侧、右侧、地板、顶部、内/外门/起落架）。				
（十）运输工具安全控制	12.运输工具安全	只做单纯的报关业务的企业，延伸认证其1家有委托关系的被代理企业或者主要物流运输企业。 运输工具检查：对所有运输进出口货物、物品的运输工具进行检查，防止藏匿可疑货物、物品，并有书面制度和程序。				

附件8

海关认证企业标准

(高级认证—外贸综合服务企业)

认证标准			达标情况			
			达标 0	基本达标 -1	不达标 -2	不适用 —
一、内部控制标准						
（一）组织机构控制	1. 海关业务培训	建立面向外贸综合服务平台客户的海关法律法规等相关规定的培训制度并有效落实，建立培训效果评估机制。				
	2. 内部组织架构	设置专门业务风险管理部门，重点围绕合作伙伴内部控制、守法规范、贸易安全等开展风险评估与日常监控，部门职责分工明确并有效落实。				
（二）进出口业务控制	3. 单证控制	（1）设置专门部门或岗位人员，对外贸综合服务平台客户订单对应的进出口货物以及生产工厂信息、知识产权授权或合法渠道进货证明和客户提供的监管证件、商业单据、进出口单证等资料的真实性、完整性和有效性进行合理审查。				
		（2）在申报前或者委托申报前通过外贸综合服务平台对报关单进行申报要素的逻辑检验，利用外贸综合服务平台运营所积累的数据进行商品价格、归类等税收要素和产品质量监控。				
	4. 单证保管	（1）按照及时性、完整性、准确性与安全性等海关要求保存进出口报关单证和装箱单、提单、监装过程视频等物流单据和信息。				
		（2）与外贸综合服务平台客户签订的综合服务合同（协议）等进出口业务涉及的资料。				
		（3）办理退税申报业务的，妥善保管企业办理出口退税的资料。				
	5. 信息系统	（1）具备真实、准确、完整并有效控制企业经营活动的信息系统和外贸综合服务信息平台，特别是财务控制、关务、物流控制、风险控制等功能模块有效运行，实现与海关联网。				
		（2）为外贸综合服务平台客户提供报关、物流、退税、结算、信保等在内的综合服务业务实现平台线上操作。				
		（3）风险控制功能模块具备对企业外贸综合服务全流程进行风险识别、分析、处置的功能。				
		（4）外贸综合服务平台可以实现对货物物流的追踪监控，具备与海关即时对接的条件，定期验核贸易数据。				
		（5）外贸综合服务平台应包括知识产权库、价格数据库、历史交易库和客户（买家）信息库等后台的风险数据库。				
（三）信息系统控制	6. 数据管理	（1）信息系统和外贸综合服务信息平台的数据及时、准确、完整、规范。信息系统和外贸综合服务信息平台数据保存3年以上。				
		（2）外贸综合服务活动在外贸综合服务平台上能够实现流程检索、跟踪。				
二、贸易安全标准			达标 0	基本达标 -1	不达标 -2	不适用 —
（四）商业伙伴安全控制	7. 商业伙伴安全	（1）建立平台客户的资质准入制度并有效落实。				
		（2）通过实地考核的方式对客户的生产能力、贸易真实性、进出口和产能是否匹配等情况进行核查。				
		（3）根据风险评估结果、违法记录等建立外贸综合服务平台客户分级管理制度，对有违法记录的外贸综合服务平台客户进行责任回溯，不得代理被列入联合惩戒对象的企业办理进出口业务。				
		（4）对进出口货物品类进行限制，公开审查标准。				
		（5）与外贸综合服务平台客户签订规范的外贸综合服务合同（协议），在合同、协议或者其他书面资料中要求综合服务平台客户按照海关认证标准优化和完善贸易安全管理。				
		（6）对年度进出口值较大、违法记录较多以及风险较高的外贸综合服务平台客户进行定期监控和通过实地考核的方式对外贸综合服务平台客户进行重新核查。				
（五）货物安全控制	8. 货物、物品安全	（1）建立对订单装运的货物、物品真实性进行核查的制度并有效落实。对每笔交易额度较大的订单进行跟踪验货和现场监装，对交易额度小但交易频繁、总额较大的客户进行抽样监管且深入监管。对小额订单要求提供包含有产品包装、堆放、装运过程和运输车辆信息等的现场照片或视频。				
		（2）装运出口货物、出境物品要视频监控并保存视频监控记录3个月；派员实地监装比例不低于10%。发现有违法嫌疑或者高风险的货物，及时采取合理的处置措施，并向海关报告。				

147

附件9

海关认证企业标准

（一般认证—外贸综合服务企业）

认证标准			达标情况			
			达标 0	基本达标 -1	不达标 -2	不适用
一、内部控制标准						
（一）组织机构控制	1.海关业务培训	建立面向外贸综合服务平台客户的海关法律法规等相关规定的培训制度并有效落实。				
	2.内部组织架构	设置专门业务风险管理部门，部门职责分工明确并有效落实。				
（二）进出口业务控制	3.单证控制	设置专门部门或岗位人员，对外贸综合服务平台客户订单对应的进出口货物以及生产工厂信息、知识产权授权或合法渠道进货证明和客户提供的监管证件、商业单据、进出口单证等资料的真实性、完整性和有效性进行合理审查。				
	4.单证保管	（1）按照及时性、完整性、准确性与安全性等海关要求保存进出口报关单证和装箱单、提单、监装过程照片等物流单据和信息。 （2）与外贸综合服务平台客户签订的综合服务合同（协议）等进出口业务涉及的资料。 （3）办理退税申报业务的，妥善保管企业办理出口退税的资料。				
	5.信息系统	（1）具备真实、准确、完整并有效控制企业经营活动的信息系统和外贸综合服务信息平台，特别是财务控制、关务、物流控制、风险控制等功能模块有效运行。 （2）为外贸综合服务平台客户提供报关、物流、退税、结算、信保等在内的综合服务业务实现平台线上操作。				
（三）信息系统控制	6.数据管理	（1）信息系统和外贸综合服务信息平台的数据及时、准确、完整、规范。信息系统和外贸综合服务信息平台数据保存3年以上。 （2）外贸综合服务活动在外贸综合服务平台上能够实现流程检索、跟踪。				
二、贸易安全标准			达标 0	基本达标 -1	不达标 -2	不适用
（四）商业伙伴安全控制	7.商业伙伴安全	与外贸综合服务平台客户签订规范的外贸综合服务合同（协议），在合同、协议或者其他书面资料中要求外贸综合服务平台客户和其他商业合作伙伴按照海关认证标准优化和完善贸易安全管理。				
（五）货物安全控制	8.货物、物品安全	（1）建立对订单装运的货物、物品真实性进行核查的制度并有效落实，对单笔交易额度较大的订单进行跟踪验查和现场监装，对交易额度小但交易频繁、总额较大的客户进行抽样检查验且深入监查。 （2）发现有违法嫌疑或者高风险的货物、物品，及时采取合理的处置措施，并向海关报告。				

关于公布《海关认证企业标准》财务状况类指标认定标准的公告

(海关总署公告2019年第46号)

(2019年3月19日由海关总署发布,2019年3月19日起施行,法规类型为规范性文件)

现将《海关认证企业标准》(海关总署公告2018年第177号)中财务状况类指标的认定标准公告如下:

一、会计信息认定标准

企业申请认证的,应当提交当年度会计师事务所出具的审计报告;企业重新认证的,应当提交自成为认证企业或者最近一次重新认证后每一年度会计师事务所出具的审计报告。海关按照下列情形对"会计信息"标准是否达标进行认定:

(一)提交无保留意见审计报告的,该项标准为达标;

(二)提交带保留意见审计报告的,该项标准为基本达标;

(三)提交否定意见或者无法表示意见的审计报告,或者不能提交审计报告的,该项标准为不达标。

二、综合财务状况认定标准

(一)"综合财务状况"认证标准。

海关按照下列情形对"综合财务状况"标准是否达标进行认定:

1. "资产负债率"为达标、"综合分值"为达标的,该项标准为达标;
2. "资产负债率"为达标、"综合分值"为基本达标的,该项标准为基本达标;
3. "资产负债率"和"综合分值"任意一项为不达标的,该项标准为不达标。

企业重新认证的,自成为认证企业或者最近一次重新认证后,每一年度"综合财务状况"标准应当为达标或者基本达标。

(二)"资产负债率"和"综合分值"认定标准。

1. 资产负债率≤95%,为达标;资产负债率>95%,为不达标。
2. 综合分值≥0,为达标;-1≤综合分值<0,为基本达标;综合分值<-1,为不达标。

综合分值=营业利润率分值*0.21+净资产收益率分值*0.21+速动比率分值*0.161+现金流动负债比率分值*0.161+资产负债率分值*0.258。

(三)指标计算公式。

1. 营业利润率=营业利润/营业收入净额;
2. 净资产收益率=净利润/平均净资产

平均净资产=(年初所有者权益+年末所有者权益)/2;

3. 速动比率=速动资产/流动负债

速动资产=(流动资产-存货);

4. 现金流动负债比率=经营性现金净流量/流动负债
5. 资产负债率=负债总额/资产总额

营业利润、营业收入净额、净利润、经营性现金净流量为本期金额;流动资产、存货、流动负债、负债总额、资产总额为期末值。

(四)指标分值。

1. 高级认证企业。

营业利润率、净资产收益率、速动比率、现金流动负债比率大于等于优秀值的为 2 分、大于等于良好值小于优秀值的为 1 分、大于等于平均值小于良好值的为 0 分、大于等于较差值小于平均值的为-1 分、小于较差值的为-2 分。

资产负债率小于等于优秀值的为 2 分、小于等于良好值大于优秀值的为 1 分、小于等于平均值大于良好值的为 0 分、小于等于较差值大于平均值的为-1 分、大于较差值的为-2 分。

2. 一般认证企业。

营业利润率、净资产收益率、速动比率、现金流动负债比率大于等于良好值的为 2 分、大于等于平均值小于良好值的为 1 分、大于等于较低值小于平均值的为 0 分、大于等于较差值小于较低值的为-1 分、小于较差值的为-2 分。

资产负债率小于等于良好值的为 2 分、小于等于平均值大于良好值的为 1 分、小于等于较低值大于平均值的为 0 分、小于等于较差值大于较低值的为-1 分、大于较差值的为-2 分。

上述财务指标的优秀值、良好值、平均值、较低值、较差值详见附件《各行业财务指标评价标准值》。

特此公告。

附件：各行业财务指标评价标准值

附件

各行业财务指标评价标准值

序号	行业种类	流动比率				现金流动负债比率				资产负债率				销售（营业）利润率				净资产收益率			
		优秀值	良好值	平均值	较低值	较差值	优秀值	良好值	平均值	较低值	较差值	优秀值	良好值	平均值	较低值	较差值	优秀值	良好值	平均值	较低值	较差值	优秀值	良好值	平均值	较低值	较差值
1	农林牧渔业	138.6	114.1	66.7	56.6	35.3	15.2	8.8	4	-5.6	-9.4	54.5	59.5	64.5	74.5	89.5	15.1	10	5.9	-2.7	-10.3	5.3	3.4	1.1	-3.8	-9.9
2	煤炭工业	108.9	83.7	67.3	38.3	15.9	25.7	16.7	12.7	-6.4	-16	49.5	54.5	59.5	69.5	84.5	28.5	19.6	12.7	4.9	-3.4	11.1	5.4	3.4	-4.1	-8.8
3	石油石化工业	122.3	82.7	47.7	30.2	21.6	20.7	15.2	9.1	-11.2	-32.2	49.5	54.5	59.5	69.5	84.5	11.3	9.1	6.1	-6	-8.2	5.6	4.8	1.9	-5.8	-12.4
4	冶金工业	101.5	54.3	37.6	27.7	13	5.9	3.7	2.5	-3.7	-11.4	49.5	54.5	59.5	69.5	84.5	6.8	5.6	1.7	-6	-12.7	6.7	6	1.3	-5.8	-15.9
5	食品工业	106.9	92.6	65.9	53.4	37.5	14.8	9.2	4.1	-2.7	-8.7	49.5	54.5	59.5	69.5	84.5	15.3	11	5.6	0.9	-9	10.8	7.9	4.8	-1.6	-8.4
6	烟草工业	153.2	129.2	113.5	93	82	46.3	38.9	29.8	-3.1	-8.7	49.5	54.5	59.5	69.5	84.5	25.3	23	18.6	13.1	5	24.1	18.3	13.2	5.6	-1.7
7	纺织工业	123	98.2	70.9	54.7	45	13.2	8.1	3.5	-3.1	-6.9	49.5	54.5	59.5	69.5	84.5	11.4	6.1	2.6	-2.8	-10.4	7.2	3.9	1.7	-2.2	-6.2
8	森林工业	100.3	80	65.1	53.2	44.4	10	3.7	-2.4	-6.9	-10.2	49.5	54.5	59.5	69.5	84.5	12.7	8.6	3.1	-1.9	-10.3	6.1	4	0.8	-6	-10.3
9	轻工业	140.2	117	76.4	54	32.6	4.5	0.9	-4	-8.4	-12.7	49.5	54.5	59.5	69.5	82.8	7.6	6.2	2.8	-7	-19.9	10.5	5.8	3.5	-5	-13.8
10	化学工业	107.6	77.3	56.8	38.1	21.6	12.4	7.5	3.5	-3.1	-9.8	49.5	54.5	59.5	69.5	84.5	16.8	11.7	6.3	1.3	-8.2	13.8	8.8	3.7	-1	-9.9
11	医药工业	125.8	107	86.1	64.5	47.9	17.5	8.1	-3	-3	-8.5	49.5	54.5	59.5	69.5	84.5	34.1	24.1	17.7	7.9	1.8	7.1	6.2	1.7	-1.8	-4.4
12	建材工业	120.8	94.3	86.1	60.4	35.8	16.3	11.8	6.6	0.9	-4.8	49.5	54.5	59.5	69.5	84.5	9.1	6.8	6.2	2	-4.5	9.3	6.4	3.1	0.8	-8.8
13	机械工业	103.4	86.5	73	45.6	24.4	6.1	5.5	2.9	-7.5	-17.4	49.5	54.5	59.5	64.5	84.5	15.4	8.9	4.6	-3.5	-11.5	9.8	8.2	4.8	-6.7	-11.6
14	电力热力燃气供应业	68.8	49.6	39	27.9	18.7	26.9	20.9	11.3	3.4	-4.5	49.5	54.5	59.5	69.5	84.5	13.6	10.6	4.6	-6	-22.8	8.2	6.4	4.8	-0.7	-8.2
15	水生产和供应业	143.6	113.3	95.9	70.8	39.2	28	16	5.8	-3.7	-9.7	49.5	54.5	59.5	69.5	84.5	24.4	20.6	16.1	13.3	2.2	4.4	4.4	3.8	-2.5	-7.8
16	建筑业	133.6	107.9	81.4	68.7	50.3	6.8	5	2.7	-4.2	-11.5	58.5	64.5	69.5	74.5	89.5	13.6	6.8	5.4	2.7	-3.2	14.7	10.8	3.8	-5.2	-11.7
17	交通运输仓储及邮政业	90	57.5	38.6	25.8	18	14.3	7.1	2.3	-14.2	-27.5	54.5	59.5	64.5	74.5	89.5	11	4.6	1.9	-9.2	-15.5	8.1	3.4	0.8	-5.3	-14.3
18	信息技术服务业	143	114.6	73.1	54.2	38.4	19.2	19.9	12.1	1.3	-17.8	54.5	59.5	64.5	74.5	89.5	17	9.5	4.2	-4.2	-16.8	9.5	3.6	3.6	-1.5	-9.9
19	批发和零售贸易业	118.9	92	71.7	50	25.4	15.7	7.1	2.3	-2.3	-23	54.5	59.5	64.5	74.5	89.5	7.5	4	0.5	-2.8	-6.1	6.1	5.1	1.9	-5.6	-13
20	住宿和餐饮业	123.3	95.1	65	36.3	17.7	17.3	8.3	2.3	-4.7	-11.9	51.2	54.5	64.5	74.5	89.5	28	17.4	4.8	-12.5	-21.8	9.6	6.3	0.7	-3.1	-8.7
21	社会服务业	106.9	98.6	88	73.9	45.2	22.3	14.1	5.6	-6	-13.1	49.5	54.5	59.5	64.5	89.5	11.9	8.8	3.5	-4.5	-12.4	11	7.6	3.8	0.9	-9.6
22	传播与文化业	113.5	129.5	99.1	62.6	35.5	20.1	13.1	4.4	-2	-17.9	49.5	54.5	59.5	64.5	89.5	42.1	23.7	12.4	0.1	-28.5	13.5	9.4	5.6	-4.5	-11.3
23	电子工业	123.5	103.9	92.6	67.6	30.1	18.9	13.1	6.3	-2.8	-7.6	49.5	54.5	59.5	69.5	84.5	16.9	11.3	7.6	4.7	-2.5	10	6.8	4.5	-2	-8.1
24	投资公司	144.7	110.4	89.7	59.5	30.6	23.4	14.4	4.2	-8.3	-16	54.5	59.5	64.5	74.5	88.5	19.3	15.1	11.1	4.8	-2	9.6	6.2	2.9	-1.2	-6.8

151

关于公布《海关认证企业标准》的公告
(跨境电子商务平台企业、进出境快件运营人单项标准)

(海关总署公告 2019 年第 229 号)

(2019 年 12 月 27 日由海关总署发布，2020 年 3 月 1 日起施行，法规类型为规范性文件)

现将《中华人民共和国海关企业信用管理办法》(海关总署令第 237 号) 配套执行的《海关认证企业标准》(跨境电子商务平台企业、进出境快件运营人单项标准) 予以发布，同时就有关实施事项公告如下：

一、跨境电子商务平台企业申请适用海关认证企业管理的，应当同时符合《海关认证企业标准》中的通用标准、进出口货物收发货人和跨境电子商务平台企业单项标准。

二、进出境快件运营人申请适用海关认证企业管理的，应当同时符合《海关认证企业标准》中的通用标准、报关企业和进出境快件运营人单项标准。

三、已经适用海关认证企业管理的跨境电子商务平台企业和进出境快件运营人，请按照本公告第一、二条的规定，对照应适用的通用标准和单项标准，进行自我评估和规范改进。

自 2020 年 9 月 1 日起，海关将按照本公告第一、二条的规定，对上述海关认证企业开展重新认证。

本公告自 2020 年 3 月 1 日起施行。

特此公告。

附件：1. 海关认证企业标准（高级认证—跨境电子商务平台企业）
2. 海关认证企业标准（一般认证—跨境电子商务平台企业）
3. 海关认证企业标准（高级认证—进出境快件运营人）
4. 海关认证企业标准（一般认证—进出境快件运营人）

附件1

海关认证企业标准
(高级认证—跨境电子商务平台企业)

认证标准			达标情况			
一、内部控制标准			达标 0	基本达标 -1	不达标 -2	不适用 —
(一)组织机构控制	1.海关业务培训	建立面向跨境电子商务企业、跨境电子商务企业境内代理人(以下简称"电商企业及其境内代理人")的海关法律法规等相关规定的常态化培训制度并有效落实,建立培训效果评估机制。				
	2.内部组织架构	(1)设置专门业务风险管理部门,重点围绕商品合规、质量安全、生物安全、虚假交易、二次销售、知识产权等开展风险评估与日常监控,部门职责分工明确并有效落实。(2)设置专门客户服务部门,重点围绕交易规则评估、交易安全保障、消费者权益保护、不良信息处理等开展日常监控和服务,部门职责分工明确并有效落实。				
(二)进出口业务控制	3.单证控制	(1)建立交易电子信息复核制度并有效落实。(2)设置专门部门或岗位人员,对向海关传输的电子信息真实性、完整性和有效性进行合理审查。(3)利用跨境电子商务平台运营所积累的数据对商品价格、归类等税收要素、产品质量和交易真实性进行监控。				
	4.单证保管	按照及时性、完整性、准确性与安全性等海关要求,保存与跨境电子商务有关的合作合同(协议)、委托代理协议等资料,以及向海关传输的电子信息,保存时限不低于3年。				
(三)内部审计控制	5.质量管理	(1)建立商品质量安全和生物安全风险防控机制,对通过平台销售商品的质量安全和生物安全进行有效防控,及时发布商品质量安全和生物安全监测、预警信息。(2)建立消费者权益保障制度,履行对消费者的提醒告知义务。				
(四)信息系统控制	6.信息系统	(1)建立真实、准确、完整并有效控制跨境电子商务经营活动的信息系统,在资质审核、财务管理、进出口申报、业务风险管理等方面具备可记录、可追溯、可查询、可分析、可预警等功能并有效运行。(2)具备与海关即时对接的条件,满足海关风险防控、定期验核交易数据等管理要求。(3)具有境内订购人身份信息真实性校验功能并有效运行。				
	7.数据管理	建立知识产权库、价格数据库、历史交易库和企业信息库等后台业务风险管理数据库。应海关要求提供有关风险防控方面的信息和数据。				
二、贸易安全标准			达标 0	基本达标 -1	不达标 -2	不适用 —
(五)商业伙伴安全控制	8.商业伙伴安全	(1)建立电商企业及其境内代理人和其他商业合作伙伴的资质准入制度并有效落实。(2)与电商企业及其境内代理人和其他商业合作伙伴签订规范的跨境电子商务合同(协议),在合同、协议或者其他书面资料中要求电商企业及其境内代理人和其他商业合作伙伴,按照海关认证标准优化和完善贸易安全管理。(3)根据风评估结果、违法违规记录等建立电商企业及其境内代理人分级管理制度,对有违法违规记录的电商企业及其境内代理人进行责任回溯,并采取相应管控措施,不得为被列入联合惩戒对象的企业提供平台服务。(4)建立对电商企业及其境内代理人交易行为的监控制度,能够有效识别非正常交易行为并采取相应的处置措施。				

附件 2

海关认证企业标准
(一般认证—跨境电子商务平台企业)

认证标准			达标情况			
			达标 0	基本达标 -1	不达标 -2	不适用 —
一、内部控制标准						
(一) 组织机构控制	1.海关业务培训	建立面向跨境电子商务企业、跨境电子商务企业境内代理人(以下简称"电商企业及其境内代理人")的海关法律法规等相关规定的常态化培训制度并有效落实。				
	2.内部组织架构	(1) 设置专门业务风险管理部门,部门职责分工明确并有效落实。 (2) 设置专门客户服务部门,部门职责分工明确并有效落实。				
(二) 进出口业务控制	3.单证控制	(1) 建立交真实电子信息复核制度并有效落实。 (2) 设置专门部门或岗位人员,对海关所传输的电子信息真实性、完整性和有效性进行合理审查。				
	4.单证保管	按照及时性、完整性、准确性与安全性等海关要求,保存与跨境电子商务有关的合作合同(协议)、委托代理协议等资料,以及向海关传输的电子信息,保存时限不低于 3 年。				
(三) 内部审计控制	5.质量管理	(1) 建立商品质量安全和生物安全风险防控机制,对通过平台所销售商品的质量安全和生物安全进行有效防控,及时发布商品质量安全和生物安全监测、预警信息。 (2) 建立消费者权益保障制度,履行对消费者的提醒告知义务。				
(四) 信息系统控制	6.信息系统	(1) 建立真实、准确、完整并有效控制跨境电子商务经营活动的信息系统,在贸易申报、财务管理、进出口申报、业务风险管理等方面具备可记录、可追溯、可查询、可分析、可预警等功能并有效运行。 (2) 具备境内订购人身份信息真实性控制功能并有效运行。				
	7.数据管理	建立知识产权、价格监测、历史交易和企业信息库等备份业务风险管理数据库。应海关要求提供有关风险防控方面的信息和数据。				
二、贸易安全标准			达标 0	基本达标 -1	不达标 -2	不适用 —
(五) 商业伙伴安全控制	8.商业伙伴安全	(1) 建立电商企业及其境内代理人和其他商业合作伙伴的贸易准入制度并有效落实。 (2) 与电商企业及其境内代理人和其他商业合作伙伴签订规范的跨境电子商务合同(协议),在合同、协议或者书面资料中要求电商企业及其境内代理人和其他商业合作伙伴,按照海关认证标准优化和完善贸易安全管理。				

附件 3

海关认证企业标准
(高级认证—进出境快件运营人)

认证标准			达标情况			
			达标 0	基本达标 -1	不达标 -2	不适用 —
一、内部控制标准						
(一) 进出口业务控制	1.单证控制	设置专门部门或岗位人员,在申报前对委托人提供的进出口随附单据、有关证明文件、收发件人信息等资料的真实性、规范性和有效性进行审查。				
	2.单证保管	按完整性、准确性与安全性等海关要求,保存快件报关单据、随附单据、有关证明文件等。				
(二) 信息系统控制	3.信息系统	(1) 具备全程实时快件物流信息跟踪功能,实现对接收快件物流状态的实时查询。 (2) 具备风险控制功能,对客户和快件执行风险识别、分析、筛查、处置,实施分级管理。 (3) 具备快件仓储管理功能,能够对快件在海关监管作业场所内的物流状态实施跟踪、查询、控制等。 (4) 具备与海关可时对接的条件。向海关开放相关查询使用权限,满足海关管理要求。				
	4.数据管理	信息系统的数据应对时、准确、完整、规范,全程物流信息、风险管理信息等系统数据,自办结海关手续之日起保存 3 年以上。				
二、贸易安全标准			达标 0	基本达标 -1	不达标 -2	不适用 —
(三) 商业伙伴安全控制措施	5.商业伙伴安全	建立境内和境外合作者的风险分级管理制度,结合海关监管情况及企业内部掌握情况对合作者进行动态评价,要求合作者按照海关认证标准优化和完善贸易安全管理。				
(四) 货物安全控制措施	6.货物、物品安全	(1) 建立符合法律法规要求的揽收快件验收、复核制度并有效落实,对不符合法律法规要求的快件不得提供服务。 (2) 要求境外合作者建立符合法律法规要求的快件揽收验收、复核制度,并检查评估其执行情况。每年度不少于 1 次。 (3) 建立快件装卸、分拣、存储、运输全程(关境内)监控制度并有效落实,应海关要求提供相关信息。 (4) 建立对有违规嫌疑或高风险快件处置制度,发现上述情况及时采取处置措施并向海关报告。				

附件4

海关认证企业标准
（一般认证—进出境快件运营人）

认证标准			达标情况			
			达标 0	基本达标 -1	不达标 -2	不适用 —
一、内部控制标准						
（一）进出口业务控制	1.单证控制	设置专门部门或岗位人员，在申报前对委托人提供的进出口随附单据、有关证明文件、收发件人信息等资料的真实性、规范性和完整性进行审查。				
	2.单证保管	按照完整性、准确性与安全性等海关要求，保存快件报关单证、随附单据、有关证明文件等。				
（二）信息系统控制	3.信息系统	（1）具备全程实时快件物流信息跟踪功能，实现对揽收快件物流状态的实时查询。 （2）具备风险控制功能，对客户和快件进行风险识别、处置。 （3）具备与海关即时对接的条件，向海关开放相关系统查询使用权限，满足海关管理需求。				
	4.数据管理	信息系统的数据及时、准确、完整、规范，全程物流信息、风险管理信息等系统数据，自办结海关手续之日起保存3年以上。				
二、贸易安全标准			达标 0	基本达标 -1	不达标 -2	不适用 —
（三）商业伙伴安全控制措施	5.商业伙伴安全	对境内和境外合作者在合同、协议或者其他书面资料中要求按照海关认证标准优化和完善贸易安全管理。				
（四）货物安全控制措施	6.货物、物品安全	（1）建立符合法律法规要求的揽收快件验视、复核制度并有效落实，对限制类快件应当要求客户提供有关证明文件，不符合法律法规要求的不揽收，有违禁品的不运输。 （2）建立快件装卸、分拣、存储、运输全程（关境内）监控制度并有效落实。应海关要求提供相关信息。 （3）建立对有违法嫌疑或高风险快件处置制度，发现上述情况及时采取处置措施并向海关报告。				

关于实施中国-欧盟"经认证的经营者"互认安排的公告

（海关总署公告2015年第52号）

（2015年10月30日由海关总署发布，2015年11月1日起施行，法规类型为规范性文件）

2014年5月，中国与欧盟双方海关正式签署了《中欧联合海关合作委员会关于在〈中华人民共和国政府和欧洲共同体关于海关事务的合作和行政互助协定〉下建立中国海关企业分类管理制度和欧洲联盟海关经认证经营者制度互认安排的决定》（以下简称《互认安排决定》）；我国海关于2014年10月对外公布了新制定的《中华人民共和国海关企业信用管理暂行办法》（海关总署令第225号）及配套文件，并于2014年12月1日起正式施行；中欧海关根据2015年6月达成的联合共识对《互认安排决定》进行了修订，决定自2015年11月1日起正式实施该互认安排。现就有关事项公告如下：

一、欧盟海关接受中国海关认证的高级认证企业为中国的"经认证的经营者"（简称"AEO企业"）。中国海关接受欧盟海关认证的"安全AEO认证企业（AEOS）"和"简化海关手续及安全AEO认证企业（AEOC/AEOS）"为欧盟的AEO企业。

二、中欧双方海关相互给予对方AEO企业的进出口货物如下通关便利措施：减少查验或与监管有关的风险评估等手续；安全贸易伙伴身份的承认；货物优先通关；贸易连续运行保障机制。

三、我国海关认证的AEO企业直接出口到欧盟的货物，或者直接进口自欧盟的货物，可以享受欧盟海关给予的通关便利措施。我国AEO企业向欧盟进出口货物时，应将AEO认证编码（CN+在我国海关注册的10位企业编码）通报给欧盟进口商。欧盟进口商和出口商申报时，欧盟海关将该中国AEO企业信息和中国海关事先提供的AEO企业信息进行核对，在两者一致的情况下，通关环节自动适用便利措施。

四、欧盟海关的AEO企业直接出口到我国的货物，或者直接进口自我国的货物，可以享受到我国海关给予的通关便利措施。我国进口商或出口商向我国海关申报欧盟海关AEO企业货物时，应在报关单"备注栏"处填入欧盟海关AEO编码。填写方式为："AEO"（英文半角大写）+"〈"（英文半角）+"欧盟EORI编码"+"〉"（英文半角）。例如，欧盟EORI编码为FR123456789012345，则填注："AEO〈FR123456789012345〉"。我国海关将该编码与欧盟海关事先提供的AEO企业信息进行核对，在两者一致的情况下，通关环节自动适用便利措施。

特此公告。

关于海峡两岸海关"经认证的经营者（AEO）"互认试点的公告

（海关总署公告2016年第49号）

(2016年9月2日由海关总署发布，2016年10月1日起施行，法规类型为规范性文件)

为支持海峡两岸企业发展，促进贸易便利，海峡两岸海关自2016年10月1日起实施"经认证的经营者（AEO）"互认试点。现就试点有关事项公告如下：

一、大陆海关接受台湾海关认证的安全认证优质企业为台湾的"经认证的经营者"企业（以下简称"AEO企业"），台湾海关接受大陆海关认证的高级认证企业为大陆的AEO企业。

二、大陆海关和台湾海关相互给予对方AEO企业的进口货物如下通关便利措施：减少进口货物单证审核；适用较低进口货物查验率；进口货物优先办理通关手续；设立海关AEO联络员；非常时期优先处置。

三、试点海关。

大陆参与试点的海关为南京、福州、厦门海关。

台湾参与试点的海关为高雄、基隆海关。

四、试点企业。

大陆参与试点的企业为高级认证企业，具体范围为：从大陆所有口岸直接出口至高雄、基隆的海运货物（不限于从南京、福州、厦门口岸启运）所涉及的高级认证企业。

台湾参与试点的企业为安全认证优质企业，具体范围为：从台湾所有口岸直接出口至南京、福州、厦门的海运货物（不限于从高雄、基隆口岸启运）所涉及的安全认证优质企业。

五、大陆AEO企业向台湾试点海关出口货物时，应将其AEO编码（AEOCN+在大陆海关注册的10位企业编码）和企业名称通报给台湾进口商。台湾进口商或其代理人向台湾海关申报时，按照要求录入大陆AEO企业有关信息。台湾海关在有关AEO信息对碰一致后，进口通关环节自动适用便利措施。

六、大陆进口商或其代理人向大陆试点海关申报从台湾AEO企业进口的货物时，应在进口报关单"备注栏"处填写台湾海关 AEO 企业编码。填写方式为:"AEO"(英文半角大写)+"〈"(英文半角)+"TW"(英文半角大写)+"9 位 AEO 企业编码"+"〉"(英文半角)。例如,台湾海关 AEO 企业编码为:123456789,则填写:"AEO〈 TW 123456789〉"。大陆海关在有关 AEO 信息对碰一致后,进口通关环节自动适用便利措施。

特此公告。

关于实施中国-新西兰海关"经认证的经营者(AEO)"互认的公告

(海关总署公告 2017 年第 23 号)

(2017 年 6 月 14 日由海关总署发布,2017 年 7 月 1 日起施行,法规类型为规范性文件)

2017 年 3 月,中国与新西兰双方海关正式签署了《中华人民共和国海关总署和新西兰海关署关于中华人民共和国海关企业信用管理制度与新西兰海关安全出口计划互认的安排》,决定自 2017 年 7 月 1 日起正式实施该互认安排。现就有关事项公告如下:

一、根据互认安排规定,中新双方相互认可对方海关的"经认证的经营者"(简称"AEO 企业"),为进口自对方 AEO 企业的货物提供通关便利。其中,新西兰海关认可中国海关的高级认证企业为中国的 AEO 企业;中国海关认可新西兰海关"安全出口计划"的成员为新西兰的 AEO 企业。

二、中新双方海关在进出口货物通关时,相互给予对方 AEO 企业如下通关便利措施:减少单证审核和查验;对需要查验的货物给予优先查验;指定海关联络员,负责沟通解决 AEO 企业在通关中遇到的问题;在中断的国际贸易恢复时提供快速通关。

三、中国 AEO 企业向新西兰出口货物时,应当将 AEO 企业身份信息通报给新西兰进口商,由新西兰进口商按照新西兰海关规定填写申报,新西兰海关在确认中国 AEO 企业身份后,将会给予相关便利措施。

四、中国企业从新西兰 AEO 企业进口货物申报时,需要在报关单"备注栏"处填入该企业的新西兰 AEO 编码。填写方式为:"AEO"(英文半角大写)+"〈"(英文半角)+"新西兰 AEO 编码"+"〉"(英文半角)。例如,新西兰 AEO 编码为 NZ1234,则填注:"AEO〈NZ1234〉"。中国海关在确认新西兰 AEO 企业身份后,将会给予相关便利措施。

特此公告。

关于实施中国-以色列海关"经认证的经营者（AEO）"互认的公告

（海关总署公告2018年第116号）

（2018年9月14日由海关总署发布，2018年10月1日起施行，法规类型为规范性文件）

　　2017年11月，中国与以色列双方海关正式签署了《中华人民共和国海关总署和以色列国财政部税务总局关于中国海关企业信用管理制度与以色列海关"经认证的经营者（AEO）"制度互认的安排》（以下简称《互认安排》），决定自2018年10月1日起正式实施该《互认安排》。现就有关事项公告如下：

　　一、根据《互认安排》规定，中以双方相互认可对方海关的"经认证的经营者"（AuthorizedEconomicOperator，简称"AEO企业"），为进口自对方AEO企业的货物提供通关便利。其中，以色列海关认可中国海关的高级认证企业为中国的AEO企业；中国海关认可以色列海关"经认证的经营者"为以色列的AEO企业。

　　二、中以双方海关在进口货物通关时，相互给予对方AEO企业如下通关便利措施：降低进口查验率；进口货物优先通关；在各自项目下，指定海关关员处理与项目成员货物通关相关的事宜；贸易中断恢复后优先办理手续。

　　三、中国AEO企业向以色列出口货物时，需要将AEO企业编码（AEOCN+在中国海关注册的10位企业编码，例如AEOCN0123456789）通报给以色列进口商，由以色列进口商按照以色列海关规定填写申报，以色列海关在确认中国AEO企业身份后，将会给予相关便利措施。

　　四、中国企业从以色列AEO企业进口货物时，需要分别在进口报关单"境外发货人"栏目中的"境外发货人编码"一栏和水、空运货运舱单中的"发货人AEO企业编码"一栏填写该境外发货人的AEO编码。填写方式为："国别（地区）代码+AEO企业编码（9位数字）"，例如"IL123456789"。中国海关在确认以色列AEO企业身份后，将会给予相关便利措施。

　　特此公告。

关于明确"经认证的经营者"（AEO）企业编码填报规范的公告

（海关总署公告2018年第131号）

（2018年10月15日由海关总署发布，2018年11月1日起施行，法规类型为规范性文件）

　　为进一步规范"经认证的经营者"（AEO）企业编码填写格式，减少填写错误，使AEO企业能够及时享受到中国海关与其他国家（地区）海关AEO互认带来的通关便利措施，现将AEO企业编码填制有关事项公告如下：

　　一、境外收发货人为中国海关已互认国家（地区）海关AEO企业的，国内相关企业需要在水、空运货运舱单《原始舱单数据项》或《预配舱单数据项》的"收货人AEO企业编码"、"发货人AEO企业编码"栏目和《中华人民共和国海关进（出）口货物报关单》"境外收发货人"栏目中填写境外收发货人的 AEO 企业编码。

境外收发货人为非互认国家（地区）AEO 企业的，AEO 企业编码免于填写。

二、AEO 企业编码填报样式为："国别（地区）代码+海关企业编码"，例如：新加坡 AEO 企业：SG123456789012（新加坡国别代码+12 位企业编码）。

三、之前 AEO 编码填制要求与本公告不符的，以本公告为准。

本公告自 2018 年 11 月 1 日起施行。

特此公告。

关于实施中国-日本海关"经认证的经营者"（AEO）互认的公告

（海关总署公告 2019 年第 71 号）

（2019 年 4 月 24 日由海关总署发布，2019 年 6 月 1 日起施行，法规类型为规范性文件）

2018 年 10 月，中国与日本双方海关正式签署了《中华人民共和国海关和日本国海关关于中国海关企业信用管理制度和日本海关"经认证的经营者"制度互认的安排》（以下简称《互认安排》），决定自 2019 年 6 月 1 日起正式实施该《互认安排》。现就有关事项公告如下：

一、根据《互认安排》规定，中日双方相互认可对方海关的"经认证的经营者"（Authorized Economic Operator，简称"AEO 企业"），为进口自对方 AEO 企业的货物提供通关便利。其中，日本海关认可中国海关的高级认证企业为中国的 AEO 企业；中国海关认可日本海关"经认证的经营者"为日本的 AEO 企业。

二、中日双方海关在进口货物通关时，相互给予对方 AEO 企业如下通关便利措施：在开展风险评估以减少查验和监管时，充分考虑对方 AEO 企业的资质；对需要查验的货物，在最大程度上进行快速处置；指定海关联络员负责沟通联络，以解决 AEO 企业通关过程中遇到的问题；在主要基础设施从贸易中断恢复后，最大程度上为 AEO 企业的货物提供快速通关。

三、中国 AEO 企业向日本出口货物时，需要将 AEO 企业编码（AEOCN+在中国海关注册的 10 位企业编码，例如 AEOCN0123456789）通报给日本进口商，由日本进口商按照日本海关规定填写申报，日本海关在确认中国 AEO 企业身份后，将会给予相关便利措施。

四、中国企业从日本 AEO 企业进口货物时，需要分别在进口报关单"境外发货人"栏目中的"境外发货人编码"一栏和水、空运货运舱单中的"发货人 AEO 企业编码"一栏填写日本发货人的 AEO 编码。填写方式为："国别（地区）代码+AEO 企业编码（17 位数字）"，例如"JP12345678901234567"。中国海关在确认日本 AEO 企业身份后，将会给予相关便利措施。

特此公告。

关于实施中国-白俄罗斯海关
"经认证的经营者"(AEO)互认的公告

(海关总署公告 2019 年第 101 号)

(2019 年 6 月 14 日由海关总署发布,2019 年 7 月 24 日起施行,法规类型为规范性文件)

2019 年 4 月,中国与白俄罗斯双方海关正式签署了《中华人民共和国海关总署和白俄罗斯共和国国家海关委员会关于中华人民共和国企业信用管理制度和白俄罗斯共和国 AEO 制度互认的安排》(以下简称《互认安排》),决定自 2019 年 7 月 24 日起正式实施。现就有关事项公告如下:

一、根据《互认安排》规定,中白双方相互认可对方海关的"经认证的经营者"(Authorized Economic Operator,简称"AEO 企业"),为双方 AEO 企业的进出口货物提供通关便利。其中,白俄罗斯海关认可中国海关高级认证企业为互认的 AEO 企业,中国海关认可白俄罗斯海关"第三类 AEO 企业"为互认的 AEO 企业。

二、中白双方海关在进出口货物通关时,相互给予对方 AEO 企业如下通关便利措施:减少单证审核;适用较低的查验率;对需要检查的货物给予优先查验;指定海关联络员负责即时沟通,以解决 AEO 企业通关中遇到的问题;实施快速通关,包括在国际贸易中断并恢复后优先通关。

三、与白俄罗斯有进出口贸易的中国海关高级认证企业,需要将 AEO 编码(AEOCN+在中国海关注册的 10 位企业编码,例如 AEOCN0123456789)告知白俄罗斯进口商或出口商,由其按照白俄罗斯海关规定填写申报,白俄罗斯海关在确认中国海关 AEO 企业身份后,将会给予相关便利措施。

四、企业自白俄罗斯"第三类 AEO 企业"进口货物时,需要分别在进口报关单"境外发货人"栏目中的"境外发货人编码"一栏和水、空运货运舱单中的"发货人 AEO 编码"一栏填写白俄罗斯发货人的 AEO 编码;企业向白俄罗斯 AEO 企业出口货物时,需要分别在出口报关单"境外收货人"栏目中的"境外收货人编码"一栏和水、空运货运舱单中的"收货人 AEO 编码"一栏填写白俄罗斯收货人的 AEO 编码。填写方式为:"国别代码(BY)+AEO 企业编码(4 位数字)",例如"BY1234"。中国海关在确认白俄罗斯 AEO 企业身份后,将会给予相关便利措施。

特此公告。

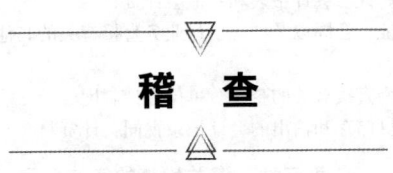

中华人民共和国海关稽查条例

(国务院令第 209 号)

(1997 年 1 月 3 日由国务院发布；根据 2011 年 1 月 8 日国务院令第 588 号《国务院关于废止和修改部分行政法规的决定》第一次修订，根据 2016 年 6 月 19 日国务院令第 670 号《国务院关于修改〈中华人民共和国海关稽查条例〉的决定》第二次修订；现行版本自 2016 年 10 月 1 日起施行；法规类型为行政法规)

第一章 总 则

第一条 为了建立、健全海关稽查制度，加强海关监督管理，维护正常的进出口秩序和当事人的合法权益，保障国家税收收入，促进对外贸易的发展，根据《中华人民共和国海关法》(以下简称海关法)，制定本条例。

第二条 本条例所称海关稽查，是指海关自进出口货物放行之日起 3 年内或者在保税货物、减免税进口货物的海关监管期限内及其后的 3 年内，对与进出口货物直接有关的企业、单位的会计账簿、会计凭证、报关单证以及其他有关资料(以下统称账簿、单证等有关资料)和有关进出口货物进行核查，监督其进出口活动的真实性和合法性。

第三条 海关对下列与进出口货物直接有关的企业、单位实施海关稽查：

(一) 从事对外贸易的企业、单位；
(二) 从事对外加工贸易的企业、单位；
(三) 经营保税业务的企业；
(四) 使用或者经营减免税进口货物的企业、单位；
(五) 从事报关业务的企业；
(六) 海关总署规定的与进出口货物直接有关的其他企业、单位。

第四条 海关根据稽查工作需要，可以向有关行业协会、政府部门和相关企业等收集特定商品、行业与进出口活动有关的信息。收集的信息涉及商业秘密的，海关应当予以保密。

第五条 海关和海关工作人员执行海关稽查职务，应当客观公正，实事求是，廉洁奉公，保守被稽查人的商业秘密，不得侵犯被稽查人的合法权益。

第二章 账簿、单证等有关资料的管理

第六条 与进出口货物直接有关的企业、单位所设置、编制的会计账簿、会计凭证、会计报表和其他会计资料，应当真实、准确、完整地记录和反映进出口业务的有关情况。

第七条 与进出口货物直接有关的企业、单位应当依照有关法律、行政法规规定的保管期限，保管会计账簿、会计凭证、会计报表和其他会计资料。

报关单证、进出口单证、合同以及与进出口业务直接有关的其他资料，应当在本条例第二条规定的期限内保管。

第八条 与进出口货物直接有关的企业、单位会计制度健全，能够通过计算机正确、完整地记账、核算的，其计算机储存和输出的会计记录视同会计资料。

第三章 海关稽查的实施

第九条 海关应当按照海关监管的要求，根据与进出口货物直接有关的企业、单位的进出口信用状况和风险状况以及进出口货物的具体情况，确定海关稽查重点。

第十条 海关进行稽查时，应当在实施稽查的3日前，书面通知被稽查人。在被稽查人有重大违法嫌疑，其账簿、单证等有关资料以及进出口货物可能被转移、隐匿、毁弃等紧急情况下，经直属海关关长或者其授权的隶属海关关长批准，海关可以不经事先通知进行稽查。

第十一条 海关进行稽查时，应当组成稽查组。稽查组的组成人员不得少于2人。

第十二条 海关进行稽查时，海关工作人员应当出示海关稽查证。

海关稽查证，由海关总署统一制发。

第十三条 海关进行稽查时，海关工作人员与被稽查人有直接利害关系的，应当回避。

第十四条 海关进行稽查时，可以行使下列职权：

（一）查阅、复制被稽查人的账簿、单证等有关资料；

（二）进入被稽查人的生产经营场所、货物存放场所，检查与进出口活动有关的生产经营情况和货物；

（三）询问被稽查人的法定代表人、主要负责人员和其他有关人员与进出口活动有关的情况和问题；

（四）经直属海关关长或者其授权的隶属海关关长批准，查询被稽查人在商业银行或者其他金融机构的存款账户。

第十五条 海关进行稽查时，发现被稽查人有可能转移、隐匿、篡改、毁弃账簿、单证等有关资料的，经直属海关关长或者其授权的隶属海关关长批准，可以查封、扣押其账簿、单证等有关资料以及相关电子数据存储介质。采取该项措施时，不得妨碍被稽查人正常的生产经营活动。

海关对有关情况查明或者取证后，应当立即解除对账簿、单证等有关资料以及相关电子数据存储介质的查封、扣押。

第十六条 海关进行稽查时，发现被稽查人的进出口货物有违反海关法和其他有关法律、行政法规规定的嫌疑的，经直属海关关长或者其授权的隶属海关关长批准，可以查封、扣押有关进出口货物。

第十七条 被稽查人应当配合海关稽查工作，并提供必要的工作条件。

第十八条 被稽查人应当接受海关稽查，如实反映情况，提供账簿、单证等有关资料，不得拒绝、拖延、隐瞒。

被稽查人使用计算机记账的，应当向海关提供记账软件、使用说明书及有关资料。

第十九条 海关查阅、复制被稽查人的账簿、单证等有关资料或者进入被稽查人的生产经营场所、货物存放场所检查时，被稽查人的法定代表人或者主要负责人员或者其指定的代表应当到场，并按照海关的要求清点账簿、打开货物存放场所、搬移货物或者开启货物包装。

第二十条 海关进行稽查时，与被稽查人有财务往来或者其他商务往来的企业、单位应当向海关如实反映被稽查人的有关情况，提供有关资料和证明材料。

第二十一条　海关进行稽查时,可以委托会计、税务等方面的专业机构就相关问题作出专业结论。

被稽查人委托会计、税务等方面的专业机构作出的专业结论,可以作为海关稽查的参考依据。

第二十二条　海关稽查组实施稽查后,应当向海关报送稽查报告。稽查报告认定被稽查人涉嫌违法的,在报送海关前应当就稽查报告认定的事实征求被稽查人的意见,被稽查人应当自收到相关材料之日起 7 日内,将其书面意见送交海关。

第二十三条　海关应当自收到稽查报告之日起 30 日内,作出海关稽查结论并送达被稽查人。

海关应当在稽查结论中说明作出结论的理由,并告知被稽查人的权利。

第四章　海关稽查的处理

第二十四条　经海关稽查,发现欠税或者其他进口环节的税收少征或者漏征的,由海关依照海关法和有关税收法律、行政法规的规定向被稽查人补征;因被稽查人违反规定而造成少征或者漏征的,由海关依照海关法和有关税收法律、行政法规的规定追征。

被稽查人在海关规定的期限内仍未缴纳税款的,海关可以依照海关法第六十条第一款、第二款的规定采取强制执行措施。

第二十五条　依照本条例第十六条的规定查封、扣押的有关进出口货物,经海关稽查排除违法嫌疑的,海关应当立即解除查封、扣押;经海关稽查认定违法的,由海关依照海关法和海关行政处罚实施条例的规定处理。

第二十六条　经海关稽查,认定被稽查人有违反海关监管规定的行为的,由海关依照海关法和海关行政处罚实施条例的规定处理。

与进出口货物直接有关的企业、单位主动向海关报告其违反海关监管规定的行为,并接受海关处理的,应当从轻或者减轻行政处罚。

第二十七条　经海关稽查,发现被稽查人有走私行为,构成犯罪的,依法追究刑事责任;尚不构成犯罪的,由海关依照海关法和海关行政处罚实施条例的规定处理。

第二十八条　海关通过稽查决定补征或者追征的税款、没收的走私货物和违法所得以及收缴的罚款,全部上缴国库。

第二十九条　被稽查人同海关发生纳税争议的,依照海关法第六十四条的规定办理。

第五章　法律责任

第三十条　被稽查人有下列行为之一的,由海关责令限期改正,逾期不改正的,处 2 万元以上 10 万元以下的罚款;情节严重的,撤销其报关注册登记;对负有直接责任的主管人员和其他直接责任人员处 5000 元以上 5 万元以下的罚款;构成犯罪的,依法追究刑事责任:

(一)向海关提供虚假情况或者隐瞒重要事实;

(二)拒绝、拖延向海关提供账簿、单证等有关资料以及相关电子数据存储介质;

(三)转移、隐匿、篡改、毁弃报关单证、进出口单证、合同、与进出口业务直接有关的其他资料以及相关电子数据存储介质。

第三十一条　被稽查人未按照规定编制或者保管报关单证、进出口单证、合同以及与进出口业务直接有关的其他资料的,由海关责令限期改正,逾期不改正的,处 1 万元以上 5 万元以下的罚款;情节严重的,撤销其报关注册登记;对负有直接责任的主管人员和其他直接责任人员处 1000 元以上 5000 元以下的罚款。

第三十二条　被稽查人未按照规定设置或者编制账簿,或者转移、隐匿、篡改、毁弃账簿的，依照会计法的有关规定追究法律责任。

第三十三条　海关工作人员在稽查中玩忽职守、徇私舞弊、滥用职权，或者利用职务上的便利，收受、索取被稽查人的财物，构成犯罪的，依法追究刑事责任；尚不构成犯罪的，依法给予处分。

第六章　附　　则

第三十四条　本条例自发布之日起施行。

《中华人民共和国海关稽查条例》实施办法

（海关总署令第230号）

（2016年9月26日由海关总署发布，2016年11月1日起施行，法规类型为部门规章）

第一章　总　　则

第一条　为有效实施《中华人民共和国海关稽查条例》（以下简称《稽查条例》），根据《中华人民共和国海关法》以及相关法律、行政法规，制定本办法。

第二条　《稽查条例》第三条所规定的与进出口货物直接有关的企业、单位包括：

（一）从事对外贸易的企业、单位；

（二）从事对外加工贸易的企业；

（三）经营保税业务的企业；

（四）使用或者经营减免税进口货物的企业、单位；

（五）从事报关业务的企业；

（六）进出口货物的实际收发货人；

（七）其他与进出口货物直接有关的企业、单位。

第三条　海关对与进出口货物直接有关的企业、单位（以下统称进出口企业、单位）的下列进出口活动实施稽查：

（一）进出口申报；

（二）进出口关税和其他税、费的缴纳；

（三）进出口许可证件和有关单证的交验；

（四）与进出口货物有关的资料记载、保管；

（五）保税货物的进口、使用、储存、维修、加工、销售、运输、展示和复出口；

（六）减免税进口货物的使用、管理；

（七）其他进出口活动。

第四条　海关根据稽查工作需要，可以通过实地查看、走访咨询、书面函询、网络调查和委托调查等方式向有关行业协会、政府部门和相关企业等开展贸易调查，收集下列信息：

（一）政府部门监督管理信息；

（二）特定行业、企业的主要状况、贸易惯例、生产经营、市场结构等信息；

（三）特定商品的结构、成分、等级、功能、用途、工艺流程、工作原理等技术指标或者技术参数以及价格等信息；

（四）其他与进出口活动有关的信息。

有关政府部门、金融机构、行业协会和相关企业等应当配合海关贸易调查，提供有关信息。

第二章 账簿、单证等资料的管理

第五条 进出口企业、单位应当依据《中华人民共和国会计法》以及其他有关法律、行政法规的规定设置、编制和保管会计账簿、会计凭证、会计报表和其他会计资料，建立内部管理制度，真实、准确、完整地记录和反映进出口活动。

进出口企业、单位应当编制和保管能够反映真实进出口活动的原始单证和记录等资料。

第六条 进出口企业、单位应当在《稽查条例》第二条规定的期限内，保管报关单证、进出口单证、合同以及与进出口业务直接有关的其他资料或者电子数据。

第三章 海关稽查的实施

第七条 海关稽查由被稽查人注册地海关实施。被稽查人注册地与货物报关地或者进出口地不一致的，也可以由报关地或者进出口地海关实施。

海关总署可以指定或者组织下级海关实施跨关区稽查。直属海关可以指定或者组织下级海关在本关区范围内实施稽查。

第八条 海关稽查应当由具备稽查执法资格的人员实施，实施稽查时应当向被稽查人出示海关稽查证。

第九条 海关实施稽查 3 日前，应当向被稽查人制发《海关稽查通知书》。

海关不经事先通知实施稽查的，应当在开始实施稽查时向被稽查人制发《海关稽查通知书》。

第十条 海关稽查人员实施稽查时，有下列情形之一的，应当回避：

（一）海关稽查人员与被稽查人的法定代表人或者主要负责人有近亲属关系的；

（二）海关稽查人员或者其近亲属与被稽查人有利害关系的；

（三）海关稽查人员或者其近亲属与被稽查人有其他关系，可能影响海关稽查工作正常进行的。

被稽查人有正当理由，可以对海关稽查人员提出回避申请。但在海关作出回避决定前，有关海关稽查人员不停止执行稽查任务。

第十一条 海关稽查人员查阅、复制被稽查人的会计账簿、会计凭证、报关单证以及其他有关资料（以下统称账簿、单证等有关资料）时，被稽查人的法定代表人或者主要负责人或者其指定的代表（以下统称被稽查人代表）应当到场，按照海关要求如实提供并协助海关工作。

对被稽查人的账簿、单证等有关资料进行复制的，被稽查人代表应当在确认复制资料与原件无误后，在复制资料上注明出处、页数、复制时间以及"本件与原件一致，核对无误"，并签章。

被稽查人以外文记录账簿、单证等有关资料的，应当提供符合海关要求的中文译本。

第十二条 被稽查人利用计算机、网络通信等现代信息技术手段进行经营管理的，应当向海关提供账簿、单证等有关资料的电子数据，并根据海关要求开放相关系统、提供使用说明及其他有关资料。对被稽查人的电子数据进行复制的，应当注明制作方法、制作时间、制作人、数据内容以及原始载体存放处等，并由制作人和被稽查人代表签章。

第十三条 被稽查人所在场所不具备查阅、复制工作条件的，经被稽查人同意，海关可以在其他场所查阅、复制。

海关需要在其他场所查阅、复制的，应当填写《海关稽查调审单》，经双方清点、核对后，由海关稽查人员签名和被稽查人代表在《海关稽查调审单》上签章。

第十四条 海关稽查人员进入被稽查人的生产经营场所、货物存放场所，检查与进出口活动有关的生产经营情况和货物时，被稽查人代表应当到场，按照海关的要求开启场所、搬移货物，开启、重封货物的包装等。

检查结果应当由海关稽查人员填写《检查记录》，由海关稽查人员签名和被稽查人代表在《检查记录》上签章。

第十五条 海关稽查人员询问被稽查人的法定代表人、主要负责人和其他有关人员时，应当制作《询问笔录》，并由询问人、记录人和被询问人签名确认。

第十六条 海关实施稽查时，可以向与被稽查人有财务往来或者其他商务往来的企业、单位收集与进出口活动有关的资料和证明材料，有关企业、单位应当配合海关工作。

第十七条 经直属海关关长或者其授权的隶属海关关长批准，海关可以凭《协助查询通知书》向商业银行或者其他金融机构查询被稽查人的存款账户。

第十八条 海关实施稽查时，发现被稽查人有可能转移、隐匿、篡改、毁弃账簿、单证等有关资料的，经直属海关关长或者其授权的隶属海关关长批准，可以查封、扣押其账簿、单证等有关资料及相关电子数据存储介质。

海关实施稽查时，发现被稽查人的进出口货物有违反海关法或者其他有关法律、行政法规嫌疑的，经直属海关关长或者其授权的隶属海关关长批准，可以查封、扣押有关进出口货物。

海关实施查封、扣押应当依据《中华人民共和国行政强制法》以及其他有关法律、行政法规。

第十九条 被稽查人有《稽查条例》第三十条、第三十一条所列行为之一的，海关应当制发《海关限期改正通知书》，告知被稽查人改正的内容和期限，并对改正情况进行检查。

被稽查人逾期不改正的，海关可以依据海关相关规定调整其信用等级。

第二十条 稽查组发现被稽查人涉嫌违法或少征、漏征税款的，应当书面征求被稽查人意见，被稽查人应当自收到相关材料之日起7日内提出书面意见送交稽查组。

第二十一条 稽查组实施稽查后，应当向海关报送稽查报告。海关应当在收到稽查报告之日起30日内作出《海关稽查结论》，并送达被稽查人。

第二十二条 有下列情形之一的，经直属海关关长或者其授权的隶属海关关长批准，海关可以终结稽查：

（一）被稽查人下落不明的；

（二）被稽查人终止，无权利义务承受人的。

第二十三条 海关发现被稽查人未按照规定设置或者编制账簿，或者转移、隐匿、篡改、毁弃账簿的，应当将有关情况通报被稽查人所在地的县级以上人民政府财政部门。

第二十四条 海关实施稽查时，可以委托会计师事务所、税务师事务所或者其他具备会计、税务等相关资质和能力的专业机构，就相关问题作出专业结论，经海关认可后可以作为稽查认定事实的证据材料。被稽查人委托专业机构作出的专业结论，可以作为海关稽查的参考依据。

海关委托专业机构的，双方应当签订委托协议，明确委托事项和权利义务等。

专业机构有弄虚作假、隐瞒事实、违反保密约定等情形的，海关应当如实记录，作出相应处置，并可以通报有关主管部门或者行业协会。

第四章 主动披露

第二十五条 进出口企业、单位主动向海关书面报告其违反海关监管规定的行为并接受海关处理的，海关可以认定有关企业、单位主动披露。但有下列情形之一的除外：

（一）报告前海关已经掌握违法线索的；
（二）报告前海关已经通知被稽查人实施稽查的；
（三）报告内容严重失实或者隐瞒其他违法行为的。

第二十六条 进出口企业、单位主动披露应当向海关提交账簿、单证等有关证明材料，并对所提交材料的真实性、准确性、完整性负责。

海关应当核实主动披露的进出口企业、单位的报告，可以要求其补充有关材料。

第二十七条 对主动披露的进出口企业、单位，违反海关监管规定的，海关应当从轻或者减轻行政处罚；违法行为轻微并及时纠正，没有造成危害后果的，不予行政处罚。

对主动披露并补缴税款的进出口企业、单位，海关可以减免滞纳金。

第五章 附则

第二十八条 本办法所规定的"日"均为自然日。文书送达或者期间开始当日，不计算在期间内。期间届满的最后一日遇休息日或者法定节假日的，应当顺延至休息日或者法定节假日之后的第一个工作日。

第二十九条 被稽查人拒绝签收稽查文书的，海关可以邀请见证人到场，说明情况，注明事由和日期，由见证人和至少两名海关稽查人员签名，把稽查文书留在被稽查人的生产经营场所。海关也可以把稽查文书留在被稽查人的生产经营场所，并采用拍照、录像等方式记录全过程，即视为被稽查人已经签收。

第三十条 被稽查人代表对相关证据材料不签章的，海关稽查人员应当在相关材料上予以注明，并由至少两名海关稽查人员签名。

海关实施查阅、复制、检查时，被稽查人代表不到场的，海关应当注明事由和日期，并由至少两名海关稽查人员签名。

第三十一条 本办法所规定的签章，是指被稽查人代表签名或者加盖被稽查人印章。

第三十二条 本办法所规定使用的稽查文书由海关总署另行公布。

第三十三条 本办法由海关总署负责解释。

第三十四条 本办法自 2016 年 11 月 1 日起实施。2000 年 1 月 11 日海关总署令第 79 号公布的《〈中华人民共和国海关稽查条例〉实施办法》同时废止。

海关工作人员使用武器和警械的规定

（海关总署　公安部令第 7 号）

（1989 年 6 月 19 日由海关总署、公安部发布，根据 2011 年 1 月 8 日国务院令第 588 号《国务院关于废止和修改部分行政法规的决定》修订，现行版本自 2011 年 1 月 8 日起施行，法规类型为部门规章）

第一条 为保证海关工作人员依法使用武器和警械，履行职责，根据《中华人民共和国海关法》第六条的规定，制定本规定。

第二条 海关工作人员使用的武器和警械，经当地公安机关同意后由海关总署统一配发。海关工作人员执行缉私任务时，应当依照本规定使用武器和警械。

海关工作人员使用的武器和警械包括：轻型枪支、电警棍、手铐及其他经批准列装的武器和警械。

第三条 配发给海关的武器和警械一律公用，不配发个人专用的武器和警械。

海关工作人员持枪执行缉私任务时，应当随身携带当地公安机关核发的持枪证或者持枪通行证。

第四条 海关工作人员执行缉私任务，遇有下列情形之一的，可以开枪射击：

（一）追缉逃跑的走私团伙或者遭遇武装掩护走私，非开枪不足以制服时；

（二）走私分子或者走私嫌疑人以暴力抗拒检查，抢夺武器或者警械，威胁海关工作人员生命安全，非开枪不能自卫时；

（三）走私分子或者走私嫌疑人以暴力劫夺查扣的走私货物、物品和其他证据，非开枪不能制止时。

第五条 海关工作人员执行缉私任务，遇有下列情形之一的，可以使用警械：

（一）走私分子或者走私嫌疑人以暴力抗拒检查或者逃跑时；

（二）走私分子或者走私嫌疑人以暴力抗拒查扣走私货物、物品和其他证据时；

（三）执行缉私任务受到袭击需要自卫时；

（四）遇有其他需要使用警械的情形时。

第六条 海关工作人员使用武器或者警械时，应当以制服对方为限度。海关工作人员依照本规定第四条的规定开枪射击时，除特别紧迫的情况外，应当先口头警告或者鸣枪警告，对方一有畏服表现，应当立即停止射击。开枪射击造成人员伤亡的，应当保护现场，并立即向上级海关和当地公安机关报告。

第七条 海关工作人员违反本规定，滥用武器或者警械的，应当根据情节，依法追究有关人员的责任。

第八条 本规定自发布之日起施行。

中华人民共和国海关对检举或协助查获违反海关法案件有功人员的奖励办法

（海关总署令第 8 号）

（1989 年 8 月 22 日由海关总署发布，根据 2010 年 11 月 26 日海关总署令第 198 号《海关总署关于修改部分规章的决定》修改，现行版本自 2010 年 11 月 26 日起施行，法规类型为部门规章）

第一条 根据《中华人民共和国海关法》第十三条的规定，特制定本办法。

第二条 对检举以及协助海关查获走私案件或违反海关监管规定案件的单位或个人，依照本办法，由海关发给奖励金。

前款和本办法第七条所述单位或个人不包括负有经济监督、检查、管理职能和协助海关查缉、处理违反海关法案件任务的机关及其工作人员。

第三条 对走私案件的检举人，海关按实际查获私货变价收入的百分之十以内掌握发给奖励金，最高不超过人民币十万元。对按规定应将没收物品销毁或无偿移交政府专管机关的走私案件，海关视案情和检举人贡献大小，发给检举人人民币三百元以上、五万元以下的奖励金。

第四条 对由于检举而查获的违反海关监管规定的案件，属于补征税款挽回国家经济损失的，按补税和罚款总额的百分之三以内发给检举人奖励金；对仅给予罚款处罚的违规案件，按罚款额的百分之三以内发给检举人奖励金。

第五条 同一案件有两个或两个以上检举人的，奖励金额由海关视每个检举人的贡献大小，分别发给。

第六条 对有特殊贡献的案件检举人，经海关总署批准，奖励金不受上述数额的限制。

第七条 对向海关提供案件线索或协助海关查获案件的有关单位和个人，按照贡献大小，酌情给予奖励。

第八条 对居住在境外的检举走私及违反海关监管规定案件的检举人，奖励金之部分或全部可以发给外币。

第九条 受奖的个人或单位，应在海关发出奖励通知之日起六个月内到通知单位领取，逾期不领取的，视为自动放弃。

第十条 海关为检举和协助查获走私及违反海关监管规定案件的个人和单位严格保密。

第十一条 本办法自一九八九年九月一日起实施。海关总署一九八五年一月十五日发布的《中华人民共和国海关奖励缉私办法》同时废止。

关于规范海关核查工作的公告

（海关总署公告2018年第195号）

(2018年12月12日由海关总署发布，2019年1月1日起施行，法规类型为规范性文件)

为规范海关核查工作，保障海关统一执法，维护被核查人的合法权益，现对有关事项公告如下：

一、海关实施核查时，需要对被核查人的有关资料进行复制的，由被核查人的法定代表人或者主要负责人或者其指定的代表（以下统称被核查人代表）确认复制资料与原件无误后，在复制资料上注明出处、页数、复制时间以及"本件与原件一致，核对无误"并签章。有关资料需要翻译的，被核查人应当提供符合海关要求的译本，并由翻译机构盖章或者翻译人员签名。

海关对被核查人的电子数据进行复制的，应当注明制作方法、制作时间、制作人、数据内容以及原始载体存放处等，由制作人和被核查人代表签章。

二、海关进行检查时，应当制作《中华人民共和国海关检查记录》（附件1），经双方核对无误后，由核查人员和检查场所负责人签名，被核查人代表签章。

三、海关询问被核查人的法定代表人、主要负责人和其他有关人员时，应当制作《中华人民共和国海关询问笔录》（附件2），并由询问人、记录人和被询问人签名确认。

四、海关进行抽样、采样时，应当填写《中华人民共和国海关抽/采样凭证》（附件3），经双方核对无误后，由核查人员签字及被核查人代表签章。

五、海关依据相关法律、行政法规、规章规定，要求被核查人进行整改的，应当制发《中华人民共和国海关核查整改通知书》（附件4）。

六、核查结束时，海关应当填写《核查工作记录》（附件5），经双方核对无误后，由核查人员签字及被核查人代表签章。

本公告自2019年1月1日起施行，《海关总署关于开展后续核查工作的公告》（海关总署公告〔2017〕28号）同时废止。

特此公告。

附件：1. 中华人民共和国海关检查记录
2. 中华人民共和国海关询问笔录
3. 中华人民共和国海关抽、采样凭证
4. 中华人民共和国海关核查整改通知书
5. 核查工作记录

附件1

中华人民共和国　海关
检 查 记 录
（正本）

编号：_____

企业名称：_____
检查地点：_____
根据_____规定，海关于___年___月___日___时___分至___年___月___日___时___分，在_____的协助下，对_____进行了检查。
检查经过及情况：_____
检查结果：_____
被核查人代表意见及签章：_____
海关人员签字：_____　　年　月　日
备注：_____

此件交企业

附表
检查情况表
（正本）

检查场所：_____

名称	规格	数量	单位	贸易性质	状态	备注

随附资料共___页。

检查场所负责人签名：_____
海关人员签名：_____

中华人民共和国 海关
检查记录
（副本）

编号：_____

企业名称：_____
检查地点：_____
　　根据_____规定，海关于__年_月_日
___时___分至__年__月__日__时__分，在_____的
协助下，对_____进行了检查。
检查经过及情况：_____

检查结果：_____

被核查人代表意见及签章：_____

海关人员签字：_____ _____　　年　月　日
备注：_____
此件由海关留存

附表
检查情况表
（副本）

检查场所：_____

名称	规格	数量	单位	贸易性质	状态	备注

随附资料共____页。
检查场所负责人签名：_____
海关人员签名：_____

填制说明：
1、需要随附其他资料的，应在检查记录备注栏中注明。
2、检查货物时，应当填制附件《检查情况表》。
3、应注明所依据的法律、法规及规章的具体条文。

附件2

中华人民共和国 海关
询问笔录

第__次第__页共__页

被询问人：_____性别：_____
证件名称：_____证件号码：_____
住址：_____
工作单位：_____联系方式：_____
单位地址：_____职务：_____
询问时间：__年_月_日_时_分至__年_月_日_时_分
询问地点：_____
问：_____
答：_____
_____
_____
_____
_____
_____
_____

询问人：_____被询问人：_____
记录人：_____

询问笔录

第__次第__页共__页

_____
_____
_____
_____
_____
_____
_____
_____
_____
_____
_____
_____

询问人：_____被询问人：_____
记录人：_____

附件3

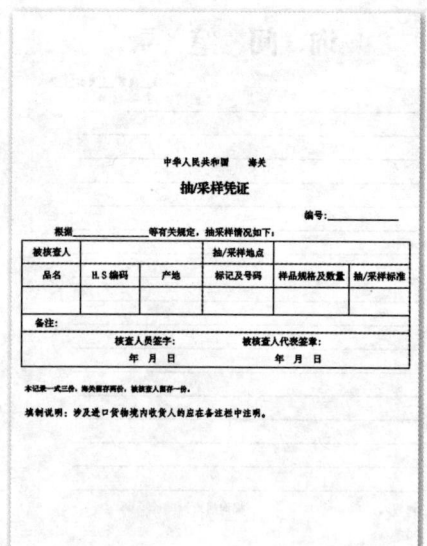

附件4

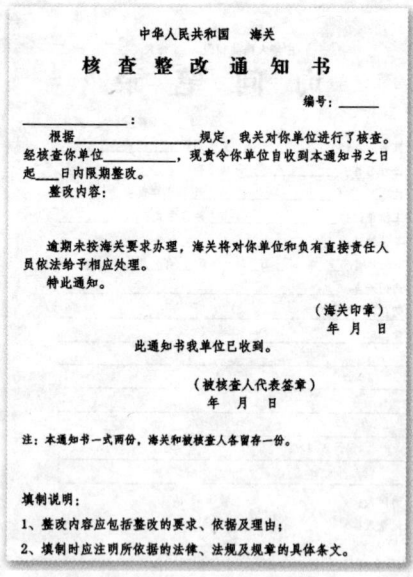

附件 5

核查工作记录

编号：＿＿＿＿

企业情况	名称			
	统一社会信用代码（或注册/备案号）			
	工商注册地址			
	联系人		联系电话	
	核查时间		是否通知	□是 □否
	核查地点			
核查情况	核查项目：			
	被核查人提供的资料：			
	核查内容：			
	核查人员签名： 年 月 日	被核查人签章： 本企业保证所提供的资料准确无误，愿意为之承担法律责任。 （被核查人代表签章） 年 月 日		
备注				

注：本记录一式三份，海关留存两份，被核查人留存一份。

填制说明：
1. 核查时间：核查的起止日期。
2. 核查地点：核查的具体地址。
3. 核查项目：核查的主要目标或者原因。
4. 被核查人提供的资料：被核查人提供的数据、报表、账簿、单证等资料的名称和数量（包括电子资料）。
5. 核查内容：核查的过程、核查的内容等情况。

其他相关

中华人民共和国海关报关单位注册登记管理规定

（海关总署令第 221 号）

（2014 年 3 月 13 日由海关总署发布；根据 2017 年 12 月 20 日海关总署令第 235 号《海关总署关于修改部分规章的决定》修改，根据 2018 年 5 月 29 日海关总署令 240 号《海关总署关于修改部分规章的决定》修改；现行版本自 2018 年 7 月 1 日起施行；法规类型为部门规章）

第一章 总 则

第一条 为了规范海关对报关单位的注册登记管理，根据《中华人民共和国海关法》（以下简称《海关法》）以及其他有关法律和行政法规，制定本规定。

第二条 中华人民共和国海关是报关单位注册登记管理的主管机关。

第三条 报关单位办理报关业务应当遵守国家有关法律、行政法规和海关规章的规定，承担相应的法律责任。

报关单位对其所属报关人员的报关行为应当承担相应的法律责任。

第四条 除法律、行政法规或者海关规章另有规定外，办理报关业务的报关单位，应当按照本规定到海关办理注册登记。

第五条 报关单位注册登记分为报关企业注册登记和进出口货物收发货人注册登记。

报关企业应当经所在地直属海关或者其授权的隶属海关办理注册登记许可后，方能办理报关业务。

进出口货物收发货人可以直接到所在地海关办理注册登记。

报关单位应当在每年 6 月 30 日前向注册地海关提交《报关单位注册信息年度报告》。

报关单位所属人员从事报关业务的，报关单位应当到海关办理备案手续，海关予以核发证明。

报关单位可以在办理注册登记手续的同时办理所属报关人员备案。

第六条 进出口货物收发货人应当通过本单位所属的报关人员办理报关业务，或者委托海关准予注册登记的报关企业，由报关企业所属的报关人员代为办理报关业务。

海关可以将报关单位的报关业务情况以及所属报关人员的执业情况予以公布。

第七条 已经在海关办理注册登记的报关单位，再次向海关提出注册登记申请的，海关不予受理。

第二章 报关企业注册登记

第八条 报关企业应当具备下列条件：

（一）具备境内企业法人资格条件；
（二）法定代表人无走私记录；
（三）无因走私违法行为被海关撤销注册登记许可记录；
（四）有符合从事报关服务所必需的固定经营场所和设施；
（五）海关监管所需要的其他条件。

第九条 申请报关企业注册登记许可，应当提交《报关单位情况登记表》。
申请人按照本条第一款规定提交复印件的，应当同时向海关交验原件。

第十条 申请人应当到所在地海关提出申请并递交申请注册登记许可材料。
直属海关应当对外公布受理申请的场所。

第十一条 申请人可以委托代理人提出注册登记许可申请。
申请人委托代理人代为提出申请的，应当出具授权委托书。

第十二条 对申请人提出的申请，海关应当根据下列情况分别作出处理：
（一）申请人不具备报关企业注册登记许可申请资格的，应当作出不予受理的决定；
（二）申请材料不齐全或者不符合法定形式的，应当当场或者在签收申请材料后五日内一次告知申请人需要补正的全部内容，逾期不告知的，自收到申请材料之日起即为受理；
（三）申请材料仅存在文字性或者技术性等可以当场更正的错误的，应当允许申请人当场更正，并且由申请人对更正内容予以签章确认；
（四）申请材料齐全、符合法定形式，或者申请人按照海关的要求提交全部补正申请材料的，应当受理报关企业注册登记许可申请，并作出受理决定。

第十三条 所在地海关受理申请后，应当根据法定条件和程序进行全面审查，并且于受理注册登记许可申请之日起20日内审查完毕。
直属海关未授权隶属海关办理注册登记许可的，应当自收到所在地海关报送的审查意见之日起20日内作出决定。
直属海关授权隶属海关办理注册登记许可的，隶属海关应当自受理或者收到所在地海关报送的审查意见之日起20日内作出决定。

第十四条 申请人的申请符合法定条件的，海关应当依法作出准予注册登记许可的书面决定，并送达申请人，同时核发《中华人民共和国海关报关单位注册登记证书》。
申请人的申请不符合法定条件的，海关应当依法作出不准予注册登记许可的书面决定，并且告知申请人享有依法申请行政复议或者提起行政诉讼的权利。

第十五条 报关企业在取得注册登记许可的直属海关关区外从事报关服务的，应当依法设立分支机构，并且向分支机构所在地海关备案。
报关企业在取得注册登记许可的直属海关关区内从事报关服务的，可以设立分支机构，并且向分支机构所在地海关备案。
报关企业分支机构可以在备案海关关区内从事报关服务。备案海关为隶属海关的，报关企业分支机构可以在备案海关所属直属海关关区内从事报关服务。
报关企业对其分支机构的行为承担法律责任。

第十六条 报关企业设立分支机构应当向其分支机构所在地海关提交《报关单位情况登记表》。
经审查符合备案条件的，海关应当核发《中华人民共和国海关报关单位注册登记证书》。

第十七条 被许可人需要延续注册登记许可有效期的，应当办理注册登记许可延续手续。
报关企业分支机构应当在有效期届满前30日持本规定第十六条规定的材料向分支机构所在地海关办理换证手续。

第十八条 报关企业的企业名称、法定代表人发生变更的，应当凭《报关单位情况登记表》、《中华人民共和国海关报关单位注册登记证书》以及变更证明文件等相关材料,以书面形式向注册地海关申请变更注册登记许可。

报关企业分支机构企业名称、企业性质、企业住所、负责人等海关备案内容发生变更的,应当自变更生效之日起30日内向所在地海关办理变更手续。

所属报关人员备案内容发生变更的,报关企业及其分支机构应当在变更事实发生之日起30日内,向注册地海关办理变更手续。

第十九条 对被许可人提出的变更注册登记许可申请,注册地海关应当参照注册登记许可程序进行审查。经审查符合注册登记许可条件的,应当作出准予变更的决定,同时办理注册信息变更手续。

经审查不符合注册登记许可条件的,海关不予变更其注册登记许可。

第二十条 报关企业办理注册登记许可延续手续,应当在有效期届满40日前向海关提出申请。

报关企业应当在办理注册登记许可延续的同时办理换领《中华人民共和国海关报关单位注册登记证书》手续。

报关企业未按照本条第一款规定的时限提出延续申请的,海关不再受理其注册登记许可延续申请。

第二十一条 海关应当参照注册登记许可程序在有效期届满前对报关企业的延续申请予以审查。经审查认定符合注册登记许可条件,以及法律、行政法规、海关规章规定的延续注册登记许可应当具备的其他条件的,应当依法作出准予延续2年有效期的决定。

海关应当在注册登记许可有效期届满前作出是否准予延续的决定。有效期届满时仍未作出决定的,视为准予延续,海关应当依法为其办理注册登记许可延续手续。

海关对不再具备注册登记许可条件,或者不符合法律、行政法规、海关规章规定的延续注册登记许可应当具备的其他条件的报关企业,不准予延续其注册登记许可。

第二十二条 有下列情形之一的,海关应当依法注销注册登记许可:

(一) 有效期届满未申请延续的;

(二) 报关企业依法终止的;

(三) 注册登记许可依法被撤销、撤回,或者注册登记许可证件依法被吊销的;

(四) 由于不可抗力导致注册登记许可事项无法实施的;

(五) 法律、行政法规规定的应当注销注册登记许可的其他情形。

海关依据本条第一款规定注销报关企业注册登记许可的,应当同时注销该报关企业设立的所有分支机构。

第三章 进出口货物收发货人注册登记

第二十三条 进出口货物收发货人应当按照规定到所在地海关办理报关单位注册登记手续。

进出口货物收发货人在海关办理注册登记后可以在中华人民共和国关境内口岸或者海关监管业务集中的地点办理本企业的报关业务。

第二十四条 进出口货物收发货人申请办理注册登记,应当提交《报关单位情况登记表》。

第二十五条 注册地海关依法对申请注册登记材料进行核对。经核对申请材料齐全、符合法定形式的,应当核发《中华人民共和国海关报关单位注册登记证书》。

第二十六条 除海关另有规定外,进出口货物收发货人《中华人民共和国海关报关单位注册登记证书》长期有效。

第二十七条 下列单位未取得对外贸易经营者备案登记表，按照国家有关规定需要从事非贸易性进出口活动的，应当办理临时注册登记手续：
（一）境外企业、新闻、经贸机构、文化团体等依法在中国境内设立的常驻代表机构；
（二）少量货样进出境的单位；
（三）国家机关、学校、科研院所等组织机构；
（四）临时接受捐赠、礼品、国际援助的单位；
（五）其他可以从事非贸易性进出口活动的单位。

第二十八条 临时注册登记单位在向海关申报前，应当向所在地海关办理备案手续。特殊情况下可以向拟进出境口岸或者海关监管业务集中地海关办理备案手续。

第二十九条 办理临时注册登记，应当凭本单位出具的委派证明或者授权证明以及非贸易性活动证明材料。

第三十条 临时注册登记的，海关可以出具临时注册登记证明，但是不予核发注册登记证书。
临时注册登记有效期最长为1年，有效期届满后应当重新办理临时注册登记手续。
已经办理报关注册登记的进出口货物收发货人，海关不予办理临时注册登记手续。

第三十一条 进出口货物收发货人企业名称、企业性质、企业住所、法定代表人（负责人）等海关注册登记内容发生变更的，应当自变更生效之日起30日内，凭变更证明文件及相关材料，向注册地海关办理变更手续。
所属报关人员发生变更的，进出口货物收发货人应当在变更事实发生之日起30日内，向注册地海关办理变更手续。

第三十二条 进出口货物收发货人有下列情形之一的，应当以书面形式向注册地海关办理注销手续。海关在办结有关手续后，应当依法办理注销注册登记手续。
（一）破产、解散、自行放弃报关权或者分立成两个以上新企业的；
（二）被工商行政管理机关注销登记或者吊销营业执照的；
（三）丧失独立承担责任能力的；
（四）对外贸易经营者备案登记表或者外商投资企业批准证书失效的；
（五）其他依法应当注销注册登记的情形。
进出口货物收发货人未依照本条第一款主动办理注销手续的，海关可以在办结有关手续后，依法注销其注册登记。

第四章　报关单位的管理

第三十三条 报关单位有权向海关查询其办理的报关业务情况。

第三十四条 报关单位应当妥善保管海关核发的注册登记证书等相关证明文件。发生遗失的，报关单位应当及时书面向海关报告并说明情况。
海关应当自收到情况说明之日起20日内予以补发相关证明文件。遗失的注册登记证书等相关证明文件在补办期间仍然处于有效期间的，报关单位可以办理报关业务。

第三十五条 报关单位向海关提交的进出口货物报关单应当加盖本单位的报关专用章。
报关专用章应当按照海关总署统一规定的要求刻制。
报关企业及其分支机构的报关专用章仅限在其取得注册登记许可或者备案的直属海关关区内使用。
进出口货物收发货人的报关专用章可以在全关境内使用。

第三十六条 报关单位在办理注册登记业务时，应当对所提交的申请材料以及所填报信息内容的真实性负责并且承担法律责任。

第三十七条 海关依法对报关单位从事报关活动及其经营场所进行监督和实地检查,依法查阅或者要求报关单位报送有关材料。报关单位应当积极配合,如实提供有关情况和材料。

第三十八条 海关对报关单位办理海关业务中出现的报关差错予以记录,并且公布记录情况的查询方式。

报关单位对报关差错记录有异议的,可以自报关差错记录之日起15日内向记录海关以书面方式申请复核。

海关应当自收到书面申请之日起15日内进行复核,对记录错误的予以更正。

第五章 附 则

第三十九条 报关单位、报关人员违反本规定,构成走私行为、违反海关监管规定行为或者其他违反《海关法》行为的,由海关依照《海关法》和《中华人民共和国海关行政处罚实施条例》的有关规定予以处理;构成犯罪的,依法追究刑事责任。

第四十条 报关单位有下列情形之一的,海关予以警告,责令其改正,可以处1万元以下罚款:

(一)报关单位企业名称、企业性质、企业住所、法定代表人(负责人)等海关注册登记内容发生变更,未按照规定向海关办理变更手续的;

(二)向海关提交的注册信息中隐瞒真实情况、弄虚作假的。

第四十一条 《中华人民共和国海关报关单位注册登记证书》、《报关单位情况登记表》、《报关单位注册信息年度报告》等法律文书以及格式文本,由海关总署另行制定公布。

第四十二条 本规定规定的期限以工作日计算,不含法定节假日、休息日。

第四十三条 本规定中下列用语的含义:

报关单位,是指按照本规定在海关注册登记的报关企业和进出口货物收发货人。

报关企业,是指按照本规定经海关准予注册登记,接受进出口货物收发货人的委托,以委托人的名义或者以自己的名义,向海关办理代理报关业务,从事报关服务的中华人民共和国关境内的企业法人。

进出口货物收发货人,是指依法直接进口或者出口货物的中华人民共和国关境内的法人、其他组织或者个人。

报关人员,是指经报关单位向海关备案,专门负责办理所在单位报关业务的人员。

报关差错率,是指报关单位被记录报关差错的总次数,除以同期申报总次数的百分比。

第四十四条 海关特殊监管区域内企业可以申请注册登记成为特殊监管区域双重身份企业,海关按照报关企业有关规定办理注册登记手续。

特殊监管区域双重身份企业在海关特殊监管区域内拥有进出口货物收发货人和报关企业双重身份,在海关特殊监管区外仅具报关企业身份。

除海关特殊监管区域双重身份企业外,报关单位不得同时在海关注册登记为进出口货物收发货人和报关企业。

第四十五条 本规定由海关总署负责解释。

第四十六条 本规定自公布之日起施行。2005年3月31日以海关总署令第127号发布的《中华人民共和国海关对报关单位注册登记管理规定》同时废止。

关于企业报关报检资质合并有关事项的公告

(海关总署公告2018年第28号)

(2018年4月16日由海关总署发布,2018年4月20日起施行,法规类型为规范性文件)

为贯彻落实《深化党和国家机构改革方案》工作部署,海关总署对企业报关报检资质进行了优化整合,现将有关事项公告如下:

一、企业报关报检资质合并范围

(一)将检验检疫自理报检企业备案与海关进出口货物收发货人备案,合并为海关进出口货物收发货人备案。企业备案后同时取得报关和报检资质。

(二)将检验检疫代理报检企业备案与海关报关企业(包括海关特殊监管区域双重身份企业)注册登记或者报关企业分支机构备案,合并为海关报关企业注册登记和报关企业分支机构备案。企业注册登记或者企业分支机构备案后,同时取得报关和报检资质。

(三)将检验检疫报检人员备案与海关报关人员备案,合并为报关人员备案。报关人员备案后同时取得报关和报检资质。

具体办理上述业务的现场(以下简称"业务现场")相关信息由各直属海关对外进行公告。企业向海关办理其他注册登记或者备案业务的,暂时按照原有模式办理。

二、新企业注册登记或者备案业务办理方式

自2018年4月20日起,企业在海关注册登记或者备案后,将同时取得报关报检资质。

(一)注册登记或者备案申请。

企业在互联网上办理注册登记或者备案的,应当通过"中国国际贸易单一窗口"标准版(以下简称"单一窗口",网址:http://www.singlewindow.cn/)"企业资质"子系统填写相关信息,并向海关提交申请。企业申请提交成功后,可以到其所在地海关任一业务现场提交申请材料。

企业同时办理报关人员备案的,应当在"单一窗口"相关业务办理中,同时填写报关人员备案信息。其中,报关人员身份证件信息应当填写居民身份证相关信息,"单一窗口"暂时不支持使用其他身份证件办理报关人员备案。

除在"单一窗口"办理注册登记或者备案申请外,企业还可以携带书面申请材料到业务现场申请办理相关业务。

(二)提交申请材料。

企业按照申请经营类别情况,向海关业务现场提交下列书面申请材料:

1. 申请进出口货物收发货人备案的,需要提交:营业执照复印件、对外贸易经营者备案登记表(或者外商投资企业批准证书、外商投资企业设立备案回执、外商投资企业变更备案回执)复印件。

2. 申请报关企业(海关特殊监管区域双重身份企业)注册登记的,需要提交:注册登记许可申请书、企业法人营业执照复印件、报关服务营业场所所有权证明或者使用权证明。

3. 申请报关企业分支机构备案的,需要提交:报关企业《中华人民共和国海关报关单位注册登记证书》复印件、分支机构营业执照复印件、报关服务营业场所所有权证明或者使用权证明。

此外，企业通过"单一窗口"还可向海关申请备案成为加工生产企业或者无报关权的其他企业，企业需提交营业执照复印件。企业备案后可以办理报检业务，但不能办理报关业务。

企业提交的书面申请材料应当加盖企业印章；向海关提交复印件的，应当同时交验原件。

（三）海关审核。

海关在收取企业申请材料后进行审核，审核通过的，予以注册登记或者备案；审核不通过的，应当一次性告知企业需要补正的全部内容。海关将审核结果通过"单一窗口"反馈企业，企业登录"单一窗口"可以查询注册登记或者备案办理结果。

（四）证书发放。

自2018年4月20日起，海关向注册登记或者备案企业同时核发《中华人民共和国海关报关单位注册登记证书》和《出入境检验检疫报检企业备案表》，相关证书或者备案表加盖海关注册备案专用章。企业有需要的，可以在业务现场领取；没有领取的，不影响企业办理海关业务。

2018年4月20日前，原检验检疫部门核发的《出入境检验检疫报检企业备案表》继续有效。

三、已办理注册登记或者备案企业处理方式

（一）已在海关和原检验检疫部门办理了报关和报检注册登记或者备案的企业。

企业无需再到海关办理相关手续，原报关和报检资质继续有效。

（二）只办理了报关或者报检注册登记或者备案的企业。

海关将对现行报关和报检企业管理作业系统数据库及相关功能进行整合和修改，共享相关数据。自2018年6月1日起，企业可以通过"单一窗口"补录企业和报关人员注册登记或者备案相关信息。

1. 只取得报关资质的企业或者只取得报检资质的代理报检企业，在补录信息后，将同时具有报关、报检资质；

2. 只取得报检资质的自理报检企业，在补录信息后，还需要向海关提交商务部门的对外贸易经营者备案登记表（或者外商投资企业批准证书、外商投资企业设立备案回执、外商投资企业变更备案回执）复印件，才能同时具有报关、报检资质。

没有报关或者报检资质的企业，在2018年6月1日前需要办理报关或者报检业务的，可以按照原有模式向海关申请办理注册登记或者备案手续。

本公告自2018年4月20日起施行。

特此公告。

关于实施年报"多报合一"改革的公告

（国家市场监督管理总局　海关总署公告2018年第9号）

(2018年5月15日由国家市场监督管理总局、海关总署发布，2018年5月15日起施行，法规类型为规范性文件)

为贯彻落实党中央、国务院关于推进"放管服"改革部署，进一步减轻企业负担，优化营商环境，国家市场监管总局、海关总署研究决定，自2017年度年报起，实施"多报合一"

改革。现就有关事项公告如下：

一、在海关注册登记或者备案的报关单位（进出口货物收发货人、报关企业）、加工生产企业（含个体工商户、农民专业合作社）和减免税进口货物处于监管年限内的企业（以下统称"海关管理企业"）统一通过国家企业信用信息公示系统（www.gsxt.gov.cn，以下简称"公示系统"）报送年报。

其中，减免税进口货物处于监管年限内的企业 2017 年度暂不通过公示系统报送减免税进口货物使用状况信息，继续通过中国电子口岸 QP 预录入客户端减免税申报系统向海关提交《减免税货物使用状况报告书》。自 2018 年度起，统一通过公示系统报送年报（年报内容另行发布）。

二、2017 年度海关管理企业年报报送时间为即日起至 8 月 31 日。企业可以在通过公示系统完成年报报送之日起 7 日后，登录"中国海关企业进出口信用信息公示平台"，查询海关接收企业年报的状态。

5 月 1 日起公示系统已经完成"多报合一"功能改造，并部署上线，本公告下发前已经通过公示系统报送"多报合一"年报的视为已完成 2017 年度年报。

三、年报"多报合一"改革前，海关管理企业已经向市场监管部门报送 2017 年度年报但未报送海关年报事项的，应当在即日起至 12 月 31 日补报海关年报事项（见附件，不同企业类型填报数据项不同，具体以公示系统为准）。

四、截至 2018 年 8 月 31 日，海关管理企业仍未报送 2017 年度年报（海关年报事项除外）的，市场监管部门将其列入经营异常名录或者标记为经营异常状态并向社会公示。2018 年 9 月 1 日后，海关管理企业可以继续通过公示系统补报年报；补报年报后，可以申请移出经营异常名录或者恢复正常记载状态。

五、截至 2018 年 12 月 31 日，海关管理企业仍未报送 2017 年度年报海关年报事项的，海关将其列入信用信息异常企业名录并向社会公示。2019 年 1 月 1 日及之后，海关管理企业可以继续通过公示系统补报年报；补报年报后，海关将其移出信用信息异常企业名录。

六、从 2018 年度年报开始，海关管理企业年报时间统一为每年 1 月 1 日至 6 月 30 日。未按规定报送海关年报事项的企业，海关将其列入信用信息异常企业名录并向社会公示；补报年报后，海关将其移出信用信息异常企业名录。

非海关管理的企业年报内容、报送时间不变。

特此公告。

附件：海关年报事项

附件

海关年报事项

	项目			
注册信息	英文名称			
	英文地址			
	跨境贸易电子商务企业类型或非跨境贸易电子商务企业类型	□电子商务企业　□电子商务交易平台　□物流企业 □支付企业　□监管场所运营人　□非跨境贸易电子商务企业类型		
	开户银行		开户账号	
	特殊贸易区域		经济区划	
	关务负责人	身份证件类型		
		身份证件号码		
		关务负责人固定电话		
		关务负责人移动电话		
		关务负责人电子邮箱		
	海关业务联系人	海关业务联系人固定电话		
		海关业务联系人移动电话		
		海关业务联系人电子邮箱		
		海关业务联系人传真		
	经营场所性质	□自有　□租赁　□借用　□其他		
	是否上市公司	□是　□否		
	是否实行会计电算化	□是　□否	财务管理软件名称	
	记账方式	□自理记账 □委托代理记账	委托代理记账单位名称	
	委托代理记账单位统一社会信用代码		委托代理记账单位地址	
	委托代理记账单位联系人		委托代理记账单位联系人电话	
经营补充信息(币种：人民币)	存货	万元	流动负债	万元
	流动资产	万元	经营现金净流量	万元
	营业利润	万元	年初所有者权益	万元
	最近三年是否连续亏损	□是	□否	
	年度内是否开展内外部审计	□内审	□外审	
企业自律管理情况	序号	审计执行机构名称	审计期间	
	1			
	2			
	3			
	在内外部审计等企业自律管理中，是否发现一般贸易业务、加工贸易及保税业务、减免税业务或其他进出口业务存在违反海关管理规定的问题。		□是 □否	
	具体问题			

关于推进关检融合优化报关单位注册登记有关事项的公告

(海关总署公告2018年第143号)

(2018年10月26日由海关总署发布,2018年10月29日起施行,法规类型为规范性文件)

为落实"简政放权、放管结合、优化服务"工作要求,根据全国海关通关一体化关检业务全面融合有关工作部署,海关总署进一步简化和优化报关单位注册登记,并对相关信息化系统进行了升级改造,现将有关事项公告如下:

一、关于提交报关单位注册登记申请

自2018年10月29日起,企业在互联网上申请办理报关单位注册登记有关业务(含许可、备案、变更、注销)的,可以通过"中国国际贸易单一窗口"标准版(以下简称"单一窗口",网址:http://www.singlewindow.cn/)"企业资质"子系统或"互联网+海关"(网址:http://online.customs.gov.cn/)"企业管理"子系统填写相关信息,并向海关提交申请。申请提交成功后,企业需到所在地海关企业管理窗口提交申请材料。

二、关于《报关单位情况登记表》

企业办理报关单位注册登记时应当提交加盖企业印章的《报关单位情况登记表》。新上线的注册登记系统对《报关单位情况登记表》(格式见附件)有关填报事项进行了精简。

三、关于报关单位注册登记证书发放

自2018年10月29日起,对完成注册登记的报关单位,海关向其核发的《海关报关单位注册登记证书》自动体现企业报关、报检两项资质,原《出入境检验检疫报检企业备案表》、《出入境检验检疫报检人员备案表》不再核发。

2018年10月29日前海关或原检验检疫部门核发的《出入境检验检疫报检企业备案表》、《出入境检验检疫报检人员备案表》继续有效。

四、关于信息查询

企业可以通过"单一窗口"或"互联网+海关"查询本企业在海关的注册登记信息。

本公告自2018年10月29日起施行。

特此公告。

附件:报关单位情况登记表

附件

企业管理篇 ▶ 其他相关

3501F963	福州保税港区
3502F962	厦门海沧保税港区
3502F992	厦门市特殊监管区
3502F992	厦门市特殊监管其他
3502F972	象屿保税物流园区
3502F942	厦门象屿保税区
4101F261	河南自贸区郑州综保区
4101F261	河南自贸区郑州经开区其他
4101F201	河南自贸区郑州开区其他
4101F001	河南自贸区郑州
4101F002	河南自贸区开封
4103F003	河南自贸区洛阳其他
4103F303	河南自贸区洛阳新区
4201F301	湖北自贸区武汉东湖新区
4201F001	湖北自贸区武汉东湖区其他
4201F061	湖北自贸区武汉东湖综保
4206F0R3	湖北自贸区宜昌高新区
4206F303	湖北自贸区襄阳新区
4430F961	广州沙田保税港
4430F991	南沙自贸区非特殊监管
4403F962	蛇口自贸保税港区
4403F992	蛇口非特殊监管区
4494F993	珠海横琴新区
5003F991	重庆自贸区渝中区其他
5005F293	重庆自贸区江北经开区（果园港）
5005F291	重庆自贸区江北经开区（两江）
5005F261	重庆自贸区两路寸滩保税港区（水港）
5006F992	重庆自贸区沙坪坝区
5006F0F2	重庆自贸区铁路保税物流中心
5006F291	重庆自贸区西永综保
5007F982	重庆自贸区九龙坡其他
5007F992	重庆自贸区九龙城其他
5008F991	重庆自贸区南岸区其他
5009F291	重庆自贸区北碚综保
5012F261	重庆自贸区两路寸滩保税区（空港）
5012F293	重庆自贸区渝北经开区（两江）
5012F293	重庆自贸区渝北经开区（果园港）
5101F091	四川自贸区成都天府直管区

5101F391	四川自贸区成都高新南区
5101F092	四川自贸区成都铁路保税物流中心
5101F091	四川自贸区成都青白江铁路港其他
5101F091	四川自贸区成都双流成空港组团
5108F963	四川自贸区川南临港片区（泸州）
5108F963	四川自贸区川南临港组团其他
6101F061	陕西自贸区西安综保中心
6101F061	陕西自贸区西安综保
6101F051	陕西自贸区西安出口区
6101F301	陕西自贸区西安高新区
6104F002	陕西自贸区咸阳区
6104F303	陕西自贸区杨凌农业示范区
6104F061	陕西自贸区西咸保税物流中心

其他选择非特殊区域，代码 99999999

12. **组织机构类型**：报填《组织机构类型》（GB/T 20091—2006）填写 2 位组织机构类型及对应名称。
13. **经济类型**：根据《经济类型分类与代码》（GB/T 12402—2000）填写 3 位经济类型分类代码及对应的名称。
14. **行业种类**：根据《国民经济行业分类》（GB/T 4754—2011）填写 4 位代码及对应名称。
15. **企业类型**：根据企业组织机构所在地，在以下选项中选择填写：

业务代码	企业类别
11	外贸企业
12	有自营权的生产企业
13	集贸市场
14	加工厂（家）
15	出口物料供应企业
16	代理报关企业
17	商品场
18	定点交易工厂
19	保税仓库经营单位
20	配套供料单位
21	出境动物产品仓储单位
22	出境动物产品仓储单位
23	进境动物产品屠宰单位
24	进境动物检疫场
25	进境动物隔离场
26	进境动物产品储存
27	进境动物产品屠宰

28	出境动物屠宰场
29	出境水产养殖场
31	进境粮食产品仓储单位
32	出境粮食产品仓储单位
33	进境粮食产品屠宰单位
34	出境粮食产品屠宰单位
36	出境植物种植场
39	进境植物种植场
40	退境植物种植场
41	退境动物产品企业
42	进境动物产品企业
43	机电生产加工企业
44	电子生产加工企业
45	其他生产加工企业
46	辽宁金属品加工企业
51	木包装加工企业
52	定点加工企业
53	木包装熏蒸处理企业
54	对台小额贸易企业
99	其他

16. **是否为快件运营企业**：企业经营范围为报关企业、报关企业分支机构或特殊监管"双重身份"企业的，根据实际情况选择勾选。
17. **快递业务经营许可证号**：企业已勾选快件运营企业的，填写邮政管理部门颁发的快件业务经营许可证号。
18. **法定代表人（负责人）**：企业法人填《企业法人营业执照》、"法定代表人"，分支机构（营业执照）上的"负责人"、个体工商户（个体工商户营业执照）上的"经营者姓名"，个人独资企业（个人独资企业营业执照）上的"投资者姓名"，其他企业填工商营业执照上的负责人姓名，其他按照实际情况填写。
19. **法定代表人（负责人）移动电话**：填写法定代表人（负责人）移动电话。
20. **法定代表人（负责人）固定电话**：填写法定代表人（负责人）固定电话。固定电话没有分机号码的，按照 XXXX-XXXXXXXX 的格式填写，有分机号的按 XXXX-XXXXXXXX-XXX 的格式填写。
21. **法定代表人（负责人）身份证件类别**：身份证件类别在以下选项中选择填写：

编号	身份证件名称
0	身份证
1	户口簿
2	护照
3	军官证
4	士兵证

编号	身份证件名称
5	港澳居民来往内地通行证
6	台湾同胞来往内地通行证
7	临时身份证
8	外国人居留证
9	警官证
X	其他证件

22. **法定代表人（负责人）身份证件号码**：填写身份证件的号码。
23. **法定代表人（负责人）电子邮箱**：填写法定代表人（负责人）的电子邮箱。
24. **海关业务联系人**：填写单位负责海关业务的联系人姓名。
25. **海关业务联系人移动电话**：填写海关业务联系人的移动电话。
26. **海关业务联系人固定电话**：填写海关业务联系人固定电话，固定电话没有分机号码的，按照 XXXX-XXXXXXXX 的格式填写，有分机号的按 XXXX-XXXXXXXX-XXX 的格式填写。
27. **海关业务联系人电子邮箱**：填写海关业务联系人的电子邮箱。
28. **上级单位名称**：上报单位为企业，不填；上报主管部门，对报关企业分支机构、保税仓库、出口监管仓库，填写上级单位。
29. **上级单位统一社会信用代码**：对报关企业分支机构、保税仓库、出口监管仓库，该项目为必填项。
30. **与上级单位关系**：在以下项目中选择填写：

编号	与上级单位关系
0	其他
1	总/分公司
2	母/子公司
3	内设机构

31. **经营范围**：按照《营业执照》上的经营范围填写。
32. **出资者名称**：出资者为企业的，填写企业名称，出资者为自然人的，填写自然人姓名。
33. **出资国别**：出资者所在的国家或地区。
34. **出资金额**：填写认缴出资金额。
35. **出资金额币种**：填写出资金额的币种。
36. **报关人员身份证件扣押随报关人员（负责人）的要求填写**。
37. **报关单位信息的理这些登记或者报关人员备案申请表，可以分别打印两个表格，如仅办理报关单位信息注册登记申请或者附其审核已提交其申请表，只需要单填写其他打印报关单位情况登记表即可。**
38. **出资者或者所属报关人员数量超出表格容量的，可按相同格式增加。**

185

关于实施企业协调员管理有关事项的公告

（海关总署公告 2018 年第 181 号）

（2018 年 12 月 3 日由海关总署发布，2019 年 1 月 1 日起施行，法规类型为规范性文件）

为落实"以企为本，由企及物"海关管理理念，营造诚信守法便利、关企合作共赢良好信用环境，构建海关与企业亲清合作关系，根据《中华人民共和国海关企业信用管理办法》（海关总署令第 237 号）等有关规定，现将海关实施企业协调员管理有关事项公告如下：

一、企业协调员是由直属海关选定，专门负责协调海关与企业涉及海关业务相关事宜的海关工作人员。

二、企业协调员的服务对象为海关高级认证企业。

三、企业协调员为企业提供下列服务事项：

（一）提供海关政策、法律法规咨询服务；

（二）听取并反映企业合理诉求；

（三）协调解决企业办理海关业务疑难问题；

（四）征询对海关管理工作的意见与建议；

（五）指导企业规范改进，开展诚信守法宣传；

（六）指导企业配合海关管理工作；

（七）负责关企合作的其他事宜。

四、企业应当指定分管关务的高级管理人员作为联系人，负责与海关沟通联系。

五、企业协调员需要实地赴企业开展工作的，应当实行双人作业；按照规定有应当回避情形的，企业协调员应当申请回避。

六、企业协调员有下列情形之一的，海关取消企业协调员资格：

（一）有违法和严重违纪行为的；

（二）违反海关廉政等规定，为本人或者他人谋取不正当利益的；

（三）泄露国家秘密、海关工作秘密和企业商业秘密的；

（四）滥用海关职权，要求企业办理与关企合作无关事项的；

（五）不履行职责或者无故拖延解决企业所提问题的；

（六）不再具备企业认证专业资质的；

（七）因其他原因不再适合担任企业协调员的。

七、本公告自 2019 年 1 月 1 日起施行。

关于进一步优化报关单位登记管理有关事项的公告

(海关总署公告2018年第191号)

(2018年12月7日由海关总署发布,2019年2月1日起施行,法规类型为规范性文件)

为落实"放管服"改革要求,根据全国海关通关一体化关检业务全面融合工作部署,海关总署决定进一步优化报关单位登记管理,简化相关登记手续,降低企业制度性交易成本,现将有关事项公告如下:

一、关于进出口货物收发货人及其分支机构从事报关业务

进出口货物收发货人依法设立的分支机构可以办理进出口货物收发货人分支机构备案,由进出口货物收发货人凭《报关单位情况登记表》向分支机构所在地海关申请办理。

进出口货物收发货人及其在海关备案的分支机构可以在全国办理进出口报关业务。

进出口货物收发货人应当对其分支机构的行为承担法律责任。

二、关于报关企业及其分支机构从事报关业务

报关企业及其在海关备案的分支机构可以在全国办理进出口报关业务。

报关企业应当对其分支机构的行为承担法律责任。

三、关于临时注册登记

申请人办理海关临时注册登记的,凭《报关单位情况登记表》和非贸易性活动证明材料即可向海关申请办理。

本公告自2019年2月1日起施行。

特此公告。

关于《报关单位注册登记证书》(进出口货物收发货人)纳入"多证合一"改革的公告

(海关总署 国家市场监督管理总局公告2019年第14号)

(2019年1月9日由海关总署、国家市场监督管理总局发布,2019年2月1日起施行,法规类型为规范性文件)

为进一步优化营商环境,根据《工商总局等十三部门关于推进全国统一"多证合一"改革的意见》(工商企注字〔2018〕31号),现就《报关单位注册登记证书》(进出口货物收发货人)纳入"多证合一"改革相关问题公告如下:

申请人办理工商注册登记时,需要同步办理《报关单位注册登记证书》(进出口货物收发货人)的,应按照要求勾选进出口货物收发货人的备案登记,并补充填写相关备案信息。市场监管部门按照"多证合一"流程完成登记,并在总局层面完成与海关总署的数据交换。海关确认接到企业工商注册信息和商务备案信息后即完成企业备案,企业无需再到海关办理备

案登记手续。

企业可以通过中国国际贸易"单一窗口"标准版（以下简称"单一窗口"，网址：http://www.singlewindow.cn/）"企业资质"子系统或"互联网+海关"（网址：http://online.customs.gov.cn/）"企业管理"子系统查询海关进出口货物收发货人的备案登记结果。

自本公告实施之日起，海关不再核发《报关单位注册登记证书》（进出口货物收发货人）。进出口货物收发货人需要获取书面备案登记信息的，可以通过"单一窗口"在线打印备案登记回执，并到所在地海关加盖海关印章。

"多证合一"改革实施后，企业未选择"多证合一"方式提交申请的，仍可通过"单一窗口"或"互联网+海关"提交进出口货物收发货人备案登记申请。相关业务办理依据海关总署2018年第143号公告执行。

涉及进出口货物收发货人备案登记的具体业务问题，企业可以咨询海关12360热线或所在地海关。

本公告自2019年2月1日起施行。

特此公告。

关于取消报关企业和报关企业分支机构注册登记有效期的公告

（海关总署公告2019年第213号）

（2019年12月24日由海关总署发布，2019年12月24日起施行，法规类型为规范性文件）

为进一步推进"放管服"改革，降低企业制度性交易成本，简化办事程序，海关总署决定在全国范围内取消报关企业和报关企业分支机构注册登记有效期。现就相关事宜公告如下：

一、自公告之日起，在全国范围内取消报关企业和报关企业分支机构注册登记有效期，改为长期有效。

二、公告之日前已核发《中华人民共和国海关报关单位注册登记证书》，且有效期在2019年12月1日以后的报关企业和报关企业分支机构，无需换领注册登记证书，不影响企业办理相关海关业务。

三、2019年11月30日以前有效期超期的报关企业和报关企业分支机构，再次开展代理报关业务的，应当重新办理注册登记或备案手续。

特此公告。

行政处罚篇

综合管理

中华人民共和国海关行政处罚实施条例

(国务院令第 420 号)

(2004 年 9 月 19 日由国务院发布，2004 年 11 月 1 日起施行，法规类型为行政法规)

第一章 总 则

第一条 为了规范海关行政处罚，保障海关依法行使职权，保护公民、法人或者其他组织的合法权益，根据《中华人民共和国海关法》(以下简称海关法)及其他有关法律的规定，制定本实施条例。

第二条 依法不追究刑事责任的走私行为和违反海关监管规定的行为，以及法律、行政法规规定由海关实施行政处罚的行为的处理，适用本实施条例。

第三条 海关行政处罚由发现违法行为的海关管辖，也可以由违法行为发生地海关管辖。2 个以上海关都有管辖权的案件，由最先发现违法行为的海关管辖。

管辖不明确的案件，由有关海关协商确定管辖，协商不成的，报请共同的上级海关指定管辖。

重大、复杂的案件，可以由海关总署指定管辖。

第四条 海关发现的依法应当由其他行政机关处理的违法行为，应当移送有关行政机关处理；违法行为涉嫌犯罪的，应当移送海关侦查走私犯罪公安机构、地方公安机关依法办理。

第五条 依照本实施条例处以警告、罚款等行政处罚，但不没收进出境货物、物品、运输工具的，不免除有关当事人依法缴纳税款、提交进出口许可证件、办理有关海关手续的义务。

第六条 抗拒、阻碍海关侦查走私犯罪公安机构依法执行职务的，由设在直属海关、隶属海关的海关侦查走私犯罪公安机构依照治安管理处罚的有关规定给予处罚。

抗拒、阻碍其他海关工作人员依法执行职务的，应当报告地方公安机关依法处理。

第二章 走私行为及其处罚

第七条 违反海关法及其他有关法律、行政法规，逃避海关监管，偷逃应纳税款、逃避国家有关进出境的禁止性或者限制性管理，有下列情形之一的，是走私行为：

(一)未经国务院或者国务院授权的机关批准，从未设立海关的地点运输、携带国家禁止或者限制进出境的货物、物品或者依法应当缴纳税款的货物、物品进出境的；

(二)经过设立海关的地点，以藏匿、伪装、瞒报、伪报或者其他方式逃避海关监管，运输、携带、邮寄国家禁止或者限制进出境的货物、物品或者依法应当缴纳税款的货物、物品进出境的；

（三）使用伪造、变造的手册、单证、印章、账册、电子数据或者以其他方式逃避海关监管，擅自将海关监管货物、物品、进境的境外运输工具，在境内销售的；

（四）使用伪造、变造的手册、单证、印章、账册、电子数据或者以伪报加工贸易制成品单位耗料量等方式，致使海关监管货物、物品脱离监管的；

（五）以藏匿、伪装、瞒报、伪报或者其他方式逃避海关监管，擅自将保税区、出口加工区等海关特殊监管区域内的海关监管货物、物品，运出区外的；

（六）有逃避海关监管，构成走私的其他行为的。

第八条 有下列行为之一的，按走私行为论处：

（一）明知是走私进口的货物、物品，直接向走私人非法收购的；

（二）在内海、领海、界河、界湖，船舶及所载人员运输、收购、贩卖国家禁止或者限制进出境的货物、物品，或者运输、收购、贩卖依法应当缴纳税款的货物，没有合法证明的。

第九条 有本实施条例第七条、第八条所列行为之一的，依照下列规定处罚：

（一）走私国家禁止进出口的货物的，没收走私货物及违法所得，可以并处100万元以下罚款；走私国家禁止进出境的物品的，没收走私物品及违法所得，可以并处10万元以下罚款；

（二）应当提交许可证件而未提交但未偷逃税款，走私国家限制进出境的货物、物品的，没收走私货物、物品及违法所得，可以并处走私货物、物品等值以下罚款；

（三）偷逃应纳税款但未逃避许可证件管理，走私依法应当缴纳税款的货物、物品的，没收走私货物、物品及违法所得，可以并处偷逃应纳税款3倍以下罚款。

专门用于走私的运输工具或者用于掩护走私的货物、物品，2年内3次以上用于走私的运输工具或者用于掩护走私的货物、物品，应当予以没收。藏匿走私货物、物品的特制设备、夹层、暗格，应当予以没收或者责令拆毁。使用特制设备、夹层、暗格实施走私的，应当从重处罚。

第十条 与走私人通谋为走私人提供贷款、资金、账号、发票、证明、海关单证的，与走私人通谋为走私人提供走私货物、物品的提取、发运、运输、保管、邮寄或者其他方便的，以走私的共同当事人论处，没收违法所得，并依照本实施条例第九条的规定予以处罚。

第十一条 报关企业、报关人员和海关准予从事海关监管货物的运输、储存、加工、装配、寄售、展示等业务的企业，构成走私犯罪或者1年内有2次以上走私行为的，海关可以撤销其注册登记、取消其报关从业资格。

第三章 违反海关监管规定的行为及其处罚

第十二条 违反海关法及其他有关法律、行政法规和规章但不构成走私行为的，是违反海关监管规定的行为。

第十三条 违反国家进出口管理规定，进出口国家禁止进出口的货物，责令退运，处100万元以下罚款。

第十四条 违反国家进出口管理规定，进出口国家限制进出口的货物，进出口货物的收发货人向海关申报时不能提交许可证件的，进出口货物不予放行，处货物价值30%以下罚款。

违反国家进出口管理规定，进出口属于自动进出口许可管理的货物，进出口货物的收发货人向海关申报时不能提交自动许可证明的，进出口货物不予放行。

第十五条 进出口货物的品名、税则号列、数量、规格、价格、贸易方式、原产地、启运地、运抵地、最终目的地或者其他应当申报的项目未申报或者申报不实的，分别依照下列规定予以处罚，有违法所得的，没收违法所得：

（一）影响海关统计准确性的，予以警告或者处1000元以上1万元以下罚款；

（二）影响海关监管秩序的，予以警告或者处1000元以上3万元以下罚款；

（三）影响国家许可证件管理的，处货物价值5%以上30%以下罚款；

（四）影响国家税款征收的，处漏缴税款30%以上2倍以下罚款；

（五）影响国家外汇、出口退税管理的，处申报价格10%以上50%以下罚款。

第十六条 进出口货物收发货人未按照规定向报关企业提供所委托报关事项的真实情况，致使发生本实施条例第十五条规定情形的，对委托人依照本实施条例第十五条的规定予以处罚。

第十七条 报关企业、报关人员对委托人所提供情况的真实性未进行合理审查，或者因工作疏忽致使发生本实施条例第十五条规定情形的，可以对报关企业处货物价值10%以下罚款，暂停其6个月以内从事报关业务或者执业；情节严重的，撤销其报关注册登记、取消其报关从业资格。

第十八条 有下列行为之一的，处货物价值5%以上30%以下罚款，有违法所得的，没收违法所得：

（一）未经海关许可，擅自将海关监管货物开拆、提取、交付、发运、调换、改装、抵押、质押、留置、转让、更换标记、移作他用或者进行其他处置的；

（二）未经海关许可，在海关监管区以外存放海关监管货物的；

（三）经营海关监管货物的运输、储存、加工、装配、寄售、展示等业务，有关货物灭失、数量短少或者记录不真实，不能提供正当理由的；

（四）经营保税货物的运输、储存、加工、装配、寄售、展示等业务，不依照规定办理收存、交付、结转、核销等手续，或者中止、延长、变更、转让有关合同不依照规定向海关办理手续的；

（五）未如实向海关申报加工贸易制成品单位耗料量的；

（六）未按照规定期限将过境、转运、通运货物运输出境，擅自留在境内的；

（七）未按照规定期限将暂时进出口货物复运出境或者复运进境，擅自留在境内或者境外的；

（八）有违反海关监管规定的其他行为，致使海关不能或者中断对进出口货物实施监管的。

前款规定所涉货物属于国家限制进出口需要提交许可证件，当事人在规定期限内不能提交许可证件的，另处货物价值30%以下罚款；漏缴税款的，可以另处漏缴税款1倍以下罚款。

第十九条 有下列行为之一的，予以警告，可以处物品价值20%以下罚款，有违法所得的，没收违法所得：

（一）未经海关许可，擅自将海关尚未放行的进出境物品开拆、交付、投递、转移或者进行其他处置的；

（二）个人运输、携带、邮寄超过合理数量的自用物品进出境未向海关申报的；

（三）个人运输、携带、邮寄超过规定数量但仍属自用的国家限制进出境物品进出境，未向海关申报但没有以藏匿、伪装等方式逃避海关监管的；

（四）个人运输、携带、邮寄物品进出境，申报不实的；

（五）经海关登记准予暂时免税进境或者暂时免税出境的物品，未按照规定复带出境或者复带进境的；

（六）未经海关批准，过境人员将其所带物品留在境内的。

第二十条 运输、携带、邮寄国家禁止进出境的物品进出境，未向海关申报但没有以藏匿、伪装等方式逃避海关监管的，予以没收，或者责令退回，或者在海关监管下予以销毁或者进行技术处理。

第二十一条 有下列行为之一的,予以警告,可以处 10 万元以下罚款,有违法所得的,没收违法所得:

(一)运输工具不经设立海关的地点进出境的;

(二)在海关监管区停留的进出境运输工具,未经海关同意擅自驶离的;

(三)进出境运输工具从一个设立海关的地点驶往另一个设立海关的地点,尚未办结海关手续又未经海关批准,中途改驶境外或者境内未设立海关的地点的;

(四)进出境运输工具到达或者驶离设立海关的地点,未按照规定向海关申报、交验有关单证或者交验的单证不真实的。

第二十二条 有下列行为之一的,予以警告,可以处 5 万元以下罚款,有违法所得的,没收违法所得:

(一)未经海关同意,进出境运输工具擅自装卸进出境货物、物品或者上下进出境旅客的;

(二)未经海关同意,进出境运输工具擅自兼营境内客货运输或者用于进出境运输以外的其他用途的;

(三)未按照规定办理海关手续,进出境运输工具擅自改营境内运输的;

(四)未按照规定期限向海关传输舱单等电子数据、传输的电子数据不准确或者未按照规定期限保存相关电子数据,影响海关监管的;

(五)进境运输工具在进境以后向海关申报以前,出境运输工具在办结海关手续以后出境以前,不按照交通主管部门或者海关指定的路线行进的;

(六)载运海关监管货物的船舶、汽车不按照海关指定的路线行进的;

(七)进出境船舶和航空器,由于不可抗力被迫在未设立海关的地点停泊、降落或者在境内抛掷、起卸货物、物品,无正当理由不向附近海关报告的;

(八)无特殊原因,未将进出境船舶、火车、航空器到达的时间、停留的地点或者更换的时间、地点事先通知海关的;

(九)不按照规定接受海关对进出境运输工具、货物、物品进行检查、查验的。

第二十三条 有下列行为之一的,予以警告,可以处 3 万元以下罚款:

(一)擅自开启或者损毁海关封志的;

(二)遗失海关制发的监管单证、手册等凭证,妨碍海关监管的;

(三)有违反海关监管规定的其他行为,致使海关不能或者中断对进出境运输工具、物品实施监管的。

第二十四条 伪造、变造、买卖海关单证的,处 5 万元以上 50 万元以下罚款,有违法所得的,没收违法所得;构成犯罪的,依法追究刑事责任。

第二十五条 进出口侵犯中华人民共和国法律、行政法规保护的知识产权的货物,没收侵权货物,并处货物价值 30% 以下罚款;构成犯罪的,依法追究刑事责任。

需要向海关申报知识产权状况,进出口货物收发货人及其代理人未按照规定向海关如实申报有关知识产权状况,或者未提交合法使用有关知识产权的证明文件的,可以处 5 万元以下罚款。

第二十六条 报关企业、报关人员和海关准予从事海关监管货物的运输、储存、加工、装配、寄售、展示等业务的企业,有下列情形之一的,责令改正,给予警告,可以暂停其 6 个月以内从事有关业务或者执业:

(一)拖欠税款或者不履行纳税义务的;

(二)报关企业出让其名义供他人办理进出口货物报关纳税事宜的;

(三)损坏或者丢失海关监管货物,不能提供正当理由的;

（四）有需要暂停其从事有关业务或者执业的其他违法行为的。

第二十七条 报关企业、报关人员和海关准予从事海关监管货物的运输、储存、加工、装配、寄售、展示等业务的企业，有下列情形之一的，海关可以撤销其注册登记、取消其报关从业资格：

（一）1年内3人次以上被海关暂停执业的；

（二）被海关暂停从事有关业务或者执业，恢复从事有关业务或者执业后1年内再次发生本实施条例第二十六条规定情形的；

（三）有需要撤销其注册登记或者取消其报关从业资格的其他违法行为的。

第二十八条 报关企业、报关人员非法代理他人报关或者超出海关准予的从业范围进行报关活动的，责令改正，处5万元以下罚款，暂停其6个月以内从事报关业务或者执业；情节严重的，撤销其报关注册登记、取消其报关从业资格。

第二十九条 进出口货物收发货人、报关企业、报关人员向海关工作人员行贿的，撤销其报关注册登记、取消其报关从业资格，并处10万元以下罚款；构成犯罪的，依法追究刑事责任，并不得重新注册登记为报关企业和取得报关从业资格。

第三十条 未经海关注册登记和未取得报关从业资格从事报关业务的，予以取缔，没收违法所得，可以并处10万元以下罚款。

第三十一条 提供虚假资料骗取海关注册登记、报关从业资格的，撤销其注册登记、取消其报关从业资格，并处30万元以下罚款。

第三十二条 法人或者其他组织有违反海关法的行为，除处罚该法人或者组织外，对其主管人员和直接责任人员予以警告，可以处5万元以下罚款，有违法所得的，没收违法所得。

第四章 对违反海关法行为的调查

第三十三条 海关发现公民、法人或者其他组织有依法应当由海关给予行政处罚的行为的，应当立案调查。

第三十四条 海关立案后，应当全面、客观、公正、及时地进行调查、收集证据。

海关调查、收集证据，应当按照法律、行政法规及其他有关规定的要求办理。

海关调查、收集证据时，海关工作人员不得少于2人，并应当向被调查人出示证件。

调查、收集的证据涉及国家秘密、商业秘密或者个人隐私的，海关应当保守秘密。

第三十五条 海关依法检查走私嫌疑人的身体，应当在隐蔽的场所或者非检查人员的视线之外，由2名以上与被检查人同性别的海关工作人员执行。

走私嫌疑人应当接受检查，不得阻挠。

第三十六条 海关依法检查运输工具和场所，查验货物、物品，应当制作检查、查验记录。

第三十七条 海关依法扣留走私犯罪嫌疑人，应当制发扣留走私犯罪嫌疑人决定书。对走私犯罪嫌疑人，扣留时间不超过24小时，在特殊情况下可以延长至48小时。

海关应当在法定扣留期限内对被扣留人进行审查。排除犯罪嫌疑或者法定扣留期限届满的，应当立即解除扣留，并制发解除扣留决定书。

第三十八条 下列货物、物品、运输工具及有关账册、单据等资料，海关可以依法扣留：

（一）有走私嫌疑的货物、物品、运输工具；

（二）违反海关法或者其他有关法律、行政法规的货物、物品、运输工具；

（三）与违反海关法或者其他有关法律、行政法规的货物、物品、运输工具有牵连的账册、单据等资料；

（四）法律、行政法规规定可以扣留的其他货物、物品、运输工具及有关账册、单据等资料。

第三十九条　有违法嫌疑的货物、物品、运输工具无法或者不便扣留的，当事人或者运输工具负责人应当向海关提供等值的担保，未提供等值担保的，海关可以扣留当事人等值的其他财产。

第四十条　海关扣留货物、物品、运输工具以及账册、单据等资料的期限不得超过1年。因案件调查需要，经直属海关关长或者其授权的隶属海关关长批准，可以延长，延长期限不得超过1年。但复议、诉讼期间不计算在内。

第四十一条　有下列情形之一的，海关应当及时解除扣留：
（一）排除违法嫌疑的；
（二）扣留期限、延长期限届满的；
（三）已经履行海关行政处罚决定的；
（四）法律、行政法规规定应当解除扣留的其他情形。

第四十二条　海关依法扣留货物、物品、运输工具、其他财产以及账册、单据等资料，应当制发海关扣留凭单，由海关工作人员、当事人或者其代理人、保管人、见证人签字或者盖章，并可以加施海关封志。加施海关封志的，当事人或者其代理人、保管人应当妥善保管。

海关解除对货物、物品、运输工具、其他财产以及账册、单据等资料的扣留，或者发还等值的担保，应当制发海关解除扣留通知书、海关解除担保通知书，并由海关工作人员、当事人或者其代理人、保管人、见证人签字或者盖章。

第四十三条　海关查问违法嫌疑人或者询问证人，应当个别进行，并告知其权利和作伪证应当承担的法律责任。违法嫌疑人、证人必须如实陈述、提供证据。

海关查问违法嫌疑人或者询问证人应当制作笔录，并当场交其辨认，没有异议的，立即签字确认；有异议的，予以更正后签字确认。

严禁刑讯逼供或者以威胁、引诱、欺骗等非法手段收集证据。

海关查问违法嫌疑人，可以到违法嫌疑人的所在单位或者住处进行，也可以要求其到海关或者海关指定的地点进行。

第四十四条　海关收集的物证、书证应当是原物、原件。收集原物、原件确有困难的，可以拍摄、复制，并可以指定或者委托有关单位或者个人对原物、原件予以妥善保管。

海关收集物证、书证，应当开列清单，注明收集的日期，由有关单位或者个人确认后签字或者盖章。

海关收集电子数据或者录音、录像等视听资料，应当收集原始载体。收集原始载体确有困难的，可以收集复制件，注明制作方法、制作时间、制作人等，并由有关单位或者个人确认后签字或者盖章。

第四十五条　根据案件调查需要，海关可以对有关货物、物品进行取样化验、鉴定。

海关提取样品时，当事人或者其代理人应当到场；当事人或者其代理人未到场的，海关应当邀请见证人到场。提取的样品，海关应当予以加封，并由海关工作人员及当事人或者其代理人、见证人确认后签字或者盖章。

化验、鉴定应当交由海关化验鉴定机构或者委托国家认可的其他机构进行。

化验人、鉴定人进行化验、鉴定后，应当出具化验报告、鉴定结论，并签字或者盖章。

第四十六条　根据海关法有关规定，海关可以查询案件涉嫌单位和涉嫌人员在金融机构、邮政企业的存款、汇款。

海关查询案件涉嫌单位和涉嫌人员在金融机构、邮政企业的存款、汇款，应当出示海关协助查询通知书。

第四十七条　海关依法扣留的货物、物品、运输工具，在人民法院判决或者海关行政处罚决定作出之前，不得处理。但是，危险品或者鲜活、易腐、易烂、易失效、易变质等不宜长期保存的货物、物品以及所有人申请先行变卖的货物、物品、运输工具，经直属海关关长或者其授权的隶属海关关长批准，可以先行依法变卖，变卖所得价款由海关保存，并通知其所有人。

第四十八条 当事人有权根据海关法的规定要求海关工作人员回避。

第五章 海关行政处罚的决定和执行

第四十九条 海关作出暂停从事有关业务、暂停报关执业、撤销海关注册登记、取消报关从业资格、对公民处1万元以上罚款、对法人或者其他组织处10万元以上罚款、没收有关货物、物品、走私运输工具等行政处罚决定之前，应当告知当事人有要求举行听证的权利；当事人要求听证的，海关应当组织听证。

海关行政处罚听证办法由海关总署制定。

第五十条 案件调查终结，海关关长应当对调查结果进行审查，根据不同情况，依法作出决定。

对情节复杂或者重大违法行为给予较重的行政处罚，应当由海关案件审理委员会集体讨论决定。

第五十一条 同一当事人实施了走私和违反海关监管规定的行为且二者之间有因果关系的，依照本实施条例对走私行为的规定从重处罚，对其违反海关监管规定的行为不再另行处罚。

同一当事人就同一批货物、物品分别实施了2个以上违反海关监管规定的行为且二者之间有因果关系的，依照本实施条例分别规定的处罚幅度，择其重者处罚。

第五十二条 对2个以上当事人共同实施的违法行为，应当区别情节及责任，分别给予处罚。

第五十三条 有下列情形之一的，应当从重处罚：

（一）因走私被判处刑罚或者被海关行政处罚后在2年内又实施走私行为的；

（二）因违反海关监管规定被海关行政处罚后在1年内又实施同一违反海关监管规定的行为的；

（三）有其他依法应当从重处罚的情形的。

第五十四条 海关对当事人违反海关法的行为依法给予行政处罚的，应当制作行政处罚决定书。

对同一当事人实施的2个以上违反海关法的行为，可以制发1份行政处罚决定书。

对2个以上当事人分别实施的违反海关法的行为，应当分别制发行政处罚决定书。

对2个以上当事人共同实施的违反海关法的行为，应当制发1份行政处罚决定书，区别情况对各当事人分别予以处罚，但需另案处理的除外。

第五十五条 行政处罚决定书应当依照有关法律规定送达当事人。

依法予以公告送达的，海关应当将行政处罚决定书的正本张贴在海关公告栏内，并在报纸上刊登公告。

第五十六条 海关作出没收货物、物品、走私运输工具的行政处罚决定，有关货物、物品、走私运输工具无法或者不便没收的，海关应当追缴上述货物、物品、走私运输工具的等值价款。

第五十七条 法人或者其他组织实施违反海关法的行为后，有合并、分立或者其他资产重组情形的，海关应当以原法人、组织作为当事人。

对原法人、组织处以罚款、没收违法所得或者依法追缴货物、物品、走私运输工具的等值价款的，应当以承受其权利义务的法人、组织作为被执行人。

第五十八条 罚款、违法所得和依法追缴的货物、物品、走私运输工具的等值价款，应当在海关行政处罚决定规定的期限内缴清。

当事人按期履行行政处罚决定、办结海关手续的，海关应当及时解除其担保。

第五十九条 受海关处罚的当事人或者其法定代表人、主要负责人应当在出境前缴清罚款、违法所得和依法追缴的货物、物品、走私运输工具的等值价款。在出境前未缴清上述款项的，应当向海关提供相当于上述款项的担保。未提供担保，当事人是自然人的，海关可以通知出境管理机关阻止其出境；当事人是法人或者其他组织的，海关可以通知出境管理机关阻止其法定代表人或者主要负责人出境。

第六十条 当事人逾期不履行行政处罚决定的，海关可以采取下列措施：

（一）到期不缴纳罚款的，每日按罚款数额的3%加处罚款；

（二）根据海关法规定，将扣留的货物、物品、运输工具变价抵缴，或者以当事人提供的担保抵缴；

（三）申请人民法院强制执行。

第六十一条 当事人确有经济困难，申请延期或者分期缴纳罚款的，经海关批准，可以暂缓或者分期缴纳罚款。

当事人申请延期或者分期缴纳罚款的，应当以书面形式提出，海关收到申请后，应当在10个工作日内作出决定，并通知申请人。海关同意当事人暂缓或者分期缴纳的，应当及时通知收缴罚款的机构。

第六十二条 有下列情形之一的，有关货物、物品、违法所得、运输工具、特制设备由海关予以收缴：

（一）依照《中华人民共和国行政处罚法》第二十五条、第二十六条规定不予行政处罚的当事人携带、邮寄国家禁止进出境的货物、物品进出境的；

（二）散发性邮寄国家禁止、限制进出境的物品进出境或者携带数量零星的国家禁止进出境的物品进出境，依法可以不予行政处罚的；

（三）依法应当没收的货物、物品、违法所得、走私运输工具、特制设备，在海关作出行政处罚决定前，作为当事人的自然人死亡或者作为当事人的法人、其他组织终止，且无权利义务承受人的；

（四）走私违法事实基本清楚，但当事人无法查清，自海关公告之日起满3个月的；

（五）有违反法律、行政法规，应当予以收缴的其他情形的。

海关收缴前款规定的货物、物品、违法所得、运输工具、特制设备，应当制发清单，由被收缴人或者其代理人、见证人签字或者盖章。被收缴人无法查清且无见证人的，应当予以公告。

第六十三条 人民法院判决没收的走私货物、物品、违法所得、走私运输工具、特制设备，或者海关决定没收、收缴的货物、物品、违法所得、走私运输工具、特制设备，由海关依法统一处理，所得价款和海关收缴的罚款，全部上缴中央国库。

第六章 附　则

第六十四条 本实施条例下列用语的含义是：

"设立海关的地点"，指海关在港口、车站、机场、国界孔道、国际邮件互换局（交换站）等海关监管区设立的卡口，海关在保税区、出口加工区等海关特殊监管区域设立的卡口，以及海关在海上设立的中途监管站。

"许可证件"，指依照国家有关规定，当事人应当事先申领，并由国家有关主管部门颁发的准予进口或者出口的证明、文件。

"合法证明"，指船舶及所载人员依照国家有关规定或者依照国际运输惯例所必须持有的证明其运输、携带、收购、贩卖所载货物、物品真实、合法、有效的商业单证、运输单证及其他有关证明、文件。

"物品",指个人以运输、携带等方式进出境的行李物品、邮寄进出境的物品,包括货币、金银等。超出自用、合理数量的,视为货物。

"自用",指旅客或者收件人本人自用、馈赠亲友而非为出售或者出租。

"合理数量",指海关根据旅客或者收件人的情况、旅行目的和居留时间所确定的正常数量。

"货物价值",指进出口货物的完税价格、关税、进口环节海关代征税之和。

"物品价值",指进出境物品的完税价格、进口税之和。

"应纳税款",指进出口货物、物品应当缴纳的进出口关税、进口环节海关代征税之和。

"专门用于走私的运输工具",指专为走私而制造、改造、购买的运输工具。

"以上"、"以下"、"以内"、"届满",均包括本数在内。

第六十五条 海关对外国人、无国籍人、外国企业或者其他组织给予行政处罚的,适用本实施条例。

第六十六条 国家禁止或者限制进出口的货物目录,由国务院对外贸易主管部门依照《中华人民共和国对外贸易法》的规定办理;国家禁止或者限制进出境的物品目录,由海关总署公布。

第六十七条 依照海关规章给予行政处罚的,应当遵守本实施条例规定的程序。

第六十八条 本实施条例自 2004 年 11 月 1 日起施行。1993 年 2 月 17 日国务院批准修订、1993 年 4 月 1 日海关总署发布的《中华人民共和国海关法行政处罚实施细则》同时废止。

关于对走私、违规企业给予警告或暂停、撤销对外贸易、国际货运代理经营许可行政处罚的规定

(对外贸易经济合作部 海关总署令 2002 年第 6 号)

(2002 年 3 月 15 日由对外贸易经济合作部、海关总署发布,2002 年 4 月 15 日起施行,法规类型为部门规章)

第一条 为严厉打击走私、违规活动,维护对外贸易秩序,根据《中华人民共和国对外贸易法》及其他有关法律、行政法规,特制定本规定。

第二条 本《规定》所指走私、违规企业,系指经人民法院判决认定构成走私罪,或经海关认定构成走私行为或违反海关监管规定行为的各类外经贸企业。

第三条 对走私、违规企业给予警告、暂停或撤销对外贸易、国际货运代理经营许可的行政处罚的基本前提是:违规、走私行为事实成立,由海关作出行政处罚并已生效;或构成走私罪,由法院已作出判决并已生效。对外贸易经济合作部或其授权的地方外经贸主管部门在接到海关或法院通知后,有权对走私、违规企业作出警告或暂停、撤销对外贸易、国际货运代理经营许可的行政处罚。

第四条 外经贸企业有下列情形之一的,由对外贸易经济合作部或其授权的地方外经贸主管部门给予警告的行政处罚:

(一)走私进出口货物、物品,偷逃税款在人民币 3 万元以上,不满人民币 25 万元的;

(二)走私国家限制进出口货物、物品,案值在人民币 10 万元以上,不满人民币 100 万元的;

(三)违反海关监管规定进出口货物、物品,漏缴税款在人民币 30 万元以上,不满人民币 300 万元的;

(四)违反海关监管规定进出口货物、物品,案值在人民币 100 万元以上,不满人民币 1000 万元的。

第五条 外经贸企业有下列情形之一的,由对外贸易经济合作部或其授权的地方外经贸主管部门给予暂停 3 个月对外贸易、国际货运代理经营许可的行政处罚:

(一)走私进出口货物、物品,偷逃税款在人民币 25 万元以上,不满人民币 300 万元的;

(二)走私国家限制进出口货物、物品,案值在人民币 100 万元以上,不满人民币 1000 万元的;

(三)违反海关监管规定进出口货物、物品,漏缴税款在人民币 300 万元以上,不满人民币 1000 万元的;

(四)违反海关监管规定进出口货物、物品,案值在人民币 1000 万元以上,不满人民币 3000 万元的。

第六条 外经贸企业有下列情形之一的,由对外贸易经济合作部或其授权的地方外经贸主管部门给予撤销对外贸易、国际货运代理经营许可的行政处罚:

(一)走私进出口货物、物品,偷逃税款在人民币 300 万元以上的;

(二)走私国家限制进出口货物、物品,案值在人民币 1000 万元以上的;

(三)违反海关监管规定进出口货物、物品,漏缴税款在人民币 1000 万元以上的;

(四)违反海关监管规定进出口货物、物品,案值在人民币 3000 万元以上的;

(五)走私国家禁止进出口货物、物品,构成犯罪的。

第七条 外经贸企业的行为符合上述处罚条款中两种以上情形的,择其重者进行处罚。

第八条 当事人有下列情形之一的,对外贸易经济合作部或其授权的地方外经贸主管部门可依法对其从轻、减轻或免于行政处罚:

(一)主动消除或者减轻违法行为危害后果的;

(二)受他人胁迫有违法行为的;

(三)配合行政机关查处违法行为有立功表现的;

(四)其他依法从轻或者减轻行政处罚的。

第九条 对外贸易经济合作部或其授权的地方外经贸主管部门在作出行政处罚前,应告知当事人,当事人有权进行陈述和申辩。对暂停或撤销对外贸易、国际货运代理经营许可的行政处罚,当事人有要求举行听证的权利;当事人要求听证的,对外贸易经济合作部或其授权的地方外经贸主管部门应组织听证。听证结束后,对外贸易经济合作部或其授权的地方外经贸主管部门依据有关法律、法规及听证情况,作出行政处罚决定。

第十条 对外贸易经济合作部或其授权的地方外经贸主管部门作出行政处罚决定后,应于 7 日内将处罚决定书送达当事人;无法直接或邮寄送达的,公告送达。

第十一条 当事人对行政处罚决定不服的,可以依照《中华人民共和国行政复议法》提起行政复议,或依照《中华人民共和国行政诉讼法》提起行政诉讼。

第十二条 本《规定》适用于外商投资企业。对外贸易经济合作部或其授权的地方外经贸主管部门可根据本《规定》,对走私、违规外商投资企业分别给予警告、通知海关暂停或停止其办理进出口业务和国际货运代理业务的行政处罚,并通知外方母公司。

第十三条 本《规定》由对外贸易经济合作部负责解释。

第十四条 本《规定》于 2002 年 3 月 15 日发布,自发布之日起 30 日后施行。对外贸易经济合作部和海关总署 1998 年 12 月 1 日联合发布的《对违规、走私企业给予警告、暂停或撤销对外贸易、国际货运代理经营许可行政处罚的暂行规定》（[1998]外经贸政发第 929 号）同时废止。

中华人民共和国海关行政处罚听证办法

（海关总署令第 145 号）

（2006 年 1 月 26 日由海关总署发布，根据 2014 年 3 月 13 日海关总署令第 218 号《海关总署关于修改部分规章的决定》修改，现行版本自 2014 年 3 月 13 日起施行，法规类型为部门规章）

第一章 总 则

第一条 为了规范海关行政处罚听证程序，保护公民、法人和其他组织的合法权益，根据《中华人民共和国行政处罚法》、《中华人民共和国海关行政处罚实施条例》及其他有关法律、行政法规的规定，制定本办法。

第二条 海关作出行政处罚决定前，当事人申请举行听证的，适用本办法。

第三条 海关作出暂停从事有关业务、撤销海关注册登记、对公民处 1 万元以上罚款、对法人或者其他组织处 10 万元以上罚款、没收有关货物、物品、走私运输工具等行政处罚决定之前，应当告知当事人有要求举行听证的权利；当事人要求听证的，海关应当组织听证。

第四条 海关行政处罚听证应当遵循公开、公平、公正、便民的原则。海关行政处罚听证应当公开举行，但涉及国家秘密、商业秘密或者个人隐私的除外。

第二章 组织听证的机构、人员

第五条 海关行政处罚案件的听证由海关行政处罚案件审理部门负责组织。涉及知识产权处罚案件的听证，由海关法制部门负责组织；涉及资格罚案件的听证，由海关作出资格罚处罚决定的部门负责组织。

第六条 组织听证应当指定 1 名听证主持人和 1 名记录员，必要时可以另外指定 1 至 4 名听证员协助听证主持人组织听证。

涉及海关专业知识的听证案件，听证组织机构可以邀请海关有关业务专家担任听证员。

第七条 听证主持人履行下列职权：

（一）决定延期、中止听证；

（二）就案件的事实、拟作出行政处罚的依据与理由进行提问；

（三）要求听证参加人提供或者补充证据；

（四）主持听证程序并维持听证秩序，对违反听证纪律的行为予以制止；

（五）决定有关人、鉴定人是否参加听证。

第八条 听证主持人、听证员、记录员有下列情形之一的，应当自行回避，当事人及其代理人也有权申请其回避：

（一）是本案调查人员；

（二）是当事人、本案调查人员的近亲属；

（三）担任过本案的证人、鉴定人；

（四）与本案的处理结果有利害关系。

前款规定，适用于翻译人员、鉴定人。

听证员、记录员、翻译人员、鉴定人的回避，由听证主持人决定；听证主持人的回避，由听证组织机构负责人决定，听证主持人为听证组织机构负责人的，其回避由举行听证海关的负责人决定。

第三章 听证参加人及其他人员的权利、义务

第九条 听证参加人包括当事人及其代理人、第三人及其代理人、案件调查人员；其他人员包括证人、翻译人员、鉴定人。

第十条 当事人享有下列权利：

（一）使用本民族的语言文字参加听证；

（二）申请或者放弃听证；

（三）申请不公开听证；

（四）委托律师或者其他人员为听证代理人；

（五）进行陈述、申辩、举证和质证；

（六）查阅听证笔录，并进行修改和签字确认。

第十一条 与案件处理结果有直接利害关系的公民、法人或其他组织要求参加听证的，可以作为第三人参加听证。

第十二条 当事人、第三人可以委托1至2名代理人参加听证。代理人在代理权限内享有与委托人同等的权利，并履行同等的义务。

第十三条 当事人、第三人委托代理人参加听证的，应当在举行听证前向海关提交授权委托书，授权委托书应当列明下列事项：

（一）委托人及其代理人的简要情况；

（二）代理人的代理权限；

（三）代理权的起止日期；

（四）委托日期及委托人签章。

委托人提前解除委托的，应当书面告知听证组织机构。

第十四条 案件调查人员是指海关承担行政处罚案件调查取证并参加听证的工作人员。

在听证过程中，案件调查人员陈述当事人违法的事实、证据、拟作出的行政处罚决定及其法律依据，并同当事人进行质证、辩论。

第十五条 经听证主持人同意，案件调查人员、当事人和第三人可以要求证人参加听证，并在举行听证的1日以前提供证人的基本情况。

第十六条 对不通晓当地语言文字的听证参加人及其他人员，海关应当为其聘请翻译人员。

涉及专业技术问题需要鉴定的，海关应当将其交由海关化验鉴定机构或者委托国家认可的其他机构进行鉴定。经听证主持人同意，当事人及其代理人、第三人及其代理人、案件调查人员可以要求鉴定人参加听证。

第十七条 当事人及其代理人、第三人及其代理人、案件调查人员、证人、翻译人员、鉴定人应当按时参加听证，遵守听证纪律，如实回答听证主持人的提问。

第四章 听证的申请和决定

第十八条 当事人应当在海关告知其听证权利之日起3日以内，以书面形式向海关提出听

证申请。以邮寄方式提出申请的，以寄出的邮戳日期为申请日期。

当事人因不可抗力或者其他特殊情况不能在规定期限内提出听证申请的，经海关同意，可以在障碍消除后3日以内提出听证申请。

第十九条 海关决定组织听证的，应当自收到听证申请之日起30日以内举行听证，并在举行听证的7日以前将《海关行政处罚听证通知书》（见附件1）送达当事人。

《海关行政处罚听证通知书》应当列明当事人姓名或者名称、听证案件的名称以及举行听证的时间、地点，加盖海关行政案件专用章，并可以列明下列事项：

（一）是否公开举行听证。不公开听证的，应当说明理由；

（二）听证主持人、听证员、记录员的姓名；

（三）要求当事人报送参加听证的人员名单、身份证明以及准备有关证据材料、通知证人等事项；

（四）当事人及其代理人的权利、义务；

（五）其他有关事项。

第二十条 有下列情形之一的，海关应当作出不举行听证的决定：

（一）申请人不是本案当事人或者其代理人；

（二）未在本办法第十八条规定的期限内提出听证申请的；

（三）不属于本办法第三条规定范围的。

决定不予听证的，海关应当在收到听证申请之日起5日以内制作《海关行政处罚不予听证通知书》（见附件2），并及时送达申请人。

第二十一条 两个以上当事人分别对同一行政案件提出听证申请的，可以合并举行听证。

案件有两个以上当事人，其中部分当事人提出听证申请的，海关可以通知其他当事人参加听证。

只有部分当事人参加听证的，可以只对涉及该部分当事人的案件事实、证据、法律适用举行听证，但海关应当在听证后一并作出处罚决定。

第五章 听证的举行

第二十二条 在听证过程中，听证参加人及其他人员应当遵守以下听证纪律：

（一）听证参加人及其他人员应当遵守听证秩序，经听证主持人同意后，才能进行陈述和辩论；

（二）旁听人员不得影响听证的正常进行；

（三）准备进行录音、录像、摄影和采访的，应当事先报经听证主持人批准。

第二十三条 听证应当按照下列程序进行：

（一）听证主持人核对当事人及其代理人、第三人及其代理人、案件调查人员的身份；

（二）听证主持人宣布听证参加人、翻译人员、鉴定人员名单，询问当事人及其代理人、第三人及其代理人、案件调查人员是否申请回避；

（三）宣布听证纪律；

（四）听证主持人宣布听证开始并介绍案由；

（五）案件调查人员陈述当事人违法事实，出示相关证据，提出拟作出的行政处罚决定和依据；

（六）当事人及其代理人陈述、申辩，提出意见和主张；

（七）第三人及其代理人陈述，提出意见和主张；

（八）听证主持人就案件事实、证据、处罚依据进行提问；

（九）当事人及其代理人、第三人及其代理人、案件调查人员相互质证、辩论；

（十）当事人及其代理人、第三人及其代理人、案件调查人员作最后陈述；

（十一）宣布听证结束。

第二十四条 当事人及其代理人、第三人及其代理人、案件调查人员应当围绕证据的合法性、真实性和关联性，针对证据有无证明效力以及证明效力大小进行质证。

经听证主持人同意，当事人及其代理人、第三人及其代理人、案件调查人员可以就证据问题相互发问，也可以向证人、鉴定人发问；发问不得采用引诱、威胁、侮辱等语言或者方式，发问的内容应当与案件事实有关联。

第二十五条 对书证、物证和视听资料进行质证时，当事人及其代理人、第三人及其代理人、案件调查人员应当出示证据的原件或者原物；有下列情行之一的，可以不出示原件或者原物：

（一）出示原件或者原物确有困难，经听证主持人同意可以出示复制件或者复制品的；

（二）原件或者原物已经不存在，但能够证明复制件、复制品与原件、原物一致的。

视听资料应当在听证会上播放或者显示，并进行质证后认定。

第二十六条 有下列情形之一的，应当延期举行听证：

（一）当事人或者其代理人因不可抗力或者有其他正当理由无法到场的；

（二）临时决定听证主持人、听证员或者记录员回避，不能当场确定更换人选的；

（三）作为当事人的法人或者其他组织有合并、分立或者其他资产重组情形，需要等待权利义务承受人的；

（四）其他依法应当延期举行听证的情形。

延期听证的原因消除后，由听证主持人重新确定举行听证的时间，并书面告知听证参加人及其他人员。

第二十七条 有下列情形之一的，应当中止举行听证：

（一）需要通知新的证人到场或者需要重新鉴定、补充证据的；

（二）当事人因不可抗力或者有其他正当理由暂时无法继续参加听证的；

（三）听证参加人及其他人员不遵守听证纪律，造成会场秩序混乱的；

（四）其他依法应当中止举行听证的情形。

中止听证的原因消除后，由听证主持人确定恢复举行听证的时间，并书面告知听证参加人及其他人员。

第二十八条 有下列情形之一的，应当终止举行听证：

（一）当事人撤回听证申请的；

（二）当事人无正当理由未按时参加听证的；

（三）当事人无正当理由中途退场的；

（四）当事人死亡或者作为当事人的法人、其他组织终止，没有权利义务承受人的；

（五）其他依法应当终止听证的情形。

第二十九条 听证应当制作笔录。听证笔录应当列明下列事项：

（一）案由；

（二）听证参加人及其他人员的姓名或者名称；

（三）听证主持人、听证员、记录员的姓名；

（四）举行听证的时间、地点和方式；

（五）案件调查人员提出的本案的事实、证据和拟作出的行政处罚决定及其依据；

（六）陈述、申辩和质证的内容；

（七）证人证言；

（八）按规定应当列明的其他事项。

第三十条 听证笔录应当由听证参加人及其他人员确认无误后逐页进行签字或者盖章。对记录内容有异议的可以当场更正后签字或者盖章确认。

听证参加人及其他人员拒绝签字或者盖章的，由记录员在听证笔录上注明。

第六章 附 则

第三十一条 听证主持人、听证员、记录员违反本办法的有关规定，情节严重的，由所在单位按照有关规定依法给予行政处分。

第三十二条 本办法所规定的法律文书的送达，参照《中华人民共和国民事诉讼法》的规定执行。

第三十三条 本办法所称"日"指工作日，"以上"、"以内"及"以前"等均包含本数。

第三十四条 组织海关行政处罚听证的费用由海关承担。

第三十五条 本办法由海关总署负责解释。

第三十六条 本办法自2006年3月1日起施行。1996年11月12日海关总署发布的《中华人民共和国海关行政处罚听证暂行办法》同时废止。

附件：1. 中华人民共和国海关行政处罚听证通知书（略）
2. 中华人民共和国海关行政处罚不予听证通知书（略）

中华人民共和国海关办理行政处罚案件程序规定

（海关总署令第159号）

（2007年3月2日由海关总署发布，根据2014年3月13日海关总署令第218号《海关总署关于修改部分规章的决定》修改，现行版本自2014年3月13日起施行，法规类型为部门规章）

第一章 总 则

第一条 为了规范海关办理行政处罚案件程序，保护公民、法人或者其他组织的合法权益，根据《中华人民共和国行政处罚法》、《中华人民共和国海关法》、《中华人民共和国海关行政处罚实施条例》（以下简称海关行政处罚实施条例）及有关法律、行政法规的规定，制定本规定。

第二条 海关办理行政处罚案件的程序适用本规定。法律、行政法规另有规定的除外。

海关侦查走私犯罪公安机构办理治安管理处罚案件的程序依照《中华人民共和国治安管理处罚法》、《公安机关办理行政案件程序规定》执行。

第三条 海关办理行政处罚案件应当遵循公正、公开、及时和便民的原则。

第四条 海关办理行政处罚案件，在少数民族聚居或者多民族共同居住的地区，应当使用当地通用的语言进行查问和询问。

对不通晓当地通用语言文字的当事人，应当为其提供翻译人员。

第五条 海关办理行政处罚案件过程中涉及国家秘密、商业秘密、海关工作秘密或者个人隐私的，应当保守秘密。

第二章 一般规定

第六条 海关发现的依法应当由其他行政机关或者刑事侦查部门处理的违法行为,应当制作案件移送函,及时将案件移送有关行政机关或者刑事侦查部门处理。

第七条 海关在调查、收集证据时,办理行政处罚案件的海关工作人员(以下简称办案人员)不得少于2人,并且应当向当事人或者有关人员出示执法证件。

第八条 办案人员有下列情形之一的,应当回避,当事人及其代理人有权申请其回避:
(一)是本案的当事人或者当事人的近亲属;
(二)本人或者其近亲属与本案有利害关系;
(三)与本案当事人有其他关系,可能影响案件公正处理的。

第九条 办案人员的回避,由其所属的直属海关或者隶属海关关长决定。

第十条 办案人员要求回避的,应当提出书面申请,并且说明理由。

办案人员具有应当回避的情形之一,没有申请回避,当事人及其代理人也没有申请他们回避的,有权决定他们回避的海关关长可以指令他们回避。

当事人及其代理人要求办案人员回避的,应当提出申请,并且说明理由。口头提出申请的,海关应当记录在案。

第十一条 对当事人及其代理人提出的回避申请,海关应当在3个工作日内作出决定并且书面通知申请人。

对海关驳回回避申请有异议的,当事人及其代理人可以在收到书面通知后的3个工作日内向作出决定的海关申请复核1次;作出决定的海关应当在3个工作日内作出复核决定并且书面通知申请人。

第十二条 在海关作出回避决定前,办案人员不停止办理行政处罚案件。在回避决定作出以前,办案人员进行的与案件有关的活动是否有效,由作出回避决定的海关根据案件情况决定。

第十三条 化验人、鉴定人和翻译人员的回避,适用本规定第八条至第十二条的规定。

第十四条 海关办理行政处罚案件的证据种类主要有:
(一)书证;
(二)物证;
(三)视听资料、电子数据;
(四)证人证言;
(五)化验报告、鉴定结论;
(六)当事人的陈述;
(七)查验、检查记录。

证据应当经查证属实,才能作为认定事实的根据。

第十五条 海关收集的物证、书证应当是原物、原件。收集原物、原件确有困难的,可以拍摄、复制足以反映原物、原件内容或者外形的照片、录像、复制件,并且可以指定或者委托有关单位或者个人对原物、原件予以妥善保管。

收集物证、书证的原物、原件,应当开列清单,注明收集的日期,由有关单位或者个人确认后盖章或者签字。

收集由有关单位或者个人保管书证原件的复制件、影印件或者抄录件的,应当注明出处和收集时间,经提供单位或者个人核对无异后盖章或者签字。

收集由有关单位或者个人保管物证原物的照片、录像的,应当附有关制作过程及原物存放处的文字说明,并且由提供单位或者个人在文字说明上盖章或者签字。

提供单位或者个人拒绝盖章或者签字的，办案人员应当注明。

第十六条 海关收集电子数据或者录音、录像等视听资料，应当收集原始载体。收集原始载体确有困难的，可以收集复制件，注明制作方法、制作时间、制作人、证明对象以及原始载体存放处等，并且由有关单位或者个人确认后盖章或者签字。

海关对收集的电子数据或者录音、录像等视听资料的复制件应当进行证据转换，电子数据能转换为纸质资料的应当及时打印，录音资料应当附有声音内容的文字记录，并且由有关单位或者个人确认后盖章或者签字。

第十七条 违法行为在2年内未被发现的，不再给予行政处罚。法律另有规定的除外。

前款规定的期限，从违法行为发生之日起计算；违法行为有连续或者继续状态的，从行为终了之日起计算。

第十八条 期间以时、日、月、年计算。期间开始的时和日，不计算在期间内。期间届满的最后一日是法定节假日或者法定休息日的，以其后的第一个工作日为期间届满日期。

期间不包括在途时间，法定期满前交付邮寄的，不视为逾期。

第十九条 当事人因不可抗拒的事由或者其他正当理由耽误期限的，在障碍消除后的10日内可以向海关申请顺延期限，是否准许，由海关决定。

第二十条 海关送达行政法律文书，应当直接送交受送达人。受送达人是公民的，本人不在交其同住成年家属签收；受送达人是法人或者其他组织的，应当由法人的法定代表人、其他组织的主要负责人或者该法人、组织负责收件的人签收；受送达人有委托接受送达的代理人的，可以送交代理人签收。

直接送达行政法律文书，由受送达人在送达回证上签字或者盖章，并且注明签收日期。送达回证上的签收日期为送达日期。

第二十一条 受送达人或者与其同住的成年家属拒绝签收行政法律文书，送达人应当邀请见证人到场，说明情况，在送达回证上注明拒收事由和日期，由送达人、见证人签字或者盖章，把行政法律文书留在受送达人的住所，即视为送达。

第二十二条 直接送达行政法律文书有困难的，可以委托其他海关代为送达，或者邮寄送达。

委托其他海关代为送达的，应当向受托海关出具委托手续，并且由受托海关向当事人出示。

邮寄送达的，应当附有送达回证并且以送达回证上注明的收件日期为送达日期；送达回证没有寄回的，以挂号信回执或者查询复单上注明的收件日期为送达日期。

第二十三条 海关对中华人民共和国领域内有住所的外国人、无国籍人、外国企业或者组织送达行政法律文书，适用本规定第二十条至第二十二条规定。

海关对中华人民共和国领域内没有住所的外国人、无国籍人、外国企业或者组织能够直接送交行政法律文书的，应当直接送达。受送达人有委托接受送达的代理人的，海关可以向代理人直接送达，也可以向受送达人在中华人民共和国领域内设立的代表机构或者有权接受送达的分支机构、业务代办人直接送达。海关对授权委托有疑问的，可以要求代理人提供经过公证机关公证的授权委托书。

直接送达行政法律文书有困难并且受送达人所在国的法律允许邮寄送达的，可以邮寄送达。

海关向我国香港、澳门和台湾地区送达法律文书的，比照对中华人民共和国领域内没有住所的外国人、无国籍人、外国企业或者组织送达法律文书的相关规定执行。

第二十四条 受送达人是军人的，通过其所在部队团以上单位的政治机关转交。

受送达人是被监禁的或者被劳动教养的，通过其所在监所、劳动改造单位或者劳动教养单位转交。

受送达人在送达回证上的签收日期,为送达日期。

第二十五条 经采取本规定第二十条至第二十四条规定的送达方式无法送达的,公告送达。

依法予以公告送达的,海关应当将行政法律文书的正本张贴在海关公告栏内。行政处罚决定书公告送达的,还应当在报纸上刊登公告。

公告送达,自发出公告之日起满60日,视为送达;对在中华人民共和国领域内没有住所的当事人进行公告送达,自发出公告之日起满6个月,视为送达。

法律、行政法规另有规定,以及我国缔结或者参加的国际条约中约定有特别送达方式的除外。

第二十六条 违法事实确凿并且有法定依据,对公民处以50元以下、对法人或者其他组织处以1000元以下罚款或者警告的行政处罚的,可以按照《中华人民共和国行政处罚法》第五章第一节的有关规定当场作出行政处罚决定。

第三章 案件调查

第一节 立 案

第二十七条 海关发现公民、法人或者其他组织有依法应当由海关给予行政处罚的行为的,应当立案调查。

第二十八条 海关受理或者发现的违法线索,经核实有下列情形之一的,不予立案:

(一) 没有违法事实的;

(二) 违法行为超过法律规定的处罚时效的;

(三) 其他依法不予立案的情形。

海关决定不予立案的,应当制作不予立案通知书,及时通知举报人、线索移送机关或者主动投案的违法嫌疑人。

第二节 查问、询问

第二十九条 办案人员查问违法嫌疑人、询问证人应当个别进行,并且告知其依法享有的权利和作伪证应当承担的法律责任。

违法嫌疑人、证人应当如实陈述、提供证据。

第三十条 办案人员查问违法嫌疑人,可以到其所在单位或者住所进行,也可以要求其到海关或者指定的地点进行。

办案人员询问证人,可以到其所在单位或者住所进行。必要时,也可以通知证人到海关或者指定地点进行。

第三十一条 查问、询问应当制作查问、询问笔录。

查问、询问笔录上所列项目,应当按照规定填写齐全,并且注明查问、询问开始和结束的时间;办案人员应当在查问、询问笔录上签字。

查问、询问笔录应当当场交给被查问人、被询问人核对或者向其宣读。被查问人、被询问人核对无误后,应当在查问、询问笔录上逐页签字或者捺指印,拒绝签字或者捺指印的,办案人员应当在查问、询问笔录上注明。如记录有误或者遗漏,应当允许被查问人、被询问人更正或者补充,并且在更正或者补充处签字或者捺指印。

第三十二条 查问、询问聋、哑人时,应当有通晓聋、哑手语的人作为翻译人员参加,并且在笔录上注明被查问人、被询问人的聋、哑情况。

查问、询问不通晓中国语言文字的外国人、无国籍人，应当为其提供翻译人员；被查问人、被询问人通晓中国语言文字不需要提供翻译人员的，应当出具书面声明，办案人员应当在查问、询问笔录中注明。

翻译人员的姓名、工作单位和职业应当在查问、询问笔录中注明。翻译人员应当在查问、询问笔录上签字。

第三十三条 海关首次查问违法嫌疑人、询问证人时，应当问明违法嫌疑人、证人的姓名、出生日期、户籍所在地、现住址、身份证件种类及号码、工作单位、文化程度、是否曾受过刑事处罚或者被行政机关给予行政处罚等情况；必要时，还应问明家庭主要成员等情况。

违法嫌疑人或者证人不满18周岁的，查问、询问时应当通知其父母或者其他监护人到场。确实无法通知或者通知后未到场的，应当记录在案。

第三十四条 被查问人、被询问人要求自行提供书面陈述材料的，应当准许；必要时，办案人员也可以要求被查问人、被询问人自行书写陈述。

被查问人、被询问人自行提供书面陈述材料的，应当在陈述材料上签字并且注明书写陈述的时间、地点和陈述人等。办案人员收到书面陈述后，应当注明收到时间并且签字确认。

第三十五条 查问、询问时，在文字记录的同时，可以根据需要录音、录像。

第三十六条 办案人员对违法嫌疑人、证人的陈述应当认真听取，并且如实记录。

办案人员不得以暴力、威胁、引诱、欺骗以及其他非法手段获取陈述。

第三节 检查、查验

第三十七条 办案人员依法检查运输工具和场所，查验货物、物品，应当制作检查、查验记录。检查、查验记录由办案人员、当事人或者其代理人签字或者盖章；当事人或者其代理人不在场或者拒绝签字或者盖章的，办案人员应当在检查、查验记录上注明，并且由见证人签字或者盖章。

第三十八条 办案人员依法检查走私嫌疑人的身体，应当在隐蔽的场所或者非检查人员视线之外，由2名以上与被检查人同性别的办案人员执行。

检查走私嫌疑人身体可以由医生协助进行，必要时可前往医疗机构作专业检查。

第四节 化验、鉴定

第三十九条 在案件调查过程中，需要对有关货物、物品进行取样化验、鉴定的，由海关或者海关委托的化验、鉴定机构提取样品。提取样品时，当事人或者其代理人应当到场；当事人或者其代理人未到场的，海关应当邀请见证人到场。

提取的样品应当予以加封确认，并且填制提取样品记录，由办案人员或者海关委托的化验、鉴定机构人员、当事人或者其代理人、见证人签字或者盖章。

海关提取的样品应当及时送化验、鉴定机构化验、鉴定。

第四十条 依法先行变卖或者经海关许可先行放行有关货物、物品的，海关应当提取1式2份以上样品；样品份数及每份样品数量以能够认定样品的品质特征为限。

第四十一条 化验、鉴定应当交由海关化验鉴定机构或者委托国家认可的其他机构进行。有关货物、物品持有人或者所有人应当根据化验、鉴定要求提供化验、鉴定所需的有关资料。

第四十二条 化验人、鉴定人进行化验、鉴定后，应当出具化验报告、鉴定结论。

化验报告、鉴定结论应当载明委托人和委托化验、鉴定的事项，向化验、鉴定部门提交的相关材料，化验、鉴定的依据和使用的科学技术手段，化验、鉴定部门和化验、鉴定人资格的说明，并且应当有化验、鉴定人的签字和化验、鉴定部门的盖章。通过分析获得的鉴定结论，应当说明分析过程。

第四十三条 当事人对化验报告、鉴定结论有异议的,可以申请重新化验、鉴定1次;海关经审查确有正当理由的,应当重新进行化验、鉴定。

化验、鉴定费用由海关承担。但是经当事人申请海关重新化验、鉴定的,如果化验、鉴定结论有改变的,化验、鉴定费用由海关承担;如果化验、鉴定结论没有改变的,化验、鉴定费用由重新化验、鉴定申请人承担。

第五节 查询存款、汇款

第四十四条 在调查走私案件时,办案人员查询案件涉嫌单位和涉嫌人员在金融机构、邮政企业的存款、汇款,需要经直属海关关长或者其授权的隶属海关关长批准。

第四十五条 办案人员查询案件涉嫌单位和涉嫌人员在金融机构、邮政企业的存款、汇款,应当表明执法身份,出示海关协助查询通知书。

第六节 扣留和担保

第四十六条 海关依法扣留货物、物品、运输工具、其他财产及账册、单据等资料,应当出示执法证件,制作扣留凭单送达当事人,当场告知其采取扣留的理由、依据及其依法享有的权利。

扣留凭单应当记载被扣货物、物品、运输工具或者其他财产的品名、规格、数量、重量等,品名、规格、数量、重量当场无法确定的,应当尽可能完整地描述其外在特征。扣留凭单应当由办案人员、当事人或者其代理人、保管人签字或者盖章;当事人或者其代理人不在场或者拒绝签字或者盖章的,办案人员应当在扣留凭单上注明,并且由见证人签字或者盖章。

海关依法扣留货物、物品、运输工具、其他财产及账册、单据等资料,可以加施海关封志。加施海关封志的,当事人或者其代理人、保管人应当妥善保管。

第四十七条 海关扣留货物、物品、运输工具、其他财产以及账册、单据等资料的期限不得超过1年。因案件调查需要,经直属海关关长或者其授权的隶属海关关长批准,可以延长,延长期限不得超过1年。但是复议、诉讼期间不计算在内。

第四十八条 在人民法院判决或者海关行政处罚决定作出之前,对扣留的危险品或者鲜活、易腐、易烂、易失效、易变质等不宜长期保存的货物、物品以及所有人申请先行变卖的货物、物品、运输工具,需要依法先行变卖的,应当经直属海关关长或者其授权的隶属海关关长批准。

海关在变卖前,应当通知先行变卖的货物、物品、运输工具的所有人。如果变卖前无法及时通知的,海关应当在货物、物品、运输工具变卖后,通知其所有人。

第四十九条 海关依法解除对货物、物品、运输工具、其他财产及有关账册、单据等资料的扣留,应当制发解除扣留通知书送达当事人。解除扣留通知书由办案人员、当事人或者其代理人、保管人签字或者盖章;当事人或者其代理人不在场,或者当事人、代理人拒绝签字或者盖章的,办案人员应当在解除扣留通知书上注明,并且由见证人签字或者盖章。

第五十条 有违法嫌疑的货物、物品、运输工具无法或者不便扣留的,当事人或者运输工具负责人向海关提供担保时,办案人员应当制作收取担保凭单送达当事人或者运输工具负责人,收取担保凭单由办案人员、当事人、运输工具负责人或者其代理人签字或者盖章。

收取担保以后,可以对涉案货物、物品、运输工具进行拍照或者录像存档。

第五十一条 海关依法解除担保的,应当制发解除担保通知书送达当事人或者运输工具负责人。解除担保通知书由办案人员及当事人、运输工具负责人或者其代理人、保管人签字或者盖章;当事人、运输工具负责人或者其代理人不在场或者拒绝签字或者盖章的,办案人员应当在解除担保通知书上注明,并且由见证人签字或者盖章。

第五十二条　依法对走私犯罪嫌疑人实施人身扣留依照《中华人民共和国海关实施人身扣留规定》的程序办理。

第七节　调查中止和终结

第五十三条　海关办理行政处罚案件，在立案后发现当事人的违法行为应当移送其他行政机关或者刑事侦查部门办理的，应当及时移送。

行政处罚案件自海关移送其他行政机关或者刑事侦查部门之日起中止调查。

第五十四条　海关中止调查的行政处罚案件，有下列情形之一的，应当恢复调查：

（一）其他行政机关或者刑事侦查部门已经作出处理的海关移送案件，仍需要海关作出行政处罚的；

（二）其他行政机关或者刑事侦查部门不予受理或者不予追究刑事责任，退回海关处理的。

第五十五条　经调查后，行政处罚案件有下列情形之一的，可以终结调查：

（一）违法事实清楚、法律手续完备、据以定性处罚的证据充分的；

（二）没有违法事实的；

（三）作为当事人的自然人死亡的；

（四）作为当事人的法人或者其他组织终止，无法人或者其他组织承受其权利义务，又无其他关系人可以追查的；

（五）其他行政机关或者刑事侦查部门已作出处理的海关移送案件，不需要海关作出行政处罚的；

（六）其他依法应当终结调查的情形。

第四章　行政处罚的决定

第一节　案件审查

第五十六条　海关对已经调查终结的行政处罚案件，应当经过审查；未经审查程序，不得作出撤销案件、不予行政处罚、予以行政处罚等处理决定。

第五十七条　海关对行政处罚案件进行审查时，应当审查案件的违法事实是否清楚，定案的证据是否客观、充分，调查取证的程序是否合法、适当，以及是否存在不予行政处罚或者减轻、从轻、从重处罚的情节，并且提出适用法律和案件处理意见。

有关案件违法事实不清、证据不充分或者调查程序违法的，应当退回补充调查。

第五十八条　不满14周岁的人有违法行为的，不予行政处罚，但是应当责令其监护人加以管教。已满14周岁不满18周岁的人有违法行为的，从轻或者减轻行政处罚。

第五十九条　精神病人在不能辨认或者不能控制自己行为时有违法行为的，不予行政处罚，但应当责令其监管人严加看管和治疗。间歇性精神病人在精神正常时有违法行为的，应当给予行政处罚。

第二节　告知、复核和听证

第六十条　海关在作出行政处罚决定前，应当告知当事人作出行政处罚决定的事实、理由和依据，并且告知当事人依法享有的权利。

作出暂停从事有关业务、撤销海关注册登记、对公民处1万元以上罚款、对法人或者其他组织处10万元以上罚款、没收有关货物、物品、走私运输工具等行政处罚决定之前，应当告知当事人有要求举行听证的权利。

在履行告知义务时,海关应当制发行政处罚告知单,送达当事人。

第六十一条 除因不可抗力或者海关认可的其他正当理由外,当事人应当在收到行政处罚告知单的3个工作日内提出书面陈述、申辩和听证申请。逾期视为放弃陈述、申辩和要求听证的权利。

当事人当场口头提出陈述、申辩的,海关应当制作书面记录,并且由当事人签字或者盖章确认。

当事人放弃陈述、申辩和听证权利的,海关可以直接作出行政处罚决定。当事人放弃陈述、申辩和听证权利应当有书面记载,并且由当事人或者其代理人签字或者盖章确认。

第六十二条 海关在收到当事人的书面陈述、申辩意见以后,应当进行复核;当事人提出的事实、理由或者证据成立的,海关应当采纳。

第六十三条 海关不得因当事人的申辩而加重处罚,但是海关发现新的违法事实的除外。

第六十四条 经复核后,变更原处罚告知事实、理由、依据、处罚幅度的,应当重新制发海关行政处罚告知单,并且依据本规定第六十条至第六十三条的规定办理。

第六十五条 当事人申请举行听证的,依照《中华人民共和国海关行政处罚听证办法》规定办理。

第三节 处理决定

第六十六条 海关关长应当根据对行政处罚案件审查的不同结果,依法作出以下决定:

(一)确有违法行为,应当给予行政处罚的,根据其情节和危害后果的轻重,作出行政处罚决定;

(二)依法不予行政处罚的,作出不予行政处罚决定;

(三)有本规定第五十五条第(二)至(四)项情形之一的,撤销案件;

(四)符合海关行政处罚实施条例第六十二条第(三)、(四)、(五)项规定的收缴条件的,予以收缴;

(五)违法行为涉嫌犯罪的,移送刑事侦查部门依法办理。

海关作出行政处罚决定,应当做到认定违法事实清楚,定案证据确凿充分,违法行为定性准确,适用法律正确,办案程序合法,处罚幅度合理适当。

第六十七条 对情节复杂或者重大违法行为给予较重的行政处罚,应当由海关案件审理委员会集体讨论决定。

第六十八条 海关依法作出行政处罚决定或者不予行政处罚决定的,应当制发行政处罚决定书或者不予行政处罚决定书。

第六十九条 行政处罚决定书应当载明以下内容:

(一)当事人的基本情况,包括当事人姓名或者名称、海关注册编码、报关员海关注册编码、地址等;

(二)违反法律、行政法规或者规章的事实和证据;

(三)行政处罚的种类和依据;

(四)行政处罚的履行方式和期限;

(五)不服行政处罚决定,申请行政复议或者提起行政诉讼的途径和期限;

(六)作出行政处罚决定的海关名称和作出决定的日期,并且加盖作出行政处罚决定海关的印章。

第七十条 不予行政处罚决定书应当载明以下内容:

(一)当事人的基本情况,包括当事人姓名或者名称、海关注册编码、报关员海关注册编码、地址等;

（二）违反法律、行政法规或者规章的事实和证据；
（三）不予行政处罚的依据；
（四）不服不予行政处罚决定，申请行政复议或者提起行政诉讼的途径和期限；
（五）作出不予行政处罚决定的海关名称和作出决定的日期，并且加盖作出不予行政处罚决定海关的印章。

第七十一条　行政处罚决定书应当在宣告后当场交付当事人；当事人不在场的，海关应当在 7 日内将行政处罚决定书送达当事人。

第七十二条　根据海关行政处罚实施条例第六十二条的规定收缴有关货物、物品、违法所得、运输工具、特制设备的，应当制作收缴清单送达被收缴人。

走私违法事实基本清楚，但是当事人无法查清的案件，海关在制发收缴清单之前，应当制发收缴公告，公告期限为 3 个月，并且限令有关当事人在公告期限内到指定海关办理相关海关手续。公告期满后仍然没有当事人到海关办理相关海关手续的，海关可以根据海关行政处罚实施条例第六十二条第一款第（四）项的规定予以收缴。

第七十三条　收缴清单应当载明予以收缴的货物、物品、违法所得、运输工具、特制设备的名称、规格、数量或者重量等。有关货物、物品、走私运输工具、特制设备有重要、明显特征或者瑕疵的，办案人员应当在收缴清单中予以注明。

第七十四条　收缴清单由办案人员、被收缴人或者其代理人签字或者盖章。

被收缴人或者其代理人拒绝签字或者盖章，或者被收缴人无法查清但是有见证人在场的，应当由见证人签字或者盖章。

没有被收缴人签字或者盖章的，办案人员应当在收缴清单上注明原因。

根据海关行政处罚实施条例第六十二条第一款第（四）项的规定而制发的收缴清单应当公告送达。

第五章　行政处罚决定的执行

第七十五条　海关作出行政处罚决定后，当事人应当在行政处罚决定书规定的期限内，予以履行。

海关对当事人依法作出暂停从事有关业务、撤销其注册登记等行政处罚决定的执行程序，由海关总署另行制定。

第七十六条　当事人确有经济困难向海关提出延期或者分期缴纳罚款的，应当以书面方式提出申请。

海关收到当事人申请延期、分期执行申请以后，应当在 10 个工作日内作出是否准予延期、分期缴纳罚款的决定，并且制发通知书送达申请人。

海关同意当事人延期或者分期缴纳的，应当及时通知收缴罚款的机构。

第七十七条　同意当事人延期或者分期缴纳罚款的，执行完毕的期限自处罚决定书规定的履行期限届满之日起不得超过 180 日。

第七十八条　当事人逾期不履行行政处罚决定的，海关可以采取下列措施：
（一）到期当事人不缴纳罚款的，每日按照罚款数额的 3% 加处罚款；
（二）当事人逾期不履行海关的处罚决定又不申请复议或者向人民法院提起诉讼的，海关可以将扣留的货物、物品、运输工具变价抵缴，或者以当事人提供的担保抵缴，也可以申请人民法院强制执行。

第七十九条　海关依照本规定第七十八条规定采取加处罚款、抵缴措施之前，应当制发执行通知书并且送达当事人。

第八十条　受海关处罚的当事人或者其法定代表人、主要负责人在出境前未缴清罚款、违法所得和依法追缴的货物、物品、走私运输工具的等值价款的，也未向海关提供相当于上述款项担保的，海关可以制作阻止出境协助函，通知出境管理机关阻止其出境。

阻止出境协助函应当随附行政处罚决定书等相关行政法律文书，并且载明被阻止出境人员的姓名、性别、出生日期、出入境证件种类和号码。被阻止出境人员是外国人、无国籍人员的，应当注明其英文姓名。

第八十一条　当事人或者其法定代表人、主要负责人缴清罚款、违法所得和依法追缴的货物、物品、走私运输工具等值价款的，或者向海关提供相当于上述款项担保的，海关应当及时制作解除阻止出境协助函通知出境管理机关。

第八十二条　将当事人的担保抵缴或者将当事人被扣留的货物、物品、运输工具依法变价抵缴罚款之后仍然有剩余的，应当及时发还或者解除扣留、解除担保。

第八十三条　自海关送达解除扣留通知书之日起3个月内，当事人无正当理由未到海关办理有关货物、物品、运输工具或者其他财产的退还手续的，海关可以将有关货物、物品、运输工具或者其他财产提取变卖，并且保留变卖价款。变卖价款在扣除自海关送达解除扣留通知书之日起算的仓储等相关费用后，尚有余款的，当事人在海关送达解除扣留通知书之日起1年内应当前来海关办理相关手续，逾期海关将余款上缴国库。

第八十四条　自海关送达解除担保通知书之日起1年内，当事人无正当理由未到海关办理财产、权利凭证退还手续的，由海关将相关财产、权利凭证等变卖折价或者兑付，并且上缴国库。

第八十五条　向人民法院申请强制执行的，海关应当填写申请执行书，并且提供人民法院要求提供的其他材料。

第八十六条　申请人民法院强制执行应当符合《最高人民法院关于执行〈中华人民共和国行政诉讼法〉若干问题的解释》的规定并且在下列期限内提起：

（一）行政处罚决定书送达后当事人未申请行政复议或者向人民法院提起诉讼的，在处罚决定书送达之日起3个月后起算的180日内；

（二）复议决定书送达后当事人未提起行政诉讼的，在复议决定书送达之日起15日后起算的180日内；

（三）第一审行政判决后当事人未提出上诉的，在判决书送达之日起15日后起算的180日内；

（四）第一审行政裁定后当事人未提出上诉的，在裁定书送达之日起10日后起算的180日内；

（五）第二审行政判决书送达之日起180日内。

第八十七条　当事人实施违反《中华人民共和国海关法》的行为后，发生企业分立、合并或者其他资产重组等情况，对当事人处以罚款、没收违法所得或者依法追缴走私货物、物品、运输工具等值价款的，应当将承受当事人权利义务的法人、组织作为被执行人。

第八十八条　有下列情形之一的，应当中止执行：

（一）处罚决定可能存在违法或者不当情况的；

（二）申请人民法院强制执行，人民法院裁定中止执行的；

（三）行政复议机关、人民法院认为需要中止执行的；

（四）其他依法应当中止执行的。

根据前款第（一）项情形中止执行的，应当经直属海关关长或者其授权的隶属海关关长批准。

中止执行的情形消失后，应当恢复执行。

第八十九条　有下列情形之一的，应当终结执行：

（一）据以执行的法律文书被撤销的；
（二）作为当事人的自然人死亡的；
（三）作为当事人的法人或者其他组织被依法终止，又无权利义务承受人的，也无其他财产可供执行的；
（四）海关行政处罚决定履行期限届满超过 2 年，海关依法采取各种执行措施后仍无法执行完毕的，但是申请人民法院强制执行情形除外；
（五）申请人民法院强制执行的，人民法院裁定中止执行后超过 2 年仍无法执行完毕的；
（六）申请人民法院强制执行后，人民法院裁定终结执行的；
（七）其他依法应当终结执行的。

第六章　简单案件处理程序

第九十条　海关对行邮、快件、货管、保税监管等业务现场及其他海关监管业务中违法事实清楚，违法情节轻微的案件，可以适用简单案件处理程序。但适用本规定第二十六条规定程序的除外。

第九十一条　适用简单案件处理程序的案件，海关进行现场调查后，可以直接制发行政处罚告知单，当场由当事人或者其代理人签收。

第九十二条　有以下所列情形之一的，海关可以当场作出行政处罚决定：
（一）当事人当场放弃陈述、申辩或者听证权利的；
（二）当事人当场进行陈述、申辩，经海关当场复核后，当事人或者其代理人接受复核意见。

当事人当场放弃陈述、申辩、听证的权利，或者当场进行陈述、申辩以及是否接受复核意见的情况，应当有书面记载，由当事人签字或者盖章确认。

当场作出行政处罚决定的，应当制发行政处罚决定书，并且当场送达当事人。

第九十三条　适用简单案件处理程序过程中，有下列情形之一的，海关不得当场作出行政处罚决定，应当按照一般程序规定办理：
（一）海关对当事人提出的陈述、申辩意见无法当场进行复核的；
（二）海关当场复核后，当事人对海关的复核意见仍然不服的；
（三）当事人当场依法向海关要求听证的；
（四）海关认为需要进一步调查取证的。

第七章　附　　则

第九十四条　办案人员玩忽职守、徇私舞弊、滥用职权、索取或者收受他人财物的，依法给予处分；构成犯罪的，依法追究刑事责任。

第九十五条　海关对外国人、无国籍人、外国企业或者组织给予行政处罚的，适用本规定。

第九十六条　本规定由海关总署负责解释。

第九十七条　本规定自 2007 年 7 月 1 日起施行。

中华人民共和国海关办理行政处罚简单案件程序规定

(海关总署令第 188 号)

(2010 年 3 月 1 日由海关总署发布,2010 年 4 月 1 日起施行,法规类型为部门规章)

第一条 为了规范海关办理行政处罚简单案件程序,根据《中华人民共和国行政处罚法》(以下简称《行政处罚法》)、《中华人民共和国海关法》、《中华人民共和国海关行政处罚实施条例》(以下简称《处罚条例》),制定本规定。

第二条 简单案件是指海关在行邮、快件、货管、保税监管等业务现场以及其他海关监管、统计业务中发现的违法事实清楚、违法情节轻微,经现场调查后,可以当场制发行政处罚告知单的违反海关监管规定案件。

第三条 简单案件程序适用于以下案件:

(一)适用《处罚条例》第十五条第一、二项规定进行处理的;

(二)适用《处罚条例》第二十条至第二十三条规定进行处理的;

(三)违反海关监管规定携带货币进出境,金额折合人民币 20 万元以下的;

(四)其他违反海关监管规定案件货物价值在人民币 20 万元以下,物品价值在人民币 5 万元以下的。

第四条 适用简单案件程序办理案件的,海关应当告知当事人。当事人应当根据海关要求提交有关单证材料。

第五条 适用简单案件程序办理案件的,海关应当当场立案,立即开展调查取证工作。

第六条 海关进行现场调查后,应当当场制发行政处罚告知单,并将行政处罚告知单交由当事人或者其代理人当场签收。

符合《行政处罚法》第三十三条规定的简单案件,可以不制发行政处罚告知单。

第七条 海关依法作出行政处罚决定或者不予行政处罚决定的,应当制发行政处罚决定书或者不予行政处罚决定书,送达当事人或者其代理人。

有下列情形之一的,海关可以当场制发行政处罚决定书,并当场送达当事人或者其代理人:

(一)当事人对被告知的事实、理由以及依据无异议,并填写《放弃陈述、申辩、听证权利声明》的;

(二)当事人对海关告知的内容提出陈述、申辩意见,海关能够当场进行复核且当事人对当场复核意见无异议的。

第八条 适用简单案件程序办理的案件,海关应当在立案后 5 个工作日以内制发行政处罚决定书。

第九条 适用简单案件程序办理的案件有下列情形之一的,海关应当终止适用简单案件程序,适用一般程序规定办理,并告知当事人:

(一)海关发现新的违法事实,认为案件需要进一步调查取证的;

(二)当事人对海关告知的内容提出陈述、申辩意见,海关无法当场进行复核的;

(三)海关当场复核后,当事人对海关的复核意见仍然不服的;

(四)当事人向海关提出听证申请的。

第十条　本规定中的"以下"、"以内",均包括本数在内。
第十一条　本规定由海关总署负责解释。
第十二条　本规定自 2010 年 4 月 1 日起施行。

中华人民共和国海关办理申诉案件暂行规定

(海关总署令第 120 号)

(2004 年 11 月 30 日由海关总署发布,根据 2010 年 11 月 26 日海关总署令第 198 号《海关总署关于修改部分规章的决定》修改,现行版本自 2010 年 11 月 26 日起施行,法规类型为部门规章)

第一条　为了规范海关申诉案件的办理,保护公民、法人或者其他组织的合法权益,保障和监督海关依法行使职权,依据《中华人民共和国海关法》、《中华人民共和国行政处罚法》及其他有关法律、行政法规,制定本规定。

第二条　公民、法人或者其他组织不服海关作出的具体行政行为但在法定期限内未申请行政复议或提起行政诉讼,或者是不服海关行政复议决定但在法定期限内未提起行政诉讼的,可以向海关提出申诉。

申诉人提出申诉,海关受理申诉、作出处理决定,适用本规定。

第三条　海关办理申诉案件,应当遵循合法、公正、公开、及时、便民原则,坚持实事求是,有错必纠。

第四条　申诉人可以向作出原具体行政行为或者复议决定的海关提出申诉,也可以向其上一级海关提出申诉。

对海关总署作出的具体行政行为或者复议决定不服的,应当向海关总署提出申诉。

第五条　对海关缉私部门经办的具体行政行为不服的申诉案件由缉私部门具体负责办理;对其他海关具体行政行为和复议决定不服的申诉案件由负责法制工作的机构具体负责办理。

上述具体负责办理申诉案件的部门以下简称申诉审查部门。

第六条　海关总署认为必要时,可以将不服广东省内直属海关作出的具体行政行为或者行政复议决定向海关总署提出申诉的案件,交由广东分署办理。

第七条　海关有关部门接到的信访、投诉,如涉及海关具体行政行为或者行政复议决定的合法性问题,并符合本规定第八条规定的申诉要求的,应当转送申诉审查部门作为申诉案件办理。

第八条　申诉人提出申诉应当递交书面申诉材料,申诉材料中应写明申诉人的基本情况、明确要求撤销或者变更海关原具体行政行为的申诉请求、具体事实和理由。

第九条　海关申诉审查部门收到申诉人的书面申诉材料后,应当在 5 个工作日内进行审查,分别作出以下处理:

(一)对符合本规定要求的,决定予以受理,并制发《受理申诉决定书》;

(二)对不符合本规定,有下列情形之一的,决定不予受理,并书面告知申诉人不予受理的理由:

1. 申诉针对的具体行政行为或者复议决定不是海关作出的;
2. 申诉事项已经人民法院或者行政复议机关受理,正在审查处理中的;

3. 申诉事项已经人民法院作出判决的；
4. 申诉事项已经其他海关作为申诉案件受理或者处理的；
5. 申诉事项已经海关申诉程序处理，申诉人重复申诉的；
6. 仅对海关制定发布的行政规章或者具有普遍约束力的规定、决定提出不服的；
7. 请求事项已超过法律、行政法规规定的办理时限的；
8. 其他依法不应受理的情形。

（三）具体行政行为尚在行政复议、诉讼期限内，或者行政复议决定尚在行政诉讼期限内的，应当及时告知申诉人有权依法申请行政复议或者向人民法院提起行政诉讼。

（四）符合本规定，但需要转送其他海关处理的，应当将申诉材料转送相应海关，同时书面通知申诉人；接受转送的海关应当按照本条其他规定办理。

第十条 决定受理申诉的，海关申诉审查部门收到书面申诉材料之日为受理之日。

第十一条 海关在受理申诉之后，作出处理决定之前，发现有本规定第九条第（二）项所列情形的，应当撤销申诉案件，并书面告知申诉人。

第十二条 申诉审查部门应当对原具体行政行为、行政复议决定是否合法进行审查。

申诉案件的审查原则上采用书面审查的办法。申诉人提出要求或者申诉审查部门认为有必要时，可以向有关组织和人员调查情况，听取申诉人、与申诉案件有利害关系的第三人的意见，听取作出原具体行政行为或者复议决定的海关或者原经办部门的意见。

调查情况、听取意见必要时可以采用听证的方式。

第十三条 申诉审查部门认为需要向作出原具体行政行为或复议决定的海关或者原经办部门了解情况的，可以在受理申诉之日起7个工作日内，将申诉材料副本发送该海关或者经办部门，该海关或者经办部门应当自收到申诉材料副本之日起10日内，书面说明有关情况，并提交当初作出具体行政行为或者复议决定的有关证据材料。

第十四条 原具体行政行为、复议决定的经办人员不得担任申诉案件的审理人员。

申诉人认为申诉案件的审理人员与本案有利害关系或者有其他关系可能影响公正审理的，有权申请该审理人员回避。审理人员认为自己与本案有利害关系或者有其他关系的，应当申请回避。

审理人员的回避由申诉审查部门负责人决定；申诉审查部门负责人的回避由其所属海关负责人决定。

第十五条 申诉案件处理决定作出前，申诉人可以撤回申诉，撤回申诉应当以书面形式提出。

申诉人撤回申诉的，应当终止申诉案件的审查。

第十六条 海关应当在受理申诉之日起60日内作出处理决定，情况复杂的案件，经申诉审查部门负责人批准，可以适当延长，但延长期限最多不超过30日。

延长审查期限应当书面通知申诉人。

第十七条 海关经对申诉案件进行审查，应当分下列情况作出处理决定：

（一）原具体行政行为、复议决定认定事实清楚，证据确实充分，适用依据正确，程序合法，内容适当的，决定维持，驳回申诉人的申诉请求；

（二）海关有不履行法定职责情形的，决定在一定期限内履行或者责令下级海关在一定期限内履行；

（三）原具体行政行为有下列情形之一的，决定撤销、变更或者确认违法；需要重新作出具体行政行为的，由原作出具体行政行为的海关重新作出：

1. 主要事实不清，证据不足的；
2. 适用依据错误的；

3. 违反法定程序，可能影响公正处理的；
4. 超越或者滥用职权的；
5. 具体行政行为明显不当的。

（四）原复议决定有第（三）项所列情形之一的，决定撤销，由原复议机关重新作出复议决定。

第十八条 申诉审查部门应当对申诉案件提出处理意见，经所属海关负责人批准，按照本规定第十七条的规定作出处理决定。重大、复杂案件应当经案件审理委员会讨论通过。

对原经上级海关审批作出的具体行政行为或复议决定，下级海关办理申诉案件应当提出处理意见，逐级报原审批的上级海关批准，作出处理决定。

第十九条 对申诉案件作出处理决定应当制发法律文书，加盖海关行政印章，并在7个工作日内将法律文书送达申诉人。

上级海关办理的对下级海关的具体行政行为或者复议决定不服的申诉案件，处理决定应当同时送达下级海关。

第二十条 由海关内部其他部门转送的申诉案件，应当将处理决定副本抄送该部门。

由其他机关转送的申诉案件，应当将处理决定副本抄送该机关。

第二十一条 申诉人对经申诉程序改变后的具体行政行为或者重新作出的具体行政行为仍不服的，可以依法申请行政复议、提起行政诉讼。

第二十二条 海关办理申诉案件，不得向申诉人收取任何费用。

第二十三条 审结的申诉案件，应当立申诉卷归档。

第二十四条 本规定由海关总署负责解释。

第二十五条 本规定自2005年1月1日起施行。

中华人民共和国海关计核违反海关监管规定案件货物、物品价值办法

（海关总署令第182号）

（2009年1月22日由海关总署发布，2009年6月1日起施行，法规类型为部门规章）

第一章 总 则

第一条 为了准确计核违反海关监管规定案件的货物、物品价值，根据《中华人民共和国海关法》（以下简称《海关法》）、《中华人民共和国海关行政处罚实施条例》（以下简称《处罚条例》）、《中华人民共和国进出口关税条例》（以下简称《关税条例》）的规定，制定本办法。

第二条 计核违反海关监管规定案件货物、物品价值的，适用本办法。

第三条 海关应当在确定违法货物、物品及其完税价格，计核进出口关税、进口环节海关代征税或者进口税的基础上，根据违法货物、物品的完税价格和相应税款计核货物、物品价值。

第四条 海关计核违法货物、物品价值或者计核案件漏缴税款的，应当通过行政处罚告知书，将违法货物、物品价值或者漏缴税款数额告知当事人。

第二章 违法货物、物品的确定

第一节 违法货物的确定

第五条 违反国家进出口管理规定，进出口国家限制进出口货物，申报时不能向海关提交许可证件的，违法货物为不能提交许可证件的实际进出口货物。

第六条 货物进出口时应当申报的项目没有申报或者申报不实，影响国家许可证件管理的，违法货物为实际进出口货物。其中仅数量申报不实的，违法货物为实际进出口货物数量超出许可证件进出口额度部分的货物；许可证件为"非一批一证"管理，且许可证件还有剩余额度的，违法货物为实际进出口货物数量超出申报数量部分的货物。

第七条 货物进出口时应当申报的项目没有申报或者申报不实，影响国家税款征收的，违法货物为实际进出口货物。其中仅数量申报不实的，违法货物为实际进出口货物数量与申报数量差额部分的货物。

第八条 加工贸易货物进出口时应当申报的项目没有申报或者申报不实，违法货物按以下方式确定：

（一）加工贸易货物进出口时应当申报的项目没有申报或者申报不实，影响国家许可证件管理的，违法货物按照本办法第六条确定。

（二）加工贸易货物进口时应当申报的项目没有申报或者申报不实，影响国家税款征收的，违法货物为实际进口货物；其中仅数量申报不实的，违法货物为实际进口货物数量与申报数量差额部分的货物。

（三）加工贸易货物出口时应当申报的项目没有申报或者申报不实，影响国家税款征收的，违法货物为申报出口货物所耗用的保税料件。其中仅数量申报不实的，违法货物为申报出口货物数量与实际出口货物数量差额部分货物所耗用的保税料件。

第九条 未经海关许可，擅自将海关监管货物开拆、提取、交付、发运、调换、改装、抵押、质押、留置、转让、更换标记、移作他用或者进行其他处置的，违法货物为被开拆、提取、交付、发运、调换、改装、抵押、质押、留置、转让、更换标记、移作他用或者进行其他处置的海关监管货物。

第十条 未经海关许可，在海关监管区以外存放海关监管货物的，违法货物为在海关监管区以外存放的海关监管货物。

第十一条 海关监管货物在运输、储存、加工、装配、寄售、展示中灭失、数量短少，且不能提供正当理由的，违法货物为灭失、数量短少货物。

有关货物品名、规格记录不真实，不能提供正当理由的，违法货物为应当真实记录的实际货物；有关货物数量记录不真实，不能提供正当理由的，违法货物为应当真实记录的实际数量与记录数量差额部分的货物。

第十二条 经营保税货物运输、储存、加工、装配、寄售、展示等业务，没有依照规定办理收存、交付、结转等手续的，违法货物为没有依照规定办理收存、交付、结转等海关手续的保税货物。

第十三条 经营保税货物运输、储存、加工、装配、寄售、展示等业务，没有依照规定办理核销手续，或者中止、延长、变更、转让有关合同不依照规定办理海关手续的，违法货物为已实际进口但未依法出口、结转、征税内销或者未进行其他合法处置的保税货物。

第十四条 没有如实向海关申报加工贸易制成品单耗的，违法货物为申报单耗与实际单耗的差额与制成品数量的乘积所对应的货物，其计算公式为：

违法货物＝制成品数量×（申报单位耗料量－实际单位耗料量）

第十五条 未按照规定期限将过境、转运、通运货物运输出境,擅自留在境内的,违法货物为擅自留在境内的过境、转运、通运货物。

第十六条 未按照规定期限将暂时进出口货物复运出境或者复运进境,擅自留在境内或者境外的,违法货物为擅自留在境内或者境外的暂时进出口货物。

第十七条 有违反海关监管规定的其他行为,致使海关不能或者中断对进出口货物实施监管的,违法货物为海关不能或者中断实施监管的进出口货物。

第二节 违法物品的确定

第十八条 未经海关许可,擅自将海关尚未放行的进出境物品开拆、交付、投递、转移或者进行其他处置的,违法物品为被开拆、交付、投递、转移或者进行其他处置的物品。

第十九条 个人运输、携带、邮寄超过合理数量的自用物品进出境未向海关申报的,或者运输、携带、邮寄超过规定数量但仍属自用的国家限制进出境物品进出境,未向海关申报但没有以藏匿、伪装等方式逃避海关监管的,违法物品为实际进出境自用物品数量超过合理数量或者规定数量部分的物品。

第二十条 个人运输、携带、邮寄物品进出境品名申报不实的,违法物品为实际进出境物品。

个人运输、携带、邮寄物品进出境数量申报不实的,违法物品为实际进出境物品数量超过合理数量或者规定数量部分的物品;申报数量超过合理数量或者规定数量的,违法物品为实际进出境物品数量超过申报数量部分的物品。

第二十一条 经海关登记准予暂时免税进境或者暂时免税出境的物品,未按照规定复带出境或者复带进境的,违法物品为未复带出境或者未复带进境的物品。

第二十二条 未经海关批准,过境人员将其所带物品留在境内的,违法物品为过境人员留在境内的物品。

第三章 违法货物、物品税款的计核

第二十三条 计核违法货物、物品税款的,应当根据办案需要收集以下单证、材料:

(一)违法货物、物品的报关单、进出境备案清单、合同、商业发票、提(运)单、保险单、加工贸易手册、电子账册、电子化手册、原产地证明、国内增值税发票以及其他有关单证;

(二)证明违法货物、物品品名、规格、成分、功能、生产工艺、新旧程度等属性的材料;

(三)证明违法货物、物品税款缴纳情况的材料;

(四)证明违法行为发生时间或者被发现时间的材料;

(五)计核税款需要收集的其他单证、材料。

第二十四条 违法货物、物品的完税价格应当按照《关税条例》、《中华人民共和国海关审定进出口货物完税价格办法》、《中华人民共和国进境物品完税价格表》的规定予以审定。

计核违法货物、物品的税款,应当适用违法行为发生之日实施的税率和汇率。违法行为发生之日无法确定的,适用违法行为被发现之日实施的税率和汇率。

第二十五条 应当申报的项目未申报或者申报不实案件的漏缴税款为实际进出口货物的应缴税款与申报进出口货物的计核税款的差额。

第二十六条 未经海关许可,擅自将特定减免税货物抵押、质押、留置、转让、移作他用或者进行其他处置的,违法货物的完税价格为海关审定的该货物原进口时的价格扣除折旧部分价值。

未经海关许可，擅自将特定减免税货物转让的，案件的漏缴税款为违法货物的应缴税款；擅自将特定减免税货物抵押、质押、留置、移作他用的，案件的漏缴税款为违法行为持续时间占海关监管年限的比例所对应的税款。

未经海关许可，擅自将不作价设备抵押、质押、留置、转让、移作他用或者进行其他处置的，有关完税价格、漏缴税款等参照本条第一、二款进行计核。

第二十七条　加工贸易进出口货物申报不实，影响国家税款征收的，案件的漏缴税款按以下方式计核：

（一）加工贸易货物进口申报不实的，实际进口货物的税款与申报进口货物的税款差额为案件的漏缴税款。

（二）加工贸易货物出口申报不实的，申报出口货物耗用保税料件的税款与实际出口货物耗用保税料件的税款差额为案件的漏缴税款。

（三）加工贸易货物以一般贸易方式出口的，实际出口货物耗用保税料件的税款为案件的漏缴税款。

第二十八条　海关计核货物、物品税款的，应当制作《中华人民共和国海关办理违反海关监管规定案件货物、物品税款计核证明书》（以下简称《税款计核证明书》，见附件），加盖海关税款计核专用章，并随附《中华人民共和国海关办理违反海关监管规定案件货物、物品税款计核资料清单》（以下简称《税款计核资料清单》）。

《税款计核证明书》应当包括以下内容：

（一）计核事项；

（二）计核依据和计核方法；

（三）计核结论；

（四）计核部门和计核人员签章。

《税款计核资料清单》应当包括货物、物品的品名、规格、税则号列、数量、完税价格、原产地、税率、汇率、税款等内容。

第四章　违法货物、物品价值的计核

第二十九条　违法货物价值依据违法货物的完税价格、进出口关税、进口环节海关代征税之和进行计核；违法物品价值依据违法物品的完税价格和进口税之和进行计核。

第三十条　国务院关税税则委员会规定按货物征税的进境物品，按照本办法有关货物价值的规定计核价值。

第五章　附　则

第三十一条　下列情形不需要计核违法货物、物品价值：

（一）依据《处罚条例》第十五条第（一）、（二）项、第二十一条至第二十四条、第二十六条至第三十二条规定作出行政处罚的；

（二）涉及禁止进出境的货物、物品，无法计核货物、物品价值的；

（三）涉及其他特殊货物、物品，价值难以确定的。

第三十二条　本办法所称"违法货物、物品"，是指违反海关监管规定的行为所指向的特定货物、物品。

第三十三条　本办法由海关总署负责解释。

第三十四条　本办法自 2009 年 6 月 1 日起施行。

附件：税款计核证明书（略）

关于当事人查阅行政处罚案件材料的暂行规定

（海关总署公告2004年第1号）

(2004年1月14日由海关总署发布，2004年2月1日起施行，法规类型为规范性文件)

第一条 为贯彻行政处罚的公正、公开原则，保护当事人的合法权益，进一步提高行政执法水平，根据《中华人民共和国行政处罚法》和有关法律、行政法规，结合海关工作实际，制定本规定。

第二条 海关送达《海关行政处罚告知单》至海关作出行政处罚决定前，当事人对告知事项有异议，向海关申请查阅案件材料的，适用本规定。

第三条 当事人申请查阅的案件材料指《海关行政处罚告知单》中列明的有关事实、理由、依据的证据材料，但涉及国家秘密、商业秘密、个人隐私的除外。

第四条 当事人、当事人委托的律师可以向海关申请查阅案件材料。

经海关审查有下列情况之一的当事人不得查阅案件材料，但可委托律师查阅：

（一）抗拒海关检查、调查、稽查的；

（二）调查、稽查、检查过程中转移、隐匿有关证据的；

（三）海关认为不宜由当事人查阅案件材料的。

第五条 查阅申请应书面提出，并向海关出示下列文书和证件的原件：

（一）《海关行政处罚告知单》；

（二）当事人是法人或其他组织的，应有法人或其他组织的营业执照或法定证明；

（三）当事人是自然人的，应持有能证明自己身份的合法有效证件，如身份证、护照等；

（四）律师应有委托书、授权书、律师执业证；

（五）海关认为需要的其他证件。

申请人应同时提交上述相关法律文书和证件的复印件，海关登记留存。

第六条 海关收到查阅申请后，决定同意申请人查阅案件材料的，应当在作出同意决定后3日内安排申请人查阅案件材料。在此期间内，海关应依本规定第3条的规定将提供申请人查阅的案件材料整理准备完毕。

第七条 海关接待查阅时应依本规定第5条的规定，核实查阅人的证件并在查阅单上予以登记。

当事人及其委托的律师对同一案件的案件材料只能查阅一次，应在海关规定时间内查阅。

第八条 查阅人查阅案件材料应在海关指定的时间和场所进行。

第九条 查阅人查阅案件材料时，应有海关工作人员在场。

第十条 海关工作人员将案件材料交查阅人查阅前，应对案件材料仔细检查，并将案件材料的基本情况（如名称、页数等）和关键证据状况在查阅单上予以登记。

对于关键性证据材料，可提供复印件供查阅。

第十一条 查阅人查阅案件材料时，经海关许可可以摘录。

第十二条 查阅人查阅案件材料时，不得涂改、毁损、拆换、取走、增添查阅的上述材料，不得进行复印、翻拍、翻录。

违反前款规定的，海关工作人员应及时制止或收回案件材料，可以取消其查阅资格，造成严重后果的，依有关规定追究其相关责任。

第十三条　查阅人查阅完毕，海关工作人员应认真对照查阅前登记情况检查案件材料、对关键证据逐一核对，并由当事人确认。发现有污损、缺页、撕毁或其他异常情况的应及时向上级汇报处理。

第十四条　本规定由海关总署负责解释。

第十五条　本规定自 2004 年 2 月 1 日起实施。

附件：海关查阅单（格式）（略）

关于处理主动披露涉税违规行为有关事项的公告

（海关总署公告 2019 年第 161 号）

（2019 年 10 月 17 日由海关总署发布，2019 年 10 月 17 日起施行，法规类型为规范性文件）

为进一步引导进出口企业、单位自查自纠、守法自律，提升跨境贸易便利化水平，持续改善营商环境，现就进出口企业、单位在海关发现前主动披露影响税款征收的违反海关监管规定行为（以下简称涉税违规行为）处理有关事项公告如下：

一、进出口企业、单位主动披露涉税违规行为，有下列情形之一的，依据《中华人民共和国行政处罚法》第二十七条的规定，不予行政处罚：

（一）在涉税违规行为发生之日起三个月内向海关主动披露，主动消除危害后果的；

（二）在涉税违规行为发生之日起三个月后向海关主动披露，漏缴、少缴税款占应缴纳税款比例 10%以下，或者漏缴、少缴税款在人民币 50 万元以下，且主动消除危害后果的。

二、进出口企业、单位向海关主动披露的，需填制《主动披露报告表》（见附件），并随附账簿、单证等材料，向原税款征收地海关或企业所在地海关报告。

三、进出口企业、单位主动披露且被海关处以警告或者 50 万元以下罚款行政处罚的行为，不列入海关认定企业信用状况的记录。

认证企业主动披露涉税违规行为的，海关立案调查期间不暂停对该企业适用相应管理措施。

本公告自发布之日起实施。

特此公告。

附件：主动披露报告表（略）

关于简单案件快速办理有关事项的公告

(海关总署公告 2019 年第 162 号)

(2019 年 10 月 21 日由海关总署发布，2019 年 12 月 1 日起施行，法规类型为规范性文件)

为进一步提高海关行政执法效率，优化行政执法方式，现就海关行政处罚简单案件快速办理有关事项公告如下：

一、以下简单案件适用快速办理程序：

(一) 适用《中华人民共和国海关行政处罚实施条例》(以下简称《处罚条例》) 第十五条第一项、第二项规定进行处理的；

(二) 报关企业、报关人员对委托人所提供情况的真实性未进行合理审查，或者因为工作疏忽致使发生《处罚条例》第十五条第一项、第二项规定情形的；

(三) 适用《处罚条例》第二十条至第二十三条规定进行处理的；

(四) 违反海关监管规定携带货币进出境的；

(五) 旅检渠道查获走私货物、物品价值在人民币 5 万元以下的；

(六) 其他违反海关监管规定案件货物价值在人民币 50 万元以下或物品价值在人民币 10 万元以下的；

(七) 法律、行政法规及部门规章规定处警告、最高罚款人民币 3 万元以下。

二、海关应当及时立案，开展调查取证工作。

三、当事人在自行书写材料或者查问笔录中承认违法事实、认错认罚，并有查验、检查记录等关键证据能够相互印证的，海关可以不再开展其他调查取证工作。

四、海关进行现场调查后，应当及时制发行政处罚告知单，并在立案后 5 个工作日内制发行政处罚决定书。

五、经当事人书面同意，海关可以采用传真、电子邮件、移动通信等能够确认其收悉的方式送达行政处罚法律文书。

本公告自 2019 年 12 月 1 日起实施。

特此公告。

海关涉案财物拍卖若干问题的规定

(海关总署公告 2020 年第 38 号)

(2020 年 3 月 6 日由海关总署发布，2020 年 5 月 1 日起施行，法规类型为规范性文件)

为了规范海关涉案财物拍卖行为，保护当事人的合法权益，根据《中华人民共和国海关法》《中华人民共和国拍卖法》等法律，制定本规定。

一、海关涉案财物拍卖是指海关依法委托拍卖企业以拍卖的方式公开处理依法查扣的涉案财物。

二、海关涉案财物拍卖活动应当遵守有关法律、行政法规，遵循公开、公平、公正、诚实信用的原则，并接受社会监督。

三、依照《中华人民共和国拍卖法》和《中华人民共和国公司法》等法律法规设立并取得从事相关拍卖业务许可的拍卖企业可参与海关涉案财物的拍卖。

海关涉案财物的拍卖权通过竞价、摇珠或者集体决策等方式合理确定。海关可以参考行业协会依据国家标准评定的拍卖企业资质等级，结合实际情况通过综合评价的方式建立涉案财物公开拍卖企业名单库。

四、海关应与拍卖企业签订书面委托拍卖合同，明确双方的权利和义务。

五、实施网络拍卖的，拍卖企业应与海关协商选择网络拍卖平台，并与网络拍卖平台签订服务协议，明确平台和拍卖企业开展网络拍卖工作的权利和义务。

海关在与拍卖企业签订的书面委托拍卖合同中，就拍卖企业选择的网络拍卖平台应具备的条件和应承担的事项作如下约定：

（一）具备符合《中华人民共和国拍卖法》等相关法律、法规、规章的规则；

（二）具备保障网络拍卖业务正常开展的计算机信息系统，功能包括但不限于：发布公告，拍卖标的网上展示，网络竞价，记录竞价过程，生成电子成交确认书，网上结算服务，网络与现场同步拍卖；

（三）具备开展网络拍卖活动的业务流程，须包括：用户注册，拍卖主体资格审核，公告发布，拍卖标的网上展示，竞买登记，网络竞价及成交确认，网上结算，资料存档；

（四）具有与所从事的网络拍卖业务和规模相配套的服务器、网络设施、技术人员、拍卖专业人员和资金；

（五）根据《互联网信息服务管理办法》，按照平台的性质取得许可或备案；

（六）保障网络安全，确保拍卖平台正常运行；

（七）保证拍卖全程信息数据真实、准确、完整和安全；

（八）竞买代码及其出价信息应当在网络竞买页面实时显示，并储存、显示竞价全程；

（九）其他网络平台应具备的条件和应承担的工作。

六、海关涉案财物拍卖设定保留价。海关委托有资质的评估机构对涉案财物价值进行评估，拍卖保留价由海关参照评估价合理确定。

七、拍卖企业应于拍卖日7日前通过报纸或其他新闻媒介发布拍卖公告。拍卖公告应当载明下列事项：

（一）拍卖的时间、地点；

（二）拍卖标的；

（三）拍卖标的展示时间、地点；

（四）参与竞买应当办理的手续；

（五）拍卖保证金；

（六）拍卖标的已知的瑕疵和权利负担；

（七）海关监督方式等；

（八）实施网络拍卖的，应当载明网络拍卖平台；

（九）需要公告的其他事项。

实施网络拍卖的，除上述应当载明的信息外，还须在网络拍卖平台载明下列信息：

（一）拍卖起拍价以及竞价规则；

（二）拍卖款项支付方式和账户；

（三）拍卖标的现状的文字说明、视频或者照片等；

（四）需要在网络拍卖平台公示的其他信息。
八、下列事项在拍卖实施时应在拍卖规则、拍卖须知等拍卖文件中予以特别提示：
（一）委托代理人参加竞买的，须办理相关委托手续，并在拍卖前经拍卖企业确认；
（二）拍卖标的以实物现状为准；
（三）拍卖标的已知的瑕疵和权利负担，海关已予以公示和特别提示的，且在拍卖文件中声明不能保证拍卖标的真伪或者品质的，不承担瑕疵担保责任；
（四）竞买人决定参与竞买的，视为对拍卖标的完全了解，并接受拍卖标的的一切已知和未知瑕疵和权利负担；
（五）海关及拍卖企业不能向买受人提供除罚没车辆以外其他拍卖标的的成交款发票，不接受买受人任何理由提出的退换货要求；
（六）其他应予特别提示的事项。
实施网络拍卖的，应当在拍卖公告发布当日通过网络拍卖平台对上述内容予以特别提示。
九、拍卖企业应当在拍卖前展示拍卖标的，并提供查看拍卖标的的条件及有关资料。展示时间不得少于 2 日，鲜活物品或其他不易保存的物品除外。
十、海关涉案财物拍卖不限制参与竞买人数。1 人参与竞拍，且出价不低于保留价的，拍卖成交。
十一、竞买人应在参加拍卖前按公告指定渠道实名交纳保证金；未交纳的，不得参加竞买。
保证金收取数额由海关与拍卖企业协商确定。
十二、拍卖成交后，买受人交纳的保证金可以充抵价款，买受人应按竞买协议或者拍卖成交确认书约定的期限和渠道向拍卖企业支付剩余价款。拍卖企业应当在收到全部价款后，按海关要求将拍卖价款直接缴库或汇至海关指定银行账户，经确认缴库或拍卖价款到账后方可办理提货手续。
十三、拍卖成交后，买受人应在竞买协议或者拍卖成交确认书约定的期限内受领拍卖标的。买受人未能按照约定取得拍卖标的的，有权要求拍卖人或者海关承担违约责任。买受人未按照约定受领拍卖标的的，应当支付由此产生的保管费用。
十四、买受人在拍卖成交后悔拍的，需要承担违约责任，主要包括：交纳的保证金不予退还，依次用于支付拍卖产生的费用损失、弥补重新拍卖价款低于原拍卖价款的差价；不足支付部分，应由海关或拍卖企业对原买受人采取但不限于寄送追款通知书、刊登追款公告、仲裁、诉讼等方式进行追缴。保证金仍有剩余的，按款款性质依法进行处置。
拍卖标的悔拍后重新拍卖的，原买受人不得参加竞买。
十五、海关涉案财物拍卖竞价期间无人应价或竞买人的最高应价未达到保留价的，拍卖流拍。海关委托再次拍卖的保留价可根据评估机构重新评定的价格确定，也可以在原保留价的基础上酌情降低，但每次降低的数额不得超过前次保留价的百分之二十。
十六、拍卖的中止、终止、撤回：
（一）有下列情形之一的，应当中止拍卖：
1. 海关在拍卖会前因正当理由书面通知拍卖企业中止拍卖的；
2. 发生意外事件致使拍卖活动暂时不能进行的；
3. 出现其他依法应当中止的情形的。
中止拍卖由拍卖企业宣布。中止拍卖的事由消失后，应恢复拍卖。
（二）有下列情形之一的，应当终止拍卖：
1. 发生不可抗力或意外事件致使拍卖活动无法进行的；
2. 拍卖标的在拍卖前毁损、灭失的；

3. 海关在拍卖会前因正当理由书面通知拍卖企业终止拍卖的；
4. 出现其他依法应当终止的情形的。

终止拍卖由拍卖企业宣布。拍卖终止后，海关要求继续进行拍卖的，应当重新办理拍卖手续。

（三）海关在拍卖开始前可以撤回拍卖标的，但应及时说明有关原因或理由。

网络拍卖平台发现系统故障、安全隐患等紧急情况的，可以先行暂缓拍卖，并立即报告海关。

十七、海关有权对委托拍卖标的的拍卖活动进行监督。

实施网络拍卖的，网络拍卖平台不得在拍卖程序中设置阻碍竞买人报名、参拍、竞价以及监视竞买人信息等后台操控功能；网络拍卖平台提供的服务无正当理由不得中断。

十八、拍卖企业、竞买人、买受人、网络拍卖平台及利害关系人提出异议请求撤销海关涉案财物拍卖，符合下列情形之一的，海关应当支持：

（一）由于拍卖财产的文字说明、视频或者照片展示、实地展示以及瑕疵说明严重失实，致使买受人产生重大误解，购买目的无法实现的，但拍卖时的技术水平不能发现或者已经就相关瑕疵以及责任承担予以公示说明的除外；

（二）由于系统故障、病毒入侵、黑客攻击、数据错误等原因致使拍卖结果错误，严重损害海关、拍卖企业或者竞买人利益的；

（三）竞买人之间、竞买人与拍卖企业、竞买人与网络拍卖平台之间恶意串通，损害海关或者其他竞买人利益的；

（四）买受人不具备法律、行政法规和司法解释规定的竞买资格的；

（五）违法限制竞买人参加竞买或者对享有同等权利的竞买人规定不同竞买条件的；

（六）其他严重违反拍卖程序的情形。

十九、海关、拍卖企业、竞买人、买受人及其他利害关系人认为拍卖企业、网络拍卖平台的行为违法，可以提出异议，异议期间，海关可以暂缓或中止拍卖。

二十、实施海关涉案财物拍卖的，下列机构和人员不得参与竞买活动：

（一）海关及其工作人员；

（二）网络拍卖平台及其工作人员；

（三）承担拍卖工作的拍卖企业及其工作人员；

（四）第（一）至（三）项规定主体的工作人员近亲属。

二十一、拍卖企业或网络拍卖平台有下列情形之一的，不得再为海关涉案财物拍卖提供服务：

（一）存在违反本规定操控拍卖程序、修改拍卖信息等行为的；

（二）存在恶意串通、弄虚作假、泄漏保密信息等行为的；

（三）因违反法律、行政法规和司法解释等规定受到处罚，不适于继续从事海关涉案财物拍卖的；

（四）其他应当排除委托的情形。

二十二、因海关涉案财物拍卖产生的相关税费，应当依照相关法律、行政法规的规定，由相应主体承担。

二十三、本规定所称竞买人是指具备完全民事行为能力的参加竞购拍卖标的的公民、法人或者其他组织。法律、行政法规和司法解释对买受人资格或者条件有特殊规定的，竞买人应当具备规定的资格或者条件。买受人是指以最高应价购得拍卖标的的竞买人。

网络拍卖是指通过网络，以公开竞价方式，将特定物品或者财产权利转让给最高应价者的买卖方式。

网络拍卖平台是指在网络拍卖活动中，为交易各方提供相关服务的信息系统。

二十四、海关对超期未报关进口货物、误卸或溢卸进境货物、放弃进口货物和进出境物品、在海关规定期限内未办理海关手续或无人认领的物品、无法投递又无法退回的进境邮递物品，根据《中华人民共和国海关法》第六十条、第六十一条规定采取税收强制措施、税收保全措施涉及扣留的货物或其他财产等进行变卖的，参照本规定处理。

二十五、本规定自 2020 年 5 月 1 日起施行。施行前海关总署公布的规范性文件与本规定不一致的，以本规定为准。

其他相关

中华人民共和国行政处罚法

（主席令第 63 号）

（1996 年 3 月 17 日第八届全国人民代表大会第四次会议通过；根据 2009 年 8 月 27 日第十一届全国人民代表大会常务委员会第十次会议《关于修改部分法律的决定》第一次修正，根据 2017 年 9 月 1 日第十二届全国人民代表大会常务委员会第二十九次会议《关于修改〈中华人民共和国法官法〉等八部法律的决定》第二次修正；现行版本自 2018 年 1 月 1 日起施行；法规类型为法律）

第一章 总 则

第一条 为了规范行政处罚的设定和实施，保障和监督行政机关有效实施行政管理，维护公共利益和社会秩序，保护公民、法人或者其他组织的合法权益，根据宪法，制定本法。

第二条 行政处罚的设定和实施，适用本法。

第三条 公民、法人或者其他组织违反行政管理秩序的行为，应当给予行政处罚的，依照本法由法律、法规或者规章规定，并由行政机关依照本法规定的程序实施。

没有法定依据或者不遵守法定程序的，行政处罚无效。

第四条 行政处罚遵循公正、公开的原则。

设定和实施行政处罚必须以事实为依据，与违法行为的事实、性质、情节以及社会危害程度相当。

对违法行为给予行政处罚的规定必须公布；未经公布的，不得作为行政处罚的依据。

第五条 实施行政处罚，纠正违法行为，应当坚持处罚与教育相结合，教育公民、法人或者其他组织自觉守法。

第六条 公民、法人或者其他组织对行政机关所给予的行政处罚，享有陈述权、申辩权；对行政处罚不服的，有权依法申请行政复议或者提起行政诉讼。

公民、法人或者其他组织因行政机关违法给予行政处罚受到损害的，有权依法提出赔偿要求。

第七条 公民、法人或者其他组织因违法受到行政处罚，其违法行为对他人造成损害的，应当依法承担民事责任。

违法行为构成犯罪，应当依法追究刑事责任，不得以行政处罚代替刑事处罚。

第二章 行政处罚的种类和设定

第八条 行政处罚的种类：
（一）警告；
（二）罚款；
（三）没收违法所得、没收非法财物；
（四）责令停产停业；
（五）暂扣或者吊销许可证、暂扣或者吊销执照；
（六）行政拘留；
（七）法律、行政法规规定的其他行政处罚。

第九条 法律可以设定各种行政处罚。
限制人身自由的行政处罚，只能由法律设定。

第十条 行政法规可以设定除限制人身自由以外的行政处罚。
法律对违法行为已经作出行政处罚规定，行政法规需要作出具体规定的，必须在法律规定的给予行政处罚的行为、种类和幅度的范围内规定。

第十一条 地方性法规可以设定除限制人身自由、吊销企业营业执照以外的行政处罚。
法律、行政法规对违法行为已经作出行政处罚规定，地方性法规需要作出具体规定的，必须在法律、行政法规规定的给予行政处罚的行为、种类和幅度的范围内规定。

第十二条 国务院部、委员会制定的规章可以在法律、行政法规规定的给予行政处罚的行为、种类和幅度的范围内作出具体规定。
尚未制定法律、行政法规的，前款规定的国务院部、委员会制定的规章对违反行政管理秩序的行为，可以设定警告或者一定数量罚款的行政处罚。罚款的限额由国务院规定。
国务院可以授权具有行政处罚权的直属机构依照本条第一款、第二款的规定，规定行政处罚。

第十三条 省、自治区、直辖市人民政府和省、自治区人民政府所在地的市人民政府以及经国务院批准的较大的市人民政府制定的规章可以在法律、法规规定的给予行政处罚的行为、种类和幅度的范围内作出具体规定。
尚未制定法律、法规的，前款规定的人民政府制定的规章对违反行政管理秩序的行为，可以设定警告或者一定数量罚款的行政处罚。罚款的限额由省、自治区、直辖市人民代表大会常务委员会规定。

第十四条 除本法第九条、第十条、第十一条、第十二条以及第十三条的规定外，其他规范性文件不得设定行政处罚。

第三章 行政处罚的实施机关

第十五条 行政处罚由具有行政处罚权的行政机关在法定职权范围内实施。

第十六条 国务院或者经国务院授权的省、自治区、直辖市人民政府可以决定一个行政机关行使有关行政机关的行政处罚权，但限制人身自由的行政处罚权只能由公安机关行使。

第十七条 法律、法规授权的具有管理公共事务职能的组织可以在法定授权范围内实施行政处罚。

第十八条 行政机关依照法律、法规或者规章的规定，可以在其法定权限内委托符合本法

第十九条规定条件的组织实施行政处罚。行政机关不得委托其他组织或者个人实施行政处罚。

委托行政机关对受委托的组织实施行政处罚的行为应当负责监督，并对该行为的后果承担法律责任。

受委托组织在委托范围内，以委托行政机关名义实施行政处罚；不得再委托其他任何组织或者个人实施行政处罚。

第十九条 受委托组织必须符合以下条件：

（一）依法成立的管理公共事务的事业组织；

（二）具有熟悉有关法律、法规、规章和业务的工作人员；

（三）对违法行为需要进行技术检查或者技术鉴定的，应当有条件组织进行相应的技术检查或者技术鉴定。

第四章　行政处罚的管辖和适用

第二十条 行政处罚由违法行为发生地的县级以上地方人民政府具有行政处罚权的行政机关管辖。法律、行政法规另有规定的除外。

第二十一条 对管辖发生争议的，报请共同的上一级行政机关指定管辖。

第二十二条 违法行为构成犯罪的，行政机关必须将案件移送司法机关，依法追究刑事责任。

第二十三条 行政机关实施行政处罚时，应当责令当事人改正或者限期改正违法行为。

第二十四条 对当事人的同一个违法行为，不得给予两次以上罚款的行政处罚。

第二十五条 不满十四周岁的人有违法行为的，不予行政处罚，责令监护人加以管教；已满十四周岁不满十八周岁的人有违法行为的，从轻或者减轻行政处罚。

第二十六条 精神病人在不能辨认或者不能控制自己行为时有违法行为的，不予行政处罚，但应当责令其监护人严加看管和治疗。间歇性精神病人在精神正常时有违法行为的，应当给予行政处罚。

第二十七条 当事人有下列情形之一的，应当依法从轻或者减轻行政处罚：

（一）主动消除或者减轻违法行为危害后果的；

（二）受他人胁迫有违法行为的；

（三）配合行政机关查处违法行为有立功表现的；

（四）其他依法从轻或者减轻行政处罚的。

违法行为轻微并及时纠正，没有造成危害后果的，不予行政处罚。

第二十八条 违法行为构成犯罪，人民法院判处拘役或者有期徒刑时，行政机关已经给予当事人行政拘留的，应当依法折抵相应刑期。

违法行为构成犯罪，人民法院判处罚金时，行政机关已经给予当事人罚款的，应当折抵相应罚金。

第二十九条 违法行为在二年内未被发现的，不再给予行政处罚。法律另有规定的除外。

前款规定的期限，从违法行为发生之日起计算；违法行为有连续或者继续状态的，从行为终了之日起计算。

第五章　行政处罚的决定

第三十条 公民、法人或者其他组织违反行政管理秩序的行为，依法应当给予行政处罚的，行政机关必须查明事实；违法事实不清的，不得给予行政处罚。

第三十一条 行政机关在作出行政处罚决定之前，应当告知当事人作出行政处罚决定的事实、理由及依据，并告知当事人依法享有的权利。

第三十二条 当事人有权进行陈述和申辩。行政机关必须充分听取当事人的意见，对当事人提出的事实、理由和证据，应当进行复核；当事人提出的事实、理由或者证据成立的，行政机关应当采纳。

行政机关不得因当事人申辩而加重处罚。

第一节 简易程序

第三十三条 违法事实确凿并有法定依据，对公民处以五十元以下、对法人或者其他组织处以一千元以下罚款或者警告的行政处罚的，可以当场作出行政处罚决定。当事人应当依照本法第四十六条、第四十七条、第四十八条的规定履行行政处罚决定。

第三十四条 执法人员当场作出行政处罚决定的，应当向当事人出示执法身份证件，填写预定格式、编有号码的行政处罚决定书。行政处罚决定书应当当场交付当事人。

前款规定的行政处罚决定书应当载明当事人的违法行为、行政处罚依据、罚款数额、时间、地点以及行政机关名称，并由执法人员签名或者盖章。

执法人员当场作出的行政处罚决定，必须报所属行政机关备案。

第三十五条 当事人对当场作出的行政处罚决定不服的，可以依法申请行政复议或者提起行政诉讼。

第二节 一般程序

第三十六条 除本法第三十三条规定的可以当场作出的行政处罚外，行政机关发现公民、法人或者其他组织有依法应当给予行政处罚的行为的，必须全面、客观、公正地调查，收集有关证据；必要时，依照法律、法规的规定，可以进行检查。

第三十七条 行政机关在调查或者进行检查时，执法人员不得少于两人，并应当向当事人或者有关人员出示证件。当事人或者有关人员应当如实回答询问，并协助调查或者检查，不得阻挠。询问或者检查应当制作笔录。

行政机关在收集证据时，可以采取抽样取证的方法；在证据可能灭失或者以后难以取得的情况下，经行政机关负责人批准，可以先行登记保存，并应当在七日内及时作出处理决定，在此期间，当事人或者有关人员不得销毁或者转移证据。

执法人员与当事人有直接利害关系的，应当回避。

第三十八条 调查终结，行政机关负责人应当对调查结果进行审查，根据不同情况，分别作出如下决定：

（一）确有应受行政处罚的违法行为的，根据情节轻重及具体情况，作出行政处罚决定；

（二）违法行为轻微，依法可以不予行政处罚的，不予行政处罚；

（三）违法事实不能成立的，不得给予行政处罚；

（四）违法行为已构成犯罪的，移送司法机关。

对情节复杂或者重大违法行为给予较重的行政处罚，行政机关的负责人应当集体讨论决定。

在行政机关负责人作出决定之前，应当由从事行政处罚决定审核的人员进行审核。行政机关中初次从事行政处罚决定审核的人员，应当通过国家统一法律职业资格考试取得法律职业资格。

第三十九条 行政机关依照本法第三十八条的规定给予行政处罚，应当制作行政处罚决定书。行政处罚决定书应当载明下列事项：

（一）当事人的姓名或者名称、地址；

（二）违反法律、法规或者规章的事实和证据；

（三）行政处罚的种类和依据；

（四）行政处罚的履行方式和期限；

（五）不服行政处罚决定，申请行政复议或者提起行政诉讼的途径和期限；

（六）作出行政处罚决定的行政机关名称和作出决定的日期。

行政处罚决定书必须盖有作出行政处罚决定的行政机关的印章。

第四十条 行政处罚决定书应当在宣告后当场交付当事人；当事人不在场的，行政机关应当在七日内依照民事诉讼法的有关规定，将行政处罚决定书送达当事人。

第四十一条 行政机关及其执法人员在作出行政处罚决定之前，不依照本法第三十一条、第三十二条的规定向当事人告知给予行政处罚的事实、理由和依据，或者拒绝听取当事人的陈述、申辩，行政处罚决定不能成立；当事人放弃陈述或者申辩权利的除外。

第三节 听证程序

第四十二条 行政机关作出责令停产停业、吊销许可证或者执照、较大数额罚款等行政处罚决定之前，应当告知当事人有要求举行听证的权利；当事人要求听证的，行政机关应当组织听证。当事人不承担行政机关组织听证的费用。听证依照以下程序组织：

（一）当事人要求听证的，应当在行政机关告知后三日内提出；

（二）行政机关应当在听证的七日前，通知当事人举行听证的时间、地点；

（三）除涉及国家秘密、商业秘密或者个人隐私外，听证公开举行；

（四）听证由行政机关指定的非本案调查人员主持；当事人认为主持人与本案有直接利害关系的，有权申请回避；

（五）当事人可以亲自参加听证，也可以委托一至二人代理；

（六）举行听证时，调查人员提出当事人违法的事实、证据和行政处罚建议；当事人进行申辩和质证；

（七）听证应当制作笔录；笔录应当交当事人审核无误后签字或者盖章。

当事人对限制人身自由的行政处罚有异议的，依照治安管理处罚法有关规定执行。

第四十三条 听证结束后，行政机关依照本法第三十八条的规定，作出决定。

第六章 行政处罚的执行

第四十四条 行政处罚决定依法作出后，当事人应当在行政处罚决定的期限内，予以履行。

第四十五条 当事人对行政处罚决定不服申请行政复议或者提起行政诉讼的，行政处罚不停止执行，法律另有规定的除外。

第四十六条 作出罚款决定的行政机关应当与收缴罚款的机构分离。

除依照本法第四十七条、第四十八条的规定当场收缴的罚款外，作出行政处罚决定的行政机关及其执法人员不得自行收缴罚款。

当事人应当自收到行政处罚决定书之日起十五日内，到指定的银行缴纳罚款。银行应当收受罚款，并将罚款直接上缴国库。

第四十七条 依照本法第三十三条的规定当场作出行政处罚决定,有下列情形之一的,执法人员可以当场收缴罚款:

(一)依法给予二十元以下的罚款的;

(二)不当场收缴事后难以执行的。

第四十八条 在边远、水上、交通不便地区,行政机关及其执法人员依照本法第三十三条、第三十八条的规定作出罚款决定后,当事人向指定的银行缴纳罚款确有困难,经当事人提出,行政机关及其执法人员可以当场收缴罚款。

第四十九条 行政机关及其执法人员当场收缴罚款的,必须向当事人出具省、自治区、直辖市财政部门统一制发的罚款收据;不出具财政部门统一制发的罚款收据的,当事人有权拒绝缴纳罚款。

第五十条 执法人员当场收缴的罚款,应当自收缴罚款之日起二日内,交至行政机关;在水上当场收缴的罚款,应当自抵岸之日起二日内交至行政机关;行政机关应当在二日内将罚款缴付指定的银行。

第五十一条 当事人逾期不履行行政处罚决定的,作出行政处罚决定的行政机关可以采取下列措施:

(一)到期不缴纳罚款的,每日按罚款数额的百分之三加处罚款;

(二)根据法律规定,将查封、扣押的财物拍卖或者将冻结的存款划拨抵缴罚款;

(三)申请人民法院强制执行。

第五十二条 当事人确有经济困难,需要延期或者分期缴纳罚款的,经当事人申请和行政机关批准,可以暂缓或者分期缴纳。

第五十三条 除依法应当予以销毁的物品外,依法没收的非法财物必须按照国家规定公开拍卖或者按照国家有关规定处理。

罚款、没收违法所得或者没收非法财物拍卖的款项,必须全部上缴国库,任何行政机关或者个人不得以任何形式截留、私分或者变相私分;财政部门不得以任何形式向作出行政处罚决定的行政机关返还罚款、没收的违法所得或者返还没收非法财物的拍卖款项。

第五十四条 行政机关应当建立健全对行政处罚的监督制度。县级以上人民政府应当加强对行政处罚的监督检查。

公民、法人或者其他组织对行政机关作出的行政处罚,有权申诉或者检举;行政机关应当认真审查,发现行政处罚有错误的,应当主动改正。

第七章 法律责任

第五十五条 行政机关实施行政处罚,有下列情形之一的,由上级行政机关或者有关部门责令改正,可以对直接负责的主管人员和其他直接责任人员依法给予行政处分:

(一)没有法定的行政处罚依据的;

(二)擅自改变行政处罚种类、幅度的;

(三)违反法定的行政处罚程序的;

(四)违反本法第十八条关于委托处罚的规定的。

第五十六条 行政机关对当事人进行处罚不使用罚款、没收财物单据或者使用非法定部门制发的罚款、没收财物单据的,当事人有权拒绝处罚,并有权予以检举。上级行政机关或者有关部门对使用的非法单据予以收缴销毁,对直接负责的主管人员和其他直接责任人员依法给予行政处分。

第五十七条 行政机关违反本法第四十六条的规定自行收缴罚款的,财政部门违反本法第五十三条的规定向行政机关返还罚款或者拍卖款项的,由上级行政机关或者有关部门责令改正,对直接负责的主管人员和其他直接责任人员依法给予行政处分。

第五十八条　行政机关将罚款、没收的违法所得或者财物截留、私分或者变相私分的,由财政部门或者有关部门予以追缴,对直接负责的主管人员和其他直接责任人员依法给予行政处分;情节严重构成犯罪的,依法追究刑事责任。

执法人员利用职务上的便利,索取或者收受他人财物、收缴罚款据为己有,构成犯罪的,依法追究刑事责任;情节轻微不构成犯罪的,依法给予行政处分。

第五十九条　行政机关使用或者损毁扣押的财物,对当事人造成损失的,应当依法予以赔偿,对直接负责的主管人员和其他直接责任人员依法给予行政处分。

第六十条　行政机关违法实行检查措施或者执行措施,给公民人身或者财产造成损害、给法人或者其他组织造成损失的,应当依法予以赔偿,对直接负责的主管人员和其他直接责任人员依法给予行政处分;情节严重构成犯罪的,依法追究刑事责任。

第六十一条　行政机关为牟取本单位私利,对应当依法移交司法机关追究刑事责任的不移交,以行政处罚代替刑罚,由上级行政机关或者有关部门责令纠正;拒不纠正的,对直接负责的主管人员给予行政处分;徇私舞弊、包庇纵容违法行为的,依照刑法有关规定追究刑事责任。

第六十二条　执法人员玩忽职守,对应当予以制止和处罚的违法行为不予制止、处罚,致使公民、法人或者其他组织的合法权益、公共利益和社会秩序遭受损害的,对直接负责的主管人员和其他直接责任人员依法给予行政处分;情节严重构成犯罪的,依法追究刑事责任。

第八章　附　则

第六十三条　本法第四十六条罚款决定与罚款收缴分离的规定,由国务院制定具体实施办法。

第六十四条　本法自1996年10月1日起施行。

本法公布前制定的法规和规章关于行政处罚的规定与本法不符合的,应当自本法公布之日起,依照本法规定予以修订,在1997年12月31日前修订完毕。

中华人民共和国行政强制法

(主席令第49号)

(2011年6月30日第十一届全国人民代表大会常务委员会第二十一次会议通过,2012年1月1日起施行,法规类型为法律)

第一章　总　则

第一条　为了规范行政强制的设定和实施,保障和监督行政机关依法履行职责,维护公共利益和社会秩序,保护公民、法人和其他组织的合法权益,根据宪法,制定本法。

第二条　本法所称行政强制,包括行政强制措施和行政强制执行。

行政强制措施,是指行政机关在行政管理过程中,为制止违法行为、防止证据损毁、避免危害发生、控制危险扩大等情形,依法对公民的人身自由实施暂时性限制,或者对公民、法人或者其他组织的财物实施暂时性控制的行为。

行政强制执行,是指行政机关或者行政机关申请人民法院,对不履行行政决定的公民、法人或者其他组织,依法强制履行义务的行为。

第三条 行政强制的设定和实施,适用本法。

发生或者即将发生自然灾害、事故灾难、公共卫生事件或者社会安全事件等突发事件,行政机关采取应急措施或者临时措施,依照有关法律、行政法规的规定执行。

行政机关采取金融业审慎监管措施、进出境货物强制性技术监控措施,依照有关法律、行政法规的规定执行。

第四条 行政强制的设定和实施,应当依照法定的权限、范围、条件和程序。

第五条 行政强制的设定和实施,应当适当。采用非强制手段可以达到行政管理目的的,不得设定和实施行政强制。

第六条 实施行政强制,应当坚持教育与强制相结合。

第七条 行政机关及其工作人员不得利用行政强制权为单位或者个人谋取利益。

第八条 公民、法人或者其他组织对行政机关实施行政强制,享有陈述权、申辩权;有权依法申请行政复议或者提起行政诉讼;因行政机关违法实施行政强制受到损害的,有权依法要求赔偿。

公民、法人或者其他组织因人民法院在强制执行中有违法行为或者扩大强制执行范围受到损害的,有权依法要求赔偿。

第二章 行政强制的种类和设定

第九条 行政强制措施的种类:
(一)限制公民人身自由;
(二)查封场所、设施或者财物;
(三)扣押财物;
(四)冻结存款、汇款;
(五)其他行政强制措施。

第十条 行政强制措施由法律设定。

尚未制定法律,且属于国务院行政管理职权事项的,行政法规可以设定除本法第九条第一项、第四项和应当由法律规定的行政强制措施以外的其他行政强制措施。

尚未制定法律、行政法规,且属于地方性事务的,地方性法规可以设定本法第九条第二项、第三项的行政强制措施。

法律、法规以外的其他规范性文件不得设定行政强制措施。

第十一条 法律对行政强制措施的对象、条件、种类作了规定的,行政法规、地方性法规不得作出扩大规定。

法律中未设定行政强制措施的,行政法规、地方性法规不得设定行政强制措施。但是,法律规定特定事项由行政法规规定具体管理措施的,行政法规可以设定除本法第九条第一项、第四项和应当由法律规定的行政强制措施以外的其他行政强制措施。

第十二条 行政强制执行的方式:
(一)加处罚款或者滞纳金;
(二)划拨存款、汇款;
(三)拍卖或者依法处理查封、扣押的场所、设施或者财物;

（四）排除妨碍、恢复原状；
（五）代履行；
（六）其他强制执行方式。

第十三条 行政强制执行由法律设定。

法律没有规定行政机关强制执行的，作出行政决定的行政机关应当申请人民法院强制执行。

第十四条 起草法律草案、法规草案，拟设定行政强制的，起草单位应当采取听证会、论证会等形式听取意见，并向制定机关说明设定该行政强制的必要性、可能产生的影响以及听取和采纳意见的情况。

第十五条 行政强制的设定机关应当定期对其设定的行政强制进行评价，并对不适当的行政强制及时予以修改或者废止。

行政强制的实施机关可以对已设定的行政强制的实施情况及存在的必要性适时进行评价，并将意见报告该行政强制的设定机关。

公民、法人或者其他组织可以向行政强制的设定机关和实施机关就行政强制的设定和实施提出意见和建议。有关机关应当认真研究论证，并以适当方式予以反馈。

第三章　行政强制措施实施程序

第一节　一般规定

第十六条 行政机关履行行政管理职责，依照法律、法规的规定，实施行政强制措施。

违法行为情节显著轻微或者没有明显社会危害的，可以不采取行政强制措施。

第十七条 行政强制措施由法律、法规规定的行政机关在法定职权范围内实施。行政强制措施权不得委托。

依据《中华人民共和国行政处罚法》的规定行使相对集中行政处罚权的行政机关，可以实施法律、法规规定的与行政处罚权有关的行政强制措施。

行政强制措施应当由行政机关具备资格的行政执法人员实施，其他人员不得实施。

第十八条 行政机关实施行政强制措施应当遵守下列规定：
（一）实施前须向行政机关负责人报告并经批准；
（二）由两名以上行政执法人员实施；
（三）出示执法身份证件；
（四）通知当事人到场；
（五）当场告知当事人采取行政强制措施的理由、依据以及当事人依法享有的权利、救济途径；
（六）听取当事人的陈述和申辩；
（七）制作现场笔录；
（八）现场笔录由当事人和行政执法人员签名或者盖章，当事人拒绝的，在笔录中予以注明；
（九）当事人不到场的，邀请见证人到场，由见证人和行政执法人员在现场笔录上签名或者盖章；
（十）法律、法规规定的其他程序。

第十九条 情况紧急，需要当场实施行政强制措施的，行政执法人员应当在二十四小时内向行政机关负责人报告，并补办批准手续。行政机关负责人认为不应当采取行政强制措施的，应当立即解除。

第二十条　依照法律规定实施限制公民人身自由的行政强制措施，除应当履行本法第十八条规定的程序外，还应当遵守下列规定：

（一）当场告知或者实施行政强制措施后立即通知当事人家属实施行政强制措施的行政机关、地点和期限；

（二）在紧急情况下当场实施行政强制措施的，在返回行政机关后，立即向行政机关负责人报告并补办批准手续；

（三）法律规定的其他程序。

实施限制人身自由的行政强制措施不得超过法定期限。实施行政强制措施的目的已经达到或者条件已经消失，应当立即解除。

第二十一条　违法行为涉嫌犯罪应当移送司法机关的，行政机关应当将查封、扣押、冻结的财物一并移送，并书面告知当事人。

第二节　查封、扣押

第二十二条　查封、扣押应当由法律、法规规定的行政机关实施，其他任何行政机关或者组织不得实施。

第二十三条　查封、扣押限于涉案的场所、设施或者财物，不得查封、扣押与违法行为无关的场所、设施或者财物；不得查封、扣押公民个人及其所扶养家属的生活必需品。

当事人的场所、设施或者财物已被其他国家机关依法查封的，不得重复查封。

第二十四条　行政机关决定实施查封、扣押的，应当履行本法第十八条规定的程序，制作并当场交付查封、扣押决定书和清单。

查封、扣押决定书应当载明下列事项：

（一）当事人的姓名或者名称、地址；

（二）查封、扣押的理由、依据和期限；

（三）查封、扣押场所、设施或者财物的名称、数量等；

（四）申请行政复议或者提起行政诉讼的途径和期限；

（五）行政机关的名称、印章和日期。

查封、扣押清单一式二份，由当事人和行政机关分别保存。

第二十五条　查封、扣押的期限不得超过三十日；情况复杂的，经行政机关负责人批准，可以延长，但是延长期限不得超过三十日。法律、行政法规另有规定的除外。

延长查封、扣押的决定应当及时书面告知当事人，并说明理由。

对物品需要进行检测、检验、检疫或者技术鉴定的，查封、扣押的期间不包括检测、检验、检疫或者技术鉴定的期间。检测、检验、检疫或者技术鉴定的期间应当明确，并书面告知当事人。检测、检验、检疫或者技术鉴定的费用由行政机关承担。

第二十六条　对查封、扣押的场所、设施或者财物，行政机关应当妥善保管，不得使用或者损毁；造成损失的，应当承担赔偿责任。

对查封的场所、设施或者财物，行政机关可以委托第三人保管，第三人不得损毁或者擅自转移、处置。因第三人的原因造成的损失，行政机关先行赔付后，有权向第三人追偿。

因查封、扣押发生的保管费用由行政机关承担。

第二十七条　行政机关采取查封、扣押措施后，应当及时查清事实，在本法第二十五条规定的期限内作出处理决定。对违法事实清楚，依法应当没收的非法财物予以没收；法律、行政法规规定应当销毁的，依法销毁；应当解除查封、扣押的，作出解除查封、扣押的决定。

第二十八条 有下列情形之一的，行政机关应当及时作出解除查封、扣押决定：

（一）当事人没有违法行为；

（二）查封、扣押的场所、设施或者财物与违法行为无关；

（三）行政机关对违法行为已经作出处理决定，不再需要查封、扣押；

（四）查封、扣押期限已经届满；

（五）其他不再需要采取查封、扣押措施的情形。

解除查封、扣押应当立即退还财物；已将鲜活物品或者其他不易保管的财物拍卖或者变卖的，退还拍卖或者变卖所得款项。变卖价格明显低于市场价格，给当事人造成损失的，应当给予补偿。

第三节 冻 结

第二十九条 冻结存款、汇款应当由法律规定的行政机关实施，不得委托给其他行政机关或者组织；其他任何行政机关或者组织不得冻结存款、汇款。

冻结存款、汇款的数额应当与违法行为涉及的金额相当；已被其他国家机关依法冻结的，不得重复冻结。

第三十条 行政机关依照法律规定决定实施冻结存款、汇款的，应当履行本法第十八条第一项、第二项、第三项、第七项规定的程序，并向金融机构交付冻结通知书。

金融机构接到行政机关依法作出的冻结通知书后，应当立即予以冻结，不得拖延，不得在冻结前向当事人泄露信息。

法律规定以外的行政机关或者组织要求冻结当事人存款、汇款的，金融机构应当拒绝。

第三十一条 依照法律规定冻结存款、汇款的，作出决定的行政机关应当在三日内向当事人交付冻结决定书。冻结决定书应当载明下列事项：

（一）当事人的姓名或者名称、地址；

（二）冻结的理由、依据和期限；

（三）冻结的账号和数额；

（四）申请行政复议或者提起行政诉讼的途径和期限；

（五）行政机关的名称、印章和日期。

第三十二条 自冻结存款、汇款之日起三十日内，行政机关应当作出处理决定或者作出解除冻结决定；情况复杂的，经行政机关负责人批准，可以延长，但是延长期限不得超过三十日。法律另有规定的除外。

延长冻结的决定应当及时书面告知当事人，并说明理由。

第三十三条 有下列情形之一的，行政机关应当及时作出解除冻结决定：

（一）当事人没有违法行为；

（二）冻结的存款、汇款与违法行为无关；

（三）行政机关对违法行为已经作出处理决定，不再需要冻结；

（四）冻结期限已经届满；

（五）其他不再需要采取冻结措施的情形。

行政机关作出解除冻结决定的，应当及时通知金融机构和当事人。金融机构接到通知后，应当立即解除冻结。

行政机关逾期未作出处理决定或者解除冻结决定的，金融机构应当自冻结期满之日起解除冻结。

第四章　行政机关强制执行程序

第一节　一般规定

第三十四条　行政机关依法作出行政决定后,当事人在行政机关决定的期限内不履行义务的,具有行政强制执行权的行政机关依照本章规定强制执行。

第三十五条　行政机关作出强制执行决定前,应当事先催告当事人履行义务。催告应当以书面形式作出,并载明下列事项:
(一)履行义务的期限;
(二)履行义务的方式;
(三)涉及金钱给付的,应当有明确的金额和给付方式;
(四)当事人依法享有的陈述权和申辩权。

第三十六条　当事人收到催告书后有权进行陈述和申辩。行政机关应当充分听取当事人的意见,对当事人提出的事实、理由和证据,应当进行记录、复核。当事人提出的事实、理由或者证据成立的,行政机关应当采纳。

第三十七条　经催告,当事人逾期仍不履行行政决定,且无正当理由的,行政机关可以作出强制执行决定。

强制执行决定应当以书面形式作出,并载明下列事项:
(一)当事人的姓名或者名称、地址;
(二)强制执行的理由和依据;
(三)强制执行的方式和时间;
(四)申请行政复议或者提起行政诉讼的途径和期限;
(五)行政机关的名称、印章和日期。

在催告期间,对有证据证明有转移或者隐匿财物迹象的,行政机关可以作出立即强制执行决定。

第三十八条　催告书、行政强制执行决定书应当直接送达当事人。当事人拒绝接收或者无法直接送达当事人的,应当依照《中华人民共和国民事诉讼法》的有关规定送达。

第三十九条　有下列情形之一的,中止执行:
(一)当事人履行行政决定确有困难或者暂无履行能力的;
(二)第三人对执行标的主张权利,确有理由的;
(三)执行可能造成难以弥补的损失,且中止执行不损害公共利益的;
(四)行政机关认为需要中止执行的其他情形。

中止执行的情形消失后,行政机关应当恢复执行。对没有明显社会危害,当事人确无能力履行,中止执行满三年未恢复执行的,行政机关不再执行。

第四十条　有下列情形之一的,终结执行:
(一)公民死亡,无遗产可供执行,又无义务承受人的;
(二)法人或者其他组织终止,无财产可供执行,又无义务承受人的;
(三)执行标的灭失的;
(四)据以执行的行政决定被撤销的;
(五)行政机关认为需要终结执行的其他情形。

第四十一条　在执行中或者执行完毕后,据以执行的行政决定被撤销、变更,或者执行错误的,应当恢复原状或者退还财物;不能恢复原状或者退还财物的,依法给予赔偿。

第四十二条 实施行政强制执行,行政机关可以在不损害公共利益和他人合法权益的情况下,与当事人达成执行协议。执行协议可以约定分阶段履行;当事人采取补救措施的,可以减免加处的罚款或者滞纳金。

执行协议应当履行。当事人不履行执行协议的,行政机关应当恢复强制执行。

第四十三条 行政机关不得在夜间或者法定节假日实施行政强制执行。但是,情况紧急的除外。

行政机关不得对居民生活采取停止供水、供电、供热、供燃气等方式迫使当事人履行相关行政决定。

第四十四条 对违法的建筑物、构筑物、设施等需要强制拆除的,应当由行政机关予以公告,限期当事人自行拆除。当事人在法定期限内不申请行政复议或者提起行政诉讼,又不拆除的,行政机关可以依法强制拆除。

第二节 金钱给付义务的执行

第四十五条 行政机关依法作出金钱给付义务的行政决定,当事人逾期不履行的,行政机关可以依法加处罚款或者滞纳金。加处罚款或者滞纳金的标准应当告知当事人。

加处罚款或者滞纳金的数额不得超出金钱给付义务的数额。

第四十六条 行政机关依照本法第四十五条规定实施加处罚款或者滞纳金超过三十日,经催告当事人仍不履行的,具有行政强制执行权的行政机关可以强制执行。

行政机关实施强制执行前,需要采取查封、扣押、冻结措施的,依照本法第三章规定办理。

没有行政强制执行权的行政机关应当申请人民法院强制执行。但是,当事人在法定期限内不申请行政复议或者提起行政诉讼,经催告仍不履行的,在实施行政管理过程中已经采取查封、扣押措施的行政机关,可以将查封、扣押的财物依法拍卖抵缴罚款。

第四十七条 划拨存款、汇款应当由法律规定的行政机关决定,并书面通知金融机构。金融机构接到行政机关依法作出划拨存款、汇款的决定后,应当立即划拨。

法律规定以外的行政机关或者组织要求划拨当事人存款、汇款的,金融机构应当拒绝。

第四十八条 依法拍卖财物,由行政机关委托拍卖机构依照《中华人民共和国拍卖法》的规定办理。

第四十九条 划拨的存款、汇款以及拍卖和依法处理所得的款项应当上缴国库或者划入财政专户。任何行政机关或者个人不得以任何形式截留、私分或者变相私分。

第三节 代履行

第五十条 行政机关依法作出要求当事人履行排除妨碍、恢复原状等义务的行政决定,当事人逾期不履行,经催告仍不履行,其后果已经或者将危害交通安全、造成环境污染或者破坏自然资源的,行政机关可以代履行,或者委托没有利害关系的第三人代履行。

第五十一条 代履行应当遵守下列规定:

(一)代履行前送达决定书,代履行决定书应当载明当事人的姓名或者名称、地址、代履行的理由和依据、方式和时间、标的、费用预算以及代履行人;

(二)代履行三日前,催告当事人履行,当事人履行的,停止代履行;

(三)代履行时,作出决定的行政机关应当派员到场监督;

(四)代履行完毕,行政机关到场监督的工作人员、代履行人和当事人或者见证人应当在执行文书上签名或者盖章。

代履行的费用按照成本合理确定,由当事人承担。但是,法律另有规定的除外。
代履行不得采用暴力、胁迫以及其他非法方式。

第五十二条 需要立即清除道路、河道、航道或者公共场所的遗洒物、障碍物或者污染物,当事人不能清除的,行政机关可以决定立即实施代履行;当事人不在场的,行政机关应当在事后立即通知当事人,并依法作出处理。

第五章 申请人民法院强制执行

第五十三条 当事人在法定期限内不申请行政复议或者提起行政诉讼,又不履行行政决定的,没有行政强制执行权的行政机关可以自期限届满之日起三个月内,依照本章规定申请人民法院强制执行。

第五十四条 行政机关申请人民法院强制执行前,应当催告当事人履行义务。催告书送达十日后当事人仍未履行义务的,行政机关可以向所在地有管辖权的人民法院申请强制执行;执行对象是不动产的,向不动产所在地有管辖权的人民法院申请强制执行。

第五十五条 行政机关向人民法院申请强制执行,应当提供下列材料:
(一)强制执行申请书;
(二)行政决定书及作出决定的事实、理由和依据;
(三)当事人的意见及行政机关催告情况;
(四)申请强制执行标的情况;
(五)法律、行政法规规定的其他材料。
强制执行申请书应当由行政机关负责人签名,加盖行政机关的印章,并注明日期。

第五十六条 人民法院接到行政机关强制执行的申请,应当在五日内受理。
行政机关对人民法院不予受理的裁定有异议的,可以在十五日内向上一级人民法院申请复议,上一级人民法院应当自收到复议申请之日起十五日内作出是否受理的裁定。

第五十七条 人民法院对行政机关强制执行的申请进行书面审查,对符合本法第五十五条规定,且行政决定具备法定执行效力的,除本法第五十八条规定的情形外,人民法院应当自受理之日起七日内作出执行裁定。

第五十八条 人民法院发现有下列情形之一的,在作出裁定前可以听取被执行人和行政机关的意见:
(一)明显缺乏事实根据的;
(二)明显缺乏法律、法规依据的;
(三)其他明显违法并损害被执行人合法权益的。
人民法院应当自受理之日起三十日内作出是否执行的裁定。裁定不予执行的,应当说明理由,并在五日内将不予执行的裁定送达行政机关。
行政机关对人民法院不予执行的裁定有异议的,可以自收到裁定之日起十五日内向上一级人民法院申请复议,上一级人民法院应当自收到复议申请之日起三十日内作出是否执行的裁定。

第五十九条 因情况紧急,为保障公共安全,行政机关可以申请人民法院立即执行。经人民法院院长批准,人民法院应当自作出执行裁定之日起五日内执行。

第六十条 行政机关申请人民法院强制执行,不缴纳申请费。强制执行的费用由被执行人承担。
人民法院以划拨、拍卖方式强制执行的,可以在划拨、拍卖后将强制执行的费用扣除。
依法拍卖财物,由人民法院委托拍卖机构依照《中华人民共和国拍卖法》的规定办理。

划拨的存款、汇款以及拍卖和依法处理所得的款项应当上缴国库或者划入财政专户，不得以任何形式截留、私分或者变相私分。

第六章　法律责任

第六十一条　行政机关实施行政强制，有下列情形之一的，由上级行政机关或者有关部门责令改正，对直接负责的主管人员和其他直接责任人员依法给予处分：

（一）没有法律、法规依据的；

（二）改变行政强制对象、条件、方式的；

（三）违反法定程序实施行政强制的；

（四）违反本法规定，在夜间或者法定节假日实施行政强制执行的；

（五）对居民生活采取停止供水、供电、供热、供燃气等方式迫使当事人履行相关行政决定的；

（六）有其他违法实施行政强制情形的。

第六十二条　违反本法规定，行政机关有下列情形之一的，由上级行政机关或者有关部门责令改正，对直接负责的主管人员和其他直接责任人员依法给予处分：

（一）扩大查封、扣押、冻结范围的；

（二）使用或者损毁查封、扣押场所、设施或者财物的；

（三）在查封、扣押法定期间不作出处理决定或者未依法及时解除查封、扣押的；

（四）在冻结存款、汇款法定期间不作出处理决定或者未依法及时解除冻结的。

第六十三条　行政机关将查封、扣押的财物或者划拨的存款、汇款以及拍卖和依法处理所得的款项，截留、私分或者变相私分的，由财政部门或者有关部门予以追缴；对直接负责的主管人员和其他直接责任人员依法给予记大过、降级、撤职或者开除的处分。

行政机关工作人员利用职务上的便利，将查封、扣押的场所、设施或者财物据为己有的，由上级行政机关或者有关部门责令改正，依法给予记大过、降级、撤职或者开除的处分。

第六十四条　行政机关及其工作人员利用行政强制权为单位或者个人谋取利益的，由上级行政机关或者有关部门责令改正，对直接负责的主管人员和其他直接责任人员依法给予处分。

第六十五条　违反本法规定，金融机构有下列行为之一的，由金融业监督管理机构责令改正，对直接负责的主管人员和其他直接责任人员依法给予处分：

（一）在冻结前向当事人泄露信息的；

（二）对应当立即冻结、划拨的存款、汇款不冻结或者不划拨，致使存款、汇款转移的；

（三）将不应当冻结、划拨的存款、汇款予以冻结或者划拨的；

（四）未及时解除冻结存款、汇款的。

第六十六条　违反本法规定，金融机构将款项划入国库或者财政专户以外的其他账户的，由金融业监督管理机构责令改正，并处以违法划拨款项二倍的罚款；对直接负责的主管人员和其他直接责任人员依法给予处分。

违反本法规定，行政机关、人民法院指令金融机构将款项划入国库或者财政专户以外的其他账户的，对直接负责的主管人员和其他直接责任人员依法给予处分。

第六十七条　人民法院及其工作人员在强制执行中有违法行为或者扩大强制执行范围的，对直接负责的主管人员和其他直接责任人员依法给予处分。

第六十八条　违反本法规定，给公民、法人或者其他组织造成损失的，依法给予赔偿。

违反本法规定，构成犯罪的，依法追究刑事责任。

第七章　附　则

第六十九条　本法中十日以内期限的规定是指工作日，不含法定节假日。

第七十条　法律、行政法规授权的具有管理公共事务职能的组织在法定授权范围内，以自己的名义实施行政强制，适用本法有关行政机关的规定。

第七十一条　本法自 2012 年 1 月 1 日起施行。

关务缉私篇

次货間材品

中华人民共和国海关计核涉嫌走私的货物、物品偷逃税款暂行办法

(海关总署令第 97 号)

(2002 年 10 月 8 日由海关总署发布,根据 2010 年 11 月 26 日海关总署令第 198 号《关于修改部分规章》修改,现行版本自 2010 年 11 月 26 日起施行,法规类型为部门规章)

第一章 总 则

第一条 为加强海关对涉嫌走私的货物、物品偷逃税款的计核工作,保障计核工作的公正性、科学性和权威性,根据《中华人民共和国海关法》、《中华人民共和国进出口关税条例》及有关法律、行政法规,制定本办法。

第二条 海关办理走私案件,涉嫌走私的货物、物品偷逃税款的计核工作适用本办法。

第三条 走私毒品、武器、弹药、核材料、伪造的货币、国家禁止出口的文物,国家禁止进出口的珍贵动物及其制品、珍稀植物及其制品、淫秽物品,国家禁止进境的固体废物和危险性废物等不以偷逃税额作为定罪量刑及认定走私行为、作出行政处罚标准的货物、物品,不适用本办法。

第四条 中华人民共和国海关是负责涉嫌走私的货物、物品偷逃税款计核工作的法定主管机关,其授权计核税款的部门(以下简称"计核部门")是负责计核工作的主管部门。

第五条 海关出具的计核结论,经海关走私犯罪侦查机关、人民检察院和人民法院审查确认,可以作为办案的依据和定罪量刑的证据。

第二章 计核程序

第六条 因办理走私案件需要计核偷逃税款的,海关走私犯罪侦查机关、海关调查部门(以下简称"送核单位")应当持《涉嫌走私的货物、物品偷逃税款送核表》(以下简称《送核表》)送交其所在海关的计核部门。

《送核表》应当包括以下内容:

(一)走私案件的名称;

(二)走私方式;

(三)涉嫌走私的货物、物品已缴纳税款情况;

(四)涉嫌走私的货物、物品的品名、牌号、规格、型号、原产地、数量,以及进出口日期等;

(五)查获的时间、地点;

(六)其他需要说明的情况。

第七条 送核单位送交《送核表》,应当根据计核部门的要求和案件的性质随附下列单据或材料:

(一)涉嫌走私的货物、物品的报关单、合同、商业发票、提(运)单、保险单、加工贸易备案登记手册、国内增值税发票以及其他商业单证;

(二)涉嫌走私的货物、物品的说明书及其他技术资料;

(三)涉嫌走私的货物、物品的使用、损坏程度的记录以及照片;

（四）涉嫌走私的货物、物品的价格、规格、市场行情等有关的材料；
（五）有关计核所需的其他单证或者材料。
对于上述所列的单据、材料，因故无法提供的，送核单位应当向计核部门作出书面说明。

第八条 海关计核部门接到送核单位送交的《送核表》及随附的单证、材料时，应当认真审核，对于填制不清楚或者随附的单证或者材料有遗漏的，可以要求送核单位补充。

第九条 海关计核部门在计核过程中，需要送核单位进行以下工作的，送核单位应当予以配合：
（一）对涉嫌走私的货物、物品进行查验取样；
（二）提供与计核工作有关的账册、文件等资料；
（三）提留货样送海关化验机构或者其他法定或者国家授权的专业部门，出具品名、成分、用途、质量、等级、新旧程度、价值等项的鉴定结论报告；
（四）委托国内有资质的价格鉴证机构等单位出具对涉嫌走私的货物、物品的国内市场批发价格、出厂价格的评估资料；
（五）需要送核单位进行的其他工作。

第十条 送核单位送交的《送核表》及随附单证、材料符合计核要求的，除第九条规定的情况以外，海关计核部门应当自接受计核之日起 7 个工作日内作出计核结论，向送核单位出具《涉嫌走私的货物、物品偷逃税款海关核定证明书》（以下简称《证明书》），加盖海关税款核定专用章，并随附《涉嫌走私的货物、物品偷逃税款计核资料清单》（以下简称《计核资料清单》）。

第十一条 《证明书》应当包括以下内容：
（一）计核事项；
（二）计核结论；
（三）计该依据和计核方法要述；
（四）计核人员签名。
《计核资料清单》应当包括涉案货物、物品的品名、原产地、规格、数量、税则号列、计税价格、税率、汇率等内容。

第十二条 走私犯罪侦查机关、海关调查部门、人民检察院、人民法院对海关出具的《证明书》有异议，或者因确定偷逃税额的事实发生变化，认为需要补充核定或者重新核定的，应由原送核单位向出具《证明书》的海关计核部门重新送交《送核表》并附书面说明。海关计核部门接到要求补充核定的《送核表》后，应当依照本办法第十条规定进行补充核定或者重新核定。

第十三条 走私犯罪嫌疑人、被告人或其辩护人对海关出具的《证明书》有异议的，应当向办案机关提出重新核定的申请，经海关走私犯罪侦查机关、人民检察院或者人民法院审查同意后，由原送核单位按照本办法第十二条规定的程序重新核定。

第十四条 海关进行补充核定或者重新核定的，应当另行指派计核人员进行。

第十五条 海关税款计核部门的计核人员，遇有下列情形之一的，应当回避：
（一）计核人员是计核案件当事人的近亲属；
（二）计核人员本人及其近亲属与计核案件当事人有利害关系的；
（三）与计核案件当事人有其他关系，可能影响计核工作的公正性的。

第三章 计核方法

第十六条 涉嫌走私的货物能够确定成交价格的，其计税价格应当以该货物的成交价格为基础审核确定。

第十七条 涉嫌走私的货物成交价格经审核不能确定的,其计税价格应当依次以下列价格为基础确定:

(一)海关所掌握的相同进口货物的正常成交价格;

(二)海关所掌握的类似进口货物的正常成交价格;

(三)海关所掌握的相同或者类似进口货物在国际市场的正常成交价格;

(四)国内有资质的价格鉴证机构评估的涉嫌走私货物的国内市场批发价格减去进口关税和其他进口环节税以及进口后的利润和费用后的价格,其中进口后的各项费用和利润综合计算为计税价格的20%,其计算公式为:

$$计税价格 = \frac{国内市场批发价格}{1+进口关税率+消费税率+增值税率+\frac{进口关税率 \times 增值税率}{1-消费税率}+20\%}$$

(五)涉嫌走私的货物或者相同、类似货物在国内依法拍卖的价格减去拍卖费用后的价格;

(六)按其他合理方法确定的价格。

第十八条 对于已陈旧但尚有使用价值的涉嫌走私的货物,如不能按照本办法第十六条规定核定其计税价格且海关难以认定其新旧程度,应当根据国家质量监督检验检疫机构出具的新旧程度的鉴定结论报告按照本办法第十七条的规定核定其计税价格。

第十九条 涉嫌走私进口的黄金、白银和其他贵重金属及其制品、珠宝制品以及其他有价值的收藏品,应当按国家定价或者国家有关鉴定部门确定的价值核定其计税价格。

第二十条 对于无法确定成交价格的涉嫌走私的非淫秽音像制品,应当以固定的价格作为计税价格。具体价格由海关总署另行确定。

第二十一条 对于涉嫌走私的假冒品牌货物,其计税价格由海关总署另行确定。

第二十二条 涉嫌走私的国产品牌货物,应当以相同或者类似货物正常的出口价格核定其计税价格;出口价格不能确定的,其计税价格应当以相同或者类似货物在国内的正常的出厂价格(不含增值税)为基础核定。

第二十三条 擅自内销保税货物涉嫌走私的,能够确定原申报进口货物成交价格的,其计税价格应当以原申报进口货物的成交价格为基础核定;原申报进口货物的成交价格不能确定的,应当按照本办法第十七条的规定核定的原申报进口货物的价格作为计税价格。

第二十四条 擅自内销特定减免税货物涉嫌走私的,其计税价格应当以该货物原进口时的成交价格为基础核定,计算公式为:

$$计税价格 = 原进口时的海关完税价格 \times \left(1 - \frac{擅自内销时已进口时间(月)}{监管年限 \times 12}\right)$$

成交价格不能确定的,应当按照本办法第十七条的规定,并按上述公式计算计税价格。

第二十五条 涉嫌通过携带、托运和邮递方式走私的货物、物品,应当按本办法第十六条和第十七条的规定核定其计税价格。

第二十六条 在核定涉嫌走私的货物计税价格时,应当包括货物运抵境内的运费、保险费。

第二十七条 对于涉嫌走私的货物或者物品,应当按照《中华人民共和国海关进出口税则》规定的归类原则,归入合适的税则号列,并按照《中华人民共和国进出口关税条例》及其他有关税率适用的规定采用正确的税率确定偷逃税款。

第二十八条 在计核涉嫌走私的货物或者物品偷逃税款时,应当以走私行为案发时所适用的税则、税率、汇率和按照本办法第十六条至第二十五条的规定审定的计税价格计算。具体计算办法如下：

（一）有证据证明走私行为发生时间的，以走私行为发生之日计算；

（二）走私行为的发生呈连续状态的，以连续走私行为的最后终结之日计算；

（三）证据无法证明走私行为发生之日或者连续走私行为终结之日的，以走私案件的受案之日（包括刑事和行政受案之日）计算；同一案件因办案部门转换出现不同受案日期的，以最先受案的部门受案之日为准。

第二十九条　在计核涉嫌走私的货物偷逃税款时，应扣除海关按照走私犯罪嫌疑人的申报计算的应缴税款。

第三十条　违反海关监管规定的其他违法行为涉及到税款计核的，如不能确定涉嫌违规的货物或者物品的接受申报进口之日的，可以比照本办法办理。

第四章　附　则

第三十一条　本办法由海关总署负责解释。

第三十二条　本办法自 2002 年 11 月 10 日起实施。

中华人民共和国海关实施人身扣留规定

（海关总署令第 144 号）

（2006 年 1 月 13 日由海关总署发布，2006 年 3 月 1 日起施行，法规类型为部门规章）

第一章　总　则

第一条　为了规范海关实施人身扣留措施，保证海关依法履行职责，保护公民的合法权益，根据《中华人民共和国海关法》（以下简称海关法）、《中华人民共和国海关行政处罚实施条例》（以下简称实施条例）及其他有关法律、行政法规的规定，制定本规定。

第二条　本规定所称人身扣留（以下简称扣留），是指海关根据海关法第六条第（四）项的规定，对违反海关法以及其他有关法律、行政法规的走私犯罪嫌疑人，依法采取的限制人身自由的行政强制措施。

第三条　海关依法对走私犯罪嫌疑人实施扣留，适用本规定。

第四条　海关实施扣留，应当遵循依法、公正、文明、及时和确保安全的原则，做到适用对象准确、程序合法、处置适当。

第五条　海关实施扣留应当由持有海关查缉证的海关工作人员（以下简称海关工作人员）执行。

第二章　适用对象和时限

第六条　海关工作人员在海关监管区和海关附近沿海沿边规定地区，发现有下列行为涉嫌走私犯罪的，经当场查问、检查，可以对走私犯罪嫌疑人实施扣留：

（一）有实施条例第七条第（一）项至第（五）项所列行为，且数额较大、情节严重的；

（二）直接向走私人非法收购国家禁止进口物品的，或者直接向走私人非法收购走私进口的其他货物、物品，数额较大的；

（三）在内海、领海、界河、界湖运输、收购、贩卖国家禁止进出口物品的，或者运输、收购、贩卖国家限制进出口货物、物品，数额较大，没有合法证明的；

（四）与走私犯罪嫌疑人谋face，为其提供贷款、资金、账号、发票、证明，或者为其提供运输、保管、邮寄或者其他方便的；

（五）有逃避海关监管，涉嫌走私犯罪的其他行为的。

第七条 对有下列情形之一的人员，不适用扣留：

（一）经过当场查问、检查，已经排除走私犯罪嫌疑的；

（二）所涉案件已经作为刑事案件立案的；

（三）有证据证明患有精神病、急性传染病或者其他严重疾病的；

（四）其他不符合本规定第六条条件的。

第八条 对符合本规定第六条所列条件，同时具有下列情形之一的人员，可以实施扣留，但在实施扣留时应当自被扣留人签字或者捺指印之时起4小时以内查问完毕，且不得送入扣留室：

（一）怀孕或者正在哺乳自己不满1周岁婴儿的妇女；

（二）已满70周岁的老年人。

第九条 对走私犯罪嫌疑人，扣留时间不超过24小时；对符合本规定第十条规定情形的，可以延长至48小时。

前款规定的时限应当自走私犯罪嫌疑人在《中华人民共和国海关扣留走私犯罪嫌疑人决定书》（见附件1，以下简称《扣留决定书》）上签字或者捺指印之时起，至被海关解除扣留之时止。海关工作人员将走私犯罪嫌疑人带至海关所用路途时间不计入扣留时间。

第十条 海关在实施扣留的24小时内发现具有下列情形之一的，可以对走私犯罪嫌疑人延长扣留时间：

（一）拒不配合海关调查，陈述的事实与海关掌握的走私违法犯罪事实明显不一致的；

（二）经调查发现走私行为具有连续性或者有团伙走私犯罪嫌疑的；

（三）经多名证人指证，仍拒不陈述走私犯罪行为的；

（四）有隐匿、转移、伪造、毁灭其走私犯罪证据或者串供可能的；

（五）未提供真实姓名、住址、单位，身份不明的。

第十一条 对已经排除走私犯罪嫌疑，或者扣留期限、延长扣留期限届满的，海关应当及时解除扣留。

对按照《中华人民共和国刑事诉讼法》（以下简称刑事诉讼法）的有关规定需要采取刑事强制措施的，应当及时解除扣留并按照刑事诉讼法的规定作出处理。

第十二条 海关应当严格按照本规定中的适用范围、期限和程序实施扣留，禁止下列行为：

（一）超出适用范围实施扣留；

（二）超过时限扣留；

（三）未经当场查问、检查实施扣留；

（四）以扣留代替行政处罚；

（五）将扣留作为执行行政处罚、追补征税款的执行手段；

（六）扣留享有外交特权和豁免权的人员。

第三章 审批和执行

第十三条 对符合本规定第六条所列情形，确有必要实施扣留的走私犯罪嫌疑人，经直属海关关长或者其授权的隶属海关关长批准，海关制发《扣留决定书》实施扣留。《扣留决定书》应当注明扣留起始时间,并由被扣留人签字或者捺指印。被扣留人拒不签字或者捺指印的,应当予以注明。

在紧急情况下需要当场对走私犯罪嫌疑人实施扣留的,应当经直属海关关长或者其授权的隶属海关关长口头批准,并在返回海关后4个小时内补办手续。扣留起始时间自走私犯罪嫌疑人被带至海关时起算。

第十四条 海关实施扣留时,应当由2名以上海关工作人员执行,出示查缉证并且告知被扣留人享有的救济权利。

第十五条 海关对走私犯罪嫌疑人采取扣留的,应当立即通知其家属或者其所在单位并作好记录。对被扣留人身份不明或者无法通知家属、单位的,应当经其确认后记录在案。

第十六条 有下列情形之一的,海关可以不通知被扣留人的家属或者其所在单位:

(一)同案的走私犯罪嫌疑人可能逃跑、串供或者隐匿、转移、伪造、毁灭其犯罪证据的;

(二)未提供真实姓名、住址、单位,身份不明的;

(三)其他有碍调查或者无法通知的。

上述情形消除后,海关应当立即通知被扣留人的家属或者其所在单位。

第十七条 对本规定第八条规定的人员在晚上9点至次日早上7点之间解除扣留的,海关应当通知其家属领回;或者由当事人提供其认为可以依赖的亲属、朋友或者同事等人将其领回;对身份不明、没有家属或者无人领回的,应当护送至其住地,并由见证人签字确认;在本地无住地的,可以交由当地社会救助机构帮助其返家,并由相关人员签字确认。

第十八条 被扣留人的家属为老年人、残疾人、精神病人、不满16周岁的未成年人或者其他没有独立生活能力的人,因海关实施扣留而使被扣留人的家属无人照顾的,海关应当通知其亲友予以照顾或者采取其他适当办法妥善安排,并且将安排情况及时告知被扣留人。

第十九条 对符合本规定第十条所列条件,确有必要将扣留时间从24小时延长至48小时的,在实施扣留的24小时届满之前,经直属海关关长或者其授权的隶属海关关长批准,海关制发《中华人民共和国海关延长扣留走私犯罪嫌疑人期限决定书》(见附件2,以下简称《延长扣留决定书》)。由被扣留人在《延长扣留决定书》上签名或者捺指印,被扣留人拒绝签名或者捺指印的,应当予以注明。

第二十条 对于被扣留人,海关应当在实施扣留后8小时内进行查问。

第二十一条 对被扣留人解除扣留的,海关制发《中华人民共和国海关解除扣留走私犯罪嫌疑人决定书》(见附件3,以下简称《解除扣留决定书》),并注明解除扣留时间,由被扣留人在《解除扣留决定书》上签名或者捺指印,被扣留人拒绝签名或者捺指印的,应当予以注明。

第四章 扣留室设置和管理

第二十二条 除本规定第八条所列的情形外,在扣留期间,海关应当将被扣留人送入扣留室。

第二十三条 扣留室的设置应当达到以下标准:

(一)扣留室房屋牢固、安全、通风、透光,单间使用面积不得少于6平方米,层高不低于2.55米;

(二)扣留室内配备固定的坐具、卧具,并保持清洁、卫生;

(三)扣留室内不得有可能被直接用于行凶、自杀、自伤的等物品;

(四)看管被扣留人的值班室与扣留室相通的,应当采用栏杆分隔,以便于观察室内情况;

（五）扣留室应当标明名称，并在明显位置公布有关扣留的规定、被扣留人依法享有的权利和扣留室管理规定。

第二十四条 海关应当建立以下扣留室日常管理制度，依法严格、文明管理：

（一）建立《被扣留人员进出登记表》。载明被扣留人的姓名、性别、年龄、户籍地，以及办案部门、承办人、扣留起止时间、进出扣留室时间及处理结果等情况；

（二）建立值班、看管和巡查制度。扣留室有被扣留人时，应当由海关工作人员如实记录有关情况，并做好交接班工作；

（三）建立档案管理制度。对有关法律文书按照档案管理的要求归档保存；

（四）建立双人看管制度。扣留室应当由2名以上与被扣留人同性别的海关工作人员负责看管，不得将不同性别的被扣留人送入同一个扣留室。

第二十五条 海关工作人员对被扣留人的人身及携带的物品应当进行严格检查，防止带入可疑物品或者可能被用于行凶、自杀、自伤、自残、脱逃的等物品。

在进行人身检查时，发现被扣留人有外伤、严重疾病发作的明显症状的，应当立即报告上级主管部门及监察部门，并做好详细记录。

对被扣留人的人身检查，应当由2名以上与被扣留人同性别的海关工作人员执行。

第二十六条 将被扣留人送入扣留室时，对其随身携带的物品，海关应当制作《中华人民共和国海关暂存物品、文件清单》（见附件4，以下简称《暂存物品、文件清单》）经被扣留人签名或者捺指印确认后妥善保管，被扣留人拒绝签名或者捺指印的，应当予以注明。

扣留结束后，被扣留人的物品中属于违法犯罪证据或者违禁品的，应当依法随案移交或者依法作出处理，并在《暂存物品、文件清单》上注明；与案件无关的，应当立即返还被扣留人，并在《暂存物品、文件清单》上注明，由被扣留人签名或者捺指印，被扣留人拒绝签名或者捺指印的，应当予以注明。

第二十七条 扣留期间，实施扣留的海关应当为被扣留人提供基本的生活条件。

对在扣留期间突患疾病或者受伤的被扣留人，海关工作人员应当立即采取措施救治，并通知被扣留人家属或者单位。无法通知的，应当记录在案，上述治疗费用由被扣留人或者其家属承担。但由于海关工作人员的过错致被扣留人患病或者受伤的，治疗费用由实施扣留的海关承担。

第五章 执法监督

第二十八条 在扣留期间，海关应当依法保障被扣留人的合法权益，不得有下列行为：

（一）刑讯逼供或者以威胁、引诱、欺骗等非法手段收集证据；

（二）殴打、体罚、虐待、侮辱被扣留人；

（三）敲诈勒索或者索取、收受贿赂；

（四）侵吞、挪用、损毁被扣留人的财物；

（五）违反规定收费或者实施处罚；

（六）其他侵犯被扣留人合法权益的行为。

第二十九条 对海关工作人员在实施扣留中有违反本规定行为的，应当按照相关规定追究有关责任人员的执法过错责任，并按照《中华人民共和国海关法》及有关法律、行政法规的有关规定给予处分。构成犯罪的，依法追究直接负责的主管人员和其他直接责任人员的刑事责任。

第六章 附 则

第三十条 本规定所称"以上"、"以内"，均包含本数。

第三十一条 本规定由海关总署负责解释。
第三十二条 本规定自2006年3月1日起施行。

附件：中华人民共和国海关扣留走私犯罪嫌疑人决定书（略）
　　　中华人民共和国海关延长扣留走私犯罪嫌疑人期限决定书（略）
　　　中华人民共和国海关解除扣留走私犯罪嫌疑人决定书（略）
　　　中华人民共和国海关暂存物品、文件清单（略）

关于严厉打击卷烟走私整顿卷烟市场的通告

(国函〔2000〕13号)

(2000年2月18日由国家烟草专卖局、公安部、海关总署、国家工商行政管理局发布，2000年2月18日起施行，法规类型为规范性文件)

　　为维护国家和消费者利益，进一步严厉打击卷烟走私的违法犯罪活动，整顿卷烟市场，保护民族卷烟工业和经营者的合法权益，特通告如下：
　　一、企业、事业单位和机关、团体以及个人走私卷烟或非法收购、运输、邮寄、贩卖、窝藏走私卷烟和其他非正常渠道流入市场的进口卷烟的，由海关、公安、工商行政管理和烟草专卖行政主管部门依法在其职责范围内进行处理；构成犯罪的，移交司法机关依法追究刑事责任。
　　二、凡正常进口的卷烟必须在箱包、条包和盒包上印有"由中国烟草总公司专卖"字样；免税店经营的卷烟必须有"中国关税未付"和国务院烟草专卖行政主管部门规定的专门标识；处理没收的非法进口卷烟在销售前，必须有烟草专卖行政主管部门在箱包和条包上加贴由国家烟草专卖局制定的"没收非法进口卷烟"专门标识。无上述标志的外国卷烟、出口倒流国产卷烟，由海关、公安、工商行政管理和烟草专卖行政主管部门予以没收。
　　三、在境内跨省（自治区、直辖市）运输进口卷烟（含处理没收的走私卷烟），必须持有国家烟草专卖行政主管部门开具的准运证；省（自治区、直辖市）内运输，必须持有省级烟草专卖行政主管部门开具的准运证。海关监管卷烟的转关运输，必须持有海关出具的转关运输单证。铁路、交通、民航等部门承运的进口卷烟及邮政部门邮寄超过规定数量的进口卷烟，必须验凭烟草专卖行政主管部门开具的准运证。无准运证或无转关运输单证运输进口卷烟、无准运证超量邮寄进口卷烟的，由有关执法部门予以没收，并处以罚款，其主管部门应视情节按有关规定给予严肃处理。
　　四、经营合法进口卷烟、免税烟的单位，必须持有烟草专卖行政主管部门核发的特种烟草专卖经营企业许可证；经营执法部门处理没收的走私卷烟的单位，其特种烟草专卖经营企业许可证所列经营品种范围必须包括处理没收非法进口卷烟。各经营单位要按规定渠道进货。无许可证擅自经营进口卷烟、免税烟的，由烟草专卖行政主管部门依法没收其违法所得；无许可证或超过许可证规定范围经营没收非法进口卷烟的，由工商行政管理和烟草专卖行政主管部门没收其经营的非法进口卷烟。情节严重的，工商行政管理部门可依法吊销其营业执照。
　　五、企业、事业单位和机关、团体以及个人为走私、贩私活动提供藏匿、运输和邮寄等便利条件构成犯罪的,移送司法机关追究刑事责任;不构成犯罪的,由海关、公安、工商行政管理和烟草专卖行政主管部门依法给予处罚。

六、各执法部门没收的非法进口卷烟,按照国家有关规定进行拍卖的,应定向拍卖给持有国家烟草专卖局核发的、经营品种包括处理没收非法进口卷烟的特种烟草专卖经营企业许可证的单位。其中批发企业只能将没收非法进口卷烟销售给有零售经营权的企业。凡违反上述规定的,由工商行政管理和烟草专卖行政主管部门没收其货物。情节严重的,可取消其经营资格。

七、清理整顿卷烟交易市场,对已成为非法进口卷烟集散地和销售场所的市场要坚决予以取缔。

八、对检举揭发、协助查缉走私、贩私有功的单位和个人,按有关规定给予奖励。凡使用暴力或威胁方式抗拒或围攻执法人员查缉走私、检查市场的,视情节轻重,依法追究其刑事责任,或依照《中华人民共和国治安管理处罚条例》的规定处罚。

九、本通告自发布之日起执行。1994年10月16日国务院批准,国家烟草专卖局、公安部、国家工商行政管理局、海关总署发布的《关于严厉打击卷烟走私整顿卷烟市场的通告》同时废止。

关于打击走私冷冻肉品维护食品安全的通告

(国家食品药品监督管理总局 海关总署 公安部通告2015年第29号)

(2015年7月12日由国家食品药品监督管理总局、海关总署、公安部发布,2015年7月12日起施行,法规类型为规范性文件)

近日,国务院食品安全办会同海关总署、公安部、农业部、商务部、卫生计生委、质检总局、食品药品监管总局以及中央宣传部、国家网信办等部门对打击冷冻肉品走私、维护食品安全工作进行了研究,现将有关情况和意见通告如下:

一、为严厉打击冷冻肉品走私,防止未经检验检疫的冷冻肉品通过走私渠道进入国内市场危害公众健康,防范疫病传入危害我国畜牧产业安全,今年以来海关总署会同有关部门在全国部署开展打击冷冻肉品走私专项行动,打掉了多个走私团伙,取得重大阶段性成果。在今年查获的走私冷冻肉品中,有的查获时生产日期已达四五年之久,对所有查获的走私冷冻肉品,海关均依法予以销毁。

二、海关总署、公安部将会同有关部门部署对走私冷冻肉品犯罪行为的调查,全力追查走私入境冷冻肉品的来源及销售去向,包括幕后指使人、承运企业和相关人员、承储冷库经营企业和相关人员以及采购使用的食品生产经营者。对查获的走私冷冻肉品,有关部门将严格按照规定进行处理,严禁不合格肉品流向"餐桌"。

三、食品药品监管总局要求所有冷冻仓库、肉食品经营企业、加工企业、餐饮企业严格依照有关法律规定,不得承储、购买、销售来源不明的冷冻肉品。2014年以来凡承储、购买、销售过来源不明冷冻肉品的生产经营者,要于7月底前向所在省级或地市级食品药品监管部门主动报告。企业报告的情况,地方食品药品监管部门要及时报告食品药品监管总局。欢迎广大消费者和媒体对违法行为进行监督举报,对破获重大违法案件做出贡献的,有关部门将给予相应的奖励。

四、食品药品监管总局要求北京、天津、辽宁、上海、安徽、福建、山东、河南、湖北、湖南、广东、广西、云南等省（区、市）食品药品监管部门对行政区域内所有冷库进行排查，重点检查 2014 年以来承储冷冻肉品的来源、数量和销售去向。凡发现入出库数量与记录不符的，来源及销售去向不明的，编造、篡改相关记录的，要依法依规严肃处理，并向社会公布调查结果。相关违法犯罪线索要及时报告食品药品监管总局并通报所在地海关、公安部门。排查情况要于 8 月 10 日前报告食品药品监管总局。各地市县两级食品药品监管部门要认真落实对行政区域内食品生产经营企业日常检查的责任，日常检查频次、检查结果要及时向社会公布。

五、媒体是食品安全社会共治的重要力量，监管部门支持媒体监督。媒体报道食品安全事件要切实做到真实、公正。

特此通告。

关于敦促走私废物违法犯罪人员投案自首的公告

（最高人民法院　最高人民检察院　海关总署公告 2019 年第 116 号）

（2019 年 7 月 6 日由最高人民法院、最高人民检察院、海关总署发布，2019 年 7 月 6 日起施行，法规类型为规范性文件）

为依法惩治走私废物违法犯罪，贯彻落实宽严相济刑事政策，给以往曾利用许可证走私进口可用作原料的固体废物、但现已停止走私的违法犯罪人员以改过自新、争取宽大处理的机会，更好地实现打击废物走私的办案效果，根据《中华人民共和国刑法》《中华人民共和国刑事诉讼法》等有关规定，特公告如下：

一、利用许可证走私进口可用作原料的固体废物，是指不具备相应环评资质的单位或者个人利用他人许可证走私进口可用作原料的固体废物，以及相关持证企业与他人通谋，非法将本单位的许可证交由不具备相应环评资质的单位或者个人走私进口可用作原料的固体废物。

二、实施上述走私行为的涉案单位或者人员自本公告发布之日起至 2019 年 9 月 30 日前向海关缉私部门、人民检察院、人民法院自动投案，如实供述自己罪行的，可以依法从轻或者减轻处罚。其中，未造成重大环境污染、有效挽回国家经济损失、积极退赃、自愿认罪认罚的，可以减轻处罚；犯罪较轻的，可以免除处罚。除走私废物情节特别严重的以外，对投案自首的涉案人员一般不采取羁押性强制措施。

三、涉案人员在境外，委托他人代为表达自动投案意思，或者以书信、电报、电话、邮件等方式表达自动投案意思，随后本人回国到案接受办案机关处理的，视为自动投案。

四、鼓励涉案人员的亲友积极规劝其尽快投案自首，争取从宽处理。经亲友规劝、陪同投案，或者亲友主动报案后将涉案人员送去投案，且涉案人员到案后如实供述自己的罪行的，视为自首。

五、涉案人员具有揭发他人犯罪行为，查证属实的，或者提供重要线索，从而得以侦破其他案件的，或者有协助司法机关抓捕其他犯罪嫌疑人等立功表现的，可以依法从轻或者减轻处罚；有重大立功表现的，可以依法减轻或者免除处罚。

六、涉案单位、人员要认清形势，珍惜机会，尽快投案自首，争取从宽处理。在公告期限内拒不主动向海关缉私部门、人民检察院、人民法院报明情况，拒不投案自首，以及自本公告发布之日起,仍顶风继续走私废物进境的,司法机关将依法从严惩处。窝藏、包庇、资助涉案人员,帮助毁灭、伪造证据,掩饰、隐瞒、转移犯罪所得及其收益,构成犯罪的,依法追究刑事责任。

七、鼓励和保护广大人民群众积极举报,动员、规劝涉案人员投案自首。举报走私违法犯罪线索,或者提供涉案人员藏匿线索,经查证属实的,有关部门将按规定给予奖励,并依法对举报人的人身安全予以相应保护,对个人信息严格保密。对威胁、报复举报人,构成犯罪的,依法追究刑事责任。

八、本公告自发布之日起施行。

关于发布破坏野生动物资源刑事案中
涉及走私的象牙及其制品价值标准的通知

(林濒发〔2001〕234号)

(2001年6月13日由国家林业与草原局发布,2001年6月13日起施行,法规类型为规范性文件)

各省、自治区、直辖市林业(农林)厅(局):

亚洲象是国家一级保护野生动物,非洲象被依法核准为国家一级保护野生动物,国家禁止亚洲象和非洲象象牙及其制品的收购、运输、出售和进出口活动。近几年来,各地、各部门严格按照《濒危野生动植物种国际贸易公约》和我国野生动物保护法规的规定,严厉打击非法收购、运输、出售走私象牙及其制品违法犯罪活动,查获了大量非法收购、运输、出售和走私象牙及其制品案件。为确保各部门依法查处上述刑事案件,依据《林业部、财政部、国家物价局关于发布〈陆生野生动物资源保护管理费收费办法〉的通知》(林护字〔1992〕72号)、《林业部关于在野生动物案件中如何确定国家重点保护野生动物及其产品价值标准的通知》(林策通字〔1996〕8号)、《国家林业局、公安部关于印发森林和陆生野生动物刑事案件管辖及立案标准的通知》(林安发〔2001〕156号)和《最高人民法院关于审理破坏野生动物资源刑事案件具体应用法律若干问题的解释》(法释〔2000〕37号)的有关规定,现将破坏野生动物资源刑事案件中涉及走私的象牙及其制品的价值标准规定如下:

一根未加工象牙的价值为25万元;由整根象雕刻而成的一件象牙制品,应视为一根象牙,其价值为25万元;由一根象牙切割成数段象牙块或者雕刻成数件象牙制品的,这些象牙块或者象牙制品总合,也应视为一根象牙,其价值为25万元;对于无法确定是否属一根象牙切割或者雕刻成的象牙块或象牙制品,应根据其重量来核定,单价为41667元/千克。按上述价值标准核定的象牙及其制品价格低于实际销售价的按实际销售价格执行。

凡过去的有关规定与本通知不一致的,按本通知执行。

关于办理走私、非法买卖麻黄碱类复方制剂等刑事案件适用法律若干问题的意见

(法发〔2012〕12号)

(2012年6月18日由最高人民法院、最高人民检察院、公安部发布,2012年6月18日起施行,法规类型为政策参考)

为从源头上打击、遏制毒品犯罪,根据刑法等有关规定,结合司法实践,现就办理走私、非法买卖麻黄碱类复方制剂等刑事案件适用法律的若干问题,提出以下意见:

一、关于走私、非法买卖麻黄碱类复方制剂等行为的定性

以加工、提炼制毒物品制造毒品为目的,购买麻黄碱类复方制剂,或者运输、携带、寄递麻黄碱类复方制剂进出境的,依照刑法第三百四十七条的规定,以制造毒品罪定罪处罚。

以加工、提炼制毒物品为目的,购买麻黄碱类复方制剂,或者运输、携带、寄递麻黄碱类复方制剂进出境的,依照刑法第三百五十条第一款、第三款的规定,分别以非法买卖制毒物品罪、走私制毒物品罪定罪处罚。

将麻黄碱类复方制剂拆除包装、改变形态后进行走私或者非法买卖,或者明知是已拆除包装、改变形态的麻黄碱类复方制剂而进行走私或者非法买卖的,依照刑法第三百五十条第一款、第三款的规定,分别以走私制毒物品罪、非法买卖制毒物品罪定罪处罚。

非法买卖麻黄碱类复方制剂或者运输、携带、寄递麻黄碱类复方制剂进出境,没有证据证明系用于制造毒品或者走私、非法买卖制毒物品,或者未达到走私制毒物品罪、非法买卖制毒物品罪的定罪数量标准,构成非法经营罪、走私普通货物、物品罪等其他犯罪的,依法定罪处罚。

实施第一款、第二款规定的行为,同时构成其他犯罪的,依照处罚较重的规定定罪处罚。

二、关于利用麻黄碱类复方制剂加工、提炼制毒物品行为的定性

以制造毒品为目的,利用麻黄碱类复方制剂加工、提炼制毒物品的,依照刑法第三百四十七条的规定,以制造毒品罪定罪处罚。

以走私或者非法买卖为目的,利用麻黄碱类复方制剂加工、提炼制毒物品的,依照刑法第三百五十条第一款、第三款的规定,分别以走私制毒物品罪、非法买卖制毒物品罪定罪处罚。

三、关于共同犯罪的认定

明知他人利用麻黄碱类制毒物品制造毒品,向其提供麻黄碱类复方制剂,为其利用麻黄碱类复方制剂加工、提炼制毒物品,或者为其获取、利用麻黄碱类复方制剂提供其他帮助的,以制造毒品罪的共犯论处。

明知他人走私或者非法买卖麻黄碱类制毒物品,向其提供麻黄碱类复方制剂,为其利用麻黄碱类复方制剂加工、提炼制毒物品,或者为其获取、利用麻黄碱类复方制剂提供其他帮助的,分别以走私制毒物品罪、非法买卖制毒物品罪的共犯论处。

四、关于犯罪预备、未遂的认定

实施本意见规定的行为,符合犯罪预备或者未遂情形的,依照法律规定处罚。

五、关于犯罪嫌疑人、被告人主观目的与明知的认定

对于本意见规定的犯罪嫌疑人、被告人的主观目的与明知,应当根据物证、书证、证人证

言以及犯罪嫌疑人、被告人供述和辩解等在案证据,结合犯罪嫌疑人、被告人的行为表现,重点考虑以下因素综合予以认定:

1. 购买、销售麻黄碱类复方制剂的价格是否明显高于市场交易价格;
2. 是否采用虚假信息、隐蔽手段运输、寄递、存储麻黄碱类复方制剂;
3. 是否采用伪报、伪装、藏匿或者绕行进出境等手段逃避海关、边防等检查;
4. 提供相关帮助行为获得的报酬是否合理;
5. 此前是否实施过同类违法犯罪行为;
6. 其他相关因素。

六、关于制毒物品数量的认定

实施本意见规定的行为,以走私制毒物品罪、非法买卖制毒物品罪定罪处罚的,应当以涉案麻黄碱类复方制剂中麻黄碱类物质的含量作为涉案制毒物品的数量。

实施本意见规定的行为,以制造毒品罪定罪处罚的,应当将涉案麻黄碱类复方制剂所含的麻黄碱类物质可以制成的毒品数量作为量刑情节考虑。

多次实施本意见规定的行为未经处理的,涉案制毒物品的数量累计计算。

七、关于定罪量刑的数量标准

实施本意见规定的行为,以走私制毒物品罪、非法买卖制毒物品罪定罪处罚的,涉案麻黄碱类复方制剂所含的麻黄碱类物质应当达到以下数量标准:麻黄碱、伪麻黄碱、消旋麻黄碱及其盐类五千克以上不满五十千克;去甲麻黄碱、甲基麻黄碱及其盐类十千克以上不满一百千克;麻黄浸膏、麻黄浸膏粉一百千克以上不满一千千克。达到上述数量标准上限的,认定为刑法第三百五十条第一款规定的"数量大"。

实施本意见规定的行为,以制造毒品罪定罪处罚的,无论涉案麻黄碱类复方制剂所含的麻黄碱类物质数量多少,都应当追究刑事责任。

八、关于麻黄碱类复方制剂的范围

本意见所称麻黄碱类复方制剂是指含有《易制毒化学品管理条例》(国务院令第445号)品种目录所列的麻黄碱(麻黄素)、伪麻黄碱(伪麻黄素)、消旋麻黄碱(消旋麻黄素)、去甲麻黄碱(去甲麻黄素)、甲基麻黄碱(甲基麻黄素)及其盐类,或者麻黄浸膏、麻黄浸膏粉等麻黄碱类物质的药品复方制剂。

关于办理走私刑事案件适用法律若干问题的解释

(法释〔2014〕10号)

(2014年8月12日由最高人民法院、最高人民检察院发布,2014年9月10日起施行,法规类型为司法解释)

为依法惩治走私犯罪活动,根据刑法有关规定,现就办理走私刑事案件适用法律的若干问题解释如下:

第一条 走私武器、弹药,具有下列情形之一的,可以认定为刑法第一百五十一条第一款规定的"情节较轻":

(一)走私以压缩气体等非火药为动力发射枪弹的枪支二支以上不满五支的;

(二)走私气枪铅弹五百发以上不满二千五百发,或者其他子弹十发以上不满五十发的;

（三）未达到上述数量标准，但属于犯罪集团的首要分子，使用特种车辆从事走私活动，或者走私的武器、弹药被用于实施犯罪等情形的；

（四）走私各种口径在六十毫米以下常规炮弹、手榴弹或者枪榴弹等分别或者合计不满五枚的。

具有下列情形之一的，依照刑法第一百五十一条第一款的规定处七年以上有期徒刑，并处罚金或者没收财产：

（一）走私以火药为动力发射枪弹的枪支一支，或者以压缩气体等非火药为动力发射枪弹的枪支五支以上不满十支的；

（二）走私第一款第二项规定的弹药，数量在该项规定的最高数量以上不满最高数量五倍的；

（三）走私各种口径在六十毫米以下常规炮弹、手榴弹或者枪榴弹等分别或者合计达到五枚以上不满十枚，或者各种口径超过六十毫米以上常规炮弹合计不满五枚的；

（四）达到第一款第一、二、四项规定的数量标准，且属于犯罪集团的首要分子，使用特种车辆从事走私活动，或者走私的武器、弹药被用于实施犯罪等情形的。

具有下列情形之一的，应当认定为刑法第一百五十一条第一款规定的"情节特别严重"：

（一）走私第二款第一项规定的枪支，数量超过该项规定的数量标准的；

（二）走私第一款第二项规定的弹药，数量在该项规定的最高数量标准五倍以上的；

（三）走私第二款第三项规定的弹药，数量超过该项规定的数量标准，或者走私具有巨大杀伤力的非常规炮弹一枚以上的；

（四）达到第二款第一项至第三项规定的数量标准，且属于犯罪集团的首要分子，使用特种车辆从事走私活动，或者走私的武器、弹药被用于实施犯罪等情形的。

走私其他武器、弹药，构成犯罪的，参照本条各款规定的标准处罚。

第二条 刑法第一百五十一条第一款规定的"武器、弹药"的种类，参照《中华人民共和国进口税则》及《中华人民共和国禁止进出境物品表》的有关规定确定。

第三条 走私枪支散件，构成犯罪的，依照刑法第一百五十一条第一款的规定，以走私武器罪定罪处罚。成套枪支散件以相应数量的枪支计，非成套枪支散件以每三十件为一套枪支散件计。

第四条 走私各种弹药的弹头、弹壳，构成犯罪的，依照刑法第一百五十一条第一款的规定，以走私弹药罪定罪处罚。具体的定罪量刑标准，按照本解释第一条规定的数量标准的五倍执行。

走私报废或者无法组装并使用的各种弹药的弹头、弹壳，构成犯罪的，依照刑法第一百五十三条的规定，以走私普通货物、物品罪定罪处罚；属于废物的，依照刑法第一百五十二条第二款的规定，以走私废物罪定罪处罚。

弹头、弹壳是否属于前款规定的"报废或者无法组装并使用"或者"废物"，由国家有关技术部门进行鉴定。

第五条 走私国家禁止或者限制进出口的仿真枪、管制刀具，构成犯罪的，依照刑法第一百五十一条第三款的规定，以走私国家禁止进出口的货物、物品罪定罪处罚。具体的定罪量刑标准，适用本解释第十一条第一款第六、七项和第二款的规定。

走私的仿真枪经鉴定为枪支，构成犯罪的，依照刑法第一百五十一条第一款的规定，以走私武器罪定罪处罚。不以牟利或者从事违法犯罪活动为目的，且无其他严重情节的，可以依法从轻处罚；情节轻微不需要判处刑罚的，可以免予刑事处罚。

第六条 走私伪造的货币，数额在二千元以上不满二万元，或者数量在二百张（枚）以上不满二千张（枚）的，可以认定为刑法第一百五十一条第一款规定的"情节较轻"。

具有下列情形之一的，依照刑法第一百五十一条第一款的规定处七年以上有期徒刑，并处罚金或者没收财产：

（一）走私数额在二万元以上不满二十万元，或者数量在二千张（枚）以上不满二万张（枚）的；

（二）走私数额或者数量达到第一款规定的标准，且具有走私的伪造货币流入市场等情节的。

具有下列情形之一的，应当认定为刑法第一百五十一条第一款规定的"情节特别严重"：

（一）走私数额在二十万元以上，或者数量在二万张（枚）以上的；

（二）走私数额或者数量达到第二款第一项规定的标准，且属于犯罪集团的首要分子，使用特种车辆从事走私活动，或者走私的伪造货币流入市场等情形的。

第七条 刑法第一百五十一条第一款规定的"货币"，包括正在流通的人民币和境外货币。伪造的境外货币数额，折合成人民币计算。

第八条 走私国家禁止出口的三级文物二件以下的，可以认定为刑法第一百五十一条第二款规定的"情节较轻"。

具有下列情形之一的，依照刑法第一百五十一条第二款的规定处五年以上十年以下有期徒刑，并处罚金：

（一）走私国家禁止出口的二级文物不满三件，或者三级文物三件以上不满九件的；

（二）走私国家禁止出口的三级文物不满三件，且具有造成文物严重毁损或者无法追回等情节的。

具有下列情形之一的，应当认定为刑法第一百五十一条第二款规定的"情节特别严重"：

（一）走私国家禁止出口的一级文物一件以上，或者二级文物三件以上，或者三级文物九件以上的；

（二）走私国家禁止出口的文物达到第二款第一项规定的数量标准，且属于犯罪集团的首要分子，使用特种车辆从事走私活动，或者造成文物严重毁损、无法追回等情形的。

第九条 走私国家一、二级保护动物未达到本解释附表中（一）规定的数量标准，或者走私珍贵动物制品数额不满二十万元的，可以认定为刑法第一百五十一条第二款规定的"情节较轻"。

具有下列情形之一的，依照刑法第一百五十一条第二款的规定处五年以上十年以下有期徒刑，并处罚金：

（一）走私国家一、二级保护动物达到本解释附表中（一）规定的数量标准的；

（二）走私珍贵动物制品数额在二十万元以上不满一百万元的；

（三）走私国家一、二级保护动物未达到本解释附表中（一）规定的数量标准，但具有造成该珍贵动物死亡或者无法追回等情节的。

具有下列情形之一的，应当认定为刑法第一百五十一条第二款规定的"情节特别严重"：

（一）走私国家一、二级保护动物达到本解释附表中（二）规定的数量标准的；

（二）走私珍贵动物制品数额在一百万元以上的；

（三）走私国家一、二级保护动物达到本解释附表中（一）规定的数量标准，且属于犯罪集团的首要分子，使用特种车辆从事走私活动，或者造成该珍贵动物死亡、无法追回等情形的。

不以牟利为目的，为留作纪念而走私珍贵动物制品进境，数额不满十万元的，可以免予刑事处罚；情节显著轻微的，不作为犯罪处理。

第十条 刑法第一百五十一条第二款规定的"珍贵动物"，包括列入《国家重点保护野生动物名录》中的国家一、二级保护野生动物，《濒危野生动植物种国际贸易公约》附录Ⅰ、附录Ⅱ中的野生动物，以及驯养繁殖的上述动物。

走私本解释附表中未规定的珍贵动物的，参照附表中规定的同属或者同科动物的数量标准执行。

走私本解释附表中未规定珍贵动物的制品的，按照《最高人民法院、最高人民检察院、国家林业局、公安部、海关总署关于破坏野生动物资源刑事案件中涉及的CITES附录Ⅰ和附录Ⅱ所列陆生野生动物制品价值核定问题的通知》（林濒发〔2012〕239号）的有关规定核定价值。

第十一条　走私国家禁止进出口的货物、物品，具有下列情形之一的，依照刑法第一百五十一条第三款的规定处五年以下有期徒刑或者拘役，并处或者单处罚金：

（一）走私国家一级保护野生植物五株以上不满二十五株，国家二级保护野生植物十株以上不满五十株，或者珍稀植物、珍稀植物制品数额在二十万元以上不满一百万元的；

（二）走私重点保护古生物化石或者未命名的古生物化石不满十件，或者一般保护古生物化石十件以上不满五十件的；

（三）走私禁止进出口的有毒物质一吨以上不满五吨，或者数额在二万元以上不满十万元的；

（四）走私来自境外疫区的动植物及其产品五吨以上不满二十五吨，或者数额在五万元以上不满二十五万元的；

（五）走私木炭、硅砂等妨害环境、资源保护的货物、物品十吨以上不满五十吨，或者数额在十万元以上不满五十万元的；

（六）走私旧机动车、切割车、旧机电产品或者其他禁止进出口的货物、物品二十吨以上不满一百吨，或者数额在二十万元以上不满一百万元的；

（七）数量或者数额未达到本款第一项至第六项规定的标准，但属于犯罪集团的首要分子，使用特种车辆从事走私活动，造成环境严重污染，或者引起甲类传染病传播、重大动植物疫情等情形的。

具有下列情形之一的，应当认定为刑法第一百五十一条第三款规定的"情节严重"：

（一）走私数量或者数额超过前款第一项至第六项规定的标准的；

（二）达到前款第一项至第六项规定的标准，且属于犯罪集团的首要分子，使用特种车辆从事走私活动，造成环境严重污染，或者引起甲类传染病传播、重大动植物疫情等情形的。

第十二条　刑法第一百五十一条第三款规定的"珍稀植物"，包括列入《国家重点保护野生植物名录》《国家重点保护野生药材物种名录》《国家珍贵树种名录》中的国家一、二级保护野生植物、国家重点保护的野生药材、珍贵树木，《濒危野生动植物种国际贸易公约》附录Ⅰ、附录Ⅱ中的野生植物，以及人工培育的上述植物。

本解释规定的"古生物化石"，按照《古生物化石保护条例》的规定予以认定。走私具有科学价值的古脊椎动物化石、古人类化石，构成犯罪的，依照刑法第一百五十一条第二款的规定，以走私文物罪定罪处罚。

第十三条　以牟利或者传播为目的，走私淫秽物品，达到下列数量之一的，可以认定为刑法第一百五十二条第一款规定的"情节较轻"：

（一）走私淫秽录像带、影碟五十盘（张）以上不满一百盘（张）的；

（二）走私淫秽录音带、音碟一百盘（张）以上不满二百盘（张）的；

（三）走私淫秽扑克、书刊、画册一百副（册）以上不满二百副（册）的；

（四）走私淫秽照片、画片五百张以上不满一千张的；

（五）走私其他淫秽物品相当于上述数量的。

走私淫秽物品在前款规定的最高数量以上不满最高数量五倍的，依照刑法第一百五十二条第一款的规定处三年以上十年以下有期徒刑,并处罚金。

走私淫秽物品在第一款规定的最高数量五倍以上,或者在第一款规定的最高数量以上不满五倍,但属于犯罪集团的首要分子、使用特种车辆从事走私活动等情形的,应当认定为刑法第一百五十二条第一款规定的"情节严重"。

第十四条 走私国家禁止进口的废物或者国家限制进口的可用作原料的废物,具有下列情形之一的,应当认定为刑法第一百五十二条第二款规定的"情节严重":

(一)走私国家禁止进口的危险性固体废物、液态废物分别或者合计达到一吨以上不满五吨的;

(二)走私国家禁止进口的非危险性固体废物、液态废物分别或者合计达到五吨以上不满二十五吨的;

(三)走私国家限制进口的可用作原料的固体废物、液态废物分别或者合计达到二十吨以上不满一百吨的;

(四)未达到上述数量标准,但属于犯罪集团的首要分子、使用特种车辆从事走私活动,或者造成环境严重污染等情形的。

具有下列情形之一的,应当认定为刑法第一百五十二条第二款规定的"情节特别严重":

(一)走私数量超过前款规定的标准的;

(二)达到前款规定的标准,且属于犯罪集团的首要分子、使用特种车辆从事走私活动,或者造成环境严重污染等情形的;

(三)未达到前款规定的标准,但造成环境严重污染且后果特别严重的。

走私置于容器中的气态废物,构成犯罪的,参照前两款规定的标准处罚。

第十五条 国家限制进口的可用作原料的废物的具体种类,参照国家有关部门的规定确定。

第十六条 走私普通货物、物品,偷逃应缴税额在十万元以上不满五十万元的,应当认定为刑法第一百五十三条第一款规定的"偷逃应缴税额较大";偷逃应缴税额在五十万元以上不满二百五十万元的,应当认定为"偷逃应缴税额巨大";偷逃应缴税额在二百五十万元以上的,应当认定为"偷逃应缴税额特别巨大"。

走私普通货物、物品,具有下列情形之一,偷逃应缴税额在三十万元以上不满五十万元的,应当认定为刑法第一百五十三条第一款规定的"其他严重情节";偷逃应缴税额在一百五十万元以上不满二百五十万元的,应当认定为"其他特别严重情节":

(一)犯罪集团的首要分子;

(二)使用特种车辆从事走私活动的;

(三)为实施走私犯罪,向国家机关工作人员行贿的;

(四)教唆、利用未成年人、孕妇等特殊人群走私的;

(五)聚众阻挠缉私的。

第十七条 刑法第一百五十三条第一款规定的"一年内曾因走私被给予二次行政处罚后又走私"中的"一年内",以因走私第一次受到行政处罚的生效之日与"又走私"行为实施之日的时间间隔计算确定;"被给予二次行政处罚"的走私行为,包括走私普通货物、物品以及其他货物、物品;"又走私"行为仅指走私普通货物、物品。

第十八条 刑法第一百五十三条规定的"应缴税额",包括进出口货物、物品应当缴纳的进出口关税和进口环节海关代征税的税额。应缴税额以走私行为实施时的税则、税率、汇率和完税价格计算;多次走私的,以每次走私行为实施时的税则、税率、汇率和完税价格逐票计算;走私行为实施时间不能确定的,以案发时的税则、税率、汇率和完税价格计算。

刑法第一百五十三条第三款规定的"多次走私未经处理",包括未经行政处理和刑事处理。

　　第十九条　刑法第一百五十四条规定的"保税货物",是指经海关批准、未办理纳税手续进境,在境内储存、加工、装配后应予复运出境的货物,包括通过加工贸易、补偿贸易等方式进口的货物,以及在保税仓库、保税工厂、保税区或者免税商店内等储存、加工、寄售的货物。

　　第二十条　直接向走私人非法收购走私进口的货物、物品,在内海、领海、界河、界湖运输、收购、贩卖国家禁止进出口的物品,或者没有合法证明,在内海、领海、界河、界湖运输、收购、贩卖国家限制进出口的货物、物品,构成犯罪的,应当按照走私货物、物品的种类,分别依照刑法第一百五十一条、第一百五十二条、第一百五十三条、第三百四十七条、第三百五十条的规定定罪处罚。

　　刑法第一百五十五条第二项规定的"内海",包括内河的入海口水域。

　　第二十一条　未经许可进出口国家限制进出口的货物、物品,构成犯罪的,应当依照刑法第一百五十一条、第一百五十二条的规定,以走私国家禁止进出口的货物、物品罪等罪名定罪处罚;偷逃应缴税额,同时又构成走私普通货物、物品罪的,依照处罚较重的规定定罪处罚。

　　取得许可,但超过许可数量进出口国家限制进出口的货物、物品,构成犯罪的,依照刑法第一百五十三条的规定,以走私普通货物、物品罪定罪处罚。

　　租用、借用或者使用购买的他人许可证,进出口国家限制进出口的货物、物品的,适用本条第一款的规定定罪处罚。

　　第二十二条　在走私的货物、物品中藏匿刑法第一百五十一条、第一百五十二条、第三百四十七条、第三百五十条规定的货物、物品,构成犯罪的,以实际走私的货物、物品定罪处罚;构成数罪的,实行数罪并罚。

　　第二十三条　实施走私犯罪,具有下列情形之一的,应当认定为犯罪既遂:

　　(一) 在海关监管现场被查获的;

　　(二) 以虚假申报方式走私,申报行为实施完毕的;

　　(三) 以保税货物或者特定减税、免税进口的货物、物品为对象走私,在境内销售的,或者申请核销行为实施完毕的。

　　第二十四条　单位犯刑法第一百五十一条、第一百五十二条规定之罪,依照本解释规定的标准定罪处罚。

　　单位犯走私普通货物、物品罪,偷逃应缴税额在二十万元以上不满一百万元的,应当依照刑法第一百五十三条第二款的规定,对单位判处罚金,并对其直接负责的主管人员和其他直接责任人员,处三年以下有期徒刑或者拘役;偷逃应缴税额在一百万元以上不满五百万元的,应当认定为"情节严重";偷逃应缴税额在五百万元以上的,应当认定为"情节特别严重"。

　　第二十五条　本解释发布实施后,《最高人民法院关于审理走私刑事案件具体应用法律若干问题的解释》(法释〔2000〕30号)、《最高人民法院关于审理走私刑事案件具体应用法律若干问题的解释(二)》(法释〔2006〕9号)同时废止。之前发布的司法解释与本解释不一致的,以本解释为准。

关于审理走私、非法经营、非法使用兴奋剂刑事案件适用法律若干问题的解释

(法释〔2019〕16号)

(2019年11月18日由最高人民法院发布,2020年1月1日起施行,法规类型为司法解释)

为依法惩治走私、非法经营、非法使用兴奋剂犯罪,维护体育竞赛的公平竞争,保护体育运动参加者的身心健康,根据《中华人民共和国刑法》《中华人民共和国刑事诉讼法》的规定,制定本解释。

第一条 运动员、运动员辅助人员走私兴奋剂目录所列物质,或者其他人员以在体育竞赛中非法使用为目的走私兴奋剂目录所列物质,涉案物质属于国家禁止进出口的货物、物品,具有下列情形之一的,应当依照刑法第一百五十一条第三款的规定,以走私国家禁止进出口的货物、物品罪定罪处罚:

(一)一年内曾因走私被给予二次以上行政处罚后又走私的;
(二)用于或者准备用于未成年人运动员、残疾人运动员的;
(三)用于或者准备用于国内、国际重大体育竞赛的;
(四)其他造成严重恶劣社会影响的情形。

实施前款规定的行为,涉案物质不属于国家禁止进出口的货物、物品,但偷逃应缴税额一万元以上或者一年内曾因走私被给予二次以上行政处罚后又走私的,应当依照刑法第一百五十三条的规定,以走私普通货物、物品罪定罪处罚。

对于本条第一款、第二款规定以外的走私兴奋剂目录所列物质行为,适用《最高人民法院、最高人民检察院关于办理走私刑事案件适用法律若干问题的解释》(法释〔2014〕10号)规定的定罪量刑标准。

第二条 违反国家规定,未经许可经营兴奋剂目录所列物质,涉案物质属于法律、行政法规规定的限制买卖的物品,扰乱市场秩序,情节严重的,应当依照刑法第二百二十五条的规定,以非法经营罪定罪处罚。

第三条 对未成年人、残疾人负有监护、看护职责的人组织未成年人、残疾人在体育运动中非法使用兴奋剂,具有下列情形之一的,应当认定为刑法第二百六十条之一规定的"情节恶劣",以虐待被监护、看护人罪定罪处罚:

(一)强迫未成年人、残疾人使用的;
(二)引诱、欺骗未成年人、残疾人长期使用的;
(三)其他严重损害未成年人、残疾人身心健康的情形。

第四条 在普通高等学校招生、公务员录用等法律规定的国家考试涉及的体育、体能测试等体育运动中,组织考生非法使用兴奋剂的,应当依照刑法第二百八十四条之一的规定,以组织考试作弊罪定罪处罚。

明知他人实施前款犯罪而为其提供兴奋剂的,依照前款的规定定罪处罚。

第五条 生产、销售含有兴奋剂目录所列物质的食品,符合刑法第一百四十三条、第一百四十四条规定的,以生产、销售不符合安全标准的食品罪、生产、销售有毒、有害食品罪定罪

处罚。

第六条 国家机关工作人员在行使反兴奋剂管理职权时滥用职权或者玩忽职守,造成严重兴奋剂违规事件,严重损害国家声誉或者造成恶劣社会影响,符合刑法第三百九十七条规定的,以滥用职权罪、玩忽职守罪定罪处罚。

依法或者受委托行使反兴奋剂管理职权的单位的工作人员,在行使反兴奋剂管理职权时滥用职权或者玩忽职守的,依照前款规定定罪处罚。

第七条 实施本解释规定的行为,涉案物质属于毒品、制毒物品等,构成有关犯罪的,依照相应犯罪定罪处罚。

第八条 对于是否属于本解释规定的"兴奋剂""兴奋剂目录所列物质""体育运动""国内、国际重大体育竞赛"等专门性问题,应当依据《中华人民共和国体育法》《反兴奋剂条例》等法律法规,结合国务院体育主管部门出具的认定意见等证据材料作出认定。

第九条 本解释自2020年1月1日起施行。

知识产权篇

中华人民共和国知识产权海关保护条例

(国务院令第 395 号)

(2003 年 12 月 2 日由国务院发布；根据 2010 年 3 月 24 日国务院令 572 号《国务院关于修改〈中华人民共和国知识产权海关保护条例〉的决定》第一次修订，根据 2018 年 3 月 19 日国务院令 698 号《国务院关于修改和废止部分行政法规的决定》第二次修订；现行版本自 2018 年 3 月 19 日起施行；法规类型为行政法规)

第一章　总　则

第一条　为了实施知识产权海关保护，促进对外经济贸易和科技文化交往，维护公共利益，根据《中华人民共和国海关法》，制定本条例。

第二条　本条例所称知识产权海关保护，是指海关对与进出口货物有关并受中华人民共和国法律、行政法规保护的商标专用权、著作权和与著作权有关的权利、专利权（以下统称知识产权）实施的保护。

第三条　国家禁止侵犯知识产权的货物进出口。

海关依照有关法律和本条例的规定实施知识产权保护，行使《中华人民共和国海关法》规定的有关权力。

第四条　知识产权权利人请求海关实施知识产权保护的，应当向海关提出采取保护措施的申请。

第五条　进口货物的收货人或者其代理人、出口货物的发货人或者其代理人应当按照国家规定，向海关如实申报与进出口货物有关的知识产权状况，并提交有关证明文件。

第六条　海关实施知识产权保护时，应当保守有关当事人的商业秘密。

第二章　知识产权的备案

第七条　知识产权权利人可以依照本条例的规定，将其知识产权向海关总署申请备案；申请备案的，应当提交申请书。申请书应当包括下列内容：

（一）知识产权权利人的名称或者姓名、注册地或者国籍等；

（二）知识产权的名称、内容及其相关信息；

（三）知识产权许可行使状况；

（四）知识产权权利人合法行使知识产权的货物的名称、产地、进出境地海关、进出口商、主要特征、价格等；

（五）已知的侵犯知识产权货物的制造商、进出口商、进出境地海关、主要特征、价格等。

前款规定的申请书内容有证明文件的，知识产权权利人应当附送证明文件。

第八条　海关总署应当自收到全部申请文件之日起 30 个工作日内作出是否准予备案的决定，并书面通知申请人；不予备案的，应当说明理由。

有下列情形之一的，海关总署不予备案：

（一）申请文件不齐全或者无效的；

（二）申请人不是知识产权权利人的；
（三）知识产权不再受法律、行政法规保护的。

第九条 海关发现知识产权权利人申请知识产权备案未如实提供有关情况或者文件的，海关总署可以撤销其备案。

第十条 知识产权海关保护备案自海关总署准予备案之日起生效，有效期为10年。

知识产权有效的，知识产权权利人可以在知识产权海关保护备案有效期届满前6个月内，向海关总署申请续展备案。每次续展备案的有效期为10年。

知识产权海关保护备案有效期届满而不申请续展或者知识产权不再受法律、行政法规保护的，知识产权海关保护备案随即失效。

第十一条 知识产权备案情况发生改变的，知识产权权利人应当自发生改变之日起30个工作日内，向海关总署办理备案变更或者注销手续。

知识产权权利人未依照前款规定办理变更或者注销手续，给他人合法进出口或者海关依法履行监管职责造成严重影响的，海关总署可以根据有关利害关系人的申请撤销有关备案，也可以主动撤销有关备案。

第三章 扣留侵权嫌疑货物的申请及其处理

第十二条 知识产权权利人发现侵权嫌疑货物即将进出口的，可以向货物进出境地海关提出扣留侵权嫌疑货物的申请。

第十三条 知识产权权利人请求海关扣留侵权嫌疑货物的，应当提交申请书及相关证明文件，并提供足以证明侵权事实明显存在的证据。

申请书应当包括下列主要内容：
（一）知识产权权利人的名称或者姓名、注册地或者国籍等；
（二）知识产权的名称、内容及其相关信息；
（三）侵权嫌疑货物收货人和发货人的名称；
（四）侵权嫌疑货物名称、规格等；
（五）侵权嫌疑货物可能进出境的口岸、时间、运输工具等。

侵权嫌疑货物涉嫌侵犯备案知识产权的，申请书还应当包括海关备案号。

第十四条 知识产权权利人请求海关扣留侵权嫌疑货物的，应当向海关提供不超过货物等值的担保，用于赔偿可能因申请不当给收货人、发货人造成的损失，以及支付货物由海关扣留后的仓储、保管和处置等费用；知识产权权利人直接向仓储商支付仓储、保管费用的，从担保中扣除。具体办法由海关总署制定。

第十五条 知识产权权利人申请扣留侵权嫌疑货物，符合本条例第十三条的规定，并依照本条例第十四条的规定提供担保的，海关应当扣留侵权嫌疑货物，书面通知知识产权权利人，并将海关扣留凭单送达收货人或者发货人。

知识产权权利人申请扣留侵权嫌疑货物，不符合本条例第十三条的规定，或者未依照本条例第十四条的规定提供担保的，海关应当驳回申请，并书面通知知识产权权利人。

第十六条 海关发现进出口货物有侵犯备案知识产权嫌疑的，应当立即书面通知知识产权权利人。知识产权权利人自通知送达之日起3个工作日内依照本条例第十三条的规定提出申请，并依照本条例第十四条的规定提供担保的，海关应当扣留侵权嫌疑货物，书面通知知识产权权利人，并将海关扣留凭单送达收货人或者发货人。知识产权权利人逾期未提出申请或者未提供担保的，海关不得扣留货物。

第十七条 经海关同意，知识产权权利人和收货人或者发货人可以查看有关货物。

第十八条 收货人或者发货人认为其货物未侵犯知识产权权利人的知识产权的，应当向海关提出书面说明并附送相关证据。

第十九条　涉嫌侵犯专利权货物的收货人或者发货人认为其进出口货物未侵犯专利权的，可以在向海关提供货物等值的担保金后，请求海关放行其货物。知识产权权利人未能在合理期限内向人民法院起诉的，海关应当退还担保金。

第二十条　海关发现进出口货物有侵犯备案知识产权嫌疑并通知知识产权权利人后，知识产权权利人请求海关扣留侵权嫌疑货物的，海关应当自扣留之日起30个工作日内对被扣留的侵权嫌疑货物是否侵犯知识产权进行调查、认定；不能认定的，应当立即书面通知知识产权权利人。

第二十一条　海关对被扣留的侵权嫌疑货物进行调查，请求知识产权主管部门提供协助的，有关知识产权主管部门应当予以协助。

知识产权主管部门处理涉及进出口货物的侵权案件请求海关提供协助的，海关应当予以协助。

第二十二条　海关对被扣留的侵权嫌疑货物及有关情况进行调查时，知识产权权利人和收货人或者发货人应当予以配合。

第二十三条　知识产权权利人在向海关提出采取保护措施的申请后，可以依照《中华人民共和国商标法》、《中华人民共和国著作权法》、《中华人民共和国专利法》或者其他有关法律的规定，就被扣留的侵权嫌疑货物向人民法院申请采取责令停止侵权行为或者财产保全的措施。

海关收到人民法院有关责令停止侵权行为或者财产保全的协助执行通知的，应当予以协助。

第二十四条　有下列情形之一的，海关应当放行被扣留的侵权嫌疑货物：

（一）海关依照本条例第十五条的规定扣留侵权嫌疑货物，自扣留之日起20个工作日内未收到人民法院协助执行通知的；

（二）海关依照本条例第十六条的规定扣留侵权嫌疑货物，自扣留之日起50个工作日内未收到人民法院协助执行通知，并且经调查不能认定被扣留的侵权嫌疑货物侵犯知识产权的；

（三）涉嫌侵犯专利权货物的收货人或者发货人在向海关提供与货物等值的担保金后，请求海关放行其货物的；

（四）海关认为收货人或者发货人有充分的证据证明其货物未侵犯知识产权权利人的知识产权的；

（五）在海关认定被扣留的侵权嫌疑货物为侵权货物之前，知识产权权利人撤回扣留侵权嫌疑货物的申请的。

第二十五条　海关依照本条例的规定扣留侵权嫌疑货物，知识产权权利人应当支付有关仓储、保管和处置等费用。知识产权权利人未支付有关费用的，海关可以从其向海关提供的担保金中予以扣除，或者要求担保人履行有关担保责任。

侵权嫌疑货物被认定为侵犯知识产权的，知识产权权利人可以将其支付的有关仓储、保管和处置等费用计入其为制止侵权行为所支付的合理开支。

第二十六条　海关实施知识产权保护发现涉嫌犯罪案件的，应当将案件依法移送公安机关处理。

第四章　法律责任

第二十七条　被扣留的侵权嫌疑货物，经海关调查后认定侵犯知识产权的，由海关予以没收。

海关没收侵犯知识产权货物后，应当将侵权知识产权货物的有关情况书面通知知识产权权利人。

被没收的侵犯知识产权货物可以用于社会公益事业的,海关应当转交给有关公益机构用于社会公益事业;知识产权权利人有收购意愿的,海关可以有偿转让给知识产权权利人。被没收的侵犯知识产权货物无法用于社会公益事业且知识产权权利人无收购意愿的,海关可以在消除侵权特征后依法拍卖,但对进口假冒商标货物,除特殊情况外,不能仅清除货物上的商标标识即允许其进入商业渠道;侵权特征无法消除的,海关应当予以销毁。

第二十八条　海关接受知识产权保护备案和采取知识产权保护措施的申请后,因知识产权权利人未提供确切情况而未能发现侵权货物、未能及时采取保护措施或者采取保护措施不力的,由知识产权权利人自行承担责任。

知识产权权利人请求海关扣留侵权嫌疑货物后,海关不能认定被扣留的侵权嫌疑货物侵犯知识产权权利人的知识产权,或者人民法院判定不侵犯知识产权权利人的知识产权的,知识产权权利人应当依法承担赔偿责任。

第二十九条　进口或者出口侵犯知识产权货物,构成犯罪的,依法追究刑事责任。

第三十条　海关工作人员在实施知识产权保护时,玩忽职守、滥用职权、徇私舞弊,构成犯罪的,依法追究刑事责任;尚不构成犯罪的,依法给予行政处分。

第五章　附　则

第三十一条　个人携带或者邮寄进出境的物品,超出自用、合理数量,并侵犯本条例第二条规定的知识产权的,按照侵权货物处理。

第三十二条　本条例自 2004 年 3 月 1 日起施行。1995 年 7 月 5 日国务院发布的《中华人民共和国知识产权海关保护条例》同时废止。

《中华人民共和国知识产权海关保护条例》实施办法

(海关总署令第 183 号)

(2009 年 3 月 3 日由海关总署发布,2009 年 7 月 1 日起施行,法规类型为部门规章)

第一章　总　则

第一条　为了有效实施《中华人民共和国知识产权海关保护条例》(以下简称《条例》),根据《中华人民共和国海关法》以及其他法律、行政法规,制定本办法。

第二条　知识产权权利人请求海关采取知识产权保护措施或者向海关总署办理知识产权海关保护备案的,境内知识产权权利人可以直接或者委托境内代理人提出申请,境外知识产权权利人应当由其在境内设立的办事机构或者委托境内代理人提出申请。

知识产权权利人按照前款规定委托境内代理人提出申请的,应当出具规定格式的授权委托书。

第三条　知识产权权利人及其代理人(以下统称知识产权权利人)请求海关扣留即将进出口的侵权嫌疑货物的,应当根据本办法的有关规定向海关提出扣留侵权嫌疑货物的申请。

第四条　进出口货物的收发货人或者其代理人(以下统称收发货人)应当在合理的范围内了解其进出口货物的知识产权状况。海关要求申报进出口货物知识产权状况的,收发货人应当在海关规定的期限内向海关如实申报并提交有关证明文件。

第五条 知识产权权利人或者收发货人向海关提交的有关文件或者证据涉及商业秘密的，知识产权权利人或者收发货人应当向海关书面说明。

海关实施知识产权保护，应当保守有关当事人的商业秘密，但海关应当依法公开的信息除外。

第二章 知识产权备案

第六条 知识产权权利人向海关总署申请知识产权海关保护备案的，应当向海关总署提交申请书。申请书应当包括以下内容：

（一）知识产权权利人的名称或者姓名、注册地或者国籍、通信地址、联系人姓名、电话和传真号码、电子邮箱地址等。

（二）注册商标的名称、核定使用商品的类别和商品名称、商标图形、注册有效期、注册商标的转让、变更、续展情况等；作品的名称、创作完成的时间、作品的类别、作品图片、作品转让、变更情况等；专利权的名称、类型、申请日期、专利权转让、变更情况等。

（三）被许可人的名称、许可使用商品、许可期限等。

（四）知识产权权利人合法行使知识产权的货物的名称、产地、进出境地海关、进出口商、主要特征、价格等。

（五）已知的侵犯知识产权货物的制造商、进出口商、进出境地海关、主要特征、价格等。

知识产权权利人应当就其申请备案的每一项知识产权单独提交一份申请书。知识产权权利人申请国际注册商标备案的，应当就其申请的每一类商品单独提交一份申请书。

第七条 知识产权权利人向海关总署提交备案申请书，应当随附以下文件、证据：

（一）知识产权权利人个人身份证件的复印件、工商营业执照的复印件或者其他注册登记文件的复印件。

（二）国务院工商行政管理部门商标局签发的《商标注册证》的复印件。申请人经核准变更商标注册事项、续展商标注册、转让注册商标或者申请国际注册商标备案的，还应当提交国务院工商行政管理部门商标局出具的有关商标注册的证明；著作权登记部门签发的著作权自愿登记证明的复印件和经著作权登记部门认证的作品照片。申请人未进行著作权自愿登记的，提交可以证明申请人为著作权人的作品样品以及其他有关著作权的证据；国务院专利行政部门签发的专利证书的复印件。专利授权公告之日起超过1年的，还应当提交国务院专利行政部门在申请人提出备案申请前6个月内出具的专利登记簿副本；申请实用新型专利或者外观设计专利备案的，还应当提交由国务院专利行政部门作出的专利权评价报告。

（三）知识产权权利人许可他人使用注册商标、作品或者实施专利，签订许可合同的，提供许可合同的复印件；未签订许可合同的，提交有关被许可人、许可范围和许可期间等情况的书面说明。

（四）知识产权权利人合法行使知识产权的货物及其包装的照片。

（五）已知的侵权货物进出口的证据。知识产权权利人与他人之间的侵权纠纷已经人民法院或者知识产权主管部门处理的，还应当提交有关法律文书的复印件。

（六）海关总署认为需要提交的其他文件或者证据。

知识产权权利人根据前款规定向海关总署提交的文件和证据应当齐全、真实和有效。有关文件和证据为外文的，应当另附中文译本。海关总署认为必要时，可以要求知识产权权利人提交有关文件或者证据的公证、认证文书。

第八条 知识产权权利人向海关总署申请办理知识产权海关保护备案或者在备案失效后重

275

新向海关总署申请备案的,应当缴纳备案费。知识产权权利人应当将备案费通过银行汇至海关总署指定账号。海关总署收取备案费的,应当出具收据。备案费的收取标准由海关总署会同国家有关部门另行制定并予以公布。

知识产权权利人申请备案续展或者变更的,无需再缴纳备案费。

知识产权权利人在海关总署核准前撤回备案申请或者其备案申请被驳回的,海关总署应当退还备案费。已经海关总署核准的备案被海关总署注销、撤销或者因其他原因失效的,已缴纳的备案费不予退还。

第九条 知识产权海关保护备案自海关总署核准备案之日起生效,有效期为10年。自备案生效之日起知识产权的有效期不足10年的,备案的有效期以知识产权的有效期为准。

《条例》施行前经海关总署核准的备案或者核准续展的备案的有效期仍按原有效期计算。

第十条 在知识产权海关保护备案有效期届满前6个月内,知识产权权利人可以向海关总署提出续展备案的书面申请并随附有关文件。海关总署应当自收到全部续展申请文件之日起10个工作日内作出是否准予续展的决定,并书面通知知识产权权利人;不予续展的,应当说明理由。

续展备案的有效期自上一届备案有效期满次日起算,有效期为10年。知识产权的有效期自上一届备案有效期满次日起不足10年的,续展备案的有效期以知识产权的有效期为准。

第十一条 知识产权海关保护备案经海关总署核准后,按照本办法第六条向海关提交的申请书内容发生改变的,知识产权权利人应当自发生改变之日起30个工作日内向海关总署提出变更备案的申请并随附有关文件。

第十二条 知识产权在备案有效期届满前不再受法律、行政法规保护或者备案的知识产权发生转让的,原知识产权权利人应当自备案的知识产权不再受法律、行政法规保护或者转让生效之日起30个工作日内向海关总署提出注销知识产权海关保护备案的申请并随附有关文件。知识产权权利人在备案有效期内放弃备案的,可以向海关总署申请注销备案。

未依据本办法第十一条和本条前款规定向海关总署申请变更或注销备案,给他人合法进出口造成严重影响的,海关总署可以主动或者根据有关利害关系人的申请注销有关知识产权的备案。

海关总署注销备案,应当书面通知有关知识产权权利人,知识产权海关保护备案自海关总署注销之日起失效。

第十三条 海关总署根据《条例》第九条的规定撤销知识产权海关保护备案的,应当书面通知知识产权权利人。

海关总署撤销备案的,知识产权权利人自备案被撤销之日起1年内就被撤销备案的知识产权再次申请备案的,海关总署可以不予受理。

第三章 依申请扣留

第十四条 知识产权权利人发现侵权嫌疑货物即将进出口并要求海关予以扣留的,应当根据《条例》第十三条的规定向货物进出境地海关提交申请书。有关知识产权未在海关总署备案的,知识产权权利人还应当随附本办法第七条第一款第(一)、(二)项规定的文件、证据。

知识产权权利人请求海关扣留侵权嫌疑货物,还应当向海关提交足以证明侵权事实明显存在的证据。知识产权权利人提交的证据,应当能够证明以下事实:

(一)请求海关扣留的货物即将进出口;

(二)在货物上未经许可使用了侵犯其商标专用权的商标标识、作品或者实施了其专利。

第十五条 知识产权权利人请求海关扣留侵权嫌疑货物,应当在海关规定的期限内向海关提供相当于货物价值的担保。

第十六条 知识产权权利人提出的申请不符合本办法第十四条的规定或者未按照本办法第十五条的规定提供担保的,海关应当驳回其申请并书面通知知识产权权利人。

第十七条 海关扣留侵权嫌疑货物的,应当将货物的名称、数量、价值、收发货人名称、申报进出口日期、海关扣留日期等情况书面通知知识产权权利人。

经海关同意,知识产权权利人可以查看海关扣留的货物。

第十八条 海关自扣留侵权嫌疑货物之日起20个工作日内,收到人民法院协助扣押有关货物书面通知的,应当予以协助;未收到人民法院协助扣押通知或者知识产权权利人要求海关放行有关货物的,海关应当放行货物。

第十九条 海关扣留侵权嫌疑货物的,应当将扣留侵权嫌疑货物的扣留凭单送达收发货人。

经海关同意,收发货人可以查看海关扣留的货物。

第二十条 收发货人根据《条例》第十九条的规定请求放行其被海关扣留的涉嫌侵犯专利权货物的,应当向海关提出书面申请并提供与货物等值的担保金。

收发货人请求海关放行涉嫌侵犯专利权货物,符合前款规定的,海关应当放行货物并书面通知知识产权权利人。

知识产权权利人就有关专利侵权纠纷向人民法院起诉的,应当在前款规定的海关书面通知送达之日起30个工作日内向海关提交人民法院受理案件通知书的复印件。

第四章 依职权调查处理

第二十一条 海关对进出口货物实施监管,发现进出口货物涉及在海关总署备案的知识产权且进出口商或者制造商使用有关知识产权的情况未在海关总署备案的,可以要求收发货人在规定期限内申报货物的知识产权状况和提交相关证明文件。

收发货人未按照前款规定申报货物知识产权状况、提交相关证明文件或者海关有理由认为货物涉嫌侵犯在海关总署备案的知识产权的,海关应当中止放行货物并书面通知知识产权权利人。

第二十二条 知识产权权利人应当在本办法第二十一条规定的海关书面通知送达之日起3个工作日内按照下列规定予以回复:

(一)认为有关货物侵犯其在海关总署备案的知识产权并要求海关予以扣留的,向海关提出扣留侵权嫌疑货物的书面申请并按照本办法第二十三条或者第二十四条的规定提供担保;

(二)认为有关货物未侵犯其在海关总署备案的知识产权或者不要求海关扣留侵权嫌疑货物的,向海关书面说明理由。

经海关同意,知识产权权利人可以查看有关货物。

第二十三条 知识产权权利人根据本办法第二十二条第一款第(一)项的规定请求海关扣留侵权嫌疑货物的,应当按照以下规定向海关提供担保:

(一)货物价值不足人民币2万元的,提供相当于货物价值的担保;

(二)货物价值为人民币2万至20万元的,提供相当于货物价值50%的担保,但担保金额不得少于人民币2万元;

(三)货物价值超过人民币20万元的,提供人民币10万元的担保。

知识产权权利人根据本办法第二十二条第一款第(一)项的规定请求海关扣留涉嫌侵犯商标专用权货物的,可以依据本办法第二十四条的规定向海关总署提供总担保。

第二十四条 在海关总署备案的商标专用权的知识产权权利人,经海关总署核准可以向海关总署提交银行或者非银行金融机构出具的保函,为其向海关申请商标专用权海关保护措施提供总担保。

总担保的担保金额应当相当于知识产权权利人上一年度向海关申请扣留侵权嫌疑货物后发生的仓储、保管和处置等费用之和；知识产权权利人上一年度未向海关申请扣留侵权嫌疑货物或者仓储、保管和处置等费用不足人民币 20 万元的，总担保的担保金额为人民币 20 万元。

自海关总署核准其使用总担保之日至当年 12 月 31 日，知识产权权利人根据《条例》第十六条的规定请求海关扣留涉嫌侵犯其已在海关总署备案的商标专用权的进出口货物的，无需另行提供担保，但知识产权权利人未按照《条例》第二十五条的规定支付有关费用或者未按照《条例》第二十九条的规定承担赔偿责任，海关总署向担保人发出履行担保责任通知的除外。

第二十五条 知识产权权利人根据本办法第二十二条第一款第（一）项的规定提出申请并根据本办法第二十三条、第二十四条的规定提供担保的，海关应当扣留侵权嫌疑货物并书面通知知识产权权利人；知识产权权利人未提出申请或者未提供担保的，海关应当放行货物。

第二十六条 海关扣留侵权嫌疑货物的，应当将扣留侵权嫌疑货物的扣留凭单送达收发货人。

经海关同意，收发货人可以查看海关扣留的货物。

第二十七条 海关扣留侵权嫌疑货物后，应当依法对侵权嫌疑货物以及其他有关情况进行调查。收发货人和知识产权权利人应当对海关调查予以配合，如实提供有关情况和证据。

海关对侵权嫌疑货物进行调查，可以请求有关知识产权主管部门提供咨询意见。

知识产权权利人与收发货人就海关扣留的侵权嫌疑货物达成协议，向海关提出书面申请并随附相关协议，要求海关解除扣留侵权嫌疑货物的，海关除认为涉嫌构成犯罪外，可以终止调查。

第二十八条 海关对扣留的侵权嫌疑货物进行调查，不能认定货物是否侵犯有关知识产权的，应当自扣留侵权嫌疑货物之日起 30 个工作日内书面通知知识产权权利人和收发货人。

海关不能认定货物是否侵犯有关专利权的，收发货人向海关提供相当于货物价值的担保后，可以请求海关放行货物。海关同意放行货物的，按照本办法第二十条第二款和第三款的规定办理。

第二十九条 对海关不能认定有关货物是否侵犯其知识产权的，知识产权权利人可以根据《条例》第二十三条的规定向人民法院申请采取责令停止侵权行为或者财产保全的措施。

海关自扣留侵权嫌疑货物之日起 50 个工作日内收到人民法院协助扣押有关货物书面通知的，应当予以协助；未收到人民法院协助扣押通知或者知识产权权利人要求海关放行有关货物的，海关应当放行货物。

第三十条 海关作出没收侵权货物决定的，应当将下列已知的情况书面通知知识产权权利人：

（一）侵权货物的名称和数量；

（二）收发货人名称；

（三）侵权货物申报进出口日期、海关扣留日期和处罚决定生效日期；

（四）侵权货物的启运地和指运地；

（五）海关可以提供的其他与侵权货物有关的情况。

人民法院或者知识产权主管部门处理有关当事人之间的侵权纠纷，需要海关协助调取与进出口货物有关的证据的，海关应当予以协助。

第三十一条 海关发现个人携带或者邮寄进出境的物品，涉嫌侵犯《条例》第二条规定的知识产权并超出自用、合理数量的，应当予以扣留，但旅客或者收寄件人向海关声明放弃并经海关同意的除外。

海关对侵权物品进行调查，知识产权权利人应当予以协助。进出境旅客或者进出境邮件的收寄件人认为海关扣留的物品未侵犯有关知识产权或者属于自用的,可以向海关书面说明有关情况并提供相关证据。

第三十二条 进出口货物或者进出境物品经海关调查认定侵犯知识产权,根据《条例》第二十七条第一款和第二十八条的规定应当由海关予以没收,但当事人无法查清的,自海关制发有关公告之日起满3个月后可由海关予以收缴。

进出口侵权行为有犯罪嫌疑的,海关应当依法移送公安机关。

第五章 货物处置和费用

第三十三条 对没收的侵权货物,海关应当按照下列规定处置:

(一)有关货物可以直接用于社会公益事业或者知识产权权利人有收购意愿的,将货物转交给有关公益机构用于社会公益事业或者有偿转让给知识产权权利人;

(二)有关货物不能按照第(一)项的规定处置且侵权特征能够消除的,在消除侵权特征后依法拍卖。拍卖货物所得款项上交国库;

(三)有关货物不能按照第(一)、(二)项规定处置的,应当予以销毁。

海关拍卖侵权货物,应当事先征求有关知识产权权利人的意见。海关销毁侵权货物,知识产权权利人应当提供必要的协助。有关公益机构将海关没收的侵权货物用于社会公益事业以及知识产权权利人接受海关委托销毁侵权货物的,海关应当进行必要的监督。

第三十四条 海关协助人民法院扣押侵权嫌疑货物或者放行被扣留货物的,知识产权权利人应当支付货物在海关扣留期间的仓储、保管和处置等费用。

海关没收侵权货物的,知识产权权利人应当按照货物在海关扣留后的实际存储时间支付仓储、保管和处置等费用。但海关自没收侵权货物的决定送达收发货人之日起3个月内不能完成货物处置,且非因收发货人申请行政复议、提起行政诉讼或者货物处置方面的其他特殊原因导致的,知识产权权利人不需支付3个月后的有关费用。

海关按照本办法第三十三条第一款第(二)项的规定拍卖侵权货物的,拍卖费用的支出按照有关规定办理。

第三十五条 知识产权权利人未按照本办法第三十四条的规定支付有关费用的,海关可以从知识产权权利人提交的担保金中扣除有关费用或者要求担保人履行担保义务。

海关没收侵权货物的,应当在货物处置完毕并结清有关费用后向知识产权权利人退还担保金或者解除担保人的担保责任。

海关协助人民法院扣押侵权嫌疑货物或者根据《条例》第二十四条第(一)、(二)、(四)项的规定放行被扣留货物的,收发货人可以就知识产权权利人提供的担保向人民法院申请财产保全。海关自协助人民法院扣押侵权嫌疑货物或者放行货物之日起20个工作日内,未收到人民法院就知识产权权利人提供的担保采取财产保全措施的协助执行通知的,海关应当向知识产权权利人退还担保金或者解除担保人的担保责任;收到人民法院协助执行通知的,海关应当协助执行。

第三十六条 海关根据《条例》第十九条的规定放行被扣留的涉嫌侵犯专利权的货物后,知识产权权利人按照本办法第二十条第三款的规定向海关提交人民法院受理案件通知书复印件的,海关应当根据人民法院的判决结果处理收发货人提交的担保金;知识产权权利人未提交人民法院受理案件通知书复印件的,海关应当退还收发货人提交的担保金。对知识产权权利人向海关提供的担保,收发货人可以向人民法院申请财产保全,海关未收到人民法院对知识产权权利人提供的担保采取财产保全措施的协助执行通知的,应当自处理收发货人提交的担保金之日起20个工作日后,向知识产权权利人退还担保金或者解除担保人的担保责任;收到人民法院协助执行通知的,海关应当协助执行。

第六章 附 则

第三十七条 海关参照本办法对奥林匹克标志和世界博览会标志实施保护。

第三十八条 在本办法中,"担保"指担保金、银行或者非银行金融机构保函。

第三十九条 本办法中货物的价值由海关以该货物的成交价格为基础审查确定。成交价格不能确定的,货物价值由海关依法估定。

第四十条 本办法第十七条、二十一条、二十八条规定的海关书面通知可以采取直接、邮寄、传真或者其他方式送达。

第四十一条 本办法第二十条第三款和第二十二条第一款规定的期限自海关书面通知送达之日的次日起计算。期限的截止按照以下规定确定:

(一)知识产权权利人通过邮局或者银行向海关提交文件或者提供担保的,以期限到期日24时止;

(二)知识产权权利人当面向海关提交文件或者提供担保的,以期限到期日海关正常工作时间结束止。

第四十二条 知识产权权利人和收发货人根据本办法向海关提交有关文件复印件的,应当将复印件与文件原件进行核对。经核对无误后,应当在复印件上加注"与原件核对无误"字样并予以签章确认。

第四十三条 本办法自2009年7月1日起施行。2004年5月25日海关总署令第114号公布的《中华人民共和国海关关于〈中华人民共和国知识产权海关保护条例〉的实施办法》同时废止。

关于接受知识产权海关保护总担保的公告

(海关总署公告 2006 年第 31 号)

(2006年5月30日由海关总署发布,根据2011年1月10日海关总署公告2011年第1号《关于变更知识产权海关保护总担保保函格式》修改,现行版本自2011年2月1日起施行,法规类型为规范性文件)

根据《中华人民共和国知识产权海关保护条例》(以下简称《条例》)第十四条和《中华人民共和国海关关于〈中华人民共和国知识产权海关保护条例〉的实施办法》(以下简称《实施办法》)第二十二条的规定,知识产权权利人可以依法向海关提供总担保。为实施《实施办法》的有关规定,方便知识产权权利人向海关申请采取知识产权保护措施,现就知识产权海关保护总担保的有关事宜公告如下:

一、知识产权权利人在一定时间内根据《条例》第十六条的规定多次向海关提出扣留涉嫌侵犯其已在海关总署备案商标专用权的进出口货物(以下简称侵权嫌疑货物)申请的,可以向海关总署申请提供知识产权海关保护总担保(以下简称总担保)。

二、知识产权权利人申请提供总担保的,应当向海关总署提交书面申请(样式见附件1),并随附以下材料:

(一)已获准在中国大陆境内开展金融业务的银行(以下统称担保人)出具的为知识产权权利人申请总担保承担连带责任的总担保保函(样式见附件2);

（二）知识产权权利人上一年度向海关申请扣留侵权嫌疑货物后发生的仓储处置费的清单（样式见附件3）。

三、总担保的担保金额应相当于知识产权权利人上一年度向海关申请扣留侵权嫌疑货物后发生的仓储、保管和处置等费用（以下简称仓储处置费）之和；知识产权权利人上一年度未向海关申请扣留侵权嫌疑货物或者仓储处置费不足人民币20万元的，总担保的担保金额为人民币20万元。

总担保保函的有效期为担保人签发之日起至第二年6月30日。

四、自海关总署核准其使用总担保之日起至当年12月31日止的期间内，知识产权权利人请求海关扣留侵权嫌疑货物，无需再向海关提供担保。但是，有关的仓储处置费仍应由知识产权权利人按照《实施办法》第三十一条的规定支付；对因申请不当给收货人或者发货人造成损失的，知识产权权利人应当自行承担民事赔偿责任。

五、有以下情形之一的，海关总署可以书面通知担保人在10个工作日内向有关海关支付不超过担保金额的款项：

（一）知识产权权利人未能在海关要求其支付仓储处置费的书面通知送达之日起10个工作日内，按照《实施办法》第三十一条的规定支付有关费用；

（二）知识产权权利人未能按照《条例》第二十九条的规定承担赔偿责任且人民法院在总担保保函有效期内要求海关协助执行有关判决的。

自海关总署向担保人发出履行担保责任的通知之日起，知识产权权利人向海关申请扣留侵权嫌疑货物，应当同时向海关提供担保。

六、本公告自2006年7月1日起施行。

特此公告。

附件：1. 知识产权海关保护总担保申请书（样式）（略）
   2. 总担保保函（样式）（略）
   3. 仓储处置费清单（样式）（略）

关于没收侵犯知识产权货物依法拍卖有关事宜

（海关总署公告2007年第16号）

（2007年4月2日由海关总署发布，2007年4月2日起施行，法规类型为规范性文件）

根据《中华人民共和国知识产权海关保护条例》（以下简称《条例》）第二十七条的规定，被没收的侵犯知识产权的货物（以下简称侵权货物）无法用于社会公益事业且知识产权权利人无收购意愿的，海关可以在消除侵权特征后依法拍卖。为了规范海关拍卖侵权货物工作，增加海关执法的透明度，保障知识产权权利人的知情权，现就有关事项公告如下：

一、海关拍卖没收的侵权货物，应当严格按照《条例》第二十七条的规定，完全清除有关货物以及包装的侵权特征，包括清除侵权商标、侵犯著作权、侵犯专利权以及侵犯其他知识产权的特征。对不能完全清除侵权特征的货物，应当予以销毁，一律不得拍卖。

二、海关拍卖侵权货物前应当征求有关知识产权权利人的意见。

特此公告。

关于撤销知识产权海关保护备案有关事项

(海关总署公告 2011 年第 59 号)

(2011 年 9 月 25 日由海关总署发布,2011 年 9 月 28 日起施行,法规类型为规范性文件)

为有效实施《中华人民共和国知识产权海关保护条例》(以下简称《条例》)第九条和第十一条的规定,保障合法货物的正常通关,维护知识产权海关保护有关当事人的合法权益,现就有关事项公告如下:

一、凡已经海关核准且属于《条例》第九条和第十一条第二款规定情形的知识产权海关保护备案(以下简称"备案"),海关总署有权予以撤销。

二、知识产权海关保护的利害关系人根据《条例》第十一条的规定申请撤销备案的,应当向海关总署提交申请书。申请书应当有明确的申请人和被申请人、请求事项、基本事实和理由,并随附相关证明文件。

三、海关总署作出撤销或者维持备案的决定,应当事先对有关情况进行调查。海关总署进行调查,可以要求有关知识产权权利人在规定期限内提交书面的申辩意见。

四、海关总署作出撤销备案的决定,应当书面通知有关知识产权权利人。其中根据利害关系人的申请作出撤销的决定的,还应当书面通知有关申请人。

对利害关系人申请撤销备案的,海关总署作出维持备案的决定,应当书面通知有关申请人。

五、备案自海关总署作出撤销决定之日起失效。备案被撤销且有关知识产权仍属于原申请备案的知识产权权利人的,该知识产权权利人自备案被撤销之日起在 1 年内再次向海关总署备案该知识产权的,海关总署可不予受理。

六、本公告自 2011 年 9 月 28 日起施行。

关于对当事人无法查清的侵犯知识产权货物予以收缴的公告

(海关总署公告 2005 年第 48 号)

(2005 年 9 月 21 日由海关总署发布,2005 年 9 月 21 日起施行,法规类型为规范性文件)

为有效实施《中华人民共和国海关法》和《中华人民共和国知识产权海关保护条例》,禁止侵犯受我国法律、行政法规保护的知识产权的货物、物品进出境,现就有关事项公告如下:

对《中华人民共和国海关行政处罚实施条例》第二十五条和《中华人民共和国知识产权海关保护条例》第二十八条规定应当予以没收的侵犯我国法律、行政法规保护的知识产权的货物、物品,经海关调查,货物、物品的侵权事实基本清楚,但当事人无法查清,自海关公告之日起满 3 个月的,由海关予以收缴。

特此公告。

中华人民共和国商标法

(第五届全国人民代表大会常务委员会令第 10 号)

(1982 年 8 月 23 日第五届全国人民代表大会常务委员会第二十四次会议通过；根据 1993 年 2 月 22 日第七届全国人民代表大会常务委员会第三十次会议《关于修改〈中华人民共和国商标法〉的决定》第一次修正，根据 2001 年 10 月 27 日第九届全国人民代表大会常务委员会第二十四次会议《关于修改〈中华人民共和国商标法〉的决定》第二次修正，根据 2013 年 8 月 30 日第十二届全国人民代表大会常务委员会第四次会议《关于修改〈中华人民共和国商标法〉的决定》第三次修正，根据 2019 年 4 月 23 日第十三届全国人民代表大会常务委员会第十次会议《关于修改〈中华人民共和国建筑法〉等八部法律的决定》第四次修正；现行版本自 2019 年 4 月 23 日起施行；法规类型为法律)

第一章 总 则

第一条 为了加强商标管理，保护商标专用权，促使生产、经营者保证商品和服务质量，维护商标信誉，以保障消费者和生产、经营者的利益，促进社会主义市场经济的发展，特制定本法。

第二条 国务院工商行政管理部门商标局主管全国商标注册和管理的工作。

国务院工商行政管理部门设立商标评审委员会，负责处理商标争议事宜。

第三条 经商标局核准注册的商标为注册商标，包括商品商标、服务商标和集体商标、证明商标；商标注册人享有商标专用权，受法律保护。

本法所称集体商标，是指以团体、协会或者其他组织名义注册，供该组织成员在商事活动中使用，以表明使用者在该组织中的成员资格的标志。

本法所称证明商标，是指由对某种商品或者服务具有监督能力的组织所控制，而由该组织以外的单位或者个人使用于其商品或者服务，用以证明该商品或者服务的原产地、原料、制造方法、质量或者其他特定品质的标志。

集体商标、证明商标注册和管理的特殊事项，由国务院工商行政管理部门规定。

第四条 自然人、法人或者其他组织在生产经营活动中，对其商品或者服务需要取得商标专用权的，应当向商标局申请商标注册。不以使用为目的的恶意商标注册申请，应当予以驳回。

本法有关商品商标的规定，适用于服务商标。

第五条 两个以上的自然人、法人或者其他组织可以共同向商标局申请注册同一商标，共同享有和行使该商标专用权。

第六条 法律、行政法规规定必须使用注册商标的商品，必须申请商标注册，未经核准注册的，不得在市场销售。

第七条 申请注册和使用商标，应当遵循诚实信用原则。

商标使用人应当对其使用商标的商品质量负责。各级工商行政管理部门应当通过商标管理，制止欺骗消费者的行为。

第八条 任何能够将自然人、法人或者其他组织的商品与他人的商品区别开的标志，包括文字、图形、字母、数字、三维标志、颜色组合和声音等，以及上述要素的组合，均可以作为商标申请注册。

第九条 申请注册的商标，应当有显著特征，便于识别，并不得与他人在先取得的合法权利相冲突。

商标注册人有权标明"注册商标"或者注册标记。

第十条 下列标志不得作为商标使用：

（一）同中华人民共和国的国家名称、国旗、国徽、国歌、军旗、军徽、军歌、勋章等相同或者近似的，以及同中央国家机关的名称、标志、所在地特定地点的名称或者标志性建筑物的名称、图形相同的；

（二）同外国的国家名称、国旗、国徽、军旗等相同或者近似的，但经该国政府同意的除外；

（三）同政府间国际组织的名称、旗帜、徽记等相同或者近似的，但经该组织同意或者不易误导公众的除外；

（四）与表明实施控制、予以保证的官方标志、检验印记相同或者近似的，但经授权的除外；

（五）同"红十字"、"红新月"的名称、标志相同或者近似的；

（六）带有民族歧视性的；

（七）带有欺骗性，容易使公众对商品的质量等特点或者产地产生误认的；

（八）有害于社会主义道德风尚或者有其他不良影响的。

县级以上行政区划的地名或者公众知晓的外国地名，不得作为商标。但是，地名具有其他含义或者作为集体商标、证明商标组成部分的除外；已经注册的使用地名的商标继续有效。

第十一条 下列标志不得作为商标注册：

（一）仅有本商品的通用名称、图形、型号的；

（二）仅直接表示商品的质量、主要原料、功能、用途、重量、数量及其他特点的；

（三）其他缺乏显著特征的。

前款所列标志经过使用取得显著特征，并便于识别的，可以作为商标注册。

第十二条 以三维标志申请注册商标的，仅由商品自身的性质产生的形状、为获得技术效果而需有的商品形状或者使商品具有实质性价值的形状，不得注册。

第十三条 为相关公众所熟知的商标，持有人认为其权利受到侵害时，可以依照本法规定请求驰名商标保护。

就相同或者类似商品申请注册的商标是复制、摹仿或者翻译他人未在中国注册的驰名商标，容易导致混淆的，不予注册并禁止使用。

就不相同或者不相类似商品申请注册的商标是复制、摹仿或者翻译他人已经在中国注册的驰名商标，误导公众，致使该驰名商标注册人的利益可能受到损害的，不予注册并禁止使用。

第十四条 驰名商标应当根据当事人的请求，作为处理涉及商标案件需要认定的事实进行认定。认定驰名商标应当考虑下列因素：

（一）相关公众对该商标的知晓程度；

（二）该商标使用的持续时间；

（三）该商标的任何宣传工作的持续时间、程度和地理范围；

（四）该商标作为驰名商标受保护的记录；

（五）该商标驰名的其他因素。

在商标注册审查、工商行政管理部门查处商标违法案件过程中，当事人依照本法第十三条规定主张权利的，商标局根据审查、处理案件的需要，可以对商标驰名情况作出认定。

在商标争议处理过程中,当事人依照本法第十三条规定主张权利的,商标评审委员会根据处理案件的需要,可以对商标驰名情况作出认定。

在商标民事、行政案件审理过程中,当事人依照本法第十三条规定主张权利的,最高人民法院指定的人民法院根据审理案件的需要,可以对商标驰名情况作出认定。

生产、经营者不得将"驰名商标"字样用于商品、商品包装或者容器上,或者用于广告宣传、展览以及其他商业活动中。

第十五条　未经授权,代理人或者代表人以自己的名义将被代理人或者被代表人的商标进行注册,被代理人或者被代表人提出异议的,不予注册并禁止使用。

就同一种商品或者类似商品申请注册的商标与他人在先使用的未注册商标相同或者近似,申请人与该他人具有前款规定以外的合同、业务往来关系或者其他关系而明知该他人商标存在,该他人提出异议的,不予注册。

第十六条　商标中有商品的地理标志,而该商品并非来源于该标志所标示的地区,误导公众的,不予注册并禁止使用;但是,已经善意取得注册的继续有效。

前款所称地理标志,是指标示某商品来源于某地区,该商品的特定质量、信誉或者其他特征,主要由该地区的自然因素或者人文因素所决定的标志。

第十七条　外国人或者外国企业在中国申请商标注册的,应当按其所属国和中华人民共和国签订的协议或者共同参加的国际条约办理,或者按对等原则办理。

第十八条　申请商标注册或者办理其他商标事宜,可以自行办理,也可以委托依法设立的商标代理机构办理。

外国人或者外国企业在中国申请商标注册和办理其他商标事宜的,应当委托依法设立的商标代理机构办理。

第十九条　商标代理机构应当遵循诚实信用原则,遵守法律、行政法规,按照被代理人的委托办理商标注册申请或者其他商标事宜;对在代理过程中知悉的被代理人的商业秘密,负有保密义务。

委托人申请注册的商标可能存在本法规定不得注册情形的,商标代理机构应当明确告知委托人。

商标代理机构知道或者应当知道委托人申请注册的商标属于本法第四条、第十五条和第三十二条规定情形的,不得接受其委托。

商标代理机构除对其代理服务申请商标注册外,不得申请注册其他商标。

第二十条　商标代理行业组织应当按照章程规定,严格执行吸纳会员的条件,对违反行业自律规范的会员实行惩戒。商标代理行业组织对其吸纳的会员和对会员的惩戒情况,应当及时向社会公布。

第二十一条　商标国际注册遵循中华人民共和国缔结或者参加的有关国际条约确立的制度,具体办法由国务院规定。

第二章　商标注册的申请

第二十二条　商标注册申请人应当按规定的商品分类表填报使用商标的商品类别和商品名称,提出注册申请。

商标注册申请人可以通过一份申请就多个类别的商品申请注册同一商标。

商标注册申请等有关文件,可以以书面方式或者数据电文方式提出。

第二十三条　注册商标需要在核定使用范围之外的商品上取得商标专用权的,应当另行提出注册申请。

第二十四条　注册商标需要改变其标志的,应当重新提出注册申请。

第二十五条 商标注册申请人自其商标在外国第一次提出商标注册申请之日起六个月内，又在中国就相同商品以同一商标提出商标注册申请的，依照该外国同中国签订的协议或者共同参加的国际条约，或者按照相互承认优先权的原则，可以享有优先权。

依照前款要求优先权的，应当在提出商标注册申请的时候提出书面声明，并且在三个月内提交第一次提出的商标注册申请文件的副本；未提出书面声明或者逾期未提交商标注册申请文件副本的，视为未要求优先权。

第二十六条 商标在中国政府主办的或者承认的国际展览会展出的商品上首次使用的，自该商品展出之日起六个月内，该商标的注册申请人可以享有优先权。

依照前款要求优先权的，应当在提出商标注册申请的时候提出书面声明，并且在三个月内提交展出其商品的展览会名称、在展出商品上使用该商标的证据、展出日期等证明文件；未提出书面声明或者逾期未提交证明文件的，视为未要求优先权。

第二十七条 为申请商标注册所申报的事项和所提供的材料应当真实、准确、完整。

第三章 商标注册的审查和核准

第二十八条 对申请注册的商标，商标局应当自收到商标注册申请文件之日起九个月内审查完毕，符合本法有关规定的，予以初步审定公告。

第二十九条 在审查过程中，商标局认为商标注册申请内容需要说明或者修正的，可以要求申请人做出说明或者修正。申请人未做出说明或者修正的，不影响商标局做出审查决定。

第三十条 申请注册的商标，凡不符合本法有关规定或者同他人在同一种商品或者类似商品上已经注册的或者初步审定的商标相同或者近似的，由商标局驳回申请，不予公告。

第三十一条 两个或者两个以上的商标注册申请人，在同一种商品或者类似商品上，以相同或者近似的商标申请注册的，初步审定并公告申请在先的商标；同一天申请的，初步审定并公告使用在先的商标，驳回其他人的申请，不予公告。

第三十二条 申请商标注册不得损害他人现有的在先权利，也不得以不正当手段抢先注册他人已经使用并有一定影响的商标。

第三十三条 对初步审定公告的商标，自公告之日起三个月内，在先权利人、利害关系人认为违反本法第十三条第二款和第三款、第十五条、第十六条第一款、第三十条、第三十一条、第三十二条规定的，或者任何人认为违反本法第四条、第十条、第十一条、第十二条、第十九条第四款规定的，可以向商标局提出异议。公告期满无异议的，予以核准注册，发给商标注册证，并予公告。

第三十四条 对驳回申请、不予公告的商标，商标局应当书面通知商标注册申请人。商标注册申请人不服的，可以自收到通知之日起十五日内向商标评审委员会申请复审。商标评审委员会应当自收到申请之日起九个月内做出决定，并书面通知申请人。有特殊情况需要延长的，经国务院工商行政管理部门批准，可以延长三个月。当事人对商标评审委员会的决定不服的，可以自收到通知之日起三十日内向人民法院起诉。

第三十五条 对初步审定公告的商标提出异议的，商标局应当听取异议人和被异议人陈述事实和理由，经调查核实后，自公告期满之日起十二个月内做出是否准予注册的决定，并书面通知异议人和被异议人。有特殊情况需要延长的，经国务院工商行政管理部门批准，可以延长六个月。

商标局做出准予注册决定的，发给商标注册证，并予公告。异议人不服的，可以依照本法第四十四条、第四十五条的规定向商标评审委员会请求宣告该注册商标无效。

商标局做出不予注册决定，被异议人不服的，可以自收到通知之日起十五日内向商标评审委员会申请复审。商标评审委员会应当自收到申请之日起十二个月内做出复审决定，并书面通知异议人和被异议人。有特殊情况需要延长的，经国务院工商行政管理部门批准，可以延长六个月。被异议人对商标评审委员会的决定不服的，可以自收到通知之日起三十日内向人民法院起诉。人民法院应当通知异议人作为第三人参加诉讼。

商标评审委员会在依照前款规定进行复审的过程中，所涉及的在先权利的确定必须以人民法院正在审理或者行政机关正在处理的另一案件的结果为依据的，可以中止审查。中止原因消除后，应当恢复审查程序。

第三十六条 法定期限届满，当事人对商标局做出的驳回申请决定、不予注册决定不申请复审或者对商标评审委员会做出的复审决定不向人民法院起诉的，驳回申请决定、不予注册决定或者复审决定生效。

经审查异议不成立而准予注册的商标，商标注册申请人取得商标专用权的时间自初步审定公告三个月期满之日起计算。自该商标公告期满之日起至准予注册决定做出前，对他人在同一种或者类似商品上使用与该商标相同或者近似的标志的行为不具有追溯力；但是，因该使用人的恶意给商标注册人造成的损失，应当给予赔偿。

第三十七条 对商标注册申请和商标复审申请应当及时进行审查。

第三十八条 商标注册申请人或者注册人发现商标申请文件或者注册文件有明显错误的，可以申请更正。商标局依法在其职权范围内作出更正，并通知当事人。

前款所称更正错误不涉及商标申请文件或者注册文件的实质性内容。

第四章 注册商标的续展、变更、转让和使用许可

第三十九条 注册商标的有效期为十年，自核准注册之日起计算。

第四十条 注册商标有效期满，需要继续使用的，商标注册人应当在期满前十二个月内按照规定办理续展手续；在此期间未能办理的，可以给予六个月的宽展期。每次续展注册的有效期为十年，自该商标上一届有效期满次日起计算。期满未办理续展手续的，注销其注册商标。

商标局应当对续展注册的商标予以公告。

第四十一条 注册商标需要变更注册人的名义、地址或者其他注册事项的，应当提出变更申请。

第四十二条 转让注册商标的，转让人和受让人应当签订转让协议，并共同向商标局提出申请。受让人应当保证使用该注册商标的商品质量。

转让注册商标的，商标注册人对其在同一种商品上注册的近似的商标，或者在类似商品上注册的相同或者近似的商标，应当一并转让。

对容易导致混淆或者有其他不良影响的转让，商标局不予核准，书面通知申请人并说明理由。

转让注册商标经核准后，予以公告。受让人自公告之日起享有商标专用权。

第四十三条 商标注册人可以通过签订商标使用许可合同，许可他人使用其注册商标。许可人应当监督被许可人使用其注册商标的商品质量。被许可人应当保证使用该注册商标的商品质量。

经许可使用他人注册商标的，必须在使用该注册商标的商品上标明被许可人的名称和商品产地。

许可他人使用其注册商标的，许可人应当将其商标使用许可报商标局备案，由商标局公告。商标使用许可未经备案不得对抗善意第三人。

第五章 注册商标的无效宣告

第四十四条 已经注册的商标，违反本法第四条、第十条、第十一条、第十二条、第十九

条第四款规定的，或者是以欺骗手段或者其他不正当手段取得注册的，由商标局宣告该注册商标无效；其他单位或者个人可以请求商标评审委员会宣告该注册商标无效。

商标局做出宣告注册商标无效的决定，应当书面通知当事人。当事人对商标局的决定不服的，可以自收到通知之日起十五日内向商标评审委员会申请复审。商标评审委员会应当自收到申请之日起九个月内做出决定，并书面通知当事人。有特殊情况需要延长的，经国务院工商行政管理部门批准，可以延长三个月。当事人对商标评审委员会的决定不服的，可以自收到通知之日起三十日内向人民法院起诉。

其他单位或者个人请求商标评审委员会宣告注册商标无效的，商标评审委员会收到申请后，应当书面通知有关当事人，并限期提出答辩。商标评审委员会应当自收到申请之日起九个月内做出维持注册商标或者宣告注册商标无效的裁定，并书面通知当事人。有特殊情况需要延长的，经国务院工商行政管理部门批准，可以延长三个月。当事人对商标评审委员会的裁定不服的，可以自收到通知之日起三十日内向人民法院起诉。人民法院应当通知商标裁定程序的对方当事人作为第三人参加诉讼。

第四十五条 已经注册的商标，违反本法第十三条第二款和第三款、第十五条、第十六条第一款、第三十条、第三十一条、第三十二条规定的，自商标注册之日起五年内，在先权利人或者利害关系人可以请求商标评审委员会宣告该注册商标无效。对恶意注册的，驰名商标所有人不受五年的时间限制。

商标评审委员会收到宣告注册商标无效的申请后，应当书面通知有关当事人，并限期提出答辩。商标评审委员会应当自收到申请之日起十二个月内做出维持注册商标或者宣告注册商标无效的裁定，并书面通知当事人。有特殊情况需要延长的，经国务院工商行政管理部门批准，可以延长六个月。当事人对商标评审委员会的裁定不服的，可以自收到通知之日起三十日内向人民法院起诉。人民法院应当通知商标裁定程序的对方当事人作为第三人参加诉讼。

商标评审委员会在依照前款规定对无效宣告请求进行审查的过程中，所涉及的在先权利的确定必须以人民法院正在审理或者行政机关正在处理的另一案件的结果为依据的，可以中止审查。中止原因消除后，应当恢复审查程序。

第四十六条 法定期限届满，当事人对商标局宣告注册商标无效的决定不申请复审或者对商标评审委员会的复审决定、维持注册商标或者宣告注册商标无效的裁定不向人民法院起诉的，商标局的决定或者商标评审委员会的复审决定、裁定生效。

第四十七条 依照本法第四十四条、第四十五条的规定宣告无效的注册商标，由商标局予以公告，该注册商标专用权视为自始即不存在。

宣告注册商标无效的决定或者裁定，对宣告无效前人民法院做出并已执行的商标侵权案件的判决、裁定、调解书和工商行政管理部门做出并已执行的商标侵权案件的处理决定以及已经履行的商标转让或者使用许可合同不具有追溯力。但是，因商标注册人的恶意给他人造成的损失，应当给予赔偿。

依照前款规定不返还商标侵权赔偿金、商标转让费、商标使用费，明显违反公平原则的，应当全部或者部分返还。

第六章 商标使用的管理

第四十八条 本法所称商标的使用，是指将商标用于商品、商品包装或者容器以及商品交易文书上，或者将商标用于广告宣传、展览以及其他商业活动中，用于识别商品来源的行为。

第四十九条 商标注册人在使用注册商标的过程中，自行改变注册商标、注册人名义、地址或者其他注册事项的，由地方工商行政管理部门责令限期改正；期满不改正的，由商标局撤销其注册商标。

注册商标成为其核定使用的商品的通用名称或者没有正当理由连续三年不使用的，任何单位或者个人可以向商标局申请撤销该注册商标。商标局应当自收到申请之日起九个月内做出决定。有特殊情况需要延长的，经国务院工商行政管理部门批准，可以延长三个月。

第五十条 注册商标被撤销、被宣告无效或者期满不再续展的，自撤销、宣告无效或者注销之日起一年内，商标局对与该商标相同或者近似的商标注册申请，不予核准。

第五十一条 违反本法第六条规定的，由地方工商行政管理部门责令限期申请注册，违法经营额五万元以上的，可以处违法经营额百分之二十以下的罚款，没有违法经营额或者违法经营额不足五万元的，可以处一万元以下的罚款。

第五十二条 将未注册商标冒充注册商标使用的，或者使用未注册商标违反本法第十条规定的，由地方工商行政管理部门予以制止，限期改正，并可以予以通报，违法经营额五万元以上的，可以处违法经营额百分之二十以下的罚款，没有违法经营额或者违法经营额不足五万元的，可以处一万元以下的罚款。

第五十三条 违反本法第十四条第五款规定的，由地方工商行政管理部门责令改正，处十万元罚款。

第五十四条 对商标局撤销或者不予撤销注册商标的决定，当事人不服的，可以自收到通知之日起十五日内向商标评审委员会申请复审。商标评审委员会应当自收到申请之日起九个月内做出决定，并书面通知当事人。有特殊情况需要延长的，经国务院工商行政管理部门批准，可以延长三个月。当事人对商标评审委员会的决定不服的，可以自收到通知之日起三十日内向人民法院起诉。

第五十五条 法定期限届满，当事人对商标局做出的撤销注册商标的决定不申请复审或者对商标评审委员会做出的复审决定不向人民法院起诉的，撤销注册商标的决定、复审决定生效。

被撤销的注册商标，由商标局予以公告，该注册商标专用权自公告之日起终止。

第七章 注册商标专用权的保护

第五十六条 注册商标的专用权，以核准注册的商标和核定使用的商品为限。

第五十七条 有下列行为之一的，均属侵犯注册商标专用权：

（一）未经商标注册人的许可，在同一种商品上使用与其注册商标相同的商标的；

（二）未经商标注册人的许可，在同一种商品上使用与其注册商标近似的商标，或者在类似商品上使用与其注册商标相同或者近似的商标，容易导致混淆的；

（三）销售侵犯注册商标专用权的商品的；

（四）伪造、擅自制造他人注册商标标识或者销售伪造、擅自制造的注册商标标识的；

（五）未经商标注册人同意，更换其注册商标并将该更换商标的商品又投入市场的；

（六）故意为侵犯他人商标专用权行为提供便利条件，帮助他人实施侵犯商标专用权行为的；

（七）给他人的注册商标专用权造成其他损害的。

第五十八条 将他人注册商标、未注册的驰名商标作为企业名称中的字号使用，误导公众，构成不正当竞争行为的，依照《中华人民共和国反不正当竞争法》处理。

第五十九条 注册商标中含有的本商品的通用名称、图形、型号，或者直接表示商品的质量、主要原料、功能、用途、重量、数量及其他特点，或者含有的地名，注册商标专用权人无权禁止他人正当使用。

三维标志注册商标中含有的商品自身的性质产生的形状、为获得技术效果而需有的商品形状或者使商品具有实质性价值的形状，注册商标专用权人无权禁止他人正当使用。

商标注册人申请商标注册前，他人已经在同一种商品或者类似商品上先于商标注册人使用与注册商标相同或者近似并有一定影响的商标的，注册商标专用权人无权禁止该使用人在原使用范围内继续使用该商标，但可以要求其附加适当区别标识。

第六十条 有本法第五十七条所列侵犯注册商标专用权行为之一，引起纠纷的，由当事人协商解决；不愿协商或者协商不成的，商标注册人或者利害关系人可以向人民法院起诉，也可以请求工商行政管理部门处理。

工商行政管理部门处理时，认定侵权行为成立的，责令立即停止侵权行为，没收、销毁侵权商品和主要用于制造侵权商品、伪造注册商标标识的工具，违法经营额五万元以上的，可以处违法经营额五倍以下的罚款，没有违法经营额或者违法经营额不足五万元的，可以处二十五万元以下的罚款。对五年内实施两次以上商标侵权行为或者有其他严重情节的，应当从重处罚。销售不知道是侵犯注册商标专用权的商品，能证明该商品是自己合法取得并说明提供者的，由工商行政管理部门责令停止销售。

对侵犯商标专用权的赔偿数额的争议，当事人可以请求进行处理的工商行政管理部门调解，也可以依照《中华人民共和国民事诉讼法》向人民法院起诉。经工商行政管理部门调解，当事人未达成协议或者调解书生效后不履行的，当事人可以依照《中华人民共和国民事诉讼法》向人民法院起诉。

第六十一条 对侵犯注册商标专用权的行为，工商行政管理部门有权依法查处；涉嫌犯罪的，应当及时移送司法机关依法处理。

第六十二条 县级以上工商行政管理部门根据已经取得的违法嫌疑证据或者举报，对涉嫌侵犯他人注册商标专用权的行为进行查处时，可以行使下列职权：

（一）询问有关当事人，调查与侵犯他人注册商标专用权有关的情况；

（二）查阅、复制当事人与侵权活动有关的合同、发票、账簿以及其他有关资料；

（三）对当事人涉嫌从事侵犯他人注册商标专用权活动的场所实施现场检查；

（四）检查与侵权活动有关的物品；对有证据证明是侵犯他人注册商标专用权的物品，可以查封或者扣押。

工商行政管理部门依法行使前款规定的职权时，当事人应当予以协助、配合，不得拒绝、阻挠。

在查处商标侵权案件过程中，对商标权属存在争议或者权利人同时向人民法院提起商标侵权诉讼的，工商行政管理部门可以中止案件的查处。中止原因消除后，应当恢复或者终结案件查处程序。

第六十三条 侵犯商标专用权的赔偿数额，按照权利人因被侵权所受到的实际损失确定；实际损失难以确定的，可以按照侵权人因侵权所获得的利益确定；权利人的损失或者侵权人获得的利益难以确定的，参照该商标许可使用费的倍数合理确定。对恶意侵犯商标专用权，情节严重的，可以在按照上述方法确定数额的一倍以上五倍以下确定赔偿数额。赔偿数额应当包括权利人为制止侵权行为所支付的合理开支。

人民法院为确定赔偿数额，在权利人已经尽力举证，而与侵权行为相关的账簿、资料主要由侵权人掌握的情况下，可以责令侵权人提供与侵权行为相关的账簿、资料；侵权人不提供或者提供虚假的账簿、资料的，人民法院可以参考权利人的主张和提供的证据判定赔偿数额。

权利人因被侵权所受到的实际损失、侵权人因侵权所获得的利益、注册商标许可使用费难以确定的，由人民法院根据侵权行为的情节判决给予五百万元以下的赔偿。

人民法院审理商标纠纷案件，应权利人请求，对属于假冒注册商标的商品，除特殊情况外，责令销毁；对主要用于制造假冒注册商标的商品的材料、工具，责令销毁，且不予补偿；或者在特殊情况下，责令禁止前述材料、工具进入商业渠道，且不予补偿。

假冒注册商标的商品不得在仅去除假冒注册商标后进入商业渠道。

第六十四条 注册商标专用权人请求赔偿,被控侵权人以注册商标专用权人未使用注册商标提出抗辩的,人民法院可以要求注册商标专用权人提供此前三年内实际使用该注册商标的证据。注册商标专用权人不能证明此前三年内实际使用过该注册商标,也不能证明因侵权行为受到其他损失的,被控侵权人不承担赔偿责任。

销售不知道是侵犯注册商标专用权的商品,能证明该商品是自己合法取得并说明提供者的,不承担赔偿责任。

第六十五条 商标注册人或者利害关系人有证据证明他人正在实施或者即将实施侵犯其注册商标专用权的行为,如不及时制止将会使其合法权益受到难以弥补的损害的,可以依法在起诉前向人民法院申请采取责令停止有关行为和财产保全的措施。

第六十六条 为制止侵权行为,在证据可能灭失或者以后难以取得的情况下,商标注册人或者利害关系人可以依法在起诉前向人民法院申请保全证据。

第六十七条 未经商标注册人许可,在同一种商品上使用与其注册商标相同的商标,构成犯罪的,除赔偿被侵权人的损失外,依法追究刑事责任。

伪造、擅自制造他人注册商标标识或者销售伪造、擅自制造的注册商标标识,构成犯罪的,除赔偿被侵权人的损失外,依法追究刑事责任。

销售明知是假冒注册商标的商品,构成犯罪的,除赔偿被侵权人的损失外,依法追究刑事责任。

第六十八条 商标代理机构有下列行为之一的,由工商行政管理部门责令限期改正,给予警告,处一万元以上十万元以下的罚款;对直接负责的主管人员和其他直接责任人员给予警告,处五千元以上五万元以下的罚款;构成犯罪的,依法追究刑事责任:

(一)办理商标事宜过程中,伪造、变造或者使用伪造、变造的法律文件、印章、签名的;

(二)以诋毁其他商标代理机构等手段招徕商标代理业务或者以其他不正当手段扰乱商标代理市场秩序的;

(三)违反本法第四条、第十九条第三款和第四款规定的。

商标代理机构有前款规定行为的,由工商行政管理部门记入信用档案;情节严重的,商标局、商标评审委员会并可以决定停止受理其办理商标代理业务,予以公告。

商标代理机构违反诚实信用原则,侵害委托人合法利益的,应当依法承担民事责任,并由商标代理行业组织按照章程规定予以惩戒。

对恶意申请商标注册的,根据情节给予警告、罚款等行政处罚;对恶意提起商标诉讼的,由人民法院依法给予处罚。

第六十九条 从事商标注册、管理和复审工作的国家机关工作人员必须秉公执法,廉洁自律,忠于职守,文明服务。

商标局、商标评审委员会以及从事商标注册、管理和复审工作的国家机关工作人员不得从事商标代理业务和商品生产经营活动。

第七十条 工商行政管理部门应当建立健全内部监督制度,对负责商标注册、管理和复审工作的国家机关工作人员执行法律、行政法规和遵守纪律的情况,进行监督检查。

第七十一条 从事商标注册、管理和复审工作的国家机关工作人员玩忽职守、滥用职权、徇私舞弊,违法办理商标注册、管理和复审事项,收受当事人财物,牟取不正当利益,构成犯罪的,依法追究刑事责任;尚不构成犯罪的,依法给予处分。

第八章 附 则

第七十二条 申请商标注册和办理其他商标事宜的,应当缴纳费用,具体收费标准另定。

第七十三条 本法自1983年3月1日起施行。1963年4月10日国务院公布的《商标管理条例》同时废止；其他有关商标管理的规定，凡与本法抵触的，同时失效。

本法施行前已经注册的商标继续有效。

中华人民共和国商标法实施条例

（国务院令第358号）

（2002年8月3日由国务院发布，根据2014年4月29日国务院令第651号修订，现行版本自2014年5月1日起施行，法规类型为行政法规）

第一章 总 则

第一条 根据《中华人民共和国商标法》（以下简称商标法），制定本条例。

第二条 本条例有关商品商标的规定，适用于服务商标。

第三条 商标持有人依照商标法第十三条规定请求驰名商标保护的，应当提交其商标构成驰名商标的证据材料。商标局、商标评审委员会应当依照商标法第十四条的规定，根据审查、处理案件的需要以及当事人提交的证据材料，对其商标驰名情况作出认定。

第四条 商标法第十六条规定的地理标志，可以依照商标法和本条例的规定，作为证明商标或者集体商标申请注册。

以地理标志作为证明商标注册的，其商品符合使用该地理标志条件的自然人、法人或者其他组织可以要求使用该证明商标，控制该证明商标的组织应当允许。以地理标志作为集体商标注册的，其商品符合使用该地理标志条件的自然人、法人或者其他组织，可以要求参加以该地理标志作为集体商标注册的团体、协会或者其他组织，该团体、协会或者其他组织应当依据其章程接纳为会员；不要求参加以该地理标志作为集体商标注册的团体、协会或者其他组织的，也可以正当使用该地理标志，该团体、协会或者其他组织无权禁止。

第五条 当事人委托商标代理机构申请商标注册或者办理其他商标事宜，应当提交代理委托书。代理委托书应当载明代理内容及权限；外国人或者外国企业的代理委托书还应当载明委托人的国籍。

外国人或者外国企业的代理委托书及与其有关的证明文件的公证、认证手续，按照对等原则办理。

申请商标注册或者转让商标，商标注册申请人或者商标转让受让人为外国人或者外国企业的，应当在申请书中指定中国境内接收人负责接收商标局、商标评审委员会后继商标业务的法律文件。商标局、商标评审委员会后继商标业务的法律文件向中国境内接收人送达。

商标法第十八条所称外国人或者外国企业，是指在中国没有经常居所或者营业所的外国人或者外国企业。

第六条 申请商标注册或者办理其他商标事宜，应当使用中文。

依照商标法和本条例规定提交的各种证件、证明文件和证据材料是外文的，应当附送中文译文；未附送的，视为未提交该证件、证明文件或者证据材料。

第七条 商标局、商标评审委员会工作人员有下列情形之一的，应当回避，当事人或者利害关系人可以要求其回避：

（一）是当事人或者当事人、代理人的近亲属的；
（二）与当事人、代理人有其他关系，可能影响公正的；
（三）与申请商标注册或者办理其他商标事宜有利害关系的。

第八条 以商标法第二十二条规定的数据电文方式提交商标注册申请等有关文件，应当按照商标局或者商标评审委员会的规定通过互联网提交。

第九条 除本条例第十八条规定的情形外，当事人向商标局或者商标评审委员会提交文件或者材料的日期，直接递交的，以递交日为准；邮寄的，以寄出的邮戳日为准；邮戳日不清晰或者没有邮戳的，以商标局或者商标评审委员会实际收到日为准，但是当事人能够提出实际邮戳日证据的除外。通过邮政企业以外的快递企业递交的，以快递企业收发日为准；收寄日不明确的，以商标局或者商标评审委员会实际收到日为准，但是当事人能够提出实际收寄日证据的除外。以数据电文方式提交的，以进入商标局或者商标评审委员会电子系统的日期为准。

当事人向商标局或者商标评审委员会邮寄文件，应当使用给据邮件。

当事人向商标局或者商标评审委员会提交文件，以书面方式提交的，以商标局或者商标评审委员会所存档案记录为准；以数据电文方式提交的，以商标局或者商标评审委员会数据库记录为准，但是当事人确有证据证明商标局或者商标评审委员会档案、数据库记录有错误的除外。

第十条 商标局或者商标评审委员会的各种文件，可以通过邮寄、直接递交、数据电文或者其他方式送达当事人；以数据电文方式送达当事人的，应当经当事人同意。当事人委托商标代理机构的，文件送达商标代理机构视为送达当事人。

商标局或者商标评审委员会向当事人送达各种文件的日期，邮寄的，以当事人收到的邮戳日为准；邮戳日不清晰或者没有邮戳的，自文件发出之日起满15日视为送达当事人，但是当事人能够证明实际收到日的除外；直接递交的，以递交日为准；以数据电文方式送达的，自文件发出之日起满15日视为送达当事人，但是当事人能够证明文件进入其电子系统日期的除外。

文件通过上述方式无法送达的，可以通过公告方式送达，自公告发布之日起满30日，该文件视为送达当事人。

第十一条 下列期间不计入商标审查、审理期限：
（一）商标局、商标评审委员会文件公告送达的期间；
（二）当事人需要补充证据或者补正文件的期间以及因当事人更换需要重新答辩的期间；
（三）同日申请提交使用证据及协商、抽签需要的期间；
（四）需要等待优先权确定的期间；
（五）审查、审理过程中，依案件申请人的请求等待在先权利案件审理结果的期间。

第十二条 除本条第二款规定的情形外，商标法和本条例规定的各种期限开始的当日不计算在期限内。期限以年或者月计算的，以期限最后一月的相应日为期限届满日；该月无相应日的，以该月最后一日为期限届满日；期限届满日是节假日的，以节假日后的第一个工作日为期限届满日。

商标法第三十九条、第四十条规定的注册商标有效期从法定日开始起算，期限最后一月相应日的前一日为期限届满日，该月无相应日的，以该月最后一日为期限届满日。

第二章 商标注册的申请

第十三条 申请商标注册，应当按照公布的商品和服务分类表填报。每一件商标注册申请应当向商标局提交《商标注册申请书》1份、商标图样1份；以颜色组合或者着色图样申请商标注册的，应当提交着色图样，并提交黑白稿1份；不指定颜色的，应当提交黑白图样。

商标图样应当清晰，便于粘贴，用光洁耐用的纸张印制或者用照片代替，长和宽应当不大于 10 厘米，不小于 5 厘米。

以三维标志申请商标注册的，应当在申请书中予以声明，说明商标的使用方式，并提交能够确定三维形状的图样，提交的商标图样应当至少包含三面视图。

以颜色组合申请商标注册的，应当在申请书中予以声明，说明商标的使用方式。

以声音标志申请商标注册的，应当在申请书中予以声明，提交符合要求的声音样本，对申请注册的声音商标进行描述，说明商标的使用方式。对声音商标进行描述，应当以五线谱或者简谱对申请用作商标的声音加以描述并附加文字说明；无法以五线谱或者简谱描述的，应当以文字加以描述；商标描述与声音样本应当一致。

申请注册集体商标、证明商标的，应当在申请书中予以声明，并提交主体资格证明文件和使用管理规则。

商标为外文或者包含外文的，应当说明含义。

第十四条　申请商标注册的，申请人应当提交其身份证明文件。商标注册申请人的名义与所提交的证明文件应当一致。

前款关于申请人提交其身份证明文件的规定适用于向商标局提出的办理变更、转让、续展、异议、撤销等其他商标事宜。

第十五条　商品或者服务项目名称应当按照商品和服务分类表中的类别号、名称填写；商品或者服务项目名称未列入商品和服务分类表的，应附送对该商品或者服务的说明。

商标注册申请等有关文件以纸质方式提出的，应当打字或者印刷。

本条第二款规定适用于办理其他商标事宜。

第十六条　共同申请注册同一商标或者办理其他共有商标事宜的，应当在申请书中指定一个代表人；没有指定代表人的，以申请书中顺序排列的第一人为代表人。

商标局和商标评审委员会的文件应当送达代表人。

第十七条　申请人变更其名义、地址、代理人、文件接收人或者删减指定的商品的，应当向商标局办理变更手续。

申请人转让其商标注册申请的，应当向商标局办理转让手续。

第十八条　商标注册的申请日期以商标局收到申请文件的日期为准。

商标注册申请手续齐备、按照规定填写申请文件并缴纳费用的，商标局予以受理并书面通知申请人；申请手续不齐备、未按照规定填写申请文件或者未缴纳费用的，商标局不予受理，书面通知申请人并说明理由。申请手续基本齐备或者申请文件基本符合规定，但是需要补正的，商标局通知申请人予以补正，限其自收到通知之日起 30 日内，按照指定内容补正并交回商标局。在规定期限内补正并交回商标局的，保留申请日期；期满未补正的或者不按照要求进行补正的，商标局不予受理并书面通知申请人。

本条第二款关于受理条件的规定适用于办理其他商标事宜。

第十九条　两个或者两个以上的申请人，在同一种商品或者类似商品上，分别以相同或者近似的商标在同一天申请注册的，各申请人应当自收到商标局通知之日起 30 日内提交其申请注册前在先使用该商标的证据。同日使用或者均未使用的，各申请人可以自收到商标局通知之日起 30 日内自行协商，并将书面协议报送商标局；不愿协商或者协商不成的，商标局通知各申请人以抽签的方式确定一个申请人，驳回其他人的注册申请。商标局已经通知但申请人未参加抽签的，视为放弃申请，商标局应当书面通知未参加抽签的申请人。

第二十条　依照商标法第二十五条规定要求优先权的，申请人提交的第一次提出商标注册申请文件的副本应当经受理该申请的商标主管机关证明，并注明申请日期和申请号。

第三章　商标注册申请的审查

第二十一条　商标局对受理的商标注册申请，依照商标法及本条例的有关规定进行审查，对符合规定或者在部分指定商品上使用商标的注册申请符合规定的，予以初步审定，并予以公告；对不符合规定或者在部分指定商品上使用商标的注册申请不符合规定的，予以驳回或者驳回在部分指定商品上使用商标的注册申请，书面通知申请人并说明理由。

第二十二条　商标局对一件商标注册申请在部分指定商品上予以驳回的，申请人可以将该申请中初步审定的部分申请分割成另一件申请，分割后的申请保留原来的申请日期。

需要分割的，申请人应当自收到商标局《商标注册申请部分驳回通知书》之日起15日内，向商标局提出分割申请。

商标局收到分割申请后，应当将原申请分割为两件，对分割出来的初步审定申请生成新的申请号，并予以公告。

第二十三条　依照商标法第二十九条规定，商标局认为对商标注册申请内容需要说明或者修正的，申请人应当自收到商标局通知之日起15日内作出说明或者修正。

第二十四条　对商标局初步审定予以公告的商标提出异议的，异议人应当向商标局提交下列商标异议材料一式两份并标明正、副本：

（一）商标异议申请书；

（二）异议人的身份证明；

（三）以违反商标法第十三条第二款和第三款、第十五条、第十六条第一款、第三十条、第三十一条、第三十二条规定为由提出异议的，异议人作为在先权利人或者利害关系人的证明。

商标异议申请书应当有明确的请求和事实依据，并附送有关证据材料。

第二十五条　商标局收到商标异议申请书后，经审查，符合受理条件的，予以受理，向申请人发出受理通知书。

第二十六条　商标异议申请有下列情形的，商标局不予受理，书面通知申请人并说明理由：

（一）未在法定期限内提出的；

（二）申请人主体资格、异议理由不符合商标法第三十三条规定的；

（三）无明确的异议理由、事实和法律依据的；

（四）同一异议人以相同的理由、事实和法律依据针对同一商标再次提出异议申请的。

第二十七条　商标局应当将商标异议材料副本及时送交被异议人，限其自收到商标异议材料副本之日起30日内答辩。被异议人不答辩的，不影响商标局作出决定。

当事人需要在提出异议申请或者答辩后补充有关证据材料的，应当在商标异议申请书或者答辩书中声明，并自提交商标异议申请书或者答辩书之日起3个月内提交；期满未提交的，视为当事人放弃补充有关证据材料。但是，在期满后生成或者当事人有其他正当理由未能在期满前提交的证据，在期满后提交的，商标局将证据交对方当事人并质证后可以采信。

第二十八条　商标法第三十五条第三款和第三十六条第一款所称不予注册决定，包括在部分指定商品上不予注册决定。

被异议商标在商标局作出准予注册决定或者不予注册决定前已经刊发注册公告的，撤销该注册公告。经审查异议不成立而准予注册的，在准予注册决定生效后重新公告。

第二十九条　商标注册申请人或者商标注册人依照商标法第三十八条规定提出更正申请的，应当向商标局提交更正申请书。符合更正条件的，商标局核准后更正相关内容；不符合更正条件的，商标局不予核准，书面通知申请人并说明理由。

已经刊发初步审定公告或者注册公告的商标经更正的，刊发更正公告。

第四章　注册商标的变更、转让、续展

第三十条　变更商标注册人名义、地址或者其他注册事项的，应当向商标局提交变更申请

书。变更商标注册人名义的，还应当提交有关登记机关出具的变更证明文件。商标局核准的，发给商标注册人相应证明，并予以公告；不予核准的，应当书面通知申请人并说明理由。

变更商标注册人名义或者地址的，商标注册人应当将其全部注册商标一并变更；未一并变更的，由商标局通知其限期改正；期满未改正的，视为放弃变更申请，商标局应当书面通知申请人。

第三十一条 转让注册商标的，转让人和受让人应当向商标局提交转让注册商标申请书。转让注册商标申请手续应当由转让人和受让人共同办理。商标局核准转让注册商标申请的，发给受让人相应证明，并予以公告。

转让注册商标，商标注册人对其在同一种或者类似商品上注册的相同或者近似的商标未一并转让的，由商标局通知其限期改正；期满未改正的，视为放弃转让该注册商标的申请，商标局应当书面通知申请人。

第三十二条 注册商标专用权因转让以外的继承等其他事由发生移转的，接受该注册商标专用权的当事人应当凭有关证明文件或者法律文书到商标局办理注册商标专用权移转手续。

注册商标专用权移转的，注册商标专用权人在同一种或者类似商品上注册的相同或者近似的商标，应当一并移转；未一并移转的，由商标局通知其限期改正；期满未改正的，视为放弃该移转注册商标的申请，商标局应当书面通知申请人。

商标移转申请经核准的，予以公告。接受该注册商标专用权移转的当事人自公告之日起享有商标专用权。

第三十三条 注册商标需要续展注册的，应当向商标局提交商标续展注册申请书。商标局核准商标注册续展申请的，发给相应证明并予以公告。

第五章 商标国际注册

第三十四条 商标法第二十一条规定的商标国际注册，是指根据《商标国际注册马德里协定》（以下简称马德里协定）、《商标国际注册马德里协定有关议定书》（以下简称马德里议定书）及《商标国际注册马德里协定及该协定有关议定书的共同实施细则》的规定办理的马德里商标国际注册。

马德里商标国际注册申请包括以中国为原属国的商标国际注册申请、指定中国的领土延伸申请及其他有关的申请。

第三十五条 以中国为原属国申请商标国际注册的，应当在中国设有真实有效的营业所，或者在中国有住所，或者拥有中国国籍。

第三十六条 符合本条例第三十五条规定的申请人，其商标已在商标局获得注册的，可以根据马德里协定申请办理该商标的国际注册。

符合本条例第三十五条规定的申请人，其商标已在商标局获得注册，或者已向商标局提出商标注册申请并被受理的，可以根据马德里议定书申请办理该商标的国际注册。

第三十七条 以中国为原属国申请商标国际注册的，应当通过商标局向世界知识产权组织国际局（以下简称国际局）申请办理。

以中国为原属国的，与马德里协定有关的商标国际注册的后期指定、放弃、注销，应当通过商标局向国际局申请办理；与马德里协定有关的商标国际注册的转让、删减、变更、续展，可以通过商标局向国际局申请办理，也可以直接向国际局申请办理。

以中国为原属国的，与马德里议定书有关的商标国际注册的后期指定、转让、删减、放弃、注销、变更、续展，可以通过商标局向国际局申请办理，也可以直接向国际局申请办理。

第三十八条 通过商标局向国际局申请商标国际注册及办理其他有关申请的，应当提交符合国际局和商标局要求的申请书和相关材料。

第三十九条 商标国际注册申请指定的商品或者服务不得超出国内基础申请或者基础注册的商品或者服务的范围。

第四十条 商标国际注册申请手续不齐备或者未按照规定填写申请书的，商标局不予受理，申请日不予保留。

申请手续基本齐备或者申请书基本符合规定，但需要补正的，申请人应当自收到补正通知书之日起30日内予以补正，逾期未补正的，商标局不予受理，书面通知申请人。

第四十一条 通过商标局向国际局申请商标国际注册及办理其他有关申请的，应当按照规定缴纳费用。

申请人应当自收到商标局缴费通知单之日起15日内，向商标局缴纳费用。期满未缴纳的，商标局不受理其申请，书面通知申请人。

第四十二条 商标局在马德里协定或者马德里议定书规定的驳回期限（以下简称驳回期限）内，依照商标法和本条例的有关规定对指定中国的领土延伸申请进行审查，作出决定，并通知国际局。商标局在驳回期限内未发出驳回或者部分驳回通知的，该领土延伸申请视为核准。

第四十三条 指定中国的领土延伸申请人，要求将三维标志、颜色组合、声音标志作为商标保护或者要求保护集体商标、证明商标的，自该商标在国际局国际注册簿登记之日起3个月内，应当通过依法设立的商标代理机构，向商标局提交本条例第十三条规定的相关材料。未在上述期限内提交相关材料的，商标局驳回该领土延伸申请。

第四十四条 世界知识产权组织对商标国际注册有关事项进行公告，商标局不再另行公告。

第四十五条 对指定中国的领土延伸申请，自世界知识产权组织《国际商标公告》出版的次月1日起3个月内，符合商标法第三十三条规定条件的异议人可以向商标局提出异议申请。

商标局在驳回期限内将异议申请的有关情况以驳回决定的形式通知国际局。

被异议人可以自收到国际局转发的驳回通知书之日起30日内进行答辩，答辩书及相关证据材料应当通过依法设立的商标代理机构向商标局提交。

第四十六条 在中国获得保护的国际注册商标，有效期自国际注册日或者后期指定日起算。在有效期届满前，注册人可以向国际局申请续展，在有效期内未申请续展的，可以给予6个月的宽展期。商标局收到国际局的续展通知后，依法进行审查。国际局通知未续展的，注销该国际注册商标。

第四十七条 指定中国的领土延伸申请办理转让的，受让人应当在缔约方境内有真实有效的营业所，或者在缔约方境内有住所，或者是缔约方国民。

转让人未将其在相同或者类似商品或者服务上的相同或者近似商标一并转让的，商标局通知注册人自发出通知之日起3个月内改正；期满未改正或者转让容易引起混淆或者有其他不良影响的，商标局作出该转让在中国无效的决定，并向国际局作出声明。

第四十八条 指定中国的领土延伸申请办理删减，删减后的商品或者服务不符合中国有关商品或者服务分类要求或者超出原指定商品或者服务范围的，商标局作出该删减在中国无效的决定，并向国际局作出声明。

第四十九条 依照商标法第四十九条第二款规定申请撤销国际注册商标，应当自该商标国际注册申请的驳回期限届满之日起满3年后向商标局提出申请；驳回期限届满时仍处在驳回复审或者异议相关程序的，应当自商标局或者商标评审委员会作出的准予注册决定生效之日起满3年后向商标局提出申请。

依照商标法第四十四条第一款规定申请宣告国际注册商标无效的，应当自该商标国际注册申请的驳回期限届满后向商标评审委员会提出申请；驳回期限届满时仍处在驳回复审或者异议相关程序的，应当自商标局或者商标评审委员会作出的准予注册决定生效后向商标评审委员会提出申请。

依照商标法第四十五条第一款规定申请宣告国际注册商标无效的，应当自该商标国际注册申请的驳回期限届满之日起5年内向商标评审委员会提出申请；驳回期限届满时仍处在驳回复审或者异议相关程序的，应当自商标局或者商标评审委员会作出的准予注册决定生效之日起5年内向商标评审委员会提出申请。对恶意注册的，驰名商标所有人不受5年的时间限制。

第五十条 商标法和本条例下列条款的规定不适用于办理商标国际注册相关事宜：

（一）商标法第二十八条、第三十五条第一款关于审查和审理期限的规定；

（二）本条例第二十二条、第三十条第二款；

（三）商标法第四十二条及本条例第三十一条关于商标转让由转让人和受让人共同申请并办理手续的规定。

第六章 商标评审

第五十一条 商标评审是指商标评审委员会依照商标法第三十四条、第三十五条、第四十四条、第四十五条、第五十四条的规定审理有关商标争议事宜。当事人向商标评审委员会提出商标评审申请，应当有明确的请求、事实、理由和法律依据，并提供相应证据。

商标评审委员会根据事实，依法进行评审。

第五十二条 商标评审委员会审理不服商标局驳回商标注册申请决定的复审案件，应当针对商标局的驳回决定和申请人申请复审的事实、理由、请求及评审时的事实状态进行审理。

商标评审委员会审理不服商标局驳回商标注册申请决定的复审案件，发现申请注册的商标有违反商标法第十条、第十一条、第十二条和第十六条第一款规定情形，商标局并未依据上述条款作出驳回决定的，可以依据上述条款作出驳回申请的复审决定。商标评审委员会作出复审决定前应当听取申请人的意见。

第五十三条 商标评审委员会审理不服商标局不予注册决定的复审案件，应当针对商标局的不予注册决定和申请人申请复审的事实、理由、请求及原异议人提出的意见进行审理。

商标评审委员会审理不服商标局不予注册决定的复审案件，应当通知原异议人参加并提出意见。原异议人的意见对案件审理结果有实质影响的，可以作为评审的依据；原异议人不参加或者不提出意见的，不影响案件的审理。

第五十四条 商标评审委员会审理依照商标法第四十四条、第四十五条规定请求宣告注册商标无效的案件，应当针对当事人申请和答辩的事实、理由及请求进行审理。

第五十五条 商标评审委员会审理不服商标局依照商标法第四十四条第一款规定作出宣告注册商标无效决定的复审案件，应当针对商标局的决定和申请人申请复审的事实、理由及请求进行审理。

第五十六条 商标评审委员会审理不服商标局依照商标法第四十九条规定作出撤销或者维持注册商标决定的复审案件，应当针对商标局作出撤销或者维持注册商标决定和当事人申请复审时所依据的事实、理由及请求进行审理。

第五十七条 申请商标评审，应当向商标评审委员会提交申请书，并按照对方当事人的数量提交相应份数的副本；基于商标局的决定书申请复审的，还应当同时附送商标局的决定书副本。

商标评审委员会收到申请书后，经审查，符合受理条件的，予以受理；不符合受理条件的，不予受理，书面通知申请人并说明理由；需要补正的，通知申请人自收到通知之日起30日内补正。经补正仍不符合规定的，商标评审委员会不予受理，书面通知申请人并说明理由；

期满未补正的,视为撤回申请,商标评审委员会应当书面通知申请人。

商标评审委员会受理商标评审申请后,发现不符合受理条件的,予以驳回,书面通知申请人并说明理由。

第五十八条 商标评审委员会受理商标评审申请后应当及时将申请书副本送交对方当事人,限其自收到申请书副本之日起 30 日内答辩;期满未答辩的,不影响商标评审委员会的评审。

第五十九条 当事人需要在提出评审申请或者答辩后补充有关证据材料的,应当在申请书或者答辩书中声明,并自提交申请书或者答辩书之日起 3 个月内提交;期满未提交的,视为放弃补充有关证据材料。但是,在期满后生成或者当事人有其他正当理由未能在期满前提交的证据,在期满后提交的,商标评审委员会将证据交对方当事人并质证后可以采信。

第六十条 商标评审委员会根据当事人的请求或者实际需要,可以决定对评审申请进行口头审理。

商标评审委员会决定对评审申请进行口头审理的,应当在口头审理 15 日前书面通知当事人,告知口头审理的日期、地点和评审人员。当事人应当在通知书指定的期限内作出答复。

申请人不答复也不参加口头审理的,其评审申请视为撤回,商标评审委员会应当书面通知申请人;被申请人不答复也不参加口头审理的,商标评审委员会可以缺席评审。

第六十一条 申请人在商标评审委员会作出决定、裁定前,可以书面向商标评审委员会要求撤回申请并说明理由,商标评审委员会认为可以撤回的,评审程序终止。

第六十二条 申请人撤回商标评审申请的,不得以相同的事实和理由再次提出评审申请。商标评审委员会对商标评审申请已经作出裁定或者决定的,任何人不得以相同的事实和理由再次提出评审申请。但是,经不予注册复审程序予以核准注册后向商标评审委员会提起宣告注册商标无效的除外。

第七章 商标使用的管理

第六十三条 使用注册商标,可以在商品、商品包装、说明书或者其他附着物上标明"注册商标"或者注册标记。

注册标记包括㊟和®。使用注册标记,应当标注在商标的右上角或者右下角。

第六十四条 《商标注册证》遗失或者破损的,应当向商标局提交补发《商标注册证》申请书。《商标注册证》遗失的,应当在《商标公告》上刊登遗失声明。破损的《商标注册证》,应当在提交补发申请时交回商标局。

商标注册人需要商标局补发商标变更、转让、续展证明,出具商标注册证明,或者商标申请人需要商标局出具优先权证明文件的,应当向商标局提交相应申请书。符合要求的,商标局发给相应证明;不符合要求的,商标局不予办理,通知申请人并告知理由。

伪造或者变造《商标注册证》或者其他商标证明文件的,依照刑法关于伪造、变造国家机关证件罪或者其他罪的规定,依法追究刑事责任。

第六十五条 有商标法第四十九条规定的注册商标成为其核定使用的商品通用名称情形的,任何单位或者个人可以向商标局申请撤销该注册商标,提交申请时应当附送证据材料。商标局受理后应当通知商标注册人,限其自收到通知之日起 2 个月内答辩;期满未答辩的,不影响商标局作出决定。

第六十六条 有商标法第四十九条规定的注册商标无正当理由连续 3 年不使用情形的,任何单位或者个人可以向商标局申请撤销该注册商标,提交申请时应当说明有关情况。商标局受理后应当通知商标注册人,限其自收到通知之日起 2 个月内提交该商标在撤销申请提出前使用的证据材料或者说明不使用的正当理由;期满未提供使用的证据材料或者证据材料无效并没有正当理由的,由商标局撤销其注册商标。

前款所称使用的证据材料,包括商标注册人使用注册商标的证据材料和商标注册人许可他人使用注册商标的证据材料。

以无正当理由连续3年不使用为由申请撤销注册商标的,应当自该注册商标注册公告之日起满3年后提出申请。

第六十七条 下列情形属于商标法第四十九条规定的正当理由:
(一)不可抗力;
(二)政府政策性限制;
(三)破产清算;
(四)其他不可归责于商标注册人的正当事由。

第六十八条 商标局、商标评审委员会撤销注册商标或者宣告注册商标无效,撤销或者宣告无效的理由仅及于部分指定商品的,对在该部分指定商品上使用的商标注册予以撤销或者宣告无效。

第六十九条 许可他人使用其注册商标的,许可人应当在许可合同有效期内向商标局备案并报送备案材料。备案材料应当说明注册商标使用许可人、被许可人、许可期限、许可使用的商品或者服务范围等事项。

第七十条 以注册商标专用权出质的,出质人与质权人应当签订书面质权合同,并共同向商标局提出质权登记申请,由商标局公告。

第七十一条 违反商标法第四十三条第二款规定的,由工商行政管理部门责令限期改正;逾期不改正的,责令停止销售,拒不停止销售的,处10万元以下的罚款。

第七十二条 商标持有人依照商标法第十三条规定请求驰名商标保护的,可以向工商行政管理部门提出请求。经商标局依照商标法第十四条规定认定为驰名商标的,由工商行政管理部门责令停止违反商标法第十三条规定使用商标的行为,收缴、销毁违法使用的商标标识;商标标识与商品难以分离的,一并收缴、销毁。

第七十三条 商标注册人申请注销其注册商标或者注销其商标在部分指定商品上的注册的,应当向商标局提交商标注销申请书,并交回原《商标注册证》。

商标注册人申请注销其注册商标或者注销其商标在部分指定商品上的注册的,经商标局核准注销的,该注册商标专用权或者该注册商标专用权在该部分指定商品上的效力自商标局收到其注销申请之日起终止。

第七十四条 注册商标被撤销或者依照本条例第七十三条的规定被注销的,原《商标注册证》作废,并予以公告;撤销该商标在部分指定商品上的注册的,或者商标注册人申请注销其商标在部分指定商品上的注册的,重新核发《商标注册证》,并予以公告。

第八章 注册商标专用权的保护

第七十五条 为侵犯他人商标专用权提供仓储、运输、邮寄、印制、隐匿、经营场所、网络商品交易平台等,属于商标法第五十七条第六项规定的提供便利条件。

第七十六条 在同一种商品或者类似商品上将与他人注册商标相同或者近似的标志作为商品名称或者商品装潢使用,误导公众的,属于商标法第五十七条第二项规定的侵犯注册商标专用权的行为。

第七十七条 对侵犯注册商标专用权的行为,任何人可以向工商行政管理部门投诉或者举报。

第七十八条 计算商标法第六十条规定的违法经营额,可以考虑下列因素:
(一)侵权商品的销售价格;

（二）未销售侵权商品的标价；
（三）已查清侵权商品实际销售的平均价格；
（四）被侵权商品的市场中间价格；
（五）侵权人因侵权所产生的营业收入；
（六）其他能够合理计算侵权商品价值的因素。

第七十九条　下列情形属于商标法第六十条规定的能证明该商品是自己合法取得的情形：
（一）有供货单位合法签章的供货清单和货款收据且经查证属实或者供货单位认可的；
（二）有供销双方签订的进货合同且经证实已真实履行的；
（三）有合法进货发票且发票记载事项与涉案商品对应的；
（四）其他能够证明合法取得涉案商品的情形。

第八十条　销售不知道是侵犯注册商标专用权的商品，能证明该商品是自己合法取得并说明提供者的，由工商行政管理部门责令停止销售，并将案件情况通报侵权商品提供者所在地工商行政管理部门。

第八十一条　涉案注册商标权属正在商标局、商标评审委员会审理或者人民法院诉讼中，案件结果可能影响案件定性的，属于商标法第六十二条第三款规定的商标权属存在争议。

第八十二条　在查处商标侵权案件过程中，工商行政管理部门可以要求权利人对涉案商品是否为权利人生产或者其许可生产的产品进行辨认。

第九章　商标代理

第八十三条　商标法所称商标代理，是指接受委托人的委托，以委托人的名义办理商标注册申请、商标评审或者其他商标事宜。

第八十四条　商标法所称商标代理机构，包括经工商行政管理部门登记从事商标代理业务的服务机构和从事商标代理业务的律师事务所。

商标代理机构从事商标局、商标评审委员会主管的商标事宜代理业务的，应当按照下列规定向商标局备案：
（一）交验工商行政管理部门的登记证明文件或者司法行政部门批准设立律师事务所的证明文件并留存复印件；
（二）报送商标代理机构的名称、住所、负责人、联系方式等基本信息；
（三）报送商标代理从业人员名单及联系方式。

工商行政管理部门应当建立商标代理机构信用档案。商标代理机构违反商标法或者本条例规定的，由商标局或者商标评审委员会予以公开通报，并记入其信用档案。

第八十五条　商标法所称商标代理从业人员，是指在商标代理机构中从事商标代理业务的工作人员。

商标代理从业人员不得以个人名义自行接受委托。

第八十六条　商标代理机构向商标局、商标评审委员会提交的有关申请文件，应当加盖该代理机构公章并由相关商标代理从业人员签字。

第八十七条　商标代理机构申请注册或者受让其代理服务以外的其他商标，商标局不予受理。

第八十八条　下列行为属于商标法第六十八条第一款第二项规定的以其他不正当手段扰乱商标代理市场秩序的行为：
（一）以欺诈、虚假宣传、引人误解或者商业贿赂等方式招徕业务的；
（二）隐瞒事实，提供虚假证据，或者威胁、诱导他人隐瞒事实，提供虚假证据的；
（三）在同一商标案件中接受有利益冲突的双方当事人委托的。

第八十九条　商标代理机构有商标法第六十八条规定行为的，由行为人所在地或者违法行为发生地县级以上工商行政管理部门进行查处并将查处情况通报商标局。

第九十条 商标局、商标评审委员会依照商标法第六十八条规定停止受理商标代理机构办理商标代理业务的，可以作出停止受理该商标代理机构商标代理业务6个月以上直至永久停止受理的决定。停止受理商标代理业务的期间届满，商标局、商标评审委员会应当恢复受理。

商标局、商标评审委员会作出停止受理或者恢复受理商标代理的决定应当在其网站予以公告。

第九十一条 工商行政管理部门应当加强对商标代理行业组织的监督和指导。

第十章 附 则

第九十二条 连续使用至1993年7月1日的服务商标，与他人在相同或者类似的服务上已注册的服务商标相同或者近似的，可以继续使用；但是，1993年7月1日后中断使用3年以上的，不得继续使用。

已连续使用至商标局首次受理新放开商品或者服务项目之日的商标，与他人在新放开商品或者服务项目相同或者类似的商品或者服务上已注册的商标相同或者近似的，可以继续使用；但是，首次受理之日后中断使用3年以上的，不得继续使用。

第九十三条 商标注册用商品和服务分类表，由商标局制定并公布。

申请商标注册或者办理其他商标事宜的文件格式，由商标局、商标评审委员会制定并公布。

商标评审委员会的评审规则由国务院工商行政管理部门制定并公布。

第九十四条 商标局设置《商标注册簿》，记载注册商标及有关注册事项。

第九十五条 《商标注册证》及相关证明是权利人享有注册商标专用权的凭证。《商标注册证》记载的注册事项，应当与《商标注册簿》一致；记载不一致的，除有证据证明《商标注册簿》确有错误外，以《商标注册簿》为准。

第九十六条 商标局发布《商标公告》，刊发商标注册及其他有关事项。

《商标公告》采用纸质或者电子形式发布。

除送达公告外，公告内容自发布之日起视为社会公众已经知道或者应当知道。

第九十七条 申请商标注册或者办理其他商标事宜，应当缴纳费用。缴纳费用的项目和标准，由国务院财政部门、国务院价格主管部门分别制定。

第九十八条 本条例自2014年5月1日起施行。

中华人民共和国专利法

（主席令第11号）

（1984年3月12日第六届全国人民代表大会常务委员会第四次会议通过；根据1992年9月4日第七届全国人民代表大会常务委员会第二十七次会议《关于修改〈中华人民共和国专利法〉的决定》第一次修正，根据2000年8月25日第九届全国人民代表大会常务委员会第十七次会议《关于修改〈中华人民共和国专利法〉的决定》第二次修正，根据2008年12月27日第十一届全国人民代表大会常务委员会第六次会议《关于修改〈中华人民共和国专利法〉的决定》第三次修正；现行版本自2009年10月1日起施行；法规类型为法律）

第一章 总 则

第一条 为了保护专利权人的合法权益，鼓励发明创造，推动发明创造的应用，提高创新能力，促进科学技术进步和经济社会发展，制定本法。

第二条 本法所称的发明创造是指发明、实用新型和外观设计。

发明，是指对产品、方法或者其改进所提出的新的技术方案。

实用新型，是指对产品的形状、构造或者其结合所提出的适于实用的新的技术方案。

外观设计，是指对产品的形状、图案或者其结合以及色彩与形状、图案的结合所作出的富有美感并适于工业应用的新设计。

第三条 国务院专利行政部门负责管理全国的专利工作；统一受理和审查专利申请，依法授予专利权。

省、自治区、直辖市人民政府管理专利工作的部门负责本行政区域内的专利管理工作。

第四条 申请专利的发明创造涉及国家安全或者重大利益需要保密的，按照国家有关规定办理。

第五条 对违反法律、社会公德或者妨害公共利益的发明创造，不授予专利权。

对违反法律、行政法规的规定获取或者利用遗传资源，并依赖该遗传资源完成的发明创造，不授予专利权。

第六条 执行本单位的任务或者主要是利用本单位的物质技术条件所完成的发明创造为职务发明创造。职务发明创造申请专利的权利属于该单位；申请被批准后，该单位为专利权人。

非职务发明创造，申请专利的权利属于发明人或者设计人；申请被批准后，该发明人或者设计人为专利权人。

利用本单位的物质技术条件所完成的发明创造，单位与发明人或者设计人订有合同，对申请专利的权利和专利权的归属作出约定的，从其约定。

第七条 对发明人或者设计人的非职务发明创造专利申请，任何单位或者个人不得压制。

第八条 两个以上单位或者个人合作完成的发明创造、一个单位或者个人接受其他单位或者个人委托所完成的发明创造，除另有协议的以外，申请专利的权利属于完成或者共同完成的单位或者个人；申请被批准后，申请的单位或者个人为专利权人。

第九条 同样的发明创造只能授予一项专利权。但是，同一申请人同日对同样的发明创造既申请实用新型专利又申请发明专利，先获得的实用新型专利权尚未终止，且申请人声明放弃该实用新型专利权的，可以授予发明专利权。

两个以上的申请人分别就同样的发明创造申请专利的，专利权授予最先申请的人。

第十条 专利申请权和专利权可以转让。

中国单位或者个人向外国人、外国企业或者外国其他组织转让专利申请权或者专利权的，应当依照有关法律、行政法规的规定办理手续。

转让专利申请权或者专利权的，当事人应当订立书面合同，并向国务院专利行政部门登记，由国务院专利行政部门予以公告。专利申请权或者专利权的转让自登记之日起生效。

第十一条 发明和实用新型专利权被授予后，除本法另有规定的以外，任何单位或者个人未经专利权人许可，都不得实施其专利，即不得为生产经营目的制造、使用、许诺销售、销售、进口其专利产品，或者使用其专利方法以及使用、许诺销售、销售、进口依照该专利方法直接获得的产品。

外观设计专利权被授予后，任何单位或者个人未经专利权人许可，都不得实施其专利，即不得为生产经营目的制造、许诺销售、销售、进口其外观设计专利产品。

第十二条 任何单位或者个人实施他人专利的，应当与专利权人订立实施许可合同，向专利权人支付专利使用费。被许可人无权允许合同规定以外的任何单位或者个人实施该专利。

第十三条 发明专利申请公布后，申请人可以要求实施其发明的单位或者个人支付适当的费用。

第十四条 国有企业事业单位的发明专利,对国家利益或者公共利益具有重大意义的,国务院有关主管部门和省、自治区、直辖市人民政府报经国务院批准,可以决定在批准的范围内推广应用,允许指定的单位实施,由实施单位按照国家规定向专利权人支付使用费。

第十五条 专利申请权或者专利权的共有人对权利的行使有约定的,从其约定。没有约定的,共有人可以单独实施或者以普通许可方式许可他人实施该专利;许可他人实施该专利的,收取的使用费应当在共有人之间分配。

除前款规定的情形外,行使共有的专利申请权或者专利权应当取得全体共有人的同意。

第十六条 被授予专利权的单位应当对职务发明创造的发明人或者设计人给予奖励;发明创造专利实施后,根据其推广应用的范围和取得的经济效益,对发明人或者设计人给予合理的报酬。

第十七条 发明人或者设计人有权在专利文件中写明自己是发明人或者设计人。

专利权人有权在其专利产品或者该产品的包装上标明专利标识。

第十八条 在中国没有经常居所或者营业所的外国人、外国企业或者外国其他组织在中国申请专利的,依照其所属国同中国签订的协议或者共同参加的国际条约,或者依照互惠原则,根据本法办理。

第十九条 在中国没有经常居所或者营业所的外国人、外国企业或者外国其他组织在中国申请专利和办理其他专利事务的,应当委托依法设立的专利代理机构办理。

中国单位或者个人在国内申请专利和办理其他专利事务的,可以委托依法设立的专利代理机构办理。

专利代理机构应当遵守法律、行政法规,按照被代理人的委托办理专利申请或者其他专利事务;对被代理人发明创造的内容,除专利申请已经公布或者公告的以外,负有保密责任。专利代理机构的具体管理办法由国务院规定。

第二十条 任何单位或者个人将在中国完成的发明或者实用新型向外国申请专利的,应当事先报经国务院专利行政部门进行保密审查。保密审查的程序、期限等按照国务院的规定执行。

中国单位或者个人可以根据中华人民共和国参加的有关国际条约提出专利国际申请。申请人提出专利国际申请的,应当遵守前款规定。

国务院专利行政部门依照中华人民共和国参加的有关国际条约、本法和国务院有关规定处理专利国际申请。

对违反本条第一款规定向外国申请专利的发明或者实用新型,在中国申请专利的,不授予专利权。

第二十一条 国务院专利行政部门及其专利复审委员会应当按照客观、公正、准确、及时的要求,依法处理有关专利的申请和请求。

国务院专利行政部门应当完整、准确、及时发布专利信息,定期出版专利公报。

在专利申请公布或者公告前,国务院专利行政部门的工作人员及有关人员对其内容负有保密责任。

第二章 授予专利权的条件

第二十二条 授予专利权的发明和实用新型,应当具备新颖性、创造性和实用性。

新颖性,是指该发明或者实用新型不属于现有技术;也没有任何单位或者个人就同样的发明或者实用新型在申请日以前向国务院专利行政部门提出过申请,并记载在申请日以后公布的专利申请文件或者公告的专利文件中。

创造性,是指与现有技术相比,该发明具有突出的实质性特点和显著的进步,该实用新型具有实质性特点和进步。

实用性,是指该发明或者实用新型能够制造或者使用,并且能够产生积极效果。

本法所称现有技术,是指申请日以前在国内外为公众所知的技术。

第二十三条 授予专利权的外观设计,应当不属于现有设计;也没有任何单位或者个人就同样的外观设计在申请日以前向国务院专利行政部门提出过申请,并记载在申请日以后公告的专利文件中。

授予专利权的外观设计与现有设计或者现有设计特征的组合相比,应当具有明显区别。

授予专利权的外观设计不得与他人在申请日以前已经取得的合法权利相冲突。

本法所称现有设计,是指申请日以前在国内外为公众所知的设计。

第二十四条 申请专利的发明创造在申请日以前六个月内,有下列情形之一的,不丧失新颖性:

(一)在中国政府主办或者承认的国际展览会上首次展出的;

(二)在规定的学术会议或者技术会议上首次发表的;

(三)他人未经申请人同意而泄露其内容的。

第二十五条 对下列各项,不授予专利权:

(一)科学发现;

(二)智力活动的规则和方法;

(三)疾病的诊断和治疗方法;

(四)动物和植物品种;

(五)用原子核变换方法获得的物质;

(六)对平面印刷品的图案、色彩或者二者的结合作出的主要起标识作用的设计。

对前款第(四)项所列产品的生产方法,可以依照本法规定授予专利权。

第三章 专利的申请

第二十六条 申请发明或者实用新型专利的,应当提交请求书、说明书及其摘要和权利要求书等文件。

请求书应当写明发明或者实用新型的名称、发明人的姓名,申请人姓名或者名称、地址,以及其他事项。

说明书应当对发明或者实用新型作出清楚、完整的说明,以所属技术领域的技术人员能够实现为准;必要的时候,应当有附图。摘要应当简要说明发明或者实用新型的技术要点。

权利要求书应当以说明书为依据,清楚、简要地限定要求专利保护的范围。

依赖遗传资源完成的发明创造,申请人应当在专利申请文件中说明该遗传资源的直接来源和原始来源;申请人无法说明原始来源的,应当陈述理由。

第二十七条 申请外观设计专利的,应当提交请求书、该外观设计的图片或者照片以及对该外观设计的简要说明等文件。

申请人提交的有关图片或者照片应当清楚地显示要求专利保护的产品的外观设计。

第二十八条 国务院专利行政部门收到专利申请文件之日为申请日。如果申请文件是邮寄的,以寄出的邮戳日为申请日。

第二十九条 申请人自发明或者实用新型在外国第一次提出专利申请之日起十二个月内,或者自外观设计在外国第一次提出专利申请之日起六个月内,又在中国就相同主题提出专利申请的,依照该外国同中国签订的协议或者共同参加的国际条约,或者依照相互承认优先权的原则,可以享有优先权。

申请人自发明或者实用新型在中国第一次提出专利申请之日起十二个月内,又向国务院专利行政部门就相同主题提出专利申请的，可以享有优先权。

第三十条 申请人要求优先权的，应当在申请的时候提出书面声明，并且在三个月内提交第一次提出的专利申请文件的副本；未提出书面声明或者逾期未提交专利申请文件副本的，视为未要求优先权。

第三十一条 一件发明或者实用新型专利申请应当限于一项发明或者实用新型。属于一个总的发明构思的两项以上的发明或者实用新型，可以作为一件申请提出。

一件外观设计专利申请应当限于一项外观设计。同一产品两项以上的相似外观设计，或者用于同一类别并且成套出售或者使用的产品的两项以上外观设计，可以作为一件申请提出。

第三十二条 申请人可以在被授予专利权之前随时撤回其专利申请。

第三十三条 申请人可以对其专利申请文件进行修改，但是，对发明和实用新型专利申请文件的修改不得超出原说明书和权利要求书记载的范围，对外观设计专利申请文件的修改不得超出原图片或者照片表示的范围。

第四章 专利申请的审查和批准

第三十四条 国务院专利行政部门收到发明专利申请后，经初步审查认为符合本法要求的，自申请日起满十八个月，即行公布。国务院专利行政部门可以根据申请人的请求早日公布其申请。

第三十五条 发明专利申请自申请日起三年内，国务院专利行政部门可以根据申请人随时提出的请求，对其申请进行实质审查；申请人无正当理由逾期不请求实质审查的，该申请即被视为撤回。

国务院专利行政部门认为必要的时候，可以自行对发明专利申请进行实质审查。

第三十六条 发明专利的申请人请求实质审查的时候，应当提交在申请日前与其发明有关的参考资料。

发明专利已经在外国提出过申请的，国务院专利行政部门可以要求申请人在指定期限内提交该国为审查其申请进行检索的资料或者审查结果的资料；无正当理由逾期不提交的，该申请即被视为撤回。

第三十七条 国务院专利行政部门对发明专利申请进行实质审查后，认为不符合本法规定的，应当通知申请人，要求其在指定的期限内陈述意见，或者对其申请进行修改；无正当理由逾期不答复的，该申请即被视为撤回。

第三十八条 发明专利申请经申请人陈述意见或者进行修改后，国务院专利行政部门仍然认为不符合本法规定的，应当予以驳回。

第三十九条 发明专利申请经实质审查没有发现驳回理由的，由国务院专利行政部门作出授予发明专利权的决定，发给发明专利证书，同时予以登记和公告。发明专利权自公告之日起生效。

第四十条 实用新型和外观设计专利申请经初步审查没有发现驳回理由的，由国务院专利行政部门作出授予实用新型专利权或者外观设计专利权的决定，发给相应的专利证书，同时予以登记和公告。实用新型专利权和外观设计专利权自公告之日起生效。

第四十一条 国务院专利行政部门设立专利复审委员会。专利申请人对国务院专利行政部门驳回申请的决定不服的，可以自收到通知之日起三个月内，向专利复审委员会请求复审。专利复审委员会复审后，作出决定，并通知专利申请人。

专利申请人对专利复审委员会的复审决定不服的，可以自收到通知之日起三个月内向人民法院起诉。

第五章 专利权的期限、终止和无效

第四十二条 发明专利权的期限为二十年,实用新型专利权和外观设计专利权的期限为十年,均自申请日起计算。

第四十三条 专利权人应当自被授予专利权的当年开始缴纳年费。

第四十四条 有下列情形之一的,专利权在期限届满前终止:

(一)没有按照规定缴纳年费的;

(二)专利权人以书面声明放弃其专利权的。

专利权在期限届满前终止的,由国务院专利行政部门登记和公告。

第四十五条 自国务院专利行政部门公告授予专利权之日起,任何单位或者个人认为该专利权的授予不符合本法有关规定的,可以请求专利复审委员会宣告该专利权无效。

第四十六条 专利复审委员会对宣告专利权无效的请求应当及时审查和作出决定,并通知请求人和专利权人。宣告专利权无效的决定,由国务院专利行政部门登记和公告。

对专利复审委员会宣告专利权无效或者维持专利权的决定不服的,可以自收到通知之日起三个月内向人民法院起诉。人民法院应当通知无效宣告请求程序的对方当事人作为第三人参加诉讼。

第四十七条 宣告无效的专利权视为自始即不存在。

宣告专利权无效的决定,对在宣告专利权无效前人民法院作出并已执行的专利侵权的判决、调解书,已经履行或者强制执行的专利侵权纠纷处理决定,以及已经履行的专利实施许可合同和专利权转让合同,不具有追溯力。但是因专利权人的恶意给他人造成的损失,应当给予赔偿。

依照前款规定不返还专利侵权赔偿金、专利使用费、专利权转让费,明显违反公平原则的,应当全部或者部分返还。

第六章 专利实施的强制许可

第四十八条 有下列情形之一的,国务院专利行政部门根据具备实施条件的单位或者个人的申请,可以给予实施发明专利或者实用新型专利的强制许可:

(一)专利权人自专利权被授予之日起满三年,且自提出专利申请之日起满四年,无正当理由未实施或者未充分实施其专利的;

(二)专利权人行使专利权的行为被依法认定为垄断行为,为消除或者减少该行为对竞争产生的不利影响的。

第四十九条 在国家出现紧急状态或者非常情况时,或者为了公共利益的目的,国务院专利行政部门可以给予实施发明专利或者实用新型专利的强制许可。

第五十条 为了公共健康目的,对取得专利权的药品,国务院专利行政部门可以给予制造并将其出口到符合中华人民共和国参加的有关国际条约规定的国家或者地区的强制许可。

第五十一条 一项取得专利权的发明或者实用新型比前已经取得专利权的发明或者实用新型具有显著经济意义的重大技术进步,其实施又有赖于前一发明或者实用新型的实施的,国务院专利行政部门根据后一专利权人的申请,可以给予实施前一发明或者实用新型的强制许可。

在依照前款规定给予实施强制许可的情形下,国务院专利行政部门根据前一专利权人的申请,也可以给予实施后一发明或者实用新型的强制许可。

第五十二条 强制许可涉及的发明创造为半导体技术的,其实施限于公共利益的目的和本法第四十八条第(二)项规定的情形。

第五十三条 除依照本法第四十八条第(二)项、第五十条规定给予的强制许可外,强制许可的实施应当主要为了供应国内市场。

第五十四条 依照本法第四十八条第（一）项、第五十一条规定申请强制许可的单位或者个人应当提供证据，证明其以合理的条件请求专利权人许可其实施专利，但未能在合理的时间内获得许可。

第五十五条 国务院专利行政部门作出的给予实施强制许可的决定，应当及时通知专利权人，并予以登记和公告。

给予实施强制许可的决定，应当根据强制许可的理由规定实施的范围和时间。强制许可的理由消除并不再发生时，国务院专利行政部门应根据专利权人的请求，经审查后作出终止实施强制许可的决定。

第五十六条 取得实施强制许可的单位或者个人不享有独占的实施权，并且无权允许他人实施。

第五十七条 取得实施强制许可的单位或者个人应当付给专利权人合理的使用费，或者依照中华人民共和国参加的有关国际条约的规定处理使用费问题。付给使用费的，其数额由双方协商；双方不能达成协议的，由国务院专利行政部门裁决。

第五十八条 专利权人对国务院专利行政部门关于实施强制许可的决定不服的，专利权人和取得实施强制许可的单位或者个人对国务院专利行政部门关于实施强制许可的使用费的裁决不服的，可以自收到通知之日起三个月内向人民法院起诉。

第七章 专利权的保护

第五十九条 发明或者实用新型专利权的保护范围以其权利要求的内容为准，说明书及附图可以用于解释权利要求的内容。

外观设计专利权的保护范围以表示在图片或者照片中的该产品的外观设计为准，简要说明可以用于解释图片或者照片所表示的该产品的外观设计。

第六十条 未经专利权人许可，实施其专利，即侵犯其专利权，引起纠纷的，由当事人协商解决；不愿协商或者协商不成的，专利权人或者利害关系人可以向人民法院起诉，也可以请求管理专利工作的部门处理。管理专利工作的部门处理时，认定侵权行为成立的，可以责令侵权人立即停止侵权行为，当事人不服的，可以自收到处理通知之日起十五日内依照《中华人民共和国行政诉讼法》向人民法院起诉；侵权人期满不起诉又不停止侵权行为的，管理专利工作的部门可以申请人民法院强制执行。进行处理的管理专利工作的部门应当事人的请求，可以就侵犯专利权的赔偿数额进行调解；调解不成的，当事人可以依照《中华人民共和国民事诉讼法》向人民法院起诉。

第六十一条 专利侵权纠纷涉及新产品制造方法的发明专利的，制造同样产品的单位或者个人应当提供其产品制造方法不同于专利方法的证明。

专利侵权纠纷涉及实用新型专利或者外观设计专利的，人民法院或者管理专利工作的部门可以要求专利权人或者利害关系人出具由国务院专利行政部门对相关实用新型或者外观设计进行检索、分析和评价后作出的专利权评价报告，作为审理、处理专利侵权纠纷的证据。

第六十二条 在专利侵权纠纷中，被控侵权人有证据证明其实施的技术或者设计属于现有技术或者现有设计的，不构成侵犯专利权。

第六十三条 假冒专利的，除依法承担民事责任外，由管理专利工作的部门责令改正并予公告，没收违法所得，可以并处违法所得四倍以下的罚款；没有违法所得的，可以处二十万元以下的罚款；构成犯罪的，依法追究刑事责任。

第六十四条 管理专利工作的部门根据已经取得的证据，对涉嫌假冒专利行为进行查处时，可以询问有关当事人，调查与涉嫌违法行为有关的情况；对当事人涉嫌违法行为的场所实施现场检查；查阅、复制与涉嫌违法行为有关的合同、发票、账簿以及其他有关资料；检查与涉嫌违法行为有关的产品，对有证据证明是假冒专利的产品，可以查封或者扣押。

管理专利工作的部门依法行使前款规定的职权时，当事人应当予以协助、配合，不得拒绝、阻挠。

第六十五条 侵犯专利权的赔偿数额按照权利人因被侵权所受到的实际损失确定；实际损失难以确定的，可以按照侵权人因侵权所获得的利益确定。权利人的损失或者侵权人获得的利益难以确定的，参照该专利许可使用费的倍数合理确定。赔偿数额还应当包括权利人为制止侵权行为所支付的合理开支。

权利人的损失、侵权人获得的利益和专利许可使用费均难以确定的，人民法院可以根据专利权的类型、侵权行为的性质和情节等因素，确定给予一万元以上一百万元以下的赔偿。

第六十六条 专利权人或者利害关系人有证据证明他人正在实施或者即将实施侵犯专利权的行为，如不及时制止将会使其合法权益受到难以弥补的损害的，可以在起诉前向人民法院申请采取责令停止有关行为的措施。

申请人提出申请时，应当提供担保；不提供担保的，驳回申请。

人民法院应当自接受申请之时起四十八小时内作出裁定；有特殊情况需要延长的，可以延长四十八小时。裁定责令停止有关行为的，应当立即执行。当事人对裁定不服的，可以申请复议一次；复议期间不停止裁定的执行。

申请人自人民法院采取责令停止有关行为的措施之日起十五日内不起诉的，人民法院应当解除该措施。

申请有错误的，申请人应当赔偿被申请人因停止有关行为所遭受的损失。

第六十七条 为了制止专利侵权行为，在证据可能灭失或者以后难以取得的情况下，专利权人或者利害关系人可以在起诉前向人民法院申请保全证据。

人民法院采取保全措施，可以责令申请人提供担保；申请人不提供担保的，驳回申请。

人民法院应当自接受申请之时起四十八小时内作出裁定；裁定采取保全措施的，应当立即执行。

申请人自人民法院采取保全措施之日起十五日内不起诉的，人民法院应当解除该措施。

第六十八条 侵犯专利权的诉讼时效为二年，自专利权人或者利害关系人得知或者应当得知侵权行为之日起计算。

发明专利申请公布后至专利权授予前使用该发明未支付适当使用费的，专利权人要求支付使用费的诉讼时效为二年，自专利权人得知或者应当得知他人使用其发明之日起计算，但是，专利权人于专利权授予之日前即已得知或者应当得知的，自专利权授予之日起计算。

第六十九条 有下列情形之一的，不视为侵犯专利权：

（一）专利产品或者依照专利方法直接获得的产品，由专利权人或者经其许可的单位、个人售出后，使用、许诺销售、销售、进口该产品的；

（二）在专利申请日前已经制造相同产品、使用相同方法或者已经作好制造、使用的必要准备，并且仅在原有范围内继续制造、使用的；

（三）临时通过中国领陆、领水、领空的外国运输工具，依照其所属国同中国签订的协议或者共同参加的国际条约，或者依照互惠原则，为运输工具自身需要而在其装置和设备中使用有关专利的；

（四）专为科学研究和实验而使用有关专利的；

（五）为提供行政审批所需要的信息，制造、使用、进口专利药品或者专利医疗器械的，以及专门为其制造、进口专利药品或者专利医疗器械的。

第七十条 为生产经营目的使用、许诺销售或者销售不知道是未经专利权人许可而制造并售出的专利侵权产品,能证明该产品合法来源的,不承担赔偿责任。

第七十一条 违反本法第二十条规定向外国申请专利,泄露国家秘密的,由所在单位或者上级主管机关给予行政处分;构成犯罪的,依法追究刑事责任。

第七十二条 侵夺发明人或者设计人的非职务发明创造专利申请权和本法规定的其他权益的,由所在单位或者上级主管机关给予行政处分。

第七十三条 管理专利工作的部门不得参与向社会推荐专利产品等经营活动。

管理专利工作的部门违反前款规定的,由其上级机关或者监察机关责令改正,消除影响,有违法收入的予以没收;情节严重的,对直接负责的主管人员和其他直接责任人员依法给予行政处分。

第七十四条 从事专利管理工作的国家机关工作人员以及其他有关国家机关工作人员玩忽职守、滥用职权、徇私舞弊,构成犯罪的,依法追究刑事责任;尚不构成犯罪的,依法给予行政处分。

第八章 附 则

第七十五条 向国务院专利行政部门申请专利和办理其他手续,应当按照规定缴纳费用。

第七十六条 本法自 1985 年 4 月 1 日起施行。

中华人民共和国专利法实施细则

(国务院令第 306 号)

(2001 年 6 月 15 日由国务院发布;根据 2002 年 12 月 28 日国务院令第 368 号《国务院关于修改〈中华人民共和国专利法实施细则〉的决定》第一次修订,根据 2010 年 1 月 9 日国务院令第 569 号《国务院关于修改〈中华人民共和国专利法实施细则〉的决定》第二次修订;现行版本自 2010 年 2 月 1 日起施行;法规类型为行政法规)

第一章 总 则

第一条 根据《中华人民共和国专利法》(以下简称专利法),制定本细则。

第二条 专利法和本细则规定的各种手续,应当以书面形式或者国务院专利行政部门规定的其他形式办理。

第三条 依照专利法和本细则规定提交的各种文件应当使用中文;国家有统一规定的科技术语的,应当采用规范词;外国人名、地名和科技术语没有统一中文译文的,应当注明原文。

依照专利法和本细则规定提交的各种证件和证明文件是外文的,国务院专利行政部门认为必要时,可以要求当事人在指定期限内附送中文译文;期满未附送的,视为未提交该证件和证明文件。

第四条 向国务院专利行政部门邮寄的各种文件,以寄出的邮戳日为递交日;邮戳日不清晰的,除当事人能够提出证明外,以国务院专利行政部门收到日为递交日。

国务院专利行政部门的各种文件,可以通过邮寄、直接送交或者其他方式送达当事人。当事人委托专利代理机构的,文件送交专利代理机构;未委托专利代理机构的,文件送交请求书中指明的联系人。

国务院专利行政部门邮寄的各种文件,自文件发出之日起满 15 日,推定为当事人收到文件之日。

根据国务院专利行政部门规定应当直接送交的文件,以交付日为送达日。

文件送交地址不清,无法邮寄的,可以通过公告的方式送达当事人。自公告之日起满 1 个月,该文件视为已经送达。

第五条 专利法和本细则规定的各种期限的第一日不计算在期限内。期限以年或者月计算的,以其最后一月的相应日为期限届满日;该月无相应日的,以该月最后一日为期限届满日;期限届满日是法定休假日的,以休假日后的第一个工作日为期限届满日。

第六条 当事人因不可抗拒的事由而延误专利法或者本细则规定的期限或者国务院专利行政部门指定的期限,导致其权利丧失的,自障碍消除之日起 2 个月内,最迟自期限届满之日起 2 年内,可以向国务院专利行政部门请求恢复权利。

除前款规定的情形外,当事人因其他正当理由延误专利法或者本细则规定的期限或者国务院专利行政部门指定的期限,导致其权利丧失的,可以自收到国务院专利行政部门的通知之日起 2 个月内向国务院专利行政部门请求恢复权利。

当事人依照本条第一款或者第二款的规定请求恢复权利的,应当提交恢复权利请求书,说明理由,必要时附具有关证明文件,并办理权利丧失前应当办理的相应手续;依照本条第二款的规定请求恢复权利的,还应当缴纳恢复权利请求费。

当事人请求延长国务院专利行政部门指定的期限的,应当在期限届满前,向国务院专利行政部门说明理由并办理有关手续。

本条第一款和第二款的规定不适用专利法第二十四条、第二十九条、第四十二条、第六十八条规定的期限。

第七条 专利申请涉及国防利益需要保密的,由国防专利机构受理并进行审查;国务院专利行政部门受理的专利申请涉及国防利益需要保密的,应当及时移交国防专利机构进行审查。经国防专利机构审查没有发现驳回理由的,由国务院专利行政部门作出授予国防专利权的决定。

国务院专利行政部门认为其受理的发明或者实用新型专利申请涉及国防利益以外的国家安全或者重大利益需要保密的,应当及时作出按照保密专利申请处理的决定,并通知申请人。保密专利申请的审查、复审以及保密专利权无效宣告的特殊程序,由国务院专利行政部门规定。

第八条 专利法第二十条所称在中国完成的发明或者实用新型,是指技术方案的实质性内容在中国境内完成的发明或者实用新型。

任何单位或者个人将在中国完成的发明或者实用新型向外国申请专利的,应当按照下列方式之一请求国务院专利行政部门进行保密审查:

(一)直接向外国申请专利或者向有关国外机构提交专利国际申请的,应当事先向国务院专利行政部门提出请求,并详细说明其技术方案;

(二)向国务院专利行政部门申请专利后拟向外国申请专利或者向有关国外机构提交专利国际申请的,应当在向外国申请专利或者向有关国外机构提交专利国际申请前向国务院专利行政部门提出请求。

向国务院专利行政部门提交专利国际申请的,视为同时提出了保密审查请求。

第九条 国务院专利行政部门收到依照本细则第八条规定递交的请求后,经过审查认为该发明或者实用新型可能涉及国家安全或者重大利益需要保密的,应当及时向申请人发出保密审查通知;申请人未在其请求递交日起 4 个月内收到保密审查通知的,可以就该发明或者实用新型向外国申请专利或者向有关国外机构提交专利国际申请。

国务院专利行政部门依照前款规定通知进行保密审查的,应当及时作出是否需要保密的决定,并通知申请人。申请人未在其请求递交日起6个月内收到需要保密的决定的,可以就该发明或者实用新型向外国申请专利或者向有关国外机构提交专利国际申请。

第十条 专利法第五条所称违反法律的发明创造,不包括仅其实施为法律所禁止的发明创造。

第十一条 除专利法第二十八条和第四十二条规定的情形外,专利法所称申请日,有优先权的,指优先权日。

本细则所称申请日,除另有规定的外,是指专利法第二十八条规定的申请日。

第十二条 专利法第六条所称执行本单位的任务所完成的职务发明创造,是指:

（一）在本职工作中作出的发明创造;

（二）履行本单位交付的本职工作之外的任务所作出的发明创造;

（三）退休、调离原单位后或者劳动、人事关系终止后1年内作出的,与其在原单位承担的本职工作或者原单位分配的任务有关的发明创造。

专利法第六条所称本单位,包括临时工作单位;专利法第六条所称本单位的物质技术条件,是指本单位的资金、设备、零部件、原材料或者不对外公开的技术资料等。

第十三条 专利法所称发明人或者设计人,是指对发明创造的实质性特点作出创造性贡献的人。在完成发明创造过程中,只负责组织工作的人、为物质技术条件的利用提供方便的人或者从事其他辅助工作的人,不是发明人或者设计人。

第十四条 除依照专利法第十条规定转让专利权外,专利权因其他事由发生转移的,当事人应当凭有关证明文件或者法律文书向国务院专利行政部门办理专利权转移手续。

专利权人与他人订立的专利实施许可合同,应当自合同生效之日起3个月内向国务院专利行政部门备案。

以专利权出质的,由出质人和质权人共同向国务院专利行政部门办理出质登记。

第二章 专利的申请

第十五条 以书面形式申请专利的,应当向国务院专利行政部门提交申请文件一式两份。

以国务院专利行政部门规定的其他形式申请专利的,应当符合规定的要求。

申请人委托专利代理机构向国务院专利行政部门申请专利和办理其他专利事务的,应当同时提交委托书,写明委托权限。

申请人有2人以上且未委托专利代理机构的,除请求书中另有声明的外,以请求书中指明的第一申请人为代表人。

第十六条 发明、实用新型或者外观设计专利申请的请求书应当写明下列事项:

（一）发明、实用新型或者外观设计的名称;

（二）申请人是中国单位或者个人的,其名称或者姓名、地址、邮政编码、组织机构代码或者居民身份证件号码;申请人是外国人、外国企业或者外国其他组织的,其姓名或者名称、国籍或者注册的国家或者地区;

（三）发明人或者设计人的姓名;

（四）申请人委托专利代理机构的,受托机构的名称、机构代码以及该机构指定的专利代理人的姓名、执业证号码、联系电话;

（五）要求优先权的,申请人第一次提出专利申请（以下简称在先申请）的申请日、申请号以及原受理机构的名称;

（六）申请人或者专利代理机构的签字或者盖章;

（七）申请文件清单;

（八）附加文件清单;

（九）其他需要写明的有关事项。

第十七条 发明或者实用新型专利申请的说明书应当写明发明或者实用新型的名称，该名称应当与请求书中的名称一致。说明书应当包括下列内容：

（一）技术领域：写明要求保护的技术方案所属的技术领域；

（二）背景技术：写明对发明或者实用新型的理解、检索、审查有用的背景技术；有可能的，并引证反映这些背景技术的文件；

（三）发明内容：写明发明或者实用新型所要解决的技术问题以及解决其技术问题采用的技术方案，并对照现有技术写明发明或者实用新型的有益效果；

（四）附图说明：说明书有附图的，对各幅附图作简略说明；

（五）具体实施方式：详细写明申请人认为实现发明或者实用新型的优选方式；必要时，举例说明；有附图的，对照附图。

发明或者实用新型专利申请人应当按照前款规定的方式和顺序撰写说明书，并在说明书每一部分前面写明标题，除非其发明或者实用新型的性质用其他方式或者顺序撰写能节约说明书的篇幅并使他人能够准确理解其发明或者实用新型。

发明或者实用新型说明书应当用词规范、语句清楚，并不得使用"如权利要求……所述的……"一类的引用语，也不得使用商业性宣传用语。

发明专利申请包含一个或者多个核苷酸或者氨基酸序列的，说明书应当包括符合国务院专利行政部门规定的序列表。申请人应当将该序列表作为说明书的一个单独部分提交，并按照国务院专利行政部门的规定提交该序列表的计算机可读形式的副本。

实用新型专利申请说明书应当有表示要求保护的产品的形状、构造或者其结合的附图。

第十八条 发明或者实用新型的几幅附图应当按照"图1，图2，……"顺序编号排列。

发明或者实用新型说明书文字部分中未提及的附图标记不得在附图中出现，附图中未出现的附图标记不得在说明书文字部分中提及。申请文件中表示同一组成部分的附图标记应当一致。

附图中除必需的词语外，不应当含有其他注释。

第十九条 权利要求书应当记载发明或者实用新型的技术特征。

权利要求书有几项权利要求的，应当用阿拉伯数字顺序编号。

权利要求书中使用的科技术语应当与说明书中使用的科技术语一致，可以有化学式或者数学式，但是不得有插图。除绝对必要的外，不得使用"如说明书……部分所述"或者"如图……所示"的用语。

权利要求中的技术特征可以引用说明书附图中相应的标记，该标记应当放在相应的技术特征后并置于括号内，便于理解权利要求。附图标记不得解释为对权利要求的限制。

第二十条 权利要求书应当有独立权利要求，也可以有从属权利要求。

独立权利要求应当从整体上反映发明或者实用新型的技术方案，记载解决技术问题的必要技术特征。

从属权利要求应当用附加的技术特征，对引用的权利要求作进一步限定。

第二十一条 发明或者实用新型的独立权利要求应当包括前序部分和特征部分，按照下列规定撰写：

（一）前序部分：写明要求保护的发明或者实用新型技术方案的主题名称和发明或者实用新型主题与最接近的现有技术共有的必要技术特征；

（二）特征部分：使用"其特征是……"或者类似的用语，写明发明或者实用新型区别于最接近的现有技术的技术特征。这些特征和前序部分写明的特征合在一起，限定发明或者实用新型要求保护的范围。

发明或者实用新型的性质不适于用前款方式表达的，独立权利要求可以用其他方式撰写。

一项发明或者实用新型应当只有一个独立权利要求，并写在同一发明或者实用新型的从属权利要求之前。

第二十二条 发明或者实用新型的从属权利要求应当包括引用部分和限定部分，按照下列规定撰写：

（一）引用部分：写明引用的权利要求的编号及其主题名称；

（二）限定部分：写明发明或者实用新型附加的技术特征。

从属权利要求只能引用在前的权利要求。引用两项以上权利要求的多项从属权利要求，只能以择一方式引用在前的权利要求，并不得作为另一项多项从属权利要求的基础。

第二十三条 说明书摘要应当写明发明或者实用新型专利申请所公开内容的概要，即写明发明或者实用新型的名称和所属技术领域，并清楚地反映所要解决的技术问题、解决该问题的技术方案的要点以及主要用途。

说明书摘要可以包含最能说明发明的化学式；有附图的专利申请，还应当提供一幅最能说明该发明或者实用新型技术特征的附图。附图的大小及清晰度应当保证在该图缩小到4厘米×6厘米时，仍能清晰地分辨出图中的各个细节。摘要文字部分不得超过300个字。摘要中不得使用商业性宣传用语。

第二十四条 申请专利的发明涉及新的生物材料，该生物材料公众不能得到，并且对该生物材料的说明不足以使所属领域的技术人员实施其发明的，除应当符合专利法和本细则的有关规定外，申请人还应当办理下列手续：

（一）在申请日前或者最迟在申请日（有优先权的，指优先权日），将该生物材料的样品提交国务院专利行政部门认可的保藏单位保藏，并在申请时或者最迟自申请日起4个月内提交保藏单位出具的保藏证明和存活证明；期满未提交证明的，该样品视为未提交保藏；

（二）在申请文件中，提供有关该生物材料特征的资料；

（三）涉及生物材料样品保藏的专利申请应当在请求书和说明书中写明该生物材料的分类命名（注明拉丁文名称）、保藏该生物材料样品的单位名称、地址、保藏日期和保藏编号；申请时未写明的，应当自申请日起4个月内补正；期满未补正的，视为未提交保藏。

第二十五条 发明专利申请人依照本细则第二十四条的规定保藏生物材料样品的，在发明专利申请公布后，任何单位或者个人需要将该专利申请所涉及的生物材料作为实验目的使用的，应当向国务院专利行政部门提出请求，并写明下列事项：

（一）请求人的姓名或者名称和地址；

（二）不向其他任何人提供该生物材料的保证；

（三）在授予专利权前，只作为实验目的使用的保证。

第二十六条 专利法所称遗传资源，是指取自人体、动物、植物或者微生物等含有遗传功能单位并具有实际或者潜在价值的材料；专利法所称依赖遗传资源完成的发明创造，是指利用了遗传资源的遗传功能完成的发明创造。

就依赖遗传资源完成的发明创造申请专利的，申请人应当在请求书中予以说明，并填写国务院专利行政部门制定的表格。

第二十七条 申请人请求保护色彩的，应当提交彩色图片或者照片。

申请人应当就每件外观设计产品所需要保护的内容提交有关图片或者照片。

第二十八条 外观设计的简要说明应当写明外观设计产品的名称、用途，外观设计的设计要点，并指定一幅最能表明设计要点的图片或者照片。省略视图或者请求保护色彩的，应当在简要说明中写明。

对同一产品的多项相似外观设计提出一件外观设计专利申请的，应当在简要说明中指定其中一项作为基本设计。

简要说明不得使用商业性宣传用语，也不能用来说明产品的性能。

第二十九条　国务院专利行政部门认为必要时，可以要求外观设计专利申请人提交使用外观设计的产品样品或者模型。样品或者模型的体积不得超过30厘米×30厘米×30厘米，重量不得超过15公斤。易腐、易损或者危险品不得作为样品或者模型提交。

第三十条　专利法第二十四条第（一）项所称中国政府承认的国际展览会，是指国际展览会公约规定的在国际展览局注册或者由其认可的国际展览会。

专利法第二十四条第（二）项所称学术会议或者技术会议，是指国务院有关主管部门或者全国性学术团体组织召开的学术会议或者技术会议。

申请专利的发明创造有专利法第二十四条第（一）项或者第（二）项所列情形的，申请人应当在提出专利申请时声明，并自申请日起2个月内提交有关国际展览会或者学术会议、技术会议的组织单位出具的有关发明创造已经展出或者发表，以及展出或者发表日期的证明文件。

申请专利的发明创造有专利法第二十四条第（三）项所列情形的，国务院专利行政部门认为必要时，可以要求申请人在指定期限内提交证明文件。

申请人未依照本条第三款的规定提出声明和提交证明文件的，或者未依照本条第四款的规定在指定期限内提交证明文件的，其申请不适用专利法第二十四条的规定。

第三十一条　申请人依照专利法第三十条的规定要求外国优先权的，申请人提交的在先申请文件副本应当经原受理机构证明。依照国务院专利行政部门与该受理机构签订的协议，国务院专利行政部门通过电子交换等途径获得在先申请文件副本的，视为申请人提交了经该受理机构证明的在先申请文件副本。要求本国优先权，申请人在请求书中写明在先申请的申请日和申请号的，视为提交了在先申请文件副本。

要求优先权，但请求书中漏写或者错写在先申请的申请日、申请号和原受理机构名称中的一项或者两项内容的，国务院专利行政部门应当通知申请人在指定期限内补正；期满未补正的，视为未要求优先权。

要求优先权的申请人的姓名或者名称与在先申请文件副本中记载的申请人姓名或者名称不一致的，应当提交优先权转让证明材料，未提交该证明材料的，视为未要求优先权。

外观设计专利申请的申请人要求外国优先权，其在先申请未包括对外观设计的简要说明，申请人按照本细则第二十八条规定提交的简要说明未超出在先申请文件的图片或者照片表示的范围的，不影响其享有优先权。

第三十二条　申请人在一件专利申请中，可以要求一项或者多项优先权；要求多项优先权的，该申请的优先权期限从最早的优先权日起计算。

申请人要求本国优先权，在先申请是发明专利申请的，可以就相同主题提出发明或者实用新型专利申请；在先申请是实用新型专利申请的，可以就相同主题提出实用新型或者发明专利申请。但是，提出后一申请时，在先申请的主题有下列情形之一的，不得作为要求本国优先权的基础：

（一）已经要求外国优先权或者本国优先权的；

（二）已经被授予专利权的；

（三）属于按照规定提出的分案申请的。

申请人要求本国优先权的，其在先申请自后一申请提出之日起即视为撤回。

第三十三条　在中国没有经常居所或者营业所的申请人，申请专利或者要求外国优先权的，国务院专利行政部门认为必要时，可以要求其提供下列文件：

（一）申请人是个人的，其国籍证明；

（二）申请人是企业或者其他组织的，其注册的国家或者地区的证明文件；

（三）申请人的所属国，承认中国单位和个人可以按照该国国民的同等条件，在该国享有专利权、优先权和其他与专利有关的权利的证明文件。

第三十四条 依照专利法第三十一条第一款规定，可以作为一件专利申请提出的属于一个总的发明构思的两项以上的发明或者实用新型，应当在技术上相互关联，包含一个或者多个相同或者相应的特定技术特征，其中特定技术特征是指每一项发明或者实用新型作为整体，对现有技术作出贡献的技术特征。

第三十五条 依照专利法第三十一条第二款规定，将同一产品的多项相似外观设计作为一件申请提出的，对该产品的其他设计应当与简要说明中指定的基本设计相似。一件外观设计专利申请中的相似外观设计不得超过10项。

专利法第三十一条第二款所称同一类别并且成套出售或者使用的产品的两项以上外观设计，是指各产品属于分类表中同一大类，习惯上同时出售或者同时使用，而且各产品的外观设计具有相同的设计构思。

将两项以上外观设计作为一件申请提出的，应当将各项外观设计的顺序编号标注在每件外观设计产品各幅图片或者照片的名称之前。

第三十六条 申请人撤回专利申请的，应当向国务院专利行政部门提出声明，写明发明创造的名称、申请号和申请日。

撤回专利申请的声明在国务院专利行政部门作好公布专利申请文件的印刷准备工作后提出的，申请文件仍予公布；但是，撤回专利申请的声明应当在以后出版的专利公报上予以公告。

第三章 专利申请的审查和批准

第三十七条 在初步审查、实质审查、复审和无效宣告程序中，实施审查和审理的人员有下列情形之一的，应当自行回避，当事人或者其他利害关系人可以要求其回避：

（一）是当事人或者其代理人的近亲属的；

（二）与专利申请或者专利权有利害关系的；

（三）与当事人或者其代理人有其他关系，可能影响公正审查和审理的；

（四）专利复审委员会成员曾参与原申请的审查的。

第三十八条 国务院专利行政部门收到发明或者实用新型专利申请的请求书、说明书（实用新型必须包括附图）和权利要求书，或者外观设计专利申请的请求书、外观设计的图片或者照片和简要说明后，应当明确申请日、给予申请号，并通知申请人。

第三十九条 专利申请文件有下列情形之一的，国务院专利行政部门不予受理，并通知申请人：

（一）发明或者实用新型专利申请缺少请求书、说明书（实用新型无附图）或者权利要求书的，或者外观设计专利申请缺少请求书、图片或者照片、简要说明的；

（二）未使用中文的；

（三）不符合本细则第一百二十一条第一款规定的；

（四）请求书中缺少申请人姓名或者名称，或者缺少地址的；

（五）明显不符合专利法第十八条或者第十九条第一款的规定的；

（六）专利申请类别（发明、实用新型或者外观设计）不明确或者难以确定的。

第四十条 说明书中写有对附图的说明但无附图或者缺少部分附图的，申请人应当在国务院专利行政部门指定的期限内补交附图或者声明取消对附图的说明。申请人补交附图的，以向国务院专利行政部门提交或者邮寄附图之日为申请日；取消对附图的说明的，保留原申请日。

第四十一条 两个以上的申请人同日（指申请日；有优先权的，指优先权日）分别就同样的发明创造申请专利的,应当在收到国务院专利行政部门的通知后自行协商确定申请人。

同一申请人在同日（指申请日）对同样的发明创造既申请实用新型专利又申请发明专利的,应当在申请时分别说明对同样的发明创造已申请了另一专利;未作说明的,依照专利法第九条第一款关于同样的发明创造只能授予一项专利权的规定处理。

国务院专利行政部门公告授予实用新型专利权,应当公告申请人已依照本条第二款的规定同时申请了发明专利的说明。

发明专利申请经审查没有发现驳回理由,国务院专利行政部门应当通知申请人在规定期限内声明放弃实用新型专利权。申请人声明放弃的,国务院专利行政部门应当作出授予发明专利权的决定,并在公告授予发明专利权时一并公告申请人放弃实用新型专利权声明。申请人不同意放弃的,国务院专利行政部门应当驳回该发明专利申请;申请人期满未答复的,视为撤回该发明专利申请。

实用新型专利权自公告授予发明专利权之日起终止。

第四十二条 一件专利申请包括两项以上发明、实用新型或者外观设计的,申请人可以在本细则第五十四条第一款规定的期限届满前,向国务院专利行政部门提出分案申请;但是,专利申请已经被驳回、撤回或者视为撤回的,不能提出分案申请。

国务院专利行政部门认为一件专利申请不符合专利法第三十一条和本细则第三十四条或者第三十五条的规定的,应当通知申请人在指定期限内对其申请进行修改;申请人期满未答复的,该申请视为撤回。

分案的申请不得改变原申请的类别。

第四十三条 依照本细则第四十二条规定提出的分案申请,可以保留原申请日,享有优先权的,可以保留优先权日,但是不得超出原申请记载的范围。

分案申请应当依照专利法及本细则的规定办理有关手续。

分案申请的请求书中应当写明原申请的申请号和申请日。提交分案申请时,申请人应当提交原申请文件副本;原申请享有优先权的,并应当提交原申请的优先权文件副本。

第四十四条 专利法第三十四条和第四十条所称初步审查,是指审查专利申请是否具备专利法第二十六条或者第二十七条规定的文件和其他必要的文件,这些文件是否符合规定的格式,并审查下列各项:

（一）发明专利申请是否明显属于专利法第五条、第二十五条规定的情形,是否不符合专利法第十八条、第十九条第一款、第二十条第一款或者本细则第十六条、第二十六条第二款的规定,是否明显不符合专利法第二条第二款、第二十六条第五款、第三十一条第一款、第三十三条或者本细则第十七条至第二十一条的规定;

（二）实用新型专利申请是否明显属于专利法第五条、第二十五条规定的情形,是否不符合专利法第十八条、第十九条第一款、第二十条第一款或者本细则第十六条至第十九条、第二十一条至第二十三条的规定,是否明显不符合专利法第二条第三款、第二十二条第二款、第四款、第二十六条第三款、第四款、第三十一条第一款、第三十三条或者本细则第二十条、第四十三条第一款的规定,是否依照专利法第九条规定不能取得专利权;

（三）外观设计专利申请是否明显属于专利法第五条、第二十五条第一款第（六）项规定的情形,是否不符合专利法第十八条、第十九条第一款或者本细则第十六条、第二十七条、第二十八条的规定,是否明显不符合专利法第二条第四款、第二十三条第一款、第二十七条第二款、第三十一条第二款、第三十三条或者本细则第四十三条第一款的规定,是否依照专利法第九条规定不能取得专利权;

（四）申请文件是否符合本细则第二条、第三条第一款的规定。

国务院专利行政部门应当将审查意见通知申请人,要求其在指定期限内陈述意见或者补正；申请人期满未答复的，其申请视为撤回。申请人陈述意见或者补正后，国务院专利行政部门仍然认为不符合前款所列各项规定的，应当予以驳回。

第四十五条 除专利申请文件外，申请人向国务院专利行政部门提交的与专利申请有关的其他文件有下列情形之一的，视为未提交：

（一）未使用规定的格式或者填写不符合规定的；

（二）未按照规定提交证明材料的。

国务院专利行政部门应当将视为未提交的审查意见通知申请人。

第四十六条 申请人请求早日公布其发明专利申请的，应当向国务院专利行政部门声明。国务院专利行政部门对该申请进行初步审查后，除予以驳回的外，应当立即将申请予以公布。

第四十七条 申请人写明使用外观设计的产品及其所属类别的，应当使用国务院专利行政部门公布的外观设计产品分类表。未写明使用外观设计的产品所属类别或者所写的类别不确切的，国务院专利行政部门可以予以补充或者修改。

第四十八条 自发明专利申请公布之日起至公告授予专利权之日止，任何人均可以对不符合专利法规定的专利申请向国务院专利行政部门提出意见，并说明理由。

第四十九条 发明专利申请人因有正当理由无法提交专利法第三十六条规定的检索资料或者审查结果资料的，应当向国务院专利行政部门声明，并在得到有关资料后补交。

第五十条 国务院专利行政部门依照专利法第三十五条第二款的规定对专利申请自行进行审查时，应当通知申请人。

第五十一条 发明专利申请人在提出实质审查请求时以及在收到国务院专利行政部门发出的发明专利申请进入实质审查阶段通知书之日起的3个月内，可以对发明专利申请主动提出修改。

实用新型或者外观设计专利申请人自申请日起2个月内，可以对实用新型或者外观设计专利申请主动提出修改。

申请人在收到国务院专利行政部门发出的审查意见通知书后对专利申请文件进行修改的，应当针对通知书指出的缺陷进行修改。

国务院专利行政部门可以自行修改专利申请文件中文字和符号的明显错误。国务院专利行政部门自行修改的，应当通知申请人。

第五十二条 发明或者实用新型专利申请的说明书或者权利要求书的修改部分，除个别文字修改或者增删外，应当按照规定格式提交替换页。外观设计专利申请的图片或者照片的修改，应当按照规定提交替换页。

第五十三条 依照专利法第三十八条的规定，发明专利申请经实质审查应当予以驳回的情形是指：

（一）申请属于专利法第五条、第二十五条规定的情形，或者依照专利法第九条规定不能取得专利权的；

（二）申请不符合专利法第二条第二款、第二十条第一款、第二十二条、第二十六条第三款、第四款、第五款、第三十一条第一款或者本细则第二十条第二款规定的；

（三）申请的修改不符合专利法第三十三条规定，或者分案的申请不符合本细则第四十三条第一款的规定。

第五十四条 国务院专利行政部门发出授予专利权的通知后，申请人应当自收到通知之日起2个月内办理登记手续。申请人按期办理登记手续的，国务院专利行政部门应当授予专利权，颁发专利证书，并予以公告。

期满未办理登记手续的，视为放弃取得专利权的权利。

第五十五条 保密专利申请经审查没有发现驳回理由的，国务院专利行政部门应当作出授予保密专利权的决定，颁发保密专利证书，登记保密专利权的有关事项。

第五十六条 授予实用新型或者外观设计专利权的决定公告后，专利法第六十条规定的专利权人或者利害关系人可以请求国务院专利行政部门作出专利权评价报告。

请求作出专利权评价报告的，应当提交专利权评价报告请求书，写明专利号。每项请求应当限于一项专利权。

专利权评价报告请求书不符合规定的，国务院专利行政部门应当通知请求人在指定期限内补正；请求人期满未补正的，视为未提出请求。

第五十七条 国务院专利行政部门应当自收到专利权评价报告请求书后2个月内作出专利权评价报告。对同一项实用新型或者外观设计专利权，有多个请求人请求作出专利权评价报告的，国务院专利行政部门仅作出一份专利权评价报告。任何单位或者个人可以查阅或者复制该专利权评价报告。

第五十八条 国务院专利行政部门对专利公告、专利单行本中出现的错误，一经发现，应当及时更正，并对所作更正予以公告。

第四章 专利申请的复审与专利权的无效宣告

第五十九条 专利复审委员会由国务院专利行政部门指定的技术专家和法律专家组成，主任委员由国务院专利行政部门负责人兼任。

第六十条 依照专利法第四十一条的规定向专利复审委员会请求复审的，应当提交复审请求书，说明理由，必要时还应当附具有关证据。

复审请求不符合专利法第十九条第一款或者第四十一条第一款规定的，专利复审委员会不予受理，书面通知复审请求人并说明理由。

复审请求书不符合规定格式的，复审请求人应当在专利复审委员会指定的期限内补正；期满未补正的，该复审请求视为未提出。

第六十一条 请求人在提出复审请求或者在对专利复审委员会的复审通知书作出答复时，可以修改专利申请文件；但是，修改应当仅限于消除驳回决定或者复审通知书指出的缺陷。

修改的专利申请文件应当提交一式两份。

第六十二条 专利复审委员会应当将受理的复审请求书转交国务院专利行政部门原审查部门进行审查。原审查部门根据复审请求人的请求，同意撤销原决定的，专利复审委员会应当据此作出复审决定，并通知复审请求人。

第六十三条 专利复审委员会进行复审后，认为复审请求不符合专利法和本细则有关规定的，应当通知复审请求人，要求其在指定期限内陈述意见。期满未答复的，该复审请求视为撤回；经陈述意见或者进行修改后，专利复审委员会认为仍不符合专利法和本细则有关规定的，应当作出维持原驳回决定的复审决定。

专利复审委员会进行复审后，认为原驳回决定不符合专利法和本细则有关规定的，或者认为经过修改的专利申请文件消除了原驳回决定指出的缺陷的，应当撤销原驳回决定，由原审查部门继续进行审查程序。

第六十四条 复审请求人在专利复审委员会作出决定前，可以撤回其复审请求。

复审请求人在专利复审委员会作出决定前撤回其复审请求的，复审程序终止。

第六十五条 依照专利法第四十五条的规定，请求宣告专利权无效或者部分无效的，应当向专利复审委员会提交专利权无效宣告请求书和必要的证据一式两份。无效宣告请求书应当结合提交的所有证据，具体说明无效宣告请求的理由，并指明每项理由所依据的证据。

前款所称无效宣告请求的理由，是指被授予专利的发明创造不符合专利法第二条、第二十条第一款、第二十二条、第二十三条、第二十六条第三款、第四款、第二十七条第二款、第三十三条或者本细则第二十条第二款、第四十三条第一款的规定,或者属于专利法第五条、第二十五条的规定,或者依照专利法第九条规定不能取得专利权。

第六十六条　专利权无效宣告请求不符合专利法第十九条第一款或者本细则第六十五条规定的,专利复审委员会不予受理。

在专利复审委员会就无效宣告请求作出决定之后,又以同样的理由和证据请求无效宣告的,专利复审委员会不予受理。

以不符合专利法第二十三条第三款的规定为理由请求宣告外观设计专利权无效,但是未提交证明权利冲突的证据的,专利复审委员会不予受理。

专利权无效宣告请求书不符合规定格式的,无效宣告请求人应当在专利复审委员会指定的期限内补正;期满未补正的,该无效宣告请求视为未提出。

第六十七条　在专利复审委员会受理无效宣告请求后,请求人可以在提出无效宣告请求之日起1个月内增加理由或者补充证据。逾期增加理由或者补充证据的,专利复审委员会可以不予考虑。

第六十八条　专利复审委员会应当将专利权无效宣告请求书和有关文件的副本送交专利权人,要求其在指定的期限内陈述意见。

专利权人和无效宣告请求人应当在指定期限内答复专利复审委员会发出的转送文件通知书或者无效宣告请求审查通知书;期满未答复的,不影响专利复审委员会审理。

第六十九条　在无效宣告请求的审查过程中,发明或者实用新型专利的专利权人可以修改其权利要求书,但是不得扩大原专利的保护范围。

发明或者实用新型专利的专利权人不得修改专利说明书和附图,外观设计专利的专利权人不得修改图片、照片和简要说明。

第七十条　专利复审委员会根据当事人的请求或者案情需要,可以决定对无效宣告请求进行口头审理。

专利复审委员会决定对无效宣告请求进行口头审理的,应当向当事人发出口头审理通知书,告知举行口头审理的日期和地点。当事人应当在通知书指定的期限内作出答复。

无效宣告请求人对专利复审委员会发出的口头审理通知书在指定的期限内未作答复,并且不参加口头审理的,其无效宣告请求视为撤回;专利权人不参加口头审理的,可以缺席审理。

第七十一条　在无效宣告请求审查程序中,专利复审委员会指定的期限不得延长。

第七十二条　专利复审委员会对无效宣告的请求作出决定前,无效宣告请求人可以撤回其请求。

专利复审委员会作出决定之前,无效宣告请求人撤回其请求或者其无效宣告请求被视为撤回的,无效宣告请求审查程序终止。但是,专利复审委员会认为根据已进行的审查工作能够作出宣告专利权无效或者部分无效的决定的,不终止审查程序。

第五章　专利实施的强制许可

第七十三条　专利法第四十八条第(一)项所称未充分实施其专利,是指专利权人及其被许可人实施其专利的方式或者规模不能满足国内对专利产品或者专利方法的需求。

专利法第五十条所称取得专利权的药品,是指解决公共健康问题所需的医药领域中的任何专利产品或者依照专利方法直接获得的产品,包括取得专利权的制造该产品所需的活性成分以及使用该产品所需的诊断用品。

第七十四条　请求给予强制许可的,应当向国务院专利行政部门提交强制许可请求书,说明理由并附具有关证明文件。

国务院专利行政部门应当将强制许可请求书的副本送交专利权人,专利权人应当在国务院专利行政部门指定的期限内陈述意见；期满未答复的，不影响国务院专利行政部门作出决定。

国务院专利行政部门在作出驳回强制许可请求的决定或者给予强制许可的决定前，应当通知请求人和专利权人拟作出的决定及其理由。

国务院专利行政部门依照专利法第五十条的规定作出给予强制许可的决定，应当同时符合中国缔结或者参加的有关国际条约关于为了解决公共健康问题而给予强制许可的规定，但中国作出保留的除外。

第七十五条 依照专利法第五十七条的规定，请求国务院专利行政部门裁决使用费数额的，当事人应当提出裁决请求书，并附具双方不能达成协议的证明文件。国务院专利行政部门应当自收到请求书之日起3个月内作出裁决，并通知当事人。

第六章 对职务发明创造的发明人或者设计人的奖励和报酬

第七十六条 被授予专利权的单位可以与发明人、设计人约定或者在其依法制定的规章制度中规定专利法第十六条规定的奖励、报酬的方式和数额。

企业、事业单位给予发明人或者设计人的奖励、报酬，按照国家有关财务、会计制度的规定进行处理。

第七十七条 被授予专利权的单位未与发明人、设计人约定也未在其依法制定的规章制度中规定专利法第十六条规定的奖励的方式和数额的，应当自专利权公告之日起3个月内发给发明人或者设计人奖金。一项发明专利的奖金最低不少于3000元；一项实用新型专利或者外观设计专利的奖金最低不少于1000元。

由于发明人或者设计人的建议被其所属单位采纳而完成的发明创造，被授予专利权的单位应当从优发给奖金。

第七十八条 被授予专利权的单位未与发明人、设计人约定也未在其依法制定的规章制度中规定专利法第十六条规定的报酬的方式和数额的，在专利权有效期限内，实施发明创造专利后，每年应当从实施该项发明或者实用新型专利的营业利润中提取不低于2%或者从实施该项外观设计专利的营业利润中提取不低于0.2%，作为报酬给予发明人或者设计人，或者参照上述比例，给予发明人或者设计人一次性报酬；被授予专利权的单位许可其他单位或者个人实施其专利的，应当从收取的使用费中提取不低于10%，作为报酬给予发明人或者设计人。

第七章 专利权的保护

第七十九条 专利法和本细则所称管理专利工作的部门，是指由省、自治区、直辖市人民政府以及专利管理工作量大又有实际处理能力的设区的市人民政府设立的管理专利工作的部门。

第八十条 国务院专利行政部门应当对管理专利工作的部门处理专利侵权纠纷、查处假冒专利行为、调解专利纠纷进行业务指导。

第八十一条 当事人请求处理专利侵权纠纷或者调解专利纠纷的，由被请求人所在地或者侵权行为地的管理专利工作的部门管辖。

两个以上管理专利工作的部门都有管辖权的专利纠纷，当事人可以向其中一个管理专利工作的部门提出请求；当事人向两个以上有管辖权的管理专利工作的部门提出请求的，由最先受理的管理专利工作的部门管辖。

管理专利工作的部门对管辖权发生争议的，由其共同的上级人民政府管理专利工作的部门指定管辖；无共同上级人民政府管理专利工作的部门的，由国务院专利行政部门指定管辖。

第八十二条 在处理专利侵权纠纷过程中，被请求人提出无效宣告请求并被专利复审委员会受理的，可以请求管理专利工作的部门中止处理。

管理专利工作的部门认为被请求人提出的中止理由明显不能成立的，可以不中止处理。

第八十三条 专利权人依照专利法第十七条的规定，在其专利产品或者该产品的包装上标明专利标识的，应当按照国务院专利行政部门规定的方式予以标明。

专利标识不符合前款规定的，由管理专利工作的部门责令改正。

第八十四条 下列行为属于专利法第六十三条规定的假冒专利的行为：

（一）在未被授予专利权的产品或者其包装上标注专利标识，专利权被宣告无效后或者终止后继续在产品或者其包装上标注专利标识，或者未经许可在产品或者产品包装上标注他人的专利号；

（二）销售第（一）项所述产品；

（三）在产品说明书等材料中将未被授予专利权的技术或者设计称为专利技术或者专利设计，将专利申请称为专利，或者未经许可使用他人的专利号，使公众将所涉及的技术或者设计误认为是专利技术或者专利设计；

（四）伪造或者变造专利证书、专利文件或者专利申请文件；

（五）其他使公众混淆，将未被授予专利权的技术或者设计误认为是专利技术或者专利设计的行为。

专利权终止前依法在专利产品、依照专利方法直接获得的产品或者其包装上标注专利标识，在专利权终止后许诺销售、销售该产品的，不属于假冒专利行为。

销售不知道是假冒专利的产品，并且能够证明该产品合法来源的，由管理专利工作的部门责令停止销售，但免除罚款的处罚。

第八十五条 除专利法第六十条规定的外，管理专利工作的部门应当事人请求，可以对下列专利纠纷进行调解：

（一）专利申请权和专利权归属纠纷；

（二）发明人、设计人资格纠纷；

（三）职务发明创造的发明人、设计人的奖励和报酬纠纷；

（四）在发明专利申请公布后专利权授予前使用发明而未支付适当费用的纠纷；

（五）其他专利纠纷。

对于前款第（四）项所列的纠纷，当事人请求管理专利工作的部门调解的，应当在专利权被授予之后提出。

第八十六条 当事人因专利申请权或者专利权的归属发生纠纷，已请求管理专利工作的部门调解或者向人民法院起诉的，可以请求国务院专利行政部门中止有关程序。

依照前款规定请求中止有关程序的，应当向国务院专利行政部门提交请求书，并附具管理专利工作的部门或者人民法院的写明申请号或者专利号的有关受理文件副本。

管理专利工作的部门作出的调解书或者人民法院作出的判决生效后，当事人应当向国务院专利行政部门办理恢复有关程序的手续。自请求中止之日起1年内，有关专利申请权或者专利权归属的纠纷未能结案，需要继续中止有关程序的，请求人应当在该期限内请求延长中止。期满未请求延长的，国务院专利行政部门自行恢复有关程序。

第八十七条 人民法院在审理民事案件中裁定对专利申请权或者专利权采取保全措施的，国务院专利行政部门应当在收到写明申请号或者专利号的裁定书和协助执行通知书之日中止被保全的专利申请权或者专利权的有关程序。保全期限届满，人民法院没有裁定继续采取保全措施的，国务院专利行政部门自行恢复有关程序。

第八十八条 国务院专利行政部门根据本细则第八十六条和第八十七条规定中止有关程序，是指暂停专利申请的初步审查、实质审查、复审程序，授予专利权程序和专利权无效宣告程序；暂停办理放弃、变更、转移专利权或者专利申请权手续，专利权质押手续以及专利权期限届满前的终止手续等。

第八章　专利登记和专利公报

第八十九条　国务院专利行政部门设置专利登记簿，登记下列与专利申请和专利权有关的事项：

（一）专利权的授予；

（二）专利申请权、专利权的转移；

（三）专利权的质押、保全及其解除；

（四）专利实施许可合同的备案；

（五）专利权的无效宣告；

（六）专利权的终止；

（七）专利权的恢复；

（八）专利实施的强制许可；

（九）专利权人的姓名或者名称、国籍和地址的变更。

第九十条　国务院专利行政部门定期出版专利公报，公布或者公告下列内容：

（一）发明专利申请的著录事项和说明书摘要；

（二）发明专利申请的实质审查请求和国务院专利行政部门对发明专利申请自行进行实质审查的决定；

（三）发明专利申请公布后的驳回、撤回、视为撤回、视为放弃、恢复和转移；

（四）专利权的授予以及专利权的著录事项；

（五）发明或者实用新型专利的说明书摘要，外观设计专利的一幅图片或者照片；

（六）国防专利、保密专利的解密；

（七）专利权的无效宣告；

（八）专利权的终止、恢复；

（九）专利权的转移；

（十）专利实施许可合同的备案；

（十一）专利权的质押、保全及其解除；

（十二）专利实施的强制许可的给予；

（十三）专利权人的姓名或者名称、地址的变更；

（十四）文件的公告送达；

（十五）国务院专利行政部门作出的更正；

（十六）其他有关事项。

第九十一条　国务院专利行政部门应当提供专利公报、发明专利申请单行本以及发明专利、实用新型专利、外观设计专利单行本，供公众免费查阅。

第九十二条　国务院专利行政部门负责按照互惠原则与其他国家、地区的专利机关或者区域性专利组织交换专利文献。

第九章　费　用

第九十三条　向国务院专利行政部门申请专利和办理其他手续时，应当缴纳下列费用：

（一）申请费、申请附加费、公布印刷费、优先权要求费；

（二）发明专利申请实质审查费、复审费；

（三）专利登记费、公告印刷费、年费；

（四）恢复权利请求费、延长期限请求费；

(五)著录事项变更费、专利权评价报告请求费、无效宣告请求费。

前款所列各种费用的缴纳标准，由国务院价格管理部门、财政部门会同国务院专利行政部门规定。

第九十四条 专利法和本细则规定的各种费用，可以直接向国务院专利行政部门缴纳，也可以通过邮局或者银行汇付，或者以国务院专利行政部门规定的其他方式缴纳。

通过邮局或者银行汇付的，应当在送交国务院专利行政部门的汇单上写明正确的申请号或者专利号以及缴纳的费用名称。不符合本款规定的，视为未办理缴费手续。

直接向国务院专利行政部门缴纳费用的，以缴纳当日为缴费日；以邮局汇付方式缴纳费用的，以邮局汇出的邮戳日为缴费日；以银行汇付方式缴纳费用的，以银行实际汇出日为缴费日。

多缴、重缴、错缴专利费用的，当事人可以自缴费日起3年内，向国务院专利行政部门提出退款请求，国务院专利行政部门应当予以退还。

第九十五条 申请人应当自申请日起2个月内或者在收到受理通知书之日起15日内缴纳申请费、公布印刷费和必要的申请附加费；期满未缴纳或者未缴足的，其申请视为撤回。

申请人要求优先权的，应当在缴纳申请费的同时缴纳优先权要求费；期满未缴纳或者未缴足的，视为未要求优先权。

第九十六条 当事人请求实质审查或者复审的，应当在专利法及本细则规定的相关期限内缴纳费用；期满未缴纳或者未缴足的，视为未提出请求。

第九十七条 申请人办理登记手续时，应当缴纳专利登记费、公告印刷费和授予专利权当年的年费；期满未缴纳或者未缴足的，视为未办理登记手续。

第九十八条 授予专利权当年以后的年费应当在上一年度期满前缴纳。专利权人未缴纳或者未缴足的，国务院专利行政部门应当通知专利权人自应当缴纳年费期满之日起6个月内补缴，同时缴纳滞纳金；滞纳金的金额按照每超过规定的缴费时间1个月，加收当年全额年费的5%计算；期满未缴纳的，专利权自应当缴纳年费期满之日起终止。

第九十九条 恢复权利请求费应当在本细则规定的相关期限内缴纳；期满未缴纳或者未缴足的，视为未提出请求。

延长期限请求费应当在相应期限届满之日前缴纳；期满未缴纳或者未缴足的，视为未提出请求。

著录事项变更费、专利权评价报告请求费、无效宣告请求费应当自提出请求之日起1个月内缴纳；期满未缴纳或者未缴足的，视为未提出请求。

第一百条 申请人或者专利权人缴纳本细则规定的各种费用有困难的，可以按照规定向国务院专利行政部门提出减缴或者缓缴的请求。减缴或者缓缴的办法由国务院财政部门会同国务院价格管理部门、国务院专利行政部门规定。

第十章 关于国际申请的特别规定

第一百零一条 国务院专利行政部门根据专利法第二十条规定，受理按照专利合作条约提出的专利国际申请。

按照专利合作条约提出并指定中国的专利国际申请（以下简称国际申请）进入国务院专利行政部门处理阶段（以下称进入中国国家阶段）的条件和程序适用本章的规定；本章没有规定的，适用专利法及本细则其他各章的有关规定。

第一百零二条 按照专利合作条约已确定国际申请日并指定中国的国际申请，视为向国务院专利行政部门提出的专利申请，该国际申请日视为专利法第二十八条所称的申请日。

第一百零三条 国际申请的申请人应当在专利合作条约第二条所称的优先权日（本章简

称优先权日）起30个月内，向国务院专利行政部门办理进入中国国家阶段的手续；申请人未在该期限内办理该手续的，在缴纳宽限费后，可以在自优先权日起32个月内办理进入中国国家阶段的手续。

第一百零四条 申请人依照本细则第一百零三条的规定办理进入中国国家阶段的手续的，应当符合下列要求：

（一）以中文提交进入中国国家阶段的书面声明，写明国际申请号和要求获得的专利权类型；

（二）缴纳本细则第九十三条第一款规定的申请费、公布印刷费，必要时缴纳本细则第一百零三条规定的宽限费；

（三）国际申请以外文提出的，提交原始国际申请的说明书和权利要求书的中文译文；

（四）在进入中国国家阶段的书面声明中写明发明创造的名称，申请人姓名或者名称、地址和发明人的姓名，上述内容应当与世界知识产权组织国际局（以下简称国际局）的记录一致；国际申请中未写明发明人的，在上述声明中写明发明人的姓名；

（五）国际申请以外文提出的，提交摘要的中文译文，有附图和摘要附图的，提交附图副本和摘要附图副本，附图中有文字的，将其替换为对应的中文文字；国际申请以中文提出的，提交国际公布文件中的摘要和摘要附图副本；

（六）在国际阶段向国际局已办理申请人变更手续的，提供变更后的申请人享有申请权的证明材料；

（七）必要时缴纳本细则第九十三条第一款规定的申请附加费。

符合本条第一款第（一）项至第（三）项要求的，国务院专利行政部门应当给予申请号，明确国际申请进入中国国家阶段的日期（以下简称进入日），并通知申请人其国际申请已进入中国国家阶段。

国际申请已进入中国国家阶段，但不符合本条第一款第（四）项至第（七）项要求的，国务院专利行政部门应当通知申请人在指定期限内补正；期满未补正的，其申请视为撤回。

第一百零五条 国际申请有下列情形之一的，其在中国的效力终止：

（一）在国际阶段，国际申请被撤回或者被视为撤回，或者国际申请对中国的指定被撤回的；

（二）申请人未在优先权日起32个月内按照本细则第一百零三条规定办理进入中国国家阶段手续的；

（三）申请人办理进入中国国家阶段的手续，但自优先权日起32个月期限届满仍不符合本细则第一百零四条第（一）项至第（三）项要求的。

依照前款第（一）项的规定，国际申请在中国的效力终止的，不适用本细则第六条的规定；依照前款第（二）项、第（三）项的规定，国际申请在中国的效力终止的，不适用本细则第六条第二款的规定。

第一百零六条 国际申请在国际阶段作过修改，申请人要求以经修改的申请文件为基础进行审查的，应当自进入日起2个月内提交修改部分的中文译文。在该期间内未提交中文译文的，对申请人在国际阶段提出的修改，国务院专利行政部门不予考虑。

第一百零七条 国际申请涉及的发明创造有专利法第二十四条第（一）项或者第（二）项所列情形之一的，在提出国际申请时作过声明的，申请人应当在进入中国国家阶段的书面声明中予以说明，并自进入日起2个月内提交本细则第三十条第三款规定的有关证明文件；未予说明或者期满未提交证明文件的，其申请不适用专利法第二十四条的规定。

第一百零八条 申请人按照专利合作条约的规定，对生物材料样品的保藏已作出说明的，视为已经满足了本细则第二十四条第（三）项的要求。申请人应当在进入中国国家阶段声明中指明记载生物材料样品保藏事项的文件以及在该文件中的具体记载位置。

申请人在原始提交的国际申请的说明书中已记载生物材料样品保藏事项，但是没有在进入中国国家阶段声明中指明的，应当自进入日起4个月内补正。期满未补正的，该生物材料视为未提交保藏。

申请人自进入日起4个月内向国务院专利行政部门提交生物材料样品保藏证明和存活证明的，视为在本细则第二十四条第（一）项规定的期限内提交。

第一百零九条 国际申请涉及的发明创造依赖遗传资源完成的，申请人应当在国际申请进入中国国家阶段的书面声明中予以说明，并填写国务院专利行政部门制定的表格。

第一百一十条 申请人在国际阶段已要求一项或者多项优先权，在进入中国国家阶段时该优先权要求继续有效的，视为已经依照专利法第三十条的规定提出了书面声明。

申请人应当自进入日起2个月内缴纳优先权要求费；期满未缴纳或者未缴足的，视为未要求该优先权。

申请人在国际阶段已依照专利合作条约的规定，提交过在先申请文件副本的，办理进入中国国家阶段手续时不需要向国务院专利行政部门提交在先申请文件副本。申请人在国际阶段未提交在先申请文件副本的，国务院专利行政部门认为必要时，可以通知申请人在指定期限内补交；申请人期满未补交的，其优先权要求视为未提出。

第一百一十一条 在优先权日起30个月期满前要求国务院专利行政部门提前处理和审查国际申请的，申请人除应当办理进入中国国家阶段手续外，还应当依照专利合作条约第二十三条第二款规定提出请求。国际局尚未向国务院专利行政部门传送国际申请的，申请人应当提交经确认的国际申请副本。

第一百一十二条 要求获得实用新型专利权的国际申请，申请人可以自进入日起2个月内对专利申请文件主动提出修改。

要求获得发明专利权的国际申请，适用本细则第五十一条第一款的规定。

第一百一十三条 申请人发现提交的说明书、权利要求书或者附图中的文字的中文译文存在错误的，可以在下列规定期限内依照原始国际申请文本提出改正：

（一）在国务院专利行政部门作好公布发明专利申请或者公告实用新型专利权的准备工作之前；

（二）在收到国务院专利行政部门发出的发明专利申请进入实质审查阶段通知书之日起3个月内。

申请人改正译文错误的，应当提出书面请求并缴纳规定的译文改正费。

申请人按照国务院专利行政部门的通知书的要求改正译文的，应当在指定期限内办理本条第二款规定的手续；期满未办理规定手续的，该申请视为撤回。

第一百一十四条 对要求获得发明专利权的国际申请，国务院专利行政部门经初步审查认为符合专利法和本细则有关规定的，应当在专利公报上予以公布；国际申请以中文以外的文字提出的，应当公布申请文件的中文译文。

要求获得发明专利权的国际申请，由国际局以中文进行国际公布的，自国际公布日起适用专利法第十三条的规定；由国际局以中文以外的文字进行国际公布的，自国务院专利行政部门公布之日起适用专利法第十三条的规定。

对国际申请，专利法第二十一条和第二十二条中所称的公布是指本条第一款所规定的公布。

第一百一十五条 国际申请包含两项以上发明或者实用新型的，申请人可以自进入日起，依照本细则第四十二条第一款的规定提出分案申请。

在国际阶段，国际检索单位或者国际初步审查单位认为国际申请不符合专利合作条约规定的单一性要求时，申请人未按照规定缴纳附加费，导致国际申请某些部分未经国际检索或者未经国际初步审查，在进入中国国家阶段时，申请人要求将所述部分作为审查基础，国务院专利行政部门认为国际检索单位或者国际初步审查单位对发明单一性的判断正确的，应当通知申请人在指定期限内缴纳单一性恢复费。期满未缴纳或者未足额缴纳的，国际申请中未经检索或者未经国际初步审查的部分视为撤回。

第一百一十六条 国际申请在国际阶段被有关国际单位拒绝给予国际申请日或者宣布视为撤回的，申请人在收到通知之日起2个月内，可以请求国际局将国际申请档案中任何文件的副本转交国务院专利行政部门，并在该期限内向国务院专利行政部门办理本细则第一百零三条规定的手续，国务院专利行政部门应当在接到国际局传送的文件后，对国际单位作出的决定是否正确进行复查。

第一百一十七条 基于国际申请授予的专利权，由于译文错误，致使依照专利法第五十九条规定确定的保护范围超出国际申请的原文所表达的范围的，以依据原文限制后的保护范围为准；致使保护范围小于国际申请的原文所表达的范围的，以授权时的保护范围为准。

第十一章 附 则

第一百一十八条 经国务院专利行政部门同意，任何人均可以查阅或者复制已经公布或者公告的专利申请的案卷和专利登记簿，并可以请求国务院专利行政部门出具专利登记簿副本。

已视为撤回、驳回和主动撤回的专利申请的案卷，自该专利申请失效之日起满2年后不予保存。

已放弃、宣告全部无效和终止的专利权的案卷，自该专利权失效之日起满3年后不予保存。

第一百一十九条 向国务院专利行政部门提交申请文件或者办理各种手续，应当由申请人、专利权人、其他利害关系人或者其代表人签字或者盖章；委托专利代理机构的，由专利代理机构盖章。

请求变更发明人姓名、专利申请人和专利权人的姓名或者名称、国籍和地址、专利代理机构的名称、地址和代理人姓名的，应当向国务院专利行政部门办理著录事项变更手续，并附具变更理由的证明材料。

第一百二十条 向国务院专利行政部门邮寄有关申请或者专利权的文件，应当使用挂号信函，不得使用包裹。

除首次提交专利申请文件外，向国务院专利行政部门提交各种文件、办理各种手续的，应当标明申请号或者专利号、发明创造名称和申请人或者专利权人姓名或者名称。

一件信函中应当只包含同一申请的文件。

第一百二十一条 各类申请文件应当打字或者印刷，字迹呈黑色，整齐清晰，并不得涂改。附图应当用制图工具和黑色墨水绘制，线条应当均匀清晰，并不得涂改。

请求书、说明书、权利要求书、附图和摘要应当分别用阿拉伯数字顺序编号。

申请文件的文字部分应当横向书写。纸张限于单面使用。

第一百二十二条 国务院专利行政部门根据专利法和本细则制定专利审查指南。

第一百二十三条 本细则自2001年7月1日起施行。1992年12月12日国务院批准修订、1992年12月21日中国专利局发布的《中华人民共和国专利法实施细则》同时废止。

中华人民共和国著作权法

（主席令第 31 号）

(1990 年 9 月 7 日第七届全国人民代表大会常务委员会第十五次会议通过；根据 2001 年 10 月 27 日第九届全国人民代表大会常务委员会第二十四次会议《关于修改〈中华人民共和国著作权法〉的决定》第一次修正，根据 2010 年 2 月 26 日第十一届全国人民代表大会常务委员会第十三次会议《关于修改〈中华人民共和国著作权法〉的决定》第二次修正；现行版本自 2010 年 2 月 26 日起施行；法规类型为法律)

第一章 总 则

第一条 为保护文学、艺术和科学作品作者的著作权，以及与著作权有关的权益，鼓励有益于社会主义精神文明、物质文明建设的作品的创作和传播，促进社会主义文化和科学事业的发展与繁荣，根据宪法制定本法。

第二条 中国公民、法人或者其他组织的作品，不论是否发表，依照本法享有著作权。

外国人、无国籍人的作品根据其作者所属国或者经常居住地国同中国签订的协议或者共同参加的国际条约享有的著作权，受本法保护。

外国人、无国籍人的作品首先在中国境内出版的，依照本法享有著作权。

未与中国签订协议或者共同参加国际条约的国家的作者以及无国籍人的作品首次在中国参加的国际条约的成员国出版的，或者在成员国和非成员国同时出版的，受本法保护。

第三条 本法所称的作品，包括以下列形式创作的文学、艺术和自然科学、社会科学、工程技术等作品：

（一）文字作品；

（二）口述作品；

（三）音乐、戏剧、曲艺、舞蹈、杂技艺术作品；

（四）美术、建筑作品；

（五）摄影作品；

（六）电影作品和以类似摄制电影的方法创作的作品；

（七）工程设计图、产品设计图、地图、示意图等图形作品和模型作品；

（八）计算机软件；

（九）法律、行政法规规定的其他作品。

第四条 著作权人行使著作权，不得违反宪法和法律，不得损害公共利益。国家对作品的出版、传播依法进行监督管理。

第五条 本法不适用于：

（一）法律、法规，国家机关的决议、决定、命令和其他具有立法、行政、司法性质的文件，及其官方正式译文；

（二）时事新闻；

（三）历法、通用数表、通用表格和公式。

第六条 民间文学艺术作品的著作权保护办法由国务院另行规定。

第七条 国务院著作权行政管理部门主管全国的著作权管理工作；各省、自治区、直辖市人民政府的著作权行政管理部门主管本行政区域的著作权管理工作。

第八条 著作权人和与著作权有关的权利人可以授权著作权集体管理组织行使著作权或者与著作权有关的权利。著作权集体管理组织被授权后，可以自己的名义为著作权人和与著作权有关的权利人主张权利，并可以作为当事人进行涉及著作权或者与著作权有关的权利的诉讼、仲裁活动。

著作权集体管理组织是非营利性组织，其设立方式、权利义务、著作权许可使用费的收取和分配，以及对其监督和管理等由国务院另行规定。

第二章 著作权

第一节 著作权人及其权利

第九条 著作权人包括：
（一）作者；
（二）其他依照本法享有著作权的公民、法人或者其他组织。

第十条 著作权包括下列人身权和财产权：
（一）发表权，即决定作品是否公之于众的权利；
（二）署名权，即表明作者身份，在作品上署名的权利；
（三）修改权，即修改或者授权他人修改作品的权利；
（四）保护作品完整权，即保护作品不受歪曲、篡改的权利；
（五）复制权，即以印刷、复印、拓印、录音、录像、翻录、翻拍等方式将作品制作一份或者多份的权利；
（六）发行权，即以出售或者赠与方式向公众提供作品的原件或者复制件的权利；
（七）出租权，即有偿许可他人临时使用电影作品和以类似摄制电影的方法创作的作品、计算机软件的权利，计算机软件不是出租的主要标的的除外；
（八）展览权，即公开陈列美术作品、摄影作品的原件或者复制件的权利；
（九）表演权，即公开表演作品，以及用各种手段公开播送作品的表演的权利；
（十）放映权，即通过放映机、幻灯机等技术设备公开再现美术、摄影、电影和以类似摄制电影的方法创作的作品等的权利；
（十一）广播权，即以无线方式公开广播或者传播作品，以有线传播或者转播的方式向公众传播广播的作品，以及通过扩音器或者其他传送符号、声音、图像的类似工具向公众传播广播的作品的权利；
（十二）信息网络传播权，即以有线或者无线方式向公众提供作品，使公众可以在其个人选定的时间和地点获得作品的权利；
（十三）摄制权，即以摄制电影或者以类似摄制电影的方法将作品固定在载体上的权利；
（十四）改编权，即改变作品，创作出具有独创性的新作品的权利；
（十五）翻译权，即将作品从一种语言文字转换成另一种语言文字的权利；
（十六）汇编权，即将作品或者作品的片段通过选择或者编排，汇集成新作品的权利；
（十七）应当由著作权人享有的其他权利。

著作权人可以许可他人行使前款第（五）项至第（十七）项规定的权利，并依照约定或者本法有关规定获得报酬。

著作权人可以全部或者部分转让本条第一款第（五）项至第（十七）项规定的权利，并依照约定或者本法有关规定获得报酬。

第二节 著作权归属

第十一条 著作权属于作者，本法另有规定的除外。

创作作品的公民是作者。

由法人或者其他组织主持，代表法人或者其他组织意志创作，并由法人或者其他组织承担责任的作品，法人或者其他组织视为作者。

如无相反证明，在作品上署名的公民、法人或者其他组织为作者。

第十二条 改编、翻译、注释、整理已有作品而产生的作品，其著作权由改编、翻译、注释、整理人享有，但行使著作权时不得侵犯原作品的著作权。

第十三条 两人以上合作创作的作品，著作权由合作作者共同享有。没有参加创作的人，不能成为合作作者。

合作作品可以分割使用的，作者对各自创作的部分可以单独享有著作权，但行使著作权时不得侵犯合作作品整体的著作权。

第十四条 汇编若干作品、作品的片段或者不构成作品的数据或者其他材料，对其内容的选择或者编排体现独创性的作品，为汇编作品，其著作权由汇编人享有，但行使著作权时，不得侵犯原作品的著作权。

第十五条 电影作品和以类似摄制电影的方法创作的作品的著作权由制片者享有，但编剧、导演、摄影、作词、作曲等作者享有署名权，并有权按照与制片者签订的合同获得报酬。

电影作品和以类似摄制电影的方法创作的作品中的剧本、音乐等可以单独使用的作品的作者有权单独行使其著作权。

第十六条 公民为完成法人或者其他组织工作任务所创作的作品是职务作品，除本条第二款的规定以外，著作权由作者享有，但法人或者其他组织有权在其业务范围内优先使用。作品完成两年内，未经单位同意，作者不得许可第三人以与单位使用的相同方式使用该作品。

有下列情形之一的职务作品，作者享有署名权，著作权的其他权利由法人或者其他组织享有，法人或者其他组织可以给予作者奖励：

（一）主要是利用法人或者其他组织的物质技术条件创作，并由法人或者其他组织承担责任的工程设计图、产品设计图、地图、计算机软件等职务作品；

（二）法律、行政法规规定或者合同约定著作权由法人或者其他组织享有的职务作品。

第十七条 受委托创作的作品，著作权的归属由委托人和受托人通过合同约定。合同未作明确约定或者没有订立合同的，著作权属于受托人。

第十八条 美术等作品原件所有权的转移，不视为作品著作权的转移，但美术作品原件的展览权由原件所有人享有。

第十九条 著作权属于公民的，公民死亡后，其本法第十条第一款第（五）项至第（十七）项规定的权利在本法规定的保护期内，依照继承法的规定转移。

著作权属于法人或者其他组织的，法人或者其他组织变更、终止后，其本法第十条第一款第（五）项至第（十七）项规定的权利在本法规定的保护期内，由承受其权利义务的法人或者其他组织享有；没有承受其权利义务的法人或者其他组织的，由国家享有。

第三节 权利的保护期

第二十条 作者的署名权、修改权、保护作品完整权的保护期不受限制。

第二十一条 公民的作品,其发表权、本法第十条第一款第(五)项至第(十七)项规定的权利的保护期为作者终生及其死亡后五十年,截止于作者死亡后第五十年的12月31日;如果是合作作品,截止于最后死亡的作者死亡后第五十年的12月31日。

法人或者其他组织的作品、著作权(署名权除外)由法人或者其他组织享有的职务作品,其发表权、本法第十条第一款第(五)项至第(十七)项规定的权利的保护期为五十年,截止于作品首次发表后第五十年的12月31日,但作品自创作完成后五十年内未发表的,本法不再保护。

电影作品和以类似摄制电影的方法创作的作品、摄影作品,其发表权、本法第十条第一款第(五)项至第(十七)项规定的权利的保护期为五十年,截止于作品首次发表后第五十年的12月31日,但作品自创作完成后五十年内未发表的,本法不再保护。

第四节 权利的限制

第二十二条 在下列情况下使用作品,可以不经著作权人许可,不向其支付报酬,但应当指明作者姓名、作品名称,并且不得侵犯著作权人依照本法享有的其他权利:

(一)为个人学习、研究或者欣赏,使用他人已经发表的作品;

(二)为介绍、评论某一作品或者说明某一问题,在作品中适当引用他人已经发表的作品;

(三)为报道时事新闻,在报纸、期刊、广播电台、电视台等媒体中不可避免地再现或者引用已经发表的作品;

(四)报纸、期刊、广播电台、电视台等媒体刊登或者播放其他报纸、期刊、广播电台、电视台等媒体已经发表的关于政治、经济、宗教问题的时事性文章,但作者声明不许刊登、播放的除外;

(五)报纸、期刊、广播电台、电视台等媒体刊登或者播放在公众集会上发表的讲话,但作者声明不许刊登、播放的除外;

(六)为学校课堂教学或者科学研究,翻译或者少量复制已经发表的作品,供教学或者科研人员使用,但不得出版发行;

(七)国家机关为执行公务在合理范围内使用已经发表的作品;

(八)图书馆、档案馆、纪念馆、博物馆、美术馆等为陈列或者保存版本的需要,复制本馆收藏的作品;

(九)免费表演已经发表的作品,该表演未向公众收取费用,也未向表演者支付报酬;

(十)对设置或者陈列在室外公共场所的艺术作品进行临摹、绘画、摄影、录像;

(十一)将中国公民、法人或者其他组织已经发表的以汉语言文字创作的作品翻译成少数民族语言文字作品在国内出版发行;

(十二)将已经发表的作品改成盲文出版。

前款规定适用于对出版者、表演者、录音录像制作者、广播电台、电视台的权利的限制。

第二十三条 为实施九年制义务教育和国家教育规划而编写出版教科书,除作者事先声明不许使用的外,可以不经著作权人许可,在教科书中汇编已经发表的作品片段或者短小的文字作品、音乐作品或者单幅的美术作品、摄影作品,但应当按照规定支付报酬,指明作者姓名、作品名称,并且不得侵犯著作权人依照本法享有的其他权利。

前款规定适用于对出版者、表演者、录音录像制作者、广播电台、电视台的权利的限制。

第三章　著作权许可使用和转让合同

第二十四条　使用他人作品应当同著作权人订立许可使用合同，本法规定可以不经许可的除外。

许可使用合同包括下列主要内容：
（一）许可使用的权利种类；
（二）许可使用的权利是专有使用权或者非专有使用权；
（三）许可使用的地域范围、期间；
（四）付酬标准和办法；
（五）违约责任；
（六）双方认为需要约定的其他内容。

第二十五条　转让本法第十条第一款第（五）项至第（十七）项规定的权利，应当订立书面合同。

权利转让合同包括下列主要内容：
（一）作品的名称；
（二）转让的权利种类、地域范围；
（三）转让价金；
（四）交付转让价金的日期和方式；
（五）违约责任；
（六）双方认为需要约定的其他内容。

第二十六条　以著作权出质的，由出质人和质权人向国务院著作权行政管理部门办理出质登记。

第二十七条　许可使用合同和转让合同中著作权人未明确许可、转让的权利，未经著作权人同意，另一方当事人不得行使。

第二十八条　使用作品的付酬标准可以由当事人约定，也可以按照国务院著作权行政管理部门会同有关部门制定的付酬标准支付报酬。当事人约定不明确的，按照国务院著作权行政管理部门会同有关部门制定的付酬标准支付报酬。

第二十九条　出版者、表演者、录音录像制作者、广播电台、电视台等依照本法有关规定使用他人作品的，不得侵犯作者的署名权、修改权、保护作品完整权和获得报酬的权利。

第四章　出版、表演、录音录像、播放

第一节　图书、报刊的出版

第三十条　图书出版者出版图书应当和著作权人订立出版合同，并支付报酬。

第三十一条　图书出版者对著作权人交付出版的作品，按照合同约定享有的专有出版权受法律保护，他人不得出版该作品。

第三十二条　著作权人应当按照合同约定期限交付作品。图书出版者应当按照合同约定的出版质量、期限出版图书。

图书出版者不按照合同约定期限出版，应当依照本法第五十四条的规定承担民事责任。

图书出版者重印、再版作品的，应当通知著作权人，并支付报酬。图书脱销后，图书出版者拒绝重印、再版的，著作权人有权终止合同。

第三十三条　著作权人向报社、期刊社投稿的，自稿件发出之日起十五日内未收到报社通

知决定刊登的,或者自稿件发出之日起三十日内未收到期刊社通知决定刊登的,可以将同一作品向其他报社、期刊社投稿。双方另有约定的除外。

作品刊登后,除著作权人声明不得转载、摘编的外,其他报刊可以转载或者作为文摘、资料刊登,但应当按照规定向著作权人支付报酬。

第三十四条 图书出版者经作者许可,可以对作品修改、删节。

报社、期刊社可以对作品作文字性修改、删节。对内容的修改,应当经作者许可。

第三十五条 出版改编、翻译、注释、整理、汇编已有作品而产生的作品,应当取得改编、翻译、注释、整理、汇编作品的著作权人和原作品的著作权人许可,并支付报酬。

第三十六条 出版者有权许可或者禁止他人使用其出版的图书、期刊的版式设计。

前款规定的权利的保护期为十年,截止于使用该版式设计的图书、期刊首次出版后第十年的12月31日。

第二节 表 演

第三十七条 使用他人作品演出,表演者(演员、演出单位)应当取得著作权人许可,并支付报酬。演出组织者组织演出,由该组织者取得著作权人许可,并支付报酬。

使用改编、翻译、注释、整理已有作品而产生的作品进行演出,应当取得改编、翻译、注释、整理作品的著作权人和原作品的著作权人许可,并支付报酬。

第三十八条 表演者对其表演享有下列权利:

(一)表明表演者身份;

(二)保护表演形象不受歪曲;

(三)许可他人从现场直播和公开传送其现场表演,并获得报酬;

(四)许可他人录音录像,并获得报酬;

(五)许可他人复制、发行录有其表演的录音录像制品,并获得报酬;

(六)许可他人通过信息网络向公众传播其表演,并获得报酬。

被许可人以前款第(三)项至第(六)项规定的方式使用作品,还应当取得著作权人许可,并支付报酬。

第三十九条 本法第三十八条第一款第(一)项、第(二)项规定的权利的保护期不受限制。

本法第三十八条第一款第(三)项至第(六)项规定的权利的保护期为五十年,截止于该表演发生后第五十年的12月31日。

第三节 录音录像

第四十条 录音录像制作者使用他人作品制作录音录像制品,应当取得著作权人许可,并支付报酬。

录音录像制作者使用改编、翻译、注释、整理已有作品而产生的作品,应当取得改编、翻译、注释、整理作品的著作权人和原作品著作权人许可,并支付报酬。

录音制作者使用他人已经合法录制为录音制品的音乐作品制作录音制品,可以不经著作权人许可,但应当按照规定支付报酬;著作权人声明不许使用的不得使用。

第四十一条 录音录像制作者制作录音录像制品,应当同表演者订立合同,并支付报酬。

第四十二条 录音录像制作者对其制作的录音录像制品,享有许可他人复制、发行、出租、通过信息网络向公众传播并获得报酬的权利;权利的保护期为五十年,截止于该制品首次制作完成后第五十年的12月31日。

被许可人复制、发行、通过信息网络向公众传播录音录像制品，还应当取得著作权人、表演者许可，并支付报酬。

第四节 广播电台、电视台播放

第四十三条 广播电台、电视台播放他人未发表的作品，应当取得著作权人许可，并支付报酬。

广播电台、电视台播放他人已发表的作品，可以不经著作权人许可，但应当支付报酬。

第四十四条 广播电台、电视台播放已经出版的录音制品，可以不经著作权人许可，但应当支付报酬。当事人另有约定的除外。具体办法由国务院规定。

第四十五条 广播电台、电视台有权禁止未经其许可的下列行为：

（一）将其播放的广播、电视转播；

（二）将其播放的广播、电视录制在音像载体上以及复制音像载体。

前款规定的权利的保护期为五十年，截止于该广播、电视首次播放后第五十年的12月31日。

第四十六条 电视台播放他人的电影作品和以类似摄制电影的方法创作的作品、录像制品，应当取得制片者或者录像制作者许可，并支付报酬；播放他人的录像制品，还应当取得著作权人许可，并支付报酬。

第五章 法律责任和执法措施

第四十七条 有下列侵权行为的，应当根据情况，承担停止侵害、消除影响、赔礼道歉、赔偿损失等民事责任：

（一）未经著作权人许可，发表其作品的；

（二）未经合作作者许可，将与他人合作创作的作品当作自己单独创作的作品发表的；

（三）没有参加创作，为谋取个人名利，在他人作品上署名的；

（四）歪曲、篡改他人作品的；

（五）剽窃他人作品的；

（六）未经著作权人许可，以展览、摄制电影和以类似摄制电影的方法使用作品，或者以改编、翻译、注释等方式使用作品的，本法另有规定的除外；

（七）使用他人作品，应当支付报酬而未支付的；

（八）未经电影作品和以类似摄制电影的方法创作的作品、计算机软件、录音录像制品的著作权人或者与著作权有关的权利人许可，出租其作品或者录音录像制品的，本法另有规定的除外；

（九）未经出版者许可，使用其出版的图书、期刊的版式设计的；

（十）未经表演者许可，从现场直播或者公开传送其现场表演，或者录制其表演的；

（十一）其他侵犯著作权以及与著作权有关的权益的行为。

第四十八条 有下列侵权行为的，应当根据情况，承担停止侵害、消除影响、赔礼道歉、赔偿损失等民事责任；同时损害公共利益的，可以由著作权行政管理部门责令停止侵权行为，没收违法所得，没收、销毁侵权复制品，并可处以罚款；情节严重的，著作权行政管理部门还可以没收主要用于制作侵权复制品的材料、工具、设备等；构成犯罪的，依法追究刑事责任：

（一）未经著作权人许可，复制、发行、表演、放映、广播、汇编、通过信息网络向公众传播其作品的，本法另有规定的除外；

（二）出版他人享有专有出版权的图书的；

（三）未经表演者许可，复制、发行录有其表演的录音录像制品，或者通过信息网络向公众传播其表演的，本法另有规定的除外；

（四）未经录音录像制作者许可，复制、发行、通过信息网络向公众传播其制作的录音录像制品的，本法另有规定的除外；

（五）未经许可，播放或者复制广播、电视的，本法另有规定的除外；

（六）未经著作权人或者与著作权有关的权利人许可，故意避开或者破坏权利人为其作品、录音录像制品等采取的保护著作权或者与著作权有关的权利的技术措施的，法律、行政法规另有规定的除外；

（七）未经著作权人或者与著作权有关的权利人许可，故意删除或者改变作品、录音录像制品等的权利管理电子信息的，法律、行政法规另有规定的除外；

（八）制作、出售假冒他人署名的作品的。

第四十九条 侵犯著作权或者与著作权有关的权利的，侵权人应当按照权利人的实际损失给予赔偿；实际损失难以计算的，可以按照侵权人的违法所得给予赔偿。赔偿数额还应当包括权利人为制止侵权行为所支付的合理开支。

权利人的实际损失或者侵权人的违法所得不能确定的，由人民法院根据侵权行为的情节，判决给予五十万元以下的赔偿。

第五十条 著作权人或者与著作权有关的权利人有证据证明他人正在实施或者即将实施侵犯其权利的行为，如不及时制止将会使其合法权益受到难以弥补的损害的，可以在起诉前向人民法院申请采取责令停止有关行为和财产保全的措施。

人民法院处理前款申请，适用《中华人民共和国民事诉讼法》第九十三条至第九十六条和第九十九条的规定。

第五十一条 为制止侵权行为，在证据可能灭失或者以后难以取得的情况下，著作权人或者与著作权有关的权利人可以在起诉前向人民法院申请保全证据。

人民法院接受申请后，必须在四十八小时内作出裁定；裁定采取保全措施的，应当立即开始执行。

人民法院可以责令申请人提供担保，申请人不提供担保的，驳回申请。

申请人在人民法院采取保全措施后十五日内不起诉的，人民法院应当解除保全措施。

第五十二条 人民法院审理案件，对于侵犯著作权或者与著作权有关的权利的，可以没收违法所得、侵权复制品以及进行违法活动的财物。

第五十三条 复制品的出版者、制作者不能证明其出版、制作有合法授权的，复制品的发行者或者电影作品或者以类似摄制电影的方法创作的作品、计算机软件、录音录像制品的复制品的出租者不能证明其发行、出租的复制品有合法来源的，应当承担法律责任。

第五十四条 当事人不履行合同义务或者履行合同义务不符合约定条件的，应当依照《中华人民共和国民法通则》、《中华人民共和国合同法》等有关法律规定承担民事责任。

第五十五条 著作权纠纷可以调解，也可以根据当事人达成的书面仲裁协议或者著作权合同中的仲裁条款，向仲裁机构申请仲裁。

当事人没有书面仲裁协议，也没有在著作权合同中订立仲裁条款的，可以直接向人民法院起诉。

第五十六条 当事人对行政处罚不服的，可以自收到行政处罚决定书之日起三个月内向人民法院起诉，期满不起诉又不履行的，著作权行政管理部门可以申请人民法院执行。

第六章 附 则

第五十七条 本法所称的著作权即版权。

第五十八条 本法第二条所称的出版，指作品的复制、发行。

第五十九条 计算机软件、信息网络传播权的保护办法由国务院另行规定。

第六十条 本法规定的著作权人和出版者、表演者、录音录像制作者、广播电台、电视台的权利，在本法施行之日尚未超过本法规定的保护期的，依照本法予以保护。

本法施行前发生的侵权或者违约行为，依照侵权或者违约行为发生时的有关规定和政策处理。

第六十一条 本法自1991年6月1日起施行。

中华人民共和国著作权法实施条例

（国务院令第359号）

（2002年8月2日由国务院发布；根据2011年1月8日国务院令第588号《国务院关于废止和修改部分行政法规的决定》第一次修订，根据2013年1月30日国务院令第633号《国务院关于修改〈中华人民共和国著作权法实施条例〉的决定》第二次修订；现行版本自2013年3月1日起施行；法规类型为行政法规）

第一条 根据《中华人民共和国著作权法》（以下简称著作权法），制定本条例。

第二条 著作权法所称作品，是指文学、艺术和科学领域内具有独创性并能以某种有形形式复制的智力成果。

第三条 著作权法所称创作，是指直接产生文学、艺术和科学作品的智力活动。

为他人创作进行组织工作，提供咨询意见、物质条件，或者进行其他辅助工作，均不视为创作。

第四条 著作权法和本条例中下列作品的含义：

（一）文字作品，是指小说、诗词、散文、论文等以文字形式表现的作品；

（二）口述作品，是指即兴的演说、授课、法庭辩论等以口头语言形式表现的作品；

（三）音乐作品，是指歌曲、交响乐等能够演唱或者演奏的带词或者不带词的作品；

（四）戏剧作品，是指话剧、歌剧、地方戏等供舞台演出的作品；

（五）曲艺作品，是指相声、快书、大鼓、评书等以说唱为主要形式表演的作品；

（六）舞蹈作品，是指通过连续的动作、姿势、表情等表现思想情感的作品；

（七）杂技艺术作品，是指杂技、魔术、马戏等通过形体动作和技巧表现的作品；

（八）美术作品，是指绘画、书法、雕塑等以线条、色彩或者其他方式构成的有审美意义的平面或者立体的造型艺术作品；

（九）建筑作品，是指以建筑物或者构筑物形式表现的有审美意义的作品；

（十）摄影作品，是指借助器械在感光材料或者其他介质上记录客观物体形象的艺术作品；

（十一）电影作品和以类似摄制电影的方法创作的作品，是指摄制在一定介质上，由一系

列有伴音或者无伴音的画面组成,并且借助适当装置放映或者以其他方式传播的作品;

(十二) 图形作品,是指为施工、生产绘制的工程设计图、产品设计图,以及反映地理现象、说明事物原理或者结构的地图、示意图等作品;

(十三) 模型作品,是指为展示、试验或者观测等用途,根据物体的形状和结构,按照一定比例制成的立体作品。

第五条 著作权法和本条例中下列用语的含义:

(一) 时事新闻,是指通过报纸、期刊、广播电台、电视台等媒体报道的单纯事实消息;

(二) 录音制品,是指任何对表演的声音和其他声音的录制品;

(三) 录像制品,是指电影作品和以类似摄制电影的方法创作的作品以外的任何有伴音或者无伴音的连续相关形象、图像的录制品;

(四) 录音制作者,是指录音制品的首次制作人;

(五) 录像制作者,是指录像制品的首次制作人;

(六) 表演者,是指演员、演出单位或者其他表演文学、艺术作品的人。

第六条 著作权自作品创作完成之日起产生。

第七条 著作权法第二条第三款规定的首先在中国境内出版的外国人、无国籍人的作品,其著作权自首次出版之日起受保护。

第八条 外国人、无国籍人的作品在中国境外首先出版后,30日内在中国境内出版的,视为该作品同时在中国境内出版。

第九条 合作作品不可以分割使用的,其著作权由各合作作者共同享有,通过协商一致行使;不能协商一致,又无正当理由的,任何一方不得阻止他方行使除转让以外的其他权利,但是所得收益应当合理分配给所有合作作者。

第十条 著作权人许可他人将其作品摄制成电影作品和以类似摄制电影的方法创作的作品的,视为已同意对其作品进行必要的改动,但是这种改动不得歪曲篡改原作品。

第十一条 著作权法第十六条第一款关于职务作品的规定中的"工作任务",是指公民在该法人或者该组织中应当履行的职责。

著作权法第十六条第二款关于职务作品的规定中的"物质技术条件",是指该法人或者该组织为公民完成创作专门提供的资金、设备或者资料。

第十二条 职务作品完成两年内,经单位同意,作者许可第三人以与单位使用的相同方式使用作品所获报酬,由作者与单位按约定的比例分配。

作品完成两年的期限,自作者向单位交付作品之日起计算。

第十三条 作者身份不明的作品,由作品原件的所有人行使除署名权以外的著作权。作者身份确定后,由作者或者其继承人行使著作权。

第十四条 合作作者之一死亡后,其对合作作品享有的著作权法第十条第一款第五项至第十七项规定的权利无人继承又无人受遗赠的,由其他合作作者享有。

第十五条 作者死亡后,其著作权中的署名权、修改权和保护作品完整权由作者的继承人或者受遗赠人保护。

著作权无人继承又无人受遗赠的,其署名权、修改权和保护作品完整权由著作权行政管理部门保护。

第十六条 国家享有著作权的作品的使用,由国务院著作权行政管理部门管理。

第十七条 作者生前未发表的作品,如果作者未明确表示不发表,作者死亡后50年内,其发表权可由继承人或者受遗赠人行使;没有继承人又无人受遗赠的,由作品原件的所有人行使。

第十八条　作者身份不明的作品,其著作权法第十条第一款第五项至第十七项规定的权利的保护期截止于作品首次发表后第 50 年的 12 月 31 日。作者身份确定后,适用著作权法第二十一条的规定。

第十九条　使用他人作品的,应当指明作者姓名、作品名称;但是,当事人另有约定或者由于作品使用方式的特性无法指明的除外。

第二十条　著作权法所称已经发表的作品,是指著作权人自行或者许可他人公之于众的作品。

第二十一条　依照著作权法有关规定,使用可以不经著作权人许可的已经发表的作品的,不得影响该作品的正常使用,也不得不合理地损害著作权人的合法利益。

第二十二条　依照著作权法第二十三条、第三十三条第二款、第四十条第三款的规定使用作品的付酬标准,由国务院著作权行政管理部门会同国务院价格主管部门制定、公布。

第二十三条　使用他人作品应当同著作权人订立许可使用合同,许可使用的权利是专有使用权的,应当采取书面形式,但是报社、期刊社刊登作品除外。

第二十四条　著作权法第二十四条规定的专有使用权的内容由合同约定,合同没有约定或者约定不明的,视为被许可人有权排除包括著作权人在内的任何人以同样的方式使用作品;除合同另有约定外,被许可人许可第三人行使同一权利,必须取得著作权人的许可。

第二十五条　与著作权人订立专有许可使用合同、转让合同的,可以向著作权行政管理部门备案。

第二十六条　著作权法和本条例所称与著作权有关的权益,是指出版者对其出版的图书和期刊的版式设计享有的权利,表演者对其表演享有的权利,录音录像制作者对其制作的录音录像制品享有的权利,广播电台、电视台对其播放的广播、电视节目享有的权利。

第二十七条　出版者、表演者、录音录像制作者、广播电台、电视台行使权利,不得损害被使用作品和原作品著作权人的权利。

第二十八条　图书出版合同中约定图书出版者享有专有出版权但没有明确其具体内容的,视为图书出版者享有在合同有效期限内和在合同约定的地域范围内以同种文字的原版、修订版出版图书的专有权利。

第二十九条　著作权人寄给图书出版者的两份订单在 6 个月内未能得到履行,视为著作权法第三十二条所称图书脱销。

第三十条　著作权人依照著作权法第三十三条第二款声明不得转载、摘编其作品的,应当在报纸、期刊刊登该作品时附带声明。

第三十一条　著作权人依照著作权法第四十条第三款声明不得对其作品制作录音制品的,应当在该作品合法录制为录音制品时声明。

第三十二条　依照著作权法第二十三条、第三十三条第二款、第四十条第三款的规定,使用他人作品的,应当自使用该作品之日起 2 个月内向著作权人支付报酬。

第三十三条　外国人、无国籍人在中国境内的表演,受著作权法保护。

外国人、无国籍人根据中国参加的国际条约对其表演享有的权利,受著作权法保护。

第三十四条　外国人、无国籍人在中国境内制作、发行的录音制品,受著作权法保护。

外国人、无国籍人根据中国参加的国际条约对其制作、发行的录音制品享有的权利,受著作权法保护。

第三十五条　外国的广播电台、电视台根据中国参加的国际条约对其播放的广播、电视节目享有的权利,受著作权法保护。

第三十六条　有著作权法第四十八条所列侵权行为,同时损害社会公共利益,非法经营额

5万元以上的,著作权行政管理部门可处非法经营额1倍以上5倍以下的罚款;没有非法经营额或者非法经营额5万元以下的,著作权行政管理部门根据情节轻重,可处25万元以下的罚款。

第三十七条 有著作权法第四十八条所列侵权行为,同时损害社会公共利益的,由地方人民政府著作权行政管理部门负责查处。

国务院著作权行政管理部门可以查处在全国有重大影响的侵权行为。

第三十八条 本条例自2002年9月15日起施行。1991年5月24日国务院批准、1991年5月30日国家版权局发布的《中华人民共和国著作权法实施条例》同时废止。

运输工具篇

综合管理

中华人民共和国海关进出境运输工具监管办法

(海关总署令第 196 号)

(2010 年 11 月 1 日由海关总署发布,2010 年 11 月 1 日起施行,法规类型为部门规章)

第一章 总 则

第一条 为了规范海关对进出境运输工具的监管,保障进出境运输工具负责人和进出境运输工具服务企业的合法权益,根据《中华人民共和国海关法》,制定本办法。

第二条 本办法所称进出境运输工具是指用于载运人员、货物、物品进出境的各种船舶、航空器、铁路列车、公路车辆和驮畜。

第三条 海关对经营性进出境运输工具的监管适用本办法,对非经营性进出境运输工具的监管比照本办法管理。

第四条 除经国务院或者国务院授权的机关批准外,进出境运输工具应当通过设立海关的地点进境或者出境,在海关监管场所停靠、装卸货物、物品和上下人员。

由于不可抗力原因,进出境运输工具被迫在未设立海关的地点或者在非海关监管场所停靠、降落或者抛掷、起卸货物、物品以及上下人员的,进出境运输工具负责人应当立即报告附近海关。附近海关应当对运输工具及其所载的货物、物品实施监管。

第五条 进境运输工具在进境以后向海关申报以前,出境运输工具在办结海关手续以后出境以前,应当按照交通运输主管机关规定的路线行进;交通运输主管机关没有规定的,由海关指定。

进境运输工具在进境申报以后出境以前,应当按照海关认可的路线行进。

第六条 进出境运输工具到达或者驶离设立海关的地点时,进出境运输工具负责人应当采用电子数据和纸质申报单形式向海关申报。

第七条 进境的境外运输工具和出境的境内运输工具,未向海关办理手续并缴纳关税,不得转让或者移作他用。

运输工具作为货物以租赁或其他贸易方式进出口的,除按照本办法办理进出境运输工具进境或者出境手续外,还应当按照有关规定办理进出境运输工具进出口报关手续。

第二章 备案管理

第八条 进出境运输工具、进出境运输工具负责人和进出境运输工具服务企业应当在经营业务所在地的直属海关或者经直属海关授权的隶属海关备案。

海关对进出境运输工具、进出境运输工具负责人以及进出境运输工具服务企业的备案实行全国海关联网管理。

第九条 进出境运输工具、进出境运输工具负责人和进出境运输工具服务企业在海关办理备案的，应当按不同运输方式分别提交《进出境国际航行船舶备案表》、《进出境航空器备案表》、《进出境铁路列车备案表》、《进出境公路车辆备案表》、《运输工具负责人备案表》、《运输工具服务企业备案表》，并同时提交上述备案表随附单证栏中列明的材料。

运输工具服务企业相关管理办法，由海关总署另行制定。

第十条 《运输工具备案表》、《运输工具负责人备案表》和《运输工具服务企业备案表》的内容发生变更的，进出境运输工具负责人、进出境运输工具服务企业应当在海关规定的时限内持《备案变更表》和有关文件到备案海关办理备案变更手续。

进出境运输工具负责人、进出境运输工具服务企业可以主动申请撤销备案，海关也可以依法撤销备案。

第十一条 海关对在海关备案的进出境运输工具服务企业和进出境运输工具所有企业、经营企业实施分类管理，具体办法由海关总署另行制定。

第三章 运输工具管理

第一节 进境监管

第十二条 进境运输工具负责人应当在规定时限将运输工具预计抵达境内目的港和预计抵达时间以电子数据形式通知海关。

因客观条件限制，经海关批准，公路车辆负责人可以采用电话、传真等方式通知海关。

进境运输工具抵达设立海关的地点以前，运输工具负责人应当将进境时间、抵达目的港的时间和停靠位置通知海关。

第十三条 进境运输工具抵达设立海关的地点时，运输工具负责人应当按不同运输方式向海关申报，分别提交《中华人民共和国海关船舶进境（港）申报单》、《中华人民共和国海关航空器进境（港）申报单》、《中华人民共和国海关铁路列车进境申报单》、《中华人民共和国海关公路车辆进境（港）申报单》，以及上述申报单中列明应当交验的其他单证。

进境运输工具负责人也可以在运输工具进境前提前向海关办理申报手续。

第十四条 进境运输工具抵达监管场所时，监管场所经营人应当通知海关。

第十五条 海关接受进境运输工具申报时，应当审核电子数据和纸质申报单证。

进境运输工具在向海关申报以前，未经海关同意，不得装卸货物、物品，除引航员、口岸检查机关工作人员外不得上下人员。

第二节 停留监管

第十六条 进出境运输工具到达设立海关的地点时，应当接受海关监管和检查。

海关检查进出境运输工具时，运输工具负责人应当到场，并根据海关的要求开启舱室、房间、车门；有走私嫌疑的，并应当开拆可能藏匿走私货物、物品的部位，搬移货物、物料。

海关认为必要时，可以要求进出境运输工具工作人员进行集中，配合海关实施检查。

海关检查完毕后，应当按规定制作《检查记录》。

第十七条 海关认为必要的，可以派员对进出境运输工具值守，进出境运输工具负责人应当为海关人员提供方便。

海关派员对进出境运输工具值守的，进出境运输工具装卸货物、物品以及上下人员应当征得值守海关人员同意。

第十八条 进出境运输工具负责人应当在进出境运输工具装卸货物的1小时以前通知海关；航程或者路程不足1小时的，可以在装卸货物以前通知海关。

海关可以对进出境运输工具装卸货物实施监装监卸。

进出境运输工具装卸货物、物品完毕后，进出境运输工具负责人应当向海关递交反映实际装卸情况的交接单据和记录。

第十九条 进出境运输工具在海关监管场所停靠期间更换停靠地点的，进出境运输工具负责人应当事先通知海关。

第三节 境内续驶监管

第二十条 进出境运输工具在境内从一个设立海关的地点驶往另一个设立海关的地点的，进出境运输工具负责人应当按照本章第四节的有关规定办理驶离手续。

第二十一条 进出境运输工具在境内从一个设立海关的地点驶往另一个设立海关的地点的，应当符合海关监管要求，驶离地海关应当制发关封。进出境运输工具负责人应当妥善保管关封，抵达另一设立海关的地点时提交目的地海关。

未经驶离地海关同意，进出境运输工具不得改驶其他目的地；未办结海关手续的，不得改驶境外。

第二十二条 进出境运输工具在境内从一个设立海关的地点驶往另一个设立海关的地点时，海关可以派员随运输工具实施监管，进出境运输工具负责人应当为海关人员提供方便。

第二十三条 进出境运输工具在境内从一个设立海关的地点驶往另一个设立海关的地点抵达目的地以后，应当按照本章第一节的有关规定办理抵达手续。

第四节 出境监管

第二十四条 出境运输工具离开设立海关的地点驶往境外的2小时以前，运输工具负责人应当将驶离时间以电子数据形式通知海关。对临时出境的运输工具，运输工具负责人可以在其驶离设立海关的地点以前将驶离时间通知海关。

因客观条件限制，经海关批准，公路车辆负责人可以在车辆出境前采用电话、传真等方式通知海关。

第二十五条 运输工具出境时，运输工具负责人应当按不同运输方式向海关申报，分别提交《中华人民共和国海关船舶出境（港）申报单》、《中华人民共和国海关航空器出境（港）申报单》、《中华人民共和国海关铁路列车出境申报单》、《中华人民共和国海关公路车辆出境（港）申报单》，以及上述申报单中列明应当交验的其他单证。

第二十六条 出境运输工具负责人在货物、物品装载完毕或者旅客全部登机（船、车）以后，应当向海关提交结关申请。海关审核无误的，制发《结关通知书》。

海关制发《结关通知书》以后，非经海关同意，出境运输工具不得装卸货物、上下旅客。

第二十七条 出境运输工具驶离海关监管场所时，监管场所经营人应当通知海关。

第二十八条 进出境运输工具在办结海关出境或者续驶手续后的24小时未能驶离的，运输工具负责人应当重新办理有关手续。

第四章 物料管理

第二十九条 经运输工具负责人申请，海关核准后，进出境运输工具可以添加、起卸、调拨下列物料：

（一）保障进出境运输工具行驶、航行的轻油、重油等燃料；

（二）供应进出境运输工具工作人员和旅客的日常生活用品、食品；

（三）保障进出境运输工具及所载货物运输安全的备件、垫舱物料和加固、苫盖用的绳索、篷布、苫网等；

（四）海关核准的其他物品。

第三十条　进出境运输工具需要添加、起卸物料的，物料添加单位或者接受物料起卸单位应当向海关申报，并提交以下单证：

（一）《中华人民共和国海关运输工具起卸/添加物料申报单》；

（二）添加、起卸物料明细单；

（三）海关认为必要的其他单证。

境外运输工具在我国境内添加、起卸物料的，应当列入海关统计。

第三十一条　进出境运输工具之间调拨物料的，接受物料的进出境运输工具负责人应当在物料调拨完毕后向海关提交《运输工具物料调拨清单》。

第三十二条　进出境运输工具添加、起卸、调拨物料的，应当接受海关监管。

第三十三条　进出境运输工具添加、起卸、调拨的物料，运输工具负责人免予提交许可证件，海关予以免税放行；添加、起卸国家限制进出境或者涉及国计民生的物料超出自用合理数量范围的，应当按照进出口货物的有关规定办理海关手续。

第三十四条　除下列情况外，进出境运输工具使用过的废弃物料应当复运出境：

（一）运输工具负责人声明废弃的物料属于《自动进口类可用作原料的废物目录》和《限制进口类可用作原料的废物目录》列明，且接收单位已经办理进口手续的。

（二）不属于《自动进口类可用作原料的废物目录》和《限制进口类可用作原料废物目录》目录范围内的供应物料，以及进出境运输工具产生的清舱污油水、垃圾等，且运输工具负责人或者接受单位能够自卸下进出境运输工具之日起30天内依法作无害化处理的。

前款第（一）、（二）项所列物项未办理合法手续或者未在规定时限内依法作无害化处理的，海关可以责令退运。

第三十五条　进出境运输工具负责人应当将进口货物全部交付收货人。经海关核准，同时符合下列条件的扫舱地脚，可以免税放行：

（一）进口货物为散装货物；

（二）进口货物的收货人确认运输工具已经卸空；

（三）数量不足1吨，且不足进口货物重量的0.1%。

前款规定的扫舱地脚涉及许可证件管理的，进出境运输工具负责人免于提交许可证件。

第五章　运输工具工作人员携带物品管理

第三十六条　进出境运输工具工作人员携带物品进出境的，应当向海关申报并接受海关监管。

第三十七条　进出境运输工具工作人员携带的物品，应当以服务期间必需和自用合理数量为限。

运输工具工作人员不得为其他人员托带物品进境或者出境。

第三十八条　进出境运输工具工作人员需携带物品进入境内使用的，应当向海关办理手续，海关按照有关规定验放。

第六章　附　则

第三十九条　违反本办法，构成走私行为、违反海关监管规定行为或者其他违反海关法行为的，由海关依照《海关法》和《中华人民共和国海关行政处罚实施条例》的有关规定予以处理；构成犯罪的，依法追究刑事责任。

第四十条 本办法下列用语的含义是：

运输工具负责人，是指进出境运输工具的所有企业、经营企业，船长、机长、汽车驾驶员、列车长，以及上述企业或者人员授权的代理人。

运输工具服务企业，是指为进出境运输工具提供本办法第二十九条规定的物料或者接受运输工具（包括工作人员及所载旅客）消耗产生的废、旧物品的企业。

扫舱地脚，是指经进口货物收货人确认进出境运输工具已经卸空，但因装卸技术等原因装卸完毕后，清扫进出境运输工具剩余的进口货物。

运输工具工作人员，是指在进出境运输工具上从事驾驶、服务，且具有相关资格证书的人员以及实习生。

第四十一条 经海关总署批准只使用运输工具电子数据通关的，申报单位应当将纸质单证至少保存3年。

第四十二条 海关对驮畜的监管办法另行制定。

海关对来往香港、澳门小型船舶和公路车辆的监管，另按照有关规定执行。

第四十三条 本办法所列文书格式由海关总署另行制定公告。

第四十四条 本办法由海关总署负责解释。

第四十五条 本办法自2011年1月1日起施行。1974年9月10日外贸部"〔1974〕贸关货233号"发布的《中华人民共和国海关对国际民航机监管办法》、1990年3月15日海关总署令第11号发布的《中华人民共和国海关对国际铁路联运进出境列车和所载货物、物品监管办法》、1991年8月23日海关总署令第24号发布的《中华人民共和国海关对进出境国际航行船舶及其所载货物、物品监管办法》同时废止。

海关对长江驳运船舶转运进出口货物的管理规定

（海关总署〔1984〕署货字第1089号）

（1985年1月10日由海关总署发布，1985年2月1日起施行，法规类型为部门规章）

第一条 为适应开发和利用长江，发展外贸运输的需要，加强海关对长江驳运船舶（以下简称"驳运船舶"）转运进出口货物的管理，根据《中华人民共和国海关对国际航行船舶及其所载货物监管办法》，结合长江沿岸有关口岸实际情况，特制定本规定。

第二条 本规定所称的长江驳运船舶是指航行长江驳运进出口转运货物的机动和非机动船舶。

第三条 长江驳运船舶必须具备加封条件的货舱，符合海关监管条件，并由船方或其代理人向船籍港海关申请登记，经批准后方准在海关同意的港口码头从事转运进出口货物运输。

船方必须保证将转运货物及时运至指定港口，并向海关申报。

第四条 长江驳运船舶装、卸进出口转运货物，必须由船方或其代理人向海关预报并经海关核准后进行。驳运船舶在装、卸货物及承载海关监管货物期间应接受海关监督和检查。船方或其代理人不得擅自开启经海关加封的货舱，不得自行装卸、拆卸、改装或顶替；非经海关核准，不得自行将转运货物交付受（发）货人或其代理人。

第五条 长江驳运船舶装载的出口货物，应由货物所有人或其代理人填写出口货物报关单一式三份，向起运地海关办理申报纳税手续，由海关在出口货物报关单上和船方装货单据上签盖验证章后，按监管货物监管至出境地海关核查放行。必要时出境地海关对有关出口货物可以进行复验。有关出口货物经出境地海关在装货单上盖印放行后，港务部门、货物所有人（或其代理人）和船方才可换装运输工具。

第六条　长江驳运船舶所载出口货物的货主或其代理人如果需要在出境地办理补货、调货时，应及时向出境地海关报告并按规定办理有关手续。如有应税出口货物退关，货主或其代理人可凭出境地海关签核的退关证明和原货的关税缴款书，在启运地海关办理退税。

第七条　长江驳运船舶装载的进口货物，应由货物所有人或其代理人填写外国货物转运准单一式三份，向入境地海关申请办理货物转运手续。经海关审查符合转运监管条件的，准予按转运货物监管至到达地海关完成海关手续。进口货物运抵到达地后，应即向海关办理报关纳税手续。有关进口货物经海关在提货单上盖印放行后，港务部门、货物所有人或其代理人才可分别交付和提取货物。

第八条　长江驳运船舶于出口货物装毕后，进口货物换装后，由船长分别向海关递交载货清单一式二份，海关在核对清单无讹后，一份留存，一份连同上述第五、七条的有关单证一并封入关封，并对货舱施加海关封志。船长应负责保护海关封志的完整并将海关关封带交出境地或到达地海关。

第九条　长江驳运船舶装载的进口货物，如在运输途中灭失，船方应向到达地海关提出书面报告，由海关查明情况按有关规定进行处理。

第十条　海关派员驻停港驳运船舶监管或随船监管时，运输部门和有关驳运船舶应提供必要的办公条件和工作食宿方便。

第十一条　如有违反本规定的情事，由海关按照《中华人民共和国暂行海关法》和有关规定进行处理。

第十二条　本规定自1985年2月1日起实施。

《海关对长江驳运船舶转运进出口货物的管理规定》实施细则

（海关总署〔1985〕署货字第1097号）

（1985年12月13日由海关总署发布，根据2018年11月23日海关总署令第243号《海关总署关于修改部分规章的决定》修改，现行版本自2018年11月23日起施行，法规类型为规范性文件）

第一条　为加强对长江驳运船舶（以下简称"驳船"）进出口货物的监管，方便对外贸易运输，特根据《海关对长江驳运船舶转运进出口货物的管理规定》和其他有关规定制定本实施细则。

第二条　经营进出口货物转运业务的驳船，必须具备海关加封条件的货仓，符合海关监管条件，并由船方或其代理人向船籍港海关申请登记。不符合海关监管条件的，海关不予批准。

第三条　驳船的负责人要经海关培训并考试。未经培训或虽培训但考试不合格的，海关不予批准。

第四条　经海关审核批准并签发注册登记证书后，驳船方可在海关同意的港口码头从事转运进出口货物运输业务。船方要保证将转运货物（即"海关监管货物"）及时、完整地运到指定港口，并向海关申报。

第五条　船籍港海关应将经批准准予注册登记的驳船名单抄告有关海关。

第六条　驳船在航行、停泊期间，必须携带注册登记证书，以备海关核查。

第七条　驳船在口岸过驳前，应将其注册登记证书、关封和有关单证交口岸海关审验，经海关核准后方可装卸货物。除散装大宗等货物并经海关特准的外，如驳船无加封设施口岸海关不准予转运。其货物应由货物所有人或其代理人（以下简称"货主"）在进出境地办理报关纳税手续。

第八条　驳船装载的出口货物，应由货物所有人或其代理人向启运地海关交验出口货物报关单。经海关在装货单据上加盖"验讫章"后，驳船方可装船。货物运抵出境地经海关开拆封志并在装货单上盖印放行后，驳船、货主方可换装运输工具。

出口货物报关单一式三份，一份交起运地海关留存；两份由驳船随货带交出境地海关。转运出口货物由出境地海关统计上报。

第九条　转运出口货物在换装过程中发生溢短卸时，货主应在24小时内向出境地海关交验一式三份更正通知单办理补报或退关手续。更正通知单两份出境地海关留存，一份寄启运地海关，如属退出口税的，应在该份更正通知单上签证后退交货主凭以向启运地海关办理退税。

第十条　出口转运货物，出境地海关认为必要时可对有关出口货物进行复验，货主应根据海关要求，负责搬移货物、开拆和重封货物的包装。

第十一条　进口货物应由货主填写外国货物运转准单一式三份向进境地海关申请转运，经海关审核同意可转运到达地海关完成进口手续。转运准单一份由进境地海关留存，一份邮寄到达地海关，一份封入关封内交驳船负责人带交到达地海关。进口货物在换装运输工具时，如发生溢、短、残损等情况，进境地海关应在封入关封内的有关单证上批注说明。

进口货物运达目的地后，驳船负责人应即将关封递交到达地海关，经海关审核同意并开拆封志后方可卸货。有关进口货物经货主办理进口手续，海关在提货单上加盖"放行章"放行后，港务部门、货主才可分别交付和提取。

第十二条　转运货物属于国家限制进口商品的，货主应当取得进口许可证件。海关对有关进口许可证件电子数据进行系统自动比对验核。没有取得进口许可证件的，不得转运，由进境地海关依法进行处理。

第十三条　进口货物，如需转运到未设关地区的，货主应事前报经有关分管海关同意，进境地海关凭分管海关同意转运的函电办理转运手续。

第十四条　驳船于出口货物装毕后，进口货物换装后，驳船负责人应分别向海关递交载货清单一式二份，海关在核对无讹后，一份留存，一份连同报关单或外国货物转运准单等单证封入关封交驳船负责人签收，并对货舱施加海关封志。在办清上述结关手续后，驳船方可驶离港口。驳船负责人应负责保护海关封志的完整，并将海关关封完整无损地带交出境地或到达地海关。

第十五条　驳船在同一航次中，未经海关同意，不得将"海关监管货物"与非监管货物同舱混装。

驳船在承载海关监管货物期间，未经海关同意，不得在未设海关港口加载、装卸货物。

第十六条　进出口货物转运后，到达地海关应每半年向进出境地海关核对关封编号。

第十七条　驳船装载的进出口货物，在运输途中如遇水损或发生意外事故，船方应向到达地海关书面报告。海关在查明情况后，按有关规定处理。

第十八条　驳船及其工作人员不得为国际航行船舶船员运带未经海关放行的个人物品。

第十九条　海关派员驻驳船或随船监管时，运输部门和有关驳船负责人应提供必要的办公条件和食宿方便。

第二十条　如有违反《海关对长江驳运船舶转运进出口货物的管理规定》和本实施细则的，由海关依法进行处理。

第二十一条　本实施细则自1986年2月1日起实施。

国际航行船舶进出中华人民共和国口岸检查办法

（国务院令第175号）

（1995年3月21日由国务院发布，根据2019年3月2日国务院令第709号《国务院关于修改部分行政法规的决定》修订，现行版本自2019年3月18日起施行，法规类型为行政法规）

第一条　为了加强对国际航行船舶进出中华人民共和国口岸的管理，便利船舶进出口岸，提高口岸效能，制定本办法。

第二条　进出中华人民共和国口岸的国际航行船舶（以下简称船舶）及其所载船员、旅客、货物和其他物品，由本办法第三条规定的机关依照本办法实施检查；但是，法律另有特别规定的，或者国务院另有特别规定的，从其规定。

第三条　中华人民共和国港务监督机构（以下简称港务监督机构）、中华人民共和国海关（以下简称海关）、中华人民共和国出入境边防检查机关是负责对船舶进出中华人民共和国口岸实施检查的机关（以下统称检查机关）。

第四条　检查机关依照有关法律、行政法规的规定实施检查并对违法行为进行处理。

港务监督机构负责召集有其他检查机关参加的船舶进出口岸检查联席会议，研究、解决船舶进出口岸检查的有关问题。

第五条　船舶进出中华人民共和国口岸，由船方或其代理人依照本办法有关规定办理进出口岸手续。除本办法第十条第二款、第十一条规定的情形或者其他特殊情形外，检查机关不登船检查。

船方或其代理人办理船舶进出口岸手续时，应当按照检查机关的有关规定准确填写报表，并如实提供有关证件、资料。

第六条　船方或其代理人应当在船舶预计抵达口岸7日前（航程不足7日的，在驶离上一口岸时），填写《国际航行船舶进口岸申请书》，报请抵达口岸的港务监督机构审批。

拟进入长江水域的船舶，船方或其代理人应当在船舶预计经上海港区7日前（航程不足7日的，在驶离上一口岸时），填写《国际航行船舶进口岸申请书》，报请抵达口岸的港务监督机构审批。

第七条　船方或其代理人应当在船舶预计抵达口岸24小时前（航程不足24小时的，在驶离上一口岸），将抵达时间、停泊地点、靠泊移泊计划及船员、旅客的有关情况报告检查机关。

第八条　船方或其代理人在船舶抵达口岸前未办妥进口岸手续的，须在船舶抵达口岸24小时内到检查机关办理进口岸手续。

船舶在口岸停泊时间不足24小时的，经检查机关同意，船方或其代理人在办理进口岸手续时，可以同时办理出口岸手续。

第九条　船方或其代理人在船舶抵达口岸前已经办妥进口岸手续的，船舶抵达后即可上下人员、装卸货物和其他物品。

船方或其代理人在船舶抵达口岸前未办妥进口岸手续的，船舶抵达后，除检查机关办理进口岸检查手续的工作人员和引航员外，其他人员不得上下船舶、不得装卸货物和其他物品；船舶进出的上一口岸是中华人民共和国口岸的，船舶抵达后即可上下人员、装卸货物和其他物品，但是应当立即办理进口岸手续。

第十条 海关对船舶实施电讯检疫。持有卫生证书的船舶，其船方或其代理人可以向海关申请电讯检疫。

对来自疫区的船舶，载有检疫传染病染疫人、疑似检疫传染病染疫人、非意外伤害而死亡且死因不明尸体的船舶，未持有卫生证书或者证书过期或者卫生状况不符合要求的船舶，海关应当在锚地实施检疫。

第十一条 海关对来自动植物疫区的船舶和船舶装载的动植物、动植物产品及其他检疫物，可以在锚地实施检疫。

第十二条 船方或其代理人应当在船舶驶离口岸前4小时内（船舶在口岸停泊时间不足4小时的，在抵达口岸时），到检查机关办理必要的出口岸手续。有关检查机关应当在《船舶出口岸手续联系单》上签注；船方或其代理人持《船舶出口岸手续联系单》和港务监督机构要求的其他证件、资料，到港务监督机构申请领取出口岸许可证。

第十三条 船舶领取出口岸许可证后，情况发生变化或者24小时内未能驶离口岸的，船方或其代理人应当报告港务监督机构，由港务监督机构商其他检查机关决定是否重新办理出口岸手续。

第十四条 定航线、定船员并在24小时内往返一个或者一个以上航次的船舶，船方或其代理人可以向港务监督机构书面申请办理定期进出口岸手续。受理申请的港务监督机构商其他检查机关审查批准后，签发有效期不超过7天的定期出口岸许可证，在许可证有效期内对该船舶免办进口岸手续。

第十五条 检查机关及其工作人员必须秉公执法，恪尽职守，及时实施检查和办理船舶进出口岸的申请。

第十六条 本办法下列用语的含义：

（一）国际航行船舶，是指进出中华人民共和国口岸的外国籍船舶和航行国际航线的中华人民共和国国籍船舶。

（二）口岸，是指国家批准可以进出国际航行船舶的港口。

（三）船方，是指船舶所有人或者经营人。

第十七条 本办法自发布之日起施行。经国务院批准，1961年10月24日由交通部、对外贸易部、公安部、卫生部发布的《进出口船舶联合检查通则》同时废止。

国际航行船舶出入境检验检疫管理办法

(国家质量监督检验检疫总局令第 38 号)

(2002 年 12 月 31 日由国家质量监督检验检疫总局发布；根据 2018 年 3 月 6 日国家质量监督检验检疫总局令第 196 号《国家质量监督检验检疫总局关于废止和修改部分规章的决定》修改，根据 2018 年 4 月 28 日海关总署令第 238 号《海关总署关于修改部分规章的决定》修改，根据 2018 年 5 月 29 日海关总署令第 240 号《海关总署关于修改部分规章的决定》修改；现行版本自 2018 年 7 月 1 日起施行；法规类型为部门规章)

第一章 总 则

第一条 为加强国际航行船舶出入境检验检疫管理，便利国际航行船舶进出我国口岸，根据《中华人民共和国国境卫生检疫法》及其实施细则、《中华人民共和国进出境动植物检疫法》及其实施条例、《中华人民共和国进出口商品检验法》及其实施条例以及《国际航行船舶进出中华人民共和国口岸检查办法》的规定，制定本办法。

第二条 本办法所称国际航行船舶（以下简称船舶）是指进出中华人民共和国国境口岸的外国籍船舶和航行国际航线的中华人民共和国国籍船舶。

第三条 海关总署主管船舶进出中华人民共和国国境口岸（以下简称口岸）的检验检疫工作。主管海关负责所辖地区的船舶进出口岸的检验检疫和监督管理工作。

第四条 国际航行船舶进出口岸应当按照本办法规定实施检验检疫。

第二章 入境检验检疫

第五条 入境的船舶必须在最先抵达口岸的指定地点接受检疫，办理入境检验检疫手续。

第六条 船方或者其代理人应当在船舶预计抵达口岸 24 小时前（航程不足 24 小时的，在驶离上一口岸时）向海关申报，填报入境检疫申报书。如船舶动态或者申报内容有变化，船方或者其代理人应当及时向海关更正。

第七条 受入境检疫的船舶，在航行中发现检疫传染病、疑似检疫传染病，或者有人非因意外伤害而死亡并死因不明的，船方必须立即向入境口岸海关报告。

第八条 海关对申报内容进行审核，确定以下检疫方式，并及时通知船方或者其代理人。

（一）锚地检疫；

（二）电讯检疫；

（三）靠泊检疫；

（四）随船检疫。

第九条 海关对存在下列情况之一的船舶应当实施锚地检疫：

（一）来自检疫传染病疫区的；

（二）来自动植物疫区，国家有明确要求的；

（三）有检疫传染病病人、疑似检疫传染病病人，或者有人非因意外伤害而死亡而死因不明的；

（四）装载的货物为活动物的；

（五）发现有啮齿动物异常死亡的；
（六）废旧船舶；
（七）未持有有效的《除鼠/免予除鼠证书》的；
（八）船方申请锚地检疫的；
（九）海关工作需要的。

第十条 持有我国海关签发的有效《交通工具卫生证书》，并且没有第九条所列情况的船舶，经船方或者其代理人申请，海关应当实施电讯检疫。

船舶在收到海关同意电讯检疫的批复后，即视为已实施电讯检疫。船方或者其代理人必须在船舶抵达口岸24小时内办理入境检验检疫手续。

第十一条 对未持有有效《交通工具卫生证书》，且没有第九条所列情况或者因天气、潮水等原因无法实施锚地检疫的船舶，经船方或者其代理人申请，海关可以实施靠泊检疫。

第十二条 海关对旅游船、军事船、要人访问所乘船舶等特殊船舶以及遇有特殊情况的船舶，如船上有病人需要救治、特殊物资急需装卸、船舶急需抢修等，经船方或者其代理人申请，可以实施随船检疫。

第十三条 接受入境检疫的船舶，必须按照规定悬挂检疫信号，在海关签发入境检疫证书或者通知检疫完毕以前，不得解除检疫信号。除引航员和经海关许可的人员外，其他人员不准上船；不准装卸货物、行李、邮包等物品；其他船舶不准靠近；船上人员，除因船舶遇险外，未经海关许可，不得离船；检疫完毕之前，未经海关许可，引航员不得擅自将船舶引离检疫锚地。

第十四条 办理入境检验检疫手续时，船方或者其代理人应当向海关提交《航海健康申报书》《总申报单》《货物申报单》《船员名单》《旅客名单》《船用物品申报单》《压舱水报告单》及载货清单，并应检验检疫人员的要求提交《除鼠/免予除鼠证书》《交通工具卫生证书》《预防接种证书》《健康证书》以及《航海日志》等有关资料。

第十五条 海关实施登轮检疫时，应当在船方人员的陪同下，根据检验检疫工作规程实施检疫查验。

第十六条 海关对经检疫判定没有染疫的入境船舶，签发《船舶入境卫生检疫证》；对经检疫判定染疫、染疫嫌疑或者来自传染病疫区应当实施卫生除害处理的或者有其他限制事项的入境船舶，在实施相应的卫生除害处理或者注明应当接受的卫生除害处理事项后，签发《船舶入境检疫证》；对来自动植物疫区经检疫判定合格的船舶，应船舶负责人或者其代理人要求签发《运输工具检疫证书》；对须实施卫生除害处理的，应当向船方出具《检验检疫处理通知书》，并在处理合格后，应船方要求签发《运输工具检疫处理证书》。

第三章 出境检验检疫

第十七条 出境的船舶在离境口岸接受检验检疫，办理出境检验检疫手续。

第十八条 出境的船舶，船方或者其代理人应当在船舶离境前4小时内向海关申报，办理出境检验检疫手续。已办手续但出现人员、货物的变化或者因其他特殊情况24小时内不能离境的，须重新办理手续。

船舶在口岸停留时间不足24小时的，经海关同意，船方或者其代理人在办理入境手续时，可以同时办理出境手续。

第十九条 对装运出口易腐烂变质食品、冷冻品的船舱，必须在装货前申请适载检验，取得检验证书。未经检验合格的，不准装运。

装载植物、动植物产品和其他检疫物出境的船舶，应当符合国家有关动植物防疫和检疫的规定，取得《运输工具检疫证书》。对需实施除害处理的，作除害处理并取得《运输工具检处理证书》后，方可装运。

第二十条　办理出境检验检疫手续时，船方或者其代理人应当向海关提交《航海健康申报书》《总申报单》《货物申报单》《船员名单》《旅客名单》及载货清单等有关资料（入境时已提交且无变动的可免于提供）。

第二十一条　经审核船方提交的出境检验检疫资料或者经登轮检验检疫，符合有关规定的，海关签发《交通工具出境卫生检疫证书》，并在船舶出口岸手续联系单上签注。

第四章　检疫处理

第二十二条　对有下列情况之一的船舶，应当实施卫生除害处理：

（一）来自检疫传染病疫区的；

（二）被检疫传染病或者监测传染病污染的；

（三）发现有与人类健康有关的医学媒介生物，超过国家卫生标准的；

（四）发现有动物一类、二类传染病、寄生虫病或者植物危险性病、虫、杂草的或者一般性病虫害超过规定标准的；

（五）装载散装废旧物品或者腐败变质有碍公共卫生物品的；

（六）装载活动物入境和拟装运活动物出境的；

（七）携带尸体、棺柩、骸骨入境的；

（八）废旧船舶；

（九）海关总署要求实施卫生除害处理的其他船舶。

第二十三条　对船上的检疫传染病染疫人应当实施隔离，对染疫嫌疑人实施不超过该检疫传染病潜伏期的留验或者就地诊疗。

第二十四条　对船上的染疫动物实施退回或者扑杀、销毁，对可能被传染的动物实施隔离。发现禁止进境的动植物、动植物产品和其他检疫物的，必须作封存或者销毁处理。

第二十五条　对来自疫区且国家明确规定应当实施卫生除害处理的压舱水需要排放的，应当在排放前实施相应的卫生除害处理。对船上的生活垃圾、泔水、动植物性废弃物，应当放置于密封有盖的容器中，在移下前应当实施必要的卫生除害处理。

第二十六条　对船上的伴侣动物，船方应当在指定区域隔离。确实需要带离船舶的伴侣动物、船用动植物及其产品，按照有关检疫规定办理。

第五章　监督管理

第二十七条　海关对航行或者停留于口岸的船舶实施监督管理，对卫生状况不良和可能导致传染病传播或者病虫害传播扩散的因素提出改进意见，并监督指导采取必要的检疫处理措施。

第二十八条　海关接受船方或者其代理人的申请，办理《除鼠／免予除鼠证书》（或者延期证书）、《交通工具卫生证书》等有关证书。

第二十九条　船舶在口岸停留期间，未经海关许可，不得擅自排放压舱水、移下垃圾和污物等，任何单位和个人不得擅自将船上自用的动植物、动植物产品及其他检疫物带离船舶。船舶在国内停留及航行期间，未经许可不得擅自启封动用海关在船上封存的物品。

第三十条　海关对船舶上的动植物性铺垫材料进行监督管理，未经海关许可不得装卸。

第三十一条　船舶应当具备并按照规定使用消毒、除虫、除鼠药械及装置。

第三十二条　来自国内疫区的船舶，或者在国内航行中发现检疫传染病、疑似检疫传染病，或者有人非因意外伤害而死亡死因不明的，船舶负责人应当向到达口岸海关报告，接受临时检疫。

第三十三条　海关对从事船舶食品、饮用水供应的单位以及从事船舶卫生除害处理的单位实行许可管理；对从事船舶代理、船舶物料服务的单位实行备案管理。其从业人员应当按照海关的要求接受培训和考核。

第六章　附　则

第三十四条　航行港澳小型船舶的检验检疫按照海关总署的有关规定执行。

第三十五条　往来边境地区的小型船舶、停靠非对外开放口岸的船舶以及国际海运过鲜船舶的检验检疫参照本办法执行。

第三十六条　违反本办法规定的，按照国家有关法律法规的规定处罚。

第三十七条　本办法由海关总署负责解释。

第三十八条　本办法自2003年3月1日起施行。原国家动植物检疫局1995年5月8日发布的《国际航行船舶进出中华人民共和国口岸动植物检疫实施办法》（试行）和原国家商品检验局1994年12月29日发布的《装运出口商品船舱检验管理办法》同时废止。其他有关规定与本办法不一致的，以本办法为准。

中华人民共和国海关对国际航行船舶船员自用和船舶备用烟、酒的管理规定

（海关总署令第2号）

（1988年10月27日由海关总署发布，1988年12月1日起施行，法规类型为部门规章）

第一条　为加强海关对进出境国际航行船舶船员自用和船舶备用烟、酒的管理，照顾船员和船舶的合理需要，根据《中华人民共和国海关法》，制定本规定。

第二条　国际航行船舶（以下简称船舶）进境时，船舶负责人应在《船员自用和船舶备用物品、货币、金银清单》（见附件1）中如实填写烟、酒的类别、数量，向海关申报。

第三条　船舶每航次挂港期间，从进境之日起，在港停留每十天准予船舶外留备用香烟三千支、酒五瓶；准予每一外籍船员外留自用香烟四百支、酒一瓶（不含啤酒类饮料）。外籍船员携带上岸的烟、酒每次不得超过香烟四十支、酒一瓶，累计总数不得超出上述本人外留数量。中国籍船员按照《海关对我国际运输工具服务人员进出境行李物品的管理规定》规定的限量予以外留，并必须经海关办理征免手续后，方准携带上岸。

第四条　不属本规定第三条准外留的烟、酒，应全部集中储存，由船舶负责人在《船员自用和船舶备用烟、酒加封清单》（见附件2）上列明，向海关申报。海关在清单上签注，并对烟、酒实施加封。船舶负责人有责任为海关加封烟、酒提供方便。

第五条　因特殊原因，船员、船舶外留的烟、酒不敷实际需要的，可由船舶负责人向海关提出书面申请，经海关审核批准后，在海关监管下启封及重封，并在《船员自用和船舶备用烟、酒加封清单》上相应变更封存烟、酒的数量。

第六条　船舶之间互相调拨的烟、酒，应当由船舶负责人或其代理人列列清单，报经海关核准后，在海关监管下办理调拨及重封手续，海关在《船员自用和船舶备用烟、酒加封清单》上签注。

第七条　船舶在我港口免税店购买的烟、酒，应在送货上船前由船舶负责人持免税店发票

清单向海关申报，办理加封手续。海关变更《船员自用和船舶备用烟、酒加封清单》中关于烟、酒的封存数量。

第八条　开往我境内下一口岸的船舶，其加封的烟、酒不得擅自启封，由本口岸海关将《船员自用和船舶备用烟、酒加封清单》作关封由船舶负责人负责带交下一口岸海关。由下一口岸海关依照本规定继续监管。直驶境外港口的船舶，结关离境后可自行启封。

第九条　对我兼营国际运输的船舶，在经营国际航运期间，海关按本规定对烟、酒加封留存；在改营国内运输期间，海关按《中华人民共和国海关对我国兼营国际国内运输船舶的监管规定》办理。

第十条　对违反本规定的行为，海关依据《中华人民共和国海关法》及有关法规进行处理。

第十一条　本规定自一九八八年十二月一日起实施。

附件：1. 船员自用和船舶备用物品、货币、金银清单（略）
　　　2. 船员自用和船舶备用烟、酒加封清单（略）

关于复制推广国际航行船舶供水"开放式申报+验证式监管"工作模式的公告

（海关总署公告2019年第9号）

(2019年1月4日由海关总署发布，2019年1月4日起施行，法规类型为规范性文件)

为贯彻落实《国务院关于做好自由贸易试验区第四批改革试点经验复制推广工作的通知》（国发〔2018〕12号）精神，在全国复制推广国际航行船舶供水"开放式申报+验证式监管"工作模式，现将有关事项公告如下：

一、国际航行船舶饮用水供应单位（以下简称供水单位）对其向国际航行船舶供应的饮用水的卫生安全负责，为饮用水卫生安全的第一责任人。

供水单位应当依照法律、行政法规和饮用水卫生标准从事生产经营活动，保证饮用水安全，诚信自律，对社会和公众负责，接受社会监督，承担社会责任。

二、海关对船舶供水单位开展风险分析评估，根据风险分析评估结果，允许符合下列要求的企业实行开放式申报。

（一）取得《中华人民共和国境口岸卫生许可证》，并通过运输工具查检一系统备案的；

（二）水源来自市政管网，或符合《二次供水设施卫生规范》（GB17051）要求的二次供水，其水质符合《生活饮用水卫生标准》（GB5749）要求的；

（三）企业信用良好，无失信、造假记录；

（四）管理制度完善，人员培训到位，现场操作规范；

（五）涉水设备符合水质安全要求；

（六）口岸供水点和船舶供水口的末梢水，近一年内至少有1次水厂出具的水质检测报告，结果应符合生活饮用水标准，供水管道、供水点不得检出军团菌；

（七）口岸供水点出水口应具备病媒生物无法藏匿和孳生、污水无法积存的条件；

（八）卫生许可审查和日常卫生监督检查均为良好的；
（九）向海关提交饮用水安全承诺书。
三、已获得卫生许可但不符合本公告第二款规定的供水单位，按照《国境口岸食品卫生监督管理规定》的要求进行申报。
四、国际航行船舶选择实行开放式申报的供水单位进行供水的，可以通过电话、"互联网+"等便捷途径向海关进行供水申报，在离港时再提交材料。
五、实行开放式申报的供水单位在向国际航行船舶供水前免予向海关申报。
六、海关在日常监管中发现实行开放式申报单位存在下列情况的，暂停开放式申报资格。
（一）发现饮用水供应存在卫生安全隐患的；
（二）发生危及或可能危及饮用水卫生安全的突发事件。
上述问题经海关认可得到有效整改后，可重新取得开放式申报资格。
七、供水单位应持证合法经营，建立和落实供水安全管理制度，制定食品安全事故处置方案，确保供水安全。
八、供水单位、国际航行船舶发现饮用水污染或不符合饮用水卫生标准危及人体健康的，应立即停止使用，并向海关报告，采取有效措施，按照食品安全事故处置方案科学规范有效处置。
九、供水单位应严格按照操作规程对国际航行船舶进行供水，开展水质快速检测，做好供水记录，相关记录保存至少三年。
十、供水单位应建立供水台账，定期向海关报备。
十一、往来港澳台船舶供水参照上述规定执行。
本公告自发布之日起实施。
特此公告。

中华人民共和国海关关于来往香港、澳门公路货运企业及其车辆的管理办法

（海关总署令第118号）

（2004年1月7日由海关总署发布；根据2010年11月26日海关总署令第198号《海关总署关于修改部分规章的决定》修改，根据2018年5月29日海关总署令第240号《海关总署关于修改部分规章的决定》修改；现行版本自2018年7月1日起施行；法规类型为部门规章）

第一章 总 则

第一条 为规范对来往港澳公路货运企业及其车辆的管理，根据《中华人民共和国海关法》及其他相关法律、行政法规，制定本办法。

第二条 本办法下列用语的含义是：
（一）来往港澳公路货运企业（以下简称货运企业），是指依照本办法规定在海关备案的从事来往港澳公路货物运输业务的企业，包括专业运输企业和生产型企业；
（二）来往港澳公路货运车辆（以下简称货运车辆），是指依照本办法规定在海关备案的来往港澳公路货运车辆，包括专业运输企业的车辆和生产型企业的自用车辆；

第三条 海关对货运企业、车辆实行联网备案管理。

货运企业、车辆、驾驶员的备案、变更备案、注销备案、年审等业务以及相关后续管理工作，由进出境地的直属海关或者其授权的隶属海关按照本办法的规定办理。

第二章 备案管理

第四条 货运企业备案时，应当向进出境地的直属海关或者其授权的隶属海关提交下列文件：

（一）《来往香港/澳门货运企业备案申请表》；

（二）政府主管部门的批准文件；

第五条 车辆备案时，应当向进出境地的直属海关或者其授权的隶属海关提交下列文件：

（一）《来往香港/澳门货运车辆备案登记表》；

（二）《来往香港/澳门货运车辆海关验车记录表》（以下简称《验车记录表》）或者公安交通车检部门出具的验车报告；

（三）公安交通车管部门核发的《车辆及驾驶人员进出境批准通知书》海关联；

（四）公安交通车管部门核发的《机动车辆行驶证》（以下简称《行驶证》）复印件；

（五）符合海关要求的车辆彩色照片（包括车辆左前侧面45度角拍摄并可明显看见油箱和粤港、澳两地车牌以及后侧面45度角拍摄并可明显看见粤港/澳两地车牌）。

在香港/澳门地区办理车辆登记证明文件的进出境车辆（以下简称港/澳籍车辆），应当同时提交境外有关政府管理机构签发的车辆登记文件复印件；在内地办理车辆登记证明文件的进出境车辆（以下简称内地籍车辆），应当同时提交《机动车辆登记证书》复印件。

港/澳籍车辆，应当同时提交《来往香港/澳门车辆备案临时进境验车申报表》（以下简称《临时进境验车申报表》）。

第六条 货运车辆应当为集装箱式货车或者集装箱牵引车，并应当符合下列条件：

（一）车辆的类型、牌名、车身颜色、发动机号码、车身号码、车辆牌号等应当与公安交通车管部门核发的证件所列内容相符。

（二）集装箱式货车的车厢监管标准应当按照海关总署的有关规定执行；如有特殊需要加开侧门的，应当经海关批准，并符合海关监管要求；

（三）车辆的油箱和备用轮胎等装备以原车出厂时的标准配置为准，不得擅自改装或者加装。

第七条 经海关批准，散装货车可以作为来往香港/澳门的货运车辆，用于承运不具备施封条件的超大型机械设备或者鲜活水产品等散装货物。

第九条 经海关备案的货运企业，海关核发《来往香港/澳门货运企业备案登记证》（以下简称《货运企业备案登记证》）；

经海关备案的货运车辆，海关核发《来往香港/澳门车辆进出境签证簿》（以下简称《签证簿》）和载运进出境货物实际情况的通关证件。

第十条 《货运企业备案登记证》、《签证簿》和通关证件需要更新的，可以凭原件向备案海关申请换发；发生损毁或者灭失的，应当及时向海关报告，经备案海关审核情况属实的，予以补发。

第十一条 海关对货运企业、车辆实行年审制度。年审时，海关应当重点审核企业当年度的守法状况。

第十二条 货运企业年审时需提交下列文件：

（一）《来往香港/澳门货运企业年检报告书》；

（二）《货运企业备案登记证》；

（三）政府主管部门批准企业成立或者延期的批准文件。

第十三条　货运车辆年审时需提交下列文件：

（一）《来往香港/澳门车辆及驾驶员年检报告书》；

（二）《签证簿》；

（四）公安交通车管部门核发准予延期的《批准通知书》海关联；

第十四条　车辆需进行车体、厢体改装的，应当向备案海关申请，经海关同意，按照本办法第六条和《中华人民共和国海关对装载海关监管货物的集装箱及集装箱式货车车厢的监管办法》的规定办理。

改装后的车辆经备案海关重新检验认可后，海关收回原车辆的《签证簿》和通关证件，注销原车辆的备案资料，按照本办法第五条的规定重新予以核准备案，签发新的《签证簿》和通关证件。

第十五条　货运企业出现变更企业名称、通行口岸或者更换车辆等情况的，应当持政府有关主管部门的批准文件及相关资料，到备案海关办理变更备案手续。

第十六条　货运企业、车辆在备案有效期内暂停或者停止进出境营运业务的，应当向海关报告，海关收回《签证簿》和通关证件，对有关备案资料作暂停或者注销处理。

港/澳籍车辆在办结海关手续并已出境后，海关予以办理暂停或者注销手续。

第三章　海关监管

第十七条　货运车辆应当按照海关指定的路线和规定的时限，将所承运的货物完整地运抵指定的监管场所，并确保承运车辆、海关封志、海关监控设备及装载货物的箱（厢）体完好无损。

第十八条　货运车辆进出境时，企业应当按照海关规定如实申报，交验单证，并接受海关监管和检查。

承运海关监管货物的车辆从一个设立海关地点驶往另一个设立海关地点的，企业或者驾驶员应当按照海关监管要求，办理转关手续。

第十九条　海关检查进出境车辆及查验所载货物时，驾驶员应当到场，并根据海关的要求开启车门，搬移货物，开拆和重封货物包装。

第二十条　港/澳籍进出境车辆进境后，应当在3个月内复出境；特殊情况下，经海关同意，可以在车辆备案有效期内予以适当延期。

第二十一条　已进境的港/澳籍车辆，包括集装箱牵引架、集装箱箱体，未经海关同意并办结报关纳税手续，不得在境内转让或者移作他用。

第二十二条　进出境车辆的备用物料和驾驶员携带的物品，应当限于旅途自用合理数量部分；超出自用合理数量，应当向海关如实申报。

第二十三条　未经海关许可，任何人不得拆装运输工具上的海关监控设备，包括海关电子关锁、车载收发信装置等。特殊情况需要拆装的，应当报经备案海关同意；监控设备拆装后，应当报请备案海关验核。

第二十四条　货运企业应当妥善保管《签证簿》和通关证件，不得转借或者转让他人，不得涂改或者故意损坏。

第二十五条　集装箱牵引车承运的集装箱应当符合海关总署规定的标准要求。

第二十六条　因特殊原因，车辆在境内运输海关监管货物途中需要更换的，货运企业应当立即报告附近海关，在海关监管下更换。附近海关应当及时将更换情况通知货物进境地和指运地海关或者启运地和出境地海关。

第二十七条　海关监管货物在境内运输途中，发生损坏或者灭失的，货运企业应当立即向附近海关报告。除不可抗力外，货运企业应当承担相应的税款及其他法律责任。

第四章 法律责任

第二十八条 违反本办法规定，构成走私或者违反海关监管规定行为的，由海关依照《中华人民共和国海关法》、《中华人民共和国海关行政处罚实施条例》等有关法律、行政法规的规定予以处理；构成犯罪的，依法追究刑事责任。

第五章 附 则

第二十九条 驻港、澳部队的车辆的管理按照国家有关规定办理。

第三十条 本办法所规定的文书由海关总署另行制定并且发布。

第三十条 本办法由海关总署负责解释。

第三十一条 本办法自2004年10月1日起施行。《中华人民共和国海关对来往香港、澳门汽车及所载货物监管办法》（〔88〕署货字第6号）同时废止。

中华人民共和国海关关于来往香港、澳门小型船舶及所载货物、物品管理办法

（海关总署令第112号）

（2004年2月6日由海关总署发布；根据2017年12月20日海关总署令第235号《海关总署关于修改部分规章的决定》修改，根据2018年5月29日海关总署令第240号《海关总署关于修改部分规章的决定》修改；现行版本自2018年7月1日起施行；法规类型为部门规章）

第一章 总 则

第一条 为规范海关对来往香港、澳门小型船舶（以下简称小型船舶）及所载货物、物品的监管，根据《中华人民共和国海关法》及其他有关法律、行政法规，制定本办法。

第二条 本办法下列用语的含义：

（一）来往香港、澳门小型船舶，是指经交通部或者其授权部门批准，专门来往于内地和香港、澳门之间，在境内注册从事货物运输的机动或者非机动船舶。

（二）小型船舶海关中途监管站（以下简称中途监管站），是指海关设在珠江口大铲岛、珠海湾仔、珠江口外桂山岛、香港以东大三门岛负责监管小型船舶及所载货物、物品，并办理进出境小型船舶海关舱单确认和关封制作手续的海关监管机构。

（三）通航指令，是指中途监管站对小型船舶发出的直航通过中途监管站、停航办理手续等电子指令。

（四）海关指定区域，是指以中途监管站为中心，一定范围内的航行区域。具体区域范围由有关直属海关对外公布。

第三条 小型船舶应当在设有海关的口岸或者经海关批准的可临时派出海关人员实施监管的监管点进出、停泊、装卸货物、物品或者上下人员，并办理相关手续。

第四条 下列小型船舶进出境时，应当向指定的小型船舶中途监管站办理舱单确认和关封

制作手续:

（一）来往于香港与珠江水域的小型船舶向大铲岛中途监管站办理；

（二）来往于香港、澳门与磨刀门水道的小型船舶向湾仔中途监管站办理；

（三）来往于香港、澳门与珠江口、磨刀门水道以西，广东、广西、海南沿海各港口的小型船舶向桂山岛中途监管站办理；

（四）来往于香港、澳门与珠江口以东，广东、福建及以北沿海各港口的小型船舶向大三门岛中途监管站办理。

来往于香港与深圳赤湾、蛇口、妈湾、盐田港的小型船舶，直接在口岸海关办理进出境申报手续。

第五条 小型船舶经海关备案后，可以从事进出境货物运输。

小型船舶应当由所属的船舶运输企业（以下简称运输企业）向运输企业工商注册所在地的直属海关或者其授权的隶属海关办理备案手续；海关对小型船舶实行联网备案管理，数据资料共享。

第六条 小型船舶应当安装海关认可的船载收发信装置，特殊情况不安装的须经海关同意。

小型船舶不得设置暗格、夹层等可以藏匿货物、物品的处所，船体结构经国家船检部门审定后不得擅自改动。

第二章 备案管理

第七条 小型船舶申请备案时，运输企业应当向海关提交下列文件：

（一）来往港澳小型船舶登记备案表；

（二）交通主管部门的批准文件复印件；

（三）船舶国籍证书复印件；

（四）船舶正面和可以显示船舶名称侧面彩色照片。

第八条 海关予以备案的，应当在收到备案文件之日起5个工作日内签发《来往港澳小型船舶登记备案证书》（以下简称备案证书）、《来往港澳小型船舶进出境（港）海关监管簿》（以下简称海关监管簿）。

海关经审核决定不予备案的，应当在收到运输企业提交的备案文件之日起3个工作日内制发《来往港澳小型船舶不予备案通知书》。

第九条 运输企业需要延续备案的，应当在有效期届满30日前向备案海关提交下列文件，办理小型船舶延续手续：

（一）《来往港澳小型船舶延续申请书》；

（二）《备案证书》；

有效期届满未延续的，海关应当依照有关规定办理注销手续。

第十条 在海关备案的小型船舶名称、船体结构、经营航线、法定代表人、地址、企业性质等内容发生变更的，运输企业应当凭书面申请和有关批准文件向备案海关办理变更手续。

第三章 海关监管

第十一条 小型船舶进境前，船舶负责人或者其代理人可以自行或者委托舱单录入单位，通过与海关联网的公共数据信息平台向海关发送舱单电子数据。

小型船舶出境前，船舶负责人或者其代理人应当向起运港海关递交海关监管簿等有关单据、簿册，同时通过与海关联网的公共数据信息平台向海关发送舱单电子数据。

第十二条 舱单电子数据应当包括以下内容：运输工具名称、运输工具编号、航次号、国

361

籍、装货港、指运港、提（运）单号、收货人或者发货人、货物名称、货物件数和重量、集装箱号、集装箱尺寸等。

第十三条 船舶负责人在小型船舶进境或者出境起航时，通过船载收发信装置对舱单电子数据进行确认申报。

进境小型船舶经中途监管站办理舱单确认和关封制作手续后，所载进口货物所有人或者其代理人可以提前向海关申报。

第十四条 已经海关确认的舱单电子数据如需修改，船舶负责人或者其代理人应当向海关提出申请，经海关同意后，可以修改。

第十五条 海关对舱单电子数据和船舶航迹数据的保存期限为确认小型船舶舱单申报之日起3年。

第十六条 小型船舶进境或者出境起航后，应当进入海关指定区域接收并确认通航指令，并按照指令直航通过中途监管站或者停靠中途监管站办理手续。

第十七条 小型船舶接到停航办理手续指令时，应当航行至中途监管站指定的锚地停泊。

小型船舶进境时，应当经中途监管站签批《海关监管簿》，并办理舱单确认和关封制作手续后，继续驶往境内目的港。

小型船舶出境时，应当将起运港海关签章的舱单等单据递交中途监管站确认，经中途监管站签注《海关监管簿》后，继续驶往境外目的港。

第十八条 小型船舶进境到达目的港后，船舶负责人或者其代理人应当向海关递交《海关监管簿》等单据办理手续。

在中途监管站停航办理手续的小型船舶应当递交关封。

第十九条 进出境小型船舶负责人应当妥善保管经海关确认的关封等单据。

第二十条 小型船舶装卸进出境货物时，船舶负责人或者其代理人应当按照舱单核对货物，如果发现溢短装（卸）、误装（卸）、残损或者其他差错的，应当做好记录，并按照本办法第十四条的规定办理。

第二十一条 小型船舶公用、船员自用物品进出境，应当如实填写《来往港澳小型船舶进/出境公用物品申报单》及《来往港澳小型船舶船员进/出境自用物品申报单》向海关申报，海关按照规定办理验放手续。

第二十二条 小型船舶在香港、澳门装配机器零件或者添装船用燃料、物料和公用物品，应当填写《来往港澳小型船舶境外添装燃料物料申报单》，向海关申报并交验有关购买单据或者发票，办理进口手续。

第二十三条 小型船舶不得同船装载进出口货物与非进出口货物。

第二十四条 经交通部门批准，小型船舶可以兼营境内运输。

小型船舶每次由境外运输变更为境内运输或者由境内运输变更为境外运输前，均应当报告备案海关，由海关在《海关监管簿》上进行签注并办理有关手续。

第二十五条 进境小型船舶自进境后至办结海关手续前，出境小型船舶自起运港办理海关手续后至出境前，未经海关批准，不得中途停泊、装卸货物、物品或者上下人员。

第二十六条 小型船舶在规定的时间或者地点以外停泊、装卸货物、物品或者上下人员的，应当经海关批准；需海关派员执行监管任务的，应当按照规定缴纳规费。

第二十七条 小型船舶由于不可抗力的原因，被迫在未设立海关的地点停泊、抛掷、起卸货物、物品或者上下人员，船舶负责人应当立即报告附近海关。

小型船舶因遇到风浪，致使无法在海关中途监管站停泊办理进出境手续的，经海关中途监管站许可，可以直接驶往目的港。

第二十八条 中途监管站可以对进境小型船舶所载货物、舱室施加封志，必要时可以派员随小型船舶监管至目的港,船舶负责人或者其代理人应当提供便利。

第二十九条 海关检查小型船舶时,船舶负责人或者其代理人应当到场,并按照海关要求开启有关处所、集装箱或者货物包装、搬移货物、物料等。海关认为必要时,可以径行开验、复验或者提取货样。

海关检查船员行李物品时,有关船员应当到场,并且开启行李包件和储存物品的处所。

第四章 法律责任

第三十条 违反《中华人民共和国海关法》及本办法规定,构成走私或者违反海关监管规定行为的,由海关依照《中华人民共和国海关法》、《中华人民共和国海关行政处罚实施条例》等有关法律、行政法规的规定予以处理;构成犯罪的,依法追究刑事责任。

第五章 附 则

第三十一条 本办法所规定的文书由海关总署另行制定并且发布。
第三十二条 本办法由海关总署负责解释。
第三十三条 本办法自2004年3月15日起施行。1998年10月17日海关总署发布的《中华人民共和国海关关于来往香港、澳门小型船舶及所载货物、物品监管规定》和《中华人民共和国海关关于来往香港、澳门小型船舶登记备案管理办法》同时废止。

中华人民共和国海关关于境内公路承运海关监管货物的运输企业及其车辆、驾驶员的管理办法

(海关总署令第88号)

(2001年9月27日由海关总署发布;根据2004年11月30日海关总署令第121号《海关总署关于修改〈中华人民共和国海关关于境内公路承运海关监管货物的运输企业及其车辆、驾驶员的管理办法〉的决定》修改,根据2015年4月28日海关总署令第227号《海关总署关于修改部分规章的决定》修改,根据2017年12月20日海关总署令第235号《海关总署关于修改部分规章的决定》修改;现行版本自2018年2月1日起施行;法规类型为部门规章)

第一章 总 则

第一条 为加强对承运海关监管货物的境内运输企业及其车辆、驾驶员的管理,根据《中华人民共和国海关法》(以下简称《海关法》)及其他相关法规,制定本办法。

第二条 本办法所指的境内运输企业、车辆、驾驶员,是指依据本办法经海关注册登记或者备案登记,在境内从事海关监管货物运输的企业、车辆、驾驶员。

第三条 运输企业、车辆应当向主管地的直属海关或者隶属海关(以下简称主管海关)申请办理注册登记手续,驾驶员应当办理备案登记手续。

第四条 海关对运输企业、车辆的注册登记资料以及驾驶员的备案登记资料实行计算机联网管理,数据资料共享的,不再办理异地备案手续。

第二章 注册登记

第五条 承运海关监管货物的运输企业,应当具备以下资格条件:

（一）具有企业法人资格；

（二）取得与运输企业经营范围相一致的工商核准登记。

第六条 运输企业办理注册登记时，应当向海关提交下列文件：

（一）《承运海关监管货物境内运输企业注册登记申请表》；

（二）工商行政管理部门核发的《营业执照》复印件；

（三）承运海关监管货物车辆的驾驶员名单及备案登记资料；企业更换驾驶员的，应当及时向海关办理驾驶员的变更备案手续。

主管海关可以通过网络共享获取前款规定材料的，无需另行提交。

第七条 海关对运输企业的资格条件及递交的有关证件进行审核，合格的，颁发《境内公路运输企业载运海关监管货物注册登记证书》（以下简称注册登记证书）。

第八条 承运海关监管货物的车辆应为厢式货车或集装箱拖头车，经海关批准也可以为散装货车。上述车辆应当具备以下条件：

（一）用于承运海关监管货物的车辆，必须为运输企业的自有车辆，其机动车辆行驶证的车主列名必须与所属运输企业名称一致；

（二）厢式货车的厢体必须与车架固定一体，无暗格，无隔断，具有施封条件，车厢连接的螺丝均须焊死，车厢两车门之间须以钢板相卡，保证施封后无法开启；有特殊需要，需加开侧门的，须经海关批准，并符合海关监管要求；

（三）集装箱拖头车必须承运符合国际标准的集装箱；

（四）散装货车只能承运不具备加封条件的大宗散装货物，如矿砂、粮食及超大型机械设备等。

第九条 办理车辆注册登记时，应当向海关提交下列文件：

（一）《承运海关监管货物境内运输车辆注册登记申请表》；

（二）公安交通管理部门核发的《机动车行驶证》复印件；

（三）车辆彩色照片2张（要求：前方左侧面45°，4×3寸；能清楚显示车牌号码；车头及车厢侧面喷写企业名称）。

主管海关可以通过网络共享获取前款规定材料的，无需另行提交。

第十条 海关对车辆监管条件及相关文件进行审核，合格的，颁发《中华人民共和国海关境内汽车载运海关监管货物载货登记簿》（以下简称《汽车载货登记簿》）。

第十一条 驾驶员办理备案登记时，应当向海关提交以下文件：

（一）《承运海关监管货物境内运输车辆驾驶员备案登记表》；

（二）机动车驾驶员驾驶证（复印件）；

（三）驾驶员彩色近照2张（规格：大1寸、免冠、红底）。

主管海关可以通过网络共享获取前款规定材料的，无需另行提交。

第十二条 《注册登记证书》、《汽车载货登记簿》等相关证件需更新的，可凭原件向注册地海关申请换发新证、簿；如上述证、簿损毁、遗失或被盗的，经注册地海关审核情况属实的，予以补发。

第十三条 运输企业、车辆、驾驶员不再从事海关监管货物运输业务的，应向注册地海关交回《注册登记证书》、《汽车载货登记簿》等相关证件，办理手续。

第十四条 车辆更换（包括更换车辆、更换发动机、更换车辆牌照号码）、改装车体等，应按本办法规定重新办理注册登记手续。

第三章 海关监管

第十五条 驾驶员在从事海关监管货物运输时，应出示相关证件，如实填报交验汽车载货登记簿；货物运抵目的地后，必须向目的地海关办理汽车载货登记簿的核销手续。

第十六条 驾驶员应将承运的海关监管货物完整、及时地运抵指定的海关监管作业场所，并确保海关封志完好无损，未经海关许可，不得开拆。

第十七条 汽车载货登记簿由车辆固定使用。

第十八条 实施卫星定位管理的车辆，卫星定位管理系统配套使用的身份证（IC）卡与汽车载货登记簿具有同等效力。

第十九条 运输企业、驾驶员应妥善保管海关核发的有关证、簿，不得转借、涂改、故意损毁。

第二十条 承运海关监管货物的车辆应按海关指定的路线和要求行驶，并在海关规定的时限内运抵目的地海关。不得擅自改变路线、在中途停留并装卸货物。

第二十一条 遇特殊情况，车辆在运输途中出现故障，需换装其他运输工具时，应立即通知附近海关，在海关监管下换装，附近海关负责及时将换装情况通知货物出发地和目的地海关。

第二十二条 海关监管货物在运输途中发生丢失、短少或损坏等情事的，除不可抗力外，运输企业应当承担相应的纳税义务及其他法律责任。

第四章 法律责任

第二十三条 运输企业、驾驶员发生走私违规情事的，由海关按《中华人民共和国海关法》和《中华人民共和国海关行政处罚实施条例》的有关规定进行处罚。构成犯罪的，依法追究刑事责任。

第二十四条 运输企业、驾驶员，有下列情形之一的，由海关责令改正，可以给予警告：

（一）承运海关监管货物的车辆不按照海关指定的路线或范围行进的；

（二）承运海关监管货物的车辆到达或者驶离设立海关的地点，未按照规定向海关如实填报交验汽车载货登记簿或者办理核销手续的；

（三）承运海关监管货物的车辆在运输途中出现故障，不能继续行驶，需换装其他运输工具时，驾驶员或其所属企业不向附近海关或货物主管海关表明情况而无正当理由的；

（四）不按照规定接受海关对车辆及其所载货物进行查验的；

（五）遗失、损毁、涂改、转借海关核发的载货登记簿等相关证件，妨碍海关监管工作或者影响办理海关有关手续的；

（六）未经海关许可，擅自更换车辆（车辆发动机、车牌号码）、驾驶员，改装车厢、车体的；

（七）运输企业出让其名义供他人承运海关监管货物的。

第二十五条 运输企业、驾驶员，有下列情形之一的，可以给予警告、暂停其6个月以内从事有关业务或者执业：

（一）有走私行为的；

（二）1年内有3次以上重大违反海关监管规定行为的；

（三）管理不善致使保管的海关监管货物多次发生损坏或者丢失的；

（四）未经海关许可，擅自开启或损毁海关加施于车辆的封志的；

（五）未经海关许可，对所承运的海关监管货物进行开拆、调换、改装、留置、转让、更换标志、移作他用或进行其他处理的；

（六）有其他需要暂停从事有关业务或者执业情形的。

第二十六条 运输企业、驾驶员，有下列情形之一的，海关可以撤销其注册登记或者停止其从事有关业务：

（一）构成走私犯罪被司法机关依法处理的；

(二) 1 年内有 2 次以上走私行为的；

(三) 管理不严, 1 年内 3 人次以上被海关暂停执业、取消从业资格的；

(四) 因违反规定被海关暂停从事有关业务或者执业, 恢复从事有关业务或者执业后 1 年内再次发生违反本办法规定的暂停从事有关业务或者执业情形的；

(五) 其他需要撤销其注册登记或者停止从事有关业务的情形。

第二十七条 运输企业、车辆注册有效期届满未延续的, 海关应当依照有关规定办理注销手续。

第二十八条 运输企业被工商行政管理部门吊销营业执照或被交通运输管理部门取消道路货物运输资格的, 海关注销其承运海关监管货物运输资格。

第五章 附 则

第二十九条 生产型企业自有车辆及其驾驶员, 需承运本企业海关监管货物的, 按照本办法管理。

第三十条 承运过境货物境内段公路运输的境内运输企业及其车辆、驾驶员, 比照本办法管理。

第三十一条 本办法所规定的文书由海关总署另行制定并且发布。

第三十二条 本办法由海关总署负责解释。

第三十三条 本办法自 2005 年 1 月 1 日起实施。原《中华人民共和国海关关于在广东地区载运海关监管货物的境内汽车运输企业及其车辆的管理办法》(署监〔2001〕19 号)、《中华人民共和国海关对境内汽车载运海关监管货物的管理办法》(〔1989〕署货字第 950 号)、《中华人民共和国海关总署关于对〈中华人民共和国海关对境内汽车载运海关监管货物的管理办法〉适用范围问题的批复》(署监一〔1990〕958 号) 和《关于转发〈来往港澳货运汽车分流管理工作会议纪要〉的通知》(〔1990〕署监一第 345 号) 同时废止。

中华人民共和国海关对用于装载海关监管货物的集装箱和集装箱式货车车厢的监管办法

(海关总署令第 110 号)

(2004 年 1 月 29 日由海关总署发布；根据 2010 年 11 月 26 日海关总署令第 198 号《海关总署关于修改部分规章的决定》第一次修正, 根据 2018 年 5 月 29 日海关总署令第 240 号《海关总署关于修改部分规章的决定》第二次修正；现行版本自 2018 年 7 月 1 日起施行；法规类型为部门规章)

第一章 总 则

第一条 为规范海关对用于装载海关监管货物的集装箱和集装箱式货车车厢的监管, 根据《中华人民共和国海关法》第三十九条规定, 制定本办法。

第二条 用于装载海关监管货物的集装箱和集装箱式货车车厢 (以下简称"集装箱和集装箱式货车车厢"), 应当按照海关总署规定的要求和标准制造、改装和维修, 并在集装箱和集装箱式货车车厢指定位置上安装海关批准牌照。

第三条 本办法下列用语的含义：

"营运人"是指对集装箱和集装箱式货车车厢实际控制使用者，不论其是否为该集装箱或者集装箱式货车车厢的所有人。

"承运人"是指承载集装箱和集装箱式货车车厢进出境的运输工具的负责人。

"申请人"是指申请办理海关批准牌照的制造或者维修集装箱和集装箱式货车车厢的工厂。

第四条 集装箱和集装箱式货车车厢应当接受海关监管。

不符合海关总署规定标准或者未安装海关批准牌照的集装箱和集装箱式货车车厢，不得用于装载海关监管货物。

境内制造、改装和维修集装箱和集装箱式货车车厢的工厂，应当接受海关检查。

第五条 承载集装箱或者集装箱式货车车厢的运输工具在进出境时，承运人、营运人或者其代理人应当向海关如实申报并递交载货清单（舱单）。载货清单（舱单）上应当列明运输工具名称、航（班）次号或者集装箱式货车车牌号、国籍、卸货港口、集装箱箱号或者集装箱式货车车厢号、尺寸、总重、自重，以及箱（厢）体内装载货物的商品名称、件数、重量、经营人、收发货人、提（运）单或者装货单号等有关内容。

第六条 营运人或者其代理人应当按照海关规定向海关传输相关载货清单（舱单）的电子数据。

第七条 经国务院交通主管部门批准，国际集装箱班轮公司可以在境内沿海港口之间调运其周转空箱及租用空箱。国际集装箱班轮公司或者其代理人凭交通主管部门的批准文件和自制的集装箱调运清单，向调出地和调入地海关申报。调运清单内容应当包括：承运集装箱原进境船舶名称、航（班）次号、日期、承运调运空箱的船舶名称、航（班）次号、集装箱箱号、尺寸、目的口岸、箱体数量等，并向调出地和调入地海关传输相关的电子数据。

其他运输方式在境内调拨或者运输的空集装箱，不需再办理海关手续。

第八条 用于承运装载海关监管货物的厢体与车辆不可分割的厢式货车，其营运人或者承运人应按照《中华人民共和国海关关于境内公路承运海关监管货物的运输企业及其车辆的管理办法》的有关规定办理海关手续。

第九条 未经海关许可，任何人不得擅自开启或者损毁集装箱和集装箱式货车车厢上的海关封志、更改、涂抹箱（厢）号、取出或者装入货物、将集装箱或者集装箱式货车车厢及其所载货物移离海关监管场所。

第二章　集装箱制造核准

第十条 境内制造的集装箱可以申请我国海关批准牌照，也可以向加入联合国《一九七二年集装箱关务公约》的境外有关国家当局申请外国海关的批准牌照。

境外制造的集装箱，可以申请我国海关的批准牌照。

第十一条 海关总署授权中国船级社统一办理集装箱我国海关批准牌照。

第十二条 中国船级社应当按照本办法的要求签发批准证明书。

（一）境内制造的集装箱的所有人申请我国海关批准牌照的，中国船级社按照海关总署规定的标准，对集装箱图纸进行审查，并按照规定进行实体检验，检验合格后，核发《按定型设计批准证明书》或者《按制成以后批准证明书》。

（二）境外制造的集装箱的所有人申请我国海关批准牌照的，制造厂或者所有人应当提交集装箱有关图纸，经中国船级社审查并现场确认后核发《按制成以后批准证明书》。

第十三条 集装箱的海关批准牌照申请人在取得《按定型设计批准证明书》或者《按制成以后批准证明书》后，应当在经批准的集装箱上按照本办法规定安装中国船级社核发的海关批准牌照，并在箱体外部规定位置标识序列号。

第十四条 海关对中国船级社检验的集装箱有权进行复验，并可以随时对中国船级社办理海关批准牌照的情况进行核查。发现签发批准牌照管理不善的，海关将视情决定是否停止授权其签发海关批准牌照。

第三章 集装箱式货车车厢的制造或者改装

第十五条 海关总署授权中国船级社统一办理在境内装载海关监管货物的集装箱式货车车厢的海关批准牌照。

中国船级社按照海关总署规定的标准，对申请海关批准牌照的集装箱式货车车厢的图纸进行审查，并按照规定对集装箱式货车车厢进行实体检验，检验合格的，核发《集装箱式货车车厢批准证明书》。

第十六条 集装箱式货车车厢的海关批准牌照申请人在取得《集装箱式货车车厢批准证明书》后，应当在经批准的集装箱式货车车厢上按照本办法规定安装中国船级社核发的海关批准牌照，并在厢体外部规定位置标识序列号。

第四章 集装箱和集装箱式货车车厢的维修

第十七条 未经海关许可，任何人不得擅自改变集装箱和集装箱式货车车厢的结构。维修后的集装箱和集装箱式货车车厢结构应保持原状，如发生箱（厢）体特征变更的，集装箱和集装箱式货车车厢的所有人或者申请人必须拆除海关批准牌照，同时应当向中国船级社提出书面检验申请，并重新办理海关批准牌照。

第十八条 海关可以随时对维修工厂维修的安装海关批准牌照的集装箱和集装箱式货车车厢进行核查。

第五章 对集装箱和集装箱式货车车厢的监管

第十九条 集装箱和集装箱式货车车厢投入运营时，应当安装海关批准牌照。集装箱和集装箱式货车车厢外部标识的序列号应当与安装的海关批准牌照所标记的序列号一致。

第二十条 集装箱和集装箱式货车车厢序列号变更的，应当重新申请检验并办理海关批准牌照。序列号模糊不清以及破损的集装箱和集装箱式货车车厢，不得装载海关监管货物。

第二十一条 集装箱和集装箱式货车车厢作为货物进出口时，无论其是否装载货物，有关收发货人或者其代理人应当按照进出口货物向海关办理报关手续。

第二十二条 境内生产的集装箱及我国营运人购买进口的集装箱在投入国际运输前，营运人应当向其所在地海关办理登记手续。

境内生产的集装箱已经办理出口及国内环节税出口退税手续的，不在海关登记；已经登记的，予以注销。

第二十三条 承运海关监管货物的运输企业在集装箱式货车车厢获得《集装箱式货车车厢批准证明书》后，应当按照《中华人民共和国海关关于境内公路承运海关监管货物的运输企业及其车辆的管理办法》的规定向其所在地海关申请办理车辆注册。

第二十四条 本办法第二十五条第一款和第二十六条所述集装箱和集装箱式货车车厢报废时，营运人凭登记或者注册资料向所在地海关办理注销手续。

第二十五条 符合本办法规定的集装箱和集装箱式货车车厢，无论其是否装载货物，海关准予暂时进境和异地出境，营运人或者其代理人无需对箱（厢）体单独向海关办理报关手续。

第二十六条 暂时进境的集装箱和集装箱式货车车厢应于入境之日起6个月内复运出境。如因特殊情况不能按期复运出境的，营运人应当向暂时进境地海关提出延期申请，经海关核准后可以延期，但延长期最长不得超过 3 个月，逾期应按规定向海关办理进口及纳税手续。

对于已经按本办法第二十五条第一款规定在海关登记的集装箱，进出境时不受前款规定的期限限制。

第六章　附　则

第二十七条　违反本办法规定，构成走私或者违反海关监管规定行为的，由海关依照《中华人民共和国海关法》和《中华人民共和国海关行政处罚实施条例》的有关规定予以处理；构成犯罪的，依法追究刑事责任。

第二十八条　本办法所规定的文书由海关总署另行制定并且发布。

第二十九条　本办法由海关总署负责解释。

第三十条　本办法施行后向海关申请注册登记的运输企业，其承运海关监管货物的集装箱式货车车厢应符合海关总署规定标准。

本办法施行前在海关注册登记的运输企业，其承运海关监管货物的集装箱式货车车厢应于 2008 年 5 月运输企业年审时起符合海关总署规定标准。

第三十一条　本办法自 2004 年 3 月 1 日起施行。1984 年 1 月 1 日施行的《中华人民共和国海关对进出口集装箱和所载货物监管办法》（〔83〕署货字第 699 号）、1986 年 7 月 22 日施行的《中华人民共和国海关对用于运输海关加封货物的国际集装箱核发批准牌照的管理办法》（〔86〕署货字第 566 号）同时废止。

关于进一步推进运输工具进出境监管作业无纸化的公告

（海关总署公告 2020 年第 91 号）

（2020 年 8 月 11 日由海关总署发布，2020 年 12 月 1 日起施行，法规类型为规范性文件）

为贯彻落实"放管服"改革要求，优化口岸营商环境、促进物流便利化，海关总署决定进一步推进运输工具进出境监管领域作业无纸化，进出境运输工具负责人、进出境运输工具服务企业可向海关提交电子数据办理相关手续。现将有关事项公告如下：

一、备案及相关手续

进出境运输工具负责人、进出境运输工具服务企业办理相关企业及运输工具备案、备案变更、备案撤（注）销手续，以及来往港澳公路货运企业及公路车辆年审、验车手续的，可向海关提交电子数据办理相关手续，无需提交备案登记表、备案变更表、年审报告书、验车记录表、临时进出境验车申报表等纸质单证资料及相关随附单证。

海关以电子方式向进出境运输工具负责人、进出境运输工具服务企业反馈办理结果，不再核发《船舶进出境（港）海关监管簿》《中国籍兼营船舶海关监管签证簿》《来往港澳小型船舶登记备案证书》《来往港澳小型船舶进出境（港）海关监管簿》《来往香港/澳门货运企业备案登记证》《来往香港/澳门车辆进出境签证簿》等纸质证簿。

二、进出境相关手续

进出境运输工具负责人、进出境运输工具服务企业办理进出境、境内续驶手续，以及物料添加/起卸/调拨、沿海空箱调运、兼营运输工具改营、运输工具结关等手续的，可向海关提交电子数据办理相关手续，无需提交纸质单证资料及相关随附单证，无需交验纸质证簿。其中：

（一）进出境运输工具负责人办理境内续驶手续的，海关以电子方式反馈相关手续办理结果，不再制发纸质关封。

（二）进出境运输工具须实施登临检查的，海关以电子方式向运输工具负责人发送运输工具登临检查通知。

三、其他事宜

因海关监管需要，或者因系统故障等原因无法正常传输相关电子数据的，进出境运输工具负责人、进出境运输工具服务企业应提供纸质单证资料。

本公告自2020年12月1日起施行。

特此公告。

中华人民共和国海关管道运输进口能源监管办法

（海关总署令第204号）

（2011年10月24日由海关总署发布；根据2018年5月29日海关总署令第240号《海关总署关于修改部分规章的决定》修改，根据2018年11月23日海关总署令第243号《海关总署关于修改部分规章的决定》修改；现行版本自2018年11月23日起施行；法规类型为部门规章）

第一条 为了规范海关对管道运输进口能源的监管，依据《中华人民共和国海关法》（以下简称《海关法》）的规定，制定本办法。

第二条 管道运输进口能源跨境管道境内计量站（以下简称计量站）是海关监管场所，应当依照《中华人民共和国海关监管场所管理办法》接受海关监管。

第三条 管道经营单位应当依照国家有关规定经营计量站、计量管道运输数据、传输能源计量电子数据，并依法向海关申报，办理相关手续。

第四条 管道经营单位应当依照本办法规定向计量站所在地直属海关办理备案手续，并提交管道经营单位备案登记表。

不具备法人资格，但经法人授权的管道经营单位还应当提交法人授权文书。

管道经营单位委托代理人代为办理备案手续的，代理人应当向海关提交管道经营单位出具的授权委托书。

第五条 计量站的计量仪表、设备、软件等应当符合海关监管要求，并经国家主管部门或者法律法规授权的计量检定机构检定或者校准。

管道经营单位应当向计量站所在地直属海关或者经直属海关授权的隶属海关提交国家主管部门或者法律法规授权的计量检定机构出具的载明检定或者校准结论的有效文本。

第六条 管道经营单位应当在计量站运营前将与海关监管相关的管道计量参数报送海关备案。

经计量站所在地直属海关或者经直属海关授权的隶属海关审核同意后，管道计量参数可以根据需要进行调整。

应当备案的管道计量参数项目由海关总署另行公告。

第七条 海关可以对跨境管道的管线设施和计量设备的旁通出口、流量计、流量计算机柜以及其他关键部位施加封志。

管道经营单位需要开启海关施加的封志的，应当向海关提交书面申请，经审核同意的，由海关派员实施开启。开启原因消失后，由海关再次施加封志。

管道运营过程中发生可能影响国家安全和社会秩序的紧急情况，不立即处理将造成人员重大伤亡或者财产重大损失的，管道经营单位可以采取紧急处理措施先予处理，并采取适当方式报告海关。紧急情况消除后，管道经营单位应当立即书面向海关报告相关情况。

海关对计量站设施进行实地检查时，管道经营单位应当到场并提供必要的协助。

第八条 管道经营单位应当按照海关规定传输计量站计量电子数据，并向海关报送相应时段的入境计量报告。

由于计算机故障等特殊情况无法按照规定向海关传输计量电子数据的，管道经营单位应当立即向海关报告有关情况。经海关同意后，管道经营单位应当在海关规定的时限内向海关递交入境计量报告纸本，并于特殊情形消除后立即向海关补充传输计量电子数据。

应当向海关传输的电子数据项目、入境计量报告数据项目，由海关总署另行公告。

海关根据计量数据进行现场验核时，管道经营单位应当到场并提供必要的协助。

第九条 管道运输进口能源在办结申报、纳税及其他海关手续前，属于海关监管货物，未经海关许可，不得进行销售、抵押、质押或者进行其他处置。

管道经营单位应当在计量站运营前向海关报告用以开通管道的水、氮气等数量和处理方式，并按照海关规定定期向海关申报能源损耗和能源耗用相关情况，接受海关监管。

第十条 管道经营单位接收和复运出境清管器等设备的，应当按照暂时进出境货物相关管理规定办理海关手续，接受海关监管。

第十一条 经海关批准，管道运输进口能源的收货人应当在每月1日至14日期间向海关定期申报上月进口能源，并缴纳相应税款。

管道运输进口能源的收货人超过前款规定期限向海关申报的，海关依法征收滞报金。

收货人应当取得相应许可证件，凭进口货物报关单、管道经营单位出具的入境计量报告以及海关要求的其他单证办理申报手续，海关对相应许可证件电子数据进行系统自动比对验核。

第十二条 办理定期申报的收货人应当向海关提供有效担保。

经海关批准，办理定期申报的收货人也可以按照《中华人民共和国海关事务担保条例》的有关规定，向海关申请适用管道运输进口能源定期申报总担保。

管道运输进口能源定期申报总担保具体办法由海关总署另行制定。

第十三条 管道运输进口能源按照海关接受该货物申报进口之日适用的税率、汇率计征税款。

第十四条 不同国别的原产地混合运输的能源，收货人应当按照定期申报时间段内不同国别的原产地能源进口数量分别向海关申报。

海关在审核确定进口能源原产地时，可以要求收货人提交原产地证明或者其他足以证明能源原产地的材料，并予以审核。

第十五条 海关认为必要时，可以按照海关化验管理的有关规定提取管道运输的能源样品进行化验，管道经营单位应当提供必要的协助。

第十六条 因设备运行故障、检修等原因导致管道不能正常运输或者重新启动运输，管道经营单位应当立即向海关报告。

第十七条 管道运输进口能源的收货人、管道经营单位等有关企业、单位应当妥善保管会计账簿、会计凭证、报关单证以及其他有关资料，接受海关稽查。

第十八条 违反本办法规定，构成走私行为、违反海关监管规定行为或者其他违反《海关法》行为的，由海关依照《海关法》《中华人民共和国海关行政处罚实施条例》等有关法律、行政法规的规定予以处理；构成犯罪的，依法追究刑事责任。

第十九条 本办法下列用语的含义：

"能源"，是指通过管道运输方式进口的原油、天然气。

"能源损耗"，是指在管道运输过程中因流失、泄漏等损失或者排污、设备检修过程中放空以及因设备故障损失的能源。

"能源耗用"，是指为了维持管道运输，或者作为加压、加热的动力燃料以及维持加压站、加热站、计量站等管道配套设施运行需要，从管道中提取的能源。

第二十条 本办法所规定的文书由海关总署另行制定并且发布。

第二十一条 本办法由海关总署负责解释。

第二十二条 本办法自 2011 年 12 月 1 日起施行。

舱单管理

中华人民共和国海关进出境运输工具舱单管理办法

（海关总署令第 172 号）

（2008 年 3 月 28 日由海关总署发布，根据 2017 年 12 月 20 日海关总署令第 235 号《海关总署关于修改部分规章的决定》修改，现行版本自 2018 年 2 月 1 日起施行，法规类型为部门规章）

第一章 总 则

第一条 为了规范海关对进出境运输工具舱单的管理，促进国际贸易便利，保障国际贸易安全，根据《中华人民共和国海关法》（以下简称《海关法》）以及有关法律、行政法规的规定，制定本办法。

第二条 本办法所称进出境运输工具舱单（以下简称舱单）是指反映进出境运输工具所载货物、物品及旅客信息的载体，包括原始舱单、预配舱单、装（乘）载舱单。

进出境运输工具载有货物、物品的，舱单内容应当包括总提（运）单及其项下的分提（运）单信息。

第三条 海关对进出境船舶、航空器、铁路列车以及公路车辆舱单的管理适用本办法。

第四条 进出境运输工具负责人、无船承运业务经营人、货运代理企业、船舶代理企业、邮政企业以及快件经营人等舱单电子数据传输义务人（以下统称"舱单传输人"）应当按照海关备案的范围在规定时限向海关传输舱单电子数据。

海关监管作业场所经营人、理货部门、出口货物发货人等舱单相关电子数据传输义务人应当在规定时限向海关传输舱单相关电子数据。

对未按照本办法规定传输舱单及相关电子数据的，海关可以暂不予办理运输工具进出境申报手续。

因计算机故障等特殊情况无法向海关传输舱单及相关电子数据的，经海关同意，可以采用纸质形式在规定时限向海关递交有关单证。

第五条 海关以接受原始舱单主要数据传输的时间为进口舱单电子数据传输时间；海关以接受预配舱单主要数据传输的时间为出口舱单电子数据传输的时间。

第六条 舱单传输人、海关监管作业场所经营人、理货部门、出口货物发货人应当向其经营业务所在地直属海关或者经授权的隶属海关备案。

舱单传输人办理备案手续时，应当向海关提交下列文件：

（一）《备案登记表》；

（二）提（运）单和装货单的样本；
（三）企业印章以及相关业务印章的印模；
（四）海关需要的其他文件。

海关监管作业场所经营人、理货部门、出口货物发货人办理备案手续时，应当向海关提交前款第（一）项、第（四）项文件。

提交复印件的，应当同时出示原件供海关验核。

在海关备案的有关内容如果发生改变的，舱单传输人、海关监管作业场所经营人、理货部门、出口货物发货人应当凭书面申请和有关文件向海关办理备案变更手续。

第七条 舱单传输人可以书面向海关提出为其保守商业秘密的要求，并具体列明需要保密的内容。

海关应当按照国家有关规定承担保密义务，妥善保管舱单传输人及相关义务人提供的涉及商业秘密的资料。

第二章 进境舱单的管理

第八条 原始舱单电子数据传输以前，运输工具负责人应当将运输工具预计抵达境内目的港的时间通知海关。

运输工具抵港以前，运输工具负责人应当将运输工具确切的抵港时间通知海关。

运输工具抵达设立海关的地点时，运输工具负责人应当向海关进行运输工具抵港申报。

第九条 进境运输工具载有货物、物品的，舱单传输人应当在下列时限向海关传输原始舱单主要数据：

（一）集装箱船舶装船的 24 小时以前，非集装箱船舶抵达境内第一目的港的 24 小时以前；

（二）航程 4 小时以下的，航空器起飞前；航程超过 4 小时的，航空器抵达境内第一目的港的 4 小时以前；

（三）铁路列车抵达境内第一目的站的 2 小时以前；

（四）公路车辆抵达境内第一目的站的 1 小时以前。

舱单传输人应当在进境货物、物品运抵目的港以前向海关传输原始舱单其他数据。

海关接受原始舱单主要数据传输后，收货人、受委托报关企业方可向海关办理货物、物品的申报手续。

第十条 海关发现原始舱单中列有我国禁止进境的货物、物品，可以通知运输工具负责人不得装载进境。

第十一条 进境运输工具载有旅客的，舱单传输人应当在下列时限向海关传输原始舱单电子数据：

（一）船舶抵达境内第一目的港的 2 小时以前；

（二）航程在 1 小时以下的，航空器抵达境内第一目的港的 30 分钟以前；航程在 1 小时至 2 小时的，航空器抵达境内第一目的港的 1 小时以前；航程在 2 小时以上的，航空器抵达境内第一目的港的 2 小时以前；

（三）铁路列车抵达境内第一目的站的 2 小时以前；

（四）公路车辆抵达境内第一目的站的 1 小时以前。

第十二条 海关接受原始舱单主要数据传输后，对决定不准予卸载货物、物品或者下客的，应当以电子数据方式通知舱单传输人，并告知不准予卸载货物、物品或者下客的理由。

海关因故无法以电子数据方式通知的，应当派员实地办理本条第一款规定的相关手续。

第十三条 理货部门或者海关监管作业场所、旅客通关类、邮件类场所经营人应当在进境运输工具卸载货物、物品完毕后的 6 小时以内以电子数据方式向海关提交理货报告。

需要二次理货的，经海关同意，可以在进境运输工具卸载货物、物品完毕后的 24 小时以内以电子数据方式向海关提交理货报告。

第十四条 海关应当将原始舱单与理货报告进行核对，对二者不相符的，以电子数据方式通知运输工具负责人。运输工具负责人应当在卸载货物、物品完毕后的 48 小时以内向海关报告不相符的原因。

第十五条 原始舱单中未列名的进境货物、物品，海关可以责令原运输工具负责人直接退运。

第十六条 进境货物、物品需要分拨的，舱单传输人应当以电子数据方式向海关提出分拨货物、物品申请，经海关同意后方可分拨。

分拨货物、物品运抵海关监管作业场所、旅客通关类、邮件类场所时，相关场所经营人应当以电子数据方式向海关提交分拨货物、物品运抵报告。

在分拨货物、物品拆分完毕后的 2 小时以内，理货部门或者相关场所经营人应当以电子数据方式向海关提交分拨货物、物品理货报告。

第十七条 货物、物品需要疏港分流的，海关监管作业场所、旅客通关类、邮件类场所经营人应当以电子数据方式向海关提出疏港分流申请，经海关同意后方可疏港分流。

疏港分流完毕后，相关场所经营人应当以电子数据方式向海关提交疏港分流货物、物品运抵报告。

第十八条 疏港分流货物、物品提交运抵报告后，海关即可办理货物、物品的查验、放行手续。

第十九条 进境运输工具载有旅客的，运输工具负责人或者旅客通关类场所经营人应当在进境运输工具下客完毕后 3 小时以内向海关提交进境旅客及其行李物品结关申请，并提供实际下客人数、托运行李物品提取数量以及未运抵行李物品数量。经海关核对无误的，可以办理结关手续；原始舱单与结关申请不相符的，运输工具负责人或者旅客通关类场所经营人应当在进境运输工具下客完毕后 24 小时以内向海关报告不相符的原因。

运输工具负责人或者旅客通关类场所经营人应当将无人认领的托运行李物品转交海关处理。

第三章 出境舱单的管理

第二十条 以集装箱运输的货物、物品，出口货物发货人应当在货物、物品装箱以前向海关传输装箱清单电子数据。

第二十一条 出境运输工具预计载有货物、物品的，舱单传输人应当在办理货物、物品申报手续以前向海关传输预配舱单主要数据。

海关接受预配舱单主要数据传输后，舱单传输人应当在下列时限向海关传输预配舱单其他数据：

（一）集装箱船舶装船的 24 小时以前，非集装箱船舶在开始装载货物、物品的 2 小时以前；

（二）航空器在开始装载货物、物品的 4 小时以前；

（三）铁路列车在开始装载货物、物品的 2 小时以前；

（四）公路车辆在开始装载货物、物品的 1 小时以前。

出境运输工具预计载有旅客的，舱单传输人应当在出境旅客开始办理登机（船、车）手续的 1 小时以前向海关传输预配舱单电子数据。

第二十二条 出境货物、物品运抵海关监管作业场所、旅客通关类、邮件类场所时，相关场所经营人应当以电子数据方式向海关提交运抵报告。

运抵报告提交后，海关即可办理货物、物品的查验、放行手续。

第二十三条 舱单传输人应当在运输工具开始装载货物、物品的30分钟以前向海关传输装载舱单电子数据。

装载舱单中所列货物、物品应当已经海关放行。

第二十四条 舱单传输人应当在旅客办理登机（船、车）手续后、运输工具上客以前向海关传输乘载舱单电子数据。

第二十五条 海关接受装（乘）载舱单电子数据传输后，对决定不准予装载货物、物品或者上客的，应当以电子数据方式通知舱单传输人，并告知不准予装载货物、物品或者上客的理由。

海关因故无法以电子数据方式通知的，应当派员实地办理本条第一款规定的相关手续。

第二十六条 运输工具负责人应当在运输工具驶离设立海关的地点的2小时以前将驶离时间通知海关。

对临时追加的运输工具，运输工具负责人应当在运输工具驶离设立海关的地点以前将驶离时间通知海关。

第二十七条 运输工具负责人应当在货物、物品装载完毕或者旅客全部登机（船、车）后向海关提交结关申请，经海关办结手续后，出境运输工具方可离境。

第二十八条 出境运输工具驶离装货港的6小时以内，海关监管作业场所经营人或者理货部门应当以电子数据方式向海关提交理货报告。

第二十九条 海关应当将装载舱单与理货报告进行核对，对二者不相符的，以电子数据方式通知运输工具负责人。运输工具负责人应当在装载货物、物品完毕后的48小时以内向海关报告不相符的原因。

海关应当将乘载舱单与结关申请进行核对，对二者不相符的，以电子数据方式通知运输工具负责人。运输工具负责人应当在出境运输工具结关完毕后的24小时以内向海关报告不相符的原因。

第四章 舱单变更的管理

第三十条 已经传输的舱单电子数据需要变更的，舱单传输人可以在原始舱单和预配舱单规定的传输时限以前直接予以变更，但是货物、物品所有人已经向海关办理货物、物品申报手续的除外。

舱单电子数据传输时间以海关接受舱单电子数据变更的时间为准。

第三十一条 在原始舱单和预配舱单规定的传输时限后，有下列情形之一的，舱单传输人可以向海关办理变更手续：

（一）货物、物品因不可抗力灭失、短损，造成舱单电子数据不准确的；

（二）装载舱单中所列的出境货物、物品，因装运、配载等原因造成部分或者全部货物、物品退关或者变更运输工具的；

（三）大宗散装货物、集装箱独立箱体内载运的散装货物的溢短装数量在规定范围以内的；

（四）其他客观原因造成传输错误的。

第三十二条 按照本办法第三十七条的规定处理后，需要变更舱单电子数据的，舱单传输人应当按照海关的要求予以变更。

第三十三条 舱单传输人、海关监管作业场所经营人、理货部门、出口货物发货人应当向其经营业务所在地直属海关或者经授权的隶属海关备案。

舱单传输人办理备案手续时,应当向海关提交下列文件:
(一)《备案登记表》;
(二)提(运)单和装货单的样本;
(三)企业印章以及相关业务印章的印模;
(四)海关需要的其他文件。

海关监管作业场所经营人、理货部门、出口货物发货人办理备案手续时,应当向海关提交前款第(一)项、第(四)项文件。

提交复印件的,应当同时出示原件供海关验核。

在海关备案的有关内容如果发生改变的,舱单传输人、海关监管作业场所经营人、理货部门、出口货物发货人应当凭书面申请和有关文件向海关办理备案变更手续。

第五章 附 则

第三十四条 本办法下列用语的含义是:

"原始舱单",是指舱单传输人向海关传输的反映进境运输工具装载货物、物品或者乘载旅客信息的舱单。

"预配舱单",是指反映出境运输工具预计装载货物、物品或者乘载旅客信息的舱单。

"装(乘)载舱单",是指反映出境运输工具实际配载货物、物品或者载有旅客信息的舱单。

"提(运)单",是指用以证明货物、物品运输合同和货物、物品已经由承运人接收或者装载,以及承运人保证据以交付货物、物品的单证。

"总提(运)单",是指由运输工具负责人、船舶代理企业所签发的提(运)单。

"分提(运)单",是指在总提(运)单项下,由无船承运业务经营人、货运代理人或者快件经营人等企业所签发的提(运)单。

"运抵报告",是指进出境货物运抵海关监管作业场所时,海关监管作业场所经营人向海关提交的反映货物实际到货情况的记录,以及进出境物品运抵旅客通关类、邮件类场所时,相关场所经营人向海关提交的反映物品实际到货情况的记录。

"理货报告",是指海关监管作业场所、旅客通关类、邮件类场所经营人或者理货部门对进出境运输工具所载货物、物品的实际装卸情况予以核对、确认的记录。

"疏港分流",是指为防止货物、物品积压、阻塞港口,根据港口行政管理部门的决定,将相关货物、物品疏散到其他海关监管作业场所、旅客通关类、邮件类场所的行为。

"分拨",是指海关监管作业场所、旅客通关类、邮件类场所经营人将进境货物、物品从一场所运至另一场所的行为。

"装箱清单",是指反映以集装箱运输的出境货物、物品在装箱以前的实际装载信息的单据。

"以上""以下""以内",均包括本数在内。

第三十五条 舱单中的提(运)单编号2年内不得重复。

自海关接受舱单等电子数据之日起3年内,舱单传输人、海关监管作业场所、旅客通关类、邮件类场所经营人、理货部门应当妥善保管纸质舱单、理货报告、运抵报告以及相关账册等资料。

第三十六条 本办法中下列舱单等电子数据的格式,由海关总署另行制定:
(一)原始舱单(包括主要数据和其他数据);
(二)理货报告;
(三)分拨货物、物品申请;

（四）分拨货物、物品理货报告；

（五）疏港分流申请；

（六）疏港分流货物、物品运抵报告；

（七）装箱清单；

（八）预配舱单（包括主要数据和其他数据）；

（九）运抵报告；

（十）装（乘）载舱单。

第三十七条 违反本办法，构成走私行为、违反海关监管规定行为或者其他违反海关法行为的，由海关依照《海关法》和《中华人民共和国海关行政处罚实施条例》的有关规定予以处理；构成犯罪的，依法追究刑事责任。

第三十八条 本办法所规定的文书由海关总署另行制定并且发布。

第三十九条 本办法由海关总署负责解释。

第四十条 本办法自2009年1月1日起施行。1999年2月1日海关总署令第70号公布的《中华人民共和国海关舱单电子数据传输管理办法》同时废止。

关于调整水空运舱单管理相关事项的公告

（海关总署公告2019年第144号）

（2019年9月12日由海关总署发布，2019年11月15日起施行，法规类型为规范性文件）

为确保"两步申报"业务改革顺利推进，切实加强海关对水运和空运进出境舱单的管理，规范数据申报，简化数据填制要求，保证数据准确，有效实施安全准入和风险防控机制，现就有关事项公告如下：

一、相关物流企业应当严格按照《中华人民共和国海关进出境运输工具舱单管理办法》（海关总署令第172号公布，根据海关总署令第235、240号修改）以及关于进出境舱单电子数据传输时限相关公告的规定，向海关传输舱单及相关电子数据。

已具备统一社会信用代码的企业，经海关备案后使用统一社会信用代码向海关传输舱单电子数据。

二、海关对舱单电子数据传输时限进行严格检查，对超过时限传输舱单电子数据的物流企业，按照相关规定予以处罚。

三、部分水运、空运舱单数据项传输要求作如下调整：

（一）《原始舱单数据项》（填制条件和填制规范见附件1、附件14、附件15）。

1."运输工具抵达关境内第一个目的港代码""运输工具抵达关境内第一个目的港的日期和时间""货物托运的地点或者国家代码""货物海关状态代码"调整为"主要数据"的"必填项"，"其他数据"的"｛75｝"项。

2."收货人联系号码"对应的"通讯方式类别代码"、"通知人联系号码"对应的"通讯方式类别代码"调整为"主要数据"的"条件项"。

3."更改原因代码"的数据项名称调整为"变更原因代码"，填制条件调整为"主要数据"和"其他数据"的"条件项"。

4."收货人地址（街道、邮箱）""发货人地址（街道、邮箱）""通知人地址（街道、邮箱)"的数据项名称分别调整为"收货人地址""发货人地址""通知人地址"。

5."国家代码"的数据项名称调整为"国家（地区）代码"。

6. 删除"货物体积"、"托运货物价值"、"金额类型代码"、"途经的国家代码"、"前一海关单证类型代码"、"前一海关单证号"、"码头作业指令代码"、"中间承运人标识"、"中间承运人联系号码"、第40项"通讯方式类别代码"、"收货人代码"、第44项"城市名称"、第45项"省份代码"、第46项"省份名称"、第47项"邮政编码"、"收货人具体联系人名称"、"收货人具体联系人联系号码"、第53项"通讯方式类别代码"、"发货人代码"、第57项"城市名称"、第58项"省份代码"、第59项"省份名称"、第60项"邮政编码"、"拆箱人代码"、"货物交付目的地地址（街道，邮箱）"、第66项"城市名称"、第67项"省份代码"、第68项"省份名称"、第69项"邮政编码"、第70项"国家代码"、"通知人代码"、第74项"城市名称"、第75项"省份代码"、第76项"省份名称"、第77项"邮政编码"、"货物描述补充信息"、"海关手续代码"、"原产地代码"、"唯一托运编号"等数据项。

（二）《预配舱单数据项》（填制条件和填制规范见附件2、附件14、附件15）。

1."货物托运的地点或者国家代码""货物海关状态代码"调整为"主要数据"的"必填项"，"其他数据"的"{310}"项。

2."发货人联系号码"对应的"通讯方式类别代码"调整为"主要数据"的"必填项"。

3."更改原因代码"的数据项名称调整为"变更原因代码"，填制条件调整为"主要数据"和"其他数据"的"条件项"。

4."收货人地址（街道，邮箱）""发货人地址（街道，邮箱）""通知人地址（街道，邮箱)"的数据项名称分别调整为"收货人地址""发货人地址""通知人地址"。

5."国家代码"的数据项名称调整为"国家（地区）代码"。

6. 删除"运输工具抵达关境外第一个停靠港代码"、"运输工具抵达关境外第一个停靠港的日期和时间"、"运输工具启运日期和时间"、"货物体积"、"托运货物价值"、"金额类型代码"、"到达卸货地时间"、"途经的国家代码"、"前一海关单证类型代码"、"前一海关单证号"、"码头作业指令代码"、"中间承运人标识"、"中间承运人联系号码"、第40项"通讯方式类别代码"、"收货人代码"、第44项"城市名称"、第45项"省份代码"、第46项"省份名称"、第47项"邮政编码"、"收货人具体联系人名称"、"收货人具体联系人联系号码"、第53项"通讯方式类别代码"、"发货人代码"、第57项"城市名称"、第58项"省份代码"、第59项"省份名称"、第60项"邮政编码"、"拼箱人代码"、"货物交付目的地地址（街道，邮箱）"、第66项"城市名称"、第67项"省份代码"、第68项"省份名称"、第69项"邮政编码"、第70项"国家代码"、"通知人代码"、第74项"城市名称"、第75项"省份代码"、第76项"省份名称"、第77项"邮政编码"、"货物描述补充信息"、"海关手续代码"、"原产地代码"、"唯一托运编号"等数据项。

（三）《装载舱单数据项》（填制条件和填制规范见附件3、附件14、附件15）。

删减"封志号码，类型和施加封志人""货物简要描述"等数据项。

（四）《理货报告数据项和分拨货物、物品理货报告数据项》（填制条件和填制规范见附件4、附件14、附件15）。

删除"理货责任人名称"、"理货责任人联系号码"、第11项"通讯方式类别代码"、"船长/大副名称"、"船长/大副联系号码"、第14项"通讯方式类别代码"、"船舶贝位"、"残损类型代码"、"残损类型"、"残损范围代码"、"残损范围"、"残损程度"、"货物体积"等数据项。

（五）《运抵报告数据项和分拨货物、物品理货报告数据项》（填制条件和填制规范见附件5、附件14、附件15）。

删除"货物描述补充信息""唛头"等数据项。

(六)《分拨货物、物品申请数据项和疏港分流申请数据项》(填制条件和填制规范见附件6、附件14、附件15)。

删除"分提运单号""集装箱(器)编号""集装箱(器)尺寸和类型""重箱或者空箱标识代码""封志号码,类型和施加封志人""特种箱标记代码""设备交接单号""进出场目的""货物体积"等数据项。

(七)《出口落装改配申请数据项》(填制条件和填制规范见附件9、附件14、附件15)。

删除"托运货物序号""货物包装种类""货物件数""货物简要描述""货物描述补充信息""货物毛重""危险品编号""唛头""海关手续代码""海关税则6位编号""原产地代码""唯一托运编号"等数据项。

(八)《装箱清单数据项》(填制条件和填制规范见附件13、附件14、附件15)。

1. "收货人地址(街道、邮箱)"和"通知人地址(街道、邮箱)"的数据项名称分别调整为"收货人地址"和"通知人地址"。

2. 删除"封志号码,类型和施加封志人"、"收货人代码"、第20项"城市名称"、第21项"省份代码"、第22项"省份名称"、第23项"邮政编码"、第24项"国家代码"、"收货人具体联系人名称"、"收货人具体联系人联系号码"、第29项"通讯方式类别代码"、"拼箱人代码"、"通知人代码"、第34项"城市名称"、第35项"省份代码"、第36项"省份名称"、第37项"邮政编码"、第38项"国家代码"、"货物描述补充信息"、"唯一托运编号"等数据项。

四、《原始舱单数据项》《预配舱单数据项》中"货物简要描述"数据项填报应当完整、准确,提(运)单下各项货物、物品名称应当在"货物简要描述"数据项中逐一填写。海关对"货物简要描述"的内容实施负面清单管理(负面清单见附件16),不符合海关相关要求的,作自动退单处理。

五、本公告自2019年11月15日起施行。海关总署公告2017年第56号同时废止。

特此公告。

关于调整进出境铁路列车及其所载货物、物品舱单电子数据申报传输有关事项的公告

(海关总署公告2020年第68号)

(2020年5月19日由海关总署发布,2020年7月1日起施行,法规类型为规范性文件)

为进一步加强海关对进出境铁路列车及其所载货物、物品的管理,规范有关数据申报传输,根据《中华人民共和国海关进出境运输工具监管办法》(海关总署令第196号公布,根据海关总署令第240号修改,以下简称《运输工具监管办法》)及《中华人民共和国海关进出境运输工具舱单管理办法》(海关总署令第172号公布,根据海关总署令第235号、第240号修改,以下简称《舱单管理办法》),现就进出境铁路列车及其所载货物、物品舱单电子数据申报传输的有关事项公告如下:

一、进出境铁路列车负责人、海关监管作业场所经营人等相关铁路物流企业,应当按照《运输工具监管办法》《舱单管理办法》,在经营业务所在地的直属海关或者经直属海关授权的

隶属海关办理相关备案手续，完成备案后，企业即可向海关申报传输电子数据。

二、相关铁路物流企业应当按照《运输工具监管办法》《舱单管理办法》以及本公告关于申报传输时限、数据项、填制规范的规定，向海关申报传输进出境铁路列车的动态信息和申报单证、舱单及舱单相关电子数据。

三、进出境铁路列车未装载货物、物品的，海关不要求申报传输舱单及舱单相关电子数据，相关铁路物流企业只需申报传输进出境铁路列车的动态信息和申报单证。

四、进出境铁路列车负责人或货运代理企业可根据需要，向海关申请舱单归并和舱单分票。

申请归并的舱单应当为同一进出境口岸、同一进出境日期、同一车次、同一境内收发货人、同一合同、同一品名。

五、进境铁路列车载有过境货物的，铁路货运代理企业应当在原始舱单其他数据传输时限前告知进境铁路列车负责人，并由进境铁路列车负责人按照规定向海关传输原始舱单其他数据。

六、启用铁路舱单后，报关单、转关单有关栏目的填制规范要求变更如下，其他栏目填制规范要求不变：

（一）出口货物报关单中的"运输工具名称"免于填报。

（二）报关单、转关单中的"提运单号"填报运单号。

七、本公告自2020年7月1日起施行。海关总署公告2018年第160号同时废止。

特此公告。

附件：1. 海关总署关于进出境铁路列车申报传输时限的规定
　　　2. 原始舱单数据项（略）
　　　3. 预配舱单数据项（略）
　　　4. 装载舱单数据项（略）
　　　5. 理货报告数据项（略）
　　　6. 运抵报告数据项（略）
　　　7. 舱单归并申请数据项（略）
　　　8. 舱单分票申请数据项（略）
　　　9. 中华人民共和国海关进出境铁路舱单数据项填制规范（略）
　　　10. 铁路列车进境计划表数据项（略）
　　　11. 铁路列车进出境确报动态数据项（略）
　　　12. 铁路列车进境申报单数据项（略）
　　　13. 铁路列车出境申报单数据项（略）
　　　14. 中华人民共和国海关进出境铁路列车数据项填制规范（略）

附件1

海关总署关于进出境铁路列车申报传输时限的规定

一、进出境铁路列车负责人应当按照下列时限，以电子数据形式向海关申报运输工具动态：

（一）铁路列车进境计划表。

载有货物、物品的进境铁路列车，在原始舱单主要数据传输以前；未装载货物、物品的进境铁路列车，在预计进境的2小时以前。

（二）铁路列车进境确报动态。

在铁路列车进境后 1 小时以内。
(三) 铁路列车出境确报动态。
在铁路列车离境后 1 小时以内。
二、进出境铁路列车负责人应当按照下列时限,以电子数据形式向海关申报运输工具申报单
(一)《中华人民共和国海关铁路列车进境申报单》电子数据。
在进境铁路列车进境后 1 小时以内。
铁路列车负责人也可以在列车进境前提前向海关办理申报手续。
(二)《中华人民共和国海关铁路列车出境申报单》电子数据。
在出境铁路列车预计离境前 4 小时以内。

其他相关

中华人民共和国海商法

(主席令第 64 号)

(1992 年 11 月 7 日第七届全国人民代表大会常务委员会第二十八次会议通过,1993 年 7 月 1 日起施行,法规类型为法律)

第一章 总 则

第一条 为了调整海上运输关系、船舶关系,维护当事人各方的合法权益,促进海上运输和经济贸易的发展,制定本法。

第二条 本法所称海上运输,是指海上货物运输和海上旅客运输,包括海江之间、江海之间的直达运输。

本法第四章海上货物运输合同的规定,不适用于中华人民共和国港口之间的海上货物运输。

第三条 本法所称船舶,是指海船和其他海上移动式装置,但是用于军事的、政府公务的船舶和 20 总吨以下的小型船艇除外。

前款所称船舶,包括船舶属具。

第四条 中华人民共和国港口之间的海上运输和拖航,由悬挂中华人民共和国国旗的船舶经营。但是,法律、行政法规另有规定的除外。

非经国务院交通主管部门批准,外国籍船舶不得经营中华人民共和国港口之间的海上运输和拖航。

第五条 船舶经依法登记取得中华人民共和国国籍,有权悬挂中华人民共和国国旗航行。

船舶非法悬挂中华人民共和国国旗航行的,由有关机关予以制止,处以罚款。

第六条 海上运输由国务院交通主管部门统一管理,具体办法由国务院交通主管部门制定,报国务院批准后施行。

第二章 船 舶

第一节 船舶所有权

第七条 船舶所有权,是指船舶所有人依法对其船舶享有占有、使用、收益和处分的权利。

第八条 国家所有的船舶由国家授予具有法人资格的全民所有制企业经营管理,本法有关船舶所有人的规定适用于该法人。

第九条 船舶所有权的取得、转让和消灭,应当向船舶登记机关登记;未经登记的,不得对抗第三人。

船舶所有权的转让,应当签订书面合同。

第十条 船舶由两个以上的法人或者个人共有的,应当向船舶登记机关登记;未经登记的,不得对抗第三人。

第二节 船舶抵押权

第十一条 船舶抵押权,是指抵押权人对于抵押人提供的作为债务担保的船舶,在抵押人不履行债务时,可以依法拍卖,从卖得的价款中优先受偿的权利。

第十二条 船舶所有人或者船舶所有人授权的人可以设定船舶抵押权。

船舶抵押权的设定,应当签订书面合同。

第十三条 设定船舶抵押权,由抵押权人和抵押人共同向船舶登记机关办理抵押权登记;未经登记的,不得对抗第三人。

船舶抵押权登记,包括下列主要项目:

(一)船舶抵押权人和抵押人的姓名或者名称、地址;

(二)被抵押船舶的名称、国籍、船舶所有权证书的颁发机关和证书号码;

(三)所担保的债权数额、利息率、受偿期限。

船舶抵押权的登记状况,允许公众查询。

第十四条 建造中的船舶可以设定船舶抵押权。

建造中的船舶办理抵押权登记,还应当向船舶登记机关提交船舶建造合同。

第十五条 除合同另有约定外,抵押人应当对被抵押船舶进行保险;未保险的,抵押权人有权对该船舶进行保险,保险费由抵押人负担。

第十六条 船舶共有人就共有船舶设定抵押权,应当取得持有三分之二以上份额的共有人的同意,共有人之间另有约定的除外。

船舶共有人设定的抵押权,不因船舶的共有权的分割而受影响。

第十七条 船舶抵押权设定后,未经抵押权人同意,抵押人不得将被抵押船舶转让给他人。

第十八条 抵押权人将被抵押船舶所担保的债权全部或者部分转让他人的,抵押权随之转移。

第十九条 同一船舶可以设定两个以上抵押权,其顺序以登记的先后为准。

同一船舶设定两个以上抵押权的,抵押权人按照抵押权登记的先后顺序,从船舶拍卖所得价款中依次受偿。同日登记的抵押权,按照同一顺序受偿。

第二十条 被抵押船舶灭失,抵押权随之消灭。由于船舶灭失得到的保险赔偿,抵押权人有权优先于其他债权人受偿。

第三节 船舶优先权

第二十一条 船舶优先权,是指海事请求人依照本法第二十二条的规定,向船舶所有人、光船承租人、船舶经营人提出海事请求,对产生该海事请求的船舶具有优先受偿的权利。

第二十二条 下列各项海事请求具有船舶优先权:

(一)船长、船员和在船上工作的其他在编人员根据劳动法律、行政法规或者劳动合同所产生的工资、其他劳动报酬、船员遣返费用和社会保险费用的给付请求;

(二)在船舶营运中发生的人身伤亡的赔偿请求;

(三)船舶吨税、引航费、港务费和其他港口规费的缴付请求;

（四）海难救助的救助款项的给付请求；

（五）船舶在营运中因侵权行为产生的财产赔偿请求。

载运 2000 吨以上的散装货油的船舶，持有有效的证书，证明已经进行油污损害民事责任保险或者具有相应的财务保证的，对其造成的油污损害的赔偿请求，不属于前款第（五）项规定的范围。

第二十三条 本法第二十二条第一款所列各项海事请求，依照顺序受偿。但是，第（四）项海事请求，后于第（一）项至第（三）项发生的，应当先于第（一）项至第（三）项受偿。

本法第二十二条第一款第（一）、（二）、（三）、（五）项中有两个以上海事请求的，不分先后，同时受偿；不足受偿的，按照比例受偿。第（四）项中有两个以上海事请求的，后发生的先受偿。

第二十四条 因行使船舶优先权产生的诉讼费用，保存、拍卖船舶和分配船舶价款产生的费用，以及为海事请求人的共同利益而支付的其他费用，应当从船舶拍卖所得价款中先行拨付。

第二十五条 船舶优先权先于船舶留置权受偿，船舶抵押权后于船舶留置权受偿。

前款所称船舶留置权，是指造船人、修船人在合同另一方未履行合同时，可以留置所占有的船舶，以保证造船费用或者修船费用得以偿还的权利。船舶留置权在造船人、修船人不再占有所造或者所修的船舶时消灭。

第二十六条 船舶优先权不因船舶所有权的转让而消灭。但是，船舶转让时，船舶优先权自法院应受让人申请予以公告之日起满六十日不行使的除外。

第二十七条 本法第二十二条规定的海事请求权转移的，其船舶优先权随之转移。

第二十八条 船舶优先权应当通过法院扣押产生优先权的船舶行使。

第二十九条 船舶优先权，除本法第二十六条规定的外，因下列原因之一而消灭：

（一）具有船舶优先权的海事请求，自优先权产生之日起满一年不行使的；

（二）船舶经法院强制出售；

（三）船舶灭失。

前款第（一）项的一年期限，不得中止或者中断。

第三十条 本节规定不影响本法第十一章关于海事赔偿责任限制规定的实施。

第三章 船 员

第一节 一般规定

第三十一条 船员，是指包括船长在内的船上一切任职人员。

第三十二条 船长、驾驶员、轮机长、轮机员、电机员、报务员，必须由持有相应适任证书的人担任。

第三十三条 从事国际航行的船舶的中国籍船员，必须持有中华人民共和国港务监督机构颁发的海员证和有关证书。

第三十四条 船员的任用和劳动方面的权利、义务，本法没有规定的，适用有关法律、行政法规的规定。

第二节 船 长

第三十五条 船长负责船舶的管理和驾驶。

船长在其职权范围内发布的命令，船员、旅客和其他在船人员都必须执行。

船长应当采取必要的措施，保护船舶和在船人员、文件、邮件、货物以及其他财产。

第三十六条 为保障在船人员和船舶的安全，船长有权对在船上进行违法、犯罪活动的人采取禁闭或者其他必要措施，并防止其隐匿、毁灭、伪造证据。

船长采取前款措施，应当制作案情报告书，由船长和两名以上在船人员签字，连同人犯送交有关当局处理。

第三十七条 船长应当将船上发生的出生或者死亡事件记入航海日志，并在两名证人的参加下制作证明书。死亡证明书应当附有死者遗物清单。死者有遗嘱的，船长应当予以证明。死亡证明书和遗嘱由船长负责保管，并送交家属或者有关方面。

第三十八条 船舶发生海上事故，危及在船人员和财产的安全时，船长应当组织船员和其他在船人员尽力施救。在船舶的沉没、毁灭不可避免的情况下，船长可以作出弃船决定；但是，除紧急情况外，应当报经船舶所有人同意。

弃船时，船长必须采取一切措施，首先组织旅客安全离船，然后安排船员离船，船长应当最后离船。在离船前，船长应当指挥船员尽力抢救航海日志、机舱日志、油类记录簿、无线电台日志、本航次使用过的海图和文件，以及贵重物品、邮件和现金。

第三十九条 船长管理船舶和驾驶船舶的责任，不因引航员引领船舶而解除。

第四十条 船长在航行中死亡或者因故不能执行职务时，应当由驾驶员中职务最高的人代理船长职务；在下一个港口开航前，船舶所有人应当指派新船长接任。

第四章 海上货物运输合同

第一节 一般规定

第四十一条 海上货物运输合同，是指承运人收取运费，负责将托运人托运的货物经海路由一港运至另一港的合同。

第四十二条 本章下列用语的含义：

（一）"承运人"，是指本人或者委托他人以本人名义与托运人订立海上货物运输合同的人。

（二）"实际承运人"，是指接受承运人委托，从事货物运输或者部分运输的人，包括接受转委托从事此项运输的其他人。

（三）"托运人"，是指：

1. 本人或者委托他人以本人名义或者委托他人为本人与承运人订立海上货物运输合同的人；

2. 本人或者委托他人以本人名义或者委托他人为本人将货物交给与海上货物运输合同有关的承运人的人。

（四）"收货人"，是指有权提取货物的人。

（五）"货物"，包括活动物和由托运人提供的用于集装货物的集装箱、货盘或者类似的装运器具。

第四十三条 承运人或者托运人可以要求书面确认海上货物运输合同的成立。但是，航次租船合同应当书面订立。电报、电传和传真具有书面效力。

第四十四条 海上货物运输合同和作为合同凭证的提单或者其他运输单证中的条款，违反本章规定的，无效。此类条款的无效，不影响该合同和提单或者其他运输单证中其他条款的效力。将货物的保险利益转让给承运人的条款或者类似条款，无效。

第四十五条 本法第四十四条的规定不影响承运人在本章规定的承运人责任和义务之外，增加其责任和义务。

第二节 承运人的责任

第四十六条 承运人对集装箱装运的货物的责任期间，是指从装货港接收货物时起至卸货港交付货物时止，货物处于承运人掌管之下的全部期间。承运人对非集装箱装运的货物的责任期间，是指从货物装上船时起至卸下船时止，货物处于承运人掌管之下的全部期间。在承运人的责任期间，货物发生灭失或者损坏，除本节另有规定外，承运人应当负赔偿责任。

前款规定，不影响承运人就非集装箱装运的货物，在装船前和卸船后所承担的责任，达成任何协议。

第四十七条 承运人在船舶开航前和开航当时，应当谨慎处理，使船舶处于适航状态，妥善配备船员、装备船舶和配备供应品，并使货舱、冷藏舱、冷气舱和其他载货处所适于并能安全收受、载运和保管货物。

第四十八条 承运人应当妥善地、谨慎地装载、搬移、积载、运输、保管、照料和卸载所运货物。

第四十九条 承运人应当按照约定的或者习惯的或者地理上的航线将货物运往卸货港。

船舶在海上为救助或者企图救助人命或者财产而发生的绕航或者其他合理绕航，不属于违反前款规定的行为。

第五十条 货物未能在明确约定的时间内，在约定的卸货港交付的，为迟延交付。

除依照本章规定承运人不负赔偿责任的情形外，由于承运人的过失，致使货物因迟延交付而灭失或者损坏的，承运人应当负赔偿责任。

除依照本章规定承运人不负赔偿责任的情形外，由于承运人的过失，致使货物因迟延交付而遭受经济损失的，即使货物没有灭失或者损坏，承运人仍然应当负赔偿责任。

承运人未能在本条第一款规定的时间届满六十日内交付货物，有权对货物灭失提出赔偿请求的人可以认为货物已经灭失。

第五十一条 在责任期间货物发生的灭失或者损坏是由于下列原因之一造成的，承运人不负赔偿责任：

（一）船长、船员、引航员或者承运人的其他受雇人在驾驶船舶或者管理船舶中的过失；

（二）火灾，但是由于承运人本人的过失所造成的除外；

（三）天灾，海上或者其他可航水域的危险或者意外事故；

（四）战争或者武装冲突；

（五）政府或者主管部门的行为、检疫限制或者司法扣押；

（六）罢工、停工或者劳动受到限制；

（七）在海上救助或者企图救助人命或者财产；

（八）托运人、货物所有人或者他们的代理人的行为；

（九）货物的自然特性或者固有缺陷；

（十）货物包装不良或者标志欠缺、不清；

（十一）经谨慎处理仍未发现的船舶潜在缺陷；

（十二）非由于承运人或者承运人的受雇人、代理人的过失造成的其他原因。

承运人依照前款规定免除赔偿责任的，除第（二）项规定的原因外，应当负举证责任。

第五十二条 因运输活动物的固有的特殊风险造成活动物灭失或者损害的，承运人不负赔偿责任。但是，承运人应当证明业已履行托运人关于运输活动物的特别要求，并证明根据实际情况，灭失或者损害是由于此种固有的特殊风险造成的。

第五十三条 承运人在舱面上装载货物，应当同托运人达成协议，或者符合航运惯例，或者符合有关法律、行政法规的规定。

承运人依照前款规定将货物装载在舱面上，对由于此种装载的特殊风险造成的货物灭失或者损坏，不负赔偿责任。

承运人违反本条第一款规定将货物装载在舱面上，致使货物遭受灭失或者损坏的，应当负赔偿责任。

第五十四条 货物的灭失、损坏或者迟延交付是由于承运人或者承运人的受雇人、代理人的不能免除赔偿责任的原因和其他原因共同造成的，承运人仅在其不能免除赔偿责任的范围内负赔偿责任；但是，承运人对其他原因造成的灭失、损坏或者迟延交付应当负举证责任。

第五十五条 货物灭失的赔偿额，按照货物的实际价值计算；货物损坏的赔偿额，按照货物受损前后实际价值的差额或者货物的修复费用计算。

货物的实际价值，按照货物装船时的价值加保险费加运费计算。

前款规定的货物实际价值，赔偿时应当减去因货物灭失或者损坏而少付或者免付的有关费用。

第五十六条 承运人对货物的灭失或者损坏的赔偿限额，按照货物件数或者其他货运单位数计算，每件或者每个其他货运单位为666.67计算单位，或者按照货物毛重计算，每公斤为2计算单位，以二者中赔偿限额较高的为准。但是，托运人在货物装运前已经申报其性质和价值，并在提单中载明的，或者承运人与托运人已经另行约定高于本条规定的赔偿限额的除外。

货物用集装箱、货盘或者类似装运器具集装的，提单中载明装在此类装运器具中的货物件数或者其他货运单位数，视为前款所指的货物件数或者其他货运单位数；未载明的，每一装运器具视为一件或者一个单位。

装运器具不属于承运人所有或者非由承运人提供的，装运器具本身应当视为一件或者一个单位。

第五十七条 承运人对货物因迟延交付造成经济损失的赔偿限额，为所迟延交付的货物的运费数额。货物的灭失或者损坏和迟延交付同时发生的，承运人的赔偿责任限额适用本法第五十六条第一款规定的限额。

第五十八条 就海上货物运输合同所涉及的货物灭失、损坏或者迟延交付对承运人提起的任何诉讼，不论海事请求人是否合同的一方，也不论是根据合同或者是根据侵权行为提起的，均适用本章关于承运人的抗辩理由和限制赔偿责任的规定。

前款诉讼是对承运人的受雇人或者代理人提起的，经承运人的受雇人或者代理人证明，其行为是在受雇或者受委托的范围之内的，适用前款规定。

第五十九条 经证明，货物的灭失、损坏或者迟延交付是由于承运人的故意或者明知可能造成损失而轻率地作为或者不作为造成的，承运人不得援用本法第五十六条或者第五十七条限制赔偿责任的规定。

经证明，货物的灭失、损坏或者迟延交付是由于承运人的受雇人、代理人的故意或者明知可能造成损失而轻率地作为或者不作为造成的，承运人的受雇人或者代理人不得援用本法第五十六条或者第五十七条限制赔偿责任的规定。

第六十条 承运人将货物运输或者部分运输委托给实际承运人履行的，承运人仍然应当依照本章规定对全部运输负责。对实际承运人承担的运输，承运人应当对实际承运人的行为或者实际承运人的受雇人、代理人在受雇或者受委托的范围内的行为负责。

虽有前款规定，在海上运输合同中明确约定合同所包括的特定的部分运输由承运人以外的指定的实际承运人履行的，合同可以同时约定，货物在指定的实际承运人掌管期间发生的灭失、损坏或者迟延交付，承运人不负赔偿责任。

第六十一条 本章对承运人责任的规定，适用于实际承运人。对实际承运人的受雇人、代理人提起诉讼的，适用本法第五十八条第二款和第五十九条第二款的规定。

第六十二条 承运人承担本章未规定的义务或者放弃本章赋予的权利的任何特别协议,经实际承运人书面明确同意的,对实际承运人发生效力;实际承运人是否同意,不影响此项特别协议对承运人的效力。

第六十三条 承运人与实际承运人都负有赔偿责任的,应当在此项责任范围内负连带责任。

第六十四条 就货物的灭失或者损坏分别向承运人、实际承运人以及他们的受雇人、代理人提出赔偿请求的,赔偿总额不超过本法第五十六条规定的限额。

第六十五条 本法第六十条至第六十四条的规定,不影响承运人和实际承运人之间相互追偿。

第三节 托运人的责任

第六十六条 托运人托运货物,应当妥善包装,并向承运人保证,货物装船时所提供的货物的品名、标志、包数或者件数、重量或者体积的正确性;由于包装不良或者上述资料不正确,对承运人造成损失的,托运人应当负赔偿责任。

承运人依照前款规定享有的受偿权利,不影响其根据货物运输合同对托运人以外的人所承担的责任。

第六十七条 托运人应当及时向港口、海关、检疫、检验和其他主管机关办理货物运输所需要的各项手续,并将已办理各项手续的单证送交承运人;因办理各项手续的有关单证送交不及时、不完备或者不正确,使承运人的利益受到损害的,托运人应当负赔偿责任。

第六十八条 托运人托运危险货物,应当依照有关海上危险货物运输的规定,妥善包装,作出危险品标志和标签,并将其正式名称和性质以及应当采取的预防危害措施书面通知承运人;托运人未通知或者通知有误的,承运人可以在任何时间、任何地点根据情况需要将货物卸下、销毁或者使之不能为害,而不负赔偿责任。托运人对承运人因运输此类货物所受到的损害,应当负赔偿责任。

承运人知道危险货物的性质并已同意装运的,仍然可以在该项货物对于船舶、人员或者其他货物构成实际危险时,将货物卸下、销毁或者使之不能为害,而不负赔偿责任。但是,本款规定不影响共同海损的分摊。

第六十九条 托运人应当按照约定向承运人支付运费。

托运人与承运人可以约定运费由收货人支付;但是,此项约定应当在运输单证中载明。

第七十条 托运人对承运人、实际承运人所遭受的损失或者船舶所遭受的损坏,不负赔偿责任;但是,此种损失或者损坏是由于托运人或者托运人的受雇人、代理人的过失造成的除外。

托运人的受雇人、代理人对承运人、实际承运人所遭受的损失或者船舶所遭受的损坏,不负赔偿责任;但是,这种损失或者损坏是由于托运人的受雇人、代理人的过失造成的除外。

第四节 运输单证

第七十一条 提单,是指用以证明海上货物运输合同和货物已经由承运人接收或者装船,以及承运人保证据以交付货物的单证。提单中载明的向记名人交付货物,或者按照指示人的指示交付货物,或者向提单持有人交付货物的条款,构成承运人据以交付货物的保证。

第七十二条 货物由承运人接收或者装船后,应托运人的要求,承运人应当签发提单。

提单可以由承运人授权的人签发。提单由载货船舶的船长签发的,视为代表承运人签发。

第七十三条 提单内容,包括下列各项:

(一)货物的品名、标志、包数或者件数、重量或者体积,以及运输危险货物时对危险性质的说明；

（二）承运人的名称和主营业所；

（三）船舶名称；

（四）托运人的名称；

（五）收货人的名称；

（六）装货港和在装货港接收货物的日期；

（七）卸货港；

（八）多式联运提单增列接收货物地点和交付货物地点；

（九）提单的签发日期、地点和份数；

（十）运费的支付；

（十一）承运人或者其代表的签字。

提单缺少前款规定的一项或者几项的，不影响提单的性质；但是，提单应当符合本法第七十一条的规定。

第七十四条 货物装船前，承运人已经应托运人的要求签发收货待运提单或者其他单证的，货物装船完毕，托运人可以将收货待运提单或者其他单证退还承运人，以换取已装船提单；承运人也可以在收货待运提单上加注承运船舶的船名和装船日期，加注后的收货待运提单视为已装船提单。

第七十五条 承运人或者代其签发提单的人，知道或者有合理的根据怀疑提单记载的货物的品名、标志、包数或者件数、重量或者体积与实际接收的货物不符，在签发已装船提单的情况下怀疑与已装船的货物不符，或者没有适当的方法核对提单记载的，可以在提单上批注，说明不符之处、怀疑的根据或者说明无法核对。

第七十六条 承运人或者代其签发提单的人未在提单上批注货物表面状况的，视为货物的表面状况良好。

第七十七条 除依照本法第七十五条的规定作出保留外，承运人或者代其签发提单的人签发的提单，是承运人已经按照提单所载状况收到货物或者货物已经装船的初步证据；承运人向善意受让提单的包括收货人在内的第三人提出的与提单所载状况不同的证据，不予承认。

第七十八条 承运人同收货人、提单持有人之间的权利、义务关系，依据提单的规定确定。

收货人、提单持有人不承担在装货港发生的滞期费、亏舱费和其他与装货有关的费用，但是提单中明确载明上述费用由收货人、提单持有人承担的除外。

第七十九条 提单的转让，依照下列规定执行：

（一）记名提单：不得转让；

（二）指示提单：经过记名背书或者空白背书转让；

（三）不记名提单：无需背书，即可转让。

第八十条 承运人签发提单以外的单证用以证明收到待运货物的，此项单证即为订立海上货物运输合同和承运人接收该单证中所列货物的初步证据。

承运人签发的此类单证不得转让。

第五节　货物交付

第八十一条 承运人向收货人交付货物时，收货人未将货物灭失或者损坏的情况书面通知承运人的，此项交付视为承运人已经按照运输单证的记载交付以及货物状况良好的初步证据。

货物灭失或者损坏的情况非显而易见的，在货物交付的次日起连续七日内，集装箱货物交付的次日起连续十五日内，收货人未提交书面通知的，适用前款规定。

货物交付时，收货人已经会同承运人对货物进行联合检查或者检验的，无需就所查明的灭失或者损坏的情况提交书面通知。

第八十二条 承运人自向收货人交付货物的次日起连续六十日内，未收到收货人就货物因迟延交付造成经济损失而提交的书面通知的，不负赔偿责任。

第八十三条 收货人在目的港提取货物前或者承运人在目的港交付货物前，可以要求检验机构对货物状况进行检验；要求检验的一方应当支付检验费用，但是有权向造成货物损失的责任方追偿。

第八十四条 承运人和收货人对本法第八十一条和第八十三条规定的检验，应当相互提供合理的便利条件。

第八十五条 货物由实际承运人交付的，收货人依照本法第八十一条的规定向实际承运人提交的书面通知，与向承运人提交书面通知具有同等效力；向承运人提交的书面通知，与向实际承运人提交书面通知具有同等效力。

第八十六条 在卸货港无人提取货物或者收货人迟延、拒绝提取货物的，船长可以将货物卸在仓库或者其他适当场所，由此产生的费用和风险由收货人承担。

第八十七条 应当向承运人支付的运费、共同海损分摊、滞期费和承运人为货物垫付的必要费用以及应当向承运人支付的其他费用没有付清，又没有提供适当担保的，承运人可以在合理的限度内留置其货物。

第八十八条 承运人根据本法第八十七条规定留置的货物，自船舶抵达卸货港的次日起满六十日无人提取的，承运人可以申请法院裁定拍卖；货物易腐烂变质或者货物的保管费用可能超过其价值的，可以申请提前拍卖。

拍卖所得价款，用于清偿保管、拍卖货物的费用和运费以及应当向承运人支付的其他有关费用；不足的金额，承运人有权向托运人追偿；剩余的金额，退还托运人；无法退还、自拍卖之日起满一年又无人领取的，上缴国库。

第六节 合同的解除

第八十九条 船舶在装货港开航前，托运人可以要求解除合同。但是，除合同另有约定外，托运人应当向承运人支付约定运费的一半；货物已经装船的，并应当负担装货、卸货和其他与此有关的费用。

第九十条 船舶在装货港开航前，因不可抗力或者其他不能归责于承运人和托运人的原因致使合同不能履行的，双方均可以解除合同，并互相不负赔偿责任。除合同另有约定外，运费已经支付的，承运人应当将运费退还给托运人；货物已经装船的，托运人应当承担装卸费用；已经签发提单的，托运人应当将提单退还承运人。

第九十一条 因不可抗力或者其他不能归责于承运人和托运人的原因致使船舶不能在合同约定的目的港卸货的，除合同另有约定外，船长有权将货物在目的港邻近的安全港口或者地点卸载，视为已经履行合同。

船长决定将货物卸载的，应当及时通知托运人或者收货人，并考虑托运人或者收货人的利益。

第七节 航次租船合同的特别规定

第九十二条 航次租船合同，是指船舶出租人向承租人提供船舶或者船舶的部分舱位，装运约定的货物，从一港运至另一港，由承租人支付约定运费的合同。

第九十三条 航次租船合同的内容，主要包括出租人和承租人的名称、船名、船籍、载货重量、容积、货名、装货港和目的港、受载期限、装卸期限、运费、滞期费、速遣费以及其他有关事项。

第九十四条 本法第四十七条和第四十九条的规定，适用于航次租船合同的出租人。

本章其他有关合同当事人之间的权利、义务的规定，仅在航次租船合同没有约定或者没有不同约定时，适用于航次租船合同的出租人和承租人。

第九十五条 对按照航次租船合同运输的货物签发的提单，提单持有人不是承租人的，承运人与该提单持有人之间的权利、义务关系适用提单的约定。但是，提单中载明适用航次租船合同条款的，适用该航次租船合同的条款。

第九十六条 出租人应当提供约定的船舶；经承租人同意，可以更换船舶。但是，提供的船舶或者更换的船舶不符合合同约定的，承租人有权拒绝或者解除合同。

因出租人过失未提供约定的船舶致使承租人遭受损失的，出租人应当负赔偿责任。

第九十七条 出租人在约定的受载期限内未能提供船舶的，承租人有权解除合同。但是，出租人将船舶延误情况和船舶预期抵达装货港的日期通知承租人的，承租人应当自收到通知时起四十八小时内，将是否解除合同的决定通知出租人。

因出租人过失延误提供船舶致使承租人遭受损失的，出租人应当负赔偿责任。

第九十八条 航次租船合同的装货、卸货期限及其计算办法，超过装货、卸货期限后的滞期费和提前完成装货、卸货的速遣费，由双方约定。

第九十九条 承租人可以将其租用的船舶转租；转租后，原合同约定的权利和义务不受影响。

第一百条 承租人应当提供约定的货物；经出租人同意，可以更换货物。但是，更换的货物对出租人不利的，出租人有权拒绝或者解除合同。

因未提供约定的货物致使出租人遭受损失的，承租人应当负赔偿责任。

第一百零一条 出租人应当在合同约定的卸货港卸货。合同订有承租人选择卸货港条款的，在承租人未按照合同约定及时通知确定的卸货港时，船长可以从约定的选卸港中自行选定一港卸货。承租人未按照合同约定及时通知确定的卸货港，致使出租人遭受损失的，应当负赔偿责任。出租人未按照合同约定，擅自选定港口卸货致使承租人遭受损失的，应当负赔偿责任。

第八节 多式联运合同的特别规定

第一百零二条 本法所称多式联运合同，是指多式联运经营人以两种以上的不同运输方式，其中一种是海上运输方式，负责将货物从接收地运至目的地交付收货人，并收取全程运费的合同。

前款所称多式联运经营人，是指本人或者委托他人以本人名义与托运人订立多式联运合同的人。

第一百零三条 多式联运经营人对多式联运货物的责任期间，自接收货物时起至交付货物时止。

第一百零四条 多式联运经营人负责履行或者组织履行多式联运合同，并对全程运输负责。

多式联运经营人与参加多式联运的各区段承运人，可以就多式联运合同的各区段运输，另以合同约定相互之间的责任。但是，此项合同不得影响多式联运经营人对全程运输所承担的责任。

第一百零五条 货物的灭失或者损坏发生于多式联运的某一运输区段的，多式联运经营人的赔偿责任和责任限额，适用调整该区段运输方式的有关法律规定。

第一百零六条 货物的灭失或者损坏发生的运输区段不能确定的，多式联运经营人应当依照本章关于承运人赔偿责任和责任限额的规定负赔偿责任。

第五章 海上旅客运输合同

第一百零七条 海上旅客运输合同,是指承运人以适合运送旅客的船舶经海路将旅客及其行李从一港运送至另一港,由旅客支付票款的合同。

第一百零八条 本章下列用语的含义:

(一)"承运人",是指本人或者委托他人以本人名义与旅客订立海上旅客运输合同的人。

(二)"实际承运人",是指接受承运人委托,从事旅客运送或者部分运送的人,包括接受转委托从事此项运送的其他人。

(三)"旅客",是指根据海上旅客运输合同运送的人;经承运人同意,根据海上货物运输合同,随船护送货物的人,视为旅客。

(四)"行李",是指根据海上旅客运输合同由承运人载运的任何物品和车辆,但是活动物除外。

(五)"自带行李",是指旅客自行携带、保管或者放置在客舱中的行李。

第一百零九条 本章关于承运人责任的规定,适用于实际承运人。本章关于承运人的受雇人、代理人责任的规定,适用于实际承运人的受雇人、代理人。

第一百一十条 旅客客票是海上旅客运输合同成立的凭证。

第一百一十一条 海上旅客运输的运送期间,自旅客登船时起至旅客离船时止。客票票价含接送费用的,运送期间并包括承运人经水路将旅客从岸上接到船上和从船上送到岸上的时间,但是不包括旅客在港站内、码头上或者在港口其他设施内的时间。

旅客的自带行李,运送期间同前款规定。旅客自带行李以外的其他行李,运送期间自旅客将行李交付承运人或者承运人的受雇人、代理人时起至承运人或者承运人的受雇人、代理人交还旅客时止。

第一百一十二条 旅客无票乘船、越级乘船或者超程乘船,应当按照规定补足票款,承运人可以按照规定加收票款;拒不交付的,船长有权在适当地点令其离船,承运人有权向其追偿。

第一百一十三条 旅客不得随身携带或者在行李中夹带违禁品或者易燃、易爆、有毒、有腐蚀性、有放射性以及有可能危及船上人身和财产安全的其他危险品。

承运人可以在任何时间、任何地点将旅客违反前款规定随身携带或者在行李中夹带的违禁品、危险品卸下、销毁或者使之不能为害,或者送交有关部门,而不负赔偿责任。

旅客违反本条第一款规定,造成损害的,应当负赔偿责任。

第一百一十四条 在本法第一百一十一条规定的旅客及其行李的运送期间,因承运人或者承运人的受雇人、代理人在受雇或者受委托的范围内的过失引起事故,造成旅客人身伤亡或者行李灭失、损坏的,承运人应当负赔偿责任。

请求人对承运人或者承运人的受雇人、代理人的过失,应当负举证责任;但是,本条第三款和第四款规定的情形除外。

旅客的人身伤亡或者自带行李的灭失、损坏,是由于船舶的沉没、碰撞、搁浅、爆炸、火灾所引起或者是由于船舶的缺陷所引起的,承运人或者承运人的受雇人、代理人除非提出反证,应当视为其有过失。

旅客自带行李以外的其他行李的灭失或者损坏,不论由于何种事故所引起,承运人或者承运人的受雇人、代理人除非提出反证,应当视为其有过失。

第一百一十五条 经承运人证明,旅客的人身伤亡或者行李的灭失、损坏,是由于旅客本人的过失或者旅客和承运人的共同过失造成的,可以免除或者相应减轻承运人的赔偿责任。

经承运人证明，旅客的人身伤亡或者行李的灭失、损坏，是由于旅客本人的故意造成的，或者旅客的人身伤亡是由于旅客本人健康状况造成的，承运人不负赔偿责任。

第一百一十六条 承运人对旅客的货币、金银、珠宝、有价证券或者其他贵重物品所发生的灭失、损坏，不负赔偿责任。

旅客与承运人约定将前款规定的物品交由承运人保管的，承运人应当依照本法第一百一十七条的规定负赔偿责任；双方以书面约定的赔偿限额高于本法第一百一十七条的规定的，承运人应当按照约定的数额负赔偿责任。

第一百一十七条 除本条第四款规定的情形外，承运人在每次海上旅客运输中的赔偿责任限额，依照下列规定执行：

（一）旅客人身伤亡的，每名旅客不超过 46666 计算单位；

（二）旅客自带行李灭失或者损坏的，每名旅客不超过 833 计算单位；

（三）旅客车辆包括该车辆所载行李灭失或者损坏的，每一车辆不超过 3333 计算单位；

（四）本款第（二）、（三）项以外的旅客其他行李灭失或者损坏的，每名旅客不超过 1200 计算单位。

承运人和旅客可以约定，承运人对旅客车辆和旅客车辆以外的其他行李损失的免赔额。但是，对每一车辆损失的免赔额不得超过 117 计算单位，对每名旅客的车辆以外的其他行李损失的免赔额不得超过 13 计算单位。在计算每一车辆或者每名旅客的车辆以外的其他行李的损失赔偿数额时，应当扣除约定的承运人免赔额。

承运人和旅客可以书面约定高于本条第一款规定的赔偿责任限额。

中华人民共和国港口之间的海上旅客运输，承运人的赔偿责任限额，由国务院交通主管部门制定，报国务院批准后施行。

第一百一十八条 经证明，旅客的人身伤亡或者行李的灭失、损坏，是由于承运人的故意或者明知可能造成损害而轻率地作为或者不作为造成的，承运人不得援用本法第一百一十六条和第一百一十七条限制赔偿责任的规定。

经证明，旅客的人身伤亡或者行李的灭失、损坏，是由于承运人的受雇人、代理人的故意或者明知可能造成损害而轻率地作为或者不作为造成的，承运人的受雇人、代理人不得援用本法第一百一十六条和第一百一十七条限制赔偿责任的规定。

第一百一十九条 行李发生明显损坏的，旅客应当依照下列规定向承运人或者承运人的受雇人、代理人提交书面通知：

（一）自带行李，应当在旅客离船前或者离船时提交；

（二）其他行李，应当在行李交还前或者交还时提交。

行李的损坏不明显，旅客在离船时或者行李交还时难以发现的，以及行李发生灭失的，旅客应当在离船或者行李交还或者应当交还之日起十五日内，向承运人或者承运人的受雇人、代理人提交书面通知。

旅客未依照本条第一、二款规定及时提交书面通知的，除非提出反证，视为已经完整无损地收到行李。

行李交还时，旅客已经会同承运人对行李进行联合检查或者检验的，无需提交书面通知。

第一百二十条 向承运人的受雇人、代理人提出的赔偿请求，受雇人或者代理人证明其行为是在受雇或者受委托的范围内的，有权援用本法第一百一十五条、第一百一十六条和第一百一十七条的抗辩理由和赔偿责任限制的规定。

第一百二十一条 承运人将旅客运送或者部分运送委托给实际承运人履行的，仍然应当依照本章规定，对全程运送负责。实际承运人履行运送的，承运人应当对实际承运人的行为或者实际承运人的受雇人、代理人在受雇或者受委托的范围内的行为负责。

第一百二十二条 承运人承担本章未规定的义务或者放弃本章赋予的权利的任何特别协议，经实际承运人书面明确同意的，对实际承运人发生效力；实际承运人是否同意，不影响此项特别协议对承运人的效力。

第一百二十三条 承运人与实际承运人均负有赔偿责任的，应当在此项责任限度内负连带责任。

第一百二十四条 就旅客的人身伤亡或者行李的灭失、损坏，分别向承运人、实际承运人以及他们的受雇人、代理人提出赔偿请求的，赔偿总额不得超过本法第一百一十七条规定的限额。

第一百二十五条 本法第一百二十一条至第一百二十四条的规定，不影响承运人和实际承运人之间相互追偿。

第一百二十六条 海上旅客运输合同中含有下列内容之一的条款无效：
（一）免除承运人对旅客应当承担的法定责任；
（二）降低本章规定的承运人责任限额；
（三）对本章规定的举证责任作出相反的约定；
（四）限制旅客提出赔偿请求的权利。
前款规定的合同条款的无效，不影响合同其他条款的效力。

第六章 船舶租用合同

第一节 一般规定

第一百二十七条 本章关于出租人和承租人之间权利、义务的规定，仅在船舶租用合同没有约定或者没有不同约定时适用。

第一百二十八条 船舶租用合同，包括定期租船合同和光船租赁合同，均应当书面订立。

第二节 定期租船合同

第一百二十九条 定期租船合同，是指船舶出租人向承租人提供约定的由出租人配备船员的船舶，由承租人在约定的期间内按照约定的用途使用，并支付租金的合同。

第一百三十条 定期租船合同的内容，主要包括出租人和承租人的名称、船名、船籍、船级、吨位、容积、航速、燃料消耗、航区、用途、租船期间、交船和还船的时间和地点以及条件、租金及其支付，以及其他有关事项。

第一百三十一条 出租人应当按照合同约定的时间交付船舶。
出租人违反前款规定的，承租人有权解除合同。出租人将船舶延误情况和船舶预期抵达交船港的日期通知承租人的，承租人应当自接到通知时起四十八小时内，将解除合同或者继续租用船舶的决定通知出租人。
因出租人过失延误提供船舶致使承租人遭受损失的，出租人应当负赔偿责任。

第一百三十二条 出租人交付船舶时，应当做到谨慎处理，使船舶适航。交付的船舶应当适于约定的用途。
出租人违反前款规定的，承租人有权解除合同，并有权要求赔偿因此遭受的损失。

第一百三十三条 船舶在租期内不符合约定的适航状态或者其他状态，出租人应当采取可能采取的合理措施，使之尽快恢复。
船舶不符合约定的适航状态或者其他状态而不能正常营运连续满二十四小时的，对因此而损失的营运时间，承租人不付租金，但是上述状态是由承租人造成的除外。

第一百三十四条 承租人应当保证船舶在约定航区内的安全港口或者地点之间从事约定的

海上运输。

承租人违反前款规定的，出租人有权解除合同，并有权要求赔偿因此遭受的损失。

第一百三十五条 承租人应当保证船舶用于运输约定的合法的货物。

承租人将船舶用于运输活动物或者危险货物的，应当事先征得出租人的同意。

承租人违反本条第一款或者第二款的规定致使出租人遭受损失的，应当负赔偿责任。

第一百三十六条 承租人有权就船舶的营运向船长发出指示，但是不得违反定期租船合同的约定。

第一百三十七条 承租人可以将租用的船舶转租，但是应当将转租的情况及时通知出租人。租用的船舶转租后，原租船合同约定的权利和义务不受影响。

第一百三十八条 船舶所有人转让已经租出的船舶的所有权，定期租船合同约定的当事人的权利和义务不受影响，但是应当及时通知承租人。船舶所有权转让后，原租船合同由受让人和承租人继续履行。

第一百三十九条 在合同期间，船舶进行海难救助的，承租人有权获得扣除救助费用、损失赔偿、船员应得部分以及其他费用后的救助款项的一半。

第一百四十条 承租人应当按照合同约定支付租金。承租人未按照合同约定支付租金的，出租人有权解除合同，并有权要求赔偿因此遭受的损失。

第一百四十一条 承租人未向出租人支付租金或者合同约定的其他款项的，出租人对船上属于承租人的货物和财产以及转租船舶的收入有留置权。

第一百四十二条 承租人向出租人交还船舶时，该船舶应当具有与出租人交船时相同的良好状态，但是船舶本身的自然磨损除外。

船舶未能保持与交船时相同的良好状态的，承租人应当负责修复或者给予赔偿。

第一百四十三条 经合理计算，完成最后航次的日期约为合同约定的还船日期，但可能超过合同约定的还船日期的，承租人有权超期用船以完成该航次。超期期间，承租人应当按照合同约定的租金率支付租金；市场的租金率高于合同约定的租金率的，承租人应当按照市场租金率支付租金。

第三节 光船租赁合同

第一百四十四条 光船租赁合同，是指船舶出租人向承租人提供不配备船员的船舶，在约定的期间内由承租人占有、使用和营运，并向出租人支付租金的合同。

第一百四十五条 光船租赁合同的内容，主要包括出租人和承租人的名称、船名、船籍、船级、吨位、容积、航区、用途、租船期间、交船和还船的时间和地点以及条件、船舶检验、船舶的保养维修、租金及其支付、船舶保险、合同解除的时间和条件，以及其他有关事项。

第一百四十六条 出租人应当在合同约定的港口或者地点，按照合同约定的时间，向承租人交付船舶以及船舶证书。交船时，出租人应当做到谨慎处理，使船舶适航。交付的船舶应当适于合同约定的用途。

出租人违反前款规定的，承租人有权解除合同，并有权要求赔偿因此遭受的损失。

第一百四十七条 在光船租赁期间，承租人负责船舶的保养、维修。

第一百四十八条 在光船租赁期间，承租人应当按照合同约定的船舶价值，以出租人同意的保险方式为船舶进行保险，并负担保险费用。

第一百四十九条 在光船租赁期间，因承租人对船舶占有、使用和营运的原因使出租人的利益受到影响或者遭受损失的，承租人应当负责消除影响或者赔偿损失。

因船舶所有权争议或者出租人所负的债务致使船舶被扣押的，出租人应当保证承租人的利益不受影响；致使承租人遭受损失的，出租人应当负赔偿责任。

第一百五十条 在光船租赁期间，未经出租人书面同意，承租人不得转让合同的权利和义务或者以光船租赁的方式将船舶进行转租。

第一百五十一条 未经承租人事先书面同意，出租人不得在光船租赁期间对船舶设定抵押权。

出租人违反前款规定，致使承租人遭受损失的，应当负赔偿责任。

第一百五十二条 承租人应当按照合同约定支付租金。承租人未按照合同约定的时间支付租金连续超过七日的，出租人有权解除合同，并有权要求赔偿因此遭受的损失。

船舶发生灭失或者失踪的，租金应当自船舶灭失或者得知其最后消息之日起停止支付，预付租金应当按照比例退还。

第一百五十三条 本法第一百三十四条、第一百三十五条第一款、第一百四十二条和第一百四十三条的规定，适用于光船租赁合同。

第一百五十四条 订有租购条款的光船租赁合同，承租人按照合同约定向出租人付清租购费时，船舶所有权即归于承租人。

第七章　海上拖航合同

第一百五十五条 海上拖航合同，是指承拖方用拖轮将被拖物经海路从一地拖至另一地，而由被拖方支付拖航费的合同。

本章规定不适用于在港区内对船舶提供的拖轮服务。

第一百五十六条 海上拖航合同应当书面订立。海上拖航合同的内容，主要包括承拖方和被拖方的名称和住所、拖轮和被拖物的名称和主要尺度、拖轮马力、起拖地和目的地、起拖日期、拖航费及其支付方式，以及其他有关事项。

第一百五十七条 承拖方在起拖前和起拖当时，应当谨慎处理，使拖轮处于适航、适拖状态，妥善配备船员，配置拖航索具和配备供应品以及该航次必备的其他装置、设备。

被拖方在起拖前和起拖当时，应当做好被拖物的拖航准备，谨慎处理，使被拖物处于适拖状态，并向承拖方如实说明被拖物的情况，提供有关检验机构签发的被拖物适合拖航的证书和有关文件。

第一百五十八条 起拖前，因不可抗力或者其他不能归责于双方的原因致使合同不能履行的，双方均可以解除合同，并互相不负赔偿责任。除合同另有约定外，拖航费已经支付的，承拖方应当退还给被拖方。

第一百五十九条 起拖后，因不可抗力或者其他不能归责于双方的原因致使合同不能继续履行的，双方均可以解除合同，并互相不负赔偿责任。

第一百六十条 因不可抗力或者其他不能归责于双方的原因致使被拖物不能拖至目的地的，除合同另有约定外，承拖方可以在目的地的邻近地点或者拖轮船长选定的安全的港口或者锚泊地，将被拖物移交给被拖方或者其代理人，视为已经履行合同。

第一百六十一条 被拖方未按照约定支付拖航费和其他合理费用的，承拖方对被拖物有留置权。

第一百六十二条 在海上拖航过程中，承拖方或者被拖方遭受的损失，由一方的过失造成的，有过失的一方应当负赔偿责任；由双方过失造成的，各方按照过失程度的比例负赔偿责任。

虽有前款规定，经承拖方证明，被拖方的损失是由于下列原因之一造成的，承拖方不负赔偿责任：

（一）拖轮船长、船员、引航员或者承拖方的其他受雇人、代理人在驾驶拖轮或者管理拖轮中的过失；

（二）拖轮在海上救助或者企图救助人命或者财产时的过失。

本条规定仅在海上拖航合同没有约定或者没有不同约定时适用。

第一百六十三条 在海上拖航过程中，由于承拖方或者被拖方的过失，造成第三人人身伤亡或者财产损失的，承拖方和被拖方对第三人负连带赔偿责任。除合同另有约定外，一方连带支付的赔偿超过其应当承担的比例的，对另一方有追偿权。

第一百六十四条 拖轮所有人拖带其所有的或者经营的驳船载运货物，经海路由一港运至另一港的，视为海上货物运输。

第八章　船舶碰撞

第一百六十五条 船舶碰撞，是指船舶在海上或者与海相通的可航水域发生接触造成损害的事故。

前款所称船舶，包括与本法第三条所指船舶碰撞的任何其他非用于军事的或者政府公务的船艇。

第一百六十六条 船舶发生碰撞，当事船舶的船长在不严重危及本船和船上人员安全的情况下，对于相碰的船舶和船上人员必须尽力施救。

碰撞船舶的船长应当尽可能将其船舶名称、船籍港、出发港和目的港通知对方。

第一百六十七条 船舶发生碰撞，是由于不可抗力或者其他不能归责于任何一方的原因或者无法查明的原因造成的，碰撞各方互相不负赔偿责任。

第一百六十八条 船舶发生碰撞，是由于一船的过失造成的，由有过失的船舶负赔偿责任。

第一百六十九条 船舶发生碰撞，碰撞的船舶互有过失的，各船按照过失程度的比例负赔偿责任；过失程度相当或者过失程度的比例无法判定的，平均负赔偿责任。

互有过失的船舶，对碰撞造成的船舶以及船上货物和其他财产的损失，依照前款规定的比例负赔偿责任。碰撞造成第三人财产损失的，各船的赔偿责任均不超过其应当承担的比例。

互有过失的船舶，对造成的第三人的人身伤亡，负连带赔偿责任。一船连带支付的赔偿超过本条第一款规定的比例的，有权向其他有过失的船舶追偿。

第一百七十条 船舶因操纵不当或者不遵守航行规章，虽然实际上没有同其他船舶发生碰撞，但是使其他船舶以及船上的人员、货物或者其他财产遭受损失的，适用本章的规定。

第九章　海难救助

第一百七十一条 本章规定适用于在海上或者与海相通的可航水域，对遇险的船舶和其他财产进行的救助。

第一百七十二条 本章下列用语的含义：

（一）"船舶"，是指本法第三条所称的船舶和与其发生救助关系的任何其他非用于军事的或者政府公务的船艇。

（二）"财产"，是指非永久地和非有意地依附于岸线的任何财产，包括有风险的运费。

（三）"救助款项"，是指依照本章规定，被救助方应当向救助方支付的任何救助报酬、酬金或者补偿。

第一百七十三条 本章规定，不适用于海上已经就位的从事海底矿物资源的勘探、开发或者生产的固定式、浮动式平台和移动式近海钻井装置。

第一百七十四条 船长在不严重危及本船和船上人员安全的情况下，有义务尽力救助海上人命。

第一百七十五条 救助方与被救助方就海难救助达成协议，救助合同成立。

遇险船舶的船长有权代表船舶所有人订立救助合同。遇险船舶的船长或者船舶所有人有权代表船上财产所有人订立救助合同。

第一百七十六条 有下列情形之一，经一方当事人起诉或者双方当事人协议仲裁的，受理争议的法院或者仲裁机构可以判决或者裁决变更救助合同：

（一）合同在不正当的或者危险情况的影响下订立，合同条款显失公平的；

（二）根据合同支付的救助款项明显过高或者过低于实际提供的救助服务的。

第一百七十七条 在救助作业过程中，救助方对被救助方负有下列义务：

（一）以应有的谨慎进行救助；

（二）以应有的谨慎防止或者减少环境污染损害；

（三）在合理需要的情况下，寻求其他救助方援助；

（四）当被救助方合理地要求其他救助方参与救助作业时，接受此种要求，但是要求不合理的，原救助方的救助报酬金额不受影响。

第一百七十八条 在救助作业过程中，被救助方对救助方负有下列义务：

（一）与救助方通力合作；

（二）以应有的谨慎防止或者减少环境污染损害；

（三）当获救的船舶或者其他财产已经被送至安全地点时，及时接受救助方提出的合理的移交要求。

第一百七十九条 救助方对遇险的船舶和其他财产的救助，取得效果的，有权获得救助报酬；救助未取得效果的，除本法第一百八十二条或者其他法律另有规定或者合同另有约定外，无权获得救助款项。

第一百八十条 确定救助报酬，应当体现对救助作业的鼓励，并综合考虑下列各项因素：

（一）船舶和其他财产的获救的价值；

（二）救助方在防止或者减少环境污染损害方面的技能和努力；

（三）救助方的救助成效；

（四）危险的性质和程度；

（五）救助方在救助船舶、其他财产和人命方面的技能和努力；

（六）救助方所用的时间、支出的费用和遭受的损失；

（七）救助方或者救助设备所冒的责任风险和其他风险；

（八）救助方提供救助服务的及时性；

（九）用于救助作业的船舶和其他设备的可用性和使用情况；

（十）救助设备的备用状况、效能和设备的价值。

救助报酬不得超过船舶和其他财产的获救价值。

第一百八十一条 船舶和其他财产的获救价值，是指船舶和其他财产获救后的估计价值或者实际出卖的收入，扣除有关税款和海关、检疫、检验费用以及进行卸载、保管、估价、出卖而产生的费用后的价值。

前款规定的价值不包括船员的获救的私人物品和旅客的获救的自带行李的价值。

第一百八十二条 对构成环境污染损害危险的船舶或者船上货物进行的救助，救助方依照本法第一百八十条规定获得的救助报酬，少于依照本条规定可以得到的特别补偿的，救助方有权依照本条规定，从船舶所有人处获得相当于救助费用的特别补偿。

救助人进行前款规定的救助作业，取得防止或者减少环境污染损害效果的，船舶所有人依照前款规定应当向救助方支付的特别补偿可以另行增加，增加的数额可以达到救助费用的百分之三十。受理争议的法院或者仲裁机构认为适当，并且考虑到本法第一百八十条第一款的规定，可以判决或者裁决进一步增加特别补偿数额；但是，在任何情况下，增加部分不得超过救助费用的百分之一百。

本条所称救助费用，是指救助方在救助作业中直接支付的合理费用以及实际使用救助设备、投入救助人员的合理费用。确定救助费用应当考虑本法第一百八十条第一款第（八）、（九）、（十）项的规定。

在任何情况下，本条规定的全部特别补偿，只有在超过救助方依照本法第一百八十条能够获得的救助报酬时，方可支付，支付金额为特别补偿超过救助报酬的差额部分。

由于救助方的过失未能防止或者减少环境污染损害的，可以全部或者部分地剥夺救助方获得特别补偿的权利。

本条规定不影响船舶所有人对其他被救助方的追偿权。

第一百八十三条　救助报酬的金额，应当由获救的船舶和其他财产的各所有人，按照船舶和其他各项财产各自的获救价值占全部获救价值的比例承担。

第一百八十四条　参加同一救助作业的各救助方的救助报酬，应当根据本法第一百八十条规定的标准，由各方协商确定；协商不成的，可以提请受理争议的法院判决或者经各方协议提请仲裁机构裁决。

第一百八十五条　在救助作业中救助人命的救助方，对获救人员不得请求酬金，但是有权从救助船舶或者其他财产、防止或者减少环境污染损害的救助方获得的救助款项中，获得合理的份额。

第一百八十六条　下列救助行为无权获得救助款项：

（一）正常履行拖航合同或者其他服务合同的义务进行救助的，但是提供不属于履行上述义务的特殊劳务除外；

（二）不顾遇险的船舶的船长、船舶所有人或者其他财产所有人明确的和合理的拒绝，仍然进行救助的。

第一百八十七条　由于救助方的过失致使救助作业成为必需或者更加困难的，或者救助方有欺诈或者其他不诚实行为的，应当取消或者减少向救助方支付的救助款项。

第一百八十八条　被救助方在救助作业结束后，应当根据救助方的要求，对救助款项提供满意的担保。

在不影响前款规定的情况下，获救船舶的船舶所有人应当在获救的货物交还前，尽力使货物的所有人对其应当承担的救助款项提供满意的担保。

在未根据救助人的要求对获救的船舶或者其他财产提供满意的担保以前，未经救助方同意，不得将获救的船舶和其他财产从救助作业完成后最初到达的港口或者地点移走。

第一百八十九条　受理救助款项请求的法院或者仲裁机构，根据具体情况，在合理的条件下，可以裁定或者裁决被救助方向救助方先行支付适当的金额。

被救助方根据前款规定先行支付金额后，其根据本法第一百八十八条规定提供的担保金额应当相应扣减。

第一百九十条　对于获救满九十日的船舶和其他财产，如果被救助方不支付救助款项也不提供满意的担保，救助方可以申请法院裁定强制拍卖；对于无法保管、不易保管或者保管费用可能超过其价值的获救的船舶和其他财产，可以申请提前拍卖。

拍卖所得价款，在扣除保管和拍卖过程中的一切费用后，依照本法规定支付救助款项；剩余的金额，退还被救助方；无法退还、自拍卖之日起满一年又无人认领的，上缴国库；不足的金额，救助方有权向被救助方追偿。

第一百九十一条　同一船舶所有人的船舶之间进行的救助，救助方获得救助款项的权利适用本章规定。

第一百九十二条　国家有关主管机关从事或者控制的救助作业，救助方有权享受本章规定的关于救助作业的权利和补偿。

第十章　共同海损

第一百九十三条　共同海损，是指在同一海上航程中，船舶、货物和其他财产遭遇共同危险，为了共同安全，有意地合理地采取措施所直接造成的特殊牺牲、支付的特殊费用。

无论在航程中或者在航程结束后发生的船舶或者货物因迟延所造成的损失，包括船期损失和行市损失以及其他间接损失，均不得列入共同海损。

第一百九十四条　船舶因发生意外、牺牲或者其他特殊情况而损坏时，为了安全完成本航程，驶入避难港口、避难地点或者驶回装货港口、装货地点进行必要的修理，在该港口或者地点额外停留期间所支付的港口费，船员工资、给养，船舶所消耗的燃料、物料，为修理而卸载、储存、重装或者搬移船上货物、燃料、物料以及其他财产所造成的损失、支付的费用，应当列入共同海损。

第一百九十五条　为代替可以列入共同海损的特殊费用而支付的额外费用，可以作为代替费用列入共同海损；但是，列入共同海损的代替费用的金额，不得超过被代替的共同海损的特殊费用。

第一百九十六条　提出共同海损分摊请求的一方应当负举证责任，证明其损失应当列入共同海损。

第一百九十七条　引起共同海损特殊牺牲、特殊费用的事故，可能是由航程中一方的过失造成的，不影响该方要求分摊共同海损的权利；但是，非过失方或者过失方可以就此项过失提出赔偿请求或者进行抗辩。

第一百九十八条　船舶、货物和运费的共同海损牺牲的金额，依照下列规定确定：

（一）船舶共同海损牺牲的金额，按照实际支付的修理费，减除合理的以新换旧的扣减额计算。船舶尚未修理的，按照牺牲造成的合理贬值计算，但是不得超过估计的修理费。

船舶发生实际全损或者修理费用超过修复后的船舶价值的，共同海损牺牲金额按照该船舶在完好状态下的估计价值，减除不属于共同海损损坏的估计的修理费和该船舶受损后的价值的余额计算。

（二）货物共同海损牺牲的金额，货物灭失的，按照货物在装船时的价值加保险费加运费，减除由于牺牲无需支付的运费计算。货物损坏，在就损坏程度达成协议前售出的，按照货物在装船时的价值加保险费加运费，与出售货物净得的差额计算。

（三）运费共同海损牺牲的金额，按照货物遭受牺牲造成的运费的损失金额，减除为取得这笔运费本应支付，但是由于牺牲无需支付的营运费用计算。

第一百九十九条　共同海损应当由受益方按照各自的分摊价值的比例分摊。

船舶、货物和运费的共同海损分摊价值，分别依照下列规定确定：

（一）船舶共同海损分摊价值，按照船舶在航程终止时的完好价值，减除不属于共同海损的损失金额计算，或者按照船舶在航程终止时的实际价值，加上共同海损牺牲的金额计算。

（二）货物共同海损分摊价值，按照货物在装船时的价值加保险费加运费，减除不属于共同海损的损失金额和承运人承担风险的运费计算。货物在抵达目的港以前售出的，按照出售净得金额，加上共同海损牺牲的金额计算。

旅客的行李和私人物品，不分摊共同海损。

（三）运费分摊价值，按照承运人承担风险并于航程终止时有权收取的运费，减除为取得该项运费而在共同海损事故发生后，为完成本航程所支付的营运费用，加上共同海损牺牲的金额计算。

第二百条　未申报的货物或者谎报的货物，应当参加共同海损分摊；其遭受的特殊牺牲，不得列入共同海损。

不正当地以低于货物实际价值作为申报价值的，按照实际价值分摊共同海损；在发生共同海损牺牲时，按照申报价值计算牺牲金额。

第二百零一条 对共同海损特殊牺牲和垫付的共同海损特殊费用，应当计算利息。对垫付的共同海损特殊费用，除船员工资、给养和船舶消耗的燃料、物料外，应当计算手续费。

第二百零二条 经利益关系人要求，各分摊方应当提供共同海损担保。

以提供保证金方式进行共同海损担保的，保证金应当交由海损理算师以保管人名义存入银行。

保证金的提供、使用或者退还，不影响各方最终的分摊责任。

第二百零三条 共同海损理算，适用合同约定的理算规则；合同未约定的，适用本章的规定。

第十一章　海事赔偿责任限制

第二百零四条 船舶所有人、救助人，对本法第二百零七条所列海事赔偿请求，可以依照本章规定限制赔偿责任。

前款所称的船舶所有人，包括船舶承租人和船舶经营人。

第二百零五条 本法第二百零七条所列海事赔偿请求，不是向船舶所有人、救助人本人提出，而是向他们对其行为、过失负有责任的人员提出的，这些人员可以依照本章规定限制赔偿责任。

第二百零六条 被保险人依照本章规定可以限制赔偿责任的，对该海事赔偿请求承担责任的保险人，有权依照本章规定享受相同的赔偿责任限制。

第二百零七条 下列海事赔偿请求，除本法第二百零八条和第二百零九条另有规定外，无论赔偿责任的基础有何不同，责任人均可以依照本章规定限制赔偿责任：

（一）在船上发生的或者与船舶营运、救助作业直接相关的人身伤亡或者财产的灭失、损坏，包括对港口工程、港池、航道和助航设施造成的损坏，以及由此引起的相应损失的赔偿请求；

（二）海上货物运输因迟延交付或者旅客及其行李运输因迟延到达造成损失的赔偿请求；

（三）与船舶营运或者救助作业直接相关的，侵犯非合同权利的行为造成其他损失的赔偿请求；

（四）责任人以外的其他人，为避免或者减少责任人依照本章规定可以限制赔偿责任的损失而采取措施的赔偿请求，以及因此项措施造成进一步损失的赔偿请求。

前款所列赔偿请求，无论提出的方式有何不同，均可以限制赔偿责任。但是，第（四）项涉及责任人以合同约定支付的报酬，责任人的支付责任不得援用本条赔偿责任限制的规定。

第二百零八条 本章规定不适用于下列各项：

（一）对救助款项或者共同海损分摊的请求；

（二）中华人民共和国参加的国际油污损害民事责任公约规定的油污损害的赔偿请求；

（三）中华人民共和国参加的国际核能损害责任限制公约规定的核能损害的赔偿请求；

（四）核动力船舶造成的核能损害的赔偿请求；

（五）船舶所有人或者救助人的受雇人提出的赔偿请求，根据调整劳务合同的法律，船舶所有人或者救助人对该类赔偿请求无权限制赔偿责任，或者该项法律作了高于本章规定的赔偿限额的规定。

第二百零九条 经证明，引起赔偿请求的损失是由于责任人的故意或者明知可能造成损失而轻率地作为或者不作为造成的，责任人无权依照本章规定限制赔偿责任。

第二百一十条　除本法第二百一十一条另有规定外，海事赔偿责任限制，依照下列规定计算赔偿限额：

（一）关于人身伤亡的赔偿请求

1. 总吨位 300 吨至 500 吨的船舶，赔偿限额为 333000 计算单位；

2. 总吨位超过 500 吨的船舶，500 吨以下部分适用本项第 1 目的规定，500 吨以上的部分，应当增加下列数额：

501 吨至 3000 吨的部分，每吨增加 500 计算单位；

3001 吨至 30000 吨的部分，每吨增加 333 计算单位；

30001 吨至 70000 吨的部分，每吨增加 250 计算单位；

超过 70000 吨的部分，每吨增加 167 计算单位。

（二）关于非人身伤亡的赔偿请求

1. 总吨位 300 吨至 500 吨的船舶，赔偿限额为 167000 计算单位；

2. 总吨位超过 500 吨的船舶，500 吨以下部分适用本项第 1 目的规定，500 吨以上的部分，应当增加下列数额：

501 吨至 30000 吨的部分，每吨增加 167 计算单位；

30001 吨至 70000 吨的部分，每吨增加 125 计算单位；

超过 70000 吨的部分，每吨增加 83 计算单位。

（三）依照第（一）项规定的限额，不足以支付全部人身伤亡的赔偿请求的，其差额应当与非人身伤亡的赔偿请求并列，从第（二）项数额中按比例受偿。

（四）在不影响第（三）项关于人身伤亡赔偿请求的情况下，就港口工程、港池、航道和助航设施的损害提出的赔偿请求，应当较第（二）项中的其他赔偿请求优先受偿。

（五）不以船舶进行救助作业或者在被救船舶上进行救助作业的救助人，其责任限额按照总吨位为 1500 吨的船舶计算。

总吨位不满 300 吨的船舶，从事中华人民共和国港口之间的运输的船舶，以及从事沿海作业的船舶，其赔偿限额由国务院交通主管部门制定，报国务院批准后施行。

第二百一十一条　海上旅客运输的旅客人身伤亡赔偿责任限制，按照 46666 计算单位乘以船舶证书规定的载客定额计算赔偿限额，但是最高不超过 25000000 计算单位。

中华人民共和国港口之间海上旅客运输的旅客人身伤亡，赔偿限额由国务院交通主管部门制定，报国务院批准后施行。

第二百一十二条　本法第二百一十条和第二百一十一条规定的赔偿限额，适用于特定场合发生的事故引起的，向船舶所有人、救助人本人和他们对其行为、过失负有责任的人员提出的请求的总额。

第二百一十三条　责任人要求依照本法规定限制赔偿责任的，可以在有管辖权的法院设立责任限制基金。基金数额分别为本法第二百一十条、第二百一十一条规定的限额，加上自责任产生之日起至基金设立之日止的相应利息。

第二百一十四条　责任人设立责任限制基金后，向责任人提出请求的任何人，不得对责任人的任何财产行使任何权利；已设立责任限制基金的责任人的船舶或者其他财产已经被扣押，或者基金设立人已经提交抵押物的，法院应当及时下令释放或者责令退还。

第二百一十五条　享受本章规定的责任限制的人，就同一事故向请求人提出反请求的，双方的请求金额应当相互抵消，本章规定的赔偿限额仅适用于两个请求金额之间的差额。

第十二章 海上保险合同

第一节 一般规定

第二百一十六条 海上保险合同,是指保险人按照约定,对被保险人遭受保险事故造成保险标的的损失和产生的责任负责赔偿,而由被保险人支付保险费的合同。

前款所称保险事故,是指保险人与被保险人约定的任何海上事故,包括与海上航行有关的发生于内河或者陆上的事故。

第二百一十七条 海上保险合同的内容,主要包括下列各项:

(一) 保险人名称;
(二) 被保险人名称;
(三) 保险标的;
(四) 保险价值;
(五) 保险金额;
(六) 保险责任和除外责任;
(七) 保险期间;
(八) 保险费。

第二百一十八条 下列各项可以作为保险标的:

(一) 船舶;
(二) 货物;
(三) 船舶营运收入,包括运费、租金、旅客票款;
(四) 货物预期利润;
(五) 船员工资和其他报酬;
(六) 对第三人的责任;
(七) 由于发生保险事故可能受到损失的其他财产和产生的责任、费用。

保险人可以将对前款保险标的的保险进行再保险。除合同另有约定外,原被保险人不得享有再保险的利益。

第二百一十九条 保险标的的保险价值由保险人与被保险人约定。

保险人与被保险人未约定保险价值的,保险价值依照下列规定计算:

(一) 船舶的保险价值,是保险责任开始时船舶的价值,包括船壳、机器、设备的价值,以及船上燃料、物料、索具、给养、淡水的价值和保险费的总和;
(二) 货物的保险价值,是保险责任开始时货物在起运地的发票价格或者非贸易商品在起运地的实际价值以及运费和保险费的总和;
(三) 运费的保险价值,是保险责任开始时承运人应收运费总额和保险费的总和;
(四) 其他保险标的的保险价值,是保险责任开始时保险标的的实际价值和保险费的总和。

第二百二十条 保险金额由保险人与被保险人约定。保险金额不得超过保险价值;超过保险价值的,超过部分无效。

第二节 合同的订立、解除和转让

第二百二十一条 被保险人提出保险要求,经保险人同意承保,并就海上保险合同的条款达成协议后,合同成立。保险人应当及时向被保险人签发保险单或者其他保险单证,并在保险单或者其他保险单证中载明当事人双方约定的合同内容。

第二百二十二条 合同订立前,被保险人应当将其知道的或者在通常业务中应当知道的有关影响保险人据以确定保险费率或者确定是否同意承保的重要情况,如实告知保险人。

保险人知道或者在通常业务中应当知道的情况,保险人没有询问的,被保险人无需告知。

第二百二十三条 由于被保险人的故意,未将本法第二百二十二条第一款规定的重要情况如实告知保险人的,保险人有权解除合同,并不退还保险费。合同解除前发生保险事故造成损失的,保险人不负赔偿责任。

不是由于被保险人的故意,未将本法第二百二十二条第一款规定的重要情况如实告知保险人的,保险人有权解除合同或者要求相应增加保险费。保险人解除合同的,对于合同解除前发生保险事故造成的损失,保险人应当负赔偿责任;但是,未告知或者错误告知的重要情况对保险事故的发生有影响的除外。

第二百二十四条 订立合同时,被保险人已经知道或者应当知道保险标的已经因发生保险事故而遭受损失的,保险人不负赔偿责任,但是有权收取保险费;保险人已经知道或者应当知道保险标的已经不可能因发生保险事故而遭受损失的,被保险人有权收回已经支付的保险费。

第二百二十五条 被保险人对同一保险标的就同一保险事故向几个保险人重复订立合同,而使该保险标的的保险金额总和超过保险标的的价值的,除合同另有约定外,被保险人可以向任何保险人提出赔偿请求。被保险人获得的赔偿金额总和不得超过保险标的的受损价值。各保险人按照其所保的保险金额同保险金额总和的比例承担赔偿责任。任何一个保险人支付的赔偿金额超过其应当承担的赔偿责任的,有权向未按照其应当承担的赔偿责任支付赔偿金额的保险人追偿。

第二百二十六条 保险责任开始前,被保险人可以要求解除合同,但是应当向保险人支付手续费,保险人应当退还保险费。

第二百二十七条 除合同另有约定外,保险责任开始后,被保险人和保险人均不得解除合同。

根据合同约定在保险责任开始后可以解除合同的,被保险人要求解除合同,保险人有权收取自保险责任开始之日起至合同解除之日止的保险费,剩余部分予以退还;保险人要求解除合同,应当将自合同解除之日起至保险期间届满之日止的保险费退还被保险人。

第二百二十八条 虽有本法第二百二十七条规定,货物运输和船舶的航次保险,保险责任开始后,被保险人不得要求解除合同。

第二百二十九条 海上货物运输保险合同可以由被保险人背书或者以其他方式转让,合同的权利、义务随之转移。合同转让时尚未支付保险费的,被保险人和合同受让人负连带支付责任。

第二百三十条 因船舶转让而转让船舶保险合同的,应当取得保险人同意。未经保险人同意,船舶保险合同从船舶转让时起解除;船舶转让发生在航次之中的,船舶保险合同至航次终了时解除。

合同解除后,保险人应当将自合同解除之日起至保险期间届满之日止的保险费退还被保险人。

第二百三十一条 被保险人在一定期间分批装运或者接受货物的,可以与保险人订立预约保险合同。预约保险合同应当由保险人签发预约保险单证加以确认。

第二百三十二条 应被保险人要求,保险人应当对依据预约保险合同分批装运的货物分别签发保险单证。

保险人分别签发的保险单证的内容与预约保险单证的内容不一致的,以分别签发的保险单证为准。

第二百三十三条 被保险人知道经预约保险合同保险的货物已经装运或者到达的情况时,

应当立即通知保险人。通知的内容包括装运货物的船名、航线、货物价值和保险金额。

第三节 被保险人的义务

第二百三十四条 除合同另有约定外，被保险人应当在合同订立后立即支付保险费；被保险人支付保险费前，保险人可以拒绝签发保险单证。

第二百三十五条 被保险人违反合同约定的保证条款时，应当立即书面通知保险人。保险人收到通知后，可以解除合同，也可以要求修改承保条件、增加保险费。

第二百三十六条 一旦保险事故发生，被保险人应当立即通知保险人，并采取必要的合理措施，防止或者减少损失。被保险人收到保险人发出的有关采取防止或者减少损失的合理措施的特别通知的，应当按照保险人通知的要求处理。

对于被保险人违反前款规定所造成的扩大的损失，保险人不负赔偿责任。

第四节 保险人的责任

第二百三十七条 发生保险事故造成损失后，保险人应当及时向被保险人支付保险赔偿。

第二百三十八条 保险人赔偿保险事故造成的损失，以保险金额为限。保险金额低于保险价值的，在保险标的发生部分损失时，保险人按照保险金额与保险价值的比例负赔偿责任。

第二百三十九条 保险标的在保险期间发生几次保险事故所造成的损失，即使损失金额的总和超过保险金额，保险人也应当赔偿。但是，对发生部分损失后未经修复又发生全部损失的，保险人按照全部损失赔偿。

第二百四十条 被保险人为防止或者减少根据合同可以得到赔偿的损失而支出的必要的合理费用，为确定保险事故的性质、程度而支出的检验、估价的合理费用，以及为执行保险人的特别通知而支出的费用，应当由保险人在保险标的损失赔偿之外另行支付。

保险人对前款规定的费用的支付，以相当于保险金额的数额为限。

保险金额低于保险价值的，除合同另有约定外，保险人应当按照保险金额与保险价值的比例，支付本条规定的费用。

第二百四十一条 保险金额低于共同海损分摊价值的，保险人按照保险金额同分摊价值的比例赔偿共同海损分摊。

第二百四十二条 对于被保险人故意造成的损失，保险人不负赔偿责任。

第二百四十三条 除合同另有约定外，因下列原因之一造成货物损失的，保险人不负赔偿责任：

（一）航行迟延、交货迟延或者行市变化；

（二）货物的自然损耗、本身的缺陷和自然特性；

（三）包装不当。

第二百四十四条 除合同另有约定外，因下列原因之一造成保险船舶损失的，保险人不负赔偿责任：

（一）船舶开航时不适航，但是在船舶定期保险中被保险人不知道的除外；

（二）船舶自然磨损或者锈蚀。

运费保险比照适用本条的规定。

第五节 保险标的的损失和委付

第二百四十五条 保险标的发生保险事故后灭失，或者受到严重损坏完全失去原有形体、效用，或者不能再归被保险人所拥有的，为实际全损。

第二百四十六条 船舶发生保险事故后，认为实际全损已经不可避免，或者为避免发生实际全损所需支付的费用超过保险价值的，为推定全损。

货物发生保险事故后，认为实际全损已经不可避免，或者为避免发生实际全损所需支付的费用与继续将货物运抵目的地的费用之和超过保险价值的，为推定全损。

第二百四十七条 不属于实际全损和推定全损的损失，为部分损失。

第二百四十八条 船舶在合理时间内未从被获知最后消息的地点抵达目的地，除合同另有约定外，满两个月后仍没有获知其消息的，为船舶失踪。船舶失踪视为实际全损。

第二百四十九条 保险标的发生推定全损，被保险人要求保险人按照全部损失赔偿的，应当向保险人委付保险标的。保险人可以接受委付，也可以不接受委付，但是应当在合理的时间内将接受委付或者不接受委付的决定通知被保险人。

委付不得附带任何条件。委付一经保险人接受，不得撤回。

第二百五十条 保险人接受委付的，被保险人对委付财产的全部权利和义务转移给保险人。

第六节 保险赔偿的支付

第二百五十一条 保险事故发生后，保险人向被保险人支付保险赔偿前，可以要求被保险人提供与确认保险事故性质和损失程度有关的证明和资料。

第二百五十二条 保险标的发生保险责任范围内的损失是由第三人造成的，被保险人向第三人要求赔偿的权利，自保险人支付赔偿之日起，相应转移给保险人。

被保险人应当向保险人提供必要的文件和其所需要知道的情况，并尽力协助保险人向第三人追偿。

第二百五十三条 被保险人未经保险人同意放弃向第三人要求赔偿的权利，或者由于过失致使保险人不能行使追偿权利的，保险人可以相应扣减保险赔偿。

第二百五十四条 保险人支付保险赔偿时，可以从应支付的赔偿额中相应扣减被保险人已经从第三人取得的赔偿。

保险人从第三人取得的赔偿，超过其支付的保险赔偿的，超过部分应当退还给被保险人。

第二百五十五条 发生保险事故后，保险人有权放弃对保险标的的权利，全额支付合同约定的保险赔偿，以解除对保险标的的义务。

保险人行使前款规定的权利，应当自收到被保险人有关赔偿损失的通知之日起的七日内通知被保险人；被保险人在收到通知前，为避免或者减少损失而支付的必要的合理费用，仍然应当由保险人偿还。

第二百五十六条 除本法第二百五十五条的规定外，保险标的发生全损，保险人支付全部保险金额的，取得对保险标的的全部权利；但是，在不足额保险的情况下，保险人按照保险金额与保险价值的比例取得对保险标的的部分权利。

第十三章 时 效

第二百五十七条 就海上货物运输向承运人要求赔偿的请求权，时效期间为一年，自承运人交付或者应当交付货物之日起计算；在时效期间内或者时效期间届满后，被认定为负有责任的人向第三人提起追偿请求的，时效期间为九十日，自追偿请求人解决原赔偿请求之日或者收到受理对其本人提起诉讼的法院的起诉状副本之日起计算。

有关航次租船合同的请求权，时效期间为二年，自知道或者应当知道权利被侵害之日起计算。

第二百五十八条 就海上旅客运输向承运人要求赔偿的请求权，时效期间为二年，分别依照下列规定计算：

（一）有关旅客人身伤害的请求权，自旅客离船或者应当离船之日起计算；

（二）有关旅客死亡的请求权，发生在运送期间的，自旅客应当离船之日起计算；因运送期间内的伤害而导致旅客离船后死亡的，自旅客死亡之日起计算，但是此期限自离船之日起不得超过三年；

（三）有关行李灭失或者损坏的请求权，自旅客离船或者应当离船之日起计算。

第二百五十九条　有关船舶租用合同的请求权，时效期间为二年，自知道或者应当知道权利被侵害之日起计算。

第二百六十条　有关海上拖航合同的请求权，时效期间为一年，自知道或者应当知道权利被侵害之日起计算。

第二百六十一条　有关船舶碰撞的请求权，时效期间为二年，自碰撞事故发生之日起计算；本法第一百六十九条第三款规定的追偿请求权，时效期间为一年，自当事人连带支付损害赔偿之日起计算。

第二百六十二条　有关海难救助的请求权，时效期间为二年，自救助作业终止之日起计算。

第二百六十三条　有关共同海损分摊的请求权，时效期间为一年，自理算结束之日起计算。

第二百六十四条　根据海上保险合同向保险人要求保险赔偿的请求权，时效期间为二年，自保险事故发生之日起计算。

第二百六十五条　有关船舶发生油污损害的请求权，时效期间为三年，自损害发生之日起计算；但是，在任何情况下时效期间不得超过从造成损害的事故发生之日起六年。

第二百六十六条　在时效期间的最后六个月内，因不可抗力或者其他障碍不能行使请求权的，时效中止。自中止时效的原因消除之日起，时效期间继续计算。

第二百六十七条　时效因请求人提起诉讼、提交仲裁或者被请求人同意履行义务而中断。但是，请求人撤回起诉、撤回仲裁或者起诉被裁定驳回的，时效不中断。

请求人申请扣船的，时效自申请扣船之日起中断。

自中断时起，时效期间重新计算。

第十四章　涉外关系的法律运用

第二百六十八条　中华人民共和国缔结或者参加的国际条约同本法有不同规定的，适用国际条约的规定；但是，中华人民共和国声明保留的条款除外。

中华人民共和国法律和中华人民共和国缔结或者参加的国际条约没有规定的，可以适用国际惯例。

第二百六十九条　合同当事人可以选择合同适用的法律，法律另有规定的除外。合同当事人没有选择的，适用与合同有最密切联系的国家的法律。

第二百七十条　船舶所有权的取得、转让和消灭，适用船旗国法律。

第二百七十一条　船舶抵押权适用船旗国法律。

船舶在光船租赁以前或者光船租赁期间，设立船舶抵押权的，适用原船舶登记国的法律。

第二百七十二条　船舶优先权，适用受理案件的法院所在地法律。

第二百七十三条　船舶碰撞的损害赔偿，适用侵权行为地法律。

船舶在公海上发生碰撞的损害赔偿，适用受理案件的法院所在地法律。

同一国籍的船舶，不论碰撞发生于何地，碰撞船舶之间的损害赔偿适用船旗国法律。

第二百七十四条　共同海损理算，适用理算地法律。

第二百七十五条　海事赔偿责任限制，适用受理案件的法院所在地法律。

第二百七十六条 依照本章规定适用外国法律或者国际惯例,不得违背中华人民共和国的社会公共利益。

第十五章 附 则

第二百七十七条 本法所称计算单位,是指国际货币基金组织规定的特别提款权;其人民币数额为法院判决之日、仲裁机构裁决之日或者当事人协议之日,按照国家外汇主管机关规定的国际货币基金组织的特别提款权对人民币的换算办法计算得出的人民币数额。

第二百七十八条 本法自1993年7月1日起施行。

中华人民共和国国际海运条例

(国务院令第335号)

(2001年12月11日由国务院发布;根据2013年7月18日国务院令第638号《国务院关于废止和修改部分行政法规的决定》第一次修订,根据2016年2月6日国务院令第666号《国务院关于修改部分行政法规的决定》第二次修订,根据2019年3月2日国务院令第709号《国务院关于修改部分行政法规的决定》第三次修订;现行版本自2019年3月18日起施行;法规类型为行政法规)

第一章 总 则

第一条 为了规范国际海上运输活动,保护公平竞争,维护国际海上运输市场秩序,保障国际海上运输各方当事人的合法权益,制定本条例。

第二条 本条例适用于进出中华人民共和国港口的国际海上运输经营活动以及与国际海上运输相关的辅助性经营活动。

前款所称与国际海上运输相关的辅助性经营活动,包括本条例分别规定的国际船舶代理、国际船舶管理、国际海运货物装卸、国际海运货物仓储、国际海运集装箱站和堆场等业务。

第三条 从事国际海上运输经营活动以及与国际海上运输相关的辅助性经营活动,应当遵循诚实信用的原则,依法经营,公平竞争。

第四条 国务院交通主管部门和有关的地方人民政府交通主管部门依照本条例规定,对国际海上运输经营活动实施监督管理,并对与国际海上运输相关的辅助性经营活动实施有关的监督管理。

第二章 国际海上运输及其辅助性业务的经营者

第五条 经营国际船舶运输业务,应当具备下列条件:
(一)取得企业法人资格;
(二)有与经营国际海上运输业务相适应的船舶,其中必须有中国籍船舶;
(三)投入运营的船舶符合国家规定的海上交通安全技术标准;
(四)有提单、客票或者多式联运单证;
(五)有具备国务院交通主管部门规定的从业资格的高级业务管理人员。

第六条 经营国际船舶运输业务,应当向国务院交通主管部门提出申请,并附送符合本条例第五条规定条件的相关材料。国务院交通主管部门应当自受理申请之日起 30 日内审核完毕，作出许可或者不予许可的决定。予以许可的，向申请人颁发《国际船舶运输经营许可证》；不予许可的，应当书面通知申请人并告知理由。

国务院交通主管部门审核国际船舶运输业务申请时，应当考虑国家关于国际海上运输业发展的政策和国际海上运输市场竞争状况。

申请经营国际船舶运输业务，并同时申请经营国际班轮运输业务的，还应当附送本条例第十二条规定的相关材料，由国务院交通主管部门一并审核、登记。

第七条 经营无船承运业务，应当向国务院交通主管部门办理提单登记，并交纳保证金。

前款所称无船承运业务，是指无船承运业务经营者以承运人身份接受托运人的货载，签发自己的提单或者其他运输单证，向托运人收取运费，通过国际船舶运输经营者完成国际海上货物运输，承担承运人责任的国际海上运输经营活动。

在中国境内经营无船承运业务，应当在中国境内依法设立企业法人。

第八条 无船承运业务经营者应当在向国务院交通主管部门提出办理提单登记申请的同时，附送证明已经按照本条例的规定交纳保证金的相关材料。

前款保证金金额为 80 万元人民币；每设立一个分支机构，增加保证金 20 万元人民币。保证金应当向中国境内的银行开立专门账户交存。

保证金用于无船承运业务经营者清偿因其不履行承运人义务或者履行义务不当所产生的债务以及支付罚款。保证金及其利息，归无船承运业务经营者所有。专门账户由国务院交通主管部门实施监督。

国务院交通主管部门应当自收到无船承运业务经营者提单登记申请并交纳保证金的相关材料之日起 15 日内审核完毕。申请材料真实、齐备的，予以登记，并通知申请人；申请材料不真实或者不齐备的，不予登记，书面通知申请人并告知理由。已经办理提单登记的无船承运业务经营者，由国务院交通主管部门予以公布。

第九条 国际船舶运输经营者、无船承运业务经营者，不得将依法取得的经营资格提供给他人使用。

第十条 国际船舶运输经营者、无船承运业务经营者依照本条例的规定取得相应的经营资格后，不再具备本条例规定的条件的，国务院交通主管部门应当立即取消其经营资格。

第三章 国际海上运输及其辅助性业务经营活动

第十一条 国际船舶运输经营者经营进出中国港口的国际班轮运输业务，应当依照本条例的规定取得国际班轮运输经营资格。

未取得国际班轮运输经营资格的，不得从事国际班轮运输经营活动，不得对外公布班期、接受订舱。

以共同派船、舱位互换、联合经营等方式经营国际班轮运输的，适用本条第一款的规定。

第十二条 经营国际班轮运输业务，应当向国务院交通主管部门提出申请，并附送下列材料：

（一）国际船舶运输经营者的名称、注册地、营业执照副本、主要出资人；
（二）经营者的主要管理人员的姓名及其身份证明；
（三）运营船舶资料；
（四）拟开航的航线、班期及沿途停泊港口；
（五）运价本；
（六）提单、客票或者多式联运单证。

国务院交通主管部门应当自收到经营国际班轮运输业务申请之日起 30 日内审核完毕。申请材料真实、齐备的，予以登记，并通知申请人；申请材料不真实或者不齐备的，不予登记，书面通知申请人并告知理由。

第十三条 取得国际班轮运输经营资格的国际船舶运输经营者，应当自取得资格之日起180日内开航；因不可抗力并经国务院交通主管部门同意，可以延期90日。逾期未开航的，国际班轮运输经营资格自期满之日起丧失。

第十四条 新开、停开国际班轮运输航线，或者变更国际班轮运输船舶、班期的，应当提前15日予以公告，并应自行为发生之日起15日内向国务院交通主管部门备案。

第十五条 经营国际班轮运输业务的国际船舶运输经营者的运价和无船承运业务经营者的运价，应当按照规定格式向国务院交通主管部门备案。国务院交通主管部门应当指定专门机构受理运价备案。

备案的运价包括公布运价和协议运价。公布运价，是指国际船舶运输经营者和无船承运业务经营者运价本上载明的运价；协议运价，是指国际船舶运输经营者与货主、无船承运业务经营者约定的运价。

公布运价自国务院交通主管部门受理备案之日起满30日生效；协议运价自国务院交通主管部门受理备案之时起满24小时生效。

国际船舶运输经营者和无船承运业务经营者应当执行生效的备案运价。

第十六条 国际船舶运输经营者在与无船承运业务经营者订立协议运价时，应当确认无船承运业务经营者已依照本条例规定办理提单登记并交纳保证金。

第十七条 从事国际班轮运输的国际船舶运输经营者之间订立涉及中国港口的班轮公会协议、运营协议、运价协议等，应当自协议订立之日起15日内将协议副本向国务院交通主管部门备案。

第十八条 国际船舶运输经营者有下列情形之一的，应当在情形发生之日起15日内，向国务院交通主管部门备案：

（一）终止经营；

（二）减少运营船舶；

（三）变更提单、客票或者多式联运单证；

（四）在境外设立分支机构或者子公司经营国际船舶运输业务；

（五）拥有的船舶在境外注册，悬挂外国旗。

国际船舶运输经营者增加运营船舶的，增加的运营船舶必须符合国家规定的安全技术标准，并应当于投入运营前15日内向国务院交通主管部门备案。国务院交通主管部门应当自收到备案材料之日起3日内出具备案证明文件。

其他中国企业有本条第一款第（四）项、第（五）项所列情形之一的，应当依照本条第一款规定办理备案手续。

第十九条 经营国际船舶运输业务、无船承运业务和国际船舶代理业务，在中国境内收取、代为收取运费以及其他相关费用，应当向付款人出具中国税务机关统一印制的发票。

第二十条 未依照本条例的规定办理提单登记并交纳保证金的，不得经营无船承运业务。

第二十一条 经营国际船舶运输业务和无船承运业务，不得有下列行为：

（一）以低于正常、合理水平的运价提供服务，妨碍公平竞争；

（二）在会计账簿之外暗中给予托运人回扣，承揽货物；

（三）滥用优势地位，以歧视性价格或者其他限制性条件给交易对方造成损害；

（四）其他损害交易对方或者国际海上运输市场秩序的行为。

第二十二条 外国国际船舶运输经营者从事本章规定的有关国际船舶运输活动，应当遵守本条例有关规定。

外国国际船舶运输经营者不得经营中国港口之间的船舶运输业务，也不得利用租用的中国籍船舶或者舱位，或者以互换舱位等方式变相经营中国港口之间的船舶运输业务。

第二十三条 国际船舶代理经营者接受船舶所有人或者船舶承租人、船舶经营人的委托，可以经营下列业务：

（一）办理船舶进出港口手续，联系安排引航、靠泊和装卸；

（二）代签提单、运输合同，代办接受订舱业务；

（三）办理船舶、集装箱以及货物的报关手续；

（四）承揽货物、组织货载，办理货物、集装箱的托运和中转；

（五）代收运费，代办结算；

（六）组织客源，办理有关海上旅客运输业务；

（七）其他相关业务。

国际船舶代理经营者应当按照国家有关规定代扣代缴其所代理的外国国际船舶运输经营者的税款。

第二十四条 国际船舶管理经营者接受船舶所有人或者船舶承租人、船舶经营人的委托，可以经营下列业务：

（一）船舶买卖、租赁以及其他船舶资产管理；

（二）机务、海务和安排维修；

（三）船员招聘、训练和配备；

（四）保证船舶技术状况和正常航行的其他服务。

第四章　外商投资经营国际海上运输及其辅助性业务的特别规定

第二十五条 外商在中国境内投资经营国际海上运输业务以及与国际海上运输相关的辅助性业务，适用本章规定；本章没有规定的，适用本条例其他有关规定。

第二十六条 外商可以依照有关法律、行政法规以及国家其他有关规定，投资经营国际船舶运输、国际船舶代理、国际船舶管理、国际海运货物装卸、国际海运货物仓储、国际海运集装箱站和堆场业务。

第二十七条 外国国际船舶运输经营者以及外国国际海运辅助企业在中国境内设立的常驻代表机构，不得从事经营活动。

第五章　调查与处理

第二十八条 国务院交通主管部门应利害关系人的请求或者自行决定，可以对下列情形实施调查：

（一）经营国际班轮运输业务的国际船舶运输经营者之间订立的涉及中国港口的班轮公会协议、运营协议、运价协议等，可能对公平竞争造成损害的；

（二）经营国际班轮运输业务的国际船舶运输经营者通过协议产生的各类联营体，其服务涉及中国港口某一航线的承运份额，持续1年超过该航线总运量的30%，并可能对公平竞争造成损害的；

（三）有本条例第二十一条规定的行为之一的；

（四）可能损害国际海运市场公平竞争的其他行为。

第二十九条 国务院交通主管部门实施调查，应当会同国务院市场监督管理部门（以下统称调查机关）共同进行。

第三十条 调查机关实施调查，应当成立调查组。调查组成员不少于3人。调查组可以根据需要，聘请有关专家参加工作。

调查组进行调查前,应当将调查目的、调查原因、调查期限等事项通知被调查人。调查期限不得超过1年;必要时,经调查机关批准,可以延长半年。

第三十一条 调查人员进行调查,可以向被调查人以及与其有业务往来的单位和个人了解有关情况,并可查阅、复制有关单证、协议、合同文本、会计账簿、业务函电、电子数据等有关资料。

调查人员进行调查,应当保守被调查人以及与其有业务往来的单位和个人的商业秘密。

第三十二条 被调查人应当接受调查,如实提供有关情况和资料,不得拒绝调查或者隐匿真实情况、谎报情况。

第三十三条 调查结束,调查机关应当作出调查结论,书面通知被调查人、利害关系人。

对公平竞争造成损害的,调查机关可以采取责令修改有关协议、限制班轮航班数量、中止运价本或者暂停受理运价备案、责令定期报送有关资料等禁止性、限制性措施。

第三十四条 调查机关在作出采取禁止性、限制性措施的决定前,应当告知当事人有要求举行听证的权利;当事人要求听证的,应当举行听证。

第六章 法律责任

第三十五条 未取得《国际船舶运输经营许可证》,擅自经营国际船舶运输业务的,由国务院交通主管部门或者其授权的地方人民政府交通主管部门责令停止经营;有违法所得的,没收违法所得;违法所得50万元以上的,处违法所得2倍以上5倍以下的罚款;没有违法所得或者违法所得不足50万元的,处20万元以上100万元以下的罚款。

第三十六条 未办理提单登记、交纳保证金,擅自经营无船承运业务的,由国务院交通主管部门或者其授权的地方人民政府交通主管部门责令停止经营;有违法所得的,没收违法所得;违法所得10万元以上的,处违法所得2倍以上5倍以下的罚款;没有违法所得或者违法所得不足10万元的,处5万元以上20万元以下的罚款。

第三十七条 外国国际船舶运输经营者经营中国港口之间的船舶运输业务,或者利用租用的中国籍船舶和舱位以及用互换舱位等方式经营中国港口之间的船舶运输业务的,由国务院交通主管部门或者其授权的地方人民政府交通主管部门责令停止经营;有违法所得的,没收违法所得;违法所得50万元以上的,处违法所得2倍以上5倍以下的罚款;没有违法所得或者违法所得不足50万元的,处20万元以上100万元以下的罚款。拒不停止经营的,拒绝进港;情节严重的,撤销其国际班轮运输经营资格。

第三十八条 未取得国际班轮运输经营资格,擅自经营国际班轮运输的,由国务院交通主管部门或者其授权的地方人民政府交通主管部门责令停止经营;有违法所得的,没收违法所得;违法所得50万元以上的,处违法所得2倍以上5倍以下的罚款;没有违法所得或者违法所得不足50万元的,处20万元以上100万元以下的罚款。拒不停止经营的,拒绝进港。

第三十九条 国际船舶运输经营者、无船承运业务经营者将其依法取得的经营资格提供给他人使用的,由国务院交通主管部门或者其授权的地方人民政府交通主管部门责令限期改正;逾期不改正的,撤销其经营资格。

第四十条 未履行本条例规定的备案手续的,由国务院交通主管部门或者其授权的地方人民政府交通主管部门责令限期补办备案手续;逾期不补办的,处1万元以上5万元以下的罚款,并可以撤销其相应资格。

第四十一条 未履行本条例规定的运价备案手续或者未执行备案运价的,由国务院交通主管部门或者其授权的地方人民政府交通主管部门责令限期改正,并处2万元以上10万元以下的罚款。

第四十二条 依据调查结论应当给予行政处罚或者有本条例第二十一条所列违法情形的,

由交通主管部门、市场监督管理部门依照有关法律、行政法规的规定给予处罚。

第四十三条 国际船舶运输经营者与未办理提单登记并交纳保证金的无船承运业务经营者订立协议运价的，由国务院交通主管部门或者其授权的地方人民政府交通主管部门给予警告，并处2万元以上10万元以下的罚款。

第四十四条 外国国际船舶运输经营者以及外国国际海运辅助企业常驻代表机构从事经营活动的，由市场监督管理部门责令停止经营活动，并依法给予处罚。

第四十五条 拒绝调查机关及其工作人员依法实施调查，或者隐匿、谎报有关情况和资料的，由国务院交通主管部门或者其授权的地方人民政府交通主管部门责令改正，并处2万元以上10万元以下的罚款。

第四十六条 非法从事进出中国港口的国际海上运输经营活动以及与国际海上运输相关的辅助性经营活动，扰乱国际海上运输市场秩序的，依照刑法关于非法经营罪的规定，依法追究刑事责任。

第四十七条 国务院交通主管部门和有关地方人民政府交通主管部门的工作人员有下列情形之一，造成严重后果，触犯刑律的，依照刑法关于滥用职权罪、玩忽职守罪或者其他罪的规定，依法追究刑事责任；尚不够刑事处罚的，依法给予行政处分：

（一）对符合本条例规定条件的申请者不予审批、许可、登记、备案，或者对不符合本条例规定条件的申请者予以审批、许可、登记、备案的；

（二）对经过审批、许可、登记、备案的国际船舶运输经营者、无船承运业务经营者不依照本条例的规定实施监督管理，或者发现其不再具备本条例规定的条件而不撤销其相应的经营资格，或者发现其违法行为后不予以查处的；

（三）对监督检查中发现的未依法履行审批、许可、登记、备案的单位和个人擅自从事国际海上运输经营活动以及与国际海上运输相关的辅助性经营活动，不立即予以取缔，或者接到举报后不依法予以处理的。

第七章 附 则

第四十八条 香港特别行政区、澳门特别行政区和台湾地区的投资者在内地投资经营国际海上运输业务以及与国际海上运输相关的辅助性业务，比照适用本条例。

第四十九条 外国国际船舶运输经营者未经国务院交通主管部门批准，不得经营中国内地与香港特别行政区、澳门特别行政区之间的船舶运输业务，不得经营中国内地与台湾地区之间的双向直航和经第三地的船舶运输业务。

第五十条 内地与香港特别行政区、澳门特别行政区之间的海上运输，由国务院交通主管部门依照本条例制定管理办法。

内地与台湾地区之间的海上运输，依照国家有关规定执行。

第五十一条 任何国家或者地区对中华人民共和国国际海上运输经营者、船舶或者船员采取歧视性的禁止、限制或者其他类似措施的，中华人民共和国政府根据对等原则采取相应措施。

第五十二条 本条例施行前已从事国际海上运输经营活动以及与国际海上运输相关的辅助性经营活动的，应当在本条例施行之日起60日内按照本条例的规定补办有关手续。

第五十三条 本条例自2002年1月1日起施行。1990年12月5日国务院发布、1998年4月18日国务院修订发布的《中华人民共和国海上国际集装箱运输管理规定》同时废止。

中华人民共和国国际海运条例实施细则

(交通部令2003年第1号)

(2003年1月20日由交通部发布;根据2013年8月29日《交通运输部关于修改〈中华人民共和国国际海运条例实施细则〉的决定》第一次修正,根据2017年3月7日《交通运输部关于修改〈中华人民共和国国际海运条例实施细则〉的决定》第二次修正,根据2019年6月21日《交通运输部关于修改〈中华人民共和国国际海运条例实施细则〉的决定》第三次修正,根据2019年11月28日《交通运输部关于修改〈中华人民共和国国际海运条例实施细则〉的决定》第四次修正;现行版本自2019年11月28日起施行;法规类型为部门规章)

第一章 总 则

第一条 根据《中华人民共和国国际海运条例》(以下简称《海运条例》)的规定,制定本实施细则。

第二条 交通运输部和有关地方人民政府交通运输主管部门应当依照《海运条例》和本实施细则的规定,按照公平、高效、便利的原则,管理国际海上运输经营活动和与国际海上运输相关的辅助性经营活动,鼓励公平竞争,禁止不正当竞争。

第三条 《海运条例》和本实施细则中下列用语的含义是:

(一)国际船舶运输业务,是指国际船舶运输经营者使用自有或者经营的船舶、舱位,提供国际海上货物运输和旅客运输服务以及为完成这些服务而围绕其船舶、所载旅客或者货物开展的相关活动,包括签订有关协议、接受订舱、商定和收取客票票款和运费、签发客票和提单及其他相关运输单证、安排旅客上下船舶、安排货物装卸、安排保管、进行货物交接、安排中转运输和船舶进出港等活动。

(二)国际船舶运输经营者,包括中国国际船舶运输经营者和外国国际船舶运输经营者。其中,中国国际船舶运输经营者是指依据《海运条例》和本实施细则规定取得《国际船舶运输经营许可证》经营国际船舶运输业务的中国企业法人;外国国际船舶运输经营者是指依据外国法律设立经营进出中国港口国际船舶运输业务的外国企业。

(三)国际班轮运输业务,是指以自有或者经营的船舶,或者以《海运条例》第十一条第三款规定的方式,在固定的港口之间提供的定期国际海上货物或旅客运输。

(四)无船承运业务,是指《海运条例》第七条第二款规定的业务,包括为完成该项业务围绕其所承运的货物开展的下列活动:

(1)以承运人身份与托运人订立国际货物运输合同;

(2)以承运人身份接收货物、交付货物;

(3)签发提单或者其他运输单证;

(4)收取运费及其他服务报酬;

(5)向国际船舶运输经营者或者其他运输方式经营者为所承运的货物订舱和办理托运;

(6)支付运费或者其他运输费用;

(7)集装箱拆箱、集拼箱业务;

(8)其他相关的业务。

（五）无船承运业务经营者，包括中国无船承运业务经营者和外国无船承运业务经营者。其中中国无船承运业务经营者是指依照《海运条例》和本实施细则规定取得无船承运业务经营资格的中国企业法人；外国无船承运业务经营者是指依照外国法律设立并依照《海运条例》和本实施细则的相关规定取得经营进出中国港口货物无船承运业务资格的外国企业。

（六）国际船舶代理经营者，是指依照中国法律设立从事《海运条例》第二十三条规定业务的中国企业法人。

（七）国际船舶管理经营者，是指依照中国法律设立从事《海运条例》第二十四条规定业务的中国企业法人。

（八）外商常驻代表机构，是指外国企业或者其他经济组织在中国境内依法设立的，为其派出机构开展宣传、推介、咨询和联络活动的非营业性机构。

（九）企业商业登记文件，是指企业登记机关或者企业所在国有关当局签发的企业营业执照或者企业设立的证明文件。境外企业商业登记文件为复印件的，须有企业登记机关在复印件上的确认或者证明复印件与原件一致的公证文书。

（十）班轮公会协议，是指符合联合国《1974年班轮公会行动守则公约》定义的，由班轮公会成员之间以及班轮公会之间订立的各类协议。

（十一）运营协议，是指两个或者两个以上国际班轮运输经营者为稳定或者控制运价订立的关于在一条或者数条航线上增加或者减少船舶运力协议，以及其他协调国际班轮运输经营者共同行动的协议，包括具有上述性质内容的会议纪要；两个或者两个以上国际班轮运输经营者为提高运营效率订立的关于共同使用船舶、共同使用港口设施及其他合作经营协议和各类联营协议、联营体协议。

（十二）运价协议，是指两个或者两个以上国际班轮运输经营者之间订立的关于收费项目及其费率、运价或者附加费等内容的协议，包括具有上述内容的会议纪要。

（十三）公布运价，是指国际班轮运输经营者和无船承运业务经营者运价本上载明的运价。运价本由运价、运价规则、承运人和托运人应当遵守的规定等内容组成。

（十四）协议运价，指国际班轮运输经营者与货主、无船承运业务经营者约定的运价，包括运价及其相关要素。协议运价以合同或者协议形式书面订立。

（十五）从业资历证明文件，是指被证明人具有3年以上从事国际海上运输或者国际海上运输辅助性经营活动经历的个人履历表。申请人须承诺对所提供从业资历的真实有效性负责。

第二章 国际海上运输及其辅助性业务的经营者

第四条 中国企业法人申请经营国际船舶运输业务，应当符合《海运条例》第五条规定的条件，考虑交通运输部公布的国际海运市场竞争状况和国家关于国际海上运输业发展的政策。

交通运输部应当在其政府网站和其他适当媒体上及时公布国际海运市场竞争状况和国家关于国际海上运输业发展的政策。上述状况和政策未经公布，不得作为拒绝申请的理由。

第五条 中国企业法人申请经营国际船舶运输业务，申请人应当向交通运输部提出申请，报送相关材料或信息，并应同时将申请材料或信息抄报企业所在地的省、自治区、直辖市人民政府交通运输主管部门。申请材料或信息应当包括：

（一）申请书；

（二）申请人的企业统一社会信用代码、公司章程的复印件；

（三）公司与船舶名称及船舶识别号；

（四）提单、客票或者多式联运单证样本；

（五）符合交通运输部规定的高级业务管理人员的从业资格证明。

有关省、自治区、直辖市人民政府交通运输主管部门自收到上述抄报材料或信息后，应当就有关材料或信息进行审核，提出意见，并应当自收到有关材料或信息之日起10个工作日内将有关意见报送交通运输部。

交通运输部收到申请人的申请材料或信息后，应当在申请材料或信息完整齐备之日起30个工作日内按照《海运条例》第五条和第六条的规定进行审核，作出许可或者不许可的决定。决定许可的，向申请人颁发《国际船舶运输经营许可证》；决定不许可的，应当书面通知申请人并告知理由。

取得《国际船舶运输经营许可证》的企业在经营国际船舶运输业务期间，应当确保本条所列有关材料持续合法有效。

第六条 中国国际船舶运输经营者在中国境内设立分支机构的，适用本实施细则第五条规定的程序。申请材料或信息应当包括：

（一）申请书；

（二）母公司的企业统一社会信用代码、公司章程的复印件；

（三）母公司的《国际船舶运输经营许可证》复印件；

（四）母公司对该分支机构经营范围的确认文件；

（五）符合交通运输部要求的高级业务管理人员的从业资格证明。

中国国际船舶运输经营者的分支机构可为其母公司所有或者经营的船舶提供办理船舶进出港口手续、安排港口作业、接受订舱、签发客票或者提单、收取运费等服务。

第七条 经营国际船舶代理业务的企业，应当在开业后30日内向交通运输部报备企业名称、注册地、联系方式、企业统一社会信用代码等信息。交通运输部定期在其政府网站或者授权发布的网站发布国际船舶代理业务经营者名称。

从事国际船舶代理业务的企业变更企业信息或者不再从事国际船舶代理经营活动的，应当在信息变更或者停止经营活动的15日内，向交通运输部备案。

第八条 国际船舶运输经营者申请经营进出中国港口国际班轮运输业务，应当向交通运输部提出申请，并报送《海运条例》第十二条规定的材料。交通运输部应当按照《海运条例》第十二条的规定进行审核。予以登记的，颁发《国际班轮运输经营资格登记证》。申请材料不真实、不齐备的，不予登记，应当书面通知申请人并告知理由。

国际船舶运输经营者依法取得经营进出中国港口国际班轮运输业务资格后，交通运输部在其政府网站或者授权发布的网站公布国际班轮运输经营者名称及其提单格式样本。

取得《国际班轮运输经营资格登记证》的企业在经营国际班轮运输业务期间，应当确保有关证书、证明持续合法有效。

第九条 申请办理无船承运业务经营者提单登记的，应当向交通运输部提出提单登记申请，报送相关材料，并应当同时将申请材料抄报企业所在地或者外国无船承运业务经营者指定的联络机构所在地的省、自治区、直辖市人民政府交通运输主管部门。申请材料应当包括：

（一）申请书；

（二）企业商业登记文件复印件；

（三）提单格式样本；

（四）保证金已交存的银行凭证复印件、保证金保函或者保证金责任保险原件。

申请人为外国无船承运业务经营者的，还应当提交本实施细则第二十二条规定的其指定的联络机构的有关材料。

有关省、自治区、直辖市人民政府交通运输主管部门自收到上述抄报材料后，应当就有关材料进行审核，提出意见，并应当自收到抄报的申请材料之日起7个工作日内将有关意见报送交通运输部。

交通运输部收到申请人的材料后,应当在申请材料完整齐备之日起15个工作日内按照《海运条例》第七条和第八条的规定进行审核。审核合格的,予以提单登记,并颁发《无船承运业务经营资格登记证》;不合格的,应当书面通知当事人并告知理由。

以保证金保函、保证金责任保险取得《无船承运业务经营资格登记证》的企业,资格登记证的有效期限与保函或者责任保险有效期一致。

第十条 外国无船承运业务经营者按照外国法律已取得经营资格且有合法财务责任保证的,在按照《海运条例》和本实施细则申请从事进出中国港口无船承运业务时,可以不向中国境内的银行交存保证金。但为了保证外国无船承运业务经营者清偿因其不履行承运人义务或者履行义务不当所产生的债务以及支付罚款,满足《海运条例》第八条第三款的规定,该外国无船承运业务经营者的政府主管部门与中国政府交通运输主管部门应就财务责任保证实现方式签订协议。

第十一条 没有在中国港口开展国际班轮运输业务,但在中国境内承揽货物、签发提单或者其他运输单证、收取运费,通过租赁国际班轮运输经营者船舶舱位提供进出中国港口国际货物运输服务;或者利用国际班轮运输经营者提供的支线服务,在中国港口承揽货物后运抵外国港口中转的,应当按照本实施细则的有关规定,取得无船承运业务经营资格。但有《海运条例》第十一条第三款规定情形的除外。

第十二条 中国的无船承运业务经营者在中国境内的分支机构,应当按照《海运条例》第八条第二款的规定交纳保证金,或者取得保证金保函、保证金责任保险,并按照本实施细则第九条的规定进行登记,取得《无船承运业务经营资格登记证》。申请登记应当提交下列材料:

(一)申请书;

(二)母公司及分支机构的企业商业登记文件复印件;

(三)母公司的《无船承运业务经营资格登记证》复印件;

(四)母公司确认该分支机构经营范围的确认文件;

(五)保证金已交存的银行凭证复印件、保证金保函或者保证金责任保险原件。

第十三条 无船承运业务经营者申请提单登记时,提单抬头名称应当与申请人名称相一致。

提单抬头名称与申请人名称不一致的,申请人应当提供说明该提单确实为申请人制作、使用的相关材料,并附送申请人对申请登记提单承担承运人责任的书面声明。

第十四条 无船承运业务经营者使用两种或者两种以上提单的,各种提单均应登记。

国际班轮运输经营者和无船承运业务经营者的登记提单发生变更的,应当于新的提单使用之日起15日前将新的提单样本格式向交通运输部备案。

第十五条 无船承运业务经营申请者交纳保证金、取得保证金保函或者保证金责任保险并办理提单登记,依法取得无船承运业务经营资格后,交通运输部在其政府网站或者授权发布的网站公布无船承运业务经营者名称及其提单格式样本。

第十六条 无船承运业务经营者应当依法在交通运输部指定的商业银行开设的无船承运业务经营者专门账户上交存保证金,保证金利息按照中国人民银行公布的相应存款利率计息。

第十七条 无船承运业务经营者交存的保证金,受国家法律保护。除下列情形外,保证金不得动用:

(一)因无船承运业务经营者不履行承运人义务或者履行义务不当,根据司法机关已生效的判决或者司法机关裁定执行的仲裁机构裁决应当承担赔偿责任的,而无船承运业务经营者拒不执行的;

(二)被交通运输主管部门依法处以罚款的,而无船承运业务经营者拒不执行的。

有前款（一）、（二）项情形需要从保证金中划拨的，应当依法进行。

无船承运业务经营者的保证金不符合《海运条例》规定数额的，交通运输部应当书面通知其补足。无船承运业务经营者自收到交通运输部书面通知之日起30日内未补足的，交通运输部应当按照《海运条例》第十条的规定取消其经营资格。

第十八条 无船承运业务经营者被交通运输部依法取消经营资格、申请终止经营或者因其他原因终止经营的，可向交通运输部申请退还保证金。交通运输部应将该申请事项在其政府网站上公示30日。

在公示期内，有关当事人认为无船承运业务经营者有本实施细则第十七条第一款第（一）项情形需要对其保证金采取保全措施的，应当在上述期限内取得司法机关的财产保全裁定。自保证金被保全之日起，交通运输部依照《海运条例》对保证金账户的监督程序结束。有关纠纷由当事双方通过司法程序解决。

公示期届满未有前款规定情形的，交通运输部应当通知保证金开户银行退还无船承运业务经营者保证金及其利息，并收缴该无船承运业务经营者的《无船承运业务经营资格登记证》。

第十九条 中国国际船舶运输经营者、中国无船承运业务经营者有下列变更情形之一的，应当向原资格许可、登记机关备案：

（一）变更企业名称；

（二）企业迁移；

（三）变更出资人；

（四）歇业、终止经营；

（五）中国籍船舶终止国际船舶运输业务。

变更企业名称的，由原资格许可、登记机关换发相关经营许可证或者经营资格登记证；企业终止经营的，应当将有关许可、登记证书交回原许可、登记机关。

第三章 国际海上运输及其辅助性业务经营活动

第二十条 国际班轮运输经营者新开或者停开国际班轮运输航线，或者变更国际班轮运输船舶、班期的，应当按照《海运条例》第十四条的规定在交通运输部指定媒体上公告，并按规定报备。

第二十一条 中国国际船舶运输经营者增加运营船舶，包括以光船租赁方式租用船舶增加运营船舶的，应当于投入运营前15日向交通运输部备案，取得备案证明文件。备案材料应当载明公司名称、注册地、船名、船舶国籍、船舶类型、船舶吨位、拟运营航线。

交通运输部收到备案材料后，应当在3个工作日内出具备案证明文件。

第二十二条 在中国港口开展国际班轮运输业务的外国国际船舶运输经营者，以及在中国委托代理人提供进出中国港口国际货物运输服务的外国无船承运业务经营者，应当在中国境内委托一个联络机构，负责代表该外国企业与中国政府有关部门就《海运条例》和本实施细则规定的有关管理及法律事宜进行联络。联络机构可以是该外国企业在中国境内设立的外商投资企业或者常驻代表机构，也可以是其他中国企业法人或者在中国境内有固定住所的其他经济组织。委托的联络机构应当向交通运输部备案，并提交下列文件或信息：

（一）联络机构说明书，载明联络机构名称、住所、联系方式及联系人；

（二）委托书副本或者复印件；

（三）委托人与联络机构的协议副本；

（四）联络机构的企业统一社会信用代码。

联络机构为该外国企业在中国境内的外商投资企业或者常驻代表机构的，不须提供本条第一款第（二）项、第（三）项文件。

联络机构或者联络机构说明书所载明的事项发生改变的，应当自发生改变之日起 15 日内向交通运输部备案。

第二十三条 任何单位和个人不得擅自使用国际班轮运输经营者和无船承运业务经营者已经登记的提单。

第二十四条 无船承运业务经营者需要委托代理人签发提单或者相关单证的，应当委托依法取得经营资格或者办理备案的国际船舶运输经营者、无船承运业务经营者和国际海运辅助业务经营者代理上述事项。

前款规定的经营者不得接受未办理提单登记并交存保证金或者取得保证金保函、保证金责任保险的无船承运业务经营者的委托，为其代理签发提单。

第二十五条 国际班轮运输经营者与货主和无船承运业务经营者协议运价的，应当采用书面形式。协议运价号应当在提单或者相关单证上显示。

第二十六条 国际船舶运输经营者不得接受未办理提单登记并交纳保证金或者取得保证金保函、保证金责任保险的无船承运业务经营者提供的货物或者集装箱。

第二十七条 国际班轮运输经营者和无船承运业务经营者应当将其在中国境内的船舶代理人、签发提单代理人在交通运输部指定的媒体上公布。公布事项包括代理人名称、注册地、住所、联系方式。代理人发生变动的，应当于有关代理协议生效前 7 日内公布上述事项。

国际班轮运输经营者、无船承运业务经营者应当及时将公布代理事项的媒体名称向交通运输部备案。

第二十八条 国际船舶运输经营者之间订立的涉及中国港口的班轮公会协议、运营协议、运价协议等，应当自协议订立之日起 15 日内，按下列规定向交通运输部备案：

（一）班轮公会协议，由班轮公会代表其所有经营进出中国港口海上运输的成员备案。班轮公会备案时，应当同时提供该公会的成员名单。

（二）国际船舶运输经营者之间订立的运营协议、运价协议，由参加订立协议的国际船舶运输经营者分别备案。

第二十九条 国际船舶管理经营者应当根据合同的约定和国家有关规定，履行有关船舶安全和防止污染的义务。

第三十条 国际海运业及辅助业经营者，应当按照有关统计报表制度的要求，真实、准确、完整、及时地报送相关统计信息。

第三十一条 国际船舶代理经营者、国际船舶管理经营者，不得有下列行为：

（1）以非正常、合理的收费水平提供服务，妨碍公平竞争；

（2）在会计账簿之外暗中给予客户回扣，以承揽业务；

（3）滥用优势地位，限制交易当事人自主选择国际海运辅助业务经营者，或者以其相关产业的垄断地位诱导交易当事人，排斥同业竞争；

（4）其他不正当竞争行为。

第三十二条 外国国际船舶运输经营者以及外国国际海运辅助企业的常驻代表机构不得从事经营活动，包括不得：

（一）代表其境外母公司接受订舱，签发母公司提单或者相关单证；

（二）为母公司办理结算或者收取运费及其他费用；

（三）开具境外母公司的票据；

（四）以托运人身份向国际班轮运输经营者托运货物；

（五）以外商常驻代表机构名义与客户签订业务合同。

第三十三条 国际集装箱班轮运输经营者在报备运价时，应当报备中国港口至外国基本港的出口集装箱的海运运价和附加费。

第三十四条 班轮公会、运价协议组织在中国开展业务应当遵守我国缔结或者参加的国际公约和我国的法律法规、规章及相关规定，不得损害国际海运市场公平竞争秩序。

班轮公会和运价协议组织应当与中国境内的托运人组织建立有效的协商机制。

第四章 监督检查

第三十五条 交通运输部和有关地方人民政府交通运输主管部门依照有关法律、法规和本规定，对国际海运市场实施监督检查和调查。国际海上运输业务经营者、国际海运辅助业务经营者应当配合监督检查和调查，如实提供有关凭证、文件及其他相关资料。

第三十六条 国际船舶运输经营者和无船承运业务经营者应当执行生效的备案运价。国务院交通运输主管部门根据利害关系人的请求或自行决定，组织或授权地方交通运输主管部门开展运价备案执行情况检查。

第三十七条 利害关系人认为国际海上运输业务经营者、国际海运辅助业务经营者有《海运条例》第二十八条和本实施细则第三十一条规定情形的，可依照《海运条例》第二十八条的规定请求交通运输部实施调查。请求调查时，应当提出书面调查申请，并阐述理由，提供必要的证据。

交通运输部对调查申请应当进行评估，在自收到调查申请之日起60个工作日内作出实施调查或者不予调查的决定：

（一）交通运输部认为调查申请理由不充分或者证据不足的，决定不予调查并通知调查申请人。申请人可补充理由或者证据后再次提出调查申请。

（二）交通运输部根据评估结论认为应当实施调查或者按照《海运条例》第二十八条规定自行决定调查的，应当将有关材料和评估结论通报国务院市场监督管理部门。

第三十八条 调查的实施由交通运输部会同国务院市场监督管理部门（以下简称调查机关）共同成立的调查组进行。

调查机关应当将调查组组成人员、调查事由、调查期限等情况通知被调查人。被调查人应当在调查通知送达后30日内就调查事项作出答辩。

被调查人认为调查组成员同调查申请人、被调查人或者调查事项有利害关系的，有权提出回避请求。调查机关认为回避请求成立的，应当对调查组成员进行调整。

第三十九条 被调查人接受调查时，应当根据调查组的要求提供相关数据、资料及文件等。属于商业秘密的，应当向调查组提出。调查组应当以书面形式记录备查。

调查机关和调查人员对被调查人的商业秘密应当予以保密。

被调查人发现调查人员泄露其商业秘密并有充分证据的，有权向调查机关投诉。

第四十条 调查机关对被调查人"低于正常、合理水平运价"的认定，应当考虑下列因素：

（一）同一行业内多数经营者的运价水平以及与被调查人具有同等规模经营者的运价水平；

（二）被调查人实施该运价水平的理由，包括成本构成、管理水平和盈亏状况等；

（三）是否针对特定的竞争对手并以排挤竞争对手为目的。

第四十一条 调查机关对"损害公平竞争"或者"损害交易对方"的认定，应当考虑下列因素：

（一）对旅客或者托运人自由选择承运人造成妨碍；

（二）影响旅客或者货物的正常出行或者出运；

（三）以账外暗中回扣承揽货物，扭曲市场竞争规则。

第四十二条 调查机关作出调查结论前，可举行专家咨询会议，对"损害公平竞争"或者"损害交易对方"的程度进行评估。

聘请的咨询专家不得与调查申请人、被调查人具有利害关系。

第四十三条 调查结束时，调查机关应当作出调查结论，并书面通知调查申请人和被调查人：

（一）基本事实不成立的，调查机关应当决定终止调查；

（二）基本事实存在但对市场公平竞争不造成实质损害的，调查机关可决定不对被调查人采取禁止性、限制性措施；

（三）基本事实清楚且对市场公平竞争造成实质损害的，调查机关应当根据《海运条例》的规定，对被调查人采取限制性、禁止性措施。

第四十四条 调查机关在作出采取禁止性、限制性措施的决定前，应当告知当事人有举行听证的权利；当事人要求举行听证的，应当在自调查机关通知送达之日起10日内，向调查机关书面提出；逾期未提出听证请求的，视为自动放弃请求听证的权利。

第四十五条 就本实施细则第三十一条所列情形实施调查的，调查组成员中应当包括对被调查人的业务实施管理的有关交通运输主管部门的人员。

对有本实施细则第三十一条第（三）项所列违法行为并给交易当事人或者同业竞争者造成实质损害的，调查机关可采取限制其在一定时期内扩大业务量的限制性措施。

第五章 法律责任

第四十六条 违反《海运条例》和本实施细则的规定应当予以处罚的，交通运输部或授权的省、自治区、直辖市人民政府交通运输主管部门应当按照《海运条例》第六章和本章的规定予以处罚。

交通运输部或者有关省、自治区、直辖市人民政府交通运输主管部门应当将国际海上运输及其辅助性业务经营者违反《海运条例》和本实施细则有关规定的违法行为记入信用记录，并依照有关法律、行政法规的规定予以公示。

第四十七条 外商常驻代表机构有本实施细则第三十二条规定情形的，交通运输部或者有关省、自治区、直辖市人民政府交通运输主管部门可将有关情况通报有关市场监督管理部门，由市场监督管理部门按照《海运条例》第四十四条的规定处罚。

第四十八条 班轮公会协议、运营协议和运价协议未按规定向交通运输部备案的，由交通运输部依照《海运条例》第四十条的规定，对本实施细则第二十八条规定的备案人实施处罚。班轮公会不按规定报备的，可对其公会成员予以处罚。

第四十九条 调查人员违反规定，泄露被调查人保密信息的，依法给予行政处分；造成严重后果，触犯刑律的，依法追究刑事责任。

第六章 附 则

第五十条 《海运条例》和本实施细则规定的许可、登记事项，申请人可委托代理人办理。代理人办理委托事项的，应当提供授权委托书。外国申请人或者投资者提交的公证文书，应当由申请人或者投资者所在国公证机关或者执业律师开出。

本实施细则所要求的各类文字资料应当用中文书写，如使用其他文字的，应随附中文译文。

第五十一条 对《海运条例》和本实施细则规定的备案事项的具体要求、报备方式和方法应当按照交通运输部的规定办理。

第五十二条 香港特别行政区、澳门特别行政区和台湾地区的投资者在内地投资从事国际海上运输和与国际海上运输相关的辅助性业务，比照适用《海运条例》的有关规定。

第五十三条　《海运条例》第十五条规定的公布运价和协议运价备案的具体办法，由交通运输部另行规定。

第五十四条　本实施细则自2003年3月1日起施行。交通部1985年4月11日发布的《交通部对从事国际海运船舶公司的暂行管理办法》、1990年3月2日发布的《国际船舶代理管理规定》、1990年6月20日发布的《国际班轮运输管理规定》、1992年6月9日发布的《中华人民共和国海上国际集装箱运输管理规定实施细则》、1997年10月17日发布的《外国水路运输企业常驻代表机构管理办法》同时废止。

中华人民共和国国际货物运输代理业管理规定

（对外贸易经济合作部令1995年第5号）

（1995年6月29日由对外贸易经济合作部发布，1995年6月29日起施行，法规类型为部门规章）

第一章　总　则

第一条　为了规范国际货物运输代理行为，保障进出口货物收货人、发货人和国际货物运输代理企业的合法权益，促进对外贸易的发展，制定本规定。

第二条　本规定所称国际货物运输代理业，是指接受进出口货物收货人、发货人的委托，以委托人的名义或者以自己的名义，为委托人办理国际货物运输及相关业务并收取服务报酬的行业。

第三条　国际货物运输代理企业必须依法取得中华人民共和国企业法人资格。

第四条　国务院对外贸易经济合作主管部门负责对全国的国际货物运输代理业实施监督管理。

省、自治区、直辖市和经济特区的人民政府对外经济贸易主管部门（以下简称地方对外贸易主管部门）依照本规定，在国务院对外贸易经济合作主管部门授权的范围内，负责对本行政区域内的国际货物运输代理业实施监督管理。

第五条　对国际货物运输代理业实施监督管理，应当遵循下列原则：

（一）适应对外贸易发展的需要，促进国际货物运输代理业的合理布局；

（二）保护公平竞争，促进国际货物运输代理业服务质量的提高。

第六条　从事国际货物运输代理业务的企业，应当遵守中华人民共和国的法律、行政法规、接受有关行业主管机关依照有关法律、行政法规规定实施的监督管理。

第二章　设立条件

第七条　设立国际货物运输代理企业，根据其行业特点，应当具备下列条件：

（一）有与其从事的国际货物运输代理业务相适应的专业人员；

（二）有固定的营业场所和必要的营业设施；

（三）有稳定的进出口货源市场。

第八条　国际货物运输代理企业的注册资本最低限额应当符合下列要求：

（一）经营海上国际货物运输代理业务的，注册资本最低限额为500万元人民币；

（二）经营航空国际货物运输代理业务的，注册资本最低限额为 300 万元人民币；

（三）经营陆路国际货物运输代理业务或者国际快递业务的，注册资本最低限额为 200 万元人民币。

经营前款两项以上业务的，注册资本最低限额为其中最高一项的限额。

国际货物运输代理企业每设立一个从事国际货物运输代理业务的分支机构，应当增加注册资本 50 万元。

第三章 审批程序

第九条 申请设立国际货物运输代理企业，申请人应当向拟设立国际货物运输代理企业所在地的地方对外贸易主管部门提出申请，由地方对外贸易主管部门提出意见后，转报国务院对外贸易经济合作主管部门审查批准。

国务院部门在北京的直属企业申请在北京设立国际货物运输代理企业的，可以直接向国务院对外贸易经济合作主管部门提出申请，由国务院对外贸易经济合作主管部门审查批准。

第十条 申请设立国际货物运输代理企业，应当报送下列文件：

（一）申请书；

（二）企业章程草案；

（三）负责人和主要业务人员的姓名、职务和身份证明；

（四）资信证明和营业设施情况；

（五）国务院对外贸易经济合作主管部门规定的其他文件。

第十一条 地方对外贸易主管部门应当自收到申请设立国际货物运输代理企业的申请书和其他文件之日起 45 天内提出意见，并转报国务院对外贸易经济合作主管部门。

国务院对外贸易经济合作主管部门应当自收到申请设立国际货物运输代理企业的申请书和其他文件之日起 45 天内决定批准或者不批准；对批准设立的国际货物运输代理企业，颁发批准证书。

第十二条 国际货物运输代理企业应当凭国务院对外贸易经济合作主管部门颁发的批准证书，依照有关法律、行政法规的规定，办理企业登记、税务登记手续。

第十三条 申请人自收到批准证书之日起 180 天内无正当理由未开始营业的，国务院对外贸易经济合作主管部门应当撤销批准证书。

第十四条 批准证书的有效期为 3 年。

国际货物运输代理企业在批准证书有效期届满时，需要继续从事国际货物运输代理业务的，应当在批准证书有效期届满的 30 天前向国务院对外贸易经济合作主管部门申请换领批准证书。

国际货物运输代理企业未依照前款规定申请换领批准证书的，其从事国际货物运输代理业务的资格自批准证书有效期届满时自动丧失。

第十五条 国际货物运输代理企业终止营业，应当依照本规定第九条规定的设立申请批准程序，报告所在地的地方对外贸易主管部门或者国务院对外贸易经济合作主管部门并缴销批准证书。

第十六条 国际货物运输代理企业申请设立从事国际货物运输代理业务的分支机构，应当依照本章规定的程序办理。

第四章 业 务

第十七条 国际货物运输代理企业可以接受委托，代为办理下列部分或者全部业务：

（一）订舱、仓储；

（二）货物的监装、监卸，集装箱拼装拆箱；
（三）国际多式联运；
（四）国际快递，私人信函除外；
（五）报关、报检、报验、保险；
（六）缮制有关单证，并付运费，结算、交付杂费；
（七）其他国际货物运输代理业务。

国际货物运输代理企业应当在批准的业务经营范围内，从事经营活动。从事前款有关业务，依照有关法律、行政法规的规定，需经有关主管机关注册的，还应当向有关主管机关注册。

国际货物运输代理企业之间也可以相互委托办理本条第一款规定的业务。

第十八条 国际货物运输代理企业应当遵循安全、迅速、准确、节省、方便的经营方针，为进出口货物的收货人、发货人提供服务。

第十九条 国际货物运输代理企业，必须依照国家有关规定确定收费标准，并在其营业地点予以公布。

第二十条 国际货物运输代理企业从事国际货物运输代理业务，必须使用经税务机关核准的发票。

第二十一条 国际货物运输代理企业应当于每年3月底前，向其所在地的地方对外贸易主管部门报送上一年度的经营情况资料。

第二十二条 国际货物运输代理企业不得有下列行为：
（一）以不正当竞争手段从事经营活动；
（二）出借、出租或者转让批准证书和有关国际货物运输代理业务单证。

第五章 罚 则

第二十三条 国际货物运输代理企业违反本规定第十九条、第二十一条规定的，由国务院对外贸易经济合作主管部门予以警告并责令限期改正；未在限期内改正的，可以撤销其批准证书。

第二十四条 国际货物运输代理企业违反本规定第十七条第二款、第二十条、第二十二条规定的，由国务院对外贸易经济合作主管部门予以警告、责令停业整顿直至撤销其批准证书；工商行政管理、海关、税务等有关主管机关并可依照有关法律、行政法规的规定予以处罚。

第二十五条 违反本规定的规定，擅自从事本规定第十七条规定的国际货物运输代理业务的，由国务院对外贸易经济合作主管部门取缔非法经营活动，并由工商行政管理机关依照有关法律、行政法规的规定予以处罚。

第二十六条 违反本规定，构成犯罪的，依法追究刑事责任。

第六章 附 则

第二十七条 国际货物运输代理企业可以依法设立国际货物运输代理业协会，协会依照其章程对会员进行协调指导，提供服务。

第二十八条 本规定自发布之日起施行。

国际货物运输代理业管理规定实施细则

(商务部公告2003年第82号)

(2004年1月1日由商务部发布,2004年1月1日起施行,法规类型为规范性文件)

第一章 总 则

第一条 为维护国际货运代理市场秩序,加强对国际货运代理业的监督管理,促进我国国际货运代理业的健康发展,经国务院批准,根据原外经贸部1995年6月29日发布的《中华人民共和国国际货物运输代理业管理规定》(以下简称《规定》)制订本细则。

第二条 国际货物运输代理企业(以下简称国际货运代理企业)可以作为进出口货物收货人、发货人的代理人,也可以作为独立经营人,从事国际货运代理业务。

国际货运代理企业作为代理人从事国际货运代理业务,是指国际货运代理企业接受进出口货物收货人、发货人或其代理人的委托,以委托人名义或者以自己的名义办理有关业务,收取代理费或佣金的行为。

国际货运代理企业作为独立经营人从事国际货运代理业务,是指国际货运代理企业接受进出口货物收货人、发货人或其代理人的委托,签发运输单证、履行运输合同并收取运费以及服务费的行为。

第三条 国际货运代理企业的名称、标志应当符合国家有关规定,与其业务相符合,并能表明行业特点,其名称应当含有"货运代理"、"运输服务"、"集运"或"物流"等相关字样。

第四条 《规定》第四条第二款中"授权的范围"是指省、自治区、直辖市、经济特区、计划单列市人民政府商务主管部门在商务部的授权下,负责对本行政区域内国际货运代理业实施监督管理(商务部和地方商务主管部门以下统称行业主管部门),该授权范围包括:对企业经营国际货运代理业务项目申请的初审、国际货运代理企业的年审和换证审查、业务统计、业务人员培训、指导地方行业协会开展工作以及会同地方有关行政管理部门规范货运代理企业经营行为、治理货运代理市场经营秩序等工作。

国务院部门直属企业和异地企业在计划单列市(不含经济特区)设立的国际货运代理子公司、分支机构及非营业性办事机构,根据前款的授权范围,接受省商务主管部门的监督管理。

任何其他单位,未经商务部授权,不得从事国际货运代理业的审批或管理工作。

第五条 商务部负责对国际货运代理企业人员的业务培训并对培训机构的资格进行审查。未经批准的单位不得从事国际货运代理企业人员的资格培训。培训机构的设立条件及培训内容、培训教材等由商务部另行规定。

从事国际货运代理业务的人员接受前款规定的培训,经考试合格后,取得国际货物运输代理资格证书。

第二章 设立条件

第六条 申请设立国际货代企业可由企业法人、自然人或其他经济组织组成。与进出口贸易或国际货物运输有关、并拥有稳定货源的企业法人应当为大股东,且应在国际货代企业中控股。企业法人以外的股东不得在国际货代企业中控股。

第七条 国际货运代理企业应当依据取得中华人民共和国企业法人资格。企业组织形式为有限责任公司或股份有限公司。禁止具有行政垄断职能的单位申请投资经营国际货运代理业务。承运人以及其他可能对国际货运代理行业构成不公平竞争的企业不得申请经营国际货运代理业务。

第八条 《规定》第七条规定的营业条件包括:
(一) 具有至少5名从事国际货运代理业务3年以上的业务人员,其资格由业务人员原所在企业证明;或者,取得商务部根据本细则第五条颁发的资格证书;
(二) 有固定的营业场所,自有房屋、场地须提供产权证明;租赁房屋、场地,须提供租赁契约;
(三) 有必要的营业设施,包括一定数量的电话、传真、计算机、短途运输工具、装卸设备、包装设备等;
(四) 有稳定的进出口货源市场,是指在本地区进出口货物运量较大,货运代理行业具备进一步发展的条件和潜力,并且申报企业可以揽收到足够的货源。

第九条 企业申请的国际货运代理业务经营范围中如包括国际多式联运业务,除应当具备《规定》第七条及本细则第六条、第七条、第八条中的条件外,还应当具备下列条件:
(一) 从事本细则第三十二条中有关业务3年以上;
(二) 具有相应的国内、外代理网络;
(三) 拥有在商务部登记备案的国际货运代理提单。

第十条 国际货运代理企业每申请设立一个分支机构,应当相应增加注册资本50万元人民币。如果企业注册资本已超过《规定》中的最低限额(海运500万元,空运300万元,陆运、快递200万元),则超过部分,可作为设立分支机构的增加资本。

第十一条 《规定》及本细则中所称分支机构是指分公司。

第三章 审批登记程序

第十二条 经营国际货运代理业务,必须取得商务部颁发的《中华人民共和国国际货物运输代理企业批准证书》(以下简称批准证书)。
申请经营国际货运代理业务的单位应当报送下列文件:
(一) 申请书,包括投资者名称、申请资格说明、申请的业务项目;
(二) 可行性研究报告,包括基本情况、资格说明、现有条件、市场分析、业务预测、组建方案、经济预算及发展预算等;
(三) 投资者的企业法人营业执照(影印件);
(四) 董事会、股东会或股东大会决议;
(五) 企业章程(或草案);
(六) 主要业务人员情况(包括学历、所学专业、业务简历、资格证书);
(七) 资信证明(会计师事务所出具的各投资者的验资报告);
(八) 投资者出资协议;
(九) 法定代表人简历;
(十) 国际货运代理提单(运单)样式;
(十一) 企业名称预先核准函(影印件,工商行政管理部门出具);
(十二) 国际货运代理企业申请表1(附表1);
(十三) 交易条款。

以上文件除（三）、（十一）项外，均须提交正本，并加盖公章。

第十三条 行业主管部门应当对申请项目进行审核，该审核包括：

（一）项目设立的必要性；

（二）申请文件的真实性和完整性；

（三）申请人资格；

（四）申请人信誉；

（五）业务人员资格。

第十四条 地方商务主管部门对申请项目进行审核后，应将初审意见（包括建议批准的经营范围、经营地域、投资者出资比例等）及全部申请文件按照《规定》第十一条第一款的时间要求，报商务部审批。

第十五条 有下列情形之一的，商务部驳回申请，并说明理由：

（一）文件不齐；

（二）申报程序不符合要求；

（三）商务部已经通知暂停受理经营国际货运代理业务的申请。

第十六条 有下列情形之一的，商务部经过调查核实后，给予不批准批复：

（一）申请人不具备从事国际货运代理业务的资格；

（二）申请人自申请之日前5年内非法从事代理经营活动，受到国家行政管理部门的处罚；

（三）申请人故意隐瞒、谎报申报情况；

（四）其他不符合《规定》第五条有关原则的情况。

第十七条 申请人收到商务部同意的批复的，应当于批复之日起60天内持修改后的企业章程（正本），凭地方商务主管部门介绍信到商务部领取批准证书。

第十八条 企业成立并经营国际货运代理业务1年后，可申请扩大经营范围或经营地域。地方商务主管部门经过审查后，按《规定》第十一条规定的程序向商务部报批。

企业成立并经营国际货运代理业务1年后，在形成一定经营规模的条件下，可申请设立子公司或分支机构，并由该企业持其所在地地方商务主管部门的意见（国务院部门在京直属企业持商务部的征求意见函），向拟设立子公司或分支机构的地方商务主管部门（不含计划单列市）进行申报，后者按照本细则第十四条的规定向商务部报批。子公司或分支机构的经营范围不得超出其母公司或总公司。

国际货运代理企业设立非营业性的办事机构，必须报该办机构所在地行业主管部门备案并接受管理。

第十九条 企业根据本细则第十八条第一款、第二款提出的申请，除报送本细则第十二条中有关文件外，还应当报送下列文件：

（一）原国际货运代理业务批复（影印件）；

（二）批准证书（影印件）；

（三）营业执照（影印件）；

（四）国际货运代理企业申请表2（附表2，设立子公司的为附表1）；

（五）经营情况报告（含网络建设情况）；

（六）子公司法定代表人或分支机构负责人简历；

（七）上一年度年审登记表。

第二十条 企业申请设立分支机构，申请人收到同意的批复后，应当于批复之日起90天内持总公司根据本细则第十条规定增资后具有法律效力的验资报告及修改后的企业章程（正本），凭分支机构所在地地方对外贸易主管部门介绍信到商务部领取批准证书。

第二十一条　申请人逾期不办理领证手续或者自领取批准证书之日起超过180天无正当理由未开始营业的，除申请延期获准外，其国际货运代理业务经营资格自动丧失。

第二十二条　商务部可以根据国际货运代理业行业发展、布局等情况，决定在一定期限内停止受理经营国际货物运输代理业务的申请或者采取限制性措施。

商务部依照前款规定作出的决定，应当予以公告。

第二十三条　国际货运代理企业发生以下变更，必须报商务部审批，并换领批准证书：

（一）企业名称；
（二）企业类型；
（三）股权关系；
（四）注册资本减少；
（五）经营范围；
（六）经营地域。

发生以下变更，在报商务部备案后，直接换领批准证书：

（一）通讯地址或营业场所；
（二）法定代表人；
（三）注册资本增加；
（四）隶属部门。

第二十四条　国际货运代理企业应当持批准证书向工商、海关部门办理注册登记手续。

任何未取得批准证书的单位，不得在工商营业执照上使用"国际货运代理业务"或与其意思相同或相近的字样。

第四章　年审和换证

第二十五条　商务部对国际货运代理企业实行年审、换证制度。

第二十六条　商务部负责国务院部门在京直属企业的年审及全国国际货运代理企业的换证工作。地方商务主管部门负责本行政区域内国际货运代理企业（含国务院部门直属企业及异地企业设立的子公司、分支机构）的年审工作。

第二十七条　国际货运代理企业于每年3月底前向其所在地地方商务主管部门（国务院部门在京直属企业直接向商务部）报送年审登记表（附表3）、验资报告及营业执照（影印件），申请办理年审。

年审工作的重点是审查企业的经营及遵守执行《规定》和其他有关法律、法规、规章情况。企业年审合格后，由行业主管部门在其批准证书上加盖年审合格章。

第二十八条　批准证书的有效期为3年。

企业必须在批准证书有效期届满的60天前，向地方商务主管部门申请换证。企业申请换领批准证书应当报送下列文件：

（一）申请换证登记表（附表4）；
（二）批准证书（正本）；
（三）营业执照（影印件）。

第二十九条　企业连续三年年审合格，地方商务主管部门应当于批准证书有效期届满的30天前报送商务部，申请换领批准证书。

第三十条　行业主管部门在国际货运代理企业申请换证时应当对其经营资格及经营情况进行审核，有下列情形之一的，不予换发批准证书：

（一）不符合本细则第二十七条规定；
（二）不按时办理换证手续；

（三）私自进行股权转让；

（四）擅自变更企业名称、营业场所、注册资本等主要事项而不按有关规定办理报备手续。

第三十一条　企业因自身原因逾期未申请换领批准证书，其从事国际货运代理业务的资格自批准证书有效期届满时自动丧失。商务部将对上述情况予以公布。工商行政管理部门对上述企业予以注销或责令其办理经营范围变更手续。

丧失国际货运代理业务经营资格的企业如欲继续从事该项业务，应当依照有关规定程序重新申报。

第五章　业务管理

第三十二条　国际货运代理企业可以作为代理人或者独立经营人从事经营活动。其经营范围包括：

（一）揽货、订舱（含租船、包机、包舱）、托运、仓储、包装；

（二）货物的监装、监卸、集装箱装拆箱、分拨、中转及相关的短途运输服务；

（三）报关、报检、报验、保险；

（四）缮制签发有关单证、交付运费、结算及交付杂费；

（五）国际展品、私人物品及过境货物运输代理；

（六）国际多式联运、集运（含集装箱拼箱）；

（七）国际快递（不含私人信函）；

（八）咨询及其他国际货运代理业务。

第三十三条　国际货运代理企业应当按照批准证书和营业执照所列明的经营范围和经营地域从事经营活动。

第三十四条　商务部根据行业发展情况，可委托行业协会参照国际惯例制订国际货运代理标准交易条款，国际货运代理企业无需商务部同意即可引用。国际货运代理企业也可自己制订交易条款，但必须在商务部备案后方可使用。

第三十五条　国际货运代理企业应当向行业主管部门报送业务统计，并对统计数字的真实性负责。业务统计的编报办法由商务部另行规定。

第三十六条　国际货运代理企业作为代理人接受委托办理有关业务，应当与进出口收货人、发货人签订书面委托协议。双方发生业务纠纷，应当以所签书面协议作为解决争议的依据。

国际货运代理企业作为独立经营人，从事本细则第三十二条中有关业务，应当向货主签发运输单证。与货主发生业务纠纷，应当以所签运输单证作为解决争议的依据；与实际承运人发生业务纠纷，应当以其与实际承运人所签运输合同作为解决争议的依据。

第三十七条　国际货运代理企业使用的国际货运代理提单实行登记编号制度。凡在我国境内签发的国际货运代理提单必须由国际货运代理企业报商务部登记，并在单据上注明批准编号。

国际货运代理企业应当加强对国际货运代理提单的管理工作。禁止出借。如遇遗失、版本修改等情况应当及时向商务部备案。

国际货运代理提单的转让依照下列规定执行：

（一）记名提单：不得转让；

（二）指示提单：经过记名背书或者空白背书转让；

（三）不记名提单：无需背书，即可转让。

国际货运代理提单实行责任保险制度，须到经中国人民银行批准开业的保险公司投保责任保险。

第三十八条　国际货运代理企业作为独立经营人，负责履行或组织履行国际多式联运合同时，其责任期间自接收货物时起至交付货物时止。其承担责任的基础、责任限额、免责条件以及丧失责任限制的前提依照有关法律规定确定。

第三十九条　国际货运代理企业应当使用批准证书上的企业名称和企业编号从事国际货运代理业务，并在主要办公文具及单证上印制企业名称及企业编号。

第四十条　国际货运代理企业不得将规定范围内的注册资本挪作他用。

第四十一条　国际货运代理企业不得将国际货运代理经营权转让或变相转让；不得允许其他单位、个人以该国际货运代理企业或其营业部名义从事国际货运代理业务；不得与不具有国际货运代理业务经营权的单位订立任何协议而使之可以单独或与之共同经营国际货运代理业务，收取代理费、佣金或者获得其他利益。

第四十二条　国际货运代理企业作为代理人，可向货主收取代理费，并可从承运人处取得佣金。国际货运代理企业不得以任何形式与货主分享佣金。

国际货运代理企业作为独立经营人，从事本细则第三十二条中有关业务，应当依照有关运价本向货主收取费用。此种情况下，不得从实际承运人处接受佣金。

第四十三条　外国企业（包括香港、澳门、台湾地区企业，以下同）驻华代表机构只能从事非直接经营性活动，代表该企业进行其经营范围内的业务联络、产品介绍、市场调研、技术交流等业务活动。

第四十四条　国际货运代理企业应当凭批准证书向税务机关领购发票，并按照税务机关的规定使用发票。

第四十五条　国际货运代理企业不得以发布虚假广告、分享佣金、退返回扣或其他不正当竞争手段从事经营活动。

第六章　罚　　则

第四十六条　国际货运代理企业违反《规定》第十九条、第二十一条、以及本细则第二十三条第二款、第三十四条、第三十五条规定的，商务部授权地方商务主管部门予以警告并责令限期改正；未在限期内改正的，地方商务主管部门可以建议商务部撤销其批准证书。

第四十七条　国际货运代理企业违反《规定》第十七条第二款、第二十条、第二十二条及本细则第十八条第三款、第二十三条第一款、第二十四条、第二十七条、第三十三条、第三十六条、第三十七条、第三十九条、第四十条、第四十一条、第四十二条、第四十三条、第四十四条、第四十五条规定的，地方商务主管部门经商务部授权，可视情节予以警告、责令停业整顿等处罚，情节严重者，可以建议商务部撤销其批准证书。

受到撤销经营批准证书处罚的企业应当到工商行政管理部门进行相应的变更或注销登记。该企业5年内不得再次提出经营国际货运代理业务的申请。

受到停业整顿处罚的企业恢复开展业务应当具备下列条件：

（一）进行整顿；

（二）主要责任人受到处理或处分；

（三）符合行业主管部门要求的其他条件。

行业主管部门在收到企业恢复开展业务的申请及相关书面材料后应当进行审查，决定是否同意其恢复开展业务。

第四十八条　对违反《规定》和本细则的规定擅自从事国际货运代理业务的单位，由行业主管部门取缔其非法经营活动，并由工商行政管理机关依照有关法律、行政法规的规定予以处罚，行业主管部门对此应予以公告。地方商务主管部门公告后应当报商务部备案。该单位5

年之内不得独立或者参与申请经营国际货运代理业务。

<h2 style="text-align:center">第七章 附 则</h2>

第四十九条 国际货运代理企业可根据自愿原则，依法成立国际货运代理协会（以下简称行业协会）。

第五十条 行业协会是以服务会员为目的的非营利性民间社团组织，在行业主管部门的监督和指导下根据协会章程开展活动。其宗旨是推动会员企业间加强横向联系、交流信息、增进相互间协作，鼓励和监督会员企业依法经营、规范竞争，依法代表本行业利益，维护会员的合法权益，协助政府有关部门加强行业管理，促进行业的健康有序发展。

第五十一条 行业协会根据本细则第三十四条的规定制定国际货运代理标准交易条款，报商务部批准后，供本行业企业使用。

第五十二条 外商投资国际货运代理企业适用《规定》及本细则，但外商投资企业有关法律、法规、规章有规定的，从其规定。

第五十三条 本细则由商务部负责解释。

第五十四条 本细则自发布之日起施行。

<h1 style="text-align:center">国际货运代理企业备案（暂行）办法</h1>

（商务部令2005年第9号）

（2005年3月2日由商务部发布，根据2016年8月18日商务部令2016年第2号《商务部关于废止和修改部分规章和规范性文件的决定》修改，现行版本自2016年8月18日起施行，法规类型为部门规章）

第一条 为加强对国际货物运输代理业的管理，根据《中华人民共和国对外贸易法》（以下简称《外贸法》）和《中华人民共和国国际货物运输代理业管理规定》的有关规定，制订本办法。

第二条 凡经国家工商行政管理部门依法注册登记的国际货物运输代理企业及其分支机构（以下简称国际货代企业），应当向商务部或商务部委托的机构办理备案。

第三条 商务部是全国国际货代企业备案工作的主管部门。

第四条 国际货代企业备案工作实行全国联网和属地化管理。

商务部委托符合条件的地方商务主管部门（以下简称备案机关）负责办理本地区国际货代企业备案手续；受委托的备案机关不得自行委托其他机构进行备案。

备案机关必须具备办理备案所必需的固定的办公场所，管理、录入、技术支持、维护的专职人员以及连接商务部国际货运代理企业信息管理系统（以下简称信息管理系统）的相关设备等条件。

对于符合上述条件的备案机关，商务部可出具书面委托函，发放由商务部统一监制的备案印章，并对外公布。备案机关凭商务部的书面委托函和备案印章，通过信息管理系统办理备案手续。对于情况发生变化、不符合上述条件的以及未按本办法第六、七条规定办理备案的备案机关，商务部可收回对其委托。

第五条 国际货代企业在本地区备案机关办理备案（有计划单列市的省份仍按省和计划

单列市的管理范围进行管理)。

国际货代企业备案程序如下:

(一) 领取《国际货运代理企业备案表》(以下简称《备案表》)。国际货代企业可以通过商务部政府网站 http://www.mofcom.gov.cn) 下载,或到所在地备案机关领取《备案表》(样式附后)。

(二) 填写《备案表》。国际货代企业应按《备案表》要求认真填写所有事项的信息,并确保所填写内容完整、准确和真实;同时认真阅读《备案表》背面的条款,并由法定代表人签字、盖章。

(三) 向备案机关提交如下备案材料:

1. 按本条第二款要求填写的《备案表》;
2. 营业执照复印件。

第六条 备案机关应自收到国际货代企业提交的上述材料之日起 5 日内办理备案手续,在《备案表》上加盖备案印章。

第七条 备案机关在完成备案手续的同时,应当完整准确地记录和保存国际货代企业的备案信息材料,依法建立备案档案。

第八条 国际货代企业应凭加盖备案印章的《备案表》在 30 日内到有关部门办理开展国际货代业务所需的有关手续。从事有关业务,依照有关法律、行政法规的规定,需经有关主管机关注册的,还应当向有关主管机关注册。

第九条 《备案表》上的任何信息发生变更时,国际货代企业应比照本办法第五条的有关规定,在 30 日内办理《备案表》的变更手续,逾期未办理变更手续的,其《备案表》自动失效。

备案机关收到国际货代企业提交的书面材料后,应当即时予以办理变更手续。

第十条 国际货代企业应当按照《中华人民共和国国际货物运输代理业管理规定》的有关规定,按要求向商务部或其委托机关(机构)提交与其经营活动有关的文件和资料。商务部和其委托机关(机构)应当为提供者保守商业秘密。

第十一条 国际货代企业已在工商部门办理注销手续或被吊销营业执照的,自营业执照注销或被吊销之日起,《备案表》自动失效。

第十二条 备案机关应当在国际货代企业撤销备案后将有关情况及时通报海关、检验检疫、外汇、税务等部门。

第十三条 国际货代企业不得伪造、变造、涂改、出租、出借、转让和出卖《备案表》。

第十四条 备案机关在办理备案或变更备案时,不得变相收取费用。

第十五条 原经审批从事货代行业的企业应当依照本办法备案。

第十六条 外商投资国际货代企业按照《外商投资国际货物运输代理企业管理办法》有关规定办理。

第十七条 国际货代行业协会应协助政府主管部门做好企业备案工作,充分发挥行业协会的协调作用,加强行业自律。

第十八条 本办法由商务部负责解释。

第十九条 本办法自 2005 年 4 月 1 日起施行。凡与本办法不一致的规定,自本办法施行之日起废止。

附:国际货运代理企业备案表(样式)(略)

中华人民共和国民用航空法

（主席令第 56 号）

（1995年10月30日第八届全国人民代表大会常务委员会第十六次会议通过；根据2009年8月27日第十一届全国人民代表大会常务委员会第十次会议《关于修改部分法律的决定》第一次修正，根据2015年4月24日第十二届全国人民代表大会常务委员会第十四次会议《关于修改〈中华人民共和国计量法〉等五部法律的决定》第二次修正，根据2016年11月7日第十二届全国人民代表大会常务委员会第二十四次会议《关于修改〈中华人民共和国对外贸易法〉等十二部法律的决定》第三次修正，根据2017年11月4日第十二届全国人民代表大会常务委员会第三十次会议《关于修改〈中华人民共和国会计法〉等十一部法律的决定》第四次修正，根据2018年12月29日第十三届全国人民代表大会常务委员会第七次会议《关于修改〈中华人民共和国劳动法〉等七部法律的决定》第五次修正；现行版本自2018年12月29日起施行；法规类型为法律）

第一章 总　则

第一条　为了维护国家的领空主权和民用航空权利，保障民用航空活动安全和有秩序地进行，保护民用航空活动当事人各方的合法权益，促进民用航空事业的发展，制定本法。

第二条　中华人民共和国的领陆和领水之上的空域为中华人民共和国领空。中华人民共和国对领空享有完全的、排他的主权。

第三条　国务院民用航空主管部门对全国民用航空活动实施统一监督管理；根据法律和国务院的决定，在本部门的权限内，发布有关民用航空活动的规定、决定。

国务院民用航空主管部门设立的地区民用航空管理机构依照国务院民用航空主管部门的授权，监督管理各该地区的民用航空活动。

第四条　国家扶持民用航空事业的发展，鼓励和支持发展民用航空的科学研究和教育事业，提高民用航空科学技术水平。

国家扶持民用航空器制造业的发展，为民用航空活动提供安全、先进、经济、适用的民用航空器。

第二章 民用航空器国籍

第五条　本法所称民用航空器，是指除用于执行军事、海关、警察飞行任务外的航空器。

第六条　经中华人民共和国国务院民用航空主管部门依法进行国籍登记的民用航空器，具有中华人民共和国国籍，由国务院民用航空主管部门发给国籍登记证书。

国务院民用航空主管部门设立中华人民共和国民用航空器国籍登记簿，统一记载民用航空器的国籍登记事项。

第七条　下列民用航空器应当进行中华人民共和国国籍登记：

（一）中华人民共和国国家机构的民用航空器；

（二）依照中华人民共和国法律设立的企业法人的民用航空器；企业法人的注册资本中有外商出资的，其机构设置、人员组成和中方投资人的出资比例，应当符合行政法规的规定；

（三）国务院民用航空主管部门准予登记的其他民用航空器。

自境外租赁的民用航空器，承租人符合前款规定，该民用航空器的机组人员由承租人配备的，可以申请登记中华人民共和国国籍，但是必须先予注销该民用航空器原国籍登记。

第八条 依法取得中华人民共和国国籍的民用航空器，应当标明规定的国籍标志和登记标志。

第九条 民用航空器不得具有双重国籍。未注销外国国籍的民用航空器不得在中华人民共和国申请国籍登记。

第三章　民用航空器权利

第一节　一般规定

第十条 本章规定的对民用航空器的权利，包括对民用航空器构架、发动机、螺旋桨、无线电设备和其他一切为了在民用航空器上使用的，无论安装于其上或者暂时拆离的物品的权利。

第十一条 民用航空器权利人应当就下列权利分别向国务院民用航空主管部门办理权利登记：

（一）民用航空器所有权；

（二）通过购买行为取得并占有民用航空器的权利；

（三）根据租赁期限为六个月以上的租赁合同占有民用航空器的权利；

（四）民用航空器抵押权。

第十二条 国务院民用航空主管部门设立民用航空器权利登记簿。同一民用航空器的权利登记事项应当记载于同一权利登记簿中。

民用航空器权利登记事项，可以供公众查询、复制或者摘录。

第十三条 除民用航空器经依法强制拍卖外，在已经登记的民用航空器权利得到补偿或者民用航空器权利人同意之前，民用航空器的国籍登记或者权利登记不得转移至国外。

第二节　民用航空器所有权和抵押权

第十四条 民用航空器所有权的取得、转让和消灭，应当向国务院民用航空主管部门登记；未经登记的，不得对抗第三人。

民用航空器所有权的转让，应当签订书面合同。

第十五条 国家所有的民用航空器，由国家授予法人经营管理或者使用的，本法有关民用航空器所有人的规定适用于该法人。

第十六条 设定民用航空器抵押权，由抵押权人和抵押人共同向国务院民用航空主管部门办理抵押权登记；未经登记的，不得对抗第三人。

第十七条 民用航空器抵押权设定后，未经抵押权人同意，抵押人不得将被抵押民用航空器转让他人。

第三节　民用航空器优先权

第十八条 民用航空器优先权，是指债权人依照本法第十九条规定，向民用航空器所有人、承租人提出赔偿请求，对产生该赔偿请求的民用航空器具有优先受偿的权利。

第十九条 下列各项债权具有民用航空器优先权：

（一）援救该民用航空器的报酬；

（二）保管维护该民用航空器的必需费用。

前款规定的各项债权,后发生的先受偿。

第二十条　本法第十九条规定的民用航空器优先权,其债权人应当自援救或者保管维护工作终了之日起三个月内,就其债权向国务院民用航空主管部门登记。

第二十一条　为了债权人的共同利益,在执行人民法院判决以及拍卖过程中产生的费用,应当从民用航空器拍卖所得价款中先行拨付。

第二十二条　民用航空器优先权先于民用航空器抵押权受偿。

第二十三条　本法第十九条规定的债权转移的,其民用航空器优先权随之转移。

第二十四条　民用航空器优先权应当通过人民法院扣押产生优先权的民用航空器行使。

第二十五条　民用航空器优先权自援救或者保管维护工作终了之日起满三个月时终止;但是,债权人就其债权已经依照本法第二十条规定登记,并具有下列情形之一的除外:
(一)债权人、债务人已经就此项债权的金额达成协议;
(二)有关此项债权的诉讼已经开始。

民用航空器优先权不因民用航空器所有权的转让而消灭;但是,民用航空器经依法强制拍卖的除外。

第四节　民用航空器租赁

第二十六条　民用航空器租赁合同,包括融资租赁合同和其他租赁合同,应当以书面形式订立。

第二十七条　民用航空器的融资租赁,是指出租人按照承租人对供货方和民用航空器的选择,购得民用航空器,出租给承租人使用,由承租人定期交纳租金。

第二十八条　融资租赁期间,出租人依法享有民用航空器所有权,承租人依法享有民用航空器的占有、使用、收益权。

第二十九条　融资租赁期间,出租人不得干扰承租人依法占有、使用民用航空器;承租人应当适当地保管民用航空器,使之处于原交付时的状态,但是合理损耗和经出租人同意的对民用航空器的改变除外。

第三十条　融资租赁期满,承租人应当将符合本法第二十九条规定状态的民用航空器退还出租人;但是,承租人依照合同行使购买民用航空器的权利或者为继续租赁而占有民用航空器的除外。

第三十一条　民用航空器融资租赁中的供货方,不就同一损害同时对出租人和承租人承担责任。

第三十二条　融资租赁期间,经出租人同意,在不损害第三人利益的情况下,承租人可以转让其对民用航空器的占有权或者租赁合同约定的其他权利。

第三十三条　民用航空器的融资租赁和租赁期限为六个月以上的其他租赁,承租人应当就其对民用航空器的占有权向国务院民用航空主管部门办理登记;未经登记的,不得对抗第三人。

第四章　民用航空器适航管理

第三十四条　设计民用航空器及其发动机、螺旋桨和民用航空器上设备,应当向国务院民用航空主管部门申请领取型号合格证书。经审查合格的,发给型号合格证书。

第三十五条　生产、维修民用航空器及其发动机、螺旋桨和民用航空器上设备,应当向国务院民用航空主管部门申请领取生产许可证书、维修许可证书。经审查合格的,发给相应的证书。

第三十六条　外国制造人生产的任何型号的民用航空器及其发动机、螺旋桨和民用航空上设备，首次进口中国的，该外国制造人应当向国务院民用航空主管部门申请领取型号认可证书。经审查合格的，发给型号认可证书。

已取得外国颁发的型号合格证书的民用航空器及其发动机、螺旋桨和民用航空器上设备，首次在中国境内生产的，该型号合格证书的持有人应当向国务院民用航空主管部门申请领取型号认可证书。经审查合格的，发给型号认可证书。

第三十七条　具有中华人民共和国国籍的民用航空器，应当持有国务院民用航空主管部门颁发的适航证书，方可飞行。

出口民用航空器及其发动机、螺旋桨和民用航空器上设备，制造人应当向国务院民用航空主管部门申请领取出口适航证书。经审查合格的，发给出口适航证书。

租用的外国民用航空器，应当经国务院民用航空主管部门对其原国籍登记国发给的适航证书审查认可或者另发适航证书，方可飞行。

民用航空器适航管理规定，由国务院制定。

第三十八条　民用航空器的所有人或者承租人应当按照适航证书规定的使用范围使用民用航空器，做好民用航空器的维修保养工作，保证民用航空器处于适航状态。

第五章　航空人员

第一节　一般规定

第三十九条　本法所称航空人员，是指下列从事民用航空活动的空勤人员和地面人员：

（一）空勤人员，包括驾驶员、飞行机械人员、乘务员；

（二）地面人员，包括民用航空器维修人员、空中交通管制员、飞行签派员、航空电台通信员。

第四十条　航空人员应当接受专门训练，经考核合格，取得国务院民用航空主管部门颁发的执照，方可担任其执照载明的工作。

空勤人员和空中交通管制员在取得执照前，还应当接受国务院民用航空主管部门认可的体格检查单位的检查，并取得国务院民用航空主管部门颁发的体格检查合格证书。

第四十一条　空勤人员在执行飞行任务时，应当随身携带执照和体格检查合格证书，并接受国务院民用航空主管部门的查验。

第四十二条　航空人员应当接受国务院民用航空主管部门定期或者不定期的检查和考核；经检查、考核合格的，方可继续担任其执照载明的工作。

空勤人员还应当参加定期的紧急程序训练。

空勤人员间断飞行的时间超过国务院民用航空主管部门规定时限的，应当经过检查和考核；乘务员以外的空勤人员还应当经过带飞。经检查、考核、带飞合格的，方可继续担任其执照载明的工作。

第二节　机　组

第四十三条　民用航空器机组由机长和其他空勤人员组成。机长应当由具有独立驾驶该型号民用航空器的技术和经验的驾驶员担任。

机组的组成和人员数额，应当符合国务院民用航空主管部门的规定。

第四十四条　民用航空器的操作由机长负责，机长应当严格履行职责，保护民用航空器及其所载人员和财产的安全。

机长在其职权范围内发布的命令，民用航空器所载人员都应当执行。

第四十五条　飞行前，机长应当对民用航空器实施必要的检查；未经检查，不得起飞。

机长发现民用航空器、机场、气象条件等不符合规定,不能保证飞行安全的,有权拒绝起飞。

第四十六条 飞行中,对于任何破坏民用航空器、扰乱民用航空器内秩序、危害民用航空器所载人员或者财产安全以及其他危及飞行安全的行为,在保证安全的前提下,机长有权采取必要的适当措施。

飞行中,遇到特殊情况时,为保证民用航空器及其所载人员的安全,机长有权对民用航空器作出处置。

第四十七条 机长发现机组人员不适宜执行飞行任务的,为保证飞行安全,有权提出调整。

第四十八条 民用航空器遇险时,机长有权采取一切必要措施,并指挥机组人员和民用航空器上其他人员采取抢救措施。在必须撤离遇险民用航空器的紧急情况下,机长必须采取措施,首先组织旅客安全离开民用航空器;未经机长允许,机组人员不得擅自离开民用航空器;机长应当最后离开民用航空器。

第四十九条 民用航空器发生事故,机长应当直接或者通过空中交通管制单位,如实将事故情况及时报告国务院民用航空主管部门。

第五十条 机长收到船舶或者其他航空器的遇险信号,或者发现遇险的船舶、航空器及其人员,应当将遇险情况及时报告就近的空中交通管制单位并给予可能的合理的援助。

第五十一条 飞行中,机长因故不能履行职务的,由仅次于机长职务的驾驶员代理机长;在下一个经停地起飞前,民用航空器所有人或者承租人应当指派新机长接任。

第五十二条 只有一名驾驶员,不需配备其他空勤人员的民用航空器,本节对机长的规定,适用于该驾驶员。

第六章 民用机场

第五十三条 本法所称民用机场,是指专供民用航空器起飞、降落、滑行、停放以及进行其他活动使用的划定区域,包括附属的建筑物、装置和设施。

本法所称民用机场不包括临时机场。

军民合用机场由国务院、中央军事委员会另行制定管理办法。

第五十四条 民用机场的建设和使用应当统筹安排、合理布局,提高机场的使用效率。

全国民用机场的布局和建设规划,由国务院民用航空主管部门会同国务院其他有关部门制定,并按照国家规定的程序,经批准后组织实施。

省、自治区、直辖市人民政府应当根据全国民用机场的布局和建设规划,制定本行政区域内的民用机场建设规划,并按照国家规定的程序报经批准后,将其纳入本级国民经济和社会发展规划。

第五十五条 民用机场建设规划应当与城市建设规划相协调。

第五十六条 新建、改建和扩建民用机场,应当符合依法制定的民用机场布局和建设规划,符合民用机场标准,并按照国家规定报经有关主管机关批准并实施。

不符合依法制定的民用机场布局和建设规划的民用机场建设项目,不得批准。

第五十七条 新建、扩建民用机场,应当由民用机场所在地县级以上地方人民政府发布公告。

前款规定的公告应当在当地主要报纸上刊登,并在拟新建、扩建机场周围地区张贴。

第五十八条 禁止在依法划定的民用机场范围内和按照国家规定划定的机场净空保护区域内从事下列活动:

(一)修建可能在空中排放大量烟雾、粉尘、火焰、废气而影响飞行安全的建筑物或者设施；

（二）修建靶场、强烈爆炸物仓库等影响飞行安全的建筑物或者设施；
（三）修建不符合机场净空要求的建筑物或者设施；
（四）设置影响机场目视助航设施使用的灯光、标志或者物体；
（五）种植影响飞行安全或者影响机场助航设施使用的植物；
（六）饲养、放飞影响飞行安全的鸟类动物和其他物体；
（1）修建影响机场电磁环境的建筑物或者设施。
禁止在依法划定的民用机场范围内放养牲畜。

第五十九条 民用机场新建、扩建的公告发布前，在依法划定的民用机场范围内和按照国家规定划定的机场净空保护区域内存在的可能影响飞行安全的建筑物、构筑物、树木、灯光和其他障碍物体，应当在规定的期限内清除；对由此造成的损失，应当给予补偿或者依法采取其他补救措施。

第六十条 民用机场新建、扩建的公告发布后，任何单位和个人违反本法和有关行政法规的规定，在依法划定的民用机场范围内和按照国家规定划定的机场净空保护区域内修建、种植或者设置影响飞行安全的建筑物、构筑物、树木、灯光和其他障碍物体的，由机场所在地县级以上地方人民政府责令清除；由此造成的损失，由修建、种植或者设置该障碍物体的人承担。

第六十一条 在民用机场及其按照国家规定划定的净空保护区域以外，对可能影响飞行安全的高大建筑物或者设施，应当按照国家有关规定设置飞行障碍灯和标志，并使其保持正常状态。

第六十二条 国务院民用航空主管部门规定的对公众开放的民用机场应当取得机场使用许可证，方可开放使用。其他民用机场应当按照国务院民用航空主管部门的规定进行备案。

申请取得机场使用许可证，应当具备下列条件，并按照国家规定经验收合格：
（一）具备与其运营业务相适应的飞行区、航站区、工作区以及服务设施和人员；
（二）具备能够保障飞行安全的空中交通管制、通信导航、气象等设施和人员；
（三）具备符合国家规定的安全保卫条件；
（四）具备处理特殊情况的应急计划以及相应的设施和人员；
（五）具备国务院民用航空主管部门规定的其他条件。
国际机场还应当具备国际通航条件，设立海关和其他口岸检查机关。

第六十三条 民用机场使用许可证由机场管理机构向国务院民用航空主管部门申请，经国务院民用航空主管部门审查批准后颁发。

第六十四条 设立国际机场，由国务院民用航空主管部门报请国务院审查批准。
国际机场的开放使用，由国务院民用航空主管部门对外公告；国际机场资料由国务院民用航空主管部门统一对外提供。

第六十五条 民用机场应当按照国务院民用航空主管部门的规定，采取措施，保证机场内人员和财产的安全。

第六十六条 供运输旅客或者货物的民用航空器使用的民用机场，应当按照国务院民用航空主管部门规定的标准，设置必要设施，为旅客和货物托运人、收货人提供良好服务。

第六十七条 民用机场管理机构应当依照环境保护法律、行政法规的规定，做好机场环境保护工作。

第六十八条 民用航空器使用民用机场及其助航设施的，应当缴纳使用费、服务费；使用费、服务费的收费标准，由国务院民用航空主管部门制定。

第六十九条 民用机场废弃或者改作他用，民用机场管理机构应当依照国家规定办理报批手续。

第七章 空中航行

第一节 空域管理

第七十条 国家对空域实行统一管理。

第七十一条 划分空域，应当兼顾民用航空和国防安全的需要以及公众的利益，使空域得到合理、充分、有效的利用。

第七十二条 空域管理的具体办法，由国务院、中央军事委员会制定。

第二节 飞行管理

第七十三条 在一个划定的管制空域内，由一个空中交通管制单位负责该空域内的航空器的空中交通管制。

第七十四条 民用航空器在管制空域内进行飞行活动，应当取得空中交通管制单位的许可。

第七十五条 民用航空器应当按照空中交通管制单位指定的航路和飞行高度飞行；因故确需偏离指定的航路或者改变飞行高度飞行的，应当取得空中交通管制单位的许可。

第七十六条 在中华人民共和国境内飞行的航空器，必须遵守统一的飞行规则。

进行目视飞行的民用航空器，应当遵守目视飞行规则，并与其他航空器、地面障碍物体保持安全距离。

进行仪表飞行的民用航空器，应当遵守仪表飞行规则。

飞行规则由国务院、中央军事委员会制定。

第七十七条 民用航空器机组人员的飞行时间、执勤时间不得超过国务院民用航空主管部门规定的时限。

民用航空器机组人员受到酒类饮料、麻醉剂或者其他药物的影响，损及工作能力的，不得执行飞行任务。

第七十八条 民用航空器除按照国家规定经特别批准外，不得飞入禁区；除遵守规定的限制条件外，不得飞入限制区。

前款规定的禁区和限制区，依照国家规定划定。

第七十九条 民用航空器不得飞越城市上空；但是，有下列情形之一的除外：

（一）起飞、降落或者指定的航路所必需的；

（二）飞行高度足以使该航空器在发生紧急情况时离开城市上空，而不致危及地面上的人员、财产安全的；

（三）按照国家规定的程序获得批准的。

第八十条 飞行中，民用航空器不得投掷物品；但是，有下列情形之一的除外：

（一）飞行安全所必需的；

（二）执行救助任务或者符合社会公共利益的其他飞行任务所必需的。

第八十一条 民用航空器未经批准不得飞出中华人民共和国领空。

对未经批准正在飞离中华人民共和国领空的民用航空器，有关部门有权根据具体情况采取必要措施，予以制止。

第三节 飞行保障

第八十二条 空中交通管制单位应当为飞行中的民用航空器提供空中交通服务，包括空中交通管制服务、飞行情报服务和告警服务。

提供空中交通管制服务，旨在防止民用航空器同航空器、民用航空器同障碍物体相撞，维持并加速空中交通的有秩序的活动。

提供飞行情报服务，旨在提供有助于安全和有效地实施飞行的情报和建议。

提供告警服务，旨在当民用航空器需要搜寻援救时，通知有关部门，并根据要求协助该有关部门进行搜寻援救。

第八十三条 空中交通管制单位发现民用航空器偏离指定航路、迷失航向时，应当迅速采取一切必要措施，使其回归航路。

第八十四条 航路上应当设置必要的导航、通信、气象和地面监视设备。

第八十五条 航路上影响飞行安全的自然障碍物体，应当在航图上标示；航路上影响飞行安全的人工障碍物体，应当设置飞行障碍灯和标志，并使其保持正常状态。

第八十六条 在距离航路边界三十公里以内的地带，禁止修建靶场和其他可能影响飞行安全的设施；但是，平射轻武器靶场除外。

在前款规定地带以外修建固定的或者临时性对空发射场，应当按照国家规定获得批准；对空发射场的发射方向，不得与航路交叉。

第八十七条 任何可能影响飞行安全的活动，应当依法获得批准，并采取确保飞行安全的必要措施，方可进行。

第八十八条 国务院民用航空主管部门应当依法对民用航空无线电台和分配给民用航空系统使用的专用频率实施管理。

任何单位或者个人使用的无线电台和其他仪器、装置，不得妨碍民用航空无线电专用频率的正常使用。对民用航空无线电专用频率造成有害干扰的，有关单位或者个人应当迅速排除干扰；未排除干扰前，应当停止使用该无线电台或者其他仪器、装置。

第八十九条 邮电通信企业应当对民用航空电信传递优先提供服务。

国家气象机构应当对民用航空气象机构提供必要的气象资料。

第四节 飞行必备文件

第九十条 从事飞行的民用航空器，应当携带下列文件：

（一）民用航空器国籍登记证书；

（二）民用航空器适航证书；

（三）机组人员相应的执照；

（四）民用航空器航行记录簿；

（五）装有无线电设备的民用航空器，其无线电台执照；

（六）载有旅客的民用航空器，其所载旅客姓名及其出发地点和目的地点的清单；

（七）载有货物的民用航空器，其所载货物的舱单和明细的申报单；

（八）根据飞行任务应当携带的其他文件。

民用航空器未按规定携带前款所列文件的，国务院民用航空主管部门或者其授权的地区民用航空管理机构可以禁止该民用航空器起飞。

第八章 公共航空运输企业

第九十一条 公共航空运输企业，是指以营利为目的，使用民用航空器运送旅客、行李、邮件或者货物的企业法人。

第九十二条 企业从事公共航空运输，应当向国务院民用航空主管部门申请领取经营许可证。

第九十三条 取得公共航空运输经营许可，应当具备下列条件：

（一）有符合国家规定的适应保证飞行安全要求的民用航空器；
（二）有必需的依法取得执照的航空人员；
（三）有不少于国务院规定的最低限额的注册资本；
（四）法律、行政法规规定的其他条件。

第九十四条 公共航空运输企业的组织形式、组织机构适用公司法的规定。

本法施行前设立的公共航空运输企业，其组织形式、组织机构不完全符合公司法规定的，可以继续沿用原有的规定，适用前款规定的日期由国务院规定。

第九十五条 公共航空运输企业应当以保证飞行安全和航班正常，提供良好服务为准则，采取有效措施，提高运输服务质量。

公共航空运输企业应当教育和要求本企业职工严格履行职责，以文明礼貌、热情周到的服务态度，认真做好旅客和货物运输的各项服务工作。

旅客运输航班延误的，应当在机场内及时通告有关情况。

第九十六条 公共航空运输企业申请经营定期航班运输（以下简称航班运输）的航线、暂停、终止经营航线，应当报经国务院民用航空主管部门批准。

公共航空运输企业经营航班运输，应当公布班期时刻。

第九十七条 公共航空运输企业的营业收费项目，由国务院民用航空主管部门确定。

国内航空运输的运价管理办法，由国务院民用航空主管部门会同国务院物价主管部门制定，报国务院批准后执行。

国际航空运输运价的制定按照中华人民共和国政府与外国政府签订的协定、协议的规定执行；没有协定、协议的，参照国际航空运输市场价格确定。

第九十八条 公共航空运输企业从事不定期运输，应当经国务院民用航空主管部门批准，并不得影响航班运输的正常经营。

第九十九条 公共航空运输企业应当依照国务院制定的公共航空运输安全保卫规定，制定安全保卫方案，并报国务院民用航空主管部门备案。

第一百条 公共航空运输企业不得运输法律、行政法规规定的禁运物品。

公共航空运输企业未经国务院民用航空主管部门批准，不得运输作战军火、作战物资。

禁止旅客随身携带法律、行政法规规定的禁运物品乘坐民用航空器。

第一百零一条 公共航空运输企业运输危险品，应当遵守国家有关规定。

禁止以非危险品品名托运危险品。

禁止旅客随身携带危险品乘坐民用航空器。除因执行公务并按照国家规定经过批准外，禁止旅客携带枪支、管制刀具乘坐民用航空器。禁止违反国务院民用航空主管部门的规定将危险品作为行李托运。

危险品品名由国务院民用航空主管部门规定并公布。

第一百零二条 公共航空运输企业不得运输拒绝接受安全检查的旅客，不得违反国家规定运输未经安全检查的行李。

公共航空运输企业必须按照国务院民用航空主管部门的规定，对承运的货物进行安全检查或者采取其他保证安全的措施。

第一百零三条 公共航空运输企业从事国际航空运输的民用航空器及其所载人员、行李、货物应当接受边防、海关等主管部门的检查；但是，检查时应当避免不必要的延误。

第一百零四条 公共航空运输企业应当依照有关法律、行政法规的规定优先运输邮件。

第一百零五条 公共航空运输企业应当投保地面第三人责任险。

第九章 公共航空运输

第一节 一般规定

第一百零六条 本章适用于公共航空运输企业使用民用航空器经营的旅客、行李或者货物的运输，包括公共航空运输企业使用民用航空器办理的免费运输。

本章不适用于使用民用航空器办理的邮件运输。

对多式联运方式的运输，本章规定适用于其中的航空运输部分。

第一百零七条 本法所称国内航空运输，是指根据当事人订立的航空运输合同，运输的出发地点、约定的经停地点和目的地点均在中华人民共和国境内的运输。

本法所称国际航空运输，是指根据当事人订立的航空运输合同，无论运输有无间断或者有无转运，运输的出发地点、目的地点或者约定的经停地点之一不在中华人民共和国境内的运输。

第一百零八条 航空运输合同各方认为几个连续的航空运输承运人办理的运输是一项单一业务活动的，无论其形式是以一个合同订立或者数个合同订立，应当视为一项不可分割的运输。

第二节 运输凭证

第一百零九条 承运人运送旅客，应当出具客票。旅客乘坐民用航空器，应当交验有效客票。

第一百一十条 客票应当包括的内容由国务院民用航空主管部门规定，至少应当包括以下内容：

（一）出发地点和目的地点；

（二）出发地点和目的地点均在中华人民共和国境内，而在境外有一个或者数个约定的经停地点的，至少注明一个经停地点；

（三）旅客航程的最终目的地点、出发地点或者约定的经停地点之一不在中华人民共和国境内，依照所适用的国际航空运输公约的规定，应当在客票上声明此项运输适用该公约的，客票上应当载有该项声明。

第一百一十一条 客票是航空旅客运输合同订立和运输合同条件的初步证据。

旅客未能出示客票、客票不符合规定或者客票遗失，不影响运输合同的存在或者有效。

在国内航空运输中，承运人同意旅客不经其出票而乘坐民用航空器的，承运人无权援用本法第一百二十八条有关赔偿责任限制的规定。

在国际航空运输中，承运人同意旅客不经其出票而乘坐民用航空器的，或者客票上未依照本法第一百一十条第（三）项的规定声明的，承运人无权援用本法第一百二十九条有关赔偿责任限制的规定。

第一百一十二条 承运人载运托运行李时，行李票可以包含在客票之内或者与客票相结合。除本法第一百一十条的规定外，行李票还应当包括下列内容：

（一）托运行李的件数和重量；

（二）需要声明托运行李在目的地点交付时的利益的，注明声明金额。

行李票是行李托运和运输合同条件的初步证据。

旅客未能出示行李票、行李票不符合规定或者行李票遗失，不影响运输合同的存在或者有效。

在国内航空运输中，承运人载运托运行李而不出具行李票的，承运人无权援用本法第一百二十八条有关赔偿责任限制的规定。

在国际航空运输中，承运人载运托运行李而不出具行李票的，或者行李票上未依照本法第一百一十条第（三）项的规定声明的，承运人无权援用本法第一百二十九条有关赔偿责任限制的规定。

第一百一十三条 承运人有权要求托运人填写航空货运单，托运人有权要求承运人接受该航空货运单。托运人未能出示航空货运单、航空货运单不符合规定或者航空货运单遗失，不影响运输合同的存在或者有效。

第一百一十四条 托运人应当填写航空货运单正本一式三份，连同货物交给承运人。

航空货运单第一份注明"交承运人"，由托运人签字、盖章；第二份注明"交收货人"，由托运人和承运人签字、盖章；第三份由承运人在接受货物后签字、盖章，交给托运人。

承运人根据托运人的请求填写航空货运单的，在没有相反证据的情况下，应当视为代托运人填写。

第一百一十五条 航空货运单应当包括的内容由国务院民用航空主管部门规定，至少应当包括以下内容：

（一）出发地点和目的地点；

（二）出发地点和目的地点均在中华人民共和国境内，而在境外有一个或者数个约定的经停地点的，至少注明一个经停地点；

（三）货物运输的最终目的地点、出发地点或者约定的经停地点之一不在中华人民共和国境内，依照所适用的国际航空运输公约的规定，应当在货运单上声明此项运输适用该公约的，货运单上应当载有该项声明。

第一百一十六条 在国内航空运输中，承运人同意未经填具航空货运单而载运货物的，承运人无权援用本法第一百二十八条有关赔偿责任限制的规定。

在国际航空运输中，承运人同意未经填具航空货运单而载运货物的，或者航空货运单上未依照本法第一百一十五条第（三）项的规定声明的，承运人无权援用本法第一百二十九条有关赔偿责任限制的规定。

第一百一十七条 托运人应当对航空货运单上所填关于货物的说明和声明的正确性负责。

因航空货运单上所填的说明和声明不符合规定、不正确或者不完全，给承运人或者承运人对之负责的其他人造成损失的，托运人应当承担赔偿责任。

第一百一十八条 航空货运单是航空货物运输合同订立和运输条件以及承运人接受货物的初步证据。

航空货运单上关于货物的重量、尺寸、包装和包装件数的说明具有初步证据的效力。除经过承运人和托运人当面查对并在航空货运单上注明经过查对或者书写关于货物的外表情况的说明外，航空货运单上关于货物的数量、体积和情况的说明不能构成不利于承运人的证据。

第一百一十九条 托运人在履行航空货物运输合同规定的义务的条件下，有权在出发地机场或者目的地机场将货物提回，或者在途中经停时中止运输，或者在目的地点或者途中要求将货物交给非航空货运单上指定的收货人，或者要求将货物运回出发地机场；但是，托运人不得因行使此种权利而使承运人或者其他托运人遭受损失，并应偿付由此产生的费用。

托运人的指示不能执行的，承运人应当立即通知托运人。

承运人按照托运人的指示处理货物，没有要求托运人出示其所收执的航空货运单，给该航空货运单的合法持有人造成损失的，承运人应当承担责任，但是不妨碍承运人向托运人追偿。

收货人的权利依照本法第一百二十条规定开始时，托运人的权利即告终止；但是，收货人拒绝接受航空货运单或者货物，或者承运人无法同收货人联系的，托运人恢复其对货物的处置权。

第一百二十条 除本法第一百一十九条所列情形外，收货人于货物到达目的地点，并在缴付应付款项和履行航空货运单上所列运输条件后，有权要求承运人移交航空货运单并交付货物。

除另有约定外，承运人应当在货物到达后立即通知收货人。

承运人承认货物已经遗失，或者货物在应当到达之日起七日后仍未到达的，收货人有权向承运人行使航空货物运输合同所赋予的权利。

第一百二十一条 托运人和收货人在履行航空货物运输合同规定的义务的条件下，无论为本人或者他人的利益，可以以本人的名义分别行使本法第一百一十九条和第一百二十条所赋予的权利。

第一百二十二条 本法第一百一十九条、第一百二十条和第一百二十一条的规定，不影响托运人同收货人之间的相互关系，也不影响从托运人或者收货人获得权利的第三人之间的关系。

任何与本法第一百一十九条、第一百二十条和第一百二十一条规定不同的合同条款，应当在航空货运单上载明。

第一百二十三条 托运人应当提供必需的资料和文件，以便在货物交付收货人前完成法律、行政法规规定的有关手续；因没有此种资料、文件，或者此种资料、文件不充足或者不符合规定造成的损失，除由于承运人或者其受雇人、代理人的过错造成的外，托运人应当对承运人承担责任。

除法律、行政法规另有规定外，承运人没有对前款规定的资料或者文件进行检查的义务。

第三节 承运人的责任

第一百二十四条 因发生在民用航空器上或者在旅客上、下民用航空器过程中的事件，造成旅客人身伤亡的，承运人应当承担责任；但是，旅客的人身伤亡完全是由于旅客本人的健康状况造成的，承运人不承担责任。

第一百二十五条 因发生在民用航空器上或者在旅客上、下民用航空器过程中的事件，造成旅客随身携带物品毁灭、遗失或者损坏的，承运人应当承担责任。因发生在航空运输期间的事件，造成旅客的托运行李毁灭、遗失或者损坏的，承运人应当承担责任。

旅客随身携带物品或者托运行李的毁灭、遗失或者损坏完全是由于行李本身的自然属性、质量或者缺陷造成的，承运人不承担责任。

本章所称行李，包括托运行李和旅客随身携带的物品。

因发生在航空运输期间的事件，造成货物毁灭、遗失或者损坏的，承运人应当承担责任；但是，承运人证明货物的毁灭、遗失或者损坏完全是由于下列原因之一造成的，不承担责任：

（一）货物本身的自然属性、质量或者缺陷；

（二）承运人或者其受雇人、代理人以外的人包装货物的，货物包装不良；

（三）战争或者武装冲突；

（四）政府有关部门实施的与货物入境、出境或者过境有关的行为。

本条所称航空运输期间，是指在机场内、民用航空器上或者机场外降落的任何地点，托运行李、货物处于承运人掌管之下的全部期间。

航空运输期间，不包括机场外的任何陆路运输、海上运输、内河运输过程；但是，此种陆路运输、海上运输、内河运输是为了履行航空运输合同而装载、交付或者转运，在没有相反证据的情况下，所发生的损失视为在航空运输期间发生的损失。

第一百二十六条 旅客、行李或者货物在航空运输中因延误造成的损失，承运人应当承担责任；但是，承运人证明本人或者其受雇人、代理人为了避免损失的发生，已经采取一切必要措施或者不可能采取此种措施的，不承担责任。

第一百二十七条 在旅客、行李运输中，经承运人证明，损失是由索赔人的过错造成或者促成的，应当根据造成或者促成此种损失的过错的程度，相应免除或者减轻承运人的责任。旅客以外的其他人就旅客死亡或者受伤提出赔偿请求时，经承运人证明，死亡或者受伤是旅客本人的过错造成或者促成的，同样应当根据造成或者促成此种损失的过错的程度，相应免除或者减轻承运人的责任。

在货物运输中，经承运人证明，损失是由索赔人或者代行权利人的过错造成或者促成的，应当根据造成或者促成此种损失的过错的程度，相应免除或者减轻承运人的责任。

第一百二十八条 国内航空运输承运人的赔偿责任限额由国务院民用航空主管部门制定，报国务院批准后公布执行。

旅客或者托运人在交运托运行李或者货物时，特别声明在目的地点交付时的利益，并在必要时支付附加费的，除承运人证明旅客或者托运人声明的金额高于托运行李或者货物在目的地点交付时的实际利益外，承运人应当在声明金额范围内承担责任；本法第一百二十九条的其他规定，除赔偿责任限额外，适用于国内航空运输。

第一百二十九条 国际航空运输承运人的赔偿责任限额按照下列规定执行：

（一）对每名旅客的赔偿责任限额为16600计算单位；但是，旅客可以同承运人书面约定高于本项规定的赔偿责任限额。

（二）对托运行李或者货物的赔偿责任限额，每公斤为17计算单位。旅客或者托运人在交运托运行李或者货物时，特别声明在目的地点交付时的利益，并在必要时支付附加费的，除承运人证明旅客或者托运人声明的金额高于托运行李或者货物在目的地点交付时的实际利益外，承运人应当在声明金额范围内承担责任。

托运行李或者货物的一部分或者托运行李、货物中的任何物件毁灭、遗失、损坏或者延误的，用以确定承运人赔偿责任限额的重量，仅为该一包件或者数包件的总重量；但是，因托运行李或者货物的一部分或者托运行李、货物中的任何物件的毁灭、遗失、损坏或者延误，影响同一份行李票或者同一份航空货运单所列其他包件的价值的，确定承运人的赔偿责任限额时，此种包件的总重量也应当考虑在内。

（三）对每名旅客随身携带的物品的赔偿责任限额为332计算单位。

第一百三十条 任何旨在免除本法规定的承运人责任或者降低本法规定的赔偿责任限额的条款，均属无效；但是，此种条款的无效，不影响整个航空运输合同的效力。

第一百三十一条 有关航空运输中发生的损失的诉讼，不论其根据如何，只能依照本法规定的条件和赔偿责任限额提出，但是不妨碍谁有权提起诉讼以及他们各自的权利。

第一百三十二条 经证明，航空运输中的损失是由于承运人或者其受雇人、代理人的故意或者明知可能造成损失而轻率地作为或者不作为造成的，承运人无权援用本法第一百二十八条、第一百二十九条有关赔偿责任限制的规定；证明承运人的受雇人、代理人有此种作为或者不作为的，还应当证明该受雇人、代理人是在受雇、代理范围内行事。

第一百三十三条 就航空运输中的损失向承运人的受雇人、代理人提起诉讼时，该受雇人、代理人证明他是在受雇、代理范围内行事的，有权援用本法第一百二十八条、第一百二十九条有关赔偿责任限制的规定。

在前款规定情形下，承运人及其受雇人、代理人的赔偿总额不得超过法定的赔偿责任限额。

经证明，航空运输中的损失是由于承运人的受雇人、代理人的故意或者明知可能造成损失而轻率地作为或者不作为造成的，不适用本条第一款和第二款的规定。

第一百三十四条 旅客或者收货人收受托运行李或者货物而未提出异议，为托运行李或者货物已经完好交付并与运输凭证相符的初步证据。

托运行李或者货物发生损失的，旅客或者收货人应当在发现损失后向承运人提出异议。托运行李发生损失的，至迟应当自收到托运行李之日起七日内提出；货物发生损失的，至迟应当自收到货物之日起十四日内提出。托运行李或者货物发生延误的，至迟应当自托运行李或者货物交付旅客或者收货人处置之日起二十一日内提出。

任何异议均应当在前款规定的期间内写在运输凭证上或者另以书面提出。

除承运人有欺诈行为外，旅客或者收货人未在本条第二款规定的期间内提出异议的，不能向承运人提出索赔诉讼。

第一百三十五条 航空运输的诉讼时效期间为二年，自民用航空器到达目的地点、应当到达目的地点或者运输终止之日起计算。

第一百三十六条 由几个航空承运人办理的连续运输，接受旅客、行李或者货物的每一个承运人应当受本法规定的约束，并就其根据合同办理的运输区段作为运输合同的订约一方。

对前款规定的连续运输，除合同明文约定第一承运人应当对全程运输承担责任外，旅客或者其继承人只能对发生事故或者延误的运输区段的承运人提起诉讼。

托运行李或者货物的毁灭、遗失、损坏或者延误，旅客或者托运人有权对第一承运人提起诉讼，旅客或者收货人有权对最后承运人提起诉讼，旅客、托运人和收货人均可以对发生毁灭、遗失、损坏或者延误的运输区段的承运人提起诉讼。上述承运人应当对旅客、托运人或者收货人承担连带责任。

第四节 实际承运人履行航空运输的特别规定

第一百三十七条 本节所称缔约承运人，是指以本人名义与旅客或者托运人，或者与旅客或者托运人的代理人，订立本章调整的航空运输合同的人。

本节所称实际承运人，是指根据缔约承运人的授权，履行前款全部或者部分运输的人，不是指本章规定的连续承运人；在没有相反证明时，此种授权被认为是存在的。

第一百三十八条 除本节另有规定外，缔约承运人和实际承运人都应当受本章规定的约束。缔约承运人应当对合同约定的全部运输负责。实际承运人应当对其履行的运输负责。

第一百三十九条 实际承运人的作为和不作为，实际承运人的受雇人、代理人在受雇、代理范围内的作为和不作为，关系到实际承运人履行的运输的，应当视为缔约承运人的作为和不作为。

缔约承运人的作为和不作为，缔约承运人的受雇人、代理人在受雇、代理范围内的作为和不作为，关系到实际承运人履行的运输的，应当视为实际承运人的作为和不作为；但是，实际承运人承担的责任不因此种作为或者不作为而超过法定的赔偿责任限额。

任何有关缔约承运人承担本章未规定的义务或者放弃本章赋予的权利的特别协议，或者任何有关依照本法第一百二十八条、第一百二十九条规定所作的在目的地点交付时利益的特别声明，除经实际承运人同意外，均不得影响实际承运人。

第一百四十条 依照本章规定提出的索赔或者发出的指示，无论是向缔约承运人还是向实际承运人提出或者发出的，具有同等效力；但是，本法第一百一十九条规定的指示，只在向缔约承运人发出时，方有效。

第一百四十一条 实际承运人的受雇人、代理人或者缔约承运人的受雇人、代理人，证明他是在受雇、代理范围内行事的，就实际承运人履行的运输而言，有权援用本法第一百二十八条、第一百二十九条有关赔偿责任限制的规定，但是依照本法规定不得援用赔偿责任限制规定的除外。

第一百四十二条 对于实际承运人履行的运输，实际承运人、缔约承运人以及他们的在受雇、代理范围内行事的受雇人、代理人的赔偿总额不得超过依照本法得以从缔约承运人或者实际承运人获得赔偿的最高数额；但是，其中任何人都不承担超过对他适用的赔偿责任限额。

第一百四十三条 对实际承运人履行的运输提起的诉讼，可以分别对实际承运人或者缔约承运人提起，也可以同时对实际承运人和缔约承运人提起；被提起诉讼的承运人有权要求另一承运人参加应诉。

第一百四十四条 除本法第一百四十三条规定外，本节规定不影响实际承运人和缔约承运人之间的权利、义务。

第十章 通用航空

第一百四十五条 通用航空，是指使用民用航空器从事公共航空运输以外的民用航空活动，包括从事工业、农业、林业、渔业和建筑业的作业飞行以及医疗卫生、抢险救灾、气象探测、海洋监测、科学实验、教育训练、文化体育等方面的飞行活动。

第一百四十六条 从事通用航空活动，应当具备下列条件：

（一）有与所从事的通用航空活动相适应，符合保证飞行安全要求的民用航空器；

（二）有必需的依法取得执照的航空人员；

（三）符合法律、行政法规规定的其他条件。

从事经营性通用航空，限于企业法人。

第一百四十七条 从事非经营性通用航空的，应当向国务院民用航空主管部门办理登记。

从事经营性通用航空的，应当向国务院民用航空主管部门申请领取通用航空经营许可证。

第一百四十八条 通用航空企业从事经营性通用航空活动，应当与用户订立书面合同，但是紧急情况下的救护或者救灾飞行除外。

第一百四十九条 组织实施作业飞行时，应当采取有效措施，保证飞行安全，保护环境和生态平衡，防止对环境、居民、作物或者牲畜等造成损害。

第一百五十条 从事通用航空活动的，应当投保地面第三人责任险。

第十一章 搜寻援救和事故调查

第一百五十一条 民用航空器遇到紧急情况时，应当发送信号，并向空中交通管制单位报告，提出援救请求；空中交通管制单位应当立即通知搜寻援救协调中心。民用航空器在海上遇到紧急情况时，还应当向船舶和国家海上搜寻援救组织发送信号。

第一百五十二条 发现民用航空器遇到紧急情况或者收听到民用航空器遇到紧急情况的信号的单位或者个人，应当立即通知有关的搜寻援救协调中心、海上搜寻援救组织或者当地人民政府。

第一百五十三条 收到通知的搜寻援救协调中心、地方人民政府和海上搜寻援救组织，应当立即组织搜寻援救。

收到通知的搜寻援救协调中心，应当设法将已经采取的搜寻援救措施通知遇到紧急情况的民用航空器。

搜寻援救民用航空器的具体办法，由国务院规定。

第一百五十四条 执行搜寻援救任务的单位或者个人，应当尽力抢救民用航空器所载人员，按照规定对民用航空器采取抢救措施并保护现场，保存证据。

第一百五十五条 民用航空器事故的当事人以及有关人员在接受调查时，应当如实提供现场情况和与事故有关的情节。

第一百五十六条 民用航空器事故调查的组织和程序，由国务院规定。

第十二章　对地面第三人损害的赔偿责任

第一百五十七条　因飞行中的民用航空器或者从飞行中的民用航空器上落下的人或者物，造成地面（包括水面，下同）上的人身伤亡或者财产损害的，受害人有权获得赔偿；但是，所受损害并非造成损害的事故的直接后果，或者所受损害仅是民用航空器依照国家有关的空中交通规则在空中通过造成的，受害人无权要求赔偿。

前款所称飞行中，是指自民用航空器为实际起飞而使用动力时起至着陆冲程终了时止；就轻于空气的民用航空器而言，飞行中是指自其离开地面时起至其重新着地时止。

第一百五十八条　本法第一百五十七条规定的赔偿责任，由民用航空器的经营人承担。

前款所称经营人，是指损害发生时使用民用航空器的人。民用航空器的使用权已经直接或者间接地授予他人，本人保留对该民用航空器的航行控制权的，本人仍被视为经营人。

经营人的受雇人、代理人在受雇、代理过程中使用民用航空器，无论是否在其受雇、代理范围内行事，均视为经营人使用民用航空器。

民用航空器登记的所有人应当被视为经营人，并承担经营人的责任；除非在判定其责任的诉讼中，所有人证明经营人是他人，并在法律程序许可的范围内采取适当措施使该人成为诉讼当事人之一。

第一百五十九条　未经对民用航空器有航行控制权的人同意而使用民用航空器，对地面第三人造成损害的，有航行控制权的人除证明本人已经适当注意防止此种使用外，应当与该非法使用人承担连带责任。

第一百六十条　损害是武装冲突或者骚乱的直接后果，依照本章规定应当承担责任的人不承担责任。

依照本章规定应当承担责任的人对民用航空器的使用权业经国家机关依法剥夺的，不承担责任。

第一百六十一条　依照本章规定应当承担责任的人证明损害是完全由于受害人或者其受雇人、代理人的过错造成的，免除其赔偿责任；应当承担责任的人证明损害是部分由于受害人或者其受雇人、代理人的过错造成的，相应减轻其赔偿责任。但是，损害是由于受害人的受雇人、代理人的过错造成时，受害人证明其受雇人、代理人的行为超出其所授权的范围的，不免除或者不减轻应当承担责任的人的赔偿责任。

一人对另一人的死亡或者伤害提起诉讼，请求赔偿时，损害是该另一人或者其受雇人、代理人的过错造成的，适用前款规定。

第一百六十二条　两个以上的民用航空器在飞行中相撞或者相扰，造成本法第一百五十七条规定的应当赔偿的损害，或者两个以上的民用航空器共同造成此种损害的，各有关民用航空器均应当被认为已经造成此种损害，各有关民用航空器的经营人均应当承担责任。

第一百六十三条　本法第一百五十八条第四款和第一百五十九条规定的人，享有依照本章规定经营人所能援用的抗辩权。

第一百六十四条　除本章有明确规定外，经营人、所有人和本法第一百五十九条规定的应当承担责任的人，以及他们的受雇人、代理人，对于飞行中的民用航空器或者从飞行中的民用航空器上落下的人或者物造成的地面上的损害不承担责任，但是故意造成此种损害的人除外。

第一百六十五条　本章不妨碍依照本章规定应当对损害承担责任的人向他人追偿的权利。

第一百六十六条　民用航空器的经营人应当投保地面第三人责任险或者取得相应的责任担保。

第一百六十七条　保险人和担保人除享有与经营人相同的抗辩权，以及对伪造证件进行抗辩的权利外，对依照本章规定提出的赔偿请求只能进行下列抗辩：

（一）损害发生在保险或者担保终止有效后；然而保险或者担保在飞行中期满的，该项保险或者担保在飞行计划中所载下一次降落前继续有效，但是不得超过二十四小时；

（二）损害发生在保险或者担保所指定的地区范围外，除非飞行超出该范围是由于不可抗力、援助他人所必需，或者驾驶、航行或者领航上的差错造成的。

前款关于保险或者担保继续有效的规定，只在对受害人有利时适用。

第一百六十八条 仅在下列情形下，受害人可以直接对保险人或者担保人提起诉讼，但是不妨碍受害人根据有关保险合同或者担保合同的法律规定提起直接诉讼的权利：

（一）根据本法第一百六十七条第（一）项、第（二）项规定，保险或者担保继续有效的；

（二）经营人破产的。

除本法第一百六十七条第一款规定的抗辩权，保险人或者担保人对受害人依照本章规定提起的直接诉讼不得以保险或者担保的无效或者追溯力终止为由进行抗辩。

第一百六十九条 依照本法第一百六十六条规定提供的保险或者担保，应当被专门指定优先支付本章规定的赔偿。

第一百七十条 保险人应当支付给经营人的款项，在本章规定的第三人的赔偿请求未满足前，不受经营人的债权人的扣留和处理。

第一百七十一条 地面第三人损害赔偿的诉讼时效期间为二年，自损害发生之日起计算；但是，在任何情况下，时效期间不得超过自损害发生之日起三年。

第一百七十二条 本章规定不适用于下列损害：

（一）对飞行中的民用航空器或者对该航空器上的人或者物造成的损害；

（二）为受害人同经营人或者同发生损害时对民用航空器有使用权的人订立的合同所约束，或者为适用两方之间的劳动合同的法律有关职工赔偿的规定所约束的损害；

（三）核损害。

第十三章 对外国民用航空器的特别规定

第一百七十三条 外国人经营的外国民用航空器，在中华人民共和国境内从事民用航空活动，适用本章规定；本章没有规定的，适用本法其他有关规定。

第一百七十四条 外国民用航空器根据其国籍登记国政府与中华人民共和国政府签订的协定、协议的规定，或者经中华人民共和国国务院民用航空主管部门批准或者接受，方可飞入、飞出中华人民共和国领空和在中华人民共和国境内飞行、降落。

对不符合前款规定，擅自飞入、飞出中华人民共和国领空的外国民用航空器，中华人民共和国有关机关有权采取必要措施，令其在指定的机场降落；对虽然符合前款规定，但是有合理的根据认为需要对其进行检查的，有关机关有权令其在指定的机场降落。

第一百七十五条 外国民用航空器飞入中华人民共和国领空，其经营人应当提供有关证明书，证明其已经投保地面第三人责任险或者已经取得相应的责任担保；其经营人未提供有关证明书的，中华人民共和国国务院民用航空主管部门有权拒绝其飞入中华人民共和国领空。

第一百七十六条 外国民用航空器的经营人经其本国政府指定，并取得中华人民共和国国务院民用航空主管部门颁发的经营许可证，方可经营中华人民共和国政府与该外国政府签订的协定、协议规定的国际航班运输；外国民用航空器的经营人经其本国政府批准，并获得中华人民共和国国务院民用航空主管部门批准，方可经营中华人民共和国境内一地和境外一地之间的不定期航空运输。

前款规定的外国民用航空器经营人，应当依照中华人民共和国法律、行政法规的规定，制定相应的安全保卫方案，报中华人民共和国国务院民用航空主管部门备案。

第一百七十七条 外国民用航空器的经营人,不得经营中华人民共和国境内两点之间的航空运输。

第一百七十八条 外国民用航空器,应当按照中华人民共和国国务院民用航空主管部门批准的班期时刻或者飞行计划飞行;变更班期时刻或者飞行计划的,其经营人应当获得中华人民共和国国务院民用航空主管部门的批准;因故变更或者取消飞行的,其经营人应当及时报告中华人民共和国国务院民用航空主管部门。

第一百七十九条 外国民用航空器应当在中华人民共和国国务院民用航空主管部门指定的设关机场起飞或者降落。

第一百八十条 中华人民共和国国务院民用航空主管部门和其他主管机关,有权在外国民用航空器降落或者飞出时查验本法第九十条规定的文件。

外国民用航空器及其所载人员、行李、货物,应当接受中华人民共和国有关主管机关依法实施的入境出境、海关、检疫等检查。

实施前两款规定的查验、检查,应当避免不必要的延误。

第一百八十一条 外国民用航空器国籍登记国发给或者核准的民用航空器适航证书、机组人员合格证书和执照,中华人民共和国政府承认其有效;但是,发给或者核准此项证书或者执照的要求,应当等于或者高于国际民用航空组织制定的最低标准。

第一百八十二条 外国民用航空器在中华人民共和国搜寻援救区内遇险,其所有人或者国籍登记国参加搜寻援救工作,应当经中华人民共和国国务院民用航空主管部门批准或者按照两国政府协议进行。

第一百八十三条 外国民用航空器在中华人民共和国境内发生事故,其国籍登记国和其他有关国家可以指派观察员参加事故调查。事故调查报告和调查结果,由中华人民共和国国务院民用航空主管部门告知该外国民用航空器的国籍登记国和其他有关国家。

第十四章 涉外关系的法律适用

第一百八十四条 中华人民共和国缔结或者参加的国际条约同本法有不同规定的,适用国际条约的规定;但是,中华人民共和国声明保留的条款除外。

中华人民共和国法律和中华人民共和国缔结或者参加的国际条约没有规定的,可以适用国际惯例。

第一百八十五条 民用航空器所有权的取得、转让和消灭,适用民用航空器国籍登记国法律。

第一百八十六条 民用航空器抵押权适用民用航空器国籍登记国法律。

第一百八十七条 民用航空器优先权适用受理案件的法院所在地法律。

第一百八十八条 民用航空运输合同当事人可以选择合同适用的法律,但是法律另有规定的除外;合同当事人没有选择的,适用与合同有最密切联系的国家的法律。

第一百八十九条 民用航空器对地面第三人的损害赔偿,适用侵权行为地法律。

民用航空器在公海上空对水面第三人的损害赔偿,适用受理案件的法院所在地法律。

第一百九十条 依照本章规定适用外国法律或者国际惯例,不得违背中华人民共和国的社会公共利益。

第十五章 法律责任

第一百九十一条 以暴力、胁迫或者其他方法劫持航空器的,依照刑法有关规定追究刑事责任。

第一百九十二条 对飞行中的民用航空器上的人员使用暴力,危及飞行安全的,依照刑法有关规定追究刑事责任。

　　第一百九十三条　违反本法规定，隐匿携带炸药、雷管或者其他危险品乘坐民用航空器，或者以非危险品品名托运危险品的，依照刑法有关规定追究刑事责任。

　　企业事业单位犯前款罪的，判处罚金，并对直接负责的主管人员和其他直接责任人员依照前款规定追究刑事责任。

　　隐匿携带枪支子弹、管制刀具乘坐民用航空器的，依照刑法有关规定追究刑事责任。

　　第一百九十四条　公共航空运输企业违反本法第一百零一条的规定运输危险品的，由国务院民用航空主管部门没收违法所得，可以并处违法所得一倍以下的罚款。

　　公共航空运输企业有前款行为，导致发生重大事故的，没收违法所得，判处罚金；并对直接负责的主管人员和其他直接责任人员依照刑法有关规定追究刑事责任。

　　第一百九十五条　故意在使用中的民用航空器上放置危险品或者唆使他人放置危险品，足以毁坏该民用航空器，危及飞行安全的，依照刑法有关规定追究刑事责任。

　　第一百九十六条　故意传递虚假情报，扰乱正常飞行秩序，使公私财产遭受重大损失的，依照刑法有关规定追究刑事责任。

　　第一百九十七条　盗窃或者故意损毁、移动使用中的航行设施，危及飞行安全，足以使民用航空器发生坠落、毁坏危险的，依照刑法有关规定追究刑事责任。

　　第一百九十八条　聚众扰乱民用机场秩序的，依照刑法有关规定追究刑事责任。

　　第一百九十九条　航空人员玩忽职守，或者违反规章制度，导致发生重大飞行事故，造成严重后果的，依照刑法有关规定追究刑事责任。

　　第二百条　违反本法规定，尚不够刑事处罚，应当给予治安管理处罚的，依照治安管理处罚法的规定处罚。

　　第二百零一条　违反本法第三十七条的规定，民用航空器无适航证书而飞行，或者租用的外国民用航空器未经国务院民用航空主管部门对其原国籍登记国发给的适航证书审查认可或者另发适航证书而飞行的，由国务院民用航空主管部门责令停止飞行，没收违法所得，可以并处违法所得一倍以上五倍以下的罚款；没有违法所得的，处以十万元以上一百万元以下的罚款。

　　适航证书失效或者超过适航证书规定范围飞行的，依照前款规定处罚。

　　第二百零二条　违反本法第三十四条、第三十六条第二款的规定，将未取得型号合格证书、型号认可证书的民用航空器及其发动机、螺旋桨或者民用航空器上的设备投入生产的，由国务院民用航空主管部门责令停止生产，没收违法所得，可以并处违法所得一倍以下的罚款；没有违法所得的，处以五万元以上五十万元以下的罚款。

　　第二百零三条　违反本法第三十五条的规定，未取得生产许可证书、维修许可证书而从事生产、维修活动的，违反本法第九十二条、第一百四十七条第二款的规定，未取得公共航空运输经营许可证或者通用航空经营许可证而从事公共航空运输或者从事经营性通用航空的，国务院民用航空主管部门可以责令停止生产、维修或者经营活动。

　　第二百零四条　已取得本法第三十五条规定的生产许可证书、维修许可证书的企业，因生产、维修的质量问题造成严重事故的，国务院民用航空主管部门可以吊销其生产许可证书或者维修许可证书。

　　第二百零五条　违反本法第四十条的规定，未取得航空人员执照、体格检查合格证书而从事相应的民用航空活动的，由国务院民用航空主管部门责令停止民用航空活动，在国务院民用航空主管部门规定的限期内不得申领有关执照和证书，对其所在单位处以二十万元以下的罚款。

　　第二百零六条　有下列违法情形之一的，由国务院民用航空主管部门对民用航空器的机长给予警告或者吊扣执照一个月至六个月的处罚，情节较重的，可以给予吊销执照的处罚：

（一）机长违反本法第四十五条第一款的规定，未对民用航空器实施检查而起飞的；

（二）民用航空器违反本法第七十五条的规定，未按照空中交通管制单位指定的航路和飞行高度飞行，或者违反本法第七十九条的规定飞越城市上空的。

第二百零七条　违反本法第七十四条的规定，民用航空器未经空中交通管制单位许可进行飞行活动的，由国务院民用航空主管部门责令停止飞行，对该民用航空器所有人或者承租人处以一万元以上十万元以下的罚款；对该民用航空器的机长给予警告或者吊扣执照一个月至六个月的处罚，情节较重的，可以给予吊销执照的处罚。

第二百零八条　民用航空器的机长或者机组其他人员有下列行为之一的，由国务院民用航空主管部门给予警告或者吊扣执照一个月至六个月的处罚；有第（二）项或者第（三）项所列行为的，可以给予吊销执照的处罚：

（一）在执行飞行任务时，不按照本法第四十一条的规定携带执照和体格检查合格证书的；

（二）民用航空器遇险时，违反本法第四十八条的规定离开民用航空器的；

（三）违反本法第七十七条第二款的规定执行飞行任务的。

第二百零九条　违反本法第八十条的规定，民用航空器在飞行中投掷物品的，由国务院民用航空主管部门给予警告，可以对直接责任人员处以二千元以上二万元以下的罚款。

第二百一十条　违反本法第六十二条的规定，未取得机场使用许可证开放使用民用机场的，由国务院民用航空主管部门责令停止开放使用；没收违法所得，可以并处违法所得一倍以下的罚款。

第二百一十一条　公共航空运输企业、通用航空企业违反本法规定，情节严重的，除依照本法规定处罚外，国务院民用航空主管部门可以吊销其经营许可证。

第二百一十二条　国务院民用航空主管部门和地区民用航空管理机构的工作人员，玩忽职守、滥用职权、徇私舞弊，构成犯罪的，依法追究刑事责任；尚不构成犯罪的，依法给予行政处分。

第十六章　附　则

第二百一十三条　本法所称计算单位，是指国际货币基金组织规定的特别提款权；其人民币数额为法院判决之日、仲裁机构裁决之日或者当事人协议之日，按照国家外汇主管机关规定的国际货币基金组织的特别提款权对人民币的换算办法计算得出的人民币数额。

第二百一十四条　国务院、中央军事委员会对无人驾驶航空器的管理另有规定的，从其规定。

第二百一十五条　本法自1996年3月1日起施行。

对外贸易篇

高民党代大

综合管理

中华人民共和国对外贸易法

（主席令第 22 号）

（1994 年 5 月 12 日第八届全国人民代表大会常务委员会第七次会议通过；2004 年 4 月 6 日第十届全国人民代表大会常务委员会第八次会议修订，根据 2016 年 11 月 7 日第十二届全国人民代表大会常务委员会第二十四次会议《关于修改〈中华人民共和国对外贸易法〉等十二部法律的决定》修正；现行版本自 2016 年 11 月 7 日起施行；法规类型为法律）

第一章　总　则

第一条　为了扩大对外开放，发展对外贸易，维护对外贸易秩序，保护对外贸易经营者的合法权益，促进社会主义市场经济的健康发展，制定本法。

第二条　本法适用于对外贸易以及与对外贸易有关的知识产权保护。

本法所称对外贸易，是指货物进出口、技术进出口和国际服务贸易。

第三条　国务院对外贸易主管部门依照本法主管全国对外贸易工作。

第四条　国家实行统一的对外贸易制度，鼓励发展对外贸易，维护公平、自由的对外贸易秩序。

第五条　中华人民共和国根据平等互利的原则，促进和发展同其他国家和地区的贸易关系，缔结或者参加关税同盟协定、自由贸易区协定等区域经济贸易协定，参加区域经济组织。

第六条　中华人民共和国在对外贸易方面根据所缔结或者参加的国际条约、协定，给予其他缔约方、参加方最惠国待遇、国民待遇等待遇，或者根据互惠、对等原则给予对方最惠国待遇、国民待遇等待遇。

第七条　任何国家或者地区在贸易方面对中华人民共和国采取歧视性的禁止、限制或者其他类似措施的，中华人民共和国可以根据实际情况对该国家或者该地区采取相应的措施。

第二章　对外贸易经营者

第八条　本法所称对外贸易经营者，是指依法办理工商登记或者其他执业手续，依照本法和其他有关法律、行政法规的规定从事对外贸易经营活动的法人、其他组织或者个人。

第九条　从事货物进出口或者技术进出口的对外贸易经营者，应当向国务院对外贸易主管部门或者其委托的机构办理备案登记；但是，法律、行政法规和国务院对外贸易主管部门规定不需要备案登记的除外。备案登记的具体办法由国务院对外贸易主管部门规定。

对外贸易经营者未按照规定办理备案登记的，海关不予办理进出口货物的报关验放手续。

第十条　从事国际服务贸易，应当遵守本法和其他有关法律、行政法规的规定。

从事对外劳务合作的单位，应当具备相应的资质。具体办法由国务院规定。

第十一条　国家可以对部分货物的进出口实行国营贸易管理。实行国营贸易管理货物的进出口业务只能由经授权的企业经营；但是，国家允许部分数量的国营贸易管理货物的进出口业务由非授权企业经营的除外。

实行国营贸易管理的货物和经授权经营企业的目录，由国务院对外贸易主管部门会同国务院其他有关部门确定、调整并公布。

违反本条第一款规定，擅自进出口实行国营贸易管理的货物的，海关不予放行。

第十二条　对外贸易经营者可以接受他人的委托，在经营范围内代为办理对外贸易业务。

第十三条　对外贸易经营者应当按照国务院对外贸易主管部门或者国务院其他有关部门依法作出的规定，向有关部门提交与其对外贸易经营活动有关的文件及资料。有关部门应当为提供者保守商业秘密。

第三章　货物进出口与技术进出口

第十四条　国家准许货物与技术的自由进出口。但是，法律、行政法规另有规定的除外。

第十五条　国务院对外贸易主管部门基于监测进出口情况的需要，可以对部分自由进出口的货物实行进出口自动许可并公布其目录。

实行自动许可的进出口货物，收货人、发货人在办理海关报关手续前提出自动许可申请的，国务院对外贸易主管部门或者其委托的机构应当予以许可；未办理自动许可手续的，海关不予放行。

进出口属于自由进出口的技术，应当向国务院对外贸易主管部门或者其委托的机构办理合同备案登记。

第十六条　国家基于下列原因，可以限制或者禁止有关货物、技术的进口或者出口：

（一）为维护国家安全、社会公共利益或者公共道德，需要限制或者禁止进口或者出口的；

（二）为保护人的健康或者安全，保护动物、植物的生命或者健康，保护环境，需要限制或者禁止进口或者出口的；

（三）为实施与黄金或者白银进出口有关的措施，需要限制或者禁止进口或者出口的；

（四）国内供应短缺或者为有效保护可能用竭的自然资源，需要限制或者禁止出口的；

（五）输往国家或者地区的市场容量有限，需要限制出口的；

（六）出口经营秩序出现严重混乱，需要限制出口的；

（七）为建立或者加快建立国内特定产业，需要限制进口的；

（八）对任何形式的农业、牧业、渔业产品有必要限制进口的；

（九）为保障国家国际金融地位和国际收支平衡，需要限制进口的；

（十）依照法律、行政法规的规定，其他需要限制或者禁止进口或者出口的；

（十一）根据我国缔结或者参加的国际条约、协定的规定，其他需要限制或者禁止进口或者出口的。

第十七条　国家对与裂变、聚变物质或者衍生此类物质的物质有关的货物、技术进出口，以及与武器、弹药或者其他军用物资有关的进出口，可以采取任何必要的措施，维护国家安全。

在战时或者为维护国际和平与安全，国家在货物、技术进出口方面可以采取任何必要的措施。

第十八条　国务院对外贸易主管部门会同国务院其他有关部门，依照本法第十六条和第十七条的规定，制定、调整并公布限制或者禁止进出口的货物、技术目录。

国务院对外贸易主管部门或者由其会同国务院其他有关部门，经国务院批准，可以在本法第十六条和第十七条规定的范围内，临时决定限制或者禁止前款规定目录以外的特定货物、技术的进口或者出口。

第十九条 国家对限制进口或者出口的货物，实行配额、许可证等方式管理；对限制进口或者出口的技术，实行许可证管理。

实行配额、许可证管理的货物、技术，应当按照国务院规定经国务院对外贸易主管部门或者经其会同国务院其他有关部门许可，方可进口或者出口。

国家对部分进口货物可以实行关税配额管理。

第二十条 进出口货物配额、关税配额，由国务院对外贸易主管部门或者国务院其他有关部门在各自的职责范围内，按照公开、公平、公正和效益的原则进行分配。具体办法由国务院规定。

第二十一条 国家实行统一的商品合格评定制度，根据有关法律、行政法规的规定，对进出口商品进行认证、检验、检疫。

第二十二条 国家对进出口货物进行原产地管理。具体办法由国务院规定。

第二十三条 对文物和野生动物、植物及其产品等，其他法律、行政法规有禁止或者限制进出口规定的，依照有关法律、行政法规的规定执行。

第四章 国际服务贸易

第二十四条 中华人民共和国在国际服务贸易方面根据所缔结或者参加的国际条约、协定中所作的承诺，给予其他缔约方、参加方市场准入和国民待遇。

第二十五条 国务院对外贸易主管部门和国务院其他有关部门，依照本法和其他有关法律、行政法规的规定，对国际服务贸易进行管理。

第二十六条 国家基于下列原因，可以限制或者禁止有关的国际服务贸易：

（一）为维护国家安全、社会公共利益或者公共道德，需要限制或者禁止的；

（二）为保护人的健康或者安全，保护动物、植物的生命或者健康，保护环境，需要限制或者禁止的；

（三）为建立或者加快建立国内特定服务产业，需要限制的；

（四）为保障国家外汇收支平衡，需要限制的；

（五）依照法律、行政法规的规定，其他需要限制或者禁止的；

（六）根据我国缔结或者参加的国际条约、协定的规定，其他需要限制或者禁止的。

第二十七条 国家对与军事有关的国际服务贸易，以及与裂变、聚变物质或者衍生此类物质的物质有关的国际服务贸易，可以采取任何必要的措施，维护国家安全。

在战时或者为维护国际和平与安全，国家在国际服务贸易方面可以采取任何必要的措施。

第二十八条 国务院对外贸易主管部门会同国务院其他有关部门，依照本法第二十六条、第二十七条和其他有关法律、行政法规的规定，制定、调整并公布国际服务贸易市场准入目录。

第五章 与对外贸易有关的知识产权保护

第二十九条 国家依照有关知识产权的法律、行政法规，保护与对外贸易有关的知识产权。

进口货物侵犯知识产权，并危害对外贸易秩序的，国务院对外贸易主管部门可以采取在一定期限内禁止侵权人生产、销售的有关货物进口等措施。

第三十条　知识产权权利人有阻止被许可人对许可合同中的知识产权的有效性提出质疑、进行强制性一揽子许可、在许可合同中规定排他性返授条件等行为之一，并危害对外贸易公平竞争秩序的，国务院对外贸易主管部门可以采取必要的措施消除危害。

第三十一条　其他国家或者地区在知识产权保护方面未给予中华人民共和国的法人、其他组织或者个人国民待遇，或者不能对来源于中华人民共和国的货物、技术或者服务提供充分有效的知识产权保护的，国务院对外贸易主管部门可以依照本法和其他有关法律、行政法规的规定，并根据中华人民共和国缔结或者参加的国际条约、协定，对与该国家或者该地区的贸易采取必要的措施。

第六章　对外贸易秩序

第三十二条　在对外贸易经营活动中，不得违反有关反垄断的法律、行政法规的规定实施垄断行为。

在对外贸易经营活动中实施垄断行为，危害市场公平竞争的，依照有关反垄断的法律、行政法规的规定处理。

有前款违法行为，并危害对外贸易秩序的，国务院对外贸易主管部门可以采取必要的措施消除危害。

第三十三条　在对外贸易经营活动中，不得实施以不正当的低价销售商品、串通投标、发布虚假广告、进行商业贿赂等不正当竞争行为。

在对外贸易经营活动中实施不正当竞争行为的，依照有关反不正当竞争的法律、行政法规的规定处理。

有前款违法行为，并危害对外贸易秩序的，国务院对外贸易主管部门可以采取禁止该经营者有关货物、技术进出口等措施消除危害。

第三十四条　在对外贸易活动中，不得有下列行为：

（一）伪造、变造进出口货物原产地标记，伪造、变造或者买卖进出口货物原产地证书、进出口许可证、进出口配额证明或者其他进出口证明文件；

（二）骗取出口退税；

（三）走私；

（四）逃避法律、行政法规规定的认证、检验、检疫；

（五）违反法律、行政法规规定的其他行为。

第三十五条　对外贸易经营者在对外贸易经营活动中，应当遵守国家有关外汇管理的规定。

第三十六条　违反本法规定，危害对外贸易秩序的，国务院对外贸易主管部门可以向社会公告。

第七章　对外贸易调查

第三十七条　为了维护对外贸易秩序，国务院对外贸易主管部门可以自行或者会同国务院其他有关部门，依照法律、行政法规的规定对下列事项进行调查：

（一）货物进出口、技术进出口、国际服务贸易对国内产业及其竞争力的影响；

（二）有关国家或者地区的贸易壁垒；

（三）为确定是否应当依法采取反倾销、反补贴或者保障措施等对外贸易救济措施，需要调查的事项；

（四）规避对外贸易救济措施的行为；

（五）对外贸易中有关国家安全利益的事项；

（六）为执行本法第七条、第二十九条第二款、第三十条、第三十一条、第三十二条第三款、第三十三条第三款的规定，需要调查的事项；

（七）其他影响对外贸易秩序，需要调查的事项。

第三十八条 启动对外贸易调查，由国务院对外贸易主管部门发布公告。

调查可以采取书面问卷、召开听证会、实地调查、委托调查等方式进行。

国务院对外贸易主管部门根据调查结果，提出调查报告或者作出处理裁定，并发布公告。

第三十九条 有关单位和个人应当对对外贸易调查给予配合、协助。

国务院对外贸易主管部门和国务院其他有关部门及其工作人员进行对外贸易调查，对知悉的国家秘密和商业秘密负有保密义务。

第八章 对外贸易救济

第四十条 国家根据对外贸易调查结果，可以采取适当的对外贸易救济措施。

第四十一条 其他国家或者地区的产品以低于正常价值的倾销方式进入我国市场，对已建立的国内产业造成实质损害或者产生实质损害威胁，或者对建立国内产业造成实质阻碍的，国家可以采取反倾销措施，消除或者减轻这种损害或者损害的威胁或者阻碍。

第四十二条 其他国家或者地区的产品以低于正常价值出口至第三国市场，对我国已建立的国内产业造成实质损害或者产生实质损害威胁，或者对我国建立国内产业造成实质阻碍的，应国内产业的申请，国务院对外贸易主管部门可以与该第三国政府进行磋商，要求其采取适当的措施。

第四十三条 进口的产品直接或者间接地接受出口国家或者地区给予的任何形式的专向性补贴，对已建立的国内产业造成实质损害或者产生实质损害威胁，或者对建立国内产业造成实质阻碍的，国家可以采取反补贴措施，消除或者减轻这种损害或者损害的威胁或者阻碍。

第四十四条 因进口产品数量大量增加，对生产同类产品或者与其直接竞争的产品的国内产业造成严重损害或者严重损害威胁的，国家可以采取必要的保障措施，消除或者减轻这种损害或者损害的威胁，并可以对该产业提供必要的支持。

第四十五条 因其他国家或者地区的服务提供者向我国提供的服务增加，对提供同类服务或者与其直接竞争的服务的国内产业造成损害或者产生损害威胁的，国家可以采取必要的救济措施，消除或者减轻这种损害或者损害的威胁。

第四十六条 因第三国限制进口而导致某种产品进入我国市场的数量大量增加，对已建立的国内产业造成损害或者产生损害威胁，或者对建立国内产业造成阻碍的，国家可以采取必要的救济措施，限制该产品进口。

第四十七条 与中华人民共和国缔结或者共同参加经济贸易条约、协定的国家或者地区，违反条约、协定的规定，使中华人民共和国根据该条约、协定享有的利益丧失或者受损，或者阻碍条约、协定目标实现的，中华人民共和国政府有权要求有关国家或者地区政府采取适当的补救措施，并可以根据有关条约、协定中止或者终止履行相关义务。

第四十八条 国务院对外贸易主管部门依照本法和其他有关法律的规定，进行对外贸易的双边或者多边磋商、谈判和争端的解决。

第四十九条 国务院对外贸易主管部门和国务院其他有关部门应当建立货物进出口、技术进出口和国际服务贸易的预警应急机制，应对对外贸易中的突发和异常情况，维护国家经济安全。

第五十条 国家对规避本法规定的对外贸易救济措施的行为，可以采取必要的反规避措施。

第九章　对外贸易促进

第五十一条　国家制定对外贸易发展战略，建立和完善对外贸易促进机制。

第五十二条　国家根据对外贸易发展的需要，建立和完善为对外贸易服务的金融机构，设立对外贸易发展基金、风险基金。

第五十三条　国家通过进出口信贷、出口信用保险、出口退税及其他促进对外贸易的方式，发展对外贸易。

第五十四条　国家建立对外贸易公共信息服务体系，向对外贸易经营者和其他社会公众提供信息服务。

第五十五条　国家采取措施鼓励对外贸易经营者开拓国际市场，采取对外投资、对外工程承包和对外劳务合作等多种形式，发展对外贸易。

第五十六条　对外贸易经营者可以依法成立和参加有关协会、商会。

有关协会、商会应当遵守法律、行政法规，按照章程对其成员提供与对外贸易有关的生产、营销、信息、培训等方面的服务，发挥协调和自律作用，依法提出有关对外贸易救济措施的申请，维护成员和行业的利益，向政府有关部门反映成员有关对外贸易的建议，开展对外贸易促进活动。

第五十七条　中国国际贸易促进组织按照章程开展对外联系，举办展览，提供信息、咨询服务和其他对外贸易促进活动。

第五十八条　国家扶持和促进中小企业开展对外贸易。

第五十九条　国家扶持和促进民族自治地方和经济不发达地区发展对外贸易。

第十章　法律责任

第六十条　违反本法第十一条规定，未经授权擅自进出口实行国营贸易管理的货物的，国务院对外贸易主管部门或者国务院其他有关部门可以处五万元以下罚款；情节严重的，可以自行政处罚决定生效之日起三年内，不受理违法行为人从事国营贸易管理货物进出口业务的申请，或者撤销已给予其从事其他国营贸易管理货物进出口的授权。

第六十一条　进出口属于禁止进出口的货物的，或者未经许可擅自进出口属于限制进出口的货物的，由海关依照有关法律、行政法规的规定处理、处罚；构成犯罪的，依法追究刑事责任。

进出口属于禁止进出口的技术的，或者未经许可擅自进出口属于限制进出口的技术的，依照有关法律、行政法规的规定处理、处罚；法律、行政法规没有规定的，由国务院对外贸易主管部门责令改正，没收违法所得，并处违法所得一倍以上五倍以下罚款，没有违法所得或者违法所得不足一万元的，处一万元以上五万元以下罚款；构成犯罪的，依法追究刑事责任。

自前两款规定的行政处罚决定生效之日或者刑事处罚判决生效之日起，国务院对外贸易主管部门或者国务院其他有关部门可以在三年内不受理违法行为人提出的进出口配额或者许可证的申请，或者禁止违法行为人在一年以上三年以下的期限内从事有关货物或者技术的进出口经营活动。

第六十二条　从事属于禁止的国际服务贸易的，或者未经许可擅自从事属于限制的国际服务贸易的，依照有关法律、行政法规的规定处罚；法律、行政法规没有规定的，由国务院对外贸易主管部门责令改正，没收违法所得，并处违法所得一倍以上五倍以下罚款，没有违法所得或者违法所得不足一万元的，处一万元以上五万元以下罚款；构成犯罪的，依法追究刑事责任。

国务院对外贸易主管部门可以禁止违法行为人自前款规定的行政处罚决定生效之日或者刑

事处罚判决生效之日起一年以上三年以下的期限内从事有关的国际服务贸易经营活动。

第六十三条 违反本法第三十四条规定，依照有关法律、行政法规的规定处罚；构成犯罪的，依法追究刑事责任。

国务院对外贸易主管部门可以禁止违法行为人自前款规定的行政处罚决定生效之日或者刑事处罚判决生效之日起一年以上三年以下的期限内从事有关的对外贸易经营活动。

第六十四条 依照本法第六十一条至第六十三条规定被禁止从事有关对外贸易经营活动的，在禁止期限内，海关根据国务院对外贸易主管部门依法作出的禁止决定，对该对外贸易经营者的有关进出口货物不予办理报关验放手续，外汇管理部门或者外汇指定银行不予办理有关结汇、售汇手续。

第六十五条 依照本法负责对外贸易管理工作的部门的工作人员玩忽职守、徇私舞弊或者滥用职权，构成犯罪的，依法追究刑事责任；尚不构成犯罪的，依法给予行政处分。

依照本法负责对外贸易管理工作的部门的工作人员利用职务上的便利，索取他人财物，或者非法收受他人财物为他人谋取利益，构成犯罪的，依法追究刑事责任；尚不构成犯罪的，依法给予行政处分。

第六十六条 对外贸易经营活动当事人对依照本法负责对外贸易管理工作的部门作出的具体行政行为不服的，可以依法申请行政复议或者向人民法院提起行政诉讼。

第十一章 附 则

第六十七条 与军品、裂变和聚变物质或者衍生此类物质的物质有关的对外贸易管理以及文化产品的进出口管理，法律、行政法规另有规定的，依照其规定。

第六十八条 国家对边境地区与接壤国家边境地区之间的贸易以及边民互市贸易，采取灵活措施，给予优惠和便利。具体办法由国务院规定。

第六十九条 中华人民共和国的单独关税区不适用本法。

第七十条 本法自2004年7月1日起施行。

中华人民共和国外商投资法

（主席令第26号）

（2019年3月15日第十三届全国人民代表大会第二次会议通过，2020年1月1日起施行，法规类型为法律）

第一章 总 则

第一条 为了进一步扩大对外开放，积极促进外商投资，保护外商投资合法权益，规范外商投资管理，推动形成全面开放新格局，促进社会主义市场经济健康发展，根据宪法，制定本法。

第二条 在中华人民共和国境内（以下简称中国境内）的外商投资，适用本法。

本法所称外商投资，是指外国的自然人、企业或者其他组织（以下称外国投资者）直接或者间接在中国境内进行的投资活动，包括下列情形：

（一）外国投资者单独或者与其他投资者共同在中国境内设立外商投资企业；

(二)外国投资者取得中国境内企业的股份、股权、财产份额或者其他类似权益；

(三)外国投资者单独或者与其他投资者共同在中国境内投资新建项目；

(四)法律、行政法规或者国务院规定的其他方式的投资。

本法所称外商投资企业，是指全部或者部分由外国投资者投资，依照中国法律在中国境内经登记注册设立的企业。

第三条 国家坚持对外开放的基本国策，鼓励外国投资者依法在中国境内投资。

国家实行高水平投资自由化便利化政策，建立和完善外商投资促进机制，营造稳定、透明、可预期和公平竞争的市场环境。

第四条 国家对外商投资实行准入前国民待遇加负面清单管理制度。

前款所称准入前国民待遇，是指在投资准入阶段给予外国投资者及其投资不低于本国投资者及其投资的待遇；所称负面清单，是指国家规定在特定领域对外商投资实施的准入特别管理措施。国家对负面清单之外的外商投资，给予国民待遇。

负面清单由国务院发布或者批准发布。

中华人民共和国缔结或者参加的国际条约、协定对外国投资者准入待遇有更优惠规定的，可以按照相关规定执行。

第五条 国家依法保护外国投资者在中国境内的投资、收益和其他合法权益。

第六条 在中国境内进行投资活动的外国投资者、外商投资企业，应当遵守中国法律法规，不得危害中国国家安全、损害社会公共利益。

第七条 国务院商务主管部门、投资主管部门按照职责分工，开展外商投资促进、保护和管理工作；国务院其他有关部门在各自职责范围内，负责外商投资促进、保护和管理的相关工作。

县级以上地方人民政府有关部门依照法律法规和本级人民政府确定的职责分工，开展外商投资促进、保护和管理工作。

第八条 外商投资企业职工依法建立工会组织，开展工会活动，维护职工的合法权益。外商投资企业应当为本企业工会提供必要的活动条件。

第二章 投资促进

第九条 外商投资企业依法平等适用国家支持企业发展的各项政策。

第十条 制定与外商投资有关的法律、法规、规章，应当采取适当方式征求外商投资企业的意见和建议。

与外商投资有关的规范性文件、裁判文书等，应当依法及时公布。

第十一条 国家建立健全外商投资服务体系，为外国投资者和外商投资企业提供法律法规、政策措施、投资项目信息等方面的咨询和服务。

第十二条 国家与其他国家和地区、国际组织建立多边、双边投资促进合作机制，加强投资领域的国际交流与合作。

第十三条 国家根据需要，设立特殊经济区域，或者在部分地区实行外商投资试验性政策措施，促进外商投资，扩大对外开放。

第十四条 国家根据国民经济和社会发展需要，鼓励和引导外国投资者在特定行业、领域、地区投资。外国投资者、外商投资企业可以依照法律、行政法规或者国务院的规定享受优惠待遇。

第十五条 国家保障外商投资企业依法平等参与标准制定工作，强化标准制定的信息公开和社会监督。

国家制定的强制性标准平等适用于外商投资企业。

第十六条 国家保障外商投资企业依法通过公平竞争参与政府采购活动。政府采购依法对外商投资企业在中国境内生产的产品、提供的服务平等对待。

第十七条 外商投资企业可以依法通过公开发行股票、公司债券等证券和其他方式进行融资。

第十八条 县级以上地方人民政府可以根据法律、行政法规、地方性法规的规定，在法定权限内制定外商投资促进和便利化政策措施。

第十九条 各级人民政府及其有关部门应当按照便利、高效、透明的原则，简化办事程序，提高办事效率，优化政务服务，进一步提高外商投资服务水平。

有关主管部门应当编制和公布外商投资指引，为外国投资者和外商投资企业提供服务和便利。

第三章 投资保护

第二十条 国家对外国投资者的投资不实行征收。

在特殊情况下，国家为了公共利益的需要，可以依照法律规定对外国投资者的投资实行征收或者征用。征收、征用应当依照法定程序进行，并及时给予公平、合理的补偿。

第二十一条 外国投资者在中国境内的出资、利润、资本收益、资产处置所得、知识产权许可使用费、依法获得的补偿或者赔偿、清算所得等，可以依法以人民币或者外汇自由汇入、汇出。

第二十二条 国家保护外国投资者和外商投资企业的知识产权，保护知识产权权利人和相关权利人的合法权益；对知识产权侵权行为，严格依法追究法律责任。

国家鼓励在外商投资过程中基于自愿原则和商业规则开展技术合作。技术合作的条件由投资各方遵循公平原则平等协商确定。行政机关及其工作人员不得利用行政手段强制转让技术。

第二十三条 行政机关及其工作人员对于履行职责过程中知悉的外国投资者、外商投资企业的商业秘密，应当依法予以保密，不得泄露或者非法向他人提供。

第二十四条 各级人民政府及其有关部门制定涉及外商投资的规范性文件，应当符合法律法规的规定；没有法律、行政法规依据的，不得减损外商投资企业的合法权益或者增加其义务，不得设置市场准入和退出条件，不得干预外商投资企业的正常生产经营活动。

第二十五条 地方各级人民政府及其有关部门应当履行向外国投资者、外商投资企业依法作出的政策承诺以及依法订立的各类合同。

因国家利益、社会公共利益需要改变政策承诺、合同约定的，应当依照法定权限和程序进行，并依法对外国投资者、外商投资企业因此受到的损失予以补偿。

第二十六条 国家建立外商投资企业投诉工作机制，及时处理外商投资企业或其投资者反映的问题，协调完善相关政策措施。

外商投资企业或者其投资者认为行政机关及其工作人员的行政行为侵犯其合法权益的，可以通过外商投资企业投诉工作机制申请协调解决。

外商投资企业或者其投资者认为行政机关及其工作人员的行政行为侵犯其合法权益的，除依照前款规定通过外商投资企业投诉工作机制申请协调解决外，还可以依法申请行政复议、提起行政诉讼。

第二十七条 外商投资企业可以依法成立和自愿参加商会、协会。商会、协会依照法律法规和章程的规定开展相关活动，维护会员的合法权益。

第四章 投资管理

第二十八条 外商投资准入负面清单规定禁止投资的领域，外国投资者不得投资。

外商投资准入负面清单规定限制投资的领域,外国投资者进行投资应当符合负面清单规定的条件。

外商投资准入负面清单以外的领域,按照内外资一致的原则实施管理。

第二十九条 外商投资需要办理投资项目核准、备案的,按照国家有关规定执行。

第三十条 外国投资者在依法需要取得许可的行业、领域进行投资的,应当依法办理相关许可手续。

有关主管部门应当按照与内资一致的条件和程序,审核外国投资者的许可申请,法律、行政法规另有规定的除外。

第三十一条 外商投资企业的组织形式、组织机构及其活动准则,适用《中华人民共和国公司法》、《中华人民共和国合伙企业法》等法律的规定。

第三十二条 外商投资企业开展生产经营活动,应当遵守法律、行政法规有关劳动保护、社会保险的规定,依照法律、行政法规和国家有关规定办理税收、会计、外汇等事宜,并接受相关主管部门依法实施的监督检查。

第三十三条 外国投资者并购中国境内企业或者以其他方式参与经营者集中的,应当依照《中华人民共和国反垄断法》的规定接受经营者集中审查。

第三十四条 国家建立外商投资信息报告制度。外国投资者或者外商投资企业应当通过企业登记系统以及企业信用信息公示系统向商务主管部门报送投资信息。

外商投资信息报告的内容和范围按照确有必要的原则确定;通过部门信息共享能够获得的投资信息,不得再行要求报送。

第三十五条 国家建立外商投资安全审查制度,对影响或者可能影响国家安全的外商投资进行安全审查。

依法作出的安全审查决定为最终决定。

第五章 法律责任

第三十六条 外国投资者投资外商投资准入负面清单规定禁止投资的领域的,由有关主管部门责令停止投资活动,限期处分股份、资产或者采取其他必要措施,恢复到实施投资前的状态;有违法所得的,没收违法所得。

外国投资者的投资活动违反外商投资准入负面清单规定的限制性准入特别管理措施的,由有关主管部门责令限期改正,采取必要措施满足准入特别管理措施的要求;逾期不改正的,依照前款规定处理。

外国投资者的投资活动违反外商投资准入负面清单规定的,除依照前两款规定处理外,还应当依法承担相应的法律责任。

第三十七条 外国投资者、外商投资企业违反本法规定,未按照外商投资信息报告制度的要求报送投资信息的,由商务主管部门责令限期改正;逾期不改正的,处十万元以上五十万元以下的罚款。

第三十八条 对外国投资者、外商投资企业违反法律、法规的行为,由有关部门依法查处,并按照国家有关规定纳入信用信息系统。

第三十九条 行政机关工作人员在外商投资促进、保护和管理工作中滥用职权、玩忽职守、徇私舞弊的,或者泄露、非法向他人提供履行职责过程中知悉的商业秘密的,依法给予处分;构成犯罪的,依法追究刑事责任。

第六章 附 则

第四十条 任何国家或者地区在投资方面对中华人民共和国采取歧视性的禁止、限制或者其他类似措施的，中华人民共和国可以根据实际情况对该国家或者该地区采取相应的措施。

　　第四十一条　对外国投资者在中国境内投资银行业、证券业、保险业等金融行业，或者在证券市场、外汇市场等金融市场进行投资的管理，国家另有规定的，依照其规定。

　　第四十二条　本法自 2020 年 1 月 1 日起施行。《中华人民共和国中外合资经营企业法》、《中华人民共和国外资企业法》、《中华人民共和国中外合作经营企业法》同时废止。

　　本法施行前依照《中华人民共和国中外合资经营企业法》、《中华人民共和国外资企业法》、《中华人民共和国中外合作经营企业法》设立的外商投资企业，在本法施行后五年内可以继续保留原企业组织形式等。具体实施办法由国务院规定。

中华人民共和国外商投资法实施条例

（国务院令第 723 号）

(2019 年 12 月 26 日由国务院发布，2020 年 1 月 1 日起施行，法规类型为行政法规)

第一章　总　则

　　第一条　根据《中华人民共和国外商投资法》（以下简称外商投资法），制定本条例。

　　第二条　国家鼓励和促进外商投资，保护外商投资合法权益，规范外商投资管理，持续优化外商投资环境，推进更高水平对外开放。

　　第三条　外商投资法第二条第二款第一项、第三项所称其他投资者，包括中国的自然人在内。

　　第四条　外商投资准入负面清单（以下简称负面清单）由国务院投资主管部门会同国务院商务主管部门等有关部门提出，报国务院发布或者报国务院批准后由国务院投资主管部门、商务主管部门发布。

　　国家根据进一步扩大对外开放和经济社会发展需要，适时调整负面清单。调整负面清单的程序，适用前款规定。

　　第五条　国务院商务主管部门、投资主管部门以及其他有关部门按照职责分工，密切配合、相互协作，共同做好外商投资促进、保护和管理工作。

　　县级以上地方人民政府应当加强对外商投资促进、保护和管理工作的组织领导，支持、督促有关部门依照法律法规和职责分工开展外商投资促进、保护和管理工作，及时协调、解决外商投资促进、保护和管理工作中的重大问题。

第二章　投资促进

　　第六条　政府及其有关部门在政府资金安排、土地供应、税费减免、资质许可、标准制定、项目申报、人力资源政策等方面，应当依法平等对待外商投资企业和内资企业。

　　政府及其有关部门制定的支持企业发展的政策应当依法公开；对政策实施中需要由企业申请办理的事项，政府及其有关部门应当公开申请办理的条件、流程、时限等，并在审核中依法平等对待外商投资企业和内资企业。

　　第七条　制定与外商投资有关的行政法规、规章、规范性文件，或者政府及其有关部门起草与外商投资有关的法律、地方性法规，应当根据实际情况，采取书面征求意见以及召开座谈会、论证会、听证会等多种形式，听取外商投资企业和有关商会、协会等方面的意见和建议；对反映集中或者涉及外商投资企业重大权利义务问题的意见和建议，应当通过适当方式反馈采纳的情况。

与外商投资有关的规范性文件应当依法及时公布，未经公布的不得作为行政管理依据。与外商投资企业生产经营活动密切相关的规范性文件，应当结合实际，合理确定公布到施行之间的时间。

第八条 各级人民政府应当按照政府主导、多方参与的原则，建立健全外商投资服务体系，不断提升外商投资服务能力和水平。

第九条 政府及其有关部门应当通过政府网站、全国一体化在线政务服务平台集中列明有关外商投资的法律、法规、规章、规范性文件、政策措施和投资项目信息，并通过多种途径和方式加强宣传、解读，为外国投资者和外商投资企业提供咨询、指导等服务。

第十条 外商投资法第十三条所称特殊经济区域，是指经国家批准设立、实行更大力度的对外开放政策措施的特定区域。

国家在部分地区实行的外商投资试验性政策措施，经实践证明可行的，根据实际情况在其他地区或者全国范围内推广。

第十一条 国家根据国民经济和社会发展需要，制定鼓励外商投资产业目录，列明鼓励和引导外国投资者投资的特定行业、领域、地区。鼓励外商投资产业目录由国务院投资主管部门会同国务院商务主管部门等有关部门拟订，报国务院批准后由国务院投资主管部门、商务主管部门发布。

第十二条 外国投资者、外商投资企业可以依照法律、行政法规或者国务院的规定，享受财政、税收、金融、用地等方面的优惠待遇。

外国投资者以其在中国境内的投资收益在中国境内扩大投资的，依法享受相应的优惠待遇。

第十三条 外商投资企业依法和内资企业平等参与国家标准、行业标准、地方标准和团体标准的制定、修订工作。外商投资企业可以根据需要自行制定或者与其他企业联合制定企业标准。

外商投资企业可以向标准化行政主管部门和有关行政主管部门提出标准的立项建议，在标准立项、起草、技术审查以及标准实施信息反馈、评估等过程中提出意见和建议，并按照规定承担标准起草、技术审查的相关工作以及标准的外文翻译工作。

标准化行政主管部门和有关行政主管部门应当建立健全相关工作机制，提高标准制定、修订的透明度，推进标准制定、修订全过程信息公开。

第十四条 国家制定的强制性标准对外商投资企业和内资企业平等适用，不得专门针对外商投资企业适用高于强制性标准的技术要求。

第十五条 政府及其有关部门不得阻挠和限制外商投资企业自由进入本地区和本行业的政府采购市场。

政府采购的采购人、采购代理机构不得在政府采购信息发布、供应商条件确定和资格审查、评标标准等方面，对外商投资企业实行差别待遇或者歧视待遇，不得以所有制形式、组织形式、股权结构、投资者国别、产品或者服务品牌以及其他不合理的条件对供应商予以限定，不得对外商投资企业在中国境内生产的产品、提供的服务和内资企业区别对待。

第十六条 外商投资企业可以依照《中华人民共和国政府采购法》（以下简称政府采购法）及其实施条例的规定，就政府采购活动事项向采购人、采购代理机构提出询问、质疑，向政府采购监督管理部门投诉。采购人、采购代理机构、政府采购监督管理部门应当在规定的时限内作出答复或者处理决定。

第十七条 政府采购监督管理部门和其他有关部门应当加强对政府采购活动的监督检查,依法纠正和查处对外商投资企业实行差别待遇或者歧视待遇等违法违规行为。

第十八条 外商投资企业可以依法在中国境内或者境外通过公开发行股票、公司债券等证券,以及公开或者非公开发行其他融资工具、借用外债等方式进行融资。

第十九条 县级以上地方人民政府可以根据法律、行政法规、地方性法规的规定,在法定权限内制定费用减免、用地指标保障、公共服务提供等方面的外商投资促进和便利化政策措施。

县级以上地方人民政府制定外商投资促进和便利化政策措施,应当以推动高质量发展为导向,有利于提高经济效益、社会效益、生态效益,有利于持续优化外商投资环境。

第二十条 有关主管部门应当编制和公布外商投资指引,为外国投资者和外商投资企业提供服务和便利。外商投资指引应当包括投资环境介绍、外商投资办事指南、投资项目信息以及相关数据信息等内容,并及时更新。

第三章 投资保护

第二十一条 国家对外国投资者的投资不实行征收。

在特殊情况下,国家为了公共利益的需要依照法律规定对外国投资者的投资实行征收的,应当依照法定程序、以非歧视性的方式进行,并按照被征收投资的市场价值及时给予补偿。

外国投资者对征收决定不服的,可以依法申请行政复议或者提起行政诉讼。

第二十二条 外国投资者在中国境内的出资、利润、资本收益、资产处置所得、取得的知识产权许可使用费、依法获得的补偿或者赔偿、清算所得等,可以依法以人民币或者外汇自由汇入、汇出,任何单位和个人不得违法对币种、数额以及汇入、汇出的频次等进行限制。

外商投资企业的外籍职工和香港、澳门、台湾职工的工资收入和其他合法收入,可以依法自由汇出。

第二十三条 国家加大对知识产权侵权行为的惩处力度,持续强化知识产权执法,推动建立知识产权快速协同保护机制,健全知识产权纠纷多元化解决机制,平等保护外国投资者和外商投资企业的知识产权。

标准制定中涉及外国投资者和外商投资企业专利的,应当按照标准涉及专利的有关管理规定办理。

第二十四条 行政机关(包括法律、法规授权的具有管理公共事务职能的组织,下同)及其工作人员不得利用实施行政许可、行政检查、行政处罚、行政强制以及其他行政手段,强制或者变相强制外国投资者、外商投资企业转让技术。

第二十五条 行政机关依法履行职责,确需外国投资者、外商投资企业提供涉及商业秘密的材料、信息的,应当限定在履行职责所必需的范围内,并严格控制知悉范围,与履行职责无关的人员不得接触有关材料、信息。

行政机关应当建立健全内部管理制度,采取有效措施保护履行职责过程中知悉的外国投资者、外商投资企业的商业秘密;依法需要与其他行政机关共享信息的,应当对信息中含有的商业秘密进行保密处理,防止泄露。

第二十六条 政府及其有关部门制定涉及外商投资的规范性文件,应当按照国务院的规定进行合法性审核。

外国投资者、外商投资企业认为行政行为所依据的国务院部门和地方人民政府及其部门制定的规范性文件不合法,在依法对行政行为申请行政复议或者提起行政诉讼时,可以一并请求对该规范性文件进行审查。

第二十七条 外商投资法第二十五条所称政策承诺,是指地方各级人民政府及其有关部门在法定权限内，就外国投资者、外商投资企业在本地区投资所适用的支持政策、享受的优惠待遇和便利条件等作出的书面承诺。政策承诺的内容应当符合法律、法规规定。

第二十八条 地方各级人民政府及其有关部门应当履行向外国投资者、外商投资企业依法作出的政策承诺以及依法订立的各类合同，不得以行政区划调整、政府换届、机构或者职能调整以及相关责任人更替等为由违约毁约。因国家利益、社会公共利益需要改变政策承诺、合同约定的，应当依照法定权限和程序进行，并依法对外国投资者、外商投资企业因此受到的损失及时予以公平、合理的补偿。

第二十九条 县级以上人民政府及其有关部门应当按照公开透明、高效便利的原则，建立健全外商投资企业投诉工作机制，及时处理外商投资企业或者其投资者反映的问题，协调完善相关政策措施。

国务院商务主管部门会同国务院有关部门建立外商投资企业投诉工作部际联席会议制度，协调、推动中央层面的外商投资企业投诉工作，对地方的外商投资企业投诉工作进行指导和监督。县级以上地方人民政府应当指定部门或者机构负责受理本地区外商投资企业或者其投资者的投诉。

国务院商务主管部门、县级以上地方人民政府指定的部门或者机构应当完善投诉工作规则、健全投诉方式、明确投诉处理时限。投诉工作规则、投诉方式、投诉处理时限应当对外公布。

第三十条 外商投资企业或者其投资者认为行政机关及其工作人员的行政行为侵犯其合法权益，通过外商投资企业投诉工作机制申请协调解决的，有关方面进行协调时可以向被申请的行政机关及其工作人员了解情况，被申请的行政机关及其工作人员应当予以配合。协调结果应当以书面形式及时告知申请人。

外商投资企业或者其投资者依照前款规定申请协调解决有关问题的，不影响其依法申请行政复议、提起行政诉讼。

第三十一条 对外商投资企业或者其投资者通过外商投资企业投诉工作机制反映或者申请协调解决问题，任何单位和个人不得压制或者打击报复。

除外商投资企业投诉工作机制外，外商投资企业或者其投资者还可以通过其他合法途径向政府及其有关部门反映问题。

第三十二条 外商投资企业可以依法成立商会、协会。除法律、法规另有规定外，外商投资企业有权自主决定参加或者退出商会、协会，任何单位和个人不得干预。

商会、协会应当依照法律法规和章程的规定，加强行业自律，及时反映行业诉求，为会员提供信息咨询、宣传培训、市场拓展、经贸交流、权益保护、纠纷处理等方面的服务。

国家支持商会、协会依照法律法规和章程的规定开展相关活动。

第四章 投资管理

第三十三条 负面清单规定禁止投资的领域，外国投资者不得投资。负面清单规定限制投资的领域，外国投资者进行投资应当符合负面清单规定的股权要求、高级管理人员要求等限制性准入特别管理措施。

第三十四条 有关主管部门在依法履行职责过程中，对外国投资者拟投资负面清单内领域，但不符合负面清单规定的，不予办理许可、企业登记注册等相关事项；涉及固定资产投资项目核准的，不予办理相关核准事项。

有关主管部门应当对负面清单规定执行情况加强监督检查，发现外国投资者投资负面清单规定禁止投资的领域，或者外国投资者的投资活动违反负面清单规定的限制性准入特别管理措施的，依照外商投资法第三十六条的规定予以处理。

第三十五条 外国投资者在依法需要取得许可的行业、领域进行投资的，除法律、行政法规另有规定外，负责实施许可的有关主管部门应当按照与内资一致的条件和程序，审核外国投资者的许可申请，不得在许可条件、申请材料、审核环节、审核时限等方面对外国投资者设置歧视性要求。

负责实施许可的有关主管部门应当通过多种方式，优化审批服务，提高审批效率。对符合相关条件和要求的许可事项，可以按照有关规定采取告知承诺的方式办理。

第三十六条 外商投资需要办理投资项目核准、备案的，按照国家有关规定执行。

第三十七条 外商投资企业的登记注册，由国务院市场监督管理部门或者其授权的地方人民政府市场监督管理部门依法办理。国务院市场监督管理部门应当公布其授权的市场监督管理部门名单。

外商投资企业的注册资本可以用人民币表示，也可以用可自由兑换货币表示。

第三十八条 外国投资者或者外商投资企业应当通过企业登记系统以及企业信用信息公示系统向商务主管部门报送投资信息。国务院商务主管部门、市场监督管理部门应当做好相关业务系统的对接和工作衔接，并为外国投资者或者外商投资企业报送投资信息提供指导。

第三十九条 外商投资信息报告的内容、范围、频次和具体流程，由国务院商务主管部门会同国务院市场监督管理部门等有关部门按照确有必要、高效便利的原则确定并公布。商务主管部门、其他有关部门应当加强信息共享，通过部门信息共享能够获得的投资信息，不得再行要求外国投资者或者外商投资企业报送。

外国投资者或者外商投资企业报送的投资信息应当真实、准确、完整。

第四十条 国家建立外商投资安全审查制度，对影响或者可能影响国家安全的外商投资进行安全审查。

第五章 法律责任

第四十一条 政府和有关部门及其工作人员有下列情形之一的，依法依规追究责任：

（一）制定或者实施有关政策不依法平等对待外商投资企业和内资企业；

（二）违法限制外商投资企业平等参与标准制定、修订工作，或者专门针对外商投资企业适用高于强制性标准的技术要求；

（三）违法限制外国投资者汇入、汇出资金；

（四）不履行向外国投资者、外商投资企业依法作出的政策承诺以及依法订立的各类合同，超出法定权限作出政策承诺，或者政策承诺的内容不符合法律、法规规定。

第四十二条 政府采购的采购人、采购代理机构以不合理的条件对外商投资企业实行差别待遇或者歧视待遇的，依照政府采购法及其实施条例的规定追究其法律责任；影响或者可能影响中标、成交结果的，依照政府采购法及其实施条例的规定处理。

政府采购监督管理部门对外商投资企业的投诉逾期未处理的，对直接负责的主管人员和其他直接责任人员依法给予处分。

第四十三条 行政机关及其工作人员利用行政手段强制或者变相强制外国投资者、外商投资企业转让技术的，对直接负责的主管人员和其他直接责任人员依法给予处分。

第六章 附 则

第四十四条 外商投资法施行前依照《中华人民共和国中外合资经营企业法》、《中华人民共和国外资企业法》、《中华人民共和国中外合作经营企业法》设立的外商投资企业（以下称现有外商投资企业），在外商投资法施行后5年内，可以依照《中华人民共和国公司法》、《中华人民共和国合伙企业法》等法律的规定调整其组织形式、组织机构等，并依法办理变更登记，也可以继续保留原企业组织形式、组织机构等。

自2025年1月1日起，对未依法调整组织形式、组织机构等并办理变更登记的现有外商投资企业，市场监督管理部门不予办理其申请的其他登记事项，并将相关情形予以公示。

第四十五条 现有外商投资企业办理组织形式、组织机构等变更登记的具体事宜，由国务院市场监督管理部门规定并公布。国务院市场监督管理部门应当加强对变更登记工作的指导，负责办理变更登记的市场监督管理部门应当通过多种方式优化服务，为企业办理变更登记提供便利。

第四十六条 现有外商投资企业的组织形式、组织机构等依法调整后，原合营、合作各方在合同中约定的股权或者权益转让办法、收益分配办法、剩余财产分配办法等，可以继续按照约定办理。

第四十七条 外商投资企业在中国境内投资，适用外商投资法和本条例的有关规定。

第四十八条 香港特别行政区、澳门特别行政区投资者在内地投资，参照外商投资法和本条例执行；法律、行政法规或者国务院另有规定的，从其规定。

台湾地区投资者在大陆投资，适用《中华人民共和国台湾同胞投资保护法》（以下简称台湾同胞投资保护法）及其实施细则的规定；台湾同胞投资保护法及其实施细则未规定的事项，参照外商投资法和本条例执行。

定居在国外的中国公民在中国境内投资，参照外商投资法和本条例执行；法律、行政法规或者国务院另有规定的，从其规定。

第四十九条 本条例自2020年1月1日起施行。《中华人民共和国中外合资经营企业法实施条例》、《中外合资经营企业合营期限暂行规定》、《中华人民共和国外资企业法实施细则》、《中华人民共和国中外合作经营企业法实施细则》同时废止。

2020年1月1日前制定的有关外商投资的规定与外商投资法和本条例不一致的，以外商投资法和本条例的规定为准。

中华人民共和国货物进出口管理条例

（国务院令第332号）

（2001年12月10日由国务院发布，2002年1月1日起施行，法规类型为行政法规）

第一章 总 则

第一条 为了规范货物进出口管理，维护货物进出口秩序，促进对外贸易健康发展，根据《中华人民共和国对外贸易法》（以下简称对外贸易法）的有关规定，制定本条例。

第二条 从事将货物进口到中华人民共和国关境内或者将货物出口到中华人民共和国关境外的贸易活动，应当遵守本条例。

第三条 国家对货物进出口实行统一的管理制度。

第四条 国家准许货物的自由进出口，依法维护公平、有序的货物进出口贸易。

除法律、行政法规明确禁止或者限制进出口的外，任何单位和个人均不得对货物进出口设置、维持禁止或者限制措施。

第五条 中华人民共和国在货物进出口贸易方面根据所缔结或者参加的国际条约、协定，给予其他缔约方、参加方最惠国待遇、国民待遇，或者根据互惠、对等原则给予对方最惠国待遇、国民待遇。

第六条 任何国家或者地区在货物进出口贸易方面对中华人民共和国采取歧视性的禁止、限制或者其他类似措施的，中华人民共和国可以根据实际情况对该国家或者地区采取相应的措施。

第七条 国务院对外经济贸易主管部门（以下简称国务院外经贸主管部门）依照对外贸易法和本条例的规定，主管全国货物进出口贸易工作。

国务院有关部门按照国务院规定的职责，依照本条例的规定负责货物进出口贸易管理的有关工作。

第二章 货物进口管理

第一节 禁止进口的货物

第八条 有对外贸易法第十七条规定情形之一的货物，禁止进口。其他法律、行政法规规定禁止进口的，依照其规定。

禁止进口的货物目录由国务院外经贸主管部门会同国务院有关部门制定、调整并公布。

第九条 属于禁止进口的货物，不得进口。

第二节 限制进口的货物

第十条 有对外贸易法第十六条第（一）、（四）、（五）、（六）、（七）项规定情形之一的货物，限制进口。其他法律、行政法规规定限制进口的，依照其规定。

限制进口的货物目录由国务院外经贸主管部门会同国务院有关部门制定、调整并公布。

限制进口的货物目录，应当至少在实施前21天公布；在紧急情况下，应当不迟于实施之日公布。

第十一条 国家规定有数量限制的限制进口货物，实行配额管理；其他限制进口货物，实行许可证管理。

实行关税配额管理的进口货物，依照本章第四节的规定执行。

第十二条 实行配额管理的限制进口货物，由国务院外经贸主管部门和国务院有关经济管理部门（以下统称进口配额管理部门）按照国务院规定的职责划分进行管理。

第十三条 对实行配额管理的限制进口货物，进口配额管理部门应当在每年7月31日前公布下一年度进口配额总量。

配额申请人应当在每年8月1日至8月31日向进口配额管理部门提出下一年度进口配额的申请。

进口配额管理部门应当在每年10月31日前将下一年度的配额分配给配额申请人。

进口配额管理部门可以根据需要对年度配额总量进行调整，并在实施前21天予以公布。

第十四条 配额可以按照对所有申请统一办理的方式分配。

第十五条 按照对所有申请统一办理的方式分配配额的，进口配额管理部门应当自规定的申请期限截止之日起60天内作出是否发放配额的决定。

第十六条 进口配额管理部门分配配额时，应当考虑下列因素：

（一）申请人的进口实绩；

（二）以往分配的配额是否得到充分使用；

（三）申请人的生产能力、经营规模、销售状况；

（四）新的进口经营者的申请情况；

（五）申请配额的数量情况；
（六）需要考虑的其他因素。

第十七条 进口经营者凭进口配额管理部门发放的配额证明，向国务院外经贸主管部门申领进口配额许可证。国务院外经贸主管部门应当自收到申请之日起3个工作日内发放进口配额许可证。

进口经营者凭国务院外经贸主管部门发放的进口配额许可证，向海关办理报关验放手续。

第十八条 配额持有者未使用完其持有的年度配额的，应当在当年9月1日前将未使用的配额交还进口配额管理部门；未按期交还并且在当年年底前未使用完的，进口配额管理部门可以在下一年度对其扣减相应的配额。

第十九条 实行许可证管理的限制进口货物，进口经营者应当向国务院外经贸主管部门或者国务院有关部门（以下统称进口许可证管理部门）提出申请。进口许可证管理部门应当自收到申请之日起30天内决定是否许可。

进口经营者凭进口许可证管理部门发放的进口许可证，向海关办理报关验放手续。

前款所称进口许可证，包括法律、行政法规规定的各种具有许可进口性质的证明、文件。

第二十条 进口配额管理部门和进口许可证管理部门应当根据本条例的规定制定具体管理办法，对申请人的资格、受理申请的部门、审查的原则和程序等事项作出明确规定并在实施前予以公布。

受理申请的部门一般为一个部门。

进口配额管理部门和进口许可证管理部门要求申请人提交的文件，应当限于为保证实施管理所必需的文件和资料，不得仅因细微的、非实质性的错讹拒绝接受申请。

第三节 自由进口的货物

第二十一条 进口属于自由进口的货物，不受限制。

第二十二条 基于监测货物进口情况的需要，国务院外经贸主管部门和国务院有关经济管理部门可以按照国务院规定的职责划分，对部分属于自由进口的货物实行自动进口许可管理。

实行自动进口许可管理的货物目录，应当至少在实施前21天公布。

第二十三条 进口属于自动进口许可管理的货物，均应当给予许可。

第二十四条 进口属于自动进口许可管理的货物，进口经营者应当在办理海关报关手续前，向国务院外经贸主管部门或者国务院有关经济管理部门提交自动进口许可申请。

国务院外经贸主管部门或者国务院有关经济管理部门应当在收到申请后，立即发放自动进口许可证明；在特殊情况下，最长不得超过10天。

进口经营者凭国务院外经贸主管部门或者国务院有关经济管理部门发放的自动进口许可证明，向海关办理报关验放手续。

第四节 关税配额管理的货物

第二十五条 实行关税配额管理的进口货物目录，由国务院外经贸主管部门会同国务院有关经济管理部门制定、调整并公布。

第二十六条 属于关税配额内进口的货物，按照配额内税率缴纳关税；属于关税配额外进口的货物，按照配额外税率缴纳关税。

第二十七条 进口配额管理部门应当在每年9月15日至10月14日公布下一年度的关税配额总量。

配额申请人应当在每年10月15日至10月30日向进口配额管理部门提出关税配额的申

请。

第二十八条 关税配额可以按照对所有申请统一办理的方式分配。

第二十九条 按照对所有申请统一办理的方式分配关税配额的，进口配额管理部门应当在每年 12 月 31 日前作出是否发放配额的决定。

第三十条 进口经营者凭进口配额管理部门发放的关税配额证明，向海关办理关税配额内货物的报关验放手续。

国务院有关经济管理部门应当及时将年度关税配额总量、分配方案和关税配额证明实际发放的情况向国务院外经贸主管部门备案。

第三十一条 关税配额持有者未使用完其持有的年度配额的，应当在当年 9 月 15 日前将未使用的配额交还进口配额管理部门；未按期交还并且在当年年底前未使用完的，进口配额管理部门可以在下一年度对其扣减相应的配额。

第三十二条 进口配额管理部门应当根据本条例的规定制定有关关税配额的具体管理办法，对申请人的资格、受理申请的部门、审查的原则和程序等事项作出明确规定并在实施前予以公布。

受理申请的部门一般为一个部门。

进口配额管理部门要求关税配额申请人提交的文件，应当限于为保证实施关税配额管理所必需的文件和资料，不得仅因细微的、非实质性的错讹拒绝接受关税配额申请。

第三章　货物出口管理

第一节　禁止出口的货物

第三十三条 有对外贸易法第十七条规定情形之一的货物，禁止出口。其他法律、行政法规规定禁止出口的，依照其规定。

禁止出口的货物目录由国务院外经贸主管部门会同国务院有关部门制定、调整并公布。

第三十四条 属于禁止出口的货物，不得出口。

第二节　限制出口的货物

第三十五条 有对外贸易法第十六条第（一）、（二）、（三）、（七）项规定情形之一的货物，限制出口。其他法律、行政法规规定限制出口的，依照其规定。

限制出口的货物目录由国务院外经贸主管部门会同国务院有关部门制定、调整并公布。

限制出口的货物目录，应当至少在实施前 21 天公布；在紧急情况下，应当不迟于实施之日公布。

第三十六条 国家规定有数量限制的限制出口货物，实行配额管理；其他限制出口货物，实行许可证管理。

第三十七条 实行配额管理的限制出口货物，由国务院外经贸主管部门和国务院有关经济管理部门（以下统称出口配额管理部门）按照国务院规定的职责划分进行管理。

第三十八条 对实行配额管理的限制出口货物，出口配额管理部门应当在每年 10 月 31 日前公布下一年度出口配额总量。

配额申请人应当在每年 11 月 1 日至 11 月 15 日向出口配额管理部门提出下一年度出口配额的申请。

出口配额管理部门应当在每年 12 月 15 日前将下一年度的配额分配给配额申请人。

第三十九条 配额可以通过直接分配的方式分配，也可以通过招标等方式分配。

第四十条 出口配额管理部门应当自收到申请之日起 30 天内并不晚于当年 12 月 15 日作

出是否发放配额的决定。

第四十一条 出口经营者凭出口配额管理部门发放的配额证明,向国务院外经贸主管部门申领出口配额许可证。国务院外经贸主管部门应当自收到申请之日起3个工作日内发放出口配额许可证。

出口经营者凭国务院外经贸主管部门发放的出口配额许可证,向海关办理报关验放手续。

第四十二条 配额持有者未使用完其持有的年度配额的,应当在当年10月31日前将未使用的配额交还出口配额管理部门;未按期交还并且在当年年底前未使用完的,出口配额管理部门可以在下一年度对其扣减相应的配额。

第四十三条 实行许可证管理的限制出口货物,出口经营者应当向国务院外经贸主管部门或者国务院有关部门(以下统称出口许可证管理部门)提出申请,出口许可证管理部门应当自收到申请之日起30天内决定是否许可。

出口经营者凭出口许可证管理部门发放的出口许可证,向海关办理报关验放手续。

前款所称出口许可证,包括法律、行政法规规定的各种具有许可出口性质的证明、文件。

第四十四条 出口配额管理部门和出口许可证管理部门应当根据本条例的规定制定具体管理办法,对申请人的资格、受理申请的部门、审查的原则和程序等事项作出明确规定并在实施前予以公布。

受理申请的部门一般为一个部门。

出口配额管理部门和出口许可证管理部门要求申请人提交的文件,应当限于为保证实施管理所必需的文件和资料,不得仅因细微的、非实质性的错讹拒绝接受申请。

第四章 国营贸易和指定经营

第四十五条 国家可以对部分货物的进出口实行国营贸易管理。

实行国营贸易管理的进出口货物目录由国务院外经贸主管部门会同国务院有关经济管理部门制定、调整并公布。

第四十六条 国务院外经贸主管部门和国务院有关经济管理部门按照国务院规定的职责划分确定国营贸易企业名录并予以公布。

第四十七条 实行国营贸易管理的货物,国家允许非国营贸易企业从事部分数量的进出口。

第四十八条 国营贸易企业应当每半年向国务院外经贸主管部门提供实行国营贸易管理的货物的购买价格、销售价格等有关信息。

第四十九条 国务院外经贸主管部门基于维护进出口经营秩序的需要,可以在一定期限内对部分货物实行指定经营管理。

实行指定经营管理的进出口货物目录由国务院外经贸主管部门制定、调整并公布。

第五十条 确定指定经营企业的具体标准和程序,由国务院外经贸主管部门制定并在实施前公布。

指定经营企业名录由国务院外经贸主管部门公布。

第五十一条 除本条例第四十七条规定的情形外,未列入国营贸易企业名录和指定经营企业名录的企业或者其他组织,不得从事实行国营贸易管理、指定经营管理的货物的进出口贸易。

第五十二条 国营贸易企业和指定经营企业应当根据正常的商业条件从事经营活动,不得以非商业因素选择供应商,不得以非商业因素拒绝其他企业或者组织的委托。

第五章 进出口监测和临时措施

第五十三条 国务院外经贸主管部门负责对货物进出口情况进行监测、评估,并定期向国务院报告货物进出口情况，提出建议。

第五十四条 国家为维护国际收支平衡，包括国际收支发生严重失衡或者受到严重失衡威胁时，或者为维持与实施经济发展计划相适应的外汇储备水平，可以对进口货物的价值或者数量采取临时限制措施。

第五十五条 国家为建立或者加快建立国内特定产业，在采取现有措施无法实现的情况下，可以采取限制或者禁止进口的临时措施。

第五十六条 国家为执行下列一项或者数项措施，必要时可以对任何形式的农产品水产品采取限制进口的临时措施：

（一）对相同产品或者直接竞争产品的国内生产或者销售采取限制措施；

（二）通过补贴消费的形式，消除国内过剩的相同产品或者直接竞争产品；

（三）对完全或者主要依靠该进口农产品水产品形成的动物产品采取限产措施。

第五十七条 有下列情形之一的，国务院外经贸主管部门可以对特定货物的出口采取限制或者禁止的临时措施：

（一）发生严重自然灾害等异常情况，需要限制或者禁止出口的；

（二）出口经营秩序严重混乱，需要限制出口的；

（三）依照对外贸易法第十六条、第十七条的规定，需要限制或者禁止出口的。

第五十八条 对进出口货物采取限制或者禁止的临时措施的，国务院外经贸主管部门应当在实施前予以公告。

第六章　对外贸易促进

第五十九条 国家采取出口信用保险、出口信贷、出口退税、设立外贸发展基金等措施，促进对外贸易发展。

第六十条 国家采取有效措施，促进企业的技术创新和技术进步，提高企业的国际竞争能力。

第六十一条 国家通过提供信息咨询服务，帮助企业开拓国际市场。

第六十二条 货物进出口经营者可以依法成立和参加进出口商会，实行行业自律和协调。

第六十三条 国家鼓励企业积极应对国外歧视性反倾销、反补贴、保障措施及其他限制措施，维护企业的正当贸易权利。

第七章　法律责任

第六十四条 进口或者出口属于禁止进出口的货物，或者未经批准、许可擅自进口或者出口属于限制进出口的货物的，依照刑法关于走私罪的规定，依法追究刑事责任；尚不够刑事处罚的，依照海关法的有关规定处罚；国务院外经贸主管部门并可以撤销其对外贸易经营许可。

第六十五条 擅自超出批准、许可的范围进口或者出口属于限制进出口的货物的，依照刑法关于走私罪或者非法经营罪的规定，依法追究刑事责任；尚不够刑事处罚的，依照海关法的有关规定处罚；国务院外经贸主管部门并可以暂停直至撤销其对外贸易经营许可。

第六十六条 伪造、变造或者买卖货物进出口配额证明、批准文件、许可证或者自动进口许可证明的，依照刑法关于非法经营罪或者伪造、变造、买卖国家机关公文、证件、印章罪的规定，依法追究刑事责任；尚不够刑事处罚的，依照海关法的有关规定处罚；国务院外经贸主管部门并可以撤销其对外贸易经营许可。

第六十七条 进出口经营者以欺骗或者其他不正当手段获取货物进出口配额、批准文件、许可证或者自动进口许可证明的，依法收缴其货物进出口配额、批准文件、许可证或者自动进口许可证明，国务院外经贸主管部门可以暂停直至撤销其对外贸易经营许可。

第六十八条 违反本条例第五十一条规定,擅自从事实行国营贸易管理或者指定经营管理的货物进出口贸易,扰乱市场秩序,情节严重的,依照刑法关于非法经营罪的规定,依法追究刑事责任;尚不够刑事处罚的,由工商行政管理机关依法给予行政处罚;国务院外经贸主管部门并可以暂停直至撤销其对外贸易经营许可。

第六十九条 国营贸易企业或者指定经营企业违反本条例第四十八条、第五十二条规定的,由国务院外经贸主管部门予以警告;情节严重的,可以暂停直至取消其国营贸易企业或者指定经营企业资格。

第七十条 货物进出口管理工作人员在履行货物进出口管理职责中,滥用职权、玩忽职守或者利用职务上的便利收受、索取他人财物的,依照刑法关于滥用职权罪、玩忽职守罪、受贿罪或者其他罪的规定,依法追究刑事责任;尚不够刑事处罚的,依法给予行政处分。

第八章 附 则

第七十一条 对本条例规定的行政机关发放配额、关税配额、许可证或者自动许可证明的决定不服的,对确定国营贸易企业或者指定经营企业资格的决定不服的,或者对行政处罚的决定不服的,可以依法申请行政复议,也可以依法向人民法院提起诉讼。

第七十二条 本条例的规定不妨碍依据法律、行政法规对进出口货物采取的关税、检验检疫、安全、环保、知识产权保护等措施。

第七十三条 出口核用品、核两用品、监控化学品、军品等出口管制货物的,依照有关行政法规的规定办理。

第七十四条 对进口货物需要采取反倾销措施、反补贴措施、保障措施的,依照对外贸易法和有关法律、行政法规的规定执行。

第七十五条 法律、行政法规对保税区、出口加工区等特殊经济区的货物进出口管理另有规定的,依照其规定。

第七十六条 国务院外经贸主管部门负责有关货物进出口贸易的双边或者多边磋商、谈判,并负责贸易争端解决的有关事宜。

第七十七条 本条例自2002年1月1日起施行。1984年1月10日国务院发布的《中华人民共和国进口货物许可制度暂行条例》,1992年12月21日国务院批准、1992年12月29日对外经济贸易部发布的《出口商品管理暂行办法》,1993年9月22日国务院批准、1993年10月7日国家经济贸易委员会、对外贸易经济合作部发布的《机电产品进口管理暂行办法》,1993年12月22日国务院批准、1993年12月29日国家计划委员会、对外贸易经济合作部发布的《一般商品进口配额管理暂行办法》,1994年6月13日国务院批准、1994年7月19日对外贸易经济合作部、国家计划委员会发布的《进口商品经营管理暂行办法》,同时废止。

经营资质

对外贸易经营者备案登记办法

(商务部令 2004 年第 14 号)

(2004 年 6 月 25 日由商务部发布；根据 2016 年 8 月 18 日商务部令 2016 年第 2 号《商务部关于废止和修改部分规章和规范性文件的决定》修改，根据 2019 年 11 月 30 日商务部令 2019 年第 1 号《商务部关于废止和修改部分规章的决定》修改；现行版本自 2019 年 11 月 30 日起施行；法规类型为部门规章)

第一条 为促进对外贸易发展，根据《中华人民共和国对外贸易法》(以下简称《外贸法》) 第九条的有关规定，制订本办法。

第二条 从事货物进出口或者技术进出口的对外贸易经营者，应当向中华人民共和国商务部 (以下简称商务部) 或商务部委托的机构办理备案登记；但是，法律、行政法规和商务部规定不需要备案登记的除外。

对外贸易经营者未按照本办法办理备案登记的，海关不予办理进出口的报关验放手续。

第三条 商务部是全国对外贸易经营者备案登记工作的主管部门。

第四条 对外贸易经营者备案登记工作实行全国联网和属地化管理。

商务部委托符合条件的地方对外贸易主管部门 (以下简称备案登记机关) 负责办理本地区对外贸易经营者备案登记手续；受委托的备案登记机关不得自行委托其他机构进行备案登记。

备案登记机关必须具备办理备案登记所必需的固定的办公场所，管理、录入、技术支持、维护的专职人员以及连接商务部对外贸易经营者备案登记网络系统 (以下简称"备案登记网络") 的相关设备等条件。

对于符合上述条件的备案登记机关，商务部可出具书面委托函，发放由商务部统一监制的备案登记印章，并对外公布。备案登记机关凭商务部的书面委托函和备案登记印章，通过商务部备案登记网络办理备案登记手续。对于情况发生变化、不符合上述条件的以及未按本办法第六、七条规定办理备案登记的备案登记机关，商务部可收回对其委托。

第五条 对外贸易经营者备案登记的程序

对外贸易经营者在本地区备案登记机关办理备案登记。

对外贸易经营者备案登记程序如下：

(一) 领取《对外贸易经营者备案登记表》(以下简称《登记表》)。对外贸易经营者可以通过商务部政府网站 (http://www.mofcom.gov.cn) 下载，或到所在地备案登记机关领取《登记表》(样式附后)。

(二)填写《登记表》。对外贸易经营者应按《登记表》要求认真填写所有事项的信息，并确保所填写内容是完整的、准确的和真实的；同时认真阅读《登记表》背面的条款，并由企业法定代表人或个体工商负责人签字、盖章。

(三)向备案登记机关提交如下备案登记材料：

1. 按本条第二款要求填写的《登记表》；
2. 营业执照复印件；
3. 对外贸易经营者为外商投资企业的，还应提交外商投资企业批准证书复印件；

第六条 备案登记机关应自收到对外贸易经营者提交的上述材料之日起5日内办理备案登记手续，在《登记表》上加盖备案登记印章。

第七条 备案登记机关在完成备案登记手续的同时，应当完整准确地记录和保存对外贸易经营者的备案登记信息和登记材料，依法建立备案登记档案。

第八条 对外贸易经营者应凭加盖备案登记印章的《登记表》在30日内到当地海关、检验检疫、外汇、税务等部门办理开展对外贸易业务所需的有关手续。逾期未办理的，《登记表》自动失效。

第九条 《登记表》上的任何登记事项发生变更时，对外贸易经营者应比照本办法第五条和第八条的有关规定，在30日内办理《登记表》的变更手续，逾期未办理变更手续的，其《登记表》自动失效。

备案登记机关收到对外贸易经营者提交的书面材料后，应当即时予以办理变更手续。

第十条 对外贸易经营者已在工商部门办理注销手续或被吊销营业执照的，自营业执照注销或被吊销之日起，《登记表》自动失效。

根据《外贸法》的相关规定，商务部决定禁止有关对外贸易经营者在一年以上三年以下的期限内从事有关货物或者技术的进出口经营活动的，备案登记机关应当撤销其《登记表》；处罚期满后，对外贸易经营者可依据本办法重新办理备案登记。

第十一条 备案登记机关应当在对外贸易经营者撤销备案登记后将有关情况及时通报海关、检验检疫、外汇、税务等部门。

第十二条 对外贸易经营者不得伪造、变造、涂改、出租、出借、转让和出卖《登记表》。

第十三条 备案登记机关在办理备案登记或变更备案登记时，不得变相收取费用。

第十四条 本办法实施前，已经依法取得货物和技术进出口经营资格、且仅在原核准经营范围内从事进出口经营活动的对外贸易经营者，不再需要办理备案登记手续；对外贸易经营者如超出原核准经营范围从事进出口经营活动，仍需按照本办法办理备案登记。

第十五条 本办法由商务部负责解释。

第十六条 本办法自2004年7月1日起实施。凡与本办法不一致的规定，自本办法发布之日起废止。

关于实施对外贸易经营者备案和原产地企业备案"两证合一"的公告

(商务部 海关总署 中国贸促会公告2019年第39号)

(2019年9月23日由商务部、海关总署、中国贸促会发布,2019年10月15日起施行,法规类型为规范性文件)

为进一步优化营商环境,激发市场主体活力,根据《国务院关于做好自由贸易试验区第四批改革试点经验复制推广工作的通知》(国发〔2018〕12号)精神,商务部、海关总署、中国国际贸易促进委员会决定,自2019年10月15日起,在全国范围内推广对外贸易经营者备案和原产地企业备案"两证合一"改革工作(以下简称"两证合一")。现将有关事项公告如下:

一、"两证合一"采取商务部门负责备案、采集和推送信息,海关、贸促机构接收导入备案信息的业务流程模式,实现对外贸易经营者备案和原产地企业备案"一次受理、一次备案、一次发证"。办理对外贸易经营者备案的企业同时完成了原产地企业备案。

二、商务部对外贸易经营者备案登记应用与海关总署、中国国际贸易促进委员会原产地管理系统对接,实现部门间系统互联互通、数据交换和信息共享,在"总对总"层面实行备案信息自动推送、导入、转换。

三、企业在办理对外贸易经营者新备案或变更备案后,可根据进出口货物原产地管理相关规定,直接向海关、中国贸促会及其地方机构申请原产地证书,不再进行原产地企业备案。

四、"两证合一"前已申领原产地证书的企业,证书申领方式和流程保持不变;"两证合一"前已办理对外贸易经营者备案、且未进行原产地企业备案的企业,可直接申领原产地证书;不办理对外贸易经营者备案的生产型企业,可向海关或贸促会备案并申领原产地证书。

关于进一步规范汽车和摩托车产品出口秩序的通知

(商产发〔2012〕318号)

(2012年9月6日由商务部、工业和信息化部、海关总署、国家质量监督检验检疫总局、国家认证认可监督管理委员会发布,2012年9月6日起施行,法规类型为规范性文件)

为进一步转变汽车和摩托车出口发展方式,提高出口增长的质量和效益,促进产业健康发展,依据《对外贸易法》、《海关法》、《商检法》、《汽车产业发展政策》、《认证认可条例》,商务部、工业和信息化部、海关总署、质检总局、国家认监委决定对汽车和摩托车(含非公路用两轮摩托车、全地形车,产品目录见附件1、2)生产企业实行出口资质管理,对出口经营企业实行生产企业授权经营管理,并对生产企业授权实行分类管理。现将有关事项通知如下:

一、申报出口资质的生产企业应具备的条件

（一）汽车、摩托车生产企业应列入工业和信息化部《车辆生产企业及产品公告》；具备有效的国家强制性产品认证（CCC认证）。

（二）低速汽车生产企业应列入工业和信息化部《车辆生产企业及产品公告》。

（三）非公路用两轮摩托车生产企业应具备有效的ISO9000企业质量管理体系认证；获得国家推行的自愿性产品认证或相关国际认证。

（四）全地形车生产企业应具备有效的ISO9000企业质量管理体系认证；获得相关国际认证。

（五）所有产品类别的生产企业须具备与出口保有量相适应的维修服务能力。

二、分类管理

（一）自2013年起，商务部、工业和信息化部、海关总署、质检总局、国家认监委依据对生产企业上报的境外售后维修服务网点的审核情况、企业出口规模，对生产企业出口授权实行分类管理。

符合出口资质条件的生产企业，可根据自身所属企业分类，授权一定数量的出口经营企业（含企业集团所属的进出口公司）出口本企业的产品；双方须在授权约定中对出口产品的质量保证、售后服务等连带法律责任予以明确。

（二）2013年汽车和摩托车生产企业分类管理标准。

1. 汽车生产企业。

一类企业（可授权出口经营企业7家）：境外售后维修服务网点达到50个；且年出口（2011年出口量或以2012年上半年所折算的全年出口量，下同）达到10000辆的乘用车、载货车、低速汽车生产企业，年出口达到2000辆的大中型客车生产企业。

二类企业（可授权出口经营企业5家）：境外售后维修服务网点达到10个；且年出口达到2000辆的乘用车生产企业、年出口达到1000辆的大中型客车生产企业、年出口达到5000辆的载货车、低速汽车生产企业。

三类企业（可授权出口经营企业3家）：境外售后维修服务网点达到5个；且年出口达到500辆的乘用车生产企业、年出口达到200辆的大中型客车生产企业、年出口达到1000辆的载货车、低速汽车生产企业。

四类企业（可授权出口经营企业1家）：不满足第一、二、三类企业要求，但建有境外售后维修服务网点的汽车生产企业。

五类企业（仅限自营出口）：未建有境外售后维修服务网点的汽车生产企业。

2. 摩托车（含非公路用两轮摩托车、全地形车）生产企业。

一类企业（可授权5家出口经营企业）：境外售后维修服务网点达到10个，且年出口达到100000辆的摩托车和非公路用两轮摩托车生产企业；境外售后维修服务网点达到5个、且年出口达到10000辆的全地形车生产企业。

二类企业（可授权3家出口经营企业）：境外售后维修服务网点达到5个，且年出口达到10000辆的摩托车和非公路用两轮摩托车生产企业；境外售后维修服务网点达到3个，且年出口达到5000辆的全地形车生产企业。

三类企业（可授权1家出口经营企业）：不满足第一、二类企业要求，但建有境外售后维修服务网点的摩托车生产企业。

四类企业（仅限自营出口）：未建有境外售后维修服务网点的摩托车生产企业。

对于同时生产多种汽车或摩托车车型的企业，以其可授权出口经营企业最多的汽车或摩托车车型为参照标准，确定其所属企业分类。

（三）商务部会同工业和信息化部、海关总署、质检总局、国家认监委，依据出口实际情况，适时调整分类管理标准。2014年起，未建有境外售后维修服务网点的生产企业不得授权或自营出口。

三、申报程序

（一）符合条件的生产企业须于每年9月10日前，将申请表（见附件3、4）、海关报关单复印件等出口证明材料、企业境外售后维修服务网点总体建设及变动情况，报至所在省、自治区、直辖市、计划单列市及新疆生产建设兵团商务主管部门（机电办）。

（二）各地商务主管部门（机电办）对企业材料进行初核并征求当地海关意见后，将相关材料和汇总表（见附件5、6）于9月30日前报至商务部（产业司）。

（三）商务部会同工业和信息化部、海关总署、质检总局、国家认监委于每年10月公示下一年度《符合申领汽车和摩托车出口许可证条件企业名单》（以下简称《名单》），并于12月正式发布。

四、资质管理的执行

（一）每年12月15日起，商务部授权的许可证发证机构凭《名单》开始发放下一年度出口许可证。出口许可证适用于一般贸易、加工贸易、边境贸易、捐赠方式出口的汽车和摩托车。

（二）企业持合同、出口许可证等必要凭证和批准文件向出入境检验检疫机构报检。出口汽车和摩托车产品应在生产地检验，并通过出入境检验检疫机构对生产企业质量保证工作的检查。

进口国对汽车和摩托车产品有准入的法律法规要求的，企业须向出入境检验检疫机构提交所出口产品符合相应准入要求的证明；进口国准入法律法规不明确的，出入境检验检疫机构按照质检总局指定的相关技术规范实施检验。

（三）企业持出口许可证和检验检疫机构签发的《出境货物通关单》向海关办理出口手续。

（四）商务部会同工业和信息化部、海关总署、质检总局、国家认监委，根据出口企业在海外市场的经营情况、《车辆生产企业及产品公告》管理情况、出口产品日常检验和监管情况、企业强制性产品认证情况，适时提出预警，并动态调整《名单》。

（五）企业有下列行为之一者，视情况可对其进行通报、警告、暂停或取消从事汽车或摩托车出口资格。

1. 提供虚假资质证明材料的；
2. 其产品被相关部门认定为侵犯知识产权的；
3. 伪造生产企业授权证明的；
4. 出口非自产或非授权企业产品的；
5. 出口产品在国外有重大质量事件并对我国出口造成重大不良影响的；
6. 有其他违反本通知规定行为和不诚信行为的。

（六）出口企业可向商务部、工业和信息化部、海关总署、质检总局、国家认监委举报违法违规企业。有关部门进行调查并作出相应处理。

五、其他事项

（一）为鼓励发展与边境接壤国家的贸易，边境地区有关省、自治区可推荐当地1-2家有实力的出口经营企业，明确与重点生产企业（一类和二类生产企业）的委托代理关系和目标出口市场后申报，此类授权不受生产企业出口授权数量限制，但生产企业在同一目标市场不得重复进行此类授权。每年申报时，当地管理部门须同时报送上一年度所推荐的出口经营企业的出口经营情况。

（二）企业以工程承包方式出口汽车和摩托车，须凭中标文件等相关证明材料申领出口许可证；企业出口非原产于中国的进口汽车、摩托车，须凭进口海关单据和出口合同申领出口许可证。

摩托车发动机和车架出口经营企业须凭具有出口资质的摩托车生产企业提供的证明（格式见附件7）申领出口许可证。

（三）本通知自发布之日起实施。原《关于规范汽车出口秩序的通知》（商产发〔2006〕629号）、《关于规范摩托车产品出口秩序的通知》（商机电发〔2005〕699号）和《关于规范摩托车产品出口秩序的补充通知》（商机电发〔2006〕44号）同时废止。

附件：1. 实行出口许可证管理的汽车产品目录（略）
2. 实行出口许可证管理的摩托车产品目录（略）
3. 符合申领汽车出口许可证条件企业申请表（略）
4. 符合申领摩托车出口许可证条件企业申请表（略）
5. 符合申领汽车出口许可证条件企业名单申请汇总表（略）
6. 符合申领摩托车出口许可证条件企业名单申请汇总表（略）
7. 摩托车发动机和车架出口证明（略）

对外承包工程管理条例

（国务院令第527号）

（2008年7月21日由国务院发布，根据2017年3月1日国务院令第676号《国务院关于修改和废止部分行政法规的决定》修订，现行版本自2017年3月1日起施行，法规类型为行政法规）

第一章 总 则

第一条 为了规范对外承包工程，促进对外承包工程健康发展，制定本条例。

第二条 本条例所称对外承包工程，是指中国的企业或者其他单位（以下统称单位）承包境外建设工程项目（以下简称工程项目）的活动。

第三条 国家鼓励和支持开展对外承包工程，提高对外承包工程的质量和水平。

国务院有关部门制定和完善促进对外承包工程的政策措施，建立、健全对外承包工程服务体系和风险保障机制。

第四条 开展对外承包工程，应当维护国家利益和社会公共利益，保障外派人员的合法权益。

开展对外承包工程，应当遵守工程项目所在国家或者地区的法律，信守合同，尊重当地的风俗习惯，注重生态环境保护，促进当地经济社会发展。

第五条 国务院商务主管部门负责全国对外承包工程的监督管理，国务院有关部门在各自的职责范围内负责与对外承包工程有关的管理工作。

国务院建设主管部门组织协调建设企业参与对外承包工程。

省、自治区、直辖市人民政府商务主管部门负责本行政区域内对外承包工程的监督管理。

第六条 有关对外承包工程的协会、商会按照章程为其成员提供与对外承包工程有关的信息、培训等方面的服务，依法制定行业规范，发挥协调和自律作用，维护公平竞争和成员利益。

第二章　对外承包工程活动

第七条　国务院商务主管部门应当会同国务院有关部门建立对外承包工程安全风险评估机制，定期发布有关国家和地区安全状况的评估结果，及时提供预警信息，指导对外承包工程的单位做好安全风险防范。

第八条　对外承包工程的单位不得以不正当的低价承揽工程项目、串通投标，不得进行商业贿赂。

第九条　对外承包工程的单位应当与境外工程项目发包人订立书面合同，明确双方的权利和义务，并按照合同约定履行义务。

第十条　对外承包工程的单位应当加强对工程质量和安全生产的管理，建立、健全并严格执行工程质量和安全生产管理的规章制度。

对外承包工程的单位将工程项目分包的，应当与分包单位订立专门的工程质量和安全生产管理协议，或者在分包合同中约定各自的工程质量和安全生产管理责任，并对分包单位的工程质量和安全生产工作统一协调、管理。

对外承包工程的单位不得将工程项目分包给不具备国家规定的相应资质的单位；工程项目的建筑施工部分不得分包给未依法取得安全生产许可证的境内建筑施工企业。

分包单位不得将工程项目转包或者再分包。对外承包工程的单位应当在分包合同中明确约定分包单位不得将工程项目转包或者再分包，并负责监督。

第十一条　从事对外承包工程外派人员中介服务的机构应当取得国务院商务主管部门的许可，并按照国务院商务主管部门的规定从事对外承包工程外派人员中介服务。

对外承包工程的单位通过中介机构招用外派人员的，应当选择依法取得许可并合法经营的中介机构，不得通过未依法取得许可或者有重大违法行为的中介机构招用外派人员。

第十二条　对外承包工程的单位应当依法与其招用的外派人员订立劳动合同，按照合同约定向外派人员提供工作条件和支付报酬，履行用人单位义务。

第十三条　对外承包工程的单位应当有专门的安全管理机构和人员，负责保护外派人员的人身和财产安全，并根据所承包工程项目的具体情况，制定保护外派人员人身和财产安全的方案，落实所需经费。

对外承包工程的单位应当根据工程项目所在国家或者地区的安全状况，有针对性地对外派人员进行安全防范教育和应急知识培训，增强外派人员的安全防范意识和自我保护能力。

第十四条　对外承包工程的单位应当为外派人员购买境外人身意外伤害保险。

第十五条　对外承包工程的单位应当按照国务院商务主管部门和国务院财政部门的规定，及时存缴备用金。

前款规定的备用金，用于支付对外承包工程的单位拒绝承担或者无力承担的下列费用：

（一）外派人员的报酬；

（二）因发生突发事件，外派人员回国或者接受其他紧急救助所需费用；

（三）依法应当对外派人员的损失进行赔偿所需费用。

第十六条　对外承包工程的单位与境外工程项目发包人订立合同后，应当及时向中国驻该工程项目所在国使馆（领馆）报告。

对外承包工程的单位应当接受中国驻该工程项目所在国使馆（领馆）在突发事件防范、工程质量、安全生产及外派人员保护等方面的指导。

第十七条　对外承包工程的单位应当制定突发事件应急预案；在境外发生突发事件时，应当及时、妥善处理，并立即向中国驻该工程项目所在国使馆（领馆）和国内有关主管部门报告。

国务院商务主管部门应当会同国务院有关部门，按照预防和处置并重的原则，建立、健全对外承包工程突发事件预警、防范和应急处置机制，制定对外承包工程突发事件应急预案。

第十八条 对外承包工程的单位应当定期向商务主管部门报告其开展对外承包工程的情况，并按照国务院商务主管部门和国务院统计部门的规定，向有关部门报送业务统计资料。

第十九条 国务院商务主管部门应当会同国务院有关部门建立对外承包工程信息收集、通报制度，向对外承包工程的单位无偿提供信息服务。

有关部门应当在货物通关、人员出入境等方面，依法为对外承包工程的单位提供快捷、便利的服务。

第三章 法律责任

第二十条 对外承包工程的单位有下列情形之一的，由商务主管部门责令改正，处10万元以上20万元以下的罚款，对其主要负责人处1万元以上2万元以下的罚款；拒不改正的，商务主管部门可以禁止其在1年以上3年以下的期限内对外承包新的工程项目；造成重大工程质量问题、发生较大事故以上生产安全事故或者造成其他严重后果的，建设主管部门或者其他有关主管部门可以降低其资质等级或者吊销其资质证书：

（一）未建立并严格执行工程质量和安全生产管理的规章制度的；

（二）没有专门的安全管理机构和人员负责保护外派人员的人身和财产安全，或者未根据所承包工程项目的具体情况制定保护外派人员人身和财产安全的方案并落实所需经费的；

（三）未对外派人员进行安全防范教育和应急知识培训的；

（四）未制定突发事件应急预案，或者在境外发生突发事件，未及时、妥善处理的。

第二十一条 对外承包工程的单位有下列情形之一的，由商务主管部门责令改正，处15万元以上30万元以下的罚款，对其主要负责人处2万元以上5万元以下的罚款；拒不改正的，商务主管部门可以禁止其在2年以上5年以下的期限内对外承包新的工程项目；造成重大工程质量问题、发生较大事故以上生产安全事故或者造成其他严重后果的，建设主管部门或者其他有关主管部门可以降低其资质等级或者吊销其资质证书：

（一）以不正当的低价承揽工程项目、串通投标或者进行商业贿赂的；

（二）未与分包单位订立专门的工程质量和安全生产管理协议，或者未在分包合同中约定各自的工程质量和安全生产管理责任，或者未对分包单位的工程质量和安全生产工作统一协调、管理的；

（三）将工程项目分包给不具备国家规定的相应资质的单位，或者将工程项目的建筑施工部分分包给未依法取得安全生产许可证的境内建筑施工企业的；

（四）未在分包合同中明确约定分包单位不得将工程项目转包或者再分包的。

分包单位将其承包的工程项目转包或者再分包的，由建设主管部门责令改正，依照前款规定的数额对分包单位及其主要负责人处以罚款；造成重大工程质量问题，或者发生较大事故以上生产安全事故的，建设主管部门或者其他有关主管部门可以降低其资质等级或者吊销其资质证书。

第二十二条 对外承包工程的单位有下列情形之一的，由商务主管部门责令改正，处2万元以上5万元以下的罚款；拒不改正的，对其主要负责人处5000元以上1万元以下的罚款：

（一）与境外工程项目发包人订立合同后，未及时向中国驻该工程项目所在国使馆（领馆）报告的；

（二）在境外发生突发事件，未立即向中国驻该工程项目所在国使馆（领馆）和国内有关主管部门报告的；

（三）未定期向商务主管部门报告其开展对外承包工程的情况，或者未按照规定向有关部门报送业务统计资料的。

第二十三条 对外承包工程的单位通过未依法取得许可或者有重大违法行为的中介机构招用外派人员，或者不依照本条例规定为外派人员购买境外人身意外伤害保险，或者未按照规定存缴备用金的，由商务主管部门责令限期改正，处 5 万元以上 10 万元以下的罚款，对其主要负责人处 5000 元以上 1 万元以下的罚款；逾期不改正的，商务主管部门可以禁止其在 1 年以上 3 年以下的期限内对外承包新的工程项目。

未取得国务院商务主管部门的许可，擅自从事对外承包工程外派人员中介服务的，由国务院商务主管部门责令改正，处 10 万元以上 20 万元以下的罚款；有违法所得的，没收违法所得；对其主要负责人处 5 万元以上 10 万元以下的罚款。

第二十四条 商务主管部门、建设主管部门和其他有关部门的工作人员在对外承包工程监督管理工作中滥用职权、玩忽职守、徇私舞弊，构成犯罪的，依法追究刑事责任；尚不构成犯罪的，依法给予处分。

第四章 附 则

第二十五条 对外承包工程涉及的货物进出口、技术进出口、人员出入境、海关以及税收、外汇等事项，依照有关法律、行政法规和国家有关规定办理。

第二十六条 对外承包工程的单位以投标、议标方式参与报价金额在国务院商务主管部门和国务院财政部门等有关部门规定标准以上的工程项目的，其银行保函的出具等事项，依照国务院商务主管部门和国务院财政部门等有关部门的规定办理。

第二十七条 对外承包工程的单位承包特定工程项目，或者在国务院商务主管部门会同外交部等有关部门确定的特定国家或者地区承包工程项目的，应当经国务院商务主管部门会同国务院有关部门批准。

第二十八条 中国内地的单位在香港特别行政区、澳门特别行政区、台湾地区承包工程项目，参照本条例的规定执行。

第二十九条 中国政府对外援建的工程项目的实施及其管理，依照国家有关规定执行。

第三十条 本条例自 2008 年 9 月 1 日起施行。

原油、成品油、化肥国营贸易进口经营管理试行办法

（对外贸易经济合作部令 2002 年第 27 号）

（2002 年 7 月 18 日由对外贸易经济合作部发布，2002 年 8 月 18 日起施行，法规类型为部门规章）

第一条 为规范原油、成品油、化肥的进口经营管理，维护正常的经营秩序，维护消费者利益，促进对外贸易发展，根据《中华人民共和国货物进出口管理条例》的有关规定，制定本办法。

第二条 国家对原油、成品油、化肥进口实行国营贸易管理。原油、成品油、化肥具体税号由对外贸易经济合作部（以下简称"外经贸部"）会同国家经济贸易委员会（以下简称"国家经贸委"）、海关总署制定、调整，外经贸部负责公布。

第三条 外经贸部负责原油、成品油、化肥国营贸易和非国营贸易的进口经营管理工作。

第四条 国营贸易企业是经国家特许，获得从事某类国营贸易管理货物进口经营权的企业或机构。

第五条 国营贸易企业名录由外经贸部确定、调整并公布。

外经贸部在确定和调整国营贸易企业名录时商国家经贸委。

第六条 对实行国营贸易管理的货物，国家允许非国营贸易企业从事部分数量的进口。

第七条 具有对外贸易经营资格以及经营国营贸易管理货物必备条件的企业，经外经贸部登记备案，可成为非国营贸易企业。外经贸部在办理登记备案手续前将征求国家经贸委的意见。

前款规定的条件由外经贸部会同国家经贸委制定，并由外经贸部公布。

第八条 原油、成品油、化肥的进口数量包括国营贸易进口数量和非国营贸易进口数量。

第九条 国营贸易企业在外经贸部和国家经贸委指导下从事国营贸易业务。

第十条 国营贸易企业在每季度结束后10个工作日内将该季度国营贸易进口管理货物的市场供求情况、购买价格和销售价格等有关信息报送外经贸部和国家经贸委。

经贸部负责向世界贸易组织有关机构通报相关信息。

第十一条 非国营贸易企业应当根据正常的商业条件从事经营活动，接受外经贸部、国家经贸委的监督。

第十二条 除本办法第二十条、第二十一条规定的情况外，国营贸易企业和非国营贸易企业以外的其他企业，不得从事原油、成品油、化肥的进口业务。

第十三条 对化肥进口，国营贸易配额持有者必须委托国营贸易企业进口。

非国营贸易配额持有者可以委托国营贸易企业或非国营贸易企业进口，具备非国营贸易企业资格的配额持有者也可以自行进口。

海关凭化肥关税配额管理机构签发的《化肥进口关税配额证明》，按关税配额内税率征税验放。

第十四条 对成品油进口，国营贸易配额持有者必须委托国营贸易企业进口。

非国营贸易配额持有者可以委托国营贸易企业或非国营贸易企业进口，具备非国营贸易企业资格的配额持有者也可以自行进口。

海关凭许可证发证机构签发的成品油进口许可证验放。

第十五条 对原油国营贸易进口，国营贸易企业按照有关规定向自动进口许可管理机构申领自动进口许可证明。

对原油非国营贸易进口，自动进口许可管理机构在公布的原油非国营贸易进口数量（包括结转的前一年度未使用完的非国营贸易进口数量）内发放自动进口许可证明，达到该数量后不再向非国营贸易企业发放原油的自动进口许可证明。

海关对原油进口凭自动进口许可管理机构签发的自动进口许可证办理验放手续。

第十六条 国营贸易企业或非国营贸易企业接受委托后，必须与委托人签订书面委托合同，并据此与外商签订进口合同。

委托合同和进口合同的条款，必须符合国家法律、法规规定。

禁止国营贸易企业或非国营贸易企业以"四自三不见"（即自带客户、自带货源、自带汇票、自行报关和不见进口产品，不见供货货主，不见外商）的方式代理进口。

第十七条 对未按本办法第十三条、第十四条、第十五条和第十六条规定执行的，关税配额、配额许可证和自动进口许可的管理机构不予签发关税配额证明、进口许可证或自动进口许可证明等证明文件。

第十八条 国营贸易企业违反本办法第九条、第十条、第十六条规定的，由外经贸部会同国家经贸委予以警告，并责令限期改正；情节严重的，可以暂停直至取消其国营贸易企业资格。

第十九条 对违反本办法第十一条、第十二条规定，擅自从事国营贸易管理货物进口贸易，扰乱市场秩序的企业，外经贸部可以暂停直至撤销其对外贸易经营资格。

第二十条 凡具有对外贸易经营资格的企业都可以按关税配额外税率进口化肥。

第二十一条 加工贸易方式进口原油、成品油、化肥按现行有关规定执行。

保税仓库、保税区、出口加工区进口原油、成品油、化肥不适用本办法，由海关按现行规定验放并实施监管。

第二十二条 本办法由外经贸部负责解释。

第二十三条 本办法自公布之日起30天后实施。此前有关规定凡与本办法规定不一致的，一律以本办法为准。

对外援助项目实施企业资格认定办法（试行）

（商务部令2015年第1号）

(2015年10月29日由商务部发布，根据2019年11月30日商务部令2019年第1号《商务部关于废止和修改部分规章的决定》修改，现行版本自2019年11月30日起施行，法规类型为部门规章)

第一章 总 则

第一条 为规范对外援助项目实施企业（以下简称援外项目实施企业）的资格认定，依据《行政许可法》和《国务院对确需保留的行政审批项目设定行政许可的决定》（国务院令2004年第412号），制定本办法。

第二条 本办法所称援外项目实施企业是指经资格认定，可承担中国政府对外援助项目实施任务的企业和其他组织。

前款所称的援外项目实施企业包括：

（一）对外援助成套项目（以下简称成套项目）总承包企业和项目管理企业；

（二）对外援助物资项目（以下简称物资项目）总承包企业；

（三）对外技术援助项目（以下简称技术援助项目）实施单位；

（四）对外人力资源开发合作项目（以下简称人力资源项目）实施单位；

（五）对外援助项目咨询服务单位。

第三条 商务部负责援外项目实施企业的资格认定和资格管理。

省、自治区、直辖市及新疆生产建设兵团商务主管部门（以下统称省级商务主管部门）协助商务部进行援外项目实施企业资格认定。

援外项目管理机构协助商务部对援外项目实施企业进行资格管理。

第四条 商务部根据援外项目实施企业的不同类别，分别采用资格审查或资格招标方式进行援外项目实施企业资格认定。

经资格认定的援外项目实施企业可在相应的资格类别范围内承担援外项目具体实施任务。

第二章 资格条件及认定方式

第五条 援外项目实施企业应具备以下基本资格条件：

（一）系依照中国法律在中国境内设立的法人；

（二）所有出资人均为中国投资者；

（三）前3个会计年度未出现亏损；

（四）前3年未受过刑事处罚、未因进行非法经营活动或违反有关援外管理规章受过行政处罚；

（五）依法纳税和缴纳社会保险费。

第六条 商务部通过资格审查方式认定成套项目总承包企业资格。

申请成套项目总承包企业资格的，除具备第五条规定的基本资格条件外，还应具备以下条件：

（一）具备特级施工总承包资质；或具备一级施工总承包或相应等级的技术资质，申请前3年均列入商务部统计对外承包工程营业额前100强。

（二）通过质量管理体系、环境管理体系、职业健康安全管理体系认证且认证资格有效。

（三）具有良好的金融资信条件。

（四）具有良好的经营诚信表现。

第七条 商务部通过资格招标方式认定成套项目管理企业资格。

参与成套项目管理企业资格招标的，除具备第五条规定的基本资格条件外，还应具备以下条件：

（一）具备国务院建设主管部门颁发的可从事项目管理服务的工程设计甲级资质，或国务院发展改革主管部门颁发的工程项目管理（全过程管理或全过程策划和准备阶段管理类别）甲级资格；

（二）具备国务院建设主管部门颁发的工程监理甲级资质，或与具备工程监理甲级资质法人单位签订长期合作协议；

（三）具备在境外开展相关业务的业绩；

（四）具有工程项目的项目管理经验。

第八条 商务部通过资格审查方式认定物资项目总承包企业资格。

申请物资项目总承包企业资格的，除具备第五条规定的基本资格条件外，还应具备以下条件：

（一）系符合《对外贸易法》规定的对外贸易经营者；

（二）具有良好的金融资信条件；

（三）申请前3年在受援国有进出口业绩；

（四）具有良好的经营诚信表现。

第九条 商务部通过资格招标方式认定技术援助项目实施单位资格。

参与技术援助项目实施单位资格招标的，除具备第五条规定的基本资格条件外，还应具备以下条件：

（一）具备相关专业的技术能力；

（二）具备在境外开展相关业务的业绩；

（三）具备相关项目的实施经验。

第十条 商务部通过资格招标方式认定人力资源项目实施单位资格。

参与人力资源项目实施单位资格招标的，除具备第五条规定的基本资格条件外，还应具备以下条件：

（一）具备丰富的对外培训经验和较强的外事接待能力；
（二）具备开展培训所需的师资力量、培训场所和其他软硬件；
（三）在相关行业、专业或领域内，具有较高的科研能力和影响力。

第十一条 商务部通过资格招标方式认定咨询服务单位资格。
参与咨询服务单位资格招标的，除具备第五条规定的基本资格条件外，还应具备以下条件：
（一）具备国务院有关行政主管部门核准的咨询资质或其他技术资质；
（二）具备开展境外项目咨询服务的相关业绩；
（三）具备项目咨询服务经验。

第三章 资格审查

第十二条 采取资格审查方式认定资格的，申请人应提交以下文件：
（一）申请书；
（二）企业法人营业执照和法定代表人身份证明文件；
（三）出资人身份证明文件；
（四）企业出资情况的说明并承诺属实；
（五）前3个年度企业会计报表；
（六）本企业关于前3年未受过刑事处罚、未因进行非法经营活动或违反有关援外管理规章受过行政处罚的声明；
（七）税务机关出具的前3年完税证明；
（八）社会保险经办机构出具的前3年缴费证明。

除上述文件外，申请成套项目总承包企业资格还须提交技术资质证书、对外承包工程经营资格证书、质量管理体系认证证书、环境管理体系认证证书、职业健康安全管理体系认证证书和具有良好的经营诚信表现说明；申请物资项目总承包企业资格还须提交海关统计信息部门出具的货物进出口业绩证明和具有良好的经营诚信表现说明及证明。

第十三条 中央企业和其他在国务院工商行政主管部门登记的企业直接向商务部提交申请，其他企业向所在地省级商务主管部门提交申请。

第十四条 企业向省级商务主管部门申请的，省级商务主管部门应当在收到企业提交的申请文件之日起5个工作日内完成初核，将企业申请文件连同初核意见一并报商务部审核。

第十五条 商务部应在收到企业提交的完备申请文件之日起20个工作日内或收到省级商务主管部门初核意见之日起15个工作日内完成审核，作出许可与否的决定。
准予许可的，商务部颁发有效期为3年的许可文件；不予许可的，商务部应当说明理由，并告知企业享有依法申请行政复议或者提起行政诉讼的权利。

第十六条 商务部应公布经资格审查取得资格的企业名单。

第十七条 取得资格的企业需要延续资格许可有效期的，应当在有效期届满60日前按第十二条和第十三条向商务部或所在地省级商务主管部门提出申请。
省级商务主管部门和商务部按照第十四条和第十五条规定的期限对申请进行初核或审核，商务部在许可有效期届满前作出是否准予延期的决定。
准予延期的，商务部颁发准予延期3年的许可文件；不予延期的，商务部应当说明理由，并告知企业享有依法申请行政复议或者提起行政诉讼的权利。

第四章 资格招标

第十八条 采用资格招标方式认定资格的，商务部自本办法施行之日起每3年组织一次公开资格招标。

商务部依法委托招标代理机构组织招标。

第十九条 商务部应在组织资格招标前 1 个月发布招标公告，招标公告主要包括以下内容：

（一）招标代理机构的名称、地址和联系方式；

（二）援外项目实施企业资格招标的类别和数量；

（三）申请参与资格招标单位的资格要求；

（四）获取招标文件的时间、地点、方式；

（五）投标截止时间。

第二十条 招标文件开始发出之日起至投标单位提交投标文件截止之日止，应不少于 20 日。

第二十一条 商务部对已发出的招标文件进行必要的澄清或修改的，应当在提交投标文件截止时间至少 15 日前，以书面形式作出通知。该澄清或修改的内容为招标文件的组成部分。

第二十二条 申请参与资格招标的单位对招标文件有异议的，应当在投标截止时间 10 日前提出。商务部应当自收到异议之日起 3 日内作出答复；作出答复前，应当暂停招标投标活动。

第二十三条 申请参与资格招标的单位应按照招标文件要求编制投标文件，并在招标文件规定的截止时间前，将投标文件经单位法定代表人或其授权代表签字、加盖公章并密封后，送达指定地点。

逾期送达的、未送达至指定地点的或未按招标文件要求密封的投标文件无效，招标代理机构应当拒收。

第二十四条 商务部依法组建评标委员会。评标委员会应当按照招标文件规定的评标标准和方法，对投标文件进行评审。

评标委员会由商务部的代表和有关技术、经济等方面的专家组成，成员人数为 5 人以上单数，其中技术、经济等方面的专家不得少于成员总数的 2/3。

第二十五条 属下列情况之一的，评标委员会应当否决其投标：

（一）未按招标文件规定加盖公章的；

（二）未经单位法定代表人或其授权代表签字确认的；

（三）投标函与招标文件规定格式严重不符的；

（四）申请参与资格招标的单位不具备招标文件规定资格要求的。

第二十六条 评标委员会应自评标结束之日起 2 日内将评标报告提交商务部，评标报告主要包括评标结果和中标候选单位排序。

第二十七条 商务部自收到评标报告之日起 5 日内在评标报告推荐的中标候选单位中确定中标单位。

第二十八条 在正式授权前，商务部将中标单位名单公示 5 日，公示期满后公布通过资格招标的单位名单。

第二十九条 通过资格招标的，取得相应类别的援外项目实施企业资格，商务部颁发有效期为 3 年的许可文件。

第三十条 通过资格招标方式认定资格的援外项目实施企业，由于受到行政处罚或第三十四条规定等原因不能承担援外项目实施任务，且数量超出原定资格招标数量 30% 的，商务部应及时组织补充资格招标，按原定资格招标数量补足援外项目实施企业。

第五章　资格管理

第三十一条 援外项目实施企业发生企业名称、企业类型、法定代表人、注册资本和出资人变更的，应在变更之日起 1 个月内向商务部备案，提供以下文件：

（一）变更申请表；

（二）工商行政管理机构出具的变更登记证明文件；

（三）变更后的相关证明文件。

第三十二条 援外项目实施企业发生改制、分立或合并情形的，改制、分立或合并后新成立的企业应按照本办法规定重新申请资格认定。原企业注销的，改制、合并或分立后的企业可继承原企业的援外业绩。

第三十三条 商务部建立援外项目实施企业诚信评价体系，根据企业遵守援外管理规章和履行项目实施合同情况将企业诚信状况分为良好、合格和不合格 3 个等级。

第三十四条 有下列情形之一的，商务部可依据职权或根据利害关系人的请求，撤销援外项目实施企业资格：

（一）行政机关工作人员滥用职权、玩忽职守作出援外项目实施企业资格许可决定的；

（二）违反法定程序作出援外项目实施企业资格许可决定的；

（三）对不具备申请资格或不符合法定条件的申请人准予援外项目实施企业资格许可的。

企业以欺骗、贿赂等不正当手段获得援外项目实施企业资格的，商务部应撤销其资格。

第三十五条 援外项目实施企业因有效期届满而丧失实施资格，不影响已中标项目的履行。

第六章 法律责任

第三十六条 有下列情形之一的，商务部给予警告，可以并处 3 万元人民币以下罚款；违反相关法律、行政法规规定的，依照相关法律、行政法规的规定给予行政处罚；构成犯罪的，依法追究刑事责任：

（一）企业以欺骗、贿赂等不正当手段获得援外项目实施企业资格的；

（二）企业以出租、出借等方式非法转让援外项目实施企业资格的。

第三十七条 商务部、省级商务主管部门和援外项目管理机构工作人员在援外项目实施企业资格管理过程中，违反有关法律法规和本办法规定的，视情节轻重给予相应处分；构成犯罪的，依法追究刑事责任。

第七章 附 则

第三十八条 在采取资格招标方式认定资格的援外项目实施企业类别项下，部分技术类别、业务类别因行业特点或其他限制条件暂时不能组织资格招标的，该技术类别或业务类别援外项目实施企业的选定按照援外项目采购规定执行。

第三十九条 有关第六条第二款第（三）项、第（四）项、第（五）项和第八条第二款第（二）项、第（四）项涉及的细化条件及第八条第二款第（三）项规定的受援国名单，商务部以公告方式另行公布。

第四十条 本办法所称"中国投资者"不包括外商投资企业。

第四十一条 本办法所称的"中央企业"是指国务院国有资产监督管理机构履行出资人职责的企业。

第四十二条 本办法所称"以上"，包括本数。

第四十三条 本办法由商务部负责解释。

第四十四条 本办法自公布之日起施行。《对外援助成套项目施工任务实施企业资格认定办法（试行）》（商务部 2004 年第 9 号令）和《对外援助物资项目实施企业资格管理办法》（商务部 2011 年第 2 号令）同时废止。

救济措施

中华人民共和国反倾销条例

(国务院令第 328 号)

(2001年11月26日由国务院发布,根据2004年3月31日国务院令第401号《国务院关于修改〈中华人民共和国反倾销条例〉的决定》修订,现行版本自2004年6月1日起施行,法规类型为行政法规)

第一章 总 则

第一条 为了维护对外贸易秩序和公平竞争,根据《中华人民共和国对外贸易法》的有关规定,制定本条例。

第二条 进口产品以倾销方式进入中华人民共和国市场,并对已经建立的国内产业造成实质损害或者产生实质损害威胁,或者对建立国内产业造成实质阻碍的,依照本条例的规定进行调查,采取反倾销措施。

第二章 倾销与损害

第三条 倾销,是指在正常贸易过程中进口产品以低于其正常价值的出口价格进入中华人民共和国市场。

对倾销的调查和确定,由商务部负责。

第四条 进口产品的正常价值,应当区别不同情况,按照下列方法确定:

(一)进口产品的同类产品,在出口国(地区)国内市场的正常贸易过程中有可比价格的,以该可比价格为正常价值;

(二)进口产品的同类产品,在出口国(地区)国内市场的正常贸易过程中没有销售的,或者该同类产品的价格、数量不能据以进行公平比较的,以该同类产品出口到一个适当第三国(地区)的可比价格或者以该同类产品在原产国(地区)的生产成本加合理费用、利润,为正常价值。

进口产品不直接来自原产国(地区)的,按照前款第(一)项规定确定正常价值;但是,在产品仅通过出口国(地区)转运、产品在出口国(地区)无生产或者在出口国(地区)中不存在可比价格等情形下,可以以该同类产品在原产国(地区)的价格为正常价值。

第五条 进口产品的出口价格,应当区别不同情况,按照下列方法确定:

(一)进口产品有实际支付或者应当支付的价格的,以该价格为出口价格;

(二)进口产品没有出口价格或者其价格不可靠的,以根据该进口产品首次转售给独立购买人的价格推定的价格为出口价格;但是,该进口产品未转售给独立购买人或者未按进口时的状态转售的,可以由商务部根据合理基础推定的价格为出口价格。

第六条 进口产品的出口价格低于其正常价值的幅度,为倾销幅度。

对进口产品的出口价格和正常价值,应当考虑影响价格的各种可比性因素,按照公平、合理的方式进行比较。

倾销幅度的确定,应当将加权平均正常价值与全部可比出口交易的加权平均价格进行比较,或者将正常价值与出口价格在逐笔交易的基础上进行比较。

出口价格在不同的购买人、地区、时期之间存在很大差异,按照前款规定的方法难以比较的,可以将加权平均正常价值与单一出口交易的价格进行比较。

第七条 损害,是指倾销对已经建立的国内产业造成实质损害或者产生实质损害威胁,或者对建立国内产业造成实质阻碍。

对损害的调查和确定,由商务部负责;其中,涉及农产品的反倾销国内产业损害调查,由商务部会同农业部进行。

第八条 在确定倾销对国内产业造成的损害时,应当审查下列事项:

(一)倾销进口产品的数量,包括倾销进口产品的绝对数量或者相对于国内同类产品生产或者消费的数量是否大量增加,或者倾销进口产品大量增加的可能性;

(二)倾销进口产品的价格,包括倾销进口产品的价格削减或者对国内同类产品的价格产生大幅度抑制、压低等影响;

(三)倾销进口产品对国内产业的相关经济因素和指标的影响;

(四)倾销进口产品的出口国(地区)、原产国(地区)的生产能力、出口能力,被调查产品的库存情况;

(五)造成国内产业损害的其他因素。

对实质损害威胁的确定,应当依据事实,不得仅依据指控、推测或者极小的可能性。

在确定倾销对国内产业造成的损害时,应当依据肯定性证据,不得将造成损害的非倾销因素归因于倾销。

第九条 倾销进口产品来自两个以上国家(地区),并且同时满足下列条件的,可以就倾销进口产品对国内产业造成的影响进行累积评估:

(一)来自每一国家(地区)的倾销进口产品的倾销幅度不小于2%,并且其进口量不属于可忽略不计的;

(二)根据倾销进口产品之间以及倾销进口产品与国内同类产品之间的竞争条件,进行累积评估是适当的。

可忽略不计,是指来自一个国家(地区)的倾销进口产品的数量占同类产品总进口量的比例低于3%;但是,低于3%的若干国家(地区)的总进口量超过同类产品总进口量7%的除外。

第十条 评估倾销进口产品的影响,应当针对国内同类产品的生产进行单独确定;不能针对国内同类产品的生产进行单独确定的,应当审查包括国内同类产品在内的最窄产品组或者范围的生产。

第十一条 国内产业,是指中华人民共和国国内同类产品的全部生产者,或者其总产量占国内同类产品全部总产量的主要部分的生产者;但是,国内生产者与出口经营者或者进口经营者有关联的,或者其本身为倾销进口产品的进口经营者的,可以排除在国内产业之外。

在特殊情形下,国内一个区域市场中的生产者,在该市场中销售其全部或者几乎全部的同类产品,并且该市场中同类产品的需求主要不是由国内其他地方的生产者供给的,可以视为一个单独产业。

第十二条 同类产品，是指与倾销进口产品相同的产品；没有相同产品的，以与倾销进口产品的特性最相似的产品为同类产品。

第三章 反倾销调查

第十三条 国内产业或者代表国内产业的自然人、法人或者有关组织（以下统称申请人），可以依照本条例的规定向商务部提出反倾销调查的书面申请。

第十四条 申请书应当包括下列内容：

（一）申请人的名称、地址及有关情况；

（二）对申请调查的进口产品的完整说明，包括产品名称、所涉及的出口国（地区）或者原产国（地区）、已知的出口经营者或者生产者、产品在出口国（地区）或者原产国（地区）国内市场消费时的价格信息、出口价格信息等；

（三）对国内同类产品生产的数量和价值的说明；

（四）申请调查进口产品的数量和价格对国内产业的影响；

（五）申请人认为需要说明的其他内容。

第十五条 申请书应当附具下列证据：

（一）申请调查的进口产品存在倾销；

（二）对国内产业的损害；

（三）倾销与损害之间存在因果关系。

第十六条 商务部应当自收到申请人提交的申请书及有关证据之日起60天内，对申请是否由国内产业或者代表国内产业提出、申请书内容及所附具的证据等进行审查，并决定立案调查或者不立案调查。

在决定立案调查前，应当通知有关出口国（地区）政府。

第十七条 在表示支持申请或者反对申请的国内产业中，支持者的产量占支持者和反对者的总产量的50%以上的，应当认定申请是由国内产业或者代表国内产业提出，可以启动反倾销调查；但是，表示支持申请的国内生产者的产量不足国内同类产品总产量的25%的，不得启动反倾销调查。

第十八条 在特殊情形下，商务部没有收到反倾销调查的书面申请，但有充分证据认为存在倾销和损害以及二者之间有因果关系的，可以决定立案调查。

第十九条 立案调查的决定，由商务部予以公告，并通知申请人、已知的出口经营者和进口经营者、出口国（地区）政府以及其他有利害关系的组织、个人（以下统称利害关系方）。

立案调查的决定一经公告，商务部应当将申请书文本提供给已知的出口经营者和出口国（地区）政府。

第二十条 商务部可以采用问卷、抽样、听证会、现场核查等方式向利害关系方了解情况，进行调查。

商务部应当为有关利害关系方提供陈述意见和论据的机会。

商务部认为必要时，可以派出工作人员赴有关国家（地区）进行调查；但是，有关国家（地区）提出异议的除外。

第二十一条 商务部进行调查时，利害关系方应当如实反映情况，提供有关资料。利害关系方不如实反映情况、提供有关资料的，或者没有在合理时间内提供必要信息的，或者以其他方式严重妨碍调查的，商务部可以根据已经获得的事实和可获得的最佳信息作出裁定。

第二十二条 利害关系方认为其提供的资料泄露后将产生严重不利影响的，可以向商务部申请对该资料按保密资料处理。

商务部认为保密申请有正当理由的，应当对利害关系方提供的资料按保密资料处理，同时要求利害关系方提供一份非保密的该资料概要。

按保密资料处理的资料，未经提供资料的利害关系方同意，不得泄露。

第二十三条 商务部应当允许申请人和利害关系方查阅本案有关资料；但是，属于按保密资料处理的除外。

第二十四条 商务部根据调查结果，就倾销、损害和二者之间的因果关系是否成立作出初裁决定，并予以公告。

第二十五条 初裁决定确定倾销、损害以及二者之间的因果关系成立的，商务部应当对倾销及倾销幅度、损害及损害程度继续进行调查，并根据调查结果作出终裁决定，予以公告。

在作出终裁决定前，应当由商务部将终裁决定所依据的基本事实通知所有已知的利害关系方。

第二十六条 反倾销调查，应当自立案调查决定公告之日起12个月内结束；特殊情况下可以延长，但延长期不得超过6个月。

第二十七条 有下列情形之一的，反倾销调查应当终止，并由商务部予以公告：

（一）申请人撤销申请的；

（二）没有足够证据证明存在倾销、损害或者二者之间有因果关系的；

（三）倾销幅度低于2%的；

（四）倾销进口产品实际或者潜在的进口量或者损害属于可忽略不计的；

（五）商务部认为不适宜继续进行反倾销调查的。

来自一个或者部分国家（地区）的被调查产品有前款第（二）、（三）、（四）项所列情形之一的，针对所涉产品的反倾销调查应当终止。

第四章 反倾销措施

第一节 临时反倾销措施

第二十八条 初裁决定确定倾销成立，并由此对国内产业造成损害的，可以采取下列临时反倾销措施：

（一）征收临时反倾销税；

（二）要求提供保证金、保函或者其他形式的担保。

临时反倾销税税额或者提供的保证金、保函或者其他形式担保的金额，应当不超过初裁决定确定的倾销幅度。

第二十九条 征收临时反倾销税，由商务部提出建议，国务院关税税则委员会根据商务部的建议作出决定，由商务部予以公告。要求提供保证金、保函或者其他形式的担保，由商务部作出决定并予以公告。海关自公告规定实施之日起执行。

第三十条 临时反倾销措施实施的期限，自临时反倾销措施决定公告规定实施之日起，不超过4个月；在特殊情形下，可以延长至9个月。

自反倾销立案调查决定公告之日起60天内，不得采取临时反倾销措施。

第二节 价格承诺

第三十一条 倾销进口产品的出口经营者在反倾销调查期间，可以向商务部作出改变价格或者停止以倾销价格出口的价格承诺。

商务部可以向出口经营者提出价格承诺的建议。

商务部不得强迫出口经营者作出价格承诺。

第三十二条 出口经营者不作出价格承诺或者不接受价格承诺的建议的，不妨碍对反倾销案件的调查和确定。出口经营者继续倾销进口产品的,商务部有权确定损害威胁更有可能出现。

第三十三条 商务部认为出口经营者作出的价格承诺能够接受并符合公共利益的,可以决定中止或者终止反倾销调查,不采取临时反倾销措施或者征收反倾销税。中止或者终止反倾销调查的决定由商务部予以公告。

商务部不接受价格承诺的,应当向有关出口经营者说明理由。

商务部对倾销以及由倾销造成的损害作出肯定的初裁决定前,不得寻求或者接受价格承诺。

第三十四条 依照本条例第三十三条第一款规定中止或者终止反倾销调查后,应出口经营者请求,商务部应当对倾销和损害继续进行调查;或者商务部认为有必要的,可以对倾销和损害继续进行调查。

根据前款调查结果,作出倾销或者损害的否定裁定的,价格承诺自动失效;作出倾销和损害的肯定裁定的,价格承诺继续有效。

第三十五条 商务部可以要求出口经营者定期提供履行其价格承诺的有关情况、资料,并予以核实。

第三十六条 出口经营者违反其价格承诺的,商务部依照本条例的规定,可以立即决定恢复反倾销调查;根据可获得的最佳信息,可以决定采取临时反倾销措施,并可以对实施临时反倾销措施前90天内进口的产品追溯征收反倾销税,但违反价格承诺前进口的产品除外。

第三节 反倾销税

第三十七条 终裁决定确定倾销成立,并由此对国内产业造成损害的,可以征收反倾销税。征收反倾销税应当符合公共利益。

第三十八条 征收反倾销税,由商务部提出建议,国务院关税税则委员会根据商务部的建议作出决定,由商务部予以公告。海关自公告规定实施之日起执行。

第三十九条 反倾销税适用于终裁决定公告之日后进口的产品,但属于本条例第三十六条、第四十三条、第四十四条规定的情形除外。

第四十条 反倾销税的纳税人为倾销进口产品的进口经营者。

第四十一条 反倾销税应当根据不同出口经营者的倾销幅度,分别确定。对未包括在审查范围内的出口经营者的倾销进口产品,需要征收反倾销税的,应当按照合理的方式确定对其适用的反倾销税。

第四十二条 反倾销税税额不超过终裁决定确定的倾销幅度。

第四十三条 终裁决定确定存在实质损害,并在此前已经采取临时反倾销措施的,反倾销税可以对已经实施临时反倾销措施的期间追溯征收。

终裁决定确定存在实质损害威胁,在先前不采取临时反倾销措施将会导致后来作出实质损害裁定的情况下已经采取临时反倾销措施的,反倾销税可以对已经实施临时反倾销措施的期间追溯征收。

终裁决定确定的反倾销税,高于已付或者应付的临时反倾销税或者为担保目的而估计的金额,差额部分不予收取;低于已付或者应付的临时反倾销税或者为担保目的而估计的金额的,差额部分应当根据具体情况予以退还或者重新计算税额。

第四十四条 下列两种情形并存的,可以对实施临时反倾销措施之日前90天内进口的产品追溯征收反倾销税,但立案调查前进口的产品除外:

(一)倾销进口产品有对国内产业造成损害的倾销历史,或者该产品的进口经营者知道或者应当知道出口经营者实施倾销并且倾销对国内产业将造成损害的;

(二)倾销进口产品在短期内大量进口,并且可能会严重破坏即将实施的反倾销税的补救效果的。

商务部发起调查后,有充分证据证明前款所列两种情形并存的,可以对有关进口产品采取进口登记等必要措施,以便追溯征收反倾销税。

第四十五条　终裁决定确定不征收反倾销税的,或者终裁决定未确定追溯征收反倾销税的,已征收的临时反倾销税、已收取的保证金应当予以退还,保函或者其他形式的担保应当予以解除。

第四十六条　倾销进口产品的进口经营者有证据证明已经缴纳的反倾销税税额超过倾销幅度的,可以向商务部提出退税申请;商务部经审查、核实并提出建议,国务院关税税则委员会根据商务部的建议可以作出退税决定,由海关执行。

第四十七条　进口产品被征收反倾销税后,在调查期内未向中华人民共和国出口该产品的新出口经营者,能证明其与被征收反倾销税的出口经营者无关联的,可以向商务部申请单独确定其倾销幅度。商务部应当迅速进行审查并作出终裁决定。在审查期间,可以采取本条例第二十八条第一款第(二)项规定的措施,但不得对该产品征收反倾销税。

第五章　反倾销税和价格承诺的期限与复审

第四十八条　反倾销税的征收期限和价格承诺的履行期限不超过5年;但是,经复审确定终止征收反倾销税有可能导致倾销和损害的继续或者再度发生的,反倾销税的征收期限可以适当延长。

第四十九条　反倾销税生效后,商务部可以在有正当理由的情况下,决定对继续征收反倾销税的必要性进行复审;也可以在经过一段合理时间,应利害关系方的请求并对利害关系方提供的相应证据进行审查后,决定对继续征收反倾销税的必要性进行复审。

价格承诺生效后,商务部可以在有正当理由的情况下,决定对继续履行价格承诺的必要性进行复审;也可以在经过一段合理时间,应利害关系方的请求并对利害关系方提供的相应证据进行审查后,决定对继续履行价格承诺的必要性进行复审。

第五十条　根据复审结果,由商务部依照本条例的规定提出保留、修改或者取消反倾销税的建议,国务院关税税则委员会根据商务部的建议作出决定,由商务部予以公告;或者由商务部依照本条例的规定,作出保留、修改或取消价格承诺的决定并予以公告。

第五十一条　复审程序参照本条例关于反倾销调查的有关规定执行。

复审期限自决定复审开始之日起,不超过12个月。

第五十二条　在复审期间,复审程序不妨碍反倾销措施的实施。

第六章　附　则

第五十三条　对依照本条例第二十五条作出的终裁决定不服的,对依照本条例第四章作出的是否征收反倾销税的决定以及追溯征收、退税、对新出口经营者征收的决定不服的,或者对依照本条例第五章作出的复审决定不服的,可以依法申请行政复议,也可以依法向人民法院提起诉讼。

第五十四条　依照本条例作出的公告,应当载明重要的情况、事实、理由、依据、结果和结论等内容。

第五十五条　商务部可以采取适当措施,防止规避反倾销措施的行为。

第五十六条　任何国家(地区)对中华人民共和国的出口产品采取歧视性反倾销措施的,中华人民共和国可以根据实际情况对该国家(地区)采取相应的措施。

第五十七条　商务部负责反倾销有关的对外磋商、通知和争端解决事宜。

第五十八条　商务部可以根据本条例制定有关具体实施办法。

第五十九条　本条例自 2002 年 1 月 1 日起施行。1997 年 3 月 25 日国务院发布的《中华人民共和国反倾销和反补贴条例》中关于反倾销的规定同时废止。

中华人民共和国反补贴条例

(国务院令第 329 号)

(2001 年 11 月 26 日由国务院发布，根据 2004 年 3 月 31 日国务院令第 402 号《国务院关于修改〈中华人民共和国反补贴条例〉的决定》修订，现行版本自 2004 年 6 月 1 日起施行，法规类型为行政法规)

第一章　总　则

第一条　为了维护对外贸易秩序和公平竞争，根据《中华人民共和国对外贸易法》的有关规定，制定本条例。

第二条　进口产品存在补贴，并对已经建立的国内产业造成实质损害或者产生实质损害威胁，或者对建立国内产业造成实质阻碍的，依照本条例的规定进行调查，采取反补贴措施。

第二章　补贴与损害

第三条　补贴，是指出口国（地区）政府或者其任何公共机构提供的并为接受者带来利益的财政资助以及任何形式的收入或者价格支持。

出口国（地区）政府或者其任何公共机构，以下统称出口国（地区）政府。

本条第一款所称财政资助，包括：

（一）出口国（地区）政府以拨款、贷款、资本注入等形式直接提供资金，或者以贷款担保等形式潜在地直接转让资金或者债务；

（二）出口国（地区）政府放弃或者不收缴应收收入；

（三）出口国（地区）政府提供除一般基础设施以外的货物、服务，或者由出口国（地区）政府购买货物；

（四）出口国（地区）政府通过向筹资机构付款，或者委托、指令私营机构履行上述职能。

第四条　依照本条例进行调查、采取反补贴措施的补贴，必须具有专向性。

具有下列情形之一的补贴，具有专向性：

（一）由出口国（地区）政府明确确定的某些企业、产业获得的补贴；

（二）由出口国（地区）法律、法规明确规定的某些企业、产业获得的补贴；

（三）指定特定区域内的企业、产业获得的补贴；

（四）以出口实绩为条件获得的补贴，包括本条例所附出口补贴清单列举的各项补贴；

（五）以使用本国（地区）产品替代进口产品为条件获得的补贴。

在确定补贴专向性时，还应当考虑受补贴企业的数量和企业受补贴的数额、比例、时间以及给与补贴的方式等因素。

第五条　对补贴的调查和确定，由商务部负责。

第六条　进口产品的补贴金额，应当区别不同情况，按照下列方式计算：

（一）以无偿拨款形式提供补贴的，补贴金额以企业实际接受的金额计算；

（二）以贷款形式提供补贴的，补贴金额以接受贷款的企业在正常商业贷款条件下应支付的利息与该项贷款的利息差额计算；

（三）以贷款担保形式提供补贴的，补贴金额以在没有担保情况下企业应支付的利息与有担保情况下企业实际支付的利息之差计算；

（四）以注入资本形式提供补贴的，补贴金额以企业实际接受的资本金额计算；

（五）以提供货物或者服务形式提供补贴的，补贴金额以该项货物或者服务的正常市场价格与企业实际支付的价格之差计算；

（六）以购买货物形式提供补贴的，补贴金额以政府实际支付价格与该项货物正常市场价格之差计算；

（七）以放弃或者不收缴应收收入形式提供补贴的，补贴金额以依法应缴金额与企业实际缴纳金额之差计算。

对前款所列形式以外的其他补贴，按照公平、合理的方式确定补贴金额。

第七条　损害，是指补贴对已经建立的国内产业造成实质损害或者产生实质损害威胁，或者对建立国内产业造成实质阻碍。

对损害的调查和确定，由商务部负责；其中，涉及农产品的反补贴国内产业损害调查，由商务部会同农业部进行。

第八条　在确定补贴对国内产业造成的损害时，应当审查下列事项：

（一）补贴可能对贸易造成的影响；

（二）补贴进口产品的数量，包括补贴进口产品的绝对数量或者相对于国内同类产品生产或者消费的数量是否大量增加，或者补贴进口产品大量增加的可能性；

（三）补贴进口产品的价格，包括补贴进口产品的价格削减或者对国内同类产品的价格产生大幅度抑制、压低等影响；

（四）补贴进口产品对国内产业的相关经济因素和指标的影响；

（五）补贴进口产品出口国（地区）、原产国（地区）的生产能力、出口能力，被调查产品的库存情况；

（六）造成国内产业损害的其他因素。

对实质损害威胁的确定，应当依据事实，不得仅依据指控、推测或者极小的可能性。

在确定补贴对国内产业造成的损害时，应当依据肯定性证据，不得将造成损害的非补贴因素归因于补贴。

第九条　补贴进口产品来自两个以上国家（地区），并且同时满足下列条件的，可以就补贴进口产品对国内产业造成的影响进行累积评估：

（一）来自每一国家（地区）的补贴进口产品的补贴金额不属于微量补贴，并且其进口量不属于可忽略不计的；

（二）根据补贴进口产品之间的竞争条件以及补贴进口产品与国内同类产品之间的竞争条件，进行累积评估是适当的。

微量补贴，是指补贴金额不足产品价值1%的补贴；但是，来自发展中国家（地区）的补贴进口产品的微量补贴，是指补贴金额不足产品价值2%的补贴。

第十条　评估补贴进口产品的影响，应当对国内同类产品的生产进行单独确定。不能对国内同类产品的生产进行单独确定的，应当审查包括国内同类产品在内的最窄产品组或者范围的生产。

第十一条　国内产业，是指中华人民共和国国内同类产品的全部生产者，或者其总产量占国内同类产品全部总产量的主要部分的生产者；但是，国内生产者与出口经营者或者进口经营者有关联的，或者其本身为补贴产品或者同类产品的进口经营者的，应当除外。

在特殊情形下，国内一个区域市场中的生产者，在该市场中销售其全部或者几乎全部的同类产品，并且该市场中同类产品的需求主要不是由国内其他地方的生产者供给的，可以视为一个单独产业。

第十二条 同类产品，是指与补贴进口产品相同的产品；没有相同产品的，以与补贴进口产品的特性最相似的产品为同类产品。

第三章 反补贴调查

第十三条 国内产业或者代表国内产业的自然人、法人或者有关组织（以下统称申请人），可以依照本条例的规定向商务部提出反补贴调查的书面申请。

第十四条 申请书应当包括下列内容：
（一）申请人的名称、地址及有关情况；
（二）对申请调查的进口产品的完整说明，包括产品名称、所涉及的出口国（地区）或者原产国（地区）、已知的出口经营者或者生产者等；
（三）对国内同类产品生产的数量和价值的说明；
（四）申请调查进口产品的数量和价格对国内产业的影响；
（五）申请人认为需要说明的其他内容。

第十五条 申请书应当附具下列证据：
（一）申请调查的进口产品存在补贴；
（二）对国内产业的损害；
（三）补贴与损害之间存在因果关系。

第十六条 商务部应当自收到申请人提交的申请书及有关证据之日起60天内，对申请是否由国内产业或者代表国内产业提出、申请书内容及所附具的证据等进行审查，并决定立案调查或者不立案调查。在特殊情形下，可以适当延长审查期限。

在决定立案调查前，应当就有关补贴事项向产品可能被调查的国家（地区）政府发出进行磋商的邀请。

第十七条 在表示支持申请或者反对申请的国内产业中，支持者的产量占支持者和反对者的总产量的50%以上的，应当认定申请是由国内产业或者代表国内产业提出，可以启动反补贴调查；但是，表示支持申请的国内生产者的产量不足国内同类产品总产量的25%的，不得启动反补贴调查。

第十八条 在特殊情形下，商务部没有收到反补贴调查的书面申请，但有充分证据认为存在补贴和损害以及二者之间有因果关系的，可以决定立案调查。

第十九条 立案调查的决定，由商务部予以公告，并通知申请人、已知的出口经营者、进口经营者以及其他有利害关系的组织、个人（以下统称利害关系方）和出口国（地区）政府。

立案调查的决定一经公告，商务部应当将申请书文本提供给已知的出口经营者和出口国（地区）政府。

第二十条 商务部可以采用问卷、抽样、听证会、现场核查等方式向利害关系方了解情况，进行调查。

商务部应当为有关利害关系方、利害关系国（地区）政府提供陈述意见和论据的机会。

商务部认为必要时，可以派出工作人员赴有关国家（地区）进行调查；但是，有关国家（地区）提出异议的除外。

第二十一条 商务部进行调查时，利害关系方、利害关系国（地区）政府应当如实反映情况,提供有关资料。利害关系方、利害关系国(地区)政府不如实反映情况、提供有关资料的,或者没有在合理时间内提供必要信息的,或者以其他方式严重妨碍调查的,商务部可以根据可获得的事实作出裁定。

第二十二条 利害关系方、利害关系国(地区)政府认为其提供的资料泄露后将产生严重不利影响的,可以向商务部申请对该资料按保密资料处理。

商务部认为保密申请有正当理由的,应当对利害关系方、利害关系国(地区)政府提供的资料按保密资料处理,同时要求利害关系方、利害关系国(地区)政府提供一份非保密的该资料概要。

按保密资料处理的资料,未经提供资料的利害关系方、利害关系国(地区)政府同意,不得泄露。

第二十三条 商务部应当允许申请人、利害关系方和利害关系国(地区)政府查阅本案有关资料;但是,属于按保密资料处理的除外。

第二十四条 在反补贴调查期间,应当给予产品被调查的国家(地区)政府继续进行磋商的合理机会。磋商不妨碍商务部根据本条例的规定进行调查,并采取反补贴措施。

第二十五条 商务部根据调查结果,就补贴、损害和二者之间的因果关系是否成立作出初裁决定,并予以公告。

第二十六条 初裁决定确定补贴、损害以及二者之间的因果关系成立的,商务部应当对补贴及补贴金额、损害及损害程度继续进行调查,并根据调查结果作出终裁决定,予以公告。

在作出终裁决定前,应当由商务部将终裁决定所依据的基本事实通知所有已知的利害关系方、利害关系国(地区)政府。

第二十七条 反补贴调查,应当自立案调查决定公告之日起12个月内结束;特殊情况下可以延长,但延长期不得超过6个月。

第二十八条 有下列情形之一的,反补贴调查应当终止,并由商务部予以公告:
(一)申请人撤销申请的;
(二)没有足够证据证明存在补贴、损害或者二者之间有因果关系的;
(三)补贴金额为微量补贴的;
(四)补贴进口产品实际或者潜在的进口量或者损害属于可忽略不计的;
(五)通过与有关国家(地区)政府磋商达成协议,不需要继续进行反补贴调查的;
(六)商务部认为不适宜继续进行反补贴调查的。

来自一个或者部分国家(地区)的被调查产品有前款第(二)、(三)、(四)、(五)项所列情形之一的,针对所涉产品的反补贴调查应当终止。

第四章 反补贴措施

第一节 临时措施

第二十九条 初裁决定确定补贴成立,并由此对国内产业造成损害的,可以采取临时反补贴措施。

临时反补贴措施采取以保证金或者保函作为担保的征收临时反补贴税的形式。

第三十条 采取临时反补贴措施,由商务部提出建议,国务院关税税则委员会根据商务部的建议作出决定,由商务部予以公告。海关自公告规定实施之日起执行。

第三十一条 临时反补贴措施实施的期限,自临时反补贴措施决定公告规定实施之日起,不超过4个月。

自反补贴立案调查决定公告之日起60天内,不得采取临时反补贴措施。

第二节 承　诺

第三十二条 在反补贴调查期间，出口国（地区）政府提出取消、限制补贴或者其他有关措施的承诺，或者出口经营者提出修改价格的承诺的，商务部应当予以充分考虑。

商务部可以向出口经营者或者出口国（地区）政府提出有关价格承诺的建议。

商务部不得强迫出口经营者作出承诺。

第三十三条 出口经营者、出口国（地区）政府不作出承诺或者不接受有关价格承诺的建议的，不妨碍对反补贴案件的调查和确定。出口经营者继续补贴进口产品的，商务部有权确定损害威胁更有可能出现。

第三十四条 商务部认为承诺能够接受并符合公共利益的，可以决定中止或者终止反补贴调查，不采取临时反补贴措施或者征收反补贴税。中止或者终止反补贴调查的决定由商务部予以公告。

商务部不接受承诺的，应当向有关出口经营者说明理由。

商务部对补贴以及由补贴造成的损害作出肯定的初裁决定前，不得寻求或者接受承诺。在出口经营者作出承诺的情况下，未经其本国（地区）政府同意的，商务部不得寻求或者接受承诺。

第三十五条 依照本条例第三十四条第一款规定中止或者终止调查后，应出口国（地区）政府请求，商务部应当对补贴和损害继续进行调查；或者商务部认为有必要的，可以对补贴和损害继续进行调查。

根据调查结果，作出补贴或者损害的否定裁定的，承诺自动失效；作出补贴和损害的肯定裁定的，承诺继续有效。

第三十六条 商务部可以要求承诺已被接受的出口经营者或者出口国（地区）政府定期提供履行其承诺的有关情况、资料，并予以核实。

第三十七条 对违反承诺的，商务部依照本条例的规定，可以立即决定恢复反补贴调查；根据可获得的最佳信息，可以决定采取临时反补贴措施，并可以对实施临时反补贴措施前90天内进口的产品追溯征收反补贴税，但违反承诺前进口的产品除外。

第三节 反补贴税

第三十八条 在为完成磋商的努力没有取得效果的情况下，终裁决定确定补贴成立，并由此对国内产业造成损害的，可以征收反补贴税。征收反补贴税应当符合公共利益。

第三十九条 征收反补贴税，由商务部提出建议，国务院关税税则委员会根据商务部的建议作出决定，由商务部予以公告。海关自公告规定实施之日起执行。

第四十条 反补贴税适用于终裁决定公告之日后进口的产品，但属于本条例第三十七条、第四十四条、第四十五条规定的情形除外。

第四十一条 反补贴税的纳税人为补贴进口产品的进口经营者。

第四十二条 反补贴税应当根据不同出口经营者的补贴金额，分别确定。对实际上未被调查的出口经营者的补贴进口产品，需要征收反补贴税的，应当迅速审查，按照合理的方式确定对其适用的反补贴税。

第四十三条 反补贴税税额不得超过终裁决定确定的补贴金额。

第四十四条 终裁决定确定存在实质损害，并在此前已经采取临时反补贴措施的，反补贴税可以对已经实施临时反补贴措施的期间追溯征收。

终裁决定确定存在实质损害威胁，在先前不采取临时反补贴措施将会导致后来作出实质损害裁定的情况下已经采取临时反补贴措施的，反补贴税可以对已经实施临时反补贴措施的期间追溯征收。

终裁决定确定的反补贴税，高于保证金或者保函所担保的金额的，差额部分不予收取；低于保证金或者保函所担保的金额的，差额部分应当予以退还。

第四十五条 下列三种情形并存的，必要时可以对实施临时反补贴措施之日前 90 天内进口的产品追溯征收反补贴税：

（一）补贴进口产品在较短的时间内大量增加；

（二）此种增加对国内产业造成难以补救的损害；

（三）此种产品得益于补贴。

第四十六条 终裁决定确定不征收反补贴税的，或者终裁决定未确定追溯征收反补贴税的，对实施临时反补贴措施期间已收取的保证金应当予以退还，保函应当予以解除。

第五章 反补贴税和承诺的期限与复审

第四十七条 反补贴税的征收期限和承诺的履行期限不超过 5 年；但是，经复审确定终止征收反补贴税有可能导致补贴和损害的继续或者再度发生的，反补贴税的征收期限可以适当延长。

第四十八条 反补贴税生效后，商务部可以在有正当理由的情况下，决定对继续征收反补贴税的必要性进行复审；也可以在经过一段合理时间，应利害关系方的请求并对利害关系方提供的相应证据进行审查后，决定对继续征收反补贴税的必要性进行复审。

承诺生效后，商务部可以在有正当理由的情况下，决定对继续履行承诺的必要性进行复审；也可以在经过一段合理时间，应利害关系方的请求并对利害关系方提供的相应证据进行审查后，决定对继续履行承诺的必要性进行复审。

第四十九条 根据复审结果，由商务部依照本条例的规定提出保留、修改或者取消反补贴税的建议，国务院关税税则委员会根据商务部的建议作出决定，由商务部予以公告；或者由商务部依照本条例的规定，作出保留、修改或者取消承诺的决定并予以公告。

第五十条 复审程序参照本条例关于反补贴调查的有关规定执行。

复审期限自决定复审开始之日起，不超过 12 个月。

第五十一条 在复审期间，复审程序不妨碍反补贴措施的实施。

第六章 附 则

第五十二条 对依照本条例第二十六条作出的终裁决定不服的，对依照本条例第四章作出的是否征收反补贴税的决定以及追溯征收的决定不服的，或者对依照本条例第五章作出的复审决定不服的，可以依法申请行政复议，也可以依法向人民法院提起诉讼。

第五十三条 依照本条例作出的公告，应当载明重要的情况、事实、理由、依据、结果和结论等内容。

第五十四条 商务部可以采取适当措施，防止规避反补贴措施的行为。

第五十五条 任何国家（地区）对中华人民共和国的出口产品采取歧视性反补贴措施的，中华人民共和国可以根据实际情况对该国家（地区）采取相应的措施。

第五十六条 商务部负责与反补贴有关的对外磋商、通知和争端解决事宜。

第五十七条 商务部可以根据本条例制定有关具体实施办法。

第五十八条 本条例自 2002 年 1 月 1 日起施行。1997 年 3 月 25 日国务院发布的《中华人民共和国反倾销和反补贴条例》中关于反补贴的规定同时废止。

中华人民共和国保障措施条例

(国务院令第 330 号)

(2001 年 11 月 26 日由国务院发布,根据 2004 年 3 月 31 日国务院令第 403 号《国务院关于修改〈中华人民共和国保障措施条例〉的决定》修订,现行版本自 2004 年 6 月 1 日起施行,法规类型为行政法规)

第一章 总 则

第一条 为了促进对贸易健康发展,根据《中华人民共和国对外贸易法》的有关规定,制定本条例。

第二条 进口产品数量增加,并对生产同类产品或者直接竞争产品的国内产业造成严重损害或者严重损害威胁(以下除特别指明外,统称损害)的,依照本条例的规定进行调查,采取保障措施。

第二章 调 查

第三条 与国内产业有关的自然人、法人或者其他组织(以下统称申请人),可以依照本条例的规定,向商务部提出采取保障措施的书面申请。

商务部应当及时对申请人的申请进行审查,决定立案调查或者不立案调查。

第四条 商务部没有收到采取保障措施的书面申请,但有充分证据认为国内产业因进口产品数量增加而受到损害的,可以决定立案调查。

第五条 立案调查的决定,由商务部予以公告。

商务部应当将立案调查的决定及时通知世界贸易组织保障措施委员会(以下简称保障措施委员会)。

第六条 对进口产品数量增加及损害的调查和确定,由商务部负责;其中,涉及农产品的保障措施国内产业损害调查,由商务部会同农业部进行。

第七条 进口产品数量增加,是指进口产品数量的绝对增加或者与国内生产相比的相对增加。

第八条 在确定进口产品数量增加对国内产业造成的损害时,应当审查下列相关因素:
(一)进口产品的绝对和相对增长率与增长量;
(二)增加的进口产品在国内市场中所占的份额;
(三)进口产品对国内产业的影响,包括对国内产业在产量、销售水平、市场份额、生产率、设备利用率、利润与亏损、就业等方面的影响;
(四)造成国内产业损害的其他因素。

对严重损害威胁的确定,应当依据事实,不能仅依据指控、推测或者极小的可能性。

在确定进口产品数量增加对国内产业造成的损害时,不得将进口增加以外的因素对国内产业造成的损害归因于进口增加。

第九条 在调查期间,商务部应当及时公布对案情的详细分析和审查的相关因素等。

第十条 国内产业,是指中华人民共和国国内同类产品或者直接竞争产品的全部生产者,或者其总产量占国内同类产品或者直接竞争产品全部总产量的主要部分的生产者。

第十一条 商务部应当根据客观的事实和证据，确定进口产品数量增加与国内产业的损害之间是否存在因果关系。

第十二条 商务部应当为进口经营者、出口经营者和其他利害关系方提供陈述意见和论据的机会。

调查可以采用调查问卷的方式，也可以采用听证会或者其他方式。

第十三条 调查中获得的有关资料，资料提供方认为需要保密的，商务部可以按保密资料处理。

保密申请有理由的，应当对资料提供方提供的资料按保密资料处理，同时要求资料提供方提供一份非保密的该资料概要。

按保密资料处理的资料，未经资料提供方同意，不得泄露。

第十四条 进口产品数量增加、损害的调查结果及其理由的说明，由商务部予以公布。

商务部应当将调查结果及有关情况及时通知保障措施委员会。

第十五条 商务部根据调查结果，可以作出初裁决定，也可以直接作出终裁决定，并予以公告。

第三章 保障措施

第十六条 有明确证据表明进口产品数量增加，在不采取临时保障措施将对国内产业造成难以补救的损害的紧急情况下，可以作出初裁决定，并采取临时保障措施。

临时保障措施采取提高关税的形式。

第十七条 采取临时保障措施，由商务部提出建议，国务院关税税则委员会根据商务部的建议作出决定，由商务部予以公告。海关自公告规定实施之日起执行。

在采取临时保障措施前，商务部应当将有关情况通知保障措施委员会。

第十八条 临时保障措施的实施期限，自临时保障措施决定公告规定实施之日起，不超过200天。

第十九条 终裁决定确定进口产品数量增加，并由此对国内产业造成损害的，可以采取保障措施。实施保障措施应当符合公共利益。

保障措施可以采取提高关税、数量限制等形式。

第二十条 保障措施采取提高关税形式的，由商务部提出建议，国务院关税税则委员会根据商务部的建议作出决定，由商务部予以公告；采取数量限制形式的，由商务部作出决定并予以公告。海关自公告规定实施之日起执行。

商务部应当将采取保障措施的决定及有关情况及时通知保障措施委员会。

第二十一条 采取数量限制措施的，限制后的进口量不得低于最近3个有代表性年度的平均进口量；但是，有正当理由表明为防止或者补救严重损害而有必要采取不同水平的数量限制措施的除外。

采取数量限制措施，需要在有关出口国（地区）或者原产国（地区）之间进行数量分配的，商务部可以与有关出口国（地区）或者原产国（地区）就数量的分配进行磋商。

第二十二条 保障措施应当针对正在进口的产品实施，不区分产品来源国（地区）。

第二十三条 采取保障措施应当限于防止、补救严重损害并便利调整国内产业所必要的范围内。

第二十四条 在采取保障措施前，商务部应当为与有关产品的出口经营者有实质利益的国家（地区）政府提供磋商的充分机会。

第二十五条 终裁决定确定不采取保障措施的，已征收的临时关税应当予以退还。

第四章　保障措施的期限与复审

第二十六条　保障措施的实施期限不超过 4 年。
符合下列条件的，保障措施的实施期限可以适当延长：
（一）按照本条例规定的程序确定保障措施对于防止或者补救严重损害仍然有必要；
（二）有证据表明相关国内产业正在进行调整；
（三）已经履行有关对外通知、磋商的义务；
（四）延长后的措施不严于延长前的措施。
一项保障措施的实施期限及其延长期限，最长不超过 10 年。

第二十七条　保障措施实施期限超过 1 年的，应当在实施期间内按固定时间间隔逐步放宽。

第二十八条　保障措施实施期限超过 3 年的，商务部应当在实施期间内对该项措施进行中期复审。
复审的内容包括保障措施对国内产业的影响、国内产业的调整情况等。

第二十九条　保障措施属于提高关税的，商务部应当根据复审结果，依照本条例的规定，提出保留、取消或者加快放宽提高关税措施的建议，国务院关税税则委员会根据商务部的建议作出决定，由商务部予以公告；保障措施属于数量限制或者其他形式的，商务部应当根据复审结果，依照本条例的规定，作出保留、取消或者加快放宽数量限制措施的决定并予以公告。

第三十条　对同一进口产品再次采取保障措施的，与前次采取保障措施的时间间隔应当不短于前次采取保障措施的实施期限，并且至少为 2 年。
符合下列条件的，对一产品实施的期限为 180 天或者少于 180 天的保障措施，不受前款限制：
（一）自对该进口产品实施保障措施之日起，已经超过 1 年；
（二）自实施该保障措施之日起 5 年内，未对同一产品实施 2 次以上保障措施。

第五章　附　则

第三十一条　任何国家（地区）对中华人民共和国的出口产品采取歧视性保障措施的，中华人民共和国可以根据实际情况对该国家（地区）采取相应的措施。

第三十二条　商务部负责与保障措施有关的对外磋商、通知和争端解决事宜。

第三十三条　商务部可以根据本条例制定具体实施办法。

第三十四条　本条例自 2002 年 1 月 1 日起施行。

出口产品反倾销案件应诉规定

（商务部令 2006 年第 12 号）

(2006 年 7 月 14 日由商务部发布，2006 年 8 月 14 日起施行，法规类型为部门规章)

第一条　为做好国外针对中国出口产品发起的反倾销案件的应诉工作，维护企业的正当权益，根据《中华人民共和国对外贸易法》、《中华人民共和国货物进出口管理条例》，制定本规定。

第二条　本规定适用于针对中国出口产品发起的反倾销案件的应诉工作，包括新立案调查、复审调查、反吸收调查、反规避调查等。

第三条　在反倾销案件调查期内生产和向调查国或地区出口涉案产品的企业应积极应诉。

第四条　进出口商会等行业组织应依照章程，加强行业自律，维护行业经营秩序，负责反倾销案件应诉工作的行业协调，促进会员企业应诉国外反倾销案件。

第五条　商务部可制定有关促进反倾销案件应诉工作的政策和措施。

第六条　商务部应及时公布与反倾销案件调查或应诉工作相关的信息，地方商务主管部门和行业组织在获知有关信息后应立即通知涉案企业。

前款规定的信息主要包括：

（一）有关发起反倾销案件新立案调查的信息；

（二）有关发起反倾销案件复审调查的信息；

（三）有关发起反倾销案件反吸收、反规避等调查的信息；

（四）对案件应诉工作有重大影响的其他信息。

第七条　在获知有关可能发起反倾销案件新立案调查的信息后，行业组织应根据涉案产品的出口情况，做好应诉协调准备。

第八条　企业应依法规范出口行为，维护行业出口秩序，做好反倾销案件信息的搜集、整理工作，及时向行业组织报送。

第九条　参加应诉的涉案企业享有如下权利：

（一）决定应诉方式；

（二）自主选聘律师；

（三）从行业组织获知案件调查整体进展和其他企业的应诉情况等信息；

（四）获得行业组织对应诉工作的指导和帮助；

（五）针对反倾销案件调查机关存在的歧视性做法等，向政府提出应对意见或建议。

第十条　应诉企业不得从事任何可能影响其他应诉企业合法权益的活动，不得从事任何可能影响行业整体应诉工作的活动。

第十一条　行业组织应定期组织有关反倾销法律知识的培训，可从会费中设立促进会员企业应诉的专项资金。

第十二条　行业组织协调反倾销案件应诉工作的职责主要有：

（一）建立出口商品统计监管系统和贸易救济案件信息收集反馈机制；

（二）根据应诉企业的要求，就有关替代国、市场经济地位和分别裁决等技术问题的抗辩、国外调查机关的实地核查等问题予以协助；

（三）组织应诉企业参加听证会、与国外调查机关和相关行业组织或企业进行磋商、谈判等工作；

（四）根据应诉企业的要求，就价格承诺协议谈判的有关问题予以协助；

如需以政府名义签订"价格承诺协议"或"中止协议"的，可向商务部提出方案建议；

（五）协助应诉企业就反倾销裁决结果在调查国或地区寻求司法救济；

（六）提供律师信息的服务，建立律师信息库；

（七）应定期在《国际商报》和本单位的网站上公布年度到期的行政复审案件等信息；

（八）其他需要行业组织协调的工作。

第十三条　行业组织应根据第十二条的规定，制定并公布行业组织应诉协调工作的操作规程。

第十四条　根据应诉企业的要求，行业组织统一协调聘请律师的，应遵循公开、公正、透明的原则，择优选择律师。

应诉企业自行选聘律师出现两家以上律师事务所代理同一案件时，行业组织应在应诉工作全程协调各律师事务所的工作，以保证行业整体应诉工作的效果。

第十五条　反倾销案件立案前3年内曾代理过调查国或地区企业，申请发起针对中国产品的贸易救济措施调查的律师和律师事务所不得参加律师竞聘。

行业组织应将在代理行为中曾严重影响或损害我企业、行业利益的律师和律师事务所通知应诉企业。

第十六条　行业组织就下列案件的应诉协调工作应征询商务部意见：
（一）涉案产品在调查期内出口金额较大；
（二）涉案产品在调查国或地区市场份额较大，存在较大影响的；
（三）行业组织之间就组织协调应诉工作无法形成一致意见，可能影响案件应诉结果的；
（四）调查机关对我企业实施歧视性政策和调查方法的；
（五）其他需要征询的重要案件。

第十七条　地方商务主管部门应做好涉及本地区企业反倾销案件信息统计工作、建立信息报送系统、评估国外反倾销对本地区出口贸易的影响；定期组织有关反倾销法律知识的培训、根据本地区实际制定促进反倾销案件应诉工作的政策和措施；应行业组织的要求，对本地区涉案企业应诉工作进行协调。

第十八条　各驻外使（领）馆、使团经商处（室）应及时跟踪和搜集国外反倾销立法修订情况和反倾销案件立案或复审动态及有关信息。

第十九条　本规定由商务部负责解释。

第二十条　本规定自2006年8月14日起执行。《出口产品反倾销应诉规定》（〔2001〕外经贸部令第5号）同时废止。

反倾销和反补贴调查听证会规则

（商务部令2018年第2号）

（2018年4月4日由商务部发布，2018年5月4日起施行，法规类型为部门规章）

第一条　为了规范反倾销和反补贴调查听证程序，保障反倾销和反补贴调查的公平、公正，根据《中华人民共和国反倾销条例》和《中华人民共和国反补贴条例》的规定，制定本规则。

第二条　商务部（以下称调查机关）在反倾销和反补贴案件调查程序中举行听证会，适用本规则。

第三条　调查机关可以依申请举行听证会，以向所有利害关系方提供与具有相反利益的当事方见面的机会，以便陈述对立的观点和提出反驳的论据。

调查机关认为有必要时，可以自行决定举行听证会。

第四条　《中华人民共和国反倾销条例》第十九条和《中华人民共和国反补贴条例》第十九条规定的利害关系方，包括反补贴调查中的出口国（地区）政府，均可申请举行听证会。

第五条　利害关系方要求在初裁前举行听证会的，应在立案之日起四个月内向调查机关提出书面申请。

利害关系方要求在初裁后举行听证会的，应在初裁公告之日起三十日内向调查机关提出书面申请。

第六条 听证会申请书应当包括下列内容：
（一）申请人的名称、地址和联系方式等有关信息；
（二）申请事项；
（三）申请所依据的事实和理由。

第七条 调查机关应当自收到利害关系方提交的申请书后十五个工作日内作出是否举行听证会的决定。

第八条 调查机关举行听证会，应当考虑保密的需要和当事人的方便。

第九条 申请书不符合本规则第六条规定，或者调查机关认为没有必要举行听证会、或者举行听证会将严重阻碍调查程序进行的，调查机关可以决定不举行听证会。

第十条 调查机关决定不举行听证会的，应当书面通知听证会申请人，并说明理由。

调查机关决定不举行听证会、但利害关系方有正当理由要求口头表达意见的，调查机关应当以其他方式为其提供口头表达意见的机会。

第十一条 调查机关决定举行听证会的，应当以适当形式通知各利害关系方，并将通知送交商务部贸易救济公开信息查阅室。该适当形式包括书面通知、网上公布及其他形式。

第十二条 调查机关举行听证会的通知应当包括下列内容：
（一）举行听证会的理由；
（二）听证事项；
（三）利害关系方报名参加听证会的时限和方式。

第十三条 利害关系方均有权按照调查机关规定的时限和方式报名参加听证会。任何一方均无必须出席听证会的义务。未出席听证会不损害该利害关系方通过其他方式向调查机关表达意见并陈述理由的正当权利。

第十四条 报名参加听证会的利害关系方，应当在调查机关规定的时限内将参加听证会的人员名单报送调查机关。

第十五条 报名参加听证会并要求在听证会上发言的利害关系方，应当在调查机关规定的时限内提交发言概要。调查机关应当将发言概要送交商务部贸易救济公开信息查阅室供各利害关系方查阅。

第十六条 调查机关应当在合理期限之前，将举行听证会的方式、时间、地点和听证议程等事项通知已报名参加听证会的利害关系方。

第十七条 参加听证会的利害关系方应当遵守听证会纪律。对违反听证会纪律的，听证会主持人有权提出警告、制止，必要时可责令退场。

第十八条 在听证会上发言的利害关系方应当围绕听证事项进行陈述。对超出听证事项范围的，听证会主持人有权制止。

第十九条 利害关系方对主持人的询问应当如实回答。

第二十条 在听证会上发言的利害关系方应当在听证会结束后，按照调查机关要求的时限和方式，就其发言内容向调查机关提交书面材料。调查机关应当将书面材料送交商务部贸易救济公开信息查阅室供利害关系方查询。

利害关系方未按照前款规定以书面形式提交的听证会上的口头发言，调查机关可以不予考虑。

第二十一条 听证会使用的工作语言为中文。以其他语言发言的，应当自行配备翻译，发言内容以翻译为准。

第二十二条 本规则由商务部负责解释。

第二十三条 本规则自 2018 年 5 月 4 日起施行。《反倾销调查听证会暂行规则》（对外贸易经济合作部令 2002 年第 3 号)、《反补贴调查听证会暂行规则》(对外贸易经济合作部令 2002 年第 10 号) 和《产业损害调查听证规则》(国家经济贸易委员会令第 44 号) 同时废止。

反倾销问卷调查规则

(商务部令 2018 年第 3 号)

(2018 年 4 月 4 日由商务部发布,2018 年 5 月 4 日起施行,法规类型为部门规章)

第一条 为了保证反倾销问卷调查规范有序地进行,根据《中华人民共和国反倾销条例》的规定,制定本规则。

第二条 商务部(以下称调查机关)通过问卷方式进行的反倾销调查,适用本规则。

第三条 调查机关在反倾销调查过程中,可以向被调查国家(地区)的生产商或出口商、国内生产者、国内进口商和下游用户以及其他有利害关系的组织、个人(以下统称利害关系方)发放问卷。

第四条 利害关系方应当按照调查机关的要求,完整、准确地填写调查问卷,并提交相应的证据材料。

第五条 利害关系方应当自反倾销立案公告之日起二十日内,按照公告要求向调查机关报名登记参加反倾销调查。

第六条 利害关系方向调查机关报名登记时,应当以书面形式表示参加反倾销调查的意愿,载明利害关系方的名称、地址、联系方式和联系人,并按下列要求提交信息:

(一)被调查国家(地区)的生产商或出口商应当提交调查期内向中国出口被调查产品的数量、金额;

(二)中国国内生产者应当提交调查期内的生产能力、产量、销售数量和销售金额;

(三)中国国内进口商应当提交调查期内被调查产品的进口数量、进口金额;

(四)调查机关要求的其他信息。

利害关系方本人、法定代表人或经其依法授权的人应当在报名登记文件上盖章和(或)签字。

第七条 调查机关通常自报名登记截止之日起十个工作日内在调查机关官方网站发布调查问卷,并通知已报名登记的利害关系方和出口国(地区)政府。

第八条 调查机关决定采取抽样方式进行反倾销调查的,可以适当延长发放问卷的期限。

第九条 利害关系方在回答问卷时对问卷有疑问的,可以向问卷所列明的案件调查人员咨询。

第十条 答卷应当以规范汉字和符合国家标准的数字符号填写,并要求提供相关证据材料。所有证据材料均应注明来源和出处。证据材料原件是外文的,应当按照外文原文的格式提供中文翻译件,并附外文原件或复印件。

第十一条 问卷中要求提交的销售单证、会计记录、财务报告和其他文件应随附答卷一并提交。

第十二条 利害关系方按照问卷要求应当将调查问卷复制转交给关联贸易公司或者其他公司填制的,该关联贸易公司或者其他公司应当按照问卷要求独立提交答卷。

第十三条 调查问卷的答卷应当自问卷发放之日起三十七日内送达调查机关。

利害关系方因正当理由在答卷到期日前不能完成答卷的,应当在答卷提交期限届满七日前向调查机关提出延期提交答卷的书面申请,并说明延期理由。

调查机关应当在答卷提交期限届满四日前,根据利害关系方的具体情况对延期申请作出书面答复。调查机关决定同意延期的,延长期限通常不超过十四日。

第十四条 利害关系方认为其答卷中有需要保密内容的,应当提出保密处理申请,并说明需要保密的理由。

对要求保密处理的信息,利害关系方应当提供非保密概要。非保密概要应当包含充分的、有意义的信息,以使其他利害关系方对保密信息能有合理的理解。利害关系方在特殊情况下不能提供非保密概要的,应当书面说明理由。

第十五条 调查机关应当对保密申请进行审查。保密理由不充分、或者非保密概要不符合本规则第十四条第二款规定、或者答卷的利害关系方不能提供非保密概要的理由不充分的,调查机关可以要求利害关系方在规定期限内补充和修改。

利害关系方未在规定期限内补充和修改,或者补充和修改后仍不符合本规则第十四条第二款规定的,除调查机关能够从适当来源证明该信息是正确的之外,调查机关可以对要求保密处理的信息不予考虑。

第十六条 利害关系方应当制作含有保密信息的完整答卷和只包括公开信息的公开答卷等两种类型的答卷。利害关系方应当在每份答卷首页注明保密答卷或公开答卷。公开答卷中涉及保密部分的,应当用方括号(〔 〕)标注,并注明相应的非保密概要的序号。

第十七条 利害关系方应当书面提交公开答卷和保密答卷正本各一份、副本各两份。

答卷应当妥善装订成册。答卷正文和所附证据材料应当按顺序标注页码。答卷应当包含答卷目录和附件目录,每一份附件都应当列明序号。

第十八条 利害关系方应当按照问卷要求提供一份申明书,声明答卷利害关系方提供的信息是准确和完整的,并由答卷利害关系方本人、法定代表人或经其依法授权的人签署。

调查机关不接受未附具申明书的答卷。

第十九条 利害关系方提供书面答卷和数据表格的,应当按照问卷要求提交光盘或调查机关可接受的其他电子数据载体。

电子数据载体的内容和形式应当与书面答卷完全一致。表格中的数据涉及到计算的,应当保留计算公式。

第二十条 利害关系方应当保证提交的电子数据载体不携带病毒。携带病毒的,可被视为妨碍调查,调查机关可以依据已经获得的事实和可获得最佳信息作出裁定。

第二十一条 通常情况下,不提供电子数据载体,特别是不提供交易和财务数据的电子数据载体的答卷利害关系方将被视为不合作。

利害关系方无法提供电子数据载体或者按照本规则要求提供电子数据载体将给利害关系方造成不合理的额外负担的,利害关系方可以自问卷发放之日起十五日内向调查机关提交书面申请,并说明无法按要求提供电子数据载体的理由。调查机关在收到申请后五日内对是否同意申请作出书面答复。

第二十二条 利害关系方通过律师代理递交答卷的,应当委托中国执业律师代理呈送并由代理律师处理相关事宜,并在答卷中提供有效的授权委托书及该代理律师有效的执业证书复印件。

第二十三条 调查问卷的答卷应当在答卷提交期限届满当日 17 时前寄至或直接送至问卷所列的地址,以调查机关实际收到的时间为准。

第二十四条 调查机关可以向有关利害关系方发放补充问卷,要求提供补充信息和材料。利害关系方应当按照补充问卷要求提交答卷。

第二十五条　利害关系方未在规定时间内按要求提交必要信息或严重妨碍调查的,调查机关可以依据已经获得的事实和可获得的最佳信息作出初步裁定或者最终裁定。

第二十六条　利害关系方提交的信息未被接受的,调查机关应当通知该利害关系方并说明理由,并为其提供在合理时间内作出进一步解释的机会。调查机关认为该解释理由不充分的,应当在裁定中说明拒绝接受的理由。

第二十七条　本规则规定的"日"为自然日。期限届满的最后一日是中国法定节假日的,以节假日后的第一日为期限届满的日期。

第二十八条　本规则由商务部负责解释。

第二十九条　本规则自 2018 年 5 月 4 日起施行。《反倾销问卷调查暂行规则》(对外贸易经济合作部令 2002 年第 14 号)同时废止。

倾销及倾销幅度期间复审规则

(商务部令 2018 年第 4 号)

(2018 年 4 月 4 日由商务部发布,2018 年 5 月 4 日起施行,法规类型为部门规章)

第一条　为保证反倾销期间复审的公平、公正、公开,根据《中华人民共和国反倾销条例》的规定,制定本规则。

第二条　商务部(以下称调查机关)在反倾销措施有效期间内,根据反倾销措施生效后变化了的正常价值、出口价格对继续按照原来的形式和水平实施反倾销措施的必要性进行复审(以下简称期间复审),适用本规则。

第三条　调查机关可以应原反倾销调查申请人、国内产业或代表国内产业的自然人、法人或有关组织(以下统称国内产业)、涉案国(地区)的出口商、生产商、国内进口商的申请立案,进行期间复审。

调查机关有正当理由的,可以自行立案,进行期间复审。

第四条　期间复审申请应当自反倾销措施生效后每届满十二个月之日起三十日内提出。

对经复审的反倾销措施申请期间复审的,应当自复审后的裁决生效后每届满十二个月之日起三十日内提出。

在特殊情况下,经调查机关允许,期间复审申请可以在上述规定以外的其他时间提出。

第五条　期间复审申请应当以书面形式提出,并由申请人本人、法定代表人或经其依法授权的人签署。

期间复审申请应当分为保密文本(如申请人提出保密申请)和公开文本。保密文本和公开文本均应提交书面正本一份,副本两份。除书面文本外,还应同时提供电子数据载体。

第六条　出口商、生产商提出期间复审申请的,应当提交下列证据材料:

(一)申请人的名称、地址和其他有关情况;

(二)申请前十二个月内申请人的国内销售情况的数据;

(三)申请前十二个月内申请人对中国出口情况的数据;

(四)为计算倾销幅度而必须作出的各种调整及倾销幅度的初步计算结果;

(五)正常价值、出口价格及倾销幅度所发生的重大变化将会持续的原因;

(六)申请人认为需要说明的其他内容。

前款第（一）至（五）项规定的材料应当按照原反倾销调查问卷所要求的内容及形式提交。

第七条 原反倾销措施为征收反倾销税的，未征收反倾销税的出口不得作为提出期间复审申请的依据。

第八条 调查机关应当自收到出口商、生产商的期间复审申请之日起七个工作日内通知原反倾销调查申请人，原反倾销调查申请人可自收到通知之日起二十一日内对应否立案进行复审发表意见。

第九条 国内产业提出期间复审申请的，应当提交下列证据和材料：

（一）申请人的名称、地址及有关情况；

（二）与原反倾销措施水平相比，正常价值、出口价格及倾销幅度的变化情况；

（三）申请人认为需要说明的其他内容。

国内产业提出期间复审申请的，应当符合《中华人民共和国反倾销条例》第十七条关于产业代表性的规定。原反倾销调查申请人提出期间复审申请的，无须重新证明产业代表性。

第十条 国内产业提出的期间复审申请可以针对原反倾销调查涉及的所有或部分国家（地区）的全部出口商、生产商，也可明确将复审范围限于指明的部分出口商、生产商。

第十一条 调查机关应当自在收到国内产业的期间复审申请后七个工作日内将复审申请公开文本及保密资料的非保密概要递交有关出口国（地区）政府。

第十二条 出口商、生产商可以自调查机关将国内产业的期间复审申请的公开文本及保密资料的非保密概要递交有关出口国（地区）政府之日起二十一日内对应否立案进行复审发表意见。

第十三条 进口商提出的期间复审申请，应当提交本规则第六条规定的出口商、生产商应当提交的证据材料。

第十四条 如果进口商与出口商、生产商无关联关系，无法直接提供本规则第六条规定的有关正常价值和出口价格的证据和材料，或出口商、生产商不愿向进口商提供上述证据和材料，则进口商应当提供出口商、生产商的声明。声明应当明确表示倾销幅度已经降低或消除，且有关证据和材料将按照规定的内容和形式自进口商提出期间复审申请之日起三十日内直接提交给调查机关。

第十五条 出口商、生产商根据本规则第十四条提供的证据和材料应当符合本规则第五条第二款的规定。

第十六条 调查机关应当自收到进口商的期间复审申请之日起七个工作日内通知原反倾销调查申请人；原反倾销调查申请人可以自收到通知之日起二十一日内对应否立案进行复审发表意见。

第十七条 调查机关通常应当在收到期间复审申请后六十日内作出立案或不立案的决定。

第十八条 调查机关经审查发现期间复审申请及所附证据和材料不符合本规则要求的，可以要求申请人在规定期限内补充和修改。申请人未在规定期限内补充和修改，或补充和修改后仍不符合本规则要求的，调查机关可以驳回申请，以书面形式通知申请人并说明理由。

第十九条 调查机关决定立案进行期间复审的，应当发布公告。期间复审的立案公告应当包括以下内容：

（一）被调查产品的描述；

（二）被调查的出口商、生产商的名称及其所属国（地区）名称；

（三）立案日期；

（四）复审调查期；

（五）主张倾销幅度有所提高或降低或倾销已被消除的依据概述；

（六）利害关系方表明意见和提交相关材料的时限；
（七）调查机关进行实地核查的意向；
（八）利害关系方不合作将承担的后果；
（九）调查机关的联系方式。

第二十条　出口商、生产商提出期间复审申请的，调查机关仅对申请人被调查产品的正常价值、出口价格和倾销幅度进行调查。

第二十一条　国内产业提出期间复审申请的，调查机关应当对所申请的涉案国（地区）的所有出口商、生产商被调查产品的正常价值、出口价格和倾销幅度进行调查。

国内产业仅申请对原反倾销调查涉案国（地区）的部分出口商、生产商进行期间复审的，调查机关应当仅对指明的出口商、生产商被调查产品的正常价值、出口价格和倾销幅度进行调查。

原反倾销调查确定倾销幅度为零或微量的，调查机关不对其进行复审调查，但可以依法对其采取其他反倾销调查措施。经复审调查确定倾销幅度为零或微量的，仍可以进行复审调查。

第二十二条　进口商提出期间复审申请的，调查机关应当仅对声明将向调查机关提交有关证据材料的出口商、生产商被调查产品的正常价值、出口价格和倾销幅度进行调查。

第二十三条　期间复审的调查期通常为复审申请提交前的十二个月。

第二十四条　出口商、生产商的数量或所涉及的产品型号过多，为每一出口商或生产商单独确定倾销幅度或调查全部型号或交易会带来过分负担并妨碍倾销调查及时完成的，调查机关可以根据反倾销抽样调查相关规则，采用抽样的办法进行调查。

第二十五条　期间复审调查中，正常价值和出口价格的确定、调整和比较及倾销幅度的计算应当按照《中华人民共和国反倾销条例》第四条、第五条和第六条的有关规定进行。

第二十六条　期间复审调查中，出口价格根据该进口产品首次转售给独立购买人的价格推定的，如果出口商、生产商提供充分的证据证明，反倾销税已适当地反映在进口产品首次转售给独立购买人的价格中和此后在中国的售价中，则调查机关在计算推定的出口价格时，不应扣除已缴纳的反倾销税额。

第二十七条　调查机关可以根据反倾销调查实地核查相关规则，对出口商、生产商的有关信息和材料的准确性和完整性进行实地核查。

第二十八条　期间复审无须作出初步裁决，但调查机关作出最终裁决前，应当按照《中华人民共和国反倾销条例》第二十五条第二款及反倾销调查信息披露相关规则，将考虑中的、构成是否实施最终措施决定依据的基本事实进行披露，并给予利害关系方通常不少于十日的时间提出评论。

第二十九条　本规则第二十八条规定的披露一经作出，期间复审申请人不得撤回申请。

第三十条　出口商、生产商可以在本规则第二十八条规定的披露作出后的十五日内提出价格承诺申请。

商务部决定接受价格承诺的，应当按照《中华人民共和国反倾销条例》第三十三条的规定，向国务院关税税则委员会提出建议，国务院关税税则委员会根据商务部的建议作出决定，由商务部予以公告。

第三十一条　期间复审应当自复审立案之日起十二个月内结束。

第三十二条　商务部应当在复审期限届满十五日前向国务院关税税则委员会提出保留、修改或者取消反倾销税的建议。商务部在复审期限届满前根据国务院关税税则委员会的决定发布公告。

第三十三条　期间复审期间，原反倾销措施继续有效。复审裁决自复审裁决公告规定之日起执行，不具有追溯效力。

第三十四条　在反倾销措施届满时期间复审仍未完成，且国内产业未提出期终复审申请，调查机关也未决定自行立案进行期终复审的，调查机关应当发布公告终止期间复审；发起期终复审的，调查机关可以将期间复审与期终复审合并进行。

第三十五条　本规则由商务部负责解释。

第三十六条　本规则自2018年5月4日起施行。《倾销及倾销幅度期中复审暂行规则》（对外贸易经济合作部令2002年第23号）同时废止。

进出口许可

化学品首次进口及有毒化学品进（出）口环境管理登记办法

（1990年1月1日由国家环境保护总局发布，1990年1月1日起施行，法规类型为部门规章）

第一章 总 则

第一条 为了加强化学品进（出）口的环境管理，实施《化学品首次进口及有毒化学品进出口环境管理规定》，制定本登记办法。

第二条 本办法适用于外商或其代理人向中国首次出口化学品的环境管理登记、外商或其代理人向中国出口列入《中国禁止或严格限制的有毒化学品名录》中的化学品（以下简称有毒化学品）的环境管理登记、国内向中国境外出口和国内从国外进口有毒化学品的环境管理登记。

第三条 本办法中使用的"化学品"、"禁止化学品"、"化学品首次进口"、"事先知情同意"、"进口"和"出口"等术语，详见《化学品首次进口及有毒化学品进出口环境管理规定》中第四条的规定定义。

第四条 内商或其代理人提出的有毒化学品出口的环境管理登记申请，按事先知情同意程序执行有毒化学品出口的环境管理登记程序。

第五条 外商或其代理人及国内进口商提出的有毒化学品进口的环境管理登记申请，执行有毒化学品进口的环境管理登记程序。

第六条 未列入《名录》中的化学品进口的环境管理登记申请，执行化学品首次进口的环境管理登记程序。

第七条 有毒化学品进口和化学品首次进口的环境管理登记将执行化学品危害性评审程序。

第八条 化学品进出口环境管理登记机构将遵守有关的保密规定，为申请人保守其所提交的申请资料和样品的技术和商业秘密。但不为申请者保守如下项目的秘密：

（1）申请单位的名称和地址；
（2）申请登记代表姓名及职务；
（3）经办人的姓名及联系地址；
（4）该申请化学品的商品名称；
（5）事故预防、应急和处置措施；

（6）毒理学和生态毒理学实验的概述性结论。

第九条 申请人申请化学品进（出）环境管理登记的合法接触机关是"国家环境保护局化学品登记中心"（以下简称登记中心）。

第二章　有毒化学品出口的环境管理登记程序

第十条 出口有毒化学品的环境管理登记的申请者必需填写《附件1 有毒化学品进（出）口的环境管理登记申请表》并提交给登记中心。

第十一条 登记中心审查和认证申请者填写的申请表中的各项资料数据是否齐全，以及所提交的有关证明材料是否完整。对申请表格填写不齐全、提交的有关证明材料不完整或应交纳的登记手续费不到位的，向申请者发送《有毒化学品进（出）口的环境管理登记申请的答复函》，要求其补交有关资料或费用。对申请材料和费用到位的，通知申请者正式受理其有毒化学品出口的环境管理登记申请。登记中心将申请材料呈报国家环保局污控司审批。

第十二条 在将申请材料呈报国家环保局污控司的同时，登记中心以国家环保局的名义执行知情同意程序，将该化学品的出口通知进口国主管部门。

第十三条 登记中心在收到进口国主管部门答复意见后，（或在90天内未答复，此时则视为同意），将答复意见呈报国家环保局污控司。如国家环保局不批准该项出口或进口国主管部门的答复意见不同意该化学品进口，通知申请人不得出口。

第十四条 若进口国主管部门同意进口并且国家环保局批准该化学品出口，登记中心为申请人办理和发放《化学品进（出）口环境管理登记证》和《有毒化学品进（出）口环境管理放行通知单》（第二联）。《有毒化学品进（出）口环境管理放行通知单》的第一联由国家环保局留存，第三联发送中国国家进出口商品检验局。每份通知单在有效期内只能报关使用一次。登记证有效期不超过每个进（出）口合同的执行期。

第十五条 无论该项申请是否得到批准，该申请资料、审批意见、进口国答复意见等材料都全部录入数据库并归档，由登记中心永久保存。

第十六条 申请有毒化学品出口环境管理登记的审查期从收到符合登记资料要求的申请之日起计算，不超过三十天。但当进口国迟迟不答复时，审理期将延长至90天。

第三章　有毒化学品进口环境管理登记程序

第十七条 外商或其代理人向中国出口有毒化学品，每份出口合同均须办理有毒化学品进口环境管理登记。

第十八条 办理有毒化学品进口环境管理登记的外商或其代理人必需填写《附件1 有毒化学品进（出）口环境管理登记申请表》。

第十九条 登记中心审查和认证申请者填写的申请表中各项资料数据是否齐全，以及所提交的有关证明材料是否完整。对申请表格填写不完全、有关证明材料不完整或应交纳的登记费不到位的，向申请者发送《有毒化学品进（出）口环境管理登记申请的答复函》，要求其补充有关资料或费用。在确认申请材料和费用齐全后，通知申请者正式受理其有毒化学品进口环境管理登记申请。

第二十条 对被正式受理的有毒化学品进口环境管理登记申请，按本办法第五章规定的程序进行评审，其评审结果由登记中心呈报国家环保局审批。

第二十一条 对国家环保局准予登记的，由登记中心办理并向申请者发放《化学品进（出）口环境管理登记证》。对国家环保局不准予登记的，通知申请人不予登记。

第二十二条 无论该项申请是否得到批准，该申请资料、审批意见等材料都全部录入数据库并归档，由登记中心永久保存。

第二十三条 外商或其代理人获得国家环保局签发的《化学品进（出）口环境管理登记证》即获得了该《登记证》有效期内为履行该合同而向中国出口所登记的有毒化学品的资格。但向中国出口每批该有毒化学品均需国内进口商申办《有毒化学品进口环境管理放行通知单》。

第二十四条 国内进口商凭国家环保局签发给外商的《化学品进（出）口环境管理登记证》申办《有毒化学品进（出）口环境管理登记通知单》。申办时必需填写《附件1 有毒化学品进（出）口环境管理登记申请表》。

第二十五条 登记中心审查和认证申请者填写的申请表中各项资料数据是否齐全，以及所提交的有关证明材料是否完整。对申请表格填写不完全、有关证明材料不完整或应交纳的登记费不到位的，向申请者发送《有毒化学品进（出）口环境管理登记申请的答复函》，要求其补充有关资料或费用。在确认申请材料和费用齐全后，通知申请者正式受理其有毒化学品进口环境管理登记申请。

第二十六条 对被正式受理的有毒化学品进口环境管理登记申请，登记中心呈报国家环保局审批。

第二十七条 对国家环保局准予登记的，由登记中心办理并向申请者发放《化学品进（出）口环境管理登记放行通知单》的第二联，该《通知单》的第一联由国家环保局留存，第三联发送国家进出口商品检验局。对国家环保局不准予登记的，通知申请人不予登记。

第二十八条 无论该项申请是否得到批准，该申请资料、审批意见等材料都全部录入数据库并归档，由登记中心永久保存。

第二十九条 有毒化学品进口环境管理申请的审查期限从收到符合登记资料要求的申请之日起计算，不超过三十天。

第四章　化学品首次进口环境管理登记程序

第三十条 申请化学品首次进口环境管理登记的外商或其代理人必需填写《附件2 化学品首次进口环境管理登记申请表》。

第三十一条 登记中心审核申请者填写的申请表和提供的有关资料数据，认证登记申请资料是否齐全及其合法性，必要时可要求申请者提供一般不少于250g的样品。

第三十二条 对登记申请资料或样品不齐全、或应交纳的登记费不到位时，登记中心向申请者发送《化学品首次进口环境管理登记申请的答复函》，要求其补充有关资料、样品或费用。对符合要求的申请，通知申请者正式受理其化学品首次进口环境管理登记的申请。

第三十三条 被正式受理的申请，由登记中心按本办法第五章规定的程序组织专家评审，并将评审结论呈报国家环保局审批。

第三十四条 对国家环保局的准予登记的，登记中心为申请者办理和发放《化学品进（出）口环境管理登记证》。对不准予登记的，通知申请人不予登记，不得进口该化学品。

第三十五条 化学品首次进口环境管理登记申请的审查期限从收到符合登记资料要求的申请之日起计算，不超过一百八十天。

第三十六条 无论该项申请是否得到批准，申请资料、审批意见等材料全部录入数据库和归档，由登记中心永久保存。

第五章　化学品进口环境管理登记的评审程序

第三十七条 化学品进口环境管理登记的评审实行三级评审制度，即"化学品登记中心化学品危害性评审组"、"国家环保局化学品危害性评审组"和"国家有毒化学品评审委员会"的评审。

第三十八条 化学品登记中心化学品危害性评审组负责评审：
(1) 无毒的常用化学品的首次进口申请；
(2) 用于非禁止和非严格限制范围内的有毒化学品进口申请；
(3) 具有一般毒性的化学品首次进口申请，但当本级评审不能确定其危害性时交国家环保局化学品危害性评审组评审。

第三十九条 国家环保局化学品危害性评审组负责评审：
(1) 具有特高毒性的化学品进口申请；
(2) 具有特殊毒性的化学品进口申请；
(3) 进口量特大的化学品进口申请；
(4) 具有特殊理化性质（如易燃、易爆、难降解等）的化学品进口申请；
(5) 登记中心化学品危害性评审工作不能确定毒性的化学品首次进口申请，但当本级评审仍不能确定其危害性时交国家有毒化学品评审委员会评审。

第四十条 国家有毒化学品评审委员会负责评审综合国民经济各方面需要而必须经各部门之间协调的化学品进口。包括：
(1) 环境危害性特大，但因国民经济建设需要而必须进口的化学品进口申请；
(2) 用于严格限制或禁止范围内的有毒化学品进口申请；
(3) 目前现有信息无法确定其危害性、而需进一步试验和较长时间观察方能确定其危害性的化学品（例如新化学品）的进口申请；
(4) 国家环保局化学品危害性评审组不能确定其危害性的化学品进口申请。

化学品首次进口及有毒化学品进出口环境管理登记实施细则

（1995年2月16日由国家环境保护局发布，1995年2月16日起施行，法规类型为部门规章）

第一章 总 则

第一条 为实施《化学品首次进口及有毒化学品进出口环境管理规定》，制定本实施细则。

第二条 本实施细则适用于化学品首次进口及有毒化学品进出口的环境管理登记，即外商或其代理人（以下简称"外商"）向中国出口未列入《中国禁止或严格限制的有毒化学品名录》中的化学品的环境管理登记、外商向中国出口列入《中国禁止或严格限制的有毒化学品名录》中的化学品（以下简称"有毒化学品"，详见附表1）的环境管理登记、国内出口商向中国境外出口有毒化学品的环境管理登记以及国内进口商从中国境外进口有毒化学品的环境管理登记。

第三条 国家环境保护局化学品登记中心负责受理化学品进（出）口环境管理登记的申请。

第四条 本实施细则使用的"化学品"、"有毒化学品"、"化学品首次进口"、"进口"和"出口"等术语，详见《化学品首次进口及有毒化学品进出口环境管理规定》中第四条规定的定义。

第五条 登记类型外商向中国出口有毒化学品，每份合同的每种有毒化学品均须办理有毒化学品进口环境管理登记，当合同的执行期超过二年时，由评审委员会决定登记的有效期。

第二章 化学品进出口环境管理

第六条 国内进口商从国外进口有毒化学品，凭合同所涉外商办理的有毒化学品进口环境管理登记证，每批到港货物的每种有毒化学品均须办理《有毒化学品进（出）口环境管理放行通知单》。

第七条 国内出口商向国外出口有毒化学品，每批出口货物的每种有毒化学品均须办理《有毒化学品进（出）口环境管理放行通知单》。

第八条 外商向中国出口列入《化学品首次进口环境管理第一类化学品》（详见附表2）中的化学品，每种化学品均须办理化学品首次进口环境管理登记，该登记的有效期为五年。

第九条 外商向中国出口列入《化学品首次进口环境管理第二类化学品》（详见附表3）中的化学品，每种化学品均须办理化学品首次进口环境管理登记，该登记的有效期为五年。

第十条 外商向中国出口多品种规格的油墨、油漆、聚合物、染料、颜料等产品，经评审委员会确认是系列产品的化学品时，以每个产品系列作为一种产品办理化学品首次进口环境管理登记，该登记的有效期为五年。

第十一条 外商向中国出口添加剂、分散剂、助剂、专项化学品等产品，经评审委员会确认是精细化工品时，每种化学品均须办理化学品首次进口环境管理登记，该登记的有效期为五年。

第十二条 外商向中国出口本实施细则第五条至第十一条规定的登记以外的化学品，每种化学品均须办理化学品首次进口环境管理登记，该登记的有效期为五年。

第十三条 外商向中国出口塑料制成品、橡胶制成品等产品，免于环境管理登记。

第三章 化学品进出口环境管理登记的资料要求

第十四条 《附件1 有毒化学品进出口环境管理登记申请表》（以下简称"附件1"）和《附件2 化学品首次进口环境管理登记申请表》（以下简称"附件2"）的项目是化学品进（出）口环境管理登记的全部资料要求。

第十五条 申请办理有毒化学品进（出）口环境管理登记，必须填写"附件1"中所列各项。

第十六条 化学品首次进口环境管理登记须填写"附件2"。

第十七条 "附件2"中的第Ⅰ、Ⅱ、Ⅴ、Ⅵ、Ⅹ和Ⅺ项为申请的基本资料要求，任何化学品首次进口环境管理登记申请均须填写此六项。

第十八条 "附件2"中的第Ⅲ、Ⅳ和Ⅻ项应尽可能填写。

第十九条 "附件2"中的Ⅶ、Ⅷ和Ⅸ项须按照《附件4 化学品首次进口环境管理登记申请表填表说明》的要求填写，但当申请人能提供化学品的安全数据单（Material Safety Data Sheet）时，可免于填写此三项。

第二十条 除申请人按照上述要求提供资料外，当登记主管机关根据评审委员会的评审结果，认为已提供的资料尚不能说明申请登记的化学品对环境的影响时，有权要求申请人补充资料，但所要求的资料将不超过"附件2"所列的内容。

第二十一条 在没有得到登记主管机关的特别要求时，申请人不必提供样品，但登记主管机关在必要时有权要求申请人提供样品。

第四章 化学品进出口环境管理登记的收费

第二十二条 外商办理本实施细则第五条规定的环境管理登记，费用为10,000美元或按付款当日的等值人民币。

第二十三条 国内进（出）口商办理本实施细则第六条或第七条规定的环境管理登记，费用均为2,000元人民币。

第二十四条 外商办理本实施细则第八条规定的环境管理登记，费用为2,000美元或按付款当日的等值人民币。

第二十五条 外商办理本实施细则第九条规定的环境管理登记，费用为1,500美元或按付款当日的等值人民币。

第二十六条 外商办理本实施细则第十条规定的环境管理登记，费用为2,000美元或按付款当日的等值人民币。

第二十七条 外商办理本实施细则第十一条规定的环境管理登记，费用为200美元或按付款当日的等值人民币。

第二十八条 外商办理本实施细则第十二条规定的环境管理登记，费用为1,000美元或按付款当日的等值人民币。

第五章 附 则

第二十九条 本实施细则由国家环境保护局化学品登记中心负责解释。

第三十条 本实施细则自一九九五年二月十六日起实行。

易制毒化学品进出口管理规定

（商务部令2006年第7号）

（2006年9月21日由商务部发布，根据2015年10月28日商务部令2015年第2号《商务部关于修改部分规章和规范性文件的决定》修正，现行版本自2015年10月28日起施行，法规类型为部门规章）

第一章 总 则

第一条 为加强易制毒化学品进出口管理，防止其流入非法制毒渠道，根据《中华人民共和国对外贸易法》和《易制毒化学品管理条例》等法律、行政法规，制定本规定。

第二条 本规定所称的易制毒化学品系指《易制毒化学品管理条例》附表所列可用于制毒的主要原料及化学配剂，目录见本规定附件。

第三条 国家对易制毒化学品进出口实行许可证管理制度。以任何方式进出口易制毒化学品均需申领许可证。

第四条 商务部负责全国易制毒化学品的进出口管理工作。国务院其他部门在各自职责范围内负责有关管理工作。

各省、自治区、直辖市及计划单列市商务主管部门（以下统称省级商务主管部门）负责本地区易制毒化学品进出口管理工作。同时接受商务部委托负责本地区易制毒化学品进出口许可初审及部分易制毒化学品进出口许可工作。

县级以上商务主管部门负责本地区易制毒化学品进出口监督检查工作。

第五条 通过对外交流、交换、合作、赠送、援助、服务等形式进出口易制毒化学品的，应按照本规定申请进（出）口许可证。

第六条 易制毒化学品进出口经营者（以下简称经营者）以加工贸易方式进出口易制毒化学品或加工制成品、副产品为易制毒化学品需内销的，应首先按照本办法规定取得相应的进（出）口许可，并凭进（出）口许可证办理相关手续。

第七条 混合物中含有易制毒化学品的，经营者应折算易制毒化学品数量后按照本规定申请进（出）口许可，含易制毒化学品的复方药品制剂除外。

第八条 易制毒化学品样品的进出口应按照本规定申请进（出）口许可。

第九条 易制毒化学品的过境、转运、通运应当按照本规定申请进（出）口许可。

第十条 易制毒化学品在境外与保税区、出口加工区等海关特殊监管区域、保税场所之间进出的，应当按照本规定申请进（出）口许可证。

易制毒化学品在境内与保税区、出口加工区等海关特殊监管区域、保税场所之间进出的，或者在上述海关特殊监管区域、保税场所之间进出的，无须申请进（出）口许可证。

第十一条 经营者在进出口易制毒化学品时，应当如实向海关申报，提交进（出）口许可证，海关凭许可证办理通关验放手续。进口第一类中的药品类易制毒化学品，还应提交食品药品监督管理部门出具的进口药品通关单。

第十二条 进出境人员随身携带《易制毒化学品管理条例》第一类中的药品类易制毒化学品药品制剂和高锰酸钾的，应当以自用且数量合理为限，并接受海关监管。

进出境人员不得随身携带前款规定以外的易制毒化学品。

第十三条 国家对部分易制毒化学品的进出口实行国际核查制度。管理规定另行制定。

第十四条 麻黄素等属于重点监控范围的易制毒化学品，由商务部会同国务院有关部门核定的企业进口、出口。管理办法另行制定。

第二章 进出口许可申请和审查

第十五条 经营者申请进出口易制毒化学品，应通过商务部两用物项和技术进出口管理电子政务平台如实、准确、完整填写《易制毒化学品进（出）口申请表》，并提交电子数据。

第十六条 省级商务主管部门应自收到进出口申请电子数据之日起3日内进行审查，符合填报要求的，网上通知经营者报送书面材料；不符合填报要求的，网上说明理由并退回重新填报。

第十七条 经营者收到报送书面材料的通知后，应向省级商务主管部门提交下列书面材料：

（一）经签字并加盖公章的《易制毒化学品进（出）口申请表》原件；

（二）对外贸易经营者备案登记表复印件；

（三）营业执照副本复印件；

（四）易制毒化学品生产、经营、购买许可证或者备案证明；

（五）进口或者出口合同（协议）复印件；

（六）经办人的身份证明复印件。

申请易制毒化学品出口许可的，还应当提交进口方政府主管部门出具的合法使用易制毒化学品的证明复印件或进口方合法使用的保证文件原件。

对本条规定的材料复印件有疑问时，商务主管部门可要求经营者交验上述有关材料原件。

书面材料不齐全或不符合法定形式的，省级商务主管部门应在收到书面材料之日起5日内告知经营者需要补正的全部内容，逾期不告知的，自收到书面材料之日起即为受理。

第十八条 申请进出口目录第三类中无需国际核查的易制毒化学品的，省级商务主管部门应自收到齐备、合格的书面材料之日起 5 日内对经营者提交的书面材料和电子数据进行审查，并作出是否许可的决定。

许可的，省级商务主管部门应在上述期限内发放《两用物项和技术进（出）口批复单》，并将电子数据报商务部备案；不予许可的，省级商务主管部门书面通知经营者并说明理由。

第十九条 对于申请进出口目录第一、二类易制毒化学品和目录第三类中需国际核查的易制毒化学品的，省级商务主管部门应自收到齐备、合格的书面材料之日起 3 日内对申请进行初审。

初审合格后，对于申请进出口无需国际核查的目录第一、二类易制毒化学品的，省级商务主管部门将电子数据转报商务部审查；对于申请进出口需国际核查的易制毒化学品的，省级商务主管部门将书面材料和电子数据转报商务部审查。

第二十条 对于申请进出口目录第一、二类中无需国际核查的易制毒化学品的，商务部应自收到省级商务主管部门上报电子数据之日起 8 日内进行审查，作出是否许可的决定并通知省级商务主管部门。

商务部依据前款对进出口申请予以许可的，省级商务主管部门应在收到许可决定后 2 日内发放《两用物项和技术进（出）口批复单》；不予许可的，省级商务主管部门书面通知经营者并说明理由。

第二十一条 对于申请进口需国际核查的易制毒化学品的，商务部应自收到省级商务主管部门上报电子数据和书面材料之日起 8 日内进行审查，作出是否许可的决定并通知省级商务主管部门。

商务部依据前款对进口申请予以许可的，省级商务主管部门应在收到许可决定后 2 日内发放《两用物项和技术进口批复单》；不予许可的，省级商务主管部门书面通知经营者并说明理由。

应易制毒化学品出口国家或者地区政府主管部门提出的国际核查要求，商务部可会同公安部对经营者进口易制毒化学品的有关情况进行核查。

第二十二条 对于申请出口需国际核查的易制毒化学品的，商务部应自收到省级商务主管部门上报书面材料和电子数据之日起 5 日内进行审查，符合规定的，进行国际核查。

商务部应自收到国际核查结果之日起 3 日内作出是否许可的决定并通知省级商务主管部门。商务部予以许可的，省级商务主管部门应在收到许可决定后 2 日内发放《两用物项和技术出口批复单》；不予许可的，省级商务主管部门书面通知经营者并说明理由。

国际核查所用时间不计算在许可期限之内。

第二十三条 申请进口第一类中的药品类易制毒化学品的，商务部在作出许可决定之前，应当征得国务院食品药品监督管理部门的同意。

申请出口第一类中的药品类易制毒化学品，需要在取得出口许可证后办理购买许可证的，应当向省级食品药品监督管理部门申请购买许可证。

第二十四条 在易制毒化学品进出口许可审查过程中，商务主管部门可以对申请材料的实质内容进行实地核查。

第二十五条 经营者可通过商务部两用物项和技术进出口管理电子政务平台查询有关申请办理进度及结果。

第二十六条 经营者凭《两用物项和技术进（出）口批复单》依据《两用物项和技术进出口许可证管理办法》有关规定申领两用物项和技术进（出）口许可证。

第三章 外商投资企业进出口许可申请和审查

第二十七条 外商投资企业申请进出口易制毒化学品的，通过外商投资企业进出口管理网络系统申报，如实、准确、完整填写《外商投资企业易制毒化学品进（出）口申请表》，并提交电子数据；手工不经过网络系统申报的，省级商务主管部门须按规范录入上述系统。

第二十八条 省级商务主管部门应自收到进出口申请电子数据之日起 3 日内进行审查，符合填报要求的，网上通知外商投资企业报送书面材料；不符合填报要求的，网上说明理由并退回重新填报。

第二十九条 外商投资企业收到报送书面材料的通知后，应向省级商务主管部门提交下列书面材料：

（一）经签字并加盖公章的《外商投资企业易制毒化学品进（出）口申请表》原件；
（二）批准证书复印件；
（三）营业执照副本复印件；
（四）商务主管部门关于设立该企业的批文及企业合营合同或章程；
（五）易制毒化学品生产、经营、购买许可证或者备案证明；
（六）进口或者出口合同（协议）复印件；
（七）经办人的身份证明复印件。

申请易制毒化学品出口许可的，还应当提交进口方政府主管部门出具的合法使用易制毒化学品的证明或进口方合法使用的保证文件原件。

申请易制毒化学品进口许可的，还需提交申请进口易制毒化学品的报告，包括外商投资企业对监管手段的说明及不得用于制毒的保证函。

对本条规定的材料复印件有疑问时，商务主管部门可要求外商投资企业交验上述有关材料原件。

书面材料不齐全或不符合法定形式的，省级商务主管部门应在收到书面材料之日起 5 日内告知外商投资企业需要补正的全部内容，逾期不告知的，自收到书面材料之日起即为受理。

第三十条 申请进出口目录第三类中无需国际核查的易制毒化学品的，省级商务主管部门应自收到齐备、合格的书面材料之日起 5 日内对外商投资企业提交的书面材料和电子数据进行审查，并作出是否许可的决定。

许可的，省级商务主管部门应在上述期限内发放《外商投资企业易制毒化学品进（出）口批复单》，并将电子数据报商务部备案；不予许可的，省级商务主管部门书面通知外商投资企业并说明理由。

第三十一条 对于申请进出口目录第一、二类易制毒化学品和目录第三类中需国际核查的易制毒化学品的，省级商务主管部门应自收到齐备、合格的书面材料之日起 3 日内对申请进行初审。

初审合格后，对于申请进出口无需国际核查的目录第一、二类易制毒化学品的，省级商务主管部门将电子数据转报商务部审查；对于申请进出口需国际核查的易制毒化学品的，省级商务主管部门将书面材料和电子数据转报商务部审查。

第三十二条 对于申请进口目录第一、二类中无需国际核查的易制毒化学品的，商务部应自收到省级商务主管部门上报电子数据之日起 8 日内进行审查，作出是否许可的决定并通知省级商务主管部门。

商务部依据前款对进口申请予以许可的，省级商务主管部门应在收到许可决定后 2 日内发放《外商投资企业易制毒化学品进口批复单》；不予许可的，省级商务主管部门书面通知外商投资企业并说明理由。

第三十三条　对于申请出口第一、二类中无需国际核查的易制毒化学品的，商务部应自收到省级商务主管部门上报电子数据和书面材料之日起 10 日内进行审查，作出是否许可的决定并通知省级商务主管部门。许可的，商务部应在上述期限内发放《外商投资企业易制毒化学品出口批复单》，省级商务主管部门通知外商投资企业；不予许可的，省级商务主管部门书面通知外商投资企业并说明理由。

第三十四条　对于申请进口需国际核查的易制毒化学品的，商务部应自收到省级商务主管部门上报电子数据和书面材料之日起 8 日内进行审查，作出是否许可的决定并通知省级商务主管部门。

商务部依据前款对进口申请予以许可的，省级商务主管部门应在收到许可决定后 2 日内发放《外商投资企业易制毒化学品进口批复单》；不予许可的，省级商务主管部门书面通知外商投资企业并说明理由。

应易制毒化学品出口国家或者地区政府主管部门提出的国际核查要求，商务部可会同公安部对外商投资企业进口易制毒化学品的有关情况进行核查。

第三十五条　对于申请出口需国际核查的易制毒化学品的，商务部应自收到省级商务主管部门上报书面材料和电子数据之日起 5 日内进行审查，符合规定的，进行国际核查。

商务部应自收到国际核查结果之日起 5 日内作出是否许可的决定并通知省级商务主管部门。许可的，商务部应在上述期限内发放《外商投资企业易制毒化学品出口批复单》，省级商务主管部门通知外商投资企业；不予许可的，省级商务主管部门书面通知外商投资企业并说明理由。

国际核查所用时间不计算在许可期限之内。

第三十六条　外商投资企业申请进口第一类中的药品类易制毒化学品的，商务部在作出许可决定之前，应当征得国务院食品药品监督管理部门的同意。

外商投资企业申请出口第一类中的药品类易制毒化学品，需要在取得出口许可证后办理购买许可证的，应当向省级食品药品监督管理部门申请购买许可证。

第三十七条　在外商投资企业易制毒化学品进出口许可审查过程中，商务主管部门可以对申请材料的实质内容进行实地核查。

第三十八条　《外商投资企业易制毒化学品进（出）口批复单》须加盖商务主管部门公章。

第三十九条　外商投资企业可通过外商投资企业进出口管理网络系统查询有关申请办理进程及结果。

第四十条　外商投资企业凭《外商投资企业易制毒化学品进（出）口批复单》依据《两用物项和技术进出口许可证管理办法》有关规定申领两用物项和技术进（出）口许可证。

第四章　监督检查

第四十一条　县级以上商务主管部门应当按照本规定和其他有关法律、法规规定，严格履行对本地区易制毒化学品进出口的监督检查职责，依法查处违法行为。

第四十二条　县级以上商务主管部门对经营者进行监督检查时，可以依法查看现场、查阅和复制有关资料、记录有关情况、扣押相关的证据材料和物品；必要时，可以临时查封有关场所。

有关单位和个人应当及时如实提供有关情况和材料、物品，不得拒绝或隐匿。

第四十三条　易制毒化学品在进出口环节发生丢失、被盗、被抢案件，发案单位应当立即报告当地公安机关和当地商务主管部门。接到报案的商务主管部门应当逐级上报，并配合公安机关查处。

第四十四条 经营者应当建立健全易制毒化学品进出口内部管理制度，建立健全易制毒化学品进出口管理档案，至少留存两年备查，并指定专人负责易制毒化学品进出口相关工作。

第四十五条 经营者知道或者应当知道，或者得到商务主管部门通知，拟进出口的易制毒化学品可能流入非法渠道时，应及时终止合同执行，并将情况报告有关商务主管部门。

经营者违反本规定或当拟进出口易制毒化学品存在被用于制毒危险时，商务部或省级商务主管部门可对已经颁发的进（出）口许可证予以撤销。经营者应采取措施停止相关交易。

第四十六条 经营者应当于每年3月31日前向省级商务主管部门和当地公安机关报告本单位上年度易制毒化学品进出口情况，药品类易制毒化学品进出口经营者还须向当地食品药品监督管理部门报告本单位上年度药品类易制毒化学品进出口情况。省级商务主管部门将本行政区域内的易制毒化学品进出口情况汇总后报商务部。

有条件的经营者，可以与商务主管部门建立计算机联网，及时通报有关进出口情况。

第五章 法律责任

第四十七条 未经许可或超出许可范围进出口易制毒化学品的，或者违反本规定第十二条的，由海关依照有关法律、行政法规的规定处理、处罚；构成犯罪的，依法追究刑事责任。

第四十八条 违反本规定，有下列行为之一的，商务部可给予警告、责令限期改正，并处1万元以上5万元以下罚款：

（一）经营者未按本规定建立健全内部管理制度；

（二）将进出口许可证转借他人使用的；

（三）易制毒化学品在进出口环节发生丢失、被盗、被抢后未及时报告，造成严重后果的。

第四十九条 违反本规定第四十五、四十六条规定的，商务部可给予警告、责令限期改正，并处3万元以下罚款。

第五十条 经营者或者个人拒不接受商务主管部门监督检查的，商务部可责令改正，对直接负责的主管人员以及其他直接责任人员给予警告；情节严重的，对单位处1万元以上5万元以下罚款，对直接负责的主管人员以及其他直接责任人员处1000元以上5000元以下罚款。

第五十一条 自相关行政处罚决定生效之日或者刑事处罚判决生效之日起，商务部可在三年内不受理违法行为人提出的易制毒化学品进出口许可申请，或者禁止违法行为人在一年以上三年以下的期限内从事有关的易制毒化学品进出口经营活动。

第五十二条 商务主管部门的工作人员在易制毒化学品进出口管理工作中有应当许可而不许可、不应许可而滥许可，以及其他滥用职权、玩忽职守、徇私舞弊行为的，依法给予行政处分；构成犯罪的，依法追究刑事责任。

第六章 附 则

第五十三条 《两用物项和技术进（出）口批复单》、《外商投资企业易制毒化学品进（出）口批复单》由商务部规定式样并监督印制。

第五十四条 《向特定国家（地区）出口易制毒化学品暂行管理规定》中与本办法规定不一致的，从其规定。

第五十五条 本规定自公布之日起30日后起施行。原《易制毒化学品进出口管理规定》（原外经贸部1999年第4号令）、《对外贸易经济合作部关于印发〈外商投资企业易制毒化学品进出口审批原则和审批程序〉的通知》（（1997）外经贸资三函字第197号）同时废止。

附件：易制毒化学品进出口管理目录

附件

易制毒化学品进出口管理目录

序号	商品名称	商品编码
第一类		
1	麻黄碱（麻黄素，盐酸麻黄碱）*	2939410010
2	硫酸麻黄碱*	2939410020
3	消旋盐酸麻黄碱*	2939410030
4	草酸麻黄碱*	2939410040
5	伪麻黄碱（伪麻黄素，盐酸伪麻黄碱）*	2939420010
6	硫酸伪麻黄碱*	2939420020
7	盐酸甲基麻黄碱*	2939490010
8	消旋盐酸甲基麻黄碱*	2939490020
9	去甲麻黄碱及其盐*	2939490030
10	供制农药用麻黄浸膏粉*	1302199011
11	供制农药用麻黄浸膏*	1302199012
12	供制医药用麻黄浸膏粉*	1302199091
13	供制医药用麻黄浸膏*	1302199092
14	其他麻黄浸膏粉*	1302199093
15	其他麻黄浸膏*	1302199094
16	药料用麻黄草粉*	1211903910
17	香料用麻黄草粉*	1211905010
18	其他用麻黄草粉*	1211909910
19	麻黄碱盐类单方制剂［指盐酸（伪）麻黄碱片，盐酸麻黄碱注射剂，硫酸麻黄碱片］*	3004409010
20	胡椒醛（洋茉莉醛、3,4-亚甲二氧基苯甲醛、天芥菜精）*	2932930000
21	1-苯基-2-丙酮（苯丙酮）*	2914310000
22	3,4-亚甲基二氧苯基-2-丙酮*	2932920000
23	黄樟素（4-烯丙基-1,2-亚甲二氧基苯）*	2932940000
24	异黄樟素（4-丙烯基-1,2-亚甲二氧基苯）*	2932910000

续表

序号	商品名称	商品编码
25	黄樟油*	3301299010
26	N-乙酰邻氨基苯酸（N-乙酰邻氨基苯甲酸，2-乙酰氨基苯甲酸）*	2924230010
27	邻氨基苯甲酸（氨茴酸）*	2922431000
28	麦角新碱*	2939610010
29	麦角胺*	2939620010
30	麦角酸*	2939630010
第二类		
31	苯乙酸*	2916340010
32	醋酸酐（乙酸酐）*	2915240000
33	三氯甲烷（氯仿）	2903130000
34	乙醚	2909110000
35	哌啶（六氢哌啶）	2933321000
第三类		
36	甲苯	2902300000
37	丙酮	2914110000
38	甲基乙基酮（丁酮）	2914120000
39	高锰酸钾*	2841610000
40	硫酸	2807000010
41	盐酸（氯化氢）	2806100000

注：带*号的为国际核查易制毒化学品。

关于对含易制毒化学品的混合物的进出口管理作出具体规定

（商务部公告2007年第23号）

（2007年5月16日由商务部发布，2007年5月16日起施行，法规类型为规范性文件）

《易制毒化学品进出口管理规定》（商务部令2006年第7号，以下简称《规定》）第七条所称的"混合物"是指：

（一）含甲苯、丙酮、丁酮、硫酸4种易制毒化学品之一且比例高于40%（不含）的货物以及含盐酸比例高于10%（不含）的货物；

（二）含上述 5 种以外的《易制毒化学品进出口管理目录》所列的其他易制毒化学品的货物。含易制毒化学品的复方药品制剂除外。

经营者进出口上述混合物，应当按照《规定》申请许可。

含甲苯、丙酮、丁酮、硫酸、盐酸等 5 种易制毒化学品之一且比例低于上述规定含量的货物，不属于《规定》第七条所称的"混合物"。经营者进出口上述货物，无需按照《规定》申请许可。

经营者在办理通关手续时，应当如实申报易制毒化学品含量，并主动出示有关证件。

特此公告。

中华人民共和国核出口管制条例

（国务院令第 230 号）

（1997 年 9 月 10 日由国务院发布，根据 2006 年 11 月 9 日国务院令第 480 号《国务院关于修改〈中华人民共和国核出口管制条例〉的决定》修订，现行版本自 2006 年 11 月 9 日起施行，法规类型为行政法规）

第一条 为了加强对核出口的管制，防止核武器扩散，防范核恐怖主义行为，维护国家安全和社会公共利益，促进和平利用核能的国际合作，制定本条例。

第二条 本条例所称核出口，是指《核出口管制清单》（以下简称《管制清单》）所列的核材料、核设备和反应堆用非核材料等物项及其相关技术的贸易性出口及对外赠送、展览、科技合作和援助等方式进行的转移。

第三条 国家对核出口实行严格管制，严格履行所承担的不扩散核武器的国际义务。

国家严格限制铀浓缩设施、设备，辐照燃料后处理设施、设备，重水生产设施、设备等物项及其相关技术等核扩散敏感物项，以及可以用于核武器或者其他核爆炸装置的材料的出口。

第四条 核出口应当遵守国家有关法律、行政法规的规定，不得损害国家安全或者社会公共利益。

第五条 核出口审查、许可，应当遵循下列准则：

（一）接受方政府保证不将中国供应的核材料、核设备或者反应堆用非核材料以及通过其使用而生产的特种可裂变材料用于任何核爆炸目的。

（二）接受方政府保证对中国供应的核材料以及通过其使用而生产的特种可裂变材料采取适当的实物保护措施。

（三）接受方政府同国际原子能机构订有有效的全面保障协定。本项规定不适用于同国际原子能机构订有自愿保障协定的国家。

（四）接受方保证，未经中国国家原子能机构事先书面同意，不向第三方再转让中国所供应的核材料、核设备或者反应堆用非核材料及其相关技术；经事先同意进行再转让的，接受再转让的第三方应当承担相当于由中国直接供应所承担的义务。

（五）接受方政府保证，未经中国政府同意，不得利用中国供应的铀浓缩设施、技术或者以此技术为基础的任何设施生产富集度高于 20%的浓缩铀。

第六条 核出口由国务院指定的单位专营，任何其他单位或者个人不得经营。

第七条 出口《管制清单》所列物项及其相关技术，应当向国家原子能机构提出申请，填写核出口申请表并提交下列文件：

（一）申请人从事核出口的专营资格证明；

（二）申请人的法定代表人、主要经营管理人以及经办人的身份证明；

（三）合同或者协议的副本；

（四）核材料或者反应堆用非核材料分析报告单；

（五）最终用户证明；

（六）接受方依照本条例第五条规定提供的保证证明；

（七）审查机关要求提交的其他文件。

第八条 申请人应当如实填写核出口申请表。

核出口申请表由国家原子能机构统一印制。

第九条 核出口申请表上填报的事项发生变化的，申请人应当及时提出修正，或者重新提出出口申请。

申请人中止核出口时，应当及时撤回核出口申请。

第十条 国家原子能机构应当自收到核出口申请表及本条例第七条所列文件之日起15个工作日内，提出审查意见，并通知申请人；经审查同意的，应当区分情况，依照下列规定处理：

（一）出口核材料的，转送国防科学技术工业委员会复审或者国防科学技术工业委员会会同有关部门复审；

（二）出口核设备或者反应堆用非核材料及其相关技术的，转送商务部复审或者商务部会同国防科学技术工业委员会等有关部门复审。

国防科学技术工业委员会、商务部应当自收到国家原子能机构转送的核出口申请表和本条例第七条所列文件及审查意见之日起15个工作日内提出复审意见，并通知申请人。

国家原子能机构、国防科学技术工业委员会、商务部因特殊情况，需要延长审查或者复审期限的，可以延长15个工作日，但是应当通知申请人。

第十一条 对国家安全、社会公共利益或者外交政策有重要影响的核出口，国家原子能机构、国防科学技术工业委员会、商务部审查或者复审时，应当会商外交部等有关部门；必要时，应当报国务院审批。

报国务院审批的，不受本条例第十条规定时限的限制。

第十二条 核出口申请依照本条例规定经复审或者审批同意的，由商务部颁发核出口许可证。

第十三条 核出口许可证持有人改变原申请出口的物项及其相关技术的，应当交回原许可证，并依照本条例的规定，重新申请、领取核出口许可证。

第十四条 商务部颁发核出口许可证后，应当书面通知国家原子能机构。

第十五条 核出口专营单位进行核出口时，应当向海关出具核出口许可证，依照海关法的规定办理海关手续，并接受海关监管。

第十六条 海关可对出口经营者出口的物项及其技术是否需要办理核出口证件提出质疑，并可要求其向商务部申请办理是否属于核出口管制范围的证明文件；属于核出口管制范围的，应当依照本条例的规定申请取得核出口许可证。

第十七条 接受方或者其政府违反其依照本条例第五条规定作出的保证，或者出现核扩散、核恐怖主义危险的，国防科学技术工业委员会、商务部会同外交部等有关部门，有权作出中止出口有关物项或者相关技术的决定，并书面通知海关执行。

第十八条 违反本条例规定，出口核材料、核设备、反应堆用非核材料的，依照海关法的规定处罚。

违反本条例规定，出口《管制清单》所列有关技术的，由商务部给予警告，处违法经营额1倍以上5倍以下罚款；违法经营额不足5万元的，处5万元以上25万元以下罚款；有违法所得的，没收违法所得；构成犯罪的，依法追究刑事责任。

第十九条 伪造、变造、买卖核出口许可证，或者以欺骗等不正当手段获取核出口许可证的，依照有关法律、行政法规的规定处罚；构成犯罪的，依法追究刑事责任。

第二十条 国家核出口管制工作人员玩忽职守、徇私舞弊或者滥用职权，构成犯罪的，依法追究刑事责任；尚不构成犯罪的，依法给予行政处分。

第二十一条 国家原子能机构会同国防科学技术工业委员会、商务部、外交部、海关总署等有关部门根据实际情况，可以对《管制清单》进行调整，并予以公布。

第二十二条 中华人民共和国缔结或者参加的国际条约同本条例有不同规定的，适用国际条约的规定；但是，中华人民共和国声明保留的条款除外。

第二十三条 《管制清单》所列物项及其相关技术从保税仓库、保税区、出口加工区等海关特殊监管区域、保税场所出口，适用本条例的规定。

《管制清单》所列物项及其相关技术的过境、转运、通运，参照本条例的规定执行。

第二十四条 本条例自发布之日起施行。

中华人民共和国军品出口管理条例

（国务院 中央军事委员会令234号）

（1997年10月22日由国务院、中央军事委员会发布，根据2002年10月15日国务院、中央军事委员会令第366号《国务院、中央军事委员会关于修改〈中华人民共和国军品出口管理条例〉的决定》修订，现行版本自2002年11月15日起施行，法规类型为行政法规）

第一章 总则

第一条 为了加强对军品出口的统一管理，维护正常的军品出口秩序，制定本条例。

第二条 本条例所称军品出口，是指用于军事目的的装备、专用生产设备及其他物资、技术和有关服务的贸易性出口。

前款所称军品出口，纳入军品出口管理清单。军品出口管理清单由国家军品出口主管部门制定、调整并公布。

第三条 国家军品出口主管部门在国务院、中央军事委员会的领导下，主管全国的军品出口工作，对全国的军品出口实施监督管理。

第四条 国家实行统一的军品出口管理制度，禁止任何损害国家的利益和安全的军品出口行为，依法保障正常的军品出口秩序。

第五条 军品出口应当遵循下列原则：

（一）有助于接受国的正当自卫能力；

（二）不损害有关地区的和世界的和平、安全与稳定；

（三）不干涉接受国的内政。

第六条 中华人民共和国缔结或者参加的国际条约同本条例有不同规定的，适用国际条约的规定；但是，中华人民共和国声明保留的条款除外。

第二章 军品贸易公司

第七条 本条例所称军品贸易公司，是指依法取得军品出口经营权，并在核定的经营范围内从事军品出口经营活动的企业法人。

第八条 军品出口经营权由国家军品出口主管部门审查批准。具体办法由国家军品出口主管部门规定。

第九条 军品贸易公司依法自主经营、自负盈亏。

第十条 军品贸易公司应当信守合同，保证商品质量，完善售后服务。

第十一条 军品贸易公司应当按照国家军品出口主管部门的规定，如实提交与其军品出口经营活动有关的文件及资料。国家军品出口主管部门应当为军品贸易公司保守商业秘密，维护军品贸易公司的合法权益。

第十二条 军品贸易公司可以委托经批准的军品出口运输企业，办理军品出口运输及相关业务。具体办法由国家军品出口主管部门规定。

第三章 军品出口管理

第十三条 国家对军品出口实行许可制度。

军品出口项目、合同，应当依照本条例的规定申请审查批准。军品出口，应当凭军品出口许可证。

第十四条 军品出口项目，由国家军品出口主管部门或者由国家军品出口主管部门会同国务院、中央军事委员会的有关部门审查批准。

第十五条 军品出口项目经批准后，军品贸易公司可以对外签订军品出口合同。军品出口合同签订后，应当向国家军品出口主管部门申请审查批准；国家军品出口主管部门应当自收到申请之日起20日内作出决定。军品出口合同获得批准，方可生效。

军品贸易公司向国家军品出口主管部门申请批准军品出口合同时，应当附送接受国的有效证明文件。

第十六条 重大的军品出口项目、合同，应当经国家军品出口主管部门会同国务院、中央军事委员会的有关部门审查，报国务院和中央军事委员会批准。

第十七条 军品贸易公司在军品出口前，应当凭军品出口合同批准文件，向国家军品出口主管部门申请领取军品出口许可证；符合军品出口合同规定的，国家军品出口主管部门应当自收到申请之日起10日内签发军品出口许可证。

海关凭军品出口许可证接受申报，并按照国家有关规定验放。

第十八条 军品出口项目、合同的审查批准办法和军品出口许可证的签发办法，由国家军品出口主管部门制定。

第十九条 军品出口，由国家军品出口主管部门会同有关部门下达军品出口通知。有关部门和地方人民政府收到军品出口通知后，应当按照国家有关规定认真履行职责，保证军品出口的安全、迅速、准确。

第四章 军品出口秩序

第二十条 未取得军品出口经营权的任何单位或者组织，不得从事军品出口经营活动。

国家禁止个人从事军品出口经营活动。

第二十一条 军品贸易公司在军品出口经营活动中，应当遵守法律和行政法规的规定，维护正常的军品出口秩序。

第二十二条　军品贸易公司在军品出口经营活动中，不得有下列行为：
（一）危害国家安全或者社会公共利益；
（二）以不正当竞争手段排挤竞争对手；
（三）侵害中华人民共和国法律保护的知识产权；
（四）伪造、变造、骗取或者转让军品出口项目批准文件、合同批准文件、许可证和接受国的有效证明文件等单证；
（五）超越核定的经营范围经营；
（六）违反法律和行政法规规定的其他行为。

第二十三条　国家军品出口主管部门认为必要时或者根据军品贸易公司的请求，可以对妨碍正常的军品出口秩序的行为进行处理。

第五章　法律责任

第二十四条　军品贸易公司违反本条例第十一条规定的，由国家军品出口主管部门责令限期改正，予以警告；逾期不改正的，处 2 万元以上 10 万元以下的罚款，暂停直至撤销其军品出口经营权。

第二十五条　军品贸易公司违反本条例第二十二条第（四）项、第（五）项规定，触犯刑律的，依照刑法关于非法经营罪，伪造、变造、买卖国家机关公文、证件、印章罪或者其他罪的规定，依法追究刑事责任；尚不够刑事处罚的，由国家军品出口主管部门予以警告，没收违法所得，并处违法所得 1 倍以上 3 倍以下的罚款，没有违法所得或者违法所得不足 10 万元的，处 10 万元以上 30 万元以下的罚款，暂停直至撤销其军品出口经营权。

军品贸易公司违反本条例第二十二条第（一）项、第（二）项、第（三）项规定或者其他法律、行政法规规定的，由国家有关主管部门依照有关法律和行政法规的规定予以处罚，国家军品出口主管部门并可以暂停直至撤销其军品出口经营权；触犯刑律的，依照刑法有关规定，依法追究刑事责任。

第二十六条　违反本条例第二十条规定的，由国家军品出口主管部门取缔非法活动；触犯刑律的，依照刑法关于非法经营罪或者其他罪的规定，依法追究刑事责任；尚不够刑事处罚的，由国家军品出口主管部门予以警告，没收违法所得，并处违法所得 1 倍以上 5 倍以下的罚款，没有违法所得或者违法所得不足 10 万元的，处 10 万元以上 50 万元以下的罚款。

第二十七条　军品贸易公司对国家军品出口主管部门作出的具体行政行为不服的，应当先依法申请行政复议；对行政复议决定仍不服的，可以依法向人民法院提起行政诉讼。

第二十八条　国家军品出口管理工作人员滥用职权、玩忽职守或者利用职务上的便利收受、索取他人财物，触犯刑律的，依照刑法关于滥用职权罪、玩忽职守罪、受贿罪或者其他罪的规定，依法追究刑事责任；尚不够刑事处罚的，依法给予行政处分。

第六章　附　则

第二十九条　警用装备的出口适用本条例。
第三十条　本条例自 1998 年 1 月 1 日起施行。

中华人民共和国核两用品及相关技术出口管制条例

(国务院令第 245 号)

(1998 年 6 月 10 日由国务院发布,根据 2007 年 1 月 26 日国务院令第 484 号《国务院关于修改〈中华人民共和国核两用品及相关技术出口管制条例〉的决定》修订,现行版本自 2007 年 1 月 26 日起施行,法规类型为行政法规)

第一条 为了加强对核两用品及相关技术出口的管制,防止核武器扩散,防范核恐怖主义行为,促进和平利用核能的国际合作,维护国家安全和社会公共利益,制定本条例。

第二条 本条例所称核两用品及相关技术出口,是指《核两用品及相关技术出口管制清单》(以下简称《管制清单》)所列的设备、材料、软件和相关技术的贸易性出口及对外赠送、展览、科技合作、援助、服务和以其他方式进行的转移。

第三条 国家对核两用品及相关技术出口实行严格管制,严格履行所承担的不扩散核武器的国际义务,防止核两用品及相关技术用于核爆炸目的或者核恐怖主义行为。

为维护国家安全以及国际和平与安全,国家对核两用品及相关技术出口可以采取任何必要的措施。

第四条 核两用品及相关技术出口,应当遵守国家有关法律、行政法规和本条例的规定,不得损害国家安全和社会公共利益。

第五条 国家对核两用品及相关技术出口实行许可证管理制度。

第六条 核两用品及相关技术出口的许可,应当基于接受方的如下保证:

(一)接受方保证,不将中国供应的核两用品及相关技术或者其任何复制品用于核爆炸目的以及申明的最终用途以外的其他用途。

(二)接受方保证,不将中国供应的核两用品及相关技术或者其任何复制品用于未接受国际原子能机构保障监督的核燃料循环活动。本项规定不适用于同国际原子能机构订有自愿保障协定的国家。

(三)接受方保证,未经中国政府允许,不将中国供应的核两用品及相关技术或者其任何复制品向申明的最终用户以外的第三方转让。

第七条 从事核两用品及相关技术出口的经营者,须经商务部登记。未经登记,任何单位或者个人不得经营核两用品及相关技术出口。登记的具体办法由商务部规定。

第八条 出口《管制清单》所列的核两用品及相关技术,应当向商务部提出申请,填写核两用品及相关技术出口申请表(以下简称出口申请表),并提交下列文件:

(一)申请人的法定代表人、主要经营管理人以及经办人的身份证明;

(二)合同或者协议的副本;

(三)核两用品及相关技术的技术说明或者检测报告;

(四)最终用户和最终用途证明;

(五)本条例第六条规定的保证文书;

(六)商务部要求提交的其他文件。

第九条 核两用品及相关技术出口,属于参加境外展览、中方在境外自用、境外检修,并在规定期限内复运进境的,或者属于境内检修复运出境以及商务部规定的其他情形的,在申时经商务部审查同意,可以免予提交本条例第八条规定的有关文件。

第十条 申请人应当如实填写出口申请表。

出口申请表由商务部统一印制。

第十一条 商务部应当自收到出口申请表和本条例第八条规定的文件之日起,会同国家原子能机构或者会同国家原子能机构商有关部门,涉及外交政策的,并商外交部,进行审查并在45个工作日内作出许可或者不许可的决定。

第十二条 对国家安全、社会公共利益或者外交政策有重大影响的核两用品及相关技术出口,商务部会同有关部门报国务院批准。

报国务院批准的,不受本条例第十一条规定时限的限制。

第十三条 核两用品及相关技术出口申请经审查许可的,由商务部颁发核两用品及相关技术出口许可证件(以下简称出口许可证件)。

第十四条 出口许可证件持有人改变原申请的核两用品及相关技术出口的,应当交回原出口许可证件,并依照本条例的有关规定,重新申请、领取出口许可证件。

第十五条 核两用品及相关技术出口时,出口经营者应当向海关出具出口许可证件,依照海关法的规定办理海关手续,并接受海关监管。

第十六条 海关可以对出口经营者出口的设备、材料、软件和相关技术是否需要办理核两用品及相关技术出口许可证件提出质疑,并可以要求其向商务部申请办理是否属于核两用品及相关技术出口管制范围的证明文件;属于核两用品及相关技术出口管制范围的,出口经营者应当依照本条例的规定申请取得核两用品及相关技术出口许可证件。具体办法由海关总署会同商务部制定。

第十七条 接受方违反其依照本条例第六条规定作出的保证,或者出现核扩散、核恐怖主义行为危险时,商务部应当对已经颁发的出口许可证件予以中止或者撤销,并书面通知有关部门。

第十八条 出口经营者应当建立、健全核两用品及相关技术出口的内部控制机制,并妥善保存有关合同、发票、单据、业务函电等资料,保存期限不少于5年。商务部可以查阅、复制相关资料。

第十九条 出口经营者知道或者应当知道,或者得到商务部通知,其所出口的设备、材料、软件和相关技术存在核扩散风险或者可能被用于核恐怖主义目的的,即使该设备、材料、软件和相关技术未列入《管制清单》,也应当依照本条例的规定执行。

第二十条 经国务院批准,商务部会同有关部门,可以临时决定对《管制清单》以外的特定核两用品及相关技术的出口依照本条例实施管制。

前款规定的特定核两用品及相关技术的出口,应当依照本条例的规定经过许可。

第二十一条 商务部组织有关方面的专家组成核两用品及相关技术出口管制咨询委员会,承担核两用品及相关技术出口管制的咨询、评估、论证等工作。

第二十二条 商务部或者商务部会同有关部门可以对涉嫌违反本条例规定的行为进行调查、制止。必要时,商务部可以将拟出境的设备、材料、软件和相关技术的有关情况通报海关,对其中属于海关监管货物的,海关可以查验和扣留。对海关监管区域外不属于海关监管货物的,商务部可以查封或者扣留。有关单位和个人应当予以配合、协助。

第二十三条 违反本条例的规定,出口核两用品的,依照海关法的规定处罚。

违反本条例的规定,出口核两用品相关技术的,由商务部给予警告,处违法经营额1倍以上5倍以下的罚款;违法经营额不足5万元的,处5万元以上25万元以下的罚款;有违法所得的,没收违法所得;构成犯罪的,依法追究刑事责任。

第二十四条 伪造、变造或者买卖出口许可证件的,依照有关法律、行政法规的规定处罚；构成犯罪的，依法追究刑事责任。

以欺骗或者其他不正当手段获取出口许可证件的，由商务部收缴其出口许可证件，处违法经营额1倍以上5倍以下的罚款；违法经营额不足5万元的，处5万元以上25万元以下的罚款；有违法所得的，没收违法所得；构成犯罪的，依法追究刑事责任。

第二十五条 对核两用品及相关技术出口实施管制的国家工作人员玩忽职守、徇私舞弊或者滥用职权，构成犯罪的，依法追究刑事责任；尚不构成犯罪的，依法给予处分。

第二十六条 商务部会同国家原子能机构和有关部门，可以根据实际情况对《管制清单》进行调整，并予以公布。

第二十七条 中华人民共和国缔结或者参加的国际条约同本条例有不同规定的，适用国际条约的规定；但是，中华人民共和国声明保留的条款除外。

第二十八条 核两用品及相关技术从保税区、出口加工区等海关特殊监管区域和出口监管仓库、保税物流中心等保税监管场所出口，适用本条例的规定。

核两用品及相关技术的过境、转运、通运，参照本条例的规定执行。

第二十九条 本条例自发布之日起施行。

中华人民共和国导弹及相关物项和技术出口管制条例

（国务院令第361号）

（2002年8月22日由国务院发布，2002年8月22日起施行，法规类型为行政法规）

第一条 为了加强对导弹及相关物项和技术出口的管制，维护国家安全和社会公共利益，制定本条例。

第二条 本条例所称导弹及相关物项和技术出口，是指本条例附件《导弹及相关物项和技术出口管制清单》（以下简称《管制清单》）所列的导弹及相关设备、材料、技术的贸易性出口以及对外赠送、展览、科技合作、援助、服务和以其他方式进行的技术转移。

第三条 国家对导弹及相关物项和技术出口实行严格管制，防止《管制清单》所列的可被用于运载大规模杀伤性武器的导弹及其他运载系统的扩散。

第四条 国家对导弹及相关物项和技术出口实行许可证件管理制度。未经许可，任何单位或者个人不得出口导弹及相关物项和技术。

第五条 出口《管制清单》第一部分所列的物项和技术，依照《中华人民共和国军品出口管理条例》及其他有关规定办理。

出口《管制清单》第二部分所列的物项和技术（以下简称导弹相关物项和技术），应当依照本条例第七条至第十三条的规定履行审批手续；但是，出口用于军事目的的导弹相关物项和技术，应当依照前款规定办理。

第六条 导弹相关物项和技术出口的接受方应当保证，未经中国政府允许，不将中国供应的导弹相关物项和技术用于申明的最终用途以外的其他用途，不将中国供应的导弹相关物项和技术向申明的最终用户以外的第三方转让。

第七条 从事导弹相关物项和技术出口的经营者，须经国务院对外经济贸易主管部门（以下简称国务院外经贸主管部门）登记。未经登记，任何单位或者个人不得经营导弹相关物项和技术出口。具体登记办法由国务院外经贸主管部门规定。

第八条 出口导弹相关物项和技术，应当向国务院外经贸主管部门提出申请，填写导弹相关物项和技术出口申请表（以下简称出口申请表），并提交下列文件：
（一）申请人的法定代表人、主要经营管理人以及经办人的身份证明；
（二）合同或者协议的副本；
（三）导弹相关物项和技术的技术说明；
（四）最终用户证明和最终用途证明；
（五）本条例第六条规定的保证文书；
（六）国务院外经贸主管部门规定提交的其他文件。

第九条 申请人应当如实填写出口申请表。
出口申请表由国务院外经贸主管部门统一印制。

第十条 国务院外经贸主管部门应当自收到出口申请表和本条例第八条规定的文件之日起进行审查，或者会同国务院有关部门、中央军事委员会有关部门进行审查，并在45个工作日内作出许可或者不许可的决定。

第十一条 对国家安全、社会公共利益有重大影响的导弹相关物项和技术出口，国务院外经贸主管部门应当会同有关部门报国务院、中央军事委员会批准。
导弹相关物项和技术出口报国务院、中央军事委员会批准的，不受本条例第十条规定时限的限制。

第十二条 导弹相关物项和技术出口申请经审查许可的，由国务院外经贸主管部门颁发导弹相关物项和技术出口许可证件（以下简称出口许可证件），并书面通知海关。

第十三条 出口许可证件持有人改变原申请的导弹相关物项和技术出口的，应当交回原出口许可证件，并依照本条例的有关规定，重新申请、领取出口许可证件。

第十四条 导弹相关物项和技术出口时，出口经营者应当向海关出具出口许可证件，依照海关法的规定办理海关手续，并接受海关监管。

第十五条 接受方违反其依照本条例第六条规定作出的保证，或者出现《管制清单》所列的可被用于运载大规模杀伤性武器的导弹及其他运载系统扩散的危险时，国务院外经贸主管部门应当对已经颁发的出口许可证件予以中止或者撤销，并书面通知海关。

第十六条 出口经营者知道或者应当知道所出口的导弹相关物项和技术将被接受方直接用于《管制清单》所列的可被用于运载大规模杀伤性武器的导弹及其他运载系统的发展计划的，即使该物项和技术未列入《管制清单》，也应当依照本条例的规定执行。

第十七条 经国务院、中央军事委员会批准，国务院外经贸主管部门会同有关部门，可以临时决定对《管制清单》以外的特定物项和技术的出口依照本条例实施管制。

第十八条 未经许可擅自出口导弹相关物项和技术的，或者擅自超出许可的范围出口导弹相关物项和技术的，依照刑法关于走私罪、非法经营罪、泄露国家秘密罪或者其他罪的规定，依法追究刑事责任；尚不够刑事处罚的，区别不同情况，依照海关法的有关规定处罚，或者由国务院外经贸主管部门给予警告，没收违法所得，处违法所得1倍以上5倍以下的罚款；国务院外经贸主管部门并可以暂停直至撤销其对外贸易经营许可。

第十九条 伪造、变造或者买卖导弹相关物项和技术出口许可证件的，依照刑法关于非法经营罪或者伪造、变造、买卖国家机关公文、证件、印章罪的规定，依法追究刑事责任；尚不够刑事处罚的，依照海关法的有关规定处罚；国务院外经贸主管部门并可以撤销其对外贸易经营许可。

第二十条 以欺骗或者其他不正当手段获取导弹相关物项和技术出口许可证件的，由国务院外经贸主管部门收缴其出口许可证件，没收违法所得，处违法所得等值以下的罚款，暂停直至撤销其对外贸易经营许可。

第二十一条 违反本条例第七条规定，未经登记擅自经营导弹相关物项和技术出口的，由国务院外经贸主管部门依法取缔其非法活动，并由国家有关主管部门依照有关法律和行政法规的规定给予处罚。

第二十二条 对导弹相关物项和技术出口实施管制的国家工作人员滥用职权、玩忽职守或者利用职务上的便利索取、收受他人财物的，依照刑法关于滥用职权罪、玩忽职守罪、受贿罪或者其他罪的规定，依法追究刑事责任；尚不够刑事处罚的，依法给予行政处分。

第二十三条 国务院外经贸主管部门会同有关部门，可以根据实际情况对《管制清单》进行调整，报国务院、中央军事委员会批准后执行。

第二十四条 本条例自公布之日起施行。

附件：导弹及相关物项和技术出口管制清单（略）

中华人民共和国技术进出口管理条例

（国务院令第 331 号）

（2001 年 12 月 10 日由国务院发布；根据 2011 年 1 月 8 日国务院令第 588 号《国务院关于废止和修改部分行政法规的决定》第一次修订，根据 2019 年 3 月 2 日国务院令第 709 号《国务院关于修改部分行政法规的决定》第二次修订；现行版本自 2019 年 3 月 18 日起施行；法规类型为行政法规）

第一章 总 则

第一条 为了规范技术进出口管理，维护技术进出口秩序，促进国民经济和社会发展，根据《中华人民共和国对外贸易法》（以下简称对外贸易法）及其他有关法律的有关规定，制定本条例。

第二条 本条例所称技术进出口，是指从中华人民共和国境外向中华人民共和国境内，或者从中华人民共和国境内向中华人民共和国境外，通过贸易、投资或者经济技术合作的方式转移技术的行为。

前款规定的行为包括专利权转让、专利申请权转让、专利实施许可、技术秘密转让、技术服务和其他方式的技术转移。

第三条 国家对技术进出口实行统一的管理制度，依法维护公平、自由的技术进出口秩序。

第四条 技术进出口应当符合国家的产业政策、科技政策和社会发展政策，有利于促进我国科技进步和对外经济技术合作的发展，有利于维护我国经济技术权益。

第五条 国家准许技术的自由进出口；但是，法律、行政法规另有规定的除外。

第六条 国务院对外经济贸易主管部门（以下简称国务院外经贸主管部门）依照对外贸易法和本条例的规定，负责全国的技术进出口管理工作。省、自治区、直辖市人民政府外经贸主管部门根据国务院外经贸主管部门的授权，负责本行政区域内的技术进出口管理工作。

国务院有关部门按照国务院的规定，履行技术进出口项目的有关管理职责。

第二章 技术进口管理

第七条 国家鼓励先进、适用的技术进口。

第八条 有对外贸易法第十六条规定情形之一的技术，禁止或者限制进口。

国务院外经贸主管部门会同国务院有关部门，制定、调整并公布禁止或者限制进口的技术目录。

第九条 属于禁止进口的技术，不得进口。

第十条 属于限制进口的技术，实行许可证管理；未经许可，不得进口。

第十一条 进口属于限制进口的技术，应当向国务院外经贸主管部门提出技术进口申请并附有关文件。

技术进口项目需经有关部门批准的，还应当提交有关部门的批准文件。

第十二条 国务院外经贸主管部门收到技术进口申请后，应当会同国务院有关部门对申请进行审查，并自收到申请之日起30个工作日内作出批准或者不批准的决定。

第十三条 技术进口申请经批准的，由国务院外经贸主管部门发给技术进口许可意向书。

进口经营者取得技术进口许可意向书后，可以对外签订技术进口合同。

第十四条 进口经营者签订技术进口合同后，应当向国务院外经贸主管部门提交技术进口合同副本及有关文件，申请技术进口许可证。

国务院外经贸主管部门对技术进口合同的真实性进行审查，并自收到前款规定的文件之日起10个工作日内，对技术进口作出许可或者不许可的决定。

第十五条 申请人依照本条例第十一条的规定向国务院外经贸主管部门提出技术进口申请时，可以一并提交已经签订的技术进口合同副本。

国务院外经贸主管部门应当依照本条例第十二条和第十四条的规定对申请及其技术进口合同的真实性一并进行审查，并自收到前款规定的文件之日起40个工作日内，对技术进口作出许可或者不许可的决定。

第十六条 技术进口经许可的，由国务院外经贸主管部门颁发技术进口许可证。技术进口合同自技术进口许可证颁发之日起生效。

第十七条 对属于自由进口的技术，实行合同登记管理。

进口属于自由进口的技术，合同自依法成立时生效，不以登记为合同生效的条件。

第十八条 进口属于自由进口的技术，应当向国务院外经贸主管部门办理登记，并提交下列文件：

（一）技术进口合同登记申请书；

（二）技术进口合同副本；

（三）签约双方法律地位的证明文件。

第十九条 国务院外经贸主管部门应自收到本条例第十八条规定的文件之日起3个工作日内，对技术进口合同进行登记，颁发技术进口合同登记证。

第二十条 申请人凭技术进口许可证或者技术进口合同登记证，办理外汇、银行、税务、海关等相关手续。

第二十一条 依照本条例的规定，经许可或者登记的技术进口合同，合同的主要内容发生变更的，应当重新办理许可或者登记手续。

经许可或者登记的技术进口合同终止的，应当及时向国务院外经贸主管部门备案。

第二十二条 设立外商投资企业，外方以技术作为投资的，该技术的进口，应当按照外商投资企业设立审批的程序进行审查或者办理登记。

第二十三条 国务院外经贸主管部门和有关部门及其工作人员在履行技术进口管理职责

中，对所知悉的商业秘密负有保密义务。

第二十四条 技术进口合同的让与人应当保证自己是所提供技术的合法拥有者或者有权转让、许可者。

技术进口合同的受让人按照合同约定使用让与人提供的技术，被第三方指控侵权的，受让人应当立即通知让与人；让与人接到通知后，应当协助受让人排除妨碍。

第二十五条 技术进口合同的让与人应当保证所提供的技术完整、无误、有效，能够达到约定的技术目标。

第二十六条 技术进口合同的受让人、让与人应当在合同约定的保密范围和保密期限内，对让与人提供的技术中尚未公开的秘密部分承担保密义务。

在保密期限内，承担保密义务的一方在保密技术非因自己的原因被公开后，其承担的保密义务即予终止。

第二十七条 技术进口合同期满后，技术让与人和受让人可以依照公平合理的原则，就技术的继续使用进行协商。

第三章 技术出口管理

第二十八条 国家鼓励成熟的产业化技术出口。

第二十九条 有对外贸易法第十六条规定情形之一的技术，禁止或者限制出口。

国务院外经贸主管部门会同国务院有关部门，制定、调整并公布禁止或者限制出口的技术目录。

第三十条 属于禁止出口的技术，不得出口。

第三十一条 属于限制出口的技术，实行许可证管理；未经许可，不得出口。

第三十二条 出口属于限制出口的技术，应当向国务院外经贸主管部门提出申请。

第三十三条 国务院外经贸主管部门收到技术出口申请后，应当会同国务院科技管理部门对申请出口的技术进行审查，并自收到申请之日起30个工作日内作出批准或者不批准的决定。

限制出口的技术需经有关部门进行保密审查的，按照国家有关规定执行。

第三十四条 技术出口申请经批准的，由国务院外经贸主管部门发给技术出口许可意向书。

申请人取得技术出口许可意向书后，方可对外进行实质性谈判，签订技术出口合同。

第三十五条 申请人签订技术出口合同后，应当向国务院外经贸主管部门提交下列文件，申请技术出口许可证：

（一）技术出口许可意向书；

（二）技术出口合同副本；

（三）技术资料出口清单；

（四）签约双方法律地位的证明文件。

国务院外经贸主管部门对技术出口合同的真实性进行审查，并自收到前款规定的文件之日起15个工作日内，对技术出口作出许可或者不许可的决定。

第三十六条 技术出口经许可的，由国务院外经贸主管部门颁发技术出口许可证。技术出口合同自技术出口许可证颁发之日起生效。

第三十七条 对属于自由出口的技术，实行合同登记管理。

出口属于自由出口的技术，合同自依法成立时生效，不以登记为合同生效的条件。

第三十八条 出口属于自由出口的技术，应当向国务院外经贸主管部门办理登记，并提交下列文件：

（一）技术出口合同登记申请书；

（二）技术出口合同副本；

（三）签约双方法律地位的证明文件。

第三十九条 国务院外经贸主管部门应当自收到本条例第三十八条规定的文件之日起3个工作日内，对技术出口合同进行登记，颁发技术出口合同登记证。

第四十条 申请人凭技术出口许可证或者技术出口合同登记证办理外汇、银行、税务、海关等相关手续。

第四十一条 依照本条例的规定，经许可或者登记的技术出口合同，合同的主要内容发生变更的，应当重新办理许可或者登记手续。

经许可或者登记的技术出口合同终止的，应当及时向国务院外经贸主管部门备案。

第四十二条 国务院外经贸主管部门和有关部门及其工作人员在履行技术出口管理职责中，对国家秘密和所知悉的商业秘密负有保密义务。

第四十三条 出口核技术、核两用品相关技术、监控化学品生产技术、军事技术等出口管制技术的，依照有关行政法规的规定办理。

第四章 法律责任

第四十四条 进口或者出口属于禁止进出口的技术的，或者未经许可擅自进口或者出口属于限制进出口的技术的，依照刑法关于走私罪、非法经营罪、泄露国家秘密罪或者其他罪的规定，依法追究刑事责任；尚不够刑事处罚的，区别不同情况，依照海关法的有关规定处罚，或者由国务院外经贸主管部门给予警告，没收违法所得，处违法所得1倍以上5倍以下的罚款；国务院外经贸主管部门并可以撤销其对外贸易经营许可。

第四十五条 擅自超出许可的范围进口或者出口属于限制进出口的技术的，依照刑法关于非法经营罪或者其他罪的规定，依法追究刑事责任；尚不够刑事处罚的，区别不同情况，依照海关法的有关规定处罚，或者由国务院外经贸主管部门给予警告，没收违法所得，处违法所得1倍以上3倍以下的罚款；国务院外经贸主管部门并可以暂停直至撤销其对外贸易经营许可。

第四十六条 伪造、变造或者买卖技术进出口许可证或者技术进出口合同登记证的，依照刑法关于非法经营罪或者伪造、变造、买卖国家机关公文、证件、印章罪的规定，依法追究刑事责任；尚不够刑事处罚的，依照海关法的有关规定处罚；国务院外经贸主管部门并可以撤销其对外贸易经营许可。

第四十七条 以欺骗或者其他不正当手段获取技术进出口许可的，由国务院外经贸主管部门吊销其技术进出口许可证，暂停直至撤销其对外贸易经营许可。

第四十八条 以欺骗或者其他不正当手段获取技术进出口合同登记的，由国务院外经贸主管部门吊销其技术进出口合同登记证，暂停直至撤销其对外贸易经营许可。

第四十九条 技术进出口管理工作人员违反本条例的规定，泄露国家秘密或者所知悉的商业秘密的，依照刑法关于泄露国家秘密罪或者侵犯商业秘密罪的规定，依法追究刑事责任；尚不够刑事处罚的，依法给予行政处分。

第五十条 技术进出口管理工作人员滥用职权、玩忽职守或者利用职务上的便利收受、索取他人财物的，依照刑法关于滥用职权罪、玩忽职守罪、受贿罪或者其他罪的规定，依法追究刑事责任；尚不够刑事处罚的，依法给予行政处分。

第五章 附则

第五十一条 对国务院外经贸主管部门作出的有关技术进出口的批准、许可、登记或者行政处罚决定不服的，可以依法申请行政复议，也可以依法向人民法院提起诉讼。

第五十二条 本条例公布前国务院制定的有关技术进出口管理的规定与本条例的规定不一

致的，以本条例为准。

第五十三条 本条例自 2002 年 1 月 1 日起施行。1985 年 5 月 24 日国务院发布的《中华人民共和国技术引进合同管理条例》和 1987 年 12 月 30 日国务院批准、1988 年 1 月 20 日对外经济贸易部发布的《中华人民共和国技术引进合同管理条例施行细则》同时废止。

禁止进口限制进口技术管理办法

（商务部令 2009 年第 1 号）

（2009 年 2 月 1 日由商务部发布，根据 2019 年 11 月 30 日商务部令 2019 年第 1 号《商务部关于废止和修改部分规章的决定》修订，现行版本自 2019 年 11 月 30 日起施行，法规类型为部门规章）

第一条 为促进我国技术进口的发展，根据《中华人民共和国对外贸易法》、《中华人民共和国技术进出口管理条例》，制定本办法。

第二条 凡列入《中国禁止进口限制进口技术目录》（另行发布）中禁止进口的技术，不得进口。

第三条 国家对限制进口的技术实行许可证管理，凡进口列入《中国禁止进口限制进口技术目录》中限制进口技术的，应按本办法履行进口许可手续。

第四条 各省、自治区、直辖市商务主管部门（以下简称地方商务主管部门）是限制进口技术的审查机关，负责本行政区域内限制进口技术的许可工作。中央管理企业，按属地原则到地方商务主管部门办理许可手续。

第五条 技术进口经营者进口本办法第三条所规定的限制进口技术时，应填写《中国限制进口技术申请书》（以下简称《申请书》，见附表 1），报送地方商务主管部门履行进口许可手续。

第六条 地方商务主管部门自收到《申请书》之日起 30 个工作日内，对申请进口的技术进行审查，并决定是否准予进口。

申请人提供的申请材料不完备、申请内容不清或有其他申请不符合规定的情形，地方商务主管部门可要求申请人对申请材料进行修改或补充。

第七条 限制进口技术的审查应包括以下内容：

（一）是否危及国家安全、社会公共利益或者公共道德；

（二）是否危害人的健康或安全和动物、植物的生命或健康；

（三）是否破坏环境；

（四）是否符合我国对外承诺的义务。

第八条 商务主管部门及其工作人员对在技术进口审查中所知悉的商业秘密负有保密义务。

第九条 进口申请获得批准后，由地方商务主管部门颁发由商务部统一印制和编号的《中华人民共和国技术进口许可意向书》（以下简称《技术进口许可意向书》，见附表 2）。《技术进口许可意向书》的有效期为 3 年。技术进口经营者取得《技术进口许可意向书》后，可对外签订技术进口合同。

第十条 技术进口经营者签订技术进口合同后，应持《技术进口许可意向书》、合同副本及其附件、签约双方法律地位证明文件到地方商务主管部门申请技术进口许可证。

第十一条　地方商务主管部门应自收到本办法第十条所规定的文件之日起10个工作日内，对技术进口合同的真实性进行审查，并决定是否准予许可。

第十二条　技术进口经营者依照本办法第五条向地方商务主管部门提出技术进口申请，履行进口许可手续时，可一并提交已签订的技术进口合同副本及其附件和签约双方法律地位证明文件。

地方商务主管部门应在收到前款规定的文件之日起40个工作日内，对申请进口的技术进行审查，并对技术进口合同的真实性进行审查，决定是否准予许可。

地方商务主管部门自批准进口之日起10个工作日内，对技术进口合同的真实性进行审查，并决定是否准予许可。

申请人提供的申请材料不完备、申请内容不清或有其他申请不符合规定的情形，地方商务主管部门可要求申请人对申请材料进行修改或补充。

第十三条　技术进口经许可的，地方商务主管部门向进口经营者颁发由商务部统一印制和编号的《中华人民共和国技术进口许可证》（以下简称《技术进口许可证》，见附表3）。限制进口技术的进口合同自技术进口许可证颁发之日起生效。

第十四条　技术进口经营者到地方商务主管部门领取技术进口许可证前，应登录商务部网站上的"技术进出口合同信息管理系统"（网址：jsjckqy.fwmys.mofcom.gov.cn），按程序录入合同内容。

第十五条　需经有关部门审批或核准的投资项目，如涉及限制进口技术，技术进口经营者依照本办法第五条或第十二条规定向地方商务主管部门提出技术进口申请时，应提交有关部门的批准文件。

第十六条　技术进口经营者获得《技术进口许可证》后，如需更改技术进口内容，应按本办法规定的程序重新履行技术进口许可手续。

第十七条　技术进口经营者凭《技术进口许可证》，办理外汇、银行、税务、海关等相关手续。凡进口《中国禁止进口限制进口技术目录》中限制进口技术的，技术进口经营者应主动向海关出具《技术进口许可证》，海关凭《技术进口许可证》办理验放手续。

第十八条　商务部负责对地方商务主管部门的技术进口许可进行监督检查。

地方商务主管部门应在每年1月31日前将上年度批准的技术进口许可事项向商务部备案。

第十九条　凡违反本办法规定的，将依据《中华人民共和国技术进出口管理条例》，追究有关当事人和单位的责任。

第二十条　国防军工专有技术的进口不适用本办法。

第二十一条　本办法自公布之日起30日后施行。2002年1月1日起施行的《禁止进口限制进口技术管理办法》（对外贸易经济合作部　国家经济贸易委员会2001年第18号令）同时废止。

附件：1. 中国限制进口技术进口申请书（略）
　　　2. 中华人民共和国技术进口许可意向书（略）
　　　3. 中华人民共和国技术进口许可证（略）

禁止出口限制出口技术管理办法

(商务部 科学技术部令2009年第2号)

(2009年4月20日由商务部、科学技术部发布，2009年5月20日起施行，法规类型为部门规章)

第一条 为规范我国技术出口的管理，根据《中华人民共和国对外贸易法》、《中华人民共和国技术进出口管理条例》，制定本办法。

第二条 列入《中国禁止出口限制出口技术目录》(另行发布)中禁止出口的技术，不得出口。

第三条 国家对列入《中国禁止出口限制出口技术目录》的限制出口技术实行许可证管理，凡出口国家限制出口技术的，应按本办法履行出口许可手续。

第四条 属于本办法第三条规定的限制出口技术的出口许可由技术出口经营者所在地的省、自治区、直辖市商务主管部门(以下简称"地方商务主管部门")会同省、自治区、直辖市科技行政主管部门(以下简称"地方科技行政主管部门")管理。

第五条 技术出口经营者出本办法第三条所规定的限制出口技术前，应填写《中国限制出口技术申请书》(以下简称《申请书》，见附表1)，报送地方商务主管部门履行出口许可手续。

属于国家秘密技术的限制出口技术，在按本办法履行许可手续前，应先按《国家秘密技术出口审查规定》办理保密审查手续，并持保密审查主管部门批准的《国家秘密技术出口保密审查批准书》按本条第一款规定程序办理出口申请。

第六条 地方商务主管部门自收到《申请书》之日起30个工作日内，会同地方科技行政主管部门分别对技术出口项目进行贸易审查和技术审查，并决定是否准予出口。

申请人提供的申请材料不完备、申请内容不清或有其他申请不符合规定的情形，地方商务主管部门可要求申请人对申请材料进行修改或补充。

第七条 地方商务主管部门应在收到《申请书》之日起5个工作日之内，将相关材料转地方科技行政主管部门。地方科技行政主管部门在收到《申请书》之日起15个工作日内，组织专家对申请出口的技术进行技术审查并将审查结果反馈地方商务主管部门，同时报科技部备案。

第八条 限制出口技术的贸易审查应包括以下内容：
(一)是否符合我国对外贸易政策，并有利于促进外贸出口；
(二)是否符合我国的产业出口政策，并有利于促进国民经济发展；
(三)是否符合我国对外承诺的义务。

第九条 限制出口技术的技术审查应包括以下内容：
(一)是否危及国家安全；
(二)是否符合我国科技发展政策，并有利于科技进步；
(三)是否符合我国的产业技术政策，并能带动大型和成套设备、高新技术产品的生产和经济技术合作。

第十条 出口申请获得批准后，由地方商务主管部门颁发由商务部统一印制和编号的

《中华人民共和国技术出口许可意向书》（以下简称《技术出口许可意向书》，见附表2）。《技术出口许可意向书》的有效期为3年。

在申请出口信贷、保险意向承诺时，必须出具《技术出口许可意向书》，金融、保险机构凭《技术出口许可意向书》办理有关业务。

第十一条 对没有取得《技术出口许可意向书》的限制出口技术项目，任何单位和个人都不得对外进行实质性谈判，不得做出有关技术出口的具有法律效力的承诺。

第十二条 技术出口经营者在《技术出口许可意向书》有效期内，未签订技术出口合同的，应按本办法第五条规定的程序向地方商务主管部门重新提出出口申请。

第十三条 技术出口经营者签订技术出口合同后，持《技术出口许可意向书》、合同副本、技术资料出口清单（文件、资料、图纸、其他）（见附表四）、签约双方法律地位证明文件到地方商务主管部门申请技术出口许可证。

第十四条 地方商务主管部门对技术出口合同的真实性进行审查，并自收到本办法第十三条规定的文件之日起15个工作日内，对技术出口做出是否许可的决定，对许可出口的技术颁发由商务部统一印制和编号的《中华人民共和国技术出口许可证》（以下简称《技术出口许可证》，见附表3）。

第十五条 限制出口技术的技术出口合同自《技术出口许可证》颁发之日起生效。

第十六条 技术出口经营者到地方商务主管部门领取《技术出口许可证》前，应登录商务部网站上的"技术进出口合同信息管理系统"（网址为：jsjckqy.fwmys.mofcom.gov.cn），按程序录入合同内容。

第十七条 技术出口经营者获得《技术出口许可证》后，如需更改技术出口内容，应按本办法规定的程序重新履行技术出口许可手续。

第十八条 凡经批准允许出口的国家限制出口技术出口项目，技术出口经营者在办理海关事宜时，应主动出示《技术出口许可证》，海关验核后办理有关放行手续。

第十九条 商务部会同科技部负责对地方商务主管部门和地方科技主管部门的技术出口许可进行监督检查，同时加强对限制出口技术管理的培训和指导。

地方商务主管部门应在每年1月31日前将上年度批准的技术出口许可事项向商务部备案。

第二十条 凡违反本办法规定的，将依据《中华人民共和国技术进出口管理条例》及其他有关法律规定，追究有关当事人和单位的责任。

第二十一条 核技术、核两用品相关技术、化学两用品相关技术、生物两用品相关技术、导弹相关技术和国防军工专有技术的出口不适用本办法。

第二十二条 本办法自公布之日起30日后施行。2002年1月1日起施行的《禁止出口限制出口技术管理办法》（原对外贸易经济合作部、科学技术部2001年第14号令）同时废止。

附件：1. 中国限制出口技术出口申请书（略）
  2. 中华人民共和国技术出口许可意向书（略）
  3. 中华人民共和国技术出口许可证（略）

技术进出口合同登记管理办法

(商务部令 2009 年第 3 号)

(2009 年 2 月 1 日由商务部发布，2009 年 3 月 1 日起施行，法规类型为部门规章)

第一条 为规范自由进出口技术的管理，建立技术进出口信息管理制度，促进我国技术进出口的发展，根据《中华人民共和国技术进出口管理条例》，特制定本办法。

第二条 技术进出口合同包括专利权转让合同、专利申请权转让合同、专利实施许可合同、技术秘密许可合同、技术服务合同和含有技术进出口的其他合同。

第三条 商务主管部门是技术进出口合同的登记管理部门。
自由进出口技术合同依法成立时生效。

第四条 商务部负责对《政府核准的投资项目目录》和政府投资项目中由国务院或国务院投资主管部门核准或审批的项目项下的技术进出口合同进行登记管理。

第五条 各省、自治区、直辖市和计划单列市商务主管部门负责对本办法第四条以外的自由进出口技术合同进行登记管理。中央管理企业的自由进出口技术合同，按属地原则到各省、自治区、直辖市和计划单列市商务主管部门办理登记。
各省、自治区、直辖市和计划单列市商务主管部门可授权下一级商务主管部门对自由进出口技术合同进行登记管理。

第六条 技术进出口经营者应在合同生效后 60 天内办理合同登记手续，支付方式为提成的合同除外。

第七条 支付方式为提成的合同，技术进出口经营者应在首次提成基准金额形成后 60 天内，履行合同登记手续，并在以后每次提成基准金额形成后，办理合同变更手续。
技术进出口经营者在办理登记和变更手续时，应提供提成基准金额的相关证明文件。

第八条 国家对自由进出口技术合同实行网上在线登记管理。技术进出口经营者应登录商务部政府网站上的"技术进出口合同信息管理系统"（网址：jsjckqy.fwmys.mofcom.gov.cn）进行合同登记，并持技术进（出）口合同登记申请书、技术进（出）口合同副本（包括中文译本）和签约双方法律地位的证明文件，到商务主管部门履行登记手续。商务主管部门在收到上述文件起 3 个工作日内，对合同登记内容进行核对，并向技术进出口经营者颁发《技术进口合同登记证》或《技术出口合同登记证》。

第九条 对申请文件不符合《中华人民共和国技术进出口管理条例》第十八条、第四十条规定要求或登记记录与合同内容不一致的，商务主管部门应当在收到申请文件的 3 个工作日内通知技术进出口经营者补正、修改，并在收到补正的申请文件起 3 个工作日内，对合同登记的内容进行核对，颁发《技术进口合同登记证》或《技术出口合同登记证》。

第十条 自由进出口技术合同登记的主要内容为：
（一）合同号
（二）合同名称
（三）技术供方
（四）技术受方
（五）技术使用方

（六）合同概况

（七）合同金额

（八）支付方式

（九）合同有效期

第十一条 国家对自由进出口技术合同号实行标准代码管理。技术进出口经营者编制技术进出口合同号应符合下述规则：

（一）合同号总长度为 17 位。

（二）前 9 位为固定号：第 1-2 位表示制合同的年份（年代后 2 位）、第 3-4 位表示进口或出口国别地区（国标 2 位代码）、第 5-6 位表示进出口企业所在地区（国标 2 位代码）、第 7 位表示技术进出口合同标识（进口 Y，出口 E）、第 8-9 位表示进出口技术的行业分类（国标 2 位代码）。后 8 位为企业自定义。例：01USBJE01CNTIC001。

第十二条 已登记的自由进出口技术合同若变更本办法第十条规定合同登记内容的，技术进出口经营者应当办理合同登记变更手续。

办理合同变更手续时，技术进出口经营者应登录"技术进出口合同信息管理系统"，填写合同数据变更记录表，持合同变更协议和合同数据变更记录表，到商务主管部门办理手续。商务主管部门自收到完备的变更申请材料之日起 3 日内办理合同变更手续。

按本办法第七条办理变更手续的，应持变更申请和合同数据变更记录表办理。

第十三条 经登记的自由进出口技术合同在执行过程中因故中止或解除，技术进出口经营者应当持技术进出口合同登记证等材料及时向商务主管部门备案。

第十四条 技术进出口合同登记证遗失，进出口经营者应公开挂失。凭挂失证明、补办申请和相关部门证明到商务主管部门办理补发手续。

第十五条 各级商务主管部门应加强对技术进出口合同登记管理部门和人员的管理，建立健全合同登记岗位责任制，加强业务培训和考核。

第十六条 中外合资、中外合作和外资企业成立时作为资本入股并作为合资章程附件的技术进口合同按外商投资企业有关法律规定办理相关手续。

第十七条 商务部负责对全国技术进出口情况进行统计并定期发布统计数据。各级商务主管部门负责对本行政区域内的技术进出口情况进行统计。

第十八条 本办法自公布之日起 30 日后施行。2002 年 1 月 1 日起施行的《技术进出口合同登记管理办法》（对外贸易经济合作部 2001 年第 17 号令）同时废止。

两用物项和技术出口通用许可管理办法

（商务部令 2009 年第 8 号）

（2009 年 5 月 13 日由商务部发布，2009 年 7 月 1 日起施行，法规类型为部门规章）

第一章 总　则

第一条 为维护国家安全和社会公共利益，完善两用物项和技术出口管理，依据《中华人民共和国对外贸易法》和有关行政法规规章的规定，制定本办法。

第二条 本办法所称有关行政法规规章是指《中华人民共和国核两用品及相关技术出口

管制条例》、《中华人民共和国生物两用品及相关设备和技术出口管制条例》、《中华人民共和国导弹及相关物项和技术出口管制条例》、《有关化学品及相关设备和技术出口管制办法》等。

本办法所称两用物项和技术是指前款有关行政法规规章管制的物项和技术。

第三条 本办法所称两用物项和技术出口通用许可是指商务部根据两用物项和技术出口经营者的申请，依照有关行政法规规章和本办法的规定进行审查，准予其持商务部签发的两用物项和技术出口通用许可批复，依据许可有效期和范围，在《两用物项和技术进出口许可证管理办法》（商务部、海关总署2005年第29号令）规定的发证机构多次申领两用物项和技术出口许可证的行为。

未取得两用物项和技术出口通用许可，出口经营者应当依据有关行政法规规章的规定，逐单申请出口许可。

第四条 商务部是全国两用物项和技术出口通用许可的主管部门。

商务部委托的省级商务主管部门按照本办法的规定，负责本地区两用物项和技术出口通用许可的日常监督管理。

第五条 两用物项和技术出口通用许可分为甲类通用许可和乙类通用许可。

甲类通用许可允许出口经营者在许可有效期内向一个或多个特定国家（或地区）的一个或多个最终用户，出口一种或多种特定两用物项和技术。

乙类通用许可允许出口经营者在许可有效期内向同一特定国家（或地区）的固定最终用户多次出口同种类特定两用物项和技术。

第六条 两用物项和技术出口通用许可有效期不超过三年。

第二章 通用许可的实施

第七条 国家对两用物项和技术出口通用许可的实施进行严格审查。

两用物项和技术出口通用许可经营者（以下简称"通用许可经营者"）应当满足以下条件：

（一）是合法的对外贸易经营者；

（二）建立企业两用物项和技术内部控制机制；

（三）从事两用物项和技术出口业务两年以上（含两年）；

（四）申请甲类通用许可的，应当连续两年以上（含两年）年申领两用物项和技术出口许可数量超过40份（含40份）；申请乙类通用许可的，应当连续两年以上（含两年）年申领同种类两用物项和技术出口许可数量超过30份（含30份）；

（五）近3年内未受过刑事处罚或受过有关部门行政处罚；

（六）有相对固定的两用物项和技术销售渠道及最终用户。

第八条 两用物项和技术通用许可经营者应当向商务部提出通用许可申请，并向商务部委托的省级商务主管部门提交下列申请材料：

（一）两用物项和技术出口通用许可申请表；

（二）企业两用物项和技术内部控制机制建立和运行情况说明及相关证明文件；

（三）近3年内未受过刑事处罚或受过有关部门行政处罚的保证文书；

（四）合法的对外贸易经营者的证明文件；

（五）从事两用物项和技术出口业务情况说明，包括：近两年两用物项和技术出口许可证申领及使用情况说明；两用物项和技术销售渠道及用户情况说明，包括与交易各方关系、交易情况及进口商和最终用户说明；

（六）拟申请出口通用许可的物项和技术的种类及相关技术说明文件；

（七）依照有关行政法规规章规定，每份合同执行前向最终用户索取相关保证文书或最终用户和最终用途说明文件的保证文件；

（八）主管部门要求提交的其他文件。

两用物项和技术出口通用许可申请表由商务部统一制定。

第九条 商务部委托的省级商务主管部门自收到本办法第八条规定的文件之日起 10 个工作日内将申请材料送商务部。商务部自收到申请材料之日起，依照有关行政法规规章的规定进行审查或会同有关部门进行审查，并做出许可或者不予许可的决定。予以许可的，由商务部签发两用物项和技术出口通用许可批复；不予许可的，应当说明理由。

在审查过程中，商务部或其委托的省级商务主管部门可以根据需要约谈企业主要管理人员，了解企业内部出口控制机制建立和执行情况。必要时，可对企业进行实地考察验证。

在审查过程中，商务部可以委托专家咨询机构对企业内部出口控制机制的建立及运行情况进行评估。专家咨询机构由商务部确定，并以公告形式对外发布。

第十条 下列情形不适用通用许可：

（一）企业已建立完备的内部出口控制机制但无法确认其有效执行的；

（二）有关行政主管部门认为出口存在扩散风险以及其他不适宜通用许可的。

第十一条 通用许可经营者无法判断拟出口的物项和技术是否符合有关行政法规规章规定，或者无法判断拟出口的物项和技术是否属于通用许可范围，应当依照有关行政法规规章的规定，逐单申请出口许可。

第十二条 严禁伪造、变造、买卖或者转让两用物项和技术出口通用许可批复；严禁超出许可范围使用两用物项和技术出口通用许可批复或者利用两用物项和技术通用许可批复从事扰乱市场竞争秩序的违法违规行为。

第三章 两用物项和技术出口许可证的申领

第十三条 通用许可经营者获得商务部签发的两用物项和技术出口通用许可批复后，凭加盖企业公章的批复文件到《两用物项和技术进出口许可证管理办法》规定的两用物项和技术出口许可证发证机构申领两用物项和技术出口许可证。

两用物项和技术出口许可证申领的其他程序依照《两用物项和技术进出口许可证管理办法》执行。

第四章 通用许可经营者的义务

第十四条 通用许可经营者应当按照国家有关出口管制政策、法规要求，有效执行企业内部控制机制。

第十五条 通用许可经营者应当如实提供申请材料并妥善保存依照有关行政法规规章规定的保证文书或最终用户和最终用途说明以及合同、发票、账册、单据、记录、文件、业务函电、录音录像制品和其他资料五年。

第十六条 通用许可经营者知道或者应当知道，或者得到商务部或其委托的省级商务主管部门通知，或者在从事相关两用物项和技术出口过程中发现，其拟出口的物项和技术存在危害国家安全和社会公共利益风险时，应当立即暂停或停止相关出口活动，采取必要的补救措施，并及时向商务部及其委托的省级商务主管部门报告。

第十七条 通用许可经营者应当在通用许可有效期内，主动了解两用物项和技术出口管制政策、法规，参加商务主管部门举办的相关培训。

第十八条 通用许可经营者应当依照企业内部控制机制的要求，检查机制执行情况，如实向商务部及其委托的省级商务主管部门报告本企业出现的违法违规行为，并积极配合商务部及其委托的省级商务主管部门做好相关工作。

第十九条 通用许可经营者应当在通用许可有效期内每六个月及通用许可有效期截止之日

起30日内向商务部及其委托的省级商务部主管部门报告通用许可使用情况，包括两用物项和技术的出口时间、物项种类、规格型号、数量、贸易方式、出口国（地区）、进口商、最终用户、最终用途以及运输途径和报关口岸等。

第五章 监督管理

第二十条 商务部应当及时通过"出口管制政务平台"或其他媒介发布相关出口管制政策、法规，对通用许可经营者进行政策、法规培训。

第二十一条 商务部、商务部委托的省级商务主管部门以及商务部委托的专家咨询机构可以根据通用许可经营者的要求，提供相关培训和技术指导。

第二十二条 商务部或其委托的省级商务主管部门可以对通用许可经营者进行监督检查。必要时，可进行实地检查。通用许可经营者应当予以配合、协助，如实提供有关情况和材料、物品。

第二十三条 实地检查时，商务部或其委托的省级商务主管部门可以通过询问相关工作人员、查询复制本办法第十四条规定保存的资料等方式对企业内部控制机制的执行情况进行检查，并提出整改意见。

第二十四条 实地检查时，检查人员不得少于2人，并出示合法证件。检查人员少于2人或者未出示合法证件的，通用许可经营者有权拒绝检查。

第二十五条 对存在危害国家安全和社会公共利益风险的出口行为，商务部或其委托的省级商务主管部门依照有关行政法规规章和本办法的规定，可以要求两用物项和技术出口通用许可经营者暂停或停止相关物项和技术的出口，必要时，可以撤销通用许可或采取任何必要措施，维护国家安全和社会公共利益。

第六章 法律责任

第二十六条 未取得通用许可出口两用物项和技术的，或者伪造、变造、买卖或转让两用物项和技术出口通用许可批复的，或者以欺骗及其他不正当手段获取两用物项和技术出口通用许可的，或者超出通用许可范围出口两用物项和技术的，依照有关行政法规规章处罚；构成犯罪的，依法追究刑事责任。

第二十七条 通用许可经营者违反本办法第四章规定的，商务部可以要求其限期改正；情节严重的，可以取消其出口通用许可，并依照有关行政法规规章规定予以处罚。

第七章 附 则

第二十八条 本办法由商务部负责解释。

第二十九条 本办法自2009年7月1日起施行。

中华人民共和国生物两用品及相关设备和技术出口管制条例

（国务院令第365号）

（2002年10月14日由国务院发布，2002年12月1日起施行，法规类型为行政法规）

第一条 为了加强对生物两用品及相关设备和技术出口的管制，维护国家安全和社会公共利益,制定本条例。

第二条 本条例所称生物两用品及相关设备和技术出口,是指本条例附件《生物两用品及相关设备和技术出口管制清单》(以下简称《管制清单》)所列的生物两用品及相关设备和技术的贸易性出口以及对外交流、交换、赠送、展览、援助、服务和以其他方式进行的技术转移。

第三条 生物两用品及相关设备和技术出口应当遵守国家有关法律、行政法规和本条例规定,不得损害国家安全和社会公共利益。

第四条 国家对生物两用品及相关设备和技术出口实行严格管制,防止《管制清单》所列的生物两用品及相关设备和技术用于生物武器目的。

第五条 国家对《管制清单》所列的生物两用品及相关设备和技术出口实行许可制度。未经许可,任何单位或者个人不得出口《管制清单》所列的生物两用品及相关设备和技术。

第六条 从事生物两用品及相关设备和技术出口的经营者,须经国务院对外经济贸易主管部门(以下简称国务院外经贸主管部门)登记。未经登记,任何单位或者个人不得经营生物两用品及相关设备和技术出口。具体登记办法由国务院外经贸主管部门规定。

第七条 生物两用品及相关设备和技术出口的接受方应当保证:
(一)所进口的生物两用品及相关设备和技术不用于生物武器目的;
(二)未经中国政府允许,不将中国供应的生物两用品及相关设备和技术用于申明的最终用途以外的其他用途;
(三)未经中国政府允许,不将中国供应的生物两用品及相关设备和技术向申明的最终用户以外的第三方转让。

第八条 出口《管制清单》所列的生物两用品及相关设备和技术,应当向国务院外经贸主管部门提出申请,填写生物两用品及相关设备和技术出口申请表(以下简称出口申请表),并提交下列文件:
(一)申请人的法定代表人、主要经营管理人以及经办人的身份证明;
(二)合同、协议的副本或者其他证明文件;
(三)生物两用品及相关设备和技术的技术说明;
(四)最终用户证明和最终用途证明;
(五)本条例第七条规定的保证文书;
(六)国务院外经贸主管部门规定提交的其他文件。

第九条 申请人应当如实填写出口申请表。
出口申请表由国务院外经贸主管部门统一印制。

第十条 国务院外经贸主管部门应当自收到出口申请表和本条例第八条规定的文件之日起进行审查,或者会同有关部门进行审查。

对《管制清单》第一部分所列的生物两用品及相关设备和技术的出口申请,国务院外经贸主管部门应当在15个工作日内作出许可或者不予许可的决定;对《管制清单》第二部分所列的生物两用品及相关设备和技术的出口申请,国务院外经贸主管部门应当在45个工作日内作出许可或者不予许可的决定。

第十一条 对国家安全、社会公共利益有重大影响的生物两用品及相关设备和技术出口,国务院外经贸主管部门应当会同有关部门报国务院批准。

生物两用品及相关设备和技术出口报国务院批准的,不受本条例第十条规定时限的限制。

第十二条 生物两用品及相关设备和技术出口申请经审查许可的,由国务院外经贸主管部门向申请人颁发生物两用品及相关设备和技术出口许可证件(以下简称出口许可证件),并书面通知海关。

第十三条 出口许可证件持有人改变原申请的生物两用品及相关设备和技术出口的,应当交回原出口许可证件,并依照本条例的有关规定,重新申请出口许可。

第十四条 生物两用品及相关设备和技术出口时,出口单位或者个人应当向海关出具出口许可证件,依照海关法的规定办理海关手续,并接受海关监管。

第十五条 接受方违反其依照本条例第七条规定作出的保证,或者出现《管制清单》所列的可用于生物武器目的的生物两用品及相关设备和技术扩散的危险时,国务院外经贸主管部门应当对已经颁发的出口许可证件予以中止或者撤销,并书面通知海关。

第十六条 任何单位或者个人知道或者应当知道所出口的生物两用品及相关设备和技术将被接受方直接用于生物武器目的的,无论该生物两用品及相关设备和技术是否列入《管制清单》,都不应当出口。

第十七条 经国务院批准,国务院外经贸主管部门会同有关部门,可以临时决定对《管制清单》以外的特定生物两用品及相关设备和技术的出口依照本条例实施管制。

第十八条 未经许可擅自出口生物两用品及相关设备和技术的,或者擅自超出许可的范围出口生物两用品及相关设备和技术的,依照刑法关于走私罪、非法经营罪、泄露国家秘密罪或者其他罪的规定,依法追究刑事责任;尚不够刑事处罚的,区别不同情况,依照海关法的有关规定处罚,或者由国务院外经贸主管部门给予警告,没收违法所得,处5万元以上25万元以下的罚款;国务院外经贸主管部门并可以暂停直至撤销其对外贸易经营许可。

第十九条 伪造、变造或者买卖生物两用品及相关设备和技术出口许可证件的,依照刑法关于非法经营罪或者伪造、变造、买卖国家机关公文、证件、印章罪的规定,依法追究刑事责任;尚不够刑事处罚的,依照海关法的有关规定处罚;国务院外经贸主管部门并可以撤销其对外贸易经营许可。

第二十条 以欺骗或者其他不正当手段获取生物两用品及相关设备和技术出口许可证件的,由国务院外经贸主管部门收缴其出口许可证件,没收违法所得,处2万元以上10万元以下的罚款,暂停直至撤销其对外贸易经营许可。

第二十一条 违反本条例第六条规定,未经登记擅自经营生物两用品及相关设备和技术出口的,由国务院外经贸主管部门依法取缔其非法活动,并由国家有关主管部门依照有关法律和行政法规的规定给予处罚。

第二十二条 对生物两用品及相关设备和技术出口实施管制的国家工作人员滥用职权、玩忽职守或者利用职务上的便利索取、收受他人财物的,依照刑法关于滥用职权罪、玩忽职守罪、受贿罪或者其他罪的规定,依法追究刑事责任;尚不够刑事处罚的,依法给予行政处分。

第二十三条 国务院外经贸主管部门会同有关部门,可以根据实际情况对《管制清单》进行调整,报国务院批准后执行。

第二十四条 《管制清单》所列生物两用品及相关设备和技术进口后再出口的,适用本条例的规定。

第二十五条 本条例自2002年12月1日起施行。

附件:生物两用品及相关设备和技术出口管制清单(略)

货物进口许可证管理办法

(商务部令2004年第27号)

(2004年12月10日由商务部发布,2005年1月1日起施行,法规类型为部门规章)

第一章 总 则

第一条 为了规范进口许可证管理,维护货物进口秩序,促进对外贸易健康发展,根据《中华人民共和国对外贸易法》和《中华人民共和国货物进出口管理条例》的规定,制定本办法。

第二条 国家实行统一的货物进口许可证制度。国家对限制进口的货物实行进口许可证管理。

第三条 商务部是全国进口许可证的归口管理部门,负责制定进口许可证管理办法及规章制度,监督、检查进口许可证管理办法的执行情况,处罚违规行为。

商务部会同海关总署制定、调整和发布年度《进口许可证管理货物目录》。商务部负责制定、调整和发布年度《进口许可证管理货物分级发证目录》。

《进口许可证管理货物目录》和《进口许可证管理分级发证目录》由商务部以公告形式发布。

第四条 商务部授权配额许可证事务局(以下简称许可证局)统一管理、指导全国各发证机构的进口许可证签发工作,许可证局对商务部负责。

第五条 许可证局及商务部驻各地特派员办事处(以下简称各特办)和各省、自治区、直辖市、计划单列市以及商务部授权的其他省会城市商务厅(局)、外经贸委(厅、局)(以下简称各地方发证机构)为进口许可证发证机构,在许可证局统一管理下,负责授权范围内的发证工作。

第六条 进口许可证是国家管理货物进口的法律凭证。凡属于进口许可证管理的货物,除国家另有规定外,对外贸易经营者(以下简称经营者)应当在进口前按规定向指定的发证机构申领进口许可证,海关凭进口许可证接受申报和验放。

第七条 进口许可证适用于《进口许可证管理货物目录》内货物的进口。

第八条 进口许可证不得买卖、转让、涂改、伪造和变造。

第二章 申请进口许可证应当提交的文件

第九条 经营者申领进口许可证时,应当认真如实填写进口许可证申请表,并加盖印章。

第十条 经营者应当根据进口货物情况,向发证机构提交本办法第三章进口许可证发证依据所规定的进口批准文件及相关材料。

第十一条 经营者应当提交经年检合格的《企业法人登记营业执照》及加盖对外贸易经营者备案登记专用章的《对外贸易经营者备案登记表》或者进出口企业资格证书。经营者为外商投资企业的,还应当提交外商投资企业批准证书。进口货物属国家实行国营贸易或者有其他资质管理要求的,应当提供商务部或者相关部门的有关文件。

第三章 进口许可证发证依据

第十二条 各发证机构按照商务部制定的《进口许可证管理货物目录》和《进口许可证管理货物分级发证目录》范围，依下列规定签发进口许可证：

（一）对监控化学品，发证机构凭国家履行禁止化学武器公约工作领导小组办公室批准的《监控化学品进口核准单》和进口合同（正本复印件）签发进口许可证。

（二）对易制毒化学品，发证机构凭商务部《易制毒化学品进口批复单》签发进口许可证。

（三）对消耗臭氧层物质，发证机构凭国家消耗臭氧层物质进出口管理办公室批准的《受控消耗臭氧层物质进口审批单》签发进口许可证。

（四）对依照法律、行政法规的规定，其他需要限制进口的商品，发证机构按照国务院商务主管部门或者由其会同国务院其他有关部门签发的许可文件签发进口许可证。

第十三条 加工贸易方式进口监控化学品、易制毒化学品和消耗臭氧层物质需领取进口许可证，发证机构分别按第十二条第（一）、（二）、（三）款规定办理。

第十四条 外商投资企业进口监控化学品、易制毒化学品和消耗臭氧层物质需领取进口许可证，发证机构分别按第十二条第（一）、（二）、（三）款规定办理。

第十五条 经营者申领进口许可证时，应当按本办法规定如实申报，不得弄虚作假，严禁以假文件、假合同等手段骗领进口许可证。

第四章 进口许可证的签发

第十六条 发证机构应当严格按照商务部发布的年度《进口许可证管理货物目录》和《进口许可证管理货物分级发证目录》的规定，签发相关商品的进口许可证。经营者进口《进口许可证管理货物目录》中的商品，必须到《进口许可证管理货物分级发证目录》指定的发证机构申领进口许可证。

第十七条 各发证机构应当凭本办法第三章规定的发证依据发放进口许可证，不得越权或者超发证范围签发进口许可证。

第十八条 进口许可证管理实行"一证一关"管理。一般情况下进口许可证为"一批一证"，如要实行"非一批一证"，应当同时在进口许可证备注栏内打印"非一批一证"字样。"一证一关"指进口许可证只能在一个海关报关使用；"一批一证"指进口许可证在有效期内一次报关使用；"非一批一证"指进口许可证在有效期内可多次报关使用，但最多不超过十二次，由海关在许可证背面"海关验放签注栏"内逐批签注核减进口数量。

对进口实行许可证管理的大宗、散装货物，溢装数量按照国际贸易惯例办理，即报关进口的大宗、散装货物的溢装数量不得超过进口许可证所列进口数量的5%。不实行"一批一证"制的大宗、散装货物，每批货物进口时，按其实际进口数量进行核扣，最后一批进口货物进口时，其溢装数量按该许可证实际剩余数量并在规定的溢装上限5%内计算。

发证机构在签发此类进口货物许可证时，应当严格按照进口配额数量及批准文件核定的数量签发，并按许可证实际签发数量核扣配额数量，不在进口配额数量或者批准文件核定的数量基础上加上按国际贸易惯例允许的溢装数量签发许可证。

第十九条 申请符合要求的，发证机构应当自收到申请之日起3个工作日内发放进口许可证。特殊情况下，最多不超过10个工作日。

第五章 进口许可证的有效期

第二十条 进口许可证的有效期为一年。

（一）进口许可证应当在进口管理部门批准文件规定的有效期内签发。

（二）进口许可证当年有效。特殊情况需要跨年度使用时，有效期最长不得超过次年3月31日。

（三）进口许可证应当在有效期内使用，逾期自行失效，海关不予放行。

第二十一条 进口许可证因故在有效期内未使用的，经营者应当在进口许可证有效期内向原发证机构提出延期申请。发证机构应当将原证收回，在进出口许可证计算机管理系统中注销原证后，重新签发进口许可证，并在备注栏中注明延期使用和原证证号。

进口许可证因故在有效期内未使用完的，经营者应当在进口许可证有效期内向原发证机构提出未使用部分的延期申请，发证机构收回原证，在发证系统中对原证进行核销，扣除已使用的数量后，重新签发进口许可证，并在备注栏内注明延期使用和原证证号。

进口许可证只能延期一次，延期最长不超过三个月。

未在进口许可证有效期内提出延期申请的，进口许可证自行失效，发证机构不再受理延证手续，该进口许可证则视为持有者自动放弃。

第二十二条 进口许可证一经签发，不得擅自更改证面内容。如需更改，经营者应当在许可证有效期内提出更改申请，并将许可证交回原发证机构，由原发证机构重新换发许可证。

许可证更改内容如涉及经营者、进口商品税号、数量、金额、价格、原产地、进口用途、外汇来源、贸易方式、报关口岸等栏目，如原批准机构有相应限制，经营者应当提供原批准机构同意更改的文件。

第二十三条 已领取的进口许可证如果丢失，经营者应当立即向许可证证面注明的进口口岸地海关及相关发证机构书面报告挂失，声明作废，并及时向公安机关报案。发证机构收到经营者遗失报告，经核实该证确未通关使用后，可撤销原进口许可证并补发新证。

第二十四条 海关、工商、公安、纪检、法院等单位需向发证机构查询或者调查进口许可证，应当依法出示有关证件，发证机关应当接受查询。

第二十五条 进口许可证管理商品在调整发证机构时，自调整之日起，原发证机构不得再签发该商品的进口许可证，并将经营者在调整前的申领情况报调整后的发证机构。经营者在调整前申领的许可证在有效期内继续有效。有效期内未使用或者未全部使用的进口许可证，按规定到调整后的发证机构办理延期手续。

第六章 检查和处罚

第二十六条 商务部授权许可证局对各发证机构进行定期检查。检查的内容为发证机构执行本办法的情况，重点检查是否有越权越级或者无批件发证等违规行为。检查的方式，实行各发证机构定期或者不定期自查与许可证局抽查相结合的办法。许可证局应当将检查情况向商务部报告。

第二十七条 各发证机构应当按照商务部许可证联网核查的规定及时传送发证数据，以保证经营者顺利报关和海关核查；对海关反馈的核查数据应当认真核对，及时检查许可证的使用情况并找出存在的问题。许可证局应当定期将核对后的海关反馈核查数据报商务部。

第二十八条 越权越级或者无有效批件发放的进口许可证无效。对违反规定的发证机构，商务部将视情节轻重给予其警告、暂停或者取消发证权等处分。

第二十九条 对违反本办法，以欺骗或者其他不正当手段骗领进口许可证的，依法收缴其进口许可证，商务部可以在三年内不受理违法行为人提出的进口许可证申请，或者禁止违法行为人在一年以上三年以下的期限内从事有关货物进口经营活动。

第三十条 对伪造、变造或者买卖进口许可证的，依照刑法关于非法经营罪或者伪造、变造、买卖国家机关公文、证件、印章罪的规定，依法追究刑事责任；尚不够刑事处罚的，依照海关法的有关规定处罚;商务部可以禁止违法行为人在一年以上三年以下的期限内从事有关货物进口经营活动。

第三十一条　对第二十八条、二十九条、三十条所涉及进口许可证,一经查实,商务部予以收缴、吊销。对海关在实际监管或者案件处理过程中发现的涉及上述许可证的问题,发证机构应当给予明确答复和积极配合。

第三十二条　对发证机构工作人员出现违规行为但尚未构成犯罪的,应当调离工作岗位,并视情节轻重分别给予行政处分;构成犯罪的,依法移交司法机关追究其刑事责任。

第七章　附　则

第三十三条　法律、行政法规对保税仓库、保税区和出口加工区的货物进口管理另有规定的,依照其规定办理。

第三十四条　本办法由商务部负责解释。

第三十五条　本办法自2005年1月1日起施行。原对外贸易经济合作部印发的《货物进口许可证管理办法》(对外贸易经济合作部令2001年第22号)同时废止。

货物出口许可证管理办法

(商务部令2008年第11号)

(2008年6月7日由商务部发布,根据2019年11月30日商务部令2019年第1号《商务部关于废止和修改部分规章的决定》修改,现行版本自2019年11月30日起施行,法规类型为部门规章)

第一章　总　则

第一条　为了合理配置资源,规范出口经营秩序,营造公平透明的贸易环境,履行我国加入的国际公约和条约,维护国家经济利益和安全,根据《中华人民共和国对外贸易法》和《中华人民共和国货物进出口管理条例》,制定本办法。

第二条　国家实行统一的货物出口许可证制度。国家对限制出口的货物实行出口许可证管理。

第三条　商务部是全国出口许可证的归口管理部门,负责制定出口许可证管理办法及规章制度,监督、检查出口许可证管理办法的执行情况,处罚违规行为。

商务部会同海关总署制定、调整和发布年度《出口许可证管理货物目录》。商务部负责制定、调整和发布年度《出口许可证管理货物分级发证目录》。

《出口许可证管理货物目录》和《出口许可证管理分级发证目录》由商务部以公告形式发布。

第四条　商务部授权配额许可事务局(以下简称许可证局)统一管理、指导全国各发证机构的出口许可证签发工作,许可证局对商务部负责。

第五条　许可证局及商务部驻各地特派员办事处(以下简称各特办)和各省、自治区、直辖市、计划单列市以及商务部授权的其他省会城市商务厅(局)、外经贸委(厅、局)(以下简称各地方发证机构)为出口许可证发证机构,在许可证局统一管理下,负责授权范围内的发证工作。

第六条 本办法所称出口许可证包括出口配额许可证和出口许可证。凡实行出口配额许可证管理和出口许可证管理的货物，对外贸易经营者（以下简称经营者）应当在出口前按规定向指定的发证机构申领出口许可证，海关凭出口许可证接受申报和验放。

第七条 出口许可证不得买卖、转让、涂改、伪造和变造。

第二章 申领出口许可证应当提交的文件

第八条 经营者申领出口许可证时，应当认真如实填写出口许可证申请表（正本）1份，并加盖印章。实行网上申领的，应当认真如实地在线填写电子申请表并传送给相应的发证机构。

第九条 经营者申领出口许可证时，应当向发证机构提交有关出口货物配额或者其他有关批准文件。

第十条 经营者申领出口许可证时，应当向发证机构提交加盖对外贸易经营者备案登记专用章的《对外贸易经营者备案登记表》或者《中华人民共和国进出口企业资格证书》或者外商投资企业批准证书（复印件）。

第三章 出口许可证发证依据

第十一条 各发证机构按照商务部制定的《出口许可证管理货物目录》和《出口许可证管理分级发证目录》范围，依照下列规定签发出口许可证：

（一）实行配额许可证管理的出口货物，凭商务部或者各省、自治区、直辖市、计划单列市以及商务部授权的其他省会城市商务厅（局）、外经贸委（厅、局）（以下简称各地商务主管部门）下达配额的文件和经营者的出口合同（正本复印件）签发出口许可证。

（二）实行配额招标的出口货物，凭商务部发布的中标经营者名单、中标数量、《申领配额招标货物出口许可证证明书》或者《配额招标货物转受让证明书》以及中标经营者的出口合同（正本复印件）签发出口许可证。

（三）易制毒化学品的出口，凭《商务部易制毒化学品出口批复单》和经营者的出口合同（正本复印件）签发出口许可证。

（四）计算机的出口，凭商务部批准的《出口计算机技术审查表》和经营者的出口合同（正本复印件）签发出口许可证。

（五）监控化学品的出口，凭国家履行禁止化学武器公约工作领导小组办公室批准文件和经营者的出口合同（正本复印件）签发出口许可证。

（六）消耗臭氧层物质的出口，凭国家消耗臭氧层物质进出口管理办公室下发的批准文件和经营者的出口合同（正本复印件）签发出口许可证。

（七）其他实行出口许可证管理的出口货物，凭商务部批准文件及经营者的出口合同（正本复印件）签发出口许可证。

第十二条 加工贸易项下属于出口许可证管理的货物，发证机构按照商务部制定的《出口许可证管理货物目录》和《出口许可证管理分级发证目录》，凭商务部授权的加工贸易审批机关签发的《加工贸易业务批准证》及本办法第十一条规定的出口批准文件（属于出口配额管理但不使用配额数量的商品凭商务部批件）、海关加工贸易进口报关单和经营者的出口合同（正本复印件）签发出口许可证。

以加工贸易方式出口监控化学品、易制毒化学品、消耗臭氧层物质以及其他国际公约管辖的货物，按照本办法第十一条签发出口许可证。

第十三条 外商投资企业出口属于出口许可证管理的货物，应当按以下规定办理：

（一）外商投资企业出口属于出口配额管理的货物，发证机构凭商务部下达的外商投资企业出口配额数量签发许可证；出口配额招标管理的货物，应当附带第十一条第（二）款规定的有关批准文件；

（二）涉及第十一条（三）到（七）款及第十二条之情形的，按照相应条款规定办理。

第十四条 我国企业在国外及香港、澳门投资设立的独资、合资和合作企业，需国内供应属于出口许可证管理的货物，发证机构凭商务部批准文件和商务部境外企业批准证书或者商务部境外带料加工装配企业批准证书，按照本办法第十一条签发出口许可证。

第十五条 经商务部批准具有对外经济技术合作经营资格的企业为履行国（境）外承包工程、劳务合作、设计咨询等项目合同出口的设备（含成套设备）、材料、施工器械及人员自用的生活物资属于出口许可证管理的货物，按照本办法第十一条签发出口许可证。

第十六条 出口成套设备需运出境外项目自用属于出口许可证管理的货物，按照本办法第十一条签发出口许可证。

第十七条 偿还国外贷款或者补偿贸易项下属于出口许可证管理的货物，发证机构按商务部制定的《出口许可证管理货物目录》和《出口许可证管理分级发证目录》，凭商务部下达的偿还国外贷款或者补偿贸易的出口配额签发出口许可证。未办理备案登记的法人、其他组织或者个人从事偿还国外贷款或者补偿贸易业务时，应当委托经营者代理出口，并由该经营者办理出口许可证。

第十八条 经营者申领出口许可证时，应当按本办法如实申报，不得弄虚作假，严禁以假合同、假文件等手段骗领出口许可证。

第四章　出口许可证的签发

第十九条 各发证机构应当严格按照年度《出口许可证管理货物目录》和《出口许可证管理分级发证目录》的要求，自收到符合规定的申请之日起 3 个工作日内签发相关出口货物的出口许可证，不得违反规定发证。经营者出口《出口许可证管理货物目录》中的货物，应当到《出口许可证管理分级发证目录》指定的发证机构申领出口许可证。

第二十条 许可证局、各特办和各地方发证机构应当严格按照商务部发布的《出口许可证管理分级发证目录》签发出口许可证。实行网上申领出口许可证的，按照有关程序和规定办理。

（一）许可证局发证范围：

1. 按照商务部规定的《出口许可证管理分级发证目录》，签发《出口许可证管理分级发证目录》授权范围内的出口许可证。

2. 在京的中央管理企业的出口许可证。

（二）各特办发证范围：

1. 按照商务部规定的《出口许可证管理分级发证目录》，签发联系地区内经营者、联系地区内中央管理企业及配额由地方管理的在京中央管理企业子公司的出口许可证；

2. 按商务部规定的《出口许可证管理分级发证目录》，签发联系地区内经营者配额招标货物出口许可证；

3. 签发商务部规定的其他货物的出口许可证。

（三）各地方发证机构发证范围：

1. 按商务部规定的《出口许可证管理分级发证目录》签发本地经营者出口许可证；

2. 签发商务部规定的其他货物的出口许可证。

（四）指定发证机构发证的货物：

凡属于《出口许可证管理分级发证目录》中指定发证机构发证的货物，经营者一律到指定的发证机构办理出口许可证。

第二十一条 各发证机构不得无配额、超配额、越权或者超发证范围签发出口许可证。发证机构的工作人员在履行职责过程中，不得玩忽职守、徇私舞弊或者滥用职权，不得利用职务上的便利索取他人财物，或者非法收受他人财物为他人谋取利益。

第二十二条 出口许可证管理实行"一证一关"制、"一批一证"制和"非一批一证"制。"一证一关"指出口许可证只能在一个海关报关；"一批一证"指出口许可证在有效期内一次报关使用。

下列情况实行"非一批一证"制，签发出口许可证时应在备注栏内注明"非一批一证"：

（一）外商投资企业出口许可证管理的货物；

（二）补偿贸易项下出口许可证管理的货物；

（三）其他在《出口许可证管理货物目录》中规定实行"非一批一证"的出口许可证管理货物。

"非一批一证"指出口许可证在有效期内可以多次报关使用，但最多不超过12次，由海关在"海关验放签注栏"内逐批签注出运数。

第五章 例外情况的处理

第二十三条 溢装货物应当为大宗、散装货物。溢装数量按照国际贸易惯例办理，即报关出口的大宗、散装货物的溢装数量不得超过出口许可证所列出口数量的5%。不实行"一批一证"制的大宗、散装货物，每批货物出口时，按其实际出口数量进行核扣，最后一批出口货物出口时，其溢装数量按该许可证实际剩余数量并在规定的溢装上限5%内计算。

发证机构在签发此类出口货物许可证时，应当严格按照出口配额数量及批准文件核定的数量签发，并按许可证实际签发数量核扣配额数量，不在出口配额数量或者批准文件核定的数量基础上加上按国际贸易惯例允许的溢装数量签发许可证。

第二十四条 对外经援项目出口实行出口许可证管理的货物免领出口许可证。有关验放凭证的规定，由商务部、海关总署和国家质检总局另行制定和发布。

第二十五条 赴国（境）外参加或者举办展览会运出境外展品、展卖品、小卖品的规定：

（一）赴国（境）外参加或者举办展览会所属于出口许可证管理的非卖展品，免领出口许可证，海关凭出国（境）经济贸易展览会审批部门批准办展的文件和出口货物报关单监管验放。参展单位应当在展览会结束后6个月内，将非卖展品如数运回，由海关核销。在特殊情况下，经海关同意，可以延期。

（二）赴国（境）外参加或者举办展览会带出的展卖品、小卖品，属于出口许可证管理的，参展单位凭出国（境）经济贸易展览会审批部门的批准文件，向《分级发证目录》规定的发证机构申领出口许可证，不占用出口配额。

（三）监控化学品、易制毒化学品、消耗臭氧层物质以及其他国际公约管辖的货物，按正常出口办理，不适用本条第（一）、（二）项规定。

第二十六条 出口货物样品和文化交流或者技术交流需对外提供属于出口许可证管理货物的货样的规定：

（一）经营者运出国（境）外属于出口许可证管理货物的货样或者实验用样品，每批货物价值在人民币3万元（含3万元）以下者，免领出口许可证，海关凭经营者填写的出口货样报关单查验放行；超过3万元者，视为正常出口，经营者按规定申领出口许可证。出口许可证备注栏内应当注明"货样"字样。

（二）监控化学品、易制毒化学品、消耗臭氧层物质以及其他国际公约管辖的货物对外提供货样，按正常出口办理，不适用本条第（一）项规定。

第二十七条　中国政府根据两国政府间的协议或者临时决定，对外提供捐赠品或者中国政府、组织基于友好关系向对方国家政府、组织赠送的物资，涉及出口许可证管理的货物，凭有关协议或者决定签发出口许可证，不占用出口配额。

其他捐赠，涉及出口许可证管理的，按本办法第十一条签发出口许可证。

第六章　出口许可证的有效期

第二十八条　出口配额的有效期为当年12月31日前（含12月31日），另有规定者除外，经营者应当在配额有效期内向发证机构申领出口许可证。

第二十九条　各发证机构可自当年12月10日起，根据商务部或者各地方商务主管部门下发的下一年度出口配额签发下一年度的出口许可证，有效期自下一年度1月1日起。

第三十条　出口许可证的有效期最长不得超过6个月，且有效期截止时间不得超过当年12月31日。

以加工贸易方式出口属于配额许可证管理的货物，其出口许可证有效期按《加工贸易业务批准证》核定的出口期限核发，但不得超过当年12月31日。如《加工贸易业务批准证》核定的出口期限超过当年12月31日，经营者应在原出口许可证有效期内向发证机构提出换发新一年出口许可证。发证机构收回原证，在发证系统中对原证进行核销，扣除已使用的数量后，按《加工贸易业务批准证》核定的出口期限重新签发新一年度出口许可证，并在备注栏中注明原证证号。

商务部可视具体情况，调整某些货物出口许可证的有效期和申领时间。

出口许可证应当在有效期内使用，逾期自行失效，海关不予放行。

第三十一条　出口许可证因故在有效期内未使用，经营者应当在出口许可证有效期内向原发证机构提出延期申请，发证机构收回原证，在发证计算机管理系统中注销原证后，重新签发出口许可证，并在备注栏中注明延期使用和原证证号。

出口许可证因故在有效期内未使用完，经营者应当在出口许可证有效期内向原发证机构提出未使用部分的延期申请，发证机构收回原证，在发证系统中对原证进行核销，扣除已使用的数量后，重新签发出口许可证，并在备注栏中注明延期使用和原证证号。

使用当年出口配额领取的出口许可证办理延期，其延期最长不得超过当年12月31日。

未在出口许可证有效期内提出延期申请，出口许可证逾期自行失效，发证机构不再办理延证手续，该出口许可证货物数量视为配额持有者自动放弃。

第三十二条　出口许可证签发后，任何单位和个人不得擅自更改证面内容；如需要对证面内容进行更改，经营者应当在出口许可证有效期内将出口许可证退回原发证机构，重新申领出口许可证。

第三十三条　已领取的出口许可证如遗失，经营者应当立即向许可证证面注明的出口口岸地海关及相关发证机构书面报告，并在全国性经济类报刊中登载"遗失声明"，发证机构凭遗失声明，并经核实该证确未通关后，可注销该证，并核发新证。

第三十四条　海关、工商、公安、纪检、法院等单位需要向发证机构查询或者调查出口许可证，应当依法出示有关证件，发证机关方可接受查询。

第三十五条　出口许可证管理货物在发证机构调整时，自调整之日起，原发证机构不得再签发该货物的出口许可证，并将经营者在调整前的申领情况报调整后的发证机构。经营者在调整前申领的许可证在有效期内继续有效。有效期内未使用或者未完全使用的许可证按规定到调整后的发证机构办理延期手续。

第七章　检查和处罚

第三十六条　商务部授权许可证局对各发证机构进行定期检查。检查的内容为发证机构执行本办法的情况,重点是检查是否有超配额、无配额或者越权越级违章发证以及其他违反本办法的问题。检查的方式,实行各发证机构定期或者不定期自查与许可证局抽查相结合的办法。

许可证局应当将检查的情况向商务部报告。

第三十七条 各发证机构应当按照商务部许可证联网核查的规定及时传送发证数据,以保证经营者顺利报关和海关核查;对海关反馈的核查数据应当认真核对,及时检查许可证的使用情况并找出存在的问题。许可证局应当定期将核对后的海关反馈核查数据报商务部。

第三十八条 对违反本办法第二十一条,超配额,无配额和越权越级发证的发证机构,商务部将视情节轻重给予其警告、暂停或者取消发证权等处分。

第三十九条 对伪造、变造或者买卖出口许可证的经营者,依照刑法关于非法经营罪或者伪造、变造、买卖国家机关公文、证件、印章罪的规定,依法追究刑事责任;尚不够刑事处罚的,依照海关法等相关法律法规的有关规定处罚。

对以欺骗或者其他不正当手段获取出口许可证的,商务部依法收缴其出口许可证。

商务部可以禁止违法行为人自前两款规定的行政处罚决定生效之日或者刑事处罚判决生效之日起一年以上三年以下的期限内从事有关的对外贸易经营活动。在禁止期限内,海关根据商务部依法作出的禁止决定,对该经营者的有关出口货物不予办理报关验放手续,外汇管理部门或者外汇指定银行不予办理有关结汇、售汇手续。

第四十条 超配额,无配额和越权越级发放的许可证无效。对第三十七条、第三十八条所涉出口许可证,一经查实,商务部予以吊销处理。对海关在实际监管或者案件处理过程中发现的涉及上述许可证的问题,发证部门应当给予明确回复。

第四十一条 对违反第二十五条第(一)款有关规定,未将属于出口许可证管理的非卖展品如数运回由海关核销的,由海关通知商务部,商务部和出国(境)经济贸易展览会审批部门视情节轻重给予该组展单位和参展单位警告、暂停审批其出国(境)展览项目一至两年等处分。

第四十二条 对发证机构工作人员违反本办法第二十一条构成犯罪的,依照《中华人民共和国刑法》的有关规定追究其刑事责任。对发证机构工作人员违反本办法尚不构成犯罪的,应当调离工作岗位,并根据《中华人民共和国公务员法》第五十五、第五十六条给予行政处分。

第八章 附 则

第四十三条 中国关境内其他地区货物进入到保税仓库、保税区和出口加工区的,按照现行有关规定执行。出口监管仓库、保税区、出口加工区的货物出口到境外,按现行规定执行。

第四十四条 边境贸易项下出口许可证管理仍按照现行有关规定执行。

第四十五条 《敏感物项和技术出口许可证》管辖货物不适用本办法。

第四十六条 本办法由商务部负责解释。

第四十七条 本办法自 2008 年 7 月 1 日起施行。原《货物出口许可证管理办法》(商务部令 2004 年第 28 号)同时废止。

中华人民共和国濒危野生动植物进出口管理条例

(国务院令第 465 号)

(2006 年 4 月 29 日由国务院发布;根据 2018 年 3 月 19 日国务院令 698 号《国务院关于修改和废止部分行政法规的决定》第一次修订,根据 2019 年 3 月 2 日国务院令 709 号《国务院关于修改部分行政法规的决定》第二次修订;现行版本自 2019 年 3 月 18 日起施行;法规类型为行政法规)

第一条 为了加强对濒危野生动植物及其产品的进出口管理,保护和合理利用野生动植物资源,履行《濒危野生动植物种国际贸易公约》(以下简称公约),制定本条例。

第二条 进口或者出口公约限制进出口的濒危野生动植物及其产品,应当遵守本条例。

出口国家重点保护的野生动植物及其产品,依照本条例有关出口濒危野生动植物及其产品的规定办理。

第三条 国务院林业、农业(渔业)主管部门(以下称国务院野生动植物主管部门),按照职责分工主管全国濒危野生动植物及其产品的进出口管理工作,并做好与履行公约有关的工作。

国务院其他有关部门依照有关法律、行政法规的规定,在各自的职责范围内负责做好相关工作。

第四条 国家濒危物种进出口管理机构代表中国政府履行公约,依照本条例的规定对经国务院野生动植物主管部门批准出口的国家重点保护的野生动植物及其产品、批准进口或者出口的公约限制进出口的濒危野生动植物及其产品,核发允许进出口证明书。

第五条 国家濒危物种进出口科学机构依照本条例,组织陆生野生动物、水生野生动物和野生植物等方面的专家,从事有关濒危野生动植物及其产品进出口的科学咨询工作。

第六条 禁止进口或者出口公约禁止以商业贸易为目的进出口的濒危野生动植物及其产品,因科学研究、驯养繁殖、人工培育、文化交流等特殊情况,需要进口或者出口的,应当经国务院野生动植物主管部门批准;按照有关规定由国务院批准的,应当报经国务院批准。

禁止出口未定名的或者新发现并有重要价值的野生动植物及其产品以及国务院或者国务院野生动植物主管部门禁止出口的濒危野生动植物及其产品。

第七条 进口或者出口公约限制进出口的濒危野生动植物及其产品,出口国务院或者国务院野生动植物主管部门限制出口的野生动植物及其产品,应当经国务院野生动植物主管部门批准。

第八条 进口濒危野生动植物及其产品的,必须具备下列条件:

(一)对濒危野生动植物及其产品的使用符合国家有关规定;

(二)具有有效控制措施并符合生态安全要求;

(三)申请人提供的材料真实有效;

(四)国务院野生动植物主管部门公示的其他条件。

第九条 出口濒危野生动植物及其产品的,必须具备下列条件:

(一)符合生态安全要求和公共利益;

(二)来源合法;

（三）申请人提供的材料真实有效；
（四）不属于国务院或者国务院野生动植物主管部门禁止出口的；
（五）国务院野生动植物主管部门公示的其他条件。

第十条 进口或者出口濒危野生动植物及其产品的，申请人应当按照管理权限，向其所在地的省、自治区、直辖市人民政府农业（渔业）主管部门提出申请，或者向国务院林业主管部门提出申请，并提交下列材料：

（一）进口或者出口合同；
（二）濒危野生动植物及其产品的名称、种类、数量和用途；
（三）活体濒危野生动物装运设施的说明资料；
（四）国务院野生动植物主管部门公示的其他应当提交的材料。

省、自治区、直辖市人民政府农业（渔业）主管部门应当自收到申请之日起10个工作日内签署意见，并将全部申请材料转报国务院农业（渔业）主管部门。

第十一条 国务院野生动植物主管部门应当自收到申请之日起20个工作日内，作出批准或者不予批准的决定，并书面通知申请人。在20个工作日内不能作出决定的，经本行政机关负责人批准，可以延长10个工作日，延长的期限和理由应当通知申请人。

第十二条 申请人取得国务院野生动植物主管部门的进出口批准文件后，应当在批准文件规定的有效期内，向国家濒危物种进出口管理机构申请核发允许进出口证明书。

申请核发允许进出口证明书时应当提交下列材料：

（一）允许进出口证明书申请表；
（二）进出口批准文件；
（三）进口或者出口合同。

进口公约限制进出口的濒危野生动植物及其产品的，申请人还应当提交出口国（地区）濒危物种进出口管理机构核发的允许出口证明材料；出口公约禁止以商业贸易为目的进出口的濒危野生动植物及其产品的，申请人还应当提交进口国（地区）濒危物种进出口管理机构核发的允许进口证明材料；进口的濒危野生动植物及其产品再出口时，申请人还应当提交海关进口货物报关单和海关签注的允许进口证明书。

第十三条 国家濒危物种进出口管理机构应当自收到申请之日起20个工作日内，作出审核决定。对申请材料齐全、符合本条例规定和公约要求的，应当核发允许进出口证明书；对不予核发允许进出口证明书的，应当书面通知申请人和国务院野生动植物主管部门并说明理由。在20个工作日内不能作出决定的，经本机构负责人批准，可以延长10个工作日，延长的期限和理由应当通知申请人。

国家濒危物种进出口管理机构在审核时，对申请材料不符合要求的，应当在5个工作日内一次性通知申请人需要补正的全部内容。

第十四条 国家濒危物种进出口管理机构在核发允许进出口证明书时，需要咨询国家濒危物种进出口科学机构的意见，或者需要向境外相关机构核实允许进出口证明材料等有关内容的，应当自收到申请之日起5个工作日内，将有关材料送国家濒危物种进出口科学机构咨询意见或者向境外相关机构核实有关内容。咨询意见、核实内容所需时间不计入核发允许进出口证明书工作日之内。

第十五条 国务院野生动植物主管部门和省、自治区、直辖市人民政府野生动植物主管部门以及国家濒危物种进出口管理机构，在审批濒危野生动植物及其产品进出口时，除收取国家规定的费用外，不得收取其他费用。

第十六条 因进口或者出口濒危野生动植物及其产品对野生动植物资源、生态安全造成或者可能造成严重危害和影响的，由国务院野生动植物主管部门提出临时禁止或者限制濒危野生动植物及其产品进出口的措施,报国务院批准后执行。

第十七条 从不属于任何国家管辖的海域获得的濒危野生动植物及其产品,进入中国领域的,参照本条例有关进口的规定管理。

第十八条 进口濒危野生动植物及其产品涉及外来物种管理的,出口濒危野生动植物及其产品涉及种质资源管理的,应当遵守国家有关规定。

第十九条 进口或者出口濒危野生动植物及其产品的,应当在国务院野生动植物主管部门会同海关总署指定并经国务院批准的口岸进行。

第二十条 进口或者出口濒危野生动植物及其产品的,应当按照允许进出口证明书规定的种类、数量、口岸、期限完成进出口活动。

第二十一条 进口或者出口濒危野生动植物及其产品的,应当向海关提交允许进出口证明书,接受海关监管,并自海关放行之日起30日内,将海关验讫的允许进出口证明书副本交国家濒危物种进出口管理机构备案。

过境、转运和通运的濒危野生动植物及其产品,自入境起至出境前由海关监管。

进出保税区、出口加工区等海关特定监管区域和保税场所的濒危野生动植物及其产品,应当接受海关监管,并按照海关总署和国家濒危物种进出口管理机构的规定办理进出口手续。

进口或者出口濒危野生动植物及其产品的,应当凭允许进出口证明书向海关报检,并接受检验检疫。

第二十二条 国家濒危物种进出口管理机构应当将核发允许进出口证明书的有关资料和濒危野生动植物及其产品年度进出口情况,及时抄送国务院野生动植物主管部门及其他有关主管部门。

第二十三条 进出口批准文件由国务院野生动植物主管部门组织统一印制;允许进出口证明书及申请表由国家濒危物种进出口管理机构组织统一印制。

第二十四条 野生动植物主管部门、国家濒危物种进出口管理机构的工作人员,利用职务上的便利收取他人财物或者谋取其他利益,不依照本条例的规定批准进出口、核发允许进出口证明书,情节严重,构成犯罪的,依法追究刑事责任;尚不构成犯罪的,依法给予处分。

第二十五条 国家濒危物种进出口科学机构的工作人员,利用职务上的便利收取他人财物或者谋取其他利益,出具虚假意见,情节严重,构成犯罪的,依法追究刑事责任;尚不构成犯罪的,依法给予处分。

第二十六条 非法进口、出口或者以其他方式走私濒危野生动植物及其产品的,由海关依照海关法的有关规定予以处罚;情节严重,构成犯罪的,依法追究刑事责任。

罚没的实物移交野生动植物主管部门依法处理;罚没的实物依法需要实施检疫的,经检疫合格后,予以处理。罚没的实物需要返还原出口国(地区)的,应当由野生动植物主管部门移交国家濒危物种进出口管理机构依照公约规定处理。

第二十七条 伪造、倒卖或者转让进出口批准文件或者允许进出口证明书的,由野生动植物主管部门或者市场监督管理部门按照职责分工依法予以处罚;情节严重,构成犯罪的,依法追究刑事责任。

第二十八条 本条例自2006年9月1日起施行。

暂停贸易的国家及所涉物种名单

(国家濒管办公告 2018 年第 8 号)

(2018 年 11 月 20 日由国家濒管办发布,2018 年 11 月 20 日起施行,法规类型为规范性文件)

《濒危野生动植物种国际贸易公约》(CITES) 秘书处于 2018 年 11 月 1 日发布通知,暂停尼日利亚商业性进出口刺猬紫檀 (*Pterocarpus erinaceus*) 标本、老挝商业性进出口黄檀属物种 (*Dalbergia* spp.) 标本(包括雕刻品和家具等制成品)、民主刚果穿山甲属物种 (*Manis* spp.) 库存标本贸易的资格,同时更新了《暂停贸易的国家及所涉物种名单》,现予以发布。

特此公告。

附件:暂停贸易的国家及所涉物种名单

附件

暂停贸易的国家及所涉物种名单

(更新日期:2018 年 11 月 1 日)

国家	范围	拉丁名	有效期始自
阿富汗	所有贸易		2013 年 5 月 17 日
伯利兹	萼脊兰	*Myrmecophila tibicinis*	2010 年 6 月 15 日
贝宁	将军巨蝎	*Pandinus imperator*	2013 年 5 月 2 日
	优雅避役	*Chamaeleo gracilis*	2016 年 2 月 3 日
	塞内加尔避役	*Chamaeleo senegalensis*	2016 年 2 月 3 日
	荷叶陆龟	*Kinixys homeana*	2016 年 2 月 3 日
喀麦隆	四角变色龙	*Trioceros quadricornis*	2016 年 2 月 3 日
科特迪瓦	大美木豆	*Pericopsis elata*	2012 年 9 月 7 日
民主刚果	好望角鹦鹉	*Poicephalus robustus*	2001 年 7 月 9 日
	灰鹦鹉	*Psittacus erithacus*	2016 年 1 月 15 日
吉布提	所有商业性贸易		2004 年 4 月 30 日
	所有贸易		2018 年 1 月 30 日
赤道几内亚	菲氏避役	*Trioceros feae* (原名为 *Chamaeleo feae*)	2012 年 9 月 7 日
	非洲李	*Prunus africana*	2009 年 2 月 3 日

续表1

国家	范围	拉丁名	有效期始自
斐济	泡囊珊瑚	*Plerogyra simplex*	2016年2月3日
	气泡珊瑚	*Plerogyra sinuosa*	2016年2月3日
加纳	将军巨蝎	*Pandinus imperator*	2014年8月12日
	优雅避役	*Chamaeleo gracilis*	2016年2月3日
	塞内加尔避役	*Chamaeleo senegalensis*	2016年2月3日
格林纳达	大凤螺	*Strombus gigas*	2006年5月12日
	所有贸易		2016年3月16日
几内亚	西非冠鹤	*Balearica pavonina*	2013年5月2日
	西非海马	*Hippocampus algiricus*	2016年2月3日
	所有商业性贸易		2013年5月16日
海地	大凤螺	*Strombus gigas*	2003年9月29日
老挝	食蟹猴	*Macaca fascicularis*	2016年2月3日
	滑鼠蛇	*Ptyas mucosus*	2016年2月3日
	网纹蟒	*Python reticulatus*	2016年2月3日
	眼镜蛇属所有种（＝舟山眼镜蛇、孟加拉眼镜蛇、泰国眼镜蛇）	*Naja* spp.（＝ *N. atra*，*N. kaouthia*，*N. siamensis*）	2004年4月30日
	黄额闭壳龟	*Cuora galbinifrons*	2009年7月27日
	庙龟	*Heosemys annandalii*	2012年9月7日
	大东方龟	*Heosemys grandis*	2012年9月7日
	金钗石斛	*Dendrobium nobile*	2009年2月3日
	黄檀属物种	*Dalbergia* spp.	2018年11月1日
利比里亚	所有商业性贸易		2016年3月15日
马达加斯加	马岛鹦鹉	*Coracopsis vasa*	1995年1月20日
	拉氏避役	*Furcifer labordi*	1995年1月20日
	波氏残趾虎、短头残趾虎、古氏残趾虎和斯氏残趾虎）	*Phelsuma borai*，*P. breviceps*，*P. gouldi* 和 *P. -3-tanding*	1995年1月20日
	黄檀属、柿属所有种（仅马达加斯加种群）	*Dalbergia* spp. 和 *Diospyros* spp.（Population from Madagascar）	2016年1月15日

续表2

国家	范围	拉丁名	有效期始自
马里	好望角鹦鹉	Poicephalus robustus	2001年7月9日
	苏丹刺尾蜥	Uromastyx dispar	2008年8月22日
毛里塔尼亚	所有商业性贸易		2004年7月30日
莫桑比克	莫桑比克绳蜥	Cordylus mossambicus	2012年9月7日
	热带绳蜥	Cordylus tropidosternum	2001年8月10日
	苏铁科、蕨苏铁科和泽米科	Cycadaceae, Stangeriaceae 和 Zamiaceae	2006年12月6日
尼日尔	非洲避役	Chamaeleo africanus	2012年9月7日
尼日利亚	刺猬紫檀	Pterocarpus erinaceus	2018年10月5日
塞内加尔	西非海马	Hippocampus algiricus	2016年2月3日
所罗门群岛	所罗门蜥	Corucia zebrata	2001年7月9日
	巨凤蝶	Ornithoptera urvillianus	1995年1月20日
	维多利亚巨凤蝶	Ornithoptera victoriae	1995年1月20日
	无鳞砗磲、番红砗磲、大砗磲、长砗磲和鳞砗磲	Tridacna derasa, T. crocea, T. gigas, T. maxima and T. squamosa	2016年2月3日
索马里	所有商业性贸易		2004年7月30日
南苏丹	西非冠鹤	Balearica pavonina	2013年5月2日
苏丹	西非冠鹤	Balearica pavonina	2013年5月2日
多哥	好望角鹦鹉	Poicephalus robustus	2001年7月9日
	将军巨蝎	Pandinus imperator	2013年5月2日
坦桑尼亚	费希氏情侣鹦鹉	Agapornis fischeri	1993年4月20日
	薄饼龟 这一禁令不适用于从捕养或人工繁殖单位出口的标本,其年度出口限额需经该国管理机构和秘书处商定同意	Malacochersus tornieri	1993年4月20日 1998年6月30日
	非洲李	Prunus africana	2009年2月3日
	费瑟变色龙	Kinyongia fischeri	2016年2月3日
	塔韦塔双角避役	Kinyongia tavetana	2016年2月3日
	东非冠鹤	Balearica regulorum	2013年5月2日
越南	管海马	Hippocampus kuda	2013年5月2日

兽药进口管理办法

(农业部　海关总署令第 2 号)

(2007 年 7 月 31 日由农业部、海关总署发布,根据 2019 年 4 月 25 日农业农村部令 2019 年第 2 号《农业农村部关于修改和废止部分规章、规范性文件的决定》修改,现行版本自 2019 年 4 月 25 日起施行,法规类型为部门规章)

第一章　总　则

第一条　为了加强进口兽药的监督管理,规范兽药进口行为,保证进口兽药质量,根据《中华人民共和国海关法》和《兽药管理条例》,制定本办法。

第二条　在中华人民共和国境内从事兽药进口、进口兽药的经营和监督管理,应当遵守本办法。

进口兽药实行目录管理。《进口兽药管理目录》由农业部会同海关总署制定、调整并公布。

第三条　农业部负责全国进口兽药的监督管理工作。

县级以上地方人民政府兽医行政管理部门负责本行政区域内进口兽药的监督管理工作。

第四条　兽药应当从具备检验能力的兽药检验机构所在地口岸进口(以下简称兽药进口口岸)。兽药检验机构名单由农业部确定并公布。

第二章　兽药进口申请

第五条　兽药进口应当办理《进口兽药通关单》。《进口兽药通关单》由中国境内代理商向兽药进口口岸所在地省级人民政府兽医行政管理部门申请。申请时,应当提交下列材料:

(一)兽药进口申请表;

(二)代理合同(授权书)和购货合同复印件;

(三)《兽药经营许可证》、工商营业执照复印件;兽药生产企业申请进口本企业生产所需原料药的,提交工商营业执照复印件;

(四)产品出厂检验报告;

(五)装箱单、提运单和货运发票复印件;

(六)产品中文标签、说明书式样。

申请兽用生物制品《进口兽药通关单》的,还应当向兽药进口口岸所在地省级人民政府兽医行政管理部门提交下列材料:

(一)农业部依据本办法第七条核发的兽用生物制品进口许可证复印件;

(二)生产企业所在国家(地区)兽药管理部门出具的批签发证明。

第六条　兽药进口口岸所在地省级人民政府兽医行政管理部门应当自收到申请之日起 2 个工作日内完成审查。审查合格的,发给《进口兽药通关单》;不合格的,书面通知申请人,并说明理由。

《进口兽药通关单》主要载明代理商名称、有效期限、兽药进口口岸、海关商品编码、商品名称、生产企业名称、进口数量、包装规格等内容。

兽药进口口岸所在地省级人民政府兽医行政管理部门应当在每月上旬将上月核发的《进口兽药通关单》报农业部备案。

第七条 代理商申请兽用生物制品进口许可证，应当向农业部提交下列材料：

（一）兽用生物制品进口申请表；

（二）代理合同（授权书）复印件；

（三）《兽药经营许可证》、工商营业执照复印件；

（四）《进口兽药注册证书》或者《兽药注册证书》复印件。

农业部自收到申请之日起20个工作日内完成审查。审查合格的，发给兽用生物制品进口许可证；不合格的，书面通知申请人，并说明理由。

兽用生物制品进口许可证主要载明代理商名称、兽药进口口岸、海关商品编码、商品名称、生产企业名称、进口数量、包装规格等事项，有效期为一年。

第八条 进口少量科研用兽药，应当向农业部申请，并提交兽药进口申请表和科研项目的立项报告、试验方案等材料。

进口注册用兽药样品、对照品、标准品、菌（毒、虫）种、细胞的，应当向农业部申请，并提交兽药进口申请表。

农业部受理申请后组织风险评估，并自收到评估结论之日起5个工作日内完成审查。审查合格的，发给《进口兽药通关单》；不合格的，书面通知申请人，并说明理由。

第九条 国内急需的兽药，由农业部指定单位进口，并发给《进口兽药通关单》。

第十条 《进口兽药通关单》实行一单一关，在30日有效期内只能一次性使用，内容不得更改，过期应当重新办理。

第三章 进口兽药经营

第十一条 境外企业不得在中国境内直接销售兽药。

进口的兽用生物制品，由中国境内的兽药经营企业作为代理商销售，但外商独资、中外合资和合作经营企业不得销售进口的兽用生物制品。

兽用生物制品以外的其他进口兽药，由境外企业依法在中国境内设立的销售机构或者符合条件的中国境内兽药经营企业作为代理商销售。

第十二条 境外企业在中国境内设立的销售机构、委托的代理商及代理商确定的经销商，应当取得《兽药经营许可证》，并遵守农业部制定的兽药经营质量管理规范。

销售进口兽用生物制品的《兽药经营许可证》，应当载明委托的境外企业名称及委托销售的产品类别等内容。

第十三条 进口兽药销售代理商由境外企业确定、调整，并报农业部备案。

境外企业应当与代理商签订进口兽药销售代理合同，明确代理范围等事项。

第十四条 境外企业在中国境内确定两家以上代理商销售进口兽用生物制品的，代理商只能将进口兽用生物制品直接销售给养殖户、养殖场、动物诊疗机构等使用者，不得再确定经销商进行销售。

境外企业在中国境内确定一家代理商销售进口兽用生物制品的，代理商可以将代理产品直接销售给使用者，也可以确定经销商销售代理的产品。但经销商只能将进口兽用生物制品直接销售给使用者，不得销售给其他兽药经营者。

代理商应当将经销商名单报农业部备案。

第十五条 进口兽用生物制品，除境外企业确定的代理商及代理商确定的经销商外，其他兽药经营企业不得经营。

第十六条 进口的兽药标签和说明书应当用中文标注。

第十七条 养殖户、养殖场、动物诊疗机构等使用者采购的进口兽药只限自用，不得转手销售。

第四章 监督管理

第十八条 进口列入《进口兽药管理目录》的兽药，进口单位进口时，需持《进口兽药通关单》向海关申报，海关按货物进口管理的相关规定办理通关手续。

进口单位办理报关手续时，因企业申报不实或者伪报用途所产生的后果，由进口单位承担相应的法律责任。

第十九条 经批准以加工贸易方式进口兽药的，海关按照有关规定实施监管。进口料件或加工制成品属于兽药且无法出口的，应当按照本办法规定办理《进口兽药通关单》，海关凭《进口兽药通关单》办理内销手续。未取得《进口兽药通关单》的，由加工贸易企业所在地省级人民政府兽医行政管理部门监督销毁，海关凭有关证明材料办理核销手续。销毁所需费用由加工贸易企业承担。

第二十条 以暂时进口方式进口的不在中国境内销售的兽药，不需要办理《进口兽药通关单》。暂时进口期满后应当全部复运出境，因特殊原因确需进口的，依照本办法和相关规定办理进口手续后方可在境内销售。无法复运出境又无法办理进口手续的，经进口单位所在地省级人民政府兽医行政管理部门批准，并商进境地直属海关同意，由所在地省级人民政府兽医行政管理部门监督销毁，海关凭有关证明材料办理核销手续。销毁所需费用由进口单位承担。

第二十一条 从境外进入保税区、出口加工区及其他海关特殊监管区域和保税监管场所的兽药及海关特殊监管区域、保税监管场所之间进出的兽药，免予办理《进口兽药通关单》，由海关按照有关规定实施监管。

从保税区、出口加工区及其他海关特殊监管区域和保税监管场所进入境内区外的兽药，应当办理《进口兽药通关单》。

第二十二条 兽用生物制品进口后，代理商应当向农业部指定的检验机构申请办理审查核对和抽查检验手续。未经审查核对或者抽查检验不合格的，不得销售。

其他兽药进口后，由兽药进口口岸所在地省级人民政府兽医行政管理部门通知兽药检验机构进行抽查检验。

第二十三条 县级以上地方人民政府兽医行政管理部门应当将进口兽药纳入兽药监督抽检计划，加强对进口兽药的监督检查，发现违反《兽药管理条例》和本办法规定情形的，应当依法作出处理决定。

第二十四条 禁止进口下列兽药：

（一）经风险评估可能对养殖业、人体健康造成危害或者存在潜在风险的；

（二）疗效不确定、不良反应大的；

（三）来自疫区可能造成疫病在中国境内传播的兽用生物制品；

（四）生产条件不符合规定的；

（五）标签和说明书不符合规定的；

（六）被撤销、吊销《进口兽药注册证书》的；

（七）《进口兽药注册证书》有效期届满的；

（八）未取得《进口兽药通关单》的；

（九）农业部禁止生产、经营和使用的。

第二十五条 提供虚假资料或者采取其他欺骗手段取得进口兽药证明文件的，按照《兽药管理条例》第五十七条的规定处罚。

伪造、涂改进口兽药证明文件进口兽药的，按照《兽药管理条例》第四十七条、第五十六条的规定处理。

第二十六条 买卖、出租、出借《进口兽药通关单》的，按照《兽药管理条例》第五十八条的规定处罚。

第二十七条 养殖户、养殖场、动物诊疗机构等使用者将采购的进口兽药转手销售的，或者代理商、经销商超出《兽药经营许可证》范围经营进口兽用生物制品的，属于无证经营，按照《兽药管理条例》第五十六条的规定处罚。

第二十八条 兽药进口构成走私或者违反海关监管规定的，由海关根据《中华人民共和国海关法》及其相关法律、法规的规定处理。

第五章 附 则

第二十九条 兽用麻醉药品、精神药品、毒性药品和放射性药品等特殊药品的进口管理，除遵守本办法的规定外，还应当遵守国家关于麻醉药品、精神药品、毒性药品和放射性药品的管理规定。

第三十条 本办法所称进口兽药证明文件，是指《进口兽药注册证书》、《进口兽药通关单》、兽用生物制品进口许可证等。

第三十一条 兽药进口申请表、兽用生物制品进口申请表可以从中国兽药信息网（网址：http://www.ivdc.gov.cn）下载。

第三十二条 本办法自2008年1月1日起施行。海关总署发布的《海关总署关于验放进口兽药的通知》（〔88〕署货字第725号）、《海关总署关于明确进口人畜共用兽药有关验放问题的通知》（署法发〔2001〕276号）、中华人民共和国海关总署公告2001年第7号同时废止。

危险废物出口核准管理办法

（国家环境保护总局令第47号）

（2008年1月25日由国家环境保护总局发布，根据2019年8月22日生态环境部令第7号《生态环境部关于废止、修改部分规章的决定》修改，现行版本自2019年8月22日起施行，法规类型为部门规章）

第一章 总 则

第一条 为了规范危险废物出口管理，防止环境污染，根据《控制危险废物越境转移及其处置巴塞尔公约》（以下简称《巴塞尔公约》）和有关法律、行政法规，制定本办法。

第二条 在中华人民共和国境内产生的危险废物应当尽量在境内进行无害化处置，减少出口量，降低危险废物出口转移的环境风险。

禁止向《巴塞尔公约》非缔约方出口危险废物。

第三条 产生、收集、贮存、处置、利用危险废物的单位，向中华人民共和国境外《巴塞尔公约》缔约方出口危险废物，必须取得危险废物出口核准。

本办法所称危险废物，是指列入国家危险废物名录或者根据国家规定的危险废物鉴别标准和鉴别方法认定的具有危险特性的固体废物。

《巴塞尔公约》规定的"危险废物"和"其他废物"，以及进口缔约方或者过境缔约方立法确定的"危险废物",其出口核准管理也适用本办法。

第四条 国务院环境保护行政主管部门负责核准危险废物出口申请,并进行监督管理。

县级以上地方人民政府环境保护行政主管部门依据本办法的规定,对本行政区域内危险废物出口活动进行监督管理。

第二章 出口申请与核准

第五条 申请出口危险废物,应当向国务院环境保护行政主管部门提交下列材料:

(一)申请书。

(二)越境转移通知书(中、英文)。

(三)出口者与进口国(地区)的处置者或者利用者签订的书面协议。

(四)危险废物的基本情况数据表、物质安全技术说明书(MSDS)或者化学品安全技术说明书(CSDS)。

(五)危险废物产生情况的说明文件,主要包括危险废物的产生过程、地点、工艺和设备的说明。

(六)危险废物在进口国(地区)处置或者利用情况的说明文件,主要包括危险废物处置或者利用设施的地点、类型、处理能力以及处置或者利用中产生的废水、废气、废渣的处理方法等。

(七)处置者或者利用者在进口国(地区)获得的有关危险废物处置或者利用的授权或者许可的有效凭证。

(八)危险废物运输突发环境污染事件应急预案。

(九)危险废物运输的路线说明文件,主要包括境内运输路线(包括途经的省、市、县)、离境地点、过境国(地区)过境地点、进口国(地区)入境地点以及进口国(地区)和过境国(地区)主管部门的联系方式及通讯地址等。

(十)出口者的书面承诺文件或者有效的保险文件。出具书面承诺文件的,应当承诺在因故未完成出口活动或者由于意外事故引发环境污染时,承担危险废物退运、处置、污染消除和损失赔偿等有关费用。

(十一)出口者的营业执照。

前款所列申请材料的复印件应当加盖申请单位印章。

第六条 国务院环境保护行政主管部门根据下列情况分别作出处理:

(一)申请材料齐全、符合要求的,予以受理;

(二)申请材料不齐全或者不符合要求的,应当当场或者在5个工作日内一次告知申请单位需要补正的全部内容。

第七条 国务院环境保护行政主管部门对符合下列条件之一的,应当自受理之日起15个工作日内,作出初步核准出口决定:

(一)进口国(地区)的利用者需要将该危险废物作为再循环或者回收工业的原材料,且有相应的技术能力、必要设施、设备和场所,能以环境无害化方式利用该危险废物;

(二)中华人民共和国没有以环境无害化方式处置该危险废物所需的足够的技术能力和必要的设施、设备或者适当的处置场所,且进口国(地区)的处置者有相应的技术能力、必要设施、设备和场所,并能以环境无害化方式处置该危险废物。

国务院环境保护行政主管部门对不符合前款所列条件的,应当自受理之日起15个工作日内,作出不予核准出口决定,并书面通知申请单位。

国务院环境保护行政主管部门对受理的申请进行书面审查。需要现场核查的,应当指派两名以上工作人员进行核查。

第八条 对已作出初步核准决定的危险废物出口申请,国务院环境保护行政主管部门应当向进口国（地区）和过境国（地区）主管部门发出书面征求意见的函，并自收到同意进口和同意过境的书面意见之日起5个工作日内，作出核准出口决定。

对进口国（地区）主管部门或者过境国（地区）主管部门不同意危险废物出口或者过境的，不予核准出口申请，并书面通知申请单位。

第九条 国务院环境保护行政主管部门应当自作出核准决定之日起10个工作日内，向申请单位签发危险废物出口核准通知单。

国务院环境保护行政主管部门根据危险废物出口者提供的境内运输路线说明文件，将核准结果通知危险废物所在地和境内运输途经地区的省级人民政府环境保护行政主管部门。

省级人民政府环境保护行政主管部门应当将核准结果通知本行政区域内有关设区的市级和县级人民政府环境保护行政主管部门。

第十条 有下列情形之一的，应当重新提出申请：
（一）改变或者增加出口危险废物类别或者数量的；
（二）改变出口者、进口国（地区）的处置者或者利用者的；
（三）改变进口国（地区）、过境国（地区）的；
（四）改变出口目的的；
（五）改变出口时限的。

第十一条 危险废物出口核准通知单的有效期限不超过1年。

第三章　监督管理

第十二条 危险废物出口者应当对每一批出口的危险废物，填写《危险废物越境转移——转移单据》，一式二份。

转移单据应当随出口的危险废物从转移起点直至处置或者利用地点，并由危险废物出口者、承运人和进口国（地区）的进口者、处置者或者利用者及有关国家（地区）海关部门填写相关信息。

危险废物出口者应当将信息填写完整的转移单据，一份报国务院环境保护行政主管部门，一份自留存档。

危险废物出口者应当妥善保存自留存档的转移单据，不得擅自损毁。转移单据的保存期应不少于5年。国务院环境保护行政主管部门要求延长转移单据保存期限的，有关单位应当按照要求延长转移单据的保存期限。

第十三条 国务院环境保护行政主管部门有权检查转移单据的运行情况，也可以委托县级以上地方人民政府环境保护行政主管部门检查转移单据的运行情况。被检查单位应当接受检查，如实汇报情况。

第十四条 在危险废物运输开始10个工作日之前，危险废物出口者应当填写《运输前信息报告单》，并将其连同填写的转移单据复印件，一并报送国务院环境保护行政主管部门，并抄送危险废物移出地和境内运输途经地区的省级、设区的市级和县级人民政府环境保护行政主管部门。

第十五条 自危险废物离境之日起10个工作日内，危险废物出口者应当填写《离境信息报告单》，并将其连同危险废物出口者和相关承运人填写的转移单据复印件和危险废物出口报关单复印件，报送国务院环境保护行政主管部门。

第十六条 自危险废物进口者接收危险废物之日起10个工作日内，危险废物出口者应当填写《抵达进口国（地区）信息报告单》，并将其连同危险废物出口者、相关承运人、危险废物进口者及过境国（地区）海关、进口国（地区）海关填写完毕的转移单据复印件，一并报送国务院环境保护行政主管部门。

第十七条 自危险废物处置或者利用完毕之日起40个工作日内，危险废物出口者应当填写《处置或者利用完毕信息报告单》，并将其连同危险废物出口者、相关承运人、危险废物进口者、进口国（地区）的危险废物处置者或者利用者及过境国（地区）海关、进口国（地区）海关填写完毕的转移单据原件，一并报送国务院环境保护行政主管部门。

第十八条　自危险废物出口核准通知单有效期届满之日起20个工作日内，危险废物出口者应当填写《危险废物出口总结信息报告单》，并报送国务院环境保护行政主管部门。

第十九条　危险废物出口者应当将按照第十五条、第十六条、第十七条和第十八条的规定向国务院环境保护行政主管部门报送的有关材料，同时抄送危险废物移出地省级、设区的市级和县级人民政府环境保护行政主管部门。

第二十条　禁止伪造、变造或者买卖危险废物出口核准通知单。

第四章　罚　则

第二十一条　违反本办法规定，无危险废物出口核准通知单或者不按照危险废物出口核准通知单出口危险废物的，由县级以上人民政府环境保护行政主管部门责令改正，并处3万元以下的罚款。

不按照危险废物出口核准通知单出口危险废物，情节严重的，还可以由国务院环境保护行政主管部门撤销危险废物出口核准通知单。

第二十二条　违反本办法规定，申请危险废物出口核准的单位隐瞒有关情况或者提供虚假材料的，国务院环境保护行政主管部门不予受理其申请或者不予核准其申请，给予警告，并记载其不良记录。

第二十三条　违反本办法规定，有下列行为之一的，由县级以上人民政府环境保护行政主管部门责令改正，并处以罚款：

（一）未按规定填写转移单据的；

（二）未按规定运行转移单据的；

（三）未按规定的存档期限保管转移单据的；

（四）拒绝接受环境保护行政主管部门对转移单据执行情况进行检查的。

有前款第（一）项、第（二）项、第（三）项行为的，处3万元以下罚款；有前款第（四）项行为的，依据《固体废物污染环境防治法》第七十条的规定，予以处罚。

有前款第（一）项、第（二）项、第（四）项行为，情节严重的，由国务院环境保护行政主管部门撤销危险废物出口核准通知单。

第二十四条　违反本办法规定，未将有关信息报送国务院环境保护行政主管部门，或者未抄报有关地方人民政府环境保护行政主管部门的，由县级以上人民政府环境保护行政主管部门责令限期改正；逾期不改正的，由县级以上人民政府环境保护行政主管部门处3万元以下罚款，并记载危险废物出口者的不良记录。

第二十五条　违反本办法规定，伪造、变造或者买卖危险废物出口核准通知单的，由公安机关依据《中华人民共和国治安管理处罚法》进行处罚。

第二十六条　以欺骗、贿赂等不正当手段取得危险废物出口核准通知单的，依据《中华人民共和国行政许可法》的规定，由国务院环境保护行政主管部门撤销危险废物出口核准通知单，并处3万元以下罚款。

第二十七条　危险废物出口未能按照书面协议的规定完成时，如果在进口国通知国务院环境保护行政主管部门和《巴塞尔公约》秘书处之后90日内或者在有关国家同意的另一期限内不能作出环境上无害的处置替代安排，出口者应当负责将废物退运回国，并承担该废物的运输与处置或者利用等相关费用。

第二十八条　负责危险废物出口核准管理工作的人员玩忽职守、徇私舞弊或者滥用职权的，依法给予行政处分；构成犯罪的，依法追究刑事责任。

第五章 附 则

第二十九条 从中华人民共和国台湾地区向其他《巴塞尔公约》缔约方出口危险废物的核准，参照本办法执行。

第三十条 本办法自 2008 年 3 月 1 日起施行。

进口废纸环境保护管理规定

(国环规土壤〔2017〕5 号)

(2017 年 12 月 14 日由环境保护部发布，2017 年 12 月 14 日起施行，法规类型为规范性文件)

一、适用范围

根据《中华人民共和国固体废物污染环境防治法》《固体废物进口管理办法》，进口列入限制进口目录的固体废物实行许可管理。本规定适用于申请进口《限制进口类可用作原料的固体废物目录》中废纸的环境保护管理。

二、进口废纸的企业除符合《限制进口类可用作原料的固体废物环境保护管理规定》要求外，还应符合下列许可条件

(一) 生产能力应不小于 5 万吨/年，并具有与加工利用能力相适应的制浆、造纸等生产加工设备。

(二) 符合《造纸产业发展政策》和《产业结构调整指导目录》等相关产业政策的要求，废纸企业或相关生产线未被列入《工业行业淘汰落后产能企业名单》。

(三) 依法依规取得排污许可证，并符合排污许可证相关规定。

(四) 应当实施强制性清洁生产审核的，应符合强制性清洁生产审核的有关要求。

(五) 按照《制浆造纸工业水污染物排放标准》等相关标准规范开展自行监测，制定监测方案、保存完整的原始记录、监测报告，对数据的真实性负责，并按规定公开监测信息。重点排污单位应当依法安装使用污染源自动监测设备，与环保部门联网，保证正常运行，并公开自动监测结果。

(六) 近两年内没有因将进口废纸全部或者部分转让给许可证载明的利用企业以外的单位或个人等违法行为受到行政处罚。

(七) 近一年内没有因以下违法行为受到行政处罚：

1. 进口废纸分选或加工利用过程产生的残余废物未进行无害化利用或处置，包括将上述残余废物中的废塑料未经加工清洗等方式处理干净直接出售，以及交由个人或不符合环境保护要求的企业进行利用或处置；

2. 未将脱墨工艺产生的脱墨渣按照危险废物管理。

(八) 具有附 1 所列的加工利用废纸的加工利用场所、设备、污染防治设施和措施，以及危险废物管理制度，并经所在地省级环境保护主管部门组织核实合格。

三、其他规定

申请材料及相关证明材料要求、申请、审批和监督管理、变更、遗失处理等程序，应当执

行《限制进口类可用作原料的固体废物环境保护管理规定》。此外，还应当提供以下证明材料：

（一）本规定实施后首次申请进口废纸的企业，应当提交所在地省级环境保护主管部门出具的核实表（见附1），以及省级环境保护主管部门根据企业加工利用场地所在地县级以上地方环境保护主管部门的监督管理情况出具的《监督管理情况表》（见附2）。核实表有效期一年。有效期内企业有新、改、扩建项目的，核实表应当重新核实并提交。

（二）再次申请进口废纸的企业，应当提交省级环境保护主管部门根据企业加工利用场地所在地县级以上地方环境保护主管部门的监督管理情况出具的《监督管理情况表》。核实表过期的，应当重新核实并提交。

附件：1. 进口废纸企业环境保护核实表（略）
   2. 关于对（填写企业名称）申请进口废纸监督管理情况表（略）

限制进口类可用作原料的固体废物环境保护管理规定

（国环规土壤〔2017〕6号）

（2017年12月14日由环境保护部发布，2017年12月14日起施行，法规类型为规范性文件）

一、适用范围

本规定适用于列入《限制进口类可用作原料的固体废物目录》中固体废物（以下简称限制进口类固体废物）进口的环境保护管理。进口特定类别固体废物环境保护有专门规定的，从其规定。

二、申请进口限制进口类固体废物许可应当具备的条件

（一）申请进口限制进口类固体废物的企业应当为实际从事加工利用的企业（以下简称加工利用企业），且属于依法成立的具有固体废物加工利用经营范围的企业法人。

（二）具有加工利用所申请进口固体废物的场地、设施、设备及配套的污染防治设施和措施（不包括租赁、承包等项目开展生产经营的情况），并符合国家或者地方环境保护标准规范的要求。

（三）符合建设项目环境保护管理有关规定。

（四）依法依规应当取得排污许可证的，应在规定时限内申领排污许可证，并严格按证排放污染物。

（五）具有防止进口固体废物污染环境的相关制度和措施，包括建立了进口固体废物加工利用的经营情况记录制度、日常环境监测制度；设置专门部门或专人负责检查、督促、落实本单位进口固体废物的相关环境保护和污染防治工作，相关工作人员和管理人员应当掌握国家相关政策法规、标准规范的规定；依法开展了清洁生产审核等。

（六）不得委托其他企业代理进口。

（七）申请进口限制进口类固体废物数量与加工利用能力和污染防治能力相适应；进口口岸符合就近原则和国家有关口岸管理规定。

（八）近两年内没有因以下违法行为受到行政处罚：

1. 进口属于禁止进口的固体废物；

2. 隐瞒有关情况或者提供虚假材料申请固体废物进口许可证；
3. 以欺骗或者其他不正当手段获取固体废物进口许可证；
4. 转让固体废物进口许可证。

（九）近一年内没有因以下违法行为受到行政处罚：
1. 依法依规应当取得但未取得排污许可证或未按排污许可证规定排放污染物；
2. 超过污染物排放标准或者重点污染物排放总量控制指标排放污染物；
3. 所加工利用的进口固体废物不符合进口可用作原料的固体废物环境保护控制标准；
4. 生产过程产生的固体废物以及进口固体废物中的夹杂物未进行无害化利用或者处置；
5. 环境监测或者进口固体废物经营情况未按规定向环境保护部门报告，或者在报告时弄虚作假；
6. 存在未批先建等建设项目环境违法行为；
7. 其他违反环境保护法律、法规的行为。

三、申请、审批和监督管理

根据《中华人民共和国固体废物污染环境防治法》《固体废物进口管理办法》，进口列入《限制进口类可用作原料的固体废物目录》的固体废物实行许可管理。

（一）申请

1. 申请单位应当通过全国固体废物管理信息系统（以下简称信息系统）向环境保护部提出申请，提交电子申请材料的同时需提交相同内容的纸质申请材料。申请材料包括：

（1）申请报告。申请报告应包括：拟进口固体废物的名称、数量、来源国（地区）及进口口岸，上年度及本年度已申请许可证的使用情况等。

（2）申请表（见附1）。申请表通过信息系统在线填写并打印，纸质申请表与电子申请表内容必须一致。

（3）环境保护报告（见附2）。

（4）符合环境保护要求的证明材料（见附3），包括省级环境保护主管部门根据县级以上地方环境保护主管部门的监督管理情况，出具的对加工利用企业监督管理情况表（见附4）。

2. 固体废物加工利用企业向环境保护部提出申请，由省级环境保护主管部门代收。省级环境保护主管部门在10个工作日内，将监督管理情况表和申请材料报送至环境保护部。监督管理情况表的纸质材料应加盖公章，监督管理情况表加盖公章的电子件应通过信息系统报送。

每年12月1日起，受理下一年度固体废物进口申请，同时，不再受理当年固体废物进口申请。

（二）技术审查

环境保护部委托环境保护部固体废物与化学品管理技术中心以下简称固管中心）受理申请材料并进行技术审查。

固管中心收到电子申请材料与纸质申请材料后，应在5个工作日内开展受理工作。在10个工作日内，对受理的申请通过书面审查或实地核查等方式进行技术审查，并将技术审查情况予以公示，征求公众意见，公示期为3个工作日。对公众意见，由环境保护部组织进行核实。技术审查工作原则上以电子申请材料为准。

公示期满，固管中心将技术审查情况和公示情况报送环境保护部。

（三）审批

环境保护部根据固管中心的技术审查意见，在10个工作日内对进口固体废物的申请进行审定。

（四）许可证的颁发

环境保护部委托固管中心将固体废物进口许可证邮寄至省级环境保护主管部门，由省级环境保护主管部门代为发放。
（五）监督管理
省级环境保护主管部门应当组织对辖区内申请进口限制进口类固体废物的加工利用企业进行现场监督检查。对检查合格的企业，省级环境保护主管部门及时出具监督管理情况表，作为审查申请单位是否有违法行为的重要依据。
省级环境保护主管部门应当组织对辖区内进口限制进口类固体废物的加工利用企业，每季度至少开展一次日常现场监督检查，严控环境风险。对检查中发现企业存在环境违法行为且受到行政处罚的，应逐级上报至环境保护部，并抄送固管中心。
（六）资料保存
进口固体废物申请材料的保存期限为三年。
四、变更、遗失处理
（一）变更
固体废物进口许可证上载明的事项发生变化的，加工利用企业应当按照原申请程序和要求重新申请领取固体废物进口许可证，并交回原证。
（二）遗失
加工利用企业遗失所申领的固体废物进口许可证，应当在全国性的综合或环境类报纸上刊登作废声明，并向环境保护部、所在地省级环境保护主管部门及许可证注明的进口口岸地海关书面报告挂失作废。
在有效期内需要重新办理固体废物进口许可证的，加工利用企业应按原申请程序和要求重新申请固体废物进口许可证。环境保护部根据加工利用企业的遗失报告、声明作废的报样等材料，扣除已使用的数量后，注销原证并换发新证，并在新证备注栏注明原证证号和"遗失换证"字样。
五、经营情况和年度环境保护报告备案
进口限制进口类固体废物的加工利用企业应当于每季度第一个月15日之前将上季度进口固体废物经营情况，通过信息系统向所在地省级环境保护主管部门报告并附报表（报表样式见附5）。
进口限制进口类固体废物的加工利用企业应当于每年1月15日之前将上年度企业环境保护报告（并附上年度限制进口类固体废物加工利用经营情况报表，见附6），通过信息系统向所在地省级环境保护主管部门报告。省级环境保护主管部门应当将有关情况汇总后于每年3月31日前通过信息系统报环境保护部。报告样式见附7。

附件：1. 限制进口类可用作原料的固体废物进口许可证申请表（略）
2. 限制进口类可用作原料的固体废物加工利用企业环境保护报告（略）
3. 有关证明材料的说明（略）
4. 关于对申请进口限制进口类可用作原料的固体废物的监督管理情况表（略）
5. 限制进口类可用作原料的固体废物加工利用经营情况记录簿参考样式（略）
6. 限制进口类可用作原料的固体废物加工利用经营情况报表（略）
7. 省（区、市）年限制进口类可用作原料的固体废物经营情况汇总表（略）

畜禽遗传资源进出境和对外合作研究利用审批办法

(国务院令第 533 号)

(2008 年 8 月 28 日由国务院发布,2008 年 10 月 1 日起施行,法规类型为部门规章)

第一条 为了加强对畜禽遗传资源进出境和对外合作研究利用的管理,保护和合理利用畜禽遗传资源,防止畜禽遗传资源流失,促进畜牧业持续健康发展,根据《中华人民共和国畜牧法》,制定本办法。

第二条 从境外引进畜禽遗传资源,向境外输出或者在境内与境外机构、个人合作研究利用列入畜禽遗传资源保护名录的畜禽遗传资源,应当遵守《中华人民共和国畜牧法》,并依照本办法的规定办理审批手续。

第三条 本办法所称畜禽,是指列入依照《中华人民共和国畜牧法》第十一条规定公布的畜禽遗传资源目录的畜禽。

本办法所称畜禽遗传资源,是指畜禽及其卵子(蛋)、胚胎、精液、基因物质等遗传材料。

第四条 从境外引进畜禽遗传资源,应当具备下列条件:

(一)引进的目的明确、用途合理;

(二)符合畜禽遗传资源保护和利用规划;

(三)引进的畜禽遗传资源来自非疫区;

(四)符合进出境动植物检疫和农业转基因生物安全的有关规定,不对境内畜禽遗传资源和生态环境安全构成威胁。

第五条 拟从境外引进畜禽遗传资源的单位,应当向其所在地的省、自治区、直辖市人民政府畜牧兽医行政主管部门提出申请,并提交畜禽遗传资源买卖合同或者赠与协议。

引进种用畜禽遗传资源的,还应当提交下列资料:

(一)种畜禽生产经营许可证;

(二)出口国家或者地区法定机构出具的种畜系谱或者种禽代次证明;

(三)首次引进的,同时提交种用畜禽遗传资源的产地、分布、培育过程、生态特征、生产性能、群体存在的主要遗传缺陷和特有疾病等资料。

第六条 向境外输出列入畜禽遗传资源保护名录的畜禽遗传资源,应当具备下列条件:

(一)用途明确;

(二)符合畜禽遗传资源保护和利用规划;

(三)不对境内畜牧业生产和畜禽产品出口构成威胁;

(四)国家共享惠益方案合理。

第七条 拟向境外输出列入畜禽遗传资源保护名录的畜禽遗传资源的单位,应当向其所在地的省、自治区、直辖市人民政府畜牧兽医行政主管部门提出申请,并提交下列资料:

(一)畜禽遗传资源买卖合同或者赠与协议;

(二)与境外进口方签订的国家共享惠益方案。

第八条 在境内与境外机构、个人合作研究利用列入畜禽遗传资源保护名录的畜禽遗传资源,应当具备下列条件:

（一）研究目的、范围和合作期限明确；
（二）符合畜禽遗传资源保护和利用规划；
（三）知识产权归属明确、研究成果共享方案合理；
（四）不对境内畜禽遗传资源和生态环境安全构成威胁；
（五）国家共享惠益方案合理。

在境内与境外机构、个人合作研究利用畜禽遗传资源的单位，应当是依法取得法人资格的中方教育科研机构、中方独资企业。

第九条　拟在境内与境外机构、个人合作研究利用列入畜禽遗传资源保护名录的畜禽遗传资源的单位，应当向其所在地的省、自治区、直辖市人民政府畜牧兽医行政主管部门提出申请，并提交下列资料：
（一）项目可行性研究报告；
（二）合作研究合同；
（三）与境外合作者签订的国家共享惠益方案。

第十条　禁止向境外输出或者在境内与境外机构、个人合作研究利用我国特有的、新发现未经鉴定的畜禽遗传资源以及国务院畜牧兽医行政主管部门禁止出口的其他畜禽遗传资源。

第十一条　省、自治区、直辖市人民政府畜牧兽医行政主管部门，应当自收到畜禽遗传资源引进、输出或者对外合作研究利用申请之日起20个工作日内完成审核工作，并将审核意见和申请资料报国务院畜牧兽医行政主管部门审批。

第十二条　国务院畜牧兽医行政主管部门，应当自收到畜禽遗传资源引进、输出或者对外合作研究利用审核意见和申请资料之日起20个工作日内，对具备本办法第四条、第六条、第八条规定条件的，签发审批表；对不具备条件的，书面通知申请人，并说明理由。其中，对输出或者在境内与境外机构、个人合作研究利用列入畜禽遗传资源保护名录的畜禽遗传资源，或者首次引进畜禽遗传资源的，国务院畜牧兽医行政主管部门应当自收到审核意见和申请资料之日起3个工作日内，将审核意见和申请资料送国家畜禽遗传资源委员会评估或者评审。评估或者评审时间不计入审批期限。

第十三条　国务院畜牧兽医行政主管部门在20个工作日内不能做出审批决定的，经本部门负责人批准，可以延长10个工作日。延长期限的理由应当告知申请人。

第十四条　畜禽遗传资源引进、输出审批表的有效期为6个月；需要延续的，申请人应当在有效期届满10个工作日前向原审批机关申请延续。延续期不得超过3个月。

第十五条　从境外引进畜禽遗传资源、向境外输出列入畜禽遗传资源保护名录的畜禽遗传资源的单位，凭审批表办理检疫手续。海关凭出入境检验检疫部门出具的进出境货物通关单办理验放手续。从境外引进畜禽遗传资源、向境外输出列入畜禽遗传资源保护名录的畜禽遗传资源的单位，应当自海关放行之日起10个工作日内，将实际引进、输出畜禽遗传资源的数量报国务院畜牧兽医行政主管部门备案。国务院畜牧兽医行政主管部门应当定期将有关资料抄送国务院环境保护行政主管部门。

第十六条　在对外合作研究利用过程中需要更改研究目的和范围、合作期限、知识产权归属、研究成果共享方案或者国家共享惠益方案的，在境内与境外机构、个人合作研究利用列入畜禽遗传资源保护名录的畜禽遗传资源的单位，应当按照原申请程序重新办理审批手续。

第十七条　省、自治区、直辖市人民政府畜牧兽医行政主管部门应当对引进的畜禽遗传资源进行跟踪评价，组织专家对引进的畜禽遗传资源的生产性能、健康状况、适应性以及对生态环境和本地畜禽遗传资源的影响等进行测定、评估，并及时将测定、评估结果报国务院畜牧兽医行政主管部门。

发现引进的畜禽遗传资源对境内畜禽遗传资源、生态环境有危害或者可能产生危害的，国务院畜牧兽医行政主管部门应当商有关主管部门，采取相应的安全控制措施。

第十八条 在境内与境外机构、个人合作研究利用列入畜禽遗传资源保护名录的畜禽遗传资源的单位，应当于每年12月31日前，将合作研究利用畜禽遗传资源的情况报所在地的省、自治区、直辖市人民政府畜牧兽医行政主管部门。省、自治区、直辖市人民政府畜牧兽医行政主管部门应当对合作研究利用情况提出审核意见，一并报国务院畜牧兽医行政主管部门备案。

第十九条 与畜禽遗传资源引进、输出和对外合作研究利用的单位以及与境外机构或者个人有利害关系的人员，不得参与对有关申请的评估、评审以及对进境畜禽遗传资源的测定、评估工作。

第二十条 我国的畜禽遗传资源信息，包括重要的畜禽遗传家系和特定地区遗传资源及其数据、资料、样本等，未经国务院畜牧兽医行政主管部门许可，任何单位或者个人不得向境外机构和个人转让。

第二十一条 畜牧兽医行政主管部门工作人员在畜禽遗传资源引进、输出和对外合作研究利用审批过程中玩忽职守、滥用职权、徇私舞弊的，依法给予处分；构成犯罪的，依法追究刑事责任。

第二十二条 依照本办法的规定参与评估、评审、测定的专家，利用职务上的便利收取他人财物或者谋取其他利益，或者出具虚假意见的，没收违法所得，依法给予处分；构成犯罪的，依法追究刑事责任。

第二十三条 申请从境外引进畜禽遗传资源，向境外输出或者在境内与境外机构、个人合作研究利用列入畜禽遗传资源保护名录的畜禽遗传资源的单位，隐瞒有关情况或者提供虚假资料的，由省、自治区、直辖市人民政府畜牧兽医行政主管部门给予警告，3年内不再受理该单位的同类申请。

第二十四条 以欺骗、贿赂等不正当手段取得批准从境外引进畜禽遗传资源，向境外输出或者在境内与境外机构、个人合作研究利用列入畜禽遗传资源保护名录的畜禽遗传资源的，由国务院畜牧兽医行政主管部门撤销批准决定，没收有关畜禽遗传资源和违法所得，并处以1万元以上5万元以下罚款，10年内不再受理该单位的同类申请；构成犯罪的，依法追究刑事责任。

第二十五条 未经审核批准，从境外引进畜禽遗传资源，或者在境内与境外机构、个人合作研究利用列入畜禽遗传资源保护名录的畜禽遗传资源，或者在境内与境外机构、个人合作研究利用未经国家畜禽遗传资源委员会鉴定的新发现的畜禽遗传资源的，依照《中华人民共和国畜牧法》的有关规定追究法律责任。

第二十六条 未经审核批准，向境外输出列入畜禽遗传资源保护名录的畜禽遗传资源的，依照《中华人民共和国海关法》的有关规定追究法律责任。海关应当将扣留的畜禽遗传资源移送省、自治区、直辖市人民政府畜牧兽医行政主管部门处理。

第二十七条 向境外输出或者在境内与境外机构、个人合作研究利用列入畜禽遗传资源保护名录的畜禽遗传资源，违反国家保密规定的，依照《中华人民共和国保守国家秘密法》的有关规定追究法律责任。

第二十八条 本办法自2008年10月1日起施行。

关于对进出口农药实施登记证明管理的通知

(农农发〔1999〕9号)

(1999年6月9日由农业部、海关总署发布,1999年7月1日起施行,法规类型为规范性文件)

各省、自治区、直辖市及计划单列市农业(农牧渔业、农林、农牧)厅(局),海关总署广东分署、各直属海关:

为贯彻实施《农药管理条例》,切实履行联合国粮农组织和环境规划署关于《在国际贸易中对某些危险化学品和农药实行事先知情同意程序国际公约》(PIC),保护生态环境和人民健康,农业部和海关总署决定在我国对进出口农药实施登记证明管理。现将有关事项通知如下:

一、凡在我国进出口农药(包括原药、制剂或成品)(附件1),进出口单位须向农业部提出申请,符合条件的,由农业部签发"进出口农药登记证明"。

二、凡进出口列入事先知情同意程序(PIC)的农药(附件2),进出口单位须向农业部提出申请。对进口的农药,由农业部审批,签发"进出口农药登记证明",对出口的农药,农业部征得进口国主管部门同意后签发"进出口农药登记证明"。

三、海关凭农业部签发的"进出口农药登记证明"办理进出口手续,未取得"进出口农药登记证明"的农药,一律不得进出口。

四、进出口农药登记证明(附件3)实行一批一证制,每份证明在有效期内只能使用一次,证明内容不得更改,如需更改须由农业部换发新证。证明一式两联,第一联由农业部留存,第二联由进出口单位交海关办理进出口手续,并由海关留存。

五、"进出口农药登记证明"加盖"中华人民共和国农业部农药审批专用章",其签发的具体工作由农业部农药检定所办理。

本通知从1999年7月1日起执行。

附件:1.《中华人民共和国进出口农药登记证明管理名录》(已废止)
　　　2.《中华人民共和国进出口列入事先知情同意程序(PIC)农药登记证明管理名录》(已废止)
　　　3. 进出口农药登记证明(式样,略)

关于禁止从索马里进口木炭的公告

(商务部公告 2012 年第 27 号)

(2012 年 5 月 22 日由商务部发布,2012 年 6 月 1 日起施行,法规类型为规范性文件)

按照《中华人民共和国对外贸易法》有关规定,为履行我国承担的国际义务,执行联合国安全理事会第 2036(2012)号决议,禁止从索马里进口木炭(HS 税则号 4402,不论木炭是否原产于索马里)。

本公告自 2012 年 6 月 1 日起施行。

其他相关

中华人民共和国文物保护法

(第五届全国人民代表大会常务委员会令第 11 号)

(1982 年 11 月 19 日第五届全国人民代表大会常务委员会第二十五次会议通过；根据 1991 年 6 月 29 日第七届全国人民代表大会常务委员会第二十次会议《关于修改〈中华人民共和国文物保护法〉第三十条、第三十一条的决定》第一次修正，根据 2002 年 10 月 28 日第九届全国人民代表大会常务委员会第三十次会议修订，根据 2007 年 12 月 29 日第十届全国人民代表大会常务委员会第三十一次会议《关于修改〈中华人民共和国文物保护法〉的决定》第二次修正，根据 2013 年 6 月 29 日第十二届全国人民代表大会常务委员会第三次会议《关于修改〈中华人民共和国文物保护法〉等十二部法律的决定》第三次修正，根据 2015 年 4 月 24 日第十二届全国人民代表大会常务委员会第十四次会议《关于修改〈中华人民共和国文物保护法〉的决定》第四次修正，根据 2017 年 11 月 4 日第十二届全国人民代表大会常务委员会第三十次会议《关于修改〈中华人民共和国会计法〉等十一部法律的决定》第五次修正；现行版本自 2017 年 11 月 4 日起施行；法规类型为法律)

第一章 总 则

第一条 为了加强对文物的保护，继承中华民族优秀的历史文化遗产，促进科学研究工作，进行爱国主义和革命传统教育，建设社会主义精神文明和物质文明，根据宪法，制定本法。

第二条 在中华人民共和国境内，下列文物受国家保护[①]：
(一) 具有历史、艺术、科学价值的古文化遗址、古墓葬、古建筑、石窟寺和石刻、壁画；
(二) 与重大历史事件、革命运动或者著名人物有关的以及具有重要纪念意义、教育意义或者史料价值的近代现代重要史迹、实物、代表性建筑；
(三) 历史上各时代珍贵的艺术品、工艺美术品；
(四) 历史上各时代重要的文献资料以及具有历史、艺术、科学价值的手稿和图书资料等；
(五) 反映历史上各时代、各民族社会制度、社会生产、社会生活的代表性实物。文物认定的标准和办法由国务院文物行政部门制定，并报国务院批准。具有科学价值的古脊椎动物化石和古人类化石同文物一样受国家保护。

第三条 古文化遗址、古墓葬、古建筑、石窟寺、石刻、壁画、近代现代重要史迹和代表

[①] 为便于读者查询阅读，与关务相关重点内容进行下划线标注，下同。

性建筑等不可移动文物，根据它们的历史、艺术、科学价值，可以分别确定为全国重点文物保护单位，省级文物保护单位，市、县级文物保护单位。

历史上各时代重要实物、艺术品、文献、手稿、图书资料、代表性实物等可移动文物，分为珍贵文物和一般文物；珍贵文物分为一级文物、二级文物、三级文物。

第四条 文物工作贯彻保护为主、抢救第一、合理利用、加强管理的方针。

第五条 中华人民共和国境内地下、内水和领海中遗存的一切文物，属于国家所有。

古文化遗址、古墓葬、石窟寺属于国家所有。国家指定保护的纪念建筑物、古建筑、石刻、壁画、近代现代代表性建筑等不可移动文物，除国家另有规定的以外，属于国家所有。

国有不可移动文物的所有权不因其所依附的土地所有权或者使用权的改变而改变。

下列可移动文物，属于国家所有：

（一）中国境内出土的文物，国家另有规定的除外；

（二）国有文物收藏单位以及其他国家机关、部队和国有企业、事业组织等收藏、保管的文物；

（三）国家征集、购买的文物；

（四）公民、法人和其他组织捐赠给国家的文物；

（五）法律规定属于国家所有的其他文物。

属于国家所有的可移动文物的所有权不因其保管、收藏单位的终止或者变更而改变。

国有文物所有权受法律保护，不容侵犯。

第六条 属于集体所有和私人所有的纪念建筑物、古建筑和祖传文物以及依法取得的其他文物，其所有权受法律保护。文物的所有者必须遵守国家有关文物保护的法律、法规的规定。

第七条 一切机关、组织和个人都有依法保护文物的义务。

第八条 国务院文物行政部门主管全国文物保护工作。

地方各级人民政府负责本行政区域内的文物保护工作。县级以上地方人民政府承担文物保护工作的部门对本行政区域内的文物保护实施监督管理。

县级以上人民政府有关行政部门在各自的职责范围内，负责有关的文物保护工作。

第九条 各级人民政府应当重视文物保护，正确处理经济建设、社会发展与文物保护的关系，确保文物安全。

基本建设、旅游发展必须遵守文物保护工作的方针，其活动不得对文物造成损害。

公安机关、工商行政管理部门、海关、城乡建设规划部门和其他有关国家机关，应当依法认真履行所承担的保护文物的职责，维护文物管理秩序。

第十条 国家发展文物保护事业。县级以上人民政府应当将文物保护事业纳入本级国民经济和社会发展规划，所需经费列入本级财政预算。

国家用于文物保护的财政拨款随着财政收入增长而增加。

国有博物馆、纪念馆、文物保护单位等的事业性收入，专门用于文物保护，任何单位或者个人不得侵占、挪用。

国家鼓励通过捐赠等方式设立文物保护社会基金，专门用于文物保护，任何单位或者个人不得侵占、挪用。

第十一条 文物是不可再生的文化资源。国家加强文物保护的宣传教育，增强全民文物保护的意识，鼓励文物保护的科学研究，提高文物保护的科学技术水平。

第十二条 有下列事迹的单位或者个人，由国家给予精神鼓励或者物质奖励：

（一）认真执行文物保护法律、法规，保护文物成绩显著的；

（二）为保护文物与违法犯罪行为作坚决斗争的；

（三）将个人收藏的重要文物捐献给国家或者为文物保护事业作出捐赠的；

（四）发现文物及时上报或者上交，使文物得到保护的；
（五）在考古发掘工作中作出重大贡献的；
（六）在文物保护科学技术方面有重要发明创造或者其他重要贡献的；
（七）在文物面临破坏危险时，抢救文物有功的；
（八）长期从事文物工作，作出显著成绩的。

第二章　不可移动文物

第十三条　国务院文物行政部门在省级、市、县级文物保护单位中，选择具有重大历史、艺术、科学价值的确定为全国重点文物保护单位，或者直接确定为全国重点文物保护单位，报国务院核定公布。

省级文物保护单位，由省、自治区、直辖市人民政府核定公布，并报国务院备案。

市级和县级文物保护单位，分别由设区的市、自治州和县级人民政府核定公布，并报省、自治区、直辖市人民政府备案。

尚未核定公布为文物保护单位的不可移动文物，由县级人民政府文物行政部门予以登记并公布。

第十四条　保存文物特别丰富并且具有重大历史价值或者革命纪念意义的城市，由国务院核定公布为历史文化名城。

保存文物特别丰富并且具有重大历史价值或者革命纪念意义的城镇、街道、村庄，由省、自治区、直辖市人民政府核定公布为历史文化街区、村镇，并报国务院备案。

历史文化名城和历史文化街区、村镇所在地的县级以上地方人民政府应当组织编制专门的历史文化名城和历史文化街区、村镇保护规划，并纳入城市总体规划。

历史文化名城和历史文化街区、村镇的保护办法，由国务院制定。

第十五条　各级文物保护单位，分别由省、自治区、直辖市人民政府和市、县级人民政府划定必要的保护范围，作出标志说明，建立记录档案，并区别情况分别设置专门机构或者专人负责管理。全国重点文物保护单位的保护范围和记录档案，由省、自治区、直辖市人民政府文物行政部门报国务院文物行政部门备案。

县级以上地方人民政府文物行政部门应当根据不同文物的保护需要，制定文物保护单位和未核定为文物保护单位的不可移动文物的具体保护措施，并公告施行。

第十六条　各级人民政府制定城乡建设规划，应当根据文物保护的需要，事先由城乡建设规划部门会同文物行政部门商定对本行政区域内各级文物保护单位的保护措施，并纳入规划。

第十七条　文物保护单位的保护范围内不得进行其他建设工程或者爆破、钻探、挖掘等作业。但是，因特殊情况需要在文物保护单位的保护范围内进行其他建设工程或者爆破、钻探、挖掘等作业的，必须保证文物保护单位的安全，并经核定公布该文物保护单位的人民政府批准，在批准前应当征得上一级人民政府文物行政部门同意；在全国重点文物保护单位的保护范围内进行其他建设工程或者爆破、钻探、挖掘等作业的，必须经省、自治区、直辖市人民政府批准，在批准前应当征得国务院文物行政部门同意。

第十八条　根据保护文物的实际需要，经省、自治区、直辖市人民政府批准，可以在文物保护单位的周围划出一定的建设控制地带，并予以公布。

在文物保护单位的建设控制地带内进行建设工程，不得破坏文物保护单位的历史风貌；工程设计方案应当根据文物保护单位的级别，经相应的文物行政部门同意后，报城乡建设规划部门批准。

第十九条　在文物保护单位的保护范围和建设控制地带内，不得建设污染文物保护单位及其环境的设施，不得进行可能影响文物保护单位安全及其环境的活动。对已有的污染文物保护单位及其环境的设施,应当限期治理。

第二十条 建设工程选址,应当尽可能避开不可移动文物;因特殊情况不能避开的,对文物保护单位应当尽可能实施原址保护。

实施原址保护的,建设单位应当事先确定保护措施,根据文物保护单位的级别报相应的文物行政部门批准;未经批准的,不得开工建设。

无法实施原址保护,必须迁移异地保护或者拆除的,应当报省、自治区、直辖市人民政府批准;迁移或者拆除省级文物保护单位的,批准前须征得国务院文物行政部门同意。全国重点文物保护单位不得拆除;需要迁移的,须由省、自治区、直辖市人民政府报国务院批准。

依照前款规定拆除的国有不可移动文物中具有收藏价值的壁画、雕塑、建筑构件等,由文物行政部门指定的文物收藏单位收藏。

本条规定的原址保护、迁移、拆除所需费用,由建设单位列入建设工程预算。

第二十一条 国有不可移动文物由使用人负责修缮、保养;非国有不可移动文物由所有人负责修缮、保养。非国有不可移动文物有损毁危险,所有人不具备修缮能力的,当地人民政府应当给予帮助;所有人具备修缮能力而拒不依法履行修缮义务的,县级以上人民政府可以给予抢救修缮,所需费用由所有人负担。

对文物保护单位进行修缮,应当根据文物保护单位的级别报相应的文物行政部门批准;对未核定为文物保护单位的不可移动文物进行修缮,应当报登记的县级人民政府文物行政部门批准。

文物保护单位的修缮、迁移、重建,由取得文物保护工程资质证书的单位承担。

对不可移动文物进行修缮、保养、迁移,必须遵守不改变文物原状的原则。

第二十二条 不可移动文物已经全部毁坏的,应当实施遗址保护,不得在原址重建。但是,因特殊情况需要在原址重建的,由省、自治区、直辖市人民政府文物行政部门报省、自治区、直辖市人民政府批准;全国重点文物保护单位需要在原址重建的,由省、自治区、直辖市人民政府报国务院批准。

第二十三条 核定为文物保护单位的属于国家所有的纪念建筑物或者古建筑,除可以建立博物馆、保管所或者辟为参观游览场所外,作其他用途的,市、县级文物保护单位应当经核定公布该文物保护单位的人民政府文物行政部门征得上一级文物行政部门同意后,报核定公布该文物保护单位的人民政府批准;省级文物保护单位应当经核定公布该文物保护单位的省级人民政府的文物行政部门审核同意后,报该省级人民政府批准;全国重点文物保护单位作其他用途的,应当由省、自治区、直辖市人民政府报国务院批准。国有未核定为文物保护单位的不可移动文物作其他用途的,应当报告县级人民政府文物行政部门。

第二十四条 国有不可移动文物不得转让、抵押。建立博物馆、保管所或者辟为参观游览场所的国有文物保护单位,不得作为企业资产经营。

第二十五条 非国有不可移动文物不得转让、抵押给外国人。

非国有不可移动文物转让、抵押或者改变用途的,应当根据其级别报相应的文物行政部门备案。

第二十六条 使用不可移动文物,必须遵守不改变文物原状的原则,负责保护建筑物及其附属文物的安全,不得损毁、改建、添建或者拆除不可移动文物。

对危害文物保护单位安全、破坏文物保护单位历史风貌的建筑物、构筑物,当地人民政府应当及时调查处理,必要时,对该建筑物、构筑物予以拆迁。

第三章 考古发掘

第二十七条 一切考古发掘工作,必须履行报批手续;从事考古发掘的单位,应当经国务院文物行政部门批准。

地下埋藏的文物,任何单位或者个人都不得私自发掘。

第二十八条 从事考古发掘的单位,为了科学研究进行考古发掘,应当提出发掘计划,报国务院文物行政部门批准;对全国重点文物保护单位的考古发掘计划,应当经国务院文物行政部门审核后报国务院批准。国务院文物行政部门在批准或者审核前,应当征求社会科学研究机构及其他科研机构和有关专家的意见。

第二十九条 进行大型基本建设工程,建设单位应当事先报请省、自治区、直辖市人民政府文物行政部门组织从事考古发掘的单位在工程范围内有可能埋藏文物的地方进行考古调查、勘探。

考古调查、勘探中发现文物的,由省、自治区、直辖市人民政府文物行政部门根据文物保护的要求会同建设单位共同商定保护措施;遇有重要发现的,由省、自治区、直辖市人民政府文物行政部门及时报国务院文物行政部门处理。

第三十条 需要配合建设工程进行的考古发掘工作,应当由省、自治区、直辖市文物行政部门在勘探工作的基础上提出发掘计划,报国务院文物行政部门批准。国务院文物行政部门在批准前,应当征求社会科学研究机构及其他科研机构和有关专家的意见。

确因建设工期紧迫或者有自然破坏危险,对古文化遗址、古墓葬急需进行抢救发掘的,由省、自治区、直辖市人民政府文物行政部门组织发掘,并同时补办审批手续。

第三十一条 凡因进行基本建设和生产建设需要的考古调查、勘探、发掘,所需费用由建设单位列入建设工程预算。

第三十二条 在进行建设工程或者在农业生产中,任何单位或者个人发现文物,应当保护现场,立即报告当地文物行政部门,文物行政部门接到报告后,如无特殊情况,应当在二十四小时内赶赴现场,并在七日内提出处理意见。文物行政部门可以报请当地人民政府通知公安机关协助保护现场;发现重要文物的,应当立即上报国务院文物行政部门,国务院文物行政部门应当在接到报告后十五日内提出处理意见。

依照前款规定发现的文物属于国家所有,任何单位或者个人不得哄抢、私分、藏匿。

第三十三条 非经国务院文物行政部门报国务院特别许可,任何外国人或者外国团体不得在中华人民共和国境内进行考古调查、勘探、发掘。

第三十四条 考古调查、勘探、发掘的结果,应当报告国务院文物行政部门和省、自治区、直辖市人民政府文物行政部门。

考古发掘的文物,应当登记造册,妥善保管,按照国家有关规定移交给由省、自治区、直辖市人民政府文物行政部门或者国务院文物行政部门指定的国有博物馆、图书馆或者其他国有收藏文物的单位收藏。经省、自治区、直辖市人民政府文物行政部门批准,从事考古发掘的单位可以保留少量出土文物作为科研标本。

考古发掘的文物,任何单位或者个人不得侵占。

第三十五条 根据保证文物安全、进行科学研究和充分发挥文物作用的需要,省、自治区、直辖市人民政府文物行政部门经本级人民政府批准,可以调用本行政区域内的出土文物;国务院文物行政部门经国务院批准,可以调用全国的重要出土文物。

第四章 馆藏文物

第三十六条 博物馆、图书馆和其他文物收藏单位对收藏的文物,必须区分文物等级,设置藏品档案,建立严格的管理制度,并报主管的文物行政部门备案。

县级以上地方人民政府文物行政部门应当分别建立本行政区域内的馆藏文物档案;国务院文物行政部门应当建立国家一级文物藏品档案和其主管的国有文物收藏单位馆藏文物档案。

第三十七条 文物收藏单位可以通过下列方式取得文物：
（一）购买；
（二）接受捐赠；
（三）依法交换；
（四）法律、行政法规规定的其他方式。
国有文物收藏单位还可以通过文物行政部门指定保管或者调拨方式取得文物。

第三十八条 文物收藏单位应当根据馆藏文物的保护需要，按照国家有关规定建立、健全管理制度，并报主管的文物行政部门备案。未经批准，任何单位或者个人不得调取馆藏文物。
文物收藏单位的法定代表人对馆藏文物的安全负责。国有文物收藏单位的法定代表人离任时，应当按照馆藏文物档案办理馆藏文物移交手续。

第三十九条 国务院文物行政部门可以调拨全国的国有馆藏文物。省、自治区、直辖市人民政府文物行政部门可以调拨本行政区域内其主管的国有文物收藏单位馆藏文物；调拨国有馆藏一级文物，应当报国务院文物行政部门备案。
国有文物收藏单位可以申请调拨国有馆藏文物。

第四十条 文物收藏单位应当充分发挥馆藏文物的作用，通过举办展览、科学研究等活动，加强对中华民族优秀的历史文化和革命传统的宣传教育。
国有文物收藏单位之间因举办展览、科学研究等需借用馆藏文物的，应当报主管的文物行政部门备案；借用馆藏一级文物的，应当同时报国务院文物行政部门备案。
非国有文物收藏单位和其他单位举办展览需借用国有馆藏文物的，应当报主管的文物行政部门批准；借用国有馆藏一级文物，应当经国务院文物行政部门批准。
文物收藏单位之间借用文物的最长期限不得超过三年。

第四十一条 已经建立馆藏文物档案的国有文物收藏单位，经省、自治区、直辖市人民政府文物行政部门批准，并报国务院文物行政部门备案，其馆藏文物可以在国有文物收藏单位之间交换。

第四十二条 未建立馆藏文物档案的国有文物收藏单位，不得依照本法第四十条、第四十一条的规定处置其馆藏文物。

第四十三条 依法调拨、交换、借用国有文物，取得文物的文物收藏单位可以对提供文物的文物收藏单位给予合理补偿，具体管理办法由国务院文物行政部门制定。
国有文物收藏单位调拨、交换、出借文物所得的补偿费用，必须用于改善文物的收藏条件和收集新的文物，不得挪作他用；任何单位或者个人不得侵占。
调拨、交换、借用的文物必须严格保管，不得丢失、损毁。

第四十四条 禁止国有文物收藏单位将馆藏文物赠与、出租或者出售给其他单位、个人。

第四十五条 国有文物收藏单位不再收藏的文物的处置办法，由国务院另行制定。

第四十六条 修复馆藏文物，不得改变馆藏文物的原状；复制、拍摄、拓印馆藏文物，不得对馆藏文物造成损害。具体管理办法由国务院制定。
不可移动文物的单体文物的修复、复制、拍摄、拓印，适用前款规定。

第四十七条 博物馆、图书馆和其他收藏文物的单位应当按照国家有关规定配备防火、防盗、防自然损坏的设施，确保馆藏文物的安全。

第四十八条 馆藏一级文物损毁的，应当报国务院文物行政部门核查处理。其他馆藏文物损毁的，应当报省、自治区、直辖市人民政府文物行政部门核查处理；省、自治区、直辖市人民政府文物行政部门应当将核查处理结果报国务院文物行政部门备案。
馆藏文物被盗、被抢或者丢失的，文物收藏单位应当立即向公安机关报案，并同时向主管的文物行政部门报告。

第四十九条 文物行政部门和国有文物收藏单位的工作人员不得借用国有文物,不得非法侵占国有文物。

第五章 民间收藏文物

第五十条 文物收藏单位以外的公民、法人和其他组织可以收藏通过下列方式取得的文物:

(一)依法继承或者接受赠与;

(二)从文物商店购买;

(三)从经营文物拍卖的拍卖企业购买;

(四)公民个人合法所有的文物相互交换或者依法转让;

(五)国家规定的其他合法方式。

文物收藏单位以外的公民、法人和其他组织收藏的前款文物可以依法流通。

第五十一条 公民、法人和其他组织不得买卖下列文物:

(一)国有文物,但是国家允许的除外;

(二)非国有馆藏珍贵文物;

(三)国有不可移动文物中的壁画、雕塑、建筑构件等,但是依法拆除的国有不可移动文物中的壁画、雕塑、建筑构件等不属于本法第二十条第四款规定的应由文物收藏单位收藏的除外;

(四)来源不符合本法第五十条规定的文物。

第五十二条 国家鼓励文物收藏单位以外的公民、法人和其他组织将其收藏的文物捐赠给国有文物收藏单位或者出借给文物收藏单位展览和研究。

国有文物收藏单位应当尊重并按照捐赠人的意愿,对捐赠的文物妥善收藏、保管和展示。

国家禁止出境的文物,不得转让、出租、质押给外国人。

第五十三条 文物商店应当由省、自治区、直辖市人民政府文物行政部门批准设立,依法进行管理。

文物商店不得从事文物拍卖经营活动,不得设立经营文物拍卖的拍卖企业。

第五十四条 依法设立的拍卖企业经营文物拍卖的,应当取得省、自治区、直辖市人民政府文物行政部门颁发的文物拍卖许可证。

经营文物拍卖的拍卖企业不得从事文物购销经营活动,不得设立文物商店。

第五十五条 文物行政部门的工作人员不得举办或者参与举办文物商店或者经营文物拍卖的拍卖企业。

文物收藏单位不得举办或者参与举办文物商店或者经营文物拍卖的拍卖企业。

禁止设立中外合资、中外合作和外商独资的文物商店或者经营文物拍卖的拍卖企业。

除经批准的文物商店、经营文物拍卖的拍卖企业外,其他单位或者个人不得从事文物的商业经营活动。

第五十六条 文物商店不得销售、拍卖企业不得拍卖本法第五十一条规定的文物。

拍卖企业拍卖的文物,在拍卖前应当经省、自治区、直辖市人民政府文物行政部门审核,并报国务院文物行政部门备案。

第五十七条 省、自治区、直辖市人民政府文物行政部门应当建立文物购销、拍卖信息与信用管理系统。文物商店购买、销售文物,拍卖企业拍卖文物,应当按照国家有关规定作出记录,并于销售、拍卖文物后三十日内报省、自治区、直辖市人民政府文物行政部门备案。

拍卖文物时,委托人、买受人要求对其身份保密的,文物行政部门应当为其保密;但是,法律、行政法规另有规定的除外。

第五十八条 文物行政部门在审核拟拍卖的文物时，可以指定国有文物收藏单位优先购买其中的珍贵文物。购买价格由文物收藏单位的代表与文物的委托人协商确定。

第五十九条 银行、冶炼厂、造纸厂以及废旧物资回收单位，应当与当地文物行政部门共同负责拣选掺杂在金银器和废旧物资中的文物。拣选文物除供银行研究所必需的历史货币可以由人民银行留用外，应当移交当地文物行政部门。移交拣选文物，应当给予合理补偿。

第六章 文物出境进境

第六十条 国有文物、非国有文物中的珍贵文物和国家规定禁止出境的其他文物，不得出境；但是依照本法规定出境展览或者因特殊需要经国务院批准出境的除外。

第六十一条 文物出境，应当经国务院文物行政部门指定的文物进出境审核机构审核。经审核允许出境的文物，由国务院文物行政部门发给文物出境许可证，从国务院文物行政部门指定的口岸出境。

任何单位或者个人运送、邮寄、携带文物出境，应当向海关申报；海关凭文物出境许可证放行。

第六十二条 文物出境展览，应当报国务院文物行政部门批准；一级文物超过国务院规定数量的，应当报国务院批准。

一级文物中的孤品和易损品，禁止出境展览。

出境展览的文物出境，由文物进出境审核机构审核、登记。海关凭国务院文物行政部门或者国务院的批准文件放行。出境展览的文物复进境，由原文物进出境审核机构审核查验。

第六十三条 文物临时进境，应当向海关申报，并报文物进出境审核机构审核、登记。

临时进境的文物复出境，必须经原审核、登记的文物进出境审核机构审核查验；经审核查验无误的，由国务院文物行政部门发给文物出境许可证，海关凭文物出境许可证放行。

第七章 法律责任

第六十四条 违反本法规定，有下列行为之一，构成犯罪的，依法追究刑事责任：

（一）盗掘古文化遗址、古墓葬的；

（二）故意或者过失损毁国家保护的珍贵文物的；

（三）擅自将国有馆藏文物出售或者私自送给非国有单位或者个人的；

（四）将国家禁止出境的珍贵文物私自出售或者送给外国人的；

（五）以牟利为目的倒卖国家禁止经营的文物的；

（六）走私文物的；

（七）盗窃、哄抢、私分或者非法侵占国有文物的；

（八）应当追究刑事责任的其他妨害文物管理行为。

第六十五条 违反本法规定，造成文物灭失、损毁的，依法承担民事责任。

违反本法规定，构成违反治安管理行为的，由公安机关依法给予治安管理处罚。

违反本法规定，构成走私行为，尚不构成犯罪的，由海关依照有关法律、行政法规的规定给予处罚。

第六十六条 有下列行为之一，尚不构成犯罪的，由县级以上人民政府文物主管部门责令改正，造成严重后果的，处五万元以上五十万元以下的罚款；情节严重的，由原发证机关吊销资质证书：

（一）擅自在文物保护单位的保护范围内进行建设工程或者爆破、钻探、挖掘等作业的；

（二）在文物保护单位的建设控制地带内进行建设工程，其工程设计方案未经文物行政部门同意、报城乡建设规划部门批准，对文物保护单位的历史风貌造成破坏的；

（三）擅自迁移、拆除不可移动文物的；
（四）擅自修缮不可移动文物，明显改变文物原状的；
（五）擅自在原址重建已全部毁坏的不可移动文物，造成文物破坏的；
（六）施工单位未取得文物保护工程资质证书，擅自从事文物修缮、迁移、重建的。

刻划、涂污或者损坏文物尚不严重的，或者损毁依照本法第十五条第一款规定设立的文物保护单位标志的，由公安机关或者文物所在单位给予警告，可以并处罚款。

第六十七条 在文物保护单位的保护范围内或者建设控制地带内建设污染文物保护单位及其环境的设施的，或者对已有的污染文物保护单位及其环境的设施未在规定的期限内完成治理的，由环境保护行政部门依照有关法律、法规的规定给予处罚。

第六十八条 有下列行为之一的，由县级以上人民政府文物主管部门责令改正，没收违法所得，违法所得一万元以上的，并处违法所得二倍以上五倍以下的罚款；违法所得不足一万元的，并处五千元以上二万元以下的罚款：
（一）转让或者抵押国有不可移动文物，或者将国有不可移动文物作为企业资产经营的；
（二）将非国有不可移动文物转让或者抵押给外国人的；
（三）擅自改变国有文物保护单位的用途的。

第六十九条 历史文化名城的布局、环境、历史风貌等遭到严重破坏的，由国务院撤销其历史文化名城称号；历史文化城镇、街道、村庄的布局、环境、历史风貌等遭到严重破坏的，由省、自治区、直辖市人民政府撤销其历史文化街区、村镇称号；对负有责任的主管人员和其他直接责任人员依法给予行政处分。

第七十条 有下列行为之一，尚不构成犯罪的，由县级以上人民政府文物主管部门责令改正，可以并处二万元以下的罚款，有违法所得的，没收违法所得：
（一）文物收藏单位未按照国家有关规定配备防火、防盗、防自然损坏的设施的；
（二）国有文物收藏单位法定代表人离任时未按照馆藏文物档案移交馆藏文物，或者所移交的馆藏文物与馆藏文物档案不符的；
（三）将国有馆藏文物赠与、出租或者出售给其他单位、个人的；
（四）违反本法第四十条、第四十一条、第四十五条规定处置国有馆藏文物的；
（五）违反本法第四十三条规定挪用或者侵占依法调拨、交换、出借文物所得补偿费用的。

第七十一条 买卖国家禁止买卖的文物或者将禁止出境的文物转让、出租、质押给外国人，尚不构成犯罪的，由县级以上人民政府文物主管部门责令改正，没收违法所得，违法经营额一万元以上的，并处违法经营额二倍以上五倍以下的罚款；违法经营额不足一万元的，并处五千元以上二万元以下的罚款。

文物商店、拍卖企业有前款规定的违法行为的，由县级以上人民政府文物主管部门没收违法所得、非法经营的文物，违法经营额五万元以上的，并处违法经营额一倍以上三倍以下的罚款；违法经营额不足五万元的，并处五千元以上五万元以下的罚款；情节严重的，由原发证机关吊销许可证书。

第七十二条 未经许可，擅自设立文物商店、经营文物拍卖的拍卖企业，或者擅自从事文物的商业经营活动，尚不构成犯罪的，由工商行政管理部门依法予以制止，没收违法所得、非法经营的文物，违法经营额五万元以上的，并处违法经营额二倍以上五倍以下的罚款；违法经营额不足五万元的，并处二万元以上十万元以下的罚款。

第七十三条 有下列情形之一的，由工商行政管理部门没收违法所得、非法经营的文物，违法经营额五万元以上的，并处违法经营额一倍以上三倍以下的罚款；违法经营额不足五万元的，并处五千元以上五万元以下的罚款；情节严重的，由原发证机关吊销许可证书：

（一）文物商店从事文物拍卖经营活动的；
（二）经营文物拍卖的拍卖企业从事文物购销经营活动的；
（三）拍卖企业拍卖的文物，未经审核的；
（四）文物收藏单位从事文物的商业经营活动的。

第七十四条 有下列行为之一，尚不构成犯罪的，由县级以上人民政府文物主管部门会同公安机关追缴文物；情节严重的，处五千元以上五万元以下的罚款：
（一）发现文物隐匿不报或者拒不上交的；
（二）未按照规定移交拣选文物的。

第七十五条 有下列行为之一的，由县级以上人民政府文物主管部门责令改正：
（一）改变国有未核定为文物保护单位的不可移动文物的用途，未依照本法规定报告的；
（二）转让、抵押国有不可移动文物或者改变其用途，未依照本法规定备案的；
（三）国有不可移动文物的使用人拒不依法履行修缮义务的；
（四）考古发掘单位未经批准擅自进行考古发掘，或者不如实报告考古发掘结果的；
（五）文物收藏单位未按照国家有关规定建立馆藏文物档案、管理制度，或者未将馆藏文物档案、管理制度备案的；
（六）违反本法第三十八条规定，未经批准擅自调取馆藏文物的；
（七）馆藏文物损毁未报文物行政部门核查处理，或者馆藏文物被盗、被抢或者丢失，文物收藏单位未及时向公安机关或者文物行政部门报告的；
（八）文物商店销售文物或者拍卖企业拍卖文物，未按照国家有关规定作出记录或者未将所作记录报文物行政部门备案的。

第七十六条 文物行政部门、文物收藏单位、文物商店、经营文物拍卖的拍卖企业的工作人员，有下列行为之一的，依法给予行政处分，情节严重的，依法开除公职或者吊销其从业资格；构成犯罪的，依法追究刑事责任：
（一）文物行政部门的工作人员违反本法规定，滥用审批权限、不履行职责或者发现违法行为不予查处，造成严重后果的；
（二）文物行政部门和国有文物收藏单位的工作人员借用或者非法侵占国有文物的；
（三）文物行政部门的工作人员举办或者参与举办文物商店或者经营文物拍卖的拍卖企业的；
（四）因不负责任造成文物保护单位、珍贵文物损毁或者流失的；
（五）贪污、挪用文物保护经费的。

前款被开除公职或者被吊销从业资格的人员，自被开除公职或者被吊销从业资格之日起十年内不得担任文物管理人员或者从事文物经营活动。

第七十七条 有本法第六十六条、第六十八条、第七十条、第七十一条、第七十四条、第七十五条规定所列行为之一的，负有责任的主管人员和其他直接责任人员是国家工作人员的，依法给予行政处分。

第七十八条 公安机关、工商行政管理部门、海关、城乡建设规划部门和其他国家机关，违反本法规定滥用职权、玩忽职守、徇私舞弊，造成国家保护的珍贵文物损毁或者流失的，对负有责任的主管人员和其他直接责任人员依法给予行政处分；构成犯罪的，依法追究刑事责任。

第七十九条 人民法院、人民检察院、公安机关、海关和工商行政管理部门依法没收的文物应当登记造册，妥善保管，结案后无偿移交文物行政部门，由文物行政部门指定的国有文物收藏单位收藏。

第八章 附　则

第八十条　本法自公布之日起施行。

中华人民共和国文物保护法实施条例

（国务院令第 377 号）

（2003 年 5 月 18 日由国务院发布；根据 2013 年 12 月 7 日国务院令第 645 号《国务院关于修改部分行政法规的决定》第一次修订，根据 2016 年 2 月 6 日国务院令第 666 号《国务院关于修改部分行政法规的决定》第二次修订，根据 2017 年 3 月 1 日国务院令第 676 号《国务院关于修改和废止部分行政法规的决定》第三次修订，根据 2017 年 10 月 23 日国务院令第 687 号《国务院关于修改部分行政法规的决定》第四次修订；现行版本自 2017 年 10 月 23 日起施行；法规类型为行政法规）

第一章 总　则

第一条　根据《中华人民共和国文物保护法》（以下简称文物保护法），制定本实施条例。

第二条　国家重点文物保护专项补助经费和地方文物保护专项经费，由县级以上人民政府文物行政主管部门、投资主管部门、财政部门按照国家有关规定共同实施管理。任何单位或者个人不得侵占、挪用。

第三条　国有的博物馆、纪念馆、文物保护单位等的事业性收入，应当用于下列用途：

（一）文物的保管、陈列、修复、征集；

（二）国有的博物馆、纪念馆、文物保护单位的修缮和建设；

（三）文物的安全防范；

（四）考古调查、勘探、发掘；

（五）文物保护的科学研究、宣传教育。

第四条　文物行政主管部门和教育、科技、新闻出版、广播电视行政主管部门，应当做好文物保护的宣传教育工作。

第五条　国务院文物行政主管部门和省、自治区、直辖市人民政府文物行政主管部门，应当制定文物保护的科学技术研究规划，采取有效措施，促进文物保护科技成果的推广和应用，提高文物保护的科学技术水平。

第六条　有文物保护法第十二条所列事迹之一的单位或者个人，由人民政府及其文物行政主管部门、有关部门给予精神鼓励或者物质奖励。

第二章　不可移动文物

第七条　历史文化名城，由国务院建设行政主管部门会同国务院文物行政主管部门报国务院核定公布。

历史文化街区、村镇，由省、自治区、直辖市人民政府城乡规划行政主管部门会同文物行政主管部门报本级人民政府核定公布。

县级以上地方人民政府组织编制的历史文化名城和历史文化街区、村镇的保护规划，应当符合文物保护的要求。

第八条 全国重点文物保护单位和省级文物保护单位自核定公布之日起1年内，由省、自治区、直辖市人民政府划定必要的保护范围，作出标志说明，建立记录档案，设置专门机构或者指定专人负责管理。

设区的市、自治州级和县级文物保护单位自核定公布之日起1年内，由核定公布该文物保护单位的人民政府划定保护范围，作出标志说明，建立记录档案，设置专门机构或者指定专人负责管理。

第九条 文物保护单位的保护范围，是指对文物保护单位本体及周围一定范围实施重点保护的区域。

文物保护单位的保护范围，应当根据文物保护单位的类别、规模、内容以及周围环境的历史和现实情况合理划定，并在文物保护单位本体之外保持一定的安全距离，确保文物保护单位的真实性和完整性。

第十条 文物保护单位的标志说明，应当包括文物保护单位的级别、名称、公布机关、公布日期、立标机关、立标日期等内容。民族自治地区的文物保护单位的标志说明，应当同时用规范汉字和当地通用的少数民族文字书写。

第十一条 文物保护单位的记录档案，应当包括文物保护单位本体记录等科学技术资料和有关文献记载、行政管理等内容。

文物保护单位的记录档案，应当充分利用文字、音像制品、图画、拓片、摹本、电子文本等形式，有效表现其所载内容。

第十二条 古文化遗址、古墓葬、石窟寺和属于国家所有的纪念建筑物、古建筑，被核定公布为文物保护单位的，由县级以上地方人民政府设置专门机构或者指定机构负责管理。其他文物保护单位，由县级以上地方人民政府设置专门机构或者指定机构、专人负责管理；指定专人负责管理的，可以采取聘请文物保护员的形式。

文物保护单位有使用单位的，使用单位应当设立群众性文物保护组织；没有使用单位的，文物保护单位所在地的村民委员会或者居民委员会可以设立群众性文物保护组织。文物行政主管部门应当对群众性文物保护组织的活动给予指导和支持。

负责管理文物保护单位的机构，应当建立健全规章制度，采取安全防范措施；其安全保卫人员，可以依法配备防卫器械。

第十三条 文物保护单位的建设控制地带，是指在文物保护单位的保护范围外，为保护文物保护单位的安全、环境、历史风貌对建设项目加以限制的区域。

文物保护单位的建设控制地带，应当根据文物保护单位的类别、规模、内容以及周围环境的历史和现实情况合理划定。

第十四条 全国重点文物保护单位的建设控制地带，经省、自治区、直辖市人民政府批准，由省、自治区、直辖市人民政府的文物行政主管部门会同城乡规划行政主管部门划定并公布。

省级、设区的市、自治州级和县级文物保护单位的建设控制地带，经省、自治区、直辖市人民政府批准，由核定公布该文物保护单位的人民政府的文物行政主管部门会同城乡规划行政主管部门划定并公布。

第十五条 承担文物保护单位的修缮、迁移、重建工程的单位，应当同时取得文物行政主管部门发给的相应等级的文物保护工程资质证书和建设行政主管部门发给的相应等级的资质证书。其中，不涉及建筑活动的文物保护单位的修缮、迁移、重建，应当由取得文物行政主管部门发给的相应等级的文物保护工程资质证书的单位承担。

第十六条 申领文物保护工程资质证书，应当具备下列条件：

（一）有取得文物博物专业技术职务的人员；
（二）有从事文物保护工程所需的技术设备；
（三）法律、行政法规规定的其他条件。

第十七条 申领文物保护工程资质证书，应当向省、自治区、直辖市人民政府文物行政主管部门或者国务院文物行政主管部门提出申请。省、自治区、直辖市人民政府文物行政主管部门或者国务院文物行政主管部门应当自收到申请之日起30个工作日内作出批准或者不批准的决定。决定批准的，发给相应等级的文物保护工程资质证书；决定不批准的，应当书面通知当事人并说明理由。文物保护工程资质等级的分级标准和审批办法，由国务院文物行政主管部门制定。

第十八条 文物行政主管部门在审批文物保护单位的修缮计划和工程设计方案前，应当征求上一级人民政府文物行政主管部门的意见。

第十九条 危害全国重点文物保护单位安全或者破坏其历史风貌的建筑物、构筑物，由省、自治区、直辖市人民政府负责调查处理。

危害省级、设区的市、自治州级、县级文物保护单位安全或者破坏其历史风貌的建筑物、构筑物，由核定公布该文物保护单位的人民政府负责调查处理。

危害尚未核定公布为文物保护单位的不可移动文物安全的建筑物、构筑物，由县级人民政府负责调查处理。

第三章 考古发掘

第二十条 申请从事考古发掘的单位，取得考古发掘资质证书，应当具备下列条件：
（一）有4名以上接受过考古专业训练且主持过考古发掘项目的人员；
（二）有取得文物博物专业技术职务的人员；
（三）有从事文物安全保卫的专业人员；
（四）有从事考古发掘所需的技术设备；
（五）有保障文物安全的设施和场所；
（六）法律、行政法规规定的其他条件。

第二十一条 申领考古发掘资质证书，应当向国务院文物行政主管部门提出申请。国务院文物行政主管部门应当自收到申请之日起30个工作日内作出批准或者不批准的决定。决定批准的，发给考古发掘资质证书；决定不批准的，应当书面通知当事人并说明理由。

第二十二条 考古发掘项目实行项目负责人负责制度。

第二十三条 配合建设工程进行的考古调查、勘探、发掘，由省、自治区、直辖市人民政府文物行政主管部门组织实施。跨省、自治区、直辖市的建设工程范围内的考古调查、勘探、发掘，由建设工程所在地的有关省、自治区、直辖市人民政府文物行政主管部门联合组织实施；其中，特别重要的建设工程范围内的考古调查、勘探、发掘，由国务院文物行政主管部门组织实施。

建设单位对配合建设工程进行的考古调查、勘探、发掘，应当予以协助，不得妨碍考古调查、勘探、发掘。

第二十四条 国务院文物行政主管部门应当自收到文物保护法第三十条第一款规定的发掘计划之日起30个工作日内作出批准或者不批准决定。决定批准的，发给批准文件；决定不批准的，应当书面通知当事人并说明理由。

文物保护法第三十条第二款规定的抢救性发掘，省、自治区、直辖市人民政府文物行政主管部门应当自开工之日起10个工作日内向国务院文物行政主管部门补办审批手续。

第二十五条 考古调查、勘探、发掘所需经费的范围和标准，按照国家有关规定执行。

第二十六条　从事考古发掘的单位应当在考古发掘完成之日起30个工作日内向省、自治区、直辖市人民政府文物行政主管部门和国务院文物行政主管部门提交结项报告，并于提交结项报告之日起3年内向省、自治区、直辖市人民政府文物行政主管部门和国务院文物行政主管部门提交考古发掘报告。

第二十七条　从事考古发掘的单位提交考古发掘报告后，经省、自治区、直辖市人民政府文物行政主管部门批准，可以保留少量出土文物作为科研标本，并应当于提交发掘报告之日起6个月内将其他出土文物移交给由省、自治区、直辖市人民政府文物行政主管部门指定的国有的博物馆、图书馆或者其他国有文物收藏单位收藏。

第四章　馆藏文物

第二十八条　文物收藏单位应当建立馆藏文物的接收、鉴定、登记、编目和档案制度，库房管理制度，出入库、注销和统计制度，保养、修复和复制制度。

第二十九条　县级人民政府文物行政主管部门应当将本行政区域内的馆藏文物档案，按照行政隶属关系报设区的市、自治州级人民政府文物行政主管部门或者省、自治区、直辖市人民政府文物行政主管部门备案；设区的市、自治州级人民政府文物行政主管部门应当将本行政区域内的馆藏文物档案，报省、自治区、直辖市人民政府文物行政主管部门备案；省、自治区、直辖市人民政府文物行政主管部门应当将本行政区域内的一级文物藏品档案，报国务院文物行政主管部门备案。

第三十条　文物收藏单位之间借用馆藏文物，借用人应当对借用的馆藏文物采取必要的保护措施，确保文物的安全。

借用的馆藏文物的灭失、损坏风险，除当事人另有约定外，由借用该馆藏文物的文物收藏单位承担。

第三十一条　国有文物收藏单位未依照文物保护法第三十六条的规定建立馆藏文物档案并将馆藏文物档案报主管的文物行政主管部门备案的，不得交换、借用馆藏文物。

第三十二条　修复、复制、拓印馆藏二级文物和馆藏三级文物的，应当报省、自治区、直辖市人民政府文物行政主管部门批准；修复、复制、拓印馆藏一级文物的，应当报国务院文物行政主管部门批准。

第三十三条　从事馆藏文物修复、复制、拓印的单位，应当具备下列条件：

（一）有取得中级以上文物博物专业技术职务的人员；

（二）有从事馆藏文物修复、复制、拓印所需的场所和技术设备；

（三）法律、行政法规规定的其他条件。

第三十四条　从事馆藏文物修复、复制、拓印，应当向省、自治区、直辖市人民政府文物行政主管部门提出申请。省、自治区、直辖市人民政府文物行政主管部门应当自收到申请之日起30个工作日内作出批准或者不批准的决定。决定批准的，发给相应等级的资质证书；决定不批准的，应当书面通知当事人并说明理由。

第三十五条　为制作出版物、音像制品等拍摄馆藏文物的，应当征得文物收藏单位同意，并签署拍摄协议，明确文物保护措施和责任。文物收藏单位应当自拍摄工作完成后10个工作日内，将拍摄情况向文物行政主管部门报告。

第三十六条　馆藏文物被盗、被抢或者丢失的，文物收藏单位应当立即向公安机关报案，并同时向主管的文物行政主管部门报告；主管的文物行政主管部门应当在接到文物收藏单位的报告后24小时内，将有关情况报告国务院文物行政主管部门。

第三十七条　国家机关和国有的企业、事业组织等收藏、保管国有文物的，应当履行下列义务：

（一）建立文物藏品档案制度，并将文物藏品档案报所在地省、自治区、直辖市人民政府文物行政主管部门备案；

（二）建立、健全文物藏品的保养、修复等管理制度，确保文物安全；

（三）文物藏品被盗、被抢或者丢失的，应当立即向公安机关报案，并同时向所在地省、自治区、直辖市人民政府文物行政主管部门报告。

第五章　民间收藏文物

第三十八条　文物收藏单位以外的公民、法人和其他组织，可以依法收藏文物，其依法收藏的文物的所有权受法律保护。

公民、法人和其他组织依法收藏文物的，可以要求文物行政主管部门对其收藏的文物提供鉴定、修复、保管等方面的咨询。

第三十九条　设立文物商店，应当具备下列条件：

（一）有200万元人民币以上的注册资本；

（二）有5名以上取得中级以上文物博物专业技术职务的人员；

（三）有保管文物的场所、设施和技术条件；

（四）法律、行政法规规定的其他条件。

第四十条　设立文物商店，应当向省、自治区、直辖市人民政府文物行政主管部门提出申请。省、自治区、直辖市人民政府文物行政主管部门应当自收到申请之日起30个工作日内作出批准或者不批准的决定。决定批准的，发给批准文件；决定不批准的，应当书面通知当事人并说明理由。

第四十一条　依法设立的拍卖企业，从事文物拍卖经营活动的，应当有5名以上取得高级文物博物专业技术职务的文物拍卖专业人员，并取得省、自治区、直辖市人民政府文物行政主管部门发给的文物拍卖许可证。

第四十二条　依法设立的拍卖企业申领文物拍卖许可证，应当向省、自治区、直辖市人民政府文物行政主管部门提出申请。省、自治区、直辖市人民政府文物行政主管部门应当自收到申请之日起30个工作日内作出批准或者不批准的决定。决定批准的，发给文物拍卖许可证；决定不批准的，应当书面通知当事人并说明理由。

第四十三条　文物商店购买、销售文物，经营文物拍卖的拍卖企业拍卖文物，应当记录文物的名称、图录、来源、文物的出卖人、委托人和买受人的姓名或者名称、住所、有效身份证件号码或者有效证照号码以及成交价格，并报省、自治区、直辖市人民政府文物行政主管部门备案。接受备案的文物行政主管部门应当依法为其保密，并将该记录保存75年。

文物行政主管部门应当加强对文物商店和经营文物拍卖的拍卖企业的监督检查。

第六章　文物出境进境

第四十四条　国务院文物行政主管部门指定的文物进出境审核机构，应当有5名以上取得中级以上文物博物专业技术职务的文物进出境责任鉴定人员。

第四十五条　运送、邮寄、携带文物出境，应当在文物出境前依法报文物进出境审核机构审核。文物进出境审核机构应当自收到申请之日起15个工作日内作出是否允许出境的决定。

文物进出境审核机构审核文物，应当有3名以上文物博物专业技术人员参加；其中，应当有2名以上文物进出境责任鉴定人员。

文物出境审核意见，由文物进出境责任鉴定人员共同签署；对经审核，文物进出境责任鉴定人员一致同意允许出境的文物，文物进出境审核机构方可作出允许出境的决定。

文物出境审核标准，由国务院文物行政主管部门制定。

第四十六条 文物进出境审核机构应当对所审核进出境文物的名称、质地、尺寸、级别、当事人的姓名或者名称、住所、有效身份证件号码或者有效证照号码,以及进出境口岸、文物去向和审核日期等内容进行登记。

第四十七条 经审核允许出境的文物,由国务院文物行政主管部门发给文物出境许可证,并由文物进出境审核机构标明文物出境标识。经审核允许出境的文物,应当从国务院文物行政主管部门指定的口岸出境。海关查验文物出境标识后,凭文物出境许可证放行。

经审核不允许出境的文物,由文物进出境审核机构发还当事人。

第四十八条 文物出境展览的承办单位,应当在举办展览前6个月向国务院文物行政主管部门提出申请。国务院文物行政主管部门应当自收到申请之日起30个工作日内作出批准或者不批准的决定。决定批准的,发给批准文件;决定不批准的,应当书面通知当事人并说明理由。

一级文物展品超过120件(套)的,或者一级文物展品超过展品总数的20%的,应当报国务院批准。

第四十九条 一级文物中的孤品和易损品,禁止出境展览。禁止出境展览文物的目录,由国务院文物行政主管部门定期公布。

未曾在国内正式展出的文物,不得出境展览。

第五十条 文物出境展览的期限不得超过1年。因特殊需要,经原审批机关批准可以延期;但是,延期最长不得超过1年。

第五十一条 文物出境展览期间,出现可能危及展览文物安全情形的,原审批机关可以决定中止或者撤销展览。

第五十二条 临时进境的文物,经海关将文物加封后,交由当事人报文物进出境审核机构审核、登记。文物进出境审核机构查验海关封志完好无损后,对每件临时进境文物标明文物临时进境标识,并登记拍照。

临时进境文物复出时,应当由原审核、登记的文物进出境审核机构核对入境登记拍照记录,查验文物临时进境标识无误后标明文物出境标识,并由国务院文物行政主管部门发给文物出境许可证。

未履行本条第一款规定的手续临时进境的文物复出境的,依照本章关于文物出境的规定办理。

第五十三条 任何单位或者个人不得擅自剥除、更换、挪用或者损毁文物出境标识、文物临时进境标识。

第七章 法律责任

第五十四条 公安机关、工商行政管理、文物、海关、城乡规划、建设等有关部门及其工作人员,违反本条例规定,滥用审批权限、不履行职责或者发现违法行为不予查处的,对负有责任的主管人员和其他直接责任人员依法给予行政处分;构成犯罪的,依法追究刑事责任。

第五十五条 违反本条例规定,未取得相应等级的文物保护工程资质证书,擅自承担文物保护单位的修缮、迁移、重建工程的,由文物行政主管部门责令限期改正;逾期不改正,或者造成严重后果的,处5万元以上50万元以下的罚款;构成犯罪的,依法追究刑事责任。

违反本条例规定,未取得建设行政主管部门发给的相应等级的资质证书,擅自承担含有建筑活动的文物保护单位的修缮、迁移、重建工程的,由建设行政主管部门依照有关法律、行政法规的规定予以处罚。

第五十六条 违反本条例规定,未取得资质证书,擅自从事馆藏文物的修复、复制、拓印活动的,由文物行政主管部门责令停止违法活动;没收违法所得和从事违法活动的专用工具、设备；造成严重后果的，并处1万元以上10万元以下的罚款；构成犯罪的，依法追究刑事责任。

第五十七条 文物保护法第六十六条第二款规定的罚款，数额为200元以下。

第五十八条 违反本条例规定，未经批准擅自修复、复制、拓印馆藏珍贵文物的，由文物行政主管部门给予警告；造成严重后果的，处2000元以上2万元以下的罚款；对负有责任的主管人员和其他直接责任人员依法给予行政处分。

文物收藏单位违反本条例规定，未在规定期限内将文物拍摄情况向文物行政主管部门报告的，由文物行政主管部门责令限期改正；逾期不改正的，对负有责任的主管人员和其他直接责任人员依法给予行政处分。

第五十九条 考古发掘单位违反本条例规定，未在规定期限内提交结项报告或者考古发掘报告的，由省、自治区、直辖市人民政府文物行政主管部门或者国务院文物行政主管部门责令限期改正；逾期不改正的，对负有责任的主管人员和其他直接责任人员依法给予行政处分。

第六十条 考古发掘单位违反本条例规定，未在规定期限内移交文物的，由省、自治区、直辖市人民政府文物行政主管部门或者国务院文物行政主管部门责令限期改正；逾期不改正，或者造成严重后果的，对负有责任的主管人员和其他直接责任人员依法给予行政处分。

第六十一条 违反本条例规定，文物出境展览超过展览期限的，由国务院文物行政主管部门责令限期改正；对负有责任的主管人员和其他直接责任人员依法给予行政处分。

第六十二条 依照文物保护法第六十六条、第七十三条的规定，单位被处以吊销许可证行政处罚的，应当依法到工商行政管理部门办理变更登记或者注销登记；逾期未办的，由工商行政管理部门吊销营业执照。

第六十三条 违反本条例规定，改变国有的博物馆、纪念馆、文物保护单位等的事业性收入的用途的，对负有责任的主管人员和其他直接责任人员依法给予行政处分；构成犯罪的，依法追究刑事责任。

第八章 附 则

第六十四条 本条例自2003年7月1日起施行。

文物进出境审核管理办法

（文化部令第42号）

（2007年7月13日由文化部发布，2007年7月13日起施行，法规类型为部门规章）

第一条 为加强对文物进出境审核的管理，根据《中华人民共和国文物保护法》和《中华人民共和国文物保护法实施条例》，制定本办法。

第二条 国家文物局负责文物进出境审核管理工作，指定文物进出境审核机构承担文物进出境审核工作。

文物进出境审核机构是文物行政执法机构，依法独立行使职权，向国家文物局汇报工作，接受国家文物局业务指导。

第三条 文物进出境审核机构由国家文物局和省级人民政府联合组建。省级人民政府应当保障文物进出境审核机构的编制、办公场所及工作经费。国家文物局应当对文物进出境审核机构的业务经费予以补助。

第四条 文物进出境审核机构应当具备以下条件：

（一）有 7 名以上专职文物鉴定人员，其中文物进出境责任鉴定员不少于 5 名；

（二）有固定的办公场所和必要的技术设备；

（三）工作经费全额纳入财政预算。

第五条 国家文物局根据文物进出境审核工作的需要，指定具备条件的文物进出境审核机构承担文物进出境审核工作，使用文物出境标识和文物临时进境标识，对允许出境的文物发放文物出境许可证。

第六条 文物进出境审核机构的工作人员实行持证上岗制度，不得在文物商店或者拍卖企业任职、兼职。文物进出境审核机构的主要负责人应当取得国家文物局颁发的资格证书。

文物进出境责任鉴定员应当取得大学本科以上学历和文物博物专业中级以上职称，并经国家文物局考核合格。

第七条 文物进出境审核机构的日常管理工作由所在地省级文物主管部门负责。省级文物主管部门应当制定相关管理制度，并报国家文物局备案。

文物进出境审核机构应当采取措施，保证审核工作高效公正。

第八条 下列文物出境，应当经过审核：

（一）1949 年（含）以前的各类艺术品、工艺美术品；

（二）1949 年（含）以前的手稿、文献资料和图书资料；

（三）1949 年（含）以前的与各民族社会制度、社会生产、社会生活有关的实物；

（四）1949 年以后的与重大事件或著名人物有关的代表性实物；

（五）1949 年以后的反映各民族生产活动、生活习俗、文化艺术和宗教信仰的代表性实物；

（六）国家文物局公布限制出境的已故现代著名书画家、工艺美术家作品；

（七）古猿化石、古人类化石，以及与人类活动有关的第四纪古脊椎动物化石。

文物出境审核标准，由国家文物局定期修订并公布。

第九条 运送、邮寄、携带文物出境，应当在文物出境前填写文物出境申请表，报文物进出境审核机构审核。

文物进出境审核机构应当自收到文物出境申请之日起 15 个工作日内作出是否允许出境的审核意见。

第十条 文物进出境审核机构审核文物，应当有 3 名以上专职文物鉴定人员参加，其中文物进出境责任鉴定员不得少于 2 名。

文物出境许可证，由参加审核的文物进出境责任鉴定员共同签署。文物进出境责任鉴定员一致同意允许出境的文物，文物进出境审核机构方可加盖文物出境审核专用章。

第十一条 经审核允许出境的文物，由文物进出境审核机构标明文物出境标识，发放文物出境许可证。海关查验文物出境标识后，凭文物出境许可证放行。

文物出境许可证一式三联，第一联由文物进出境审核机构留存，第二联由文物出境地海关留存，第三联由文物出境携运人留存。

经审核不允许出境的文物，由文物进出境审核机构登记并发还。

根据出境地海关或携运人的要求，文物进出境审核机构可以对经审核属于文物复仿制品的申报物品出具文物复仿制品证明。

第十二条 因修复、展览、销售、鉴定等原因临时进境的文物，经海关加封后，报文物进出境审核机构审核、登记。文物进出境审核机构查验海关封志完好无损后，对每件临时进境文物进行审核，标明文物临时进境标识并登记。

临时进境文物复出境时,应向原审核、登记的文物进出境审核机构申报。文物进出境审核机构应对照进境记录审核查验,确认文物临时进境标识无误后,标明文物出境标识,发给文物出境许可证。

第十三条 临时进境文物在境内滞留时间,除经海关和文物进出境审核机构批准外,不得超过 6 个月。

临时进境文物滞留期内逾期复出境,依照文物出境审核标准和程序进行审核。

第十四条 因展览、科研等原因临时出境的文物,出境前应向文物进出境审核机构申报。文物进出境审核机构应当按国家文物局的批准文件办理审核登记手续。

临时出境文物复进境时,由原审核登记的文物进出境审核机构审核查验。

第十五条 文物进出境审核机构在审核文物过程中,发现涉嫌非法持有文物或文物流失问题的,应立即向公安机关和国家文物局报告。

第十六条 文物出境标识、文物临时进境标识和文物出境许可证,由文物进出境审核机构指定专人保管。使用上述物品,由文物进出境审核机构负责人签字确认。

第十七条 违反本办法规定,造成文物流失的,依据有关规定追究责任人的责任。

第十八条 文物出境标识、文物临时进境标识、文物出境许可证、文物复仿制品证明和文物出境申请表,由国家文物局统一制作。

第十九条 尚未组建文物进出境审核机构的省、自治区、直辖市,应当根据本办法的规定组建文物进出境审核机构;组建前的文物进出境审核工作由国家文物局指定文物进出境审核机构承担。

第二十条 本办法自公布之日起施行,1989 年文化部发布的《文物出境鉴定管理办法》同日废止。

中华人民共和国野生动物保护法

(主席令第 9 号)

(1988 年 11 月 8 日第七届全国人民代表大会常务委员会第四次会议通过;根据 2004 年 8 月 28 日第十届全国人民代表大会常务委员会第十一次会议《关于修改〈中华人民共和国野生动物保护法〉的决定》第一次修正,根据 2009 年 8 月 27 日第十一届全国人民代表大会常务委员会第十次会议《关于修改部分法律的决定》第二次修正,2016 年 7 月 2 日第十二届全国人民代表大会常务委员会第二十一次会议修订,根据 2018 年 10 月 26 日第十三届全国人民代表大会常务委员会第六次会议《关于修改〈中华人民共和国野生动物保护法〉等十五部法律的决定》第三次修正;现行版本自 2018 年 10 月 26 日起施行;法规类型为法律)

第一章 总 则

第一条 为了保护野生动物,拯救珍贵、濒危野生动物,维护生物多样性和生态平衡,推进生态文明建设,制定本法。

第二条 在中华人民共和国领域及管辖的其他海域,从事野生动物保护及相关活动,适用本法。

本法规定保护的野生动物,是指珍贵、濒危的陆生、水生野生动物和有重要生态、科学、社会价值的陆生野生动物。

本法规定的野生动物及其制品，是指野生动物的整体（含卵、蛋）、部分及其衍生物。

珍贵、濒危的水生野生动物以外的其他水生野生动物的保护，适用《中华人民共和国渔业法》等有关法律的规定。

第三条 野生动物资源属于国家所有。国家保障依法从事野生动物科学研究、人工繁育等保护及相关活动的组织和个人的合法权益。

第四条 国家对野生动物实行保护优先、规范利用、严格监管的原则，鼓励开展野生动物科学研究，培育公民保护野生动物的意识，促进人与自然和谐发展。

第五条 国家保护野生动物及其栖息地。县级以上人民政府应当制定野生动物及其栖息地相关保护规划和措施，并将野生动物保护经费纳入预算。

国家鼓励公民、法人和其他组织依法通过捐赠、资助、志愿服务等方式参与野生动物保护活动，支持野生动物保护公益事业。

本法规定的野生动物栖息地，是指野生动物野外种群息繁衍的重要区域。

第六条 任何组织和个人都有保护野生动物及其栖息地的义务。禁止违法猎捕野生动物、破坏野生动物栖息地。

任何组织和个人都有权向有关部门和机关举报或者控告违反本法的行为。野生动物保护主管部门和其他有关部门、机关对举报或者控告，应当及时依法处理。

第七条 国务院林业草原、渔业主管部门分别主管全国陆生、水生野生动物保护工作。

县级以上地方人民政府林业草原、渔业主管部门分别主管本行政区域内陆生、水生野生动物保护工作。

第八条 各级人民政府应当加强野生动物保护的宣传教育和科学知识普及工作，鼓励和支持基层群众性自治组织、社会组织、企业事业单位、志愿者开展野生动物保护法律法规和保护知识的宣传活动。

教育行政部门、学校应当对学生进行野生动物保护知识教育。

新闻媒体应当开展野生动物保护法律法规和保护知识的宣传，对违法行为进行舆论监督。

第九条 在野生动物保护和科学研究方面成绩显著的组织和个人，由县级以上人民政府给予奖励。

第二章 野生动物及其栖息地保护

第十条 国家对野生动物实行分类分级保护。国家对珍贵、濒危的野生动物实行重点保护。国家重点保护的野生动物分为一级保护野生动物和二级保护野生动物。国家重点保护野生动物名录，由国务院野生动物保护主管部门组织科学评估后制定，并每五年根据评估情况确定对名录进行调整。国家重点保护野生动物名录报国务院批准公布。

地方重点保护野生动物，是指国家重点保护野生动物以外，由省、自治区、直辖市重点保护的野生动物。地方重点保护野生动物名录，由省、自治区、直辖市人民政府组织科学评估后制定、调整并公布。

有重要生态、科学、社会价值的陆生野生动物名录，由国务院野生动物保护主管部门组织科学评估后制定、调整并公布。

第十一条 县级以上人民政府野生动物保护主管部门，应当定期组织或者委托有关科学研究机构对野生动物及其栖息地状况进行调查、监测和评估，建立健全野生动物及其栖息地档案。

对野生动物及其栖息地状况的调查、监测和评估应当包括下列内容：

（一）野生动物野外分布区域、种群数量及结构；

（二）野生动物栖息地的面积、生态状况；
（三）野生动物及其栖息地的主要威胁因素；
（四）野生动物人工繁育情况等其他需要调查、监测和评估的内容。

第十二条　国务院野生动物保护主管部门应当会同国务院有关部门，根据野生动物及其栖息地状况的调查、监测和评估结果，确定并发布野生动物重要栖息地名录。

省级以上人民政府依法划定相关自然保护区域，保护野生动物及其重要栖息地，保护、恢复和改善野生动物生存环境。对不具备划定相关自然保护区域条件的，县级以上人民政府可以采取划定禁猎（渔）区、规定禁猎（渔）期等其他形式予以保护。

禁止或者限制在相关自然保护区域内引入外来物种、营造单一纯林、过量施洒农药等人为干扰、威胁野生动物生息繁衍的行为。

相关自然保护区域，依照有关法律法规的规定划定和管理。

第十三条　县级以上人民政府及其有关部门在编制有关开发利用规划时，应当充分考虑野生动物及其栖息地保护的需要，分析、预测和评估规划实施可能对野生动物及其栖息地保护产生的整体影响，避免或者减少规划实施可能造成的不利后果。

禁止在相关自然保护区域建设法律法规规定不得建设的项目。机场、铁路、公路、水利水电、围堰、围填海等建设项目的选址选线，应当避让相关自然保护区域、野生动物迁徙洄游通道；无法避让的，应当采取修建野生动物通道、过鱼设施等措施，消除或者减少对野生动物的不利影响。

建设项目可能对相关自然保护区域、野生动物迁徙洄游通道产生影响的，环境影响评价文件的审批部门在审批环境影响评价文件时，涉及国家重点保护野生动物的，应当征求国务院野生动物保护主管部门意见；涉及地方重点保护野生动物的，应当征求省、自治区、直辖市人民政府野生动物保护主管部门意见。

第十四条　各级野生动物保护主管部门应当监视、监测环境对野生动物的影响。由于环境影响对野生动物造成危害时，野生动物保护主管部门应当会同有关部门进行调查处理。

第十五条　国家或者地方重点保护野生动物受到自然灾害、重大环境污染事故等突发事件威胁时，当地人民政府应当及时采取应急救助措施。

县级以上人民政府野生动物保护主管部门应当按照国家有关规定组织开展野生动物收容救护工作。

禁止以野生动物收容救护为名买卖野生动物及其制品。

第十六条　县级以上人民政府野生动物保护主管部门、兽医主管部门，应当按照职责分工对野生动物疫源疫病进行监测，组织开展预测、预报等工作，并按照规定制定野生动物疫情应急预案，报同级人民政府批准或者备案。

县级以上人民政府野生动物保护主管部门、兽医主管部门、卫生主管部门，应当按照职责分工负责与人畜共患传染病有关的动物传染病的防治管理工作。

第十七条　国家加强对野生动物遗传资源的保护，对濒危野生动物实施抢救性保护。

国务院野生动物保护主管部门应当会同国务院有关部门制定有关野生动物遗传资源保护和利用规划，建立国家野生动物遗传资源基因库，对原产我国的珍贵、濒危野生动物遗传资源实行重点保护。

第十八条　有关地方人民政府应当采取措施，预防、控制野生动物可能造成的危害，保障人畜安全和农业、林业生产。

第十九条　因保护本法规定保护的野生动物，造成人员伤亡、农作物或者其他财产损失的，由当地人民政府给予补偿。具体办法由省、自治区、直辖市人民政府制定。

有关地方人民政府可以推动保险机构开展野生动物致害赔偿保险业务。有关地方人民政府采取预防、控制国家重点保护野生动物造成危害的措施以及实行补偿所需经费，由中央财政按照国家有关规定予以补助。

第三章　野生动物管理

第二十条　在相关自然保护区域和禁猎（渔）区、禁猎（渔）期内，禁止猎捕以及其他妨碍野生动物生息繁衍的活动，但法律法规另有规定的除外。

野生动物迁徙洄游期间，在前款规定区域外的迁徙洄游通道内，禁止猎捕并严格限制其他妨碍野生动物生息繁衍的活动。迁徙洄游通道的范围以及妨碍野生动物生息繁衍活动的内容，由县级以上人民政府或者其野生动物保护主管部门规定并公布。

第二十一条　禁止猎捕、杀害国家重点保护野生动物。

因科学研究、种群调控、疫源疫病监测或者其他特殊情况，需要猎捕国家一级保护野生动物的，应当向国务院野生动物保护主管部门申请特许猎捕证；需要猎捕国家二级保护野生动物的，应当向省、自治区、直辖市人民政府野生动物保护主管部门申请特许猎捕证。

第二十二条　猎捕非国家重点保护野生动物的，应当依法取得县级以上地方人民政府野生动物保护主管部门核发的狩猎证，并且服从猎捕量限额管理。

第二十三条　猎捕者应当按照特许猎捕证、狩猎证规定的种类、数量、地点、工具、方法和期限进行猎捕。

持枪猎捕的，应当依法取得公安机关核发的持枪证。

第二十四条　禁止使用毒药、爆炸物、电击或者电子诱捕装置以及猎套、猎夹、地枪、排铳等工具进行猎捕，禁止使用夜间照明行猎、歼灭性围猎、捣毁巢穴、火攻、烟熏、网捕等方法进行猎捕，但因科学研究确需网捕、电子诱捕的除外。

前款规定以外的禁止使用的猎捕工具和方法，由县级以上地方人民政府规定并公布。

第二十五条　国家支持有关科学研究机构因物种保护目的人工繁育国家重点保护野生动物。

前款规定以外的人工繁育国家重点保护野生动物实行许可制度。人工繁育国家重点保护野生动物的，应当经省、自治区、直辖市人民政府野生动物保护主管部门批准，取得人工繁育许可证，但国务院对批准机关另有规定的除外。

人工繁育国家重点保护野生动物应当使用人工繁育子代种源，建立物种系谱、繁育档案和个体数据。因物种保护目的确需采用野外种源的，适用本法第二十一条和第二十三条的规定。

本法所称人工繁育子代，是指人工控制条件下繁殖出生的子代个体且其亲本也在人工控制条件下出生。

第二十六条　人工繁育国家重点保护野生动物应当有利于物种保护及其科学研究，不得破坏野外种群资源，并根据野生动物习性确保其具有必要的活动空间和生息繁衍、卫生健康条件，具备与其繁育目的、种类、发展规模相适应的场所、设施、技术，符合有关技术标准和防疫要求，不得虐待野生动物。

省级以上人民政府野生动物保护主管部门可以根据保护国家重点保护野生动物的需要，组织开展国家重点保护野生动物放归野外环境工作。

第二十七条　禁止出售、购买、利用国家重点保护野生动物及其制品。

因科学研究、人工繁育、公众展示展演、文物保护或者其他特殊情况，需要出售、购买、利用国家重点保护野生动物及其制品的，应当经省、自治区、直辖市人民政府野生动物保护主管部门批准，并按照规定取得和使用专用标识，保证可追溯，但国务院对批准机关另有规定的除外。

实行国家重点保护野生动物及其制品专用标识的范围和管理办法，由国务院野生动物保护主管部门规定。

出售、利用非国家重点保护野生动物的,应当提供狩猎、进出口等合法来源证明。

出售本条第二款、第四款规定的野生动物的,还应当依法附有检疫证明。

第二十八条 对人工繁育技术成熟稳定的国家重点保护野生动物,经科学论证,纳入国务院野生动物保护主管部门制定的人工繁育国家重点保护野生动物名录。对列入名录的野生动物及其制品,可以凭人工繁育许可证,按照省、自治区、直辖市人民政府野生动物保护主管部门核验的年度生产数量直接取得专用标识,凭专用标识出售和利用,保证可追溯。

对本法第十条规定的国家重点保护野生动物名录进行调整时,根据有关野外种群保护情况,可以对前款规定的有关人工繁育技术成熟稳定的野生动物的人工种群,不再列入国家重点保护野生动物名录,实行与野外种群不同的管理措施,但应当依照本法第二十五条第二款和本条第一款的规定取得人工繁育许可证和专用标识。

第二十九条 利用野生动物及其制品的,应当以人工繁育种群为主,有利于野外种群养护,符合生态文明建设的要求,尊重社会公德,遵守法律法规和国家有关规定。

野生动物及其制品作为药品经营和利用的,还应当遵守有关药品管理的法律法规。

第三十条 禁止生产、经营使用国家重点保护野生动物及其制品制作的食品,或者使用没有合法来源证明的非国家重点保护野生动物及其制品制作的食品。禁止为食用非法购买国家重点保护的野生动物及其制品。

第三十一条 禁止为出售、购买、利用野生动物或者禁止使用的猎捕工具发布广告。禁止为违法出售、购买、利用野生动物制品发布广告。

第三十二条 禁止网络交易平台、商品交易市场等交易场所,为违法出售、购买、利用野生动物及其制品或者禁止使用的猎捕工具提供交易服务。

第三十三条 运输、携带、寄递国家重点保护野生动物及其制品、本法第二十八条第二款规定的野生动物及其制品出县境的,应当持有或者附有本法第二十一条、第二十五条、第二十七条或者第二十八条规定的许可证、批准文件的副本或者专用标识,以及检疫证明。

运输非国家重点保护野生动物出县境的,应当持有狩猎、进出口等合法来源证明,以及检疫证明。

第三十四条 县级以上人民政府野生动物保护主管部门应当对科学研究、人工繁育、公众展示展演等利用野生动物及其制品的活动进行监督管理。

县级以上人民政府其他有关部门,应当按照职责分工对野生动物及其制品出售、购买、利用、运输、寄递等活动进行监督检查。

第三十五条 中华人民共和国缔结或者参加的国际公约禁止或者限制贸易的野生动物或者其制品名录,由国家濒危物种进出口管理机构制定、调整并公布。

进出口列入前款名录的野生动物或者其制品的,出口国家重点保护野生动物或者其制品的,应当经国务院野生动物保护主管部门或者国务院批准,并取得国家濒危物种进出口管理机构核发的允许进出口证明书。海关依法实施进出境检疫,凭允许进出口证明书、检疫证明按照规定办理通关手续。

涉及科学技术保密的野生动物物种的出口,按照国务院有关规定办理。

列入本条第一款名录的野生动物,经国务院野生动物保护主管部门核准,在本法适用范围内可以按照国家重点保护的野生动物管理。

第三十六条 国家组织开展野生动物保护及相关执法活动的国际合作与交流;建立防范、打击野生动物及其制品的走私和非法贸易的部门协调机制,开展防范、打击走私和非法贸易行动。

第三十七条 从境外引进野生动物物种的,应当经国务院野生动物保护主管部门批准。从境外引进列入本法第三十五条第一款名录的野生动物，还应当依法取得允许进出口证明书。海关依法实施进境检疫，凭进口批准文件或者允许进出口证明书以及检疫证明按照规定办理通关手续。

从境外引进野生动物物种的，应当采取安全可靠的防范措施，防止其进入野外环境，避免对生态系统造成危害。确需将其放归野外的，按照国家有关规定执行。

第三十八条 任何组织和个人将野生动物放生至野外环境，应当选择适合放生地野外生存的当地物种，不得干扰当地居民的正常生活、生产，避免对生态系统造成危害。随意放生野生动物，造成他人人身、财产损害或者危害生态系统的，依法承担法律责任。

第三十九条 禁止伪造、变造、买卖、转让、租借特许猎捕证、狩猎证、人工繁育许可证及专用标识，出售、购买、利用国家重点保护野生动物及其制品的批准文件，或者允许进出口证明书、进出口等批准文件。

前款规定的有关许可证书、专用标识、批准文件的发放情况，应当依法公开。

第四十条 外国人在我国对国家重点保护野生动物进行野外考察或者在野外拍摄电影、录像，应当经省、自治区、直辖市人民政府野生动物保护主管部门或者其授权的单位批准，并遵守有关法律法规规定。

第四十一条 地方重点保护野生动物和其他非国家重点保护野生动物的管理办法，由省、自治区、直辖市人民代表大会或者其常务委员会制定。

第四章　法律责任

第四十二条 野生动物保护主管部门或者其他有关部门、机关不依法作出行政许可决定，发现违法行为或者接到对违法行为的举报不予查处或者不依法查处，或者有滥用职权等其他不依法履行职责的行为的，由本级人民政府或者上级人民政府有关部门、机关责令改正，对负有责任的主管人员和其他直接责任人员依法给予记过、记大过或者降级处分；造成严重后果的，给予撤职或者开除处分，其主要负责人应当引咎辞职；构成犯罪的，依法追究刑事责任。

第四十三条 违反本法第十二条第三款、第十三条第二款规定的，依照有关法律法规的规定处罚。

第四十四条 违反本法第十五条第三款规定，以收容救护为名买卖野生动物及其制品的，由县级以上人民政府野生动物保护主管部门没收野生动物及其制品、违法所得，并处野生动物及其制品价值二倍以上十倍以下的罚款，将有关违法信息记入社会诚信档案，向社会公布；构成犯罪的，依法追究刑事责任。

第四十五条 违反本法第二十条、第二十一条、第二十三条第一款、第二十四条第一款规定，在相关自然保护区域、禁猎（渔）区、禁猎（渔）期猎捕国家重点保护野生动物，未取得特许猎捕证、未按照特许猎捕证规定猎捕、杀害国家重点保护野生动物，或者使用禁用的工具、方法猎捕国家重点保护野生动物的，由县级以上人民政府野生动物保护主管部门、海洋执法部门或者有关保护区域管理机构按照职责分工没收猎获物、猎捕工具和违法所得，吊销特许猎捕证，并处猎获物价值二倍以上十倍以下的罚款，没有猎获物的，并处一万元以上五万元以下的罚款；构成犯罪的，依法追究刑事责任。

第四十六条 违反本法第二十条、第二十二条、第二十三条第一款、第二十四条第一款规定，在相关自然保护区域、禁猎（渔）区、禁猎（渔）期猎捕非国家重点保护野生动物，未取得狩猎证、未按照狩猎证规定猎捕非国家重点保护野生动物，或者使用禁用的工具、方法猎捕非国家重点保护野生动物的，由县级以上地方人民政府野生动物保护主管部门或者有关保护区域管理机构按照职责分工没收猎获物、猎捕工具和违法所得，吊销狩猎证，并处猎获物价值一倍以上五倍以下的罚款；没有猎获物的，并处二千元以上一万元以下的罚款；构成犯罪的，依法追究刑事责任。

违反本法第二十三条第二款规定,未取得持枪证持枪猎捕野生动物,构成违反治安管理行为的,由公安机关依法给予治安管理处罚;构成犯罪的,依法追究刑事责任。

第四十七条 违反本法第二十五条第二款规定,未取得人工繁育许可证繁育国家重点保护野生动物或者本法第二十八条第二款规定的野生动物的,由县级以上人民政府野生动物保护主管部门没收野生动物及其制品,并处野生动物及其制品价值一倍以上五倍以下的罚款。

第四十八条 违反本法第二十七条第一款和第二款、第二十八条第一款、第三十三条第一款规定,未经批准、未取得或者未按照规定使用专用标识,或者未持有、未附有人工繁育许可证、批准文件的副本或者专用标识出售、购买、利用、运输、携带、寄递国家重点保护野生动物及其制品或者本法第二十八条第二款规定的野生动物及其制品的,由县级以上人民政府野生动物保护主管部门或者市场监督管理部门按照职责分工没收野生动物及其制品和违法所得,并处野生动物及其制品价值二倍以上十倍以下的罚款;情节严重的,吊销人工繁育许可证、撤销批准文件、收回专用标识;构成犯罪的,依法追究刑事责任。

违反本法第二十七条第四款、第三十三条第二款规定,未持有合法来源证明出售、利用、运输非国家重点保护野生动物的,由县级以上地方人民政府野生动物保护主管部门或者市场监督管理部门按照职责分工没收野生动物,并处野生动物价值一倍以上五倍以下的罚款。

违反本法第二十七条第五款、第三十三条规定,出售、运输、携带、寄递有关野生动物及其制品未持有或者未附有检疫证明的,依照《中华人民共和国动物防疫法》的规定处罚。

第四十九条 违反本法第三十条规定,生产、经营使用国家重点保护野生动物及其制品或者没有合法来源证明的非国家重点保护野生动物及其制品制作食品,或者为食用非法购买国家重点保护的野生动物及其制品的,由县级以上人民政府野生动物保护主管部门或者市场监督管理部门按照职责分工责令停止违法行为,没收野生动物及其制品和违法所得,并处野生动物及其制品价值二倍以上十倍以下的罚款;构成犯罪的,依法追究刑事责任。

第五十条 违反本法第三十一条规定,为出售、购买、利用野生动物及其制品或者禁止使用的猎捕工具发布广告的,依照《中华人民共和国广告法》的规定处罚。

第五十一条 违反本法第三十二条规定,为违法出售、购买、利用野生动物及其制品或者禁止使用的猎捕工具提供交易服务的,由县级以上人民政府市场监督管理部门责令停止违法行为,限期改正,没收违法所得,并处违法所得二倍以上五倍以下的罚款;没有违法所得的,处一万元以上五万元以下的罚款;构成犯罪的,依法追究刑事责任。

第五十二条 违反本法第三十五条规定,进出口野生动物或者其制品的,由海关、公安机关、海洋执法部门依照法律、行政法规和国家有关规定处罚;构成犯罪的,依法追究刑事责任。

第五十三条 违反本法第三十七条第一款规定,从境外引进野生动物物种的,由县级以上人民政府野生动物保护主管部门没收所引进的野生动物,并处五万元以上二十五万元以下的罚款;未依法实施进境检疫的,依照《中华人民共和国进出境动植物检疫法》的规定处罚;构成犯罪的,依法追究刑事责任。

第五十四条 违反本法第三十七条第二款规定,将从境外引进的野生动物放归野外环境的,由县级以上人民政府野生动物保护主管部门责令限期捕回,处一万元以上五万元以下的罚款;逾期不捕回的,由有关野生动物保护主管部门代为捕回或者采取降低影响的措施,所需费用由被责令限期捕回者承担。

第五十五条 违反本法第三十九条第一款规定,伪造、变造、买卖、转让、租借有关证件、专用标识或者有关批准文件的,由县级以上人民政府野生动物保护主管部门没收违法证件、专用标识、有关批准文件和违法所得,并处五万元以上二十五万元以下的罚款;构成违反治安管理行为的，由公安机关依法给予治安管理处罚；构成犯罪的，依法追究刑事责任。

第五十六条 依照本法规定没收的实物，由县级以上人民政府野生动物保护主管部门或者其授权的单位按照规定处理。

第五十七条 本法规定的猎获物价值、野生动物及其制品价值的评估标准和方法，由国务院野生动物保护主管部门制定。

第五章 附 则

第五十八条 本法自2017年1月1日起施行。

中华人民共和国枪支管理法

（主席令第72号）

（1996年7月5日第八届全国人民代表大会常务委员会第二十次会议通过；根据2009年8月27日第十一届全国人民代表大会常务委员会第十次会议《关于修改部分法律的决定》第一次修正，根据2015年4月24日第十二届全国人民代表大会常务委员会第十四次会议《关于修改〈中华人民共和国港口法〉等七部法律的决定》第二次修正；现行版本自2015年4月24日起施行；法规类型为法律）

第一章 总 则

第一条 为了加强枪支管理，维护社会治安秩序，保障公共安全，制定本法。

第二条 中华人民共和国境内的枪支管理，适用本法。

对中国人民解放军、中国人民武装警察部队和民兵装备枪支的管理，国务院、中央军事委员会另有规定的，适用有关规定。

第三条 国家严格管制枪支。禁止任何单位或者个人违反法律规定持有、制造（包括变造、装配）、买卖、运输、出租、出借枪支。

国家严厉惩处违反枪支管理的违法犯罪行为。任何单位和个人对违反枪支管理的行为有检举的义务。国家对检举人给予保护，对检举违反枪支管理犯罪活动有功的人员，给予奖励。

第四条 国务院公安部门主管全国的枪支管理工作。县级以上地方各级人民政府公安机关主管本行政区域内的枪支管理工作。上级人民政府公安机关监督下级人民政府公安机关的枪支管理工作。

第二章 枪支的配备和配置

第五条 公安机关、国家安全机关、监狱、劳动教养机关的人民警察，人民法院的司法警察，人民检察院的司法警察和担负案件侦查任务的检察人员，海关的缉私人员，在依法履行职责时确有必要使用枪支的，可以配备公务用枪。

国家重要的军工、金融、仓储、科研等单位的专职守护、押运人员在执行守护、押运任务时确有必要使用枪支的，可以配备公务用枪。

配备公务用枪的具体办法，由国务院公安部门会同其他有关国家机关按照严格控制的原则制定，报国务院批准后施行。

第六条 下列单位可以配置民用枪支：
（一）经省级人民政府体育行政主管部门批准专门从事射击竞技体育运动的单位、经省级人民政府公安机关批准的营业性射击场，可以配置射击运动枪支；
（二）经省级以上人民政府林业行政主管部门批准的狩猎场，可以配置猎枪；
（三）野生动物保护、饲养、科研单位因业务需要，可以配置猎枪、麻醉注射枪。
猎民在猎区、牧民在牧区，可以申请配置猎枪。猎区和牧区的区域由省级人民政府划定。
配置民用枪支的具体办法，由国务院公安部门按照严格控制的原则制定，报国务院批准后施行。

第七条 配备公务用枪，由国务院公安部门或者省级人民政府公安机关审批。
配备公务用枪时，由国务院公安部门或者省级人民政府公安机关发给公务用枪持枪证件。

第八条 专门从事射击竞技体育运动的单位配置射击运动枪支，由国务院体育行政主管部门提出，由国务院公安部门审批。营业性射击场配置射击运动枪支，由省级人民政府公安机关报国务院公安部门批准。
配置射击运动枪支时，由省级人民政府公安机关发给民用枪支持枪证件。

第九条 狩猎场配置猎枪，凭省级以上人民政府林业行政主管部门的批准文件，报省级以上人民政府公安机关审批，由设区的市级人民政府公安机关核发民用枪支配购证件。

第十条 野生动物保护、饲养、科研单位申请配置猎枪、麻醉注射枪的，应当凭其所在地的县级人民政府野生动物行政主管部门核发的狩猎证或者特许猎捕证和单位营业执照，向所在地的县级人民政府公安机关提出；猎民申请配置猎枪的，应当凭其所在地的县级人民政府野生动物行政主管部门核发的狩猎证和个人身份证件，向所在地的县级人民政府公安机关提出；牧民申请配置猎枪的，应当凭个人身份证件，向所在地的县级人民政府公安机关提出。
受理申请的公安机关审查批准后，应当报请设区的市级人民政府公安机关核发民用枪支配购证件。

第十一条 配购猎枪、麻醉注射枪的单位和个人，必须在配购枪支后三十日内向核发民用枪支配购证件的公安机关申请领取民用枪支持枪证件。

第十二条 营业性射击场、狩猎场配置的民用枪支不得携带出营业性射击场、狩猎场。猎民、牧民配置的猎枪不得携带出猎区、牧区。

第三章 枪支的制造和民用枪支的配售

第十三条 国家对枪支的制造、配售实行特别许可制度。未经许可，任何单位或者个人不得制造、买卖枪支。

第十四条 公务用枪，由国家指定的企业制造。

第十五条 制造民用枪支的企业，由国务院有关主管部门提出，由国务院公安部门确定。
配售民用枪支的企业，由省级人民政府公安机关确定。
制造民用枪支的企业，由国务院公安部门核发民用枪支制造许可证件。配售民用枪支的企业，由省级人民政府公安机关核发民用枪支配售许可证件。民用枪支制造许可证件、配售许可证件的有效期为三年；有效期届满，需要继续制造、配售民用枪支的，应当重新申请领取许可证件。

第十六条 国家对制造、配售民用枪支的数量，实行限额管理。
制造民用枪支的年度限额，由国务院林业、体育等有关主管部门、省级人民政府公安机关提出，由国务院公安部门确定并统一编制民用枪支序号，下达到民用枪支制造企业。
配售民用枪支的年度限额，由国务院林业、体育等有关主管部门、省级人民政府公安机关提出，由国务院公安部门确定并下达到民用枪支配售企业。

第十七条　制造民用枪支的企业不得超过限额制造民用枪支，所制造的民用枪支必须全部交由指定的民用枪支配售企业配售，不得自行销售。配售民用枪支的企业应当在配售限额内，配售指定的企业制造的民用枪支。

第十八条　制造民用枪支的企业，必须严格按照国家规定的技术标准制造民用枪支，不得改变民用枪支的性能和结构；必须在民用枪支指定部位铸印制造厂的厂名、枪种代码和国务院公安部门统一编制的枪支序号，不得制造无号、重号、假号的民用枪支。

制造民用枪支的企业必须实行封闭式管理，采取必要的安全保卫措施，防止民用枪支以及民用枪支零部件丢失。

第十九条　配售民用枪支，必须核对配购证件，严格按照配购证件载明的品种、型号和数量配售；配售弹药，必须核对持枪证件。民用枪支配售企业必须按照国务院公安部门的规定建立配售账册，长期保管备查。

第二十条　公安机关对制造、配售民用枪支的企业制造、配售、储存和账册登记等情况，必须进行定期检查；必要时，可以派专人驻厂对制造企业进行监督、检查。

第二十一条　民用枪支的研制和定型，由国务院有关业务主管部门会同国务院公安部门组织实施。

第二十二条　禁止制造、销售仿真枪。

第四章　枪支的日常管理

第二十三条　配备、配置枪支的单位和个人必须妥善保管枪支，确保枪支安全。

配备、配置枪支的单位，必须明确枪支管理责任，指定专人负责，应当有牢固的专用保管设施，枪支、弹药应当分开存放。对交由个人使用的枪支，必须建立严格的枪支登记、交接、检查、保养等管理制度，使用完毕，及时收回。

配备、配置给个人使用的枪支，必须采取有效措施，严防被盗、被抢、丢失或者发生其他事故。

第二十四条　使用枪支的人员，必须掌握枪支的性能，遵守使用枪支的有关规定，保证枪支的合法、安全使用。使用公务用枪的人员，必须经过专门培训。

第二十五条　配备、配置枪支的单位和个人必须遵守下列规定：

（一）携带枪支必须同时携带持枪证件，未携带持枪证件的，由公安机关扣留枪支；

（二）不得在禁止携带枪支的区域、场所携带枪支；

（三）枪支被盗、被抢或者丢失的，立即报告公安机关。

第二十六条　配备公务用枪的人员不再符合持枪条件时，由所在单位收回枪支和持枪证件。

配置民用枪支的单位和个人不再符合持枪条件时，必须及时将枪支连同持枪证件上缴核发持枪证件的公安机关；未及时上缴的，由公安机关收缴。

第二十七条　不符合国家技术标准、不能安全使用的枪支，应当报废。配备、持有枪支的单位和个人应当将报废的枪支连同持枪证件上缴核发持枪证件的公安机关；未及时上缴的，由公安机关收缴。报废的枪支应当及时销毁。

销毁枪支，由省级人民政府公安机关负责组织实施。

第二十八条　国家对枪支实行查验制度。持有枪支的单位和个人，应当在公安机关指定的时间、地点接受查验。公安机关在查验时，必须严格审查持枪单位和个人是否符合本法规定的条件，检查枪支状况及使用情况；对违法使用枪支、不符合持枪条件或者枪支应当报废的，必须收缴枪支和持枪证件。拒不接受查验的，枪支和持枪证件由公安机关收缴。

第二十九条　为了维护社会治安秩序的特殊需要，经国务院公安部门批准，县级以上地方各级人民政府公安机关可以对局部地区合法配备、配置的枪支采取集中保管等特别管制措施。

第五章 枪支的运输

第三十条 任何单位或者个人未经许可，不得运输枪支。需要运输枪支的，必须向公安机关如实申报运输枪支的品种、数量和运输的路线、方式，领取枪支运输许可证件。在本省、自治区、直辖市内运输的，向运往地设区的市人民政府公安机关申请领取枪支运输许可证件；跨省、自治区、直辖市运输的，向运往地省级人民政府公安机关申请领取枪支运输许可证件。

没有枪支运输许可证件的，任何单位和个人都不得承运，并应当立即报告所在地公安机关。

公安机关对没有枪支运输许可证件或者没有按照枪支运输许可证件的规定运输枪支的，应当扣留运输的枪支。

第三十一条 运输枪支必须依照规定使用安全可靠的封闭式运输设备，由专人押运；途中停留住宿的，必须报告当地公安机关。

运输枪支、弹药必须依照规定分开运输。

第三十二条 严禁邮寄枪支，或者在邮寄的物品中夹带枪支。

第六章 枪支的入境和出境

第三十三条 国家严格管理枪支的入境和出境。任何单位或者个人未经许可，不得私自携带枪支入境、出境。

第三十四条 外国驻华外交代表机构、领事机构的人员携带枪支入境，必须事先报经中华人民共和国外交部批准；携带枪支出境，应当事先照会中华人民共和国外交部，办理有关手续。依照前款规定携带入境的枪支，不得携带出所在的驻华机构。

第三十五条 外国体育代表团入境参加射击竞技体育活动，或者中国体育代表团出境参加射击竞技体育活动，需要携带射击运动枪支入境、出境的，必须经国务院体育行政主管部门批准。

第三十六条 本法第三十四条、第三十五条规定以外的其他人员携带枪支入境、出境，应当事先经国务院公安部门批准。

第三十七条 经批准携带枪支入境的，入境时，应当凭批准文件在入境地边防检查站办理枪支登记，申请领取枪支携运许可证件，向海关申报，海关凭枪支携运许可证件放行；到达目的地后，凭枪支携运许可证件向设区的市级人民政府公安机关申请换发持枪证件。

经批准携带枪支出境的，出境时，应当凭批准文件向出境地海关申报，边防检查站凭批准文件放行。

第三十八条 外国交通运输工具携带枪支入境或者过境的，交通运输工具负责人必须向边防检查站申报，由边防检查站加封，交通运输工具出境时予以启封。

第七章 法律责任

第三十九条 违反本法规定，未经许可制造、买卖或者运输枪支的，依照刑法有关规定追究刑事责任。

单位有前款行为的，对单位判处罚金，并对其直接负责的主管人员和其他直接责任人员依照刑法有关规定追究刑事责任。

第四十条 依法被指定、确定的枪支制造企业、销售企业，违反本法规定，有下列行为之一的，对单位判处罚金，并对其直接负责的主管人员和其他直接责任人员依照刑法有关规定追究刑事责任；公安机关可以责令其停业整顿或者吊销其枪支制造许可证件、枪支配售许可证件：

（一）超过限额或者不按照规定的品种制造、配售枪支的；

（二）制造无号、重号、假号的枪支的；

（三）私自销售枪支或者在境内销售为出口制造的枪支的。

第四十一条 违反本法规定，非法持有、私藏枪支的，非法运输、携带枪支入境、出境的，依照刑法有关规定追究刑事责任。

第四十二条 违反本法规定，运输枪支未使用安全可靠的运输设备、不设专人押运、枪支弹药未分开运输或者运输途中停留住宿不报告公安机关，情节严重的，依照刑法有关规定追究刑事责任；未构成犯罪的，由公安机关对直接责任人员处十五日以下拘留。

第四十三条 违反枪支管理规定，出租、出借公务用枪的，依照刑法有关规定处罚。

单位有前款行为的，对其直接负责的主管人员和其他直接责任人员依照前款规定处罚。

配置民用枪支的单位，违反枪支管理规定，出租、出借枪支，造成严重后果或者有其他严重情节，对其直接负责的主管人员和其他直接责任人员依照刑法有关规定处罚。

配置民用枪支的个人，违反枪支管理规定，出租、出借枪支，造成严重后果的，依照刑法有关规定处罚。

违反枪支管理规定，出租、出借枪支，情节轻微未构成犯罪的，由公安机关对个人或者单位负有直接责任的主管人员和其他直接责任人员处十五日以下拘留，可以并处五千元以下罚款；对出租、出借的枪支，应当予以没收。

第四十四条 违反本法规定，有下列行为之一的，由公安机关对个人或者单位负有直接责任的主管人员和其他直接责任人员处警告或者十五日以下拘留；构成犯罪的，依法追究刑事责任：

（一）未按照规定的技术标准制造民用枪支的；

（二）在禁止携带枪支的区域、场所携带枪支的；

（三）不上缴报废枪支的；

（四）枪支被盗、被抢或者丢失，不及时报告的；

（五）制造、销售仿真枪的。

有前款第（一）项至第（三）项所列行为的，没收其枪支，可以并处五千元以下罚款；有前款第（五）项所列行为的，由公安机关、工商行政管理部门按照各自职责范围没收其仿真枪，可以并处制造、销售金额五倍以下的罚款，情节严重的，由工商行政管理部门吊销营业执照。

第四十五条 公安机关工作人员有下列行为之一的，依法追究刑事责任；未构成犯罪的，依法给予行政处分：

（一）向本法第五条、第六条规定以外的单位和个人配备、配置枪支的；

（二）违法发给枪支管理证件的；

（三）将没收的枪支据为己有的；

（四）不履行枪支管理职责，造成后果的。

第八章 附 则

第四十六条 本法所称枪支，是指以火药或者压缩气体等为动力，利用管状器具发射金属弹丸或者其他物质，足以致人伤亡或者丧失知觉的各种枪支。

第四十七条 单位和个人为开展游艺活动，可以配置口径不超过4.5毫米的气步枪。具体管理办法由国务院公安部门制定。

制作影视剧使用的道具枪支的管理办法，由国务院公安部门会同国务院广播电影电视行政主管部门制定。

博物馆、纪念馆、展览馆保存或者展览枪支的管理办法,由国务院公安部门会同国务院有关行政主管部门制定。

第四十八条 制造、配售、运输枪支的主要零部件和用于枪支的弹药,适用本法的有关规定。

第四十九条 枪支管理证件由国务院公安部门制定。

第五十条 本法自1996年10月1日起施行。

射击竞技体育运动枪支管理办法

(国家体育总局 公安部令第12号)

(2010年8月8日由国家体育总局、公安部发布,2011年1月1日起施行,法规类型为部门规章)

第一章 总 则

第一条 为了加强射击竞技体育运动枪支的管理工作,促进射击运动健康发展,根据《中华人民共和国枪支管理法》和《中华人民共和国体育法》,制定本办法。

第二条 中华人民共和国境内的射击竞技体育运动枪支管理,适用本办法。

第三条 本办法所称射击竞技体育运动枪支(以下简称运动枪支),是指开展射击竞技训练、比赛所使用的枪支。

运动枪支的具体品种和型号由国家体育总局会同公安部确定、发布。

第四条 本办法所称射击竞技体育运动单位,是指经批准从事开展射击竞技体育运动的企事业单位和社会团体。

第五条 公安部主管全国运动枪支的管理工作,国家体育总局指导、协调全国运动枪支的管理工作。

县级以上地方各级公安机关主管本行政区域内运动枪支的管理工作。县级以上地方各级体育行政部门组织协调本行政区域内运动枪支的监督管理工作。

射击竞技体育运动单位负责运动枪支的日常管理工作,其主要负责人是本单位运动枪支管理的第一责任人。

第二章 从事射击竞技体育运动单位审批

第六条 申请从事射击竞技体育运动的单位,应当符合下列条件:

(一)具有法人资格;

(二)具有相应资质的教练员及相关从业人员;

(三)拥有符合国家有关规定的射击场地;

(四)拥有符合国家有关规定的运动枪支安全保管设施;

(五)具备运动枪支安全管理制度;

(六)符合法律、法规规定的其他条件。

第七条 申请从事射击竞技体育运动的单位,应当向省级体育行政部门提交以下材料:

（一）申请报告，内容应当包括申请单位名称和性质、开展射击运动的目的及拟开展项目、经费来源、场地情况（含靶场和枪弹库）、从业人员情况等；

（二）业务主管单位审核意见；

（三）法人登记证书和法定代表人身份证明及复印件；

（四）枪弹使用安全管理规定、枪弹库安全管理规定和枪弹安全管理责任制等；

（五）教练员资格证明及其复印件；

（六）射击场地所有权或者使用权证明及其复印件；

（七）所在地县级以上体育行政部门出具的射击场地合格证明；

（八）所在地县级以上公安机关出具的运动枪支保管设施验收合格证明；

（九）法律、法规规定需要提交的其他证明文件。

第八条 省级体育行政部门应当自收到申请材料之日起二十个工作日内做出是否批准的决定。决定批准的，将批准文件报国家体育总局备案，并抄送所在地省级公安机关。

第九条 省级体育行政部门对从事射击竞技体育运动的单位每两年进行一次资格复审，将复审结果报国家体育总局备案，并抄送所在地省级公安机关。

第三章 运动枪支的配置与购置

第十条 运动枪支的配置种类及限额由国家体育总局会同公安部确定。

第十一条 运动枪支的购置由国家体育总局与公安部共同指定的单位统一组织实施。

第十二条 从事射击竞技体育运动的单位应当向所在地设区的市级以上体育行政部门提出运动枪支年度购置计划和增补购置计划。

省级体育行政部门负责汇总和审核本行政区域内运动枪支年度购置计划和增补购置计划，经同级公安机关审核后报国家体育总局。国家体育总局将全国运动枪支购置计划报公安部审批后执行。

第十三条 运动枪支购置指定单位应当按国家有关规定与运动枪支制造企业（包括进口枪支企业）签订采购合同，并按照公安部批准的分配计划调拨、运输运动枪支。

第十四条 射击竞技体育运动单位或者所属运动员接受奖励、赞助或者赠送运动枪支时，应当由其所在地省级体育行政部门提出，经国家体育总局审核同意后，报公安部审批并抄送所在地省级公安机关，纳入该单位配置限额管理。

第十五条 射击竞技体育运动单位需要在本行政区域内调剂使用运动枪支的，应当经省级体育行政部门批准后，报国家体育总局备案，并抄送同级公安机关，纳入接收使用单位运动枪支配置计划管理。

跨省调剂使用运动枪支的，由其所在地省级体育行政部门提出，经国家体育总局审核同意后，报公安部审批并抄送相省级公安机关，纳入接收使用单位运动枪支配置计划管理。

第十六条 射击竞技体育运动单位配置的运动枪支，应当按照规定办理《民用枪支持枪证》。

射击竞技体育运动单位调剂使用的运动枪支，应当重新申请办理《民用枪支持枪证》。

第四章 运动枪支的日常管理

第十七条 举办射击比赛，运动枪支安全管理工作由主办单位和承办单位共同负责。承办单位应当设立专门的安全保卫部门负责运动枪支的安全管理，制定安全管理措施，设立专用枪弹库（室）。

第十八条 携带运动枪支外出参加射击训练、比赛等活动，必须携带《民用枪支持枪证》。

第十九条　射击竞技体育运动单位接待训练、比赛等射击活动，应当事先将批准文件、来访单位、抵离时间、携枪数量、《枪支弹药携运许可证》复印件、安全管理措施等材料报所在地县级以上公安机关备案。

第二十条　射击竞技体育运动单位应当建立运动枪支登记、交接、检查、保管、保养、维护等相关安全管理制度，明确运动枪支管理人员及持枪人员责任，确保运动枪支安全。

射击竞技体育运动单位应当认真执行各项安全管理规定，妥善保管运动枪支，加强对持枪人员的法制和安全教育，定期组织培训。

第二十一条　射击竞技体育运动单位应当完善运动枪支的安全保管设施。枪弹库（室）应当加装防盗报警等技术防范设施，运动枪支与弹药必须分库（室、柜）存放，落实双人双锁和 24 小时值班制度。

第二十二条　射击竞技体育运动单位应当每月对各项安全管理制度的落实情况和安全保管设施的完好情况进行检查并做记录。

第二十三条　运动枪支发生被盗（抢）、丢失等案（事）件的，当事人或者单位应当在 24 小时内向案发地县级以上公安机关和体育行政部门报告，并逐级上报。发生在异地的，还应当向单位所在地县级以上公安机关和体育行政部门报告。

第二十四条　县级以上体育行政部门会同同级公安机关应当每年组织对射击竞技体育运动单位的运动枪支管理工作进行安全检查，并不定期进行抽查。

县级以上体育行政部门和射击竞技体育运动单位应当建立健全信息化管理制度，实现运动枪支信息化动态管理。

第二十五条　射击竞技体育运动单位报废运动枪支，应当报经省级以上体育行政部门批准后，连同《民用枪支持枪证》上缴所在地县级以上公安机关，由所在地省级公安机关统一组织销毁。

做出报废运动枪支批准的省级体育行政部门应当将上缴证明等相关文件报国家体育总局备案。

第二十六条　射击竞技体育运动单位及人员应当遵守以下规定：

（一）不得私自出租、出借、赠送运动枪支；

（二）不得私自改装和销毁运动枪支；

（三）不得将运动枪支私自带出射击场地；

（四）不得将运动枪支用于射击训练和比赛以外的其他活动；

（五）不得在禁止携带枪支的区域、场所携带运动枪支。

第五章　运动枪支的运输

第二十七条　射击竞技体育运动单位及运动员携带运动枪支外出参加射击训练、比赛等活动，应当凭其业务主管单位的批准文件、民用枪支持枪证复印件、射击竞赛通知（或者邀请函），到本单位所在地区的市级以上公安机关办理《枪支弹药携运许可证》。

第二十八条　运输运动枪支，应当凭省级以上体育行政部门批准文件，向运往地设区的市级以上公安机关办理《枪支弹药运输许可证》。

第二十九条　批准购置的运动枪支（含奖励、赞助、赠送和境内调剂的运动枪支），应当凭公安部的批准文件和省级以上体育行政部门指定单位出具的提货通知，向运往地设区的市级以上公安机关办理《枪支弹药运输许可证》。

第六章　运动枪支的出入境

第三十条　射击竞技体育运动单位携带运动枪支出境参加射击比赛活动时，应当向所在地

省级体育行政部门提出,并提供以下资料:
（一）申请报告;
（二）邀请函和任务批件;
（三）携枪运动员姓名和运动枪支子弹型号、数量清单等材料。
省级体育行政部门审查同意后报国家体育总局审批。

第三十一条　境外运动队（运动员）申请携带运动枪支入出境、过境、境内转机等,由承办单位向所在地省级以上业务主管单位提出,并提供以下资料:
（一）申请报告;
（二）邀请函;
（三）携枪运动员姓名和运动枪支子弹型号、数量清单等材料。
省级体育行政部门审查同意后报国家体育总局审批。
承办单位应当在事前向当地县级以上公安机关报告。

第三十二条　办理运动枪支出入境手续,应当由承办单位提前十个工作日报国家体育总局审批。
国家体育总局批准后,应当及时向公安部、海关总署、铁道部和民航总局等部门备案,并抄送相关公安机关、海关及边防检查站。

第三十三条　经批准入境的运动枪支,由承办单位凭批准文件到入境地边防检查站办理枪支登记,申请领取《枪支弹药携运许可证》,凭《枪支弹药携运许可证》向入境地海关申报。到达目的地后,应当凭《枪支弹药携运许可证》向当地设区的市级以上公安机关备案。
经批准出境的运动枪支,由承办单位凭批准文件到单位所在地省级公安机关办理《枪支弹药携运许可证》。凭批准文件和《枪支弹药携运许可证》向出境地边防检查站办理出境手续。
经批准入境的运动枪支再出境时,承办单位应当向边防检查站出具弹药消耗证明。

第七章　罚　则

第三十四条　有下列行为之一的,由体育行政部门对其负有责任的主管人员和其他直接责任人员,给予行政处分:
（一）未按规定条件或者程序审批从事射击竞技体育运动单位申请的;
（二）对配置单位运动枪支购置计划审核不严,造成严重后果的;
（三）未按规定进行资格复审的;
（四）发生运动枪支被盗、丢失等事故,未及时逐级上报或者故意隐瞒不报的。

第三十五条　射击竞技体育运动单位存在下列行为之一的,由体育行政部门责令限期改正,对负有责任的主管人员和其他直接责任人员,视情节轻重,给予批评教育直至行政处分:
（一）未按照规定建立相关安全管理制度的;
（二）未对持枪人员进行法制和安全教育的;
（三）安全设施存在重大隐患的;
（四）枪弹混库（室、柜）存放的。

第三十六条　射击竞技体育运动单位存在下列行为之一的,由省级体育行政部门责令限期改正,情节严重的,撤销从事射击竞技体育运动的许可:
（一）未按规定进行运动枪支调剂的;
（二）未按规定上缴报废运动枪支的;
（三）弄虚作假,未如实申报购置计划、超标购置运动枪支的;
（四）训练场所、枪弹库（室）的安全设施存在严重安全隐患的。

第三十七条 射击竞技体育运动单位有下列行为之一的，由公安机关没收运动枪支，体育行政部门依照有关规定，给予当事人行政处分：

（一）未按规定办理《民用枪支持枪证》的；

（二）未按规定上交报废运动枪支的；

（三）私自借用运动枪支的；

（四）在非射击运动场地进行射击活动的；

（五）在禁止携带枪支的区域、场所携带运动枪支的。

第三十八条 体育行政部门工作人员、射击竞技体育运动单位或者人员有违反本办法第三十四条第四项；第三十六条第二项；第三十七条第二、三、五项规定，构成犯罪或者应当由公安机关予以行政处罚的，移交公安机关依法处理。

体育行政部门工作人员、射击竞技体育运动单位或者人员有违反《中华人民共和国枪支管理法》行为的，由公安机关依法予以处罚；构成犯罪的，依法追究刑事责任。

第八章 附 则

第三十九条 运动枪支研制立项和试用计划由国家体育总局提出，报公安部批准后下达给定点企业。运动枪支的定型由国家体育总局会同公安部组织审定，审定合格后方可生产。

第四十条 运动枪支的主要零部件及用于运动枪支的弹药，适用于本办法的有关规定。

第四十一条 中国人民解放军开展射击竞技体育运动的运动枪支管理，国务院、中央军事委员会另有规定的，适用有关规定。

第四十二条 本办法自2011年1月1日起施行。《射击运动枪支弹药管理办法》（1992年4月25日中华人民共和国国家体育运动委员会、公安部令第18号）同时废止。

中华人民共和国固体废物污染环境防治法

（主席令第58号）

（1995年10月30日第八届全国人民代表大会常务委员会第十六次会议通过；2004年12月29日第十届全国人民代表大会常务委员会第十三次会议第一次修订，根据2013年6月29日第十二届全国人民代表大会常务委员会第三次会议《关于修改〈中华人民共和国文物保护法〉等十二部法律的决定》第一次修正，根据2015年4月24日第十二届全国人民代表大会常务委员会第十四次会议《关于修改〈中华人民共和国港口法〉等七部法律的决定》第二次修正，根据2016年11月7日第十二届全国人民代表大会常务委员会第二十四次会议《关于修改〈中华人民共和国对外贸易法〉等十二部法律的决定》第三次修正，2020年4月29日第十三届全国人民代表大会常务委员会第十七次会议第二次修订；现行版本自2020年9月1日起施行；法规类型为法律）

第一章 总 则

第一条 为了保护和改善生态环境，防治固体废物污染环境，保障公众健康，维护生态安全，推进生态文明建设，促进经济社会可持续发展，制定本法。

第二条 固体废物污染环境的防治适用本法。

固体废物污染海洋环境的防治和放射性固体废物污染环境的防治不适用本法。

第三条 国家推行绿色发展方式,促进清洁生产和循环经济发展。

国家倡导简约适度、绿色低碳的生活方式,引导公众积极参与固体废物污染环境防治。

第四条 固体废物污染环境防治坚持减量化、资源化和无害化的原则。

任何单位和个人都应当采取措施,减少固体废物的产生量,促进固体废物的综合利用,降低固体废物的危害性。

第五条 固体废物污染环境防治坚持污染担责的原则。

产生、收集、贮存、运输、利用、处置固体废物的单位和个人,应当采取措施,防止或者减少固体废物对环境的污染,对所造成的环境污染依法承担责任。

第六条 国家推行生活垃圾分类制度。

生活垃圾分类坚持政府推动、全民参与、城乡统筹、因地制宜、简便易行的原则。

第七条 地方各级人民政府对本行政区域固体废物污染环境防治负责。

国家实行固体废物污染环境防治目标责任制和考核评价制度,将固体废物污染环境防治目标完成情况纳入考核评价的内容。

第八条 各级人民政府应当加强对固体废物污染环境防治工作的领导,组织、协调、督促有关部门依法履行固体废物污染环境防治监督管理职责。

省、自治区、直辖市之间可以协商建立跨行政区域固体废物污染环境的联防联控机制,统筹规划制定、设施建设、固体废物转移等工作。

第九条 国务院生态环境主管部门对全国固体废物污染环境防治工作实施统一监督管理。国务院发展改革、工业和信息化、自然资源、住房城乡建设、交通运输、农业农村、商务、卫生健康、海关等主管部门在各自职责范围内负责固体废物污染环境防治的监督管理工作。

地方人民政府生态环境主管部门对本行政区域固体废物污染环境防治工作实施统一监督管理。地方人民政府发展改革、工业和信息化、自然资源、住房城乡建设、交通运输、农业农村、商务、卫生健康等主管部门在各自职责范围内负责固体废物污染环境防治的监督管理工作。

第十条 国家鼓励、支持固体废物污染环境防治的科学研究、技术开发、先进技术推广和科学普及,加强固体废物污染环境防治科技支撑。

第十一条 国家机关、社会团体、企业事业单位、基层群众性自治组织和新闻媒体应当加强固体废物污染环境防治宣传教育和科学普及,增强公众固体废物污染环境防治意识。

学校应当开展生活垃圾分类以及其他固体废物污染环境防治知识普及和教育。

第十二条 各级人民政府对在固体废物污染环境防治工作以及相关的综合利用活动中做出显著成绩的单位和个人,按照国家有关规定给予表彰、奖励。

第二章 监督管理

第十三条 县级以上人民政府应当将固体废物污染环境防治工作纳入国民经济和社会发展规划、生态环境保护规划,并采取有效措施减少固体废物的产生量、促进固体废物的综合利用、降低固体废物的危害性,最大限度降低固体废物填埋量。

第十四条 国务院生态环境主管部门应当会同国务院有关部门根据国家环境质量标准和国家经济、技术条件,制定固体废物鉴别标准、鉴别程序和国家固体废物污染环境防治技术标准。

第十五条 国务院标准化主管部门应当会同国务院发展改革、工业和信息化、生态环境、农业农村等主管部门,制定固体废物综合利用标准。

综合利用固体废物应当遵守生态环境法律法规,符合固体废物污染环境防治技术标准。使用固体废物综合利用产物应当符合国家规定的用途、标准。

第十六条 国务院生态环境主管部门应当会同国务院有关部门建立全国危险废物等固体废物污染环境防治信息平台，推进固体废物收集、转移、处置等全过程监控和信息化追溯。

第十七条 建设产生、贮存、利用、处置固体废物的项目，应当依法进行环境影响评价，并遵守国家有关建设项目环境保护管理的规定。

第十八条 建设项目的环境影响评价文件确定需要配套建设的固体废物污染环境防治设施，应当与主体工程同时设计、同时施工、同时投入使用。建设项目的初步设计，应当按照环境保护设计规范的要求，将固体废物污染环境防治内容纳入环境影响评价文件，落实防治固体废物污染环境和破坏生态的措施以及固体废物污染环境防治设施投资概算。

建设单位应当依照有关法律法规的规定，对配套建设的固体废物污染环境防治设施进行验收，编制验收报告，并向社会公开。

第十九条 收集、贮存、运输、利用、处置固体废物的单位和其他生产经营者，应当加强对相关设施、设备和场所的管理和维护，保证其正常运行和使用。

第二十条 产生、收集、贮存、运输、利用、处置固体废物的单位和其他生产经营者，应当采取防扬散、防流失、防渗漏或者其他防止污染环境的措施，不得擅自倾倒、堆放、丢弃、遗撒固体废物。

禁止任何单位或者个人向江河、湖泊、运河、渠道、水库及其最高水位线以下的滩地和岸坡以及法律法规规定的其他地点倾倒、堆放、贮存固体废物。

第二十一条 在生态保护红线区域、永久基本农田集中区域和其他需要特别保护的区域内，禁止建设工业固体废物、危险废物集中贮存、利用、处置的设施、场所和生活垃圾填埋场。

第二十二条 转移固体废物出省、自治区、直辖市行政区域贮存、处置的，应当向固体废物移出地的省、自治区、直辖市人民政府生态环境主管部门提出申请。移出地的省、自治区、直辖市人民政府生态环境主管部门应当及时商经接受地的省、自治区、直辖市人民政府生态环境主管部门同意后，在规定期限内批准转移该固体废物出省、自治区、直辖市行政区域。未经批准的，不得转移。

转移固体废物出省、自治区、直辖市行政区域利用的，应当报固体废物移出地的省、自治区、直辖市人民政府生态环境主管部门备案。移出地的省、自治区、直辖市人民政府生态环境主管部门应当将备案信息通报接受地的省、自治区、直辖市人民政府生态环境主管部门。

第二十三条 禁止中华人民共和国境外的固体废物进境倾倒、堆放、处置。

第二十四条 国家逐步实现固体废物零进口，由国务院生态环境主管部门会同国务院商务、发展改革、海关等主管部门组织实施。

第二十五条 海关发现进口货物疑似固体废物的，可以委托专业机构开展属性鉴别，并根据鉴别结论依法管理。

第二十六条 生态环境主管部门及其环境执法机构和其他负有固体废物污染环境防治监督管理职责的部门，在各自职责范围内有权对从事产生、收集、贮存、运输、利用、处置固体废物等活动的单位和其他生产经营者进行现场检查。被检查者应当如实反映情况，并提供必要的资料。

实施现场检查，可以采取现场监测、采集样品、查阅或者复制与固体废物污染环境防治相关的资料等措施。检查人员进行现场检查，应当出示证件。对现场检查中知悉的商业秘密应当保密。

第二十七条 有下列情形之一，生态环境主管部门和其他负有固体废物污染环境防治监督管理职责的部门，可以对违法收集、贮存、运输、利用、处置的固体废物及设施、设备、场

所、工具、物品予以查封、扣押:
（一）可能造成证据灭失、被隐匿或者非法转移的;
（二）造成或者可能造成严重环境污染的。

第二十八条 生态环境主管部门应当会同有关部门建立产生、收集、贮存、运输、利用、处置固体废物的单位和其他生产经营者信用记录制度，将相关信用记录纳入全国信用信息共享平台。

第二十九条 设区的市级人民政府生态环境主管部门应当会同住房城乡建设、农业农村、卫生健康等主管部门，定期向社会发布固体废物的种类、产生量、处置能力、利用处置状况等信息。

产生、收集、贮存、运输、利用、处置固体废物的单位，应当依法及时公开固体废物污染环境防治信息，主动接受社会监督。

利用、处置固体废物的单位，应当依法向公众开放设施、场所，提高公众环境保护意识和参与程度。

第三十条 县级以上人民政府应当将工业固体废物、生活垃圾、危险废物等固体废物污染环境防治情况纳入环境状况和环境保护目标完成情况年度报告，向本级人民代表大会或者人民代表大会常务委员会报告。

第三十一条 任何单位和个人都有权对造成固体废物污染环境的单位和个人进行举报。

生态环境主管部门和其他负有固体废物污染环境防治监督管理职责的部门应当将固体废物污染环境防治举报方式向社会公布，方便公众举报。

接到举报的部门应当及时处理并对举报人的相关信息予以保密;对实名举报并查证属实的，给予奖励。

举报人举报所在单位的，该单位不得以解除、变更劳动合同或者其他方式对举报人进行打击报复。

第三章 工业固体废物

第三十二条 国务院生态环境主管部门应当会同国务院发展改革、工业和信息化等主管部门对工业固体废物对公众健康、生态环境的危害和影响程度等作出界定，制定防治工业固体废物污染环境的技术政策，组织推广先进的防治工业固体废物污染环境的生产工艺和设备。

第三十三条 国务院工业和信息化主管部门应当会同国务院有关部门组织研究开发、推广减少工业固体废物产生量和降低工业固体废物危害性的生产工艺和设备，公布限期淘汰产生严重污染环境的工业固体废物的落后生产工艺、设备的名录。

生产者、销售者、进口者、使用者应当在国务院工业和信息化主管部门会同国务院有关部门规定的期限内分别停止生产、销售、进口或者使用列入前款规定名录中的设备。生产工艺的采用者应当在国务院工业和信息化主管部门会同国务院有关部门规定的期限内停止采用列入前款规定名录中的工艺。

列入限期淘汰名录被淘汰的设备，不得转让给他人使用。

第三十四条 国务院工业和信息化主管部门应当会同国务院发展改革、生态环境等主管部门，定期发布工业固体废物综合利用技术、工艺、设备和产品导向目录，组织开展工业固体废物资源综合利用评价，推动工业固体废物综合利用。

第三十五条 县级以上地方人民政府应当制定工业固体废物污染环境防治工作规划，组织建设工业固体废物集中处置等设施，推动工业固体废物污染环境防治工作。

第三十六条 产生工业固体废物的单位应当建立健全工业固体废物产生、收集、贮存、运输、利用、处置全过程的污染环境防治责任制度，建立工业固体废物管理台账，如实记录产生工业固体废物的种类、数量、流向、贮存、利用、处置等信息，实现工业固体废物可追溯、可查询，并采取防治工业固体废物污染环境的措施。

禁止向生活垃圾收集设施中投放工业固体废物。

第三十七条 产生工业固体废物的单位委托他人运输、利用、处置工业固体废物的，应当对受托方的主体资格和技术能力进行核实，依法签订书面合同，在合同中约定污染防治要求。

受托方运输、利用、处置工业固体废物，应当依照有关法律法规的规定和合同约定履行污染防治要求，并将运输、利用、处置情况告知产生工业固体废物的单位。

产生工业固体废物的单位违反本条第一款规定的，除依照有关法律法规的规定予以处罚外，还应当与造成环境污染和生态破坏的受托方承担连带责任。

第三十八条 产生工业固体废物的单位应当依法实施清洁生产审核，合理选择和利用原材料、能源和其他资源，采用先进的生产工艺和设备，减少工业固体废物的产生量，降低工业固体废物的危害性。

第三十九条 产生工业固体废物的单位应当取得排污许可证。排污许可的具体办法和实施步骤由国务院规定。

产生工业固体废物的单位应当向所在地生态环境主管部门提供工业固体废物的种类、数量、流向、贮存、利用、处置等有关资料，以及减少工业固体废物产生、促进综合利用的具体措施，并执行排污许可管理制度的相关规定。

第四十条 产生工业固体废物的单位应当根据经济、技术条件对工业固体废物加以利用；对暂时不利用或者不能利用的，应当按照国务院生态环境等主管部门的规定建设贮存设施、场所，安全分类存放，或者采取无害化处置措施。贮存工业固体废物应当采取符合国家环境保护标准的防护措施。

建设工业固体废物贮存、处置的设施、场所，应当符合国家环境保护标准。

第四十一条 产生工业固体废物的单位终止的，应当在终止前对工业固体废物的贮存、处置的设施、场所采取污染防治措施，并对未处置的工业固体废物作出妥善处置，防止污染环境。

产生工业固体废物的单位发生变更的，变更后的单位应当按照国家有关环境保护的规定对未处置的工业固体废物及其贮存、处置的设施、场所进行安全处置或者采取有效措施保证该设施、场所安全运行。变更前当事人对工业固体废物及其贮存、处置的设施、场所的污染防治责任另有约定的，从其约定；但是，不得免除当事人的污染防治义务。

对2005年4月1日前已经终止的单位未处置的工业固体废物及其贮存、处置的设施、场所进行安全处置的费用，由有关人民政府承担；但是，该单位享有的土地使用权依法转让的，应当由土地使用权受让人承担处置费用。当事人另有约定的，从其约定；但是，不得免除当事人的污染防治义务。

第四十二条 矿山企业应当采取科学的开采方法和选矿工艺，减少尾矿、煤矸石、废石等矿业固体废物的产生量和贮存量。

国家鼓励采取先进工艺对尾矿、煤矸石、废石等矿业固体废物进行综合利用。

尾矿、煤矸石、废石等矿业固体废物贮存设施停止使用后，矿山企业应当按照国家有关环境保护等规定进行封场，防止造成环境污染和生态破坏。

第四章 生活垃圾

第四十三条 县级以上地方人民政府应当加快建立分类投放、分类收集、分类运输、分类处理的生活垃圾管理系统，实现生活垃圾分类制度有效覆盖。

县级以上地方人民政府应当建立生活垃圾分类工作协调机制，加强和统筹生活垃圾分类管理能力建设。

各级人民政府及其有关部门应当组织开展生活垃圾分类宣传,教育引导公众养成生活垃圾分类习惯,督促和指导生活垃圾分类工作。

第四十四条 县级以上地方人民政府应当有计划地改进燃料结构,发展清洁能源,减少燃料废渣等固体废物的产生量。

县级以上地方人民政府有关部门应当加强产品生产和流通过程管理,避免过度包装,组织净菜上市,减少生活垃圾的产生量。

第四十五条 县级以上人民政府应当统筹安排建设城乡生活垃圾收集、运输、处理设施,确定设施厂址,提高生活垃圾的综合利用和无害化处置水平,促进生活垃圾收集、处理的产业化发展,逐步建立和完善生活垃圾污染环境防治的社会服务体系。

县级以上地方人民政府有关部门应当统筹规划,合理安排回收、分拣、打包网点,促进生活垃圾的回收利用工作。

第四十六条 地方各级人民政府应当加强农村生活垃圾污染环境的防治,保护和改善农村人居环境。

国家鼓励农村生活垃圾源头减量。城乡结合部、人口密集的农村地区和其他有条件的地方,应当建立城乡一体的生活垃圾管理系统;其他农村地区应当积极探索生活垃圾管理模式,因地制宜,就近就地利用或者妥善处理生活垃圾。

第四十七条 设区的市级以上人民政府环境卫生主管部门应当制定生活垃圾清扫、收集、贮存、运输和处理设施、场所建设运行规范,发布生活垃圾分类指导目录,加强监督管理。

第四十八条 县级以上地方人民政府环境卫生等主管部门应当组织对城乡生活垃圾进行清扫、收集、运输和处理,可以通过招标等方式选择具备条件的单位从事生活垃圾的清扫、收集、运输和处理。

第四十九条 产生生活垃圾的单位、家庭和个人应当依法履行生活垃圾源头减量和分类投放义务,承担生活垃圾产生者责任。

任何单位和个人都应当依法在指定的地点分类投放生活垃圾。禁止随意倾倒、抛撒、堆放或者焚烧生活垃圾。

机关、事业单位等应当在生活垃圾分类工作中起示范带头作用。

已经分类投放的生活垃圾,应当按照规定分类收集、分类运输、分类处理。

第五十条 清扫、收集、运输、处理城乡生活垃圾,应当遵守国家有关环境保护和环境卫生管理的规定,防止污染环境。

从生活垃圾中分类并集中收集的有害垃圾,属于危险废物的,应当按照危险废物管理。

第五十一条 从事公共交通运输的经营单位,应当及时清扫、收集运输过程中产生的生活垃圾。

第五十二条 农贸市场、农产品批发市场等应当加强环境卫生管理,保持环境卫生清洁,对所产生的垃圾及时清扫、分类收集、妥善处理。

第五十三条 从事城市新区开发、旧区改建和住宅小区开发建设、村镇建设的单位,以及机场、码头、车站、公园、商场、体育场馆等公共设施、场所的经营管理单位,应当按照国家有关环境卫生的规定,配套建设生活垃圾收集设施。

县级以上地方人民政府应当统筹生活垃圾公共转运、处理设施与前款规定的收集设施的有效衔接,并加强生活垃圾分类收运体系和再生资源回收体系在规划、建设、运营等方面的融合。

第五十四条 从生活垃圾中回收的物质应当按照国家规定的用途、标准使用,不得用于生产可能危害人体健康的产品。

第五十五条　建设生活垃圾处理设施、场所，应当符合国务院生态环境主管部门和国务院住房城乡建设主管部门规定的环境保护和环境卫生标准。

鼓励相邻地区统筹生活垃圾处理设施建设，促进生活垃圾处理设施跨行政区域共建共享。

禁止擅自关闭、闲置或者拆除生活垃圾处理设施、场所；确有必要关闭、闲置或者拆除的，应当经所在地的市、县级人民政府环境卫生主管部门商所在地生态环境主管部门同意后核准，并采取防止污染环境的措施。

第五十六条　生活垃圾处理单位应当按照国家有关规定，安装使用监测设备，实时监测污染物的排放情况，将污染排放数据实时公开。监测设备应当与所在地生态环境主管部门的监控设备联网。

第五十七条　县级以上地方人民政府环境卫生主管部门负责组织开展厨余垃圾资源化、无害化处理工作。

产生、收集厨余垃圾的单位和其他生产经营者，应当将厨余垃圾交由具备相应资质条件的单位进行无害化处理。

禁止畜禽养殖场、养殖小区利用未经无害化处理的厨余垃圾饲喂畜禽。

第五十八条　县级以上地方人民政府应当按照产生者付费原则，建立生活垃圾处理收费制度。

县级以上地方人民政府制定生活垃圾处理收费标准，应当根据本地实际，结合生活垃圾分类情况，体现分类计价、计量收费等差别化管理，并充分征求公众意见。生活垃圾处理收费标准应当向社会公布。

生活垃圾处理费应当专项用于生活垃圾的收集、运输和处理等，不得挪作他用。

第五十九条　省、自治区、直辖市和设区的市、自治州可以结合实际，制定本地生活垃圾具体管理办法。

第五章　建筑垃圾、农业固体废物等

第六十条　县级以上地方人民政府应当加强建筑垃圾污染环境的防治，建立建筑垃圾分类处理制度。

县级以上地方人民政府应当制定包括源头减量、分类处理、消纳设施和场所布局及建设等在内的建筑垃圾污染环境防治工作规划。

第六十一条　国家鼓励采用先进技术、工艺、设备和管理措施，推进建筑垃圾源头减量，建立建筑垃圾回收利用体系。

县级以上地方人民政府应当推动建筑垃圾综合利用产品应用。

第六十二条　县级以上地方人民政府环境卫生主管部门负责建筑垃圾污染环境防治工作，建立建筑垃圾全过程管理制度，规范建筑垃圾产生、收集、贮存、运输、利用、处置行为，推进综合利用，加强建筑垃圾处置设施、场所建设，保障处置安全，防止污染环境。

第六十三条　工程施工单位应当编制建筑垃圾处理方案，采取污染防治措施，并报县级以上地方人民政府环境卫生主管部门备案。

工程施工单位应当及时清运工程施工过程中产生的建筑垃圾等固体废物，并按照环境卫生主管部门的规定进行利用或者处置。

工程施工单位不得擅自倾倒、抛撒或者堆放工程施工过程中产生的建筑垃圾。

第六十四条　县级以上人民政府农业农村主管部门负责指导农业固体废物回收利用体系建设，鼓励和引导有关单位和其他生产经营者依法收集、贮存、运输、利用、处置农业固体废物，加强监督管理，防止污染环境。

第六十五条　产生秸秆、废弃农用薄膜、农药包装废弃物等农业固体废物的单位和其他生产经营者,应当采取回收利用和其他防止污染环境的措施。

从事畜禽规模养殖应当及时收集、贮存、利用或者处置养殖过程中产生的畜禽粪污等固体废物,避免造成环境污染。

禁止在人口集中地区、机场周围、交通干线附近以及当地人民政府划定的其他区域露天焚烧秸秆。

国家鼓励研究开发、生产、销售、使用在环境中可降解且无害的农用薄膜。

第六十六条 国家建立电器电子、铅蓄电池、车用动力电池等产品的生产者责任延伸制度。

电器电子、铅蓄电池、车用动力电池等产品的生产者应当按照规定以自建或者委托等方式建立与产品销售量相匹配的废旧产品回收体系,并向社会公开,实现有效回收和利用。

国家鼓励产品的生产者开展生态设计,促进资源回收利用。

第六十七条 国家对废弃电器电子产品等实行多渠道回收和集中处理制度。

禁止将废弃机动车船等交由不符合规定条件的企业或者个人回收、拆解。

拆解、利用、处置废弃电器电子产品、废弃机动车船等,应当遵守有关法律法规的规定,采取防止污染环境的措施。

第六十八条 产品和包装物的设计、制造,应当遵守国家有关清洁生产的规定。国务院标准化主管部门应当根据国家经济和技术条件、固体废物污染环境防治状况以及产品的技术要求,组织制定有关标准,防止过度包装造成环境污染。

生产经营者应当遵守限制商品过度包装的强制性标准,避免过度包装。县级以上地方人民政府市场监督管理部门和有关部门应当按照各自职责,加强对过度包装的监督管理。

<u>生产、销售、进口依法被列入强制回收目录的产品和包装物的企业,应当按照国家有关规定对该产品和包装物进行回收。</u>

电子商务、快递、外卖等行业应当优先采用可重复使用、易回收利用的包装物,优化物品包装,减少包装物的使用,并积极回收利用包装物。县级以上地方人民政府商务、邮政等主管部门应当加强监督管理。

国家鼓励和引导消费者使用绿色包装和减量包装。

第六十九条 国家依法禁止、限制生产、销售和使用不可降解塑料袋等一次性塑料制品。

商品零售场所开办单位、电子商务平台企业和快递企业、外卖企业应当按照国家有关规定向商务、邮政等主管部门报告塑料袋等一次性塑料制品的使用、回收情况。

国家鼓励和引导减少使用、积极回收塑料袋等一次性塑料制品,推广应用可循环、易回收、可降解的替代产品。

第七十条 旅游、住宿等行业应当按照国家有关规定推行不主动提供一次性用品。

机关、企业事业单位等的办公场所应当使用有利于保护环境的产品、设备和设施,减少使用一次性办公用品。

第七十一条 城镇污水处理设施维护运营单位或者污泥处理单位应当安全处理污泥,保证处理后的污泥符合国家有关标准,对污泥的流向、用途、用量等进行跟踪、记录,并报告城镇排水主管部门、生态环境主管部门。

县级以上人民政府城镇排水主管部门应当将污泥处理设施纳入城镇排水与污水处理规划,推动同步建设污泥处理设施与污水处理设施,鼓励协同处理,污水处理费征收标准和补偿范围应当覆盖污泥处理成本和污水处理设施正常运营成本。

第七十二条 禁止擅自倾倒、堆放、丢弃、遗撒城镇污水处理设施产生的污泥和处理后的污泥。

禁止重金属或者其他有毒有害物质含量超标的污泥进入农用地。

从事水体清淤疏浚应当按照国家有关规定处理清淤疏浚过程中产生的底泥，防止污染环境。

第七十三条 各级各类实验室及其设立单位应当加强对实验室产生的固体废物的管理，依法收集、贮存、运输、利用、处置实验室固体废物。实验室固体废物属于危险废物的，应当按照危险废物管理。

第六章 危险废物

第七十四条 危险废物污染环境的防治，适用本章规定；本章未作规定的，适用本法其他有关规定。

第七十五条 国务院生态环境主管部门应当会同国务院有关部门制定国家危险废物名录，规定统一的危险废物鉴别标准、鉴别方法、识别标志和鉴别单位管理要求。国家危险废物名录应当动态调整。

国务院生态环境主管部门根据危险废物的危害特性和产生数量，科学评估其环境风险，实施分级分类管理，建立信息化监管体系，并通过信息化手段管理、共享危险废物转移数据和信息。

第七十六条 省、自治区、直辖市人民政府应当组织有关部门编制危险废物集中处置设施、场所的建设规划，科学评估危险废物处置需求，合理布局危险废物集中处置设施、场所，确保本行政区域的危险废物得到妥善处置。

编制危险废物集中处置设施、场所的建设规划，应当征求有关行业协会、企业事业单位、专家和公众等方面的意见。

相邻省、自治区、直辖市之间可以开展区域合作，统筹建设区域性危险废物集中处置设施、场所。

第七十七条 对危险废物的容器和包装物以及收集、贮存、运输、利用、处置危险废物的设施、场所，应当按照规定设置危险废物识别标志。

第七十八条 产生危险废物的单位，应当按照国家有关规定制定危险废物管理计划；建立危险废物管理台账，如实记录有关信息，并通过国家危险废物信息管理系统向所在地生态环境主管部门申报危险废物的种类、产生量、流向、贮存、处置等有关资料。

前款所称危险废物管理计划应当包括减少危险废物产生量和降低危险废物危害性的措施以及危险废物贮存、利用、处置措施。危险废物管理计划应当报产生危险废物的单位所在地生态环境主管部门备案。

产生危险废物的单位已经取得排污许可证的，执行排污许可管理制度的规定。

第七十九条 产生危险废物的单位，应当按照国家有关规定和环境保护标准要求贮存、利用、处置危险废物，不得擅自倾倒、堆放。

第八十条 从事收集、贮存、利用、处置危险废物经营活动的单位，应当按照国家有关规定申请取得许可证。许可证的具体管理办法由国务院制定。

禁止无许可证或者未按照许可证规定从事危险废物收集、贮存、利用、处置的经营活动。

禁止将危险废物提供或者委托给无许可证的单位或者其他生产经营者从事收集、贮存、利用、处置活动。

第八十一条 收集、贮存危险废物，应当按照危险废物特性分类进行。禁止混合收集、贮存、运输、处置性质不相容而未经安全性处置的危险废物。

贮存危险废物应当采取符合国家环境保护标准的防护措施。禁止将危险废物混入非危险废物中贮存。

从事收集、贮存、利用、处置危险废物经营活动的单位，贮存危险废物不得超过一年；确需延长期限的，应当报经颁发许可证的生态环境主管部门批准；法律、行政法规另有规定的除外。

第八十二条 转移危险废物的，应当按照国家有关规定填写、运行危险废物电子或者纸质转移联单。

跨省、自治区、直辖市转移危险废物的，应当向危险废物移出地省、自治区、直辖市人民政府生态环境主管部门申请。移出地省、自治区、直辖市人民政府生态环境主管部门应当及时商经接受地省、自治区、直辖市人民政府生态环境主管部门同意后，在规定期限内批准转移该危险废物，并将批准信息通报相关省、自治区、直辖市人民政府生态环境主管部门和交通运输主管部门。未经批准的，不得转移。

危险废物转移管理应当全程管控、提高效率，具体办法由国务院生态环境主管部门会同国务院交通运输主管部门和公安部门制定。

第八十三条 运输危险废物，应当采取防止污染环境的措施，并遵守国家有关危险货物运输管理的规定。

禁止将危险废物与旅客在同一运输工具上载运。

第八十四条 收集、贮存、运输、利用、处置危险废物的场所、设施、设备和容器、包装物及其他物品转作他用时，应当按照国家有关规定经过消除污染处理，方可使用。

第八十五条 产生、收集、贮存、运输、利用、处置危险废物的单位，应当依法制定意外事故的防范措施和应急预案，并向所在地生态环境主管部门和其他负有固体废物污染环境防治监督管理职责的部门备案；生态环境主管部门和其他负有固体废物污染环境防治监督管理职责的部门应当进行检查。

第八十六条 因发生事故或者其他突发性事件，造成危险废物严重污染环境的单位，应当立即采取有效措施消除或者减轻对环境的污染危害，及时通报可能受到污染危害的单位和居民，并向所在地生态环境主管部门和有关部门报告，接受调查处理。

第八十七条 在发生或者有证据证明可能发生危险废物严重污染环境、威胁居民生命财产安全时，生态环境主管部门或者其他负有固体废物污染环境防治监督管理职责的部门应当立即向本级人民政府和上一级人民政府有关部门报告，由人民政府采取防止或者减轻危害的有效措施。有关人民政府可以根据需要责令停止导致或者可能导致环境污染事故的作业。

第八十八条 重点危险废物集中处置设施、场所退役前，运营单位应当按照国家有关规定对设施、场所采取污染防治措施。退役的费用应当预提，列入投资概算或者生产成本，专门用于重点危险废物集中处置设施、场所的退役。具体提取和管理办法，由国务院财政部门、价格主管部门会同国务院生态环境主管部门规定。

第八十九条 禁止经中华人民共和国过境转移危险废物。

第九十条 医疗废物按照国家危险废物名录管理。县级以上地方人民政府应当加强医疗废物集中处置能力建设。

县级以上人民政府卫生健康、生态环境等主管部门应当在各自职责范围内加强对医疗废物收集、贮存、运输、处置的监督管理，防止危害公众健康、污染环境。

医疗卫生机构应当依法分类收集本单位产生的医疗废物，交由医疗废物集中处置单位处置。医疗废物集中处置单位应当及时收集、运输和处置医疗废物。

医疗卫生机构和医疗废物集中处置单位，应当采取有效措施，防止医疗废物流失、泄漏、渗漏、扩散。

第九十一条 重大传染病疫情等突发事件发生时，县级以上人民政府应当统筹协调医疗废物等危险废物收集、贮存、运输、处置等工作，保障所需的车辆、场地、处置设施和防护物资。卫生健康、生态环境、环境卫生、交通运输等主管部门应当协同配合，依法履行应急处置职责。

第七章　保障措施

第九十二条　国务院有关部门、县级以上地方人民政府及其有关部门在编制国土空间规划和相关专项规划时，应当统筹生活垃圾、建筑垃圾、危险废物等固体废物转运、集中处置等设施建设需求，保障转运、集中处置等设施用地。

第九十三条　国家采取有利于固体废物污染环境防治的经济、技术政策和措施，鼓励、支持有关方面采取有利于固体废物污染环境防治的措施，加强对从事固体废物污染环境防治工作人员的培训和指导，促进固体废物污染环境防治产业专业化、规模化发展。

第九十四条　国家鼓励和支持科研单位、固体废物产生单位、固体废物利用单位、固体废物处置单位等联合攻关，研究开发固体废物综合利用、集中处置等的新技术，推动固体废物污染环境防治技术进步。

第九十五条　各级人民政府应当加强固体废物污染环境的防治，按照事权划分的原则安排必要的资金用于下列事项：

（一）固体废物污染环境防治的科学研究、技术开发；

（二）生活垃圾分类；

（三）固体废物集中处置设施建设；

（四）重大传染病疫情等突发事件产生的医疗废物等危险废物应急处置；

（五）涉及固体废物污染环境防治的其他事项。

使用资金应当加强绩效管理和审计监督，确保资金使用效益。

第九十六条　国家鼓励和支持社会力量参与固体废物污染环境防治工作，并按照国家有关规定给予政策扶持。

第九十七条　国家发展绿色金融，鼓励金融机构加大对固体废物污染环境防治项目的信贷投放。

第九十八条　从事固体废物综合利用等固体废物污染环境防治工作的，依照法律、行政法规的规定，享受税收优惠。

国家鼓励并提倡社会各界为防治固体废物污染环境捐赠财产，并依照法律、行政法规的规定，给予税收优惠。

第九十九条　收集、贮存、运输、利用、处置危险废物的单位，应当按照国家有关规定，投保环境污染责任保险。

第一百条　国家鼓励单位和个人购买、使用综合利用产品和可重复使用产品。

县级以上人民政府及其有关部门在政府采购过程中，应当优先采购综合利用产品和可重复使用产品。

第八章　法律责任

第一百零一条　生态环境主管部门或者其他负有固体废物污染环境防治监督管理职责的部门违反本法规定，有下列行为之一，由本级人民政府或者上级人民政府有关部门责令改正，对直接负责的主管人员和其他直接责任人员依法给予处分：

（一）未依法作出行政许可或者办理批准文件的；

（二）对违法行为进行包庇的；

（三）未依法查封、扣押的；

（四）发现违法行为或者接到对违法行为的举报后未予查处的；

（五）有其他滥用职权、玩忽职守、徇私舞弊等违法行为的。

依照本法规定应当作出行政处罚决定而未作出的,上级主管部门可以直接作出行政处罚决定。

第一百零二条 违反本法规定,有下列行为之一,由生态环境主管部门责令改正,处以罚款,没收违法所得;情节严重的,报经有批准权的人民政府批准,可以责令停业或者关闭:

(一) 产生、收集、贮存、运输、利用、处置固体废物的单位未依法及时公开固体废物污染环境防治信息的;

(二) 生活垃圾处理单位未按照国家有关规定安装使用监测设备、实时监测污染物的排放情况并公开污染排放数据的;

(三) 将列入限期淘汰名录被淘汰的设备转让给他人使用的;

(四) 在生态保护红线区域、永久基本农田集中区域和其他需要特别保护的区域内,建设工业固体废物、危险废物集中贮存、利用、处置的设施、场所和生活垃圾填埋场的;

(五) 转移固体废物出省、自治区、直辖市行政区域贮存、处置未经批准的;

(六) 转移固体废物出省、自治区、直辖市行政区域利用未备案的;

(七) 擅自倾倒、堆放、丢弃、遗撒工业固体废物,或者未采取相应防范措施,造成工业固体废物扬散、流失、渗漏或者其他环境污染的;

(八) 产生工业固体废物的单位未建立固体废物管理台账并如实记录的;

(九) 产生工业固体废物的单位违反本法规定委托他人运输、利用、处置工业固体废物的;

(十) 贮存工业固体废物未采取符合国家环境保护标准的防护措施的;

(十一) 单位和其他生产经营者违反固体废物管理其他要求,污染环境、破坏生态的。

有前款第一项、第八项行为之一,处五万元以上二十万元以下的罚款;有前款第二项、第三项、第四项、第五项、第六项、第九项、第十项、第十一项行为之一,处十万元以上一百万元以下的罚款;有前款第七项行为,处所需处置费用一倍以上三倍以下的罚款,所需处置费用不足十万元的,按十万元计算。对前款第十一项行为的处罚,有关法律、行政法规另有规定的,适用其规定。

第一百零三条 违反本法规定,以拖延、围堵、滞留执法人员等方式拒绝、阻挠监督检查,或者在接受监督检查时弄虚作假的,由生态环境主管部门或者其他负有固体废物污染环境防治监督管理职责的部门责令改正,处五万元以上二十万元以下的罚款;对直接负责的主管人员和其他直接责任人员,处二万元以上十万元以下的罚款。

第一百零四条 违反本法规定,未依法取得排污许可证产生工业固体废物的,由生态环境主管部门责令改正或者限制生产、停产整治,处十万元以上一百万元以下的罚款;情节严重的,报经有批准权的人民政府批准,责令停业或者关闭。

第一百零五条 违反本法规定,生产经营者未遵守限制商品过度包装的强制性标准的,由县级以上地方人民政府市场监督管理部门或者有关部门责令改正;拒不改正的,处二千元以上二万元以下的罚款;情节严重的,处二万元以上十万元以下的罚款。

第一百零六条 违反本法规定,未遵守国家有关禁止、限制使用不可降解塑料袋等一次性塑料制品的规定,或者未按照国家有关规定报告塑料袋等一次性塑料制品的使用情况的,由县级以上地方人民政府商务、邮政等主管部门责令改正,处一万元以上十万元以下的罚款。

第一百零七条 从事畜禽规模养殖未及时收集、贮存、利用或者处置养殖过程中产生的畜禽粪污等固体废物的,由生态环境主管部门责令改正,可以处十万元以下的罚款;情节严重的,报经有批准权的人民政府批准,责令停业或者关闭。

第一百零八条 违反本法规定,城镇污水处理设施维护运营单位或者污泥处理单位对污泥流向、用途、用量等未进行跟踪、记录,或者处理后的污泥不符合国家有关标准的,由城镇排水主管部门责令改正，给予警告；造成严重后果的，处十万元以上二十万元以下的罚款；拒不改正的，城镇排水主管部门可以指定有治理能力的单位代为治理，所需费用由违法者承担。

违反本法规定，擅自倾倒、堆放、丢弃、遗撒城镇污水处理设施产生的污泥和处理后的污泥的，由城镇排水主管部门责令改正，处二十万元以上二百万元以下的罚款，对直接负责的主管人员和其他直接责任人员处二万元以上十万元以下的罚款；造成严重后果的，处二百万元以上五百万元以下的罚款，对直接负责的主管人员和其他直接责任人员处五万元以上五十万元以下的罚款；拒不改正的，城镇排水主管部门可以指定有治理能力的单位代为治理，所需费用由违法者承担。

第一百零九条 违反本法规定，生产、销售、进口或者使用淘汰的设备，或者采用淘汰的生产工艺的，由县级以上地方人民政府指定的部门责令改正，处十万元以上一百万元以下的罚款，没收违法所得；情节严重的，由县级以上地方人民政府指定的部门提出意见，报经有批准权的人民政府批准，责令停业或者关闭。

第一百一十条 尾矿、煤矸石、废石等矿业固体废物贮存设施停止使用后，未按照国家有关环境保护规定进行封场的，由生态环境主管部门责令改正，处二十万元以上一百万元以下的罚款。

第一百一十一条 违反本法规定，有下列行为之一，由县级以上地方人民政府环境卫生主管部门责令改正，处以罚款，没收违法所得：

（一）随意倾倒、抛撒、堆放或者焚烧生活垃圾的；

（二）擅自关闭、闲置或者拆除生活垃圾处理设施、场所的；

（三）工程施工单位未编制建筑垃圾处理方案报备案，或者未及时清运施工过程中产生的固体废物的；

（四）工程施工单位擅自倾倒、抛撒或者堆放工程施工过程中产生的建筑垃圾，或者未按照规定对施工过程中产生的固体废物进行利用或者处置的；

（五）产生、收集厨余垃圾的单位和其他生产经营者未将厨余垃圾交由具备相应资质条件的单位进行无害化处理的；

（六）畜禽养殖场、养殖小区利用未经无害化处理的厨余垃圾饲喂畜禽的；

（七）在运输过程中沿途丢弃、遗撒生活垃圾的。

单位有前款第一项、第七项行为之一，处五万元以上五十万元以下的罚款；单位有前款第二项、第三项、第四项、第五项、第六项行为之一，处十万元以上一百万元以下的罚款；个人有前款第一项、第五项、第七项行为之一，处一百元以上五百元以下的罚款。

违反本法规定，未在指定的地点分类投放生活垃圾的，由县级以上地方人民政府环境卫生主管部门责令改正；情节严重的，对单位处五万元以上五十万元以下的罚款，对个人依法处以罚款。

第一百一十二条 违反本法规定，有下列行为之一，由生态环境主管部门责令改正，处以罚款，没收违法所得；情节严重的，报经有批准权的人民政府批准，可以责令停业或者关闭：

（一）未按照规定设置危险废物识别标志的；

（二）未按照国家有关规定制定危险废物管理计划或者申报危险废物有关资料的；

（三）擅自倾倒、堆放危险废物的；

（四）将危险废物提供或者委托给无许可证的单位或者其他生产经营者从事经营活动的；

（五）未按照国家有关规定填写、运行危险废物转移联单或者未经批准擅自转移危险废物的；

（六）未按照国家环境保护标准贮存、利用、处置危险废物或者将危险废物混入非危险废物中贮存的；

（七）未经安全性处置，混合收集、贮存、运输、处置具有不相容性质的危险废物的；

（八）将危险废物与旅客在同一运输工具上载运的；

（九）未经消除污染处理，将收集、贮存、运输、处置危险废物的场所、设施、设备和容器、包装物及其他物品转作他用的；

（十）未采取相应防范措施，造成危险废物扬散、流失、渗漏或者其他环境污染的；

（十一）在运输过程中沿途丢弃、遗撒危险废物的；

（十二）未制定危险废物意外事故防范措施和应急预案的；

（十三）未按照国家有关规定建立危险废物管理台账并如实记录的。

有前款第一项、第二项、第五项、第六项、第七项、第八项、第九项、第十二项、第十三项行为之一，处十万元以上一百万元以下的罚款；有前款第三项、第四项、第十项、第十一项行为之一，处所需处置费用三倍以上五倍以下的罚款，所需处置费用不足二十万元的，按二十万元计算。

第一百一十三条 违反本法规定，危险废物产生者未按照规定处置其产生的危险废物被责令改正后拒不改正的，由生态环境主管部门组织代为处置，处置费用由危险废物产生者承担；拒不承担代为处置费用的，处代为处置费用一倍以上三倍以下的罚款。

第一百一十四条 无许可证从事收集、贮存、利用、处置危险废物经营活动的，由生态环境主管部门责令改正，处一百万元以上五百万元以下的罚款，并报经有批准权的人民政府批准，责令停业或者关闭；对法定代表人、主要负责人、直接负责的主管人员和其他责任人员，处十万元以上一百万元以下的罚款。

未按照许可证规定从事收集、贮存、利用、处置危险废物经营活动的，由生态环境主管部门责令改正，限制生产、停产整治，处五十万元以上二百万元以下的罚款；对法定代表人、主要负责人、直接负责的主管人员和其他责任人员，处五万元以上五十万元以下的罚款；情节严重的，报经有批准权的人民政府批准，责令停业或者关闭，还可以由发证机关吊销许可证。

第一百一十五条 违反本法规定，将中华人民共和国境外的固体废物输入境内的，由海关责令退运该固体废物，处五十万元以上五百万元以下的罚款。

承运人对前款规定的固体废物的退运、处置，与进口者承担连带责任。

第一百一十六条 违反本法规定，经中华人民共和国过境转移危险废物的，由海关责令退运该危险废物，处五十万元以上五百万元以下的罚款。

第一百一十七条 对已经非法入境的固体废物，由省级以上人民政府生态环境主管部门依法向海关提出处理意见，海关应当依照本法第一百一十五条的规定作出处罚决定；已经造成环境污染的，由省级以上人民政府生态环境主管部门责令进口者消除污染。

第一百一十八条 违反本法规定，造成固体废物污染环境事故的，除依法承担赔偿责任外，由生态环境主管部门依照本条第二款的规定处以罚款，责令限期采取治理措施；造成重大或者特大固体废物污染环境事故的，还可以报经有批准权的人民政府批准，责令关闭。

造成一般或者较大固体废物污染环境事故的，按照事故造成的直接经济损失的一倍以上三倍以下计算罚款；造成重大或者特大固体废物污染环境事故的，按照事故造成的直接经济损失的三倍以上五倍以下计算罚款，并对法定代表人、主要负责人、直接负责的主管人员和其他责任人员处上一年度从本单位取得的收入百分之五十以下的罚款。

第一百一十九条 单位和其他生产经营者违反本法规定排放固体废物，受到罚款处罚，被责令改正的，依法作出处罚决定的行政机关应当组织复查，发现其继续实施该违法行为的，依照《中华人民共和国环境保护法》的规定按日连续处罚。

第一百二十条 违反本法规定，有下列行为之一，尚不构成犯罪的，由公安机关对法定代表人、主要负责人、直接负责的主管人员和其他责任人员处十日以上十五日以下的拘留；情节较轻的，处五日以上十日以下的拘留：

（一）擅自倾倒、堆放、丢弃、遗撒固体废物，造成严重后果的；

（二）在生态保护红线区域、永久基本农田集中区域和其他需要特别保护的区域内，建设工业固体废物、危险废物集中贮存、利用、处置的设施、场所和生活垃圾填埋场的；

（三）将危险废物提供或者委托给无许可证的单位或者其他生产经营者堆放、利用、处置的；

（四）无许可证或者未按照许可证规定从事收集、贮存、利用、处置危险废物经营活动的；

（五）未经批准擅自转移危险废物的；

（六）未采取防范措施，造成危险废物扬散、流失、渗漏或者其他严重后果的。

第一百二十一条 固体废物污染环境、破坏生态，损害国家利益、社会公共利益的，有关机关和组织可以依照《中华人民共和国环境保护法》、《中华人民共和国民事诉讼法》、《中华人民共和国行政诉讼法》等法律的规定向人民法院提起诉讼。

第一百二十二条 固体废物污染环境、破坏生态给国家造成重大损失的，由设区的市级以上地方人民政府或者其指定的部门、机构组织与造成环境污染和生态破坏的单位和其他生产经营者进行磋商，要求其承担损害赔偿责任；磋商未达成一致的，可以向人民法院提起诉讼。

对于执法过程中查获的无法确定责任人或者无法退运的固体废物，由所在地县级以上地方人民政府组织处理。

第一百二十三条 违反本法规定，构成违反治安管理行为的，由公安机关依法给予治安管理处罚；构成犯罪的，依法追究刑事责任；造成人身、财产损害的，依法承担民事责任。

第九章 附 则

第一百二十四条 本法下列用语的含义：

（一）固体废物，是指在生产、生活和其他活动中产生的丧失原有利用价值或者虽未丧失利用价值但被抛弃或者放弃的固态、半固态和置于容器中的气态的物品、物质以及法律、行政法规规定纳入固体废物管理的物品、物质。经无害化加工处理，并且符合强制性国家产品质量标准，不会危害公众健康和生态安全，或者根据固体废物鉴别标准和鉴别程序认定为不属于固体废物的除外。

（二）工业固体废物，是指在工业生产活动中产生的固体废物。

（三）生活垃圾，是指在日常生活中或者为日常生活提供服务的活动中产生的固体废物，以及法律、行政法规规定视为生活垃圾的固体废物。

（四）建筑垃圾，是指建设单位、施工单位新建、改建、扩建和拆除各类建筑物、构筑物、管网等，以及居民装饰装修房屋过程中产生的弃土、弃料和其他固体废物。

（五）农业固体废物，是指在农业生产活动中产生的固体废物。

（六）危险废物，是指列入国家危险废物名录或者根据国家规定的危险废物鉴别标准和鉴别方法认定的具有危险特性的固体废物。

（七）贮存，是指将固体废物临时置于特定设施或者场所中的活动。

（八）利用，是指从固体废物中提取物质作为原材料或者燃料的活动。

（九）处置，是指将固体废物焚烧和用其他改变固体废物的物理、化学、生物特性的方法，达到减少已产生的固体废物数量、缩小固体废物体积、减少或者消除其危险成分的活动，或者将固体废物最终置于符合环境保护规定要求的填埋场的活动。

第一百二十五条 液态废物的污染防治，适用本法；但是，排入水体的废水的污染防治适用有关法律，不适用本法。

第一百二十六条 本法自 2020 年 9 月 1 日起施行。

中华人民共和国船舶吨税法

(主席令第 85 号)

(2017 年 12 月 27 日第十二届全国人民代表大会常务委员会第三十一次会议通过，根据 2018 年 10 月 26 日第十三届全国人民代表大会常务委员会第六次会议《关于修改〈中华人民共和国野生动物保护法〉等十五部法律的决定》修正，现行版本自 2018 年 10 月 26 日起施行，法规类型为法律)

第一条 自中华人民共和国境外港口进入境内港口的船舶（以下称应税船舶），应当依照本法缴纳船舶吨税（以下简称吨税）。

第二条 吨税的税目、税率依照本法所附的《吨税税目税率表》执行。

第三条 吨税设置优惠税率和普通税率。

中华人民共和国籍的应税船舶，船籍国（地区）与中华人民共和国签订含有相互给予船舶税费最惠国待遇条款的条约或者协定的应税船舶，适用优惠税率。

其他应税船舶，适用普通税率。

第四条 吨税按照船舶净吨位和吨税执照期限征收。

应税船舶负责人在每次申报纳税时，可以按照《吨税税目税率表》选择申领一种期限的吨税执照。

第五条 吨税的应纳税额按照船舶净吨位乘以适用税率计算。

第六条 吨税由海关负责征收。海关征收吨税应当制发缴款凭证。

应税船舶负责人缴纳吨税或者提供担保后，海关按照其申领的执照期限填发吨税执照。

第七条 应税船舶在进入港口办理入境手续时，应当向海关申报纳税领取吨税执照，或者交验吨税执照（或者申请核验吨税执照电子信息）。应税船舶在离开港口办理出境手续时，应当交验吨税执照（或者申请核验吨税执照电子信息）。

应税船舶负责人申领吨税执照时，应当向海关提供下列文件：

（一）船舶国籍证书或者海事部门签发的船舶国籍证书收存证明；

（二）船舶吨位证明。

应税船舶因不可抗力在未设立海关地点停泊的，船舶负责人应当立即向附近海关报告，并在不可抗力原因消除后，依照本法规定向海关申报纳税。

第八条 吨税纳税义务发生时间为应税船舶进入港口的当日。

应税船舶在吨税执照期满后尚未离开港口的，应当申领新的吨税执照，自上一次执照期满的次日起续缴吨税。

第九条 下列船舶免征吨税：

（一）应纳税额在人民币五十元以下的船舶；

（二）自境外以购买、受赠、继承等方式取得船舶所有权的初次进口到港的空载船舶；

（三）吨税执照期满后二十四小时内不上下客货的船舶；

（四）非机动船舶（不包括非机动驳船）；

（五）捕捞、养殖渔船；

（六）避难、防疫隔离、修理、改造、终止运营或者拆解，并不上下客货的船舶；
（七）军队、武装警察部队专用或者征用的船舶；
（八）警用船舶；
（九）依照法律规定应当予以免税的外国驻华使领馆、国际组织驻华代表机构及其有关人员的船舶；
（十）国务院规定的其他船舶。

前款第十项免税规定，由国务院报全国人民代表大会常务委员会备案。

第十条 在吨税执照期限内，应税船舶发生下列情形之一的，海关按照实际发生的天数批注延长吨税执照期限：
（一）避难、防疫隔离、修理、改造，并不上下客货；
（二）军队、武装警察部队征用。

第十一条 符合本法第九条第一款第五项至第九项、第十条规定的船舶，应当提供海事部门、渔业船舶管理部门等部门、机构出具的具有法律效力的证明文件或者使用关系证明文件，申明免税或者延长吨税执照期限的依据和理由。

第十二条 应税船舶负责人应当自海关填发吨税缴款凭证之日起十五日内缴清税款。未按期缴清税款的，自滞纳税款之日起至缴清税款之日止，按日加收滞纳税款万分之五的税款滞纳金。

第十三条 应税船舶到达港口前，经海关核准先行申报并办结出入境手续的，应税船舶负责人应当向海关提供与其依法履行吨税缴纳义务相适应的担保；应税船舶到达港口后，依照本法规定向海关申报纳税。

下列财产、权利可以用于担保：
（一）人民币、可自由兑换货币；
（二）汇票、本票、支票、债券、存单；
（三）银行、非银行金融机构的保函；
（四）海关依法认可的其他财产、权利。

第十四条 应税船舶在吨税执照期限内，因修理、改造导致净吨位变化的，吨税执照继续有效。应税船舶办理出入境手续时，应当提供船舶经过修理、改造的证明文件。

第十五条 应税船舶在吨税执照期限内，因税目税率调整或者船籍改变而导致适用税率变化的，吨税执照继续有效。

因船籍改变而导致适用税率变化的，应税船舶在办理出入境手续时，应当提供船籍改变的证明文件。

第十六条 吨税执照在期满前毁损或者遗失的，应当向原发照海关书面申请核发吨税执照副本，不再补税。

第十七条 海关发现少征或者漏征税款的，应当自应税船舶应当缴纳税款之日起一年内，补征税款。但因应税船舶违反规定造成少征或者漏征税款的，海关可以自应当缴纳税款之日起三年内追征税款，并自应当缴纳税款之日起按日加征少征或者漏征税款万分之五的税款滞纳金。

海关发现多征税款的，应当在二十四小时内通知应税船舶办理退还手续，并加算银行同期活期存款利息。

应税船舶发现多缴税款的，可以自缴纳税款之日起三年内以书面形式要求海关退还多缴的税款并加算银行同期活期存款利息。海关应当自受理退税申请之日起三十日内查实并通知应税船舶办理退还手续。

应税船舶应当自收到本条第二款、第三款规定的通知之日起三个月内办理有关退还手续。

第十八条 应税船舶有下列行为之一的，由海关责令限期改正，处二千元以上三万元以下的罚款；不缴或者少缴应纳税款的，处不缴或者少缴税款百分之五十以上五倍以下的罚款，但罚款不得低于二千元：

（一）未按照规定申报纳税、领取吨税执照；

（二）未按照规定交验吨税执照（或者申请核验吨税执照电子信息）以及提供其他证明文件。

第十九条 吨税税款、税款滞纳金、罚款以人民币计算。

第二十条 吨税的征收，本法未作规定的，依照有关税收征收管理的法律、行政法规的规定执行。

第二十一条 本法及所附《吨税税目税率表》下列用语的含义：

净吨位，是指由船籍国（地区）政府签发或者授权签发的船舶吨位证明书上标明的净吨位。

非机动船舶，是指自身没有动力装置，依靠外力驱动的船舶。

非机动驳船，是指在船舶登记机关登记为驳船的非机动船舶。

捕捞、养殖渔船，是指在中华人民共和国渔业船舶管理部门登记为捕捞船或者养殖船的船舶。

拖船，是指专门用于拖（推）动运输船舶的专业作业船舶。

吨税执照期限，是指按照公历年、日计算的期间。

第二十二条 本法自2018年7月1日起施行。2011年12月5日国务院公布的《中华人民共和国船舶吨税暂行条例》同时废止。

附件

吨税税目税率表

税 目	税 率（元/净吨）						备 注
(按船舶净吨位划分)	普通税率（按执照期限划分）			优惠税率（按执照期限划分）			
	1年	90日	30日	1年	90日	30日	
不超过2000净吨	12.6	4.2	2.1	9.0	3.0	1.5	1. 拖船按照发动机功率每千瓦折合净吨位0.67吨。 2. 无法提供净吨位证明文件的游艇，按照发动机功率每千瓦折合净吨位0.05吨。 3. 拖船和非机动驳船分别按相同净吨位船舶税率的50%计征税款。
超过2000净吨，但不超过10000净吨	24.0	8.0	4.0	17.4	5.8	2.9	
超过10000净吨，但不超过50000净吨	27.6	9.2	4.6	19.8	6.6	3.3	
超过50000净吨	31.8	10.6	5.3	22.8	7.6	3.8	

中华人民共和国密码法

（主席令第35号）

（2019年10月26日第十三届全国人民代表大会常务委员会第十四次会议通过，2020年1月1日起施行，法规类型为法律）

第一章 总　则

第一条 为了规范密码应用和管理，促进密码事业发展，保障网络与信息安全，维护国家安全和社会公共利益，保护公民、法人和其他组织的合法权益，制定本法。

第二条 本法所称密码，是指采用特定变换的方法对信息等进行加密保护、安全认证的技术、产品和服务。

第三条 密码工作坚持总体国家安全观，遵循统一领导、分级负责，创新发展、服务大局，依法管理、保障安全的原则。

第四条 坚持中国共产党对密码工作的领导。中央密码工作领导机构对全国密码工作实行统一领导，制定国家密码工作重大方针政策，统筹协调国家密码重大事项和重要工作，推进国家密码法治建设。

第五条 国家密码管理部门负责管理全国的密码工作。县级以上地方各级密码管理部门负责管理本行政区域的密码工作。

国家机关和涉及密码工作的单位在其职责范围内负责本机关、本单位或者本系统的密码工作。

第六条 国家对密码实行分类管理。

密码分为核心密码、普通密码和商用密码。

第七条 核心密码、普通密码用于保护国家秘密信息，核心密码保护信息的最高密级为绝密级，普通密码保护信息的最高密级为机密级。

核心密码、普通密码属于国家秘密。密码管理部门依照本法和有关法律、行政法规、国家有关规定对核心密码、普通密码实行严格统一管理。

第八条 商用密码用于保护不属于国家秘密的信息。

公民、法人和其他组织可以依法使用商用密码保护网络与信息安全。

第九条 国家鼓励和支持密码科学技术研究和应用，依法保护密码领域的知识产权，促进密码科学技术进步和创新。

国家加强密码人才培养和队伍建设，对在密码工作中作出突出贡献的组织和个人，按照国家有关规定给予表彰和奖励。

第十条 国家采取多种形式加强密码安全教育，将密码安全教育纳入国民教育体系和公务员教育培训体系，增强公民、法人和其他组织的密码安全意识。

第十一条 县级以上人民政府应当将密码工作纳入本级国民经济和社会发展规划，所需经费列入本级财政预算。

第十二条 任何组织或者个人不得窃取他人加密保护的信息或者非法侵入他人的密码保障系统。

任何组织或者个人不得利用密码从事危害国家安全、社会公共利益、他人合法权益等违法犯罪活动。

第二章 核心密码、普通密码

第十三条 国家加强核心密码、普通密码的科学规划、管理和使用,加强制度建设,完善管理措施,增强密码安全保障能力。

第十四条 在有线、无线通信中传递的国家秘密信息,以及存储、处理国家秘密信息的信息系统,应当依照法律、行政法规和国家有关规定使用核心密码、普通密码进行加密保护、安全认证。

第十五条 从事核心密码、普通密码科研、生产、服务、检测、装备、使用和销毁等工作的机构(以下统称密码工作机构)应当按照法律、行政法规、国家有关规定以及核心密码、普通密码标准的要求,建立健全安全管理制度,采取严格的保密措施和保密责任制,确保核心密码、普通密码的安全。

第十六条 密码管理部门依法对密码工作机构的核心密码、普通密码工作进行指导、监督和检查,密码工作机构应当配合。

第十七条 密码管理部门根据工作需要会同有关部门建立核心密码、普通密码的安全监测预警、安全风险评估、信息通报、重大事项会商和应急处置等协作机制,确保核心密码、普通密码安全管理的协同联动和有序高效。

密码工作机构发现核心密码、普通密码泄密或者影响核心密码、普通密码安全的重大问题、风险隐患的,应当立即采取应对措施,并及时向保密行政管理部门、密码管理部门报告,由保密行政管理部门、密码管理部门会同有关部门组织开展调查、处置,并指导有关密码工作机构及时消除安全隐患。

第十八条 国家加强密码工作机构建设,保障其履行工作职责。

国家建立适应核心密码、普通密码工作需要的人员录用、选调、保密、考核、培训、待遇、奖惩、交流、退出等管理制度。

第十九条 密码管理部门因工作需要,按照国家有关规定,可以提请公安、交通运输、海关等部门对核心密码、普通密码有关物品和人员提供免检等便利,有关部门应当予以协助。

第二十条 密码管理部门和密码工作机构应当建立健全严格的监督和安全审查制度,对其工作人员遵守法律和纪律等情况进行监督,并依法采取必要措施,定期或者不定期组织开展安全审查。

第三章 商用密码

第二十一条 国家鼓励商用密码技术的研究开发、学术交流、成果转化和推广应用,健全统一、开放、竞争、有序的商用密码市场体系,鼓励和促进商用密码产业发展。

各级人民政府及其有关部门应当遵循非歧视原则,依法平等对待包括外商投资企业在内的商用密码科研、生产、销售、服务、进出口等单位(以下统称商用密码从业单位)。国家鼓励在外商投资过程中基于自愿原则和商业规则开展商用密码技术合作。行政机关及其工作人员不得利用行政手段强制转让商用密码技术。

商用密码的科研、生产、销售、服务和进出口,不得损害国家安全、社会公共利益或者他人合法权益。

第二十二条 国家建立和完善商用密码标准体系。

国务院标准化行政主管部门和国家密码管理部门依据各自职责,组织制定商用密码国家标准、行业标准。

国家支持社会团体、企业利用自主创新技术制定高于国家标准、行业标准相关技术要求的商用密码团体标准、企业标准。

第二十三条 国家推动参与商用密码国际标准化活动，参与制定商用密码国际标准，推进商用密码中国标准与国外标准之间的转化运用。

国家鼓励企业、社会团体和教育、科研机构等参与商用密码国际标准化活动。

第二十四条 商用密码从业单位开展商用密码活动，应当符合有关法律、行政法规、商用密码强制性国家标准以及该从业单位公开标准的技术要求。

国家鼓励商用密码从业单位采用商用密码推荐性国家标准、行业标准，提升商用密码的防护能力，维护用户的合法权益。

第二十五条 国家推进商用密码检测认证体系建设，制定商用密码检测认证技术规范、规则，鼓励商用密码从业单位自愿接受商用密码检测认证，提升市场竞争力。

商用密码检测、认证机构应当依法取得相关资质，并依照法律、行政法规的规定和商用密码检测认证技术规范、规则开展商用密码检测认证。

商用密码检测、认证机构应当对其在商用密码检测认证中所知悉的国家秘密和商业秘密承担保密义务。

第二十六条 涉及国家安全、国计民生、社会公共利益的商用密码产品，应当依法列入网络关键设备和网络安全专用产品目录，由具备资格的机构检测认证合格后，方可销售或者提供。商用密码产品检测认证适用《中华人民共和国网络安全法》的有关规定，避免重复检测认证。

商用密码服务使用网络关键设备和网络安全专用产品的，应当经商用密码认证机构对该商用密码服务认证合格。

第二十七条 法律、行政法规和国家有关规定要求使用商用密码进行保护的关键信息基础设施，其运营者应当使用商用密码进行保护，自行或者委托商用密码检测机构开展商用密码应用安全性评估。

商用密码应用安全性评估应当与关键信息基础设施安全检测评估、网络安全等级测评制度相衔接，避免重复评估、测评。

关键信息基础设施的运营者采购涉及商用密码的网络产品和服务，可能影响国家安全的，应当按照《中华人民共和国网络安全法》的规定，通过国家网信部门会同国家密码管理部门等有关部门组织的国家安全审查。

第二十八条 <u>国务院商务主管部门、国家密码管理部门依法对涉及国家安全、社会公共利益且具有加密保护功能的商用密码实施进口许可，对涉及国家安全、社会公共利益或者中国承担国际义务的商用密码实施出口管制。商用密码进口许可清单和出口管制清单由国务院商务主管部门会同国家密码管理部门和海关总署制定并公布。</u>

<u>大众消费类产品所采用的商用密码不实行进口许可和出口管制制度。</u>

第二十九条 国家密码管理部门对采用商用密码技术从事电子政务电子认证服务的机构进行认定，会同有关部门负责政务活动中使用电子签名、数据电文的管理。

第三十条 商用密码领域的行业协会等组织依照法律、行政法规及其章程的规定，为商用密码从业单位提供信息、技术、培训等服务，引导和督促商用密码从业单位依法开展商用密码活动，加强行业自律，推动行业诚信建设，促进行业健康发展。

第三十一条 密码管理部门和有关部门建立日常监管和随机抽查相结合的商用密码事中事后监管制度，建立统一的商用密码监督管理信息平台，推进事中事后监管与社会信用体系相衔接，强化商用密码从业单位自律和社会监督。

密码管理部门和有关部门及其工作人员不得要求商用密码从业单位和商用密码检测、认证机构向其披露源代码等密码相关专有信息,并对其在履行职责中知悉的商业秘密和个人隐私严格保密,不得泄露或者非法向他人提供。

<h2 style="text-align:center">第四章　法律责任</h2>

第三十二条　违反本法第十二条规定,窃取他人加密保护的信息,非法侵入他人的密码保障系统,或者利用密码从事危害国家安全、社会公共利益、他人合法权益等违法活动的,由有关部门依照《中华人民共和国网络安全法》和其他有关法律、行政法规的规定追究法律责任。

第三十三条　违反本法第十四条规定,未按照要求使用核心密码、普通密码的,由密码管理部门责令改正或者停止违法行为,给予警告;情节严重的,由密码管理部门建议有关国家机关、单位对直接负责的主管人员和其他直接责任人员依法给予处分或者处理。

第三十四条　违反本法规定,发生核心密码、普通密码泄密案件的,由保密行政管理部门、密码管理部门建议有关国家机关、单位对直接负责的主管人员和其他直接责任人员依法给予处分或者处理。

违反本法第十七条第二款规定,发现核心密码、普通密码泄密或者影响核心密码、普通密码安全的重大问题、风险隐患,未立即采取应对措施,或者未及时报告的,由保密行政管理部门、密码管理部门建议有关国家机关、单位对直接负责的主管人员和其他直接责任人员依法给予处分或者处理。

第三十五条　商用密码检测、认证机构违反本法第二十五条第二款、第三款规定开展商用密码检测认证的,由市场监督管理部门会同密码管理部门责令改正或者停止违法行为,给予警告,没收违法所得;违法所得三十万元以上的,可以并处违法所得一倍以上三倍以下罚款;没有违法所得或者违法所得不足三十万元的,可以并处十万元以上三十万元以下罚款;情节严重的,依法吊销相关资质。

第三十六条　违反本法第二十六条规定,销售或者提供未经检测认证或者检测认证不合格的商用密码产品,或者提供未经认证或者认证不合格的商用密码服务的,由市场监督管理部门会同密码管理部门责令改正或者停止违法行为,给予警告,没收违法产品和违法所得;违法所得十万元以上的,可以并处违法所得一倍以上三倍以下罚款;没有违法所得或者违法所得不足十万元的,可以并处三万元以上十万元以下罚款。

第三十七条　关键信息基础设施的运营者违反本法第二十七条第一款规定,未按照要求使用商用密码,或者未按照要求开展商用密码应用安全性评估的,由密码管理部门责令改正,给予警告;拒不改正或者导致危害网络安全等后果的,处十万元以上一百万元以下罚款,对直接负责的主管人员处一万元以上十万元以下罚款。

关键信息基础设施的运营者违反本法第二十七条第二款规定,使用未经安全审查或者安全审查未通过的产品或者服务的,由有关主管部门责令停止使用,处采购金额一倍以上十倍以下罚款;对直接负责的主管人员和其他直接责任人员处一万元以上十万元以下罚款。

第三十八条　违反本法第二十八条实施进口许可、出口管制的规定,进出口商用密码的,由国务院商务主管部门或者海关依法予以处罚。

第三十九条　违反本法第二十九条规定,未经认定从事电子政务电子认证服务的,由密码管理部门责令改正或者停止违法行为,给予警告,没收违法产品和违法所得;违法所得三十万元以上的,可以并处违法所得一倍以上三倍以下罚款;没有违法所得或者违法所得不足三十万元的,可以并处十万元以上三十万元以下罚款。

第四十条　密码管理部门和有关部门、单位的工作人员在密码工作中滥用职权、玩忽职守、徇私舞弊,或者泄露、非法向他人提供在履行职责中知悉的商业秘密和个人隐私的,依法给予处分。

第四十一条　违反本法规定，构成犯罪的，依法追究刑事责任；给他人造成损害的，依法承担民事责任。

第五章　附　则

第四十二条　国家密码管理部门依照法律、行政法规的规定，制定密码管理规章。

第四十三条　中国人民解放军和中国人民武装警察部队的密码工作管理办法，由中央军事委员会根据本法制定。

第四十四条　本法自2020年1月1日起施行。

商用密码管理条例

（国务院令第273号）

(1999年10月7由国务院发布，1999年10月7日起施行，法规类型为行政法规)

第一章　总　则

第一条　为了加强商用密码管理，保护信息安全，保护公民和组织的合法权益，维护国家的安全和利益，制定本条例。

第二条　本条例所称商用密码，是指对不涉及国家秘密内容的信息进行加密保护或者安全认证所使用的密码技术和密码产品。

第三条　商用密码技术属于国家秘密。国家对商用密码产品的科研、生产、销售和使用实行专控管理。

第四条　国家密码管理委员会及其办公室（以下简称国家密码管理机构）主管全国的商用密码管理工作。

省、自治区、直辖市负责密码管理的机构根据国家密码管理机构的委托，承担商用密码的有关管理工作。

第二章　科研、生产管理

第五条　商用密码的科研任务由国家密码管理机构指定的单位承担。

商用密码指定科研单位必须具有相应的技术力量和设备，能够采用先进的编码理论和技术，编制的商用密码算法具有较高的保密强度和抗攻击能力。

第六条　商用密码的科研成果，由国家密码管理机构组织专家按照商用密码技术标准和技术规范审查、鉴定。

第七条　商用密码产品由国家密码管理机构指定的单位生产。未经指定，任何单位或者个人不得生产商用密码产品。

商用密码产品指定生产单位必须具有与生产商用密码产品相适应的技术力量以及确保商用密码产品质量的设备、生产工艺和质量保证体系。

第八条　商用密码产品指定生产单位生产的商用密码产品的品种和型号，必须经国家密码管理机构批准，并不得超过批准范围生产商用密码产品。

第九条　商用密码产品，必须经国家密码管理机构指定的产品质量检测机构检测合格。

第三章　销售管理

第十条　商用密码产品由国家密码管理机构许可的单位销售。未经许可，任何单位或者个人不得销售商用密码产品。

第十一条　销售商用密码产品，应当向国家密码管理机构提出申请，并应当具备下列条件：

（一）有熟悉商用密码产品知识和承担售后服务的人员；

（二）有完善的销售服务和安全管理规章制度；

（三）有独立的法人资格。

经审查合格的单位，由国家密码管理机构发给《商用密码产品销售许可证》。

第十二条　销售商用密码产品，必须如实登记直接使用商用密码产品的用户的名称（姓名）、地址（住址）、组织机构代码（居民身份证号码）以及每台商用密码产品的用途，并将登记情况报国家密码管理机构备案。

第十三条　进口密码产品以及含有密码技术的设备或者出口商用密码产品，必须报经国家密码管理机构批准。任何单位或者个人不得销售境外的密码产品。

第四章　使用管理

第十四条　任何单位或者个人只能使用经国家密码管理机构认可的商用密码产品，不得使用自行研制的或者境外生产的密码产品。

第十五条　境外组织或者个人在中国境内使用密码产品或者含有密码技术的设备，必须报经国家密码管理机构批准；但是，外国驻华外交代表机构、领事机构除外。

第十六条　商用密码产品的用户不得转让其使用的商用密码产品。商用密码产品发生故障，必须由国家密码管理机构指定的单位维修。报废、销毁商用密码产品，应当向国家密码管理机构备案。

第五章　安全、保密管理

第十七条　商用密码产品的科研、生产，应当在符合安全、保密要求的环境中进行。销售、运输、保管商用密码产品，应当采取相应的安全措施。

从事商用密码产品的科研、生产和销售以及使用商用密码产品的单位和人员，必须对所接触和掌握的商用密码技术承担保密义务。

第十八条　宣传、公开展览商用密码产品，必须事先报国家密码管理机构批准。

第十九条　任何单位和个人不得非法攻击商用密码，不得利用商用密码危害国家的安全和利益、危害社会治安或者进行其他违法犯罪活动。

第六章　罚　则

第二十条　有下列行为之一的，由国家密码管理机构根据不同情况分别会同工商行政管理、海关等部门没收密码产品，有违法所得的，没收违法所得；情节严重的，可以并处违法所得 1 至 3 倍的罚款：

（一）未经指定，擅自生产商用密码产品的，或者商用密码产品指定生产单位超过批准范围生产商用密码产品的；

（二）未经许可，擅自销售商用密码产品的；

（三）未经批准，擅自进口密码产品以及含有密码技术的设备、出口商用密码产品或者销售境外的密码产品的。

经许可销售商用密码产品的单位未按照规定销售商用密码产品的，由国家密码管理机构会同工商行政管理部门给予警告，责令改正。

第二十一条 有下列行为之一的，由国家密码管理机构根据不同情况分别会同公安、国家安全机关给予警告，责令立即改正：

（一）商用密码产品的科研、生产过程中违反安全、保密规定的；

（二）销售、运输、保管商用密码产品，未采取相应的安全措施的；

（三）未经批准，宣传、公开展览商用密码产品的；

（四）擅自转让商用密码产品或者不到国家密码管理机构指定的单位维修商用密码产品的。

使用自行研制的或者境外生产的密码产品，转让商用密码产品，或者不到国家密码管理机构指定的单位维修商用密码产品，情节严重的，由国家密码管理机构根据不同情况分别会同公安、国家安全机关没收其密码产品。

第二十二条 商用密码产品的科研、生产、销售单位有本条例第二十条、第二十一条第一款第（一）、（二）、（三）项所列行为，造成严重后果的，由国家密码管理机构撤销其指定科研、生产单位资格，吊销《商用密码产品销售许可证》。

第二十三条 泄露商用密码技术秘密、非法攻击商用密码或者利用商用密码从事危害国家的安全和利益的活动，情节严重，构成犯罪的，依法追究刑事责任。

有前款所列行为尚不构成犯罪的，由国家密码管理机构根据不同情况分别会同国家安全机关或者保密部门没收其使用的商用密码产品，对有危害国家安全行为的，由国家安全机关依法处以行政拘留；属于国家工作人员的，并依法给予行政处分。

第二十四条 境外组织或者个人未经批准，擅自使用密码产品或者含有密码技术的设备的，由国家密码管理机构会同公安机关给予警告，责令改正，可以并处没收密码产品或者含有密码技术的设备。

第二十五条 商用密码管理机构的工作人员滥用职权、玩忽职守、徇私舞弊，构成犯罪的，依法追究刑事责任；尚不构成犯罪的，依法给予行政处分。

第七章 附 则

第二十六条 国家密码管理委员会可以依据本条例制定有关的管理规定。

第二十七条 本条例自发布之日起施行。

中华人民共和国监控化学品管理条例

（国务院令第 190 号）

（1995 年 12 月 27 日由国务院发布，根据 2011 年 1 月 8 日国务院令第 588 号《国务院关于废止和修改部分行政法规的决定》修订，现行版本自 2011 年 1 月 8 日起施行，法规类型为行政法规）

第一条 为了加强对监控化学品的管理，保障公民的人身安全和保护环境，制定本条例。

第二条 在中华人民共和国境内从事监控化学品的生产、经营和使用活动，必须遵守本条例。

第三条 本条例所称监控化学品,是指下列各类化学品:

第一类:可作为化学武器的化学品;

第二类:可作为生产化学武器前体的化学品;

第三类:可作为生产化学武器主要原料的化学品;

第四类:除炸药和纯碳氢化合物外的特定有机化学品。

前款各类监控化学品的名录由国务院化学工业主管部门提出,报国务院批准后公布。

第四条 国务院化学工业主管部门负责全国监控化学品的管理工作。省、自治区、直辖市人民政府化学工业主管部门负责本行政区域内监控化学品的管理工作。

第五条 生产、经营或者使用监控化学品的,应当依照本条例和国家有关规定向国务院化学工业主管部门或者省、自治区、直辖市人民政府化学工业主管部门申报生产、经营或者使用监控化学品的有关资料、数据和使用目的,接受化学工业主管部门的检查监督。

第六条 国家严格控制第一类监控化学品的生产。

为科研、医疗、制造药物或者防护目的需要生产第一类监控化学品的,应当报国务院化学工业主管部门批准,并在国务院化学工业主管部门指定的小型设施中生产。

严禁在未经国务院化学工业主管部门指定的设施中生产第一类监控化学品。

第七条 国家对第二类、第三类监控化学品和第四类监控化学品中含磷、硫、氟的特定有机化学品的生产,实行特别许可制度;未经特别许可的,任何单位和个人均不得生产。特别许可办法,由国务院化学工业主管部门制定。

第八条 新建、扩建或者改建用于生产第二类、第三类监控化学品和第四类监控化学品中含磷、硫、氟的特定有机化学品的设施,应当向所在地省、自治区、直辖市人民政府化学工业主管部门提出申请,经省、自治区、直辖市人民政府化学工业主管部门审查签署意见,报国务院化学工业主管部门批准后,方可开工建设;工程竣工后,经所在地省、自治区、直辖市人民政府化学工业主管部门验收合格,并报国务院化学工业主管部门批准后,方可投产使用。

新建、扩建或者改建用于生产第四类监控化学品中不含磷、硫、氟的特定有机化学品的设施,应当在开工生产前向所在地省、自治区、直辖市人民政府化学工业主管部门备案。

第九条 监控化学品应当在专用的化工仓库中储存,并设专人管理。监控化学品的储存条件应当符合国家有关规定。

第十条 储存监控化学品的单位,应当建立严格的出库、入库检查制度和登记制度;发现丢失、被盗时,应当立即报告当地公安机关和所在地省、自治区、直辖市人民政府化学工业主管部门;省、自治区、直辖市人民政府化学工业主管部门应当积极配合公安机关进行查处。

第十一条 对变质或者过期失效的监控化学品,应当及时处理。处理方案报所在地省、自治区、直辖市人民政府化学工业主管部门批准后实施。

第十二条 为科研、医疗、制造药物或者防护目的需要使用第一类监控化学品的,应当向国务院化学工业主管部门提出申请,经国务院化学工业主管部门审查批准后,凭批准文件同国务院化学工业主管部门指定的生产单位签订合同,并将合同副本报送国务院化学工业主管部门备案。

第十三条 需要使用第二类监控化学品的,应当向所在地省、自治区、直辖市人民政府化学工业主管部门提出申请,经省、自治区、直辖市人民政府化学工业主管部门审查批准后,凭批准文件同国务院化学工业主管部门指定的经销单位签订合同,并将合同副本报送所在地省、自治区、直辖市人民政府化学工业主管部门备案。

第十四条 国务院化学工业主管部门会同国务院对外经济贸易主管部门指定的单位(以下简称被指定单位),可以从事第一类监控化学品和第二类、第三类监控化学品及其生产技术、专用设备的进出口业务。

需要进口或者出口第一类监控化学品和第二类、第三类监控化学品及其生产技术、专用设备的,应当委托被指定单位代理进口或者出口。除被指定单位外,任何单位和个人均不得从事这类进出口业务。

第十五条　国家严格控制第一类监控化学品的进口和出口。非为科研、医疗、制造药物或者防护目的,不得进口第一类监控化学品。

接受委托进口第一类监控化学品的被指定单位,应当向国务院化学工业主管部门提出申请,并提交产品最终用途的说明和证明;经国务院化学工业主管部门审查签署意见后,报国务院审查批准。被指定单位凭国务院的批准文件向国务院对外经济贸易主管部门申请领取进口许可证。

第十六条　接受委托进口第二类、第三类监控化学品及其生产技术、专用设备的被指定单位,应当向国务院化学工业主管部门提出申请,并提交所进口的化学品、生产技术或者专用设备最终用途的说明和证明;经国务院化学工业主管部门审查批准后,被指定单位凭国务院化学工业主管部门的批准文件向国务院对外经济贸易主管部门申请领取进口许可证。

第十七条　接受委托出口第一类监控化学品的被指定单位,应当向国务院化学工业主管部门提出申请,并提交进口国政府或者政府委托机构出具的所进口的化学品仅用于科研、医疗、制造药物或者防护目的和不转让第三国的保证书;经国务院化学工业主管部门审查签署意见后,报国务院审查批准。被指定单位凭国务院的批准文件向国务院对外经济贸易主管部门申请领取出口许可证。

第十八条　接受委托出口第二类、第三类监控化学品及其生产技术、专用设备的被指定单位,应当向国务院化学工业主管部门提出申请,并提交进口国政府或者政府委托机构出具的所进口的化学品、生产技术、专用设备不用于生产化学武器和不转让第三国的保证书;经国务院化学工业主管部门审查批准后,被指定单位凭国务院化学工业主管部门的批准文件向国务院对外经济贸易主管部门申请领取出口许可证。

第十九条　使用监控化学品的,应当与其申报的使用目的相一致;需要改变使用目的的,应当报原审批机关批准。

第二十条　使用第一类、第二类监控化学品的,应当按照国家有关规定,定期向所在地省、自治区、直辖市人民政府化学工业主管部门报告消耗此类监控化学品的数量和使用此类监控化学品生产最终产品的数量。

第二十一条　违反本条例规定,生产监控化学品的,由省、自治区、直辖市人民政府化学工业主管部门责令限期改正;逾期不改正的,可以处20万元以下的罚款;情节严重的,可以提请省、自治区、直辖市人民政府责令停产整顿。

第二十二条　违反本条例规定,使用监控化学品的,由省、自治区、直辖市人民政府化学工业主管部门责令限期改正;逾期不改正的,可以处5万元以下的罚款。

第二十三条　违反本条例规定,经营监控化学品的,由省、自治区、直辖市人民政府化学工业主管部门没收其违法经营的监控化学品和违法所得,可以并处违法经营额1倍以上2倍以下的罚款。

第二十四条　违反本条例规定,隐瞒、拒报有关监控化学品的资料、数据,或者妨碍、阻挠化学工业主管部门依照本条例的规定履行检查监督职责的,由省、自治区、直辖市人民政府化学工业主管部门处以5万元以下的罚款。

第二十五条　违反本条例规定,构成违反治安管理行为的,依照《中华人民共和国治安管理处罚法》的有关规定处罚;构成犯罪的,依法追究刑事责任。

第二十六条　在本条例施行前已经从事生产、经营或者使用监控化学品的,应当依照本条例的规定,办理有关手续。

第二十七条 本条例自发布之日起施行。

《中华人民共和国监控化学品管理条例》实施细则

(工业和信息化部令第48号)

(2018年7月2日由工业和信息化部发布,2019年1月1日起施行,法规类型为部门规章)

第一章 总 则

第一条 为了加强对监控化学品的监督管理,履行《禁止化学武器公约》,保障公民人身安全和保护环境,根据《中华人民共和国监控化学品管理条例》,制定本细则。

第二条 在中华人民共和国境内从事监控化学品生产、经营、使用和进出口等活动,应当遵守本细则。

第三条 工业和信息化部负责全国监控化学品的管理工作。

县级以上地方人民政府工业和信息化主管部门或者地方人民政府确定的监控化学品管理部门负责本行政区域内监控化学品的管理工作。

第四条 各级工业和信息化主管部门或者地方人民政府确定的监控化学品管理部门履行《禁止化学武器公约》工作所需经费,依法列入同级政府预算。

第二章 建设和生产管理

第五条 国家严格控制第一类监控化学品的生产。

为科研、医疗、制造药物或者防护目的需要生产第一类监控化学品的,应当报工业和信息化部批准,并在工业和信息化部指定的小型设施中生产。

严禁在未经工业和信息化部指定的设施中生产第一类监控化学品。

第六条 新建、扩建或者改建用于生产第二类、第三类监控化学品和第四类监控化学品中含磷、硫、氟的特定有机化学品的设施,应当填写《监控化学品生产设施新(扩、改)建申请表》并附上申请表中要求提供的相关材料,向所在地的省、自治区、直辖市工业和信息化主管部门提出申请。省、自治区、直辖市工业和信息化主管部门应当自收到全部申请材料之日起20个工作日内审查完毕并签署意见,报工业和信息化部批准。

工业和信息化部应当自收到省、自治区、直辖市工业和信息化主管部门报送的材料之日起20个工作日内作出决定。予以批准的,颁发批准文件;不予批准的,书面通知申请人并说明理由。

第七条 第二类、第三类监控化学品和第四类监控化学品中含磷、硫、氟的特定有机化学品的生产设施新建、扩建或者改建工程竣工后,应当自竣工之日起40个工作日内向所在地省、自治区、直辖市工业和信息化主管部门申请竣工验收。验收合格的,所在地的省、自治区、直辖市工业和信息化主管部门应当出具通过验收的审查意见书并报工业和信息化部批准。

竣工验收经工业和信息化部批准后,按照本细则第十条的规定申请监控化学品生产特别许可。

第八条 第二类、第三类监控化学品和第四类监控化学品中含磷、硫、氟的特定有机化学品的生产设施新建、扩建或者改建工程有下列情形之一的,不予通过竣工验收,省、自治区、直辖市工业和信息化主管部门应当出具不予通过验收的审查意见:

(一)第二类、第三类监控化学品和第四类监控化学品中含磷、硫、氟的特定有机化学品的生产设施的标定生产能力达到或者超过设计生产能力 150% 的;

(二)隐瞒有关情况或者提供虚假文件资料申请竣工验收,情节严重的;

(三)工业和信息化部规定的其他情形。

不予通过竣工验收的,申请人应当在 6 个月内完成整改,再次申请竣工验收。

第九条 国家对第二类、第三类监控化学品和第四类监控化学品中含磷、硫、氟的特定有机化学品的生产,实行特别许可制度。

第十条 申请监控化学品生产特别许可的,应当具备下列条件:

(一)申请人为法人或者非法人组织;

(二)有生产监控化学品所需的资金和场所;

(三)具有与生产监控化学品相适应的技术条件、生产设施,符合当地环境保护及安全生产监督管理部门的要求;

(四)有与生产监控化学品相适应的专业技术人员和管理制度;

(五)具备履行《禁止化学武器公约》的能力;

(六)五年内无违法生产、经营、使用监控化学品的记录。

第十一条 申请监控化学品生产特别许可的,应当填写《监控化学品生产特别许可申请表》并附上申请表中要求提供的相关材料,向所在地的省、自治区、直辖市工业和信息化主管部门提出申请。

第十二条 省、自治区、直辖市工业和信息化主管部门应当组织专家,按照《监控化学品生产特别许可现场考核表》的要求对申请人进行现场考核,并于收到全部申请材料之日起 20 个工作日内,将考核意见和全部申请材料报工业和信息化部。

第十三条 工业和信息化部收到省、自治区、直辖市工业和信息化主管部门报送的材料后,应当对申请材料是否符合本细则第十条规定的条件进行审查,并自收到材料之日起 20 个工作日内作出决定。予以批准的,颁发生产特别许可证书;不予批准的,书面通知申请人并说明理由。

第十四条 监控化学品生产特别许可证书有效期为 5 年。生产特别许可证书有效期届满需要继续生产监控化学品的,应当提前 6 个月通过所在地的省、自治区、直辖市工业和信息化主管部门向工业和信息化部申请延续。经审查符合本细则第十条的条件的,应当在有效期届满前准予延续。

第十五条 因企业名称等变更需要更换监控化学品生产特别许可证书的,应当通过所在地的省、自治区、直辖市工业和信息化主管部门,将其生产特别许可证书及变更后的营业执照复印件报工业和信息化部。经审查符合本细则第十条规定条件的,应当准予更换监控化学品生产特别许可证书。

第十六条 生产第二类监控化学品的,不得向未取得第二类监控化学品经营许可证书、使用许可证书的单位或者个人销售第二类监控化学品。

第三章 经营和使用管理

第十七条 国家对第二类监控化学品的经营、第一类和第二类监控化学品的使用,实行许可制度。

第十八条 申请第二类监控化学品经营许可的,应当具备下列条件:

(一)申请人为法人或者非法人组织;

（二）对第二类监控化学品的采购、运输和储存具有全过程管理能力；
（三）有符合安全要求的经营设施和熟悉产品性能的技术人员；
（四）有健全的监控化学品经营管理制度；
（五）有熟悉监控化学品数据统计和履行《禁止化学武器公约》所需的管理人员和管理制度；
（六）五年内无违法生产、经营、使用监控化学品的记录。

第十九条 申请第二类监控化学品经营许可的，应当填写《第二类监控化学品经营申请表》并附上申请表中要求提供的相关材料，向所在地的省、自治区、直辖市工业和信息化主管部门提出申请。

第二十条 省、自治区、直辖市工业和信息化主管部门应当对申请材料进行审查并进行现场核验，并于收到全部申请材料之日起20个工作日内作出决定。予以批准的，颁发第二类监控化学品经营许可证书；不予批准的，书面通知申请人并说明理由。

第二十一条 经营第二类监控化学品的，不得向未取得第二类监控化学品经营许可证书、使用许可证书的单位或者个人销售第二类监控化学品，不得向未取得第二类监控化学品生产特别许可证书、经营许可证书的单位或者个人购买第二类监控化学品。

购买第二类监控化学品的，应当查验销售人的第二类监控化学品生产特别许可证书、经营许可证书并留存复印件。销售第二类监控化学品的，应当查验购买人的第二类监控化学品经营许可证书、使用许可证书并留存复印件。

第二十二条 经营第二类监控化学品的，应当保存购买、储存、销售原始记录和统计台账，保存期限不得少于3年。第二类监控化学品的经营者应当在每年1月和7月分别向所在地省、自治区、直辖市工业和信息化主管部门报送前6个月的销售记录。

第二十三条 为科研、医疗、制造药物或者防护目的需要使用第一类监控化学品的，应当填写《第一类监控化学品使用申请表》并附上申请表中要求提供的相关材料，向工业和信息化部提出申请。工业和信息化部予以批准的，颁发批准文件。申请人应当凭批准文件与工业和信息化部指定的生产单位签订合同，并将合同副本报送工业和信息化部备案。

第二十四条 申请第二类监控化学品使用许可的，应当具备以下条件：
（一）申请人为法人或者非法人组织；
（二）对第二类监控化学品的采购、运输、储存和使用具有全过程管理能力；
（三）有健全的监控化学品使用管理制度；
（四）具备履行《禁止化学武器公约》的能力；
（五）五年内无违法生产、经营、使用监控化学品的记录。

第二十五条 申请第二类监控化学品使用许可的，应当填写《第二类监控化学品使用申请表》并附上申请表中要求提供的相关材料，向所在地省、自治区、直辖市工业和信息化主管部门提出申请，并根据年使用量一并提交相关资料。

第二十六条 省、自治区、直辖市工业和信息化主管部门应当对申请材料进行审查并进行现场核验，并于收到全部申请材料之日起20个工作日内作出决定。予以批准的，颁发第二类监控化学品使用许可证书；不予批准的，书面通知申请人并说明理由。

第二十七条 取得第二类监控化学品使用许可的，应当凭第二类监控化学品使用许可证书向取得第二类监控化学品生产特别许可证书、经营许可证书的单位或者个人购买第二类监控化学品。

第二十八条 第二类监控化学品经营许可证书、使用许可证书有效期为5年，许可证书的样式由工业和信息化部统一规定。

许可证书有效期届满需要继续经营、使用监控化学品的，应当提前6个月向所在地省、自治区、直辖市工业和信息化主管部门申请延续。经审查符合本细则规定的条件的，应当在有效期届满前准予延续。

第四章 进出口管理

第二十九条 国家对第一类监控化学品和第二类、第三类监控化学品及其生产技术和专用设备的进出口，实行许可制度。

第三十条 第一类监控化学品和第二类、第三类监控化学品及其生产技术和专用设备的进出口业务，按《中华人民共和国监控化学品管理条例》规定由被指定单位经营。被指定单位应当向工业和信息化部提出进出口申请。

申请进口的，应当提交下列材料：《监控化学品进口申请表》；经省、自治区、直辖市工业和信息化主管部门确认的《进口监控化学品经营申请表》或者《进口监控化学品用户申请表》；进口合同原件。

申请出口的，应当提交下列材料：《监控化学品出口申请表》；进口国政府或者政府委托机构出具的所进口的监控化学品及其生产技术和专用设备不用于生产化学武器和不转口第三国的保证书，并注明所需监控化学品的名称、数量、最终用途以及最终使用者的名称和地址；出口合同原件。

第三十一条 对于申请进口或者出口第一类监控化学品的，工业和信息化部应当自收到全部申请材料之日起20个工作日内完成审查并签署意见，报国务院批准。被指定单位应当凭国务院的批准文件向商务部申领进口或者出口许可证。

对于申请进口或者出口第二类、第三类监控化学品及其生产技术和专用设备的，工业和信息化部应当自收到全部申请材料之日起20个工作日内作出决定。予以批准的，颁发批准文件，被指定单位应当凭工业和信息化部的批准文件向商务部申领进口或者出口许可证。不予批准的，书面通知申请人并说明理由。

第三十二条 需要变更进口或者出口许可的，除提供本细则第三十条规定的材料外，还应当提交其进口或者出口批准文件和许可证原件。

第三十三条 被指定单位应当书面向工业和信息化部报送下列信息：
（一）负责此项工作的主要领导名单；
（二）负责此项业务的专门机构名称；
（三）对外签署进出口合同的专职人员的身份证和工作证复印件。
前款规定的信息发生变更的，应当在10个工作日内报工业和信息化部。

第五章 数据申报和保存

第三十四条 工业和信息化部组织建设监控化学品数据申报系统。

在中华人民共和国境内从事监控化学品生产、使用或者进出口活动的，应当通过数据申报系统定期填报《全国监控化学品统计报表》，配合工业和信息化主管部门完成《禁止化学武器公约》规定的国家宣布工作。

第三十五条 生产、使用第一类监控化学品的，应当向工业和信息化部报送《全国监控化学品统计报表》。

第三十六条 第二类、第三类、第四类监控化学品的数据申报实行属地管理、逐级审核上报。省、自治区、直辖市工业和信息化主管部门应当组织、汇总、核实宣布数据，并在规定时间内报工业和信息化部。

跨省、自治区、直辖市生产、使用监控化学品的单位的二级单位，应当在厂区所在地申报《全国监控化学品统计报表》。

第三十七条　生产第二类、第三类监控化学品或者使用第二类监控化学品的，应当按时申报关于年度宣布和预计宣布的《全国监控化学品统计报表》。预计宣布统计报表提交后，预计生产、使用活动超出原宣布计划的，应当在有关活动开始前不少于20个工作日申报关于变更宣布的《全国监控化学品统计报表》。

生产、使用第二类监控化学品的，应当妥善保存与第二类监控化学品的生产、使用有关的记录，保存期限不得少于3年。生产第三类监控化学品的，应当妥善保存与第三类监控化学品有关的生产记录，保存期限不得少于1年。终止生产经营活动的，应当将与监控化学品生产、使用有关的记录移交所在地设区的市级以上地方工业和信息化主管部门或者地方人民政府确定的监控化学品管理部门存档。

第三十八条　生产第四类监控化学品的，应当按时申报关于年度宣布的《全国监控化学品统计报表》。

生产第四类监控化学品的，应当妥善保存与第四类监控化学品有关的生产记录，保存期限不得少于1年。终止生产经营活动的，应当将与第四类监控化学品生产有关的生产记录移交所在地设区的市级以上地方工业和信息化主管部门或者地方人民政府确定的监控化学品管理部门存档。

第三十九条　从事第一类监控化学品和第二类、第三类监控化学品及其生产技术和专用设备进出口业务的被指定单位，应当按时向工业和信息化部申报年度第一类、第二类和第三类监控化学品进出口数据，并妥善保存与监控化学品进出口活动有关的记录，保存期限不得少于3年。终止进出口活动的，应当将与监控化学品进出口有关的记录移交工业和信息化部存档。

第四十条　从事监控化学品生产、使用或者进出口活动的，应当根据《全国监控化学品统计报表》所列的填报说明和要求按时、准确进行申报，不得拒报、虚报、漏报或者瞒报，不得擅自变更申报范围和内容。

参与监控化学品数据申报的工作人员，应当对监控化学品的数据资料采取妥善的保护措施，为填报单位保守商业和技术秘密。

第四十一条　生产、经营或者使用第二类监控化学品以及生产第三类监控化学品的，终止生产经营活动时应当制定监控化学品生产装置、库存和相关数据的处置方案。处置方案应当报送所在地省、自治区、直辖市工业和信息化主管部门。

第六章　国际视察及国内监督检查

第四十二条　生产监控化学品以及使用第二类监控化学品的，其监控化学品达到或者超过《禁止化学武器公约》规定的核查阈值的，应当履行接受国际视察的义务，做好接受禁止化学武器组织国际视察的各项准备工作。

接受国际视察的义务包括：

（一）根据《禁止化学武器公约》，提供国际视察所需的数据资料，及时回答视察组的问询；

（二）确保视察组顺利查看视察任务授权范围内的设施或者区域，配合视察组进行取样和分析；

（三）提供视察组及陪同人员所需的工作场所、通讯手段和必要的工作条件；

（四）《禁止化学武器公约》规定的其他义务。

第四十三条　接受国际视察的监控化学品相关设施所在地工业和信息化主管部门或者地方人民政府确定的监控化学品管理部门应当组织协调本行政区域内相关部门，在交通、安全、卫生等方面给予必要保障，确保国际视察顺利进行。

第四十四条　各级工业和信息化主管部门或者地方人民政府确定的监控化学品管理部门，

依法对从事监控化学品生产、经营、使用以及进出口单位的监控化学品有关情况进行监督检查。

第四十五条 被监督检查单位应当配合、接受监督检查，不得拒绝或阻碍检查人员依法执行职务，不得隐瞒或者拒绝提供相关信息。

第七章 法律责任

第四十六条 违反本细则第五条、第九条的规定，未经批准，生产第一类、第二类、第三类监控化学品或者第四类监控化学品中含磷、硫、氟的特定有机化学品的，按照《中华人民共和国监控化学品管理条例》第二十一条的规定处罚。

第四十七条 违反本细则第六条第一款的规定，未经批准，新建、扩建或者改建用于生产第二类、第三类监控化学品和第四类监控化学品中含磷、硫、氟的特定有机化学品的设施的，由省、自治区、直辖市工业和信息化主管部门责令限期改正，停止施工，拆除相关设施，可以并处一万元以上三万元以下罚款。

第四十八条 涂改、倒卖、出租、出借或者以其他方式转让生产特别许可证、经营许可证、使用许可证的，由所在地的省、自治区、直辖市工业和信息化主管部门责令限期改正，可以并处三万元以下罚款。

第四十九条 监控化学品生产特别许可证、经营许可证、使用许可证有效期届满，未办理延期手续仍继续生产、经营、使用的，按照《中华人民共和国监控化学品管理条例》第二十一条、第二十二条、第二十三条的规定处罚。

第五十条 违反本细则第十六条、第二十一条、第二十二条、第二十七条的规定，违法销售、购买监控化学品，或者未按照规定保存有关记录的，由所在地的省、自治区、直辖市工业和信息化主管部门责令限期改正，予以警告，可以并处三万元以下罚款。

违反本细则第三十七条第二款、第三十八条第二款的规定，未妥善保存、移送相关记录的，由所在地设区的市级以上地方工业和信息化主管部门或者地方人民政府确定的监控化学品管理部门责令限期改正，予以警告，可以并处三万元以下罚款。

违反本细则第三十九条的规定，未妥善保存、移送相关记录的，由工业和信息化部责令限期改正，予以警告，可以并处三万元以下罚款。

第五十一条 违反本细则第十七条的规定，未经批准经营、使用第二类监控化学品的，按照《中华人民共和国监控化学品管理条例》第二十二条、第二十三条的规定处罚。

第五十二条 以虚假合同或者虚假保证书等文件骗取监控化学品进出口批准文件的，由工业和信息化部责令限期改正，予以警告，可以并处一万元以上三万元以下罚款。在整改合格前，该单位不得申请进出口监控化学品。

第五十三条 违反本细则第三十五条、第三十七条至第三十九条的规定申报监控化学品数据，或者拒报、虚报、漏报或者瞒报有关监控化学品数据的，按照《中华人民共和国监控化学品管理条例》第二十四条的规定处罚。

第五十四条 从事监控化学品的生产、使用活动的，拒绝履行接受国际视察义务，不配合国际视察，或者阻挠国际视察进行的，由所在地的省、自治区、直辖市工业和信息化主管部门责令限期改正，予以警告，可以并处三万元以下罚款。

第五十五条 违反《中华人民共和国监控化学品管理条例》及本细则规定受到行政处罚的，由各级工业和信息化主管部门或者地方人民政府确定的监控化学品管理部门依照有关法律、行政法规的规定予以公示。

第八章 附则

第五十六条 本细则所称监控化学品，是指下列四类化学品：

第一类：可作为化学武器的化学品；
第二类：可作为生产化学武器前体的化学品；
第三类：可作为生产化学武器主要原料的化学品；
第四类：除炸药和纯碳氢化合物外的特定有机化学品。

监控化学品包括其纯品和不同浓度的工业品，类别按照《各类监控化学品名录》和《列入第三类监控化学品的新增品种清单》执行。

本细则所称监控化学品生产技术，是指生产监控化学品的各种技术手段。

本细则所称监控化学品专用设备，是指采用各种监控化学品生产技术，生产监控化学品过程中所需要的产品合成、分离、提纯、热传导和自控仪表等专用设备。

本细则所称国际视察，是指禁止化学武器组织根据《禁止化学武器公约》的规定，派遣视察组对我国监控化学品相关设施进行的现场视察，包括初始视察和例行视察等。

本细则所称核查阈值，是指《禁止化学武器公约》规定应当履行接受国际视察义务的化学品数量最低值。

第五十七条 《各类监控化学品名录》和《列入第三类监控化学品的新增品种清单》中的监控化学品低于一定浓度阈值时，可以豁免数据申报和进出口许可。相关浓度阈值由工业和信息化部根据实际情况制定和调整。

第五十八条 工业和信息化部和省、自治区、直辖市工业和信息化主管部门作出行政许可决定，依法需要进行现场考核、核验或者评审的，所需时间不计算在本细则规定的许可时限内，但应当将所需时间书面告知申请人。

第五十九条 各省、自治区、直辖市工业和信息化主管部门可以根据实际情况，制定本行政区域监控化学品管理的实施办法，发布后报送工业和信息化部。

第六十条 本细则规定的行政许可表格样式，由工业和信息化部统一制作公布，并根据需要调整。

第六十一条 本细则自 2019 年 1 月 1 日起施行。1997 年 3 月 10 日公布的《中华人民共和国监控化学品管理条例实施细则》（原化学工业部令第 12 号）同时废止。

中华人民共和国野生植物保护条例

（国务院令第 204 号）

（1996 年 9 月 30 日由国务院发布，根据 2017 年 10 月 7 日国务院令第 687 号《国务院关于修改部分行政法规的决定》修订，现行版本自 2017 年 10 月 7 日起施行，法规类型为行政法规）

第一章 总 则

第一条 为了保护、发展和合理利用野生植物资源，保护生物多样性，维护生态平衡，制定本条例。

第二条 在中华人民共和国境内从事野生植物的保护、发展和利用活动，必须遵守本条例。

本条例所保护的野生植物，是指原生地天然生长的珍贵植物和原生地天然生长并具有重要经济、科学研究、文化价值的濒危、稀有植物。

药用野生植物和城市园林、自然保护区、风景名胜区内的野生植物的保护，同时适用有关法律、行政法规。

第三条 国家对野生植物资源实行加强保护、积极发展、合理利用的方针。

第四条 国家保护依法开发利用和经营管理野生植物资源的单位和个人的合法权益。

第五条 国家鼓励和支持野生植物科学研究、野生植物的就地保护和迁地保护。

在野生植物资源保护、科学研究、培育利用和宣传教育方面成绩显著的单位和个人，由人民政府给予奖励。

第六条 县级以上各级人民政府有关主管部门应当开展保护野生植物的宣传教育，普及野生植物知识，提高公民保护野生植物的意识。

第七条 任何单位和个人都有保护野生植物资源的义务，对侵占或者破坏野生植物及其生长环境的行为有权检举和控告。

第八条 国务院林业行政主管部门主管全国林区内野生植物和林区外珍贵野生树木的监督管理工作。国务院农业行政主管部门主管全国其他野生植物的监督管理工作。

国务院建设行政部门负责城市园林、风景名胜区内野生植物的监督管理工作。国务院环境保护部门负责对全国野生植物环境保护工作的协调和监督。国务院其他有关部门依照职责分工负责有关的野生植物保护工作。

县级以上地方人民政府负责野生植物管理工作的部门及其职责，由省、自治区、直辖市人民政府根据当地具体情况规定。

第二章 野生植物保护

第九条 国家保护野生植物及其生长环境。禁止任何单位和个人非法采集野生植物或者破坏其生长环境。

第十条 野生植物分为国家重点保护野生植物和地方重点保护野生植物。

国家重点保护野生植物分为国家一级保护野生植物和国家二级保护野生植物。国家重点保护野生植物名录，由国务院林业行政主管部门、农业行政主管部门（以下简称国务院野生植物行政主管部门）商国务院环境保护、建设等有关部门制定，报国务院批准公布。

地方重点保护野生植物，是指国家重点保护野生植物以外，由省、自治区、直辖市保护的野生植物。地方重点保护野生植物名录，由省、自治区、直辖市人民政府制定并公布，报国务院备案。

第十一条 在国家重点保护野生植物物种和地方重点保护野生植物物种的天然集中分布区域，应当依照有关法律、行政法规的规定，建立自然保护区；在其他区域，县级以上地方人民政府野生植物行政主管部门和其他有关部门可以根据实际情况建立国家重点保护野生植物和地方重点保护野生植物的保护点或者设立保护标志。

禁止破坏国家重点保护野生植物和地方重点保护野生植物的保护点的保护设施和保护标志。

第十二条 野生植物行政主管部门及其他有关部门应当监视、监测环境对国家重点保护野生植物生长和地方重点保护野生植物生长的影响，并采取措施，维护和改善国家重点保护野生植物和地方重点保护野生植物的生长条件。由于环境影响对国家重点保护野生植物和地方重点保护野生植物的生长造成危害时，野生植物行政主管部门应当会同其他有关部门调查并依法处理。

第十三条 建设项目对国家重点保护野生植物和地方重点保护野生植物的生长环境产生不利影响的，建设单位提交的环境影响报告书中必须对此作出评价；环境保护部门在审批环境影响报告书时,应当征求野生植物行政主管部门的意见。

第十四条 野生植物行政主管部门和有关单位对生长受到威胁的国家重点保护野生植物和地方重点保护野生植物应当采取拯救措施,保护或者恢复其生长环境,必要时应当建立繁育基地、种质资源库或者采取迁地保护措施。

第三章 野生植物管理

第十五条 野生植物行政主管部门应当定期组织国家重点保护野生植物和地方重点保护野生植物资源调查,建立资源档案。

第十六条 禁止采集国家一级保护野生植物。因科学研究、人工培育、文化交流等特殊需要,采集国家一级保护野生植物的,应当按照管理权限向国务院林业行政主管部门或者其授权的机构申请采集证;或者向采集地的省、自治区、直辖市人民政府农业行政主管部门或者其授权的机构申请采集证。

采集国家二级保护野生植物的,必须经采集地的县级人民政府野生植物行政主管部门签署意见后,向省、自治区、直辖市人民政府野生植物行政主管部门或者其授权的机构申请采集证。

采集城市园林或者风景名胜区内的国家一级或者二级保护野生植物的,须先征得城市园林或者风景名胜区管理机构同意,分别依照前两款的规定申请采集证。

采集珍贵野生树木或者林区内、草原上的野生植物的,依照森林法、草原法的规定办理。

野生植物行政主管部门发放采集证后,应当抄送环境保护部门备案。

采集证的格式由国务院野生植物行政主管部门制定。

第十七条 采集国家重点保护野生植物的单位和个人,必须按照采集证规定的种类、数量、地点、期限和方法进行采集。

县级人民政府野生植物行政主管部门对在本行政区域内采集国家重点保护野生植物的活动,应当进行监督检查,并及时报告批准采集的野生植物行政主管部门或者其授权的机构。

第十八条 禁止出售、收购国家一级保护野生植物。

出售、收购国家二级保护野生植物的,必须经省、自治区、直辖市人民政府野生植物行政主管部门或者其授权的机构批准。

第十九条 野生植物行政主管部门应当对经营利用国家二级保护野生植物的活动进行监督检查。

第二十条 出口国家重点保护野生植物或者进出口中国参加的国际公约所限制进出口的野生植物的,应当按照管理权限经国务院林业行政主管部门批准,或者经进出口者所在地的省、自治区、直辖市人民政府农业行政主管部门审核后报国务院农业行政主管部门批准,并取得国家濒危物种进出口管理机构核发的允许进出口证明书或者标签。海关凭允许进出口证明书或者标签查验放行。国务院野生植物行政主管部门应当将有关野生植物进出口的资料抄送国务院环境保护部门。

禁止出口未定名的或者新发现并有重要价值的野生植物。

第二十一条 外国人不得在中国境内采集或者收购国家重点保护野生植物。

外国人在中国境内对农业行政主管部门管理的国家重点保护野生植物进行野外考察的,应当经农业行政主管部门管理的国家重点保护野生植物所在地的省、自治区、直辖市人民政府农业行政主管部门批准。

第二十二条 地方重点保护野生植物的管理办法,由省、自治区、直辖市人民政府制定。

第四章 法律责任

第二十三条 未取得采集证或者未按照采集证的规定采集国家重点保护野生植物的,由野生植物行政主管部门没收所采集的野生植物和违法所得，可以并处违法所得10倍以下的罚款；有采集证的，并可以吊销采集证。

第二十四条 违反本条例规定，出售、收购国家重点保护野生植物的，由工商行政管理部门或者野生植物行政主管部门按照职责分工没收野生植物和违法所得，可以并处违法所得10倍以下的罚款。

第二十五条 非法进出口野生植物的，由海关依照海关法的规定处罚。

第二十六条 伪造、倒卖、转让采集证、允许进出口证明书或者有关批准文件、标签的，由野生植物行政主管部门或者工商行政管理部门按照职责分工收缴，没收违法所得，可以并处5万元以下的罚款。

第二十七条 外国人在中国境内采集、收购国家重点保护野生植物，或者未经批准对农业行政主管部门管理的国家重点保护野生植物进行野外考察的，由野生植物行政主管部门没收所采集、收购的野生植物和考察资料，可以并处5万元以下的罚款。

第二十八条 违反本条例规定，构成犯罪的，依法追究刑事责任。

第二十九条 野生植物行政主管部门的工作人员滥用职权、玩忽职守、徇私舞弊，构成犯罪的，依法追究刑事责任；尚不构成犯罪的，依法给予行政处分。

第三十条 依照本条例规定没收的实物，由作出没收决定的机关按照国家有关规定处理。

第五章 附 则

第三十一条 中华人民共和国缔结或者参加的与保护野生植物有关的国际条约与本条例有不同规定的，适用国际条约的规定；但是，中华人民共和国声明保留的条款除外。

第三十二条 本条例自1997年1月1日起施行。

农药管理条例

（国务院令第216号）

（1997年5月8日由国务院发布；根据2001年11月29日国务院令第326号《国务院关于修改〈农药管理条例〉的决定》修订，2017年2月8日国务院第164次常务会议修订通过；现行版本自2017年6月1日起施行；法规类型为行政法规）

第一章 总 则

第一条 为了加强农药管理，保证农药质量，保障农产品质量安全和人畜安全，保护农业、林业生产和生态环境，制定本条例。

第二条 本条例所称农药，是指用于预防、控制危害农业、林业的病、虫、草、鼠和其他有害生物以及有目的地调节植物、昆虫生长的化学合成或者来源于生物、其他天然物质的一种物质或者几种物质的混合物及其制剂。

前款规定的农药包括用于不同目的、场所的下列各类：

（一）预防、控制危害农业、林业的病、虫（包括昆虫、螨）、草、鼠、软体动物和其他有害生物；

（二）预防、控制仓储以及加工场所的病、虫、鼠和其他有害生物；

（三）调节植物、昆虫生长；
（四）农业、林业产品防腐或者保鲜；
（五）预防、控制蚊、蝇、蜚蠊、鼠和其他有害生物；
（六）预防、控制危害河流堤坝、铁路、码头、机场、建筑物和其他场所的有害生物。

第三条 国务院农业主管部门负责全国的农药监督管理工作。

县级以上地方人民政府农业主管部门负责本行政区域的农药监督管理工作。

县级以上人民政府其他有关部门在各自职责范围内负责有关的农药监督管理工作。

第四条 县级以上地方人民政府应当加强对农药监督管理工作的组织领导，将农药监督管理经费列入本级政府预算，保障农药监督管理工作的开展。

第五条 农药生产企业、农药经营者应当对其生产、经营的农药的安全性、有效性负责，自觉接受政府监管和社会监督。

农药生产企业、农药经营者应当加强行业自律，规范生产、经营行为。

第六条 国家鼓励和支持研制、生产、使用安全、高效、经济的农药，推进农药专业化使用，促进农药产业升级。

对在农药研制、推广和监督管理等工作中作出突出贡献的单位和个人，按照国家有关规定予以表彰或者奖励。

第二章 农药登记

第七条 国家实行农药登记制度。农药生产企业、向中国出口农药的企业应当依照本条例的规定申请农药登记，新农药研制者可以依照本条例的规定申请农药登记。

国务院农业主管部门所属的负责农药检定工作的机构负责农药登记具体工作。省、自治区、直辖市人民政府农业主管部门所属的负责农药检定工作的机构协助做好本行政区域的农药登记具体工作。

第八条 国务院农业主管部门组织成立农药登记评审委员会，负责农药登记评审。

农药登记评审委员会由下列人员组成：

（一）国务院农业、林业、卫生、环境保护、粮食、工业行业管理、安全生产监督管理等有关部门和供销合作总社等单位推荐的农药产品化学、药效、毒理、残留、环境、质量标准和检测等方面的专家；

（二）国家食品安全风险评估专家委员会的有关专家；

（三）国务院农业、林业、卫生、环境保护、粮食、工业行业管理、安全生产监督管理等有关部门和供销合作总社等单位的代表。

农药登记评审规则由国务院农业主管部门制定。

第九条 申请农药登记的，应当进行登记试验。

农药的登记试验应当报所在地省、自治区、直辖市人民政府农业主管部门备案。

新农药的登记试验应当向国务院农业主管部门提出申请。国务院农业主管部门应当自受理申请之日起40个工作日内对试验的安全风险及其防范措施进行审查，符合条件的，准予登记试验；不符合条件的，书面通知申请人并说明理由。

第十条 登记试验应当由国务院农业主管部门认定的登记试验单位按照国务院农业主管部门的规定进行。

与已取得中国农药登记的农药组成成分、使用范围和使用方法相同的农药，免予残留、环境试验，但已取得中国农药登记的农药依照本条例第十五条的规定在登记资料保护期内的，应当经农药登记证持有人授权同意。

登记试验单位应当对登记试验报告的真实性负责。

第十一条 登记试验结束后,申请人应当向所在地省、自治区、直辖市人民政府农业主管部门提出农药登记申请,并提交登记试验报告、标签样张和农药产品质量标准及其检验方法等申请资料;申请新农药登记的,还应当提供农药标准品。

省、自治区、直辖市人民政府农业主管部门应当自受理申请之日起20个工作日内提出初审意见,并报送国务院农业主管部门。

向中国出口农药的企业申请农药登记的,应当持本条第一款规定的资料、农药标准品以及在有关国家(地区)登记、使用的证明材料,向国务院农业主管部门提出申请。

第十二条 国务院农业主管部门受理申请或者收到省、自治区、直辖市人民政府农业主管部门报送的申请资料后,应当组织审查和登记评审,并自收到评审意见之日起20个工作日内作出审批决定,符合条件的,核发农药登记证;不符合条件的,书面通知申请人并说明理由。

第十三条 农药登记证应当载明农药名称、剂型、有效成分及其含量、毒性、使用范围、使用方法和剂量、登记证持有人、登记证号以及有效期等事项。

农药登记证有效期为5年。有效期届满,需要继续生产农药或者向中国出口农药的,农药登记证持有人应当在有效期届满90日前向国务院农业主管部门申请延续。

农药登记证载明事项发生变化的,农药登记证持有人应当按照国务院农业主管部门的规定申请变更农药登记证。

国务院农业主管部门应当及时公告农药登记证核发、延续、变更情况以及有关的农药产品质量标准号、残留限量规定、检验方法、经核准的标签等信息。

第十四条 新农药研制者可以转让其已取得登记的新农药的登记资料;农药生产企业可以向具有相应生产能力的农药生产企业转让其已取得登记的农药的登记资料。

第十五条 国家对取得首次登记的、含有新化合物的农药的申请人提交的其自己所取得且未披露的试验数据和其他数据实施保护。

自登记之日起6年内,对其他申请人未经已取得登记的申请人同意,使用前款规定的数据申请农药登记的,登记机关不予登记;但是,其他申请人提交其自己所取得的数据的除外。

除下列情况外,登记机关不得披露本条第一款规定的数据:

(一)公共利益需要;

(二)已采取措施确保该类信息不会被不正当地进行商业使用。

第三章 农药生产

第十六条 农药生产应当符合国家产业政策。国家鼓励和支持农药生产企业采用先进技术和先进管理规范,提高农药的安全性、有效性。

第十七条 国家实行农药生产许可制度。农药生产企业应当具备下列条件,并按照国务院农业主管部门的规定向省、自治区、直辖市人民政府农业主管部门申请农药生产许可证:

(一)有与所申请生产农药相适应的技术人员;

(二)有与所申请生产农药相适应的厂房、设施;

(三)有对所申请生产农药进行质量管理和质量检验的人员、仪器和设备;

(四)有保证所申请生产农药质量的规章制度。

省、自治区、直辖市人民政府农业主管部门应当自受理申请之日起20个工作日内作出审批决定,必要时应当进行实地核查。符合条件的,核发农药生产许可证;不符合条件的,书面通知申请人并说明理由。

安全生产、环境保护等法律、行政法规对企业生产条件有其他规定的,农药生产企业还应当遵守其规定。

第十八条 农药生产许可证应当载明农药生产企业名称、住所、法定代表人(负责人)、生产范围、生产地址以及有效期等事项。

农药生产许可证有效期为 5 年。有效期届满，需要继续生产农药的，农药生产企业应当在有效期届满 90 日前向省、自治区、直辖市人民政府农业主管部门申请延续。

农药生产许可证载明事项发生变化的，农药生产企业应当按照国务院农业主管部门的规定申请变更农药生产许可证。

第十九条 委托加工、分装农药的，委托人应当取得相应的农药登记证，受托人应当取得农药生产许可证。

委托人应当对委托加工、分装的农药质量负责。

第二十条 农药生产企业采购原材料，应当查验产品质量检验合格证和有关许可证明文件，不得采购、使用未依法附具产品质量检验合格证、未依法取得有关许可证明文件的原材料。

农药生产企业应当建立原材料进货记录制度，如实记录原材料的名称、有关许可证明文件编号、规格、数量、供货人名称及其联系方式、进货日期等内容。原材料进货记录应当保存 2 年以上。

第二十一条 农药生产企业应当严格按照产品质量标准进行生产，确保农药产品与登记农药一致。农药出厂销售，应当经质量检验合格并附具产品质量检验合格证。

农药生产企业应当建立农药出厂销售记录制度，如实记录农药的名称、规格、数量、生产日期和批号、产品质量检验信息、购货人名称及其联系方式、销售日期等内容。农药出厂销售记录应当保存 2 年以上。

第二十二条 农药包装应当符合国家有关规定，并印制或者贴有标签。国家鼓励农药生产企业使用可回收的农药包装材料。

农药标签应当按照国务院农业主管部门的规定，以中文标注农药的名称、剂型、有效成分及其含量、毒性及其标识、使用范围、使用方法和剂量、使用技术要求和注意事项、生产日期、可追溯电子信息码等内容。

剧毒、高毒农药以及使用技术要求严格的其他农药等限制使用农药的标签还应当标注"限制使用"字样，并注明使用的特别限制和特殊要求。用于食用农产品的农药的标签还应当标注安全间隔期。

第二十三条 农药生产企业不得擅自改变经核准的农药的标签内容，不得在农药的标签中标注虚假、误导使用者的内容。

农药包装过小，标签不能标注全部内容的，应当同时附具说明书，说明书的内容应当与经核准的标签内容一致。

第四章 农药经营

第二十四条 国家实行农药经营许可制度，但经营卫生用农药的除外。农药经营者应当具备下列条件，并按照国务院农业主管部门的规定向县级以上地方人民政府农业主管部门申请农药经营许可证：

（一）有具备农药和病虫害防治专业知识，熟悉农药管理规定，能够指导安全合理使用农药的经营人员；

（二）有与其他商品以及饮用水水源、生活区域等有效隔离的营业场所和仓储场所，并配备与所申请经营农药相适应的防护设施；

（三）有与所申请经营农药相适应的质量管理、台账记录、安全防护、应急处置、仓储管理等制度。

经营限制使用农药的，还应当配备相应的用药指导和病虫害防治专业技术人员，并按照所在地省、自治区、直辖市人民政府农业主管部门的规定实行定点经营。

县级以上地方人民政府农业主管部门应当自受理申请之日起 20 个工作日内作出审批决定。符合条件的，核发农药经营许可证；不符合条件的，书面通知申请人并说明理由。

第二十五条 农药经营许可证应当载明农药经营者名称、住所、负责人、经营范围以及有效期等事项。

农药经营许可证有效期为 5 年。有效期届满，需要继续经营农药的，农药经营者应当在有效期届满 90 日前向发证机关申请延续。

农药经营许可证载明事项发生变化的，农药经营者应当按照国务院农业主管部门的规定申请变更农药经营许可证。

取得农药经营许可证的农药经营者设立分支机构的，应当依法申请变更农药经营许可证，并向分支机构所在地县级以上地方人民政府农业主管部门备案，其分支机构免于办理农药经营许可证。农药经营者应当对其分支机构的经营活动负责。

第二十六条 农药经营者采购农药应当查验产品包装、标签、产品质量检验合格证以及有关许可证明文件，不得向未取得农药生产许可证的农药生产企业或者未取得农药经营许可证的其他农药经营者采购农药。

农药经营者应当建立采购台账，如实记录农药的名称、有关许可证明文件编号、规格、数量、生产企业和供货人名称及其联系方式、进货日期等内容。采购台账应当保存 2 年以上。

第二十七条 农药经营者应当建立销售台账，如实记录销售农药的名称、规格、数量、生产企业、购买人、销售日期等内容。销售台账应当保存 2 年以上。

农药经营者应当向购买人询问病虫害发生情况并科学推荐农药，必要时应当实地查看病虫害发生情况，并正确说明农药的使用范围、使用方法和剂量、使用技术要求和注意事项，不得误导购买人。

经营卫生用农药的，不适用本条第一款、第二款的规定。

第二十八条 农药经营者不得加工、分装农药，不得在农药中添加任何物质，不得采购、销售包装和标签不符合规定，未附具产品质量检验合格证，未取得有关许可证明文件的农药。

经营卫生用农药的，应当将卫生用农药与其他商品分柜销售；经营其他农药的，不得在农药经营场所内经营食品、食用农产品、饲料等。

第二十九条 境外企业不得直接在中国销售农药。境外企业在中国销售农药的，应当依法在中国设立销售机构或者委托符合条件的中国代理机构销售。

向中国出口的农药应当附具中文标签、说明书，符合产品质量标准，并经出入境检验检疫部门依法检验合格。禁止进口未取得农药登记证的农药。

办理农药进出口海关申报手续，应当按照海关总署的规定出示相关证明文件。

第五章　农药使用

第三十条 县级以上人民政府农业主管部门应当加强农药使用指导、服务工作，建立健全农药安全、合理使用制度，并按照预防为主、综合防治的要求，组织推广农药科学使用技术，规范农药使用行为。林业、粮食、卫生等部门应当加强对林业、储粮、卫生用农药安全、合理使用的技术指导，环境保护主管部门应当加强对农药使用过程中环境保护和污染防治的技术指导。

第三十一条 县级人民政府农业主管部门应当组织植物保护、农业技术推广等机构向农药使用者提供免费技术培训，提高农药安全、合理使用水平。

国家鼓励农业科研单位、有关学校、农民专业合作社、供销合作社、农业社会化服务组织和专业人员为农药使用者提供技术服务。

第三十二条　国家通过推广生物防治、物理防治、先进施药器械等措施，逐步减少农药使用量。

县级人民政府应当制定并组织实施本行政区域的农药减量计划；对实施农药减量计划、自愿减少农药使用量的农药使用者，给予鼓励和扶持。

县级人民政府农业主管部门应当鼓励和扶持设立专业化病虫害防治服务组织，并对专业化病虫害防治和限制使用农药的配药、用药进行指导、规范和管理，提高病虫害防治水平。

县级人民政府农业主管部门应当指导农药使用者有计划地轮换使用农药，减缓危害农业、林业的病、虫、草、鼠和其他有害生物的抗药性。

乡、镇人民政府应当协助开展农药使用指导、服务工作。

第三十三条　农药使用者应当遵守国家有关农药安全、合理使用制度，妥善保管农药，并在配药、用药过程中采取必要的防护措施，避免发生农药使用事故。

限制使用农药的经营者应当为农药使用者提供用药指导，并逐步提供统一用药服务。

第三十四条　农药使用者应当严格按照农药的标签标注的使用范围、使用方法和剂量、使用技术要求和注意事项使用农药，不得扩大使用范围、加大用药剂量或者改变使用方法。

农药使用者不得使用禁用的农药。

标签标注安全间隔期的农药，在农产品收获前应当按照安全间隔期的要求停止使用。

剧毒、高毒农药不得用于防治卫生害虫，不得用于蔬菜、瓜果、茶叶、菌类、中草药材的生产，不得用于水生植物的病虫害防治。

第三十五条　农药使用者应当保护环境，保护有益生物和珍稀物种，不得在饮用水水源保护区、河道内丢弃农药、农药包装物或者清洗施药器械。

严禁在饮用水水源保护区内使用农药，严禁使用农药毒鱼、虾、鸟、兽等。

第三十六条　农产品生产企业、食品和食用农产品仓储企业、专业化病虫害防治服务组织和从事农产品生产的农民专业合作社等应当建立农药使用记录，如实记录使用农药的时间、地点、对象以及农药名称、用量、生产企业等。农药使用记录应当保存2年以上。

国家鼓励其他农药使用者建立农药使用记录。

第三十七条　国家鼓励农药使用者妥善收集农药包装物等废弃物；农药生产企业、农药经营者应当回收农药废弃物，防止农药污染环境和农药中毒事故的发生。具体办法由国务院环境保护主管部门会同国务院农业主管部门、国务院财政部门等部门制定。

第三十八条　发生农药使用事故，农药使用者、农药生产企业、农药经营者和其他有关人员应当及时报告当地农业主管部门。

接到报告的农业主管部门应当立即采取措施，防止事故扩大，同时通知有关部门采取相应措施。造成农药中毒事故的，由农业主管部门和公安机关依照职责权限组织调查处理，卫生主管部门应当按照国家有关规定立即对受到伤害的人员组织医疗救治；造成环境污染事故的，由环境保护等有关部门依法组织调查处理；造成储粮药剂使用事故和农作物药害事故的，分别由粮食、农业等部门组织技术鉴定和调查处理。

第三十九条　因防治突发重大病虫害等紧急需要，国务院农业主管部门可以决定临时生产、使用规定数量的未取得登记或者禁用、限制使用的农药，必要时应当会同国务院对外贸易主管部门决定临时限制出口或者临时进口规定数量、品种的农药。

前款规定的农药，应当在使用地县级人民政府农业主管部门的监督和指导下使用。

第六章　监督管理

第四十条　县级以上人民政府农业主管部门应当定期调查统计农药生产、销售、使用情况，并及时通报本级人民政府有关部门。

县级以上地方人民政府农业主管部门应当建立农药生产、经营诚信档案并予以公布；发现违法生产、经营农药的行为涉嫌犯罪的，应当依法移送公安机关查处。

第四十一条　县级以上人民政府农业主管部门履行农药监督管理职责，可以依法采取下列措施：

（一）进入农药生产、经营、使用场所实施现场检查；

（二）对生产、经营、使用的农药实施抽查检测；

（三）向有关人员调查了解有关情况；

（四）查阅、复制合同、票据、账簿以及其他有关资料；

（五）查封、扣押违法生产、经营、使用的农药，以及用于违法生产、经营、使用农药的工具、设备、原材料等；

（六）查封违法生产、经营、使用农药的场所。

第四十二条　国家建立农药召回制度。农药生产企业发现其生产的农药对农业、林业、人畜安全、农产品质量安全、生态环境等有严重危害或者较大风险的，应当立即停止生产，通知有关经营者和使用者，向所在地农业主管部门报告，主动召回产品，并记录通知和召回情况。

农药经营者发现其经营的农药有前款规定的情形的，应当立即停止销售，通知有关生产企业、供货人和购买人，向所在地农业主管部门报告，并记录停止销售和通知情况。

农药使用者发现其使用的农药有本条第一款规定的情形的，应当立即停止使用，通知经营者，并向所在地农业主管部门报告。

第四十三条　国务院农业主管部门和省、自治区、直辖市人民政府农业主管部门应当组织负责农药检定工作的机构、植物保护机构对已登记农药的安全性和有效性进行监测。

发现已登记农药对农业、林业、人畜安全、农产品质量安全、生态环境等有严重危害或者较大风险的，国务院农业主管部门应当组织农药登记评审委员会进行评审，根据评审结果撤销、变更相应的农药登记证，必要时应当决定禁用或者限制使用并予以公告。

第四十四条　有下列情形之一的，认定为假农药：

（一）以非农药冒充农药；

（二）以此种农药冒充他种农药；

（三）农药所含有效成分种类与农药的标签、说明书标注的有效成分不符。

禁用的农药，未依法取得农药登记证而生产、进口的农药，以及未附具标签的农药，按照假农药处理。

第四十五条　有下列情形之一的，认定为劣质农药：

（一）不符合农药产品质量标准；

（二）混有导致药害等有害成分。

超过农药质量保证期的农药，按照劣质农药处理。

第四十六条　假农药、劣质农药和回收的农药废弃物等应当交由具有危险废物经营资质的单位集中处置，处置费用由相应的农药生产企业、农药经营者承担；农药生产企业、农药经营者不明确的，处置费用由所在地县级人民政府财政列支。

第四十七条　禁止伪造、变造、转让、出租、出借农药登记证、农药生产许可证、农药经营许可证等许可证明文件。

第四十八条　县级以上人民政府农业主管部门及其工作人员和负责农药检定工作的机构及其工作人员，不得参与农药生产、经营活动。

第七章　法律责任

第四十九条　县级以上人民政府农业主管部门及其工作人员有下列行为之一的，由本级人民政府责令改正;对负有责任的领导人员和直接责任人员,依法给予处分;负有责任的领导人员和直接责任人员构成犯罪的,依法追究刑事责任:

(一)不履行监督管理职责,所辖行政区域的违法农药生产、经营活动造成重大损失或者恶劣社会影响;

(二)对不符合条件的申请人准予许可或者对符合条件的申请人拒不准予许可;

(三)参与农药生产、经营活动;

(四)有其他徇私舞弊、滥用职权、玩忽职守行为。

第五十条 农药登记评审委员会组成人员在农药登记评审中谋取不正当利益的,由国务院农业主管部门从农药登记评审委员会除名;属于国家工作人员的,依法给予处分;构成犯罪的,依法追究刑事责任。

第五十一条 登记试验单位出具虚假登记试验报告的,由省、自治区、直辖市人民政府农业主管部门没收违法所得,并处5万元以上10万元以下罚款;由国务院农业主管部门从登记试验单位中除名,5年内不再受理其登记试验单位认定申请;构成犯罪的,依法追究刑事责任。

第五十二条 未取得农药生产许可证生产农药或者生产假农药的,由县级以上地方人民政府农业主管部门责令停止生产,没收违法所得、违法生产的产品和用于违法生产的工具、设备、原材料等,违法生产的产品货值金额不足1万元的,并处5万元以上10万元以下罚款,货值金额1万元以上的,并处货值金额10倍以上20倍以下罚款,由发证机关吊销农药生产许可证和相应的农药登记证;构成犯罪的,依法追究刑事责任。

取得农药生产许可证的农药生产企业不再符合规定条件继续生产农药的,由县级以上地方人民政府农业主管部门责令限期整改;逾期拒不整改或者整改后仍不符合规定条件的,由发证机关吊销农药生产许可证。

农药生产企业生产劣质农药的,由县级以上地方人民政府农业主管部门责令停止生产,没收违法所得、违法生产的产品和用于违法生产的工具、设备、原材料等,违法生产的产品货值金额不足1万元的,并处1万元以上5万元以下罚款,货值金额1万元以上的,并处货值金额5倍以上10倍以下罚款;情节严重的,由发证机关吊销农药生产许可证和相应的农药登记证;构成犯罪的,依法追究刑事责任。

委托未取得农药生产许可证的受托人加工、分装农药,或者委托加工、分装假农药、劣质农药的,对委托人和受托人均依照本条第一款、第三款的规定处罚。

第五十三条 农药生产企业有下列行为之一的,由县级以上地方人民政府农业主管部门责令改正,没收违法所得、违法生产的产品和用于违法生产的原材料等,违法生产的产品货值金额不足1万元的,并处1万元以上2万元以下罚款,货值金额1万元以上的,并处货值金额2倍以上5倍以下罚款;拒不改正或者情节严重的,由发证机关吊销农药生产许可证和相应的农药登记证:

(一)采购、使用未依法附具产品质量检验合格证、未依法取得有关许可证明文件的原材料;

(二)出厂销售未经质量检验合格并附具产品质量检验合格证的农药;

(三)生产的农药包装、标签、说明书不符合规定;

(四)不召回依法应当召回的农药。

第五十四条 农药生产企业不执行原材料进货、农药出厂销售记录制度,或者不履行农药废弃物回收义务的,由县级以上地方人民政府农业主管部门责令改正,处1万元以上5万元以下罚款;拒不改正或者情节严重的,由发证机关吊销农药生产许可证和相应的农药登记证。

第五十五条 农药经营者有下列行为之一的,由县级以上地方人民政府农业主管部门责令停止经营,没收违法所得、违法经营的农药和用于违法经营的工具、设备等,违法经营的农货值金额不足1万元的,并处5000元以上5万元以下罚款,货值金额1万元以上的,并处货值金额5倍以上10倍以下罚款;构成犯罪的,依法追究刑事责任:

(一)违反本条例规定,未取得农药经营许可证经营农药;

(二)经营假农药;

(三)在农药中添加物质。

有前款第二项、第三项规定的行为,情节严重的,还应当由发证机关吊销农药经营许可证。

取得农药经营许可证的农药经营者不再符合规定条件继续经营农药的,由县级以上地方人民政府农业主管部门责令限期整改;逾期拒不整改或者整改后仍不符合规定条件的,由发证机关吊销农药经营许可证。

第五十六条 农药经营者经营劣质农药的,由县级以上地方人民政府农业主管部门责令停止经营,没收违法所得、违法经营的农药和用于违法经营的工具、设备等,违法经营的农药货值金额不足1万元的,并处2000元以上2万元以下罚款,货值金额1万元以上的,并处货值金额2倍以上5倍以下罚款;情节严重的,由发证机关吊销农药经营许可证;构成犯罪的,依法追究刑事责任。

第五十七条 农药经营者有下列行为之一的,由县级以上地方人民政府农业主管部门责令改正,没收违法所得和违法经营的农药,并处5000元以上5万元以下罚款;拒不改正或者情节严重的,由发证机关吊销农药经营许可证:

(一)设立分支机构未依法变更农药经营许可证,或者未向分支机构所在地县级以上地方人民政府农业主管部门备案;

(二)向未取得农药生产许可证的农药生产企业或者未取得农药经营许可证的其他农药经营者采购农药;

(三)采购、销售未附具产品质量检验合格证或者包装、标签不符合规定的农药;

(四)不停止销售依法应当召回的农药。

第五十八条 农药经营者有下列行为之一的,由县级以上地方人民政府农业主管部门责令改正;拒不改正或者情节严重的,处2000元以上2万元以下罚款,并由发证机关吊销农药经营许可证:

(一)不执行农药采购台账、销售台账制度;

(二)在卫生用农药以外的农药经营场所内经营食品、食用农产品、饲料等;

(三)未将卫生用农药与其他商品分柜销售;

(四)不履行农药废弃物回收义务。

第五十九条 境外企业直接在中国销售农药的,由县级以上地方人民政府农业主管部门责令停止销售,没收违法所得、违法经营的农药和用于违法经营的工具、设备等,违法经营的农药货值金额不足5万元的,并处5万元以上50万元以下罚款,货值金额5万元以上的,并处货值金额10倍以上20倍以下罚款,由发证机关吊销农药登记证。

取得农药登记证的境外企业向中国出口劣质农药情节严重或者出口假农药的,由国务院农业主管部门吊销相应的农药登记证。

第六十条 农药使用者有下列行为之一的,由县级人民政府农业主管部门责令改正,农药使用者为农产品生产企业、食品和食用农产品仓储企业、专业化病虫害防治服务组织和从事农产品生产的农民专业合作社等单位的,处5万元以上10万元以下罚款,农药使用者为个人的,处1万元以下罚款;构成犯罪的,依法追究刑事责任:

(一)不按照农药的标签标注的使用范围、使用方法和剂量、使用技术要求和注意事项、安全间隔期使用农药;

(二)使用禁用的农药;

（三）将剧毒、高毒农药用于防治卫生害虫，用于蔬菜、瓜果、茶叶、菌类、中草药材生产或者用于水生植物的病虫害防治；

（四）在饮用水水源保护区内使用农药；

（五）使用农药毒鱼、虾、鸟、兽等；

（六）在饮用水水源保护区、河道内丢弃农药、农药包装物或者清洗施药器械。

有前款第二项规定的行为的，县级人民政府农业主管部门还应当没收禁用的农药。

第六十一条 农产品生产企业、食品和食用农产品仓储企业、专业化病虫害防治服务组织和从事农产品生产的农民专业合作社等不执行农药使用记录制度的，由县级人民政府农业主管部门责令改正；拒不改正或者情节严重的，处2000元以上2万元以下罚款。

第六十二条 伪造、变造、转让、出租、出借农药登记证、农药生产许可证、农药经营许可证等许可证明文件的，由发证机关收缴或者予以吊销，没收违法所得，并处1万元以上5万元以下罚款；构成犯罪的，依法追究刑事责任。

第六十三条 未取得农药生产许可证生产农药，未取得农药经营许可证经营农药，或者被吊销农药登记证、农药生产许可证、农药经营许可证的，其直接负责的主管人员10年内不得从事农药生产、经营活动。

农药生产企业、农药经营者招用前款规定的人员从事农药生产、经营活动的，由发证机关吊销农药生产许可证、农药经营许可证。

被吊销农药登记证的，国务院农业主管部门5年内不再受理其农药登记申请。

第六十四条 生产、经营的农药造成农药使用者人身、财产损害的，农药使用者可以向农药生产企业要求赔偿，也可以向农药经营者要求赔偿。属于农药生产企业责任的，农药经营者赔偿后有权向农药生产企业追偿；属于农药经营者责任的，农药生产企业赔偿后有权向农药经营者追偿。

第八章 附 则

第六十五条 申请农药登记的，申请人应当按照自愿有偿的原则，与登记试验单位协商确定登记试验费用。

第六十六条 本条例自2017年6月1日起施行。

农业转基因生物安全管理条例

（国务院令第304号）

（2001年5月23日由国务院发布；根据2011年1月8日国务院令第588号《国务院关于废止和修改部分行政法规的决定》第一次修订，根据2017年10月7日国务院令第687号《国务院关于修改部分行政法规的决定》第二次修订；现行版本自2017年10月7日起施行；法规类型为行政法规）

第一章 总 则

第一条 为了加强农业转基因生物安全管理，保障人体健康和动植物、微生物安全，保护生态环境，促进农业转基因生物技术研究，制定本条例。

第二条 在中华人民共和国境内从事农业转基因生物的研究、试验、生产、加工、经营和进口、出口活动，必须遵守本条例。

第三条 本条例所称农业转基因生物，是指利用基因工程技术改变基因组构成，用于农业生产或者农产品加工的动植物、微生物及其产品，主要包括：

(一) 转基因动植物（含种子、种畜禽、水产苗种）和微生物；

(二) 转基因动植物、微生物产品；

(三) 转基因农产品的直接加工品；

(四) 含有转基因动植物、微生物或者其产品成分的种子、种畜禽、水产苗种、农药、兽药、肥料和添加剂等产品。

本条例所称农业转基因生物安全，是指防范农业转基因生物对人类、动植物、微生物和生态环境构成的危险或者潜在风险。

第四条 国务院农业行政主管部门负责全国农业转基因生物安全的监督管理工作。

县级以上地方各级人民政府农业行政主管部门负责本行政区域内的农业转基因生物安全的监督管理工作。

县级以上各级人民政府有关部门依照《中华人民共和国食品安全法》的有关规定，负责转基因食品安全的监督管理工作。

第五条 国务院建立农业转基因生物安全管理部际联席会议制度。

农业转基因生物安全管理部际联席会议由农业、科技、环境保护、卫生、外经贸、检验检疫等有关部门的负责人组成，负责研究、协调农业转基因生物安全管理工作中的重大问题。

第六条 国家对农业转基因生物安全实行分级管理评价制度。

农业转基因生物按照其对人类、动植物、微生物和生态环境的危险程度，分为Ⅰ、Ⅱ、Ⅲ、Ⅳ四个等级。具体划分标准由国务院农业行政主管部门制定。

第七条 国家建立农业转基因生物安全评价制度。

农业转基因生物安全评价的标准和技术规范，由国务院农业行政主管部门制定。

第八条 国家对农业转基因生物实行标识制度。

实施标识管理的农业转基因生物目录，由国务院农业行政主管部门商国务院有关部门制定、调整并公布。

第二章 研究与试验

第九条 国务院农业行政主管部门应当加强农业转基因生物研究与试验的安全评价管理工作，并设立农业转基因生物安全委员会，负责农业转基因生物的安全评价工作。

农业转基因生物安全委员会由从事农业转基因生物研究、生产、加工、检验检疫以及卫生、环境保护等方面的专家组成。

第十条 国务院农业行政主管部门根据农业转基因生物安全评价工作的需要，可以委托具备检测条件和能力的技术检测机构对农业转基因生物进行检测。

第十一条 从事农业转基因生物研究与试验的单位，应当具备与安全等级相适应的安全设施和措施，确保农业转基因生物研究与试验的安全，并成立农业转基因生物安全小组，负责本单位农业转基因生物研究与试验的安全工作。

第十二条 从事Ⅲ、Ⅳ级农业转基因生物研究的，应当在研究开始前向国务院农业行政主管部门报告。

第十三条 农业转基因生物试验，一般应当经过中间试验、环境释放和生产性试验三个阶段。

中间试验，是指在控制系统内或者控制条件下进行的小规模试验。

环境释放,是指在自然条件下采取相应安全措施所进行的中规模的试验。

生产性试验,是指在生产和应用前进行的较大规模的试验。

第十四条 农业转基因生物在实验室研究结束后,需要转入中间试验的,试验单位应当向国务院农业行政主管部门报告。

第十五条 农业转基因生物试验需要从上一试验阶段转入下一试验阶段的,试验单位应当向国务院农业行政主管部门提出申请;经农业转基因生物安全委员会进行安全评价合格的,由国务院农业行政主管部门批准转入下一试验阶段。

试验单位提出前款申请,应当提供下列材料:

(一)农业转基因生物的安全等级和确定安全等级的依据;

(二)农业转基因生物技术检测机构出具的检测报告;

(三)相应的安全管理、防范措施;

(四)上一试验阶段的试验报告。

第十六条 从事农业转基因生物试验的单位在生产性试验结束后,可以向国务院农业行政主管部门申请领取农业转基因生物安全证书。

试验单位提出前款申请,应当提供下列材料:

(一)农业转基因生物的安全等级和确定安全等级的依据;

(二)生产性试验的总结报告;

(三)国务院农业行政主管部门规定的试验材料、检测方法等其他材料

国务院农业行政主管部门收到申请后,应当委托具备检测条件和能力的技术检测机构进行检测,并组织农业转基因生物安全委员会进行安全评价;安全评价合格的,方可颁发农业转基因生物安全证书。

第十七条 转基因植物种子、种畜禽、水产苗种,利用农业转基因生物生产的或者含有农业转基因生物成分的种子、种畜禽、水产苗种、农药、兽药、肥料和添加剂等,在依照有关法律、行政法规的规定进行审定、登记或者评价、审批前,应当依照本条例第十六条的规定取得农业转基因生物安全证书。

第十八条 中外合作、合资或者外方独资在中华人民共和国境内从事农业转基因生物研究与试验的,应当经国务院农业行政主管部门批准。

第三章 生产与加工

第十九条 生产转基因植物种子、种畜禽、水产苗种,应当取得国务院农业行政主管部门颁发的种子、种畜禽、水产苗种生产许可证。

生产单位和个人申请转基因植物种子、种畜禽、水产苗种生产许可证,除应当符合有关法律、行政法规规定的条件外,还应当符合下列条件:

(一)取得农业转基因生物安全证书并通过品种审定;

(二)在指定的区域种植或者养殖;

(三)有相应的安全管理、防范措施;

(四)国务院农业行政主管部门规定的其他条件。

第二十条 生产转基因植物种子、种畜禽、水产苗种的单位和个人,应当建立生产档案,载明生产地点、基因及其来源、转基因的方法以及种子、种畜禽、水产苗种流向等内容。

第二十一条 单位和个人从事农业转基因生物生产、加工的,应当由国务院农业行政主管部门或者省、自治区、直辖市人民政府农业行政主管部门批准。具体办法由国务院农业行政主管部门制定。

第二十二条 从事农业转基因生物生产、加工的单位和个人,应当按照批准的品种、范

围、安全管理要求和相应的技术标准组织生产、加工,并定期向所在地县级人民政府农业行政主管部门提供生产、加工、安全管理情况和产品流向的报告。

第二十三条 农业转基因生物在生产、加工过程中发生基因安全事故时,生产、加工单位和个人应当立即采取安全补救措施,并向所在地县级人民政府农业行政主管部门报告。

第二十四条 从事农业转基因生物运输、贮存的单位和个人,应当采取与农业转基因生物安全等级相适应的安全控制措施,确保农业转基因生物运输、贮存的安全。

第四章 经 营

第二十五条 经营转基因植物种子、种畜禽、水产苗种的单位和个人,应当取得国务院农业行政主管部门颁发的种子、种畜禽、水产苗种经营许可证。

经营单位和个人申请转基因植物种子、种畜禽、水产苗种经营许可证,除应当符合有关法律、行政法规规定的条件外,还应当符合下列条件:

(一) 有专门的管理人员和经营档案;

(二) 有相应的安全管理、防范措施;

(三) 国务院农业行政主管部门规定的其他条件。

第二十六条 经营转基因植物种子、种畜禽、水产苗种的单位和个人,应当建立经营档案,载明种子、种畜禽、水产苗种的来源、贮存,运输和销售去向等内容。

第二十七条 在中华人民共和国境内销售列入农业转基因生物目录的农业转基因生物,应当有明显的标识。

列入农业转基因生物目录的农业转基因生物,由生产、分装单位和个人负责标识;未标识的,不得销售。经营单位和个人在进货时,应当对货物和标识进行核对。经营单位和个人拆开原包装进行销售的,应当重新标识。

第二十八条 农业转基因生物标识应当载明产品中含有转基因成分的主要原料名称;有特殊销售范围要求的,还应当载明销售范围,并在指定范围内销售。

第二十九条 农业转基因生物的广告,应当经国务院农业行政主管部门审查批准后,方可刊登、播放、设置和张贴。

第五章 进口与出口

第三十条 从中华人民共和国境外引进农业转基因生物用于研究、试验的,引进单位应当向国务院农业行政主管部门提出申请;符合下列条件的,国务院农业行政主管部门方可批准:

(一) 具有国务院农业行政主管部门规定的申请资格;

(二) 引进的农业转基因生物在国(境)外已经进行了相应的研究、试验;

(三) 有相应的安全管理、防范措施。

第三十一条 境外公司向中华人民共和国出口转基因植物种子、种畜禽、水产苗种和利用农业转基因生物生产的或者含有农业转基因生物成分的植物种子、种畜禽、水产苗种、农药、兽药、肥料和添加剂的,应当向国务院农业行政主管部门提出申请;符合下列条件的,国务院农业行政主管部门方可批准试验材料入境并依照本条例的规定进行中间试验、环境释放和生产性试验:

(一) 输出国家或者地区已经允许作为相应用途并投放市场;

(二) 输出国家或者地区经过科学试验证明对人类、动植物、微生物和生态环境无害;

(三) 有相应的安全管理、防范措施。

生产性试验结束后,经安全评价合格,并取得农业转基因生物安全证书后,方可依照有关法律、行政法规的规定办理审定、登记或者评价、审批手续。

第三十二条 境外公司向中华人民共和国出口农业转基因生物用作加工原料的,应当向国务院农业行政主管部门提出申请,提交国务院农业行政主管部门要求的试验材料、检测方法等材料;符合下列条件,经国务院农业行政主管部门委托的、具备检测条件和能力的技术检测机构检测确认对人类、动植物、微生物和生态环境不存在危险,并经安全评价合格的,由国务院农业行政主管部门颁发农业转基因生物安全证书:

(一)输出国家或者地区已经允许作为相应用途并投放市场的;

(二)输出国家或者地区经过科学试验证明对人类、动植物、微生物和生态环境无害的;

(三)有相应的安全管理、防范措施。

第三十三条 从中华人民共和国境外引进农业转基因生物的,或者向中华人民共和国出口农业转基因生物的,引进单位或者境外公司应当凭国务院农业行政主管部门颁发的农业转基因生物安全证书和相关批准文件,向口岸出入境检验检疫机构报检;经检疫合格后,方可向海关申请办理有关手续。

第三十四条 农业转基因生物在中华人民共和国过境转移的,应当遵守中华人民共和国有关法律、行政法规的规定。

第三十五条 国务院农业行政主管部门应当自收到申请人申请之日起270日内作出批准或者不批准的决定,并通知申请人。

第三十六条 向中华人民共和国境外出口农产品,外方要求提供非转基因农产品证明的,由口岸出入境检验检疫机构根据国务院农业行政主管部门发布的转基因农产品信息,进行检测并出具非转基因农产品证明。

第三十七条 进口农业转基因生物,没有国务院农业行政主管部门颁发的农业转基因生物安全证书和相关批准文件的,或者与证书、批准文件不符的,作退货或者销毁处理。进口农业转基因生物不按照规定标识的,重新标识后方可入境。

第六章 监督检查

第三十八条 农业行政主管部门履行监督检查职责时,有权采取下列措施:

(一)询问被检查的研究、试验、生产、加工、经营或者进口、出口的单位和个人、利害关系人、证明人,并要求其提供与农业转基因生物安全有关的证明材料或者其他资料;

(二)查阅或者复制农业转基因生物研究、试验、生产、加工、经营或者进口、出口的有关档案、账册和资料等;

(三)要求有关单位和个人就有关农业转基因生物安全的问题作出说明;

(四)责令违反农业转基因生物安全管理的单位和个人停止违法行为;

(五)在紧急情况下,对非法研究、试验、生产、加工,经营或者进口、出口的农业转基因生物实施封存或者扣押。

第三十九条 农业行政主管部门工作人员在监督检查时,应当出示执法证件。

第四十条 有关单位和个人对农业行政主管部门的监督检查,应当予以支持、配合,不得拒绝、阻碍监督检查人员依法执行职务。

第四十一条 发现农业转基因生物对人类、动植物和生态环境存在危险时,国务院农业行政主管部门有权宣布禁止生产、加工、经营和进口,收回农业转基因生物安全证书,销毁有关存在危险的农业转基因生物。

第七章 罚则

第四十二条 违反本条例规定,从事Ⅲ、Ⅳ级农业转基因生物研究或者进行中间试验,未向国务院农业行政主管部门报告的,由国务院农业行政主管部门责令暂停研究或者中间试验,限期改正。

第四十三条 违反本条例规定，未经批准擅自从事环境释放、生产性试验的，已获批准但未按照规定采取安全管理、防范措施的，或者超过批准范围进行试验的，由国务院农业行政主管部门或者省、自治区、直辖市人民政府农业行政主管部门依据职权，责令停止试验，并处1万元以上5万元以下的罚款。

第四十四条 违反本条例规定，在生产性试验结束后，未取得农业转基因生物安全证书，擅自将农业转基因生物投入生产和应用的，由国务院农业行政主管部门责令停止生产和应用，并处2万元以上10万元以下的罚款。

第四十五条 违反本条例第十八条规定，未经国务院农业行政主管部门批准，从事农业转基因生物研究与试验的，由国务院农业行政主管部门责令立即停止研究与试验，限期补办审批手续。

第四十六条 违反本条例规定，未经批准生产、加工农业转基因生物或者未按照批准的品种、范围、安全管理要求和技术标准生产、加工的，由国务院农业行政主管部门或者省、自治区、直辖市人民政府农业行政主管部门依据职权，责令停止生产或者加工，没收违法生产或者加工的产品及违法所得；违法所得10万元以上的，并处违法所得1倍以上5倍以下的罚款；没有违法所得或者违法所得不足10万元的，并处10万元以上20万元以下的罚款。

第四十七条 违反本条例规定，转基因植物种子、种畜禽、水产苗种的生产、经营单位和个人，未按照规定制作、保存生产、经营档案的，由县级以上人民政府农业行政主管部门依据职权，责令改正，处1000元以上1万元以下的罚款。

第四十八条 违反本条例规定，未经国务院农业行政主管部门批准，擅自进口农业转基因生物的，由国务院农业行政主管部门责令停止进口，没收已进口的产品和违法所得；违法所得10万元以上的，并处违法所得1倍以上5倍以下的罚款；没有违法所得或者违法所得不足10万元的，并处10万元以上20万元以下的罚款。

第四十九条 违反本条例规定，进口、携带、邮寄农业转基因生物未向口岸出入境检验检疫机构报检的，由口岸出入境检验检疫机构比照进出境动植物检疫法的有关规定处罚。

第五十条 违反本条例关于农业转基因生物标识管理规定的，由县级以上人民政府农业行政主管部门依据职权，责令限期改正，可以没收非法销售的产品和违法所得，并可以处1万元以上5万元以下的罚款。

第五十一条 假冒、伪造、转让或者买卖农业转基因生物有关证明文书的，由县级以上人民政府农业行政主管部门依据职权，收缴相应的证明文书，并处2万元以上10万元以下的罚款；构成犯罪的，依法追究刑事责任。

第五十二条 违反本条例规定，在研究、试验、生产、加工、贮存、运输、销售或者进口、出口农业转基因生物过程中发生基因安全事故，造成损害的，依法承担赔偿责任。

第五十三条 国务院农业行政主管部门或者省、自治区、直辖市人民政府农业行政主管部门违反本条例规定核发许可证、农业转基因生物安全证书以及其他批准文件的，或者核发许可证、农业转基因生物安全证书以及其他批准文件后不履行监督管理职责，对直接负责的主管人员和其他直接责任人员依法给予行政处分；构成犯罪的，依法追究刑事责任。

第八章　附　则

第五十四条 本条例自公布之日起施行。

音像制品管理条例

(国务院令第341号)

(2001年12月25日由国务院发布；根据2011年3月19日国务院令第595号《国务院关于修改〈音像制品管理条例〉的决定》第一次修订，根据2013年12月7日国务院令第645号《国务院关于修改部分行政法规的决定》第二次修订，根据2016年2月6日国务院令第666号《国务院关于修改部分行政法规的决定》第三次修订；现行版本自2016年2月6日起施行；法规类型为行政法规)

第一章 总 则

第一条 为了加强音像制品的管理，促进音像业的健康发展和繁荣，丰富人民群众的文化生活，促进社会主义物质文明和精神文明建设，制定本条例。

第二条 本条例适用于录有内容的录音带、录像带、唱片、激光唱盘和激光视盘等音像制品的出版、制作、复制、进口、批发、零售、出租等活动。

音像制品用于广播电视播放的，适用广播电视法律、行政法规。

第三条 出版、制作、复制、进口、批发、零售、出租音像制品，应当遵守宪法和有关法律、法规，坚持为人民服务和为社会主义服务的方向，传播有益于经济发展和社会进步的思想、道德、科学技术和文化知识。

音像制品禁止载有下列内容：

(一) 反对宪法确定的基本原则的；
(二) 危害国家统一、主权和领土完整的；
(三) 泄露国家秘密、危害国家安全或者损害国家荣誉和利益的；
(四) 煽动民族仇恨、民族歧视，破坏民族团结，或者侵害民族风俗、习惯的；
(五) 宣扬邪教、迷信的；
(六) 扰乱社会秩序，破坏社会稳定的；
(七) 宣扬淫秽、赌博、暴力或者教唆犯罪的；
(八) 侮辱或者诽谤他人，侵害他人合法权益的；
(九) 危害社会公德或者民族优秀文化传统的；
(十) 有法律、行政法规和国家规定禁止的其他内容的。

第四条 国务院出版行政主管部门负责全国音像制品的出版、制作、复制、进口、批发、零售和出租的监督管理工作；国务院其他有关行政部门按照国务院规定的职责分工，负责有关的音像制品经营活动的监督管理工作。

县级以上地方人民政府负责出版管理的行政主管部门（以下简称出版行政主管部门）负责本行政区域内音像制品的出版、制作、复制、进口、批发、零售和出租的监督管理工作；县级以上地方人民政府其他有关行政部门在各自的职责范围内负责有关的音像制品经营活动的监督管理工作。

第五条 国家对出版、制作、复制、进口、批发、零售音像制品，实行许可制度；未经许可，任何单位和个人不得从事音像制品的出版、制作、复制、进口、批发、零售等活动。

依照本条例发放的许可证和批准文件,不得出租、出借、出售或者以其他任何形式转让。

第六条 国务院出版行政主管部门负责制定音像业的发展规划,确定全国音像出版单位、音像复制单位的总量、布局和结构。

第七条 音像制品经营活动的监督管理部门及其工作人员不得从事或者变相从事音像制品经营活动,并不得参与或者变相参与音像制品经营单位的经营活动。

第二章 出 版

第八条 设立音像出版单位,应当具备下列条件:
(一)有音像出版单位的名称、章程;
(二)有符合国务院出版行政主管部门认定的主办单位及其主管机关;
(三)有确定的业务范围;
(四)有适应业务范围需要的组织机构和符合国家规定的资格条件的音像出版专业人员;
(五)有适应业务范围需要的资金、设备和工作场所;
(六)法律、行政法规规定的其他条件。

审批设立音像出版单位,除依照前款所列条件外,还应当符合音像出版单位总量、布局和结构的规划。

第九条 申请设立音像出版单位,由所在地省、自治区、直辖市人民政府出版行政主管部门审核同意后,报国务院出版行政主管部门审批。国务院出版行政主管部门应当自受理申请之日起60日内作出批准或者不批准的决定,并通知申请人。批准的,发给《音像制品出版许可证》,由申请人持《音像制品出版许可证》到工商行政管理部门登记,依法领取营业执照;不批准的,应当说明理由。

申请书应当载明下列内容:
(一)音像出版单位的名称、地址;
(二)音像出版单位的主办单位及其主管机关的名称、地址;
(三)音像出版单位的法定代表人或者主要负责人的姓名、住址、资格证明文件;
(四)音像出版单位的资金来源和数额。

第十条 音像出版单位变更名称、主办单位或者其主管机关、业务范围,或者兼并其他音像出版单位,或者因合并、分立而设立新的音像出版单位的,应当依照本条例第九条的规定办理审批手续,并到原登记的工商行政管理部门办理相应的登记手续。

音像出版单位变更地址、法定代表人或者主要负责人,或者终止出版经营活动的,应当到原登记的工商行政管理部门办理变更登记或者注销登记,并向国务院出版行政主管部门备案。

第十一条 音像出版单位的年度出版计划和涉及国家安全、社会安定等方面的重大选题,应当经所在地省、自治区、直辖市人民政府出版行政主管部门审核后报国务院出版行政主管部门备案;重大选题音像制品未在出版前报备案的,不得出版。

第十二条 音像出版单位应当在其出版的音像制品及其包装的明显位置,标明出版单位的名称、地址和音像制品的版号、出版时间、著作权人等事项;出版进口的音像制品,还应当标明进口批准文号。

音像出版单位应当按照国家有关规定向国家图书馆、中国版本图书馆和国务院出版行政主管部门免费送交样本。

第十三条 音像出版单位不得向任何单位或者个人出租、出借、出售或者以其他任何形式转让本单位的名称,不得向任何单位或者个人出售或者以其他形式转让本单位的版号。

第十四条 任何单位和个人不得以购买、租用、借用、擅自使用音像出版单位的名称或者购买、伪造版号等形式从事音像制品出版活动。

图书出版社、报社、期刊社、电子出版物出版社,不得出版非配合本版出版物的音像制品;但是,可以按照国务院出版行政主管部门的规定,出版配合本版出版物的音像制品,并参照音像出版单位享有权利、承担义务。

第十五条 音像出版单位可以与香港特别行政区、澳门特别行政区、台湾地区或者外国的组织、个人合作制作音像制品。具体办法由国务院出版行政主管部门制定。

第十六条 音像出版单位实行编辑责任制度,保证音像制品的内容符合本条例的规定。

第十七条 音像出版单位以外的单位设立的独立从事音像制品制作业务的单位(以下简称音像制作单位)申请从事音像制品制作业务,由所在地省、自治区、直辖市人民政府出版行政主管部门审批。省、自治区、直辖市人民政府出版行政主管部门应当自受理申请之日起60日内作出批准或者不批准的决定,并通知申请人。批准的,发给《音像制品制作许可证》;不批准的,应当说明理由。广播、电视节目制作经营单位的设立,依照有关法律、行政法规的规定办理。

申请书应当载明下列内容:

(一)音像制作单位的名称、地址;

(二)音像制作单位的法定代表人或者主要负责人的姓名、住址、资格证明文件;

(三)音像制作单位的资金来源和数额。

审批从事音像制品制作业务申请,除依照前款所列条件外,还应当兼顾音像制作单位总量、布局和结构。

第十八条 音像制作单位变更名称、业务范围,或者兼并其他音像制作单位,或者因合并、分立而设立新的音像制作单位的,应当依照本条例第十七条的规定办理审批手续。

音像制作单位变更地址、法定代表人或者主要负责人,或者终止制作经营活动的,应当向所在地省、自治区、直辖市人民政府出版行政主管部门备案。

第十九条 音像出版单位不得委托未取得《音像制品制作许可证》的单位制作音像制品。

音像制作单位接受委托制作音像制品的,应当按照国家有关规定,与委托的出版单位订立制作委托合同;验证委托的出版单位的《音像制品出版许可证》或者本版出版物的证明及由委托的出版单位盖章的音像制品制作委托书。

音像制作单位不得出版、复制、批发、零售音像制品。

第三章 复 制

第二十条 申请从事音像制品复制业务应当具备下列条件:

(一)有音像复制单位的名称、章程;

(二)有确定的业务范围;

(三)有适应业务范围需要的组织机构和人员;

(四)有适应业务范围需要的资金、设备和复制场所;

(五)法律、行政法规规定的其他条件。

审批从事音像制品复制业务申请,除依照前款所列条件外,还应当符合音像复制单位总量、布局和结构的规划。

第二十一条 申请从事音像制品复制业务,由所在地省、自治区、直辖市人民政府出版行政主管部门审批。省、自治区、直辖市人民政府出版行政主管部门应当自受理申请之日起20日内作出批准或者不批准的决定,并通知申请人。批准的,发给《复制经营许可证》;不批准的,应当说明理由。

申请书应当载明下列内容:

(一)音像复制单位的名称、地址;

（二）音像复制单位的法定代表人或者主要负责人的姓名、住址；
（三）音像复制单位的资金来源和数额。

第二十二条 音像复制单位变更业务范围，或者兼并其他音像复制单位，或者因合并、分立而设立新的音像复制单位的，应当依照本条例第二十一条的规定办理审批手续。

音像复制单位变更名称、地址、法定代表人或者主要负责人，或者终止复制经营活动的，应当向所在地省、自治区、直辖市人民政府出版行政主管部门备案。

第二十三条 音像复制单位接受委托复制音像制品的，应当按照国家有关规定，与委托的出版单位订立复制委托合同；验证委托的出版单位的《音像制品出版许可证》、营业执照副本、盖章的音像制品复制委托书以及出版单位取得的授权书；接受委托复制的音像制品属于非卖品的，应当验证委托单位的身份证明和委托单位出具的音像制品非卖品复制委托书。

音像复制单位应当自完成音像制品复制之日起2年内，保存委托合同和所复制的音像制品的样本以及验证的有关证明文件的副本，以备查验。

第二十四条 音像复制单位不得接受非音像出版单位或者个人的委托复制经营性的音像制品；不得自行复制音像制品；不得批发、零售音像制品。

第二十五条 从事光盘复制的音像复制单位复制光盘，必须使用蚀刻有国务院出版行政主管部门核发的激光数码储存片来源识别码的注塑模具。

第二十六条 音像复制单位接受委托复制境外音像制品的，应当经省、自治区、直辖市人民政府出版行政主管部门批准，并持著作权人的授权书依法到著作权行政管理部门登记；复制的音像制品应当全部运输出境，不得在境内发行。

第四章 进 口

第二十七条 音像制品成品进口业务由国务院出版行政主管部门批准的音像制品成品进口经营单位经营；未经批准，任何单位或者个人不得经营音像制品成品进口业务。

第二十八条 进口用于出版的音像制品，以及进口用于批发、零售、出租等的音像制品成品，应当报国务院出版行政主管部门进行内容审查。

国务院出版行政主管部门应当自收到音像制品内容审查申请书之日起30日内作出批准或者不批准的决定，并通知申请人。批准的，发给批准文件；不批准的，应当说明理由。

进口用于出版的音像制品的单位、音像制品成品进口经营单位应当持国务院出版行政主管部门的批准文件到海关办理进口手续。

第二十九条 进口用于出版的音像制品，其著作权事项应当向国务院著作权行政管理部门登记。

第三十条 进口供研究、教学参考的音像制品，应当委托音像制品成品进口经营单位依照本条例第二十八条的规定办理。

进口用于展览、展示的音像制品，经国务院出版行政主管部门批准后，到海关办理临时进口手续。

依照本条规定进口的音像制品，不得进行经营性复制、批发、零售、出租和放映。

第五章 批发、零售和出租

第三十一条 申请从事音像制品批发、零售业务，应当具备下列条件：
（一）有音像制品批发、零售单位的名称、章程；
（二）有确定的业务范围；
（三）有适应业务范围需要的组织机构和人员；
（四）有适应业务范围需要的资金和场所；

（五）法律、行政法规规定的其他条件。

第三十二条 申请从事音像制品批发业务，应当报所在地省、自治区、直辖市人民政府出版行政主管部门审批。申请从事音像制品零售业务，应当报县级地方人民政府出版行政主管部门审批。出版行政主管部门应当自受理申请书之日起30日内作出批准或者不批准的决定，并通知申请人。批准的，应当发给《出版物经营许可证》；不批准的，应当说明理由。

《出版物经营许可证》应当注明音像制品经营活动的种类。

第三十三条 音像制品批发、零售单位变更名称、业务范围，或者兼并其他音像制品批发、零售单位，或者因合并、分立而设立新的音像制品批发、零售单位的，应当依照本条例第三十二条的规定办理审批手续。

音像制品批发、零售单位变更地址、法定代表人或者主要负责人或者终止经营活动，从事音像制品零售经营活动的个体工商户变更业务范围、地址或者终止经营活动的，应当向原批准的出版行政主管部门备案。

第三十四条 音像出版单位可以按照国家有关规定，批发、零售本单位出版的音像制品。从事非本单位出版的音像制品的批发、零售业务的，应当依照本条例第三十二条的规定办理审批手续。

第三十五条 国家允许设立从事音像制品发行业务的中外合作经营企业。

第三十六条 音像制品批发单位和从事音像制品零售、出租等业务的单位或者个体工商户，不得经营非音像出版单位出版的音像制品或者非音像复制单位复制的音像制品，不得经营未经国务院出版行政主管部门批准进口的音像制品，不得经营侵犯他人著作权的音像制品。

第六章 罚　则

第三十七条 出版行政主管部门或者其他有关行政部门及其工作人员，利用职务上的便利收受他人财物或者其他好处，批准不符合法定条件的申请人取得许可证、批准文件，或者不履行监督职责，或者发现违法行为不予查处，造成严重后果的，对负有责任的主管人员和其他直接责任人员依法给予降级直至开除的处分；构成犯罪的，依照刑法关于受贿罪、滥用职权罪、玩忽职守罪或者其他罪的规定，依法追究刑事责任。

第三十八条 音像制品经营活动的监督管理部门的工作人员从事或者变相从事音像制品经营活动的，参与或者变相参与音像制品经营单位的经营活动的，依法给予撤职或者开除的处分。

音像制品经营活动的监督管理部门有前款所列行为的，对负有责任的主管人员和其他直接责任人员依照前款规定处罚。

第三十九条 未经批准，擅自设立音像制品出版、进口单位，擅自从事音像制品出版、制作、复制业务或者进口、批发、零售经营活动的，由出版行政主管部门、工商行政管理部门依照法定职权予以取缔；依照刑法关于非法经营罪的规定，依法追究刑事责任；尚不够刑事处罚的，没收违法经营的音像制品和违法所得以及进行违法活动的专用工具、设备；违法经营额1万元以上的，并处违法经营额5倍以上10倍以下的罚款；违法经营额不足1万元的，可以处5万元以下的罚款。

第四十条 出版含有本条例第三条第二款禁止内容的音像制品，或者制作、复制、批发、零售、出租、放映明知或者应知含有本条例第三条第二款禁止内容的音像制品的，依照刑法有关规定，依法追究刑事责任；尚不够刑事处罚的，由出版行政主管部门、公安部门依据各自职权责令停业整顿，没收违法经营的音像制品和违法所得；违法经营额1万元以上的，并处违法经营额5倍以上10倍以下的罚款；违法经营额不足1万元的，可以处5万元以下的罚款；情节严重的，并由原发证机关吊销许可证。

第四十一条 走私音像制品的，依照刑法关于走私罪的规定，依法追究刑事责任；尚不够刑事处罚的，由海关依法给予行政处罚。

第四十二条 有下列行为之一的，由出版行政主管部门责令停止违法行为，给予警告，没收违法经营的音像制品和违法所得；违法经营额 1 万元以上的，并处违法经营额 5 倍以上 10 倍以下的罚款；违法经营额不足 1 万元的，可以处 5 万元以下的罚款；情节严重的，并责令停业整顿或者由原发证机关吊销许可证：

（一）音像出版单位向其他单位、个人出租、出借、出售或者以其他任何形式转让本单位的名称，出售或者以其他形式转让本单位的版号的；

（二）音像出版单位委托未取得《音像制品制作许可证》的单位制作音像制品，或者委托未取得《复制经营许可证》的单位复制音像制品的；

（三）音像出版单位出版未经国务院出版行政主管部门批准擅自进口的音像制品的；

（四）音像制作单位、音像复制单位未依照本条例的规定验证音像出版单位的委托书、有关证明的；

（五）音像复制单位擅自复制他人的音像制品，或者接受非音像出版单位、个人的委托复制经营性的音像制品，或者自行复制音像制品的。

第四十三条 音像出版单位违反国家有关规定与香港特别行政区、澳门特别行政区、台湾地区或者外国的组织、个人合作制作音像制品，音像复制单位违反国家有关规定接受委托复制境外音像制品，未经省、自治区、直辖市人民政府出版行政主管部门审核同意，或者未将复制的境外音像制品全部运输出境的，由省、自治区、直辖市人民政府出版行政主管部门责令改正，没收违法经营的音像制品和违法所得；违法经营额 1 万元以上的，并处违法经营额 5 倍以上 10 倍以下的罚款；违法经营额不足 1 万元的，可以处 5 万元以下的罚款；情节严重的，并由原发证机关吊销许可证。

第四十四条 有下列行为之一的，由出版行政主管部门责令改正，给予警告；情节严重的，并责令停业整顿或者由原发证机关吊销许可证：

（一）音像出版单位未将其年度出版计划和涉及国家安全、社会安定等方面的重大选题报国务院出版行政主管部门备案的；

（二）音像制品出版、制作、复制、批发、零售单位变更名称、地址、法定代表人或者主要负责人、业务范围等，未依照本条例规定办理审批、备案手续的；

（三）音像出版单位未在其出版的音像制品及其包装的明显位置标明本条例规定的内容的；

（四）音像出版单位未依照本条例的规定送交样本的；

（五）音像复制单位未依照本条例的规定留存备查的材料的；

（六）从事光盘复制的音像复制单位复制光盘，使用未蚀刻国务院出版行政主管部门核发的激光数码储存片来源识别码的注塑模具的。

第四十五条 有下列行为之一的，由出版行政主管部门责令停止违法行为，给予警告，没收违法经营的音像制品和违法所得；违法经营额 1 万元以上的，并处违法经营额 5 倍以上 10 倍以下的罚款；违法经营额不足 1 万元的，可以处 5 万元以下的罚款；情节严重的，并责令停业整顿或者由原发证机关吊销许可证：

（一）批发、零售、出租、放映非音像出版单位出版的音像制品或者非音像复制单位复制的音像制品的；

（二）批发、零售、出租或者放映未经国务院出版行政主管部门批准进口的音像制品的；

（三）批发、零售、出租、放映供研究、教学参考或者用于展览、展示的进口音像制品的；

第四十六条　单位违反本条例的规定，被处以吊销许可证行政处罚的，其法定代表人或者主要负责人自许可证被吊销之日起10年内不得担任音像制品出版、制作、复制、进口、批发、零售单位的法定代表人或者主要负责人。

从事音像制品零售业务的个体工商户违反本条例的规定，被处以吊销许可证行政处罚的，自许可证被吊销之日起10年内不得从事音像制品零售业务。

第四十七条　依照本条例的规定实施罚款的行政处罚，应当依照有关法律、行政法规的规定，实行罚款决定与罚款收缴分离；收缴的罚款必须全部上缴国库。

第七章　附　则

第四十八条　除本条例第三十五条外，电子出版物的出版、制作、复制、进口、批发、零售等活动适用本条例。

第四十九条　依照本条例发放许可证，除按照法定标准收取成本费外，不得收取其他任何费用。

第五十条　本条例自2002年2月1日起施行。1994年8月25日国务院发布的《音像制品管理条例》同时废止。

出版管理条例

（国务院令第343号）

（2001年12月25日由国务院发布；根据2011年3月19日国务院令第594号《国务院关于修改〈出版管理条例〉的决定》第一次修订，根据2013年7月18日国务院令第638号《国务院关于废止和修改部分行政法规的决定》第二次修订，根据2014年7月29日国务院令第653号《国务院关于修改部分行政法规的决定》第三次修订，根据2016年2月6日国务院令第666号《国务院关于修改部分行政法规的决定》第四次修订；现行版本自2016年2月6日起施行；法规类型为行政法规）

第一章　总　则

第一条　为了加强对出版活动的管理，发展和繁荣有中国特色社会主义出版产业和出版事业，保障公民依法行使出版自由的权利，促进社会主义精神文明和物质文明建设，根据宪法，制定本条例。

第二条　在中华人民共和国境内从事出版活动，适用本条例。

本条例所称出版活动，包括出版物的出版、印刷或者复制、进口、发行。

本条例所称出版物，是指报纸、期刊、图书、音像制品、电子出版物等。

第三条　出版活动必须坚持为人民服务、为社会主义服务的方向，坚持以马克思列宁主义、毛泽东思想、邓小平理论和"三个代表"重要思想为指导，贯彻落实科学发展观，传播和积累有益于提高民族素质、有益于经济发展和社会进步的科学技术和文化知识，弘扬民族优秀文化，促进国际文化交流，丰富和提高人民的精神生活。

第四条　从事出版活动，应当将社会效益放在首位，实现社会效益与经济效益相结合。

第五条　公民依法行使出版自由的权利，各级人民政府应当予以保障。

公民在行使出版自由的权利的时候，必须遵守宪法和法律，不得反对宪法确定的基本原则，不得损害国家的、社会的、集体的利益和其他公民的合法的自由和权利。

第六条　国务院出版行政主管部门负责全国的出版活动的监督管理工作。国务院其他有关部门按照国务院规定的职责分工，负责有关的出版活动的监督管理工作。

县级以上地方各级人民政府负责出版管理的部门（以下简称出版行政主管部门）负责本行政区域内出版活动的监督管理工作。县级以上地方各级人民政府其他有关部门在各自的职责范围内，负责有关的出版活动的监督管理工作。

第七条　出版行政主管部门根据已经取得的违法嫌疑证据或者举报，对涉嫌违法从事出版物出版、印刷或者复制、进口、发行等活动的行为进行查处时，可以检查与涉嫌违法活动有关的物品和经营场所；对有证据证明是与违法活动有关的物品，可以查封或者扣押。

第八条　出版行业的社会团体按照其章程，在出版行政主管部门的指导下，实行自律管理。

第二章　出版单位的设立与管理

第九条　报纸、期刊、图书、音像制品和电子出版物等应当由出版单位出版。

本条例所称出版单位，包括报社、期刊社、图书出版社、音像出版社和电子出版物出版社等。

法人出版报纸、期刊，不设立报社、期刊社的，其设立的报纸编辑部、期刊编辑部视为出版单位。

第十条　国务院出版行政主管部门制定全国出版单位总量、结构、布局的规划，指导、协调出版产业和出版事业发展。

第十一条　设立出版单位，应当具备下列条件：

（一）有出版单位的名称、章程；

（二）有符合国务院出版行政主管部门认定的主办单位及其主管机关；

（三）有确定的业务范围；

（四）有30万元以上的注册资本和固定的工作场所；

（五）有适应业务范围需要的组织机构和符合国家规定的资格条件的编辑出版专业人员；

（六）法律、行政法规规定的其他条件。

审批设立出版单位，除依照前款所列条件外，还应当符合国家关于出版单位总量、结构、布局的规划。

第十二条　设立出版单位，由其主办单位向所在地省、自治区、直辖市人民政府出版行政主管部门提出申请；省、自治区、直辖市人民政府出版行政主管部门审核同意后，报国务院出版行政主管部门审批。设立的出版单位为事业单位的，还应当办理机构编制审批手续。

第十三条　设立出版单位的申请书应当载明下列事项：

（一）出版单位的名称、地址；

（二）出版单位的主办单位及其主管机关的名称、地址；

（三）出版单位的法定代表人或者主要负责人的姓名、住址、资格证明文件；

（四）出版单位的资金来源及数额。

设立报社、期刊社或者报纸编辑部、期刊编辑部的，申请书还应当载明报纸或者期刊的名称、刊期、开版或者开本、印刷场所。

申请书应当附具出版单位的章程和设立出版单位的主办单位及其主管机关的有关证明材料。

第十四条　国务院出版行政主管部门应当自受理设立出版单位的申请之日起60日内，作出批准或者不批准的决定,并由省、自治区、直辖市人民政府出版行政主管部门书面通知主办单位;不批准的,应当说明理由。

第十五条 设立出版单位的主办单位应当自收到批准决定之日起60日内,向所在地省、自治区、直辖市人民政府出版行政主管部门登记,领取出版许可证。登记事项由国务院出版行政主管部门规定。

出版单位领取出版许可证后,属于事业单位法人的,持出版许可证向事业单位登记管理机关登记,依法领取事业单位法人证书;属于企业法人的,持出版许可证向工商行政管理部门登记,依法领取营业执照。

第十六条 报社、期刊社、图书出版社、音像出版社和电子出版物出版社等应当具备法人条件,经核准登记后,取得法人资格,以其全部法人财产独立承担民事责任。

依照本条例第九条第三款的规定,视为出版单位的报纸编辑部、期刊编辑部不具有法人资格,其民事责任由其主办单位承担。

第十七条 出版单位变更名称、主办单位或者其主管机关、业务范围、资本结构,合并或者分立,设立分支机构,出版新的报纸、期刊,或者报纸、期刊变更名称的,应当依照本条例第十二条、第十三条的规定办理审批手续。出版单位属于事业单位法人的,还应当持批准文件到事业单位登记管理机关办理相应的登记手续;属于企业法人的,还应当持批准文件到工商行政管理部门办理相应的登记手续。

出版单位除前款所列变更事项外的其他事项的变更,应当经主办单位及其主管机关审查同意,向所在地省、自治区、直辖市人民政府出版行政主管部门申请变更登记,并报国务院出版行政主管部门备案。出版单位属于事业单位法人的,还应当持批准文件到事业单位登记管理机关办理变更登记;属于企业法人的,还应当持批准文件到工商行政管理部门办理变更登记。

第十八条 出版单位中止出版活动的,应当向所在地省、自治区、直辖市人民政府出版行政主管部门备案并说明理由和期限;出版单位中止出版活动不得超过180日。

出版单位终止出版活动的,由主办单位提出申请并经主管机关同意后,由主办单位向所在地省、自治区、直辖市人民政府出版行政主管部门办理注销登记,并报国务院出版行政主管部门备案。出版单位属于事业单位法人的,还应当持批准文件到事业单位登记管理机关办理注销登记;属于企业法人的,还应当持批准文件到工商行政管理部门办理注销登记。

第十九条 图书出版社、音像出版社和电子出版物出版社自登记之日起满180日未从事出版活动的,报社、期刊社自登记之日起满90日未出版报纸、期刊的,由原登记的出版行政主管部门注销登记,并报国务院出版行政主管部门备案。

因不可抗力或者其他正当理由发生前款所列情形的,出版单位可以向原登记的出版行政主管部门申请延期。

第二十条 图书出版社、音像出版社和电子出版物出版社的年度出版计划及涉及国家安全、社会安定等方面的重大选题,应当经所在地省、自治区、直辖市人民政府出版行政主管部门审核后报国务院出版行政主管部门备案;涉及重大选题,未在出版前报备案的出版物,不得出版。具体办法由国务院出版行政主管部门制定。

期刊社的重大选题,应当依照前款规定办理备案手续。

第二十一条 出版单位不得向任何单位或者个人出售或者以其他形式转让本单位的名称、书号、刊号或者版号、版面,并不得出租本单位的名称、刊号。

出版单位及其从业人员不得利用出版活动谋取其他不正当利益。

第二十二条 出版单位应当按照国家有关规定向国家图书馆、中国版本图书馆和国务院出版行政主管部门免费送交样本。

第三章 出版物的出版

第二十三条 公民可以依照本条例规定，在出版物上自由表达自己对国家事务、经济和文化事业、社会事务的见解和意愿，自由发表自己从事科学研究、文学艺术创作和其他文化活动的成果。

合法出版物受法律保护，任何组织和个人不得非法干扰、阻止、破坏出版物的出版。

第二十四条 出版单位实行编辑责任制度，保障出版物刊载的内容符合本条例的规定。

第二十五条 任何出版物不得含有下列内容：
（一）反对宪法确定的基本原则的；
（二）危害国家统一、主权和领土完整的；
（三）泄露国家秘密、危害国家安全或者损害国家荣誉和利益的；
（四）煽动民族仇恨、民族歧视，破坏民族团结，或者侵害民族风俗、习惯的；
（五）宣扬邪教、迷信的；
（六）扰乱社会秩序，破坏社会稳定的；
（七）宣扬淫秽、赌博、暴力或者教唆犯罪的；
（八）侮辱或者诽谤他人，侵害他人合法权益的；
（九）危害社会公德或者民族优秀文化传统的；
（十）有法律、行政法规和国家规定禁止的其他内容的。

第二十六条 以未成年人为对象的出版物不得含有诱发未成年人模仿违反社会公德的行为和违法犯罪的行为的内容，不得含有恐怖、残酷等妨害未成年人身心健康的内容。

第二十七条 出版物的内容不真实或者不公正，致使公民、法人或者其他组织的合法权益受到侵害的，其出版单位应当公开更正，消除影响，并依法承担其他民事责任。

报纸、期刊发表的作品内容不真实或者不公正，致使公民、法人或者其他组织的合法权益受到侵害的，当事人有权要求有关出版单位更正或者答辩，有关出版单位应当在其近期出版的报纸、期刊上予以发表；拒绝发表的，当事人可以向人民法院提起诉讼。

第二十八条 出版物必须按照国家的有关规定载明作者、出版者、印刷者或者复制者、发行者的名称、地址，书号、刊号或者版号，在版编目数据，出版日期、刊期以及其他有关事项。

出版物的规格、开本、版式、装帧、校对等必须符合国家标准和规范要求，保证出版物的质量。

出版物使用语言文字必须符合国家法律规定和有关标准、规范。

第二十九条 任何单位和个人不得伪造、假冒出版单位名称或者报纸、期刊名称出版出版物。

第三十条 中学小学教科书由国务院教育行政主管部门审定；其出版、发行单位应当具有适应教科书出版、发行业务需要的资金、组织机构和人员等条件，并取得国务院出版行政主管部门批准的教科书出版、发行资质。纳入政府采购范围的中学小学教科书，其发行单位按照《中华人民共和国政府采购法》的有关规定确定。其他任何单位或者个人不得从事中学小学教科书的出版、发行业务。

第四章 出版物的印刷或者复制和发行

第三十一条 从事出版物印刷或者复制业务的单位，应当向所在地省、自治区、直辖市人民政府出版行政主管部门提出申请，经审核许可，并依照国家有关规定到工商行政管理部门办理相关手续后，方可从事出版物的印刷或者复制。

未经许可并办理相关手续的,不得印刷报纸、期刊、图书,不得复制音像制品、电子出版物。

第三十二条 出版单位不得委托未取得出版物印刷或者复制许可的单位印刷或者复制出版物。

出版单位委托印刷或者复制单位印刷或者复制出版物的,必须提供符合国家规定的印刷或者复制出版物的有关证明,并依法与印刷或者复制单位签订合同。

印刷或者复制单位不得接受非出版单位和个人的委托印刷报纸、期刊、图书或者复制音像制品、电子出版物,不得擅自印刷、发行报纸、期刊、图书或者复制、发行音像制品、电子出版物。

第三十三条 印刷或者复制单位经所在地省、自治区、直辖市人民政府出版行政主管部门批准,可以承接境外出版物的印刷或者复制业务;但是,印刷或者复制的境外出版物必须全部运输出境,不得在境内发行。

境外委托印刷或者复制的出版物的内容,应当经省、自治区、直辖市人民政府出版行政主管部门审核。委托人应当持有著作权人授权书,并向著作权行政管理部门登记。

第三十四条 印刷或者复制单位应当自完成出版物的印刷或者复制之日起 2 年内,留存一份承接的出版物样本备查。

第三十五条 单位从事出版物批发业务的,须经省、自治区、直辖市人民政府出版行政主管部门审核许可,取得《出版物经营许可证》。

单位和个体工商户从事出版物零售业务的,须经县级人民政府出版行政主管部门审核许可,取得《出版物经营许可证》。

第三十六条 通过互联网等信息网络从事出版物发行业务的单位或者个体工商户,应当依照本条例规定取得《出版物经营许可证》。

提供网络交易平台服务的经营者应当对申请通过网络交易平台从事出版物发行业务的单位或者个体工商户的经营主体身份进行审查,验证其《出版物经营许可证》。

第三十七条 从事出版物发行业务的单位和个体工商户变更《出版物经营许可证》登记事项,或者兼并、合并、分立的,应当依照本条例第三十五条的规定办理审批手续。

从事出版物发行业务的单位和个体工商户终止经营活动的,应当向原批准的出版行政主管部门备案。

第三十八条 出版单位可以发行本出版单位出版的出版物,不得发行其他出版单位出版的出版物。

第三十九条 国家允许设立从事图书、报纸、期刊、电子出版物发行业务的中外合资经营企业、中外合作经营企业、外资企业。

第四十条 印刷或者复制单位、发行单位或者个体工商户不得印刷或者复制、发行有下列情形之一的出版物:

(一)含有本条例第二十五条、第二十六条禁止内容的;
(二)非法进口的;
(三)伪造、假冒出版单位名称或者报纸、期刊名称的;
(四)未署出版单位名称的;
(五)中学小学教科书未经依法审定的;
(六)侵犯他人著作权的。

第五章 出版物的进口

第四十一条 出版物进口业务,由依照本条例设立的出版物进口经营单位经营;其他单位和个人不得从事出版物进口业务。

第四十二条 设立出版物进口经营单位,应当具备下列条件:
(一) 有出版物进口经营单位的名称、章程;
(二) 有符合国务院出版行政主管部门认定的主办单位及其主管机关;
(三) 有确定的业务范围;
(四) 具有进口出版物内容审查能力;
(五) 有与出版物进口业务相适应的资金;
(六) 有固定的经营场所;
(七) 法律、行政法规和国家规定的其他条件。

第四十三条 设立出版物进口经营单位,应当向国务院出版行政主管部门提出申请,经审查批准,取得国务院出版行政主管部门核发的出版物进口经营许可证后,持证到工商行政管理部门依法领取营业执照。

设立出版物进口经营单位,还应当依照对外贸易法律、行政法规的规定办理相应手续。

第四十四条 出版物进口经营单位变更名称、业务范围、资本结构、主办单位或者其主管机关,合并或者分立,设立分支机构,应当依照本条例第四十二条、第四十三条的规定办理审批手续,并持批准文件到工商行政管理部门办理相应的登记手续。

第四十五条 出版物进口经营单位进口的出版物,不得含有本条例第二十五条、第二十六条禁止的内容。

出版物进口经营单位负责对其进口的出版物进行内容审查。省级以上人民政府出版行政主管部门可以对出版物进口经营单位进口的出版物直接进行内容审查。出版物进口经营单位无法判断其进口的出版物是否含有本条例第二十五条、第二十六条禁止内容的,可以请求省级以上人民政府出版行政主管部门进行内容审查。省级以上人民政府出版行政主管部门应出版物进口经营单位的请求,对其进口的出版物进行内容审查的,可以按照国务院价格主管部门批准的标准收取费用。

国务院出版行政主管部门可以禁止特定出版物的进口。

第四十六条 出版物进口经营单位应当在进口出版物前将拟进口的出版物目录报省级以上人民政府出版行政主管部门备案;省级以上人民政府出版行政主管部门发现有禁止进口的或者暂缓进口的出版物的,应当及时通知出版物进口经营单位并通报海关。对通报禁止进口或者暂缓进口的出版物,出版物进口经营单位不得进口,海关不得放行。

出版物进口备案的具体办法由国务院出版行政主管部门制定。

第四十七条 发行进口出版物的,必须从依法设立的出版物进口经营单位进货。

第四十八条 出版物进口经营单位在境内举办境外出版物展览,必须报经国务院出版行政主管部门批准。未经批准,任何单位和个人不得举办境外出版物展览。

依照前款规定展览的境外出版物需要销售的,应当按照国家有关规定办理相关手续。

第六章 监督与管理

第四十九条 出版行政主管部门应当加强对本行政区域内出版单位出版活动的日常监督管理;出版单位的主办单位及其主管机关对所属出版单位出版活动负有直接管理责任,并应当配合出版行政主管部门督促所属出版单位执行各项管理规定。

出版单位和出版物进口经营单位应当按照国务院出版行政主管部门的规定,将从事出版活动和出版物进口活动的情况向出版行政主管部门提出书面报告。

第五十条 出版行政主管部门履行下列职责:
(一) 对出版物的出版、印刷、复制、发行、进口单位进行行业监管,实施准入和退出管

理;

（二）对出版活动进行监管,对违反本条例的行为进行查处;

（三）对出版物内容和质量进行监管;

（四）根据国家有关规定对出版从业人员进行管理。

第五十一条 出版行政主管部门根据有关规定和标准,对出版物的内容、编校、印刷或者复制、装帧设计等方面质量实施监督检查。

第五十二条 国务院出版行政主管部门制定出版单位综合评估办法,对出版单位分类实施综合评估。

出版物的出版、印刷或者复制、发行和进口经营单位不再具备行政许可的法定条件的,由出版行政主管部门责令限期改正;逾期仍未改正的,由原发证机关撤销行政许可。

第五十三条 国家对在出版单位从事出版专业技术工作的人员实行职业资格制度;出版专业技术人员通过国家专业技术人员资格考试取得专业技术资格。具体办法由国务院人力资源社会保障主管部门、国务院出版行政主管部门共同制定。

第七章 保障与奖励

第五十四条 国家制定有关政策,保障、促进出版产业和出版事业的发展与繁荣。

第五十五条 国家支持、鼓励下列优秀的、重点的出版物的出版:

（一）对阐述、传播宪法确定的基本原则有重大作用的;

（二）对弘扬社会主义核心价值体系,在人民中进行爱国主义、集体主义、社会主义和民族团结教育以及弘扬社会公德、职业道德、家庭美德有重要意义的;

（三）对弘扬民族优秀文化,促进国际文化交流有重大作用的;

（四）对推进文化创新,及时反映国内外新的科学文化成果有重大贡献的;

（五）对服务农业、农村和农民,促进公共文化服务有重大作用的;

（六）其他具有重要思想价值、科学价值或者文化艺术价值的。

第五十六条 国家对教科书的出版发行,予以保障。

国家扶持少数民族语言文字出版物和盲文出版物的出版发行。

国家对在少数民族地区、边疆地区、经济不发达地区和在农村发行出版物,实行优惠政策。

第五十七条 报纸、期刊交由邮政企业发行的,邮政企业应当保证按照合同约定及时、准确发行。

承运出版物的运输企业,应当对出版物的运输提供方便。

第五十八条 对为发展、繁荣出版产业和出版事业作出重要贡献的单位和个人,按照国家有关规定给予奖励。

第五十九条 对非法干扰、阻止和破坏出版物出版、印刷或者复制、进口、发行的行为,县级以上各级人民政府出版行政主管部门及其他有关部门,应当及时采取措施,予以制止。

第八章 法律责任

第六十条 出版行政主管部门或者其他有关部门的工作人员,利用职务上的便利收受他人财物或者其他好处,批准不符合法定条件的申请人取得许可证、批准文件,或者不履行监督职责,或者发现违法行为不予查处,造成严重后果的,依法给予降级直至开除的处分;构成犯罪的,依照刑法关于受贿罪、滥用职权罪、玩忽职守罪或者其他罪的规定,依法追究刑事责任。

第六十一条 未经批准,擅自设立出版物的出版、印刷或者复制、进口单位,或者擅自从事出版物的出版、印刷或者复制、进口、发行业务,假冒出版单位名称或者伪造、假冒报纸、期刊名称出版出版物的，由出版行政主管部门、工商行政管理部门依照法定职权予以取缔；依照刑法关于非法经营罪的规定，依法追究刑事责任；尚不够刑事处罚的，没收出版物、违法所得和从事违法活动的专用工具、设备，违法经营额 1 万元以上的，并处违法经营额 5 倍以上 10 倍以下的罚款，违法经营额不足 1 万元的，可以处 5 万元以下的罚款；侵犯他人合法权益的，依法承担民事责任。

第六十二条 有下列行为之一，触犯刑律的，依照刑法有关规定，依法追究刑事责任；尚不够刑事处罚的，由出版行政主管部门责令限期停业整顿，没收出版物、违法所得，违法经营额 1 万元以上的，并处违法经营额 5 倍以上 10 倍以下的罚款；违法经营额不足 1 万元的，可以处 5 万元以下的罚款；情节严重的，由原发证机关吊销许可证：

（一）出版、进口含有本条例第二十五条、第二十六条禁止内容的出版物的；

（二）明知或者应知出版物含有本条例第二十五条、第二十六条禁止内容而印刷或者复制、发行的；

（三）明知或者应知他人出版含有本条例第二十五条、第二十六条禁止内容的出版物而向其出售或者以其他形式转让本出版单位的名称、书号、刊号、版号、版面，或者出租本单位的名称、刊号的。

第六十三条 有下列行为之一的，由出版行政主管部门责令停止违法行为，没收出版物、违法所得，违法经营额 1 万元以上的，并处违法经营额 5 倍以上 10 倍以下的罚款；违法经营额不足 1 万元的，可以处 5 万元以下的罚款；情节严重的，责令限期停业整顿或者由原发证机关吊销许可证：

（一）进口、印刷或者复制、发行国务院出版行政主管部门禁止进口的出版物的；

（二）印刷或者复制走私的境外出版物的；

（三）发行进口出版物未从本条例规定的出版物进口经营单位进货的。

第六十四条 走私出版物的，依照刑法关于走私罪的规定，依法追究刑事责任；尚不够刑事处罚的，由海关依照海关法的规定给予行政处罚。

第六十五条 有下列行为之一的，由出版行政主管部门没收出版物、违法所得，违法经营额 1 万元以上的，并处违法经营额 5 倍以上 10 倍以下的罚款；违法经营额不足 1 万元的，可以处 5 万元以下的罚款；情节严重的，责令限期停业整顿或者由原发证机关吊销许可证：

（一）出版单位委托未取得出版物印刷或者复制许可的单位印刷或者复制出版物的；

（二）印刷或者复制单位未取得印刷或者复制许可而印刷或者复制出版物的；

（三）印刷或者复制单位接受非出版单位和个人的委托印刷或者复制出版物的；

（四）印刷或者复制单位未履行法定手续印刷或者复制境外出版物的，印刷或者复制的境外出版物没有全部运输出境的；

（五）印刷或者复制单位、发行单位或者个体工商户印刷或者复制、发行未署出版单位名称的出版物的；

（六）印刷或者复制单位、发行单位或者个体工商户印刷或者复制、发行伪造、假冒出版单位名称或者报纸、期刊名称的出版物的；

（七）出版、印刷、发行单位出版、印刷、发行未经依法审定的中学小学教科书，或者非依照本条例规定确定的单位从事中学小学教科书的出版、发行业务的。

第六十六条 出版单位有下列行为之一的，由出版行政主管部门责令停止违法行为，给予警告，没收违法经营的出版物、违法所得，违法经营额 1 万元以上的，并处违法经营额 5 倍以上 10 倍以下的罚款；违法经营额不足 1 万元的，可以处 5 万元以下的罚款；情节严重的，责令限期停业整顿或者由原发证机关吊销许可证：

（一）出售或者以其他形式转让本出版单位的名称、书号、刊号、版号、版面，或者出租本单位的名称、刊号的；

（二）利用出版活动谋取其他不正当利益的。

第六十七条 有下列行为之一的，由出版行政主管部门责令改正，给予警告；情节严重的，责令限期停业整顿或者由原发证机关吊销许可证：

（一）出版单位变更名称、主办单位或者其主管机关、业务范围，合并或者分立，出版新的报纸、期刊，或者报纸、期刊改变名称，以及出版单位变更其他事项，未依照本条例的规定到出版行政主管部门办理审批、变更登记手续的；

（二）出版单位未将其年度出版计划和涉及国家安全、社会安定等方面的重大选题备案的；

（三）出版单位未依照本条例的规定送交出版物的样本的；

（四）印刷或者复制单位未依照本条例的规定留存备查的材料的；

（五）出版进口经营单位未将其进口的出版物目录报送备案的；

（六）出版单位擅自中止出版活动超过180日的；

（七）出版物发行单位、出版物进口经营单位未依照本条例的规定办理变更审批手续的；

（八）出版物质量不符合有关规定和标准的。

第六十八条 未经批准，举办境外出版物展览的，由出版行政主管部门责令停止违法行为，没收出版物、违法所得；情节严重的，责令限期停业整顿或者由原发证机关吊销许可证。

第六十九条 印刷或者复制、批发、零售、出租、散发含有本条例第二十五条、第二十六条禁止内容的出版物或者其他非法出版物的，当事人对非法出版物的来源作出说明、指认，经查证属实的，没收出版物、违法所得，可以减轻或者免除其他行政处罚。

第七十条 单位违反本条例被处以吊销许可证行政处罚的，其法定代表人或者主要负责人自许可证被吊销之日起10年内不得担任出版、印刷或者复制、进口、发行单位的法定代表人或者主要负责人。

出版从业人员违反本条例规定，情节严重的，由原发证机关吊销其资格证书。

第七十一条 依照本条例的规定实施罚款的行政处罚，应当依照有关法律、行政法规的规定，实行罚款决定与罚款收缴分离；收缴的罚款必须全部上缴国库。

第九章 附 则

第七十二条 行政法规对音像制品和电子出版物的出版、复制、进口、发行另有规定的，适用其规定。

接受境外机构或者个人赠送出版物的管理办法、订户订购境外出版物的管理办法、网络出版审批和管理办法，由国务院出版行政主管部门根据本条例的原则另行制定。

第七十三条 本条例自2002年2月1日起施行。1997年1月2日国务院发布的《出版管理条例》同时废止。

关于接受境外机构或个人赠送境外出版物有关事项的通知

(新出联〔2010〕13号)

(2010年7月22日由新闻出版总署、教育部发布，2010年7月22日起施行，法规类型为规范性文件)

为进一步加强境内机构接受境外机构或个人赠送境外出版物的管理，规范受赠境外出版物的进口行为，根据国务院《出版管理条例》，现就有关事项通知如下：

一、境内大中专院校、科研院所、公共图书馆、行业组织、企事业单位等接受境外机构或个人赠送境外出版物（包括图书、报纸、期刊、电子出版物、音像制品及各类数字出版物的数据库等）用于收藏和阅读参考，须按照《出版管理条例》等相关法规，由受赠单位在受赠前将有关受赠申请材料报所在地省级新闻出版部门审核，由各省级新闻出版部门报新闻出版总署审批。

二、受赠机构接受境外机构或个人捐赠境外出版物，应委托经新闻出版总署批准的具有出版物经营权的出版物进口经营单位，按照核准的经营范围办理受赠境外出版物进口业务。

三、办理受赠境外出版物审批手续须提交以下材料：

（一）所在地省级新闻出版部门的请示；

（二）受赠单位的申请报告。应载明受赠目的和使用方法，受赠时间和地点，受赠境外出版物目录（摆阔出版物的种类、名称、数量和金额），境外赠送机构或个人的情况，有无代理受赠出版物的转送业务，进口海关等内容。

（三）由出版物进口单位出具的受赠境外出版物内容审查报告。

四、接受境外机构或个人赠送的出版物不得用于复制、销售和其他经营性活动。

五、受赠境外出版物不得含有《出版管理条例》第二十六条、第二十七条禁止的内容。出版物进口经营单位负责对拟进口的受赠境外出版物及已进口的受赠境外出版物进行内容审查，发现其中含有《出版管理条例》第二十六条、第二十七条禁止内容的，或受赠机构收到受赠境外出版物后，在清理和使用时发现其中含有《出版管理条例》第二十六条、第二十七条禁止内容的，均应立即报告所在地省级新闻出版部门和新闻出版署，并将含有禁止内容的受赠境外出版物全部移交所在地省级新闻出版部门封存，经认定后由所在地省级新闻出版部门监督销毁。

六、各省、自治区、直辖市新闻出版局接到本通知后，应尽快会同当地教育厅（常委）对辖区内各机构单位，尤其是大中专院校、科研院所、各级各类图书馆等，接受境外单位和个人捐赠境外出版物情况进行一次清理。凡未按《出版管理条例》规定要求办理相关审批手续，擅自接受境外机构或个人捐赠的境外出版物的，受赠单位应立即就地封存，并及时向当地省级新闻出版部门报告，由省局按照《出版管理条例》和相关法规的规定作出处理。

各省、自治区、直辖市新闻出版局10月30日前将清理情况报新闻出版总署。

七、总署将联合教育部门加大检查、处罚力度，对违反《出版管理条例》相关规定的违规进口行为进行严厉查处。

兽药管理条例

（国务院令第 404 号）

（2004 年 4 月 9 日由国务院发布；根据 2014 年 7 月 29 日国务院令第 653 号《国务院关于修改部分行政法规的决定》第一次修订，根据 2016 年 2 月 6 日国务院令第 666 号《国务院关于修改部分行政法规的决定》第二次修订，根据 2020 年 4 月 2 日国务院令第 726 号《国务院关于修改和废止部分行政法规的决定》第三次修订；现行版本自 2020 年 4 月 2 日起施行；法规类型为行政法规）

第一章 总 则

第一条 为了加强兽药管理，保证兽药质量，防治动物疾病，促进养殖业的发展，维护人体健康，制定本条例。

第二条 在中华人民共和国境内从事兽药的研制、生产、经营、进出口、使用和监督管理，应当遵守本条例。

第三条 国务院兽医行政管理部门负责全国的兽药监督管理工作。

县级以上地方人民政府兽医行政管理部门负责本行政区域内的兽药监督管理工作。

第四条 国家实行兽用处方药和非处方药分类管理制度。兽用处方药和非处方药分类管理的办法和具体实施步骤，由国务院兽医行政管理部门规定。

第五条 国家实行兽药储备制度。

发生重大动物疫情、灾情或者其他突发事件时，国务院兽医行政管理部门可以紧急调用国家储备的兽药；必要时，也可以调用国家储备以外的兽药。

第二章 新兽药研制

第六条 国家鼓励研制新兽药，依法保护研制者的合法权益。

第七条 研制新兽药，应当具有与研制相适应的场所、仪器设备、专业技术人员、安全管理规范和措施。

研制新兽药，应当进行安全性评价。从事兽药安全性评价的单位应当遵守国务院兽医行政管理部门制定的兽药非临床研究质量管理规范和兽药临床试验质量管理规范。

省级以上人民政府兽医行政管理部门应当对兽药安全性评价单位是否符合兽药非临床研究质量管理规范和兽药临床试验质量管理规范的要求进行监督检查，并公布监督检查结果。

第八条 研制新兽药，应当在临床试验前向临床试验场所所在地省、自治区、直辖市人民政府兽医行政管理部门备案，并附具该新兽药实验室阶段安全性评价报告及其他临床前研究资料。

研制的新兽药属于生物制品的，应当在临床试验前向国务院兽医行政管理部门提出申请，国务院兽医行政管理部门应当自收到申请之日起 60 个工作日内将审查结果书面通知申请人。

研制新兽药需要使用一类病原微生物的，还应当具备国务院兽医行政管理部门规定的条件，并在实验室阶段前报国务院兽医行政管理部门批准。

第九条 临床试验完成后，新兽药研制者向国务院兽医行政管理部门提出新兽药注册申请时，应当提交该新兽药的样品和下列资料：
（一）名称、主要成分、理化性质；
（二）研制方法、生产工艺、质量标准和检测方法；
（三）药理和毒理试验结果、临床试验报告和稳定性试验报告；
（四）环境影响报告和污染防治措施。

研制的新兽药属于生物制品的，还应当提供菌（毒、虫）种、细胞等有关材料和资料。菌（毒、虫）种、细胞由国务院兽医行政管理部门指定的机构保藏。

研制用于食用动物的新兽药，还应当按照国务院兽医行政管理部门的规定进行兽药残留试验并提供休药期、最高残留限量标准、残留检测方法及其制定依据等资料。

国务院兽医行政管理部门应当自收到申请之日起10个工作日内，将决定受理的新兽药资料送其设立的兽药评审机构进行评审，将新兽药样品送其指定的检验机构复核检验，并自收到评审和复核检验结论之日起60个工作日内完成审查。审查合格的，发给新兽药注册证书，并发布该兽药的质量标准；不合格的，应当书面通知申请人。

第十条 国家对依法获得注册的、含有新化合物的兽药的申请人提交的其自己所取得且未披露的试验数据和其他数据实施保护。

自注册之日起6年内，对其他申请人未经已获得注册兽药的申请人同意，使用前款规定的数据申请兽药注册的，兽药注册机关不予注册；但是，其他申请人提交其自己所取得的数据的除外。

除下列情况外，兽药注册机关不得披露本条第一款规定的数据：
（一）公共利益需要；
（二）已采取措施确保该类信息不会被不正当地进行商业使用。

第三章 兽药生产

第十一条 从事兽药生产的企业，应当符合国家兽药行业发展规划和产业政策，并具备下列条件：
（一）与所生产的兽药相适应的兽医学、药学或者相关专业的技术人员；
（二）与所生产的兽药相适应的厂房、设施；
（三）与所生产的兽药相适应的兽药质量管理和质量检验的机构、人员、仪器设备；
（四）符合安全、卫生要求的生产环境；
（五）兽药生产质量管理规范规定的其他生产条件。

符合前款规定条件的，申请人方可向省、自治区、直辖市人民政府兽医行政管理部门提出申请，并附具符合前款规定条件的证明材料；省、自治区、直辖市人民政府兽医行政管理部门应当自收到申请之日起40个工作日内完成审查。经审查合格的，发给兽药生产许可证；不合格的，应当书面通知申请人。

第十二条 兽药生产许可证应当载明生产范围、生产地点、有效期和法定代表人姓名、住址等事项。

兽药生产许可证有效期为5年。有效期届满，需要继续生产兽药的，应当在许可证有效期届满前6个月到发证机关申请换发兽药生产许可证。

第十三条 兽药生产企业变更生产范围、生产地点的，应当依照本条例第十一条的规定申请换发兽药生产许可证；变更企业名称、法定代表人的，应当在办理工商变更登记手续后15个工作日内，到原发证机关申请换发兽药生产许可证。

第十四条 兽药生产企业应当按照国务院兽医行政管理部门制定的兽药生产质量管理规范组织生产。

省级以上人民政府兽医行政管理部门，应当对兽药生产企业是否符合兽药生产质量管理规范的要求进行监督检查，并公布检查结果。

第十五条 兽药生产企业生产兽药，应当取得国务院兽医行政管理部门核发的产品批准文号，产品批准文号的有效期为5年。兽药产品批准文号的核发办法由国务院兽医行政管理部门制定。

第十六条 兽药生产企业应当按照兽药国家标准和国务院兽医行政管理部门批准的生产工艺进行生产。兽药生产企业改变影响兽药质量的生产工艺的，应当报原批准部门审核批准。

兽药生产企业应当建立生产记录，生产记录应当完整、准确。

第十七条 生产兽药所需的原料、辅料，应当符合国家标准或者所生产兽药的质量要求。

直接接触兽药的包装材料和容器应当符合药用要求。

第十八条 兽药出厂前应当经过质量检验，不符合质量标准的不得出厂。

兽药出厂应当附有产品质量合格证。

禁止生产假、劣兽药。

第十九条 兽药生产企业生产的每批兽用生物制品，在出厂前应当由国务院兽医行政管理部门指定的检验机构审查核对，并在必要时进行抽查检验；未经审查核对或者抽查检验不合格的，不得销售。

强制免疫所需兽用生物制品，由国务院兽医行政管理部门指定的企业生产。

第二十条 兽药包装应当按照规定印有或者贴有标签，附具说明书，并在显著位置注明"兽用"字样。

兽药的标签和说明书经国务院兽医行政管理部门批准并公布后，方可使用。

兽药的标签或者说明书，应当以中文注明兽药的通用名称、成分及其含量、规格、生产企业、产品批准文号（进口兽药注册证号）、产品批号、生产日期、有效期、适应症或者功能主治、用法、用量、休药期、禁忌、不良反应、注意事项、运输贮存保管条件及其他应当说明的内容。有商品名称的，还应当注明商品名称。

除前款规定的内容外，兽用处方药的标签或者说明书还应当印有国务院兽医行政管理部门规定的警示内容，其中兽用麻醉药品、精神药品、毒性药品和放射性药品还应当印有国务院兽医行政管理部门规定的特殊标志；兽用非处方药的标签或者说明书还应当印有国务院兽医行政管理部门规定的非处方药标志。

第二十一条 国务院兽医行政管理部门，根据保证动物产品质量安全和人体健康的需要，可以对新兽药设立不超过5年的监测期；在监测期内，不得批准其他企业生产或者进口该新兽药。生产企业应当在监测期内收集该新兽药的疗效、不良反应等资料，并及时报送国务院兽医行政管理部门。

第四章 兽药经营

第二十二条 经营兽药的企业，应当具备下列条件：

（一）与所经营的兽药相适应的兽药技术人员；

（二）与所经营的兽药相适应的营业场所、设备、仓库设施；

（三）与所经营的兽药相适应的质量管理机构或者人员；

（四）兽药经营质量管理规范规定的其他经营条件。

符合前款规定条件的，申请人方可向市、县人民政府兽医行政管理部门提出申请，并附具符合前款规定条件的证明材料；经营兽用生物制品的，应当向省、自治区、直辖市人民政府兽医行政管理部门提出申请，并附具符合前款规定条件的证明材料。

县级以上地方人民政府兽医行政管理部门，应当自收到申请之日起30个工作日内完成审查。审查合格的，发给兽药经营许可证；不合格的，应当书面通知申请人。

第二十三条 兽药经营许可证应当载明经营范围、经营地点、有效期和法定代表人姓名、住址等事项。

兽药经营许可证有效期为 5 年。有效期届满，需要继续经营兽药的，应当在许可证有效期届满前 6 个月到发证机关申请换发兽药经营许可证。

第二十四条 兽药经营企业变更经营范围、经营地点的，应当依照本条例第二十二条的规定申请换发兽药经营许可证；变更企业名称、法定代表人的，应当在办理工商变更登记手续后 15 个工作日内，到发证机关申请换发兽药经营许可证。

第二十五条 兽药经营企业，应当遵守国务院兽医行政管理部门制定的兽药经营质量管理规范。

县级以上地方人民政府兽医行政管理部门，应当对兽药经营企业是否符合兽药经营质量管理规范的要求进行监督检查，并公布检查结果。

第二十六条 兽药经营企业购进兽药，应当将兽药产品与产品标签或者说明书、产品质量合格证核对无误。

第二十七条 兽药经营企业，应当向购买者说明兽药的功能主治、用法、用量和注意事项。销售兽用处方药的，应当遵守兽用处方药管理办法。

兽药经营企业销售兽用中药材的，应当注明产地。

禁止兽药经营企业经营人用药品和假、劣兽药。

第二十八条 兽药经营企业购销兽药，应当建立购销记录。购销记录应当载明兽药的商品名称、通用名称、剂型、规格、批号、有效期、生产厂商、购销单位、购销数量、购销日期和国务院兽医行政管理部门规定的其他事项。

第二十九条 兽药经营企业，应当建立兽药保管制度，采取必要的冷藏、防冻、防潮、防虫、防鼠等措施，保持所经营兽药的质量。

兽药入库、出库，应当执行检查验收制度，并有准确记录。

第三十条 强制免疫所需兽用生物制品的经营，应当符合国务院兽医行政管理部门的规定。

第三十一条 兽药广告的内容应当与兽药说明书内容相一致，在全国重点媒体发布兽药广告的，应当经国务院兽医行政管理部门审查批准，取得兽药广告审查批准文号。在地方媒体发布兽药广告的，应当经省、自治区、直辖市人民政府兽医行政管理部门审查批准，取得兽药广告审查批准文号；未经批准的，不得发布。

第五章　兽药进出口

第三十二条 首次向中国出口的兽药，由出口方驻中国境内的办事机构或者其委托的中国境内代理机构向国务院兽医行政管理部门申请注册，并提交下列资料和物品：

（一）生产企业所在国家（地区）兽药管理部门批准生产、销售的证明文件；

（二）生产企业所在国家（地区）兽药管理部门颁发的符合兽药生产质量管理规范的证明文件；

（三）兽药的制造方法、生产工艺、质量标准、检测方法、药理和毒理试验结果、临床试验报告、稳定性试验报告及其他相关资料；用于食用动物的兽药的休药期、最高残留限量标准、残留检测方法及其制定依据等资料；

（四）兽药的标签和说明书样本；

（五）兽药的样品、对照品、标准品；

（六）环境影响报告和污染防治措施；

（七）涉及兽药安全性的其他资料。

申请向中国出口兽用生物制品的，还应当提供菌（毒、虫）种、细胞等有关材料和资料。

第三十三条 国务院兽医行政管理部门，应当自收到申请之日起10个工作日内组织初步审查。经初步审查合格的，应当将决定受理的兽药资料送其设立的兽药评审机构进行评审，将该兽药样品送其指定的检验机构复核检验，并自收到评审和复核检验结论之日起60个工作日内完成审查。经审查合格的，发给进口兽药注册证书，并发布该兽药的质量标准；不合格的，应当书面通知申请人。

在审查过程中，国务院兽医行政管理部门可以对向中国出口兽药的企业是否符合兽药生产质量管理规范的要求进行考查，并有权要求该企业在国务院兽医行政管理部门指定的机构进行该兽药的安全性和有效性试验。

国内急需兽药、少量科研用兽药或者注册兽药的样品、对照品、标准品的进口，按照国务院兽医行政管理部门的规定办理。

第三十四条 进口兽药注册证书的有效期为5年。有效期届满，需要继续向中国出口兽药的，应当在有效期届满前6个月到原发证机关申请再注册。

第三十五条 境外企业不得在中国直接销售兽药。境外企业在中国销售兽药，应当依法在中国境内设立销售机构或者委托符合条件的中国境内代理机构。

进口在中国已取得进口兽药注册证书的兽药的，中国境内代理机构凭进口兽药注册证书到口岸所在地人民政府兽医行政管理部门办理进口兽药通关单。海关凭进口兽药通关单放行。兽药进口管理办法由国务院兽医行政管理部门会同海关总署制定。

兽用生物制品进口后，应当依照本条例第十九条的规定进行审查核对和抽查检验。其他兽药进口后，由当地兽医行政管理部门通知兽药检验机构进行抽查检验。

第三十六条 禁止进口下列兽药：

（一）药效不确定、不良反应大以及可能对养殖业、人体健康造成危害或者存在潜在风险的；

（二）来自疫区可能造成疫病在中国境内传播的兽用生物制品；

（三）经考查生产条件不符合规定的；

（四）国务院兽医行政管理部门禁止生产、经营和使用的。

第三十七条 向中国境外出口兽药，进口方要求提供兽药出口证明文件的，国务院兽医行政管理部门或者企业所在地的省、自治区、直辖市人民政府兽医行政管理部门可以出具出口兽药证明文件。

国内防疫急需的疫苗，国务院兽医行政管理部门可以限制或者禁止出口。

第六章 兽药使用

第三十八条 兽药使用单位，应当遵守国务院兽医行政管理部门制定的兽药安全使用规定，并建立用药记录。

第三十九条 禁止使用假、劣兽药以及国务院兽医行政管理部门规定禁止使用的药品和其他化合物。禁止使用的药品和其他化合物目录由国务院兽医行政管理部门制定公布。

第四十条 有休药期规定的兽药用于食用动物时，饲养者应当向购买者或者屠宰者提供准确、真实的用药记录；购买者或者屠宰者应当确保动物及其产品在用药期、休药期内不被用于食品消费。

第四十一条 国务院兽医行政管理部门，负责制定公布在饲料中允许添加的药物饲料添加剂品种目录。

禁止在饲料和动物饮用水中添加激素类药品和国务院兽医行政管理部门规定的其他禁用药

品。

经批准可以在饲料中添加的兽药，应当由兽药生产企业制成药物饲料添加剂后方可添加。禁止将原料药直接添加到饲料及动物饮用水中或者直接饲喂动物。

禁止将人用药品用于动物。

第四十二条 国务院兽医行政管理部门，应当制定并组织实施国家动物及动物产品兽药残留监控计划。

县级以上人民政府兽医行政管理部门，负责组织对动物产品中兽药残留量的检测。兽药残留检测结果，由国务院兽医行政管理部门或者省、自治区、直辖市人民政府兽医行政管理部门按照权限予以公布。

动物产品的生产者、销售者对检测结果有异议的，可以自收到检测结果之日起 7 个工作日内向组织实施兽药残留检测的兽医行政管理部门或者其上级兽医行政管理部门提出申请，由受理申请的兽医行政管理部门指定检验机构进行复检。

兽药残留限量标准和残留检测方法，由国务院兽医行政管理部门制定发布。

第四十三条 禁止销售含有违禁药物或者兽药残留量超过标准的食用动物产品。

第七章 兽药监督管理

第四十四条 县级以上人民政府兽医行政管理部门行使兽药监督管理权。

兽药检验工作由国务院兽医行政管理部门和省、自治区、直辖市人民政府兽医行政管理部门设立的兽药检验机构承担。国务院兽医行政管理部门，可以根据需要认定其他检验机构承担兽药检验工作。

当事人对兽药检验结果有异议的，可以自收到检验结果之日起 7 个工作日内向实施检验的机构或者上级兽医行政管理部门设立的检验机构申请复检。

第四十五条 兽药应当符合兽药国家标准。

国家兽药典委员会拟定的、国务院兽医行政管理部门发布的《中华人民共和国兽药典》和国务院兽医行政管理部门发布的其他兽药质量标准为兽药国家标准。

兽药国家标准的标准品和对照品的标定工作由国务院兽医行政管理部门设立的兽药检验机构负责。

第四十六条 兽医行政管理部门依法进行监督检查时，对有证据证明可能是假、劣兽药的，应当采取查封、扣押的行政强制措施，并自采取行政强制措施之日起 7 个工作日内作出是否立案的决定；需要检验的，应当自检验报告书发出之日起 15 个工作日内作出是否立案的决定；不符合立案条件的，应当解除行政强制措施；需要暂停生产的，由国务院兽医行政管理部门或者省、自治区、直辖市人民政府兽医行政管理部门按照权限作出决定；需要暂停经营、使用的，由县级以上人民政府兽医行政管理部门按照权限作出决定。

未经行政强制措施决定机关或者其上级机关批准，不得擅自转移、使用、销毁、销售被查封或者扣押的兽药及有关材料。

第四十七条 有下列情形之一的，为假兽药：

（一）以非兽药冒充兽药或者以他种兽药冒充此种兽药的；

（二）兽药所含成分的种类、名称与兽药国家标准不符合的。

有下列情形之一的，按照假兽药处理：

（一）国务院兽医行政管理部门规定禁止使用的；

（二）依照本条例规定应当经审查批准而未经审查批准即生产、进口的，或者依照本条例规定应当经抽查检验、审查核对而未经抽查检验、审查核对即销售、进口的；

（三）变质的；

（四）被污染的；
（五）所标明的适应症或者功能主治超出规定范围的。

第四十八条　有下列情形之一的，为劣兽药：
（一）成分含量不符合兽药国家标准或者不标明有效成分的；
（二）不标明或者更改有效期或者超过有效期的；
（三）不标明或者更改产品批号的；
（四）其他不符合兽药国家标准，但不属于假兽药的。

第四十九条　禁止将兽用原料药拆零销售或者销售给兽药生产企业以外的单位和个人。

禁止未经兽医开具处方销售、购买、使用国务院兽医行政管理部门规定实行处方药管理的兽药。

第五十条　国家实行兽药不良反应报告制度。

兽药生产企业、经营企业、兽药使用单位和开具处方的兽医人员发现可能与兽药使用有关的严重不良反应，应当立即向所在地人民政府兽医行政管理部门报告。

第五十一条　兽药生产企业、经营企业停止生产、经营超过 6 个月或者关闭的，由发证机关责令其交回兽药生产许可证、兽药经营许可证。

第五十二条　禁止买卖、出租、出借兽药生产许可证、兽药经营许可证和兽药批准证明文件。

第五十三条　兽药评审检验的收费项目和标准，由国务院财政部门会同国务院价格主管部门制定，并予以公告。

第五十四条　各级兽医行政管理部门、兽药检验机构及其工作人员，不得参与兽药生产、经营活动，不得以其名义推荐或者监制、监销兽药。

第八章　法律责任

第五十五条　兽医行政管理部门及其工作人员利用职务上的便利收取他人财物或者谋取其他利益，对不符合法定条件的单位和个人核发许可证、签署审查同意意见，不履行监督职责，或者发现违法行为不予查处，造成严重后果，构成犯罪的，依法追究刑事责任；尚不构成犯罪的，依法给予行政处分。

第五十六条　违反本条例规定，无兽药生产许可证、兽药经营许可证生产、经营兽药的，或者虽有兽药生产许可证、兽药经营许可证，生产、经营假、劣兽药的，或者兽药经营企业经营人用药品的，责令其停止生产、经营，没收用于违法生产的原料、辅料、包装材料及生产、经营的兽药和违法所得，并处违法生产、经营的兽药（包括已出售的和未出售的兽药，下同）货值金额 2 倍以上 5 倍以下罚款，货值金额无法查证核实的，处 10 万元以上 20 万元以下罚款；无兽药生产许可证生产兽药，情节严重的，没收其生产设备；生产、经营假、劣兽药，情节严重的，吊销兽药生产许可证、兽药经营许可证；构成犯罪的，依法追究刑事责任；给他人造成损失的，依法承担赔偿责任。生产、经营企业的主要负责人和直接负责的主管人员终身不得从事兽药的生产、经营活动。

擅自生产强制免疫所需兽用生物制品的，按照无兽药生产许可证生产兽药处罚。

第五十七条　违反本条例规定，提供虚假的资料、样品或者采取其他欺骗手段取得兽药生产许可证、兽药经营许可证或者兽药批准证明文件的，吊销兽药生产许可证、兽药经营许可证或者撤销兽药批准证明文件，并处 5 万元以上 10 万元以下罚款；给他人造成损失的，依法承担赔偿责任。其主要负责人和直接负责的主管人员终身不得从事兽药的生产、经营和进出口活动。

第五十八条　买卖、出租、出借兽药生产许可证、兽药经营许可证和兽药批准证明文件的,没收违法所得,并处 1 万元以上 10 万元以下罚款;情节严重的,吊销兽药生产许可证、兽药经营许可证或者撤销兽药批准证明文件;构成犯罪的,依法追究刑事责任;给他人造成损失的,依法承担赔偿责任。

第五十九条 违反本条例规定,兽药安全性评价单位、临床试验单位、生产和经营企业未按照规定实施兽药研究试验、生产、经营质量管理规范的,给予警告,责令其限期改正;逾期不改正的,责令停止兽药研究试验、生产、经营活动,并处 5 万元以下罚款;情节严重的,吊销兽药生产许可证、兽药经营许可证;给他人造成损失的,依法承担赔偿责任。

违反本条例规定,研制新兽药不具备规定的条件擅自使用一类病原微生物或者在实验室阶段前未经批准的,责令其停止实验,并处 5 万元以上 10 万元以下罚款;构成犯罪的,依法追究刑事责任;给他人造成损失的,依法承担赔偿责任。

违反本条例规定,开展新兽药临床试验应当备案而未备案的,责令其立即改正,给予警告,并处 5 万元以上 10 万元以下罚款;给他人造成损失的,依法承担赔偿责任。

第六十条 违反本条例规定,兽药的标签和说明书未经批准的,责令其限期改正;逾期不改正的,按照生产、经营假兽药处罚;有兽药产品批准文号的,撤销兽药产品批准文号;给他人造成损失的,依法承担赔偿责任。

兽药包装上未附有标签和说明书,或者标签和说明书与批准的内容不一致的,责令其限期改正;情节严重的,依照前款规定处罚。

第六十一条 违反本条例规定,境外企业在中国直接销售兽药的,责令其限期改正,没收直接销售的兽药和违法所得,并处 5 万元以上 10 万元以下罚款;情节严重的,吊销进口兽药注册证书;给他人造成损失的,依法承担赔偿责任。

第六十二条 违反本条例规定,未按照国家有关兽药安全使用规定使用兽药的、未建立用药记录或者记录不完整真实的,或者使用禁止使用的药品和其他化合物的,或者将人用药品用于动物的,责令其立即改正,并对饲喂了违禁药物及其他化合物的动物及其产品进行无害化处理;对违法单位处 1 万元以上 5 万元以下罚款;给他人造成损失的,依法承担赔偿责任。

第六十三条 违反本条例规定,销售尚在用药期、休药期内的动物及其产品用于食品消费的,或者销售含有违禁药物和兽药残留超标的动物产品用于食品消费的,责令其对含有违禁药物和兽药残留超标的动物产品进行无害化处理,没收违法所得,并处 3 万元以上 10 万元以下罚款;构成犯罪的,依法追究刑事责任;给他人造成损失的,依法承担赔偿责任。

第六十四条 违反本条例规定,擅自转移、使用、销毁、销售被查封或者扣押的兽药及有关材料的,责令其停止违法行为,给予警告,并处 5 万元以上 10 万元以下罚款。

第六十五条 违反本条例规定,兽药生产企业、经营企业、兽药使用单位和开具处方的兽医人员发现可能与兽药使用有关的严重不良反应,不向所在地人民政府兽医行政管理部门报告的,给予警告,并处 5000 元以上 1 万元以下罚款。

生产企业在新兽药监测期内不收集或者不及时报送该新兽药的疗效、不良反应等资料的,责令其限期改正,并处 1 万元以上 5 万元以下罚款;情节严重的,撤销该新兽药的产品批准文号。

第六十六条 违反本条例规定,未经兽医开具处方销售、购买、使用兽用处方药的,责令其限期改正,没收违法所得,并处 5 万元以下罚款;给他人造成损失的,依法承担赔偿责任。

第六十七条 违反本条例规定,兽药生产、经营企业把原料药销售给兽药生产企业以外的单位和个人的,或者兽药经营企业拆零销售原料药的,责令其立即改正,给予警告,没收违法所得,并处 2 万元以上 5 万元以下罚款;情节严重的,吊销兽药生产许可证、兽药经营许可证;给他人造成损失的,依法承担赔偿责任。

第六十八条 违反本条例规定,在饲料和动物饮用水中添加激素类药品和国务院兽医行政管理部门规定的其他禁用药品,依照《饲料和饲料添加剂管理条例》的有关规定处罚;直接将原料药添加到饲料及动物饮用水中,或者饲喂动物的,责令其立即改正,并处 1 万元以上 3 万元以下罚款;给他人造成损失的,依法承担赔偿责任。

第六十九条 有下列情形之一的,撤销兽药的产品批准文号或者吊销进口兽药注册证书:
(一)抽查检验连续 2 次不合格的;
(二)药效不确定、不良反应大以及可能对养殖业、人体健康造成危害或者存在潜在风险的;
(三)国务院兽医行政管理部门禁止生产、经营和使用的兽药。

被撤销产品批准文号或者被吊销进口兽药注册证书的兽药,不得继续生产、进口、经营和使用。已经生产、进口的,由所在地兽医行政管理部门监督销毁,所需费用由违法行为人承担;给他人造成损失的,依法承担赔偿责任。

第七十条 本条例规定的行政处罚由县级以上人民政府兽医行政管理部门决定;其中吊销兽药生产许可证、兽药经营许可证,撤销兽药批准证明文件或者责令停止兽药研究试验的,由发证、批准、备案部门决定。

上级兽医行政管理部门对下级兽医行政管理部门违反本条例的行政行为,应当责令限期改正;逾期不改正的,有权予以改变或者撤销。

第七十一条 本条例规定的货值金额以违法生产、经营兽药的标价计算;没有标价的,按照同类兽药的市场价格计算。

第九章 附 则

第七十二条 本条例下列用语的含义是:
(一)兽药,是指用于预防、治疗、诊断动物疾病或者有目的地调节动物生理机能的物质(含药物饲料添加剂),主要包括:血清制品、疫苗、诊断制品、微生态制品、中药材、中成药、化学药品、抗生素、生化药品、放射性药品及外用杀虫剂、消毒剂等。
(二)兽用处方药,是指凭兽医处方方可购买和使用的兽药。
(三)兽用非处方药,是指由国务院兽医行政管理部门公布的、不需要凭兽医处方就可以自行购买并按照说明书使用的兽药。
(四)兽药生产企业,是指专门生产兽药的企业和兼产兽药的企业,包括从事兽药分装的企业。
(五)兽药经营企业,是指经营兽药的专营企业或者兼营企业。
(六)新兽药,是指未曾在中国境内上市销售的兽用药品。
(七)兽药批准证明文件,是指兽药产品批准文号、进口兽药注册证书、出口兽药证明文件、新兽药注册证书等文件。

第七十三条 兽用麻醉药品、精神药品、毒性药品和放射性药品等特殊药品,依照国家有关规定管理。

第七十四条 水产养殖中的兽药使用、兽药残留检测和监督管理以及水产养殖过程中违法用药的行政处罚,由县级以上人民政府渔业主管部门及其所属的渔政监督管理机构负责。

第七十五条 本条例自 2004 年 11 月 1 日起施行。

兽药注册办法

(农业部令第 44 号)

(2004 年 11 月 24 日由农业部发布，2005 年 1 月 1 日起施行，法规类型为部门规章)

第一章 总则

第一条 为保证兽药安全、有效和质量可控，规范兽药注册行为，根据《兽药管理条例》，制定本办法。

第二条 在中华人民共和国境内从事新兽药注册和进口兽药注册，应当遵守本办法。

第三条 农业部负责全国兽药注册工作。

农业部兽药审评委员会负责新兽药和进口兽药注册资料的评审工作。

中国兽医药品监察所和农业部指定的其他兽药检验机构承担兽药注册的复核检验工作。

第二章 新兽药注册

第四条 新兽药注册申请人应当在完成临床试验后，向农业部提出申请，并按《兽药注册资料要求》提交相关资料。

第五条 联合研制的新兽药，可以由其中一个单位申请注册或联合申请注册，但不得重复申请注册；联合申请注册的，应当共同署名作为该新兽药的申请人。

第六条 申请新兽药注册所报送的资料应当完整、规范，数据必须真实、可靠。引用文献资料应当注明著作名称、刊物名称及卷、期、页等；未公开发表的文献资料应当提供资料所有者许可使用的证明文件；外文资料应当按照要求提供中文译本。

申请新兽药注册时，申请人应当提交保证书，承诺对他人的知识产权不构成侵权并对可能的侵权后果负责，保证自行取得的试验数据的真实性。

申报资料含有境外兽药试验研究资料的，应当附具境外研究机构提供的资料项目、页码情况说明和该机构经公证的合法登记证明文件。

第七条 有下列情形之一的新兽药注册申请，不予受理：

（一）农业部已公告在监测期，申请人不能证明数据为自己取得的兽药；

（二）经基因工程技术获得，未通过生物安全评价的灭活疫苗、诊断制品之外的兽药；

（三）申请材料不符合要求，在规定期间内未补正的；

（四）不予受理的其他情形。

第八条 农业部自收到申请之日起 10 个工作日内，将决定受理的新兽药注册申请资料送农业部兽药审评委员会进行技术评审，并通知申请人提交复核检验所需的连续 3 个生产批号的样品和有关资料，送指定的兽药检验机构进行复核检验。

申请的新兽药属于生物制品的，必要时，应对有关种毒进行检验。

第九条 农业部兽药审评委员会应当自收到资料之日起 120 个工作日内提出评审意见，报送农业部。

评审中需要补充资料的，申请人应当自收到通知之日 6 个月内补齐有关数据；逾期未补正的，视为自动撤回注册申请。

第十条　兽药检验机构应当在规定时间内完成复核检验，并将检验报告书和复核意见送达申请人，同时报农业部和农业部兽药审评委员会。

初次样品检验不合格的，申请人可以再送样复核检验一次。

第十一条　农业部自收到技术评审和复核检验结论之日起60个工作日内完成审查；必要时，可派员进行现场核查。审查合格的，发给《新兽药注册证书》，并予以公告，同时发布该新兽药的标准、标签和说明书。不合格的，书面通知申请人。

第十二条　新兽药注册审批期间，新兽药的技术要求由于相同品种在境外获准上市而发生变化的，按原技术要求审批。

第三章　进口兽药注册

第十三条　首次向中国出口兽药，应当由出口方驻中国境内的办事机构或由其委托的中国境内代理机构向农业部提出申请，填写《兽药注册申请表》，并按《兽药注册资料要求》提交相关资料。

申请向中国出口兽用生物制品的，还应当提供菌（毒、虫）种、细胞等有关材料和资料。

第十四条　申请兽药制剂进口注册，必须提供用于生产该制剂的原料药和辅料、直接接触兽药的包装材料和容器合法来源的证明文件。原料药尚未取得农业部批准的，须同时申请原料药注册，并应当报送有关的生产工艺、质量指标和检验方法等研究资料。

第十五条　申请进口兽药注册所报送的资料应当完整、规范，数据必须真实、可靠。引用文献资料应当注明著作名称、刊物名称及卷、期、页等；外文资料应当按照要求提供中文译本。

第十六条　农业部自收到申请之日起10个工作日内组织初步审查，经初步审查合格的，予以受理，书面通知申请人。

予以受理的，农业部将进口兽药注册申请资料送农业部兽药审评委员会进行技术评审，并通知申请人提交复核检验所需的连续3个生产批号的样品和有关资料，送指定的兽药检验机构进行复核检验。

第十七条　有下列情形之一的进口兽药注册申请，不予受理：

（一）农业部已公告在监测期，申请人不能证明数据为自己取得的兽药；

（二）经基因工程技术获得，未通过生物安全评价的灭活疫苗、诊断制品之外的兽药；

（三）我国规定的一类疫病以及国内未发生疫病的活疫苗；

（四）来自疫区可能造成疫病在中国境内传播的兽用生物制品；

（五）申请资料不符合要求，在规定期间内未补正的；

（六）不予受理的其他情形。

第十八条　进口兽药注册的评审和检验程序适用本办法第九条和第十条的规定。

第十九条　申请进口注册的兽用化学药品，应当在中华人民共和国境内指定的机构进行相关临床试验和残留检测方法验证；必要时，农业部可以要求进行残留消解试验，以确定休药期。

申请进口注册的兽药属于生物制品的，农业部可以要求在中华人民共和国境内指定的机构进行安全性和有效性试验。

第二十条　农业部自收到技术评审和复核检验结论之日起60个工作日内完成审查；必要时，可派员进行现场核查。审查合格的，发给《进口兽药注册证书》，并予以公告；中国香港、澳门和台湾地区的生产企业申请注册的兽药，发给《兽药注册证书》。审查不合格的，书面通知申请人。

农业部在批准进口兽药注册的同时，发布经核准的进口兽药标准和产品标签、说明书。

第二十一条 农业部对申请进口注册的兽药进行风险分析,经风险分析存在安全风险的,不予注册。

第四章 兽药变更注册

第二十二条 已经注册的兽药拟改变原批准事项的,应当向农业部申请兽药变更注册。

第二十三条 申请人申请变更注册时,应当填写《兽药变更注册申请表》,报送有关资料和说明。涉及兽药产品权属变化的,应当提供有效证明文件。

进口兽药的变更注册,申请人还应当提交生产企业所在国家(地区)兽药管理机构批准变更的文件。

第二十四条 农业部对决定受理的不需进行技术审评的兽药变更注册申请,自收到申请之日起 30 个工作日内完成审查。审查合格的,批准变更注册。

需要进行技术审评的兽药变更注册申请,农业部将受理的材料送农业部兽药审评委员会评审,并通知申请人提交复核检验所需的连续 3 个生产批号的样品和有关资料,送指定的兽药检验机构进行复核检验。

第二十五条 兽药变更注册申请的评审、检验的程序、时限和要求适用本办法新兽药注册和进口兽药注册的规定。

申请修改兽药标准变更注册的,兽药检验机构应当进行标准复核。

第二十六条 农业部自收到技术审评和复核检验结论之日起 30 个工作日内完成审查,审查合格的,批准变更注册。审查不合格的,书面告知申请人。

第五章 进口兽药再注册

第二十七条 《进口兽药注册证书》和《兽药注册证书》的有效期为 5 年。有效期届满需要继续进口的,申请人应当在有效期届满 6 个月前向农业部提出再注册申请。

第二十八条 申请进口兽药再注册时,应当填写《兽药再注册申请表》,并按《兽药注册资料要求》提交相关资料。

第二十九条 农业部在受理进口兽药再注册申请后,应当在 20 个工作日内完成审查。符合规定的,予以再注册。不符合规定的,书面通知申请人。

第三十条 有下列情形之一的,不予再注册:
(一)未在有效期届满 6 个月前提出再注册申请的;
(二)未按规定提交兽药不良反应监测报告的;
(三)经农业部安全再评价被列为禁止使用品种的;
(四)经考查生产条件不符合规定的;
(五)经风险分析存在安全风险的;
(六)我国规定的一类疫病以及国内未发生疫病的活疫苗;
(七)来自疫区可能造成疫病在中国境内传播的兽用生物制品;
(八)其他依法不予再注册的。

第三十一条 不予再注册的,由农业部注销其《进口兽药注册证书》或《兽药注册证书》,并予以公告。

第六章 兽药复核检验

第三十二条 申请兽药注册应当进行兽药复核检验,包括样品检验和兽药质量标准复核。

第三十三条 从事兽药复核检验的兽药检验机构,应当符合兽药检验质量管理规范。

第三十四条 申请人应当向兽药检验机构提供兽药复核检验所需要的有关资料和样品,提供检验用标准物质和必需材料。

申请兽药注册所需的 3 批样品，应当在取得《兽药 GMP 证书》的车间生产。每批的样品应为拟上市销售的 3 个最小包装，并为检验用量的 3~5 倍。

第三十五条 兽药检验机构进行兽药质量标准复核时，除进行样品检验外，还应当根据该兽药的研究数据、国内外同类产品的兽药质量标准和国家有关要求，对该兽药的兽药质量标准、检验项目和方法等提出复核意见。

第三十六条 兽药检验机构在接到检验通知和样品后，应当在 90 个工作日内完成样品检验，出具检验报告书；需用特殊方法检验的兽药应当在 120 个工作日内完成。

需要进行样品检验和兽药质量标准复核的，兽药检验机构应当在 120 个工作日内完成；需用特殊方法检验的兽药应当在 150 个工作日内完成。

第七章 兽药标准物质的管理

第三十七条 中国兽医药品监察所负责标定和供应国家兽药标准物质。

中国兽医药品监察所可以组织相关的省、自治区、直辖市兽药监察所、兽药研究机构或兽药生产企业协作标定国家兽药标准物质。

第三十八条 申请人在申请新兽药注册和进口兽药注册时，应当向中国兽医药品监察所提供制备该兽药标准物质的原料，并报送有关标准物质的研究资料。

第三十九条 中国兽医药品监察所对兽药标准物质的原料选择、制备方法、标定方法、标定结果、定值准确性、量值溯源、稳定性及分装与包装条件等资料进行全面技术审核；必要时，进行标定或组织进行标定，并做出可否作为国家兽药质量标准物质的推荐结论，报国家兽药典委员会审查。

第四十条 农业部根据国家兽药典委员会的审查意见批准国家兽药质量标准物质，并发布兽药标准物质清单及质量标准。

第八章 罚 则

第四十一条 申请人提供虚假的资料、样品或者采取其他欺骗手段申请注册的，农业部对该申请不予批准，对申请人给予警告，申请人在一年内不得再次申请该兽药的注册。

申请人提供虚假的资料、样品或者采取其他欺骗手段取得兽药注册证明文件的，按《兽药管理条例》第五十七条的规定给予处罚，申请人在三年内不得再次申请该兽药的注册。

第四十二条 其他违反本办法规定的行为，依照《兽药管理条例》的有关规定进行处罚。

第九章 附 则

第四十三条 属于兽用麻醉药品、兽用精神药品、兽医医疗用毒性药品、放射性药品的新兽药和进口兽药注册申请，除按照本办法办理外，还应当符合国家其他有关规定。

第四十四条 根据动物防疫需要，农业部对国家兽医参考实验室推荐的强制免疫用疫苗生产所用菌（毒）种的变更实行备案制，不需进行变更注册。

第四十五条 本办法自 2005 年 1 月 1 日起施行。

动物病原微生物菌（毒）种保藏管理办法

（农业部令第 16 号）

（2008 年 11 月 4 日由农业部发布，根据 2016 年 5 月 30 日农业部令 2016 年第 3 号《农业部决定废止的规章和规范性文件》修订，现行版本自 2016 年 6 月 1 日起施行，法规类型为部门规章）

第一章 总 则

第一条 为了加强动物病原微生物菌（毒）种和样本保藏管理，依据《中华人民共和国动物防疫法》、《病原微生物实验室生物安全管理条例》和《兽药管理条例》等法律法规，制定本办法。

第二条 本办法适用于中华人民共和国境内菌（毒）种和样本的保藏活动及其监督管理。

第三条 本办法所称菌（毒）种，是指具有保藏价值的动物细菌、真菌、放线菌、衣原体、支原体、立克次氏体、螺旋体、病毒等微生物。

本办法所称样本，是指人工采集的、经鉴定具有保藏价值的含有动物病原微生物的体液、组织、排泄物、分泌物、污染物等物质。

本办法所称保藏机构，是指承担菌（毒）种和样本保藏任务，并向合法从事动物病原微生物相关活动的实验室或者兽用生物制品企业提供菌（毒）种或者样本的单位。

菌（毒）种和样本的分类按照《动物病原微生物分类名录》的规定执行。

第四条 农业部主管全国菌（毒）种和样本保藏管理工作。

县级以上地方人民政府兽医主管部门负责本行政区域内的菌（毒）种和样本保藏监督管理工作。

第五条 国家对实验活动用菌（毒）种和样本实行集中保藏，保藏机构以外的任何单位和个人不得保藏菌（毒）种或者样本。

第二章 保藏机构

第六条 保藏机构分为国家级保藏中心和省级保藏中心。保藏机构由农业部指定。

保藏机构保藏的菌（毒）种和样本的种类由农业部核定。

第七条 保藏机构应当具备以下条件：

（一）符合国家关于保藏机构设立的整体布局和实际需要；

（二）有满足菌（毒）种和样本保藏需要的设施设备；保藏高致病性动物病原微生物菌（毒）种或者样本的，应当具有相应级别的高等级生物安全实验室，并依法取得《高致病性动物病原微生物实验室资格证书》；

（三）有满足保藏工作要求的工作人员；

（四）有完善的菌（毒）种和样本保管制度、安全保卫制度；

（五）有满足保藏活动需要的经费。

第八条 保藏机构的职责：

（一）负责菌（毒）种和样本的收集、筛选、分析、鉴定和保藏；

（二）开展菌（毒）种和样本的分类与保藏新方法、新技术研究；

（三）建立菌（毒）种和样本数据库；

（四）向合法从事动物病原微生物实验活动的实验室或者兽用生物制品生产企业提供菌（毒）种或者样本。

第三章　菌（毒）种和样本的收集

第九条　从事动物疫情监测、疫病诊断、检验检疫和疫病研究等活动的单位和个人，应当及时将研究、教学、检测、诊断等实验活动中获得的具有保藏价值的菌（毒）种和样本，送交保藏机构鉴定和保藏，并提交菌（毒）种和样本的背景资料。

保藏机构可以向国内有关单位和个人索取需要保藏的菌（毒）种和样本。

第十条　保藏机构应当向提供菌（毒）种和样本的单位和个人出具接收证明。

第十一条　保藏机构应当在每年年底前将保藏的菌（毒）种和样本的种类、数量报农业部。

第四章　菌（毒）种和样本的保藏、供应

第十二条　保藏机构应当设专库保藏一、二类菌（毒）种和样本，设专柜保藏三、四类菌（毒）种和样本。

保藏机构保藏的菌（毒）种和样本应当分类存放，实行双人双锁管理。

第十三条　保藏机构应当建立完善的技术资料档案，详细记录所保藏的菌（毒）种和样本的名称、编号、数量、来源、病原微生物类别、主要特性、保存方法等情况。

技术资料档案应当永久保存。

第十四条　保藏机构应当对保藏的菌（毒）种按时鉴定、复壮，妥善保藏，避免失活。

保藏机构对保藏的菌（毒）种开展鉴定、复壮的，应当按照规定在相应级别的生物安全实验室进行。

第十五条　保藏机构应当制定实验室安全事故处理应急预案。发生保藏的菌（毒）种或者样本被盗、被抢、丢失、泄漏和实验室人员感染的，应当按照《病原微生物实验室生物安全管理条例》的规定及时报告、启动预案，并采取相应的处理措施。

第十六条　实验室和兽用生物制品生产企业需要使用菌（毒）种或者样本的，应当向保藏机构提出申请。

第十七条　保藏机构应当按照以下规定提供菌（毒）种或者样本：

（一）提供高致病性动物病原微生物菌（毒）种或者样本的，查验从事高致病性动物病原微生物相关实验活动的批准文件；

（二）提供兽用生物制品生产和检验用菌（毒）种或者样本的，查验兽药生产批准文号文件；

（三）提供三、四类菌（毒）种或者样本的，查验实验室所在单位出具的证明。

保藏机构应当留存前款规定的证明文件的原件或者复印件。

第十八条　保藏机构提供菌（毒）种或者样本时，应当进行登记，详细记录所提供的菌（毒）种或者样本的名称、数量、时间以及发放人、领取人、使用单位名称等。

第十九条　保藏机构应当对具有知识产权的菌（毒）种承担相应的保密责任。

保藏机构提供具有知识产权的菌（毒）种或者样本的，应当经原提供者或者持有人的书面同意。

第二十条　保藏机构提供的菌（毒）种或者样本应当附有标签，标明菌（毒）种名称、编号、移植和冻干日期等。

第二十一条　保藏机构保藏菌（毒）种或者样本所需费用由同级财政在单位预算中予以保障。

第五章　菌（毒）种和样本的销毁

第二十二条　有下列情形之一的，保藏机构应当组织专家论证，提出销毁菌（毒）种或者样本的建议：

（一）国家规定应当销毁的；

（二）有证据表明已丧失生物活性或者被污染，已不适于继续使用的；

（三）无继续保藏价值的。

第二十三条　保藏机构销毁一、二类菌（毒）种和样本的，应当经农业部批准；销毁三、四类菌（毒）种和样本的，应当经保藏机构负责人批准，并报农业部备案。

保藏机构销毁菌（毒）种和样本的，应当在实施销毁 30 日前书面告知原提供者。

第二十四条　保藏机构销毁菌（毒）种和样本的，应当制定销毁方案，注明销毁的原因、品种、数量，以及销毁方式方法、时间、地点、实施人和监督人等。

第二十五条　保藏机构销毁菌（毒）种和样本时，应当使用可靠的销毁设施和销毁方法，必要时应当组织开展灭活效果验证和风险评估。

第二十六条　保藏机构销毁菌（毒）种和样本的，应当做好销毁记录，经销毁实施人、监督人签字后存档，并将销毁情况报农业部。

第二十七条　实验室在相关实验活动结束后，应当按照规定及时将菌（毒）种和样本就地销毁或者送交保藏机构保管。

第六章　菌（毒）种和样本的对外交流

第二十八条　国家对菌（毒）种和样本对外交流实行认定审批制度。

第二十九条　从国外引进和向国外提供菌（毒）种或者样本的，应当报农业部批准。

第三十条　从国外引进菌（毒）种或者样本的单位，应当在引进菌（毒）种或者样本后 6 个月内，将备份及其背景资料，送交保藏机构。

引进单位应当在相关活动结束后，及时将菌（毒）种和样本就地销毁。

第三十一条　出口《生物两用品及相关设备和技术出口管制清单》所列的菌（毒）种或者样本的，还应当按照《生物两用品及相关设备和技术出口管制条例》的规定取得生物两用品及相关设备和技术出口许可证件。

第七章　罚　则

第三十二条　违反本办法规定，保藏或者提供菌（毒）种或者样本的，由县级以上地方人民政府兽医主管部门责令其将菌（毒）种或者样本销毁或者送交保藏机构；拒不销毁或者送交的，对单位处一万元以上三万元以下罚款，对个人处五百元以上一千元以下罚款。

第三十三条　违反本办法规定，未及时向保藏机构提供菌（毒）种或者样本的，由县级以上地方人民政府兽医主管部门责令改正；拒不改正的，对单位处一万元以上三万元以下罚款，对个人处五百元以上一千元以下罚款。

第三十四条　违反本办法规定，未经农业部批准，从国外引进或者向国外提供菌（毒）种或者样本的，由县级以上地方人民政府兽医主管部门责令其将菌（毒）种或者样本销毁或者送交保藏机构，并对单位处一万元以上三万元以下罚款，对个人处五百元以上一千元以下罚款。

第三十五条　保藏机构违反本办法规定的，由农业部责令改正；情节严重的，取消保藏机构资格。

第八章 附 则

第三十六条 本办法自2009年1月1日起施行。1980年11月25日农业部发布的《兽医微生物菌种保藏管理试行办法》(农〔牧〕字第181号)同时废止。

易制毒化学品管理条例

(国务院令第445号)

(2005年8月26日由国务院发布；根据2014年7月29日国务院令第653号《国务院关于修改部分行政法规的决定》第一次修订，根据2016年2月6日国务院令第666号《国务院关于修改部分行政法规的决定》第二次修订，根据2018年9月18日国务院令第703号《国务院关于修改部分行政法规的决定》第三次修订；现行版本自2018年9月18日起施行；法规类型为行政法规)

第一章 总 则

第一条 为了加强易制毒化学品管理，规范易制毒化学品的生产、经营、购买、运输和进口、出口行为，防止易制毒化学品被用于制造毒品，维护经济和社会秩序，制定本条例。

第二条 国家对易制毒化学品的生产、经营、购买、运输和进口、出口实行分类管理和许可制度。

易制毒化学品分为三类。第一类是可以用于制毒的主要原料，第二类、第三类是可以用于制毒的化学配剂。易制毒化学品的具体分类和品种，由本条例附表列示。

易制毒化学品的分类和品种需要调整的，由国务院公安部门会同国务院药品监督管理部门、安全生产监督管理部门、商务主管部门、卫生主管部门和海关总署提出方案，报国务院批准。

省、自治区、直辖市人民政府认为有必要在本行政区域内调整分类或者增加本条例规定以外的品种的，应当向国务院公安部门提出，由国务院公安部门会同国务院有关行政主管部门提出方案，报国务院批准。

第三条 国务院公安部门、药品监督管理部门、安全生产监督管理部门、商务主管部门、卫生主管部门、海关总署、价格主管部门、铁路主管部门、交通主管部门、市场监督管理部门、生态环境主管部门在各自的职责范围内，负责全国的易制毒化学品有关管理工作；县级以上地方各级人民政府有关行政主管部门在各自的职责范围内，负责本行政区域内的易制毒化学品有关管理工作。

县级以上地方各级人民政府应当加强对易制毒化学品管理工作的领导，及时协调解决易制毒化学品管理工作中的问题。

第四条 易制毒化学品的产品包装和使用说明书，应当标明产品的名称（含学名和通用名）、化学分子式和成分。

第五条 易制毒化学品的生产、经营、购买、运输和进口、出口，除应当遵守本条例的规定外，属于药品和危险化学品的，还应当遵守法律、其他行政法规对药品和危险化学品的有关规定。

禁止走私或者非法生产、经营、购买、转让、运输易制毒化学品。

禁止使用现金或者实物进行易制毒化学品交易。但是，个人合法购买第一类中的药品类易制毒化学品药品制剂和第三类易制毒化学品的除外。

生产、经营、购买、运输和进口、出口易制毒化学品的单位，应当建立单位内部易制毒化学品管理制度。

第六条 国家鼓励向公安机关等有关行政主管部门举报涉及易制毒化学品的违法行为。接到举报的部门应当为举报者保密。对举报属实的，县级以上人民政府及有关行政主管部门应当给予奖励。

第二章 生产、经营管理

第七条 申请生产第一类易制毒化学品，应当具备下列条件，并经本条例第八条规定的行政主管部门审批，取得生产许可证后，方可进行生产：

（一）属依法登记的化工产品生产企业或者药品生产企业；

（二）有符合国家标准的生产设备、仓储设施和污染物处理设施；

（三）有严格的安全生产管理制度和环境突发事件应急预案；

（四）企业法定代表人和技术、管理人员具有安全生产和易制毒化学品的有关知识，无毒品犯罪记录；

（五）法律、法规、规章规定的其他条件。

申请生产第一类中的药品类易制毒化学品，还应当在仓储场所等重点区域设置电视监控设施以及与公安机关联网的报警装置。

第八条 申请生产第一类中的药品类易制毒化学品的，由省、自治区、直辖市人民政府药品监督管理部门审批；申请生产第一类中的非药品类易制毒化学品的，由省、自治区、直辖市人民政府安全生产监督管理部门审批。

前款规定的行政主管部门应当自收到申请之日起60日内，对申请人提交的申请材料进行审查。对符合规定的，发给生产许可证，或者在企业已经取得的有关生产许可证件上标注；不予许可的，应当书面说明理由。

审查第一类易制毒化学品生产许可申请材料时，根据需要，可以进行实地核查和专家评审。

第九条 申请经营第一类易制毒化学品，应当具备下列条件，并经本条例第十条规定的行政主管部门审批，取得经营许可证后，方可进行经营：

（一）属依法登记的化工产品经营企业或者药品经营企业；

（二）有符合国家规定的经营场所，需要储存、保管易制毒化学品的，还应当有符合国家技术标准的仓储设施；

（三）有易制毒化学品的经营管理制度和健全的销售网络；

（四）企业法定代表人和销售、管理人员具有易制毒化学品的有关知识，无毒品犯罪记录；

（五）法律、法规、规章规定的其他条件。

第十条 申请经营第一类中的药品类易制毒化学品的，由省、自治区、直辖市人民政府药品监督管理部门审批；申请经营第一类中的非药品类易制毒化学品的，由省、自治区、直辖市人民政府安全生产监督管理部门审批。

前款规定的行政主管部门应当自收到申请之日起30日内，对申请人提交的申请材料进行审查。对符合规定的，发给经营许可证，或者在企业已经取得的有关经营许可证件上标注；不予许可的,应当书面说明理由。

审查第一类易制毒化学品经营许可申请材料时,根据需要,可以进行实地核查。

第十一条 取得第一类易制毒化学品生产许可或者依照本条例第十三条第一款规定已经履行第二类、第三类易制毒化学品备案手续的生产企业,可以经销自产的易制毒化学品。但是,在厂外设立销售网点经销第一类易制毒化学品的,应当依照本条例的规定取得经营许可。

第一类中的药品类易制毒化学品药品单方制剂,由麻醉药品定点经营企业经销,且不得零售。

第十二条 取得第一类易制毒化学品生产、经营许可的企业,应当凭生产、经营许可证到市场监督管理部门办理经营范围变更登记。未经变更登记,不得进行第一类易制毒化学品的生产、经营。

第一类易制毒化学品生产、经营许可证被依法吊销的,行政主管部门应当自作出吊销决定之日起5日内通知工商行政管理部门;被吊销许可证的企业,应当及时到工商行政管理部门办理经营范围变更或者企业注销登记。

第十三条 生产第二类、第三类易制毒化学品的,应当自生产之日起30日内,将生产的品种、数量等情况,向所在地的设区的市级人民政府安全生产监督管理部门备案。

经营第二类易制毒化学品的,应当自经营之日起30日内,将经营的品种、数量、主要流向等情况,向所在地的设区的市级人民政府安全生产监督管理部门备案;经营第三类易制毒化学品的,应当自经营之日起30日内,将经营的品种、数量、主要流向等情况,向所在地的县级人民政府安全生产监督管理部门备案。

前两款规定的行政主管部门应当于收到备案材料的当日发给备案证明。

第三章 购买管理

第十四条 申请购买第一类易制毒化学品,应当提交下列证件,经本条例第十五条规定的行政主管部门审批,取得购买许可证:

(一)经营企业提交企业营业执照和合法使用需要证明;

(二)其他组织提交登记证书(成立批准文件)和合法使用需要证明。

第十五条 申请购买第一类中的药品类易制毒化学品的,由所在地的省、自治区、直辖市人民政府药品监督管理部门审批;申请购买第一类中的非药品类易制毒化学品的,由所在地的省、自治区、直辖市人民政府公安机关审批。

前款规定的行政主管部门应当自收到申请之日起10日内,对申请人提交的申请材料和证件进行审查。对符合规定的,发给购买许可证;不予许可的,应当书面说明理由。

审查第一类易制毒化学品购买许可申请材料时,根据需要,可以进行实地核查。

第十六条 持有麻醉药品、第一类精神药品购买印鉴卡的医疗机构购买第一类中的药品类易制毒化学品的,无须申请第一类易制毒化学品购买许可证。

个人不得购买第一类、第二类易制毒化学品。

第十七条 购买第二类、第三类易制毒化学品的,应当在购买前将所需购买的品种、数量,向所在地的县级人民政府公安机关备案。个人自用购买少量高锰酸钾的,无须备案。

第十八条 经营单位销售第一类易制毒化学品时,应当查验购买许可证和经办人的身份证明。对委托代购的,还应当查验购买人持有的委托文书。

经营单位在查验无误、留存上述证明材料的复印件后,方可出售第一类易制毒化学品;发现可疑情况的,应当立即向当地公安机关报告。

第十九条 经营单位应当建立易制毒化学品销售台账,如实记录销售的品种、数量、日期、购买方等情况。销售台账和证明材料复印件应当保存2年备查。

第一类易制毒化学品的销售情况，应当自销售之日起 5 日内报当地公安机关备案；第一类易制毒化学品的使用单位，应当建立使用台账，并保存 2 年备查。

第二类、第三类易制毒化学品的销售情况，应当自销售之日起 30 日内报当地公安机关备案。

第四章 运输管理

第二十条 跨设区的市级行政区域（直辖市为跨市界）或者在国务院公安部门确定的禁毒形势严峻的重点地区跨县级行政区域运输第一类易制毒化学品的，由运出地的设区的市级人民政府公安机关审批；运输第二类易制毒化学品的，由运出地的县级人民政府公安机关审批。经审批取得易制毒化学品运输许可证后，方可运输。

运输第三类易制毒化学品的，应当在运输前向运出地的县级人民政府公安机关备案。公安机关应当于收到备案材料的当日发给备案证明。

第二十一条 申请易制毒化学品运输许可，应当提交易制毒化学品的购销合同，货主是企业的，应当提交营业执照；货主是其他组织的，应当提交登记证书（成立批准文件）；货主是个人的，应当提交其个人身份证明。经办人还应当提交本人的身份证明。

公安机关应当自收到第一类易制毒化学品运输许可申请之日起 10 日内，收到第二类易制毒化学品运输许可申请之日起 3 日内，对申请人提交的申请材料进行审查。对符合规定的，发给运输许可证；不予许可的，应当书面说明理由。

审查第一类易制毒化学品运输许可申请材料时，根据需要，可以进行实地核查。

第二十二条 对许可运输第一类易制毒化学品的，发给一次有效的运输许可证。

对许可运输第二类易制毒化学品的，发给 3 个月有效的运输许可证；6 个月内运输安全状况良好的，发给 12 个月有效的运输许可证。

易制毒化学品运输许可证应当载明拟运输的易制毒化学品的品种、数量、运入地、货主及收货人、承运人情况以及运输许可证种类。

第二十三条 运输供教学、科研使用的 100 克以下的麻黄素样品和供医疗机构制剂配方使用的小包装麻黄素以及医疗机构或者麻醉药品经营企业购买麻黄素片剂 6 万片以下、注射剂 1.5 万支以下，货主或者承运人持有依法取得的购买许可证明或者麻醉药品调拨单的，无须申请易制毒化学品运输许可。

第二十四条 接受货主委托运输的，承运人应当查验货主提供的运输许可证或者备案证明，并查验所运货物与运输许可证或者备案证明载明的易制毒化学品品种等情况是否相符；不相符的，不得承运。

运输易制毒化学品，运输人员应当自启运起全程携带运输许可证或者备案证明。公安机关应当在易制毒化学品的运输过程中进行检查。

运输易制毒化学品，应当遵守国家有关货物运输的规定。

第二十五条 因治疗疾病需要，患者、患者近亲属或者患者委托的人凭医疗机构出具的医疗诊断书和本人的身份证明，可以随身携带第一类中的药品类易制毒化学品药品制剂，但是不得超过医用单张处方的最大剂量。

医用单张处方最大剂量，由国务院卫生主管部门规定、公布。

第五章 进口、出口管理

第二十六条 申请进口或者出口易制毒化学品，应当提交下列材料，经国务院商务主管部门或其委托的省、自治区、直辖市人民政府商务主管部门审批，取得进口或者出口许可证后，方可从事进口、出口活动：

（一）对外贸易经营者备案登记证明复印件；
（二）营业执照副本；
（三）易制毒化学品生产、经营、购买许可证或者备案证明；
（四）进口或者出口合同（协议）副本；
（五）经办人的身份证明。

申请易制毒化学品出口许可的，还应当提交进口方政府主管部门出具的合法使用易制毒化学品的证明或者进口方合法使用的保证文件。

第二十七条 受理易制毒化学品进口、出口申请的商务主管部门应当自收到申请材料之日起 20 日内，对申请材料进行审查，必要时可以进行实地核查。对符合规定的，发给进口或者出口许可证；不予许可的，应当书面说明理由。

对进口第一类中的药品类易制毒化学品的，有关的商务主管部门在作出许可决定前，应当征得国务院药品监督管理部门的同意。

第二十八条 麻黄素等属于重点监控物品范围的易制毒化学品，由国务院商务主管部门会同国务院有关部门核定的企业进口、出口。

第二十九条 国家对易制毒化学品的进口、出口实行国际核查制度。易制毒化学品国际核查目录及核查的具体办法，由国务院商务主管部门会同国务院公安部门规定、公布。

国际核查所用时间不计算在许可期限之内。

对向毒品制造、贩运情形严重的国家或者地区出口易制毒化学品以及本条例规定品种以外的化学品的，可以在国际核查措施以外实施其他管制措施，具体办法由国务院商务主管部门会同国务院公安部门、海关总署等有关部门规定、公布。

第三十条 进口、出口或者过境、转运、通运易制毒化学品的，应当如实向海关申报，并提交进口或者出口许可证。海关凭许可证办理通关手续。

易制毒化学品在境外与保税区、出口加工区等海关特殊监管区域、保税场所之间进出的，适用前款规定。

易制毒化学品在境内与保税区、出口加工区等海关特殊监管区域、保税场所之间进出的，或者在上述海关特殊监管区域、保税场所之间进出的，无须申请易制毒化学品进口或者出口许可证。

进口第一类中的药品类易制毒化学品，还应当提交药品监督管理部门出具的进口药品通关单。

第三十一条 进出境人员随身携带第一类中的药品类易制毒化学品药品制剂和高锰酸钾，应当以自用且数量合理为限，并接受海关监管。

进出境人员不得随身携带前款规定以外的易制毒化学品。

第六章 监督检查

第三十二条 县级以上人民政府公安机关、负责药品监督管理的部门、安全生产监督管理部门、商务主管部门、卫生主管部门、价格主管部门、铁路主管部门、交通主管部门、市场监督管理部门、生态环境主管部门和海关，应当依照本条例和有关法律、行政法规的规定，在各自的职责范围内，加强对易制毒化学品生产、经营、购买、运输、价格以及进口、出口的监督检查；对非法生产、经营、购买、运输易制毒化学品，或者走私易制毒化学品的行为，依法予以查处。

前款规定的行政主管部门在进行易制毒化学品监督检查时，可以依法查看现场、查阅和复制有关资料、记录有关情况、扣押相关的证据材料和违法物品；必要时，可以临时查封有关场所。

被检查的单位或者个人应当如实提供有关情况和材料、物品,不得拒绝或者隐匿。

第三十三条 对依法收缴、查获的易制毒化学品,应当在省、自治区、直辖市或者设区的市级人民政府公安机关、海关或者生态环境主管部门的监督下,区别易制毒化学品的不同情况进行保管、回收,或者依照环境保护法律、行政法规的有关规定,由有资质的单位在环境保护主管部门的监督下销毁。其中,对收缴、查获的第一类中的药品类易制毒化学品,一律销毁。

易制毒化学品违法单位或者个人无力提供保管、回收或者销毁费用的,保管、回收或者销毁的费用在回收所得中开支,或者在有关行政主管部门的禁毒经费中列支。

第三十四条 易制毒化学品丢失、被盗、被抢的,发案单位应当立即向当地公安机关报告,并同时报告当地的县级人民政府负责药品监督管理的部门、安全生产监督管理部门、商务主管部门或者卫生主管部门。接到报案的公安机关应当及时立案查处,并向上级公安机关报告;有关行政主管部门应当逐级上报并配合公安机关的查处。

第三十五条 有关行政主管部门应当将易制毒化学品许可以及依法吊销许可的情况通报有关公安机关和工商行政管理部门;市场监督管理部门应当将生产、经营易制毒化学品企业依法变更或者注销登记的情况通报有关公安机关和行政主管部门。

第三十六条 生产、经营、购买、运输或者进口、出口易制毒化学品的单位,应当于每年3月31日前向许可或者备案的行政主管部门和公安机关报告本单位上年度易制毒化学品的生产、经营、购买、运输或者进口、出口情况;有条件的生产、经营、购买、运输或者进口、出口单位,可以与有关行政主管部门建立计算机联网,及时通报有关经营情况。

第三十七条 县级以上人民政府有关行政主管部门应当加强协调合作,建立易制毒化学品管理情况、监督检查情况以及案件处理情况的通报、交流机制。

第七章 法律责任

第三十八条 违反本条例规定,未经许可或者备案擅自生产、经营、购买、运输易制毒化学品,伪造申请材料骗取易制毒化学品生产、经营、购买或者运输许可证,使用他人的或者伪造、变造、失效的许可证生产、经营、购买、运输易制毒化学品的,由公安机关没收非法生产、经营、购买或者运输的易制毒化学品、用于非法生产易制毒化学品的原料以及非法生产、经营、购买或者运输易制毒化学品的设备、工具,处非法生产、经营、购买或者运输的易制毒化学品货值10倍以上20倍以下的罚款,货值的20倍不足1万元的,按1万元罚款;有违法所得的,没收违法所得;有营业执照的,由市场监督管理部门吊销营业执照;构成犯罪的,依法追究刑事责任。

对有前款规定违法行为的单位或者个人,有关行政主管部可以自作出行政处罚决定之日起3年内,停止受理其易制毒化学品生产、经营、购买、运输或者进口、出口许可申请。

第三十九条 违反本条例规定,走私易制毒化学品的,由海关没收走私的易制毒化学品;有违法所得的,没收违法所得,并依照海关法律、行政法规给予行政处罚;构成犯罪的,依法追究刑事责任。

第四十条 违反本条例规定,有下列行为之一的,由负有监督管理职责的行政主管部门给予警告,责令限期改正,处1万元以上5万元以下的罚款;对违反规定生产、经营、购买的易制毒化学品可以予以没收;逾期不改正的,责令限期停产停业整顿;逾期整顿不合格的,吊销相应的许可证:

(一)易制毒化学品生产、经营、购买、运输或者进口、出口单位未按规定建立安全管理制度的;

(二)将许可证或者备案证明转借他人使用的;

(三)超出许可的品种、数量生产、经营、购买易制毒化学品的;

（四）生产、经营、购买单位不记录或者不如实记录交易情况、不按规定保存交易记录或者不如实、不及时向公安机关和有关行政主管部门备案销售情况的；

（五）易制毒化学品丢失、被盗、被抢后未及时报告，造成严重后果的；

（六）除个人合法购买第一类中的药品类易制毒化学品药品制剂以及第三类易制毒化学品外，使用现金或者实物进行易制毒化学品交易的；

（七）易制毒化学品的产品包装和使用说明书不符合本条例规定要求的；

（八）生产、经营易制毒化学品的单位不如实或者不按时向有关行政主管部门和公安机关报告年度生产、经销和库存等情况的。

企业的易制毒化学品生产经营许可被依法吊销后，未及时到市场监督管理部门办理经营范围变更或者企业注销登记的，依照前款规定，对易制毒化学品予以没收，并处罚款。

第四十一条　运输的易制毒化学品与易制毒化学品运输许可证或者备案证明载明的品种、数量、运入地、货主或收货人、承运人等情况不符，运输许可证种类不当，或者运输人员未全程携带运输许可证或者备案证明的，由公安机关责令停运整改，处 5000 元以上 5 万元以下的罚款；有危险物品运输资质的，运输主管部门可以依法吊销其运输资质。

个人携带易制毒化学品不符合品种、数量规定的，没收易制毒化学品，处 1000 元以上 5000 元以下的罚款。

第四十二条　生产、经营、购买、运输或者进口、出口易制毒化学品的单位或者个人拒不接受有关行政主管部门监督检查的，由负有监督管理职责的行政主管部门责令改正，对直接负责的主管人员以及其他直接责任人员给予警告；情节严重的，对单位处 1 万元以上 5 万元以下的罚款，对直接负责的主管人员以及其他直接责任人员处 1000 元以上 5000 元以下的罚款；有违反治安管理行为的，依法给予治安管理处罚；构成犯罪的，依法追究刑事责任。

第四十三条　易制毒化学品行政主管部门工作人员在管理工作中有应当许可而不许可、不应当许可而滥许可，不依法受理备案，以及其他滥用职权、玩忽职守、徇私舞弊行为的，依法给予行政处分；构成犯罪的，依法追究刑事责任。

第八章　附　则

第四十四条　易制毒化学品生产、经营、购买、运输和进口、出口许可证，由国务院有关行政主管部门根据各自的职责规定式样并监制。

第四十五条　本条例自 2005 年 11 月 1 日起施行。

本条例施行前已经从事易制毒化学品生产、经营、购买、运输或者进口、出口业务的，应当自本条例施行之日起 6 个月内，依照本条例的规定重新申请许可。

附表

易制毒化学品的分类和品种目录

第一类

1. 1-苯基-2-丙酮
2. 3,4-亚甲基二氧苯基-2-丙酮
3. 胡椒醛
4. 黄樟素
5. 黄樟油
6. 异黄樟素
7. N-乙酰邻氨基苯酸

8. 邻氨基苯甲酸
9. 麦角酸*
10. 麦角胺*
11. 麦角新碱*
12. 麻黄素、伪麻黄素、消旋麻黄素、去甲麻黄素、甲基麻黄素、麻黄浸膏、麻黄浸膏粉等麻黄素类物质*

第二类
1. 苯乙酸
2. 醋酸酐
3. 三氯甲烷
4. 乙醚
5. 哌啶
6. 苯乙酸钠
7. 苯乙酸钾

第三类
1. 甲苯
2. 丙酮
3. 甲基乙基酮
4. 高锰酸钾
5. 硫酸
6. 盐酸

说明：
一、第一类、第二类所列物质可能存在的盐类，也纳入管制。
二、带有*标记的品种为第一类中的药品类易制毒化学品，第一类中的药品类易制毒化学品包括原料药及其单方制剂。

放射性同位素与射线装置安全和防护条例

（国务院令第 449 号）

（2005 年 9 月 14 日由国务院发布；根据 2014 年 7 月 29 日国务院令第 653 号《国务院关于修改部分行政法规的决定》第一次修订，根据 2019 年 3 月 2 日国务院令第 709 号《国务院关于修改部分行政法规的决定》第二次修订；现行版本自 2019 年 3 月 18 日起施行；法规类型为行政法规）

第一章 总 则

第一条 为了加强对放射性同位素、射线装置安全和防护的监督管理，促进放射性同位素、射线装置的安全应用，保障人体健康，保护环境，制定本条例。

第二条 在中华人民共和国境内生产、销售、使用放射性同位素和射线装置，以及转让、进出口放射性同位素的，应当遵守本条例。

本条例所称放射性同位素包括放射源和非密封放射性物质。

第三条 国务院生态环境主管部门对全国放射性同位素、射线装置的安全和防护工作实施统一监督管理。

国务院公安、卫生等部门按照职责分工和本条例的规定，对有关放射性同位素、射线装置的安全和防护工作实施监督管理。

县级以上地方人民政府生态环境主管部门和其他有关部门，按照职责分工和本条例的规定，对本行政区域内放射性同位素、射线装置的安全和防护工作实施监督管理。

第四条 国家对放射源和射线装置实行分类管理。根据放射源、射线装置对人体健康和环境的潜在危害程度，从高到低将放射源分为Ⅰ类、Ⅱ类、Ⅲ类、Ⅳ类、Ⅴ类，具体分类办法由国务院生态环境主管部门制定；将射线装置分为Ⅰ类、Ⅱ类、Ⅲ类，具体分类办法由国务院生态环境主管部门商国务院卫生主管部门制定。

第二章 许可和备案

第五条 生产、销售、使用放射性同位素和射线装置的单位，应当依照本章规定取得许可证。

第六条 除医疗使用Ⅰ类放射源、制备正电子发射计算机断层扫描用放射性药物自用的单位外，生产放射性同位素、销售和使用Ⅰ类放射源、销售和使用Ⅰ类射线装置的单位的许可证，由国务院生态环境主管部门审批颁发。

除国务院生态环境主管部门审批颁发的许可证外，其他单位的许可证，由省、自治区、直辖市人民政府生态环境主管部门审批颁发。

国务院生态环境主管部门向生产放射性同位素的单位颁发许可证前，应当将申请材料印送其行业主管部门征求意见。

生态环境主管部门应当将审批颁发许可证的情况通报同级公安部门、卫生主管部门。

第七条 生产、销售、使用放射性同位素和射线装置的单位申请领取许可证，应当具备下列条件：

（一）有与所从事的生产、销售、使用活动规模相适应的，具备相应专业知识和防护知识及健康条件的专业技术人员；

（二）有符合国家环境保护标准、职业卫生标准和安全防护要求的场所、设施和设备；

（三）有专门的安全和防护管理机构或者专职、兼职安全和防护管理人员，并配备必要的防护用品和监测仪器；

（四）有健全的安全和防护管理规章制度、辐射事故应急措施；

（五）产生放射性废气、废液、固体废物的，具有确保放射性废气、废液、固体废物达标排放的处理能力或者可行的处理方案。

第八条 生产、销售、使用放射性同位素和射线装置的单位，应当事先向有审批权的生态环境主管部门提出许可申请，并提交符合本条例第七条规定条件的证明材料。

使用放射性同位素和射线装置进行放射诊疗的医疗卫生机构，还应当获得放射源诊疗技术和医用辐射机构许可。

第九条 生态环境主管部门应当自受理申请之日起20个工作日内完成审查，符合条件的，颁发许可证，并予以公告；不符合条件的，书面通知申请单位并说明理由。

第十条 许可证包括下列主要内容：

（一）单位的名称、地址、法定代表人；

（二）所从事活动的种类和范围；

（三）有效期限；

（四）发证日期和证书编号。

第十一条 持证单位变更单位名称、地址、法定代表人的，应当自变更登记之日起 20 日内，向原发证机关申请办理许可证变更手续。

第十二条 有下列情形之一的，持证单位应当按照原申请程序，重新申请领取许可证：

（一）改变所从事活动的种类或者范围的；

（二）新建或者改建、扩建生产、销售、使用设施或者场所的。

第十三条 许可证有效期为 5 年。有效期届满，需要延续的，持证单位应当于许可证有效期届满 30 日前，向原发证机关提出延续申请。原发证机关应当自受理延续申请之日起，在许可证有效期届满前完成审查，符合条件的，予以延续；不符合条件的，书面通知申请单位并说明理由。

第十四条 持证单位部分终止或者全部终止生产、销售、使用放射性同位素和射线装置活动的，应当向原发证机关提出部分变更或者注销许可证申请，由原发证机关核查合格后，予以变更或者注销许可证。

第十五条 禁止无许可证或者不按照许可证规定的种类和范围从事放射性同位素和射线装置的生产、销售、使用活动。

禁止伪造、变造、转让许可证。

第十六条 国务院对外贸易主管部门会同国务院生态环境主管部门、海关总署和生产放射性同位素的单位的行业主管部门制定并公布限制进出口放射性同位素目录和禁止进出口放射性同位素目录。

进口列入限制进出口目录的放射性同位素，应当在国务院生态环境主管部门审查批准后，由国务院对外贸易主管部门依据国家对外贸易的有关规定签发进口许可证。进口限制进出口目录和禁止进出口目录之外的放射性同位素，依据国家对外贸易的有关规定办理进口手续。

第十七条 申请进口列入限制进出口目录的放射性同位素，应当符合下列要求：

（一）进口单位已经取得与所从事活动相符的许可证；

（二）进口单位具有进口放射性同位素使用期满后的处理方案，其中，进口Ⅰ类、Ⅱ类、Ⅲ类放射源的，应当具有原出口方负责回收的承诺文件；

（三）进口的放射源应当有明确标号和必要说明文件，其中，Ⅰ类、Ⅱ类、Ⅲ类放射源的标号应当刻制在放射源本体或者密封包壳体上，Ⅳ类、Ⅴ类放射源的标号应当记录在相应说明文件中；

（四）将进口的放射性同位素销售给其他单位使用的，还应当具有与使用单位签订的书面协议以及使用单位取得的许可证复印件。

第十八条 进口列入限制进出口目录的放射性同位素的单位，应当向国务院生态环境主管部门提出进口申请，并提交符合本条例第十七条规定要求的证明材料。

国务院生态环境主管部门应当自受理申请之日起 10 个工作日内完成审查，符合条件的，予以批准；不符合条件的，书面通知申请单位并说明理由。

海关验凭放射性同位素进口许可证办理有关进口手续。进口放射性同位素的包装材料依法需要实施检疫的，依照国家有关检疫法律、法规的规定执行。

对进口的放射源，国务院生态环境主管部门还应当同时确定与其标号相对应的放射源编码。

第十九条 申请转让放射性同位素，应当符合下列要求：

（一）转出、转入单位持有与所从事活动相符的许可证；

（二）转入单位具有放射性同位素使用期满后的处理方案；

（三）转让双方已经签订书面转让协议。

第二十条 转让放射性同位素，由转入单位向其所在地省、自治区、直辖市人民政府生态环境主管部门提出申请，并提交符合本条例第十九条规定要求的证明材料。

省、自治区、直辖市人民政府生态环境主管部门应当自受理申请之日起15个工作日内完成审查，符合条件的，予以批准；不符合条件的，书面通知申请单位并说明理由。

第二十一条 放射性同位素的转出、转入单位应当在转让活动完成之日起20日内，分别向其所在地省、自治区、直辖市人民政府生态环境主管部门备案。

第二十二条 生产放射性同位素的单位，应当建立放射性同位素产品台账，并按照国务院生态环境主管部门制定的编码规则，对生产的放射源统一编码。放射性同位素产品台账和放射源编码清单应当报国务院生态环境主管部门备案。

生产的放射源应当有明确标号和必要说明文件。其中，Ⅰ类、Ⅱ类、Ⅲ类放射源的标号应当刻制在放射源本体或者密封包壳体上，Ⅳ类、Ⅴ类放射源的标号应当记录在相应说明文件中。

国务院生态环境主管部门负责建立放射性同位素备案信息管理系统，与有关部门实行信息共享。

未列入产品台账的放射性同位素和未编码的放射源，不得出厂和销售。

第二十三条 持有放射源的单位将废旧放射源交回生产单位、返回原出口方或者送交放射性废物集中贮存单位贮存的，应当在该活动完成之日起20日内向其所在地省、自治区、直辖市人民政府生态环境主管部门备案。

第二十四条 本条例施行前生产和进口的放射性同位素，由放射性同位素持有单位在本条例施行之日起6个月内，到其所在地省、自治区、直辖市人民政府生态环境主管部门办理备案手续，省、自治区、直辖市人民政府生态环境主管部门应当对放射源进行统一编码。

第二十五条 使用放射性同位素的单位需要将放射性同位素转移到外省、自治区、直辖市使用的，应当持许可证复印件向使用地省、自治区、直辖市人民政府生态环境主管部门备案，并接受当地生态环境主管部门的监督管理。

第二十六条 出口列入限制进出口目录的放射性同位素，应当提供进口方可以合法持有放射性同位素的证明材料，并由国务院生态环境主管部门依照有关法律和我国缔结或者参加的国际条约、协定的规定，办理有关手续。

出口放射性同位素应当遵守国家对外贸易的有关规定。

第三章　安全和防护

第二十七条 生产、销售、使用放射性同位素和射线装置的单位，应当对本单位的放射性同位素、射线装置的安全和防护工作负责，并依法对其造成的放射性危害承担责任。

生产放射性同位素的单位的行业主管部门，应当加强对生产单位安全和防护工作的管理，并定期对其执行法律、法规和国家标准的情况进行监督检查。

第二十八条 生产、销售、使用放射性同位素和射线装置的单位，应当对直接从事生产、销售、使用活动的工作人员进行安全和防护知识教育培训，并进行考核；考核不合格的，不得上岗。

辐射安全关键岗位应当由注册核安全工程师担任。辐射安全关键岗位名录由国务院生态环境主管部门商国务院有关部门制定并公布。

第二十九条 生产、销售、使用放射性同位素和射线装置的单位，应当严格按照国家关于个人剂量监测和健康管理的规定，对直接从事生产、销售、使用活动的工作人员进行个人剂量监测和职业健康检查，建立个人剂量档案和职业健康监护档案。

第三十条 生产、销售、使用放射性同位素和射线装置的单位，应当对本单位的放射性同位素、射线装置的安全和防护状况进行年度评估。发现安全隐患的,应当立即进行整改。

第三十一条 生产、销售、使用放射性同位素和射线装置的单位需要终止的,**应当事先对本单位的放射性同位素和放射性废物进行清理登记,作出妥善处理,不得留有安全隐患**。生产、销售、使用放射性同位素和射线装置的单位发生变更的,由变更后的单位承担处理责任。变更前当事人对此另有约定的,从其约定;但是,约定中不得免除当事人的处理义务。

在本条例施行前已经终止的生产、销售、使用放射性同位素和射线装置的单位,其未安全处理的废旧放射源和放射性废物,由所在地省、自治区、直辖市人民政府生态环境主管部门提出处理方案,及时进行处理。所需经费由省级以上人民政府承担。

第三十二条 生产、进口放射源的单位销售Ⅰ类、Ⅱ类、Ⅲ类放射源给其他单位使用的,应当与使用放射源的单位签订废旧放射源返回协议;使用放射源的单位应当按照废旧放射源返回协议规定将废旧放射源交回生产单位或者返回原出口方。确实无法交回生产单位或者返回原出口方的,送交有相应资质的放射性废物集中贮存单位贮存。

使用放射源的单位应当按照国务院生态环境主管部门的规定,将Ⅳ类、Ⅴ类废旧放射源进行包装整备后送交有相应资质的放射性废物集中贮存单位贮存。

第三十三条 使用Ⅰ类、Ⅱ类、Ⅲ类放射源的场所和生产放射性同位素的场所,以及终结运行后产生放射性污染的射线装置,应当依法实施退役。

第三十四条 生产、销售、使用、贮存放射性同位素和射线装置的场所,应当按照国家有关规定设置明显的放射性标志,其入口处应当按照国家有关安全和防护标准的要求,设置安全和防护设施以及必要的防护安全联锁、报警装置或者工作信号。射线装置的生产调试和使用场所,应当具有防止误操作、防止工作人员和公众受到意外照射的安全措施。

放射性同位素的包装容器、含放射性同位素的设备和射线装置,**应当设置明显的放射性标识和中文警示说明**;放射源上能够设置放射性标识的,**应当一并设置**。运输放射性同位素和含放射源的射线装置的工具,应当按照国家有关规定设置明显的放射性标志或者显示危险信号。

第三十五条 放射性同位素应当单独存放,不得与易燃、易爆、腐蚀性物品等一起存放,并指定专人负责保管。贮存、领取、使用、归还放射性同位素时,应当进行登记、检查,做到账物相符。对放射性同位素贮存场所应当采取防火、防水、防盗、防丢失、防破坏、防射线泄漏的安全措施。

对放射源还应当根据其潜在危害的大小,建立相应的多层防护和安全措施,并对可移动的放射源定期进行盘存,确保其处于指定位置,具有可靠的安全保障。

第三十六条 在室外、野外使用放射性同位素和射线装置的,应当按照国家安全和防护标准的要求划出安全防护区域,设置明显的放射性标志,必要时设专人警戒。

在野外进行放射性同位素示踪试验的,应当经省级以上人民政府生态环境主管部门商同级有关部门批准方可进行。

第三十七条 辐射防护器材、含放射性同位素的设备和射线装置,以及含有放射性物质的产品和伴有产生X射线的电器产品,**应当符合辐射防护要求**。不合格的产品不得出厂和销售。

第三十八条 使用放射性同位素和射线装置进行放射诊疗的医疗卫生机构,应当依据国务院卫生主管部门有关规定和国家标准,制定与本单位从事的诊疗项目相适应的质量保证方案,遵守质量保证监测规范,按照医疗照射正当化和辐射防护最优化的原则,避免一切不必要的照射,并事先告知患者和受检者辐射对健康的潜在影响。

第三十九条 金属冶炼厂回收冶炼废旧金属时,应当采取必要的监测措施,防止放射性物质熔入产品中。监测中发现问题的,应当及时通知所在地区的市级以上人民政府生态环境主管部门。

第四章 辐射事故应急处理

第四十条 根据辐射事故的性质、严重程度、可控性和影响范围等因素,从重到轻将辐射事故分为特别重大辐射事故、重大辐射事故、较大辐射事故和一般辐射事故四个等级。

特别重大辐射事故,是指Ⅰ类、Ⅱ类放射源丢失、被盗、失控造成大范围严重辐射污染后果,或者放射性同位素和射线装置失控导致3人以上(含3人)急性死亡。

重大辐射事故,是指Ⅰ类、Ⅱ类放射源丢失、被盗、失控,或者放射性同位素和射线装置失控导致2人以下(含2人)急性死亡或者10人以上(含10人)急性重度放射病、局部器官残疾。

较大辐射事故,是指Ⅲ类放射源丢失、被盗、失控,或者放射性同位素和射线装置失控导致9人以下(含9人)急性重度放射病、局部器官残疾。

一般辐射事故,是指Ⅳ类、Ⅴ类放射源丢失、被盗、失控,或者放射性同位素和射线装置失控导致人员受到超过年剂量限值的照射。

第四十一条 县级以上人民政府生态环境主管部门应当会同同级公安、卫生、财政等部门编制辐射事故应急预案,报本级人民政府批准。辐射事故应急预案应当包括下列内容:

(一)应急机构和职责分工;

(二)应急人员的组织、培训以及应急和救助的装备、资金、物资准备;

(三)辐射事故分级与应急响应措施;

(四)辐射事故调查、报告和处理程序。

生产、销售、使用放射性同位素和射线装置的单位,应当根据可能发生的辐射事故的风险,制定本单位的应急方案,做好应急准备。

第四十二条 发生辐射事故时,生产、销售、使用放射性同位素和射线装置的单位应当立即启动本单位的应急方案,采取应急措施,并立即向当地生态环境主管部门、公安部门、卫生主管部门报告。

生态环境主管部门、公安部门、卫生主管部门接到辐射事故报告后,应当立即派人赶赴现场,进行现场调查,采取有效措施,控制并消除事故影响,同时将辐射事故信息报告本级人民政府和上级人民政府生态环境主管部门、公安部门、卫生主管部门。

县级以上地方人民政府及其有关部门接到辐射事故报告后,应当按照事故分级报告的规定及时将辐射事故信息报告上级人民政府及其有关部门。发生特别重大辐射事故和重大辐射事故后,事故发生地省、自治区、直辖市人民政府和国务院有关部门应当在4小时内报告国务院;特殊情况下,事故发生地人民政府及其有关部门可以直接向国务院报告,并同时报告上级人民政府及其有关部门。

禁止缓报、瞒报、谎报或者漏报辐射事故。

第四十三条 在发生辐射事故或者有证据证明辐射事故可能发生时,县级以上人民政府生态环境主管部门有权采取下列临时控制措施:

(一)责令停止导致或者可能导致辐射事故的作业;

(二)组织控制事故现场。

第四十四条 辐射事故发生后,有关县级以上人民政府应当按照辐射事故的等级,启动并组织实施相应的应急预案。

县级以上人民政府生态环境主管部门、公安部门、卫生主管部门,按照职责分工做好相应的辐射事故应急工作:

(一)生态环境主管部门负责辐射事故的应急响应、调查处理和定性定级工作,协助公安部门监控追缴丢失、被盗的放射源;

（二）公安部门负责丢失、被盗放射源的立案侦查和追缴；

（三）卫生主管部门负责辐射事故的医疗应急。

生态环境主管部门、公安部门、卫生主管部门应当及时相互通报辐射事故应急响应、调查处理、定性定级、立案侦查和医疗应急情况。国务院指定的部门根据生态环境主管部门确定的辐射事故的性质和级别，负责有关国际信息通报工作。

第四十五条 发生辐射事故的单位应当立即将可能受到辐射伤害的人员送至当地卫生主管部门指定的医院或者有条件救治辐射损伤病人的医院，进行检查和治疗，或者请求医院立即派人赶赴事故现场，采取救治措施。

第五章 监督检查

第四十六条 县级以上人民政府生态环境主管部门和其他有关部门应当按照各自职责对生产、销售、使用放射性同位素和射线装置的单位进行监督检查。

被检查单位应当予以配合，如实反映情况，提供必要的资料，不得拒绝和阻碍。

第四十七条 县级以上人民政府生态环境主管部门应当配备辐射防护安全监督员。辐射防护安全监督员由从事辐射防护工作，具有辐射防护安全知识并经省级以上人民政府生态环境主管部门认可的专业人员担任。辐射防护安全监督员应当定期接受专业知识培训和考核。

第四十八条 县级以上人民政府生态环境主管部门在监督检查中发现生产、销售、使用放射性同位素和射线装置的单位有不符合原发证条件的情形的，应当责令其限期整改。

监督检查人员依法进行监督检查时，应当出示证件，并为被检查单位保守技术秘密和业务秘密。

第四十九条 任何单位和个人对违反本条例的行为，有权向生态环境主管部门和其他有关部门检举；对生态环境主管部门和其他有关部门未依法履行监督管理职责的行为，有权向本级人民政府、上级人民政府有关部门检举。接到举报的有关人民政府、生态环境主管部门和其他有关部门对有关举报应当及时核实、处理。

第六章 法律责任

第五十条 违反本条例规定，县级以上人民政府生态环境主管部门有下列行为之一的，对直接负责的主管人员和其他直接责任人员，依法给予行政处分；构成犯罪的，依法追究刑事责任：

（一）向不符合本条例规定条件的单位颁发许可证或者批准不符合本条例规定条件的单位进口、转让放射性同位素的；

（二）发现未依法取得许可证的单位擅自生产、销售、使用放射性同位素和射线装置，不予查处或者接到举报后不依法处理的；

（三）发现未经依法批准擅自进口、转让放射性同位素，不予查处或者接到举报后不依法处理的；

（四）对依法取得许可证的单位不履行监督管理职责或者发现违反本条例规定的行为不予查处的；

（五）在放射性同位素、射线装置安全和防护监督管理工作中有其他渎职行为的。

第五十一条 违反本条例规定，县级以上人民政府生态环境主管部门和其他有关部门有下列行为之一的，对直接负责的主管人员和其他直接责任人员，依法给予行政处分；构成犯罪的，依法追究刑事责任：

（一）缓报、瞒报、谎报或者漏报辐射事故的；

（二）未按照规定编制辐射事故应急预案或者不依法履行辐射事故应急职责的。

第五十二条 违反本条例规定，生产、销售、使用放射性同位素和射线装置的单位有下列行为之一的，由县级以上人民政府生态环境主管部门责令停止违法行为，限期改正；逾期不改正的，责令停产停业或者由原发证机关吊销许可证；有违法所得的，没收违法所得；违法所得10万元以上的，并处违法所得1倍以上5倍以下的罚款；没有违法所得或者违法所得不足10万元的，并处1万元以上10万元以下的罚款：

（一）无许可证从事放射性同位素和射线装置生产、销售、使用活动的；

（二）未按照许可证的规定从事放射性同位素和射线装置生产、销售、使用活动的；

（三）改变所从事活动的种类或者范围以及新建、改建或者扩建生产、销售、使用设施或者场所，未按照规定重新申请领取许可证的；

（四）许可证有效期届满，需要延续而未按照规定办理延续手续的；

（五）未经批准，擅自进口或者转让放射性同位素的。

第五十三条 违反本条例规定，生产、销售、使用放射性同位素和射线装置的单位变更单位名称、地址、法定代表人，未依法办理许可证变更手续的，由县级以上人民政府生态环境主管部门责令限期改正，给予警告；逾期不改正的，由原发证机关暂扣或者吊销许可证。

第五十四条 违反本条例规定，生产、销售、使用放射性同位素和射线装置的单位部分终止或者全部终止生产、销售、使用活动，未按照规定办理许可证变更或者注销手续的，由县级以上人民政府生态环境主管部门责令停止违法行为，限期改正；逾期不改正的，处1万元以上10万元以下的罚款；造成辐射事故，构成犯罪的，依法追究刑事责任。

第五十五条 违反本条例规定，伪造、变造、转让许可证的，由县级以上人民政府生态环境主管部门收缴伪造、变造的许可证或者由原发证机关吊销许可证，并处5万元以上10万元以下的罚款；构成犯罪的，依法追究刑事责任。

违反本条例规定，伪造、变造、转让放射性同位素进口和转让批准文件的，由县级以上人民政府生态环境主管部门收缴伪造、变造的批准文件或者由原批准机关撤销批准文件，并处5万元以上10万元以下的罚款；情节严重的，可以由原发证机关吊销许可证；构成犯罪的，依法追究刑事责任。

第五十六条 违反本条例规定，生产、销售、使用放射性同位素的单位有下列行为之一的，由县级以上人民政府生态环境主管部门责令限期改正，给予警告；逾期不改正的，由原发证机关暂扣或者吊销许可证：

（一）转入、转出放射性同位素未按照规定备案的；

（二）将放射性同位素转移到外省、自治区、直辖市使用，未按照规定备案的；

（三）将废旧放射源交回生产单位、返回原出口方或者送交放射性废物集中贮存单位贮存，未按照规定备案的。

第五十七条 违反本条例规定，生产、销售、使用放射性同位素和射线装置的单位有下列行为之一的，由县级以上人民政府生态环境主管部门责令停止违法行为，限期改正；逾期不改正的，处1万元以上10万元以下的罚款：

（一）在室外、野外使用放射性同位素和射线装置，未按照国家有关安全和防护标准的要求划出安全防护区域和设置明显的放射性标志的；

（二）未经批准擅自在野外进行放射性同位素示踪试验的。

第五十八条 违反本条例规定，生产放射性同位素的单位有下列行为之一的，由县级以上人民政府生态环境主管部门责令限期改正，给予警告；逾期不改正的，依法收缴其未备案的放射性同位素和未编码的放射源，处5万元以上10万元以下的罚款，并可以由原发证机关暂扣或者吊销许可证：

（一）未建立放射性同位素产品台账的；

（二）未按照国务院生态环境主管部门制定的编码规则，对生产的放射源进行统一编码的；

（三）未将放射性同位素产品台账和放射源编码清单报国务院生态环境主管部门备案的；

（四）出厂或者销售未列入产品台账的放射性同位素和未编码的放射源的。

第五十九条 违反本条例规定，生产、销售、使用放射性同位素和射线装置的单位有下列行为之一的，由县级以上人民政府生态环境主管部门责令停止违法行为，限期改正；逾期不改正，由原发证机关指定有处理能力的单位代为处理或者实施退役，费用由生产、销售、使用放射性同位素和射线装置的单位承担，并处1万元以上10万元以下的罚款：

（一）未按照规定对废旧放射源进行处理的；

（二）未按照规定对使用Ⅰ类、Ⅱ类、Ⅲ类放射源的场所和生产放射性同位素的场所，以及终结运行后产生放射性污染的射线装置实施退役的。

第六十条 违反本条例规定，生产、销售、使用放射性同位素和射线装置的单位有下列行为之一的，由县级以上人民政府生态环境主管部门责令停止违法行为，限期改正；逾期不改正的，责令停产停业，并处2万元以上20万元以下的罚款；构成犯罪的，依法追究刑事责任：

（一）未按照规定对本单位的放射性同位素、射线装置安全和防护状况进行评估或者发现安全隐患不及时整改的；

（二）生产、销售、使用、贮存放射性同位素和射线装置的场所未按照规定设置安全和防护设施以及放射性标志的。

第六十一条 违反本条例规定，造成辐射事故的，由原发证机关责令限期改正，并处5万元以上20万元以下的罚款；情节严重的，由原发证机关吊销许可证；构成违反治安管理行为的，由公安机关依法予以治安处罚；构成犯罪的，依法追究刑事责任。

因辐射事故造成他人损害的，依法承担民事责任。

第六十二条 生产、销售、使用放射性同位素和射线装置的单位被责令限期整改，逾期不整改或者经整改仍不符合原发证条件的，由原发证机关暂扣或者吊销许可证。

第六十三条 违反本条例规定，被依法吊销许可证的单位或者伪造、变造许可证的单位，5年内不得申请领取许可证。

第六十四条 县级以上地方人民政府生态环境主管部门的行政处罚权限的划分，由省、自治区、直辖市人民政府确定。

第七章 附 则

第六十五条 军用放射性同位素、射线装置安全和防护的监督管理，依照《中华人民共和国放射性污染防治法》第六十条的规定执行。

第六十六条 劳动者在职业活动中接触放射性同位素和射线装置造成的职业病的防治，依照《中华人民共和国职业病防治法》和国务院有关规定执行。

第六十七条 放射性同位素的运输，放射性同位素和射线装置生产、销售、使用过程中产生的放射性废物的处置，依照国务院有关规定执行。

第六十八条 本条例中下列用语的含义：

放射性同位素，是指某种发生放射性衰变的元素中具有相同原子序数但质量不同的核素。

放射源，是指除研究堆和动力堆核燃料循环范畴的材料以外，永久密封在容器中或者有严密包层并呈固态的放射性材料。

射线装置，是指X线机、加速器、中子发生器以及含放射源的装置。

非密封放射性物质，是指非永久密封在包壳里或者紧密地固结在覆盖层里的放射性物质。

转让，是指除进出口、回收活动之外，放射性同位素所有权或者使用权在不同持有者之间的转移。

伴有产生X射线的电器产品，是指不以产生X射线为目的，但在生产或者使用过程中产生X射线的电器产品。

辐射事故，是指放射源丢失、被盗、失控，或者放射性同位素和射线装置失控导致人员受到意外的异常照射。

第六十九条 本条例自2005年12月1日起施行。1989年10月24日国务院发布的《放射性同位素与射线装置放射防护条例》同时废止。

民用爆炸物品安全管理条例

（国务院令第466号）

（2006年5月10日由国务院发布，根据2014年7月29日国务院令第653号《国务院关于修改部分行政法规的决定》修订，现行版本自2014年7月29日起施行，法规类型为行政法规）

第一章 总 则

第一条 为了加强对民用爆炸物品的安全管理，预防爆炸事故发生，保障公民生命、财产安全和公共安全，制定本条例。

第二条 民用爆炸物品的生产、销售、购买、进出口、运输、爆破作业和储存以及硝酸铵的销售、购买，适用本条例。

本条例所称民用爆炸物品，是指用于非军事目的、列入民用爆炸物品品名表的各类火药、炸药及其制品和雷管、导火索等点火、起爆器材。

民用爆炸物品品名表，由国务院民用爆炸物品行业主管部门会同国务院公安部门制订、公布。

第三条 国家对民用爆炸物品的生产、销售、购买、运输和爆破作业实行许可证制度。

未经许可，任何单位或者个人不得生产、销售、购买、运输民用爆炸物品，不得从事爆破作业。

严禁转让、出借、转借、抵押、赠送、私藏或者非法持有民用爆炸物品。

第四条 民用爆炸物品行业主管部门负责民用爆炸物品生产、销售的安全监督管理。

公安机关负责民用爆炸物品公共安全管理和民用爆炸物品购买、运输、爆破作业的安全监督管理，监控民用爆炸物品流向。

安全生产监督、铁路、交通、民用航空主管部门依照法律、行政法规的规定，负责做好民用爆炸物品的有关安全监督管理工作。

民用爆炸物品行业主管部门、公安机关、工商行政管理部门按照职责分工，负责组织查处非法生产、销售、购买、储存、运输、邮寄、使用民用爆炸物品的行为。

第五条 民用爆炸物品生产、销售、购买、运输和爆破作业单位（以下称民用爆炸物品从业单位）的主要负责人是本单位民用爆炸物品安全管理责任人，对本单位的民用爆炸物品安全管理工作全面负责。

民用爆炸物品从业单位是治安保卫工作的重点单位，应当依法设置治安保卫机构或者配备治安保卫人员，设置技术防范设施，防止民用爆炸物品丢失、被盗、被抢。

民用爆炸物品从业单位应当建立安全管理制度、岗位安全责任制度、制订安全防范措施和事故应急预案，设置安全管理机构或者配备专职安全管理人员。

第六条 无民事行为能力人、限制民事行为能力人或者曾因犯罪受过刑事处罚的人，不得从事民用爆炸物品的生产、销售、购买、运输和爆破作业。

民用爆炸物品从业单位应当加强对本单位从业人员的安全教育、法制教育和岗位技术培训，从业人员经考核合格的，方可上岗作业；对有资格要求的岗位，应当配备具有相应资格的人员。

第七条 国家建立民用爆炸物品信息管理系统，对民用爆炸物品实行标识管理，监控民用爆炸物品流向。

民用爆炸物品生产企业、销售企业和爆破作业单位应当建立民用爆炸物品登记制度，如实将本单位生产、销售、购买、运输、储存、使用民用爆炸物品的品种、数量和流向信息输入计算机系统。

第八条 任何单位或者个人都有权举报违反民用爆炸物品安全管理规定的行为；接到举报的主管部门、公安机关应当立即查处，并为举报人员保密，对举报有功人员给予奖励。

第九条 国家鼓励民用爆炸物品从业单位采用提高民用爆炸物品安全性能的新技术，鼓励发展民用爆炸物品生产、配送、爆破作业一体化的经营模式。

第二章 生 产

第十条 设立民用爆炸物品生产企业，应当遵循统筹规划、合理布局的原则。

第十一条 申请从事民用爆炸物品生产的企业，应当具备下列条件：

（一）符合国家产业结构规划和产业技术标准；

（二）厂房和专用仓库的设计、结构、建筑材料、安全距离以及防火、防爆、防雷、防静电等安全设备、设施符合国家有关标准和规范；

（三）生产设备、工艺符合有关安全生产的技术标准和规程；

（四）有具备相应资格的专业技术人员、安全生产管理人员和生产岗位人员；

（五）有健全的安全管理制度、岗位安全责任制度；

（六）法律、行政法规规定的其他条件。

第十二条 申请从事民用爆炸物品生产的企业，应当向国务院民用爆炸物品行业主管部门提交申请书、可行性研究报告以及能够证明其符合本条例第十一条规定条件的有关材料。国务院民用爆炸物品行业主管部门应当自受理申请之日起45日内进行审查，对符合条件的，核发《民用爆炸物品生产许可证》；对不符合条件的，不予核发《民用爆炸物品生产许可证》，书面向申请人说明理由。

民用爆炸物品生产企业为调整生产能力及品种进行改建、扩建的，应当依照前款规定申请办理《民用爆炸物品生产许可证》。

民用爆炸物品生产企业持《民用爆炸物品生产许可证》到工商行政管理部门办理工商登记，并在办理工商登记后3日内，向所在地县级人民政府公安机关备案。

第十三条 取得《民用爆炸物品生产许可证》的企业应当在基本建设完成后，向省、自治区、直辖市人民政府民用爆炸物品行业主管部门申请安全生产许可。省、自治区、直辖市人民政府民用爆炸物品行业主管部门应当依照《安全生产许可证条例》的规定对其进行查验，对符合条件的，核发《民用爆炸物品安全生产许可证》。民用爆炸物品生产企业取得《民用爆炸物品安全生产许可证》后，方可生产民用爆炸物品。

第十四条 民用爆炸物品生产企业应当严格按照《民用爆炸物品生产许可证》核定的品

种和产量进行生产，生产作业应当严格执行安全技术规程的规定。

第十五条 民用爆炸物品生产企业应当对民用爆炸物品做出警示标识、登记标识，对雷管编码打号。民用爆炸物品警示标识、登记标识和雷管编码规则，由国务院公安部门会同国务院民用爆炸物品行业主管部门规定。

第十六条 民用爆炸物品生产企业应当建立健全产品检验制度，保证民用爆炸物品的质量符合相关标准。民用爆炸物品的包装，应当符合法律、行政法规的规定以及相关标准。

第十七条 试验或者试制民用爆炸物品，必须在专门场地或者专门的试验室进行。严禁在生产车间或者仓库内试验或者试制民用爆炸物品。

第三章　销售和购买

第十八条 申请从事民用爆炸物品销售的企业，应当具备下列条件：
（一）符合对民用爆炸物品销售企业规划的要求；
（二）销售场所和专用仓库符合国家有关标准和规范；
（三）有具备相应资格的安全管理人员、仓库管理人员；
（四）有健全的安全管理制度、岗位安全责任制度；
（五）法律、行政法规规定的其他条件。

第十九条 申请从事民用爆炸物品销售的企业，应当向所在地省、自治区、直辖市人民政府民用爆炸物品行业主管部门提交申请书、可行性研究报告以及能够证明其符合本条例第十八条规定条件的有关材料。省、自治区、直辖市人民政府民用爆炸物品行业主管部门应当自受理申请之日起30日内进行审查，并对申请单位的销售场所和专用仓库等经营设施进行查验，对符合条件的，核发《民用爆炸物品销售许可证》；对不符合条件的，不予核发《民用爆炸物品销售许可证》，书面向申请人说明理由。

民用爆炸物品销售企业持《民用爆炸物品销售许可证》到工商行政管理部门办理工商登记后，方可销售民用爆炸物品。

民用爆炸物品销售企业应当在办理工商登记后3日内，向所在地县级人民政府公安机关备案。

第二十条 民用爆炸物品生产企业凭《民用爆炸物品生产许可证》，可以销售本企业生产的民用爆炸物品。

民用爆炸物品生产企业销售本企业生产的民用爆炸物品，不得超出核定的品种、产量。

第二十一条 民用爆炸物品使用单位申请购买民用爆炸物品的，应当向所在地县级人民政府公安机关提出购买申请，并提交下列有关材料：
（一）工商营业执照或者事业单位法人证书；
（二）《爆破作业单位许可证》或者其他合法使用的证明；
（三）购买单位的名称、地址、银行账户；
（四）购买的品种、数量和用途说明。

受理申请的公安机关应当自受理申请之日起5日内对提交的有关材料进行审查，对符合条件的，核发《民用爆炸物品购买许可证》；对不符合条件的，不予核发《民用爆炸物品购买许可证》，书面向申请人说明理由。

《民用爆炸物品购买许可证》应当载明许可购买的品种、数量、购买单位以及许可的有效期限。

第二十二条 民用爆炸物品生产企业凭《民用爆炸物品生产许可证》购买属于民用爆炸物品的原料，民用爆炸物品销售企业凭《民用爆炸物品销售许可证》向民用爆炸物品生产企业购买民用爆炸物品，民用爆炸物品使用单位凭《民用爆炸物品购买许可证》购买民用爆炸物品，还应当提供经办人的身份证明。

销售民用爆炸物品的企业，应当查验前款规定的许可证和经办人的身份证明；对持《民用爆炸物品购买许可证》购买的，应当按照许可的品种、数量销售。

第二十三条 销售、购买民用爆炸物品，应当通过银行账户进行交易，不得使用现金或者实物进行交易。

销售民用爆炸物品的企业，应当将购买单位的许可证、银行账户转账凭证、经办人的身份证明复印件保存2年备查。

第二十四条 销售民用爆炸物品的企业，应当自民用爆炸物品买卖成交之日起3日内，将销售的品种、数量和购买单位向所在地省、自治区、直辖市人民政府民用爆炸物品行业主管部门和所在地县级人民政府公安机关备案。

购买民用爆炸物品的单位，应当自民用爆炸物品买卖成交之日起3日内，将购买的品种、数量向所在地县级人民政府公安机关备案。

第二十五条 进出口民用爆炸物品，应当经国务院民用爆炸物品行业主管部门审批。进出口民用爆炸物品审批办法，由国务院民用爆炸物品行业主管部门会同国务院公安部门、海关总署规定。

进出口单位应当将进出口的民用爆炸物品的品种、数量向收货地或者出境口岸所在地县级人民政府公安机关备案。

第四章 运 输

第二十六条 运输民用爆炸物品，收货单位应当向运达地县级人民政府公安机关提出申请，并提交包括下列内容的材料：

（一）民用爆炸物品生产企业、销售企业、使用单位以及进出口单位分别提供的《民用爆炸物品生产许可证》、《民用爆炸物品销售许可证》、《民用爆炸物品购买许可证》或者进出口批准证明；

（二）运输民用爆炸物品的品种、数量、包装材料和包装方式；

（三）运输民用爆炸物品的特性、出现险情的应急处置方法；

（四）运输时间、起始地点、运输路线、经停地点。

受理申请的公安机关应当自受理申请之日起3日内对提交的有关材料进行审查，对符合条件的，核发《民用爆炸物品运输许可证》；对不符合条件的，不予核发《民用爆炸物品运输许可证》，书面向申请人说明理由。

《民用爆炸物品运输许可证》应当载明收货单位、销售企业、承运人、一次性运输有效期限、起始地点、运输路线、经停地点，民用爆炸物品的品种、数量。

第二十七条 运输民用爆炸物品的，应当凭《民用爆炸物品运输许可证》，按照许可的品种、数量运输。

第二十八条 经由道路运输民用爆炸物品的，应当遵守下列规定：

（一）携带《民用爆炸物品运输许可证》；

（二）民用爆炸物品的装载符合国家有关标准和规范，车厢内不得载人；

（三）运输车辆安全技术状况应当符合国家有关安全技术标准的要求，并按照规定悬挂或者安装符合国家标准的易燃易爆危险物品警示标志；

（四）运输民用爆炸物品的车辆应当保持安全车速；

（五）按照规定的路线行驶，途中经停应当有专人看守，并远离建筑设施和人口稠密的地方，不得在许可以外的地点经停；

（六）按照安全操作规程装卸民用爆炸物品，并在装卸现场设置警戒，禁止无关人员进入；

（七）出现危险情况立即采取必要的应急处置措施，并报告当地公安机关。

第二十九条 民用爆炸物品运达目的地，收货单位应当进行验收后在《民用爆炸物品运输许可证》上签注，并在3日内将《民用爆炸物品运输许可证》交回发证机关核销。

第三十条 禁止携带民用爆炸物品搭乘公共交通工具或者进入公共场所。

禁止邮寄民用爆炸物品，禁止在托运的货物、行李、包裹、邮件中夹带民用爆炸物品。

第五章 爆破作业

第三十一条 申请从事爆破作业的单位，应当具备下列条件：

（一）爆破作业属于合法的生产活动；

（二）有符合国家有关标准和规范的民用爆炸物品专用仓库；

（三）有具备相应资格的安全管理人员、仓库管理人员和具备国家规定执业资格的爆破作业人员；

（四）有健全的安全管理制度、岗位安全责任制度；

（五）有符合国家标准、行业标准的爆破作业专用设备；

（六）法律、行政法规规定的其他条件。

第三十二条 申请从事爆破作业的单位，应当按照国务院公安部门的规定，向有关人民政府公安机关提出申请，并提供能够证明其符合本条例第三十一条规定条件的有关材料。受理申请的公安机关应当自受理申请之日起20日内进行审查，对符合条件的，核发《爆破作业单位许可证》；对不符合条件的，不予核发《爆破作业单位许可证》，书面向申请人说明理由。

营业性爆破作业单位持《爆破作业单位许可证》到工商行政管理部门办理工商登记后，方可从事营业性爆破作业活动。

爆破作业单位应当在办理工商登记后3日内，向所在地县级人民政府公安机关备案。

第三十三条 爆破作业单位应当对本单位的爆破作业人员、安全管理人员、仓库管理人员进行专业技术培训。爆破作业人员应当经设区的市级人民政府公安机关考核合格，取得《爆破作业人员许可证》后，方可从事爆破作业。

第三十四条 爆破作业单位应当按照其资质等级承接爆破作业项目，爆破作业人员应当按照其资格等级从事爆破作业。爆破作业的分级管理办法由国务院公安部门规定。

第三十五条 在城市、风景名胜区和重要工程设施附近实施爆破作业的，应当向爆破作业所在地设区的市级人民政府公安机关提出申请，提交《爆破作业单位许可证》和具有相应资质的安全评估企业出具的爆破设计、施工方案评估报告。受理申请的公安机关应当自受理申请之日起20日内对提交的有关材料进行审查，对符合条件的，作出批准的决定；对不符合条件的，作出不予批准的决定，并书面向申请人说明理由。

实施前款规定的爆破作业，应当由具有相应资质的安全监理企业进行监理，由爆破作业所在地县级人民政府公安机关负责组织实施安全警戒。

第三十六条 爆破作业单位跨省、自治区、直辖市行政区域从事爆破作业的，应当事先将爆破作业项目的有关情况向爆破作业所在地县级人民政府公安机关报告。

第三十七条 爆破作业单位应当如实记载领取、发放民用爆炸物品的品种、数量、编号以及领取、发放人员姓名。领取民用爆炸物品的数量不得超过当班用量，作业后剩余的民用爆炸物品必须当班清退回库。

爆破作业单位应当将领取、发放民用爆炸物品的原始记录保存2年备查。

第三十八条 实施爆破作业，应当遵守国家有关标准和规范，在安全距离以外设置警示标志并安排警戒人员，防止无关人员进入；爆破作业结束后应当及时检查、排除未引爆的民用爆炸物品。

第三十九条 爆破作业单位不再使用民用爆炸物品时，应当将剩余的民用爆炸物品登记造册，报所在地县级人民政府公安机关组织监督销毁。

发现、拣拾无主民用爆炸物品的，应当立即报告当地公安机关。

第六章 储 存

第四十条 民用爆炸物品应当储存在专用仓库内，并按照国家规定设置技术防范设施。

第四十一条 储存民用爆炸物品应当遵守下列规定：

（一）建立出入库检查、登记制度，收存和发放民用爆炸物品必须进行登记，做到账目清楚，账物相符；

（二）储存的民用爆炸物品数量不得超过储存设计容量，对性质相抵触的民用爆炸物品必须分库储存，严禁在库房内存放其他物品；

（三）专用仓库应当指定专人管理、看护，严禁无关人员进入仓库区内，严禁在仓库区内吸烟和用火，严禁把其他容易引起燃烧、爆炸的物品带入仓库区内，严禁在库房内住宿和进行其他活动；

（四）民用爆炸物品丢失、被盗、被抢，应当立即报告当地公安机关。

第四十二条 在爆破作业现场临时存放民用爆炸物品的，应当具备临时存放民用爆炸物品的条件，并设专人管理、看护，不得在不具备安全存放条件的场所存放民用爆炸物品。

第四十三条 民用爆炸物品变质和过期失效的，应当及时清理出库，并予以销毁。销毁前应当登记造册，提出销毁实施方案，报省、自治区、直辖市人民政府民用爆炸物品行业主管部门、所在地县级人民政府公安机关组织监督销毁。

第七章 法律责任

第四十四条 非法制造、买卖、运输、储存民用爆炸物品，构成犯罪的，依法追究刑事责任；尚不构成犯罪，有违反治安管理行为的，依法给予治安管理处罚。

违反本条例规定，在生产、储存、运输、使用民用爆炸物品中发生重大事故，造成严重后果或者后果特别严重，构成犯罪的，依法追究刑事责任。

违反本条例规定，未经许可生产、销售民用爆炸物品的，由民用爆炸物品行业主管部门责令停止非法生产、销售活动，处 10 万元以上 50 万元以下的罚款，并没收非法生产、销售的民用爆炸物品及其违法所得。

违反本条例规定，未经许可购买、运输民用爆炸物品或者从事爆破作业的，由公安机关责令停止非法购买、运输、爆破作业活动，处 5 万元以上 20 万元以下的罚款，并没收非法购买、运输以及从事爆破作业使用的民用爆炸物品及其违法所得。

民用爆炸物品行业主管部门、公安机关对没收的非法民用爆炸物品，应当组织销毁。

第四十五条 违反本条例规定，生产、销售民用爆炸物品的企业有下列行为之一的，由民用爆炸物品行业主管部门责令限期改正，处 10 万元以上 50 万元以下的罚款；逾期不改正的，责令停产停业整顿；情节严重的，吊销《民用爆炸物品生产许可证》或者《民用爆炸物品销售许可证》：

（一）超出生产许可的品种、产量进行生产、销售的；

（二）违反安全技术规程生产作业的；

（三）民用爆炸物品的质量不符合相关标准的；

（四）民用爆炸物品的包装不符合法律、行政法规的规定以及相关标准的；

（五）超出购买许可的品种、数量销售民用爆炸物品的；

（六）向没有《民用爆炸物品生产许可证》、《民用爆炸物品销售许可证》、《民用爆炸物品购买许可证》的单位销售民用爆炸物品的；

（七）民用爆炸物品生产企业销售本企业生产的民用爆炸物品未按照规定向民用爆炸物品行业主管部门备案的；

（八）未经审批进出口民用爆炸物品的。

第四十六条 违反本条例规定，有下列情形之一的，由公安机关责令限期改正，处5万元以上20万元以下的罚款；逾期不改正的，责令停产停业整顿：

（一）未按照规定对民用爆炸物品做出警示标识、登记标识或者未对雷管编码打号的；

（二）超出购买许可的品种、数量购买民用爆炸物品的；

（三）使用现金或者实物进行民用爆炸物品交易的；

（四）未按照规定保存购买单位的许可证、银行账户转账凭证、经办人的身份证明复印件的；

（五）销售、购买、进出口民用爆炸物品，未按照规定向公安机关备案的；

（六）未按照规定建立民用爆炸物品登记制度，如实将本单位生产、销售、购买、运输、储存、使用民用爆炸物品的品种、数量和流向信息输入计算机系统的；

（七）未按照规定将《民用爆炸物品运输许可证》交回发证机关核销的。

第四十七条 违反本条例规定，经由道路运输民用爆炸物品，有下列情形之一的，由公安机关责令改正，处5万元以上20万元以下的罚款：

（一）违反运输许可事项的；

（二）未携带《民用爆炸物品运输许可证》的；

（三）违反有关标准和规范混装民用爆炸物品的；

（四）运输车辆未按照规定悬挂或者安装符合国家标准的易燃易爆危险物品警示标志的；

（五）未按照规定的路线行驶，途中经停没有专人看守或者在许可以外的地点经停的；

（六）装载民用爆炸物品的车厢载人的；

（七）出现危险情况未立即采取必要的应急处置措施、报告当地公安机关的。

第四十八条 违反本条例规定，从事爆破作业的单位有下列情形之一的，由公安机关责令停止违法行为或者限期改正，处10万元以上50万元以下的罚款；逾期不改正的，责令停产停业整顿；情节严重的，吊销《爆破作业单位许可证》：

（一）爆破作业单位未按照其资质等级从事爆破作业的；

（二）营业性爆破作业单位跨省、自治区、直辖市行政区域实施爆破作业，未按照规定事先向爆破作业所在地的县级人民政府公安机关报告的；

（三）爆破作业单位未按照规定建立民用爆炸物品领取登记制度、保存领取登记记录的；

（四）违反国家有关标准和规范实施爆破作业的。

爆破作业人员违反国家有关标准和规范的规定实施爆破作业的，由公安机关责令限期改正，情节严重的，吊销《爆破作业人员许可证》。

第四十九条 违反本条例规定，有下列情形之一的，由民用爆炸物品行业主管部门、公安机关按照职责责令限期改正，可以并处5万元以上20万元以下的罚款；逾期不改正的，责令停产停业整顿；情节严重的，吊销许可证：

（一）未按照规定在专用仓库设置技术防范设施的；

（二）未按照规定建立出入库检查、登记制度或者存和发放民用爆炸物品，致使账物不符的；

（三）超量储存、在非专用仓库储存或者违反储存标准和规范储存民用爆炸物品的；

（四）有本条例规定的其他违反民用爆炸物品储存管理规定行为的。

第五十条 违反本条例规定，民用爆炸物品从业单位有下列情形之一的，由公安机关处2万元以上10万元以下的罚款；情节严重的，吊销其许可证；有违反治安管理行为的，依法给予治安管理处罚：

（一）违反安全管理制度，致使民用爆炸物品丢失、被盗、被抢的；

（二）民用爆炸物品丢失、被盗、被抢，未按照规定向当地公安机关报告或者故意隐瞒不报的；

（三）转让、出借、转храни、抵押、赠送民用爆炸物品的。

第五十一条 违反本条例规定，携带民用爆炸物品搭乘公共交通工具或者进入公共场所，邮寄或者在托运的货物、行李、包裹、邮件中夹带民用爆炸物品，构成犯罪的，依法追究刑事责任；尚不构成犯罪的，由公安机关依法给予治安管理处罚，没收非法的民用爆炸物品，处1000元以上1万元以下的罚款。

第五十二条 民用爆炸物品从业单位的主要负责人未履行本条例规定的安全管理责任，导致发生重大伤亡事故或者造成其他严重后果，构成犯罪的，依法追究刑事责任；尚不构成犯罪的，对主要负责人给予撤职处分，对个人经营的投资人处2万元以上20万元以下的罚款。

第五十三条 民用爆炸物品行业主管部门、公安机关、工商行政管理部门的工作人员，在民用爆炸物品安全监督管理工作中滥用职权、玩忽职守或者徇私舞弊，构成犯罪的，依法追究刑事责任；尚不构成犯罪的，依法给予行政处分。

第八章 附 则

第五十四条 《民用爆炸物品生产许可证》、《民用爆炸物品销售许可证》，由国务院民用爆炸物品行业主管部门规定式样；《民用爆炸物品购买许可证》、《民用爆炸物品运输许可证》、《爆破作业单位许可证》、《爆破作业人员许可证》，由国务院公安部门规定式样。

第五十五条 本条例自2006年9月1日起施行。1984年1月6日国务院发布的《中华人民共和国民用爆炸物品管理条例》同时废止。

废弃电器电子产品回收处理管理条例

（国务院令第551号）

（2009年2月25日由国务院发布，根据2019年3月2日国务院令第709号《国务院关于修改部分行政法规的决定》修订，现行版本自2019年3月18日起施行，法规类型为行政法规）

第一章 总 则

第一条 为了规范废弃电器电子产品的回收处理活动，促进资源综合利用和循环经济发展，保护环境，保障人体健康，根据《中华人民共和国清洁生产促进法》和《中华人民共和国固体废物污染环境防治法》的有关规定，制定本条例。

第二条 本条例所称废弃电器电子产品的处理活动，是指将废弃电器电子产品进行拆解，从中提取物质作为原材料或者燃料，用改变废弃电器电子产品物理、化学特性的方法减少已产生的废弃电器电子产品数量，减少或者消除其危害成分，以及将其最终置于符合环境保护要求的填埋场的活动，不包括产品维修、翻新以及经维修、翻新后作为旧货再使用的活动。

第三条 列入《废弃电器电子产品处理目录》（以下简称《目录》）的废弃电器电子产品的回收处理及相关活动，适用本条例。

国务院资源综合利用主管部门会同国务院生态环境、工业信息产业等主管部门制订和调整《目录》，报国务院批准后实施。

第四条 国务院生态环境主管部门会同国务院资源综合利用、工业信息产业主管部门负责组织拟订废弃电器电子产品回收处理的政策措施并协调实施，负责废弃电器电子产品处理的监督管理工作。国务院商务主管部门负责废弃电器电子产品回收的管理工作。国务院财政、市场监督管理、税务、海关等主管部门在各自职责范围内负责相关管理工作。

第五条 国家对废弃电器电子产品实行多渠道回收和集中处理制度。

第六条 国家对废弃电器电子产品处理实行资格许可制度。设区的市级人民政府生态环境主管部门审批废弃电器电子产品处理企业（以下简称处理企业）资格。

第七条 国家建立废弃电器电子产品处理基金，用于废弃电器电子产品回收处理费用的补贴。电器电子产品生产者、进口电器电子产品的收货人或者其代理人应当按照规定履行废弃电器电子产品处理基金的缴纳义务。

废弃电器电子产品处理基金应当纳入预算管理，其征收、使用、管理的具体办法由国务院财政部门会同国务院生态环境、资源综合利用、工业信息产业主管部门制订，报国务院批准后施行。

制订废弃电器电子产品处理基金的征收标准和补贴标准，应当充分听取电器电子产品生产企业、处理企业、有关行业协会及专家的意见。

第八条 国家鼓励和支持废弃电器电子产品处理的科学研究、技术开发、相关技术标准的研究以及新技术、新工艺、新设备的示范、推广和应用。

第九条 属于国家禁止进口的废弃电器电子产品，不得进口。

第二章 相关方责任

第十条 电器电子产品生产者、进口电器电子产品的收货人或者其代理人生产、进口的电器电子产品应当符合国家有关电器电子产品污染控制的规定，采用有利于资源综合利用和无害化处理的设计方案，使用无毒无害或者低毒低害以及便于回收利用的材料。

电器电子产品上或者产品说明书中应当按照规定提供有关有毒有害物质含量、回收处理提示性说明等信息。

第十一条 国家鼓励电器电子产品生产者自行或者委托销售者、维修机构、售后服务机构、废弃电器电子产品回收经营者回收废弃电器电子产品。电器电子产品销售者、维修机构、售后服务机构应当在其营业场所显著位置标注废弃电器电子产品回收处理提示性信息。

回收的废弃电器电子产品应当由有废弃电器电子产品处理资格的处理企业处理。

第十二条 废弃电器电子产品回收经营者应当采取多种方式为电器电子产品使用者提供方便、快捷的回收服务。

废弃电器电子产品回收经营者对回收的废弃电器电子产品进行处理，应当依照本条例规定取得废弃电器电子产品处理资格；未取得处理资格的，应当将回收的废弃电器电子产品交有废弃电器电子产品处理资格的处理企业处理。

回收的电器电子产品经过修复后销售的，必须符合保障人体健康和人身、财产安全等国家技术规范的强制性要求，并在显著位置标识为旧货。具体管理办法由国务院商务主管部门制定。

第十三条 机关、团体、企事业单位将废弃电器电子产品交有废弃电器电子产品处理资格的处理企业处理的，依照国家有关规定办理资产核销手续。

处理涉及国家秘密的废弃电器电子产品，依照国家保密规定办理。

第十四条 国家鼓励处理企业与相关电器电子产品生产者、销售者以及废弃电器电子产品回收经营者等建立长期合作关系，回收处理废弃电器电子产品。

第十五条 处理废弃电器电子产品，应当符合国家有关资源综合利用、环境保护、劳动安全和保障人体健康的要求。

禁止采用国家明令淘汰的技术和工艺处理废弃电器电子产品。

第十六条 处理企业应当建立废弃电器电子产品处理的日常环境监测制度。

第十七条 处理企业应当建立废弃电器电子产品的数据信息管理系统，向所在地的设区的市级人民政府生态环境主管部门报送废弃电器电子产品处理的基本数据和有关情况。废弃电器电子产品处理的基本数据的保存期限不得少于3年。

第十八条 处理企业处理废弃电器电子产品，依照国家有关规定享受税收优惠。

第十九条 回收、储存、运输、处理废弃电器电子产品的单位和个人，应当遵守国家有关环境保护和环境卫生管理的规定。

第三章 监督管理

第二十条 国务院资源综合利用、市场监督管理、生态环境、工业信息产业等主管部门，依照规定的职责制定废弃电器电子产品处理的相关政策和技术规范。

第二十一条 省级人民政府生态环境主管部门会同同级资源综合利用、商务、工业信息产业主管部门编制本地区废弃电器电子产品处理发展规划，报国务院生态环境主管部门备案。

地方人民政府应当将废弃电器电子产品回收处理基础设施建设纳入城乡规划。

第二十二条 取得废弃电器电子产品处理资格，依照《中华人民共和国公司登记管理条例》等规定办理登记并在其经营范围中注明废弃电器电子产品处理的企业，方可从事废弃电器电子产品处理活动。

除本条例第三十四条规定外，禁止未取得废弃电器电子产品处理资格的单位和个人处理废弃电器电子产品。

第二十三条 申请废弃电器电子产品处理资格，应当具备下列条件：

（一）具备完善的废弃电器电子产品处理设施；

（二）具有对不能完全处理的废弃电器电子产品的妥善利用或者处置方案；

（三）具有与所处理的废弃电器电子产品相适应的分拣、包装以及其他设备；

（四）具有相关安全、质量和环境保护的专业技术人员。

第二十四条 申请废弃电器电子产品处理资格，应当向所在地的设区的市级人民政府生态环境主管部门提交书面申请，并提供相关证明材料。受理申请的生态环境主管部门应当自收到完整的申请材料之日起60日内完成审查，作出准予许可或者不予许可的决定。

第二十五条 县级以上地方人民政府生态环境主管部门应当通过书面核查和实地检查等方式，加强对废弃电器电子产品处理活动的监督检查。

第二十六条 任何单位和个人都有权对违反本条例规定的行为向有关部门检举。有关部门应当为检举人保密，并依法及时处理。

第四章 法律责任

第二十七条 违反本条例规定，电器电子产品生产者、进口电器电子产品的收货人或者其代理人生产、进口的电器电子产品上或者产品说明书中未按照规定提供有关有毒有害物质含量、回收处理提示性说明等信息的，由县级以上地方人民政府市场监督管理部门责令限期改正,处 5 万元以下的罚款。

第二十八条 违反本条例规定,未取得废弃电器电子产品处理资格擅自从事废弃电器电子产品处理活动的,由县级以上人民政府生态环境主管部门责令停业、关闭,没收违法所得,并处 5 万元以上 50 万元以下的罚款。

第二十九条 违反本条例规定,采用国家明令淘汰的技术和工艺处理废弃电器电子产品的,由县级以上人民政府生态环境主管部门责令限期改正;情节严重的,由设区的市级人民政府生态环境主管部门依法暂停直至撤销其废弃电器电子产品处理资格。

第三十条 处理废弃电器电子产品造成环境污染的,由县级以上人民政府生态环境主管部门按照固体废物污染环境防治的有关规定予以处罚。

第三十一条 违反本条例规定,处理企业未建立废弃电器电子产品的数据信息管理系统,未按规定报送基本数据和有关情况或者报送基本数据、有关情况不真实,或者未按规定期限保存基本数据的,由所在地的设区的市级人民政府生态环境主管部门责令限期改正,可以处 5 万元以下的罚款。

第三十二条 违反本条例规定,处理企业未建立日常环境监测制度或者未开展日常环境监测的,由县级以上人民政府生态环境主管部门责令限期改正,可以处 5 万元以下的罚款。

第三十三条 违反本条例规定,有关行政主管部门的工作人员滥用职权、玩忽职守、徇私舞弊,构成犯罪的,依法追究刑事责任;尚不构成犯罪的,依法给予处分。

第五章 附 则

第三十四条 经省级人民政府批准,可以设立废弃电器电子产品集中处理场。废弃电器电子产品集中处理场应当具有完善的污染物集中处理设施,确保符合国家或者地方制定的污染物排放标准和固体废物污染环境防治技术标准,并应当遵守本条例的有关规定。

废弃电器电子产品集中处理场应当符合国家和当地工业区设置规划,与当地土地利用规划和城乡规划相协调,并应当加快实现产业升级。

第三十五条 本条例自 2011 年 1 月 1 日起施行。

废弃电器电子产品处理基金征收使用管理办法

(财综〔2012〕34 号)

(2012 年 5 月 21 日由财政部、环境保护部、国家发展和改革委员会、工业和信息化部、海关总署、国家税务总局发布,2012 年 7 月 1 日起施行,法规类型为部门规章)

第一章 总 则

第一条 为了规范废弃电器电子产品处理基金征收使用管理,根据《废弃电器电子产品回收处理管理条例》(国务院令第 551 号,以下简称《条例》)的规定,制定本办法。

第二条 废弃电器电子产品处理基金(以下简称基金)是国家为促进废弃电器电子产品回收处理而设立的政府性基金。

第三条 基金全额上缴中央国库,纳入中央政府性基金预算管理,实行专款专用,年终结余结转下年度继续使用。

第二章 征收管理

第四条 电器电子产品生产者、进口电器电子产品的收货人或者其代理人应当按照本办法的规定履行基金缴纳义务。

电器电子产品生产者包括自主品牌生产企业和代工生产企业。

第五条 基金分别按照电器电子产品生产者销售、进口电器电子产品的收货人或者其代理人进口的电器电子产品数量定额征收。

第六条 纳入基金征收范围的电器电子产品按照《废弃电器电子产品处理目录》（以下简称《目录》）执行，具体征收范围和标准见附件。

第七条 财政部会同环境保护部、国家发展改革委、工业和信息化部根据废弃电器电子产品回收处理补贴资金的实际需要，在听取有关企业和行业协会意见的基础上，适时调整基金征收标准。

第八条 电器电子产品生产者应缴纳的基金，由国家税务局负责征收。进口电器电子产品的收货人或者其代理人应缴纳的基金，由海关负责征收。

第九条 电器电子产品生产者按季申报缴纳基金。

国家税务局对电器电子产品生产者征收基金，适用税收征收管理的规定。

第十条 进口电器电子产品的收货人或者其代理人在货物申报进口时缴纳基金。

海关对基金的征收缴库管理，按照关税征收缴库管理的规定执行。

第十一条 对采用有利于资源综合利用和无害化处理的设计方案以及使用环保和便于回收利用材料生产的电器电子产品，可以减征基金，具体办法由财政部会同环境保护部、国家发展改革委、工业和信息化部、税务总局、海关总署另行制定。

第十二条 电器电子产品生产者生产用于出口的电器电子产品免征基金，由电器电子产品生产者依据《中华人民共和国海关出口货物报关单》列明的出口产品名称和数量，向国家税务局申请从应缴纳基金的产品销售数量中扣除。

第十三条 电器电子产品生产者进口电器电子产品已缴纳基金的，国内销售时免征基金，由电器电子产品生产者依据《中华人民共和国海关进口货物报关单》和《进口废弃电器电子产品处理基金缴款书》列明的进口产品名称和数量，向国家税务局申请从应缴纳基金的产品销售数量中扣除。

第十四条 基金收入在政府收支分类科目中列103类01款75项"废弃电器电子产品处理基金收入"（新增）下的有关目级科目。

第十五条 未经国务院批准或者授权，任何地方、部门和单位不得擅自减免基金，不得改变基金征收对象、范围和标准。

第十六条 电器电子产品生产者、进口电器电子产品的收货人或者其代理人缴纳的基金计入生产经营成本，准予在计算应纳税所得额时扣除。

第三章 使用管理

第十七条 基金使用范围包括：

（一）废弃电器电子产品回收处理费用补贴；

（二）废弃电器电子产品回收处理和电器电子产品生产销售信息管理系统建设，以及相关信息采集发布支出；

（三）基金征收管理经费支出；

（四）经财政部批准与废弃电器电子产品回收处理相关的其他支出。

第十八条 依照《条例》和《废弃电器电子产品处理资格许可管理办法》（环境保护部令

第 13 号）的规定取得废弃电器电子产品处理资格的企业（以下简称处理企业），对列入《目录》的废弃电器电子产品进行处理，可以申请基金补贴。

给予基金补贴的处理企业名单，由财政部、环境保护部会同国家发展改革委、工业和信息化部向社会公布。

第十九条 国家鼓励电器电子产品生产者自行回收处理列入《目录》的废弃电器电子产品。各省（区、市）环境保护主管部门在编制本地区废弃电器电子产品处理发展规划时，应当优先支持电器电子产品生产者设立处理企业。

第二十条 对处理企业按照实际完成拆解处理的废弃电器电子产品数量给予定额补贴。

基金补贴标准为：电视机 85 元/台、电冰箱 80 元/台、洗衣机 35 元/台、房间空调器 35 元/台、微型计算机 85 元/台。

上述实际完成拆解处理的废弃电器电子产品是指整机，不包括零部件或散件。

财政部会同环境保护部、国家发展改革委、工业和信息化部根据废弃电器电子产品回收处理成本变化情况，在听取有关企业和行业协会意见的基础上，适时调整基金补贴标准。

第二十一条 处理企业拆解处理废弃电器电子产品应当符合国家有关资源综合利用、环境保护的要求和相关技术规范，并按照环境保护部制定的审核办法核定废弃电器电子产品拆解处理数量后，方可获得基金补贴。

第二十二条 处理企业按季对完成拆解处理的废弃电器电子产品种类、数量进行统计，填写《废弃电器电子产品拆解处理情况表》，并在每个季度结束次月的 5 日前报送各省（区、市）环境保护主管部门。

第二十三条 处理企业报送《废弃电器电子产品拆解处理情况表》时，应当同时提供以下资料：

（一）废弃电器电子产品入库和出库记录报表；

（二）废弃电器电子产品拆解处理作业记录报表；

（三）废弃电器电子产品拆解产物出库和入库记录报表；

（四）废弃电器电子产品拆解产物销售凭证或处理证明。

相关报表和凭证按照环境保护部统一规定的格式报送。

第二十四条 各省（区、市）环境保护主管部门接到处理企业报送的《废弃电器电子产品拆解处理情况表》及相关资料后组织开展审核工作，并在每个季度结束次月的月底前将审核意见连同处理企业填写的《废弃电器电子产品拆解处理情况表》，以书面形式上报环境保护部。

环境保护部负责对各省（区、市）环境保护主管部门上报情况进行核实，确认每个处理企业完成拆解处理的废弃电器电子产品种类、数量，并汇总提交财政部。

财政部按照环境保护部提交的废弃电器电子产品拆解处理种类、数量和基金补贴标准，核定对每个处理企业补贴金额并支付资金。资金支付按照国库集中支付制度有关规定执行。

第二十五条 环境保护部、税务总局、海关总署等有关部门应当按照中央政府性基金预算编制的要求，编制年度基金支出预算，报财政部审核。

财政部应当按照预算管理规定审核基金支出预算并批复下达相关部门。

第二十六条 基金支出在政府收支分类科目中列 211 类 61 款"废弃电器电子产品处理基金支出"（新增）。

第四章 监督管理

第二十七条 电器电子产品生产者、进口电器电子产品的收货人或者其代理人应当分别向国家税务局、海关报送电器电子产品销售和进口的基本数据及情况，并按照规定申报缴纳基金,自觉接受国家税务局、海关的监督检查。

第二十八条 处理企业应当按照规定建立废弃电器电子产品的数据信息管理系统,跟踪记录废弃电器电子产品接收、贮存和处理,拆解产物出入库和销售,最终废弃物出入库和处理等信息,全面反映废弃电器电子产品在处理企业内部运转流程,并如实向环境保护等主管部门报送废弃电器电子产品回收和拆解处理的基本数据及情况。

第二十九条 处理企业申请基金补贴相关资料及记录废弃电器电子产品回收和拆解处理情况的原始凭证应当妥善保存备查,保存期限不得少于5年。

第三十条 环境保护部和各省(区、市)环境保护主管部门应当建立健全基金补贴审核制度,通过数据系统比对、书面核查、实地检查等方式,加强废弃电器电子产品拆解处理的环保核查和数量审核,防止弄虚作假、虚报冒领补贴资金等行为的发生。

第三十一条 财政部会同环境保护部、国家发展改革委、工业和信息化部建立实时监控废弃电器电子产品回收处理和生产销售的信息管理系统(以下简称监控系统)。

处理企业和电器电子产品生产者应当配合有关部门建立监控系统。处理企业建立的废弃电器电子产品数据信息管理系统应当与监控系统对接。电器电子产品生产者应当按照建立监控系统的要求,登记企业信息并报送电器电子产品生产销售情况。

第三十二条 财政部、审计署、环境保护部、国家发展改革委、工业和信息化部、税务总局、海关总署应当按照职责加强对基金缴纳、使用情况的监督检查,依法对基金违法违规行为进行处理、处罚。

第三十三条 有关行业协会应当协助环境保护主管部门和财政部门做好废弃电器电子产品拆解处理种类、数量的审核工作。

第三十四条 环境保护部和各省(区、市)环境保护主管部门应当分别公开全国和本地区处理企业拆解处理废弃电器电子产品及接受基金补贴情况,接受公众监督。

任何单位和个人有权监督和举报基金缴纳和使用中的违法违规问题。有关部门应当按照职责分工对单位和个人举报投诉的问题进行调查和处理。

第五章 法律责任

第三十五条 单位和个人有下列情形之一的,依照《财政违法行为处罚处分条例》(国务院令第427号)和《违反行政事业性收费和罚没收入收支两条线管理规定行政处分暂行规定》(国务院令第281号)等法律法规进行处理、处罚、处分;构成犯罪的,依法追究刑事责任:

(一)未经国务院批准或者授权,擅自减免基金或者改变基金征收范围、对象和标准的;

(二)以虚报、冒领等手段骗取基金补贴的;

(三)滞留、截留、挪用基金的;

(四)其他违反政府性基金管理规定的行为。

处理企业有第一款第(二)项行为的,取消给予基金补贴的资格,并向社会公示。

第三十六条 电器电子产品生产者违反基金征收管理规定的,由国家税务局比照税收违法行为予以行政处罚。进口电器电子产品的收货人或者其代理人违反基金征收管理规定的,由海关比照关税违法行为予以行政处罚。

第三十七条 基金征收、使用管理有关部门的工作人员违反本办法规定,在基金征收和使用管理工作中滥用职权、玩忽职守、徇私舞弊,构成犯罪的,依法追究刑事责任;尚不构成犯罪的,依法给予处分。

第六章 附 则

第三十八条 本办法由财政部、环境保护部、国家发展改革委、工业和信息化部、税务总局、海关总署负责解释。

第三十九条 本办法自 2012 年 7 月 1 日起执行。

关于征收废弃电子产品处理基金有关问题的公告

(海关总署公告 2012 年第 33 号)

(2012 年 6 月 26 日由海关总署发布,2012 年 6 月 26 日起施行,法规类型为规范性文件)

经国务院批准,自 2012 年 7 月 1 日起,我国对进口电器电子产品征收废弃电器电子产品处理基金(以下简称基金)。根据《废弃电器电子产品回收处理管理条例》(国务院第 551 号令)和《财政部 环境保护部 国家发展改革委 工业和信息化部 海关总署 国家税务总局关于印发〈废弃电器电子产品处理基金征收使用管理办法〉的通知》(财综〔2012〕34号),海关负责征收进口基金。为做好基金的征收工作,现就有关事宜公告如下:

一、对 2012 年 7 月 1 日起申报进口的电器电子产品,收货人或者其代理人应按照有关规定向海关缴纳基金。

第一批纳入基金征收范围的电器电子产品的具体商品名称、海关商品编号和征收标准详见本公告附件。

进境邮递物品和进境旅客所携行李物品不缴纳基金。

二、以加工贸易、进境修理、租赁、暂时进出口等方式进口的电器电子产品申报进境时,海关不征收基金。如上述产品内销、为国内留购或未能在规定期限内复运出境,海关应在办理货物征免税手续的同时,征收基金。

进入海关特殊监管区域的电器电子产品,海关不征收基金;上述产品申报出区内销时,海关应在办理征免税手续的同时,征收基金。

三、基金征收的起征点为每票 50 元人民币。

四、海关征收基金应出具《海关进口废弃电器电子产品处理基金专用缴款书》,其格式与海关税收专用缴款书格式相同,科目填写"废弃电器电子产品处理基金"。

五、基金的征收缴库按关税征收缴库管理的有关规定执行。

特此公告。

附件:对进口电器电子产品征收基金适用的商品名称、海关商品编号和征收标准

附件

对进口电器电子产品征收基金适用的商品名称、海关商品编号和征收标准

序号	产品种类	商品名称	海关商品编号	征收标准（元/台）
1	电视机	其他彩色的模拟电视接收机，带阴极射线显像管的	8528721100	13
		其他彩色的数字电视接收机，阴极射线显像管的	8528721200	13
		其他彩色的电视接收机，阴极射线显像管的	8528721900	13
		彩色的液晶显示器的模拟电视接收机	8528722100	13
		彩色的液晶显示器的数字电视接收机	8528722200	13
		其他彩色的液晶显示器的电视接收机	8528722900	13
		彩色的等离子显示器的模拟电视接收机	8528723100	13
		彩色的等离子显示器的数字电视接收机	8528723200	13
		其他彩色的等离子显示器的电视接收机	8528723900	13
		其他彩色的模拟电视接收机	8528729100	13
		其他彩色的数字电视接收机	8528729200	13
		其他彩色的电视接收机	8528729900	13
		黑白或其他单色的电视接收机	8528730000	13
2	电冰箱	容积>500升冷藏-冷冻组合机（各自装有单独外门的）	8418101000	12
		200升<容积≤500升冷藏-冷冻组合机（各自装有单独外门的）	8418102000	12
		容积≤200升冷藏-冷冻组合机（各自装有单独外门的）	8418103000	12
		容积>150升压缩式家用型冷藏箱	8418211000	12
		压缩式家用型冷藏箱（50升<容积≤150升）	8418212000	12
		容积≤50升压缩式家用型冷藏箱	8418213000	12
		半导体制冷式家用型冷藏箱	8418291000	12
		电气吸收式家用型冷藏箱	8418292000	12
		其他家用型冷藏箱	8418299000	12
		制冷温度>-40℃小的其他柜式冷冻箱（小的指容积≤500升）	8418302900	12
		制冷温度>-40℃小的立式冷冻箱（小的指容积≤500升）	8418402900	12

续表1

序号	产品种类	商品名称	海关商品编号	征收标准（元/台）
3	洗衣机	干衣量≤10kg 全自动波轮式洗衣机	8450111000	7
		干衣量≤10kg 全自动滚筒式洗衣机	8450112000	7
		其他干衣量≤10kg 全自动洗衣机	8450119000	7
		装有离心甩干机的非全自动洗衣机（干衣量≤10kg）	8450120000	7
		干衣量≤10kg 的其他洗衣机	8450190000	7
4	房间空调器	独立窗式或壁式空气调节器（装有电扇及调温、调湿装置，包括不能单独调湿的空调器）	8415101000	7
		制冷量≤4000 大卡/时分体式空调，窗式或壁式（装有电扇及调温、调湿装置，包括不能单独调湿的空调器）	8415102100	7
		4000 大卡/时<制冷量≤12046 大卡/时（14000W）分体式空调，窗式或壁式（装有电扇及调温、调湿装置，包括不能单独调湿的空调器）	8415102201	7
		制冷量≤4000 大卡/时热泵式空调器（装有制冷装置及一个冷热循环换向阀的）	8415811000	7
		4000 大卡/时<制冷量≤12046 大卡/时（14000W）热泵式空调器（装有制冷装置及一个冷热循环换向阀的）	8415812001	7
		其他制冷量大于 4000 大卡/时的热泵式空调器（装有制冷装置及一个冷热循环换向阀的）	8415812090	7
		制冷量≤4000 大卡/时的其他空调器（仅装有制冷装置，而无冷热循环装置的）	8415821000	7
		4000 大卡/时<制冷量≤12046 大卡/时（14000W）的其他空调（仅装有制冷装置，而无冷热循环装置的）	8415822001	7

续表2

序号	产品种类	商品名称	海关商品编号	征收标准（元/台）
5	微型计算机	便携式自动数据处理设备（重量≤10kg，至少由一个中央处理器、键盘和显示器组成）	8471300000	10
		微型机	8471414000	10
		以系统形式报验的微型机	8471494000	10
		含显示器和主机的微型机	8471504001	10
		专用或主要用于84.71商品的阴极射线管监视器	8528410000	10
		专用或主要用于84.71商品的液晶监视器	8528511000	10
		其他专用或主要用于84.71商品的监视器	8528519000	10
		专用于车载导航仪的液晶监视器	8528591001	10
		其他彩色的监视器	8528591090	10
		其他单色的监视器	8528599000	10

关于进（来）料受托加工复出口免征废弃电器电子产品处理基金有关问题的公告

（财政部　国家税务总局　海关总署公告2014年第29号）

（2014年5月12日由财政部、国家税务总局、海关总署发布，2014年6月1日起施行，法规类型为规范性文件）

　　为了完善废弃电器电子产品处理基金（以下简称基金）征收政策，现就进（来）料受托加工复出口免征基金有关问题公告如下：

　　一、基金缴纳义务人（以下称受托方）受外贸公司（以下称委托方）委托加工电器电子产品，其海关贸易方式为"进料加工"或"来料加工"且由委托方收回后复出口的，免征基金。

　　二、海关贸易方式为"进料加工"的，受托方受托加工业务免征基金，应当同时符合以下条件：

　　（一）委托方拥有加工贸易业务批准证（已取消商务主管部门加工贸易业务批准证的省份除外）。

　　（二）受托方提供与委托方签订的加工贸易合同备案委托书、协议书等证明业务真实发生的资料。

　　（三）委托方进料加工手（帐）册注明的加工单位是该受托方。

　　（四）受托方向委托方开具增值税专用发票收取加工费（含辅料费等相关费用）。

（五）原材料进口报关单上注明收货单位为该受托方。

（六）委托方出口电器电子产品，出口报关单备案号栏中载明的加工手（帐）册号与本款第三项中加工手（帐）册号一致，且注明发货单位为该受托方。

海关贸易方式为"来料加工"的，受托方受托加工业务免征基金，应当取得委托方税务机关出具的《来料加工免税证明》。

三、受托方按照《废弃电器电子产品处理基金征收管理规定》（国家税务总局公告2012年第41号）第八条的规定确定基金缴纳义务发生时间，申报免征基金，将免征数量填入"废弃电器电子产品处理基金申报表"第四栏"出口免征销售数量"。

四、受托加工产品未能复出口的，由海关在办理内销征税时一并补征基金。

五、委托方应及时将有关单证交受托方。委托方、受托方均应妥善保管进出口业务相关资料，以备税务机关、海关核查。

六、本公告自2014年6月1日起施行。

消耗臭氧层物质管理条例

（国务院令第573号）

（2010年4月8日由国务院发布，根据2018年3月19日国务院令第698号《国务院关于修改和废止部分行政法规的决定》修订，现行版本自2018年3月19日起施行，法规类型为行政法规）

第一章 总 则

第一条 为了加强对消耗臭氧层物质的管理，履行《保护臭氧层维也纳公约》和《关于消耗臭氧层物质的蒙特利尔议定书》规定的义务，保护臭氧层和生态环境，保障人体健康，根据《中华人民共和国大气污染防治法》，制定本条例。

第二条 本条例所称消耗臭氧层物质，是指对臭氧层有破坏作用并列入《中国受控消耗臭氧层物质清单》的化学品。

《中国受控消耗臭氧层物质清单》由国务院环境保护主管部门会同国务院有关部门制定、调整和公布。

第三条 在中华人民共和国境内从事消耗臭氧层物质的生产、销售、使用和进出口等活动，适用本条例。

前款所称生产，是指制造消耗臭氧层物质的活动。前款所称使用，是指利用消耗臭氧层物质进行的生产经营等活动，不包括使用含消耗臭氧层物质的产品的活动。

第四条 国务院环境保护主管部门统一负责全国消耗臭氧层物质的监督管理工作。

国务院商务主管部门、海关总署等有关部门依照本条例的规定和各自的职责负责消耗臭氧层物质的有关监督管理工作。

县级以上地方人民政府环境保护主管部门和商务等有关部门依照本条例的规定和各自的职责负责本行政区域消耗臭氧层物质的有关监督管理工作。

第五条 国家逐步削减并最终淘汰作为制冷剂、发泡剂、灭火剂、溶剂、清洗剂、加工助剂、杀虫剂、气雾剂、膨胀剂等用途的消耗臭氧层物质。

国务院环境保护主管部门会同国务院有关部门拟订《中国逐步淘汰消耗臭氧层物质国家方案》(以下简称国家方案),报国务院批准后实施。

第六条 国务院环境保护主管部门根据国家方案和消耗臭氧层物质淘汰进展情况,会同国务院有关部门确定并公布限制或者禁止新建、改建、扩建生产、使用消耗臭氧层物质建设项目的类别,制定并公布限制或者禁止生产、使用、进出口消耗臭氧层物质的名录。

因特殊用途确需生产、使用前款规定禁止生产、使用的消耗臭氧层物质的,按照《关于消耗臭氧层物质的蒙特利尔议定书》有关允许用于特殊用途的规定,由国务院环境保护主管部门会同国务院有关部门批准。

第七条 国家对消耗臭氧层物质的生产、使用、进出口实行总量控制和配额管理。国务院环境保护主管部门根据国家方案和消耗臭氧层物质淘汰进展情况,商国务院有关部门确定国家消耗臭氧层物质的年度生产、使用和进出口配额总量,并予以公告。

第八条 国家鼓励、支持消耗臭氧层物质替代品和替代技术的科学研究、技术开发和推广应用。

国务院环境保护主管部门会同国务院有关部门制定、调整和公布《中国消耗臭氧层物质替代品推荐名录》。

开发、生产、使用消耗臭氧层物质替代品,应当符合国家产业政策,并按照国家有关规定享受优惠政策。国家对在消耗臭氧层物质淘汰工作中做出突出成绩的单位和个人给予奖励。

第九条 任何单位和个人对违反本条例规定的行为,有权向县级以上人民政府环境保护主管部门或者其他有关部门举报。接到举报的部门应当及时调查处理,并为举报人保密;经调查情况属实的,对举报人给予奖励。

第二章 生产、销售和使用

第十条 消耗臭氧层物质的生产、使用单位,应当依照本条例的规定申请领取生产或者使用配额许可证。但是,使用单位有下列情形之一的,不需要申请领取使用配额许可证:

(一)维修单位为了维修制冷设备、制冷系统或者灭火系统使用消耗臭氧层物质的;

(二)实验室为了实验分析少量使用消耗臭氧层物质的;

(三)出入境检验检疫机构为了防止有害生物传入传出使用消耗臭氧层物质实施检疫的;

(四)国务院环境保护主管部门规定的不需要申请领取使用配额许可证的其他情形。

第十一条 消耗臭氧层物质的生产、使用单位除具备法律、行政法规规定的条件外,还应当具备下列条件:

(一)有合法生产或者使用相应消耗臭氧层物质的业绩;

(二)有生产或者使用相应消耗臭氧层物质的场所、设施、设备和专业技术人员;

(三)有经验收合格的环境保护设施;

(四)有健全完善的生产经营管理制度。

将消耗臭氧层物质用于本条例第六条规定的特殊用途的单位,不适用前款第(一)项的规定。

第十二条 消耗臭氧层物质的生产、使用单位应当于每年10月31日前向国务院环境保护主管部门书面申请下一年度的生产配额或者使用配额,并提交其符合本条例第十一条规定条件的证明材料。

国务院环境保护主管部门根据国家消耗臭氧层物质的年度生产、使用配额总量和申请单位生产、使用相应消耗臭氧层物质的业绩情况,核定申请单位下一年度的生产配额或者使用配额,并于每年12月20日前完成审查,符合条件的,核发下一年度的生产或者使用配额许可证,予以公告,并抄送国务院有关部门和申请单位所在地省、自治区、直辖市人民政府环境保护主管部门；不符合条件的，书面通知申请单位并说明理由。

第十三条 消耗臭氧层物质的生产或者使用配额许可证应当载明下列内容：

（一）生产或者使用单位的名称、地址、法定代表人或者负责人；

（二）准予生产或者使用的消耗臭氧层物质的品种、用途及其数量；

（三）有效期限；

（四）发证机关、发证日期和证书编号。

第十四条 消耗臭氧层物质的生产、使用单位需要调整其配额的，应当向国务院环境保护主管部门申请办理配额变更手续。

国务院环境保护主管部门应当依照本条例第十一条、第十二条规定的条件和依据进行审查，并在受理申请之日起20个工作日内完成审查，符合条件的，对申请单位的配额进行调整，并予以公告；不符合条件的，书面通知申请单位并说明理由。

第十五条 消耗臭氧层物质的生产单位不得超出生产配额许可证规定的品种、数量、期限生产消耗臭氧层物质，不得超出生产配额许可证规定的用途生产、销售消耗臭氧层物质。

禁止无生产配额许可证生产消耗臭氧层物质。

第十六条 依照本条例规定领取使用配额许可证的单位，不得超出使用配额许可证规定的品种、用途、数量、期限使用消耗臭氧层物质。

除本条例第十条规定的不需要申请领取使用配额许可证的情形外，禁止无使用配额许可证使用消耗臭氧层物质。

第十七条 消耗臭氧层物质的销售单位，应当按照国务院环境保护主管部门的规定办理备案手续。

国务院环境保护主管部门应当将备案的消耗臭氧层物质销售单位的名单进行公告。

第十八条 除依照本条例规定进出口外，消耗臭氧层物质的购买和销售行为只能在符合本条例规定的消耗臭氧层物质的生产、销售和使用单位之间进行。

第十九条 从事含消耗臭氧层物质的制冷设备、制冷系统或者灭火系统的维修、报废处理等经营活动的单位，应当向所在地县级人民政府环境保护主管部门备案。

专门从事消耗臭氧层物质回收、再生利用或者销毁等经营活动的单位，应当向所在地省、自治区、直辖市人民政府环境保护主管部门备案。

第二十条 消耗臭氧层物质的生产、使用单位，应当按照国务院环境保护主管部门的规定采取必要的措施，防止或者减少消耗臭氧层物质的泄漏和排放。

从事含消耗臭氧层物质的制冷设备、制冷系统或者灭火系统的维修、报废处理等经营活动的单位，应当按照国务院环境保护主管部门的规定对消耗臭氧层物质进行回收、循环利用或者交由从事消耗臭氧层物质回收、再生利用、销毁等经营活动的单位进行无害化处置。

从事消耗臭氧层物质回收、再生利用、销毁等经营活动的单位，应当按照国务院环境保护主管部门的规定对消耗臭氧层物质进行无害化处置，不得直接排放。

第二十一条 从事消耗臭氧层物质的生产、销售、使用、回收、再生利用、销毁等经营活动的单位，以及从事含消耗臭氧层物质的制冷设备、制冷系统或者灭火系统的维修、报废处理等经营活动的单位，应当完整保存有关生产经营活动的原始资料至少3年，并按照国务院环境保护主管部门的规定报送相关数据。

第三章 进出口

第二十二条 国家对进出口消耗臭氧层物质予以控制，并实行名录管理。国务院环境保护主管部门会同国务院商务主管部门、海关总署制定、调整和公布《中国进出口受控消耗臭氧层物质名录》。

进出口列入《中国进出口受控消耗臭氧层物质名录》的消耗臭氧层物质的单位，应当依照本条例的规定向国家消耗臭氧层物质进出口管理机构申请进出口配额，领取进出口审批单，并提交拟进出口的消耗臭氧层物质的品种、数量、来源、用途等情况的材料。

第二十三条 国家消耗臭氧层物质进出口管理机构应当自受理申请之日起20个工作日内完成审查，作出是否批准的决定。予以批准的，向申请单位核发进出口审批单；未予批准的，书面通知申请单位并说明理由。

进出口审批单的有效期最长为90日，不得超期或者跨年度使用。

第二十四条 取得消耗臭氧层物质进出口审批单的单位，应当按照国务院商务主管部门的规定申请领取进出口许可证，持进出口许可证向海关办理通关手续。列入《出入境检验检疫机构实施检验检疫的进出境商品目录》的消耗臭氧层物质，由出入境检验检疫机构依法实施检验。

消耗臭氧层物质在中华人民共和国境内的海关特殊监管区域、保税监管场所与境外之间进出的，进出口单位应当依照本条例的规定申请领取进出口审批单、进出口许可证；消耗臭氧层物质在中华人民共和国境内的海关特殊监管区域、保税监管场所与境内其他区域之间进出的，或者在上述海关特殊监管区域、保税监管场所之间进出的，不需要申请领取进出口审批单、进出口许可证。

第四章 监督检查

第二十五条 县级以上人民政府环境保护主管部门和其他有关部门，依照本条例的规定和各自的职责对消耗臭氧层物质的生产、销售、使用和进出口等活动进行监督检查。

第二十六条 县级以上人民政府环境保护主管部门和其他有关部门进行监督检查，有权采取下列措施：

（一）要求被检查单位提供有关资料；

（二）要求被检查单位就执行本条例规定的有关情况作出说明；

（三）进入被检查单位的生产、经营、储存场所进行调查和取证；

（四）责令被检查单位停止违反本条例规定的行为，履行法定义务；

（五）扣押、查封违法生产、销售、使用、进出口的消耗臭氧层物质及其生产设备、设施、原料及产品。

被检查单位应当予以配合，如实反映情况，提供必要资料，不得拒绝和阻碍。

第二十七条 县级以上人民政府环境保护主管部门和其他有关部门进行监督检查，监督检查人员不得少于2人，并应当出示有效的行政执法证件。

县级以上人民政府环境保护主管部门和其他有关部门的工作人员，对监督检查中知悉的商业秘密负有保密义务。

第二十八条 国务院环境保护主管部门应当建立健全消耗臭氧层物质的数据信息管理系统，收集、汇总和发布消耗臭氧层物质的生产、使用、进出口等数据信息。

县级以上地方人民政府环境保护主管部门应当将监督检查中发现的违反本条例规定的行为及处理情况逐级上报至国务院环境保护主管部门。

县级以上地方人民政府其他有关部门应当将监督检查中发现的违反本条例规定的行为及处理情况逐级上报至国务院有关部门，国务院有关部门应当及时抄送国务院环境保护主管部门。

第二十九条 县级以上地方人民政府环境保护主管部门或者其他有关部门对违反本条例规定的行为不查处的，其上级主管部门有权责令其依法查处或者直接进行查处。

第五章 法律责任

第三十条 负有消耗臭氧层物质监督管理职责的部门及其工作人员有下列行为之一的，对直接负责的主管人员和其他直接责任人员，依法给予处分；直接负责的主管人员和其他直接责任人员构成犯罪的，依法追究刑事责任：

（一）违反本条例规定核发消耗臭氧层物质生产、使用配额许可证的；

（二）违反本条例规定核发消耗臭氧层物质进出口审批单或者进出口许可证的；

（三）对发现的违反本条例的行为不依法查处的；

（四）在办理消耗臭氧层物质生产、使用、进出口等行政许可以及实施监督检查的过程中，索取、收受他人财物或者谋取其他利益的；

（五）有其他徇私舞弊、滥用职权、玩忽职守行为的。

第三十一条 无生产配额许可证生产消耗臭氧层物质的，由所在地县级以上地方人民政府环境保护主管部门责令停止违法行为，没收用于违法生产消耗臭氧层物质的原料、违法生产的消耗臭氧层物质和违法所得，拆除、销毁用于违法生产消耗臭氧层物质的设备、设施，并处100万元的罚款。

第三十二条 依照本条例规定应当申请领取使用配额许可证的单位无使用配额许可证使用消耗臭氧层物质的，由所在地县级以上地方人民政府环境保护主管部门责令停止违法行为，没收违法使用的消耗臭氧层物质、违法使用消耗臭氧层物质生产的产品和违法所得，并处20万元的罚款；情节严重的，并处50万元的罚款，拆除、销毁用于违法使用消耗臭氧层物质的设备、设施。

第三十三条 消耗臭氧层物质的生产、使用单位有下列行为之一的，由所在地省、自治区、直辖市人民政府环境保护主管部门责令停止违法行为，没收违法生产、使用的消耗臭氧层物质、违法使用消耗臭氧层物质生产的产品和违法所得，并处2万元以上10万元以下的罚款，报国务院环境保护主管部门核减其生产、使用配额数量；情节严重的，并处10万元以上20万元以下的罚款，报国务院环境保护主管部门吊销其生产、使用配额许可证：

（一）超出生产配额许可证规定的品种、数量、期限生产消耗臭氧层物质的；

（二）超出生产配额许可证规定的用途生产或者销售消耗臭氧层物质的；

（三）超出使用配额许可证规定的品种、数量、用途、期限使用消耗臭氧层物质的。

第三十四条 消耗臭氧层物质的生产、销售、使用单位向不符合本条例规定的单位销售或者购买消耗臭氧层物质的，由所在地县级以上地方人民政府环境保护主管部门责令改正，没收违法销售或者购买的消耗臭氧层物质和违法所得，处以所销售或者购买的消耗臭氧层物质市场总价3倍的罚款；对取得生产、使用配额许可证的单位，报国务院环境保护主管部门核减其生产、使用配额数量。

第三十五条 消耗臭氧层物质的生产、使用单位，未按照规定采取必要的措施防止或者减少消耗臭氧层物质的泄漏和排放的，由所在地县级以上地方人民政府环境保护主管部门责令限期改正，处5万元的罚款；逾期不改正的，处10万元的罚款，报国务院环境保护主管部门核减其生产、使用配额数量。

第三十六条 从事含消耗臭氧层物质的制冷设备、制冷系统或者灭火系统的维修、报废处理等经营活动的单位，未按照规定对消耗臭氧层物质进行回收、循环利用或者交由从事消耗臭氧层物质回收、再生利用、销毁等经营活动的单位进行无害化处置的，由所在地县级以上地方人民政府环境保护主管部门责令改正，处进行无害化处置所需费用3倍的罚款。

第三十七条 从事消耗臭氧层物质回收、再生利用、销毁等经营活动的单位，未按照规定对消耗臭氧层物质进行无害化处置而直接向大气排放的，由所在地县级以上地方人民政府环境保护主管部门责令改正，处进行无害化处置所需费用3倍的罚款。

第三十八条 从事消耗臭氧层物质生产、销售、使用、进出口、回收、再生利用、销毁等经营活动的单位，以及从事含消耗臭氧层物质的制冷设备、制冷系统或者灭火系统的维修、报废处理等经营活动的单位有下列行为之一的，由所在地县级以上地方人民政府环境保护主管部门责令改正，处5000元以上2万元以下的罚款：
（一）依照本条例规定应当向环境保护主管部门备案而未备案的；
（二）未按照规定完整保存有关生产经营活动的原始资料的；
（三）未按时申报或者谎报、瞒报有关经营活动的数据资料的；
（四）未按照监督检查人员的要求提供必要的资料的。

第三十九条 拒绝、阻碍环境保护主管部门或者其他有关部门的监督检查，或者在接受监督检查时弄虚作假的，由监督检查部门责令改正，处1万元以上2万元以下的罚款；构成违反治安管理行为的，由公安机关依法给予治安管理处罚；构成犯罪的，依法追究刑事责任。

第四十条 进出口单位无进出口许可证或者超出进出口许可证的规定进出口消耗臭氧层物质的，由海关依照有关法律、行政法规的规定予以处罚；构成犯罪的，依法追究刑事责任。

第六章 附 则

第四十一条 本条例自2010年6月1日起施行。

古生物化石保护条例

（国务院令第580号）

（2010年9月5日由国务院发布，根据2019年3月2日国务院令第709号《国务院关于修改部分行政法规的决定》修订，现行版本自2019年3月18日起施行，法规类型为行政法规）

第一章 总 则

第一条 为了加强对古生物化石的保护，促进古生物化石的科学研究和合理利用，制定本条例。

第二条 在中华人民共和国领域和中华人民共和国管辖的其他海域从事古生物化石发掘、收藏等活动以及古生物化石进出境的，应当遵守本条例。

本条例所称古生物化石，是指地质历史时期形成并赋存于地层中的动物和植物的实体化石及其遗迹化石。

古猿、古人类化石以及与人类活动有关的第四纪古脊椎动物化石的保护依照国家文物保护的有关规定执行。

第三条 中华人民共和国领域和中华人民共和国管辖的其他海域遗存的古生物化石属于国家所有。

国有的博物馆、科学研究单位、高等院校和其他收藏单位收藏的古生物化石，以及单位和个人捐赠给国家的古生物化石属于国家所有，不因其收藏单位的终止或者变更而改变其所有权。

第四条 国家对古生物化石实行分类管理、重点保护、科研优先、合理利用的原则。

第五条 国务院自然资源主管部门主管全国古生物化石保护工作。县级以上地方人民政府自然资源主管部门主管本行政区域古生物化石保护工作。

县级以上人民政府公安、工商行政管理等部门按照各自的职责负责古生物化石保护的有关工作。

第六条　国务院自然资源主管部门负责组织成立国家古生物化石专家委员会。国家古生物化石专家委员会由国务院有关部门和中国古生物学会推荐的专家组成，承担重点保护古生物化石名录的拟定、国家级古生物化石自然保护区建立的咨询、古生物化石发掘申请的评审、重点保护古生物化石进出境的鉴定等工作，具体办法由国务院自然资源主管部门制定。

第七条　按照在生物进化以及生物分类上的重要程度，将古生物化石划分为重点保护古生物化石和一般保护古生物化石。

具有重要科学研究价值或者数量稀少的下列古生物化石，应当列为重点保护古生物化石：

（一）已经命名的古生物化石种属的模式标本；

（二）保存完整或者较完整的古脊椎动物实体化石；

（三）大型的或者集中分布的高等植物化石、无脊椎动物化石和古脊椎动物的足迹等遗迹化石；

（四）国务院自然资源主管部门确定的其他需要重点保护的古生物化石。

重点保护古生物化石名录由国家古生物化石专家委员会拟定，由国务院自然资源主管部门批准并公布。

第八条　重点保护古生物化石集中的区域，应当建立国家级古生物化石自然保护区；一般保护古生物化石集中的区域，同时该区域已经发现重点保护古生物化石的，应当建立地方级古生物化石自然保护区。建立古生物化石自然保护区的程序，依照《中华人民共和国自然保护区条例》的规定执行。

建立国家级古生物化石自然保护区，应当征求国家古生物化石专家委员会的意见。

第九条　县级以上人民政府应当加强对古生物化石保护工作的领导，将古生物化石保护工作所需经费列入本级财政预算。

县级以上人民政府应当组织有关部门开展古生物化石保护知识的宣传教育，增强公众保护古生物化石的意识，并按照国家有关规定对在古生物化石保护工作中做出突出成绩的单位和个人给予奖励。

第二章　古生物化石发掘

第十条　因科学研究、教学、科学普及或者对古生物化石进行抢救性保护等需要，方可发掘古生物化石。发掘古生物化石的，应当符合本条例第十一条第二款规定的条件，并依照本条例的规定取得批准。

本条例所称发掘，是指有一定工作面，使用机械或者其他动力工具挖掘古生物化石的活动。

第十一条　在国家级古生物化石自然保护区内发掘古生物化石，或者在其他区域发掘重点保护古生物化石的，应当向国务院自然资源主管部门提出申请并取得批准；在国家级古生物化石自然保护区外发掘一般保护古生物化石的，应当向古生物化石所在地省、自治区、直辖市人民政府自然资源主管部门提出申请并取得批准。

申请发掘古生物化石的单位应当符合下列条件，并在提出申请时提交其符合下列条件的证明材料以及发掘项目概况、发掘方案、发掘标本保存方案和发掘区自然生态条件恢复方案：

（一）有3名以上拥有古生物专业或者相关专业技术职称，并有3年以上古生物化石发掘经历的技术人员（其中至少有1名技术人员具有古生物专业高级职称并作为发掘活动的领队）；

（二）有符合古生物化石发掘需要的设施、设备；

（三）有与古生物化石保护相适应的处理技术和工艺；

（四）有符合古生物化石保管需要的设施、设备和场所。

第十二条　国务院自然资源主管部门应当自受理申请之日起 3 个工作日内将申请材料送国家古生物化石专家委员会。国家古生物化石专家委员会应当自收到申请材料之日起 10 个工作日内出具书面评审意见。评审意见应当作为是否批准古生物化石发掘的重要依据。

国务院自然资源主管部门应当自受理申请之日起 30 个工作日内完成审查，对申请单位符合本条例第十一条第二款规定条件，同时古生物化石发掘方案、发掘标本保存方案和发掘区自然生态条件恢复方案切实可行的，予以批准；对不符合条件的，书面通知申请单位并说明理由。

国务院自然资源主管部门批准古生物化石发掘申请前，应当征求古生物化石所在地省、自治区、直辖市人民政府自然资源主管部门的意见；批准发掘申请后，应当将批准发掘古生物化石的情况通报古生物化石所在地省、自治区、直辖市人民政府自然资源主管部门。

第十三条　省、自治区、直辖市人民政府自然资源主管部门受理古生物化石发掘申请的，应当依照本条例第十二条第二款规定的期限和要求进行审查、批准，并听取古生物专家的意见。

第十四条　发掘古生物化石的单位，应当按照批准的发掘方案进行发掘；确需改变发掘方案的，应当报原批准发掘的自然资源主管部门批准。

第十五条　发掘古生物化石的单位，应当自发掘或者科学研究、教学等活动结束之日起 30 日内，对发掘的古生物化石登记造册，作出相应的描述与标注，并移交给批准发掘的自然资源主管部门指定的符合条件的收藏单位收藏。

第十六条　进行区域地质调查或者科学研究机构、高等院校等因科学研究、教学需要零星采集古生物化石标本的，不需要申请批准，但是，应当在采集活动开始前将采集时间、采集地点、采集数量等情况书面告知古生物化石所在地的省、自治区、直辖市人民政府自然资源主管部门。采集的古生物化石的收藏应当遵守本条例的规定。

本条例所称零星采集，是指使用手持非机械工具在地表挖掘极少量古生物化石，同时不对地表和其他资源造成影响的活动。

第十七条　外国人、外国组织因中外合作进行科学研究需要，方可在中华人民共和国领域和中华人民共和国管辖的其他海域发掘古生物化石。发掘古生物化石的，应当经国务院自然资源主管部门批准，采取与符合本条例第十一条第二款规定条件的中方单位合作的方式进行，并遵守本条例有关古生物化石发掘、收藏、进出境的规定。

第十八条　单位和个人在生产、建设等活动中发现古生物化石的，应当保护好现场，并立即报告所在地县级以上地方人民政府自然资源主管部门。

县级以上地方人民政府自然资源主管部门接到报告后，应当在 24 小时内赶赴现场，并在 7 日内提出处理意见。确有必要的，可以报请当地人民政府通知公安机关协助保护现场。发现重点保护古生物化石的，应当逐级上报至国务院自然资源主管部门，由国务院自然资源主管部门提出处理意见。

生产、建设等活动中发现的古生物化石需要进行抢救性发掘的，由提出处理意见的自然资源主管部门组织符合本条例第十一条第二款规定条件的单位发掘。

第十九条　县级以上人民政府自然资源主管部门应当加强对古生物化石发掘活动的监督检查，发现未经依法批准擅自发掘古生物化石，或者不按照批准的发掘方案发掘古生物化石的，应当依法予以处理。

第三章　古生物化石收藏

第二十条　古生物化石的收藏单位，应当符合下列条件：

（一）有固定的馆址、专用展室、相应面积的藏品保管场所；
（二）有相应数量的拥有相关研究成果的古生物专业或者相关专业的技术人员；
（三）有防止古生物化石自然损毁的技术、工艺和设备；
（四）有完备的防火、防盗等设施、设备和完善的安全保卫等管理制度；
（五）有维持正常运转所需的经费。

县级以上人民政府自然资源主管部门应当加强对古生物化石收藏单位的管理和监督检查。

第二十一条 国务院自然资源主管部门负责建立全国的重点保护古生物化石档案和数据库。县级以上地方人民政府自然资源主管部门负责建立本行政区域的重点保护古生物化石档案和数据库。

收藏单位应当建立本单位收藏的古生物化石档案，并如实对收藏的古生物化石作出描述与标注。

第二十二条 国家鼓励单位和个人将其收藏的重点保护古生物化石捐赠给符合条件的收藏单位收藏。

除收藏单位之间转让、交换、赠与其收藏的重点保护古生物化石外，其他任何单位和个人不得买卖重点保护古生物化石。买卖一般保护古生物化石的，应当在县级以上地方人民政府指定的场所进行。具体办法由省、自治区、直辖市人民政府制定。

第二十三条 国有收藏单位不得将其收藏的重点保护古生物化石转让、交换、赠与给非国有收藏单位或者个人。

任何单位和个人不得将其收藏的重点保护古生物化石转让、交换、赠与、质押给外国人或者外国组织。

第二十四条 收藏单位之间转让、交换、赠与其收藏的重点保护古生物化石的，应当在事后向国务院自然资源主管部门备案。具体办法由国务院自然资源主管部门制定。

第二十五条 公安、工商行政管理、海关等部门应当对依法没收的古生物化石登记造册、妥善保管，并在结案后30个工作日内移交给同级自然资源主管部门。接受移交的自然资源主管部门应当出具接收凭证，并将接收的古生物化石交符合条件的收藏单位收藏。

国有收藏单位不再收藏的一般保护古生物化石，应当按照国务院自然资源主管部门的规定处理。

第四章　古生物化石进出境

第二十六条 未命名的古生物化石不得出境。

重点保护古生物化石符合下列条件之一，经国务院自然资源主管部门批准，方可出境：
（一）因科学研究需要与国外有关研究机构进行合作的；
（二）因科学、文化交流需要在境外进行展览的。

一般保护古生物化石经所在地省、自治区、直辖市人民政府自然资源主管部门批准，方可出境。

第二十七条 申请古生物化石出境的，应当向国务院自然资源主管部门或者省、自治区、直辖市人民政府自然资源主管部门提出出境申请，并提交出境古生物化石的清单和照片。出境申请应当包括申请人的基本情况和古生物化石的出境地点、出境目的、出境时间等内容。

申请重点保护古生物化石出境的，申请人还应当提供外方合作单位的基本情况和合作科学研究合同或者展览合同，以及古生物化石的应急保护预案、保护措施、保险证明等材料。

第二十八条 申请重点保护古生物化石出境的，国务院自然资源主管部门应当自受理申请之日起3个工作日内将申请材料送国家古生物化石专家委员会。国家古生物化石专家委员会应当自收到申请材料之日起10个工作日内对申请出境的重点保护古生物化石进行鉴定，确认古生物化石的种属、数量和完好程度，并出具书面鉴定意见。鉴定意见应当作为是否批准重点保护古生物化石出境的重要依据。

国务院自然资源主管部门应当自受理申请之日起20个工作日内完成审查，符合规定条件的，作出批准出境的决定；不符合规定条件的，书面通知申请人并说明理由。

第二十九条 申请一般保护古生物化石出境的，省、自治区、直辖市人民政府自然资源主管部门应当自受理申请之日起20个工作日内完成审查，同意出境的，作出批准出境的决定；不同意出境的，书面通知申请人并说明理由。

第三十条 古生物化石出境批准文件的有效期为90日；超过有效期出境的，应当重新提出出境申请。

重点古生物化石在境外停留的期限一般不超过6个月；因特殊情况确需延长境外停留时间的，应当在境外停留期限届满60日前向国务院自然资源主管部门申请延期。延长期限最长不超过6个月。

第三十一条 经批准出境的重点保护古生物化石出境后进境的，申请人应当自办结进境海关手续之日起5日内向国务院自然资源主管部门申请进境核查。

国务院自然资源主管部门应当自受理申请之日起3个工作日内将申请材料送国家古生物化石专家委员会。国家古生物化石专家委员会应当自收到申请材料之日起5个工作日内对出境后进境的重点保护古生物化石进行鉴定，并出具书面鉴定意见。鉴定意见应当作为重点保护古生物化石进境核查结论的重要依据。

国务院自然资源主管部门应当自受理申请之日起15个工作日内完成核查，作出核查结论；对确认为非原出境重点保护古生物化石的，责令申请人追回原出境重点保护古生物化石。

第三十二条 境外古生物化石临时进境的，应当交由海关加封，由境内有关单位或者个人自办结进境海关手续之日起5日内向国务院自然资源主管部门申请核查、登记。国务院自然资源主管部门核查海关封志完好无损的，逐件进行拍照、登记。

临时进境的古生物化石进境后出境的，由境内有关单位或者个人向国务院自然资源主管部门申请核查。国务院自然资源主管部门应当依照本条例第三十一条第二款规定的程序，自受理申请之日起15个工作日内完成核查，对确认为原临时进境的古生物化石的，批准出境。

境内单位或者个人从境外取得的古生物化石进境的，应当向海关申报，按照海关管理的有关规定办理进境手续。

第三十三条 运送、邮寄、携带古生物化石出境的，应当如实向海关申报，并向海关提交国务院自然资源主管部门或者省、自治区、直辖市人民政府自然资源主管部门的出境批准文件。

对有理由怀疑属于古生物化石的物品出境的，海关可以要求有关单位或者个人向国务院自然资源主管部门或者出境口岸所在地的省、自治区、直辖市人民政府自然资源主管部门申请办理是否属于古生物化石的证明文件。

第三十四条 国家对违法出境的古生物化石有权进行追索。

国务院自然资源主管部门代表国家具体负责追索工作。国务院外交、公安、海关等部门应当配合国务院自然资源主管部门做好违法出境古生物化石的追索工作。

第五章　法律责任

第三十五条 县级以上人民政府自然资源主管部门及其工作人员有下列行为之一的，对直接负责的主管人员和其他直接责任人员依法给予处分；直接负责的主管人员和其他直接责任人员构成犯罪的，依法追究刑事责任：

（一）未依照本条例规定批准古生物化石发掘的；

（二）未依照本条例规定批准古生物化石出境的；
（三）发现违反本条例规定的行为不予查处，或者接到举报不依法处理的；
（四）其他不依法履行监督管理职责的行为。

第三十六条　单位或者个人有下列行为之一的，由县级以上人民政府自然资源主管部门责令停止发掘，限期改正，没收发掘的古生物化石，并处20万元以上50万元以下的罚款；构成违反治安管理行为的，由公安机关依法给予治安管理处罚；构成犯罪的，依法追究刑事责任：
（一）未经批准发掘古生物化石的；
（二）未按照批准的发掘方案发掘古生物化石的。

有前款第（二）项行为，情节严重的，由批准古生物化石发掘的自然资源主管部门撤销批准发掘的决定。

第三十七条　古生物化石发掘单位未按照规定移交发掘的古生物化石的，由批准古生物化石发掘的自然资源主管部门责令限期改正；逾期不改正，或者造成古生物化石损毁的，处10万元以上50万元以下的罚款；直接负责的主管人员和其他直接责任人员构成犯罪的，依法追究刑事责任。

第三十八条　古生物化石收藏单位不符合收藏条件收藏古生物化石的，由县级以上人民政府自然资源主管部门责令限期改正；逾期不改正的，处5万元以上10万元以下的罚款；已严重影响其收藏的重点保护古生物化石安全的，由国务院自然资源主管部门指定符合条件的收藏单位代为收藏，代为收藏的费用由原收藏单位承担。

第三十九条　古生物化石收藏单位未按照规定建立本单位收藏的古生物化石档案的，由县级以上人民政府自然资源主管部门责令限期改正；逾期不改正的，没收有关古生物化石，并处2万元的罚款。

第四十条　单位或者个人违反规定买卖重点保护古生物化石的，由工商行政管理部门责令限期改正，没收违法所得，并处5万元以上20万元以下的罚款；构成违反治安管理行为的，由公安机关依法给予治安管理处罚；构成犯罪的，依法追究刑事责任。

第四十一条　国有收藏单位将其收藏的重点保护古生物化石违法转让、交换、赠与给非国有收藏单位或者个人的，由县级以上人民政府自然资源主管部门对国有收藏单位处20万元以上50万元以下的罚款，对直接负责的主管人员和其他直接责任人员依法给予处分；构成犯罪的，依法追究刑事责任。

第四十二条　单位或者个人将其收藏的重点保护古生物化石转让、交换、赠与、质押给外国人或者外国组织的，由县级以上人民政府自然资源主管部门责令限期追回，对个人处2万元以上10万元以下的罚款，对单位处10万元以上50万元以下的罚款；有违法所得的，没收违法所得；构成犯罪的，依法追究刑事责任。

第四十三条　单位或者个人未取得批准运送、邮寄、携带古生物化石出境的，由海关依照有关法律、行政法规的规定予以处理；构成犯罪的，依法追究刑事责任。

第四十四条　县级以上人民政府自然资源主管部门、其他有关部门的工作人员，或者国有的博物馆、科学研究单位、高等院校、其他收藏单位以及发掘单位的工作人员，利用职务上的便利，将国有古生物化石非法占为己有的，依法给予处分，由县级以上人民政府自然资源主管部门追回非法占有的古生物化石；有违法所得的，没收违法所得；构成犯罪的，依法追究刑事责任。

第六章　附　则

第四十五条　本条例自2011年1月1日起施行。

古生物化石保护条例实施办法

(国土资源部令第57号)

(2012年12月27日由国土资源部发布；根据2015年5月6日国土资源部第2次部务会议《国土资源部关于修改〈地质灾害危险性评估单位资质管理办法〉等5部规章的决定》第一次修正，根据2016年1月5日国土资源部第1次部务会议《国土资源部关于修改和废止部分规章的决定》第二次修正，根据2019年7月16日自然资源部第2次部务会议《自然资源部关于第一批废止修改的部门规章的决定》第三次修正；现行版本自2019年7月16日起施行；法规类型为部门规章)

第一章 总 则

第一条 依据《古生物化石保护条例》(以下简称《条例》)，制定本办法。

第二条 自然资源部负责全国古生物化石保护的组织、协调、指导和监督管理，履行下列职责：

（一）依据法律、行政法规和国家有关规定，研究制定古生物化石保护的规章制度、方针政策以及有关技术标准和规范；

（二）组织成立国家古生物化石专家委员会，制定章程，保障国家古生物化石专家委员会依照《条例》的规定开展工作，发挥专家的专业指导和咨询作用；

（三）组织制定国家古生物化石分级标准，审查批准并分批公布重点保护古生物化石名录和重点保护古生物化石集中产地名录；

（四）依据《条例》规定的权限和程序，负责古生物化石发掘、流通、进出境等相关事项的审批；

（五）建立和管理全国的重点保护古生物化石档案和数据库；

（六）监督检查古生物化石保护和管理的法律、行政法规的实施，依法查处重大违法案件；

（七）组织开展古生物化石保护的科学研究、宣传教育和管理业务培训；

（八）法律、行政法规规定的其他职责。

第三条 省、自治区、直辖市人民政府自然资源主管部门负责本行政区域内古生物化石保护的组织、协调、指导和监督管理，履行下列职责：

（一）贯彻执行古生物化石保护的法律、法规、规章制度和方针政策；

（二）组织协调有关部门和单位支持国家古生物化石专家委员会依照《条例》的规定开展工作。通过成立省级古生物化石专家委员会等方式，发挥专家的专业指导和咨询作用；

（三）依据《条例》和省、自治区、直辖市有关规定确定的权限和程序，负责本行政区域内一般保护古生物化石发掘、进出境等相关事项的审批；

（四）建立和管理本行政区域的重点保护古生物化石档案和数据库；

（五）监督检查古生物化石保护和管理法律、法规、规章在本行政区域内的实施，依法查处违法案件；

（六）组织开展本行政区域内古生物化石保护的科学研究、宣传教育和管理业务培训；

（七）法律、法规以及自然资源部规定的其他职责。

第四条 设区的市、县级人民政府自然资源主管部门依据《条例》和省、自治区、直辖市的有关规定，负责本行政区域内古生物化石保护的管理和监督检查。

第五条 县级以上人民政府自然资源主管部门应当确定相应的机构和人员承担古生物化石保护的管理和监督检查工作。

第六条 国家古生物化石专家委员会负责为古生物化石保护和管理提供专业指导和咨询，主要承担下列工作：

（一）参与古生物化石保护和管理的法律、法规、规章制度和方针政策的制定；

（二）对重点保护古生物化石集中产地保护规划出具评审意见；

（三）拟定古生物化石保护和管理的有关技术标准和规范；

（四）拟定重点保护古生物化石名录和重点保护古生物化石集中产地名录；

（五）为建立国家级古生物化石自然保护区和涉及重点保护古生物化石的地质公园、博物馆等提供咨询服务；

（六）对古生物化石发掘申请出具评审意见；

（七）对申请进出境的重点保护古生物化石、涉嫌违法进出境的古生物化石、有关部门查获的古生物化石等出具鉴定意见；

（八）对古生物化石收藏单位进行评估定级；

（九）开展古生物化石保护和管理的专业培训；

（十）自然资源部规定的其他事项。

自然资源部成立国家古生物化石专家委员会办公室，负责国家古生物化石专家委员会的日常工作。

国家古生物化石专家委员会的章程由自然资源部另行制定。

省、自治区、直辖市人民政府自然资源主管部门可以根据实际工作需要，成立省级古生物化石专家委员会及办公室，具体办法由省、自治区、直辖市人民政府自然资源主管部门制定。省级古生物化石专家委员会接受国家古生物化石专家委员会的专业指导。

第七条 古生物化石分为重点保护古生物化石和一般保护古生物化石。按照科学价值重要程度、保存完整程度和稀少程度，将重点保护古生物化石划分为一级、二级和三级。

重点保护古生物化石分级标准和重点保护古生物化石名录由自然资源部另行制定。

第八条 重点保护古生物化石集中产地所在地设区的市、县级人民政府自然资源主管部门，应当组织编制重点保护古生物化石集中产地保护规划，针对当地古生物化石的分布、产出情况，分类采取保护措施，作出具体安排。重点保护古生物化石集中产地保护规划由所在地的省、自治区、直辖市人民政府自然资源主管部门初审，经国家古生物化石专家委员会评审通过，由所在地设区的市、县级人民政府批准后实施。

重点保护古生物化石集中产地保护规划经批准后，重点保护古生物化石集中产地所在地设区的市、县级人民政府自然资源主管部门应当在 30 个工作日内逐级上报自然资源部备案。

重点保护古生物化石集中产地名录由国家古生物化石专家委员会拟定，由自然资源部公布。

第九条 申请建立国家级古生物化石自然保护区和涉及重点保护古生物化石的地质公园、博物馆的，申请单位应当在向有关主管部门提出申请前征求国家古生物化石专家委员会的意见。

第十条 县级以上人民政府自然资源主管部门应当将古生物化石保护工作所需经费纳入年度预算，专款用于古生物化石保护管理、产地和标本保护、调查评价、规划编制、评审鉴定、咨询评估、科研科普、宣传培训等工作。

第十一条　单位或者个人有下列行为之一的,由县级以上人民政府自然资源主管部门给予奖励:
（一）严格执行国家有关法律法规,在古生物化石保护管理、科学研究、宣传教育等方面做出显著成绩的;
（二）举报或制止违法犯罪行为,使重点保护古生物化石得到保护的;
（三）将合法收藏的重点保护古生物化石捐赠给国有收藏单位的;
（四）发现重点保护古生物化石及时报告或者上交的;
（五）其他对古生物化石保护工作做出突出贡献的。
第十二条　国家鼓励单位或者个人通过捐赠等方式设立古生物化石保护基金,专门用于古生物化石保护,任何单位或者个人不得侵占、挪用。

第二章　古生物化石发掘

第十三条　在国家级古生物化石自然保护区内发掘古生物化石,或者在其他区域发掘古生物化石涉及重点保护古生物化石的,应当向自然资源部提出申请并取得批准。
除前款规定的情形外,其他申请发掘古生物化石的,应当向古生物化石所在地的省、自治区、直辖市人民政府自然资源主管部门提出申请并取得批准。
第十四条　申请发掘古生物化石的单位,应当提交下列材料:
（一）古生物化石发掘申请表;
（二）申请发掘古生物化石单位的证明材料;
（三）古生物化石发掘方案,包括发掘时间和地点、发掘对象、发掘地的地形地貌、区域地质条件、发掘面积、层位和工作量、发掘技术路线、发掘领队及参加人员情况等;
（四）古生物化石发掘标本保存方案,包括发掘的古生物化石可能的属种、古生物化石标本保存场所及其保存条件、防止化石标本风化、损毁的措施等;
（五）古生物化石发掘区自然生态条件恢复方案,包括发掘区自然生态条件现状、发掘后恢复自然生态条件的目标任务和措施、自然生态条件恢复工程量、自然生态条件恢复工程经费概算及筹措情况;
（六）法律、法规规定的其他材料。
第十五条　本办法第十四条第二项规定的证明材料包括:
（一）单位性质证明材料;
（二）3名以上技术人员的古生物专业或者相关专业的技术职称证书,及其3年以上古生物化石的发掘经历证明。发掘活动的领队除应提供3年以上古生物化石的发掘经历证明以外,还应当提供古生物专业高级职称证书;
（三）符合古生物化石发掘需要的设施、设备的证明材料;
（四）古生物化石修复技术和保护工艺的证明材料;
（五）符合古生物化石安全保管的设施、设备和场所的证明材料。
同一单位两年内再次提出发掘申请的,可以不再提交以上材料,但应当提供发掘活动领队的证明材料。
第十六条　自然资源部应当自受理发掘申请之日起5个工作日内,向古生物化石所在地的省、自治区、直辖市人民政府自然资源主管部门发送征求意见函。省、自治区、直辖市人民政府自然资源主管部门应当听取古生物化石所在地设区的市、县级自然资源主管部门的意见,并在10个工作日内向自然资源部回复意见。
第十七条　自然资源部和省、自治区、直辖市人民政府自然资源主管部门批准发掘申请后,应当将批准文件抄送古生物化石所在地的县级以上地方人民政府自然资源主管部门。

第十八条　发掘古生物化石的单位，改变古生物化石发掘方案、发掘标本保存方案和发掘区自然生态条件恢复方案的，应当报原批准发掘的自然资源主管部门批准。

第十九条　依据《条例》的规定零星采集古生物化石标本的，不需要申请批准。零星采集活动的负责人应当在采集活动开始前向古生物化石所在地的省、自治区、直辖市人民政府自然资源主管部门提交零星采集古生物化石告知书。有关省、自治区、直辖市人民政府自然资源主管部门应当予以支持。

零星采集单位应当按照零星采集古生物化石告知书中的内容开展采集活动。确需改变零星采集计划的，采集活动的负责人应当将变更情况及时告知古生物化石所在地的省、自治区、直辖市人民政府自然资源主管部门。

第二十条　中外合作开展的科学研究项目，需要在中华人民共和国领域和中华人民共和国管辖的其他海域发掘古生物化石的，发掘申请由中方化石发掘单位向自然资源部提出，发掘领队由中方人员担任，发掘的古生物化石归中方所有。

第二十一条　建设工程选址，应当避开重点保护古生物化石赋存的区域；确实无法避开的，应当采取必要的保护措施，或者依据《条例》的有关规定由县级以上人民政府自然资源主管部门组织实施抢救性发掘。

第二十二条　发掘古生物化石给他人生产、生活造成损失的，发掘单位应当采取必要的补救措施，并承担相应的赔偿责任。

第三章　古生物化石收藏

第二十三条　古生物化石收藏单位可以通过下列方式合法收藏重点保护古生物化石：

（一）依法发掘；

（二）依法转让、交换、赠与；

（三）接受委托保管、展示；

（四）自然资源主管部门指定收藏；

（五）法律、法规规定的其他方式。

任何单位和个人不得收藏违法获得或者不能证明合法来源的古生物化石。

第二十四条　收藏古生物化石的收藏单位，应当符合《条例》规定的收藏条件，保障其收藏的古生物化石安全。

依据收藏条件，将古生物化石收藏单位分为甲、乙、丙三个级别。古生物化石收藏单位的级别，由国家古生物化石专家委员会评定，并定期开展评估。国家古生物化石专家委员会应当将级别评定结果和评估结果报自然资源部备案。

级别评定结果和评估结果应当定期公布，作为县级以上人民政府自然资源主管部门对收藏单位进行管理和监督检查的重要依据。

第二十五条　甲级古生物化石收藏单位应当符合下列条件：

（一）有固定的馆址、专用展室和保管场所；

（二）古生物化石收藏、修复、展示的场所及附属设施的面积不小于2000平方米；

（三）拥有相关研究成果的古生物专业或者相关专业的技术人员不少于20人；

（四）有防止古生物化石自然毁损的技术、工艺和完备的防火防盗等设施、设备；

（五）有完善的古生物化石档案和数据库系统；

（六）有完善的古生物化石收集、登记、入库、保管、使用、注销以及资产、安全防范等方面的管理制度；

（七）有稳定的经费来源，设立了年度保护专项经费。

第二十六条　乙级古生物化石收藏单位应当符合下列条件：

（一）有固定的馆址、专用展室和保管场所；
（二）古生物化石收藏、修复、展示的场所及附属设施的面积不小于 1000 平方米；
（三）拥有相关研究成果的古生物专业或者相关专业的技术人员不少于 10 人；
（四）有防止古生物化石自然毁损的技术、工艺和比较完备的防火防盗等设施、设备；
（五）有比较完善的古生物化石档案和数据库系统；
（六）有比较完善的古生物化石收集、登记、入库、保管、使用、注销以及资产、安全防范等方面的管理制度；
（七）有稳定的经费来源，能保障正常运转。

第二十七条　丙级古生物化石收藏单位应当符合下列条件：
（一）有固定的馆址、专用展室和保管场所；
（二）古生物化石收藏、展示的场所及附属设施的面积不小于 300 平方米；
（三）拥有相关研究成果的古生物专业或者相关专业的技术人员不少于 3 人；
（四）有防止古生物化石自然毁损的技术、工艺和防火防盗等设施、设备；
（五）建立了古生物化石档案和数据库；
（六）建立了古生物化石收集、登记、入库、保管、使用、注销以及资产、安全防范等方面的管理制度；
（七）有稳定的经费来源，能维持正常运转。

第二十八条　收藏古生物化石模式标本的单位，应当符合甲级古生物化石收藏单位的收藏条件。收藏模式标本以外的一级重点保护古生物化石的单位，应当符合乙级以上古生物化石收藏单位的收藏条件。收藏二级、三级重点保护古生物化石的单位，应当符合丙级以上古生物化石收藏单位的收藏条件。但是，有下列情形之一的除外：
（一）在古生物化石产地和地质公园内设立的博物馆（陈列馆），因科普宣传需要收藏本地发掘的古生物化石的；
（二）古生物化石科研机构、高等院校，因科学研究、教学的需要，在标本库中保存古生物化石的；
（三）自然资源部规定的其他情形。
前款规定的单位收藏和保存重点保护古生物化石的，应当采取必要的保护措施。

第二十九条　古生物化石收藏单位应当建立古生物化石档案，并将本单位收藏的重点保护古生物化石档案报所在地的县级以上人民政府自然资源主管部门备案。
古生物化石收藏单位应当在档案中如实对本单位收藏的古生物化石作出描述和标注，并根据收藏情况变化及时对档案作出变更。古生物化石收藏单位对本单位的古生物化石档案的真实性负责。
收藏单位的法定代表人变更时，应当办理本单位收藏的古生物化石档案的移交手续。

第三十条　自然资源部负责制定古生物化石档案和数据库建设标准，建立和管理全国的重点保护古生物化石档案和数据库。县级以上地方人民政府自然资源主管部门负责建立和管理本行政区域的重点保护古生物化石档案和数据库。

第三十一条　重点保护古生物化石失窃或者遗失的，收藏单位应当立即向当地公安机关报案，同时向所在地的县级以上人民政府自然资源主管部门报告。县级以上人民政府自然资源主管部门应当在 24 小时内逐级上报自然资源部。自然资源部应当立即通报海关总署，防止重点保护古生物化石流失境外。

第三十二条　国家古生物化石专家委员会每三年组织专家对古生物化石收藏单位进行一次评估，并根据评估结果，对收藏单位的级别进行调整。
收藏单位对级别评定结果和评估结果有异议的，可以申请国家古生物化石专家委员会另行组织专家重新评估。

第三十三条 古生物化石收藏单位应当在每年1月31日前向所在地设区的市、县级人民政府自然资源主管部门报送年度报告。年度报告应当包括本单位上一年度藏品、人员和机构的变动情况以及国内外展览、标本安全、科普教育、科学研究、财务管理等情况。

设区的市、县级人民政府自然资源主管部门应当在每年2月28日前，将上一年度本行政区域内古生物化石收藏单位年度报告逐级上报省、自治区、直辖市人民政府自然资源主管部门。省、自治区、直辖市人民政府自然资源主管部门应当在每年3月31日前汇总并报送自然资源部。

县级以上人民政府自然资源主管部门应当对古生物化石收藏单位进行实地抽查。

第三十四条 国家鼓励单位和个人将《条例》施行前收藏的重点保护古生物化石，在规定期限内到所在地的省、自治区、直辖市人民政府自然资源主管部门进行登记。省、自治区、直辖市人民政府自然资源主管部门应当将登记结果纳入本行政区域的重点保护古生物化石档案和数据库。

第三十五条 国家鼓励单位或个人将其合法收藏的重点保护古生物化石委托符合条件的收藏单位代为保管或者展示。

第三十六条 自然资源部或者省、自治区、直辖市人民政府自然资源主管部门应当组织专家对公安、市场监管、海关等部门查获的有理由怀疑属于古生物化石的物品进行鉴定，出具是否属于古生物化石的证明文件。

公安、市场监督管理、海关等部门依法没收的古生物化石由同级自然资源主管部门负责接收。有关自然资源主管部门应当出具接收凭证，并将接收的古生物化石交符合条件的收藏单位收藏。

第四章 古生物化石流通

第三十七条 除收藏单位之间转让、交换、赠与其收藏的重点保护古生物化石外，重点保护古生物化石不得流通。国家鼓励单位和个人将其合法收藏的重点保护古生物化石捐赠给符合条件的收藏单位收藏。

第三十八条 收藏单位不得将收藏的重点保护古生物化石转让、交换、赠与给不符合收藏条件的单位和个人。收藏单位之间转让、交换、赠与其收藏的重点保护古生物化石的，应当签订转让、交换、赠与合同，并在转移重点保护古生物化石之日起20日内，由接收方将转让、交换、赠与合同以及古生物化石清单和照片报自然资源部备案。

第三十九条 买卖一般保护古生物化石的，应当依据省、自治区、直辖市人民政府的规定，在县级以上地方人民政府指定的场所进行。县级以上地方人民政府自然资源主管部门应当加强对本行政区域内一般保护古生物化石买卖的监督管理。

第四十条 收藏单位不再收藏的一般保护古生物化石，可以依法流通。

第五章 古生物化石进出境

第四十一条 自然资源部对全国的古生物化石出境活动进行统筹协调。省、自治区、直辖市人民政府自然资源主管部门，应当在每年12月31日前，将本行政区域内有关单位的下一年度古生物化石出境计划汇总上报自然资源部。

第四十二条 申请重点保护古生物化石出境的单位或者个人应当向自然资源部提交下列材料：

（一）古生物化石出境申请表；
（二）申请出境的古生物化石清单和照片。古生物化石清单内容包括标本编号、标本名称、重点保护级别、产地、发掘时间、发掘层位、标本尺寸和收藏单位等；
　　（三）外方合作单位的基本情况及资信证明；
　　（四）合作研究合同或者展览合同；
　　（五）出境古生物化石的保护措施；
　　（六）出境古生物化石的应急保护预案；
　　（七）出境古生物化石的保险证明；
　　（八）自然资源部规定的其他材料。
　　第四十三条　申请一般保护古生物化石出境的单位或者个人应当向所在地的省、自治区、直辖市人民政府自然资源主管部门提交下列材料：
　　（一）古生物化石出境申请表；
　　（二）申请出境的古生物化石清单和照片。古生物化石清单内容包括标本名称、产地、标本尺寸及数量等。
　　第四十四条　经批准出境的重点保护古生物化石进境的，申请人应当自办结进境海关手续之日起5日内向自然资源部申请进境核查，提交出境古生物化石进境核查申请表。
　　第四十五条　境外古生物化石临时进境的，境内的合作单位或者个人应当依据《条例》的规定向自然资源部申请核查、登记，提交下列材料：
　　（一）境外古生物化石临时进境核查申请表；
　　（二）合作合同；
　　（三）进境化石的清单和照片。古生物化石清单内容包括标本名称、属种、编号、尺寸、产地等；
　　（四）外方批准古生物化石合法出境的证明材料。
　　第四十六条　境外古生物化石在境内展览、合作研究或教学等活动结束后，由境内有关单位或者个人向自然资源部申请核查，提交下列材料：
　　（一）境外古生物化石复出境申请表；
　　（二）复出境古生物化石清单及照片。古生物化石清单内容包括标本名称、属种、编号、尺寸、产地等；
　　（三）自然资源部对该批古生物化石进境的核查、登记凭证。
　　第四十七条　对境外查获的有理由怀疑属于我国古生物化石的物品，自然资源部应当组织国家古生物化石专家委员会进行鉴定。对违法出境的古生物化石，自然资源部应当在国务院外交、公安、海关等部门的支持和配合下进行追索。追回的古生物化石，由自然资源部交符合相应条件的收藏单位收藏。
　　第四十八条　因科学研究、文化交流等原因合法出境的古生物化石，境外停留期限超过批准期限的，批准出境的自然资源主管部门应当责令境内申请人限期追回出境的古生物化石。逾期未追回的，参照本办法关于违法出境的古生物化石的有关规定处理。

第六章　法律责任

　　第四十九条　县级以上人民政府自然资源主管部门及其工作人员有下列行为之一的，由上级人民政府自然资源主管部门责令限期改正；逾期不改正的，对直接负责的主管人员和其他直接责任人员依法给予处分：
　　（一）未依照本办法的规定编制和实施重点保护古生物化石集中产地保护规划的；
　　（二）未依照本办法的规定建立和管理古生物化石档案和数据库的；
　　（三）未依照本办法的规定将重点保护古生物化石失窃或者遗失的情况报告自然资源部的；

（四）其他不依法履行监督管理职责的行为。

第五十条 未经批准发掘古生物化石或者未按照批准的发掘方案发掘古生物化石的，县级以上人民政府自然资源主管部门责令停止发掘，限期改正，没收发掘的古生物化石，并处罚款。在国家级古生物化石自然保护区、国家地质公园和重点保护古生物化石集中产地内违法发掘的，处30万元以上50万元以下罚款；在其他区域内违法发掘的，处20万元以上30万元以下罚款。

未经批准或者未按照批准的发掘方案发掘古生物化石，构成违反治安管理行为的，由公安机关依法给予治安管理处罚；构成犯罪的，依法追究刑事责任。

未按照批准的发掘方案发掘古生物化石，情节严重的，由批准古生物化石发掘的自然资源主管部门撤销批准发掘的决定。

第五十一条 单位或者个人在生产、建设活动中发现古生物化石不报告的，由县级以上人民政府自然资源主管部门对建设工程实施单位处1万元以下罚款；造成古生物化石损毁的，依法承担相应的法律责任。

第五十二条 古生物化石发掘单位未按照规定移交古生物化石的，由批准发掘的自然资源主管部门责令限期改正；逾期不改正，或者造成古生物化石损毁的，涉及一般保护古生物化石的，处10万元以上20万元以下罚款；涉及重点保护古生物化石的，处20万元以上50万元以下罚款；直接负责的主管人员和其他直接责任人员构成犯罪的，依法追究刑事责任。

第五十三条 收藏单位不符合本办法规定的收藏条件收藏古生物化石的，由县级以上人民政府自然资源主管部门责令限期改正；逾期不改正的，处5万元以上10万元以下的罚款；已严重影响其收藏的重点保护古生物化石安全的，由自然资源部指定符合本办法规定的收藏条件的收藏单位代为收藏，代为收藏的费用由原收藏单位承担。

第五十四条 单位或者个人违反本办法的规定，收藏违法获得或者不能证明合法来源的重点保护古生物化石的，由县级以上人民政府自然资源主管部门依法没收有关古生物化石，并处3万元以下罚款。

第五十五条 国有收藏单位将其收藏的重点保护古生物化石违法转让、交换、赠与给非国有收藏单位或者个人的，由县级以上人民政府自然资源主管部门责令限期改正；逾期不改正的，涉及三级重点保护古生物化石的，对国有收藏单位处20万元以上30万元以下罚款；涉及二级重点保护古生物化石的，对国有收藏单位处30万元以上40万元以下罚款；涉及一级重点保护古生物化石的，对国有收藏单位处40万元以上50万元以下罚款，对直接负责的主管人员和其他直接责任人员依法给予处分；构成犯罪的，依法追究刑事责任。

第五十六条 单位或者个人将其收藏的重点保护古生物化石转让、交换、赠与、质押给外国人或者外国组织的，由县级以上人民政府自然资源主管部门责令限期追回，涉及三级重点保护古生物化石的，对单位处10万元以上30万元以下罚款，对个人处2万元以上3万元以下罚款；涉及二级重点保护古生物化石的，对单位处30万元以上40万元以下罚款，对个人处3万元以上5万元以下罚款；涉及一级重点保护古生物化石的，对单位处40万元以上50万元以下罚款，对个人处5万元以上10万元以下罚款；有违法所得的，没收违法所得；构成犯罪的，依法追究刑事责任。

第五十七条 古生物化石专家违反法律法规和本办法的规定，开展评审、鉴定、评估等工作，违背职业道德、危害国家利益的，不得担任国家古生物化石专家委员会或者省级古生物化石专家委员会的委员；构成犯罪的，依法追究刑事责任。

第七章 附 则

第五十八条 本办法规定的古生物化石发掘申请表、零星采集古生物化石告知书、古生物化石出境申请表、出境古生物化石进境核查申请表、境外古生物化石临时进境核查申请表、境外古生物化石复出境申请表等申请材料的格式由自然资源部另行制定。

第五十九条 本办法自 2013 年 3 月 1 日起施行。

中华人民共和国人类遗传资源管理条例

（国务院令第 717 号）

（2019 年 5 月 28 日由国务院发布，2019 年 7 月 1 日起施行，法规类型为行政法规）

第一章 总 则

第一条 为了有效保护和合理利用我国人类遗传资源，维护公众健康、国家安全和社会公共利益，制定本条例。

第二条 本条例所称人类遗传资源包括人类遗传资源材料和人类遗传资源信息。

人类遗传资源材料是指含有人体基因组、基因等遗传物质的器官、组织、细胞等遗传材料。

人类遗传资源信息是指利用人类遗传资源材料产生的数据等信息资料。

第三条 采集、保藏、利用、对外提供我国人类遗传资源，应当遵守本条例。

为临床诊疗、采供血服务、查处违法犯罪、兴奋剂检测和殡葬等活动需要，采集、保藏器官、组织、细胞等人体物质及开展相关活动，依照相关法律、行政法规规定执行。

第四条 国务院科学技术行政部门负责全国人类遗传资源管理工作；国务院其他有关部门在各自的职责范围内，负责有关人类遗传资源管理工作。

省、自治区、直辖市人民政府科学技术行政部门负责本行政区域人类遗传资源管理工作；省、自治区、直辖市人民政府其他有关部门在各自的职责范围内，负责本行政区域有关人类遗传资源管理工作。

第五条 国家加强对我国人类遗传资源的保护，开展人类遗传资源调查，对重要遗传家系和特定地区人类遗传资源实行申报登记制度。

国务院科学技术行政部门负责组织我国人类遗传资源调查，制定重要遗传家系和特定地区人类遗传资源申报登记具体办法。

第六条 国家支持合理利用人类遗传资源开展科学研究、发展生物医药产业、提高诊疗技术，提高我国生物安全保障能力，提升人民健康保障水平。

第七条 外国组织、个人及其设立或者实际控制的机构不得在我国境内采集、保藏我国人类遗传资源，不得向境外提供我国人类遗传资源。

第八条 采集、保藏、利用、对外提供我国人类遗传资源，不得危害我国公众健康、国家安全和社会公共利益。

第九条 采集、保藏、利用、对外提供我国人类遗传资源，应当符合伦理原则，并按照国家有关规定进行伦理审查。

采集、保藏、利用、对外提供我国人类遗传资源，应当尊重人类遗传资源提供者的隐私权，取得其事先知情同意，并保护其合法权益。

采集、保藏、利用、对外提供我国人类遗传资源，应当遵守国务院科学技术行政部门制定的技术规范。

第十条 禁止买卖人类遗传资源。

为科学研究依法提供或者使用人类遗传资源并支付或者收取合理成本费用，不视为买卖。

第二章 采集和保藏

第十一条 采集我国重要遗传家系、特定地区人类遗传资源或者采集国务院科学技术行政部门规定种类、数量的人类遗传资源的，应当符合下列条件，并经国务院科学技术行政部门批准：

（一）具有法人资格；
（二）采集目的明确、合法；
（三）采集方案合理；
（四）通过伦理审查；
（五）具有负责人类遗传资源管理的部门和管理制度；
（六）具有与采集活动相适应的场所、设施、设备和人员。

第十二条 采集我国人类遗传资源，应当事先告知人类遗传资源提供者采集目的、采集用途、对健康可能产生的影响、个人隐私保护措施及其享有的自愿参与和随时无条件退出的权利，征得人类遗传资源提供者书面同意。

在告知人类遗传资源提供者前款规定的信息时，必须全面、完整、真实、准确，不得隐瞒、误导、欺骗。

第十三条 国家加强人类遗传资源保藏工作，加快标准化、规范化的人类遗传资源保藏基础平台和人类遗传资源大数据建设，为开展相关研究开发活动提供支撑。

国家鼓励科研机构、高等学校、医疗机构、企业根据自身条件和相关研究开发活动需要开展人类遗传资源保藏工作，并为其他单位开展相关研究开发活动提供便利。

第十四条 保藏我国人类遗传资源、为科学研究提供基础平台的，应当符合下列条件，并经国务院科学技术行政部门批准：

（一）具有法人资格；
（二）保藏目的明确、合法；
（三）保藏方案合理；
（四）拟保藏的人类遗传资源来源合法；
（五）通过伦理审查；
（六）具有负责人类遗传资源管理的部门和保藏管理制度；
（七）具有符合国家人类遗传资源保藏技术规范和要求的场所、设施、设备和人员。

第十五条 保藏单位应当对所保藏的人类遗传资源加强管理和监测，采取安全措施，制定应急预案，确保保藏、使用安全。

保藏单位应当完整记录人类遗传资源保藏情况，妥善保存人类遗传资源的来源信息和使用信息，确保人类遗传资源的合法使用。

保藏单位应当就本单位保藏人类遗传资源情况向国务院科学技术行政部门提交年度报告。

第十六条 国家人类遗传资源保藏基础平台和数据库应当依照国家有关规定向有关科研机构、高等学校、医疗机构、企业开放。

为公众健康、国家安全和社会公共利益需要，国家可以依法使用保藏单位保藏的人类遗传资源。

第三章 利用和对外提供

第十七条 国务院科学技术行政部门和省、自治区、直辖市人民政府科学技术行政部门应当会同本级人民政府有关部门对利用人类遗传资源开展科学研究、发展生物医药产业统筹规划，合理布局，加强创新体系建设，促进生物科技和产业创新、协调发展。

第十八条　科研机构、高等学校、医疗机构、企业利用人类遗传资源开展研究开发活动，对其研究开发活动以及成果的产业化依照法律、行政法规和国家有关规定予以支持。

第十九条　国家鼓励科研机构、高等学校、医疗机构、企业根据自身条件和相关研究开发活动需要，利用我国人类遗传资源开展国际合作科学研究，提升相关研究开发能力和水平。

第二十条　利用我国人类遗传资源开展生物技术研究开发活动或者开展临床试验的，应当遵守有关生物技术研究、临床应用管理法律、行政法规和国家有关规定。

第二十一条　外国组织及外国组织、个人设立或者实际控制的机构（以下称外方单位）需要利用我国人类遗传资源开展科学研究活动的，应当遵守我国法律、行政法规和国家有关规定，并采取与我国科研机构、高等学校、医疗机构、企业（以下称中方单位）合作的方式进行。

第二十二条　利用我国人类遗传资源开展国际合作科学研究的，应当符合下列条件，并由合作双方共同提出申请，经国务院科学技术行政部门批准：

（一）对我国公众健康、国家安全和社会公共利益没有危害；

（二）合作双方为具有法人资格的中方单位、外方单位，并具有开展相关工作的基础和能力；

（三）合作研究目的和内容明确、合法，期限合理；

（四）合作研究方案合理；

（五）拟使用的人类遗传资源来源合法，种类、数量与研究内容相符；

（六）通过合作双方各自所在国（地区）的伦理审查；

（七）研究成果归属明确，有合理明确的利益分配方案。

为获得相关药品和医疗器械在我国上市许可，在临床机构利用我国人类遗传资源开展国际合作临床试验、不涉及人类遗传资源材料出境的，不需要审批。但是，合作双方在开展临床试验前应当将拟使用的人类遗传资源种类、数量及其用途向国务院科学技术行政部门备案。国务院科学技术行政部门和省、自治区、直辖市人民政府科学技术行政部门加强对备案事项的监管。

第二十三条　在利用我国人类遗传资源开展国际合作科学研究过程中，合作方、研究目的、研究内容、合作期限等重大事项发生变更的，应当办理变更审批手续。

第二十四条　利用我国人类遗传资源开展国际合作科学研究，应当保证中方单位及其研究人员在合作期间全过程、实质性地参与研究，研究过程中的所有记录以及数据信息等完全向中方单位开放并向中方单位提供备份。

利用我国人类遗传资源开展国际合作科学研究，产生的成果申请专利的，应当由合作双方共同提出申请，专利权归合作双方共有。研究产生的其他科技成果，其使用权、转让权和利益分享办法由合作双方通过合作协议约定；协议没有约定的，合作双方都有使用的权利，但向第三方转让须经合作双方同意，所获利益按合作双方贡献大小分享。

第二十五条　利用我国人类遗传资源开展国际合作科学研究，合作双方应当按照平等互利、诚实信用、共同参与、共享成果的原则，依法签订合作协议，并依照本条例第二十四条的规定对相关事项作出明确、具体的约定。

第二十六条　利用我国人类遗传资源开展国际合作科学研究，合作双方应当在国际合作活动结束后6个月内共同向国务院科学技术行政部门提交合作研究情况报告。

第二十七条　利用我国人类遗传资源开展国际合作科学研究，或者因其他特殊情况确需将我国人类遗传资源材料运送、邮寄、携带出境的，应当符合下列条件，并取得国务院科学技术行政部门出具的人类遗传资源材料出境证明：

（一）对我国公众健康、国家安全和社会公共利益没有危害；

（二）具有法人资格；

（三）有明确的境外合作方和合理的出境用途；

（四）人类遗传资源材料采集合法或者来自合法的保藏单位；

（五）通过伦理审查。

利用我国人类遗传资源开展国际合作科学研究，需要将我国人类遗传资源材料运送、邮寄、携带出境的，可以单独提出申请，也可以在开展国际合作科学研究申请中列明出境计划一并提出申请，由国务院科学技术行政部门合并审批。

将我国人类遗传资源材料运送、邮寄、携带出境的，凭人类遗传资源材料出境证明办理海关手续。

第二十八条 将人类遗传资源信息向外国组织、个人及其设立或者实际控制的机构提供或者开放使用，不得危害我国公众健康、国家安全和社会公共利益；可能影响我国公众健康、国家安全和社会公共利益的，应当通过国务院科学技术行政部门组织的安全审查。

将人类遗传资源信息向外国组织、个人及其设立或者实际控制的机构提供或者开放使用的，应当向国务院科学技术行政部门备案并提交信息备份。

利用我国人类遗传资源开展国际合作科学研究产生的人类遗传资源信息，合作双方可以使用。

第四章　服务和监督

第二十九条 国务院科学技术行政部门应当加强电子政务建设，方便申请人利用互联网办理审批、备案等事项。

第三十条 国务院科学技术行政部门应当制定并及时发布有关采集、保藏、利用、对外提供我国人类遗传资源的审批指南和示范文本，加强对申请人办理有关审批、备案等事项的指导。

第三十一条 国务院科学技术行政部门应当聘请生物技术、医药、卫生、伦理、法律等方面的专家组成专家评审委员会，对依照本条例规定提出的采集、保藏我国人类遗传资源，开展国际合作科学研究以及将我国人类遗传资源材料运送、邮寄、携带出境的申请进行技术评审。评审意见作为作出审批决定的参考依据。

第三十二条 国务院科学技术行政部门应当自受理依照本条例规定提出的采集、保藏我国人类遗传资源，开展国际合作科学研究以及将我国人类遗传资源材料运送、邮寄、携带出境申请之日起 20 个工作日内，作出批准或者不予批准的决定；不予批准的，应当说明理由。因特殊原因无法在规定期限内作出审批决定的，经国务院科学技术行政部门负责人批准，可以延长 10 个工作日。

第三十三条 国务院科学技术行政部门和省、自治区、直辖市人民政府科学技术行政部门应当加强对采集、保藏、利用、对外提供人类遗传资源活动各环节的监督检查，发现违反本条例规定的，及时依法予以处理并向社会公布检查、处理结果。

第三十四条 国务院科学技术行政部门和省、自治区、直辖市人民政府科学技术行政部门进行监督检查，可以采取下列措施：

（一）进入现场检查；

（二）询问相关人员；

（三）查阅、复制有关资料；

（四）查封、扣押有关人类遗传资源。

第三十五条 任何单位和个人对违反本条例规定的行为，有权向国务院科学技术行政部门和省、自治区、直辖市人民政府科学技术行政部门投诉、举报。

国务院科学技术行政部门和省、自治区、直辖市人民政府科学技术行政部门应当公布投诉、举报电话和电子邮件地址，接受相关投诉、举报。对查证属实的，给予举报人奖励。

第五章 法律责任

第三十六条 违反本条例规定，有下列情形之一的，由国务院科学技术行政部门责令停止违法行为，没收违法采集、保藏的人类遗传资源和违法所得，处50万元以上500万元以下罚款，违法所得在100万元以上的，处违法所得5倍以上10倍以下罚款：

（一）未经批准，采集我国重要遗传家系、特定地区人类遗传资源，或者采集国务院科学技术行政部门规定种类、数量的人类遗传资源的；

（二）未经批准，保藏我国人类遗传资源的；

（三）未经批准，利用我国人类遗传资源开展国际合作科学研究的；

（四）未通过安全审查，将可能影响我国公众健康、国家安全和社会公共利益的人类遗传资源信息向外国组织、个人及其设立或者实际控制的机构提供或者开放使用的；

（五）开展国际合作临床试验前未将拟使用的人类遗传资源种类、数量及其用途向国务院科学技术行政部门备案的。

第三十七条 提供虚假材料或者采取其他欺骗手段取得行政许可的，由国务院科学技术行政部门撤销已经取得的行政许可，处50万元以上500万元以下罚款，5年内不受理相关责任人及单位提出的许可申请。

第三十八条 违反本条例规定，未经批准将我国人类遗传资源材料运送、邮寄、携带出境的，由海关依照法律、行政法规的规定处罚。科学技术行政部门应当配合海关开展鉴定等执法协助工作。海关应当将依法没收的人类遗传资源材料移送省、自治区、直辖市人民政府科学技术行政部门进行处理。

第三十九条 违反本条例规定，有下列情形之一的，由省、自治区、直辖市人民政府科学技术行政部门责令停止开展相关活动，没收违法采集、保藏的人类遗传资源和违法所得，处50万元以上100万元以下罚款，违法所得在100万元以上的，处违法所得5倍以上10倍以下罚款：

（一）采集、保藏、利用、对外提供我国人类遗传资源未通过伦理审查的；

（二）采集我国人类遗传资源未经人类遗传资源提供者事先知情同意，或者采取隐瞒、误导、欺骗等手段取得人类遗传资源提供者同意的；

（三）采集、保藏、利用、对外提供我国人类遗传资源违反相关技术规范的；

（四）将人类遗传资源信息向外国组织、个人及其设立或者实际控制的机构提供或者开放使用，未向国务院科学技术行政部门备案或者提交信息备份的。

第四十条 违反本条例规定，有下列情形之一的，由国务院科学技术行政部门责令改正，给予警告，可以处50万元以下罚款：

（一）保藏我国人类遗传资源过程中未完整记录并妥善保存人类遗传资源的来源信息和使用信息的；

（二）保藏我国人类遗传资源未提交年度报告的；

（三）开展国际合作科学研究未及时提交合作研究情况报告的。

第四十一条 外国组织、个人及其设立或者实际控制的机构违反本条例规定，在我国境内采集、保藏我国人类遗传资源，利用我国人类遗传资源开展科学研究，或者向境外提供我国人类遗传资源的，由国务院科学技术行政部门责令停止违法行为，没收违法采集、保藏的人类遗传资源和违法所得,处100万元以上1000万元以下罚款,违法所得在100万元以上的,处违法所得5倍以上10倍以下罚款。

第四十二条 违反本条例规定,买卖人类遗传资源的,由国务院科学技术行政部门责令停止违法行为,没收违法采集、保藏的人类遗传资源和违法所得,处100万元以上1000万元以下罚款,违法所得在100万元以上的,处违法所得5倍以上10倍以下罚款。

第四十三条 对有本条例第三十六条、第三十九条、第四十一条、第四十二条规定违法行为的单位,情节严重的,由国务院科学技术行政部门或者省、自治区、直辖市人民政府科学技术行政部门依据职责禁止其1至5年内从事采集、保藏、利用、对外提供我国人类遗传资源的活动;情节特别严重的,永久禁止其从事采集、保藏、利用、对外提供我国人类遗传资源的活动。

对有本条例第三十六条至第三十九条、第四十一条、第四十二条规定违法行为的单位的法定代表人、主要负责人、直接负责的主管人员以及其他责任人员,依法给予处分,并由国务院科学技术行政部门或者省、自治区、直辖市人民政府科学技术行政部门依据职责没收其违法所得,处50万元以下罚款;情节严重的,禁止其1至5年内从事采集、保藏、利用、对外提供我国人类遗传资源的活动;情节特别严重的,永久禁止其从事采集、保藏、利用、对外提供我国人类遗传资源的活动。

单位和个人有本条例规定违法行为的,记入信用记录,并依照有关法律、行政法规的规定向社会公示。

第四十四条 违反本条例规定,侵害他人合法权益的,依法承担民事责任;构成犯罪的,依法追究刑事责任。

第四十五条 国务院科学技术行政部门和省、自治区、直辖市人民政府科学技术行政部门的工作人员违反本条例规定,不履行职责或者滥用职权、玩忽职守、徇私舞弊的,依法给予处分;构成犯罪的,依法追究刑事责任。

第六章 附 则

第四十六条 人类遗传资源相关信息属于国家秘密的,应当依照《中华人民共和国保守国家秘密法》和国家其他有关保密规定实施保密管理。

第四十七条 本条例自2019年7月1日起施行。

中华人民共和国进口计量器具监督管理办法

(国家技术监督局令第3号)

(1989年11月4日由国家技术监督局发布,根据2016年2月6日国务院令第666号《国务院关于修改部分行政法规的决定》修订,现行版本自2016年2月6日起施行,法规类型为部门规章)

第一章 总 则

第一条 为加强进口计量器具的监督管理,根据《中华人民共和国计量法》和《中华人民共和国计量法实施细则》的有关规定,制定本办法。

第二条 任何单位和个人进口计量器具,以及外商(含外国制造商、经销商,下同)或其代理人在中国销售计量器具,都必须遵守本办法。

第三条 进口计量器具的监督管理,由国务院计量行政部门主管,具体实施由国务院和地方有关部门分工负责。

第二章 进口计量器具的型式批准

第四条 凡进口或外商在中国境内销售列入本办法所附《中华人民共和国进口计量器具型式审查目录》内的计量器具的,应向国务院计量行政部门申请办理型式批准。

属进口的,由外商申请型式批准。

属外商在中国境内销售的,由外商或其代理人申请型式批准。

国务院计量行政部门可根据情况变化对《中华人民共和国进口计量器具型式审查目录》作个别调整。

第五条 外商或其代理人申请型式批准,须向国务院计量行政部门递交型式批准申请书、计量器具样机照片和必要的技术资料。

国务院计量行政部门应根据外商或其代理人递交的资料进行计量法制审查。

第六条 国务院计量行政部门接受申请后,负责安排授权的技术机构进行定型鉴定,并通知外商或其代理人向承担定型鉴定的技术机构提供样机和以下技术资料:

(一)计量器具的技术说明书;

(二)计量器具的总装图、结构图和电路图;

(三)技术标准文件和检验方法;

(四)样机测试报告;

(五)使用说明书。

定型鉴定所需的样机由外商或其代理人无偿提供。海关凭国务院计量行政部门的保函验放并免收关税。样机经鉴定后退还申请人。

第七条 定型鉴定按鉴定大纲进行。鉴定大纲由承担鉴定的技术机构,根据国务院计量行政部门发布的《计量器具定型鉴定技术规范》的要求制定。主要内容包括:外观检查、计量性能考核以及安全性、环境适应性、可靠性和寿命试验等。

第八条 定型鉴定的结果由承担鉴定的技术机构报国务院计量行政部门审核。经审核合格的,由国务院计量行政部门向申请人颁发《中华人民共和国进口计量器具型式批准证书》,并准予在相应的计量器具和包装上使用中华人民共和国进口计量器具型式批准的标志和编号。

第九条 承担定型鉴定的技术机构及其工作人员,对申请人提供的技术资料必须保密。

第十条 有下列情况之一的,经国务院计量行政部门同意,可申请办理临时型式批准,具体办法由国务院计量行政部门规定:

(一)展览会留购的;

(二)确属急需的;

(三)销售量极少的;

(四)国内暂无定型鉴定能力的。

第十一条 外国制造的计量器具经我国型式批准后,由国务院计量行政部门予以公布。

第三章 进口计量器具的审批

第十二条 申请进口计量器具,按国家关于进口商品的规定程序进行审批。

负责审批的有关主管部门和归口审查部门,应对申请进口《中华人民共和国依法管理的计量器具目录》内的计量器具进行法定计量单位的审查,对申请进口本办法第四条规定的计量器具审查是否经过型式批准。经审查不合规定的,审批部门不得批准进口,外贸经营单位不得办理订货手续。

海关对进口计量器具凭审批部门的批件验放。

第十三条 因特殊需要,申请进口非法定计量单位的计量器具和国务院禁止使用的其他计量器具,须经省、自治区、直辖市人民政府计量行政部门批准。

第十四条 申请进口非法定计量单位的计量器具和国务院禁止使用的其他计量器具的单位,应向省、自治区、直辖市人民政府计量行政部门提供以下材料和文件:

(一)申请报告;

(二)计量器具的性能及技术指标;

(三)计量器具的照片和使用说明;

(四)本单位上级主管部门的批件。

第四章 法律责任

第十五条 违反本办法规定,进口非法定计量单位的计量器具或国务院禁止使用的其他计量器具的,按照《中华人民共和国计量法实施细则》第四十四条规定追究法律责任。

第十六条 违反本办法第四条规定,进口或销售未经国务院计量行政部门型式批准的计量器具的,计量行政部门有权封存其计量器具,责令其补办型式批准手续,并可处以相当于进口或销售额百分之三十以下的罚款。

第十七条 承担进口计量器具定型鉴定的技术机构违反本办法第九条规定的,按照《中华人民共和国计量法实施细则》第五十八条规定追究法律责任。

第五章 附 则

第十八条 引进成套设备中配套的计量器具以及不以销售为目的的计量器具的监督管理,按国家有关规定办理。

第十九条 与本办法有关的申请书、证书和标志式样,由国务院计量行政部门统一制定。

第二十条 申请进口计量器具的型式批准和定型鉴定,应按国家有关规定缴纳费用。

第二十一条 进口用于统一量值的标准物质的监督管理,可参照本办法执行。

第二十二条 本办法由国务院计量行政部门负责解释。

第二十三条 本办法自发布之日起施行。

附件:中华人民共和国进口计量器具型式审查目录

附件

中华人民共和国进口计量器具型式审查目录

1. 衡器(含天平)
2. 传感器
3. 声级计
4. 三坐标测量机
5. 表面粗糙度测量仪
6. 大地测量仪器
7. 热量计
8. 流量计(含水表、煤气表)

9. 压力计（含血压计）
10. 温度计
11. 数字电压表
12. 场强计
13. 心、脑电图仪（机）
14. 有害气体、粉尘、水质污染监测仪
15. 电离辐射防护仪
16. 分光光度计（含紫外、红外、可见光光度计）
17. 气相、液相色谱仪
18. 温度、水分测量仪

外国人来华登山管理办法

（国家体育运动委员会令第 16 号）

（1991 年 8 月 29 日由国家体育运动委员会发布，1991 年 8 月 29 日起施行，法规类型为部门规章）

第一章　总　则

第一条　为了加强对外国人在中国境内登山的管理，有组织地进行国际登山交流，促进我国登山事业发展，制定本办法。

第二条　外国人在中国境内攀登下列对外开放的山峰以及附带在山峰区域内进行科学考察、测绘活动，适用本办法；

（一）西藏自治区海拔 5000 米以上的山峰；

（二）其他省、自治区海拔 3500 米以上的山峰。

第三条　外国人在中国境内进行登山活动，应当遵守中国的法律；外国人的正当权益，受中国法律保护。

第四条　对外国人在中国境内登山的管理，实行统一领导、分级负责的原则。

第五条　对外开放山峰由中华人民共和国国家体育运动委员会（以下简称国家体委）和公安部公布。

第二章　来华登山手续

第六条　外国人来华登山，可以自行组成团队，也可以由外国团队和中国团队组成联合团队。

第七条　外国人来华登山，应当向国家体委提出书面申请。

外国人组成外国团队来华登山的，由外国团队提出申请，也可以委托我省、自治区登山协会代理申请事宜。

外国团队和中国团队组成中外联合团队登山的，由中国团队提出申请。

第八条　国家体委收到外国团队或中外联合团队的登山申请后，应当在 60 日内作出是否批准的决定，并以书面形式通知外国团队或者中外联合队、代理申请事宜的省、自治区登山协会和登山活动所在省、自治区体委。

第九条 外国团队接到国家体委批准的登山通知后，应当按照通知要求缴纳注册费，并与通知中指定的单位签订登山议定书。

与外国团队签订登山议定书的单位（以下简称中方签约单位）应当及时将议定书副本报送国家体委备案。

第十条 议定书报送国家体委备案后，不得任意变更。如需要变更，应当经签订议定书的中外双方协商确认；如果变更攀登的季节、路线或者山峰，应当重新报国家体委审批。

第十一条 外国团队应当在入境的一个月前，将在中国境内登山的经费按预算全额汇寄中方签约单位，并按照国家体委的通知在中国驻外使（领）馆办理签证。

第三章 登山活动

第十二条 外国团队在登山前应当为随队的中国公民办理有关保险事项，并根据国家体委的要求落实保护山区自然环境的各项措施。

第十三条 外国人登山，应当遵守下列规定：

（一）按照国家体委批准的山峰和路线进行攀登，不得攀登其他山峰，不得越过批准的路线；外国登山团队之间不得互相转让攀登的山峰和路线；

（二）外国登山团队不得吸收本团队以外的队员；

（三）如要求展现外国团队所在国国旗，应当经中国国家体委同意，并同时展现规格相当的中国国旗；

（四）使用山峰的名称和高度，应当以中国政府有关部门公布的为准；

（五）保持登山路线和营区的环境卫生，不得自行在登山活动区域安放纪念品和其他物品；

（六）将登山活动的结果和登山过程中的意外情况及时报告国家体委和中方签约单位。

第十四条 外国人在登山活动结束后，应当以团队为单位写出总结报告书。

登山活动总结报告书以及在登山期间摄录的音像资料，应当无偿向国家体委和登山活动所在省、自治区体委提供。

第十五条 外国人在我国境内登顶成功，由国家体委确认后，发给其登证证明书。

第十六条 外国人在我国境内登山期间，必须有我国联络人员陪同。联络人员由中方签约单位指定，其职责是：

（一）协助并监督外国人执行我国的有关规定；

（二）协助解决外国人在登山活动中的有关问题；

（三）向中方签约单位报告有关情况；

（四）调解外国人与中方服务人员的纠纷。

第十七条 外国人登山，需要我国公民提供服务，由我国联络人员办理。

中国公民向外国人提供服务，可以收取服务费用。服务费用的项目和标准，由国家体委公布。

第十八条 外国团队应当为随队的中国公民提供医疗、急救以及必要的宿营、炊事用具。

未经我国联络人员同意，外国团队不得自行解雇随队的中国公民或者停发津贴。

中外联合团队向随队的中国公民提供医疗、急救和宿营、炊事用具的办法，由组成中外联合团队的各方协商。

第四章 登山附带科学考察和测绘

第十九条 登山附带科学考察和测绘的，应当在办理登山申请的同时，向国家体委申报科学考察和测绘计划，由国家体委分别转国家科学技术委员会或者国家测绘局审批。

科学考察和测绘计划未经批准，外国登山人员不得对所经地区的生物、岩石、矿物、冰雪、水样和土样进行系统观测，不得采集标本、样品、化石，不得进行测绘活动。

第二十条　外国团队、中外联合团队登山附带科学考察的，应当通过中方签约单位向国家科学技术委员会提供下列样品和资料：

（一）采集的标本、样品和化石的清单；

（二）发现的动植物新种或者特殊动植物的类群；

（三）采集的动植物新种正模式标本、特缺动植物类群的标本；

（四）标本、样品、化石的室内分析结果；

（五）登山附带科学考察的音像资料复制本。

外国团队、中外联合团体登山附带测绘的，应当通过中方签约单位向国家测绘局提供测绘成果的副本或复制件。

第五章　登山物资的入境和出境

第二十一条　外国人携带登山所需物资入境，按"核准进口物品"和"暂时进口物品"分别申报。经海关核准后，办理税收、担保手续。

第二十二条　登山物资中合理数量的专用食品、急救药品、防寒衣物、燃料等消耗物品，可以特准免税入境；超过合理数量的，应当纳税。

国家有关部门允许的通讯、摄影、录像、测绘器材和专用运输工具可以暂时免税入境。登山活动结束，上述物资应当复运出境。如因特殊原因无法复运出境的，应当通过国家体委依照国家有关规定办理手续。

第二十三条　外国团队、中外联合团队登山时采集的标本、样品、化石以及制作的音像资料，经有关部门检验许可后，方可携带出境。

第六章　罚　则

第二十四条　外国人来华登山，违反本办法第十二条、第十三条、第十八条、第十九条、第二十条规定或者未经国家体委批准擅自登山的，国家体委或者省、自治区体委视情节轻重，可以分别给予警告、五千元至五万元的罚款以及停止登山活动等处罚。

违反本办法第十九条、第二十条规定的，国家体委或者省、自治区体委，还可以单处或者并处没收采集的标本、样品、化石和资料的处罚。

第二十五条　当事人对行政处罚决定不服的，可以依照中国有关法律的规定先申请行政复议。当事人对复议决定不服的，可以依照中国的有关法律的规定提起行政诉讼。当事人在规定的期限内不申请复议和不提起行政诉讼，逾期又不履行处罚决定的，作出处罚决定的行政机关可以申请人民法院强制执行。

第七章　附　则

第二十六条　台湾、香港、澳门同胞回大陆登山，参照执行本办法的规定。

第二十七条　本办法由国家体育运动委员会解释。

第二十八条　本办法自发布之日起施行。

水产苗种管理办法

(农业部令第 46 号)

(2005 年 1 月 5 日由农业部发布,2005 年 4 月 1 日起施行,法规类型为部门规章)

第一章 总 则

第一条 为保护和合理利用水产种质资源,加强水产品种选育和苗种生产、经营、进出口管理,提高水产苗种质量,维护水产苗种生产者、经营者和使用者的合法权益,促进水产养殖业持续健康发展,根据《中华人民共和国渔业法》及有关法律法规,制定本办法。

第二条 本办法所称的水产苗种包括用于繁育、增养殖(栽培)生产和科研试验、观赏的水产动植物的亲本、稚体、幼体、受精卵、孢子及其遗传育种材料。

第三条 在中华人民共和国境内从事水产种质资源开发利用,品种选育、培育,水产苗种生产、经营、管理、进口、出口活动的单位和个人,应当遵守本办法。

珍稀、濒危水生野生动植物及其苗种的管理按有关法律法规的规定执行。

第四条 农业部负责全国水产种质资源和水产苗种管理工作。

县级以上地方人民政府渔业行政主管部门负责本行政区域内的水产种质资源和水产苗种管理工作。

第二章 种质资源保护和品种选育

第五条 国家有计划地搜集、整理、鉴定、保护、保存和合理利用水产种质资源。禁止任何单位和个人侵占和破坏水产种质资源。

第六条 国家保护水产种质资源及其生存环境,并在具有较高经济价值和遗传育种价值的水产种质资源的主要生长繁殖区域建立水产种质资源保护区。未经农业部批准,任何单位或者个人不得在水产种质资源保护区从事捕捞活动。

建设项目对水产种质资源产生不利影响的,依照《中华人民共和国渔业法》第三十五条的规定处理。

第七条 省级以上人民政府渔业行政主管部门根据水产增养殖生产发展的需要和自然条件及种质资源特点,合理布局和建设水产原、良种场。

国家级或省级原、良种场负责保存或选育种用遗传材料和亲本,向水产苗种繁育单位提供亲本。

第八条 用于杂交生产商品苗种的亲本必须是纯系群体。对可育的杂交种不得用作亲本繁育。

养殖可育的杂交个体和通过生物工程等技术改变遗传性状的个体及后代,其场所必须建立严格的隔离和防逃措施,禁止将其投放于河流、湖泊、水库、海域等自然水域。

第九条 国家鼓励和支持水产优良品种的选育、培育和推广。县级以上人民政府渔业行政主管部门应当有计划地组织科研、教学和生产单位选育、培育水产优良新品种。

第十条 农业部设立全国水产原种和良种审定委员会,对水产新品种进行审定。

对审定合格的水产新品种,经农业部公告后方可推广。

第三章　生产经营管理

第十一条　单位和个人从事水产苗种生产,应当经县级以上地方人民政府渔业行政主管部门批准,取得水产苗种生产许可证。但是,渔业生产者自育、自用水产苗种的除外。

省级人民政府渔业行政主管部门负责水产原、良种场的水产苗种生产许可证的核发工作;其他水产苗种生产许可证发放权限由省级人民政府渔业行政主管部门规定。

水产苗种生产许可证由省级人民政府渔业行政主管部门统一印制。

第十二条　从事水产苗种生产的单位和个人应当具备下列条件:

(一)有固定的生产场地,水源充足,水质符合渔业用水标准;

(二)用于繁殖的亲本来源于原、良种场,质量符合种质标准;

(三)生产条件和设施符合水产苗种生产技术操作规程的要求;

(四)有与水产苗种生产和质量检验相适应的专业技术人员。

申请单位是水产原、良种场的,还应当符合农业部《水产原良种场生产管理规范》的要求。

第十三条　申请从事水产苗种生产的单位和个人应当填写水产苗种生产申请表,并提交证明其符合本办法第十二条规定条件的材料。

水产苗种生产申请表格式由省级人民政府渔业行政主管部门统一制订。

第十四条　县级以上地方人民政府渔业行政主管部门应当按照本办法第十一条第二款规定的审批权限,自受理申请之日起20日内对申请人提交的材料进行审查,并经现场考核后作出是否发放水产苗种生产许可证的决定。

第十五条　水产苗种生产单位和个人应当按照许可证规定的范围、种类等进行生产。需要变更生产范围、种类的,应当向原发证机关办理变更手续。

水产苗种生产许可证的许可有效期限为三年。期满需延期的,应当于期满三十日前向原发证机关提出申请,办理续展手续。

第十六条　水产苗种的生产应当遵守农业部制定的生产技术操作规程,保证苗种质量。

第十七条　县级以上人民政府渔业行政主管部门应当组织有关质量检验机构对辖区内苗种场的亲本和稚、幼体质量进行检验,检验不合格的,给予警告,限期整改;到期仍不合格的,由发证机关收回并注销水产苗种生产许可证。

第十八条　县级以上地方人民政府渔业行政主管部门应当加强对水产苗种的产地检疫。

国内异地引进水产苗种的,应当先到当地渔业行政主管部门办理检疫手续,经检疫合格后方可运输和销售。

检疫人员应当按照检疫规程实施检疫,对检疫合格的水产苗种出具检疫合格证明。

第十九条　禁止在水产苗种繁殖、栖息地从事采矿、挖沙、爆破、排放污水等破坏水域生态环境的活动。对水域环境造成污染的,依照《中华人民共和国水污染防治法》和《中华人民共和国海洋环境保护法》的有关规定处理。

在水生动物苗种主产区引水时,应当采取措施,保护苗种。

第四章　进出口管理

第二十条　单位和个人从事水产苗种进口和出口,应当经农业部或省级人民政府渔业行政主管部门批准。

第二十一条　农业部会同国务院有关部门制定水产苗种进口名录和出口名录,并定期公布。

水产苗种进口名录和出口名录分为Ⅰ、Ⅱ、Ⅲ类。列入进口名录Ⅰ类的水产苗种不得进口,列入出口名录Ⅰ类的水产苗种不得出口；列入名录Ⅱ类的水产苗种以及未列入名录的水产苗种的进口、出口由农业部审批，列入名录Ⅲ类的水产苗种的进口、出口由省级人民政府渔业行政主管部门审批。

第二十二条　申请进口水产苗种的单位和个人应当提交以下材料：

（一）水产苗种进口申请表；

（二）水产苗种进口安全影响报告（包括对引进地区水域生态环境、生物种类的影响，进口水产苗种可能携带的病虫害及危害性等）；

（三）与境外签订的意向书、赠送协议书复印件；

（四）进口水产苗种所在国（地区）主管部门出具的产地证明；

（五）营业执照复印件。

第二十三条　进口未列入水产苗种进口名录的水产苗种的单位应当具备以下条件：

（一）具有完整的防逃、隔离设施，试验池面积不少于3公顷；

（二）具备一定的科研力量，具有从事种质、疾病及生态研究的中高级技术人员；

（三）具备开展种质检测、疫病检疫以及水质检测工作的基本仪器设备。

进口未列入水产苗种进口名录的水产苗种的单位，除按第二十二条的规定提供材料外，还应当提供以下材料：

（一）进口水产苗种所在国家或地区的相关资料：包括进口水产苗种的分类地位、生物学性状、遗传特性、经济性状及开发利用现状，栖息水域及该地区的气候特点、水域生态条件等；

（二）进口水产苗种人工繁殖、养殖情况；

（三）进口国家或地区水产苗种疫病发生情况。

第二十四条　申请出口水产苗种的单位和个人应提交水产苗种出口申请表。

第二十五条　进出口水产苗种的单位和个人应当向省级人民政府渔业行政主管部门提出申请。省级人民政府渔业行政主管部门应当自申请受理之日起15日内对进出口水产苗种的申报材料进行审查核实，按审批权限直接审批或初步审查后将审查意见和全部材料报农业部审批。

省级人民政府渔业行政主管部门应当将其审批的水产苗种进出口情况，在每年年底前报农业部备案。

第二十六条　农业部收到省级人民政府渔业行政主管部门报送的材料后，对申请进口水产苗种的，在5日内委托全国水产原种和良种审定委员会组织专家对申请进口的水产苗种进行安全影响评估，并在收到安全影响评估报告后15日内作出是否同意进口的决定；对申请出口水产苗种的，应当在10日内作出是否同意出口的决定。

第二十七条　申请水产苗种进出口的单位或个人应当凭农业部或省级人民政府渔业行政主管部门批准的水产苗种进出口审批表办理进出口手续。

水产苗种进出口申请表、审批表格式由农业部统一制定。

第二十八条　进口、出口水产苗种应当实施检疫，防止病害传入境内和传出境外，具体检疫工作按照《中华人民共和国进出境动植物检疫法》等法律法规的规定执行。

第二十九条　水产苗种进口实行属地监管。

进口单位和个人在进口水产苗种经出入境检验检疫机构检疫合格后，应当立即向所在地省级人民政府渔业行政主管部门报告，由所在地省级人民政府渔业行政主管部门或其委托的县级以上地方人民政府渔业行政主管部门具体负责入境后的监督检查。

第三十条　进口未列入水产苗种进口名录的水产苗种的，进口单位和个人应当在该水产苗种经出入境检验检疫机构检疫合格后，设置专门场所进行试养，特殊情况下应在农业部指定的场所进行。

试养期间一般为进口水产苗种的一个繁殖周期。试养期间，农业部不再批准该水产苗种的进口，进口单位不得向试养场所外扩散该试养苗种。

试养期满后的水产苗种应当经过全国水产原种和良种审定委员会审定、农业部公告后方可推广。

第三十一条 进口水产苗种投放于河流、湖泊、水库、海域等自然水域要严格遵守有关外来物种管理规定。

第五章 附 则

第三十二条 本办法所用术语的含义：

（一）原种：指取自模式种采集水域或取自其他天然水域的野生水生动植物种，以及用于选育的原始亲体。

（二）良种：指生长快、品质好、抗逆性强、性状稳定和适应一定地区自然条件，并适用于增养殖（栽培）生产的水产动植物种。

（三）杂交种：指将不同种、亚种、品种的水产动植物进行杂交获得的后代。

（四）品种：指经人工选育成的，遗传性状稳定，并具有不同于原种或同种内其他群体的优良经济性状的水生动植物。

（五）稚、幼体：指从孵出后至性成熟之前这一阶段的个体。

（六）亲本：指已达性成熟年龄的个体。

第三十三条 违反本办法的规定应当给予处罚的，依照《中华人民共和国渔业法》等法律法规的有关规定给予处罚。

第三十四条 转基因水产苗种的选育、培育、生产、经营和进出口管理，应当同时遵守《农业转基因生物安全管理条例》及国家其他有关规定。

第三十五条 本办法自 2005 年 4 月 1 日起施行。

进出口环保用微生物菌剂环境安全管理办法

（环境保护部 国家质量监督检验检疫总局令第 10 号）

（2010 年 4 月 2 日由环境保护部、国家质量监督检验检疫总局发布，2010 年 5 月 1 日起施行，法规类型为部门规章）

第一章 总 则

第一条 为加强进出口环保用微生物菌剂环境安全管理，维护环境安全，根据《中华人民共和国国境卫生检疫法》及其实施细则、《中华人民共和国环境保护法》等有关规定，制定本办法。

第二条 本办法适用于进出口环保用微生物菌剂环境安全管理。

本办法所称环保用微生物菌剂，是指从自然界分离纯化或者经人工选育等现代生物技术手段获得的，主要用于水、大气、土壤、固体废物污染检测、治理和修复的一种或者多种微生物菌种。

第三条 国家对进出口环保用微生物菌剂的环境安全管理，实行检测和环境安全评价制度。

第四条 环保用微生物菌剂进出口经营者，应当是依法成立的从事生产或者使用微生物菌剂的企业事业法人，并具备微生物菌剂安全生产、使用、储藏、运输和应急处置的能力。

进口环保用微生物菌剂，应当按照本办法的规定申请获得《微生物菌剂样品环境安全证明》，并凭该样品环境安全证明依法办理卫生检疫审批和现场查验。

第五条 环境保护部对进出口环保用微生物菌剂环境安全实施监督管理。省、自治区、直辖市环境保护行政主管部门依照本办法对辖区内进出口环保用微生物菌剂环境安全实施监督管理。

国家质量监督检验检疫总局统一管理全国进出口环保用微生物菌剂的卫生检疫监督管理工作；国家质量监督检验检疫总局设在各地的出入境检验检疫机构对辖区内进出口环保用微生物菌剂实施卫生检疫监督管理。

第六条 环境保护部会同国家质量监督检验检疫总局设立环保用微生物环境安全评价专家委员会，负责对微生物菌剂样品的环境安全性进行评审。

第二章 样品入境

第七条 进口经营者应当向微生物菌剂使用活动所在地省、自治区、直辖市环境保护行政主管部门提交下列材料，先行申请办理环保用微生物菌剂样品入境手续：

（一）进口经营者与境外经营者签订的微生物菌剂进口合同或者合同意向书的复印件；

（二）进口经营者主管人员和专业技术人员具备的微生物生产、应用和安全操作的专业学历或者资格证书复印件；

（三）微生物菌剂生产、使用、储藏、运输、处理的环境安全控制措施和突发环境事件应急预案；

（四）出口国政府主管部门出具的微生物菌剂环境安全证明；

（五）微生物菌剂在出口国的生产和应用情况；

（六）拟进口用于检测和环境安全评价样品的最低数量和规格；

（七）微生物菌剂环境安全性的其他证明资料。

前款所列材料，应当用中文或者中、英文对照文本，一式三份。

第八条 省、自治区、直辖市环境保护行政主管部门应当自受理进口样品申请之日起30日内，对申请材料进行审查，材料齐备、内容属实的，核发《环保用微生物菌剂样品入境通知单》。

必要时，省、自治区、直辖市环境保护行政主管部门可以组织专家进行技术审查，审查合格的，核发《环保用微生物菌剂样品入境通知单》。

《环保用微生物菌剂样品入境通知单》必须注明进口样品的数量和规格。《环保用微生物菌剂样品入境通知单》一式两份，一份用于样品检疫审批，一份用于样品环境安全评价数量核销。

第九条 直属检验检疫局凭《环保用微生物菌剂样品入境通知单》，签发样品卫生检疫审批单。

样品入境口岸检验检疫机构凭样品卫生检疫审批单，对样品的数量、规格、外包装情况进行现场查验。对样品查验合格的，准予入境。

第三章 样品环境安全评价

第十条 进口经营者，应当委托微生物检测和环境安全评价机构对样品进行检测和环境安全评价。

接受委托的检测和环境安全评价机构，应当是从事微生物研究的合格实验室（GLP），或者中国合格评定国家认可委员会认可的国家级专业机构。

第十一条 样品检测和环境安全评价机构应当按照环境保护部制定的《环保用微生物菌剂检测规程》和《环保用微生物菌剂使用环境安全评价导则》，对进口微生物菌剂进行检测和环境安全评价，出具样品检测和环境安全评价报告，并对检测数据和评价结论的真实性、准确性负责。

检测和环境安全评价报告，应当包括下列内容：
（一）微生物菌剂的微生物学检测鉴定；
（二）微生物菌剂的安全性试验；
（三）微生物菌剂的评价；
（四）微生物菌剂的卫生学安全评价；
（五）微生物菌剂及各类终产物的生态安全评价；
（六）微生物菌剂的生产或者使用环境评价。

检测和环境安全评价报告，还应当附具下列内容：
（一）微生物菌剂出口国已有的环境安全评价资料；
（二）检测和环境安全评价机构及其代理机构资质信息。

样品检测和环境安全评价报告，一式三份。

第十二条 样品检测和环境安全评价结束后，检测和环境安全评价机构应当将微生物菌剂样品全部安全销毁，不得保留或者移作他用。

第十三条 进口经营者应当将样品全数交验。检测和环境安全评价机构应当根据《环保用微生物菌剂样品入境通知单》，核对样品数量和规格；对数量和规格与《环保用微生物菌剂样品入境通知单》中不一致的，不得出具样品检测和环境安全评价报告。

第四章 样品环境安全证明

第十四条 进口经营者，应当向环保用微生物菌剂使用活动所在地省、自治区、直辖市环境保护行政主管部门提交样品检测和环境安全评价报告。

第十五条 省、自治区、直辖市环境保护行政主管部门应当自收到进口经营者提交的样品检测和环境安全评价报告之日起 30 日内进行审核，签署审核意见，连同申报材料、检测和环境安全评价报告一式三份报环境保护部。

环境保护部自收到申报材料之日起 5 个工作日内，将申报材料提交环保用微生物环境安全评价专家委员会。

第十六条 环保用微生物环境安全评价专家委员会应当自收到申报材料之日起 15 个工作日内完成评审，提出《环保用微生物菌剂样品环境安全性评审意见》，报环境保护部。

第十七条 《环保用微生物菌剂样品环境安全性评审意见》，应当包括下列内容：
（一）进口经营者申报的微生物菌剂主要成分与检测机构的检测结果是否一致；
（二）微生物菌剂中是否含有对人体健康和生态环境构成危险或者较大风险的微生物菌种（群）；
（三）微生物菌剂是否已经在出口国进行安全生产和使用；
（四）项目负责人和工作人员是否具备微生物生产、应用和安全操作专业学历或者资格；
（五）微生物菌剂生产、使用、储藏、运输和处理的环境安全控制措施和事故处置应急预案是否可行。

第十八条 环境保护部依据《环保用微生物菌剂样品环境安全性评审意见》，对检测和环境安全评价合格的微生物菌剂，出具《环保用微生物菌剂样品环境安全证明》。

第十九条 同一进口经营者的同一商品（项目）名称微生物菌剂，应当申请一个《环保用微生物菌剂样品环境安全证明》。

已获得《环保用微生物菌剂样品环境安全证明》的同一微生物菌剂，有两个以上商品（项目）名称的，应当报环境保护部备案。

第二十条 《环保用微生物菌剂样品环境安全证明》有效期为三年。

有效期届满后仍然需要进口该微生物菌剂的，进口经营者需要重新办理《环保用微生物菌剂样品环境安全证明》。

第二十一条 任何单位和个人不得转让、伪造、涂改或者变造《环保用微生物菌剂样品环境安全证明》。

第五章 出入境卫生检疫审批与报检查验

第二十二条 进出口经营者按照《出入境特殊物品卫生检疫管理规定》的规定，向直属检验检疫局提出卫生检疫审批申请。进口经营者还应当提供环境保护部出具的《环保用微生物菌剂样品环境安全证明》。

直属检验检疫局对准予进出口的，出具《出入境特殊物品卫生检疫审批单》。

第二十三条 口岸检验检疫机构凭《出入境特殊物品卫生检疫审批单》受理环保用微生物菌剂报检，实施现场检疫查验，并按照有关规定抽样送专业的环保微生物菌剂符合检测实验室进行检验，经符合性检验及卫生学检验合格的，方可放行。

第二十四条 口岸检验检疫机构对首次送检的环保用微生物菌剂，应当在20个工作日内完成检验；对首次检验已经合格的，应当在10个工作日内完成检验。

第六章 后续监管

第二十五条 进出口经营者应当采取环保用微生物菌剂生产、使用、储藏、运输和处理的环境安全控制措施，制定事故处置应急预案。

进出口经营者应当保留环保用微生物菌剂生产、使用、储藏、运输和处理记录。

第二十六条 进出口经营者应当于每年1月31日前，将上一年度环保用微生物菌剂生产或者使用环境安全管理情况和本年度环保用微生物菌剂进出口计划，报省、自治区、直辖市环境保护行政主管部门备案。

第二十七条 环保用微生物菌剂在进出口、生产或者使用过程中，出现异常情况，或者有新的科学依据证明对人体健康和生态环境构成危害的，环境保护部应当撤销其《环保用微生物菌剂样品环境安全证明》，监督进口单位销毁该微生物菌剂，并向国家质量监督检验检疫总局通报有关情况。

第二十八条 进出口经营者应当向环保用微生物菌剂生产或者使用活动所在地省、自治区、直辖市环境保护行政主管部门备案。变更环保用微生物菌剂生产或者使用活动所在地的，应当分别向变更前和变更后生产或者使用活动所在地省、自治区、直辖市环境保护行政主管部门办理备案变更。

第七章 罚 则

第二十九条 违反本办法规定，样品检测和环境安全评价结束后，未将微生物菌剂样品全部安全销毁的，由检测和环境安全评价机构所在地省、自治区、直辖市环境行政主管部门责令改正；拒不改正的，可以处一万元以上三万元以下的罚款，并由环境保护主管部门指定有能力的单位代为销毁，所需费用由违法者承担。

检测和环境安全评价机构出具虚假样品检测和环境安全评价结论的，环境保护部不再受理该评价机构做出的样品检测和环境安全评价报告。

第三十条 伪造或者涂改检疫单、证的，检验检疫机构可以给予警告或者处以 5000 元以下的罚款。

违反本办法规定，转让、伪造、涂改或者变造《环保用微生物菌剂样品环境安全证明》的，或者隐瞒有关情况、提供虚假材料的，由环境保护部撤销《环保用微生物菌剂样品环境安全证明》，直属检验检疫局吊销《出入境特殊物品卫生检疫审批单》；构成犯罪的，依法追究刑事责任。

第三十一条 违反本办法规定，未妥善保存微生物菌剂生产、使用、储藏、运输和处理记录，或者未执行微生物菌剂生产、使用、储藏、运输和处理的环境安全控制措施和事故处置应急预案的，由省、自治区、直辖市环境保护行政主管部门责令改正；拒不改正的，处一万元以上三万元以下罚款。

第八章 附 则

第三十二条 有关国际公约、双边或者多边协议、进口国法律的规定以及合同约定，需要对出口环保用微生物菌剂样品进行环境安全评价和环境安全证明的，参照本办法第三、四章执行。

第三十三条 进出口环保用微生物菌剂涉及动植物安全的，应当符合《中华人民共和国进出境动植物检疫法》等法律法规规定，并办理进境动植物检疫特许审批。

第三十四条 进口经营者委托代理进口申请的，其代理人除提交第七条规定的申请材料外，还应当提供与进口经营者签订的协议以及营业执照原件。

第三十五条 《环保用微生物菌剂样品入境通知单》和《环保用微生物菌剂样品环境安全证明》的格式与内容，由环境保护部统一制定。

第三十六条 本办法自 2010 年 5 月 1 日起施行。

危险化学品环境管理登记办法（试行）

（环境保护部令第 22 号）

（2012 年 10 月 10 日由环境保护部发布，2013 年 3 月 1 日起施行，法规类型为部门规章）

第一章 总 则

第一条 为加强危险化学品环境管理，预防和减少危险化学品对环境和人体健康的危害，防范环境风险，履行国际公约，根据《中华人民共和国环境保护法》、《危险化学品安全管理条例》等法律法规，制定本办法。

第二条 本办法适用于在中华人民共和国境内生产危险化学品和使用危险化学品从事生产（以下简称"危险化学品生产使用"）以及进出口危险化学品的活动。

本办法所称危险化学品，是指《危险化学品安全管理条例》规定的列入《危险化学品目录》的剧毒化学品和其他化学品。

第三条 国务院环境保护主管部门根据危险化学品的危害特性和环境风险程度等，确定实施重点环境管理的危险化学品，制定、公布《重点环境管理危险化学品目录》，并适时调整。

第四条 国务院环境保护主管部门负责组织开展全国危险化学品环境管理登记并实施监督管理。

县级以上地方环境保护主管部门负责本行政区域内危险化学品环境管理登记工作。

县级以上环境保护主管部门可以委托其所属的从事化学品环境管理的机构，具体承担危险化学品环境管理登记工作。

第五条 任何单位和个人有权对违反本办法规定的行为进行举报。环境保护主管部门接到举报后，应当及时依法处理；对不属于本部门职责范围内的举报事项，应当及时依法移送有关部门处理。

第二章 生产使用环境管理登记

第六条 危险化学品生产使用企业，应当依照本办法的规定，申请办理危险化学品环境管理登记，领取危险化学品生产使用环境管理登记证（以下简称"生产使用登记证"）。

新建、改建、扩建危险化学品生产使用项目，应当在项目竣工验收前办理危险化学品生产使用环境管理登记。

第七条 重点环境管理危险化学品生产使用登记证，由省级环境保护主管部门核发；其他危险化学品生产使用登记证，由设区的市级环境保护主管部门核发。

第八条 危险化学品生产使用环境管理登记按照以下程序办理：

（一）危险化学品生产使用企业向所在地县级环境保护主管部门提交危险化学品生产使用环境管理登记申请材料；

（二）县级环境保护主管部门收到生产使用企业提交的申请材料后，在五个工作日内进行审核；符合要求的，将申请材料报设区的市级环境保护主管部门；

（三）设区的市级环境保护主管部门收到县级环境保护主管部门的材料后，在十五个工作日内进行审核，符合条件的，核发生产使用登记证。对申请重点环境管理危险化学品生产使用登记证的，设区的市级环境保护主管部门应当自收到申请材料后组织现场核查，并在五个工作日内签署预审意见，报省级环境保护主管部门。现场核查的时间不计算在预审期限内；

（四）省级环境保护主管部门收到设区的市级环境保护主管部门的材料和预审意见后，组织专家进行技术审查；符合条件的，在十个工作日内核发生产使用登记证。技术审查的时间不计算在审批期限内。

设区的市级环境保护主管部门或者省级环境保护主管部门核发的生产使用登记证，应当及时交由县级环境保护主管部门向企业发放。

企业同时生产使用重点环境管理危险化学品和其他危险化学品的，应当按照申请重点环境管理危险化学品生产使用登记的程序办理。

第九条 危险化学品生产使用企业申请办理危险化学品生产使用环境管理登记时，应当提交以下材料，并对材料的真实性、准确性、完整性负责：

（一）危险化学品生产使用环境管理登记申请表，主要包括企业基本情况，周边环境敏感区域，生产使用的危险化学品品种、数量、标签、危险特性分类、用途、使用方式，化学品安全技术说明书，环境风险防范和控制措施，特征化学污染物排放情况，废弃危险化学品处置情况等；

（二）环境影响评价文件批复；

（三）突发环境事件应急预案；

（四）企业自行监测的，或者委托环境保护主管部门所属的环境监测机构或者经省级环境保护主管部门认定的环境监测机构提供的环境监测报告。

本办法施行前已建的危险化学品生产使用企业申请办理危险化学品生产使用环境管理登记

的,还应当提交环境保护设施竣工验收决定、排污许可证、企业开展清洁生产情况等相关材料。

第十条 重点环境管理危险化学品生产使用企业,应当开展重点环境管理危险化学品环境风险评估,委托有能力的机构编制环境风险评估报告,并在申请办理危险化学品生产使用环境管理登记时提交。

第十一条 编制重点环境管理危险化学品环境风险评估报告的,应当按照国务院环境保护主管部门的规定,对重点环境管理危险化学品的环境风险及其防范和控制措施进行评估,作出评估结论,明确企业环境风险监管等级。编制机构对评估结论负责。

国务院环境保护主管部门可以择优推荐从事重点环境管理危险化学品环境风险评估报告编制的机构名单,并向社会公布。

从事重点环境管理危险化学品环境风险评估报告编制的人员,应当接受省级以上环境保护主管部门组织的专门培训,并通过考核。

第十二条 生产使用登记证应当载明企业的基本信息、危险化学品品种、生产使用情况及环境管理要求等内容。

生产使用登记证分为正本和副本,正本和副本具有同等法律效力。

危险化学品生产使用企业应当按照生产使用登记证的要求,从事危险化学品的生产使用。禁止伪造、变造、转让生产使用登记证。

第十三条 生产使用登记证有效期为三年。

生产使用登记证有效期内,生产使用登记证上载明的事项发生变更的,持有生产使用登记证的危险化学品生产使用企业应当自变更之日起三十日内按照本办法第八条的规定提交变更证明材料,申请办理变更登记。

第十四条 生产使用登记证有效期届满,继续从事危险化学品生产使用活动的,应当于有效期届满三个月前按照本办法第二章关于申请办理危险化学品生产使用环境管理登记的规定申请换证。

第十五条 危险化学品生产使用企业发现危险化学品有新的危害特性时,应当及时向环境保护主管部门报告。

第三章 进出口环境管理登记

第十六条 进出口列入中国严格限制进出口的危险化学品目录的危险化学品的,企业应当事先向国务院环境保护主管部门办理危险化学品进出口环境管理登记,凭相关证件到海关办理验放手续。

第十七条 企业申请办理危险化学品进出口环境管理登记时,应当提交以下材料,并对材料的真实性、准确性、完整性负责:

(一)危险化学品进出口环境管理登记申请表;
(二)企业营业执照复印件;
(三)企业进出口资质证明文件;
(四)进出口合同;
(五)拟进出口危险化学品国内生产使用企业的生产使用登记证;
(六)拟进出口危险化学品国内购销合同;
(七)国务院环境保护主管部门规定的其他材料。

第十八条 国务院环境保护主管部门委托其所属的从事化学品环境管理的机构承办危险化学品进出口环境管理登记的具体工作。

申请办理危险化学品进出口环境管理登记的企业,应当向国务院环境保护主管部门所属的从事化学品环境管理的机构提交登记申请。

国务院环境保护主管部门所属的从事化学品环境管理的机构自受理登记申请之日起五个工作日内提出初审意见,连同企业提交的申请材料一并报国务院环境保护主管部门。

国务院环境保护主管部门在十五个工作日内作出是否准予登记的决定。不予批准的,应当说明理由。

第十九条 国务院环境保护主管部门在办理危险化学品进出口环境管理登记时,应当依照《关于在国际贸易中对某些危险化学品和农药采用事先知情同意程序的鹿特丹公约》、《关于持久性有机污染物的斯德哥尔摩公约》等国际公约的要求,履行事先知情同意等公约义务。

第四章 监督管理

第二十条 已经取得生产使用登记证的重点环境管理危险化学品生产使用企业,应当于每年1月31日前,向县级环境保护主管部门填报重点环境管理危险化学品释放与转移报告表、环境风险防控管理计划。

重点环境管理危险化学品释放与转移报告表应当包括重点环境管理危险化学品及其特征污染物向环境排放、处置和回收利用的情况,以及相关的核算数据等内容。

环境风险防控管理计划应当包括减少重点环境管理危险化学品及其特征污染物排放的重大工艺调整措施、污染防治计划、环境风险防控措施、能力建设方案等内容。

第二十一条 重点环境管理危险化学品生产使用企业,应当按照环境保护主管部门的要求和国家环境监测技术规范及相关标准,对生产使用过程中产生的重点环境管理危险化学品及其特征污染物的排放情况进行监测;不具备自行监测能力的,可以委托环境保护主管部门所属的环境监测机构或者经省级环境保护主管部门认定的环境监测机构实施监测。

第二十二条 危险化学品生产使用企业应当于每年1月发布危险化学品环境管理年度报告,向公众公布上一年度生产使用的危险化学品品种、危害特性、相关污染物排放及事故信息、污染防控措施等情况;重点环境管理危险化学品生产使用企业还应当公布重点环境管理危险化学品及其特征污染物的释放与转移信息和监测结果。

第二十三条 危险化学品生产使用企业应当建立危险化学品台账,记录危险化学品的品种、生产使用量、销售去向、供货来源等信息,以及污染物排放、环境监测等环境管理信息档案,并长期保存。

重点环境管理危险化学品生产使用企业,应当按照环境风险评估报告的要求,定期对企业的环境风险进行自查;发现问题的,及时纠正,并保存自查记录。

第二十四条 县级以上环境保护主管部门应当对危险化学品生产使用企业的环境管理情况进行监督检查和监督性监测。

对危险化学品生产使用企业进行的监督检查,应当包括生产使用登记证载明的环境管理要求落实情况、环境风险评估报告提出的防范措施落实情况、重点环境管理危险化学品释放与转移情况、环境风险防控管理计划执行情况、环境监测情况等。

第二十五条 环境保护主管部门进行监督检查时,可以依照《危险化学品安全管理条例》第七条的规定,采取以下措施:

(一)进入危险化学品作业场所实施现场检查,向有关单位和人员了解情况,查阅、复制有关文件、资料;

(二)发现危险化学品环境事故隐患,责令立即消除或者限期消除;

(三)对不符合环境保护法律、行政法规、规章规定或者标准要求的设施、设备、装置、器材、运输工具,责令立即停止使用;

(四)经本部门主要负责人批准,查封违反环境保护法律、法规生产、使用危险化学品的场所，扣押违反环境保护法律、法规生产、使用的危险化学品以及用于违反环境保护法律、法规生产、使用危险化学品的原材料、设备；

（五）发现影响危险化学品环境安全的违法行为，当场予以纠正或者责令限期改正。

环境保护主管部门依法进行监督检查，监督检查人员不得少于两人，并应当出示执法证件；有关单位和个人对依法进行的监督检查应当予以配合，不得拒绝、阻碍。

第二十六条 县级环境保护主管部门应当于每年2月底前汇总本行政区域生产使用登记证颁发情况和重点环境管理危险化学品释放与转移数据，并逐级上报至省级环境保护主管部门。

省级环境保护主管部门应当于每年3月31日前将汇总情况上报至国务院环境保护主管部门，并公布上一年度本行政区域内已经取得生产使用登记证的危险化学品生产使用企业名单。

国务院环境保护主管部门应当向社会公布危险化学品进出口环境管理登记情况，并定期通报省级环境保护主管部门。

第二十七条 国务院环境保护主管部门建立全国危险化学品环境管理信息系统，并可以委托其所属的从事化学品环境管理的机构，汇总和分析全国危险化学品环境管理登记和重点环境管理危险化学品释放与转移的相关信息。

第二十八条 上级环境保护主管部门应当对下级环境保护主管部门危险化学品环境管理登记情况进行监督检查；发现问题的，及时依法进行调查、核实与处理。

第二十九条 县级以上环境保护主管部门应当及时向社会公布对危险化学品生产使用、进出口企业予以处罚的情况。

对违法情节严重的危险化学品生产使用、进出口企业，环境保护主管部门可以不予核发排污许可证，不予通过上市公司环境保护核查，并向有关金融、证券监督管理机构通报。

第五章 法律责任

第三十条 危险化学品生产使用企业，未按照本办法的规定办理危险化学品生产使用环境管理登记而从事危险化学品生产使用活动的，由县级以上环境保护主管部门责令改正，处一万元以下罚款；拒不改正的，处一万元以上三万元以下罚款。

重点环境管理危险化学品生产使用企业，未按照本办法的规定办理危险化学品生产使用环境管理登记而从事危险化学品生产使用活动，或者未按照本办法的规定报告释放与转移信息或者环境风险防控管理计划的，由县级以上环境保护主管部门依照《危险化学品安全管理条例》第八十一条的规定处罚。

危险化学品进出口企业，未按照本办法规定办理危险化学品进出口环境管理登记而从事危险化学品进出口活动的，由县级以上环境保护主管部门责令改正，处一万元以下罚款；拒不改正的，处一万元以上三万元以下罚款；情节严重的，国务院环境保护主管部门三年内不再受理其危险化学品进出口环境管理登记申请。

对本条第三款规定的违法行为，可以由海关按照有关规定予以处罚。

第三十一条 危险化学品生产使用、进出口企业，在办理危险化学品环境管理登记过程中未如实申报有关情况，提供虚假材料，或者以欺骗、贿赂等不正当手段办理危险化学品环境管理登记的，由县级以上环境保护主管部门责令改正，处两万元以上三万元以下罚款；已经取得生产使用登记证或者获得进出口环境管理登记的，撤销其生产使用登记证或者进出口环境管理登记；构成犯罪的，依法移送司法机关追究刑事责任。

危险化学品生产使用企业未按照生产使用登记证的规定从事危险化学品生产使用活动，或者伪造、变造、转让生产使用登记证的，由县级以上环境保护主管部门责令改正，处一万元以上三万元以下罚款；构成犯罪的，依法移送司法机关追究刑事责任。

第三十二条 重点环境管理危险化学品生产使用企业，未按照本办法的规定开展监测的，由县级以上环境保护主管部门责令改正，处三万元以下罚款；未对其所排放的工业废水进行监测并保存原始记录的，依照《中华人民共和国水污染防治法》第七十二条第（三）项的规定处罚。

第三十三条 危险化学品生产使用企业，未按照本办法的规定公开有关信息的，由县级以上环境保护主管部门责令改正，处三万元以下罚款。

第三十四条 危险化学品生产使用企业，未按照本办法的规定建立危险化学品台账或者环境管理信息档案的，由县级以上环境保护主管部门责令改正，处一万元以下罚款。

重点环境管理危险化学品生产使用企业，未按照环境风险评估报告的要求，定期对企业的环境风险进行自查并保存自查记录的，由县级以上环境保护主管部门责令改正，处一万元以下罚款。

第三十五条 危险化学品环境风险评估报告编制机构不负责任或者弄虚作假，致使报告失实的，由省级以上环境保护主管部门责令改正，处三万元以下罚款，并向社会公告；情节严重的，将其从推荐名单中除名。

第三十六条 从事危险化学品环境管理的工作人员违反本办法规定，玩忽职守、滥用职权或者徇私舞弊的，依法给予处分；涉嫌犯罪的，依法移送司法机关追究刑事责任。

第六章 附 则

第三十七条 危险化学品环境管理登记申请表、危险化学品环境管理登记证、重点环境管理危险化学品释放与转移报告表、环境风险防控管理计划等文件的样式、填写要求和相关技术指南等，由国务院环境保护主管部门统一制定。

第三十八条 国务院环境保护主管部门可以根据危险化学品危害特性和环境风险程度等因素，确定不需要办理环境管理登记的危险化学品名单，并向社会公布。

第三十九条 本办法施行前已建的危险化学品生产使用企业，应当在本办法施行后三年内完成危险化学品生产使用环境管理登记。

第四十条 危险化学品环境管理登记，按照国家有关规定收取费用。

第四十一条 本办法由国务院环境保护主管部门负责解释。

第四十二条 本办法自2013年3月1日起施行。

有机产品认证管理办法

（国家质量监督检验检疫总局令第155号）

（2013年11月15日由国家质量监督检验检疫总局发布，根据2015年8月25日国家质量监督检验检疫总局令第166号《国家质量监督检验检疫总局关于修改部分规章的决定》修订，现行版本自2015年8月25日起施行，法规类型为部门规章）

第一章 总 则

第一条 为了维护消费者、生产者和销售者合法权益，进一步提高有机产品质量，加强有机产品认证管理，促进生态环境保护和可持续发展，根据《中华人民共和国产品质量法》、《中华人民共和国进出口商品检验法》、《中华人民共和国认证认可条例》等法律、行政法规的规定，制定本办法。

第二条 在中华人民共和国境内从事有机产品认证以及获证有机产品生产、加工、进口和销售活动，应当遵守本办法。

第三条 本办法所称有机产品，是指生产、加工和销售符合中国有机产品国家标准的供人类消费、动物食用的产品。

本办法所称有机产品认证，是指认证机构依照本办法的规定，按照有机产品认证规则，对相关产品的生产、加工和销售活动符合中国有机产品国家标准进行的合格评定活动。

第四条 国家认证认可监督管理委员会（以下简称国家认监委）负责全国有机产品认证的统一管理、监督和综合协调工作。

地方各级质量技术监督部门和各地出入境检验检疫机构（以下统称地方认证监管部门）按照职责分工，依法负责所辖区域内有机产品认证活动的监督检查和行政执法工作。

第五条 国家推行统一的有机产品认证制度，实行统一的认证目录、统一的标准和认证实施规则、统一的认证标志。

国家认监委负责制定和调整有机产品认证目录、认证实施规则，并对外公布。

第六条 国家认监委按照平等互利的原则组织开展有机产品认证国际合作。

开展有机产品认证国际互认活动，应当在国家对外签署的国际合作协议内进行。

第二章 认证实施

第七条 有机产品认证机构（以下简称认证机构）应当经国家认监委批准，并依法取得法人资格后，方可从事有机产品认证活动。

认证机构实施认证活动的能力应当符合有关产品认证机构国家标准的要求。

从事有机产品认证检查活动的检查员，应当经国家认证人员注册机构注册后，方可从事有机产品认证检查活动。

第八条 有机产品生产者、加工者（以下统称认证委托人），可以自愿委托认证机构进行有机产品认证，并提交有机产品认证实施规则中规定的申请材料。

认证机构不得受理不符合国家规定的有机产品生产产地环境要求，以及有机产品认证目录外产品的认证委托人的认证委托。

第九条 认证机构应当自收到认证委托人申请材料之日起 10 日内，完成材料审核，并作出是否受理的决定。对于不予受理的，应当书面通知认证委托人，并说明理由。

认证机构应当在对认证委托人实施现场检查前 5 日内，将认证委托人、认证检查方案等基本信息报送至国家认监委确定的信息系统。

第十条 认证机构受理认证委托后，认证机构应当按照有机产品认证实施规则的规定，由认证检查员对有机产品生产、加工场所进行现场检查，并应当委托具有法定资质的检验检测机构对申请认证的产品进行检验检测。

按照有机产品认证实施规则的规定，需要进行产地（基地）环境监（检）测的，由具有法定资质的监（检）测机构出具监（检）测报告，或者采信认证委托人提供的其他合法有效的环境监（检）测结论。

第十一条 符合有机产品认证要求的，认证机构应当及时向认证委托人出具有机产品认证证书，允许其使用中国有机产品认证标志；对不符合认证要求的，应当书面通知认证委托人，并说明理由。

认证机构及认证人员应当对其作出的认证结论负责。

第十二条 认证机构应当保证认证过程的完整、客观、真实，并对认证过程作出完整记录，归档留存，保证认证过程和结果具有可追溯性。

产品检验检测和环境监（检）测机构应当确保检验检测、监测结论的真实、准确，并对检验检测、监测过程做出完整记录，归档留存。产品检验检测、环境监测机构及其相关人员应当对其作出的检验检测、监测报告的内容和结论负责。

本条规定的记录保存期为5年。

第十三条 认证机构应当按照认证实施规则的规定，对获证产品及其生产、加工过程实施有效跟踪检查，以保证认证结论能够持续符合认证要求。

第十四条 认证机构应当及时向认证委托人出具有机产品销售证，以保证获证产品的认证委托人所销售的有机产品类别、范围和数量与认证证书中的记载一致。

第十五条 有机配料含量（指重量或者液体体积，不包括水和盐，下同）等于或者高于95%的加工产品，应当在获得有机产品认证后，方可在产品或者产品包装及标签上标注"有机"字样，加施有机产品认证标志。

第十六条 认证机构不得对有机配料含量低于95%的加工产品进行有机认证。

第三章 有机产品进口

第十七条 向中国出口有机产品的国家或者地区的有机产品主管机构，可以向国家认监委提出有机产品认证体系等效性评估申请，国家认监委受理其申请，并组织有关专家对提交的申请进行评估。

评估可以采取文件审查、现场检查等方式进行。

第十八条 向中国出口有机产品的国家或者地区的有机产品认证体系与中国有机产品认证体系等效的，国家认监委可以与其主管部门签署相关备忘录。

该国家或者地区出口至中国的有机产品，依照相关备忘录的规定实施管理。

第十九条 未与国家认监委就有机产品认证体系等效性方面签署相关备忘录的国家或者地区的进口产品，拟作为有机产品向中国出口时，应当符合中国有机产品相关法律法规和中国有机产品国家标准的要求。

第二十条 需要获得中国有机产品认证的进口产品生产商、销售商、进口商或者代理商（以下统称进口有机产品认证委托人），应当向经国家认监委批准的认证机构提出认证委托。

第二十一条 进口有机产品认证委托人应当按照有机产品认证实施规则的规定，向认证机构提交相关申请资料和文件，其中申请书、调查表、加工工艺流程、产品配方和生产、加工过程中使用的投入品等认证申请材料、文件，应当同时提交中文版本。申请材料不符合要求的，认证机构应当不予受理其认证委托。

认证机构从事进口有机产品认证活动应当符合本办法和有机产品认证实施规则的规定，认证检查记录和检查报告等应当有中文版本。

第二十二条 进口有机产品申报入境检验检疫时，应当提交其所获中国有机产品认证证书复印件、有机产品销售证复印件、认证标志和产品标识等文件。

第二十三条 各地出入境检验检疫机构应当对申报的进口有机产品实施入境验证，查验认证证书复印件、有机产品销售证复印件、认证标志和产品标识等文件，核对货证是否相符。不相符的，不得作为有机产品入境。

必要时，出入境检验检疫机构可以对申报的进口有机产品实施监督抽样检验，验证其产品质量是否符合中国有机产品国家标准的要求。

第二十四条 自对进口有机产品认证委托人出具有机产品认证证书起30日内，认证机构应当向国家认监委提交以下书面材料：

（一）获证产品类别、范围和数量；

（二）进口有机产品认证委托人的名称、地址和联系方式；

（三）获证产品生产商、进口商的名称、地址和联系方式；
（四）认证证书和检查报告复印件（中外文版本）；
（五）国家认监委规定的其他材料。

第四章 认证证书和认证标志

第二十五条 国家认监委负责制定有机产品认证证书的基本格式、编号规则和认证标志的式样、编号规则。

第二十六条 认证证书有效期为 1 年。

第二十七条 认证证书应当包括以下内容：
（一）认证委托人的名称、地址；
（二）获证产品的生产者、加工者以及产地（基地）的名称、地址；
（三）获证产品的数量、产地（基地）面积和产品种类；
（四）认证类别；
（五）依据的国家标准或者技术规范；
（六）认证机构名称及其负责人签字、发证日期、有效期。

第二十八条 获证产品在认证证书有效期内，有下列情形之一的，认证委托人应当在 15 日内向认证机构申请变更。认证机构应当自收到认证证书变更申请之日起 30 日内，对认证证书进行变更：
（一）认证委托人或者有机产品生产、加工单位名称或者法人性质发生变更的；
（二）产品种类和数量减少的；
（三）其他需要变更认证证书的情形。

第二十九条 有下列情形之一的，认证机构应当在 30 日内注销认证证书，并对外公布：
（一）认证证书有效期届满，未申请延续使用的；
（二）获证产品不再生产的；
（三）获证产品的认证委托人申请注销的；
（四）其他需要注销认证证书的情形。

第三十条 有下列情形之一的，认证机构应当在 15 日内暂停认证证书，认证证书暂停期为 1 至 3 个月，并对外公布：
（一）未按照规定使用认证证书或者认证标志的；
（二）获证产品的生产、加工、销售等活动或者管理体系不符合认证要求，且经认证机构评估在暂停期限内能够采取有效纠正或者纠正措施的；
（三）其他需要暂停认证证书的情形。

第三十一条 有下列情形之一的，认证机构应当在 7 日内撤销认证证书，并对外公布：
（一）获证产品质量不符合国家相关法规、标准强制要求或者被检出有机产品国家标准禁用物质的；
（二）获证产品生产、加工活动中使用了有机产品国家标准禁用物质或者受到禁用物质污染的；
（三）获证产品的认证委托人虚报、瞒报获证所需信息的；
（四）获证产品的认证委托人超范围使用认证标志的；
（五）获证产品的产地（基地）环境质量不符合认证要求的；
（六）获证产品的生产、加工、销售等活动或者管理体系不符合认证要求，且在认证证书暂停期间，未采取有效纠正或者纠正措施的；
（七）获证产品在认证证书标明的生产、加工场所外进行了再次加工、分装、分割的；

（八）获证产品的认证委托人对相关方重大投诉且确有问题未能采取有效处理措施的；

（九）获证产品的认证委托人从事有机产品认证活动因违反国家农产品、食品安全管理相关法律法规，受到相关行政处罚的；

（十）获证产品的认证委托人拒不接受认证监管部门或者认证机构对其实施监督的；

（十一）其他需要撤销认证证书的情形。

第三十二条　有机产品认证标志为中国有机产品认证标志。

中国有机产品认证标志标有中文"中国有机产品"字样和英文"ORGANIC"字样。图案如下：略

第三十三条　中国有机产品认证标志应当在认证证书限定的产品类别、范围和数量内使用。

认证机构应当按照国家认监委统一的编号规则，对每枚认证标志进行唯一编号（以下简称有机码），并采取有效防伪、追溯技术，确保发放的每枚认证标志能够溯源到其对应的认证证书和获证产品及其生产、加工单位。

第三十四条　获证产品的认证委托人应当在获证产品或者产品的最小销售包装上，加施中国有机产品认证标志、有机码和认证机构名称。

获证产品标签、说明书及广告宣传等材料上可以印制中国有机产品认证标志，并可以按照比例放大或者缩小，但不得变形、变色。

第三十五条　有下列情形之一的，任何单位和个人不得在产品、产品最小销售包装及其标签上标注含有"有机"、"ORGANIC"等字样且可能误导公众认为该产品为有机产品的文字表述和图案：

（一）未获得有机产品认证的；

（二）获证产品在认证证书标明的生产、加工场所外进行了再次加工、分装、分割的。

第三十六条　认证证书暂停期间，获证产品的认证委托人应当暂停使用认证证书和认证标志；认证证书注销、撤销后，认证委托人应当向认证机构交回认证证书和未使用的认证标志。

第五章　监督管理

第三十七条　国家认监委对有机产品认证活动组织实施监督检查和不定期的专项监督检查。

第三十八条　地方认证监管部门应当按照各自职责，依法对所辖区域的有机产品认证活动进行监督检查，查处获证有机产品生产、加工、销售活动中的违法行为。

各地出入境检验检疫机构负责对外资认证机构、进口有机产品认证和销售，以及出口有机产品认证、生产、加工、销售活动进行监督检查。

地方各级质量技术监督部门负责对中资认证机构、在境内生产加工且在境内销售的有机产品认证、生产、加工、销售活动进行监督检查。

第三十九条　地方认证监管部门的监督检查的方式包括：

（一）对有机产品认证活动是否符合本办法和有机产品认证实施规则规定的监督检查；

（二）对获证产品的监督抽查；

（三）对获证产品认证、生产、加工、进口、销售单位的监督检查；

（四）对有机产品认证证书、认证标志的监督检查；

（五）对有机产品认证咨询活动是否符合相关规定的监督检查；

（六）对有机产品认证和认证咨询活动举报的调查处理；

（七）对违法行为的依法查处。

第四十条　国家认监委通过信息系统，定期公布有机产品认证动态信息。

认证机构在出具认证证书之前,应当按要求及时向信息系统报送有机产品认证相关信息,并获取认证证书编号。

认证机构在发放认证标志之前,应当将认证标志、有机码的相关信息上传到信息系统。

地方认证监管部门通过信息系统,根据认证机构报送和上传的认证相关信息,对所辖区域内开展的有机产品认证活动进行监督检查。

第四十一条 获证产品的认证委托人以及有机产品销售单位和个人,在产品生产、加工、包装、贮藏、运输和销售等过程中,应当建立完善的产品质量安全追溯体系和生产、加工、销售记录档案制度。

第四十二条 有机产品销售单位和个人在采购、贮藏、运输、销售有机产品的活动中,应当符合有机产品国家标准的规定,保证销售的有机产品类别、范围和数量与销售证中的产品类别、范围和数量一致,并能够提供与正本内容一致的认证证书和有机产品销售证的复印件,以备相关行政监管部门或者消费者查询。

第四十三条 认证监管部门可以根据国家有关部门发布的动植物疫情、环境污染风险预警等信息,以及监督检查、消费者投诉举报、媒体反映等情况,及时发布关于有机产品认证区域、获证产品及其认证委托人、认证机构的认证风险预警信息,并采取相关应对措施。

第四十四条 获证产品的认证委托人提供虚假信息、违规使用禁用物质、超范围使用有机认证标志,或者出现产品质量安全重大事故的,认证机构5年内不得受理该企业及其生产基地、加工场所的有机产品认证委托。

第四十五条 认证委托人对认证机构的认证结论或者处理决定有异议的,可以向认证机构提出申诉,对认证机构的处理结论仍有异议的,可以向国家认监委申诉。

第四十六条 任何单位和个人对有机产品认证活动中的违法行为,可以向国家认监委或者地方认证监管部门举报。国家认监委、地方认证监管部门应当及时调查处理,并为举报人保密。

第六章 罚 则

第四十七条 伪造、冒用、非法买卖认证标志的,地方认证监管部门依照《中华人民共和国产品质量法》、《中华人民共和国进出口商品检验法》及其实施条例等法律、行政法规的规定处罚。

第四十八条 伪造、变造、冒用、非法买卖、转让、涂改认证证书的,地方认证监管部门责令改正,处3万元罚款。

违反本办法第四十条第二款的规定,认证机构在其出具的认证证书上自行编制认证证书编号的,视为伪造认证证书。

第四十九条 违反本办法第八条第二款的规定,认证机构向不符合国家规定的有机产品生产产地环境要求区域或者有机产品认证目录外产品的认证委托人出具认证证书的,责令改正,处3万元罚款;有违法所得的,没收违法所得。

第五十条 违反本办法第三十五条的规定,在产品或者产品包装及标签上标注含有"有机"、"ORGANIC"等字样且可能误导公众认为该产品为有机产品的文字表述和图案的,地方认证监管部门责令改正,处3万元以下罚款。

第五十一条 认证机构有下列情形之一的,国家认监委应当责令改正,予以警告,并对外公布:

(一)未依照本办法第四十条第二款的规定,将有机产品认证标志、有机码上传到国家认监委确定的信息系统的;

(二)未依照本办法第九条第二款的规定,向国家认监委确定的信息系统报送相关认证信息或者其所报送信息失实的；

（三）未依照本办法第二十四条的规定，向国家认监委提交相关材料备案的。

第五十二条 违反本办法第十四条的规定，认证机构发放的有机产品销售证数量，超过获证产品的认证委托人所生产、加工的有机产品实际数量的，责令改正，处1万元以上3万元以下罚款。

第五十三条 违反本办法第十六条的规定，认证机构对有机配料含量低于95%的加工产品进行有机认证的，地方认证监管部门责令改正，处3万元以下罚款。

第五十四条 认证机构违反本办法第三十条、第三十一条的规定，未及时暂停或者撤销认证证书并对外公布的，依照《中华人民共和国认证认可条例》第六十条的规定处罚。

第五十五条 认证委托人有下列情形之一的，由地方认证监管部门责令改正，处1万元以上3万元以下罚款：

（一）未获得有机产品认证的加工产品，违反本办法第十五条的规定，进行有机产品认证标识标注的；

（二）未依照本办法第三十三条第一款、第三十四条的规定使用认证标志的；

（三）在认证证书暂停期间或者被注销、撤销后，仍继续使用认证证书和认证标志的。

第五十六条 认证机构、获证产品的认证委托人拒绝接受国家认监委或者地方认证监管部门监督检查的，责令限期改正；逾期未改正的，处3万元以下罚款。

第五十七条 进口有机产品入境检验检疫时，不如实提供进口有机产品的真实情况，取得出入境检验检疫机构的有关证单，或者对法定检验的有机产品不予报检，逃避检验的，由出入境检验检疫机构依照《中华人民共和国进出口商检检验法实施条例》第四十六条的规定处罚。

第五十八条 有机产品认证活动中的其他违法行为，依照有关法律、行政法规、部门规章的规定处罚。

第七章 附 则

第五十九条 有机产品认证收费应当依照国家有关价格法律、行政法规的规定执行。

第六十条 出口的有机产品，应当符合进口国家或者地区的要求。

第六十一条 本办法所称有机配料，是指在制造或者加工有机产品时使用并存在（包括改性的形式存在）于产品中的任何物质，包括添加剂。

第六十二条 本办法由国家质量监督检验检疫总局负责解释。

第六十三条 本办法自2014年4月1日起施行。国家质检总局2004年11月5日公布的《有机产品认证管理办法》（国家质检总局第67号令）同时废止。

新化学物质环境管理登记办法

（生态环境部令第12号）

（2020年4月29日由生态环境部发布，将自2021年1月1日起施行，法规类型为部门规章）

第一章 总 则

第一条 为规范新化学物质环境管理登记行为，科学、有效评估和管控新化学物质环境风险，聚焦对环境和健康可能造成较大风险的新化学物质，保护生态环境，保障公众健康，根据有关法律法规以及《国务院对确需保留的行政审批项目设定行政许可的决定》，制定本办法。

第二条 本办法适用于在中华人民共和国境内从事新化学物质研究、生产、进口和加工使用活动的环境管理登记，但进口后在海关特殊监管区内存放且未经任何加工即全部出口的新化学物质除外。

下列产品或者物质不适用本办法：

（一）医药、农药、兽药、化妆品、食品、食品添加剂、饲料、饲料添加剂、肥料等产品，但改变为其他工业用途的，以及作为上述产品的原料和中间体的新化学物质除外；

（二）放射性物质。

设计为常规使用时有意释放出所含新化学物质的物品，所含的新化学物质适用本办法。

第三条 本办法所称新化学物质，是指未列入《中国现有化学物质名录》的化学物质。

已列入《中国现有化学物质名录》的化学物质，按照现有化学物质进行环境管理；但在《中国现有化学物质名录》中规定实施新用途环境管理的化学物质，用于允许用途以外的其他工业用途的，按照新化学物质进行环境管理。

《中国现有化学物质名录》由国务院生态环境主管部门组织制定、调整并公布，包括2003年10月15日前已在中华人民共和国境内生产、销售、加工使用或者进口的化学物质，以及2003年10月15日以后根据新化学物质环境管理有关规定列入的化学物质。

第四条 国家对新化学物质实行环境管理登记制度。

新化学物质环境管理登记分为常规登记、简易登记和备案。新化学物质的生产者或者进口者，应当在生产前或者进口前取得新化学物质环境管理常规登记证或者简易登记证（以下统称登记证）或者办理新化学物质环境管理备案。

第五条 新化学物质环境管理登记，遵循科学、高效、公开、公平、公正和便民的原则，坚持源头准入、风险防范、分类管理，重点管控具有持久性、生物累积性、对环境或者健康危害性大，或者在环境中可能长期存在并可能对环境和健康造成较大风险的新化学物质。

第六条 国务院生态环境主管部门负责组织开展全国新化学物质环境管理登记工作，制定新化学物质环境管理登记相关政策、技术规范和指南等配套文件以及登记评审规则，加强新化学物质环境管理登记信息化建设。

国务院生态环境主管部门组织成立化学物质环境风险评估专家委员会（以下简称专家委员会）。专家委员会由化学、化工、健康、环境、经济等方面的专家组成，为新化学物质环境管理登记评审提供技术支持。

设区的市级以上地方生态环境主管部门负责对本行政区域内研究、生产、进口和加工使用新化学物质的相关企业事业单位落实本办法的情况进行环境监督管理。

国务院生态环境主管部门所属的化学物质环境管理技术机构参与新化学物质环境管理登记评审，承担新化学物质环境管理登记具体工作。

第七条 从事新化学物质研究、生产、进口和加工使用的企业事业单位，应当遵守本办法的规定，采取有效措施，防范和控制新化学物质的环境风险，并对所造成的损害依法承担责任。

第八条 国家鼓励和支持新化学物质环境风险评估及控制技术的科学研究与推广应用，鼓励环境友好型化学物质及相关技术的研究与应用。

第九条 一切单位和个人对违反本办法规定的行为，有权向生态环境主管部门举报。

第二章 基本要求

第十条 新化学物质年生产量或者进口量10吨以上的，应当办理新化学物质环境管理常规登记（以下简称常规登记）。

新化学物质年生产量或者进口量1吨以上不足10吨的，应当办理新化学物质环境管理简易登记（以下简称简易登记）。

符合下列条件之一的，应当办理新化学物质环境管理备案（以下简称备案）：

（一）新化学物质年生产量或者进口量不足1吨的；

（二）新化学物质单体或者反应体含量不超过2%的聚合物或者属于低关注聚合物的。

第十一条 办理新化学物质环境管理登记的申请人，应当为中华人民共和国境内依法登记能够独立承担法律责任的、从事新化学物质生产或者进口的企业事业单位。

拟向中华人民共和国境内出口新化学物质的生产或者贸易企业，也可以作为申请人，但应当指定在中华人民共和国境内依法登记能够独立承担法律责任的企业事业单位作为代理人，共同履行新化学物质环境管理登记及登记后环境管理义务，并依法承担责任。

本办法第二条规定的医药、农药、兽药、化妆品、食品、食品添加剂、饲料、饲料添加剂、肥料等产品属于新化学物质，且拟改变为其他工业用途的，相关产品的生产者、进口者或者加工使用者均可以作为申请人。

已列入《中国现有化学物质名录》且实施新用途环境管理的化学物质，拟用于允许用途以外的其他工业用途的，相关化学物质的生产者、进口者或者加工使用者均可以作为申请人。

第十二条 申请办理新化学物质环境管理登记的，申请人应当向国务院生态环境主管部门提交登记申请或者备案材料，并对登记申请或者备案材料的真实性、完整性、准确性和合法性负责。

国家鼓励申请人共享新化学物质环境管理登记数据。

第十三条 申请人认为其提交的登记申请或者备案材料涉及商业秘密且要求信息保护的，应当在申请登记或者办理备案时提出，并提交申请商业秘密保护的必要性说明材料。对可能对环境、健康公共利益造成重大影响的信息，国务院生态环境主管部门可以依法不予商业秘密保护。对已提出的信息保护要求，申请人可以以书面方式撤回。

新化学物质名称等标识信息的保护期限自首次登记或者备案之日起不超过五年。

从事新化学物质环境管理登记的工作人员和相关专家，不得披露依法应当予以保护的商业秘密。

第十四条 为新化学物质环境管理登记提供测试数据的中华人民共和国境内测试机构，应当依法取得检验检测机构资质认定，严格按照化学物质测试相关标准开展测试工作；健康毒理学、生态毒理学测试机构还应当符合良好实验室管理规范。测试机构应当对其出具的测试结果的真实性和可靠性负责，并依法承担责任。

国务院生态环境主管部门组织对化学物质生态毒理学测试机构的测试情况及条件进行监督抽查。

出具健康毒理学或者生态毒理学测试数据的中华人民共和国境外测试机构应当符合国际通行的良好实验室管理要求。

第三章 常规登记、简易登记和备案

第一节 常规登记和简易登记申请与受理

第十五条 申请办理常规登记的，申请人应当提交以下材料：

（一）常规登记申请表；

（二）新化学物质物理化学性质、健康毒理学和生态毒理学特性测试报告或者资料；

（三）新化学物质环境风险评估报告，包括对拟申请登记的新化学物质可能造成的环境风

险的评估，拟采取的环境风险控制措施及其适当性分析，以及是否存在不合理环境风险的评估结论；

（四）落实或者传递环境风险控制措施和环境管理要求的承诺书，承诺书应当由企业事业单位的法定代表人或者其授权人签字，并加盖公章。

前款第二项规定的相关测试报告和资料，应当满足新化学物质环境风险评估的需要；生态毒理学测试报告应当包括使用中华人民共和国的供试生物按照相关标准的规定完成的测试数据。

对属于高危害化学物质的，申请人还应当提交新化学物质活动的社会经济效益分析材料，包括新化学物质在性能、环境友好性等方面是否较相同用途的在用化学物质具有相当或者明显优势的说明，充分论证申请活动的必要性。

除本条前三款规定的申请材料外，申请人还应当一并提交其已经掌握的新化学物质环境与健康危害特性和环境风险的其他信息。

第十六条　申请办理简易登记的，申请人应当提交以下材料：

（一）简易登记申请表；

（二）新化学物质物理化学性质，以及持久性、生物累积性和水生环境毒性等生态毒理学测试报告或者资料；

（三）落实或者传递环境风险控制措施的承诺书，承诺书应当由企业事业单位的法定代表人或者其授权人签字，并加盖公章。

前款第二项规定的生态毒理学测试报告应当包括使用中华人民共和国的供试生物按照相关标准的规定完成的测试数据。

除前款规定的申请材料外，申请人还应当一并提交其已经掌握的新化学物质环境与健康危害特性和环境风险的其他信息。

第十七条　同一申请人对分子结构相似、用途相同或者相近、测试数据相近的多个新化学物质，可以一并申请新化学物质环境管理登记。申请登记量根据每种物质申请登记量的总和确定。

两个以上申请人同时申请相同新化学物质环境管理登记的，可以共同提交申请材料，办理新化学物质环境管理联合登记。申请登记量根据每个申请人申请登记量的总和确定。

第十八条　国务院生态环境主管部门收到新化学物质环境管理登记申请材料后，根据下列情况分别作出处理：

（一）申请材料齐全、符合法定形式，或者申请人按照要求提交全部补正申请材料的，予以受理；

（二）申请材料存在可以当场更正的错误的，允许申请人当场更正；

（三）所申请物质不需要开展新化学物质环境管理登记的，或者申请材料存在法律法规规定不予受理的其他情形的，应当当场或者在五个工作日内作出不予受理的决定；

（四）存在申请人及其代理人不符合本办法规定、申请材料不齐全以及其他不符合法定形式情形的，应当当场或者在五个工作日内一次性告知申请人需要补正的全部内容。逾期不告知的，自收到申请材料之日起即为受理。

第二节　常规登记和简易登记技术评审与决定

第十九条　国务院生态环境主管部门受理常规登记申请后，应当组织专家委员会和所属的化学物质环境管理技术机构进行技术评审。技术评审应当主要围绕以下内容进行：

（一）新化学物质名称和标识；

（二）新化学物质测试报告或者资料的质量；

（三）新化学物质环境和健康危害特性；
（四）新化学物质环境暴露情况和环境风险；
（五）列入《中国现有化学物质名录》时是否实施新用途环境管理；
（六）环境风险控制措施是否适当；
（七）高危害化学物质申请活动的必要性；
（八）商业秘密保护的必要性。

技术评审意见应当包括对前款规定内容的评审结论，以及是否准予登记的建议和有关环境管理要求的建议。

经技术评审认为申请人提交的申请材料不符合要求的，或者不足以对新化学物质的环境风险作出全面评估的，国务院生态环境主管部门可以要求申请人补充提供相关测试报告或者资料。

第二十条　国务院生态环境主管部门受理简易登记申请后，应当组织其所属的化学物质环境管理技术机构进行技术评审。技术评审应当主要围绕以下内容进行：
（一）新化学物质名称和标识；
（二）新化学物质测试报告或者资料的质量；
（三）新化学物质的持久性、生物累积性和毒性；
（四）新化学物质的累积环境风险；
（五）商业秘密保护的必要性。

技术评审意见应当包括对前款规定内容的评审结论，以及是否准予登记的建议。

经技术评审认为申请人提交的申请材料不符合要求的，国务院生态环境主管部门可以要求申请人补充提供相关测试报告或者资料。

第二十一条　国务院生态环境主管部门对常规登记技术评审意见进行审查，根据下列情况分别作出决定：
（一）未发现不合理环境风险的，予以登记，向申请人核发新化学物质环境管理常规登记证（以下简称常规登记证）。对高危害化学物质核发常规登记证，还应当符合申请活动必要性的要求；
（二）发现有不合理环境风险的，或者不符合高危害化学物质申请活动必要性要求的，不予登记，书面通知申请人并说明理由。

第二十二条　国务院生态环境主管部门对简易登记技术评审意见进行审查，根据下列情况分别作出决定：
（一）对未发现同时具有持久性、生物累积性和毒性，且未发现累积环境风险的，予以登记，向申请人核发新化学物质环境管理简易登记证（以下简称简易登记证）；
（二）不符合前项规定登记条件的，不予登记，书面通知申请人并说明理由。

第二十三条　有下列情形之一的，国务院生态环境主管部门不予登记，书面通知申请人并说明理由：
（一）在登记申请过程中使用隐瞒情况或者提供虚假材料等欺骗手段的；
（二）未按照本办法第十九条第三款或者第二十条第三款的要求，拒绝或者未在六个月内补充提供相关测试报告或者资料的；
（三）法律法规规定不予登记的其他情形。

第二十四条　国务院生态环境主管部门作出登记决定前，应当对拟登记的新化学物质名称或者类名、申请人及其代理人、活动类型、新用途环境管理要求等信息进行公示。公示期限不得少于三个工作日。

第二十五条　国务院生态环境主管部门受理新化学物质环境管理登记申请后，应当及时启动技术评审工作。常规登记的技术评审时间不得超过六十日，简易登记的技术评审时间不得超过三十日。国务院生态环境主管部门通知补充提供相关测试报告或者资料的，申请人补充相关材料所需时间不计入技术评审时限。

国务院生态环境主管部门应当自受理申请之日起二十个工作日内，作出是否予以登记的决定。二十个工作日内不能作出决定的，经国务院生态环境主管部门负责人批准，可以延长十个工作日，并将延长期限的理由告知申请人。

技术评审时间不计入本条第二款规定的审批时限。

第二十六条 登记证应当载明下列事项：

（一）登记证类型；

（二）申请人及其代理人名称；

（三）新化学物质中英文名称或者类名等标识信息；

（四）申请用途；

（五）申请登记量；

（六）活动类型；

（七）环境风险控制措施。

对于高危害化学物质以及具有持久性和生物累积性，或者具有持久性和毒性，或者具有生物累积性和毒性的新化学物质，常规登记证还应当载明下列一项或者多项环境管理要求：

（一）限定新化学物质排放量或者排放浓度；

（二）列入《中国现有化学物质名录》时实施新用途环境管理的要求；

（三）提交年度报告；

（四）其他环境管理要求。

第二十七条 新化学物质环境管理登记申请受理后，国务院生态环境主管部门作出决定前，申请人可以依法撤回登记申请。

第二十八条 国务院生态环境主管部门作出新化学物质环境管理登记决定后，应当在二十个工作日内公开新化学物质环境管理登记情况，包括登记的新化学物质名称或者类名、申请人及其代理人、活动类型、新用途环境管理要求等信息。

第三节 常规登记和简易登记变更、撤回与撤销

第二十九条 对已取得常规登记证的新化学物质，在根据本办法第四十四条规定列入《中国现有化学物质名录》前，有下列情形之一的，登记证持有人应当重新申请办理登记：

（一）生产或者进口数量拟超过申请登记量的；

（二）活动类型拟由进口转为生产的；

（三）拟变更新化学物质申请用途的；

（四）拟变更环境风险控制措施的；

（五）导致环境风险增大的其他情形。

重新申请办理登记的，申请人应当提交重新登记申请材料，说明相关事项变更的理由，重新编制并提交环境风险评估报告，重点说明变更后拟采取的环境风险控制措施及其适当性，以及是否存在不合理环境风险。

第三十条 对已取得常规登记证的新化学物质，在根据本办法第四十四条规定列入《中国现有化学物质名录》前，除本办法第二十九条规定的情形外，登记证载明的其他信息发生变化的，登记证持有人应当申请办理登记证变更。

对已取得简易登记证的新化学物质，登记证载明的信息发生变化的，登记证持有人应当申请办理登记证变更。

申请办理登记证变更的，申请人应当提交变更理由及相关证明材料。其中，拟变更新化学物质中英文名称或者化学文摘社编号（CAS）等标识信息的，证明材料中应当充分论证变更前后的化学物质属于同一种化学物质。

国务院生态环境主管部门参照简易登记程序和时限受理并组织技术评审，作出登记证变更决定。其中，对于拟变更新化学物质中英文名称或者化学文摘社编号（CAS）等标识信息的，国务院生态环境主管部门可以组织专家委员会进行技术评审；对于无法判断变更前后化学物质属于同一种化学物质的，不予批准变更。

第三十一条 对根据本办法第四十四条规定列入《中国现有化学物质名录》的下列化学物质，应当实施新用途环境管理：

（一）高危害化学物质；

（二）具有持久性和生物累积性，或者具有持久性和毒性，或者具有生物累积性和毒性的化学物质。

对高危害化学物质，登记证持有人变更用途的，或者登记证持有人之外的其他人将其用于工业用途的，应当在生产、进口或者加工使用前，向国务院生态环境主管部门申请办理新用途环境管理登记。

对本条第一款第二项所列化学物质，拟用于本办法第四十四条规定的允许用途外其他工业用途的，应当在生产、进口或者加工使用前，向国务院生态环境主管部门申请办理新用途环境管理登记。

第三十二条 申请办理新用途环境管理登记的，申请人应当提交新用途环境管理登记申请表以及该化学物质用于新用途的环境暴露评估报告和环境风险控制措施等材料。对高危害化学物质，还应当提交社会经济效益分析材料，充分论证该物质用于所申请登记用途的必要性。

国务院生态环境主管部门收到申请材料后，按照常规登记程序受理和组织技术评审，根据下列情况分别作出处理，并书面通知申请人：

（一）未发现不合理环境风险的，予以登记。对高危害化学物质，还应当符合申请用途必要性的要求；

（二）发现有不合理环境风险，或者不符合高危害化学物质申请用途必要性要求的，不予登记。

国务院生态环境主管部门作出新用途环境管理登记决定后，应当在二十个工作日内公开予以登记的申请人及其代理人名称、涉及的化学物质名称或者类名、登记的新用途，以及相应的环境风险控制措施和环境管理要求。其中，不属于高危害化学物质的，在《中国现有化学物质名录》中增列该化学物质已登记的允许新用途；属于高危害化学物质的，该化学物质在《中国现有化学物质名录》中的新用途环境管理范围不变。

第三十三条 申请人取得登记证后，可以向国务院生态环境主管部门申请撤销登记证。

第三十四条 有下列情形之一的，为了公共利益的需要，国务院生态环境主管部门可以依照《中华人民共和国行政许可法》的有关规定，变更或者撤回登记证：

（一）根据本办法第四十二条的规定需要变更或者撤回的；

（二）新化学物质环境管理登记内容不符合国家产业政策的；

（三）相关法律、行政法规或者强制性标准发生变动的；

（四）新化学物质环境管理登记内容与中华人民共和国缔结或者参加的国际条约要求相抵触的；

（五）法律法规规定的应当变更或者撤回的其他情形。

第三十五条 有下列情形之一的，国务院生态环境主管部门可以依照《中华人民共和国行政许可法》的有关规定，撤销登记证：

（一）申请人或者其代理人以欺骗、贿赂等不正当手段取得登记证的；
（二）国务院生态环境主管部门工作人员滥用职权、玩忽职守或者违反法定程序核发登记证的；
（三）法律法规规定的应当撤销的其他情形。

第四节 备 案

第三十六条 办理新化学物质环境管理备案的，应当提交备案表和符合本办法第十条第三款规定的相应情形的证明材料，并一并提交其已经掌握的新化学物质环境与健康危害特性和环境风险的其他信息。

第三十七条 国务院生态环境主管部门收到新化学物质环境管理备案材料后，对完整齐全的备案材料存档备查，并发送备案回执。申请人提交备案材料后，即可按照备案内容开展新化学物质相关活动。

新化学物质环境管理备案事项或者相关信息发生变化时，申请人应当及时对备案信息进行变更。

国务院生态环境主管部门应当定期公布新化学物质环境管理备案情况。

第四章 跟踪管理

第三十八条 新化学物质的生产者、进口者、加工使用者应当向下游用户传递下列信息：
（一）登记证号或者备案回执号；
（二）新化学物质申请用途；
（三）新化学物质环境和健康危害特性及环境风险控制措施；
（四）新化学物质环境管理要求。

新化学物质的加工使用者可以要求供应商提供前款规定的新化学物质的相关信息。

第三十九条 新化学物质的研究者、生产者、进口者和加工使用者应当建立新化学物质活动情况记录制度，如实记录新化学物质活动时间、数量、用途，以及落实环境风险控制措施和环境管理要求等情况。

常规登记和简易登记材料以及新化学物质活动情况记录等相关资料应当至少保存十年。备案材料以及新化学物质活动情况记录等相关资料应当至少保存三年。

第四十条 常规登记新化学物质的生产者和加工使用者，应当落实环境风险控制措施和环境管理要求，并通过其官方网站或者其他便于公众知晓的方式公开环境风险控制措施和环境管理要求落实情况。

第四十一条 登记证持有人应当在首次生产之日起六十日内，或者在首次进口并加工使用者转移之日起六十日内，向国务院生态环境主管部门报告新化学物质首次活动情况。

常规登记证上载明的环境管理要求规定了提交年度报告要求的，登记证持有人应当自登记的次年起，每年4月30日前向国务院生态环境主管部门报告上一年度获准登记新化学物质的实际生产或者进口情况、向环境排放情况，以及环境风险控制措施和环境管理要求的落实情况。

第四十二条 新化学物质的研究者、生产者、进口者和加工使用者发现新化学物质有新的环境或者健康危害特性或者环境风险的，应当及时向国务院生态环境主管部门报告；可能导致环境风险增加的，应当及时采取措施消除或者降低环境风险。

国务院生态环境主管部门根据全国新化学物质环境管理登记情况、实际生产或者进口情况、向环境排放情况，以及新发现的环境或者健康危害特性等，对环境风险可能持续增加的新化学物质，可以要求相关研究者、生产者、进口者和加工使用者，进一步提交相关环境或者健康危害、环境暴露数据信息。

国务院生态环境主管部门收到相关信息后,应当组织所属的化学物质环境管理技术机构和专家委员会进行技术评审;必要时,可以根据评审结果依法变更或者撤回相应的登记证。

第四十三条 国务院生态环境主管部门应当将新化学物质环境管理登记情况、环境风险控制措施和环境管理要求、首次活动情况、年度报告等信息通报省级生态环境主管部门;省级生态环境主管部门应当将上述信息通报设区的市级生态环境主管部门。

设区的市级以上生态环境主管部门,应当对新化学物质生产者、进口者和加工使用者是否按要求办理新化学物质环境管理登记、登记事项的真实性、登记证载明事项以及本办法其他相关规定的落实情况进行监督抽查。

新化学物质的研究者、生产者、进口者和加工使用者应当如实提供相关资料,接受生态环境主管部门的监督抽查。

第四十四条 取得常规登记证的新化学物质,自首次登记之日起满五年的,国务院生态环境主管部门应当将其列入《中国现有化学物质名录》,并予以公告。

对具有持久性和生物累积性,或者持久性和毒性,或者生物累积性和毒性的新化学物质,列入《中国现有化学物质名录》时应当注明其允许用途。

对高危害化学物质以及具有持久性和生物累积性,或者持久性和毒性,或者生物累积性和毒性的新化学物质,列入《中国现有化学物质名录》时,应当规定除年度报告之外的环境管理要求。

本条前三款规定适用于依照本办法第三十三条规定申请撤销的常规登记新化学物质。

简易登记和备案的新化学物质,以及依照本办法第三十四条、第三十五条规定被撤回或者撤销的常规登记新化学物质,不列入《中国现有化学物质名录》。

第四十五条 根据《新化学物质环境管理办法》(环境保护部令第 7 号)的规定取得常规申报登记证的新化学物质,尚未列入《中国现有化学物质名录》的,应当自首次生产或者进口活动之日起满五年或者本办法施行之日起满五年,列入《中国现有化学物质名录》。

根据《新化学物质环境管理办法》(国家环境保护总局令第 17 号)的规定,取得正常申报环境管理登记的新化学物质,尚未列入《中国现有化学物质名录》的,应当自本办法施行之日起六个月内,列入《中国现有化学物质名录》。

本办法生效前已列入《中国现有化学物质名录》并实施物质名称等标识信息保护的,标识信息的保护期限最长至 2025 年 12 月 31 日止。

第五章　法律责任

第四十六条 违反本办法规定,以欺骗、贿赂等不正当手段取得新化学物质环境管理登记的,由国务院生态环境主管部门责令改正,处一万元以上三万元以下的罚款,并依法依规开展失信联合惩戒,三年内不再受理其新化学物质环境管理登记申请。

第四十七条 违反本办法规定,有下列行为之一的,由国务院生态环境主管部门责令改正,处一万元以下的罚款;情节严重的,依法依规开展失信联合惩戒,一年内不再受理其新化学物质环境管理登记申请:

(一)未按要求报送新化学物质首次活动情况或者上一年度获准登记新化学物质的实际生产或者进口情况,以及环境风险控制措施和环境管理要求的落实情况的;

(二)未按要求报告新化学物质新的环境或者健康危害特性或者环境风险信息,或者未采取措施消除或者降低环境风险的,或者未提交环境或者健康危害、环境暴露数据信息的。

第四十八条 违反本办法规定,有下列行为之一的,由设区的市级以上地方生态环境主管部门责令改正,处一万元以上三万元以下的罚款;情节严重的,依法依规开展失信联合惩戒,一年内不再受理其新化学物质环境管理登记申请：

（一）未取得登记证生产或者进口新化学物质，或者加工使用未取得登记证的新化学物质的；

（二）未按规定办理重新登记生产或者进口新化学物质的；

（三）将未经国务院生态环境主管部门新用途环境管理登记审查或者审查后未予批准的化学物质，用于允许用途以外的其他工业用途的。

第四十九条 违反本办法规定，有下列行为之一的，由设区的市级以上地方生态环境主管部门责令限期改正，处一万元以上三万元以下的罚款；情节严重的，依法依规开展失信联合惩戒，一年内不再受理其新化学物质环境管理登记申请：

（一）未办理备案，或者未按照备案信息生产或者进口新化学物质，或者加工使用未办理备案的新化学物质的；

（二）未按照登记证的规定生产、进口或者加工使用新化学物质的；

（三）未办理变更登记，或者不按照变更内容生产或者进口新化学物质的；

（四）未落实相关环境风险控制措施或者环境管理要求的，或者未按照规定公开相关信息的；

（五）未向下游用户传递规定信息的，或者拒绝提供新化学物质的相关信息的；

（六）未建立新化学物质活动等情况记录制度的，或者未记录新化学物质活动等情况或者保存相关资料的；

（七）未落实《中国现有化学物质名录》列明的环境管理要求的。

第五十条 专家委员会成员在新化学物质环境管理登记评审中弄虚作假，或者有其他失职行为，造成评审结果严重失实，由国务院生态环境主管部门取消其专家委员会成员资格，并向社会公开。

第五十一条 为新化学物质申请提供测试数据的测试机构出具虚假报告的，由国务院生态环境主管部门对测试机构处一万元以上三万元以下的罚款，对测试机构直接负责的主管人员和其他直接责任人员处一万元以上三万元以下的罚款，并依法依规开展失信联合惩戒，三年内不接受该测试机构出具的测试报告或者相关责任人员参与出具的测试报告。

第六章 附 则

第五十二条 本办法中下列用语的含义：

（一）环境风险，是指具有环境或者健康危害属性的化学物质在生产、加工使用、废弃及废弃处置过程中进入或者可能进入环境后，对环境和健康造成危害效应的程度和概率，不包括因生产安全事故、交通运输事故等突发事件造成的风险。

（二）高危害化学物质，是指同时具有持久性、生物累积性和毒性的化学物质，同时具有高持久性和高生物累积性的化学物质，或者其他具有同等环境或者健康危害性的化学物质。

（三）新化学物质加工使用，是指利用新化学物质进行分装、配制或者制造等生产经营活动，不包括贸易、仓储、运输等经营活动和使用含有新化学物质的物品的活动。

第五十三条 根据《新化学物质环境管理办法》（环境保护部令第 7 号）和《新化学物质环境管理办法》（国家环境保护总局令第 17 号）的规定已办理新化学物质环境管理登记的，相关登记在本办法施行后继续有效。

第五十四条 本办法由国务院生态环境主管部门负责解释。

第五十五条 本办法自 2021 年 1 月 1 日起施行，原环境保护部发布的《新化学物质环境管理办法》（环境保护部令第 7 号）同时废止。